Secure Consult GmbH & Co. KG
Gaisbergweg 2
86529 Schrobenhausen

D1700125

Jürgen Holtstiege, Christoph Köster, Michael Ribbert, Thorsten Ridder

Microsoft Dynamics NAV 2009 – Geschäftsprozesse richtig abbilden

Jürgen Holtstiege, Christoph Köster, Michael Ribbert, Thorsten Ridder

Microsoft Dynamics NAV 2009 – Geschäftsprozesse richtig abbilden

Ein praxisorientierter Compliance-Leitfaden

Jürgen Holtstiege, Christoph Köster, Michael Ribbert, Thorsten Ridder:
Microsoft Dynamics NAV 2009 – Geschäftsprozesse richtig abbilden
Microsoft Press Deutschland, Konrad-Zuse-Str. 1, 85716 Unterschleißheim
Copyright © 2009 by Microsoft Press Deutschland

15 14 13 12 11 10 9 8 7 6 5 4 3 2 1
11 10 09

ISBN 978-3-86645-442-2

© Microsoft Press Deutschland
(ein Unternehmensbereich der Microsoft Deutschland GmbH)
Konrad-Zuse-Str. 1, D-85716 Unterschleißheim
Alle Rechte vorbehalten

Fachlekrorat: Georg Weiherer, Münzenberg
Korrektorat: Dorothee Klein, Judith Klein, Siegen
Satz und Layout: Gerhard Alfes, mediaService, Siegen (www.media-service.tv)
Umschlaggestaltung: Hommer Design GmbH, Haar (www.HommerDesign.com)
Gesamtherstellung: Kösel, Krugzell (www.KoeselBuch.de)

Inhaltsverzeichnis

Unser Dank gilt in besonderer Weise Thomas Pohlmann von Microsoft Press,
der von Beginn an durch seine engagierte, kompetente und zeitnahe Unterstützung
maßgeblich zur jetzigen Struktur des Buches beigetragen hat.
Ferner möchten wir uns für die unkomplizierte und immer zeitnahe Unterstützung bedanken,
die wir durch das Lektorat von Georg Weiherer erhielten.

Für die Erstellung der Prüfungstools, aber auch für die vielen Praxistipps bedanken wir
uns bei den mitwirkenden Mitarbeitern der anaptis GmbH.

Münster, im Juni 2009

Jürgen Holtstiege
Christoph Köster
Michael Ribbert
Thorsten Ridder

Einleitung

Motivation – Der Geschäftsprozess im Fokus

Es ist unbestritten, dass die effiziente Gestaltung von Geschäftsprozessen eine der zentralen Aufgaben eines jeden Unternehmens ist und einen entscheidenden Faktor für den Erfolg oder Misserfolg einer Unternehmung darstellt. Die aktuelle Diskussion in den Bereichen Reorganisation, Kostencontrolling und des Qualitätsmanagements unter Schlagwörtern wie »Business Process Reengineering«, «Business Process Management«, »Zero Base Budgeting«, »Activity Based Costing«, Prozesskostenrechnung und »Total Quality Management« verdeutlicht, welcher Stellenwert der Geschäftsprozessoptimierung und -kontrolle beigemessen wird. Effiziente Abläufe steigern die Qualität von Produkten und Informationen, sichern Kundenzufriedenheit und sind Ausgangspunkt für Kostenoptimierung.

In jüngerer Vergangenheit wird die Gestaltung von Prozessen zunehmend auch unter dem Gesichtspunkt der Compliance betrachtet. Der Begriff Compliance beinhaltet dabei die Einhaltung von Gesetzen, anerkannten Rechnungslegungsstandards und Verhaltenskodexen sowie weiterer vertraglicher Vereinbarungen und internen Richtlinien, deren Berücksichtigung in den Unternehmensabläufen erfolgen muss.

Vor dem Hintergrund bedeutender Unternehmenszusammenbrüche (z.B. Enron, Worldcom, Holzmann) sowie der jüngsten Finanzkrise wird deutlich, wie wichtig Compliance-konforme Geschäftsprozesse und Unternehmensabläufe für das individuelle Unternehmen wie auch für die gesamte Wirtschaft sind. Die Vermeidung von Fehlern und absichtlicher Manipulationen durch entsprechend eingerichtete Kontrollen sowie die Transparenz und Kontrolle der Unternehmensrisiken sind dabei von zentraler Bedeutung.

Im Zuge des Einsatzes von Informations- und insbesondere ERP-Systemen sowie der zunehmenden IT-Durchdringung von Geschäftsprozessen werden große Teile der Unternehmensabläufe unterstützt oder vollständig automatisiert. Insofern kommt der Kontrolle der IT-Systeme sowie der Implementierung systembezogener Kontrollen eine immer größere Bedeutung zu. Insbesondere präventive Kontrollen, also solche Kontrollen, die Fehler- und Manipulationsmöglichkeiten verhindern oder ausschließen, sollten schon bei der Implementierung von Informationssystemen in die Prozesse integriert werden. Während des laufenden operativen (System-) Betriebs können darüber hinaus kompensierende, aufdeckende Kontrollinstanzen dort eingesetzt werden, wo präventive Kontrollen nicht möglich sind. Die Etablierung systemgetriebener Geschäftsprozesse ist somit untrennbar mit der Einrichtung systeminhärenter und organisatorischer Kontrollen verbunden.

Das Buch liefert einen Leitfaden für den Einsatz von Kontrollen und Prüfungshandlungen und zeigt auf, in welchen Prozessen diese eingesetzt werden können. Dazu werden einerseits die systemseitigen Einstellungsmöglichkeiten aus Compliance-Sicht erörtert, andererseits Auswertungen und Vorgehensweisen erläutert, die Kontrollen während des operativen Systembetriebs betreffen. Die folgenden Ausführungen betreffen dabei Standardprozesse des ERP-Systems Microsoft Dynamics NAV und haben den Charakter eines Leitfadens ohne den Anspruch auf Vollständigkeit. In Abhängigkeit der individuell spezifizierten Unternehmensabläufe ist es wahrscheinlich, dass es zu Abweichungen zu den hier dargestellten Standardprozessen kommt. Darüber hinaus werden die Anforderungen an Prozesskontrollen unternehmensindividuell abweichen. Eine vollumfängliche Darstellung aller potentiell möglichen Compliance-Anforderungen oder Prüfungshandlungen ist weder definierbar noch Sinn und Zweck des vorliegenden Buchs. Ziel ist es vielmehr, dem Leser ein strukturiertes Rahmenwerk und Werkzeug anhand von Standardprozessen mit Einstellungs- und Prüfungsbeispielen an die Hand zu geben, das gegebenenfalls an die Unternehmensanforderungen angepasst bzw. erweitert werden kann.

Zielgruppe

Das Buch richtet sich sowohl an Leser, die für die Abbildung von Geschäftsprozessen in Dynamics NAV verantwortlich sind, als auch an interne und externe Prüfer (Wirtschaftsprüfer, Interne Revision), die sich mit der Prüfung der Ordnungsmäßigkeit von Systemen und Geschäftsprozessen sowie der Funktionsfähigkeit des internen Kontrollsystems befassen. Im Einzelnen sind folgende Personenkreise zu nennen:

- Wirtschaftsprüfer und Steuerberater, Interne Revision
- Verantwortliche Mitarbeiter der IT und des Rechnungswesens/Controllings
- Beratungsgesellschaften
- Dynamics Partner
- Systemadministratoren

Darüber hinaus bietet das Buch auch für den interessierten Anwender nützliche Hintergrundinformationen über die Einrichtung, Funktionen und Abläufe von Dynamics NAV.

Elementare Grundlagen zur Bedienung werden in diesem Buch hingegen vorausgesetzt und nicht detailliert erläutert. Weiterführende Informationen zu Grundlagen des Systems und zur operativen Abwicklung von Geschäftsprozessen bietet die entsprechende »Microsoft Official Courseware« (MOC-Kurse). In diesem Zusammenhang verweisen wir auch auf das bei Microsoft Press erschienene Buch »Microsoft Dynamics NAV 2009 – Grundlagen. Kompaktes Anwenderwissen zur Abwicklung von Geschäftsprozessen« von Andreas Luszczak und Robert Singer (ISBN-13: 978-3-86645-435-4).

Inhalt und Aufbau des Buchs

Das vorliegende Buch gliedert die sieben Kapitel in jeweils beschreibende und Compliance-orientierte Abschnitte. Grundsätzlich ist die Betrachtung bzw. Prüfung von Systemen aus Compliance-Gesichtspunkten nicht ohne ein grundlegendes Verständnis der Systemfunktionen und Prozesse möglich. Die beschreibenden Kapitelabschnitte stellen die Dynamics NAV-bezogenen Geschäftsprozesse und Funktionsweisen ausführlich dar und legen damit die Basis für eine effektive Gestaltung, Einrichtung, Analyse und Prüfung des Systems. Im Anschluss werden die betrachteten Einrichtungsmöglichkeiten, Funktionen und Prozesse aus Compliance-Sicht betrachtet und mögliche Empfehlungen zu Kontrollen und Analysen abgeleitet. Durch den modularen und prozessorientierten Aufbau gelingt zum einen die Trennung zwischen Beschreibung und Prüfung, zum anderen wird sichergestellt, dass einzelne Kapitel (z.B. Einkauf, Lager, Verkauf) isoliert betrachtet werden können. Die Inhalte des Buchs können der Abbildung E.1 entnommen werden:

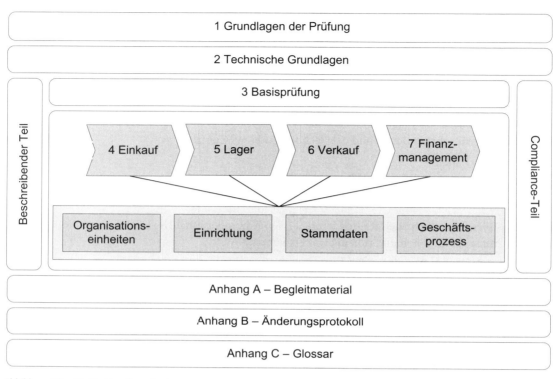

Abbildung E.1   Die Struktur dieses Buchs

Da die einzelnen Kapitel grundsätzlich in sich abgeschlossen sind und isoliert voneinander gelesen werden können, bleibt es Ihnen überlassen, an welcher Stelle des Buchs Sie einsteigen bzw. welche Kapitel von besonderem
Interesse für Sie sind. Das erste Kapitel beschreibt grundsätzliche Vorgehensweisen zur Prüfung von Informationssystemen, zum Risikomanagement und bettet das Vorgehen in die international anerkannten Rahmen-
werke COSO und COBIT ein. Darüber hinaus enthält es eine Auswahl gesetzlicher Anforderungen und relevan-
ter Prüfungsstandards. Insofern liefert dieses Kapitel das Rahmenwerk zur Prüfung von Informationssystemen,
ist indes nicht Voraussetzung für das Verständnis der folgenden Kapitel. Hingegen enthalten Kapitel zwei und
drei grundlegende Informationen beispielsweise zu Technologie, Aufbau, Funktionsweise, Anwendung und
Handhabung, Informationsbereitstellung des Systems. Die darauf folgenden prozessorientierten Kapitel vier bis
sieben setzen diese grundsätzlichen Themen als bekannt voraus und referenzieren an unterschiedlichen Stellen
lediglich auf diese Inhalte. Je nach Kenntnisstand des Lesers sind diese Kapitel vorbereitend zu lesen.

WICHTIG   In jedem Fall ist der Abschnitt »Dynamics NAV-Datenbankobjekte« und dort insbesondere der Abschnitt
»Zugriff auf Tabelleninhalte mithilfe selbst erstellter Forms« zu beachten. Die in den späteren Kapiteln dargestellten Feldzugriffe
sollten aus Sicherheits- und Effizienzgründen auf der dort vorgestellten Vorgehensweise basieren.

Darüber hinaus sollte die in den Begleitmaterialien zu diesem Buch enthaltene MenuSuite importiert werden, da diese sämtliche für
die Einrichtung und Compliance-Prüfung notwendigen Menüoptionen strukturgleich zum Aufbau des Buchs beinhaltet und so den
Prozess der Einrichtung und Prüfung erheblich vereinfacht. Ausführliche Hinweise dazu finden Sie im Anhang A dieses Buchs.

Hinweise und Feedback zu den im Begleitmaterial enthaltenen Tools oder allgemein zum Inhalt und zur Struktur des Buchs sind
unter folgender E-Mail-Adresse jederzeit willkommen: *tools@nav-compliance.de*.

Methodisches Vorgehen

Der in diesem Buch verfolgte Ansatz ist prozessorientiert und nimmt den jeweiligen Prozess als Ausgangsbasis. Im Sinne eines einfachen Verständnisses werden die betrachteten Prozesse zu Beginn der Abschnitte grafisch dargestellt. Dazu wird auf die Modellierungstechnik der ereignisgesteuerten Prozessketten (EPK) zurückgegriffen. Die Abbildung E.2 stellt die verwendeten Symbole der EPK dar.

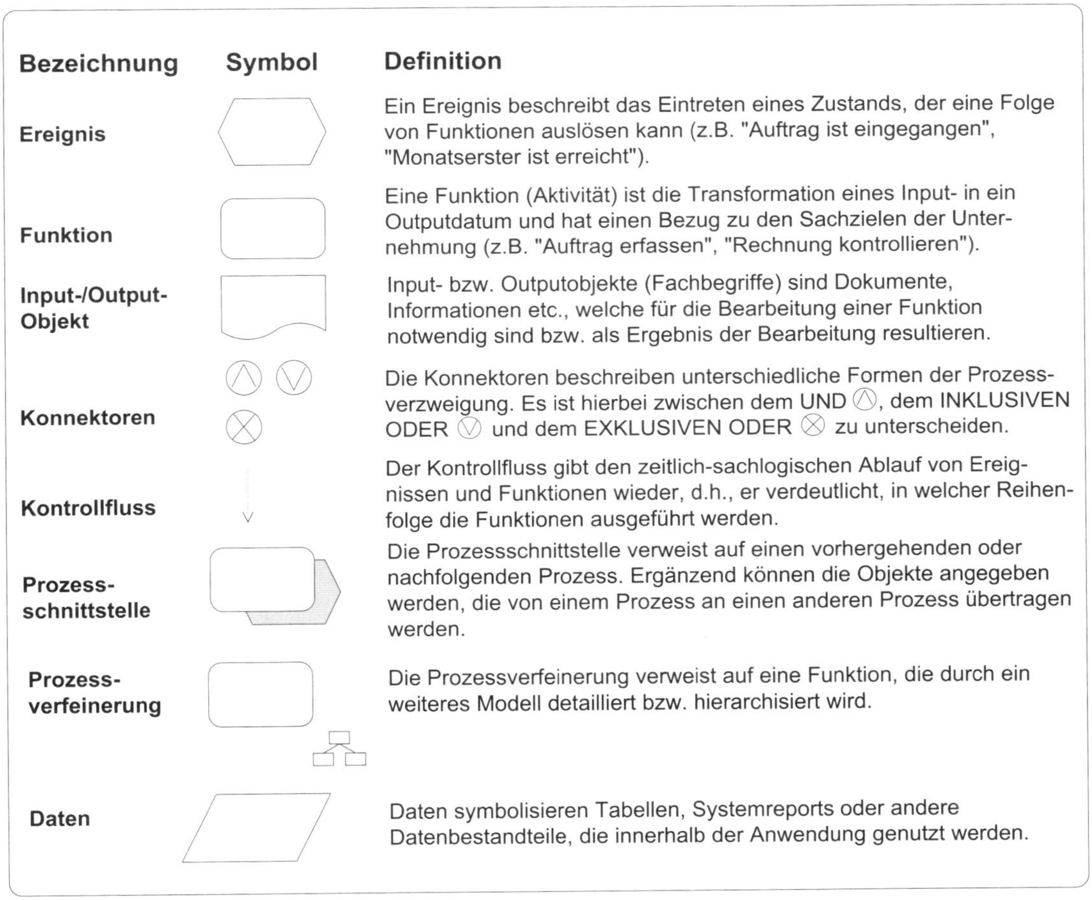

Bezeichnung	Symbol	Definition
Ereignis		Ein Ereignis beschreibt das Eintreten eines Zustands, der eine Folge von Funktionen auslösen kann (z.B. "Auftrag ist eingegangen", "Monatserster ist erreicht").
Funktion		Eine Funktion (Aktivität) ist die Transformation eines Input- in ein Outputdatum und hat einen Bezug zu den Sachzielen der Unternehmung (z.B. "Auftrag erfassen", "Rechnung kontrollieren").
Input-/Output-Objekt		Input- bzw. Outputobjekte (Fachbegriffe) sind Dokumente, Informationen etc., welche für die Bearbeitung einer Funktion notwendig sind bzw. als Ergebnis der Bearbeitung resultieren.
Konnektoren		Die Konnektoren beschreiben unterschiedliche Formen der Prozessverzweigung. Es ist hierbei zwischen dem UND $\wedge$, dem INKLUSIVEN ODER $\vee$ und dem EXKLUSIVEN ODER $\otimes$ zu unterscheiden.
Kontrollfluss		Der Kontrollfluss gibt den zeitlich-sachlogischen Ablauf von Ereignissen und Funktionen wieder, d.h., er verdeutlicht, in welcher Reihenfolge die Funktionen ausgeführt werden.
Prozess-schnittstelle		Die Prozessschnittstelle verweist auf einen vorhergehenden oder nachfolgenden Prozess. Ergänzend können die Objekte angegeben werden, die von einem Prozess an einen anderen Prozess übertragen werden.
Prozess-verfeinerung		Die Prozessverfeinerung verweist auf eine Funktion, die durch ein weiteres Modell detailliert bzw. hierarchisiert wird.
Daten		Daten symbolisieren Tabellen, Systemreports oder andere Datenbestandteile, die innerhalb der Anwendung genutzt werden.

Abbildung E.2   Darstellung der verwendeten Symbole der EPK-Notation

Anhand eines kurzen Beispiels wird erläutert, wie ein realer Geschäftsprozess mithilfe der EPK-Notation modelliert werden kann. Gegeben ist folgendes Prozessbeispiel: Der Einkauf soll zwei Artikel A und B bestellen, wobei diese Artikel von zwei Lieferanten im Sortiment geführt werden. Die Bestellung ist dazu im System zu erfassen, der Lieferant ist auszuwählen, die Artikel sind zu erfassen und anschließend ist die Bestellung an den Lieferanten zu senden. In der EPK-Notation stellt sich der Prozess folgendermaßen dar:

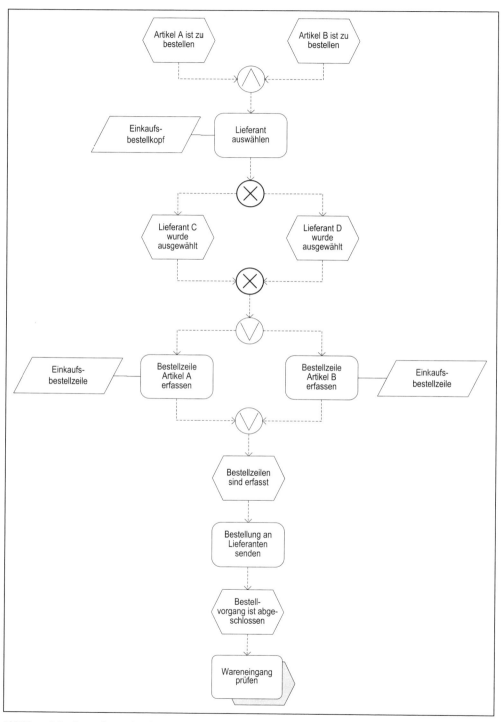

Abbildung E.3   Prozessbeispiel in der EPK-Notation

Der erste Konnektor »UND« bedeutet, dass beide Artikel bestellt werden sollen, das darauf folgende »XOR« bei der Auswahl des Lieferanten symbolisiert ein »exklusives ODER« und weist darauf hin, dass nur einer der beiden potentiellen Lieferanten, nicht aber beide für die Ausführung der Bestellung auszuwählen ist. Im Gegensatz dazu spiegelt das »inklusive ODER« bei der Erfassung der Bestellzeile für die beiden Artikel die Tatsache wieder, dass entweder beide Artikel oder nur der jeweils verfügbare Artikel in der Bestellung erfasst werden soll. Daraus folgt, dass entweder Artikel A oder Artikel B oder beide Artikel in den Bestellzeilen erfasst werden. Nach der Erfassung ist die Bestellung an den Lieferanten zu übermitteln und der Prozess an dieser Stelle abgeschlossen. Die Prozessschnittstelle »Wareneingang prüfen« verweist auf den sich anschließenden Prozess.[1]

---

[1] Zugunsten der Lesbarkeit wird bei der Darstellung einzelner Geschäftsprozesse auf die exakten, wissenschaftlich korrekten Modellierungskonventionen verzichtet und eine vereinfachte Form genutzt.

Kapitel 1

Grundlagen des Risikomanagements und der Prüfung

In diesem Kapitel:

Compliance beinhaltet die Sicherstellung von Maßnahmen, die das regelkonforme Verhalten eines Unternehmens, seiner Organisationsmitglieder und seiner Mitarbeiter im Hinblick auf festgelegte und zu befolgende Regeln betreffen. Das wesentliche Instrument zur Erreichung dieses Ziels ist die Etablierung von Kontrollen und die Bereitstellung von Informationen, welche Abweichungen von den Vorgaben effektiv messen und dokumentieren.

Abweichungen von den Vorgaben resultieren in verschiedensten Risiken, die den Unternehmenserfolg nachhaltig beeinträchtigen können. Die Identifikation wesentlicher Unternehmensrisiken sollte damit die Basis für ein effektives Compliance-Management sein. Compliance ist damit zwangsläufig an ein effektives Risikomanagement gekoppelt, was im Folgenden erläutert wird.

Grundlagen des Risikomanagements

Unter *Risiko* wird generell die Möglichkeit verstanden, dass ein künftiges Ereignis die Erreichung der Unternehmensziele negativ beeinflusst.

Risikomanagement wird definiert als Risikofrüherkennung (Identifikation, Bewertung und Kommunikation von Risiken) und die Risikosteuerung sowie deren Überwachung.

Dem folgend wird ein *Risikomanagementsystem* definiert als die Gesamtheit aller dafür notwendigen organisatorischen Regeln und Maßnahmen.

Als Ziel des Risikomanagements wird, neben der Erfüllung gesetzlicher oder kodifizierter Anforderungen, die Maximierung des Unternehmenswerts einhergehend mit der Minimierung der Risikokosten genannt. Hierzu ist zunächst eine übergeordnete *Risikomanagementstrategie* zu definieren, die beispielsweise die Bildung einer Risikokultur im Unternehmen beinhaltet. Die Risikomanagementstrategie umfasst darüber hinaus:

- funktionale Aspekte, wie die Festlegung organisatorischer und prozessorientierter Merkmale,

- institutionale Aspekte, wie die Vergabe von Aufgaben, Kompetenzen und Verantwortungsbereichen,

- instrumentale Aspekte, wie Techniken und Methoden zur Risikoidentifikation, -bewertung, -steuerung und zum Risikocontrolling.

Die Risikomanagementstrategie dient als konzeptioneller Bezugsrahmen der Umsetzung des Risikomanagements, das auch als *Risikomanagementprozess* oder Risikomanagement im engeren Sinne bezeichnet wird. Der Risikomanagementprozess umfasst die Phasen der Risikoidentifikation, -steuerung sowie -dokumentation und -überwachung. Die Phasen werden in einem iterativen Prozess durchlaufen, die Ergebnisse des Prozesses werden darüber hinaus bei der Definition der Risikomanagementstrategie rückkoppelnd berücksichtigt (siehe Abbildung 1.1).

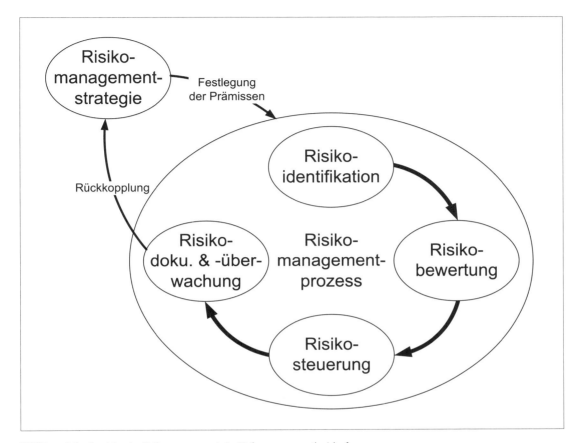

Abbildung 1.1   Bereiche des Risikomanagements im Risikomanagementkreislauf

Ziel der Phase der *Risikoidentifikation* ist die umfassende, einheitliche und systematische Erkennung und Erfassung aller relevanten, bestehenden und potentiellen Risiken sowie deren Interdependenzen.

Die Phase der *Risikobewertung* dient der Quantifizierung der Bedeutung der Risiken für das Unternehmen. Der ermittelte Wert wird als »Risk Exposure« bezeichnet und stellt den Indikator zur Darstellung der Dringlichkeit der Risikohandhabung dar. Der Wert ergibt sich aus den Komponenten Wahrscheinlichkeit, Schadenshöhe und Häufigkeit. Die Kopplung der Wahrscheinlichkeit mit der Schadenshöhe des Risikos ergibt den in der Praxis häufig berücksichtigten Schadenserwartungswert. Die Qualität der Bestimmung des »Risk Exposure« hängt von der Güte der Risikoidentifikation und der Qualität der zur Verfügung stehenden Daten ab. Die Qualität der Daten wird von der Verfügbarkeit, Aktualität, Detaillierung und den Erhebungskosten determiniert. Eine effektive Risikobewertung beinhaltet die Aggregation von Einzelrisiken. Da es in der Regel zu Korrelationen zwischen den Risiken kommt, ist das Gesamtrisiko einer Unternehmung kleiner als die Summe der Einzelrisiken.

In der Phase der *Risikosteuerung* werden auf den erkannten und bewerteten Risiken aufbauend geeignete Risikobewältigungsmaßnahmen (Risk Mitigation) identifiziert. Die Maßnahmen lassen sich in Strategien zur Vermeidung, Verminderung, Begrenzung, Versicherung und Inkaufnahme unterteilen. Während die ersten drei Strategien aktive Vorgehensweisen zur Risikosteuerung darstellen, handelt es sich bei der Versicherung und Inkaufnahme von Risiken um passive Risikosteuerungsmaßnahmen.

Die *Risikodokumentation und -überwachung* dient der Kontrolle und Steuerung der ausgewählten Risikobewältigungsmaßnahmen bzgl. ihrer Entwicklung und Auswirkung auf die Unternehmensziele. Der Aspekt der Risikodokumentation umfasst dabei zum einen die Art der Dokumentation der eingegangenen Risiken, zum anderen die Art des Risikoreportings an die verantwortlichen Stellen.

Die Aufgaben der internen Revision beinhalten die Erbringung von unabhängigen und objektiven Prüfungs- und Beratungsdienstleistungen. Im Rahmen des Risikomanagements impliziert dies zum einen die Identifikation von Risiken, zum anderen die Sicherstellung der Effektivität des Risikomanagementsystems sowie die Überprüfung der Ergebnisse des Risikomanagementsystems.

Die interne Revision mit ihrer Aufgabe der Überwachung des internen Kontrollsystems (IKS) bildet mit dem IKS das interne Überwachungssystem einer Unternehmung. Das IKS wird als »Gesamtheit aller prozessbezogenen Überwachungsmaßnahmen einer Organisation« bezeichnet und beinhaltet neben den organisatorischen Richtlinien des operativen Managements (Top down) auch die Überwachungsaufgaben der Prozessverantwortlichen (Risk Owner). Damit ist das IKS ein wesentlicher Teil des operativen Risikomanagements.

Organisatorisch sind neben der internen Revision folgende Einheiten zu nennen, die im Risikomanagement wesentlichen Einfluss haben:

- **Top Management**   Definition der Risikostrategie, Schaffung eines effektiven Umfelds und wirksamer Strukturen, Kommunikation mit den Stakeholdern
- **Mittleres Management**   Umsetzung der strategischen Vorgaben
- **Risk Owner**   Risikoverantwortlicher eines bestimmten Bereichs

Controlling: Unterstützung des Managements bei strategischen (Früherkennung, Analyse und Überwachung des Chancen- und Risikoprofils einer Unternehmung, Entwicklung des Risikomanagementsystems) und operativen Aufgaben (Abweichungsanalysen, Risikoreporting im IKS) des Risikomanagements.

Ein effektives und effizientes Risikomanagementsystem bedingt die integrative Einbindung aller genannten Einheiten.

Der Prozess im Focus des Risikomanagements

Das operative Geschäft eines jeden Unternehmens wird – insbesondere bei hoch repetitiven Prozessen im Massengütergeschäft – in der Regel über mehr oder minder standardisierte Geschäftsprozesse gesteuert. Mit fortschreitender IT-Unterstützung dieser Prozesse durch unterschiedliche Systeme und Anwendungsprogramme sowie deren Automatisierung kommt systeminhärenten Kontrollmechanismen eine immer größere Bedeutung zu. Zudem werden heute in der Regel sämtliche relevanten Unternehmensdaten in ERP-Systemen vorgehalten und verarbeitet, unzählige rechnungslegungsrelevante Datensätze und Belege erzeugt und eine erhebliche Anzahl von Prozessinstanzen bzw. Vorgängen durchlaufen.

Die Qualität der erzeugten Daten ist von den zugrunde liegenden Prozessen und den implementierten Kontrollsystemen und -aktivitäten – auch in den genutzten IT-Systemen – abhängig. Die Prüfung des Risikomanagementsystems durch die interne Revision und durch externe Wirtschaftsprüfer sollte sich in Geschäftsfeldern mit hoch repetitiven Prozessen vor dem Hintergrund der durch die Systeme bereitgestellten Masse an Daten auf die Struktur der Prozesse konzentrieren, nicht nur im Hinblick auf ein funktionierendes IKS, sondern auch im Hinblick auf die Ordnungsmäßigkeit der Buchführung bzw. des Jahresabschlusses. Eine Jahresabschlussprüfung ohne die Prüfung der zugrunde liegenden Geschäftsprozesse macht deshalb ebenso wenig Sinn wie die isolierte Betrachtung der Geschäftsprozesse ohne Berücksichtigung der genutzten IT-Systeme.

Aufbau des Risikomanagementsystems

Die Ergebnisse des Risikomanagementprozesses, gekoppelt mit der Erkenntnis, dass der Geschäftsprozess im Fokus des Risikomanagements stehen sollte, münden konsequenterweise in der prozessorientierten Gestaltung des Risikomanagementsystems. Die in Abbildung 1.2 gezeigten Elemente bilden die Ausgangsbasis für ein effizientes Risikomanagementsystem.

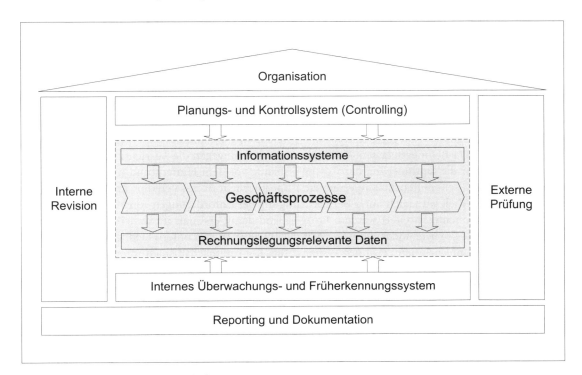

Abbildung 1.2   Internes Kontroll- und Früherkennungssystem

Wie bereits im vorherigen Abschnitt erläutert, sollte das Risikomanagementsystem Geschäftsprozesse, rechnungslegungsrelevante Daten und die relevanten Informationssysteme nicht isoliert, sondern vielmehr als integrative Bestandteile betrachten, um ein vollständiges Bild der Unternehmensabläufe zu gewährleisten. Informationssysteme unterstützen und automatisieren dabei die Geschäftsprozesse, deren Resultat sich schließlich in den Ergebnisdaten des Unternehmens widerspiegelt. Ergebnisdaten werden wiederum in den

Informationssystemen vorgehalten und aggregiert, um Geschäftsprozesse weiter zu optimieren. Im Rahmen des Planungs- und Kontrollsystems müssen einerseits systematische und zukunftsbezogene Ziele, andererseits Maßnahmen zu deren Erreichung einschließlich der Methoden zur Überprüfung des Zielerreichungsgrades (Soll-Ist-Abweichungen) festgelegt werden. Zudem muss ein permanentes internes Kontrollsystem implementiert werden, das die dazu erforderlichen Daten bereitstellt, indem es den Fortschritt der Zielerreichung sowie die dazu erforderlichen Geschäftsprozesse laufend misst bzw. analysiert und im Falle erkennbarer Abweichungen frühzeitig Warnmeldungen generiert. Die vollständige Dokumentation sowie ein effizientes Reporting dieser Controllingsysteme sind Voraussetzung, um rechtzeitig und an den richtigen Stellen entgegensteuern und Probleme in den Geschäftsabläufen beheben zu können. Das Management ist dabei sowohl für die eigentliche Etablierung solcher Controllingsysteme als auch für deren sinnvolle organisatorische Einbettung (insbesondere für Regelung von Verantwortlichkeiten) in die Unternehmensstruktur verantwortlich. Der Internen Revision bzw. dem externen Wirtschaftsprüfer obliegt die Pflicht, die Angemessenheit des Risikomanagementsystems zu prüfen und sich ein Bild der dafür erforderlichen Abläufe und Kontrollen zu verschaffen.

COSO Enterprise Risk Management Framework

Das COSO Enterprise Risk Management Framework (COSO-ERMF oder auch COSO II) stellt einen vom Committee of Sponsoring Organizations of the Treadway Commission (COSO) ausgearbeiteten Bezugsrahmen zum Aufbau eines Risikomanagementsystems dar. Die Anwendung des Rahmenwerks soll die Qualität und die Vergleichbarkeit der Berichte sowie eine qualitativ und quantitativ konstante Bewertung sicherstellen. Das Rahmenwerk ist als Vorgehensmodell generell akzeptiert und strukturiert die Umsetzung des Risikomanagementsystems anhand der Kategorien *Unternehmensziele*, *Komponenten* und *Geltungsbereiche*. Ein wesentlicher Punkt des COSO-ERMF ist die Identifikation besonders unternehmensziel- und risikorelevanter Funktionen und Ereignisse (Kategorie *Komponente*), welche sich anhand der *Unternehmensziele* für verschiedene *Geltungsbereiche* definieren lassen. Vollkommen neu ist hingegen die Ausrichtung des Prozessmanagements. Stand bisher die Optimierung der Geschäftsabläufe vor dem Hintergrund interner, monetärer Ziele (Kostenreduktion, Rentabilitätsmaximierung etc.) mit internem Adressatenkreis im Vordergrund der Diskussion, müssen die Ziele nun auch unter Berücksichtigung der Anforderungen von SOX um eine unternehmensexterne Komponente erweitert werden. Prozesse sind damit erstmals im weiteren Sinne expliziter Bestandteil der externen Unternehmenspublizität. Mit der Integration von unterschiedlichsten Systemen in Geschäftsprozesse der Unternehmen gewinnen systemseitige Kontrollmechanismen innerhalb des Prozessdurchlaufs erheblich an Bedeutung und leisten damit einen entscheidenden Beitrag zur Einrichtung und Aufrechterhaltung eines adäquaten Risikomanagementsystems.

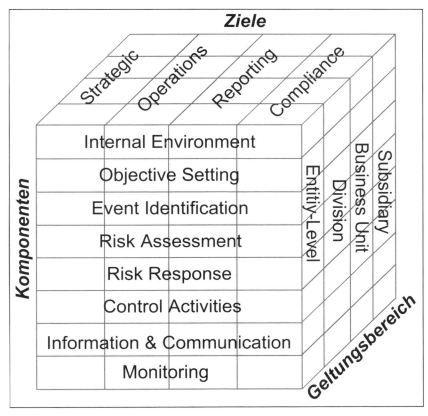

Abbildung 1.3 COSO-ERMF

COBIT

COBIT (Control Objectives for Information and Related Technology) ist ein international anerkanntes Framework zur IT-Governance, das 1993 vom internationalen Verband der IT-Prüfer (ISACA) entwickelt wurde. Seit 2000 obliegt es dem IT Governance Institute, einer Schwesterorganisation der ISACA, COBIT weiterzuentwickeln. Ursprünglich als Werkzeug für IT-Prüfer (Auditoren) entworfen, hat sich COBIT inzwischen als ganzheitliches Steuerungsinstrument der IT aus Unternehmenssicht etabliert und wird unter anderem auch als Modell zur Sicherstellung der Einhaltung gesetzlicher Anforderungen (Compliance) eingesetzt.

Die Unternehmensorientierung ist dabei das Hauptthema von COBIT. Das Framework basiert auf dem Prinzip, dass für die Erreichung der Ziele des Unternehmens die erforderlichen Informationen bereitzustellen sind. Das Unternehmen muss die IT-Ressourcen durch eine strukturierte Menge an Prozessen managen und gewährleisten, dass die entsprechenden Services bereitgestellt werden (siehe Abbildung 1.4).

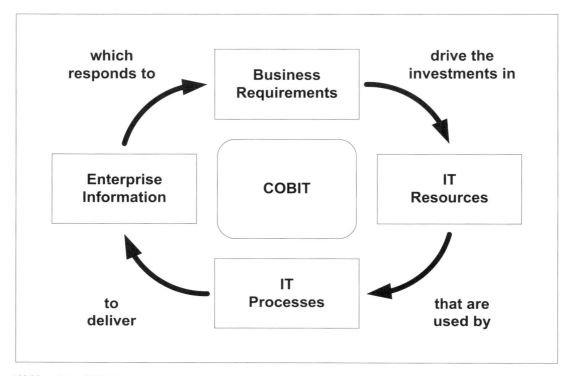

Abbildung 1.4   COBIT-Prozess

Um die Unternehmensziele zu erreichen, müssen die Informationen bestimmten Kriterien entsprechen, welche in COBIT als unternehmensspezifische Erfordernisse an Informationen bezeichnet werden. Auf den breiteren qualitativen Sicherheitserfordernissen wurden sieben einzelne, einander sicherlich überlappende »Information Critera« wie folgt definiert:

- **Effectiveness (Wirksamkeit)**   Behandelt die Relevanz und Angemessenheit von Informationen für den Geschäftsprozess sowie die angemessene Bereitstellung hinsichtlich Zeit, Richtigkeit, Konsistenz und Verwendbarkeit

- **Efficiency (Wirtschaftlichkeit)**   Behandelt die Bereitstellung von Information durch die optimale (produktivste und wirtschaftlichste) Verwendung von Ressourcen

- **Confidentiality (Vertraulichkeit)**   Behandelt den Schutz von sensitiven Informationen gegen unberechtigte Offenlegung

- **Integrity (Integrität)**   Bezieht sich auf die Richtigkeit und Vollständigkeit von Informationen sowie deren Gültigkeit in Übereinstimmung mit Unternehmenswerten und Erwartungen

- **Availability (Verfügbarkeit)**   Bezieht sich darauf, dass Informationen derzeit und in Zukunft für den Geschäftsprozess verfügbar sind. Sie betrifft auch den Schutz notwendiger Ressourcen und deren Leistungen.

- **Compliance (Compliance)**   Behandelt die Einhaltung von Gesetzen, Regulativen und vertraglichen Vereinbarungen, welche der Geschäftsprozess berücksichtigen muss, z.B. extern auferlegte Kriterien sowie interne Richtlinien

- **Reliability (Verlässlichkeit)**   Bezieht sich auf die Angemessenheit bereitgestellter Informationen, die vom Management verwendet werden, um die Gesellschaft zu leiten und seine Treue- und Governance-Pflichten ausüben zu können

Die einzelnen IT-Aktivitäten gliedert COBIT dabei in einem generischen Prozessmodell in vier Domänen. Diese Domänen sind: »Plan and Organise« (plane und organisiere), »Acquire and Implement« (beschaffe und implementiere), »Deliver and Support« (erbringe und unterstütze) und »Monitor and Evaluate« (überwache und beurteile). Die Domänen richten sich an die üblichen Verantwortlichkeiten von planen, bauen, betreiben und überwachen. Das Framework beinhaltet 34 IT-Prozesse, zu denen Control Objectives zugeordnet sind. Diese Control Objectives sind wesentliche Bereiche, die im Prozess berücksichtigt sein müssen, um das Prozess-Ziel (und somit über das IT-Ziel das Unternehmensziel) zu erreichen. Die Summe der Control Objectives stellt eine verlässliche und dem Unternehmensbedarf angemessene Informationsfunktion sicher. Damit kann COBIT auch als Bindeglied zwischen dem unternehmensweiten Risikomanagementsystem und den IT-spezifischen Modellen (z.B. ITIL, ISO17799/27002 etc.) angesehen werden.

Integration von COSO und COBIT

Um den geschäftsprozessorientierten Compliance- und Prüfungsansatz mit Daten und Anwendungssystemen zu verknüpfen, werden die Grundsätze des COSO- und COBIT-Frameworks in den Prüfungsansatz integriert. Liefert COSO den inhaltlich organisatorischen Rahmen zur Ausgestaltung des Risiko- und internen Kontrollsystems, bietet die Integration von COBIT den Bezugsrahmen für die zu integrierende Perspektive der Informationssysteme und Informationsanforderungen.

Aus der Perspektive des COSO-Frameworks beziehen sich die Inhalte der folgenden Kapitel auf die Komponenten Risk Assessment, Risk Response und Control Activities des operativen Bereiches (Dimension Ziel) für den Bereich des Unternehmens (Dimension Geltungsbereich). Die Verknüpfung zum COBIT-Framework wird hergestellt, indem die Prozessrisiken vor dem Hintergrund der Anforderungsmerkmale an Informationssysteme und Daten erläutert werden.

Das vorliegende Buch gliedert Unternehmensprozesse in die klassischen Bereiche Einkauf, Verkauf und Lagermanagement sowie in die dazu erforderlichen administrativen Prozesse in der Buchhaltung, die durch ERP-Systeme unterstützt werden.

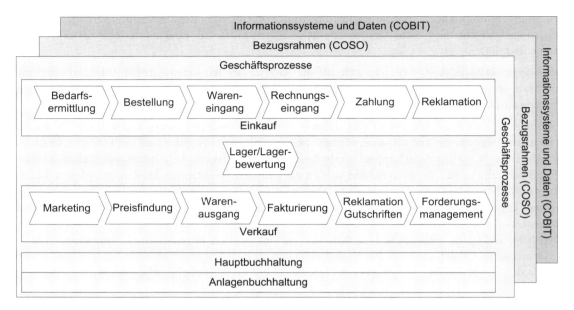

Abbildung 1.5   Integration von COSO und COBIT in den geschäftsprozessorientierten Prüfungsansatz

Prüfung des Risikomanagementsystems

Die Prüfung des Risikomanagementsystems seitens der internen Revision bzw. extern bestellter Wirtschaftsprüfer ergibt sich insbesondere aus dem Revisionsstandard Nr. 2 des Deutschen Instituts für Interne Revision (IIR) »Prüfung des Risikomanagement durch die Interne Revision« sowie den Prüfungsstandards (PS) 261, 330 und 340 des Instituts Deutscher Wirtschaftsprüfer (IDW). Während sich PS 261 mit der Feststellung und Beurteilung von Fehlerrisiken und Reaktionen des Abschlussprüfers beschäftigt (Informationsgewinnung als wesentlicher Bestandteil der Prüfungshandlungen zur Risikobeurteilung, Verstehen der Einheit und des Umfelds als Grundlage zur Beurteilung von Risiken fehlerhafter Angaben auf Abschluss und Aussageebene. Die Risikobeurteilungen müssen sich in der Prüfungsplanung und Durchführung widerspiegeln), PS 340 die Prüfung des Risikofrüherkennungssystems im Allgemeinen behandelt, bezieht sich PS 330 explizit auf die Prüfung bei Einsatz von Informationstechnologie.

Prüfungsgegenstand nach PS 330 sind alle IT-Systeme, die damit verbundenen Geschäftsprozesse, Anwendungssysteme und die IT-Infrastruktur, sofern sie Bezug zu rechnungslegungsrelevanten Sachverhalten haben. Abschnitt 23 des PS 330 bezieht sich dabei insbesondere auf IT-Geschäftsprozesse: »IT-Geschäftsprozessrisiken entstehen, wenn sich Sicherheits- und Ordnungsmäßigkeitsanalysen nicht auf Geschäftsprozesse erstrecken, sondern nur auf die Kontrollelemente einer funktional ausgerichteten Organisation. Dabei können Risiken aus dem geschäftsprozessbedingten Datenaustausch zwischen Teilsystemen, etwa unzureichende Transparenz der Datenflüsse, unzureichende Integration der Systeme oder mangelhafte Abstimm- und Kontrollverfahren in Schnittstellen zwischen Teilprozessen nicht erkannt werden. Es besteht die Gefahr, dass IT-Kontrollen bspw. Zugriffsrechte, Datensicherungsmaßnahmen, nur hinsichtlich der Teilprozesse, jedoch nicht hinsichtlich der Gesamtprozesse wirksam werden«.

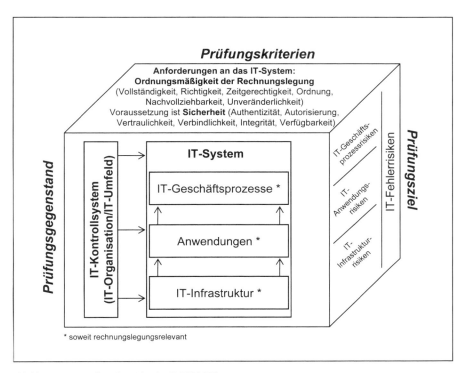

Abbildung 1.6 Prüfungsbereiche des IDW PS 330

Das vorliegende Buch konzentriert sich auf die ERP-Anwendung Dynamics NAV 2009 sowie die Geschäftsprozesse, die durch das System abgebildet bzw. unterstützt werden. Es sei an dieser Stelle erwähnt, dass die Sicherheit des eingesetzten ERP-Systems sowie die Ordnungsmäßigkeit der abgebildeten Geschäftsprozesse ebenso von der IT-Infrastruktur, der IT-Organisation etc. abhängen, deren Prüfung jedoch nicht Bestandteil dieses Buches sind. Typische Beispiele – ohne Anspruch auf Vollständigkeit – hierfür sind physische Zugangsbeschränkungen, Brandschutz, Stromversorgung und Notbetrieb, Netzwerksicherheit und -performance, Passwortsicherheit etc.

Der PS 330 unterscheidet bei der Prüfung IT-spezifischer Geschäftsprozesse zwischen der Aufbauprüfung und der Prüfung anwendungsbezogener Kontrollen:

Die Aufbauprüfung umfasst Prozessaufnahmen, die dokumentieren,

- in welchen Prozessschritten IT-Anwendungen integriert sind und/oder manuelle Tätigkeiten ausgeführt werden,

- wie und welche rechnungslegungsrelevanten Daten aus dem Geschäftsprozess in die Rechnungslegung übergeleitet werden (Daten-, Belegfluss, Schnittstellen) und

- welche anwendungs- und prozessbezogenen Kontrollen bei der Erfassung und Verarbeitung von Geschäftsvorfällen bestehen.

Anwendungsbezogene Kontrollen betreffen sowohl manuelle, in der Verantwortung der Fachbereiche liegende Kontrollen als auch anwendungssystemseitige Kontrollen wie

- zutreffende Einstellung der Steuerungsparameter,

- richtige Belegaufbereitung (z.B. sachliche und rechnerische Prüfung, Vorkontierung),

- verlässliche Plausibilitätskontrollen bei der Belegerfassung,

- wirksame Kontroll- und Abstimmverfahren zwischen Teilprozessen,

- zeitnahe Bearbeitung von Fehlermeldungen und -protokollen.

In Übereinstimmung mit den Anforderungen des PS 330, Absatz 84 und 85, widmet sich das Buch einerseits den übergreifenden System- und Parametereinstellungen (Customizing), die grundsätzlich festzulegen sind, um die Ordnungsmäßigkeit des Systems und der Geschäftsprozesse sicherzustellen. Andererseits sollen auch Möglichkeiten, Methoden und Werkzeuge dargestellt werden, wie das Produktivsystem auf mögliche operative Schwachstellen oder Unregelmäßigkeiten überprüft werden kann.

Rechtliche Grundlagen

Bei der Implementierung und Prüfung von Risikomanagementsystemen sowie der Erstellung und Prüfung von Rechnungslegungsinformationen sind eine erhebliche Anzahl von nationalen und internationalen Gesetzen und Vorschriften zu berücksichtigen, die im Rahmen dieses Buches nicht vollständig behandelt werden können. Im Folgenden wird aus diesem Grund eine Auswahl der wichtigsten Rechtsnormen vorgestellt, auf die in den einzelnen Kapiteln gegebenenfalls Bezug genommen wird.

Das KonTraG (Gesetz für mehr Kontrolle und Transparenz im Unternehmensbereich)

Im Jahr 1998 wurde das Gesetz zu mehr Kontrolle und Transparenz im Unternehmensbereich (KonTraG) erlassen, um Fehler und Gesetzeslücken im System der Unternehmenskontrolle auszubessern bzw. zu beseitigen. Ohne auf alle Änderungen im Einzelnen einzugehen, seien die wichtigsten Reformen kurz zusammengefasst, wobei im Rahmen des Risikomanagementsystems insbesondere § 317 Abs. 4 HGB zu nennen ist:

- § 111 Abs. 2 AktG verpflichtet Aufsichtsrat und Abschlussprüfer zu einer engeren Zusammenarbeit

- Gemäß § 91 Abs. 2 AktG ist der Vorstand börsennotierter Aktiengesellschaften zur Einführung eines umfangreichen Überwachungssystems im Rahmen des Risikomanagements verpflichtet

- § 316-324 HGB erweitern die Aufgaben der Abschlussprüfung, speziell ist nach § 317 Abs. 4 HGB das Risikofrüherkennungs- und Überwachungssystem im Hinblick auf Existenz, Eignung und Funktionsfähigkeit zu prüfen. Nach § 321 Abs. 4 HGB ist das Prüfungsergebnis in einem gesonderten Teil des Prüfberichts darzustellen.

- § 90 Abs. 1 AktG erweitert die Berichtspflichten des Vorstandes an den Aufsichtsrat wesentlich

Auch wenn das KonTraG als wesentlicher Fortschritt im Bereich der Unternehmenskontrolle bezeichnet werden konnte, konnten die Vorschriften nicht die Forderung aller Interessensgruppen abdecken. Private Zusammenschlüsse und Institutionen wie beispielsweise die Frankfurter Grundsatzkommission Corporate Governance oder der Berliner Initiativkreis German Code of Corporate Governance, die sich mit Ergänzungs- und Verbesserungsvorschlägen befassten, versuchten diese Lücke zwischen Anspruch und Wirklichkeit des KonTraG zu schließen. Als Vereinheitlichung und Optimierung der Forderungen der unterschiedlichen Zusammenschlüsse wurde ein von einer Regierungskommission erarbeiteter Deutscher Corporate Governance Kodex (DCGK) an das Bundesministerium der Justiz übergeben. Der DCGK in seiner Originalfassung unterstellt dabei die Verabschiedung des Transparenz- und Publizitätsgesetzes (TransPuG), welches am 19. Juli 2002 erlassen wurde. Wesentliche Neuerungen des TransPuG sind die Entsprechungserklärung im § 161 AktG, die Stärkung der Rechte der Hauptversammlung, die Stärkung der Rechte und der Kontrollfunktion des Aufsichtsrates durch verbesserte Informationsversorgung, die erweiterten Auskunftspflichten seitens der Unternehmen und der Abschlussprüfer sowie weitere Regelungen im Sinne einer verbesserten Transparenz des Unternehmens gegenüber den Stakeholdern.

Auswahl wichtiger gesetzlicher Anforderungen

Neben den allgemeinen Vorschriften zum Risikomanagement finden sich im dritten Buch des Handelsgesetzbuches (HGB) einzelne Vorschriften, die für die Prüfung von ERP-Systemen und ERP-gestützten Geschäftsprozessen von Bedeutung sind und direkte Auswirkungen auf vorzunehmende Prüfungshandlungen haben. Im Folgenden werden die wichtigsten dieser Vorschriften kurz aufgeführt und die abzuleitenden Konsequenzen für die Systemprüfung kurz erwähnt. Eine detaillierte Auseinandersetzung mit einzelnen Prüfungshandlungen erfolgt im späteren Verlaufe des Buchs.

§ 238 Abs. 1 HGB – Buchführungspflicht

(1) Jeder Kaufmann ist verpflichtet, Bücher zu führen und in diesen seine Handelsgeschäfte und die Lage seines Vermögens nach den Grundsätzen ordnungsmäßiger Buchführung ersichtlich zu machen. Die Buchführung muss so beschaffen sein, dass sie einem sachverständigen Dritten innerhalb angemessener Zeit einen Überblick über die Geschäftsvorfälle und über die Lage des Unternehmens vermitteln kann. Die Geschäftsvorfälle müssen sich in ihrer Entstehung und Abwicklung verfolgen lassen.

Grundsätzlich sollte für jede Art von Geschäftsvorfall/Geschäftsprozess eine Ablaufdokumentation existieren, die den Prozess aus fachlich-organisatorischer Sicht unter Berücksichtigung der genutzten Anwendungssysteme beschreibt.

§ 239 Abs. 2 ff. HBG – Radierverbot

(2) Die Eintragungen in Büchern und die sonst erforderlichen Aufzeichnungen müssen vollständig, richtig, zeitgerecht und geordnet vorgenommen werden.

(3) Eine Eintragung oder eine Aufzeichnung darf nicht in einer Weise verändert werden, dass der ursprüngliche Inhalt nicht mehr feststellbar ist. Auch solche Veränderungen dürfen nicht vorgenommen werden, deren Beschaffenheit es ungewiss lässt, ob sie ursprünglich oder erst später gemacht worden sind.

(4) Die Handelsbücher und die sonst erforderlichen Aufzeichnungen können auch in der geordneten Ablage von Belegen bestehen oder auf Datenträgern geführt werden, soweit diese Formen der Buchführung einschließlich des dabei angewandten Verfahrens den Grundsätzen ordnungsmäßiger Buchführung entsprechen. Bei der Führung der Handelsbücher und der sonst erforderlichen Aufzeichnungen auf Datenträgern muss insbesondere sichergestellt sein, dass die Daten während der Dauer der Aufbewahrungsfrist verfügbar sind und jederzeit innerhalb angemessener Frist lesbar gemacht werden können. Absätze 1 bis 3 gelten sinngemäß.

Die Sicherstellung einer vollständigen, richtigen und zeitgerechten Aufzeichnung von buchhaltungsrelevanten Daten ist eher organisatorisch als relevant zu betrachten, da ERP-Systeme diese Funktionalität in der Regel beinhalten. Dennoch können gewisse Einstellungen im Customizing relevant werden, wenn beispielsweise gewisse Belegarten nicht in der Finanzbuchhaltung verarbeitet werden. Auch die Möglichkeiten nachträglicher Manipulation von Daten kann durch die entsprechenden IT-Systeme gesteuert werden. So sollten die systemtechnischen Parameter in Hinblick auf die Systemberechtigungen sowie die Protokollierung von Änderungen an Systemparametern oder Datenbanktabellen sachgerecht eingestellt werden. Zudem sollte grundsätzlich ein Konzept zur Datensicherung existieren, dass einerseits die gesetzlichen Aufbewahrungsfristen berücksichtigt und andererseits eine zeitnahe Reproduktion der Daten erlaubt.

§ 240 Abs. 4 und § 241 HGB – Inventur und Inventar

§240 Abs. 4: Gleichartige Vermögensgegenstände des Vorratsvermögens sowie andere gleichartige oder annähernd gleichwertige bewegliche Vermögensgegenstände und Schulden können jeweils zu einer Gruppe zusammengefasst und mit dem gewogenen Durchschnittswert angesetzt werden.

§241 Abs. 1: Bei der Aufstellung des Inventars darf der Bestand der Vermögensgegenstände nach Art, Menge und Wert auch mithilfe anerkannter mathematisch-statistischer Methoden aufgrund von Stichproben ermittelt werden. Das Verfahren muss den Grundsätzen ordnungsmäßiger Buchführung entsprechen. Der Aussagewert des auf diese Weise aufgestellten Inventars muss dem Aussagewert eines aufgrund einer körperlichen Bestandsaufnahme aufgestellten Inventars gleichkommen.

§241 Abs. 2: Bei der Aufstellung des Inventars für den Schluss eines Geschäftsjahrs bedarf es einer körperlichen Bestandsaufnahme der Vermögensgegenstände für diesen Zeitpunkt nicht, soweit durch Anwendung eines den Grundsätzen ordnungsmäßiger Buchführung entsprechenden anderen Verfahrens gesichert ist, dass der Bestand der Vermögensgegenstände nach Art, Menge und Wert auch ohne die körperliche Bestandsaufnahme für diesen Zeitpunkt festgestellt werden kann.

§241 Abs. 3: In dem Inventar für den Schluss eines Geschäftsjahrs brauchen Vermögensgegenstände nicht verzeichnet zu werden, wenn:

1. der Kaufmann ihren Bestand aufgrund einer körperlichen Bestandsaufnahme oder aufgrund eines nach Absatz 2 zulässigen anderen Verfahrens nach Art, Menge und Wert in einem besonderen Inventar verzeichnet hat, das für einen Tag innerhalb der letzten drei Monate vor oder der ersten beiden Monate nach dem Schluss des Geschäftsjahrs aufgestellt ist, und

2. aufgrund des besonderen Inventars durch Anwendung eines den Grundsätzen ordnungsmäßiger Buchführung entsprechenden Fortschreibungs- oder Rückrechnungsverfahrens gesichert ist, dass der am Schluss des Geschäftsjahrs vorhandene Bestand der Vermögensgegenstände für diesen Zeitpunkt ordnungsgemäß bewertet werden kann.

Die für die Berechnung des Lagerbestandswerts notwendigen Parameter und Verfahren werden ganz oder teilweise im ERP-System hinterlegt und gepflegt. Jede ERP-Standardsoftware ist heute in der Lage, die fortlaufende mengen- und wertmäßige Bestandsführung automatisch vorzunehmen. Entscheidend ist, dass die entsprechenden Systemparameter für Verbrauchsfolge- und Bewertungsverfahren richtig hinterlegt sind. Grundsätzlich sollte deshalb eine Dokumentation der im Unternehmen anzuwendenden Verfahren vorhanden sein, die mit den im System hinterlegten Methoden übereinstimmen muss.

§ 252 HGB – Allgemeine Bewertungsgrundsätze

(1) Bei der Bewertung der im Jahresabschluss ausgewiesenen Vermögensgegenstände und Schulden gilt insbesondere Folgendes:

1. Die Wertansätze in der Eröffnungsbilanz des Geschäftsjahrs müssen mit denen der Schlussbilanz des vorhergehenden Geschäftsjahrs übereinstimmen.

2. Bei der Bewertung ist von der Fortführung der Unternehmenstätigkeit auszugehen, sofern dem nicht tatsächliche oder rechtliche Gegebenheiten entgegenstehen.

3. Die Vermögensgegenstände und Schulden sind zum Abschlussstichtag einzeln zu bewerten.

4. Es ist vorsichtig zu bewerten, namentlich sind alle vorhersehbaren Risiken und Verluste, die bis zum Abschlussstichtag entstanden sind, zu berücksichtigen, selbst wenn diese erst zwischen dem Abschlussstichtag und dem Tag der Aufstellung des Jahresabschlusses bekannt geworden sind; Gewinne sind nur zu berücksichtigen, wenn sie am Abschlussstichtag realisiert sind.

5. Aufwendungen und Erträge des Geschäftsjahrs sind unabhängig von den Zeitpunkten der entsprechenden Zahlungen im Jahresabschluss zu berücksichtigen.

6. Die auf den vorhergehenden Jahresabschluss angewandten Bewertungsmethoden sollen beibehalten werden.

(2) Von den Grundsätzen des Absatzes 1 darf nur in begründeten Ausnahmefällen abgewichen werden.

Die im Unternehmen anzuwendenden Bewertungsmethoden (beispielsweise für die Berechnung von Rückstellungen, Festlegung von Nutzungsdauern und Abschreibungsverfahren, Lagerbewertungsverfahren etc.) sollten vollständig und in schriftlicher Form dokumentiert sein. Sind im System bestimmte Bewertungsmethoden hinterlegt, so müssen die entsprechenden Parameter mit den Vorgaben verglichen werden. Darüber hinaus ist sicherzustellen, dass derartige Einstellungen nicht versehentlich oder mit Intention durch unberechtigte Personen geändert werden können.

§ 257 HGB – Aufbewahrungsfristen

(1) Jeder Kaufmann ist verpflichtet, die folgenden Unterlagen geordnet aufzubewahren:

1. Handelsbücher, Inventare, Eröffnungsbilanzen, Jahresabschlüsse, Einzelabschlüsse nach § 325 Abs. 2a, Lageberichte, Konzernabschlüsse, Konzernlageberichte sowie die zu ihrem Verständnis erforderlichen Arbeitsanweisungen und sonstigen Organisationsunterlagen,

2. die empfangenen Handelsbriefe,

3. Wiedergaben der abgesandten Handelsbriefe,

4. Belege für Buchungen in den von ihm nach § 238 Abs. 1 zu führenden Büchern (Buchungsbelege).

(2) Handelsbriefe sind nur Schriftstücke, die ein Handelsgeschäft betreffen.

(3) Mit Ausnahme der Eröffnungsbilanzen und Abschlüsse können die in Absatz 1 aufgeführten Unterlagen auch als Wiedergabe auf einem Bildträger oder auf anderen Datenträgern aufbewahrt werden, wenn dies den Grundsätzen ordnungsmäßiger Buchführung entspricht und sichergestellt ist, dass die Wiedergabe oder die Daten

1. mit den empfangenen Handelsbriefen und den Buchungsbelegen bildlich und mit den anderen Unterlagen inhaltlich übereinstimmen, wenn sie lesbar gemacht werden,

2. während der Dauer der Aufbewahrungsfrist verfügbar sind und jederzeit innerhalb angemessener Frist lesbar gemacht werden können.

Sind Unterlagen aufgrund des § 239 Abs. 4 Satz 1 auf Datenträgern hergestellt worden, können statt des Datenträgers die Daten auch ausgedruckt aufbewahrt werden; die ausgedruckten Unterlagen können auch nach Satz 1 aufbewahrt werden.

(4) Die in Absatz 1 Nr. 1 und 4 aufgeführten Unterlagen sind zehn Jahre, die sonstigen in Absatz 1 aufgeführten Unterlagen sechs Jahre aufzubewahren.

(5) Die Aufbewahrungsfrist beginnt mit dem Schluss des Kalenderjahrs, in dem die letzte Eintragung in das Handelsbuch gemacht, das Inventar aufgestellt, die Eröffnungsbilanz oder der Jahresabschluss festgestellt, der Einzelabschluss nach § 325 Abs. 2a oder der Konzernabschluss aufgestellt, der Handelsbrief empfangen oder abgesandt worden oder der Buchungsbeleg entstanden ist.

Für Daten, die im System verarbeitet und vorgehalten werden, muss das Datenverarbeitung- und -sicherungskonzept – wie schon zuvor erläutert – die gesetzlichen Aufbewahrungsfristen berücksichtigen. Eine Dokumentation des Sicherungsprozesses und der Sicherungshistorie sollte im Unternehmen vorgehalten werden. Darüber hinaus ist sicherzustellen, dass die Lagerung der Datenträger ordnungsgemäß erfolgt und eine Wiederherstellung der gesicherten Daten jederzeit kurzfristig möglich ist.

§§ 140 – 147 Abgabenordnung (AO)

Die allgemeinen Mitwirkungs- und Aufzeichnungspflichten gemäß §§ 140-147 AO umfassen insbesondere die Buchführungs-, Aufzeichnungs- und Aufbewahrungspflichten für jeden, der nach anderen Gesetzen als den Steuergesetzen Bücher und Aufzeichnungen zu führen hat, die für die Besteuerung von Bedeutung sind. § 147 AO regelt darüber hinaus Ordnungsvorschriften für die Aufbewahrung von Unterlagen, sofern sie für die Besteuerung relevant sind.

Aus Prüfungssicht ergeben sich die gleichen Anforderungen an die Sicherung und Wiederherstellung der Daten wie bereits oben erwähnt.

Bilanzmodernisierungsgesetz (BilMoG)

Der Regierungsentwurf des Gesetzes zur Modernisierung des Bilanzrechts (BilMoG) wurde am 21. Mai 2008 veröffentlicht. Ziel ist es, das HGB-Bilanzrecht zu einer gleichwertigen, aber einfacheren und kostengünstigeren Alternative der internationalen Rechnungslegungsstandards IFRS weiterzuentwickeln. Weiterhin sollen insbesondere kleinere und mittlere Unternehmen gezielt entlastet werden. Dazu wurden weit reichende Änderungen – insbesondere auch im Handelsgesetzbuch – vorgenommen. Ohne das BilMoG an dieser Stelle im Detail zu behandeln, sei auf folgende wesentliche Änderungen hingewiesen:

Die Schwellenwerte für Bilanzsumme und Umsatzerlöse bei den Größenklassen des § 267 HGB werden um etwa 20 Prozent erhöht. Insbesondere kleine und mittelständische Unternehmen können von den größenabhängigen Erleichterungen hinsichtlich der Prüfungs- und Publizitätspflichten profitieren.

Des Weiteren wird § 41a HGB eingefügt, der Einzelkaufleute, die an den Abschlussstichtagen von zwei aufeinander folgenden Geschäftsjahren nicht mehr als 500.000 Euro Umsatzerlöse und 50.000 Euro Jahresüberschuss aufweisen, grundsätzlich von der Buchführungspflicht nach HGB befreit.

§ 43 Abs. 1 GmbHG – Haftung des Geschäftsführers

(1) Die Geschäftsführer haben in den Angelegenheiten der Gesellschaft die Sorgfalt eines ordentlichen Geschäftsmannes anzuwenden.

Aus Compliance-Sicht hat der Geschäftsführer damit direkt für die Einhaltung gesetzlicher Bestimmungen Sorge zu tragen.

SOX (Sarbanes Oxley Act)

Die Vorschriften des im Juli 2002 verabschiedeten *Sarbanes Oxley Acts* (SOX oder auch SOA), der als Reaktion auf Manipulationen und Fehler in der externen Berichterstattung US-amerikanischer Großunternehmen wie *Enron* oder *WorldCom* zu verstehen ist, ist auch für eine Vielzahl deutscher Unternehmen Pflichtbestandteil der Unternehmenspublizität. SOX ist in den USA gesetzlich verankert und gilt für alle Unternehmen, die an der *Securities Exchange Commission* (SEC) registrierungspflichtig sind und deren Aufsicht unterstehen. Ab 2006 zählen dazu auch diejenigen deutschen Unternehmen, deren Aktien an einer der amerikanischen Börsen (NYSE, NASDAQ, AMEX) oder anderweitig öffentlich in den USA angeboten werden. Die wohl wichtigste Anforderung an die Unternehmen in Bezug auf die Implementierung eines geeigneten Risikomanagementsystems leitet sich aus der Section 404 (Management Assessment of Internal Controls) ab. Danach muss ein internes Kontrollsystem (IKS) installiert werden, das jährlich das Finanzberichtswesen überprüft und bewertet. Dies mündet in die explizite Bestätigung der Wirksamkeit des IKS für die Finanzberichterstattung durch den CEO, CFO und einen unabhängigen Wirtschaftsprüfer.

Damit Unternehmensrisiken effektiv erkannt, behandelt und den Share- und Stakeholdern aufgezeigt werden können, reicht die Einrichtung eines IKS jedoch allein nicht aus. Vielmehr müssen die Informationen des IKS im Rahmen eines unternehmensweiten Risikomanagements genutzt werden. Ziele und Anforderungen des Risikomanagements ordnen sich dem Hauptziel des Unternehmens unter. Als Ziele werden, neben der Erfüllung der gesetzlichen oder kodifizierten Anforderungen, die Maximierung des Unternehmenswerts sowie die Minimierung der Risikokosten genannt.

Kapitel 2

Technische Grundlagen

In diesem Kapitel:

Mit diesem Kapitel möchten wir Ihnen das notwendige Basiswissen zur Benutzeroberfläche, Navigation sowie zur Analyse von Tabellendaten in Dynamics NAV vermitteln. Insbesondere die Abschnitte »Suchen und Filtern von Datensätzen« ab Seite 47 und »Feldzugriff auf Tabelleninhalte mithilfe selbst erstellter Forms« ab Seite 71 sind wesentliche Voraussetzungen für die Prüfungshandlungen in den späteren Kapiteln.

Microsoft Dynamics NAV 2009

Im diesem Abschnitt werden nach einer kurzen Einführung folgende grundlegende Informationen zum Aufbau und der Nutzung von Dynamics NAV vermittelt:

- Applikationsstruktur
- C/SIDE-Entwicklungsumgebung
- Classic Client und rollenbasierter Client
- Benutzeroberfläche

Einführung

Dynamics NAV ist eine vollständig integrierte, auf einem relationalen Datenbanksystem basierende Client/Server-Business-Software, in der mittelständische Unternehmen neben der im Mittelpunkt stehenden Finanzbuchhaltung auch Anwendungsbereiche wie Marketing & CRM, Verkaufs-, Projekt- und Serviceabwicklung, Einkauf, Lager- und Logistiksteuerung sowie Produktion abbilden können. Durch die nahtlose Integration dieser Anwendungsbereiche in einem Softwaresystem stehen Daten abteilungsübergreifend in Echtzeit zur Verfügung und Datenredundanzen können auf ein Mindestmaß reduziert werden.

Abbildung 2.1　Komponenten von Dynamics NAV (Quelle: Microsoft)

Dynamics NAV bietet darüber hinaus modulübergreifendes Reporting und mehrdimensionale, selbst definierte Auswertungen, die sowohl grafisch als auch tabellarisch dargestellt werden können. Der Zugriff auf die Dynamics NAV Funktionalität kann dabei neben dem normalen PC-Client auch über das Internet durch Online Portale erfolgen sowie von mobilen Endgeräten aus (siehe Abbildung 2.1 und den Abschnitt »Systemzugriff« in Kapitel 3).

Zusätzlich zu den Standardmodulen gibt es eine Vielzahl von Branchenlösungen und Speziallösungen, die von Dynamics-Partnern entwickelt wurden, um branchentypische Funktionalitäten anzubieten. Offiziell zertifizierte, internationale Branchenlösungen tragen das von Microsoft nach einem eingehenden Prüfungsprozess verliehene Qualitätssiegel »Certified for Microsoft Dynamics« (CfMD).

Darüber hinaus kommen in der Mehrzahl der Dynamics NAV-Installationen unternehmensindividuelle Funktionalitäten hinzu. Dynamics NAV ist derzeit in über 40 Landesversionen und 28 Sprachen verfügbar und hat weltweit mehr als 73.000 Kunden, davon entfallen ca. 16.500 Installationen auf Deutschland. Laut Microsoft gibt es dabei weltweit mehr als 1,25 Millionen Anwender[1]. Bei 73.000 Installationen liegt die durchschnittliche Größe der Dynamics NAV-Installation bei ungefähr 17 lizenzierten Usern.

Neben einer einfachen und benutzerfreundlichen Bedienung standen vor allem Flexibilität und Anpassbarkeit im Vordergrund der Produktstrategie, die speziell für wachsende Unternehmen, aber auch durch sich ändernde Marktanforderungen im Mittelstand einen hohen Stellenwert einnehmen. Diesem Ziel folgend wurde mit der Version Dynamics NAV 2009 der zusätzliche rollenbasierte (auch »RoleTailored« genannte) Client angeboten, der gegenüber dem gewohnten, parallel einsetzbaren Classic Client noch mehr Anpassbarkeit und Flexibilität aufweist (siehe auch Abschnitt »Rollenbasierter Client« ab Seite 51).

Applikationsstruktur

Die unterschiedlichen Anwendungsbereiche wie *Verkauf* & *Marketing, Lager oder Finanzmanagement* werden in Modulen abgebildet, die wiederum in kleinere Einheiten, die »Granules« strukturiert werden. Welche Module und Granules in einer Dynamics NAV-Installation zur Verfügung stehen, kann den Lizenzinformationen (Menübefehl *Extras/Lizenzinformationen*) entnommen werden. Die Strukturierung in Module und Granules dient der bedarfsgerechten Strukturierung in kleine lizenzierbare Einheiten, um so nur diejenige Standardfunktionalität lizenzieren zu müssen, die auch tatsächlich benötigt wird. In der Vergangenheit überwogen Lizenzmodelle, in denen pro Modul und Granule Lizenzpreise entrichtet wurden. Aktuell existieren Lizenzmodelle, in denen viele Module und Granules vorkonfiguriert sind.

C/SIDE-Entwicklungsumgebung

Dynamics NAV unterscheidet sich vor allem durch seine integrierte Entwicklungsumgebung (genannt C/SIDE, Client/Server Integrated Development Environment) von anderen ERP-Systemen. Die gesamte Dynamics NAV-Anwendung besteht aus vielen kleinen Einheiten (den Datenbankobjekten), in denen der gesamte, ereignisgesteuerte Quellcode für die Geschäftslogik enthalten und damit (entsprechende Lizenzierung vorausgesetzt) grundsätzlich vollständig anpassbar ist.

Die Dynamics NAV-Datenbankobjekte sind:

- Tables

---

[1] Quelle: Microsoft Dynamics Stand Mai 2009

- Forms
- Pages
- Reports
- Dataports
- XMLports
- Codeunits
- MenuSuites

Die Schaltzentrale der C/SIDE-Entwicklungsumgebung ist der *Object Designer,* von dem aus sowohl alle Datenbankobjekte zugänglich sind als auch neue erstellt werden können. Der *Object Designer* steht derzeit nur im Classic Client zur Verfügung.

Menübefehl: *Extras/Object Designer* (siehe Abbildung 2.2)

Abbildung 2.2   Object Designer im Classic Client

Durch die Strukturierung von Funktionalitäten in derzeit über 6.000 Datenbankobjekte (1.005 *Tables,* 1.901 *Forms,* 665 *Reports,* 8 *Dataports,* 43 *XMLports,* 613 *Codeunits,* 7 *MenuSuites* und 1.822 *Pages*) können Funktionsanpassungen über den *Object Designer* genau dort vorgenommen werden, wo diese benötigt werden.

In den Tabellen werden die Datensätze gespeichert, die je nach Client über Forms bzw. Pages eingegeben und angezeigt oder über Reports ausgegeben werden. Dabei zeigen Forms, Pages und Reports in der Regel nur eine Untermenge der in der Tabelle vorhandenen Felder und Datensätze an. Der Benutzer kann bestimmte Felder bei Bedarf zusätzlich einblenden. Dataports und XMLports dienen zum Importierten und Exportieren von Datensätzen. Codeunits enthalten die in C/AL programmierte Businesslogik. Die MenuSuites werden vor allem im Classic Client benutzt, um den linken Navigationsbereich für die Menüführung zur Verfügung zu stellen.

Die Datenbankobjekte werden vertiefend im Abschnitt »Dynamics NAV-Datenbankobjekte« ab Seite 63 behandelt.

Classic Client und rollenbasierter Client

Mit dem Release Dynamics NAV 2009 im November 2008 hat Microsoft einen zusätzlichen, .NET-basierten Client für Dynamics NAV zur Verfügung gestellt, der anders als der Classic Client auf einer Drei-Schicht-Architektur (bestehend aus Client-Schicht, Service-Schicht und Datenbank-Schicht) basiert. Der Classic Client, der parallel eingesetzt werden kann, basiert weiterhin auf einer Zwei-Schicht-Architektur, bestehend allein aus Client und Server. Die unterschiedliche Architektur wird vertiefend im Abschnitt »Systemarchitektur« ab Seite 60 behandelt.

Der rollenbasierte (RoleTailored) Client verfügt über eine neue, interaktive Benutzeroberfläche, die für den Benutzer zum einen eine intuitivere und aufgabenorientierte Bedienung anbietet, zum anderen erweiterte Benutzeranpassungen zulässt. Die Oberfläche passt sich der Benutzerrolle des angemeldeten Anwenders an und zeigt im so genannten *Rollencenter* – der Dynamics NAV-Startseite – hauptsächlich rollenspezifische Informationen und Funktionalitäten an, die für die Ausführung der Rolle notwendig sind. So werden die *Aktivitäten* einer Rolle (siehe Abbildung 2.3) in Form von Dokumentenstapeln visualisiert, um auf anstehende Aufgaben hinzuweisen, sodass der Benutzer seine Tätigkeiten effektiver planen und die richtigen Prioritäten setzen kann.

Abbildung 2.3 Aktivitäten der Dynamics NAV 2009 Rolle »Projektmanager«

Der rollenbasierte Ansatz impliziert auch, dass sich die Oberfläche eher an Prozessen als an Datenbankstrukturen orientiert. Sie soll so die Anwendung für den einzelnen Benutzer weniger komplex gestalten. Aus einer Vielzahl von Funktionen liefert das Rollencenter exakt die Informationen, die vom Benutzer für seine Arbeit benötigt werden.

Zur Umsetzung dieses prozessorientierten Ansatzes wurden im Rahmen des so genannten »Microsoft Dynamics Customer Models« umfangreiche Forschungen zur Arbeitsweise von Menschen und Abteilungen in Unternehmen betrieben und daraus 61 Stellen definiert, die sich auf 15 Abteilungen und 33 Prozessgruppen verteilen. Daraus wurden 21 Standard-Benutzerprofile abgeleitet, die Mitarbeitern zugeordnet werden können, um einen schnellen Zugriff auf die jeweils wichtigsten Informationen und Funktionalitäten zu ermöglichen.

Neben der prozessorientierten Informationsaufbereitung lässt das Rollencenter des rollenbasierten Clients eine Vielzahl von benutzerdefinierten Anpassungen zu, um für den Anwender eine individuelle »Schaltzentrale« zu erstellen, die neben grafischen Auswertungen auch den direkten Zugriff auf Microsoft Office Outlook-E-Mails, -Aufgaben und den Kalender ermöglicht.

Im Classic Client erfolgt die Personalisierung einerseits darüber, dass Menüpunkte im linken Navigationsbereich (MenuSuites) entsprechend der Benutzerrechte und darüber hinaus benutzerdefiniert angezeigt oder ausgeblendet werden, anderseits über das *Shortcuts*-Menü, in dem Benutzer oft verwendete Funktionen im Sinne von Favoriten ablegen können. Weitere benutzerdefinierte Anpassungen der Oberfläche sind auf Tabellendarstellungen in Forms reduziert, in denen Spalten ein- und ausgeblendet werden können.

Classic Client und rollenbasierter Client greifen bei der Fensterdarstellung auf unterschiedliche Dynamics NAV-Datenbankobjekte zu. So werden vom Classic Client Forms dargestellt, während der rollenbasierte Client die korrespondierenden Pages anzeigt.

Benutzeroberfläche

Im Folgenden wird auf die Benutzeroberfläche der beiden Dynamics NAV 2009 Clients eingegangen und deren Terminologie für die späteren Kapitel geklärt. Dabei ist mit dem Client die PC-seitige Dynamics NAV-Applikation gemeint, die mit dem Server kommuniziert. Der Dynamics NAV 2009 Client bildet als Windows-Programm sozusagen den Rahmen für die Dynamics NAV-Applikation.

> **HINWEIS**   Die in diesem Buch gezeigten Abbildungen zeigen Daten des deutschen Dynamics NAV Demo-Mandanten »CRONUS AG« inklusive der deutschen »Add-On-Module«. Als Betriebssystem wurde Windows Vista verwendet, daher können Fensterdarstellungen durch die Nutzung anderer Betriebssysteme abweichen.

Classic Client

Der Classic oder C/SIDE-Client ist das umfassendere Werkzeug der beiden zur Verfügung stehenden Clients, weil nur hier die C/SIDE-Entwicklungsumgebung mit dem *Object Designer* zur Verfügung steht. Aus diesem Grund wird in den weiteren Kapiteln von der Benutzung dieses Clients ausgegangen.

Aufbau der Benutzeroberfläche

Die Classic Client-Benutzeroberfläche ähnelt optisch dem Microsoft Outlook-Erscheinungsbild. Über den links angeordneten Navigationsbereich gelangt der Anwender zu den verschiedenen Modulen und Funktionalitäten.

Im unteren Teil des linken Navigationsbereichs finden sich die Schaltflächenmenüs, die das jeweilige Menü (in *Finanzmanagement*) öffnen. Im Menü finden sich die Menüoptionen (hier wurde *Kontenplan* gewählt), die in einer Baumstruktur angeordnet sind und durch die Menügruppen (hier *Finanzbuchhaltung*) strukturiert werden. Der Navigationsbereich wird durch die MenuSuite-Objekte gebildet.

Wenn im Folgenden von einer »Menüoption« die Rede ist, so ist der entsprechende Befehlspfad in dem links dargestellten Navigationsbereich zu finden und kann gegebenenfalls über die Menüschaltflächen im gestarteten Form fortgesetzt werden (z.B. Menüoption: *Finanzmanagement/Finanzbuchhaltung/Kontenplan/Funktion/Einrückung des Kontenplans*).

> **TIPP**   Der Navigationsbereich kann in der Breite verstellt oder über *Ansicht/Navigationsbereich* bzw. `Alt`+`F1` an- und ausgeschaltet werden, um mehr Platz für die geöffneten Fenster zu haben oder alternativ durch einen Doppelklick auf den Rand des Navigationsbereichs minimiert werden.

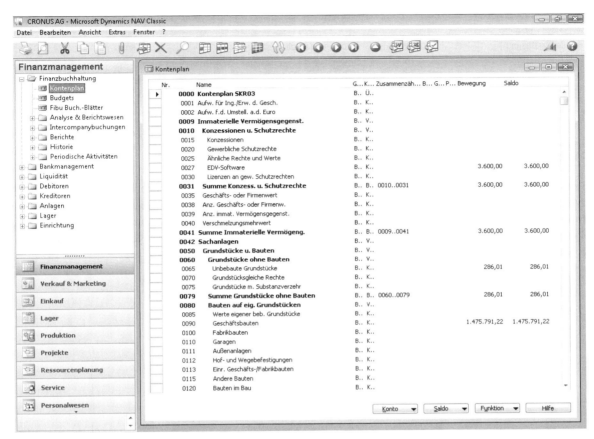

Abbildung 2.4 Benutzeroberfläche des Classic Client (am Beispiel des Kontenplans)

Im Kopfbereich des Classic Client (siehe Abbildung 2.5) sind allgemeine, modulübergreifende Funktionen in der Symbolleiste und Menüleiste zu finden. Wenn im weiteren Verlauf des Buchs von einem »Menübefehl« die Rede ist, ist dieser Befehl in den Menüs *Datei, Bearbeiten, Ansicht, Extras, Fenster* oder *?* zu finden.

Abbildung 2.5 Menü- und Symbolleiste des Classic Client

Im rechten Bereich des Classic Client werden die Anwendungselemente (zumeist Forms) dargestellt, die über Menüoptionen gestartet werden (siehe Abbildung 2.4). Es gibt im Classic Client verschiedene Arten von Forms bzw. Fenstern (siehe Tabelle 2.1).

Arten von Forms	Darstellungstyp	Beispiel
Tabellendarstellung	Mehrere Datensätze aus einer Tabelle	Kontenplan
Kartendarstellung	Ein Datensatz aus einer Tabelle	Sachkontokarte
Matrixdarstellung	Mehrere Datensätze aus mehr als einer Tabelle	Kontensaldo nach Dimensionen
Main/Sub Form-Darstellungen	Kombination aus Karten- und Tabellendarstellung: ein Datensatz plus mehrere Datensätze aus einer zweiten Tabelle	Verkaufsauftrag

Tabelle 2.1 Arten von Forms im Classic Client

Forms weisen häufig im unteren Bereich weitere Schaltflächen auf. Schaltflächen mit einer Pfeilspitze (Menüschaltflächen) deuten dabei kontextbezogene Untermenüs an, während Befehlsschaltflächen (Abbildung 2.6 unten *Hilfe*) nur eine Funktion beinhalten. Über die Menüschaltfläche *Konto* kann man z.B. vom Kontenplan auf die Kartendarstellung des jeweiligen Sachkontos (und umgekehrt) gelangen. Diese Navigationsregel ist auf nahezu allen Forms identisch.

Abbildung 2.6 Kartendarstellung eines Sachkontos

Auf Kartendarstellungen wird jeweils nur ein Datensatz angezeigt, der über die Schaltflächen in der Symbolleiste (siehe Abbildung 2.7) oder über `Bild ↑` bzw. `Bild ↓` gewechselt werden kann:

Abbildung 2.7 Navigationsschaltflächen des Classic Client

Alle Daten, die über die Benutzeroberfläche des Classic Client eingegeben werden, werden direkt beim Verlassen des Datensatzes in die Datenbank geschrieben; daher finden sich keine Funktionen zum Speichern von Eingaben. Geschlossen werden alle Anwendungselemente über die `Esc`-Taste oder die Schaltfläche *Schließen* des Fensters.

Suchen und Filtern von Datensätzen

Die Windows-typische Suchfunktion ⌜Strg⌝+⌜F⌝ (siehe Abbildung 2.8) kann auf jedem Tabellenfeld in Dynamics NAV gestartet werden und liefert den jeweils ersten Datensatz, der dem Suchkriterium entspricht. Die Suche kann dabei über eine exakte Entsprechung *Nur ganzes Feld suchen* oder teilweise Entsprechungen *Am Beginn des Felds* bzw. *Teil des Feldinhalts* durchgeführt werden. Über die Schaltfläche *Nächster* kann der nächste Datensatz gefunden werden, der dem Suchkriterium ebenfalls entspricht.

TIPP   Je nach Datenbankoption und -eigenschaften (SQL Server-Option »Während Eingabe suchen lassen«) kann die *Suche während der Eingabe* aktiviert sein. Diese Funktion ermittelt die Treffer während der Eingabe der Suchparameter und verursacht damit sehr viele und teilweise unnötige Datenbankanfragen, weshalb die Verwendung dieser Funktion nicht empfohlen wird.

Abbildung 2.8 *Suchen, Feldfilter, Tabellenfilter, FlowFilter, Alle Anzeigen* und *Sortieren*

Alternativ kann die Filterfunktion in Dynamics NAV (siehe Abbildung 2.8) genutzt werden, um alle Datensätze gleichzeitig anzuzeigen, die einem oder mehreren Filterkriterien entsprechen. Über den Tabellenfilter ⌜Strg⌝+⌜F7⌝ können alle Felder einer Tabelle als Filterkriterium über den Lookup ⌜F6⌝ herangezogen und kombiniert werden.

HINWEIS   Über den Tabellenfilter können auch solche Tabellenfelder als Filterkriterium genutzt werden, die nicht auf dem jeweiligen Form angezeigt werden können. Gegebenenfalls ist dies bei Zugriffsbeschränkungen zu beachten, da es hierdurch möglich wird, Feldwerte durch Näherungsverfahren zu nutzen, die nicht angezeigt werden können.

Anstatt im Tabellenfilter die Filterkriterien mehrerer ausgewählter Felder anzugeben, kann dies auch nacheinander vom ausgewählten Feld aus über den Feldfilter ⌜F7⌝ geschehen, der zugleich den aktuellen Feldwert als Filterkriterium vorschlägt.

Für die Filterung stehen verschiedene Filterausdrücke (siehe Tabelle 2.2) zur Verfügung, um relative Filterkriterien anzuwenden.

Art der Filterung	Filtereingabe	Erläuterung
Interval	Wert 1..Wert 2	Werte zw. Wert 1 und Wert 2 (gegebenenfalls Sortierung von SQL Server-Datenbank beachten)
	..Wert 2	Werte bis Wert 2
	Wert 1..	Werte ab Wert 1
Oder-Verknüpfungen	Wert1|Wert2	Entweder Wert 1 oder Wert 2
Ungleich	<>Wert1	Werte außer Wert 1
	<>Wert1&<>Wert2	Werte außer Wert 1 und Wert 2
	<>W*	Werte, die nicht mit W beginnen (nur bei SQL-Option)
Größer	>Wert1	Werte größer als Wert 1
Kleiner/Gleich	<=Wert2	Werte kleiner oder gleich Wert 2

Tabelle 2.2 Dynamics NAV-Filterausdrücke und deren Anwendung

Art der Filterung	Filtereingabe	Erläuterung
Teilweise bekannt	*Teilstring*	Texte, die »Teilstring« enthalten
	Teil*	Texte, die mit »Teil« beginnen
	@teil	Texte, die »Teil« oder »teil« enthalten, dabei jedoch Groß-/Kleinschreibung bei Feldtypen = *Text* ignorieren

Tabelle 2.2   Dynamics NAV-Filterausdrücke und deren Anwendung *(Fortsetzung)*

TIPP   Ist ein Filter gesetzt, deutet der Hinweis »FILTER« in der Statusleiste des Classic Client daraufhin, dass gegebenenfalls nicht alle vorhandenen Datensätze angezeigt werden. Über die Schaltfläche *Alle anzeigen* ⌨Strg+⌨⇧+⌨F7 können alle Tabellenfilter gleichzeitig aufgehoben werden. Zu beachten ist auf Kartendarstellungen, dass ein gesetzter Filter beim Schließen (anders als bei Tabellendarstellungen) nicht automatisch gelöscht wird und somit beim erneuten Starten automatisch wieder aktiv ist.

FlowFilter anwenden und Summenberechnungen einschränken

Ein FlowFilter wird nur auf berechnete Felder, so genannte »FlowFields« angewendet und wirkt dabei auf die Tabelle, über die das FlowField berechnet wird. Der Kontenplan z.B. besitzt mit der *Bewegung* ein FlowField, das die Summe der Beträge der zugehörigen Sachposten berechnet. Wendet man nun mit dem *Datumsfilter* einen FlowFilter auf den Kontenplan an, so wird das FlowField *Bewegung* nur noch Werte für die Betrachtungsperiode anzeigen und zwar für sämtliche Konten der Ansicht.

Führt man den Drilldown auf einer der Bewegungssummen aus, werden die entsprechenden *Sachposten* angezeigt. Der aktive Tabellenfilter ⌨Strg+⌨F7 zeigt, dass der *Datumsfilter* auf die zugrunde liegende Tabelle *Sachposten* transportiert wurde.

Da es in Dynamics NAV möglich ist, auf berechnete Felder zu filtern, können Feldfilter und FlowFilter auch kombiniert werden. So ist es denkbar, dass man im Kontenplan nur diejenigen Konten anzeigen lässt, die Buchungen in einer bestimmten Betrachtungsperiode aufweisen. Dazu können vereinfachend im Tabellenfilter (siehe Tabelle 2.3) direkt beide Filterkriterien eingegeben werden (obwohl das eine ein FlowFilter und das andere ein Feldfilter ist).

Feld	Filter	Erläuterung
Datumsfilter (FlowFilter-Feld)	z.B. »P-2« oder ein Datumsintervall wie 01.08.10..31.08.10	»P-2« erzeugt ein Datumsintervall für die vorletzte Buchungsperiode ausgehend vom Arbeitsdatum
Bewegung (Feldfilter)	<>0	Das FlowField *Bewegung*, bereits durch den FlowFilter beeinflusst, wird nun auf Bewegungen im Betrachtungszeitraum ungleich Null gefiltert

Tabelle 2.3   Filterung des Kontenplans auf diejenigen Konten, die im August 2009 Bewegungen aufweisen

Ob ein FlowFilter-Feld zur Verfügung steht, ist von der Definition des jeweiligen FlowFields abhängig.

ACHTUNG   Im FlowFilter werden immer alle auf der Tabelle vorhandenen FlowFilter-Felder angeboten, auch wenn nicht alle FlowFilter-Felder auf alle FlowFields wirken. So wirkt z.B. der *Datumsfilter* wohl auf das FlowField *Bewegung*, nicht aber auf das FlowField *Saldo*. Ob und welche FlowFilter auf ein FlowField wirken, kann in der FlowField-Definition der Tabelle (Feldeigenschaft »Calculation Formula«) überprüft werden.

Um die Feldeigenschaften in einer Tabelle anzuzeigen (die Tabelle ist dazu über den Menübefehl *Extras/Object Designer* im Designmodus zu starten), wird auf dem betreffenden Feld stehend ⟨⇧⟩+⟨F4⟩ oder das *Properties*-Symbol aus der Designer-Symbolleiste verwendet. Über »AssistButtons« (Schaltflächen mit drei Punkten am rechten Ende der Spalte *Value*) auf bestimmten Feldeigenschaften gelangt man zu weiteren Fenstern zur Anzeige der Feldeigenschaft.

Object Designer: *Design Tabelle 15 Sachkonto/Feld 32 Bewegung/Properties/CalcFormula Value* (siehe Abbildung 2.9)

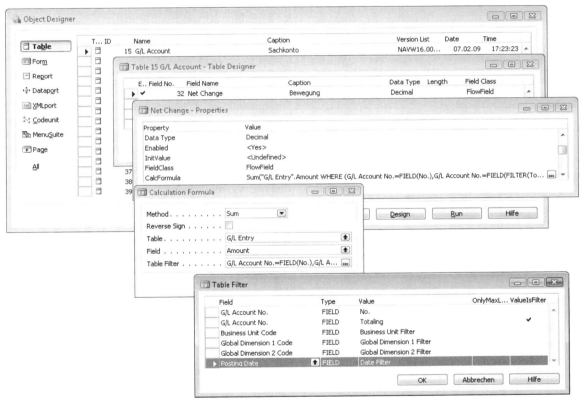

Abbildung 2.9   Filterlogik (CalcFormula) des FlowFields *Bewegung* im Sachkonto

Das FlowField *Bewegung* (*Net Change*) summiert das Feld *Betrag* (*Amount*) der Tabelle *Sachposten* (*G/L Entry*) unter den darge- stellten Filterbedingungen. Der gewählte *Datumsfilter* wirkt demnach auf das *Buchungsdatum* (*Posting Date*) der zugrunde liegenden Tabelle *Sachposten*.

Sortieren von Datensätzen vor dem Filtern

Um in großen Tabellen mit vielen Datensätzen lange Antwortzeiten zu vermeiden, sollte geprüft werden, ob das oder die zu filternden Felder in der aktuellen Sortierung ⟨⇧⟩+⟨F8⟩ enthalten sind oder gegebenenfalls vorher eine passende Sortierung gewählt werden kann.

Die Sortierung kann dabei jedoch nur auf vorhandenen, angebotenen Datenbankschlüsseln (Primär- und Sekundärschlüssel) für die jeweilige Tabelle erfolgen, die jeweils mehrere Tabellenfelder beinhalten können.

Anzeige von zusätzlichen Informationen

Im Navigationsbereich können Schaltflächenmenüs über Rechtsklick an- und ausgeblendet werden.

In Tabellendarstellungen können Felder gegebenenfalls zusätzlich eingeblendet werden, indem die Anzeige über *Ansicht/Spalte anzeigen* oder auch über einen Rechtsklick auf den Spaltenkopf aktiviert wird.

Uneingeschränkte Benutzerrechte vorausgesetzt kann auch die Funktion *Extras/Zoom* (Strg + F8) genutzt werden, um Datensatzinhalte einzusehen, die auf der jeweiligen Form nicht dargestellt werden.

Der Classic Client lässt es ferner zu, die Fensteranzeige in Tabellendarstellungen zu ändern. So können z.B. Spalten in Tabellenfenstern verschoben, verkleinert oder ausgeblendet werden. Derartige Änderungen werden in der so genannten »zup-Datei« benutzerbezogen beim Verlassen der Anwendung außerhalb der Datenbank gespeichert.

> **TIPP**   Eine häufige und sinnvolle Benutzeränderung ist das Vergrößern von Spaltenkopfzeilen, um Feldnamen bestehend aus mehreren Wörtern im Zeilenumbruch besser erkennen zu können.

Hilfreiche Tastenkombinationen im Classic Client

Grundsätzlich können Tastenkombinationen im Classic Client über Strg + Alt + F1 eingesehen werden. Diese Anzeige (siehe Abbildung 2.10) erfolgt dabei kontextsensitiv, also in Abhängigkeit des jeweils aktiven Forms.

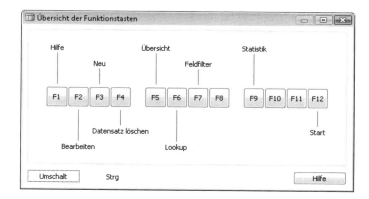

Abbildung 2.10 Kontextsensitive Übersicht der Funktionstasten

Der Wechsel von der Kartendarstellung eines Datensatzes zur Übersicht (Tabellenform) ist standardmäßig mit F5, der Wechsel aus der Übersicht zur Kartendarstellung des gewählten Datensatzes ist grundsätzlich mit ⇧ + F5 möglich.

Der Wechsel zwischen geöffneten Anwendungselementen und dem Navigationsbereich erfolgt durch F12 bzw. Strg + F12. Die Schaltflächenmenüs werden über Strg + Alt + ↑ bzw. Strg + Alt + ↓ gewechselt. Sind mehrere Fenster geöffnet, kann zwischen diesen über Strg + F6 oder das Menü *Fenster* gewechselt werden. Weitere hilfreiche Tastenkombinationen werden in Tabelle 2.4 aufgeführt:

Tastenkombination	Befehl	Erläuterung
F6	*Lookup*	Pfeil nach oben, rechts neben dem Feldwert, bei Tabellenrelationen
⇧ + F6	*Drilldown*	Pfeil nach unten, bei berechneten Feldern, den so genannten FlowFields
F7	*Feldfilter*	Datensatzfilterung über aktuellen Feldinhalt, Filterwert kann überschrieben werden
⇧ + F7	*FlowFilter*	Ergebnisfilterung bei FlowFields
Strg + F7	*Tabellenfilter*	Anzeige der Summe der Feldfilter bzw. Eingabemöglichkeit über alle Felder der Tabelle
⇧ + Strg + F7	*Alle anzeigen*	Aufheben von gesetzten Tabellenfiltern
Alt + B + Z	*Satzmarke*	Satzmarke ein bzw. aus – um anschließend über den Menübefehl *Ansicht, nur Satzmarkierte* nur selektierte Datensätze anzuzeigen
⇧ + F8	*Sortieren*	Sortieren von Daten innerhalb der zur Verfügung stehenden Tabellenschlüssel (Primär- und Sekundärschlüssel)

Tabelle 2.4 Hilfreiche Tastenkombinationen im Classic Client

Benutzerdefinierte Einstellungen

Mithilfe des Schaltflächemenüs *Shortcuts* kann ein benutzerdefiniertes Menü erstellt werden, um verschiedene Menüoptionen (Rechtsklick, *An Shortcuts senden*) mittels Verknüpfungen zusammenzuführen, die speziell auf die Aufgabe des Benutzers zugeschnitten sind. Neben Menüoptionen können auch einzelne Datensätze auf Kartendarstellungen über Strg + Alt + S (z.B. für häufig verwendete Datensätze) hinterlegt werden sowie Aufrufe von Websites oder Dokumenten.

BEGLEITMATERIAL   Im Begleitmaterial zu diesem Buch ist ein *MenuSuite*-Objekt enthalten, welches ein »Compliance Leitfaden«-Menü in Buchstruktur erzeugt, mit dem die wichtigsten, prüfungsrelevanten Menüoptionen einfach zu erreichen sind.

Die Begleitdateien stehen als Download zur Verfügung. Sie können diese von der Seite *http://go.microsoft.com/fwlink/?Link ID=153144* herunterladen.

Rollenbasierter Client

Der rollenbasierte Client nutzt im Vergleich zum Classic Client eine andere Oberfläche sowie ein anderes Bedienkonzept. Obwohl im weiteren Verlauf des Buchs davon ausgegangen wird, dass der Classic Client zur Verfügung steht, wird im Folgenden die grundlegende Bedienung des rollenbasierten Clients und dessen Benutzeroberfläche erläutert. Für weitere Hinweise zur Bedienung empfehlen wir das ebenfalls bei Microsoft Press erschienene Buch »Microsoft Dynamics NAV 2009 – Grundlagen« von Andreas Luszczak und Robert Singer (ISBN-13: 978-3-86645-435-4).

Aufbau der Benutzeroberfläche

Das Konzept des rollenbasierten Clients ist, eine auf die Benutzerrolle des Anwenders zugeschnittene Oberfläche anzubieten. Benutzern werden Profile zugeordnet, die bestimmte Aufgaben- und Verantwortlichkeitsbereiche abdecken. Die Oberfläche des rollenbasierten Clients (siehe Abbildung 2.11) zeigt so im Rollencenter (Startseite) nur Informationen und Funktionalitäten an, die für seine Tätigkeit notwendig sind.

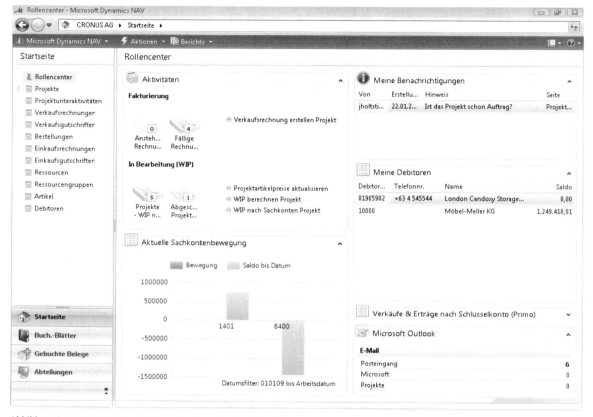

Abbildung 2.11   Beispiel eines Rollencenters im rollenbasierten Client

Unterhalb der Titelleiste »Projekte, Abgeschlossen – Microsoft Dynamics NAV« (siehe Abbildung 2.12) befinden sich die aus Webbrowsern bekannten »Travel Buttons« (*Zurück* und *Vorwärts*) und die Adressleiste oder der so genannte »Bread-Crumb Trail«, wie aus Windows Vista bekannt.

Abbildung 2.12   »Travel Buttons« und Adressleiste im rollenbasierten Client

Die Adressleiste stellt eine horizontale Navigationsleiste dar. Sie zeigt einerseits den Pfad der geöffneten »Page« (Fenster im rollenbasierten Client) innerhalb von Dynamics NAV 2009 an, sie kann jedoch auch benutzt werden, um innerhalb des Pfades zu navigieren oder den Pfad (mit Schrägstrich getrennt *CRONUS AG/Startseite/ Projekte/Abgeschlossen*) einzugeben. Mit den »Travel Buttons« kann (wie im Browser) zwischen den chronologisch geöffneten Pages gewechselt werden. Zusätzlich steht eine Verlaufsliste (kleiner, nach unten gerichteter Pfeil neben den Travel Buttons) zur Verfügung, in der die letzten besuchten Pages angezeigt werden.

In der Menü- oder Befehlsleiste (siehe Abbildung 2.13) befinden sich neben dem Applikationsmenü mit *Aktionen*, *Verknüpfte Informationen* und *Berichte* bis zu drei kontextbezogene Menüs, die je nach geöffneter Page unterschiedliche Menüoptionen beinhalten. Rechts am Rand sind die Menüs *Anpassen* und *Online-Hilfe* aufrufbar.

Abbildung 2.13 Befehlsleiste im rollenbasierten Client

Zusammen mit dem Navigationsbereich bilden Adressleiste und Menüleiste den so genannten »Navigation Layer«, in dem die rollenbasierte Startseite (auch »Rollencenter« oder »Rolecenter Page« genannt) automatisch beim Start von Dynamics NAV 2009 gestartet wird (siehe Abbildung 2.11).

Der Navigationsbereich enthält standardmäßig die Schaltflächenmenüs *Startseite*, *Gebuchte Belege* und *Abteilungen*, es können jedoch weitere Menüschaltflächen benutzerdefiniert oder rollenbezogen hinzugefügt werden. Während die Menüs *Startseite* und *Gebuchte Belege* abhängig von der Benutzerrolle unterschiedliche Menüoptionen enthalten, hat das Menü *Abteilungen* die Aufgabe, abhängig von der Berechtigung Zugriff auf alle Anwendungsbereiche zu gewähren, also auch jene, die nicht zur eigenen Rolle gehören, für die der Benutzer aber Zugriffsberechtigungen besitzt. Das Menü *Abteilungen* ist eine spezielle Page, die das System mit den Menüoptionen der MenuSuite *Objekte* (des Classic Client) automatisch generiert.

Die Rollencenter-Page enthält verschiedene »Info Parts« (oder »UI Parts«), die benutzerdefiniert ein- und ausgeblendet sowie konfiguriert werden können. Neben rollenspezifischen *Aktivitäten* stehen benutzerdefinierte Stammdaten-Favoritenlisten (*Meine Debitoren*, *Meine Kreditoren*, *Meine Artikel*), *Diagramme* (XML-basierte grafische Auswertungen) sowie ein Outlook-UI Part und *Meine Benachrichtigungen* zur Verfügung.

Der Bereich *Aktivitäten* zeigt mithilfe von symbolisierten Dokumentenstapeln (so genannten »Cues«) den Status derjenigen Tätigkeiten bzw. Informationen an, die der Anwender permanent zu überwachen hat. Über einen Klick auf den Dokumentenstapel öffnet sich ein »Listenplatz« (Tabellenfenster) mit den zu bearbeitenden Dokumenten. Außerdem enthält dieses Fenster die am häufigsten benutzen Menüpunkte für das Profil.

Die Favoritenlisten für Debitoren, Kreditoren und Artikel können über die Symbole *Aktionen* und *Anpassen* konfiguriert werden. *Diagrammabschnitte* sind in XML-Dokumenten definierte, grafische Auswertungen von Dynamics NAV 2009-bezogenen Kennzahlen.

Mit dem Microsoft Outlook-Part kann der Benutzer zugleich Überblick über seine Dynamics NAV-Aufgaben sowie seine E-Mails, -Aufgaben und Termine behalten (Erinnerungen und E-Mail-Benachrichtigungen erscheinen, ohne dass Outlook als weiterer Windows-Task gestartet sein muss).

Über den Bereich *Meine Benachrichtigungen* wird ermöglicht, Informationen mit Bezug auf einen bestimmten Datensatz an einen anderen Anwender zu senden, der den betreffenden Datensatz im Rollencenter über einen Doppelklick auf die Nachricht öffnen kann (die Information verbleibt beim Datensatz als Notiz).

Ein wesentlicher Unterschied zwischen rollenbasiertem Client und Classic Client ist das Fensterlayout. Während das Layout der Forms im Classic Client festgelegt ist, also Position und Größe von Feldern auf Kartenforms fix sind, werden Position und Größe von Controls auf Pages »zur Laufzeit« dynamisch berechnet. Dadurch ist es mit dem rollenbasierten Client möglich, problemlos auf verschiedenen Systemen mit unterschiedlichen Bildschirmauflösungen zu arbeiten. Im gleichen Zusammenhang wurden auch die horizontal angeordneten Kartenregister des Classic Client durch vertikal aufgebaute »Inforegister« im rollenbasierten Client ersetzt (siehe Abbildung 2.14 und Abbildung 2.15).

Im Unterschied zu den Registerkarten der Forms können »Inforegister« grundsätzlich auch gleichzeitig angezeigt werden. Auf »Inforegistern« können die Werte von einigen, besonders wichtigen Feldern im zugeklappten Zustand angezeigt werden. Da die Anzeige ohne Feldnamen erfolgt, macht dies besonders bei Feldern Sinn, die vom Benutzer ohne die Feldbeschreibung aufgrund der möglichen Feldwerte erkannt werden können.

Abbildung 2.14   Ressourcenkarte im Classic Client

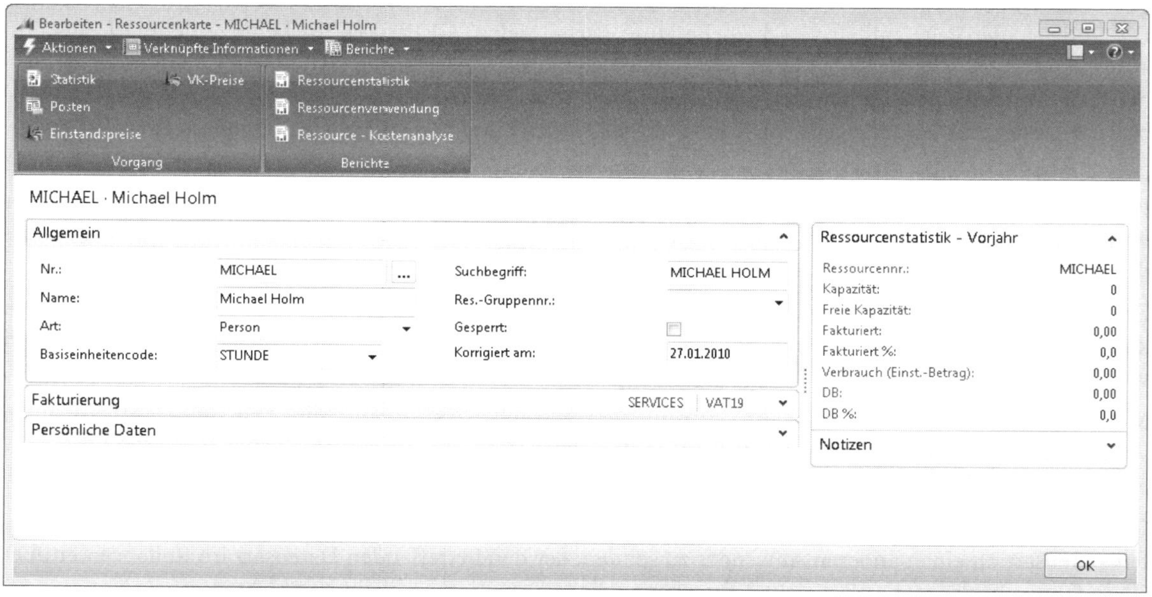

Abbildung 2.15   Ressourcenkarte im rollenbasierten Client

Der Aufbau der Programmoberfläche des rollenbasierten Clients ist stärker als der Classic Client am Design von Microsoft Office Outlook 2007 angelehnt. Der rollenbasierte Client arbeitet in einer so genannten »SDI-Umgebung« (Single Document Interface), die auch in Outlook Anwendung findet. Genau wie eine E-Mail, die aus der Posteingangsliste ausgewählt wurde, sich als eigenes Fenster öffnet, erscheint auch z.B. die Debitorenkarte als eigenes Fenster über der Debitorenliste, nachdem der Datensatz dort per Doppelklick ausgewählt wurde. Das Öffnen der Kartendarstellungen in einem separaten Fenster soll dazu dienen, einen besseren Überblick über noch nicht abgeschlossene Vorgänge zu behalten. Der »Listenplatz« wird dabei im »Seitenbereich« gestartet, also über dem Rollencenter und nicht als separate »Aufgabenseite«. Eine Aufgabenseite ist eine Kartendarstellung zum Bearbeiten bzw. zur Detailansicht des Datensatzes aus dem Listenplatz. Der Navigationsbereich des rollenbasierten Clients enthält daher standardmäßig nur Tabellendarstellungen, über die der Anwender zur Kartendarstellung gelangt.

Im Classic Client verhält sich diese Navigation umgekehrt: Dort gelangt man erst über eine Kartendarstellung in die Übersicht, um dort einen Datensatz mit *OK* für die Kartendarstellung zu selektieren.

TIPP   Falls gewünscht, können »Listenplätze« als separate Fenster gestartet werden, indem Sie mit der rechten Maustaste im Navigationsbereich auf die gewünschte Option klicken und den Eintrag *Im neuen Fenster öffnen* wählen. In diesem Fall weist die Page im rechten unteren Bereich eine *Schließen*-Schaltfläche auf (siehe Abbildung 2.16).

Abbildung 2.16   Listenplatz *Debitorenübersicht*

Alle »Aufgabenseiten« weisen neben der Menüleiste einen »Aktionsbereich« auf, in der kontextbezogene Funktionen in die Bereiche *Neu*, *Vorgang* und *Berichte* strukturiert sind (siehe Abbildung 2.16). Je nach Bedeutung innerhalb des Prozesses können diese Aktionen vergrößert dargestellt werden, damit diese schneller gefunden werden. Im rechten Bereich der Page erscheinen ein oder mehrere »FactBox Pages« (hier *Debitorenverkaufshistorie, Debitorenstatistik, Links* und *Notizen*), die der Benutzer ein- und ausblenden kann.

Suchen und Filtern von Datensätzen

Listenplätze und Buchungsblattfenster enthalten einen Filterbereich. Dieser Filterbereich kann in der minimierten Version dazu genutzt werden, um Selektionen in den angezeigten Spalten durchzuführen. Vergleiche hierzu auch Abschnitt »Suchen und Filtern von Datensätzen« im Classic Client ab Seite 47.

HINWEIS   Eine Suche wie im Classic Client steht im rollenbasierten Client erst ab Service Pack 1 für Dynamics NAV 2009 zur Verfügung.

In der maximierten bzw. aufgeklappten Ansicht des Filterbereichs werden alle angewandten Filterkriterien untereinander dargestellt (siehe Abbildung 2.17).

Abbildung 2.17   Detaillierte Darstellung der angewendeten Filter im Filterbereich des rollenbasierten Clients

TIPP   In der minimierten Filteransicht muss für einen Teilstring-Filter (z.B. *Zuständigkeitseinheitencode = HA**) kein Sternchen eingegeben werden, solange am Beginn des Feldinhalts gesucht wird.

FlowFilter auf Pages anwenden

Im Gegensatz zum Classic Client, bei dem der FlowFilter als Tabellenfilter eingegeben werden kann, muss im rollenbasierten Client ein spezieller Filterbereich (*Summenberechnung einschränken*) eingeblendet werden. Auf Listenplätzen erfolgt dies über das Seitentitelmenü (siehe Abbildung 2.18, *Kontenplan*).

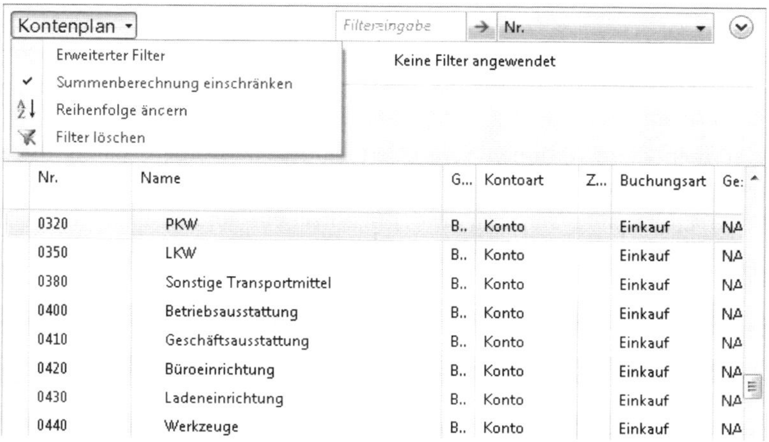

Abbildung 2.18   FlowFilter-Bereich einblenden auf Listenplätzen

Im angezeigten Filterbereich können ein oder mehrere FlowFilter angewendet werden, wie in Abbildung 2.19 dargestellt (siehe hierzu auch den Abschnitt »Suchen und Filtern von Datensätzen« im Classic Client ab Seite 47).

Abbildung 2.19 FlowFilter/ Summenberechnung einschränken

Auf Kartenfenstern wird der FlowFilter-Bereich über das Symbol *Anpassen* aktiviert (siehe Abbildung 2.20).

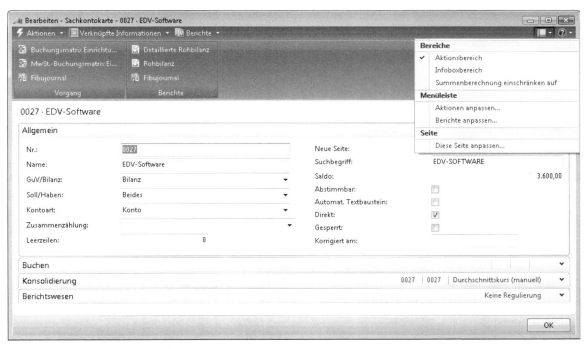

Abbildung 2.20 FlowFilter auf Kartenfenstern einblenden

Hilfreiche Tastenkombinationen

Die Tastenkombinationen im rollenbasierten Client sind am Windows Standard angelehnt und weichen vom Classic Client ab. Da davon ausgegangen wird, dass Konfigurationen und Prüfungen vorwiegend im Classic Client durchgeführt werden, verweisen wir bezüglich der Tastenkombinationen auf die Online-Hilfe. Unter dem Stichwort »Shortcuts« werden alle Tastenkombinationen erläutert, eine Vergleichstabelle zu denen des Classic Client ist ebenfalls vorhanden.

Benutzerdefinierte Einstellungen

Der rollenbasierte Client weist eine Fülle von benutzerdefinierten Anpassungsmöglichkeiten auf, die hier nicht abschließend erläutert werden können. Nahezu alle Bereiche der rollenbasierten Oberfläche können benutzerdefiniert an die persönlichen Anforderungen angepasst werden.

Abbildung 2.21   *Anpassen*-Menü in Listenplätzen

Die meisten Anpassungsmenüs sind selbsterklärend, sodass hier auf eine nähere Erläuterung verzichtet wird. Exemplarisch werden die Anpassungsmenüs des Rollencenters (Abbildung 2.22) und eines Listenplatzes (Abbildung 2.23) dargestellt.

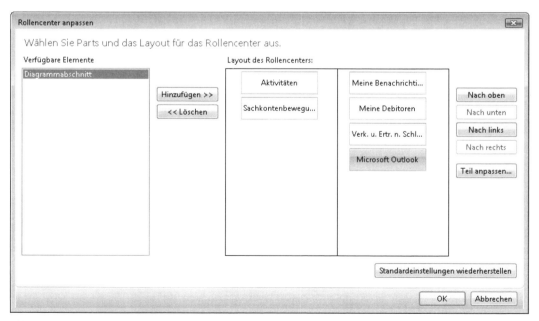

Abbildung 2.22   *Anpassen*-Menü des Rollencenters

Der Aufbau des Rollencenters kann vom Anwender an seine persönlichen Anforderungen angepasst werden. Er kann entscheiden, welche »Info Parts« angezeigt werden, wo diese erscheinen sollen und wie diese konfiguriert sind (*Teil anpassen*).

Eine der Anpassungsmöglichkeiten in Listenplätzen ist das Einfügen von *Diagrammabschnitten*, die z.B. genutzt werden, um FlowFields der angezeigten Tabelle zu visualisieren (siehe Abbildung 2.23).

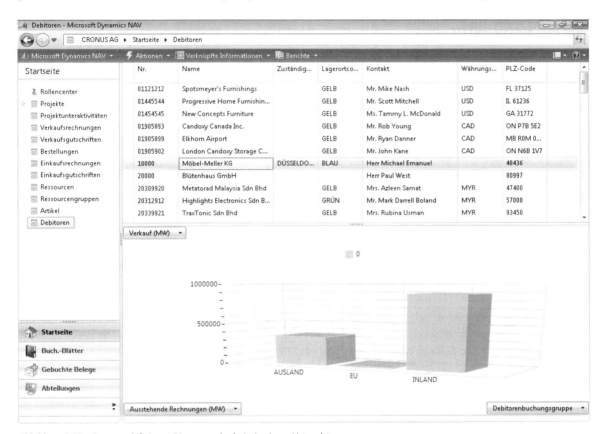

Abbildung 2.23   Benutzerdefinierter Diagrammabschnitt in einem Listenplatz

Zum Einfügen eines *Diagrammabschnitts* in einen Listenplatz muss zunächst der Diagrammbereich über die Schaltfläche *Anpassen* eingeblendet werden. Danach kann die darzustellende Kennzahl über die Schaltfläche links über dem Diagrammbereich und eine oder mehrere Dimensionen über die Dimensionsschaltflächen unter dem Diagramm ausgewählt werden.

TIPP   Perspektivische Anpassungen des in Abbildung 2.23 dargestellten dreidimensionalen Charts sind durch Nutzung der »Windows Presentation Foundation«-Technologie (WPF) durch Ziehen mit der Maus möglich.

Technologie von Dynamics NAV 2009

Systemarchitektur und Datenbankoption haben Einfluss auf die Arbeitsweise von Dynamics NAV 2009. Dieser Abschnitt behandelt einige ausgewählte Themengebiete und richtet sich vor allem an technisch interessierte Leser.

Systemarchitektur

Classic und rollenbasierter Client nutzen eine unterschiedliche Systemarchitektur, deren wesentliche Unterschiede erläutert werden sollen.

Zwei-Schicht Architektur vs. Drei-Schicht-Architektur

In Dynamics NAV stehen künftig mit dem Classic Client, dem rollenbasierten Client und künftig dem Share-Point Client (Version 7) drei verschiedene Benutzeroberflächen zur Verfügung. Während der Classic Client auf Basis einer Zwei-Schicht-Architektur arbeitet, nutzt der parallel einsetzbare rollenbasierte Client genau wie der SharePoint Client eine dreischichtige Systemarchitektur (der SharePoint-Client verwendet die Pages des rollenbasierten Clients, wobei die Inhalte an die Browserumgebung angepasst werden).

Bei der Zwei-Schicht-Architektur fungiert der Client zugleich als Benutzeroberfläche und »Runtime« für die in C/AL geschriebene Businesslogik. Dies bedeutet, dass alle Berechnungen auf dem Client erfolgen und deshalb Informationen zwischen Datenbank und Client ausgetauscht werden müssen. Bei der Drei-Schicht-Architektur befindet sich eine Ebene zwischen Client und Datenbank: die Service-Schicht (»Middletier«). Die Client-Schicht übernimmt die »Präsentation« von Daten, die Businesslogik und alle Berechnungen werden durch die Service-Schicht umgesetzt.

Die Drei-Schicht-Architektur steigert die Skalierbarkeit des Dynamics NAV-Systems, da die Rechnerlast der Service-Schicht auf mehrere Server verteilt werden kann. Zusätzlich steigert sie die System-Sicherheit, da die Businesslogik die Service-Schicht nicht verlässt und somit schwerer zu manipulieren ist.

Client-Schicht

Die Client-Schicht besteht technisch aus »Microsoft Business Framework« (MBF) und dem »Microsoft Dynamics Tools Client«, der auf Basis der »Microsoft Windows Forms«-Technologie aufgebaut ist, die wiederum Klassen von .NET Framework darstellen.

Die Ausführung von Businesslogik auf Client-Ebene (wie beim Classic Client) stellt ein vergleichsweise erhöhtes Sicherheitsrisiko dar. Manipulationen der Businesslogik, die auf einem Client-Computer erfolgen, werden gegebenenfalls von der Datenbank-Schicht nicht als solche erkannt. Der rollenbasierte Client (Drei-Schicht-Architektur) enthält keine Entwicklungsumgebung. Nicht autorisierte C/SIDE-Objektänderungen können somit nur vom Classic Client ausgehen.

HINWEIS   Aus technischer Sicht ist der rollenbasierte Client Teil einer .NET-DLL, die nicht aus C/AL-Code besteht bzw. kompiliert wird. Der in der DLL benutzte C#-Quellcode wird aber aus dem C/AL-Code der C/SIDE-Entwicklungsumgebung konvertiert.

Dynamics NAV Service-Schicht (NST)

Die Dynamics NAV Service-Schicht (NST) besteht aus dem »Dynamics NAV-Server« und den Microsoft-Komponenten »Internetinformationsdienste (IIS)« und »SharePoint Server«. Die gesamte Businesslogik wird auf dem NST ausgeführt. Um entsprechende C/AL-Prozesse zu starten, sendet der Client Anfragen in Form von »Web Services« zur Service-Schicht. Die Steuerung der Webservice-Kommunikation übernehmen die Internetinformationsdienste (IIS).

Datenbankoption

Dynamics NAV 2009 bietet mit der »Nativen« und der SQL Server-Datenbank zwei verschiedene Datenbankoptionen, deren Arbeitsweisen höchst unterschiedlich sind und deren Einsatz zudem von der benutzten Benutzeroberfläche abhängig ist.

In der Zwei-Schicht-Architektur kann zwischen der so genannten »Nativen« und der SQL Server-Datenbank (2005 oder 2008) gewählt werden. Wird der rollenbasierte Client und die damit verbundene Drei-Schicht-Architektur eingesetzt, kann nur die SQL Server-Datenbank verwendet werden.

Zwischen der Arbeitsweise der »Nativen« Datenbank, die speziell für die früheren Versionen »Navision Financials« entwickelt wurde, und der vom SQL Server gibt es wesentliche Unterschiede, die im Folgenden verdeutlicht werden sollen.

Transaktionssicherheit

Grundsätzlich sind alle in der »Nativen« Datenbank durchgeführten Buchungstransaktionen transaktionssicher. Das bedeutet, dass das »Zurückschreiben« an den Server vom Client erst dann durchgeführt wird, wenn alle Berechnungen ohne Fehler abgeschlossen wurden. SQL Server hingegen arbeitet mit einem Transaktionsprotokoll, welches Datenänderungen für ein mögliches »Rollback« (Zurücksetzen der Transaktion) zwischenspeichert, bis diese abschließend in die Datenbank geschrieben sind.

ACHTUNG   Während bei der »Nativen« Datenbank Daten einer Transaktion nur komplett in die Datenbank geschrieben werden, kann es bei der SQL Server-Option dazu kommen, dass Daten einer Transaktion geschrieben wurden und durch einen »Rollback« innerhalb der gleichen Transaktion wieder gelöscht werden. Dies führt zu so genannten »Dirty reads« (ungültigen Lesevorgängen), die zu temporär inkonsistenten Datenabfragen führen können.

Versionsprinzip

Dynamics NAV verwendet das so genannte »optimistic concurrency principle«, welches davon ausgeht, dass Zugriffe generell mehrheitlich lesend erfolgen, und Benutzer Datenänderungen stets mit der aktuellen Version der Daten beginnen.

Damit lässt Dynamics NAV zu, dass mehrere Benutzer gleichzeitig auf dieselben Datensätze zugreifen können. Werden Datensätze verändert, werden diese Änderungen beim Verlassen des Datensatzes automatisch an die Datenbank (bzw. gegebenenfalls an den »Commit Cache«) zurückgeschrieben und so Teil einer neuen »Version der Datenbank«.

Versuchen zwei Benutzer den gleichen Datensatz zu ändern, so wird diejenige Änderung übernommen, die zuerst an die Datenbank zurückgeschrieben wird. Der andere Benutzer erhält eine Fehlermeldung mit dem Hinweis, seine Aktion (auf der neuen Version der Daten) erneut durchzuführen.

HINWEIS   Obwohl das oben erläute te Versionsprinzip grundsätzlich nur eine Eigenschaft der »Nativen« Datenbank ist, wurde das Prinzip »optimistic concurrency« auch in der SQL Server-Option über »Zeitstempel« abgebildet, sodass dieses Prinzip unabhängig von der verwendeten Datenbank zur Verfügung steht.

Datenbankspezifische Sortierreihenfolge

Die Standard-Sortierreihenfolge der alphanumerischen Codefelder hängt in Dynamics NAV von der verwendeten Datenbank (Native oder SQL Server) ab. Im Folgenden wird an einem Beispiel erläutert, wie sich dieser Unterschied in Dynamics NAV bemerkbar macht.

In der in Abbildung 2.24 gezeigten Tabelle wurden die Zahlen 1, 2, 3, 4, 10 und 100 in einem Feld vom Typ »Code« eingetragen, welches zugleich Primärschlüssel (Standardsortierschlüssel) ist.

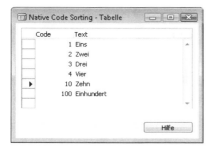

Abbildung 2.24   Sortierung von numerischen Codefeldern in der Nativen Datenbank

Die gleichen Werte werden in der SQL Server-Option standardmäßig entsprechend der Abbildung 2.25 sortiert.

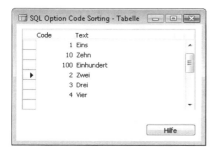

Abbildung 2.25   Standardsortierung von numerischen Codefeldern in SQL Server-Datenbank

Die SQL Server-Option für Dynamics NAV sortiert Zahlen innerhalb eines Codefeldes (standardmäßig Data Type »Varchar«) wie Text, sodass sich eine nicht numerische Sortierreihenfolge ergibt. Jedes Zeichen der Zahl wird von SQL Server zum Sortieren verglichen, statt dem numerischen Wert der Zahl.

HINWEIS   Die Übersetzung des Feldtyps *Code* kann auch in einen SQL Data Type »Integer« erfolgen, jedoch muss dies durchgängig in allen Tabellen geschehen, in denen das Feld enthalten ist. Erfolgt keine durchgängige Typänderung, können falsche Summenbildungen die Folge sein können, weshalb dringend davon abgeraten wird.

Die unterschiedliche Sortierlogik ist auch dann zu bedenken, wenn ein Wechsel von der »Nativen« auf die SQL Server-Datenbank erfolgen soll. Werden z.B. Intervallfilter benutzt, so können diese unter Umständen bei identischen Werten unterschiedlich viele Datensätze zurückliefern.

Dies ist auch bei Nummernkreis-Definitionen relevant. Werden numerische Nummernkreise verwendet, sollten alle vergebenen Nummern die gleiche Anzahl von Stellen haben, um dieses Problem zu umgehen.

Dynamics NAV-Datenbankobjekte

Das Verständnis über Dynamics NAV-Datenbankobjekte ist von wesentlicher Bedeutung für das Implementieren und spätere Arbeiten mit der Applikation sowie für die Prüfung von Dynamics NAV Systemen und das Analysieren von Daten. Folgende Themen werden in diesem Abschnitt behandelt:

- Erläuterungen der verschiedenen Objektarten

- Anleitung zum Feldzugriff zur Analyse und Prüfung von Daten

- Anleitung zum Erstellen einfacher Reports

HINWEIS   Insbesondere für die Prüfungshandlungen in den folgenden prozessorientieren Kapiteln ist das Studium des Abschnitts »Feldzugriff auf Tabelleninhalte mithilfe selbst erstellter Forms« ab Seite 71 eine wesentliche Voraussetzung.

Tabellen

Das Zugreifen auf Tabellen und deren Anzeige steht im Mittelpunkt der folgenden Erläuterungen. Zusätzlich werden aus Compliance-Sicht relevante Feldeigenschaften (Properties) erläutert.

Zugriff und Anzeige von Tabellen

Dynamics NAV arbeitet auf Basis einer relationalen Datenbank, d.h., alle Datensätze werden in einer Vielzahl von Tabellen gespeichert. Bei entsprechender Zugriffsberechtigung des Benutzers werden die Datensätze je nach genutztem Client über Forms bzw. Pages sowie Reports angezeigt.

In Tabellen werden die Datenbank-Felder und -Schlüssel definiert. Darüber hinaus enthalten Tabellen neben den Properties noch »C/AL-Trigger«, in denen ereignisgesteuerte Businesslogik in Form von C/AL-Code hinterlegt werden kann.

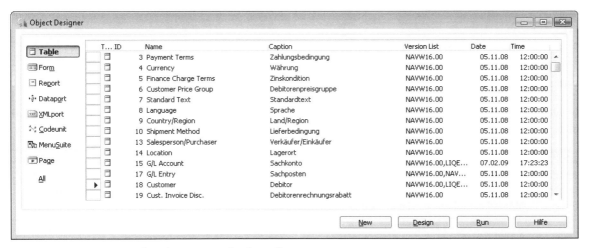

Abbildung 2.26   Tabellenzugriff im Object Designer des Classic Client

Dynamics NAV ist mehrmandantenfähig, kann also Tabellen für z.B. mehrere rechtlich selbständige Firmen in derselben Datenbank getrennt verwalten. Neben einigen Systemtabellen sind die meisten Tabellen »mandantenabhängig«, zeigen also nur diejenigen Daten des Mandanten an, an dem man sich angemeldet hat. Der Zugriff auf Tabellen ist über den »Object Designer« möglich.

Menübefehl: *Extras/Object Designer* (siehe Abbildung 2.26)

HINWEIS   In den Standardeinstellungen wird die deutsche Bezeichnung der Tabelle (Feld *Caption*) nicht angezeigt. Dies kann geändert werden, indem man mit der rechten Maustaste auf den Spaltenkopf klickt und dort *Spalte anzeigen* und das Feld *Caption* auswählt.

Im Object Designer kann über die Suchefunktion nach Tabellen gesucht werden. Dazu ist es wichtig, zuerst die Spalte durch einfachen Mausklick zu aktivieren, in der nach einem Begriff gesucht werden soll (z.B. in der Spalte *Caption siehe* Abbildung 2.27) und anschließend die Suche ⌨Strg⌨+⌨F⌨ zu starten (neben der Suche nach einer Caption oder dem Namen kann auch der Feldfilter ⌨F7⌨ benutzt werden, damit mehrere Suchergebnisse gleichzeitig angezeigt werden können).

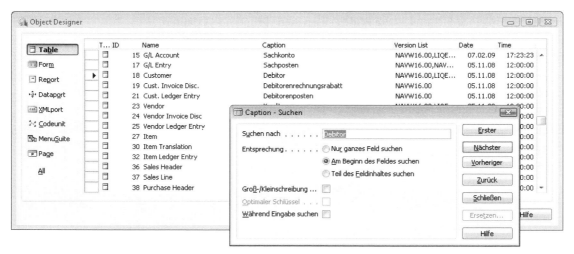

Abbildung 2.27   Tabellensuche über die deutsche Caption

Tabelleninhalte können angezeigt werden, indem die Tabelle markiert (oder die Einfügemarke im Datensatz steht) und mit der rechten Maustaste über *Run* geöffnet wird.

ACHTUNG   Es wird darauf hingewiesen, dass diese Art des Tabellenzugriffs nur angewendet werden sollte, wenn das Benutzerprofil lediglich Leserechte beinhaltet, da im »Run-Modus« Tabelleninhalte gelöscht werden könnten. Wir empfehlen stattdessen den Tabellenzugriff über selbst erstellte, nicht editierbare Forms, die lediglich die gewünschten Felder anzeigen, wie im Abschnitt »Feldzugriff auf Tabelleninhalte mithilfe selbst erstellter Forms« erläutert.

Tabelleninhalte lassen sich über das Kopieren/Einfügen-Verfahren in andere Applikationen zur Weiterverarbeitung exportieren (z.B. Excel oder ACL). Zusätzlich bietet Dynamics NAV die Möglichkeit, über die Symbolleiste eine direkte Word- oder Excelübergabe anzustoßen. Diese Funktionalität muss eingerichtet sein (*Extras/Formatvorlagen verwalten*) und steht nur auf Forms und erst seit Dynamics NAV Version 5.0 zur Verfügung.

Jede Tabelle ist im Object Designer durch verschiedene Merkmale (siehe Tabelle 2.5) gekennzeichnet, die in den Spalten des Object Designer-Fensters abzulesen sind:

Feldname	Beschreibung
Type	Der Objekttyp (hier Tabelle)
ID	Die eindeutige ID des Objekts
Name	Der eindeutige Name des Objekts
Caption	Die deutsche Bezeichnung des Objekts (bzw. in der ausgewählten Applikationssprache)
Modified	Bei Änderung eines Objekts im Object Designer wird dieses (editierbare) Flag automatisch gesetzt. Das Flag kann somit auch manuell entfernt werden.
Version List	Version des Objekts mit Kennzeichnung für Lokalisation und ggf. Customizing
Date	Letztes (jedoch ebenfalls editierbares) Datum der Objektspeicherung
Time	Letzte (jedoch ebenfalls editierbare) Zeit der Objektspeicherung
BLOB Size	Größe des Objekts. Bei Änderung eines Objekts verändert sich auch dessen Größe. Nach Kompilieren des Objekts ist diese Information die einzige Möglichkeit, direkt festzustellen, ob das Objekt Änderungen zum Standardobjekt aufweist.
Compiled	Zeigt an, ob das Objekt kompiliert ist. Durch das Kompilieren werden C/AL Syntaxfehler im Objekt identifiziert. Ferner wird die BLOB Size des Objekts neu ermittelt.

Tabelle 2.5 Merkmale der Dynamics NAV-Objekte im Object Designer

Eigenschaften von Tabellenfeldern

Jede Tabelle besteht aus ein oder mehreren Feldern, von denen ein oder mehrere Felder als »Primärschlüssel« definiert sind. Der Primärschlüssel bezeichnet in relationalen Datenbanken das oder die Datenfelder in der Tabelle, die diesen Datensatz eindeutig beschreiben und von den anderen Datensätzen abgrenzt.

Jedes Feld in der Tabelle hat darüber hinaus Feldeigenschaften, die die Nutzung und Möglichkeiten der Feldbelegung charakterisieren. Am bereits oben genutzten Beispiel der Kundenstammdaten soll dies verdeutlicht werden. Die Feldeigenschaften zu einer Tabelle können durch folgende Vorgehensweise angezeigt werden:

Object Designer: *Design Tabelle 18 Debitor* (siehe Abbildung 2.28)

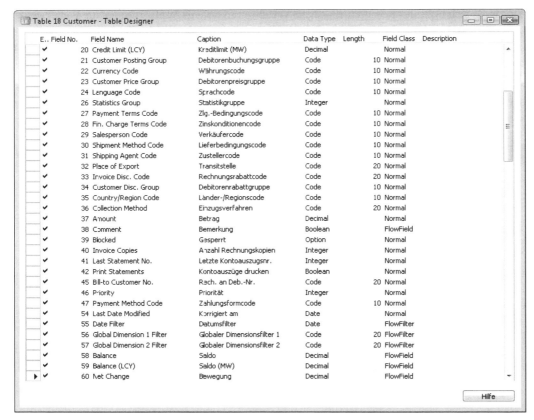

Abbildung 2.28　Table Designer am Beispiel der Tabelle 18 (Debitor)

Jedes Feld der Tabelle ist durch folgende Merkmale gekennzeichnet:

Feldname	Beschreibung
Enabled	Bei Nichtaktivierung ist das Feld *Disabled*, also nicht nutzbar
Field No.	Feldnummer in der Tabelle (unternehmensindividuelle Felder können nur im Bereich ab 50000 angelegt werden)
Field Name	Bezeichnung des Felds
Caption	Deutsche (bzw. multilinguale) Bezeichnung des Felds
Data Type	Datentyp (Integer, Dezimalzahl, Text, Boolean, Code, Option etc.)
Length	Länge der Zeichenkette, die für Text- oder Codefelder vorgesehen sind
Field Class	Unterscheidet normale Felder von berechneten FlowFields und FlowFiltern
Description	Optionale Beschreibung des Felds

Tabelle 2.6　Wesentliche Feldeigenschaften in Dynamics NAV-Tabellen

Darüber hinaus ist jedes einzelne Feld mit weiteren Steuerungsparametern versehen, die über den Menübefehl *Ansicht/Properties* oder ⇧+F4 aufgerufen werden können (das entsprechende Feld muss dazu markiert sein bzw. die Einfügemarke muss sich in der Zeile des Felds befinden).

Object Designer: *Design Tabelle 18 Debitor/Feld 20 Kreditlimit (MW)/Properties* (siehe Abbildung 2.29)

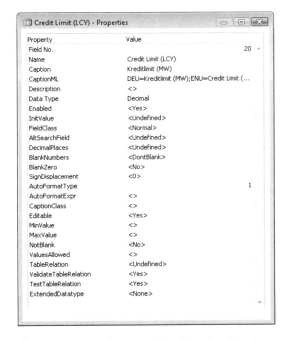

Abbildung 2.29 Feldeigenschaften im *Properties*-Fenster

Über Properties lassen sich neben bereits oben dargestellten Parametern weitere Einstellungen definieren, von denen eine Auswahl in Tabelle 2.7 dargestellt wird.

Feldeigenschaft	Bedeutung
InitValue	Vorgabe eines Initialwerts, der bei Anlage jedes neuen Datensatzes Anwendung findet
MinValue	Vorgabe eines Minimalwerts
MaxValue	Vorgabe eines Maximalwerts
Editable	Vorgabe, ob ein Feldwert manuell geändert werden darf
NotBlank	Vorgabe, ob ein Feld nach einer Eingabe leer bleiben darf
Numeric	Vorgabe, ob in einem Code -/Textfeld nur numerische Werte eingegeben werden können
ValuesAllowed	Vorgabe, welche Werte akzeptiert werden sollen (durch Semikolon getrennte Angabe der Werte)
ValidateTableRelation	Vorgabe, ob eingegebene Codes/Werte in der über die Relation definierten Auswahltabelle vorhanden sein müssen

Tabelle 2.7 Feldeigenschaften für Konsistenzprüfungen

Alternativ zur Feldeigenschaft »InitValue« können die *Stammdatenvorlagen* zur Vorgabe von Standardwerten verwendet werden. Lesen Sie hierzu auch in Kapitel 4 den Abschnitt »Einrichtung von Kreditoren-Stammdatenvorlagen«.

Feldeigenschaften aus Compliance-Sicht

Pflichtfelder lassen sich in Dynamics NAV nur durch Programmanpassung umsetzen. Eine häufig vorgenommene und aus Compliance-Sicht sinnvolle Anpassung ist das automatische Sperren von Stammdaten, bis alle definierten Pflichtfelder einen Wert enthalten. Erst dann erlaubt die Anpassung, das Feld *Gesperrt* zu deaktivieren und die neuen Stammdaten in Transaktionen zu verwenden.

Forms

Forms werden im Classic Client genutzt, um die Dialogverarbeitung und Datenanzeige zu steuern. Im rollenbasierten Client finden hingegen die Pages Anwendung, die damit das Gegenstück zu Forms darstellen. Forms werden in der MenuSuite oder von anderen Forms gestartet. Die meisten zur Verfügung stehenden Forms können aber auch über den Object Designer mit *Run* gestartet werden.

Verwendung von Forms

Bei Forms handelt es sich um Eingabe- und Anzeigemasken, in denen die Daten zur weiteren Verarbeitung erfasst und analysiert werden können. Unterschieden wird zwischen Karten- und Tabellendarstellungen sowie Matrix- und Main/Subform-Darstellungen (siehe hierzu auch den Abschnitt »Aufbau der Benutzeroberfläche« ab Seite 44). Über Forms werden sowohl Bewegungsdaten (z.B. Aufträge) als auch Stammdaten (z.B. Artikel- oder Kundenstammdaten) erfasst und in den Datenbanktabellen abgelegt, wie in Abbildung 2.30 am Beispiel der Verkaufsauftragsdaten verdeutlicht wird.

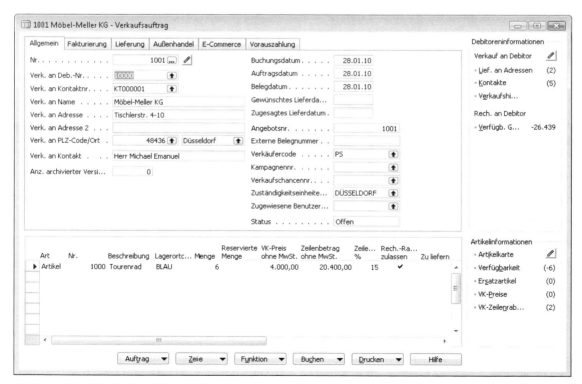

Abbildung 2.30   Main/Sub Form *Verkaufsauftrag*

Menüoption: *Verkauf & Marketing/Auftragsabwicklung/Aufträge* (siehe Abbildung 2.30)

Die in der Form erfassten Kopf- und Positionsdaten werden in den Tabellen *Verkaufskopf* und *Verkaufszeile* (Tabelle 36 und 37) strukturiert abgelegt und gespeichert.

Form Designer

Die Anpassung von Forms erfolgt in Dynamics NAV (entsprechende Rechte und Lizenzierung vorausgesetzt) über den »Formular Designer« (siehe Abbildung 2.31). Ruft man einen Auftrag auf und startet anschließend den Formular Designer über den Menübefehl *Extras/Designer* wird das Layout des Formulars angezeigt.

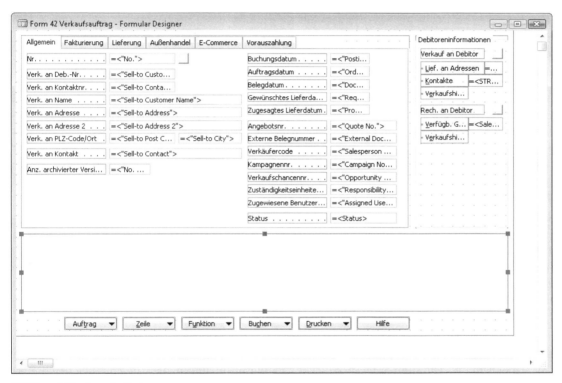

Abbildung 2.31 Formular Designer

In diesem grafischen Designmodus sind die einzelnen Felder und deren Anordnung ersichtlich. Von Bedeutung sind hier insbesondere die Feldeigenschaften (»TextBox Properties«), über die die Dateneingabe gesteuert werden kann. Ist der Formular Designer geöffnet und in dem Formular eine bestimmte »Textbox« markiert, kann über das Menü *Ansicht* die Feldeigenschaft angezeigt und geändert werden (siehe Abbildung 2.32).

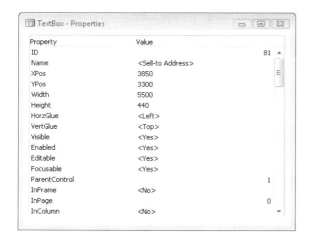

Abbildung 2.32 TextBox-Properties eines *Form*-Controls

Die durch die TextBox-Properties definierten Einstellungen erfolgen auf Formebene und betreffen zum Teil Eigenschaften, die bereits auf Tabellenebene definiert sind. Die Eigenschaften der Tabelle können auf Formebene teilweise übersteuert werden. So ist es denkbar, dass ein Feld auf Formebene nicht editierbar gemacht wird, obwohl es auf Tabellenebene als editierbar definiert ist. Dagegen kann ein Feld auf Formebene aber nicht editierbar gemacht werden, wenn es auf der Tabelle als nicht editierbar definiert wurde.

Feldeigenschaften aus Compliance-Sicht

Aus Compliance-Sicht können über die *TextBox Properties* wichtige Einstellungen (allerdings nur für das einzelne Form) vorgenommen werden, die eine kontrollierte Dateneingabe und transparente Belegverarbeitung ermöglichen. Bei der Stammdatenerfassung kann z.B. die Eingabe für bestimmte Felder erzwungen werden, indem zum einen ein »InitValue« für das Feld vorgegeben wird und gleichzeitig die Feldeigenschaft auf »NotBlank« = *Yes* gesetzt wird. Die Voraussetzung ist allerdings, dass der User den Vorgabewert des Felds auch tatsächlich ändert. Dies liegt darin begründet, dass diese Prüfung nach erfolgter Feldeingabe stattfindet. Vergleiche hier zu auch den Hinweis im vorhergehenden Abschnitt »Eigenschaften von Tabellen«.

Ein weiteres, aus Compliance-Sicht bestehendes Problem ergibt sich in der Belegverarbeitung (z.B. Einkaufsbestellungen oder Verkaufsaufträge), was anhand von Zahlungsbedingungen erläutert werden soll. Dynamics NAV ermöglicht die Definition unterschiedlicher Zahlungsbedingungen, die kundenindividuell hinterlegt werden können. Zahlungsbedingungen werden einem *Zahlungsbedingungscode* zugeordnet (Tabelle 3) und anschließend in der Registerkarte *Zahlung* des Kundenstammsatzes (Tabelle 18) hinterlegt. Wird im Rahmen eines standardisierten Verkaufsprozesses ein Auftrag erzeugt, kopiert die Anwendung die Zahlungsbedingung aus den Stammdaten in den Verkaufsbelegkopf. Im Standardauftragsform ist der Zahlungsbedingungscode aber genauso wie die abhängigen Felder *Fälligkeitsdatum* und *Skontobedingungen* manuell überschreibbar. Durch Anpassung der Feldeigenschaft »Editable« = *No* im Verkaufsauftrag ist der Feldwert im Beleg nicht mehr änderbar. Feldeigenschaften können somit einen Beitrag zur konsistenten Belegverarbeitung leisten.

HINWEIS   Die Prüfung von Feldeigenschaften bezüglich Änderbarkeit und anderer Vorgaben sollte zuerst auf Tabellenebene und danach auf Formebene stattfinden. Um eine vollständige Liste der Forms zu erhalten, die eine bestimmte Tabelle darstellen, muss im Zweifel auf das »Developer's Toolkit for Microsoft Dynamics NAV« zurückgegriffen werden, das im Microsoft Dynamics »Partnersource« zur Verfügung steht.

Feldzugriff auf Tabelleninhalte mithilfe selbst erstellter Forms

Soll im Rahmen der weiteren Erläuterungen und der erforderlichen Analyse auf Tabellendaten zugegriffen werden, wird die Tabelle sowie die erforderlichen Tabellenfelder beispielsweise in folgender Form vorgegeben:

Feldzugriff: *Tabelle 32 Artikelposten/Felder Artikelnr., Buchungsdatum, Postenart, Belegnummer*

Grundsätzlich sollte einem Prüfer nur das Leserecht für Tabellendaten eingeräumt werden. Bei nicht entsprechender Berechtigung ist der Tabellenzugriff über »Run Table« im Object Designer insofern als kritisch zu betrachten, als dass Daten versehentlich gelöscht oder verändert werden können.

Wir empfehlen, das Auslesen von Tabelleninhalten über selbst erstellte (nicht editierbare) Forms oder alternativ über Reports durchzuführen. Forms bieten gegenüber Reports den Vorteil, dass sie problemlos nach Excel exportiert und dort detailliert analysiert werden können. Die für die jeweilige Prüfung erforderlichen Daten können auf diese Weise schnell und einfach selektiert, zusammengefasst dargestellt und exportiert werden.

HINWEIS Enthält die Feldzugriffsanweisung eine eckige Klammer hinter einem Feld, so soll dieses Feld über den angegebenen Wert gefiltert werden. Im folgenden Feldzugriff soll das Feld *Postenart* in der Tabelle *Artikelposten* auf den Wert *Verkauf* gefiltert werden:

Feldzugriff: *Tabelle 32 Artikelposten/Felder Artikelnr., Buchungsdatum, Postenart [Wert Verkauf], Belegnummer*

Zur Verwendung von Feldfiltern verweisen wir auf den Abschnitt »Suchen und Filtern von Datensätzen« ab Seite 47. Besonders auf Tabellen mit einer Vielzahl von Datensätzen ist vor dem Filtern eine geeignete Sortierung zu wählen, um eine effiziente Antwortzeit zu realisieren.

Am Beispiel der Tabelle *Artikelposten* wird das vom »Form Wizard« unterstützte Vorgehen erläutert. Es sollen aus der Tabelle alle Artikelposten selektieren werden, die zwar ausgeliefert, aber nicht vollständig fakturiert sind. Folgende Felder werden dazu benötigt: Artikelnr., Buchungsdatum, Postenart (Verkaufsposten) und Belegnummer.

Object Designer: *Forms/New* (siehe Abbildung 2.33)

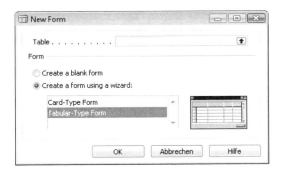

Abbildung 2.33 Form Wizard in Dynamics NAV

Im Feld *Table* wird die Tabellennummer für Artikelposten (32) eingetragen, anschließend die Option *Tabular-Type Form* ausgewählt und mit *OK* bestätigt.

Im folgenden Dialogfeld werden dann die auszuwählenden Felder selektiert (siehe Abbildung 2.34).

Abbildung 2.34 Selektion der Tabellenfelder

Nach dem Beenden durch die Schaltfläche *Finish* wird das fertige Layout des neuen Forms angezeigt.

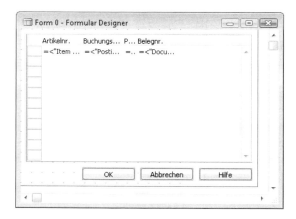

Abbildung 2.35 Designansicht des neuen Forms

TIPP   In der Regel können Datensätze über Forms geändert werden, sofern der Prüfer Schreibrechte besitzt. Um ausschließlich Leserechte zu gewähren, sollte das Form-Property *Editable* (über den Menübefehl *Ansicht/Properties*) immer auf »No« gesetzt werden.

Das Form kann anschließend aus dem Design-Modus direkt über den Menübefehl *Datei/Run* `Strg`+`R` gestartet und die angezeigten Daten gegebenenfalls über `Strg`+`E` an Excel übergeben werden. Soll das erstellte Form regelmäßig genutzt werden, kann es im lizenzierten Nummernbereich des Unternehmens abgespeichert werden (Menübefehl *Datei/Save as*).

BEGLEITMATERIAL   Das im Begleitmaterial zu diesem Buch enthaltene Form 50090 hilft bei der Bestimmung der nächsten freien Objektnummern der Dynamics NAV-Unternehmenslizenz (siehe auch in Kapitel 3 im Abschnitt »Allgemeine Datenbankverwaltung« den Unterabschnitt »Tabellen- und Feldorganisation«).

Die Begleitdateien stehen als Download zur Verfügung. Sie können diese von der Seite *http://go.microsoft.com/fwlink/?Link ID=153144* herunterladen.

Um im Rahmen des Beispiels diejenigen Datensätze aus den Verkäufen zu selektieren, die nicht komplett fakturiert wurden, kann der Tabellenfilter ⌜Strg⌝+⌜F7⌝ verwendet werden. Als Filterkriterium ist das Feld *Komplett fakturiert* mit dem Wert *Nein* zu wählen (siehe Abbildung 2.36).

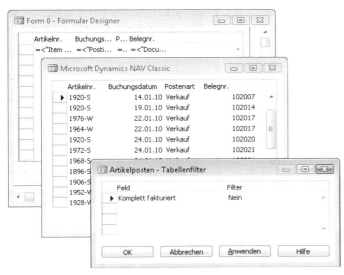

Abbildung 2.36   Daten in selbst erstellten Forms filtern

Teilweise sind in den Erläuterungen kombinierte Prüfungshandlungen beschrieben, bei denen z.B. Prüfungsteilergebnisse für eine Folgeprüfung verwandt werden. Im folgenden Beispiel soll geprüft werden, welche Datenbanklogins die Berechtigung haben, Artikelposten zu erzeugen. Diese Prüfungshandlung würde wie folgt beschrieben:

Feldzugriff: *Tabelle 2000000005 Zugriffsrecht/Felder Rollen-ID, Objektart [Wert Table Data], Objekt-ID [Wert 32], Einfügen Zugriffsrecht [Wert Indirekt|Ja]*

in Verbindung mit

Feldzugriff: *Tabelle 2000000003 Mitglied von/Felder Benutzer-ID, Benutzername, Rollen-ID [Rollen-ID Werte], Mandant*

Das Ergebnis des ersten Feldzugriffs sind alle *Rollen-IDs*, die indirekte oder direkte Schreibrechte auf die Tabelle *Artikelposten* gewähren. Mit dieser Ergebnismenge wird im zweiten Feldzugriff die Tabelle *Mitglied von* gefiltert, in der die Zuordnungen von *Benutzer-ID* und *Rollen-ID* gespeichert sind, um zu analysieren, welche Benutzer diese Rollenzuordnungen aufweisen.

TIPP   Bei umfangreichen Ergebnismengen kann es mühsam sein, die einzelnen Werte manuell mit »|« in einen Filterwert zu verknüpfen. Eine Alternative dazu ist die Kopieren/Einfügen-Übergabe der Ergebnismenge nach Excel, um dort zeilenweise mit der Excel-Verketten-Funktion (z.B. *VERKETTEN(ZelleB2;Zelle$B$1;ZelleA3) bei B1=|*) den Filterwert automatisch zu generieren und per Kopieren/Einfügen in den Feldfilter der zweiten Tabelle einzufügen. Zu beachten ist dabei, dass die Sonderzeichen für den Zeilenumbruch am Ende des Feldfilters gelöscht werden müssen.

Pages

Pages sind die Fenster im rollenbasierten Client und somit das Pendant zu den Forms des Classic Client. Obwohl Pages unabhängige Datenbankobjekte sind, werden diese üblicherweise aus Forms abgeleitet bzw. konvertiert. Während das Layout von Forms im Classic Clients durch den Form Designer fest vorgegeben ist, wird das Layout von Pages zur Laufzeit berechnet. Damit kann sich die Page an das System oder die Applikation anpassen, auf der sie angezeigt wird (siehe Abbildung 2.37).

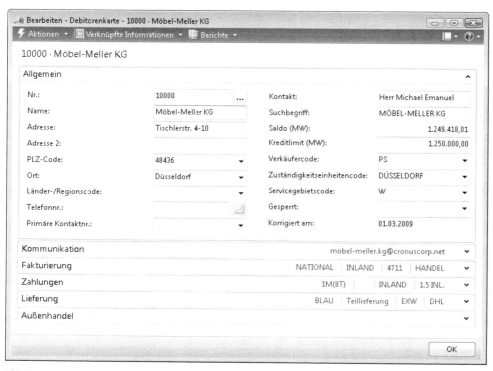

Abbildung 2.37   Debitorenkarte im rollenbasierten Client

Pages ermöglichen dem User weitergehende Gestaltungsmöglichkeiten als auf Formebene. Bei Kartendarstellungen bieten Pages die Möglichkeit, die Felder in eine für den User sinnvolle Struktur zu bringen. Außerdem können je nach Bildschirmauflösung gleichzeitig mehrere Inforegister untereinander angezeigt werden. Auf den so genannten »Inforegistern« können bestimmte, für den User wichtige Feldwerte (allerdings ohne Feldbeschreibung) angezeigt werden, ohne dass das entsprechende Register aufgerufen werden muss (siehe Abbildung 2.43).

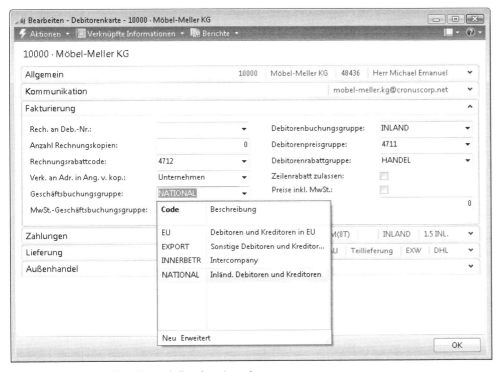

Abbildung 2.38 Auswahl von Untertabellen ohne eigene Page

Darüber hinaus unterscheidet sich die Handhabung von Pages und Forms in einigen Punkten. So werden z.B. Datumseingaben grafisch unterstützt und Untertabellen bei der Auswahl ohne eigene Pages zur Verfügung gestellt (siehe Abbildung 2.38). Pages können auch aus dem Menü heraus als neues Fenster und so als separater Windows-Task geöffnet werden. Im Gegensatz zu Forms lassen sich z.B. in Kartendarstellungen keine Datensätze filtern oder mit [Bild↑] bzw. [Bild↓] wechseln (voraussichtlich aber in Dynamics NAV 2009 SP1).

Reports

In Dynamics NAV dienen Reports einerseits dem Ausgeben von Daten bzw. zur Bereitstellung von Informationen außerhalb von Dynamics NAV, andererseits zum Bearbeiten von Daten im Sinne von Stapelverarbeitungen oder so genannten »Batchjobs«. Mit Reports können Datensätze aus unterschiedlichen Tabellen in Listen strukturiert, analysiert und zusammengefasst werden und als Liste oder Dokument (z.B. Verkaufsangebot) ausgegeben werden. Der Aufbau von Reports unterteilt sich in einen logischen Aufbau und eine grafische Ausgabe. Der logische Aufbau erfolgt über so genannte »DataItems«, während die grafische Ausgabe über den *Section Designer* in Dynamics NAV bzw. Microsoft Visual Studio definiert wird. Die »DataItems« analysieren eine oder mehrere Tabellen, die abhängig von der Einrückung sequentiell durchlaufen und ausgegeben werden können. Komplexes Reporting benötigt häufig C/AL-Programmierung und kann nicht durch den Report Wizard abgebildet werden. Daher kann hier nur auf die Erstellung einfacher Reports eingegangen werden, für die der Report Wizard jedoch gute Dienste liefert.

Report Wizard

Der Report Wizard wird über den Object Designer: *Reports/New* aufgerufen (siehe Abbildung 2.39).

Abbildung 2.39   Report Design Wizard in Dynamics NAV

Über das Feld *Table* ist die Tabelle auszuwählen, die die relevanten Daten enthält Über die Option *Create a report using wizard* und *Tabular-Type Report Wizard* erfolgt die Auswahl der Datenbereitstellung in Form einer Liste (siehe Abbildung 2.39). Bestätigen Sie mit *OK*, um zur Feldauswahl zu gelangen (siehe Abbildung 2.40).

Abbildung 2.40   Feldauswahl im Report Wizard

Neben normalen Feldern wie *Nr.* und *Name* können auch FlowFields wie *Fälliger Saldo (MW)* in den Report integriert werden. Nach der Feldauswahl fahren Sie mit *Next >* fort.

Abbildung 2.41 Festlegung von Sortierung und Gruppenwechsel im Report Wizard

Die Datensätze können mithilfe eines der vorhandenen Tabellenschlüssel sortiert werden (siehe Abbildung 2.41). Dies ist besonders dann wichtig, wenn die Liste Zwischensummen enthalten soll. Bestätigen Sie mit *Next >*.

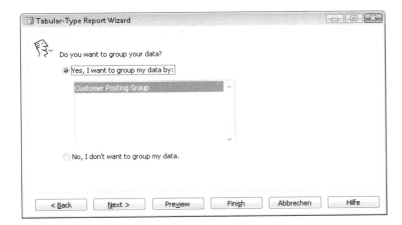

Abbildung 2.42 Definition des Gruppenwechsels im Report Wizard

Abhängig vom gewählten Schlüssel kann nun eine Gruppierung bzw. ein Gruppenwechsel (*Customer Posting Group*) definiert werden. Damit können Zwischensummen pro *Debitorenbuchungsgruppe* erzeugt werden. Wurde ein Sortierschlüssel bestehend aus mehreren Feldern ausgewählt, können auch mehrere Gruppenwechsel definiert werden. Bestätigen Sie mit *Next >*.

Abbildung 2.43 Auswahl der zu summierenden Felder im Report Wizard

Die Abbildung 2.43 zeigt das Fenster zur Auswahl der Felder zur Berechnung der Zwischensummen. Bestätigen Sie mit *Next >*.

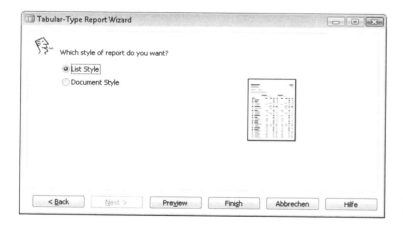

Abbildung 2.44 Auswahl des Druckformats im Report Wizard

In diesem Schritt (siehe Abbildung 2.45) kann das Druckformat definiert werden. Um den Report zu starten und in der Seitenansicht zu prüfen, fahren Sie mit *Preview* fort.

Es öffnet sich die »Request Form« des Reports, über die sich Filterkriterien festlegen lassen. Die Felder des verwendeten Sortierschlüssels werden automatisch angezeigt, es können aber beliebige Felder als Filterkriterium hinzugefügt werden. Wenn die Liste stichtagsbezogen erstellt werden soll, kann hier z.B. das FlowFilter-Feld *Datumsfilter* hinzugezogen werden. Voraussetzung ist natürlich, dass angedruckte FlowFields den Datumsfilter als Tabellenfilter der Quelltabelle (hier *Detaillierte Debitorenposten*) berücksichtigen (siehe Feldeigenschaft »CalcFormula«).

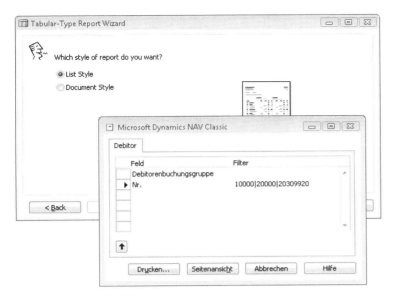

Abbildung 2.45 Vorschau der Request Form des neuen Reports

Im Beispiel soll die Liste nur für drei Debitoren erstellt werden. Der Bericht wird über die Schaltfläche *Seitenansicht* gestartet (siehe Abbildung 2.46).

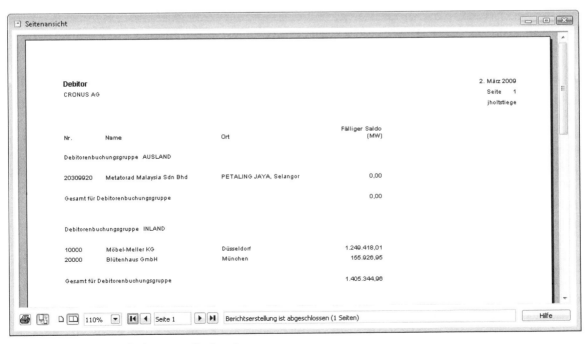

Abbildung 2.46 Seitenansicht des neu erstellen Reports

Wenn der Bericht regelmäßig benutzt werden soll, kann dieser im lizenzierten Nummernbereich abgespeichert werden.

HINWEIS   In der Praxis wird es jedoch häufig nicht ausreichen, nur Daten aus einer Tabelle zu verwenden. Der »Report Designer« bietet natürlich auch die Möglichkeit, auf mehrere Tabellen zuzugreifen, allerdings setzt dies C/AL-Programmierkenntnisse voraus, die im Rahmen dieses Buchs nicht vermittelt werden.

Reports elektronisch verfügbar machen

Über die Seitenansicht können Reports in HTML-Dokumente umgewandelt werden, wenn der Report auch in elektronischer Form benötigt wird.

In der Seitenansicht: Menübefehl *Datei/Als HTML speichern* (siehe Abbildung 2.47)

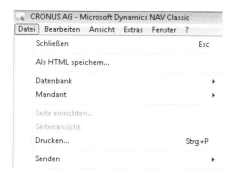

Abbildung 2.47   Reports als HTML-Dokument abspeichern

TIPP   Alternativ kann die Erstellung eines PDF-Dokuments erfolgen, wozu im Classic Client ein PDF-Druckertreiber zur Verfügung stehen muss. Die Ausgabe erfolgt über den Menübefehl *Datei/Drucken.*

Datenkonsistenz bei Reports in der SQL-Option

Während der »Nativen« Datenbank das so genannte »Versionsprinzip« zugrunde liegt, ist dies bei der SQL Server-Datenbank durch die Nutzung des Transaktionsprotokolls nicht der Fall. Wird z.B. ein Report in einer »Nativen« Datenbank gestartet, so wird dieser nur diejenige Version der Datenbank zeigen, die zum Start gültig war, und keine Daten berücksichtigen, die nach dem Start, aber während der Laufzeit des Reports gegebenenfalls hinzugekommen sind. Ferner wird in die »Nativen« Datenbank nur geschrieben, wenn die Transaktion auf dem Dynamics NAV-Client abgeschlossen ist.

Im Falle der SQL Server-Datenbank kann es zu so genannten »Dirty reads« kommen. Dies sind Datensätze, die gerade geschrieben werden, die jedoch (aufgrund des häufig sehr hohen Transaktionsvolumens) noch nicht komplett an die Datenbank übergeben sind.

ACHTUNG   Bei der SQL-Option ist es somit denkbar, dass in einen Report Daten einfließen, die z.B. aus einem großen Buchungslauf stammen, der noch nicht abgeschlossen ist. So kann es sein, dass der Datensatz auf dem Report erscheint, jedoch nachträglich aus der Datenbank gelöscht wird, wenn der Buchungslauf auf einen Fehler gelaufen ist und ein »Rollback« ausführt. Um dies zu verhindern, müssen kritische Reports, die beispielsweise Finanzdaten aus offenen Perioden anzeigen und während des Betriebs gestartet werden, durch Programmierung so gestaltet werden, dass die entsprechenden Tabellen oder Datensätze für die Laufzeit gesperrt werden. Es sei darauf hingewiesen, dass dies in den Standard-Reports nicht der Fall ist. Ein Unternehmen muss also entweder Reports aus offenen Perioden außerhalb der Buchungszeiten starten oder gegebenenfalls Anpassungsprogrammierung vornehmen lassen.

Reports im Classic und rollenbasierten Client

Beim Reporting nutzt der rollenbasierte Client die *SQL Reporting Services*, wodurch interaktive Reports möglich werden, die dem Benutzer zur Laufzeit erlauben, beispielsweise Informationen umzusortieren oder detaillierte Informationsebenen einzublenden.

Das Layout eines Reports, der im rollenbasierten Client gestartet wird, kann vom Layout im Classic Client deutlich abweichen, obwohl es sich um dasselbe Datenbankobjekt handelt. Am Beispiel des Reports *Debitor – Top 10 Liste* soll dies verdeutlicht werden:

Classic Client, Menüoption: *Finanzmanagement/Debitoren/Berichte/Debitor – Top 10 Liste* (siehe Abbildung 2.48)

Abbildung 2.48 Request Form des Reports Debitor –
Top 10 Liste (Classic Client)

Es sollen diejenigen vier Debitoren dargestellt werden, die nach dem FlowField *Verkauf (MW)* bis heute den größten Umsatz aufweisen. Die Darstellung erfolgt in Form einer Liste (siehe Abbildung 2.50).

Im rollenbasierten Client bietet der Report zusätzlich die Möglichkeit, die Daten in einem Balken- oder Kreisdiagramm zu visualisieren (siehe Abbildung 2.49 und Abbildung 2.51).

Rollenbasierter Client, Menüoption: *Abteilungen/Finanzmanagement/Debitoren/Berichte/Debitor – Top 10 Liste* (siehe Abbildung 2.49)

Abbildung 2.49 Request Page des Reports
Debitor – *Top 10 Liste* (rollenbasierter Client)

Im Classic Client ergibt sich folgendes Report-Layout:

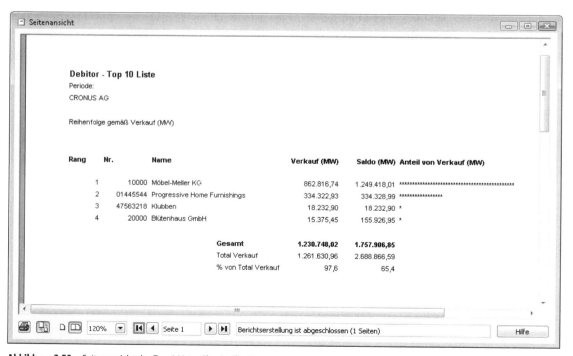

Abbildung 2.50   Seitenansicht der Top 4 Liste, Classic Client

Im rollenbasierten Client erscheint die Vorschau des Reports auf diese Weise:

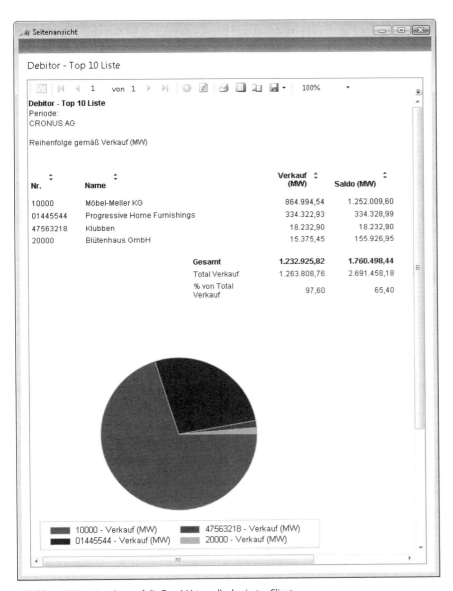

Abbildung 2.51 Vorschau auf die Top 4 Liste, rollenbasierter Client

HINWEIS Die Reporting Services von SQL Server erlauben es ferner, das Reportergebnis in der Vorschau interaktiv neu zu sortieren, gegebenenfalls weitere Detailebenen einzublenden und direkt als Excel- oder PDF-Dokument abzuspeichern.

Report Viewer, SQL Reporting Services und RDL Data

Der rollenbasierte Client nutzt zur Anzeige der Report-Vorschau den auf .NET basierenden »Microsoft Report Viewer 2008«. Die Berechnung des Reports läuft dabei auf der Dynamics NAV Service-Schicht und nicht wie beim Classic Client auf dem Client. Damit dies funktioniert, muss der Report neben dem Section Designer von Dynamics NAV 2009 auch über den SQL Report Designer (in Visual Studio) bearbeitet worden sein. Damit die SQL Reporting Services überhaupt genutzt werden können, sind so genannte »RDL« (Report Design Language) Daten im Reportobjekt notwendig, die allein für den Aufruf im rollenbasierten Client bestimmt sind. Fehlen diese »RDL«-Daten im Objekt, so wird der Report im rollenbasierten Client automatisch genauso dargestellt wie im Classic Client.

Ein weiterer entscheidender Unterschied in der Ausführung desselben Reports im rollenbasierten und im Classic Client ist der Datenzugriff. Während im Classic Client ein Report immer sequentiell bis in die tiefste Ebene (bei verschachtelten Tabellenstrukturen) abgearbeitet wird, werden die Daten aus verschachtelten »DataItems« auf der Dynamics NAV Service-Schicht vorher über SQL-Statements (automatisierte »Joins«) kombiniert und danach an den rollenbasierten Client zurückgegeben, was speziell bei komplexen Reports mit vielen Datensätzen die Laufzeit des Reports spürbar verkürzt.

Dataports und XMLports

Dataports werden wie XMLports in Dynamics NAV für den Import und Export von Datensätzen benutzt. Dataports ermöglichen es, »Flat Files« (ASCII-Textdateien oder CSV-Dateien) zu im- oder exportieren, während XMLports speziell für das strukturierte Datenformat von XML-Dokumenten ausgelegt sind. Die Textdateien, die über Dataports importiert oder exportiert werden, können entweder über ein Trennzeichen separiert werden oder über feste Feldlängen verfügen.

Daneben dient der XMLport zur internen Kommunikation zum Benachrichtigungssystem von Dynamics NAV. In XMLports können Events definiert werden, die vom Benachrichtigungssystem als Ereignis verwendet werden.

Dataports können nur im Classic Client benutzt werden, sodass XMLports die Aufgaben von Dataports im rollenbasierten Client mit übernehmen, wenn z.B. »Flat Files« verarbeitet werden müssen. In zukünftigen Versionen wird der Objekttyp »Dataport« nicht mehr unterstützt.

Auf die Erstellung der Dataports und XMLports wird hier nicht näher eingegangen, da davon auszugehen ist, dass die meisten Datenexporte über die Excel-Übergabe oder über spezielle Funktionen wie »GdPDU« (Grundsätze zum Datenzugriff und zur Prüfbarkeit digitaler Unterlagen) durchgeführt werden.

Codeunits

Sämtlicher C/AL-Quellcode in Dynamics NAV wird ereignisgesteuert ausgeführt, sodass »Trigger« und entsprechender C/AL-Code grundsätzlich in allen Datenbankobjekten, ob Tabelle, Form oder Report, zu finden sind. Aus C/AL-Code bestehende Funktionen, die von mehreren Objekten aus benutzt werden sollen, werden in Codeunits abgelegt. Statt den gleichen oder ähnlichen C/AL-Code in einer Vielzahl von Objekten zu hinterlegen, greifen diese Objekte auf die Codeunits zu.

Kapitel 3

Basisprüfung

In diesem Kapitel:

In diesem Kapitel behandeln wir grundlegende Einrichtungen sowie prozessübergreifende Themen wie den Systemzugriff oder das Änderungsprotokoll. Ferner werden Themen wie der Kontenplan oder die Beleggenehmigungen behandelt, die gleichermaßen für alle prozessorientierten Kapitel (Kapitel 4 »Einkauf«, Kapitel 5 »Logistik« sowie Kapitel 6 »Verkauf«) von Bedeutung sind. Prozessbezogene Einrichtungen, die nur in einzelnen Modulen Gültigkeit besitzen, werden in den jeweiligen Kapiteln erläutert.

Grundeinrichtung

In diesem Abschnitt werden ausgewählte prozessübergreifende Einrichtungen dargestellt. Beispiele für prozessübergreifende Einrichtungen sind die Nummernserien oder der Kontenplan. Der Kontenplan wird in diesem Abschnitt erläutert, da dieser integraler Bestandteil aller Buchungen von Geschäftsprozessen ist. Folgende Themen der Grundeinrichtung werden behandelt:

- Organisationseinheiten
- Sachkonten und Kontenplan
- Dimensionskonzept
- Nummernserien

Organisationseinheiten

Die Nutzung von Organisationseinheiten im Sinne von Elementen der Aufbauorganisation ist in Dynamics NAV nicht fest vorgegeben. Die in der Praxis üblicherweise verwendeten Konstrukte und deren Bedeutung werden im Folgenden vorgestellt (siehe Abbildung 3.1).

Abbildung 3.1 Beispiel einer hierarchischen Organisationsstruktur in Dynamics NAV

Konsolidierungsmandant

Dynamics NAV unterstützt die Konsolidierung von mehreren rechtlich selbstständigen (Konzern-) Mandanten in einem Konsolidierungsmandanten. Der Konsolidierungsmandant stellt dementsprechend die höchste Ebene der Organisationseinheiten dar. Zur Konsolidierung verweisen wir auch auf den Abschnitt »Konsolidierung« in Kapitel 7.

Mandant bzw. Konzernmandant

Der Mandant ist eine rechtlich selbständige Einheit und wird typischerweise für die Abbildung einer Firma, nicht etwa einer Betriebsstätte angelegt. Dynamics NAV ist mehrmandantenfähig, sodass mehrere Mandanten in einer Datenbank verwaltet werden können. Durch Aufruf des Menübefehls *Datei/Mandant/Öffnen* erhält man eine Übersicht der verwalteten Mandanten.

HINWEIS In der SQL Server-Option wird standardmäßig pro Mandant eine separate SQL-Tabelle verwaltet, während in der nativen Datenbank alle Mandanten physisch in der gleichen Tabelle verwaltet werden.

ACHTUNG Es ist möglich, Tabellen mandantenübergreifend verfügbar zu machen, sodass alle Mandanten beispielsweise auf den gleichen Artikelstamm zugreifen, wodurch eine redundante Mehrfachanlage von Artikeln vermieden wird. Aus Compliance-Sicht ist dieses insofern als kritisch zu betrachten, als dass unter bestimmten Umständen Stammdaten ungewollt gelöscht werden könnten. Dieses ist insbesondere für die Fälle relevant, in denen in einem Mandanten für einen Stammsatz keine Posten existieren und somit das Löschen vom System zugelassen würde. Mandantenübergreifende Prüfroutinen, die dieses verhindern, müssen in solchen Fällen zwingend implementiert sein.

Die Eckdaten des Mandanten werden in den *Firmendaten* hinterlegt.

Menüoption: *Verwaltung/Anwendung Einrichtung/Allgemein/Firmendaten* (siehe Abbildung 3.2)

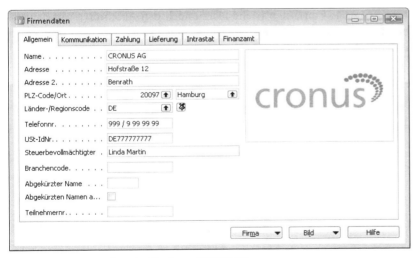

Abbildung 3.2 *Firmendaten* des Mandanten CRONUS AG

In Dynamics NAV konsolidierte Mandanten werden zusätzlich als *Konzernmandant* angelegt.

Menüoption: *Finanzmanagement/Finanzbuchhaltung/Periodische Aktivitäten/Konsolidierung/Konzernmandanten* (siehe Abbildung 3.3)

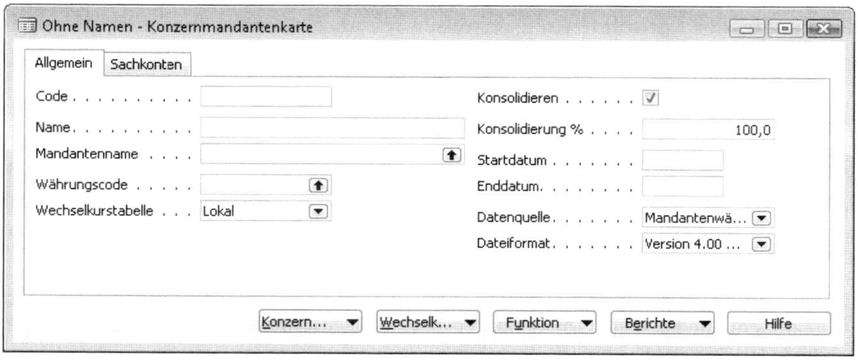

Abbildung 3.3   *Konzernmandantenkarte* in Dynamics NAV

HINWEIS   Für Mandanten, die untereinander Leistungen austauschen, gibt es in Dynamics NAV die Möglichkeit, sogenannte *Intercompanybuchungen* durchzuführen. Die entsprechende Funktionalität wird in Kapitel 6 ausführlich erläutert. Damit Mandanten über diesen Weg Buchungen und Belege austauschen können, werden entsprechende Mandanten zusätzlich als *IC-Partner* angelegt.

Herkunftscodes

Der Herkunftscode bildet in Posten und Journalen die organisatorische Einheit ab, in der die Transaktion erzeugt wurde. Zusammen mit den Ursachencodes (Grund der Buchung, z.B. Storno) bilden diese *Verfolgungscodes* zusätzliche Dimensionen für Finanztransaktionen ab, um deren Nachverfolgbarkeit für Buchungskontrollen oder »Audit-Trails« zu gewährleisten (siehe hierzu auch den Abschnitt »Verfolgungscodes« ab Seite 141). Die in Abbildung 3.4 dargestellte *Herkunftscode Einrichtung* wird automatisch als Systemvorgabe erzeugt, wenn ein Mandant erstellt wird.

Menüoption: *Finanzmanagement/Einrichtung/Verfolgungscodes/Herkunftscode Einrichtung* (siehe Abbildung 3.4)

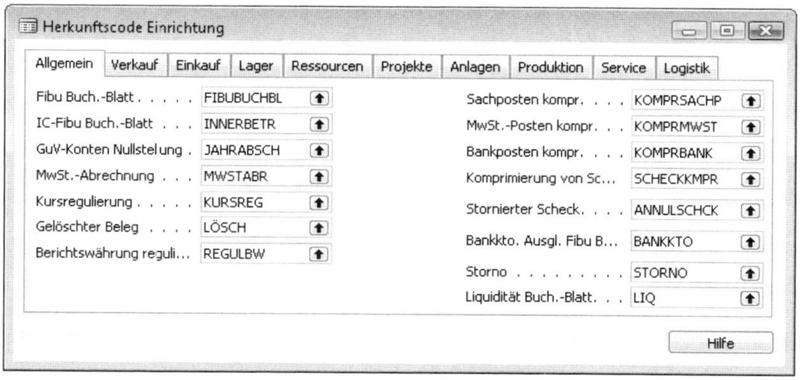

Abbildung 3.4   Einrichtung der Herkunftscodes in Dynamics NAV

Zuständigkeitseinheit

Die Zuständigkeitseinheit ist eine organisatorische Einheit innerhalb eines Mandanten, die dazu genutzt wird, Ein- und Verkaufsbelege verschiedener Sparten, Abteilungen oder Niederlassungen zu trennen. Die Zuständigkeitseinheit ist dabei keine organisatorische Einheit des externen Rechnungswesens, da die Information nicht im *Sachposten*, sondern nur in den Belegen vorhanden ist. Die Festlegung von Zuständigkeitseinheiten erfolgt über die Anwendungseinrichtung.

Menüoption: *Verwaltung/Anwendung Einrichtung/Allgemein/Zuständigkeitseinheiten* (siehe Abbildung 3.5)

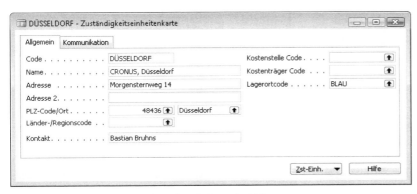

Abbildung 3.5   *Zuständigkeitseinheitenkarte* in Dynamics NAV

Sollen die Belege nur für die Mitarbeiter derselben Zuständigkeitseinheit bereitgestellt werden, muss in der *Benutzer Einrichtung* ein entsprechender Filter hinterlegt werden. Die Hinterlegung kann für Einkauf, Verkauf und Service getrennt erfolgen. Wird ein neuer Beleg erstellt, so wird die hinterlegte Zuständigkeitseinheit automatisch zugewiesen.

Menüoption: *Verwaltung/Anwendung Einrichtung/Benutzer/Benutzer Einrichtung* (siehe Abbildung 3.6)

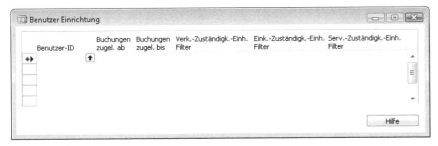

Abbildung 3.6   Aufgabenbezogene Zuständigkeitseinheitencode-Filter in der *Benutzer Einrichtung*

ACHTUNG   Benutzern mit *Zuständigkeitseinheitenfiltern* werden nur Belege mit entsprechendem *Zuständigkeitseinheitencode* angezeigt. Diese Filterung bezieht sich nur auf noch nicht gebuchte (offene) Belege. Trotz der Zuordnung von festen Werten in den *Zuständigkeitseinheitenfiltern* auf Benutzerebene ist es diesen Benutzern weiterhin möglich, auf gebuchte Belege oder Posten anderer Zuständigkeitseinheiten zuzugreifen, sofern dies nicht durch separate *Sicherheitsfilter* (nur in der SQL Server-Option verfügbar) bei den Benutzerzugriffsrechten ausgeschlossen wurde (siehe hierzu auch den Abschnitt »Berechtigungskonzept« ab Seite 147).

Der Zuständigkeitseinheitencode kann bei Debitoren und Kreditoren hinterlegt werden, wenn der Debitor z.B. nur von einer Zuständigkeitseinheit betreut wird. Ist eine feste Zuordnung nicht sinnvoll, kann diese jedoch belegindividuell durch den Benutzer erfolgen. Kommt es zu einem Konflikt, weil widersprüchliche Zuständigkeitseinheiten hinterlegt sind, verwendet das Programm die des Benutzers, damit der Beleg durch den Zuständigkeitseinheitenfilter nicht sofort nach der Zuordnung des Debitoren ausgeblendet wird (siehe Abbildung 3.7).

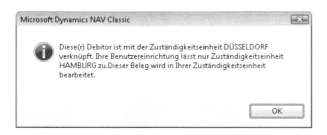

Abbildung 3.7 Hinweis bei Konflikten zwischen Debitor- und Benutzer-Zuständigkeitseinheit

Statt der Hinterlegung der Zuständigkeitseinheit auf Benutzerebene kann dies auch auf Ebene der *Firmendaten* (Mandant) erfolgen, wobei wiederum die Benutzerebene Vorrang gegenüber der Firmendatenebene hat. Wenn die Mehrheit der Benutzer einer bestimmten Zuständigkeitseinheit zugeordnet sind, kann diese in den *Firmendaten* und die abweichenden Zuständigkeitseinheiten in der jeweiligen *Benutzer Einrichtung* hinterlegt werden.

HINWEIS   Wenn die Zuständigkeitseinheit zugleich als Auswertungskriterium dient, kann der Zuständigkeitseinheit eine zusätzliche Zuständigkeitsdimension zugeordnet werden, um diese in Finanztransaktionen auszuwerten. Nähere Informationen zum Dimensionskonzept finden Sie auch im Abschnitt »Dimensionskonzept« ab Seite 95.

Bei der Zuständigkeitseinheit kann ein Standard-Lagerortcode hinterlegt werden, der automatisch auf allen Einkaufs- und Verkaufsbelegen Anwendung findet.

Lagerort

Der Lagerort ist eine organisatorische Einheit der Warenwirtschaft, mit der Artikelbestände innerhalb des Mandanten getrennt werden können. Standardlagerorte können bei Debitoren- und Kreditoren, Zuständigkeitseinheiten und den Firmendaten hinterlegt werden. Lagerorte können ferner in Zonen und Lagerplätze unterteilt werden. Zonen und Lagerplätze sind organisatorische Einheiten der pro Lagerort optional konfigurierbaren Logistikfunktionalität. Ausführliche Informationen hierzu finden Sie in Kapitel 5.

Globale Dimensionen

In Dynamics NAV können zwei globale Dimensionen definiert werden, die abweichend von gegebenenfalls weiteren verwendeten Dimensionen als Feld im Transaktionsdatensatz gespeichert sind. In früheren Versionen waren diese Felder fest mit »Kostenstellencode« und »Kostenträgercode« benannt, während diese heute inhaltlich frei definierbar sind. Welche Dimensionen als global definiert sind, ergibt sich aus der *Finanzbuchhaltung Einrichtung*.

Menüpunkt: *Finanzmanagement/Einrichtung/Finanzbuchhaltung Einrichtung/Dimensionen* (siehe Abbildung 3.8)

Abbildung 3.8 Einrichtung von globalen und Shortcutdimensionen in der *Finanzbuchhaltung Einrichtung*

Die globalen Dimensionen können also eine organisatorische Einheit des Unternehmens abbilden, ohne jedoch vom System vorgegeben zu sein.

ACHTUNG Wenn das Dynamics NAV-Zusatzmodul »Kostenrechnung« eingesetzt werden soll, müssen die globalen Dimensionen mit Kostenstelle und Kostenträger belegt werden. Zwar gibt es eine Funktionalität, die es erlaubt, globale Dimensionen zu wechseln und dies entsprechend in allen betroffenen Tabellen nachzuvollziehen, jedoch ist dies nicht zu empfehlen. Aus Compliance-Sicht raten wir, auch dann Kostenstelle und Kostenträger als globale Dimensionen einzurichten, wenn die Kostenrechnung nicht eingesetzt wird, deren Einsatz aber später nicht auszuschließen ist.

Teams

Ein Team ist eine organisatorische Einheit aus dem Bereich Marketing bzw. CRM, in der Mitarbeiter in ihrer Eigenschaft als Verkäufer oder Einkäufer zusammengefasst werden. Kontaktbezogene Aufgaben können somit entweder einem als Verkäufer oder Einkäufer gekennzeichneten Mitarbeiter oder einem Team von Verkäufern oder Einkäufern zugeordnet werden.

Sachkonten und Kontenplan

Zentrales Element einer jeden integrierten Unternehmenssoftware ist der Kontenplan, mit dem alle Geschäftsvorfälle in Dynamics NAV buchhalterisch erfasst werden. Dieser Abschnitt erläutert die wichtigsten Elemente und Funktionen der Fenster:

- Sachkontokarte und
- Kontenplan

Der Kontenplan besteht aus den einzelnen *Sachkonten*, auf die die *Sachposten* gebucht werden. Der Kontenplan in Dynamics NAV enthält mit *Bewegung* und *Saldo* sogenannte FlowFields, die zur Laufzeit berechnet werden und auf Wunsch (Drilldown) die entsprechenden *Sachposten* zur betreffenden Summe anzeigen. Alternativ kann über die Menüoption *Saldo/Kontenplanübersicht* eine alternative Ansicht geöffnet werden, über die interaktiv bestimmte Detailebenen des Kontenplans ein- und ausgeblendet werden können.

Sachkontokarte

Mit dem Fenster *Kontenplan* steht dem Anwender eine Übersicht aller Sachkonten zur Verfügung. Von hier kann für jedes Konto die *Sachkontokarte* geöffnet werden:

Menüoption: *Finanzmanagement/Finanzbuchhaltung/Kontenplan/Konto/Karte* (siehe Abbildung 3.9 und Tabelle 3.1)

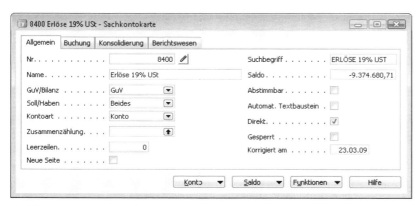

Abbildung 3.9   Kartendarstellung eines Sachkontos

Die *Sachkontokarte* besteht aus mehreren Registerkarten. Um Buchungen vornehmen zu können, sind einige Parameter einzurichten. Diese werden in den Registerkarten *Allgemein* und *Buchung* bestimmt.

Die Registerkarte *Allgemein* enthält folgende ausgewählte Felder:

Feld	Beschreibung
GuV/Bilanz	Gibt an, ob es sich bei diesem Konto um ein GuV oder ein Bilanzkonto handelt. Dieses Feld definiert, welche Konten zum Ende des Geschäftsjahrs geschlossen werden.
Soll/Haben	Gibt an, welche Buchungsart für dieses Konto in der Regel verwendet werden soll. Die Eingabe dient allerdings nur dazu, die Möglichkeiten des Berichtswesens zu verbessern und nicht zur Einschränkung der Buchungsart.
Kontoart	Dieses Feld zeigt die Art des Kontos an. Es stehen die folgenden Optionen zur Verfügung: *<Konto>* Das Konto steht zur Erfassung von Buchungen zur Verfügung *<Überschrift>* Verwendung nur zu Dokumentationszwecken *<Summe>* Verwendung zur Zusammenfassung eines Kontobereichs, der im Feld *Zusammenzählung* definiert wird. Diese Option ist nützlich, um Kontengruppen zu summieren, die nicht identisch klassifiziert sind. *<Von-Summe/Bis-Summe>* Die *Von-Summe* markiert den Anfang und die *Bis-Summe* das Ende eines Kontenbereichs. Jede *Bis-Summe* hat einen Kontenbereich im Feld *Zusammenzählung*.
Zusammen-zählung	Legt fest, welche Konten bei der Berechnung der Summe einfließen oder eine Gesamtsumme bilden sollen
Abstimmbar	Legt fest, ob das Sachkonto in das Fenster *Abstimmung* des *Fibu Buch.-Blattes* aufgenommen werden soll. Das Fenster *Abstimmen* wird verwendet, nachdem im *Fibu Buch.-Blatt* Buchungssätze erfasst, aber noch nicht gebucht worden sind. Das Fenster zeigt den Saldo des Kontos, der sich nach der Buchung ergibt.

Tabelle 3.1   Felder des Registerkarte *Allgemein* der Sachkontokarte

Feld	Beschreibung
Direkt	Gibt an, ob es möglich sein soll, ein Konto aus einer Buch.-Blattzeile zu buchen. Wird ein neues Konto erstellt, so ist dieses Feld automatisch aktiviert. Sachkonten, die mit Nebenbüchern abgestimmt werden (z.B. Umsatzsteuerkonten), sollten nicht auf *Direkt* gesetzt werden.
Gesperrt	Durch die Aktivierung wird ein Konto für Buchungen gesperrt
Korrigiert am	Dieses Feld wird von der Anwendung automatisch gefüllt und gibt an, wann das Konto zum letzten Mal geändert wurde

Tabelle 3.1 Felder des Registerkarte *Allgemein* der Sachkontokarte *(Fortsetzung)*

Auf der Registerkarte *Buchung* wird festgelegt, wie Sach- und MwSt.-Transaktionen ausgeführt und aufgezeichnet werden sollen (Tabelle 3.2):

Feld	Beschreibung
Buchungsart	Legt fest, ob das Konto für eine Buchung im Einkauf, Verkauf oder für beides verwendet werden soll. In Kombination mit den Feldern *MwSt.-Geschäftsbuchungsgruppe* und *MwSt.-Produktbuchungsgruppe* wird das Konto definiert, auf das die Mehrwertsteuer gebucht wird. Grundsätzlich sollte dieses Feld nur für Konten verwendet werden, die mit Mehrwertsteuer gebucht werden.
MwSt.-Geschäftsbuchungsgruppe	Stellt die Vorgabe-MwSt.-Geschäftsbuchungsgruppe dar. Das Feld wird zusammen mit der *MwSt.-Produktbuchungsgruppe* und der *Buchungsart* verwendet, um den MwSt.-Prozentsatz und die MwSt.-Berechnungsart zu bestimmen und somit die Konten, auf die die Mehrwertsteuer gebucht wird.
MwSt.-Produktbuchungsgruppe	Stellt die vorgegebene MwSt.-Produktbuchungsgruppe dar. Das Feld wird zusammen mit der *MwSt.-Geschäftsbuchungsgruppe* und der *Buchungsart* verwendet, um den MwSt.- Prozentsatz und die MwSt.-Berechnungsart zu bestimmen und somit die Konten zu definieren, auf die die Mehrwertsteuer gebucht wird.
Vorg.-IC-Partner Sachkontonr.	Dieses Feld enthält die Kontonummer des Intercompany-Kontenplans, das mit dem Sachkonto verbunden sein soll. Das Feld kann für Intercompany-Buchungen in *IC-Fibu Buch.-Blättern* genutzt werden.

Tabelle 3.2 Felder der Registerkarte *Buchung* der Sachkontokarte

Die in der Registerkarte *Buchung* eingegebenen Werte werden automatisch in eine Buch.-Blatt-, Verkaufs- oder Einkaufszeile eingefügt, sobald ein Konto ausgewählt wird. Allerdings handelt es sich hierbei immer um Vorschläge, die vor der Buchung geändert werden können. Auf Sachkontenebene sollten die Felder immer mit den Werten vorbelegt werden, die am häufigsten gebucht werden. Wird ein Sachkonto einkaufsseitig zumeist mit 7 % Mehrwertsteuer gebucht, sollte dies im Feld *MwSt.-Produktbuchungsgruppe* entsprechend vorbelegt werden. Liegt eine Rechnung mit 19 % MwSt. vor, kann bei der Erfassung der Buchung die *MwSt.-Produktbuchungsgruppe* manuell geändert werden.

Über die Menüschaltfläche *Konto* lassen sich die in Tabelle 3.3 aufgelisteten ausgewählten Optionen aufrufen.

Feld	Beschreibung
Übersicht	Zeigt eine Übersicht aller Konten an, deren Ebenen interaktiv ein- und ausgeblendet werden können
Posten	Zeigt alle *Sachposten* zum Konto an

Tabelle 3.3 Optionen der Menüschaltfläche *Konto* auf der Sachkontokarte

Feld	Beschreibung
Liquidität	Liefert eine zeitliche Zusammenfassung von: – erwartetem Liquiditätsfluss von Debitoren und Kreditoren für eine Periode – offenen Debitoren- und Kreditorenposten, sortiert nach deren Fälligkeitsdatum – erwartetem Liquiditätsabfluss für eine Periode (Ansicht *Bewegung*) – erwarteten ausstehenden Debitoren- und Kreditorensalden zu einem bestimmten Datum (Ansicht *Saldo bis Datum*)
Verwendungsübersicht	Zeigt eine Übersicht der Tabellen an, in denen das Sachkonto verwendet wird

Tabelle 3.3   Optionen der Menüschaltfläche *Konto* auf der Sachkontokarte *(Fortsetzung)*

Die Menüschaltfläche *Saldo* wird verwendet, um Informationen über Salden und Transaktionsbeträge eines Kontos anzuzeigen. Die Fenster, die über diese Schaltfläche aufgerufen werden, enthalten Filter, die Informationen weiter eingrenzen können. Die Menüschaltfläche *Saldo* enthält die in Tabelle 3.4 aufgeführten Optionen.

Feld	Beschreibung
Sachkontensaldo	Zeigt die *Salden* oder *Bewegungen* des betreffenden Kontos über bestimmte Perioden
Saldo	Zeigt die *Salden* oder *Bewegungen* aller Sachkonten für eine bestimmte Periode
Saldo nach Dimensionen	Zeigt den *Saldo* oder *Bewegungen* aller Konten an. Zeilen- und Spaltenansicht können benutzerdefiniert die globalen Dimensionen, Sachkonto oder Periode darstellen

Tabelle 3.4   Optionen der Menüschaltfläche *Saldo* auf der Sachkontokarte

Kontenplan

Das Fenster *Kontenplan* (Menüoption: *Finanzmanagement/Finanzbuchhaltung/Kontenplan* siehe Abbildung 3.10) enthält alle wesentlichen Felder der Sachkontokarte in Tabellenform und verfügt ebenso wie die Sachkontokarte über Menüschaltflächen.

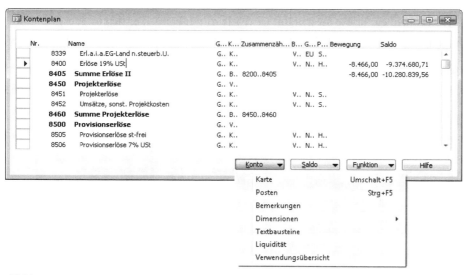

Abbildung 3.10   Menüschaltflächen des Kontenplans

Die Menüschaltfläche *Konto* enthält die folgenden ausgewählten Optionen (siehe Tabelle 3.5):

Feld	Beschreibung
Karte	Öffnet die Sachkontokarte der ausgewählten Kontenplanzeile
Dimensionen/Zuordnung für aktuellen Datensatz	Erlaubt die Zuweisung von Vorgabedimensionen zum betreffenden Konto (siehe hierzu auch den Abschnitt »Dimensionskonzept« ab Seite 95)
Dimensionen/Zuordnung für markierte Datensätze	Dient der Zuweisung der gleichen Vorgabedimensionen zu mehreren markierten Konten

Tabelle 3.5 Optionen der Menüschaltfläche *Konto* in der Sachkontenübersicht

Die Menüschaltfläche *Saldo* enthält die folgenden ausgewählten Optionen (siehe Tabelle 3.6):

Feld	Beschreibung
Sachkontensaldo/Budget	Zeigt die Soll- und Habensalden oder die Bewegungen eines Sachkontos für bestimmte Perioden an
Saldo/Budget	Zeigt die Soll- und Habensalden oder die Bewegungen aller Sachkonten für eine bestimmte Periode an

Tabelle 3.6 Optionen der Menüschaltfläche *Saldo* in der Sachkontenübersicht

Die Menüschaltfläche *Funktion* enthält die Funktion *Einrückung des Kontenplans*. Diese Funktion wird verwendet, um:

- die Felder *Zusammenzählung*, *Von-Summe* und *Bis-Summe* zu formatieren und
- Konten gemäß der definierten Hierarchie einzurücken.

Die Hierarchie wird durch Angabe der Kontoarten *Von-Summe* und *Bis-Summe* angegeben. Zugeordnete Kontonummern werden in den Bereichen *Bis-Summe* im Feld *Zusammenzählung* aufgenommen.

HINWEIS   Je nach Datenbankoption werden numerische Kontonummern unterschiedlich sortiert. Während der Dynamics NAV-Server die Kontonummern in aufsteigender numerischer Reihenfolge sortiert, wird das Codefeld der Kontonummer in SQL Server als Text interpretiert und daher in aufsteigender alphabetischer Reihenfolge sortiert. Bei der Einrichtung einer numerischen Kontonummernstruktur sollte dieses beachtet werden, indem alle Kontonummern gleich viele Stellen aufweisen.

Für weiterführende Informationen zur Finanzbuchhaltung verweisen wir auf Kapitel 7.

Dimensionskonzept

Jedes Unternehmen erstellt Auswertungen nach bestimmten unternehmens- oder auch branchenindividuellen Kriterien; also abstrakt ausgedrückt nach unterschiedlichen *Dimensionen*.

Die Vielzahl möglicher Auswertungskriterien ist in einer Standard-Unternehmenssoftware nicht durch fest definierte Felder abzubilden. In Dynamics NAV können deshalb Auswertungskriterien in Form von benutzerdefinierten *Dimensionen* verwaltet werden, die eine zusätzliche Detailebene zu Sachposten bilden. Eine Dimension ist demnach eine Klassifizierung, die einer Transaktion hinzugefügt wird, um Posten mit gleichen Werten zu gruppieren. So gekennzeichnete Transaktionen können mehrdimensional ausgewertet werden. In *Analysen nach Dimensionen* können z.B. zu den Basisdaten der Sachposten (*Sachkontonr.* und *Buchungsdatum)* bis zu vier zusätzliche *Dimensionen* ausgewertet werden.

Dimensionen können in allen Finanztransaktionen, also in Buchungsblättern und Belegen sowie in Budgets verwendet werden, um in Auswertungen beispielsweise auch Budgetabweichungen darstellen zu können.

Um den Erfassungsaufwand in Transaktionen zu minimieren, können Dimensionen an Stammdaten hinterlegt werden. Diese *Vorgabedimensionen* werden in die Belege und Buch.-Blattzeilen übernommen und können dort je nach Einrichtung vor dem Buchen geändert werden. Dynamics NAV stellt keine standardmäßige Dimensionseinrichtung zur Verfügung, die Einrichtung der Dimensionen ist als optional und unternehmensindividuell zu betrachten.

Dimensionen und Dimensionswerte

Jede Dimension kann beliebig viele Dimensionswerte enthalten, bei denen es sich um Ausprägungen der betreffenden Dimension handelt. Beispielsweise könnte eine Dimension mit dem Code »FAHRZEUG« die einzelnen Kfz-Kennzeichen als Dimensionswerte aufweisen. Die zu verwaltenden Dimensionswerte lassen sich wie im Kontenplan über Überschriften und Zwischensummen strukturieren sowie über eine Funktion entsprechend einrücken.

Menüoption: *Verwaltung/Anwendung Einrichtung/Finanzmanagement/Dimensionen/Dimensionen/Dimensionswerte* (siehe Abbildung 3.11 und Tabelle 3.7)

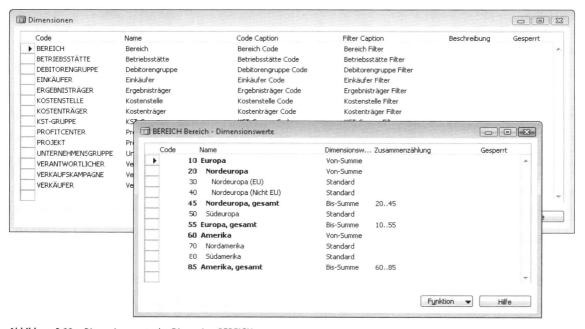

Abbildung 3.11 Dimensionswerte der Dimension *BEREICH*

Dimensionswerte werden durch die folgenden Felder definiert:

Felder	Beschreibung
Code	Eindeutiger Code für den Dimensionswert mit einer Länge von maximal 20 Zeichen
Name	Beschreibender Name für den Dimensionswert
Dimensionswertart	Bestimmt die Art, in der ein Dimensionswert bei einer Buchung verwendet wird. Die folgenden Optionen sind verfügbar: *<Standard>* Zur standardmäßigen Buchung von Dimensionswerten *<Überschrift>* Überschrift für eine Gruppe von Dimensionswerten *<Summe>* Zum Zusammenzählen einer Reihe von Salden zu Dimensionswerten, die dem Dimensionswert *Summe* nicht direkt vorausgehen *<Von-Summe>* Kennzeichnet den Beginn einer Reihe von Dimensionswerten, die zusammengezählt werden sollen. Das Ende wird durch einen Dimensionswert *Bis-Summe* gekennzeichnet. *<Bis-Summe>* Summe einer Reihe von Dimensionswerten, die mit dem Dimensionswert *Von-Summe* beginnt. Eine Buchung kann nur auf Posten mit den Werttypen Standard oder Von-Summe erfolgen.
Zusammenzählung	Identifiziert ein Dimensionswertintervall oder eine Dimensionswertliste, mit der die im Feld angezeigten Dimensionswerte für einen Gesamtsaldo zusammengezählt werden
Gesperrt	Für gesperrte Dimensionswerte ist eine Buchung nicht möglich

Tabelle 3.7 Spalten des Tabellenfensters *Dimensionswerte*

Die Felder *Dimensionswertart* und *Zusammenzählung* stellen optional eine Strukturierung der Dimensionswerte (ähnlich einem Kontenplan) her, wobei die Werte im Feld *Zusammenzählung* von der Ausprägung des Felds *Dimensionswertart* abhängen. Ist die Dimensionswertart *Standard*, *Überschrift* oder *Von-Summe*, so muss das Feld leer sein. Ist *Summe* ausgewählt, muss angegeben werden, welche Dimensionswerte zusammengezählt werden sollen. Ist *Bis-Summe* ausgewählt, wird das Feld automatisch gefüllt, sobald die Funktion *Einrückung der Dimensionswerte* ausgeführt wird, die alle Dimensionswerte zwischen einer *Von-Summe* und der entsprechenden *Bis-Summe* um eine Stufe einrückt sowie alle Dimensionswerte im identischen Bereich addiert und das Feld *Zusammenzählung* für jede *Bis-Summe* aktualisiert.

Im Fenster *Dimensionen* können über die Menüschaltfläche *Dimension* neben den Dimensionswerten folgende weitere Einrichtungen vorgenommen werden:

- **Tabellenstandarddimensionen** Hier können Vorgaben für die Benutzung von Dimensionen auf Tabellenebene definiert werden. Zwar können hier auch Dimensionswerte hinterlegt werden, häufiger wird diese Art der Vorgabedimension aber genutzt, um Pflichtdimensionen zu definieren. So kann hier festlegt werden, dass ein Debitor nicht ohne eine bestimmte Dimension (z.B. die Debitorengruppe) gebucht werden kann (siehe Abbildung 3.12).

- **Übersetzungen** Hier können Übersetzungen der Dimensionen hinterlegt werden, wenn mehrere Applikationssprachen im Unternehmen benutzt werden.

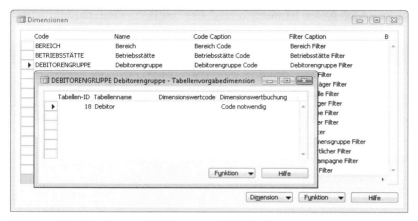

Abbildung 3.12   Vorgabe einer Pflichtdimension auf Tabellenebene

Dimensionsarten

Es gibt in Dynamics NAV drei Arten von Dimensionen:

- Globale Dimensionen
- Shortcutdimensionen
- Budgetdimensionen

Globale und Shortcutdimensionen werden im Fenster *Finanzbuchhaltung Einrichtung* (siehe Abbildung 3.8) und Budgetdimensionen im Fenster *Finanzbudgetnamen* definiert.

Globale Dimensionen

Die Werte der zwei globalen Dimensionen werden anders als die anderen Dimensionen im Postendatensatz gespeichert (siehe Abbildung 3.13) und können daher als Filter für Sachposten, Berichte, Kontenschemata und Stapelverarbeitungen verwendet werden. Die globalen Dimensionen werden automatisch zu den *Shortcutdimensionen 1* und *2*, die im nächsten Abschnitt erläutert werden.

E..	Field No.	Field Name	Caption	Data Type	Length
✔	1	Entry No.	Lfd. Nr.	Integer	
✔	3	G/L Account No.	Sachkontonr.	Code	20
✔	4	Posting Date	Buchungsdatum	Date	
✔	5	Document Type	Belegart	Option	
✔	6	Document No.	Belegnr.	Code	20
✔	7	Description	Beschreibung	Text	50
✔	10	Bal. Account No.	Gegenkontonr.	Code	20
✔	17	Amount	Betrag	Decimal	
✔	23	Global Dimension 1 Code	Globaler Dimensionscode 1	Code	20
✔	24	Global Dimension 2 Code	Globaler Dimensionscode 2	Code	20
✔	27	User ID	Benutzer-ID	Code	20
✔	28	Source Code	Herkunftscode	Code	10
✔	29	System-Created Entry	Systembuchung	Boolean	
✔	30	Prior-Year Entry	Nachbuchung	Boolean	
✔	41	Job No.	Projektnr.	Code	20

Abbildung 3.13   Sachpostenfelder für die Dimensionswerte der beiden globalen Dimensionen

Shortcutdimensionen

Da eine Beleg- oder Buch.-Blattzeile Dimensionswerte mehrerer zugeordneter Dimensionen enthalten kann, gibt es zu jeder Transaktionszeile eine Tabelle mit Dimensionszuordnungen, die über *Zeile, Dimensionen* ⌂+Strg+D aufgerufen werden kann (siehe Abbildung 3.14). Um die Eingabe effizienter zu gestalten, wurden die Shortcutdimensionen etabliert.

Abbildung 3.14 Eingabe von Dimensionen in einem Buchungsblatt

Über Shortcutdimensionen können ausgewählte Dimensionen in Buch.-Blättern und Belegen als Spalten eingeblendet (siehe Abbildung 3.15) und so direkt in den Zeilen eingegeben werden.

Abbildung 3.15 Dialogfeld *Spalte anzeigen* im Fibu Buch.-Blatt

Insgesamt sind acht Shortcutdimensionen verfügbar. Da die ersten beiden mit den globalen Dimensionen vorbelegt sind, stehen sechs Shortcutdimensionen zur weiteren Verfügung. Diese werden aus den zuvor eingerichteten Dimensionen ausgewählt und können bei Bedarf auch geändert werden.

TIPP Als Shortcutdimensionen sollten diejenigen Dimensionen definiert werden, die vorgangsindividuell zugeordnet werden müssen und nicht über Stammdaten vorbelegt werden können

Budgetdimensionen

Für jedes Budget können zusätzlich zu den beiden globalen Dimensionen vier weitere Dimensionen definiert werden (siehe Abbildung 3.16). Diese Dimensionen werden als Budgetdimensionen bezeichnet. Durch die Verwendung von Budgetdimensionen können dimensionswertgenaue Budgetwerte im System hinterlegt werden. Dies hat den Vorteil, dass in den entsprechenden *Analysen nach Dimensionen* neben den tatsächlich gebuchten Werten auch Budgetabweichungen dargestellt werden können.

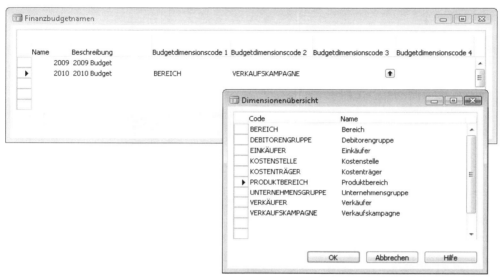

Abbildung 3.16   Budgetdimensionen im Fenster *Finanzbudgetnamen*

Vorgabedimensionen

Sind Dimensionen und Dimensionswerte eingerichtet, können Vorgabedimensionen definiert werden. Je nach Art der Dimension kann es Sinn machen, Dimensionswerte mit Stammdaten zu verknüpfen, damit die Anwendung diese Dimensionswerte für alle Transaktionen vorschlägt, in denen der Stammsatz zugewiesen wird. Je nach Einstellung kann der Vorgabedimensionswert in der Transaktion geändert werden.

Die Vorgabedimension wird auch dazu genutzt, Pflichtdimensionen zu definieren, wenn kein fester Vorgabedimensionswert hinterlegt werden kann. In diesem Fall wird nur der Dimensionscode angegeben und die Buchungsregel (*Dimensionswertbuchung*) auf *Code notwendig* gestellt.

Die Vorgabedimensionen haben zwei Aufgaben:

- Vorbelegen von Dimensionswerten in Transaktionen
- Definition von Konsistenzprüfungen beim Buchen

Eine Liste der Tabellen, denen Vorgabedimensionen zugeordnet werden können, ist in Abbildung 3.17 dargestellt.

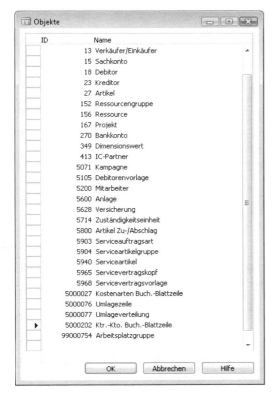

Abbildung 3.17 Tabellen, die Vorgabedimensionen beinhalten können

Die Zuweisung von Vorgabedimensionen kann über drei Wege vorgenommen werden, die im Folgenden am Beispiel der Debitoren dargestellt werden:

- Einzelne Zuweisung
- Mehrfachzuweisung
- Tabellenzuweisung

Einzelne Zuweisung

Die einzelne Zuweisung einer Vorgabedimension erfolgt über die Debitorenkarte oder die Übersicht:

Menüoption: *Finanzmanagement/Debitoren/Debitoren/Debitor/Dimensionen*

Menüoption: *Finanzmanagement/Debitoren/Debitoren/Übersicht/Debitor/Dimensionen/Zuordnung für aktuellen Datensatz*

Mehrfachzuweisung

Eine zeitsparende Zuweisung von gleichen Vorgabedimensionen zu mehreren Debitoren kann über die Debitorenübersicht vorgenommen werden, indem Datensätze markiert und im Anschluss identische Vorgabedimensionen zugewiesen werden.

Menüoption: *Finanzmanagement/Debitoren/Debitoren/Übersicht/Dimensionen/Zuordnung für markierte Datensätze* (siehe Abbildung 3.18)

Abbildung 3.18   Vorgabedimensionszuweisung für markierte Datensätze

HINWEIS   Sind bei den markierten Debitoren bereits Vorgabedimensionen hinterlegt und weichen die Dimensionswerte ab, so wird dies durch die Information *(Konflikt)* im Feld *Dimensionswertcode* angezeigt. Insofern kann diese Funktionalität auch dazu genutzt werden, Vorgabedimensionen mehrerer Stammdaten auf Konsistenz zu überprüfen.

Tabellenzuweisung

Ergibt sich aus der Art der Dimension die Möglichkeit, Vorgabedimensionen auf Ebene der Tabelle (im Beispiel für alle Debitoren) zu hinterlegen, erfolgt dies über das Fenster *Tabellenstandarddimension*.

Menüoption: *Finanzmanagement/Einrichtung/Dimensionen/Dimensionen/Tabellenstandarddimensionen*

In der Praxis wird diese Funktion genutzt, um Pflichtdimensionen zu definieren. Diese Buchungsregeln werden über die Optionen des Felds *Dimensionswertbuchung* definiert (siehe Tabelle 3.8).

Feldwert	Beschreibung
Leer	Es gibt keine Buchungsbeschränkungen. Die Vorgabedimension für das Konto oder die Kontoart kann mit jedem Dimensionswert oder ohne Dimensionswert gebucht werden.
Code notwendig	Die Vorgabedimension für das Konto oder die Kontoart muss beim Buchen einen Dimensionswert besitzen, wobei jeder beliebige Dimensionswert akzeptiert wird
Gleicher Code	Der Dimensionswert der Transaktion muss mit der Vorgabedimension übereinstimmen
Kein Code	Es darf kein Dimensionswertcode der angegebenen Dimension mit dem Konto oder der Kontoart verwendet werden

Tabelle 3.8   Buchungsregeln für Dimensionswerte

Bei der Einrichtung von Vorgabedimensionen ist sicherzustellen, dass eine Transaktion keine widersprüchlichen Vorgabedimensionswerte erhält. So tritt beispielsweise ein Konflikt auf, wenn eine Debitoren-Vorgabedimension mit der Buchungsregel *Kein Code* eingerichtet wurde, die Vorgabe für die Tabelle 18 Debitor jedoch einen vorgegebenen *Dimensionswertcode* enthält. Um derartige Konflikte zu identifizieren und aufzulösen, bietet die Anwendung folgende Möglichkeiten:

- Die Konsistenz von Vorgabedimensionen mehrerer Stammsätze einer Tabelle kann über das bereits beschriebene Fenster *Vorgabedimensionen – Mehrfach* geprüft werden (siehe Abbildung 3.18)

- Die Funktion *Dimensionswertbuchung prüfen* im Fenster *Tabellenvorgabedimension* kann zur Prüfung auf kollidierende Vorgaben zu Dimensionen genutzt werden

- Menüoption: *Finanzmanagement/Einrichtung/Dimensionen/Dimensionen/Tabellenstandarddimensionen/ Funktion/Dimensionswertbuchung prüfen* oder

- Object Designer: *Run Report 30 Dimensionswertbuchung prüfen*

- Konflikte zwischen Vorgabedimensionswerten für dieselbe Dimension können mithilfe von Vorgabedimensionsprioritäten aufgelöst werden (siehe Abbildung 3.19). Wurde z.B. der Tabelle *Debitor* eine höhere Priorität als der Tabelle *Artikel* eingeräumt, so wird ein Konflikt zwischen den Vorgabedimensionen des Debitoren und denen des verkauften Artikels zugunsten der Debitorenvorgabe gelöst. Die Einrichtung der Priorität erfolgt dabei auf Tabellenebene in Kombination mit dem *Herkunftscode*. So kann z.B. hinterlegt werden, dass für alle verkaufsbelegbezogenen Transaktionen bei widersprüchlichen Vorgabedimensionswerten immer die Vorgabe vom Debitorenkonto Vorrang hat.

Menüoption: *Finanzmanagement/Einrichtung/Dimensionen/Standarddimension Prioritäten* (siehe Abbildung 3.19)

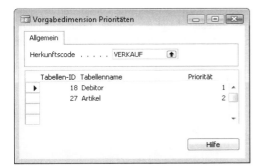

Abbildung 3.19 Priorität der Vorgabedimensionen im Verkauf

HINWEIS   Bei einem Konflikt zwischen den für ein einzelnes Konto eingerichteten Vorgabedimensionswerten und den für die Tabelle eingerichteten Werten erhält der Vorgabedimensionswert des einzelnen Kontos immer Priorität.

Kommt es innerhalb der gleichen Kontoart bzw. Tabelle zu einem Vorgabekonflikt oder haben die beiden Kontoarten eine identische oder keine Priorität, so überschreibt eine Vorgabe die andere. Die Vorgabedimension der zuletzt eingegebenen Kontonummer findet Anwendung. Zur Verdeutlichung ein Beispiel: In einer Buchungsblattzeile kann eine Sachkontonummer und eine Gegenkontonummer eingegeben werden. Weisen diese beiden Sachkonten widersprüchliche Vorgabedimensionswerte derselben Dimension auf, so wird die zuletzt eingegebene bzw. validierte Sachkontonummer die Vorgabedimensionswerte des ersten Sachkontos überschreiben.

TIPP Ein Konflikt in einem Buchungsblatt kann auf einfache Weise gelöst werden, indem das Feld *Gegenkontonr.* nicht verwendet wird, sondern eine separate Buchungsblattzeile mit gleicher *Belegnr.* und gleichem *Buchungsdatum* erzeugt wird, in der das Gegenkonto im Feld *Kontonr.* und der *Betrag* mit umgekehrten Vorzeichen eingegeben wird (siehe Abbildung 3.20). Eine solche »Splittbuchung« erlaubt es, in einer Buchung verschiedene Dimensionswerte derselben Dimension buchen zu können.

Abbildung 3.20 Dimensionswertbezogene Aufteilungsbuchung

Über den gleichen Weg können auch Aufteilungsbuchungen vorgenommen werden, indem beispielsweise der Betrag bei gleichem Sachkonto auf zwei Dimensionswerte (*Bereich Code*) aufgeteilt wird. Das Ergebnis dieser Buchung lässt sich im Fenster *Sachposten-Dimensionsmatrix* darstellen, welches im Fenster *Sachposten* über *Posten/Sachposten-Dimensionsmatrix* zu öffnen ist (siehe Abbildung 3.21):

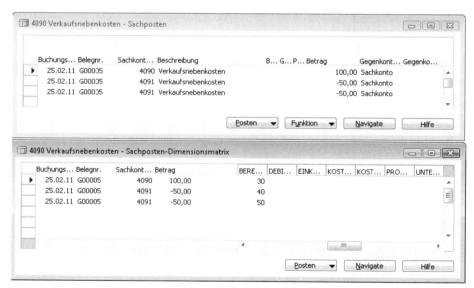

Abbildung 3.21 Anzeige der Sachposten-Dimensionsmatrix

Dimensionskombinationen

Mit Dimensionskombinationen kann die gleichzeitige Verwendung bestimmter Dimensionen in einer Transaktion gesperrt werden. Diese Kombinationsbeschränkung findet bei Dimensionen Anwendung, die in einer Transaktion nicht gleichzeitig vorkommen sollen. Die in der Praxis häufiger anzutreffende Kombinationsbeschränkung bezieht sich auf die Dimensionswerte. Dabei wird verhindert, dass bestimmte Wertekombinationen von Dimensionen gleichzeitig gebucht werden, z.B. der Verkauf durch Vertriebsmitarbeiter X im Gebiet A.

Menüoption: *Finanzmanagement/Einrichtung/Dimensionen/Dimensionskombinationen* (siehe Abbildung 3.22 und Tabelle 3.9)

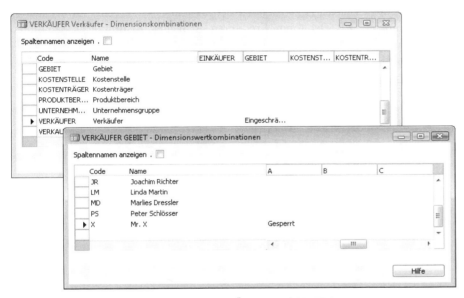

Abbildung 3.22   Sperrung der Dimensionswerte *VERKÄUFER=X* und *GEBIET=A*

Die Abbildung 3.22 enthält im Fenster *Dimensionskombinationen* die Matrix aller möglichen Kombinationen von Dimensionen. Die Beschränkungen auf Dimensionsebene werden in der Matrix in den *Kombinationsbeschränkungsfeldern* angezeigt. Folgende Optionen sind möglich:

Feldwert	Beschreibung
Leer	Die Dimensionskombination ist zulässig (Standardeinstellung)
Eingeschränkt	Die Kombinationsbeschränkung bezieht sich auf Dimensionswerte. Die gesperrten Dimensionswertkombinationen können über den AssistButton (des Feldwerts *<Eingeschränkt>*) eingegeben und angezeigt werden.
Gesperrt	Die Verwendung der Dimensionskombination ist ausgeschlossen

Tabelle 3.9   Optionen für Dimensionskombinationen

Nummernserien

Das HGB fordert in § 239 Abs. 2 ff. die eindeutige Nachvollziehbarkeit aller Buchhaltungs-transaktionen. Zur Sicherstellung dieser Anforderung ist es notwendig, jeden Vorgang im System eindeutig belegbar zu machen. Aus diesem Grund wird jede Transaktion im System mit einer Belegnummer versehen. Darüber hinaus sind auch Stammdaten über eine eindeutige Nummer von den übrigen Stammdaten unterscheidbar, so besitzt beispielsweise jeder Kunde (*Debitor*) und Lieferant (*Kreditor*) eine Nummer, die ihn unabhängig von anderen Datenattributen wie Name und Adresse eindeutig identifiziert.

Einrichtung von Nummernserien

In Dynamics NAV können sowohl für Belegarten (z.B. Vorgänge des Einkaufs, des Verkaufs sowie Lagerbewegungen etc.) als auch für Stammdaten (z.B. Debitoren, Kreditoren, Artikel etc.) Nummernkreise hinterlegt werden. Darüber hinaus kann jeder Nummernkreis mit bestimmten Parametern versehen werden, die die Nummernvergabe individuell steuern. Nummernserien sind in den Tabellen 308/309 hinterlegt.

Menüoption: *Verwaltung/Anwendung Einrichtung/Allgemein/Nummernserie* (siehe Abbildung 3.23)

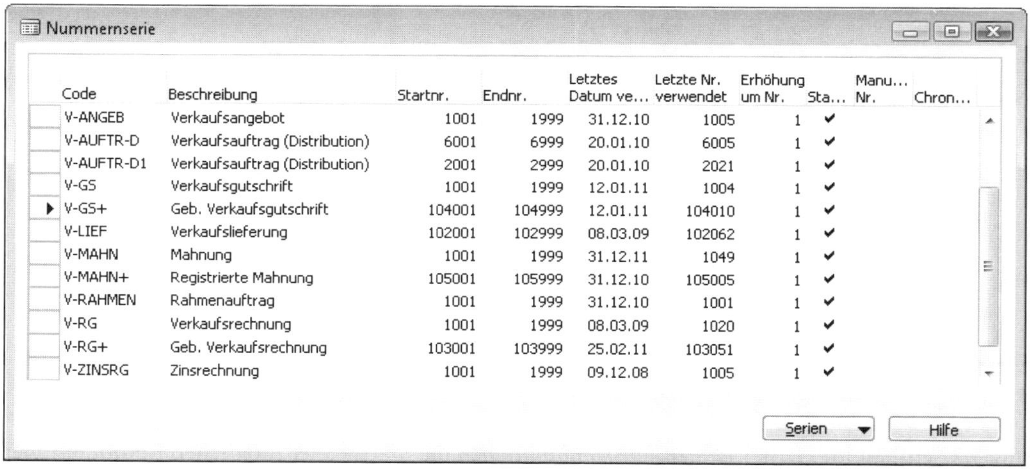

Code	Beschreibung	Startnr.	Endnr.	Letztes Datum ve...	Letzte Nr. verwendet	Erhöhung um Nr.	Sta...	Manu... Nr.	Chron...
V-ANGEB	Verkaufsangebot	1001	1999	31.12.10	1005	1	✔		
V-AUFTR-D	Verkaufsauftrag (Distribution)	6001	6999	20.01.10	6005	1	✔		
V-AUFTR-D1	Verkaufsauftrag (Distribution)	2001	2999	20.01.10	2021	1	✔		
V-GS	Verkaufsgutschrift	1001	1999	12.01.11	1004	1	✔		
V-GS+	Geb. Verkaufsgutschrift	104001	104999	12.01.11	104010	1	✔		
V-LIEF	Verkaufslieferung	102001	102999	08.03.09	102062	1	✔		
V-MAHN	Mahnung	1001	1999	31.12.11	1049	1	✔		
V-MAHN+	Registrierte Mahnung	105001	105999	31.12.10	105005	1	✔		
V-RAHMEN	Rahmenauftrag	1001	1999	31.12.10	1001	1	✔		
V-RG	Verkaufsrechnung	1001	1999	08.03.09	1020	1	✔		
V-RG+	Geb. Verkaufsrechnung	103001	103999	25.02.11	103051	1	✔		
V-ZINSRG	Zinsrechnung	1001	1999	09.12.08	1005	1	✔		

Abbildung 3.23 Nummernserien für den Bereich *Verkauf*

Ist für einen Nummernkreis sowohl die automatische als auch die manuelle Nummernvergabe aktiviert, kann anstatt der nächsten Nummer des Nummernkreises auch manuell eine Nummer vergeben werden. In der Tabelle *Nummernserie* (siehe Abbildung 3.23) können nummernkreisindividuell drei wesentliche Parameter gepflegt werden (siehe Tabelle 3.10), alle weiteren ergeben sich aus der Tabelle *Nr.-Serienzeile* (siehe Abbildung 3.24 und Tabelle 3.11), die über die Option *Zeilen* der Menüschaltfläche *Serien* oder per Drilldown in einigen Spalten des Fensters zu erreichen ist.

Feld	Beschreibung
Standardnummer	Nummernserien werden automatisch als Vorgabe verwendet
Manuelle Nr.	Die manuelle Eingabe von Nummern ist zulässig
Chronologisch	Die Anwendung überprüft, ob die Nummernvergabe chronologisch erfolgt. Bei Aktivierung des Felds überprüft die Anwendung beim Buchen bzw. bei der Vergabe der Nummer, ob Belegen und Buch.-Blattzeilen aufsteigende Nummern entsprechend dem Arbeitsdatum/Buchungsdatum chronologisch zugeordnet worden sind.

Tabelle 3.10 Einrichtungsparameter der Nummernserien

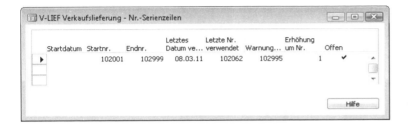

Abbildung 3.24 Nummernserienzeile des Nummernseriencodes *V-LIEF*

Folgende Felder müssen gepflegt werden:

Feld	Beschreibung
Startdatum	Datum, ab dem die entsprechende Nummernkreiszeile verwendet werden soll. Dieses Feld wird benötigt, wenn zu Beginn einer neuen Periode eine neue Nummernserie verwendet werden soll. Ist ein Datum hinterlegt, wechselt die Anwendung automatisch die Nummernserie.
Startnummer	Erste Nummer des Nummernkreises (bis zu 20 Stellen, alphanumerisch)
Endnummer	Letzte Nummer des Nummernkreises (bis zu 20 Stellen, alphanumerisch)
Warnungsnummer	Festlegung der Nummer, bei dem eine Warnmeldung über das Auslaufen einer Nummernserie durch das System ausgegeben wird
Erhöhung um Nr.	Intervall der Nummernvergabe
Letzte Nummer verwendet	Nummer des Nummernkreises, die zuletzt verwendet wurde
Offen	Das Feld hat des Status <*Offen*>, solange Nummern des Nummernkreises noch vergeben werden können. Das System entfernt die Markierung automatisch, sobald die Endnummer des Nummernkreises erreicht ist.
Letztes Datum verwendet	Datum, an dem zuletzt eine Nummer dieses Nummernkreises verwendet wurde

Tabelle 3.11 Felder der Tabelle *Nummernserienzeile*

Sollte es erforderlich sein, alternative Nummernserien für eine Belegart, für Stammdaten oder für Buchungsblätter zu verwenden, bietet Dynamics NAV über die Tabelle *Nummernserienverbindungen* die Möglichkeit der Zuordnung einer oder mehrerer Nummernseriencodes zu einem Standard-Nummernkreis (siehe Abbildung 3.25).

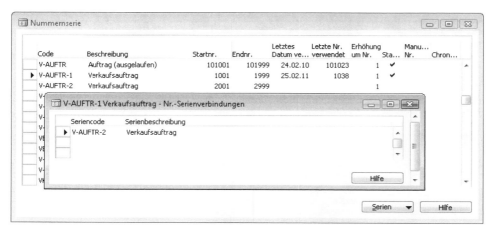

Abbildung 3.25   Nummernserienverbindung zwischen *V-AUFTR-1* und *V-AUFTR-2*

Mittels der Nummernserienverbindung kann bei Neuanlage z.B. eines Verkaufsauftrags über den AssistButton des Felds *Nr.* der Nummernkreis ausgewählt werden (siehe Abbildung 3.26), aus dem die Auftragsnummer vergeben werden soll:

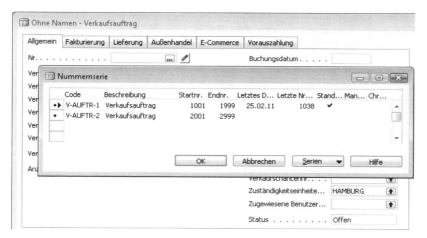

Abbildung 3.26   Auswahl der verbundenen Nummernserien

HINWEIS   In offenen Belegen (siehe den Abschnitt »Offene und gebuchte Belege« ab Seite 113), wie dem Verkaufskopf, stellt die *Nr.* die Belegnummer des ungebuchten Belegs dar. Die aus diesem Beleg erzeugten gebuchten Belege, also z.B. die gebuchte Lieferung oder gebuchte Rechnung, bekommen im Moment des Buchens eine Nummer aus dem jeweiligen Nummernkreis für gebuchte Lieferungen bzw. gebuchte Rechnungen.

Diese Nummern werden im Belegkopf in die im Standard ausgeblendeten Felder *Lieferungsnr.* und *Buchungsnr.* geschrieben. Wird die Buchung aufgrund einer Fehlermeldung abgebrochen (z.B. wegen Fehlens einer Buchungsmatrixkombination) so bleibt die Nummernvergabe in diesen Feldern gespeichert. So kann es dazu kommen, dass Belegnummern nicht in der chronologischen Reihenfolge der Buchungen vergeben werden. Entsprechende Zugriffsrechte vorausgesetzt, können diese Felder im *Zoom* (Belegkopf, Menübefehl: *Extras/Zoom* siehe Abbildung 3.27) angezeigt werden.

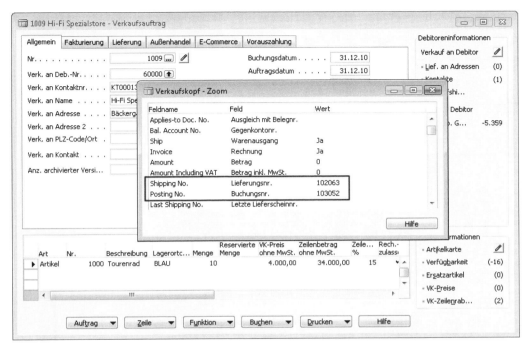

Abbildung 3.27 Anzeige der Verkaufskopffelder *Lieferungsnr.* und *Buchungsnr.*

Wird ein solcher Beleg gelöscht, erstellt Dynamics NAV dennoch einen gebuchten Beleg, der als gelöschter Beleg gekennzeichnet ist, um die Reihenfolge des gebuchten Nummernkreises einzuhalten.

Für die Verwaltung der Nummernserien stehen verschiedene Standardberichte zur Verfügung. Mithilfe des Berichts *Nummernserien* können Informationen zu einzelnen Nummernkreisen bzw. Nummernserienzeilen ausgedruckt werden (offen oder geschlossen, automatische, manuelle und chronologische Nummernvergabe, Startdatum, Start- und Endnummer, Datum der zuletzt genutzten Belegnummer etc.). Über Filter der *Request Form* kann die Auswahl auf einen oder mehrere Nummernkreise beschränkt werden.

Object Designer: *Run Report 21 Nummernserie*

Der Bericht *Nr.-Serie prüfen* zeigt das Startdatum, die Start- und Endnummer der Serie, die letzte verwendete Nummer und den Status der Nummernserie (offen oder geschlossen) an. Die Nummernserien werden nach den Startnummern in aufsteigender Reihenfolge sortiert. Der Bericht kann dazu verwendet werden, Nummernkreise in Bezug auf Nummernserienüberschneidungen hin zu überprüfen.

Object Designer: *Run Report 22 Nr.-Serie prüfen*

Der Bericht *FiBu-Belegnummern* erstellt eine Liste der Sachposten, sortiert nach Belegnummern mit den Attributen *Buchungsdatum, Sachpostenbeschreibung, Sachkontonummer* und *Herkunftscode.* Sind Belegnummernlücken vorhanden oder wurden Belege nicht in der Reihenfolge ihrer Belegnummern gebucht (Prüfung anhand des Buchungsdatums), erscheint eine Systemwarnung.

Object Designer: *Run Report 23 FiBu-Belegnummern* (Abbildung 3.28)

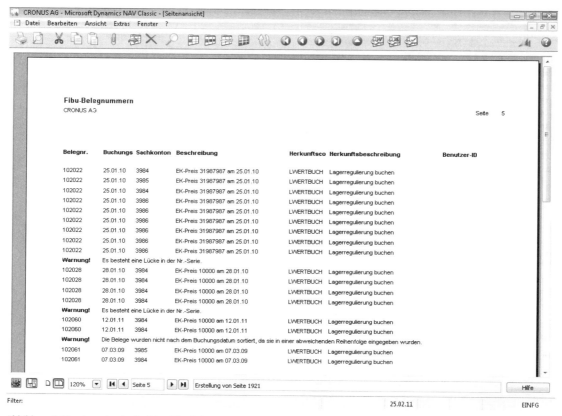

Abbildung 3.28   Ausgabe des Berichts *Fibu-Belegnummern*

TIPP   Generell, aber besonders bei Einsatz der SQL Server-Datenbank, sollen Nummernserien so definiert werden, dass alle vergebenen Nummern die gleiche Anzahl von Zeichen beinhalten, um eine jederzeit konsistente numerische Sortierreihenfolge zu gewährleisten.

Alphanumerische Belegnummern sind über die Tastatur weniger effizient einzugeben als rein numerische Nummern, erleichtern jedoch die Überschneidungsfreiheit der Nummernkreise und benötigen dazu noch weniger Anzahl von Zeichen.

Gestaltung von Nummernserien aus Compliance-Sicht

Potentielle Risiken

- Überschneidung von Belegnummernkreisen kann zu fehlender Nachvollziehbarkeit von gebuchten Belegen führen bzw. den Buchungsprozess behindern (Efficiency)

- Fehlende Kapazität freier Belegnummern behindert den reibungslosen Verbuchungsprozess (Efficiency)

- Belegnummernlücken in Buchhaltungsbelegen geben Hinweise auf Verstöße gegen das Radierverbot (Compliance, Reliability, Integrity)

Prüfungsziel

- Sicherstellung bzw. Prüfung der Überschneidungsfreiheit der einzelnen Nummernserien

- Sicherstellung bzw. Prüfung einer ausreichenden Kapazität freier Belegnummern in den jeweiligen Nummernserien
- Sicherstellung bzw. Prüfung einer lückenfreien Belegnummernvergabe in Buchhaltungsbelegen

Prüfungshandlungen

Überschneidungsfreiheit

Mit dem Bericht *Nummernserie* (Report 22) oder *Nr.-Serie prüfen* (Report 23) sollte überprüft werden, ob es zwischen Belegnummernserien zu Überschneidungen kommen kann. Gegebenenfalls müssen die Einstellungen zu den Nummernserien angepasst werden.

Object Designer: *Run Report 23 Nr.-Serie prüfen*

Freie Belegnummern

Im ersten Schritt sollte geprüft werden, ob die Einstellungen zur Ausgabe einer Warnmeldung für den Fall, dass eine Nummernserie ausläuft, angemessen gesetzt sind. Dazu ist das Feld *Warnungsnummer* der Tabelle 309 *Nr.-Serienzeile* zu überprüfen.

Object Designer: *Run Form 457 Nr.-Serienzeilen*

Report 22 gibt darüber hinaus einen Überblick über den Stand einzelner Nummernkreise und liefert damit Informationen über das mögliche Auslaufen einzelner Belegnummernserien.

Object Designer: *Run Report 22 Nummernserie*

Belegnummernlücken

Die automatische Belegnummernvergabe in Verbindung mit einem Erhöhungsintervall von eins und der Prüfung einer chronologischen Vergabe ist aus Sicht einer konsistenten Nummernvergabe sinnvoll. Die Einstellungen zur Konfiguration der automatischen Vergabe und zur Chronologie finden sich in Tabelle 308, der Erhöhungsintervall in Tabelle 309.

Object Designer: *Run Form 467 Nummernserie*

Object Designer: *Run Form 457 Nr.-Serienzeilen*

Ob in der Vergangenheit tatsächlich Belegnummernlücken in Buchhaltungsbelegen aufgetreten sind, lässt sich über den Report *Fibu-Belegnummern* auswerten.

Object Designer: *Run Report 23 FiBu-Belegnummern*

Sollten Belegnummernlücken im System existieren, sollte eine Dokumentation darüber in der Buchhaltungsabteilung existieren.

Ferner sollten Änderungen in der Einrichtung der Nummernkreise (Tabellen 308 und 309) im Änderungsprotokoll aufgezeichnet werden.

Belegfluss und Beleggenehmigung

In diesem Abschnitt wird die Grundlage für das Verständnis des Belegflusses in Dynamics NAV gelegt und folgende prozessübergreifende Funktionen erläutert:

- Belegbegriff und Belegaufbau
- Offene und gebuchte Belege

- Belegarchivierung

- Belegstatus

- Belegfluss und Postenerstellung

- Beleggenehmigungen

Belegbegriff und Belegaufbau

Belege dienen im Allgemeinen dazu, Daten eines Geschäftsvorfalls zu dokumentieren und als Nachweis zu speichern. Insbesondere Buchhaltungsbelege unterliegen dabei gesetzlich vorgeschriebenen Aufbewahrungs- und Dokumentationspflichten. Grundsätzlich werden im System sämtliche Transaktionen und die damit verbundenen Bewegungsdaten mithilfe von Belegen erfasst und gespeichert. Im Rahmen eines Geschäftsprozesses (z.B. Verkaufsprozess) können unterschiedliche Belege erzeugt und verarbeitet werden (Angebot, Auftrag, Lieferung, Rechnung, Zahlung etc.). In der Regel werden diese Belege einer Prozessinstanz im System miteinander verknüpft, sodass der Vorgang über den Belegfluss hinweg transparent ist.

Belege setzen sich in der Regel aus einem Belegkopf und einer oder mehreren Belegzeilen zusammen. Die Abbildung 3.29 zeigt den Aufbau eines Verkaufsauftrags.

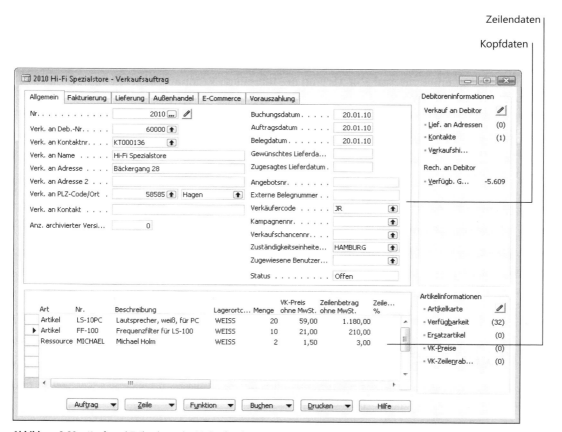

Abbildung 3.29   Kopf- und Zeilendaten des Verkaufsauftrags

Der obere Teil des Belegs wird als Belegkopf bezeichnet. Kopfdaten gelten für den gesamten Beleg, d.h. für sämtliche Zeilen dieses Auftrages. Grundsätzlich werden zunächst die Daten im Belegkopf erfasst, bevor die Belegzeilen erfasst werden. Die Belegzeilen des Auftrages werden auch als Positionsdaten bezeichnet und beinhalten in diesem Fall unterschiedliche Artikel, die dem Kunden verkauft werden sollen. Um die Feldbelegung eines Belegs zu steuern, können bestimmte Feldvorbelegungen durch Einrichtungsparameter und Stammdaten erzeugt werden (siehe Abbildung 3.30). Wird z.B. eine bestimmte Zahlungsbedingung für einen Kunden in der entsprechenden Debitorenkarte festgelegt, wird diese Vorgabe in den Beleg übernommen, sobald der Kunde ausgewählt wurde.

Im weiteren Verlauf des Buchs werden die entsprechenden Parameter der Einrichtung und Stammdaten ausführlich erläutert.

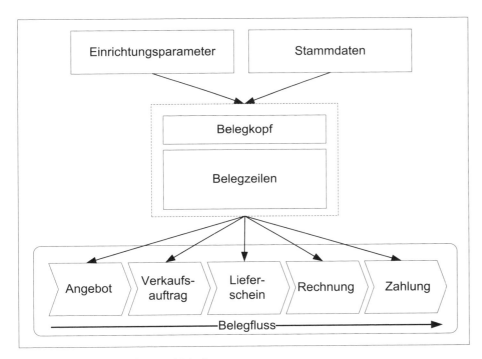

Abbildung 3.30 Belegeinrichtung und Belegfluss

Unter der Annahme, dass ein Geschäftsprozess (in diesem Fall Verkaufsprozess) vollständig durchlaufen und gebucht wird, erzeugt das System für jede Prozessinstanz sämtliche Belege (vom Angebots- bis zum Zahlungsbeleg).

Offene und gebuchte Belege

In Dynamics NAV gibt es ungebuchte (offene) Belege und gebuchte Belege. Offene Belegarten sind innerhalb des Verkaufsprozesses beispielsweise das Verkaufsangebot oder der Verkaufsauftrag. Diese beiden Belegarten werden als offen bezeichnet, da diese bis zur Buchung geändert werden können. Beim *Buchen* (F11) kann in der Regel zwischen *Liefern* und *Fakturieren* unterschieden werden. Die *Liefern*-Buchung erzeugt eine gebuchte Lieferung bzw. Rücklieferung, während die *Fakturieren*-Buchung eine gebuchte Rechnung oder

Gutschrift erzeugt. *Liefern-* und *Fakturieren*-Buchungen können dabei mehrmals aus einem Beleg heraus erfolgen, wenn z.B. Teillieferungen und Teilrechnungen erfolgen. Generell muss in Dynamics NAV die *Liefern*-Buchung der *Fakturieren*-Buchung vorausgehen.

HINWEIS   Unter den offenen Belegarten gibt es auch die Belegart *Rechnung*. (z.B. Menüoption: *Verkauf & Marketing/Auftragsabwicklung/Rechnungen*). Diese Belegart stellt ebenfalls einen ungebuchten Beleg dar und wird erst durch die Buchung zu einer gebuchten Rechnung. Bei Rechnungen und Gutschriften lässt sich nicht zwischen Liefern und Fakturieren unterscheiden.

Offene Belege werden durch den Buchungslauf automatisch gelöscht, sofern diese damit komplett erledigt sind. Gebuchte Belege können vom Anwender nicht mehr geändert werden. Beispiele innerhalb des Verkaufsprozesses sind die gebuchte Verkaufslieferung oder die gebuchte Verkaufsrechnung.

ACHTUNG   Trotz des systemseitigen Schutzes gegen Änderungen an gebuchten Belegen können diese bei entsprechender Berechtigung gelöscht werden (gebuchte Verkaufsrechnungen können gelöscht werden, sofern diese einmalig gedruckt wurden). Zwar werden durch das Löschen keine Datensätze in Postentabellen gelöscht (sondern nur die gebuchten Kopf- und Zeilendaten), dennoch sollte das Löschen von gebuchten Belegen über die Zugriffsberechtigungen verhindert und das Löschen im Änderungsprotokoll vollständig protokolliert werden.

Aus Compliance-Sicht sollte das Löschen zusätzlich durch die Form-Eigenschaft (»DeleteAllowed«) verhindert werden.

Schrittanleitung zum Entfernen der Löschmöglichkeit am Beispiel der geb. Verkaufsrechnung

1.   Menübefehl *Extras/Object Designer*

2.   Selektion der Objektart *Form* und beispielsweise der Form ID *132 Geb. Verkaufsrechnung*

3.   Starten des Designmodus über die Schaltfläche *Design*

4.   Menübefehl *Ansicht/Properties*

5.   Selektieren der Eigenschaft *DeleteAllowed*, Wertzuweisung »No«

6.   Das Customizing sollte entsprechend der Richtlinien des Unternehmens dokumentiert und die Änderung gespeichert werden. Die Regelungen zum Einspielen von Objektänderungen für Entwicklungs- und Produktivdatenbank sind dabei zu beachten.

7.   Dieses Vorgehen lässt sich auf alle Forms zur Anzeige gebuchter Belege übertragen

Belegarchivierung

Offene Belege wie Einkaufbestellungen, Verkaufsangebote oder Verkaufsaufträge können sich im Dialog mit dem Lieferanten bzw. Kunden über die Zeit verändern. Wird ein offener Beleg ausgedruckt, wird diese »Momentaufnahme« des Belegs zu einem Dokument und sollte daher auch in der Datenbank archiviert werden. Dynamics NAV bietet die Möglichkeit, folgende Belege in *Versionen* zu archivieren:

- Verkaufsangebote
- Verkaufsaufträge
- Rahmenaufträge
- Reklamationen
- Einkaufsanfragen
- Einkaufsbestellungen

- Rahmenbestellungen

- Reklamationen

In den beiden entsprechenden Einrichtungen (*Debitoren & Verkauf Einr.* sowie *Kreditoren & Einkauf Einr.*) kann auf der Registerkarte *Archivierung* jeweils definiert werden, wie die Anwendung die Archivierung vornehmen soll.

> **TIPP** Werden Verkaufsangebote in Verkaufsaufträge umgewandelt, so wird der Angebotsbeleg gelöscht und ein neuer Verkaufsauftragsbeleg erzeugt. Angebote sollten jedoch nach der Umwandlung in Aufträge erhalten bleiben, um beispielsweise Daten für die Auswertung zu liefern, wie das Verhältnis von Angeboten zu Aufträgen ist. Damit die Anwendung das Angebot beim Umwandeln in einen Auftrag automatisch archiviert, muss das Feld *Angebot archivieren* auf *Immer* stehen.

Menüoption: *Verkauf & Marketing/Einrichtung/Debitoren & Verkauf Einr.* (siehe Abbildung 3.31)

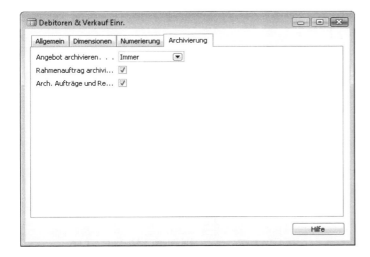

Abbildung 3.31 Archivierungsparameter
in der *Debitoren & Verkauf Einrichtung*

Die Archivierung kann vom Benutzer angestoßen werden oder automatisch erfolgen. Die komplette Nutzung der Archivierung vorausgesetzt, wird eine automatische Archivierung in folgenden Fällen vorgenommen:

- Manuelles Löschen eines Belegs

- Umwandeln eines Angebots bzw. Anfrage in einen Auftrag bzw. Bestellung

- Drucken eines Angebots oder einer Auftragsbestätigung bzw. einer Anfrage oder Bestellung

> **ACHTUNG** Beim Druck eines Angebots oder einer Auftragsbestätigung gibt es jeweils über die Registerkarte *Optionen* die Möglichkeit, die Archivierung benutzerdefiniert zu steuern. Selbst wenn die Archivierung des Angebots auf *Immer* steht, kann diese Regel damit übersteuert werden, sodass der Beleg im Ergebnis nicht archiviert wird. Aus Compliance-Sicht sollte diese Option durch Customizing nicht verfügbar gemacht werden (siehe Abbildung 3.32).

Schrittanleitung zum Entfernen der Archivierungsauswahloption

Um zu verhindern, dass die Archivierung beim Drucken eines offenen Belegs benutzerdefiniert unterbunden wird, kann am Beispiel des Verkaufsangebots wie folgt vorgegangen werden:

1. Menübefehl *Extras/Object Designer*

2. Selektion der Objektart *Report* und danach der Report ID *204 Verkauf – Angebot*

3. Starten des Designmodus über die Schaltfläche *Design*

4. Menübefehl *Ansicht/Request Form*

5. Aktivieren des Kontrollkästchens *Beleg archivieren*

6. Menübefehl *Ansicht/Properties*

7. Selektion der Eigenschaft *Editable*, Wertzuweisung »No«

8. Das Customizing sollte entsprechend der Richtlinien des Unternehmens dokumentiert und die Änderung gespeichert werden. Die Regelungen zum Einspielen von Objektänderungen für Entwicklungs- und Produktivdatenbank sind dabei zu beachten.

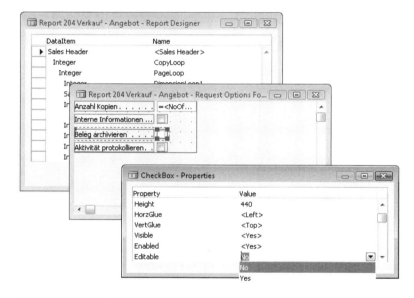

Abbildung 3.32 Entfernen der Druckoption *Beleg archivieren*

Aus Compliance-Sicht sollte sowohl im Einkauf als auch im Verkauf der volle Archivierungsumfang aktiviert werden (siehe Tabelle 3.12):

Einrichtungstabelle	Feld	Option
Debitoren & Verkauf Einr.	Angebot archivieren	Immer
	Rahmenauftrag archivieren	Aktiv (falls Rahmenaufträge genutzt werden)
	Arch. Aufträge und Reklamationen	Aktiv
Kreditoren & Einkauf Einr.	Anfrage archivieren	Immer
	Rahmenbestellung archivieren	Aktiv (falls Rahmenbest. genutzt werden)
	Arch. Aufträge und Reklamationen	Aktiv

Tabelle 3.12 Parameter für die Archivierung von Ein- und Verkaufsbelegen

Belegstatus

Das Feld *Status* in offenen Belegen wird zum einen dazu genutzt, Änderungen am Beleg zuzulassen oder zu verhindern, zum anderen dient das Feld dazu, die Weiterverarbeitung zu steuern, wenn beispielsweise eine Vorauszahlung offen ist oder der Beleg eine Genehmigung erfordert (siehe Tabelle 3.13). Mit *Funktion/Freigeben* (Strg + F11) wird ein offener Beleg freigegeben. Um einen freigegebenen Beleg wieder editieren zu können, ist der Status über *Funktion/Status zurücksetzen* zu ändern.

Status	Bedeutung
Offen	Anfangsstatus bei der Belegerfassung. Änderungen im Beleg sind zulässig.
Freigegeben	Die Belegerfassung ist abgeschlossen und der Beleg ist für die Weiterverarbeitung freigegeben. In diesem Status können keine Änderungen mehr an Zeilen der Art *Artikel* oder *WG/Anlage* vorgenommen werden.
Genehmigung ausstehend	Der Beleg erfordert eine Genehmigung durch einen anderen Benutzer. Um diesen Genehmiger zu informieren, ist über die Menüschaltfläche *Funktion* eine *Genehmigungsanforderung* zu senden. Durch die Genehmigung erfolgt der Statuswechsel auf *Freigegeben* (siehe hierzu auch den Abschnitt »Beleggenehmigungen« ab Seite 122).
Vorauszahlung ausstehend	Der Beleg wurde vom Erfasser freigegeben, jedoch muss vom Debitoren eine Vorauszahlung geleistet werden, bevor eine Weiterverarbeitung möglich ist. Für diese Vorauszahlung muss eine Vorauszahlungsrechnung gebucht und der Zahlungseingang erfolgt sein, bevor der Statuswechsel auf *Freigegeben* erfolgen kann (siehe hierzu auch in Kapitel 6 den Abschnitt »Vorauszahlungen«).

Tabelle 3.13 Optionen des Belegstatusfelds

Belegdruck und Belegfreigabe

Generell ist es in Dynamics NAV möglich, Belege zu drucken, ohne dass der Status des Belegs berücksichtigt wird. Durch den Druck und Versand nicht freigegebener Belege (z.B. Verkaufsangebote oder Auftragsbestätigungen) können ungewollte, verbindliche Rechtsverhältnisse entstehen. Dieses Problem kann dadurch gelöst werden, dass im Report eine Fehlermeldung ausgegeben wird, wenn der Belegstatus entweder auf *Offen* oder *Genehmigung ausstehend* lautet (siehe Abbildung 3.33).

Schrittanleitung zum Einfügen der oben beschriebenen Druck-Fehlermeldung

Um zu verhindern, dass ein Angebot gedruckt wird, das entweder noch nicht freigegeben oder nicht genehmigt ist, kann am Beispiel des Verkaufsangebots wie folgt vorgegangen werden:

1. Menübefehl *Extras/Object Designer*
2. Selektion der Objektart *Report* und danach der Report ID *204 Verkauf – Angebot*
3. Starten des Designmodus über die Schaltfläche *Design*
4. Menübefehl *Ansicht/C/AL Code*
5. Einfügen der Anpassung »RevisAnp001« aus Abbildung 3.33 im Trigger *Sales Header – OnAfterGetRecord* (gegebenenfalls ist eine Textkonstante zu verwenden, wenn der Fehlermeldungstext in verschiedenen Sprachen hinterlegt werden soll)
6. Dokumentieren der Objektänderung entsprechend der Richtlinien des Unternehmens und Speichern der Änderung. Dabei sind die Regelungen zum Einspielen von Objektänderungen für Entwicklungs- und Produktivdatenbank zu beachten.

Diese Vorgehensweise lässt sich analog auf andere Belegarten des Einkaufs bzw. Verkaufs übertragen.

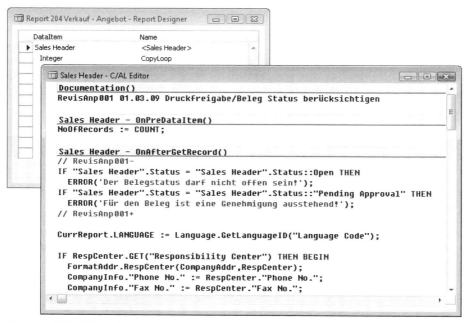

Abbildung 3.33   C/AL-Codeanpassung zur Berücksichtigung des Belegstatus

Belegfluss und Postenerstellung

Um Bewegungsdaten in Dynamics NAV zu analysieren, ist es von entscheidender Bedeutung, die im Beleg-fluss angesprochenen Tabellen zu kennen. Wenn ein gebuchter Beleg erzeugt wird, entstehen Posten für alle beteiligten Stammdaten. So erzeugt das *Liefern*-Buchen eines Artikels aus einem Verkaufsauftrag gleichzeitig eine gebuchte Lieferung und einen entsprechenden Artikelposten sowie Wertposten. Die vier folgenden Tabellenschemata (Abbildung 3.34 bis Abbildung 3.37) zeigen ausgangs- und eingangsseitig jeweils die akti-onsbezogene Erstellung von gebuchten Belegen sowie die Erstellung der Posten am Beispiel der Belegzeilen-art *Artikel*. Die Aktion bezieht sich dabei auf Buchungs- oder Registrierungsvorgänge innerhalb von Dyna-mics NAV, die vom Benutzer angestoßen werden. Diese Vorgänge werden in den folgenden Kapiteln näher erläutert.

Abhängig vom Lagerort wird der Belegfluss noch um die Logistikbelege für *Kommissionierung* und *Waren-ausgang* erweitert. Des Weiteren werden ausgangsseitig auch die Belegarten *Umlagerungsauftrag* und *Service-auftrag* dargestellt. Für die Belege werden jeweils die Kopf- und Positionstabellen dargestellt. Die in Klam-mern dargestellten Zahlen geben jeweils die Tabellen-ID wieder.

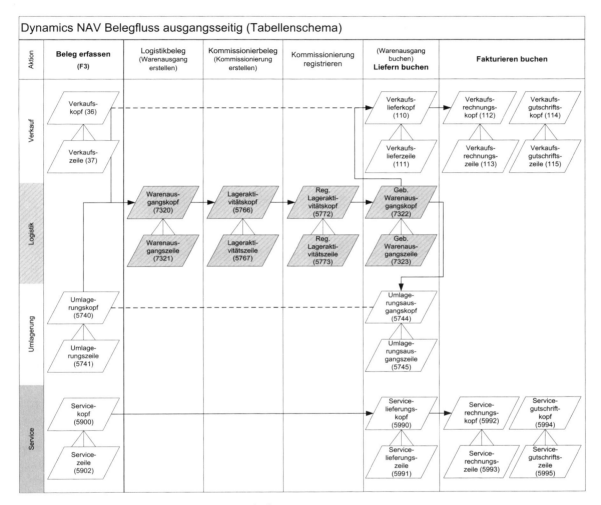

Abbildung 3.34 Tabellenschema des ausgangsseitigen Belegflusses

Analog zur Darstellung des belegbezogenen, ausgangsseitigen Tabellenschemas zeigt die Abbildung 3.35 das entsprechende Tabellenschema für die erzeugten Posten und deren Abhängigkeiten untereinander.

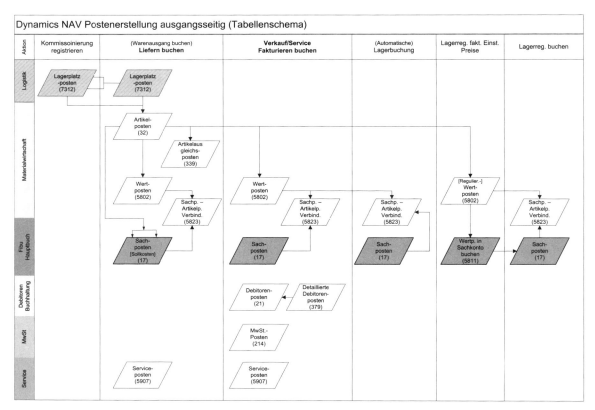

Abbildung 3.35 Tabellenschema der ausgangsseitigen Postenerstellung

Der einkaufs- oder eingangsseitige Belegfluss und die damit verbundene Postenerstellung stellen sich weitgehend analog zum verkaufs- oder ausgangsseitigen Belegfluss dar, wie in den beiden folgenden Abbildungen dargestellt wird (siehe Abbildung 3.36 und Abbildung 3.37).

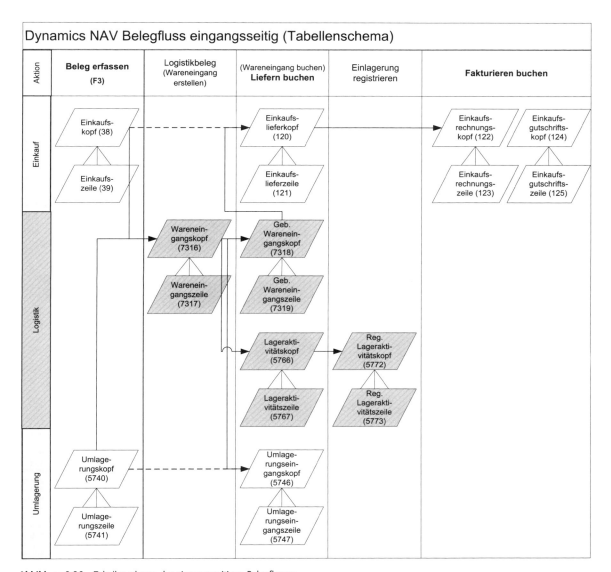

Abbildung 3.36 Tabellenschema des eingangsseitigen Belegflusses

Analog zur Darstellung des belegbezogenen, eingangsseitigen Tabellenschemas zeigt die Abbildung 3.37 das entsprechende Tabellenschema für die erzeugten Posten und deren Abhängigkeiten untereinander.

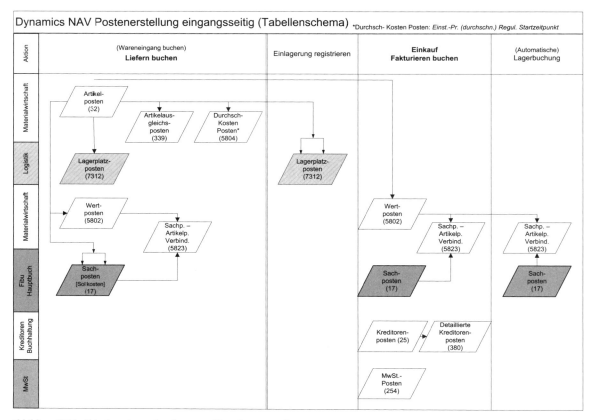

Abbildung 3.37   Tabellenschema der eingangsseitigen Postenerstellung

Die in den Tabellenschemata dargestellten Prozesse werden in den folgenden Kapiteln ausführlich behandelt und deren logische Abhängigkeiten näher erläutert.

Belegfluss aus Compliance-Sicht

Im Rahmen des Belegflusses kann es zu Inkonsistenzen kommen, die auf Probleme in den Bereichen der operativen Prozesse, der Systemhygiene und im System nicht abgeschlossene Geschäftsprozesse hinweisen. Als Beispiele wären zu nennen:

- Nicht zeitnah bearbeitete, offene Einkaufs- bzw. Verkaufsbelege
- Gelieferte, nicht fakturierte Einkaufs- bzw. Verkaufsbelege
- Nicht verwendete Logistikbelege
- Zur Prüfung verweisen wir auf die jeweiligen prozessorientierten Kapitel

Beleggenehmigungen

Dynamics NAV erlaubt die Festlegung von Regeln zur Genehmigung von Einkaufs- und Verkaufsvorgängen und integriert damit sowohl das »Vier-Augen-Prinzip« als auch Genehmigungsgrenzen in den operativen Systembetrieb. Das Beleggenehmigungssystem kann durch den Systemadministrator individuell an die Anforderungen des Unternehmens angepasst werden und beinhaltet dabei insbesondere folgende Schritte:

- Allgemeine Aktivierung und Einrichtung des Genehmigungssystems
- Erstellung und Verwaltung von Genehmigungsvorlagen
- Festlegung von Benutzerhierarchien für die Genehmigung sowie Stellvertreterregelungen
- Erstellung des Benachrichtigungssystems

Grundsätzlich sind die Anforderungen an ein Beleggenehmigungssystem durch die Fachabteilungen in Zusammenarbeit mit dem Rechnungswesen bzw. der Geschäftsführung zu erarbeiten, die technische Umsetzung erfolgt anschließend durch die Systemadministration bzw. IT-Abteilung.

Allgemeine Aktivierung und Einrichtung des Genehmigungssystems

Die Einrichtung von Genehmigungsregeln erfolgt in der Anwendungseinrichtung.

Menüoption: *Verwaltung/Anwendung Einrichtung/Beleggenehmigung/Genehmigungseinrichtung* (siehe Abbildung 3.38 und Tabelle 3.15)

Abbildung 3.38 Genehmigungseinrichtung

Feld	Beschreibung
Fälligkeitsdatumsformel	Frist, innerhalb der die Genehmigung des Belegs erfolgt sein muss
Genehmigungsadministrator	Benutzer-ID mit der Berechtigung der Verwaltung des Berechtigungssystems
Kommentar Anforderungsablehnung	Soll der Genehmiger des Belegs für den Fall der Ablehnung im Fenster *Genehmigung Bemerkungen* eine Begründung angeben, ist dieses Feld zu aktivieren. Das Fenster *Genehmigung Bemerkungen* wird dann automatisch geöffnet, wenn der Genehmiger den Beleg ablehnt.

Tabelle 3.14 Felder der Genehmigungseinrichtung (Registerkarte *Allgemein*)

Erstellung und Verwaltung von Genehmigungsvorlagen

Der Zusammenhang von Belegarten und Genehmigungsregeln wird in den *Genehmigungsvorlagen* hergestellt, in denen pro *Belegart* verschiedene Genehmigungsvorlagen in Abhängigkeit von *Genehmigungscode*, *Genehmigungsart* und *Einschränkungsart* hinterlegt werden können. Zunächst müssen die *Genehmigungscodes* im Form 657 *Genehmigungscode* angelegt und den Tabellen der Belegköpfe (36 *Verkaufskopf*, 38 *Einkaufskopf*) zugeordnet werden.

Object Designer: *Run Form 657 Genehmigungscode*

Menüoption: *Verwaltung/Anwendung Einrichtung/Beleggenehmigung/Genehmigungsvorlagen* (siehe Abbildung 3.39 und Tabelle 3.15)

Abbildung 3.39   Genehmigungsvorlagen für Verkaufsangebote

Feld	Beschreibung
Genehmigungscode	Eindeutiger Code für die Genehmigungsregel
Genehmigungsart	Dieses Feld regelt die Identifikation des Genehmigers, wenn für einen Beleg eine Genehmigungsanforderung gesendet wird *<Leer>* Der Genehmiger ergibt sich aus der Vorlage (*Zusätzliche Genehmiger*) und wird nicht durch den Verkäufer/ Einkäufer bzw. den anfragenden Benutzer bestimmt *<Verkäufer/Einkäufer>* Der Genehmiger wird durch den im Beleg eingegebenen Verkäufer bzw. Einkäufercode bestimmt *<Genehmiger>* Der Genehmiger bestimmt sich durch den Benutzer, der die Genehmigungsanfrage stellt
Belegart	Die Art des Belegs, auf den sich die Genehmigungsregel bezieht
Einschränkungsart	Die Einschränkungsart bestimmt die Bezugsgröße, anhand der die Genehmigungspflicht geprüft wird *<Genehmigungsgrenzwerte>* Je nach Vorlage ergibt sich ein maximal zulässiger Einkaufs- oder Verkaufsbetrag. Oberhalb dieser Grenze wird eine Genehmigung verpflichtend. *<Kreditlimits>* Überschreitet ein Debitor im Verkaufsprozess sein Kreditlimit, bedarf die Kreditlimitüberschreitung einer separaten Genehmigung durch einen *Zusätzlichen Genehmiger*. Es kann darüber hinaus noch eine weitere Beleggenehmigung notwendig werden. *<Anforderungslimits>* Diese Einschränkungsart bezieht sich speziell auf Einkaufsanfragen *<Keine Einschränkungen>* Im Rahmen des Genehmigungsvorgangs werden keine Grenzwerte berücksichtigt. Daher wird nur ein einziger Genehmiger gemäß der Einrichtung in der Tabelle *Benutzer Einrichtung* zugewiesen
Zusätzliche Genehmiger	Ergibt sich der Genehmiger nicht durch eine hierarchische Struktur, also weder abhängig vom *Verkäufer/Einkäufer* noch vom *Benutzer*, der die Genehmigung anfordert, ist der Beleg vom zusätzlichen Genehmiger freizugeben, der in der gleichnamigen Tabelle zur Vorlage eingerichtet ist. Dieses Feld zeigt an, ob ein solcher Datensatz existiert.
Aktiviert	Dieses Feld aktiviert die Genehmigungsregel im System
Tabellen-ID	In Abhängigkeit vom Feld *Genehmigungscode* wird dieses Feld automatisch durch das System vorgegeben. Die Festlegung erfolgt in der Tabelle *Genehmigungscode*.

Tabelle 3.15   Felder der Genehmigungsvorlage

Festlegung von Benutzerhierarchien für die Genehmigung sowie Stellvertreterregelungen

Die Genehmigungshierarchie, also die betragsmäßigen Genehmigungsgrenzen sowie die notwendigen Genehmiger, die innerhalb des Genehmigungsprozesses (*Genehmigerart* ungleich *leer*) zur Anwendung kommen, werden in der *Genehmigungsbenutzereinrichtung* gepflegt. Weiterhin können Stellvertreterregelungen hinterlegt werden.

Menüoption: *Verwaltung/Anwendung Einrichtung/Beleggenehmigung/Genehmigungseinrichtung/Benutzereinrichtung* (siehe Abbildung 3.40 und Tabelle 3.16)

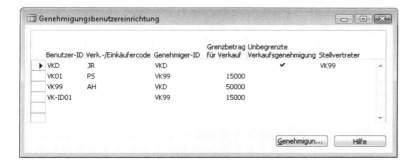

Abbildung 3.40 Einrichtung der Genehmigungshierarchie

In der *Genehmigungsbenutzereinrichtung* können folgende Parameter (siehe Tabelle 3.16) eingerichtet werden:

Feld	Beschreibung
Benutzer-ID	Nutzerkennung des Benutzers
Verk.-/Einkäufercode	Verkäufer- bzw. Einkäufercodes des Benutzers. Mit dieser Information wird eine Zuordnung von Verkäufer- oder Einkäufercode zur Benutzer-ID hergestellt.
Genehmiger-ID	Nutzerkennung des Genehmigers
Grenzbetrag für Verkauf	Grenzbetrag für den Verkaufsbeleg, ab dessen Überschreitung der Beleg von einer anderen Person zu genehmigen ist
Unbegrenzte Verkaufsgenehmigung	Soll dem Genehmiger unbegrenzte Genehmigungshöhe für Verkäufe zugewiesen werden, ist dieses Feld zu aktivieren
Grenzbetrag für Einkauf	Grenzbetrag für den Einkaufsbeleg, ab dessen Überschreitung der Beleg von einer anderen Person zu genehmigen ist
Unbegrenzte Einkaufsgenehmigung	Soll dem Genehmiger unbegrenzte Genehmigungshöhe für Einkäufe zugewiesen werden, ist dieses Feld zu aktivieren
Grenzbetrag für Anfrageanforderung	Grenzbetrag für den Verkaufsbetrag, ab dessen Überschreitung der Beleg von einer anderen Person zu genehmigen ist
Unbegrenzte Anfrageanforderung	Soll dem Genehmiger unbegrenzte Genehmigungshöhe für Anfrageanforderungen zugewiesen werden, ist dieses Feld zu aktivieren
Stellvertreter	Nutzerkennung der Stellvertretung für den Genehmiger
E-Mail	Wird das systemseitige Benachrichtungssystem verwendet (siehe unten), muss an dieser Stelle die E-Mail-Adresse des Genehmigers hinterlegt werden

Tabelle 3.16 Felder der Genehmigungsbenutzereinrichtung

Um die Funktionsfähigkeit und Vollständigkeit der festgelegten Genehmigungsregeln zu überprüfen, bietet Dynamics NAV eine Testfunktionalität für die Verkaufs-, Einkaufs- und Anfragegenehmigungseinrichtung.

Menüoption: *Verwaltung/Anwendung Einrichtung/Beleggenehmigung/Genehmigungseinrichtung/Benutzereinrichtung/Genehmigungsbenutzereinrichtung – Test* (siehe Abbildung 3.41)

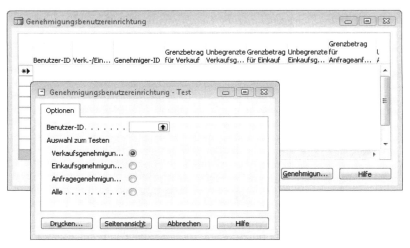

Abbildung 3.41   Bericht zum Testen der Einrichtung von Beleggenehmigungen

Im Feld *Benutzer-ID* kann die Benutzerkennung ausgewählt werden, für die die Einrichtung getestet werden soll. Über die Optionsfelder kann ausgewählt werden, für welche Art der Genehmigung der Test ausgeführt werden soll. Über die Schaltfläche *Seitenansicht* kann das Ergebnis des Tests abgerufen werden.

Erstellung des Benachrichtigungssystems

Um den Genehmigungsprozess im operativen Tagesgeschäft sinnvoll zu steuern und für die beteiligten Personen transparent zu machen, ist in einem letzten Schritt die Definition von Benachrichtigungsregeln bezüglich des Beleggenehmigungsstatus durchzuführen. Mit dieser optionalen Funktionalität werden Genehmiger über freizugebende Belege und Anforderer über den Status der Freigabe informiert.

Menüoption: *Verwaltung/Anwendung Einrichtung/Beleggenehmigung/Genehmigungseinrichtung/Registerkarte Benachrichtigung* (siehe Abbildung 3.42 und Tabelle 3.17)

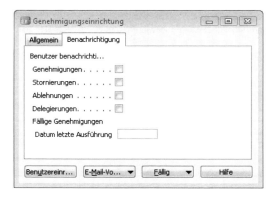

Abbildung 3.42   Parameter für die Benachrichtigung bzgl. Genehmigungen

Feld	Beschreibung
Genehmigungen	Bei Aktivierung wird der Benutzer, der Belege zu genehmigen hat, per E-Mail informiert
Stornierungen	Bei Aktivierung werden Benutzer, die einen Beleg genehmigt haben, im Falle der späteren Stornierung des Belegs per E-Mail informiert
Ablehnungen	Bei Aktivierung werden Anforderer einer Genehmigung informiert, wenn die Genehmigung des Belegs abgelehnt wurde
Delegierungen	Bei Aktivierung werden Anforderer einer Genehmigung informiert, wenn die Beleggenehmigung an einen anderen Benutzer delegiert wurde

Tabelle 3.17 Parameter für die Benachrichtigung bzgl. Genehmigungen

Eine alternative Vorgehensweise zur E-Mail-Benachrichtigung bietet die Abfrage der *Genehmigungsposten* bzw. der *Genehmigungsanforderungsposten* in den Modulen *Einkauf* und *Verkauf & Marketing*. Dort können die Belege, die zu genehmigen sind bzw. die bereits genehmigt wurden, eingesehen werden. Das Fenster *Genehmigungsposten* wird von Genehmigern verwendet, um eine Übersicht der von ihnen zu genehmigenden Belege (Genehmigungsposten mit deren *Genehmiger-ID* und Status *Offen*) zu erhalten. Der Genehmiger kann sich Details des Postens anzeigen lassen und erfährt, wer die Genehmigung angefordert hat und bis wann die Genehmigung erteilt werden muss. Überfällige Genehmigungen werden über ein Warnsymbol hervorgehoben. Über die Funktion *Delegieren* kann ein Beleg an einen Stellvertreter weitergeleitet werden.

Menüoption: *Verkauf & Marketing/Auftragsabwicklung/Genehmigungsposten/Delegieren*

Das Fenster *Genehmigungsanforderungsposten* bietet dem Benutzer, der die Genehmigungsanforderung gesendet hat, die Möglichkeit, den Status der Genehmigung zu verfolgen. Für den Benutzer, der als *Genehmigungsadministrator* definiert ist, zeigt dieses Fenster alle Genehmigungsposten im System.

Menüoption: *Verkauf & Marketing/Auftragsabwicklung/Genehmigungsanforderungsposten*

Als Erinnerungsfunktion für ausstehende, noch nicht genehmigte Belege bietet Dynamics NAV die Funktion der Fälligkeitsbenachrichtigung, die in der Anwendungseinrichtung der Verwaltung definiert werden kann.

Menüoption: *Verwaltung/Anwendung Einrichtung/Beleggenehmigung/Genehmigungseinrichtung/Fällig/Fälligkeits-E-Mails senden*

Die Fälligkeitsbenachrichtigungen werden an die Genehmiger versendet und gleichzeitig wird das Feld *Datum der letzten Ausführung* durch das System aktualisiert. Über die Funktion *Fällige Benachrichtigungsposten* werden alle fälligen und gesendeten Posten in einer Liste zusammengestellt.

Menüoption: *Verwaltung/Anwendung Einrichtung/Beleggenehmigung/Genehmigungseinrichtung/Fällig/Fällige Benachrichtigungsposten*

Für die Versendung von Fälligkeitsbenachrichtigungen liefert Dynamics NAV standardmäßig Vorlagen aus, die direkt genutzt oder individuell angepasst werden können.

Menüoption: *Verwaltung/Anwendung Einrichtung/Beleggenehmigung/Genehmigungseinrichtung/E-Mail-Vorlagen/Fälligkeits-E-Mail-Vorlage*

Anhand eines ausführlichen Szenarios sollen die Dynamics NAV-Funktionalität, der Beleggenehmigungsprozess und die Einrichtungsmöglichkeiten praxisbezogen erläutert werden.

Szenario »Beleggenehmigungsprozess«

Peter Schlösser (Verkäufercode: PS, Benutzer-ID: VK01) ist ein Vertriebsbeauftragter und viel unterwegs. Seine Verkaufsangebote werden üblicherweise durch den Verkaufsinnendienstler Thomas Zeilund (Benutzer-ID: VK-ID01) in Dynamics NAV eingegeben. Peter Schlösser muss die vom Innendienst erfassten Angebote jedoch genehmigen. In der Organisation dürfen Vertriebsbeauftragte bis zu einem Betrag von 15.000 Euro (Mandantenwährung) Belege selbst genehmigen, danach muss die Verkaufsleiterin Andrea Hischer (Verkäufercode: AH, Benutzer-ID: VK99) ihre Genehmigung erteilen, die ihrerseits auf 50.000 Euro begrenzt ist. Alle Belege, die über diesen Betrag hinausgehen, müssen vom Verkaufsdirektor Joachim Richter (Verkäufercode: JR, Benutzer-ID: VKD) genehmigt werden (siehe Tabelle 3.18).

Bei Kreditlimitüberschreitungen ist der jeweilige Vorgesetzte des Innendienstmitarbeiters (Andrea Hischer als Vorgesetzte von Thomas Zeilund) zuständig, der gemäß des im Unternehmen praktizierten »Vier-Augen-Prinzips« gemeinschaftlich mit dem Verkaufsdirektor eine entsprechende Genehmigung erteilen muss.

Person	Position	Verkäufercode	Benutzer-ID
Peter Schlösser	Vertriebsbeauftragter	PS	VK01
Thomas Zeilund	Verkaufsinnendienst	(kein Verkäufercode)	VK-ID01
Andrea Hischer	Verkaufsleiterin	AH	VK99
Joachim Richter	Verkaufsdirektor	JR	VKD

Tabelle 3.18　Übersicht der am Genehmigungsprozess beteiligten Anwender

Für das beschriebene Szenario werden nun folgende Punkte erläutert:

- Entsprechende Einrichtung von Genehmigungsvorlagen
- Entsprechende Genemigungsbenutzereinrichtung
- Darstellung des Genehmigungsprozesses

Die Genehmigungsregeln des Szenarios wurden in zwei Genehmigungsvorlagen (siehe Abbildung 3.43) abgebildet:

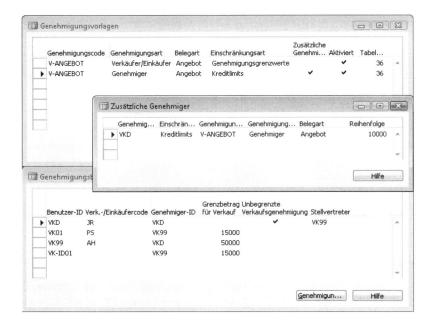

Abbildung 3.43　Einrichtung der Beleggenehmigungen entsprechend des Szenarios

Genehmigungsvorlage für die Genehmigungsgrenzwerte

Da die Vertriebsbeauftragten das vom Innendienst erfasste Angebot freigeben sollen, wurde die Genehmigungsart *Verkäufer/Einkäufer* gewählt, sodass sich der Genehmiger über die Hierarchie ausgehend vom *Verkäufercode* bestimmt. In diesem Fall muss Peter Schlösser die erste Genehmigung vornehmen, nachdem Thomas Zeilund diese angefordert hat.

Genehmigungsvorlage für die Kreditlimitüberschreitungen

Da sich der Vertriebsbeauftragte im Beispiel nicht mit Kreditlimits befasst, sondern dies Aufgabe des Innendienstes ist, wurde für diese Vorlage die Art *Genehmiger* gewählt, sodass sich der Genehmiger durch den Vorgesetzten (Verkaufsleiterin Andrea Hischer) des jeweiligen Innendienstmitarbeiters ergibt. Zusätzlich wurde für diese Vorlage mit dem Verkaufsdirektor Joachim Richter ein *zusätzlicher Genehmiger* eingerichtet.

Genehmigungsbenutzereinrichtung

Für das Beispiel wurden vier Datensätze in der *Genehmigungsbenutzereinrichtung* angelegt:

- Dem Verkaufsdirektor (Benutzer-ID »VKD« bzw. Verkäufercode »JR«) wird seine eigene Benutzer-ID als *Genehmiger-ID* zugewiesen und das Kontrollkästchen für *Unbegrenzte Verkaufsgenehmigung* aktiviert
- Dem Vertriebsbeauftragten (Benutzer-ID »VK01« bzw. Verkäufercode »PS«) wird der Grenzbetrag 15.000 Euro und die Verkaufsleiterin als *Genehmiger-ID* zugewiesen
- Der Verkaufsleiterin (Benutzer-ID »VK99« bzw. Verkäufercode »AH«) wird der Grenzbetrag von 50.000 Euro und der Verkaufsdirektor als *Genehmiger-ID* zugewiesen
- Dem Innendienstmitarbeiter Thomas Zeilund (Benutzer-ID »VK-ID01«) wurde die Verkaufsleiterin als *Genehmiger-ID* zugewiesen. Da er nur im Innendienst tätig ist, verfügt Thomas Zeilund über keinen Verkäufercode.

Genehmigungsprozess

Thomas Zeilund (Benutzer-ID »VK-ID01«) erfasst ein Angebot »1009« über vier Tourenräder an Möbel-Meller KG, einem Kunden von Peter Schlösser, dessen Kreditlimit durch dieses Angebot überschritten wird (siehe Abbildung 3.44).

Durch Thomas Zeilund kann der Beleg nicht freigegeben werden, daher sendet er eine *Genehmigungsanforderung* über die Menüschaltfläche *Funktion*. Dadurch entstehen vier Genehmigungsposten (siehe Abbildung 3.45), von denen der erste vom Vertriebsbeauftragten Peter Schlösser zu genehmigen ist. Da der Angebotsbetrag die Genehmigungsgrenze von Peter Schlösser (15.000 Euro) übersteigt, entsteht noch ein Genehmigungsposten innerhalb der Genehmigungshierarchie (für Verkaufsleiterin Andrea Hischer).

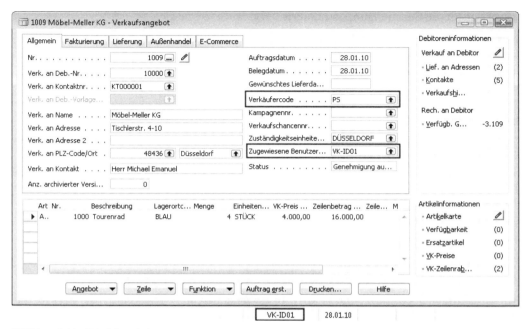

Abbildung 3.44　Beispielangebot

Der dritte Genehmigungsposten betrifft die Kreditlimitüberschreitung. Da Andrea Hischer zugleich die Vorgesetzte von Thomas Zeilund ist, muss sie auch die Kreditlimitüberschreitung genehmigen, welche allerdings erst nach der eigentlichen Beleggenehmigung ansteht. Der letzte Genehmigungsposten betrifft das »Vier-Augen-Prinzip«, welches bei der Überschreitung von Kreditlimits unternehmensintern greift. Als *zusätzlicher Genehmiger* ist hier der Verkaufsdirektor Joachim Richter zugewiesen.

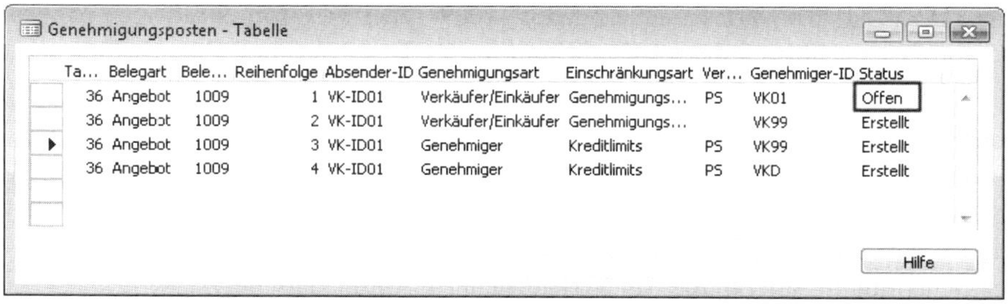

Abbildung 3.45　Genehmigungsposten

Der Vertriebsbeauftragte (Benutzer-ID: »VK01«) öffnet das Fenster *Genehmigungsposten* und findet das zu genehmigende Angebot »1009« vor (siehe Abbildung 3.46). Da die Genehmigung bereits überfällig ist, erscheint ein Warnsymbol im linken Bereich des Fensters. Nach der Prüfung des Belegs über *Anzeigen/Beleg* genehmigt er den Beleg, der dadurch jedoch noch nicht freigegeben ist, da die nächst höhere Genehmigungshierarchieebene notwendig ist, um den Angebotsbetrag von 16.000 Euro freizugeben.

Abbildung 3.46 Genehmigungsposten für den Vertriebsbeauftragten Peter Schlösser (Benutzer VK01)

Durch die Genehmigung durch *Genehmiger-ID* »VK01« (Peter Schlösser) wurde der Status des nächsten Genehmigungspostens auf *Offen* geändert, sodass dieser Genehmigungsposten nun im Fenster *Genehmigungsposten* von *Genehmiger-ID* »VK99« (Andrea Hischer) erscheint (Abbildung 3.47).

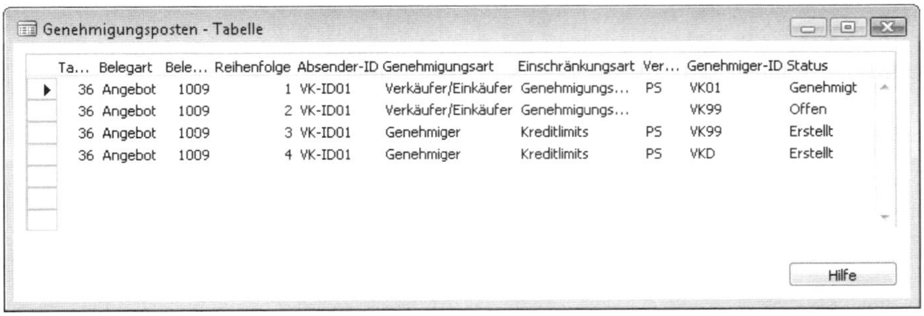

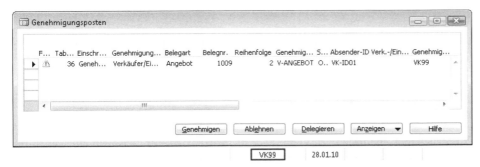

Abbildung 3.47 Genehmigungsposten nach der Genehmigung durch den Vertriebsbeauftragten

Obwohl es zwei Genehmigungsposten für Andrea Hischer (Benutzer-ID: »VK99«) gibt, erscheint nur der Posten mit der *Einschränkungsart = Genehmigungsgrenzwerte*, weil der Posten für die Kreditlimitüberschreitung noch nicht als *Offen* gekennzeichnet ist (Abbildung 3.48).

Abbildung 3.48 Genehmigungsposten (Genehmigungsgrenzwert begründet) für Andrea Hischer

Nach der Genehmigung erscheint der nächste *Genehmigungsposten* bezüglich der Kreditlimitüberschreitung, der wegen der Art *Genehmiger* direkt zwischen Thomas Zeilund und Andrea Hischer (als seiner Vorgesetzten) entsteht (Abbildung 3.49).

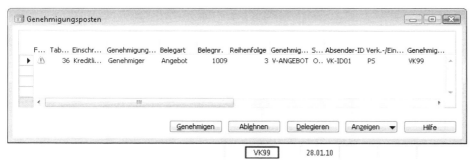

Abbildung 3.49   Genehmigungsposten (Kreditlimit begründet) für Andrea Hischer

Nach der zweiten Genehmigung durch Andrea Hischer ist der letzte Genehmigungsposten aktiviert worden, der als Genehmiger den Verkaufsdirektor Joachim Richter vorsieht (siehe Abbildung 3.50 und Abbildung 3.51).

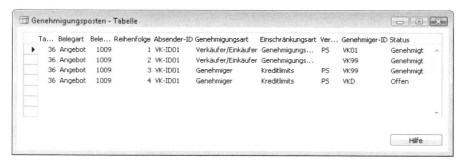

Abbildung 3.50   Genehmigungsposten nach der Genehmigung durch die Verkaufsleiterin

Abbildung 3.51   Genehmigungsposten (Vier-Augen-Prinzip) für den Verkaufsdirektor Joachim Richter

Nach Vorliegens der zusätzlichen Genehmigung (Vier-Augen-Prinzip) ist dieser beispielhafte Genehmigungsprozess abgeschlossen und der Auftrag freigegeben (siehe Abbildung 3.52).

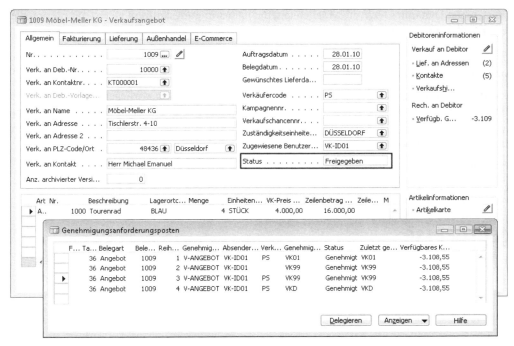

Abbildung 3.52 Verkaufsangebot »1009« nach dem durchlaufenen Genehmigungsprozess

Beleggenehmigungsregeln aus Compliance-Sicht

Potentielle Risiken

- Nicht autorisierte Einkaufs- und Verkaufsvorgänge (Efficiency, Compliance)
- Falsche oder zu hohe Genehmigungsregeln (Reliability, Integrity, Compliance)
- Fehlende Funktionstrennung (Effectiveness, Compliance)

Prüfungsziel

- Sicherstellung einer angemessen Konfiguration der Beleggenehmigungsregeln
- Sicherstellung angemessener Wertgrenzen
- Sicherstellung der Funktionstrennung

Prüfungshandlungen

Überprüfung des Genehmigungskonzepts

Grundlage für die systemtechnische Umsetzung von Beleggenehmigungsregeln sind in der Regel Kompetenz- bzw. Autorisierungsrichtlinien, die von der Geschäftsführung abgezeichnet sind und in schriftlicher Form vorliegen sollten. Ein Abgleich mit den im System hinterlegten Parametern stellt die Einhaltung der Genehmigungskompetenzen sicher.

Object Designer: *Run Form 663 Genehmigungsbenutzereinrichtung*

Object Designer: *Run Form 668 Genehmigungsvorlagen*

Wie zuvor erläutert, bietet Dynamics NAV die Möglichkeit, das Genehmigungskonzept zu testen und sich die Ergebnisse anzeigen zu lassen.

Object Designer: *Run Report 600 Genehmigungsbenutzereinrichtung – Test*

Überprüfung von Beleggenehmigungen

Im Anschluss kann überprüft werden, ob Belege im System zur Genehmigung vorliegen oder solche, die bereits als genehmigt gebucht wurden, in Widerspruch zu den Unternehmensrichtlinien und den damit verbundenen Systemeinstellungen stehen. Dazu sollten die Tabellen mit den Genehmigungsposten und den gebuchten Genehmigungen analysiert werden.

Object Designer: *Run Form 658 Genehmigungsposten*

Object Designer: *Run Form 659 Gebuchte Genehmigungseinträge*

Buchungsprozesse

- Aufgrund der vollständigen Integration der Dynamics NAV-Module berührt jede Buchung im Zusammenhang mit einem Geschäftsvorfall die Finanzbuchhaltung im Sinne des Hauptbuchs. Diese Buchungsprozesse sind Gegenstand der im Folgenden behandelten Punkte:
    - Buchungsgruppen
    - Kontenfindung
    - Buchungskontrolle

Das Buchen in Dynamics NAV unterscheidet sich insofern vom reinen Erfassen der Datensätze, als dass gebuchte Transaktionen nicht mehr geändert, sondern nur durch weitere Transaktionen storniert werden können. Die Eingabe von Auftragsdaten beispielsweise wird nicht als Buchung, sondern als Erfassung verstanden, weil der Auftrag bis zur Buchung geändert werden kann. Nach dem Buchen eines Auftrags wird dieser gelöscht und findet sich als gebuchter Beleg im Ordner *Verkauf & Marketing/Historie*.

Im Bereich der Belege kann beim Buchen zwischen *Liefern* und *Fakturieren* unterschieden werden.

Liefern bucht dabei die mengenmäßigen Änderungen in die Warenwirtschaft, während *Fakturieren* die wertmäßigen Änderungen in der Finanzbuchhaltung erzeugt, wenn z.B. die Eingangsrechnung zur Bestellung gebucht wird.

HINWEIS   Ausnahme: Ist in der *Lager Einrichtung* spezifiziert, dass *Soll-Kosten* gebucht werden, so werden auch durch *Liefern* Posten in der Finanzbuchhaltung erzeugt (siehe hierzu auch die Kapitel 5 und 7).

Ist ein Verkaufsauftrag komplett fakturiert, wird der Datensatz aus der Ansicht offener Aufträge gelöscht. Im Verlaufe der Abwicklung der Transaktion werden zu unterschiedlichen Zeitpunkten folgende gebuchte Belege erzeugt:

- Eine oder mehrere gebuchte Lieferungen
- Eine oder mehrere gebuchte Rechnungen
- (Sofern eingerichtet) ein oder mehrere archivierte Verkaufsaufträge
- (Sofern für den Lagerort definiert) registrierte bzw. gebuchte Logistikbelege
- Die Abbildung 3.34 bis Abbildung 3.37 verdeutlichen den Zusammenhang und die Chronologie der erstellten Datensätze

Buchungsgruppen

Buchungsgruppen dienen in Dynamics NAV dazu, die Konten der Nebenbücher (Debitoren, Kreditoren, Artikel, Anlagen, Bankkonten) mit den Sachkonten des Hauptbuchs (der Finanzbuchhaltung) zu verknüpfen. So erlauben es die Buchungsgruppen, dass z.B. Einkaufs- und Verkaufsbelege in Dynamics NAV automatisch in die Finanzbuchhaltung gebucht werden, ohne dass der Anwender ein Sachkonto spezifizieren muss. Diese Kontierung wird mithilfe der Buchungsgruppen zur leichteren Pflege auf einer Gruppenebene definiert (siehe Tabelle 3.19).

Buchungsgruppe	Bedeutung
Geschäfts- buchungsgruppe	Die *Geschäftsbuchungsgruppe* fasst Debitoren und Kreditoren zu Gruppen zusammen. Die *Geschäftsbuchungs- gruppen* der Debitoren entsprechen der Aufteilung der Erlöskonten. Werden beispielsweise im Bereich der GuV die Erlöskonten »Erlöse National« und »Erlöse Ausland« unterschieden, ergibt sich daraus die Notwendigkeit mindestens zweier *Geschäftsbuchungsgruppen*. Zusätzlich wird die *Geschäftsbuchungsgruppe* genutzt, um interne von externen Transaktionen trennen zu können. Zusammenfassend: Die *Geschäftsbuchungsgruppe* gibt Auskunft darüber, mit welcher Art Geschäftspartner eine Transaktion eingegangen wurde.
Produkt- buchungsgruppe	Die *Produktbuchungsgruppe* fasst Artikel und Ressourcen zu Gruppen zusammen. Die *Produktbuchungsgruppen* der Artikel entsprechen der Aufteilung der Erlöskonten und Aufwandskonten. Werden im Bereich der GuV-Erlöskonten z.B. »Erlöse Ersatzteile« und »Erlöse Maschinen« unterteilt, ergibt sich daraus die Notwendigkeit von mindestens zwei *Produktbuchungsgruppen*. Zusammenfassend: Die *Produktbuchungsgruppe* gibt Auskunft darüber, welche Art von Produkten oder Dienstleistungen die Transaktion beinhaltet.
MwSt.-Geschäfts- buchungsgruppe	Die *MwSt.-Geschäftsbuchungsgruppe* fasst Debitoren und Kreditoren zusammen, die vor dem Hintergrund der Umsatzsteuerverbuchung als gleichartig zu behandeln sind, also nach dem Land des Debitoren/Kreditoren bzw. des Leistungserbringers/-empfängers. Dabei steuert die *MwSt.-Geschäftsbuchungsgruppe* in Verbindung mit der *MwSt.- Produktbuchungsgruppe* nicht nur die Kontierung für die Mehrwertsteuerbuchung, sondern auch deren Berechnung.
MwSt.-Produkt- buchungsgruppe	Die *MwSt.-Produktbuchungsgruppe* fasst Artikel und Ressourcen zusammen, die vor dem Hintergrund der Mehrwertsteuerverbuchung als gleichartig zu betrachten sind, also nach den verschiedenen MwSt.-Sätzen
Debitoren- buchungsgruppe	Die *Debitorenbuchungsgruppe* verknüpft Debitoren mit Forderungs-, Skonto-, Rechnungs- und Ausgleichs- rundungskonten sowie Zins- und Gebührenkonten. Die Strukturierung der *Debitorenbuchungsgruppen* muss sich an der Strukturierung der jeweiligen Bilanzkonten orientieren, um diese über die Personenkonten korrekt steuern zu können. Bezüglich der Verwendung der dort verfügbaren Skontokonten verweisen wir auf Kapitel 6. Unter der Annahme, dass mit Geschäfts- und Produktbuchungsgruppen gearbeitet wird, dient diese Buchungsgruppe im Wesentlichen der Hinterlegung des entsprechenden Sachkontos für die Forderungen.
Kreditoren- buchungsgruppe	Die *Kreditorenbuchungsgruppe* verknüpft analog zur Debitorenbuchungsgruppe Kreditoren mit Verbindlichkeits-, Skonto-, Rechnungs- und Ausgleichsrundungskonten sowie Zins- und Gebührenkonten. Unter der Annahme, dass mit Geschäfts- und Produktbuchungsgruppen gearbeitet wird, dient diese Buchungsgruppe im Wesentlichen der Hinterlegung des entsprechenden Sachkontos für die Verbindlichkeiten.
Lagerbuchungsgruppe	Die *Lagerbuchungsgruppe* verknüpft Artikel in Verbindung mit dem angesprochenen Lagerort mit Sachkonten des Vorratsvermögens sowie Produktionssachkonten. Die Strukturierung der *Lagerbuchungsgruppen* muss sich an der Strukturierung der Bilanzkonten im Bereich des Vorratsvermögens orientieren, um diese korrekt über die Artikel steuern zu können.

Tabelle 3.19 Tabelle der Buchungsgruppen in Dynamics NAV

Buchungsgruppe	Bedeutung
Anlagen-buchungsgruppe	Die *Anlagenbuchungsgruppe* verknüpft Anlagegüter mit den Bilanzkonten des Anlagevermögens sowie den GuV-Konten für die Abschreibung. Die Strukturierung der *Anlagenbuchungsgruppen* muss sich sowohl an der Strukturierung der Bilanzkonten des Anlagevermögens als auch der GuV-Konten für Abschreibung orientieren, um diese über die Anlagegüter korrekt steuern zu können.
Bankkonten-buchungsgruppe	Die *Bankkontenbuchungsgruppe* verknüpft das Bankkonto mit dem Banksachkonto

Tabelle 3.19   Tabelle der Buchungsgruppen in Dynamics NAV *(Fortsetzung)*

Kontenfindung in Dynamics NAV

Mithilfe der Buchungsgruppen werden an verschiedenen Stellen im System Kontierungen vorgegeben, die sich entweder durch die Buchungsgruppe des Nebenkontos (Debitoren, Kreditoren, Anlagen, Bankkonto) oder durch die Kombination von Buchungsgruppen der Nebenkonten (Debitoren/Artikel, Kreditoren/Artikel, Debitoren/Ressource) ergeben.

So ist das Forderungskonto beim Buchen einer Ausgangsrechnung durch die Debitorenbuchungsgruppe des betreffenden Rechnungsdebitoren definiert, während das System das positionsbezogene Erlöskonto über die Kombination aus Geschäftsbuchungsgruppe des Debitoren und der Produktbuchungsgruppe des verkauften Artikels bestimmt.

Die Kontenfindung in Dynamics NAV erfolgt über drei Matrizen, die im Folgenden erläutert werden:

- Buchungsmatrix
- MwSt.-Buchungsmatrix
- Lagerbuchung Einrichtung

Buchungsmatrix

Die *Buchungsmatrix* ist eine Kontierungstabelle, in der die Konten für jede benötigte Kombination von Geschäfts- und Produktbuchungsgruppe hinterlegt werden.

Menüoption: *Finanzmanagement/Einrichtung/Buchungsgruppen/Allgemein/Buchungsmatrix Einrichtung* (siehe Abbildung 3.53)

Die Buchungsmatrix kombiniert *Geschäftsbuchungsgruppen* und *Produktbuchungsgruppen* und steuert in deren Kombination die Kontierung der folgenden Geschäftsvorfälle:

- Wareneinkauf und Warenverkauf
- Zeilenrabatt, Rechnungsrabatt und Skonto im Einkauf und Verkauf
- Wareneinsatz und Bestandsveränderungen
- Gutschriften im Einkauf und Verkauf

HINWEIS   Die Kombination von Produktbuchungsgruppen und Geschäftsbuchungsgruppe = leer wird benötigt, wenn Buchungen aus Artikel Buch.-Blättern erfolgen (also nicht aus Ein- oder Verkaufsbelegen heraus), bei denen kein Personenkonto angesprochen wird.

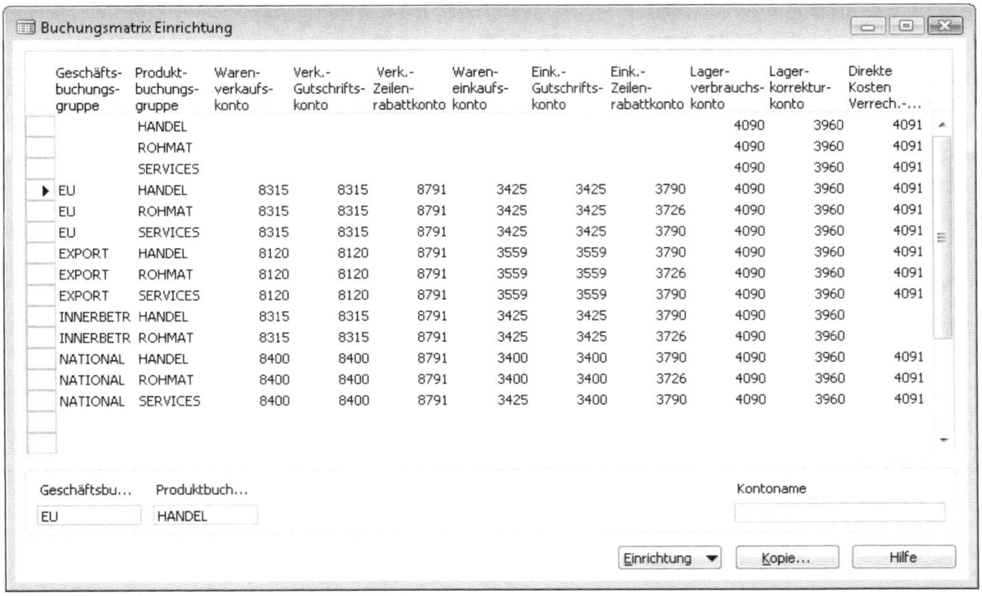

Geschäfts-buchungs-gruppe	Produkt-buchungs-gruppe	Waren-verkaufs-konto	Verk.-Gutschrifts-konto	Verk.-Zeilen-rabattkonto	Waren-einkaufs-konto	Eink.-Gutschrifts-konto	Eink.-Zeilen-rabattkonto	Lager-verbrauchs-konto	Lager-korrektur-konto	Direkte Kosten Verrech.-...
	HANDEL							4090	3960	4091
	ROHMAT							4090	3960	4091
	SERVICES							4090	3960	4091
EU	HANDEL	8315	8315	8791	3425	3425	3790	4090	3960	4091
EU	ROHMAT	8315	8315	8791	3425	3425	3726	4090	3960	4091
EU	SERVICES	8315	8315	8791	3425	3425	3790	4090	3960	4091
EXPORT	HANDEL	8120	8120	8791	3559	3559	3790	4090	3960	4091
EXPORT	ROHMAT	8120	8120	8791	3559	3559	3726	4090	3960	4091
EXPORT	SERVICES	8120	8120	8791	3559	3559	3790	4090	3960	4091
INNERBETR	HANDEL	8315	8315	8791	3425	3425	3790	4090	3960	
INNERBETR	ROHMAT	8315	8315	8791	3425	3425	3726	4090	3960	
NATIONAL	HANDEL	8400	8400	8791	3400	3400	3790	4090	3960	4091
NATIONAL	ROHMAT	8400	8400	8791	3400	3400	3726	4090	3960	4091
NATIONAL	SERVICES	8400	8400	8791	3425	3400	3790	4090	3960	4091

Geschäftsbu...   Produktbuch...   Kontoname
EU   HANDEL

Einrichtung ▼   Kopie...   Hilfe

Abbildung 3.53 Einrichtung der Buchungsmatrix

Die Buchungsmatrix kann als ein dreidimensionales Koordinatensystem verstanden werden, in dem die Achsen durch Personenkonten, Produkte und Geschäftsvorfälle gebildet werden (siehe Abbildung 3.54). Die »Geschäftsvorfall-Achse« wird dabei aus einer endlichen Anzahl von Geschäftsvorfällen beispielsweise für Warenverkauf, Warenverkaufsstorno, Wareneinsatz oder Erlösschmälerungen gebildet.

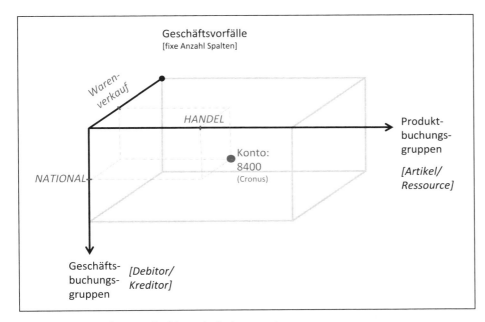

Abbildung 3.54 Dreidimensionales Schema der Buchungsmatrix

Wird im CRONUS-Mandanten einem Debitoren (hier: der *Geschäftsbuchungsgruppe* = »NATIONAL«) ein Artikel (der *Produktbuchungsgruppe* = »HANDEL«) verkauft, findet das System in der Spalte *Warenverkaufskonto* das Erlöskonto »8400«, um darauf den Verkaufserlös zu buchen.

Für den vollständigen Buchungssatz (Forderungen an Umsatzerlöse und Umsatzsteuer) muss ferner noch das Forderungskonto, welches sich über die *Debitorenbuchungsgruppe* des betroffenen Debitoren findet, sowie das Umsatzsteuerkonto bestimmt werden, welches über die ähnlich aufgebaute *MwSt.-Buchungsmatrix* gesteuert wird.

MwSt.-Buchungsmatrix

Gegenüber der (allgemeinen) Buchungsmatrix werden in der *MwSt.-Buchungsmatrix* nicht nur die Kontierung für die jeweiligen Kombinationen aus *MwSt.-Geschäftsbuchungsgruppe* und *MwSt.-Produktbuchungsgruppe* hinterlegt, sondern auch die entsprechenden Berechnungsparameter für die Mehrwertsteuer festgelegt. Dies erfolgt über die Felder *MwSt.-Prozentsatz* und *MwSt.-Berechnungsart*.

Menüoption: *Finanzmanagement/Einrichtung/Buchungsgruppen/Lagerbuchung Einrichtung* (siehe Abbildung 3.55 und Tabelle 3.20)

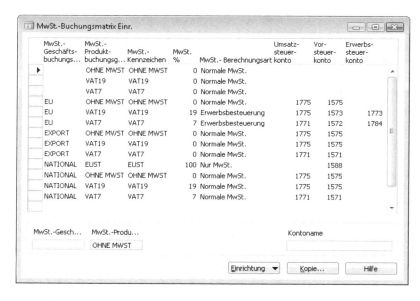

Abbildung 3.55 Einrichtung der MwSt.-Buchungsmatrix

Das Feld *MwSt.-Berechnungsart* bietet folgende Optionen:

Option	Beschreibung
Normale MwSt.	In dieser Berechnungsart wird die Mehrwertsteuer anhand des hinterlegten Prozentsatzes berechnet
Erwerbsbesteuerung	Die Einstellung betrifft Geschäfte mit Debitoren und Kreditoren im EU-Ausland. Bei dieser Berechnungsart wird verkaufsseitig keine Mehrwertsteuer berechnet. Einkaufsseitig wird die Mehrwertsteuer berechnet, im Vorsteuerkonto (im Soll) gebucht und dem Erwerbssteuerkonto (im Haben) gutgeschrieben.
Nur MwSt.	Diese Option wird bei Mehrwertsteuerkorrekturen genutzt, wenn der zu buchende Betrag nur ein MwSt.-Betrag ist und nicht etwa die MwSt.-Berechnungsgrundlage

Tabelle 3.20 Optionen des Felds *MwSt.-Berechnungsart* in der *MwSt.-Buchungsmatrix Einrichtung*

Option	Beschreibung
Verkaufssteuer	Teil des US-Tax-Moduls und daher hier nicht relevant

Tabelle 3.20 Optionen des Felds *MwSt.-Berechnungsart* in der *MwSt.-Buchungsmatrix Einrichtung (Fortsetzung)*

Lagerbuchung Einrichtung

In der *Lagerbuchung Einrichtung* werden die Lagerkonten für das Vorratsvermögen in Kombination von *Lagerbuchungsgruppencode* und *Lagerortcode* hinterlegt. Diese Einrichtung wird genutzt, um die Bilanzkonten zu hinterlegen, auf denen Dynamics NAV die Artikeltransaktionen wertmäßig nachvollzieht. Das *Lagerkonto (Interim)* wird nur dann benötigt, wenn *Soll-Kosten* gebucht werden (siehe hierzu Kapitel 5 und 7).

Menüoption: *Finanzmanagement/Einrichtung/Buchungsgruppen/Lagerbuchung Einrichtung* (siehe Abbildung 3.56)

Abbildung 3.56 Einrichtung der Lagerbuchung (handelsbezogen)

Buchungskontrolle

Die Buchungskontrolle ermöglicht das Nachvollziehen von Buchungen. Dies beinhaltet üblicherweise Informationen, wie eine Buchung zustande gekommen ist, durch wen und wann diese gebucht wurde sowie an welcher Stelle der Anwendung sie entstanden ist.

Für diese Art von Kontrolle stellt Dynamics NAV verschiedene Funktionen und Informationen zur Verfügung. Dies sind neben der *Navigate*-Funktion vor allem die *Fibujournale* und die *Verfolgungscodes*. Daneben enthalten die meisten Postentabellen und Journale die Felder *Benutzer-ID* und *Buch.-Blattname*, anhand derer erkennbar ist, wer die Transaktion gebucht hat und in welchem Buchungsblatt die Buchung erfasst wurde.

Navigate-Funktion

Die *Navigate*-Funktion bietet die Möglichkeit, alle Posten eines Geschäftsvorfalls anzuzeigen, die im Zuge der Buchung in den verschiedenen Modulen entstanden sind. Die *Navigate*-Funktion filtert dazu die Postentabellen anhand der beiden Felder *Buchungsdatum* und *Belegnummer*.

Menüoption: *Finanzmanagement/Finanzbuchhaltung/Historie/Navigate* (siehe Abbildung 3.57)

Die *Navigate*-Funktion kann in den Menügruppen *Historie* sowie in allen Postentabellen und gebuchten Belegen aufgerufen und so als Mittel der Buchungskontrolle eingesetzt werden. Zusätzlich bietet das *Navi-*

gate-Fenster »Suchen«-Funktionalitäten, um die Rückverfolgbarkeit von Artikeln über die Artikelverfolgungsnummer (Seriennummern oder Chargennummern) zu gewährleisten.

Abbildung 3.57 Navigate-Funktion

TIPP   Die *Navigate*-Funktion eignet sich besonders für Stichprobenprüfungen beispielsweise im Rahmen des »Journal Entry Testings«. Für die Massendatenanalysen werden andere Zugriffsmethoden bevorzugt.

Die *Navigate*-Funktionalität wird erweitert durch das Fenster *Artikelablaufverfolgung,* über das alle gebuchten Belege nach den Artikelverfolgungsdaten durchsucht und deren Verbindungen dargestellt werden (siehe Abbildung 3.58).

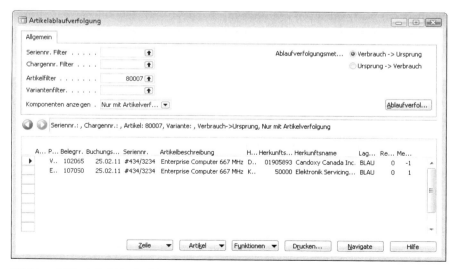

Abbildung 3.58 Artikelablaufverfolgung

Journale

Journale haben in Dynamics NAV die Aufgabe, alle Posten einer Buchungstransaktion zusammenhängend zu dokumentieren, da Buchungstransaktionen mehrere Buchungen mit unterschiedlichen Belegnummern umfassen können (wie z.B. bei der Verbuchung von Zahlungseingängen). Da das Buchungsdatum vom Benutzer definiert wird, muss dieses nicht das *Errichtungsdatum* des Postens sein. Diese möglicherweise abweichende Information steht standardmäßig nur im Journal zur Verfügung.

Folgende Journale stehen zur Verfügung und sind jeweils in den Menügruppen *Historie* der einzelnen Module enthalten (siehe Abbildung 3.59):

T...	ID	Name	Caption
⊟	45	G/L Register	Fibujournal
⊟	46	Item Register	Artikeljournal
⊟	87	Date Compr. Register	Datumskompr.-Journal
⊟	239	BOM Register	Stücklistenjournal
⊟	240	Resource Register	Ressourcenjournal
⊟	241	Job Register	Projektjournal
⊟	5617	FA Register	Anlagenjournal
⊟	5636	Insurance Register	Versicherungsjournal
⊟	5934	Service Register	Servicejournal
⊟	5936	Service Document Register	Servicebelegjournal
⊟	7313	Warehouse Register	Lagerplatzjournal

Abbildung 3.59   Liste der Journale in Dynamics NAV

Neben Informationen über *Herkunftscode*, *Benutzer-ID* und gegebenenfalls *Buch.-Blattnamen* zeigt das Journal über das Feld *Storniert* an, ob das Journal und die zugehörigen Buchungen storniert wurden.

Transaktionsnummer

Die *Transaktionsnummer* referenziert verschiedene Posten einer Buchung. Das Feld, welches standardmäßig nicht sichtbar ist, kann im *Zoom* eingesehen und (über den *Tabellenfilter*) zum Filtern benutzt werden. Jede Buchung bekommt eine eigene *Transaktionsnummer*, auch wenn beispielsweise mehrere Buchungen in einem Buchungsblatt gebucht werden. Sachposten eines Journals können somit unterschiedliche *Transaktionsnummern* aufweisen.

HINWEIS   Die Anwendung benutzt das Feld beispielsweise beim Verbuchen von Zahlungen mit Skonto, um die *Wertposten* des ausgeglichenen Debitorenpostens zu identifizieren, um positionsbezogenen die Mehrwertsteuerbeträge für die Korrektur zu bestimmen.

Verfolgungscodes

Menüoption: *Verwaltung/Finanzmanagement/Verfolgungscodes*

Herkunftscode

Der *Herkunftscode* gibt in verschiedenen Posten- und Journaltabellen Auskunft darüber, an welcher Stelle im Programm der Posten entstanden ist. Sachposten, die im CRONUS-Mandanten den *Herkunftscode* »LWERTBUCH« enthalten, sind beispielsweise durch die *Lagerregulierung* entstanden.

Die *Herkunftscodes* und die *Herkunftscode Einrichtung* (Abbildung 3.60) werden bei der Erstellung eines Mandanten in Dynamics NAV vordefiniert, können aber auf die individuellen Bedürfnisse des Unternehmens angepasst werden. Gibt es zum Beispiel Schnittstellen zu anderen Programmen, die Buchungssätze für die Finanzbuchhaltung liefern, sollte dafür ein neuer *Herkunftscode* angelegt werden.

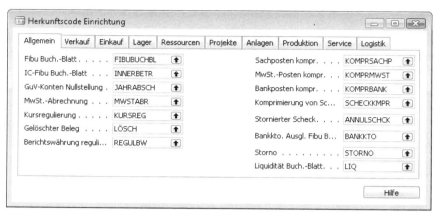

Abbildung 3.60   Einrichtung des Herkunftscodes

In der Tabelle *Herkunftscode Einrichtung* wird allen Standardbuchungsarten ein *Herkunftscode* zugeordnet, der über die Buchungsblätter in die jeweiligen Transaktionen und so an die verschiedenen Postentabellen und Journaltabellen übergeben wird.

Ursachencode

Ursachencodes werden in Dynamics NAV angelegt, um Transaktionen mit Informationen über den Grund der Buchung (z.B. »STORNO«) zu ergänzen. Da die *Ursachencodes* in alle betroffenen Postentabellen übergeben werden, kann dieses Feld auch für Auswertungszwecke benutzt werden.

Journal Entry Testing

Durch die oben beschriebene *Herkunftscode Einrichtung* ergeben sich in den Journalen und Postentabellen Möglichkeiten des »Journal Entry Testings«. Bei dieser Massendatenanalyse werden Bewegungsdaten der Vergangenheit über bestimmte Kriterien eingegrenzt, um an den verbleibenden Datensätzen eine kritische Durchsicht vorzunehmen. Aus der *Herkunftscode Einrichtung* können entsprechende Kriterien entnommen werden (siehe Tabelle 3.21), um z.B. Artikeljournale nach dem *Herkunftscode* des *Artikel Buch.-Blatt* (im CRONUS-Mandanten: »ARTBUCHBL«) zu selektieren.

> **HINWEIS**   In *Artikel Buch.-Blättern* lassen sich mengen- und wertmäßige Bestandskorrekturen buchen, die durch die Lagerbewertung direkte Auswirkungen auf den Bilanzausweis haben. Weitere Information zur Verwendung von *Artikel Buch.-Blättern* finden Sie auch in Kapitel 5 im Abschnitt »Umlagerung und Umbuchung von Lagerbeständen«.

Wird das *Artikeljournal* über das Feld *Herkunftscode* und den Wert »ARTBUCHBL« (bzw. den zugewiesenen Code in der *Herkunftscode Einrichtung*) gefiltert, erhält man eine Übersicht über alle Artikeltransaktionen, die über *Artikel Buch.-Blätter* gebucht wurden. Über ein entsprechendes »Journal Entry Testing« lassen sich diese Korrekturen quantifizieren und in weiterführenden Prüfungen nachverfolgen. Ferner lässt sich analysieren, ob die *Benutzer-IDs* in Journalen und Posten in Übereinstimmung mit dem Berechtigungskonzept stehen (siehe auch den Abschnitt »Berechtigungskonzept« ab Seite 147). Falls notwendig lässt sich diese Filterung auch auf die Tabelle *Wertposten* durchführen.

Menüoption: *Verwaltung/Finanzmanagement/Verfolgungscodes/Herkunftscode Einrichtung*

Bereich	Herkunftscode für	Standard-Herkunftscode	Journal-Prüfung (Tabellennummer)	Posten-Prüfung (Tabellennumer)
Lager	Artikel Buch.-Blatt	ARTBUCHBL	Artikeljournal (46)	Wertposten (5802)
Lager	Umlagerungs Buch.-Blatt	UMLAGBUBL	Artikeljournal (46)	Wertposten (5802)
Lager	Neubewertungs Buch.-Blatt	NEUBWBUBL	Artikeljournal (46)	Wertposten (5802)
Logistik	Logistik Artikel Buch.-Blatt	LOGARTIKEL	Lagerplatzjournal (7313)	Lagerplatzposten (7312)

Tabelle 3.21 Beispielhafte Herkunftscodeauswahl im Rahmen des Journal Entry Testings

Menüoption: *Lager/Historie/Journale/Artikeljournale*

- Sortierung: *Herkunftscode, Buch.-Blattname, Errichtungsdatum*
- Feldfilter *Herkunftscode*

Object Designer: *Run Form 5802 Wertposten*

HINWEIS   Im Gegensatz zu den Journaltabellen findet sich in den Postentabellen standardmäßig kein Sortierindex, der das Feld *Herkunftscode* beinhaltet. Werden Postentabellen nach *Herkunftscodes* gefiltert, sollte die Treffermenge gegebenenfalls vorher sinnvoll eingeschränkt werden, um lange Antwortzeiten zu vermeiden.

Systemzugriff

Datenbanken mit vertraulichen Daten müssen vor nicht autorisiertem Systemzugriff geschützt werden. In diesem Zusammenhang werden in diesem Abschnitt folgende Punkte erläutert:

- Zugriffsarten
- Authentifizierung
- Sicherheitsstufen
- Berechtigungskonzept

Zugriffsarten

Neben dem Zugriff über die beiden Clientversionen gibt es eine Vielzahl von Zugriffsmöglichkeiten auf Dynamics NAV. Die Abbildung 3.61 stellt ausgewählte Zugriffs- und Lizenzierungsmöglichkeiten dar.

Concurrent User

Neben dem Zugriff über die Clients (Classic und rollenbasiert) sowie den NAS (Dynamics NAV Application Server) können auch Zugriffe über den NODBC-Treiber (Dynamics NAV spezifischer Open Database Connectivity Treiber) oder COM-Objekte erfolgen. Diese Zugriffe dienen beispielsweise zur Nutzung von Dynamics NAV-Daten in Word und Excel.

C/FRONT (Client/Front end interface) stellt einen weiteren möglichen Systemzugriff seitens externer Programme dar, der auch schreibend (z.B. für Schnittstellen zu Webshops) genutzt werden kann. Sowohl C/FRONT als auch NODBC benutzen dieselben benutzerbezogenen Zugriffsrechte, die auch bei den Client-Zugriffen Anwendung finden. Diese Zugriffsarten belegen je eine Nutzerlizenz.

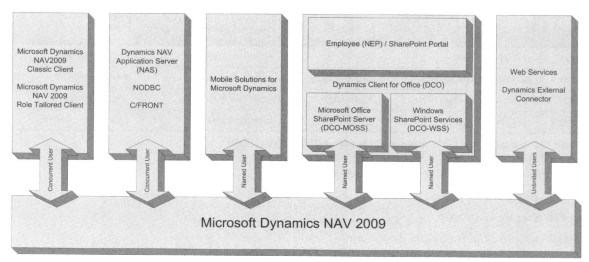

Abbildung 3.61 Zugriffsarten in Dynamics NAV 2009

Named User

Für SQL Server-bezogene Zugriffe auf Dynamics NAV über mobile Geräte (z.B. Microsoft Dynamics Mobile Sales) oder über das »Employee-Portal« (NEP) besteht die Möglichkeit, spezielle kostengünstige »Named User-Lizenzen« zu verwenden (neben dem »Microsoft Dynamics Mobile CAL« stehen zwei Versionen des »Microsoft Dynamics Client for Microsoft Office« (DCO) zur Verfügung). Diese »Named User-Lizenzen« ermöglichten den Zugriff auf Dynamics NAV-Daten über die Schnittstellen anderer Anwendungen (z.B. über SharePoint, Office, Web- oder Drittanbieterlösungen).

Externe User

Seit der Version Dynamics NAV 2009 stehen auch »Web Services« als Zugriffsart zur Verfügung (siehe hierzu auch den Abschnitt »Web Services« ab Seite 164). Diese Art des Zugriffs auf Dynamics NAV wird beispielsweise für E-Commerce-Integration mit Geschäftspartnern (B2B) oder Webshop-Kontakten (B2C) vom »Dynamics External Connector« unterstützt, der eine kostengünstige Zugriffsmöglichkeit für eine unbegrenzte Anzahl an externen Usern bietet.

ACHTUNG Auf weitere SQL-spezifische Zugriffsmöglichkeiten auf Dynamics NAV Daten wie z.B. das »SQL Server Management Studio« wird hier nicht näher eingegangen.

Authentifizierung

In Dynamics NAV erfolgt die Anmeldung entweder über die Datenbank- oder die Windows-Authentifizierung.

Datenbank-Authentifizierung

Bei der Verwendung von Datenbankanmeldungen wird der Benutzer, das Kennwort sowie die Benutzerrechte in der Dynamics NAV-Datenbank verwaltet. Es kann ein Ablaufdatum für eine Datenbank-Anmeldung hinterlegt werden.

Menübefehl: *Extras/Zugriffsrechte/Datenbank Anmeldungen*

HINWEIS   Werden bei Einsatz der SQL Server-Option Datenbankanmeldungen (in Verbindung mit SQL Server 2005/2008) eingesetzt, lassen sich Mindestanforderungen für Kennwörter über den SQL-Server verwalten, die den Active Directory-Richtlinien entsprechen. Datenbankanmeldungen können im rollenbasierten Client nicht verwendet werden.

Windows-Authentifizierung

Wenn die Windows-Authentifizierung genutzt wird, entfällt die gesonderte Anmeldung des Benutzers beim Starten von Dynamics NAV (»Single Sign-On«).

Menübefehl: *Extras/Zugriffsrechte/Windows Anmeldungen*

Vorteile gegenüber der Datenbank-Anmeldung bei Nutzung der nativen Datenbank sind:

- Die Kriterien an das Login-Kennwort können über das Windows Server-Betriebssystem (Active Directory-Sicherheit) verwaltet werden
- Es können Regeln zum erstmaligen Ändern des Kennworts hinterlegt werden
- Es können Kennwortkriterien (wie Anzahl Zeichen) hinterlegt werden
- Es können Kennwortänderungsregeln (z.B. nach vier Wochen) hinterlegt werden
- Es kann eine Kontosperre nach Eingabe eines ungültigen Kennworts erfolgen
- Es können Dynamics NAV-Benutzerrollen an Windows-Benutzergruppen oder Windows-Sicherheitsgruppen vergeben werden bei gleichzeitiger Sicherstellung einer personifizierten Authentifizierung (Voraussetzung ist ein Active Directory-Zugriff ab Microsoft Windows Server 2003 bzw. Clientbetriebssystem Windows XP)

HINWEIS   Die Dynamics NAV-Zugriffsrechte werden unabhängig von der Art der Authentifizierung immer innerhalb von Dynamics NAV verwaltet.

System-Authentifizierung aus Compliance-Sicht

Potentielle Risiken

- Unberechtigter Systemzugriff (Integrity, Compliance, Effectiveness, Reliability)
- Systemintegritätsprobleme und Datenmanipulationen (Integrity, Compliance, Efficiency)
- Datenverlust (Integrity, Compliance)

Prüfungsziel

- Sicherstellung eines autorisierten Systemzugriffs

Prüfungshandlungen

Im Rahmen der Prüfungshandlungen sollten folgende Fragestellungen beantwortet und dokumentiert werden:

- Gibt es eine Password-Policy (z.B. Mindestanforderung an Kennwörter und regelmäßige Änderung)?
- Gibt es Logins ohne Kennwort?
- Gibt es Datenbankanmeldungen, die nicht personenbezogen sind (z.B. »sa« als SQL-Systemadministrator)?

- Werden bei Einsatz von Datenbankanmeldungen und SQL Server-Option Mindestanforderungen an Kennwörter von SQL Server verwaltet?

- Gibt es ein standardisiertes Initialkennwort oder werden Initialkennwörter individuell zugewiesen?

- Ist gewährleistet, dass ein Dynamics NAV Client nach einer bestimmten Zeit ohne Benutzereingabe den Zugriff automatisch sperrt (als Active Directory-Gruppenrichtlinie oder über Dynamics NAV spezifische Tools)?

- Gibt es eine Verfahrensanweisung zum Ausscheiden eines Mitarbeiters, bei dem auch der Systemzugriff geregelt ist?

- Wird das Produktivsystem zu Supportzwecken externen Dienstleistern zugänglich gemacht und wenn ja, welcher Art Zugriff wird gewährt (Fernwartungsprogramme etc.)? Wird sichergestellt, dass kein permanenter Zugriff auf das Produktivsystem gewährt wird und wie wird der Systemzugriff erteilt?

Sicherheitsstufen

In Dynamics NAV lassen sich drei Sicherheitsstufen unterschieden (siehe Abbildung 3.62).

Abbildung 3.62   Sicherheitsstufen in Dynamics NAV

Die Mindestsicherheitsstufe wird durch eine kennwortgeschützte Benutzer-Authentifizierung erreicht, bei der alle Benutzer Vollzugriff erhalten. In der mittleren Sicherheitsstufe wird der Benutzerzugriff auf bestimmte Anwendungsbereiche begrenzt, indem Benutzern *Sicherheitsrollen* zugewiesen werden, die wiederum Zugriffsrechte auf Objektebene (meist Tabellenebene) beinhalten. Die hohe Sicherheitsstufe, bei der der Zugriff für den Benutzer auf bestimmte Datensätze einer Tabelle begrenzt wird, kann in Dynamics NAV nur in der SQL Server-Option erreicht werden, indem der sogenannte *Sicherheitsfilter* auf Tabellendaten eingerichtet wird.

Berechtigungskonzept

In Dynamics NAV werden authentifizierten Benutzern Berechtigungen auf verschiedenen Ebenen zugewiesen. In Analogie zu den Sicherheitsstufen (siehe Abbildung 3.62) werden diese Berechtigungen in folgenden Ebenen getrennt dargestellt:

- Tabellenebene

- Datensatzebene

ACHTUNG   Über das Dynamics NAV-Berechtigungskonzept können Zugriffe auf Tabellen-, jedoch nicht auf Feldebene begrenzt werden. Zugriffsbeschränkungen auf Feldebene können nur über entsprechenden C/AL-Code realisiert werden.

Tabellenebene

Die Vergabe von Benutzerberechtigungen auf Anwendungsbereiche erfolgt über ein zweistufiges Verfahren:

- *Sicherheitsrollen* bündeln tabellenbezogene Zugriffsrechte nach funktionalen Gesichtspunkten

- Benutzern werden mandantenbezogen *Sicherheitsrollen* zugewiesen

Definition von Sicherheitsrollen

Dynamics NAV wird mit Standard-Sicherheitsrollen und -Zugriffsrechten ausgeliefert, die zumeist auf die individuellen Bedürfnisse des Unternehmens angepasst werden. Es ist jedoch auch möglich, Zugriffsrechte von Grund auf individuell zu gestalten.

Menübefehl: *Extras/Zugriffsrechte/Rollen*

HINWEIS   Die Zugriffsrechte der Sicherheitsrollen werden vorwiegend auf Ebene der Tabellendaten (*Objektart <Table Data>*) vergeben. Der Zugriff auf die anderen Objektarten (Forms, Reports usw.) wird generell freigegeben, da die Zugriffsberechtigung im Standardberechtigungskonzept am Zugriff auf die Tabellendaten festgemacht wird. So darf ein Benutzer grundsätzlich alle Forms ausführen, weil das System die Zugriffsberechtigung auf die angezeigten Tabellendaten zusätzlich prüft.

Menübefehl: *Extras/Zugriffsrechte/Rollen/Rolle/Zugriffsrechte* (siehe Abbildung 3.63)

Die Sicherheitsrollen enthalten objektbezogene Zugriffsrechte, für die folgende Zugriffsarten unterschieden werden:

- Lesen

- Einfügen

- Bearbeiten

- Löschen

- Ausführen

Bis auf *Ausführen* kann jede der Zugriffsarten direkt oder indirekt gewährt werden. Indirekter Zugriff bedeutet, dass ein Benutzer beispielsweise Daten nur über ein weiteres Datenbankobjekt (z.B. eine *Codeunit*) einfügen kann, das seinerseits über entsprechende Berechtigungen (Permissions) auf die Tabelle verfügt. Somit kann gewährleistet werden, dass Datensätze nicht direkt vom Benutzer eingefügt werden können, die z.B. durch Buchungen erzeugt werden müssen. In diesen Fällen erhält die *Codeunit* die notwendigen »Permissions« auf die Tabelle und der Benutzer lediglich die Benutzerrechte zum *Ausführen* der *Codeunit*.

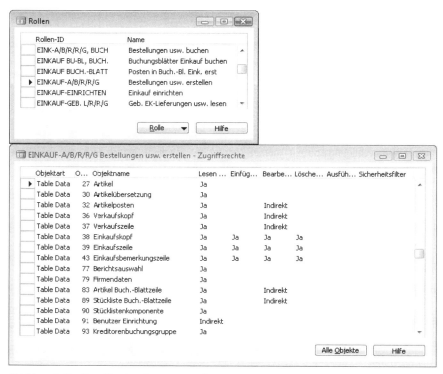

Abbildung 3.63   Zugriffsrechte der Benutzerrolle *EINKAUF-A/B/R/R/G*

ACHTUNG   Die *Objekt-ID* »0« bedeutet Zugriff auf alle Objekte der angegebenen *Objektart*. Eine Zugriffsrechtszeile mit der *Objektart = Table Data* und *Objekt-ID* »0« räumt das in der Zeile spezifizierte Zugriffsrecht somit auf alle Tabellendaten ein.

Im Folgenden werden die Zugriffsrechte einiger ausgewählter Standard-Sicherheitsrollen erläutert (siehe Tabelle 3.22):

Standard-Sicherheits-rolle	Erläuterung
ALLE	Diese Rolle fasst Zugriffsrechte auf Basisobjekte zusammen, die notwendig sind, damit sich der Benutzer am System anmelden kann und beispielsweise Zugriff auf das Hauptmenü bekommt. Die Rolle enthält keine weiteren Zugriffsrechte, sodass allein mit dieser Rolle kein Zugriff auf Tabelleninhalte möglich ist. Diese Rolle stellt die Basis dar, auf der aufbauend die individuellen funktionsorientierten Zugriffsrechtsrollen zugewiesen werden. Daher ist diese Rolle allen Benutzern (mit Ausnahme der Superbenutzer) zuzuweisen.
BASIC	Diese Rolle fasst Zugriffsrechte für die Nutzung des rollenbasierten Clients zusammen. Anders als andere Standardrollen muss diese separat ins System importiert werden.
SUPER	Die Rolle »SUPER« gestattet dem Benutzer abhängig von der verwendeten Lizenzdatei uneingeschränkten Zugriff auf alle Daten, inklusive der Möglichkeit, Datenbankobjekte zu ändern, also Programmanpassungen vorzunehmen. Die Zugriffsrechte dieser Rolle können nicht geändert werden und sie muss mindestens einem Benutzer zugewiesen werden.

Tabelle 3.22   Standard-Sicherheitsrollen in Dynamics NAV

Standard-Sicherheits-rolle	Erläuterung
SUPER (DATEN)	Die Rolle »SUPER (DATEN)« gestattet ebenfalls uneingeschränkten Zugriff auf alle Daten, ist aber insofern begrenzt, als dass keine Objektänderungen durchgeführt werden können
SUPER (NAVIPANE)	Diese Rolle gestattet es, den »Navigationsbereichs-Designer« zu benutzen, um Änderungen im Hauptmenü durchzuführen. Andere Objektänderungen können nicht erfolgen, die Rolle gestattet auch keinen Zugriff auf Tabellendaten.
SICHERHEIT	Diese Rolle gestattet es Benutzern, in beschränktem Maße Zugriffsrechte zu verwalten. Benutzer mit dieser Rolle können nur Zugriffsrechte zuweisen, die ihnen selbst zugeordnet sind. Mit dieser Benutzer-Rolle können beispielsweise »Bereichs-Administratoren« ausgestattet werden.

Tabelle 3.22 Standard-Sicherheitsrollen in Dynamics NAV *(Fortsetzung)*

Zuordnung von Sicherheitsrollen

Die Zuweisung von Sicherheitsrollen zu Benutzern erfolgt grundsätzlich mandantenübergreifend, es sei denn, es erfolgt eine Eingrenzung über das Feld *Mandant*. Je nach Art der Authentifizierung (Datenbank- bzw. Windows-Anmeldungen) erfolgt die Zuweisung der Rollen zu Benutzern über die Tabellen *Mitglied von* (*Tabelle 2000000003*) bzw. *Windows Zugriffssteuerung* (*Tabelle 2000000053*).

Menübefehl: *Extras/Zugriffsrechte/Datenbank Anmeldungen/Rollen*

Menübefehl: *Extras/Zugriffsrechte/Windows Anmeldungen/Rollen*

HINWEIS   Die Zugriffsrechte eines Benutzers sind bestimmt durch die Summe der Zugriffsrechte, die der Benutzer über die Zuordnung einer oder mehreren Sicherheitsrollen erfährt. Somit kann es sein, dass ein Benutzer für dieselben Tabellendaten mehrere (in der Ausprägung unterschiedliche) Zugriffsberechtigungen besitzt. In diesen Fällen findet das umfangreichere Zugriffsrecht Anwendung.

Zugriffsrechte könnten in Dynamics NAV nur positiv definiert werden. Es ist nicht möglich, zusätzliche Parameter zu hinterlegen, um bestimmte Rechte zu entziehen.

Datensatzebene

Die Zugriffsbeschränkungen auf Datensatzebene kann über folgende Verfahren erfolgen:

- SQL Sicherheitsfilter
- Benutzer Einrichtung

SQL Sicherheitsfilter

Menübefehl: *Extras/Zugriffsrechte/Rollen/Rolle/Zugriffsrechte* (siehe Abbildung 3.63)

Mit dem *Sicherheitsfilter* kann in der SQL Server-Option der Zugriff auf Datensatzebene durch einen beliebigen, festen Feldfilter eingeschränkt werden. So kann beispielsweise der Lese-Zugriff auf Sachposten so eingeschränkt werden, dass nur Datensätze eines bestimmten globalen Dimensionswertes (z.B. einer Kostenstelle) angezeigt werden. Da die modifizierte Sicherheitsrolle danach nur noch Sachposten einer bestimmten Kostenstelle anzeigt, muss diese pro Kostenstelle kopiert, der *Sicherheitsfilter* jeweils geändert und die neuen Rollen entsprechenden Benutzern zugeordnet werden.

Benutzer Einrichtung

In der *Benutzer Einrichtung* werden standardmäßig folgende benutzerbezogenen Berechtigungen auf Datensatzebene zugewiesen:

- Buchungszeitraum
- Verkaufs-Zuständigkeitseinheitenfilter
- Einkaufs-Zuständigkeitseinheitenfilter
- Service-Zuständigkeitseinheitenfilter

Menüoption: *Verwaltung/Anwendung Einrichtung/Benutzer/Benutzer Einrichtung* (siehe Abbildung 3.64)

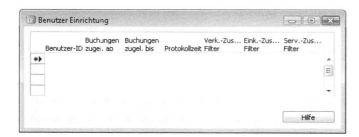

Abbildung 3.64   Einrichtung eines Benutzers

In der Tabelle *Benutzer Einrichtung* kann der Buchungszeitraum eines Anwenders unabhängig von der Buchungszeitraumdefinition in der *Finanzbuchhaltung Einrichtung* über die Felder *Buchungen zugel. ab* und *Buchungen zugel. bis* begrenzt werden. Ferner können *Zuständigkeitseinheitenfilter* für Einkauf, Verkauf und Service hinterlegt werden, die auf die offenen Belege der jeweiligen Bereiche angewendet werden.

HINWEIS   Die Filterung der Belegköpfe auf die hinterlegten *Zuständigkeitseinheitenfilter* arbeitet nicht über den *Sicherheitsfilter*, sondern ist per C/AL-Code auf Formebene hinterlegt (siehe den Abschnitt »Herkunftscodes« ab Seite 88).

Typischerweise werden in der Tabelle *Benutzer Einrichtung* auch Parameter für individuell programmierte Zugriffsrechtsbeschränkungen in Form neuer Felder hinterlegt, um beispielsweise Datensatz- oder Feldbezogene Zugriffsrechte zu prüfen.

ACHTUNG   Einige Tabellendaten wie die Tabelle *Sachposten* sind zusätzlich systemseitig gegen Änderungen geschützt, sofern mit der Unternehmenslizenz für Dynamics NAV gearbeitet wird. Sogenannte »Entwicklerlizenzen«, die exklusiv durch zertifizierte Mitarbeiter von Dynamics Partnern verwendet werden dürfen, erlauben dagegen uneingeschränkten Datenzugriff.

Aus Compliance-Sicht ist daher sicherzustellen, dass im Netzwerk keine Entwicklerlizenzen verfügbar sind. Wird es im Rahmen von Support-Dienstleistungen notwendig, dass sich Mitarbeiter vom Dynamics Partner Zugriff über Entwicklerlizenzen verschaffen, muss sichergestellt sein, dass die Entwicklerlizenz lediglich für die Dauer des Zugriffs (Menübefehl *Extras/Lizenzinformationen/Ändern*) und durch autorisierte Partnermitarbeiter genutzt wird.

Berechtigungskonzept aus Compliance-Sicht

Potentielle Risiken

- Unberechtigter Systemzugriff (Compliance, Integrity, Confidentiality, Efficiency)
- Fehlende Funktionstrennung/Unterlaufen des Vier-Augen-Prinzips (Compliance)

Prüfungsziel

- Sicherstellung eines autorisierten Systemzugriffs
- Identifizierung potentiell kritischer Sicherheitsrollen
- Identifizierung (und sofern möglich Vermeidung) potentiell kritischer Benutzerrechtskombinationen

Prüfungshandlungen

Sicherstellung eines autorisierten Systemzugriffs

- Gibt es eine Dokumentation über das implementierte Berechtigungskonzept?
- Welche »Super-Benutzer« sind im System definiert?

Identifizierung potentiell kritischer Sicherheitsrollen

Gibt es kritische Sicherheitsrollen (Zugriffsrechte auf alle Objekte einer Art durch Zuweisung der *Objekt-ID* Null) und wem sind diese zugeordnet?

Feldzugriff: Tabelle 2000000005 Zugriffsrecht/Felder Rollen-ID, Objektart [Wert Table Data], Objekt-ID [Wert 0], Lesen Zugriffsrecht, Einfügen Zugriffsrecht, Bearbeiten Zugriffsrecht, Löschen Zugriffsrecht, Sicherheitsfilter

in Verbindung mit

Feldzugriff: Tabelle 2000000003 Mitglied von/Felder Benutzer-ID, Benutzername, Rollen-ID [Rollen-ID Werte], Mandant und

Feldzugriff: Tabelle 2000000003 Mitglied von/Felder Benutzer-ID, Benutzername, Rollen-ID [Rollen-ID Werte], Mandant

Identifizierung potentiell kritischer Benutzerrechtskombinationen

Im Rahmen der Prüfung des Berechtigungskonzepts sollte die Existenz inadäquater Kombinationen von Benutzerzugriffsrechten (z.B. das Veranlassen von Zahlungsausgängen und gleichzeitige Bearbeiten von Kreditor Bankkonten) geprüft werden.

Die folgenden Beispiele (siehe Tabelle 3.23) stellen eine Auswahl potentiell kritischer Berechtigungskombinationen dar. Bei der Prüfung und Bewertung müssen die unternehmensindividuellen Gegebenheiten sowohl bei der Definition der kritischen Benutzerrechtskombinationen als auch bezüglich kompensierender Kontrollen berücksichtigt werden:

Zugriffsrecht 1	Zugriffsrecht 2	Risiko
Kreditorenstammdaten anlegen/ändern	Bestellungen auslösen	Es werden ungewollte Rechtsverhältnisse eingegangen, Gefahr von Vermögensschädigung durch ungerechtfertigte Preise
Wareneingang buchen	Eingangsrechnung fakturieren	Vermögensschädigung durch abweichende Liefermengen bei vollständiger Zahlung
Eingangsrechnung buchen	Zahlungen auslösen	Vermögensschädigung durch unberechtigte Ausgangszahlungen
Kreditorenstammdaten anlegen/ändern	Zahlungen auslösen	Vermögensschädigung durch unberechtigte Ausgangszahlungen
Debitorenstammdaten anlegen/ändern	Aufträge erfassen	Kreditlimitprüfungen werden unterlaufen und ungewollte Rechtsverhältnisse eingegangen
Debitorenstammdaten anlegen/ändern	Verkaufsgutschriften buchen	Vermögensschädigung durch unberechtigte Gutschriften/Auszahlungen
Verkaufsgutschriften erstellen/ändern	Zahlungen freigeben	Vermögensschädigung durch ungerechtfertigte Auszahlungen/Gutschriften
Verkaufsaufträge erfassen/ändern/löschen	Warenausgang stornieren & buchen	Vermögensschädigung durch nicht autorisierten Warenausgang
Kommissionieren/Lagerentnahme	physische Lieferung durchführen	Vermögensschädigung durch nicht autorisierten Warenausgang
Beleggenehmigungssystem einrichten	Belege buchen	Unterlaufen von Beleggenehmigungsregeln
Artikelbuchblatt erfassen/ändern	Artikelbuchblatt buchen	Vermögensschädigung durch nicht autorisierte Bestandskorrekturen, Ermöglichung nicht autorisierter Warenentnahmen, Manipulation des Bilanzausweises

Tabelle 3.23   Beispiele potentiell kritischer Berechtigungskombinationen

Um diese Situationen manuell zu prüfen, müssen zunächst die Rollen identifiziert werden, die zum entsprechenden Zugriff auf die betreffende Tabellendaten berechtigen. Danach sollten die Tabellen *Mitglied von* und *Windows Zugriffssteuerung* auf diese Rollen gefiltert werden. Dazu sollte im manuellen Prüfungsfall ein Filter bestehend aus allen in Frage kommenden Rollen-IDs aufgebaut und jeweils mit dem ODER-Filtersymbol »|« verknüpft werden. Gegebenenfalls kann die Excel-Funktion »VERKETTEN« genutzt werden, um diesen Filterstring automatisch zu erzeugen. Die mit diesem Filter zurückerhaltenen Windows- und Datenbankanmeldungen müssen im Anschluss einzeln auf das Vorhandensein beider betrachteten Zugriffsrechte geprüft werden.

BEGLEITMATERIAL   Im Begleitmaterial zu diesem Buch ist ein Tool zur Prüfung und Identifikation potentiell kritischer Benutzerzugriffsrechtskombinationen und Standardrollen enthalten. Zu prüfende Zugriffsrechtskombinationen können auf Tabellenebene angelegt werden und deren Existenz im Anschluss überprüft werden (siehe Abbildung 3.65).

Die Begleitdateien stehen als Download zur Verfügung. Sie können diese von der Seite *http://go.microsoft.com/fwlink/?LinkID=153144* herunterladen.

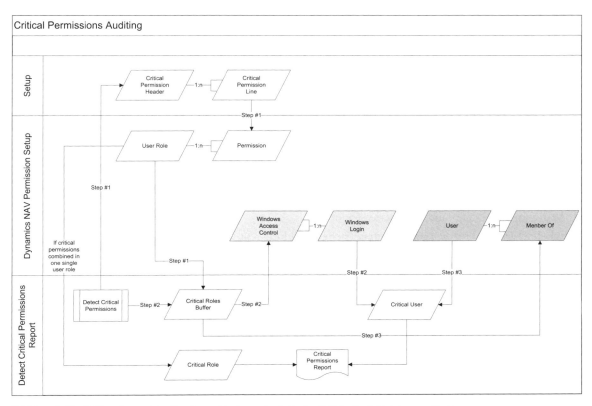

Abbildung 3.65　Prüfungskonzept des Benutzerrechts-Analysetools (Bestandteil der Begleitdateien zum Buch)

Da die Kontrollen zum Berechtigungskonzept zeitpunktbezogen sind und nicht zwangsläufig die Vergangenheit wiedergeben, ist es zusätzlich ratsam, im Änderungsprotokoll die tatsächliche Umsetzung des Berechtigungskonzepts zeitraumbezogen zu verifizieren (siehe den Abschnitt »Änderungsprotokoll« ab Seite 165). Ferner können Zugriffsbeschränkungen über Stichprobenprüfungen verifiziert werden, indem beispielsweise Postentabellen auf Benutzer-IDs gefiltert werden, die laut Berechtigungskonzept keine Zugriffsrechte zum Erzeugen dieser Posten besitzen.

> **HINWEIS**　Je nach Größe und zu berücksichtigenden Rahmenbedingungen des Unternehmens sind organisatorische Regelungen beim Vorliegen potentiell kritischer Berechtigungskombinationen grundsätzlich dazu geeignet, ein diesbezüglich mangelhaftes Benutzerkonzept als kompensierende Kontrolle zu heilen.

Datenbankadministration

Die mit der Administration der Datenbank verbundenen Tätigkeiten unterscheiden sich erheblich durch die eingesetzte Datenbank. In diesem Abschnitt werden daher nur Dynamics NAV-spezifische Themen behandelt, unter denen der Objektänderungsprozess (im Sinne von Anpassungsprogrammierung von Datenbankobjekten) eine besondere Berücksichtigung erfährt:

- Allgemeine Datenbankverwaltung

- Datensicherungen
- Objektänderungsprozess
- Systemintegration

Allgemeine Datenbankverwaltung

Über das Fenster *Datenbankinformationen* lassen sich im Classic Client folgende Informationen über die Dynamics NAV-Datenbank anzeigen:

- Der Servername, an dem der Client angemeldet ist
- Der Name der ausgewählten Datenbank
- Größe und Belegung der Datenbank
- Aktive (angemeldete) und lizenzierte Sessions

Menübefehl: *Datei/Datenbank/Information* (siehe Abbildung 3.66)

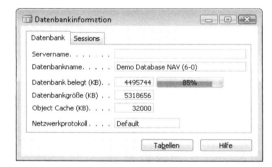

Abbildung 3.66 Dialogfeld *Datenbankinformation*

HINWEIS   Über den Drilldown der Anzahl angemeldeter Sessions (*Aktive Sessions*) können die aktuell im System einge-
loggten Anwender inklusive der *Benutzer-ID* und *Anmeldezeit* angezeigt werden.

Im Fenster *Datenbankinformation* lassen sich ferner über die Schaltfläche *Tabellen* Informationen wie die Anzahl von Datensätzen pro Tabelle und Mandant anzeigen (siehe Abbildung 3.67).

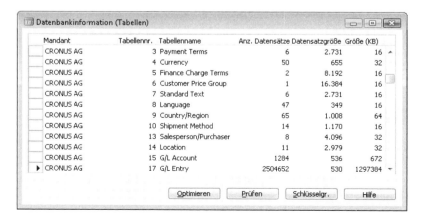

Abbildung 3.67 Datenbankinformationen über Tabellen

Tabellen- und Feldorganisation

Es ist in Dynamics NAV möglich, neue Felder in Standardtabellen anzulegen. Der dafür freigegebene Feldnummernbereich (gilt auch für die Objektnummern neuer Tabellen) startet bei 50000 und endet bei 99999, damit es bei Upgrades nicht zu Konflikten im Feld- oder Objektbereich kommt. Dabei darf kein Objektname oder Feldname doppelt vergeben werden. Diese genutzten Objekte müssen in der individuellen Dynamics NAV-Lizenzdatei freigeschaltet sein.

BEGLEITMATERIAL   Werden innerhalb der Prüfung Feldzugriffe notwendig, die wiederverwendet werden sollen, bietet sich das Abspeichern im lizenzierten Nummernbereich an. Im Begleitmaterial zu diesem Buch befindet sich ein Form, das die freigeschalteten Nummernbereiche aus der Dynamics NAV-Lizenzdatei ausliest und auf noch freie Objektnummern hinweist (siehe Abbildung 3.68).

Die Begleitdateien stehen als Download zur Verfügung. Sie können diese von der Seite *http://go.microsoft.com/fwlink/?LinkID=153144* herunterladen.

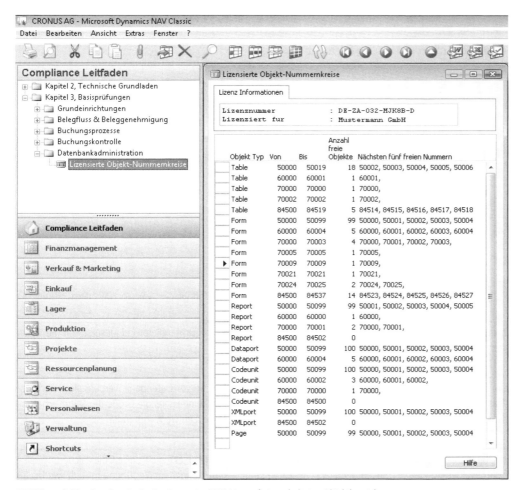

Abbildung 3.68   Anzeige der in der Dynamics NAV-Lizenz freigeschalteten Objektbereiche

Datensicherungen

Aus den Grundsätzen ordnungsmäßiger DV-gestützter Buchführungssysteme (GoBS) ergibt sich die Pflicht zur Datensicherung (nicht zu verwechseln mit revisionssicherer Archivierung). Datensicherungen dienen dazu, das Ausfallrisiko des Produktivsystems zu reduzieren. Dementsprechend muss Häufigkeit und Art der Datensicherung die unternehmensindividuellen Anforderungen an die Systemverfügbarkeit berücksichtigen.

Bezogen auf Dynamics NAV werden Datensicherung und Objektsicherung unterschieden. Je nach eingesetzter Datenbank stehen neben der Dynamics NAV-Datensicherung auch die SQL-Datensicherungsfunktionen zur Verfügung.

Dynamics NAV-Datensicherung

Grundsätzlich wird die Dynamics NAV-Datensicherung manuell im Client initiiert und stellt eine Vollsicherung dar. Dabei agiert die Datensicherung als »Session«, die die Datenbankversion zum Zeitpunkt des Startens der Sicherung sichert und damit eine Datensicherung während des Betriebs erlaubt. Es besteht die Möglichkeit zu selektieren, welcher Mandant gesichert werden soll und ob Applikationsobjekte in der Sicherung enthalten sein sollen. Die zu sichernde Datenbank wird auf Fehler überprüft und automatisch komprimiert.

Menübefehl: *Extras/Datensicherung erstellen* (siehe Abbildung 3.69)

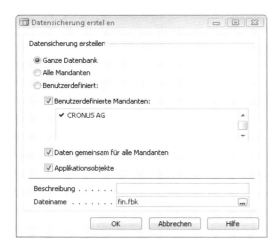

Abbildung 3.69   Manueller Anstoß der Dynamics NAV-Datensicherung

HINWEIS   Für die automatisierte Datensicherung werden in der Regel Tools von Drittanbietern eingesetzt, um die Dynamics NAV-Datensicherung zum gewünschten Zeitpunkt automatisch anzustoßen.

ACHTUNG   Beim Rücksichern einer Dynamics NAV-Datensicherung in eine SQL Server-Datenbank werden alle Datensätze der Sicherung das Transaktionsprotokoll durchlaufen. Das Protokoll wird dadurch um mindestens die Größe der Datensicherung anwachsen. Es ist also darauf zu achten, dass genügend Platz auf dem entsprechenden Laufwerk vorhanden ist.

TIPP   Der Object Designer ermöglicht ebenfalls die Sicherung von Datenbankobjekten Da diese Objektsicherung keine Daten enthält, sind die resultierenden *.fob*-Dateien deutlich kleiner und können somit länger zur Verfügung gestellt werden als komplette Datensicherungen. Objektsicherungen werden beispielsweise dann benötigt, wenn nach einer Objektänderung die frühere Funktionalität nachvollzogen werden muss oder eine Änderung rückgängig gemacht werden soll.

Bei Einsatz der SQL Server-Option werden in Dynamics NAV bei bestimmten Anpassungen virtuelle Tabellen (*Linked Object*) verwendet, die SQL-Sichten anzeigen. Damit wird es beispielsweise möglich, Daten aus verschiedenen Tabellen in einer Dynamics NAV-Tabelle zusammenzuführen. Enthält die Dynamics NAV-Datenbank *Linked Objects*, sollte nur die SQL-Datensicherungsfunktionen genutzt werden, damit SQL-Sichten und *Linked Objects* von Dynamics NAV gemeinsam gesichert werden können. Werden *Linked Objects* durch eine Dynamics NAV-Datensicherung gesichert, kann dies dazu führen, dass die Datensicherung nicht zurückgespielt werden kann. In bestimmten Konstellationen bedingen sich die SQL-Sichten und Dynamics NAV-Objekte gegenseitig. In diesen Fällen (wenn die entsprechenden SQL-Objekte nicht vor den Dynamics NAV-Objekten in der SQL Server-Datenbank existieren können) müssen die *Linked Objects* vor der Erstellung der Dynamics NAV-Datensicherung aus der Datenbank entfernt werden.

SQL Server-Datensicherung

Wird die SQL Server-Option eingesetzt, wird in der Regel nur die Sicherungsfunktionalität von SQL Server Anwendung finden. Da diese serverbasiert ist, ist sie deutlich effizienter, als die Classic Client-basierte Dynamics NAV-Datensicherung.

HINWEIS   Das Sichern eines einzelnen Mandanten ist über die SQL Server-Datensicherungsfunktionen nicht möglich und muss somit über die Dynamics NAV-Datensicherung im Classic Client erfolgen. Dies wird häufig während der Einrichtung eines Produktivsystems benötigt, um dessen Einrichtung in einem kopierten Mandanten zu testen.

Die SQL Server-Datensicherungsfunktionen umfassen unter anderem:

- Datenbanksicherung
- Transaktionsprotokoll-Sicherung
- Differenzielle Datensicherung (inkrementelles Backup aller abgeschlossenen Transaktionen seit der letzten Datenbanksicherung)
- Datei- und Dateigruppensicherung (Sicherung der einzelnen Dateien oder Dateigruppen innerhalb der Datenbank)

HINWEIS   SQL Server verfügt über ein Transaktionsprotokoll, welches ein inkrementelles Backup darstellt und für die versetzte Wiederherstellung auf einem Backup-Server (»Log shipping«) genutzt werden kann.

Für weiterführende Hinweise bezüglich der SQL Server-Funktionalitäten verweisen wir auch auf entsprechende Literatur im Microsoft Press Verlag.

Datensicherung aus Compliance-Sicht

Potentielle Risiken

- Datenverlust (Integrity, Compliance, Efficiency)
- Unzureichende Systemverfügbarkeit (Availability)

Prüfungsziel

- Sicherstellung eines effektiven Datensicherungskonzepts
- Sicherstellung einer angemessenen Systemverfügbarkeit

Prüfungshandlungen

Im Rahmen der Prüfungshandlungen sollten folgende Fragestellungen beantwortet und dokumentiert werden:

- Gibt es ein Datensicherungskonzept und eine entsprechende Verfahrensdokumentation zu Datensicherungen?
- Wie und wo werden Datensicherungen aufbewahrt?
- Auf welchen Medien wird gespeichert und wo werden die Medien gelagert?
- Über welchen Zeitraum soll die Wiederherstellbarkeit des Systems gewährleistet werden?
- Ist gewährleistet, dass die vollständige Wiederherstellbarkeit der Daten jederzeit möglich ist?
- Wird regelmäßig das Rücksichern einer Datensicherung getestet?
- Wie häufig wird am Tag gesichert und in welcher Form?
- Wie hoch sind die maximalen Ausfallzeiten durch das Wiederherstellen einer Datensicherung und steht dies in Übereinstimmung mit den Geschäftserfordernissen?

Objektänderungsprozess

Dynamics NAV ist durch seine integrierte Entwicklungsumgebung leicht an die Anforderungen eines Unternehmens anzupassen. Häufig ist in Anwender-Unternehmen zu beobachten, dass diese Flexibilität die Kreativität der Keyuser und Mitarbeiter erhöht und mitunter ein »Gewöhnungseffekt« eintritt, dass Strukturen und Prozesse immer neu hinterfragt und Optimierungen angestrebt werden. Typisch ist daher, dass Dynamics NAV über den gesamten Nutzungszeitraum hinweg weiterentwickelt und angepasst wird. Diese positive Eigenschaft von Dynamics NAV kann aber nur dann nachhaltigen Nutzen stiften, wenn der Prozess der Objektänderungen klar geregelt ist und dessen Einhaltung nachprüfbar bleibt.

Mit Objektänderungen sind diejenigen Änderungen gemeint, die über den Object Designer erfolgen und für die gesamte Datenbank gelten und nicht etwa Personalisierung, die der Nutzer für seine Anmeldung vornehmen kann. Jede Objektänderung sollte grundsätzlich »geplant«, also auf Basis von dokumentierten Funktionsanforderungen während der Implementierung (auch »Enterprise Design Document« oder »Functional Requirements Document« genannt) oder Änderungsanforderungen nach Go-Live (»Change Request Document«) erfolgen.

HINWEIS Besonders nach Beginn des Echtbetriebs sollten dokumentierte Anforderungen (Change Requests) erst dann umgesetzt werden, wenn diese die Entscheidungsprozesse im Unternehmen durchlaufen haben.

Der Objektänderungsprozess im Überblick

Der Objektänderungsprozess durchläuft in der Regel eine Reihe von standardisierten Bearbeitungsschritten, die sich in folgende Phasen aufteilen lassen:

- Analyse
- Design
- Entwicklung
- Testen
- Auslieferung

Die Abbildung 3.70 stellt einen beispielhaften Prozess für die Bearbeitung eines Change Request dar, wobei von der Existenz eines Ticketing-Systems (eigenständiges oder in Dynamics NAV integriertes Helpdesk-System) und eines Release-Managements für Objektänderungen ausgegangen wird. Der Prozess muss dabei unternehmensindividuelle Rahmenbedingungen sowie die Häufigkeit von Objektänderungen berücksichtigen.

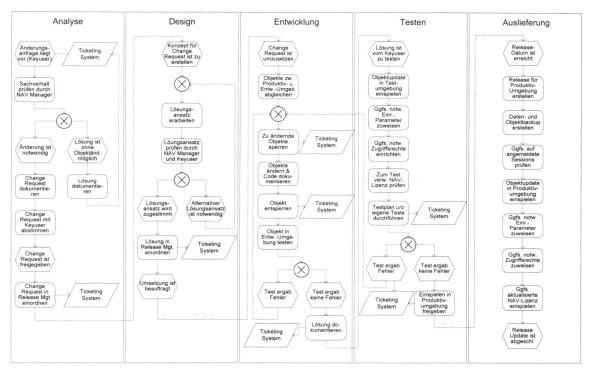

Abbildung 3.70 Der Objektänderungsprozess am Beispiel eines Change Request

Change Request

Gängige Praxis für Change Requests ist die Definition der Anforderung in der Fachabteilung durch einen verantwortlichen Keyuser, der die Anforderung gegebenenfalls über den Abteilungsleiter an den internen »Dynamics NAV Manager« (z.B. den EDV-Leiter) weiterleitet. Bei Einsatz eines »Ticketing Systems« (Helpdesk-System) werden die Anfragen dort zentral verwaltet und gegebenenfalls in ein Change Request umgewandelt. Nach den jeweiligen Freigaben erstellt der Dynamics-Partner oder verantwortliche Mitarbeiter ein Lösungskonzept, das durch Dynamics NAV-Manager und Keyuser geprüft wird. Teilweise gibt es ein internes »Release-Management«, in dem die Umsetzung des Change Requests zeitlich eingeordnet wird. Das Release-Management regelt, wann Objektupdates in der Produktivdatenbank vorgenommen werden und welche inhaltlichen und funktionalen Veränderungen mit dem »Release« verbunden sind.

Entwicklung

Nach Freigabe zur Umsetzung wird die Entwicklung auf einer separaten Entwicklungsdatenbank vorgenommen. Vor der Änderung von Objekten sollte ein Abgleich (z.B. unterstützt durch entsprechende Tools) zwischen dem Objektstand der Entwicklungs- und Produktivdatenbank erfolgen, um sicherzustellen, dass die

Entwicklung auf dem aktuellen Objektstand der Produktivdatenbank erfolgt. Außerdem sollte das jeweilige Objektdatum gesichert werden, bevor das Objekt geändert wird. Üblicherweise erfolgt dies durch ein sogenanntes »Object Logging«. Objekte werden vom Entwickler in einer Form gesperrt, die es anderen Entwicklern nicht erlaubt, das Objekt gleichzeitig zu bearbeiten.

ACHTUNG   In Dynamics NAV gibt es standardmäßig keine Sperrung von Objekten, um das gleichzeitige Bearbeiten von Objekten zu verhindern. Analog zur gleichzeitigen Bearbeitung in der Anwendung wird nach dem ersten Speichern der jeweils andere Entwickler seine Änderungen verlieren. Wird die SQL Server-Option eingesetzt, gibt es die Möglichkeit, über ein SQL-Skript zu verhindern, dass Dynamics NAV-Objekte geändert werden, die nicht an entsprechender Stelle im System als gesperrt gekennzeichnet sind.

Während der Entwicklung sollten Testhinweise für das spätere Testen durch den Keyuser festgehalten werden und gegebenenfalls in einem Testplan umgesetzt werden.

Die Dynamics NAV-interne Code-Dokumentation (*Documentation Trigger*) sollte mit Referenz auf das »Change Request« bzw. das »Ticket« erfolgen. Auch sollte festgehalten werden, welche Objekte für ein »Change Request« geändert wurden. Objektänderungen sollten nur durch zertifizierte Microsoft Dynamics-Partner oder speziell dafür ausgebildete Mitarbeiter erfolgen.

Testen

Steht eine separate Testdatenbank zur Verfügung, werden die Objektänderungen dort (unter Nutzung der gegebenenfalls zu aktualisierenden Produktions- bzw. Kundenlizenz) zunächst vom Entwickler und dann vom verantwortlichen Keyuser getestet. Generell wird empfohlen, das Testen durch eine andere Person als den Entwickler durchführen zu lassen. Neben dem Testen der isolierten Funktionalität sollte immer auch ein Integrationstest (z.B. durch vordefinierte Referenzfälle) erfolgen, um modulübergreifende negative Auswirkungen auszuschließen. Dabei sollte das Testverfahren die Realität möglichst genau abbilden, um im späteren Echtbetrieb einen reibungslosen Prozessablauf zu gewährleisten.

Eine schriftliche Echtbetriebfreigabe durch Keyuser und Dynamics NAV-Manager sollte die Voraussetzung zum Einspielen der Objektänderungen in die Produktivdatenbank sein.

Importieren von Objektänderungen in die Produktivdatenbank

Das Einspielen von Objektänderungen in die Produktivdatenbank sollte sofern vorhanden durch das interne Release-Management geregelt sein und nur von entsprechend berechtigten Personen durchgeführt werden. Gibt es kein Release-Management, sollten alle betroffenen Abteilungen und Anwender zuvor über das Update informiert werden. Vor jedem Objektupdate muss eine Datensicherung und sollte zusätzlich eine Objektsicherung erfolgen.

ACHTUNG   Im Classic Client werden benutzerbezogene Personalisierungen in einer externen *fin.zup*-Datei gespeichert. Beim Kompilieren des Objektes gehen diese benutzerdefinierten Einstellungen verloren. Um derartige Störungen im Echtbetrieb zu vermeiden, sollten keine Komplett-Updates durchgeführt werden, sondern (gegebenenfalls unterstützt durch ein entsprechendes »Objektabgleich-Tool«) nur Objekte eingespielt werden, die auch geändert wurden. Ferner sollte gewährleistet sein, dass keine Benutzer während des Updates im System angemeldet bleiben, damit diese nicht mit dem alten (im Objektcache gesicherten) Objektstand arbeiten.

Zu beachten ist ferner, dass mit dem Import geänderter Objekte teilweise neue Berechtigungen erteilt, neue Einrichtungsparameter zugewiesen oder eine aktualisierte NAV-Lizenz eingespielt werden muss, um den reibungslosen Ablauf zu gewährleisten. Jedes Objektupdate sollte außerdem entsprechend dokumentiert werden und einen Hinweis auf die Objektsicherungsdatei enthalten. Der Status von Change Requests bzw. Tickets ist zu aktualisieren.

Upgradefähigkeit

In Dynamics NAV werden häufig Änderungen an Standardobjekten und damit zwangsläufig am Originalobjekt (z.B. Tabellen und Codeunits) durchgeführt, sodass bei einer Hersteller-seitigen Aktualisierung desselben Objekts die vorgenommene Änderung überschrieben und damit verloren gehen würde (ausgenommen sind davon Felderweiterungen, die vom *Import Worksheet* automatisch zusammengeführt werden können).

Änderungen an Standardobjekten müssen bei Upgrades also unter Umständen nachvollzogen werden, was Dynamics NAV durch das sogenannte »Upgrade Toolkit« entsprechend unterstützt. Der Aufwand dieser Migration hängt stark von der Vorgehensweise der Anpassungsprogrammierung und deren Dokumentation ab.

Die Sicherstellung der Upgradefähigkeit des Dynamics NAV-Systems ist eine wesentliche Voraussetzung für die Einhaltung zukünftiger gesetzlicher Anforderungen. Um derartige gesetzliche Anforderungen umzusetzen, stellt Microsoft im Rahmen des Softwarewartungsvertrags »Business Ready Enhancement Plan (BREP)« neben anderen Leistungen entsprechende Produktaktualisierungen kostenlos zur Verfügung, die zeitnah in die bestehende Dynamics NAV-Lösung integrierbar sein sollten.

TIPP   Notwendige Anpassungsprogrammierungen in Standardobjekten sollten soweit möglich in neue Objekte ausgelagert werden, um den Migrationsaufwand bei Upgrades zu minimieren. Ferner sollten bei der Kosten/Nutzen-Betrachtung von Objektänderungen die umsetzungsbedingten Folgekosten bei Upgrades berücksichtigt werden.

Objektänderungen aus Compliance-Sicht

Potentielle Risiken

- Ineffektive und ineffiziente Abbildung von Geschäftsprozessen (Efficiency)
- Datenverlust (Integrity)
- Gefährdung der Integrität des Systems bei Upgrades (Integrity)
- Hersteller-Updates (z.B. aufgrund gesetzlicher Anforderungen) können nicht umgesetzt werden (Compliance)
- Ineffizienz durch Nichtnutzung von Produktverbesserungen (Efficiency, Compliance)

Prüfungsziel

- Adäquater Autorisierungsprozess für Change Requests
- Adäquate System- und Änderungsdokumentation
- Sicherstellung ausreichender Tests
- Vollständige Nachvollziehbarkeit der Objektänderung

Prüfungshandlungen

Im Rahmen der Prüfungshandlungen sollten folgende Fragestellungen beantwortet und dokumentiert werden:

Change Request Freigabeprozess

- Welche Prozesse sind definiert, um Systemänderungen anzufragen, zu veranlassen, zu testen und freizugeben?

- Werden Lösungsansätze vor der Umsetzung schriftlich dokumentiert und vom Dynamics NAV-Manager sowie gegebenenfalls dem anfordernden Keyuser freigegeben?

- Wie und wo werden Change Requests nach der Umsetzung abgelegt?

Entwicklungsprozess

- Gibt es eine separate Entwicklungs- und Testumgebung?

- Ist gewährleistet, dass Dynamics NAV-Objekte nicht in der Produktivdatenbank geändert werden?

- Werden Tools für den Objektabgleich zwischen den verschiedenen Datenbanken eingesetzt?

- Gibt es Objekte, die in der Produktivdatenbank aktueller als in der Entwicklung sind?

- Gibt es abhängig von Umfang und Häufigkeit der Objektänderungen ein entsprechendes Release-Management?

- Wer nimmt Objektänderungen vor bzw. wer ist dazu berechtigt?

- Werden Objekte gegebenenfalls vor dem Modifizieren in einer Weise als gesperrt gekennzeichnet, die einen gleichzeitigen Zugriff durch einen anderen Entwickler verhindert und wird das jeweilige Objektdatum vor der letzten Änderung festgehalten?

Testprozess

- Ist gewährleistet, dass neue Funktionalitäten in der Entwicklungs- bzw. Testumgebung mit der Produktionslizenz getestet werden?

- Ist gewährleistet, dass Datenbankobjekte erst dann in das Produktivsystem übertragen werden, wenn diese im Testsystem ausreichend getestet wurden?

- Gibt es für Integrationstests repräsentative, vordefinierte Testfälle, die nach entsprechenden Systemänderungen getestet werden?

Freigabeprozess

- Gibt es einen Prozess, der das Testen und Freigeben von geänderten oder neuen Funktionalitäten schriftlich dokumentiert?

- Ist gewährleistet, dass notwendige Benutzerrechte für die neue oder geänderte Funktionalität vor der Freigabe bereitgestellt werden?

Implementierungsprozess

- Wer ist für das Einspielen von Datenbankobjekten in die Produktivdatenbank verantwortlich?

- Wenn dies der Dynamics-Partner ist, ist gewährleistet, dass der Zugang zum Live-System wieder blockiert wird, nachdem das Update erfolgt ist?

- Ist gewährleistet, dass vor dem Objektupdate eine Objektsicherung und eine Datensicherung erfolgt?

- Wie werden die Objekte selektiert, die in die Produktivdatenbank gespielt werden? Gibt es ein Verfahren für den Objektabgleich zwischen Entwicklungs- und Produktivdatenbank?

- Wie wird gewährleistet, dass ab dem Einspielen neuer Objekte alle Clients (und gegebenenfalls Dienste) die neuen Objekte verwenden?

- Ist gewährleistet, dass mit dem Objekt-Update zu definierende Einrichtungsparameter entsprechend der Vorgaben spezifiziert werden?

Dokumentation von Änderungen

- Gibt es eine Dokumentation, welche Objekte für eine bestimmte Anforderung (Change Request bzw. Ticketnummer) geändert wurden?

- Werden Änderungen an allen Objekttypen dokumentiert? Gibt es eine schriftliche Vereinbarung über die Dokumentation von Objektänderungen mit den durchführenden Mitarbeitern und/oder Firmen?

- Wie werden Objektänderungen im Code dokumentiert und ist gewährleistet, dass keine Änderungen des Objektdatums undokumentiert bleiben?

- Welche Objekte wurden modifiziert und kann die Änderung anhand des »Documentation Triggers« auf eine freigegebene Anforderung (Change Request) zurückverfolgt werden?

    - Menübefehl *Extras/Object Designer*

    - Selektion z.B. der geänderten Tabellen über das Feld *Modified = Ja*

    - Öffnen des Objekts im Design-Modus über die Schaltfläche *Design*

    - Menübefehl *Ansicht/C/AL Code*

    - Selektion des »Documentation Triggers« über $\boxed{\text{Strg}} + \boxed{\text{Pos1}}$

    - Prüfen der letzten dokumentierten Objektänderung mit dem Objektdatum

    - Prüfen auf Existenz einer Referenz auf ein Change Request oder ähnlicher Dokumentation

Upgradefähigkeit

- Auf welchem Versionsstand befindet sich die Dynamics NAV-Anwendung aktuell und gibt es eine Upgrade- oder Release-Planung?

- Ist die Codedokumentation in Standard-Objekten dazu geeignet, Upgrades zu erleichtern?

- Wird beim Design die Notwendigkeit der Modifikationen von Standard-Objekten und damit gegebenenfalls verbundenen Folgekosten bei Upgrades berücksichtigt?

- Wie viele Standardobjekte (*Objekt-ID* Bereich »0..49999«) wurden angepasst und wie ist das Verhältnis zu neuen lizenzierten Objekten? Wurden im Rahmen von Individualanpassungen (z.B. *Objekt-ID* Bereich ab »50000..50099«) neue Codeunits angelegt, um C/AL-Code auszulagern?

- Ist gewährleistet, dass Individualprogrammierung an Forms und Reports auf Kopien dieser Objekte durchgeführt wird? Wenn nein, wie werden Forms und Reports bei Upgrades behandelt?

- Gibt es eine Anpassungsdokumentation im Objekt und außerhalb des Objekts?

- Ist gewährleistet, dass Upgrades (Service Packs, Hotfixes etc.) vom Dynamics-Partner zur Verfügung gestellt und zeitnah implementiert werden?

- Gibt es einen aktiven Microsoft Dynamics-Wartungsvertrag (»Business Ready Enhancement Plan«)?

Systemintegration

Werden neben Dynamics NAV noch andere rechnungslegungsrelevante Systeme eingesetzt oder gibt es Geschäftspartner, mit denen Transaktionen elektronisch ausgetauscht werden, kommen häufig Schnittstellen zum Einsatz, um Stammdaten und Transaktionsdaten auszutauschen. Technologisch bietet Dynamics

NAV eine Vielzahl von Lösungsmöglichkeiten, von denen im Folgenden einige ausgewählte Lösungswege kurz beschrieben werden.

Commerce Gateway

Commerce Gateway ist ein Modul für den automatischen elektronischen Datenaustausch zwischen Dynamics NAV und anderen Systemen. Es ermöglicht den elektronischen Versand und Empfang aller im Ein- und Verkaufsprozess relevanten Belege. Die Konvertierung der jeweils verwendeten Datenformate sowie die Verwaltung der technischen Anbindung der Geschäftspartner übernimmt dabei der Microsoft BizTalk Server, für den das Commerce Gateway einen entsprechenden Adapter bereitstellt.

Dataports und XMLports

Dataports werden wie XMLports in Dynamics NAV dazu genutzt, Datensätze zu importieren und exportieren. Dataports werden benutzt, um »Flat Files« (z.B. ASCII-Textdateien oder CSV-Dateien) zu verarbeiten, während XMLports speziell für das strukturierte Datenformat der XML-Dokumente ausgelegt sind. Beide Datenbankobjekte werden auch dazu genutzt, Schnittstellen zwischen Systemen abzubilden, die entweder manuell oder über entsprechende Dienste wie dem »Dynamics NAV Application Server« (NAS) angestoßen werden.

| HINWEIS | Dataport-Objekte können vom »Dynamics NAV Application Server« (NAS) nicht gestartet werden. |

Web Services

Web Services ist ein weit verbreiteter Integrationsstandard zwischen Softwaresystemen, der es erlaubt, über das Standard Internet Protokoll (SOAP »Simple Object Access Protocol«) zu kommunizieren. Die Web Services-Architektur bietet Möglichkeiten für systemübergreifende Nutzung von Anwendungslogik für Echtzeit-Systemintegration. Externe Programme können über entsprechende Methoden auf C/AL Businesslogik in Dynamics NAV zugreifen, die auf der Service-Schicht (NST) in gleicher Weise ausgeführt wird wie interne Clientanfragen. Web Services werden in der XML-basierten »Web Services Description Language« (WDSL) definiert, welche von den meisten Entwicklungsplattformen und Programmiersprachen unterstützt werden.

| HINWEIS | In Dynamics NAV 2009 besteht durch die Service-Schicht-Ebene die Möglichkeit, die Businesslogik von Pages und Codeunits per Knopfdruck als Web Services zur Verfügung zu stellen. |

Menüoption: *Verwaltung/IT-Verwaltung/Allgemeine Einrichtung/Web Services*

Schnittstellen auf SQL Server-Ebene

Microsoft SQL Server bietet z.B. mit den »SQL Server Integration Services« (SSIS) weitere, umfassende Möglichkeiten für ereignis- oder zeitgesteuerte Systemintegrationen. So wird diese Funktionalität beispielsweise für das Modul »Microsoft Dynamics Mobile Sales« verwendet, das auf der Windows Mobile-Plattform basiert. Bei dieser Dynamcis NAV-Lösung für mobile Endgeräte und standortunabhängigen Datenzugriff kommen die »SQL Server Integration Services« zum Einsatz, um entsprechend benötigte Daten aus der Dynamics NAV-Datenbank in eine separate Datenbank zu laden, von wo aus die Synchronisation mit den mobilen Endgeräten erfolgt.

> **ACHTUNG**   Schnittstellen, die Dynamics NAV-Standardtabellendaten direkt auf SQL Server-Ebene manipulieren, sind grund-sätzlich zu vermeiden, da die Tabellen-Trigger in Dynamics NAV dort nicht greifen, mit denen Datenkonsistenz und referentielle Datenintegrität innerhalb von Dynamics NAV gewährleistet wird.

Systemintegration aus Compliance-Sicht

Potentielle Risiken

- Ungewollter Systemzugriff/Unterlaufen des Berechtigungskonzeptes (Integrity, Compliance)
- Dateninkonsistenz durch Schnittstellen (Integrity)

Prüfungsziel

- Sicherstellung einer konsistenten, dokumentierten und autorisierten Systemintegration

Prüfungshandlungen

Im Rahmen der Prüfungshandlungen sollten folgende Fragestellungen beantwortet und dokumentiert werden:

- Werden aus Fremd- oder Subsystemen rechnungslegungsrelevante Daten nach Dynamics NAV importiert?
  - Wenn ja, gibt es eine adäquate Schnittstellenbeschreibung?
  - Welche Art der Integration benutzt die Schnittstelle (Dataports, XMLports, Web Services, SQL Integration Services etc.)?
  - Erfolgt der Anstoß der Schnittstelle manuell oder automatisch?
  - Wie wird gewährleistet, dass Daten vollständig, richtig und redundanzfrei importiert oder exportiert werden?
  - Wird bei Importen mit Zwischentabellen gearbeitet oder erfolgt der Import direkt in die Zieltabellen?
  - Wie wird gewährleistet, dass es während Schreibtransaktionen durch Schnittstellen nicht zu Inkonsistenzen innerhalb der Datenbank kommt (»Dirty reads« bei SQL Server-Option)?
  - Gibt es eine Logdatei über den Verlauf des Imports bzw. Exports?
  - Ist gewährleistet, dass die Schnittstelle das Änderungsprotokoll aktualisiert, wenn dieses für geänderte Tabellenfelder aktiviert ist?

Änderungsprotokoll

In rechnungslegungsrelevanten Systembereichen ist es oft von entscheidender Bedeutung zu wissen, wie ein Stammdatensatz oder Einrichtungsparameter in der Vergangenheit definiert war oder von wem dieser geändert wurde. Aufschluss über derartige Datenänderungen liefert das Dynamics NAV-Änderungsprotokoll oder Change Log. Folgende Punkte werden in diesem Abschnitt erläutert:

- Funktion des Änderungsprotokolls
- Einrichtung des Änderungsprotokolls
- Auswertung des Änderungsprotokolls
- Änderungsprotokoll aus Compliance-Sicht

Funktion des Änderungsprotokolls

Das Änderungsprotokoll erlaubt das Protokollieren von Datenänderungen, die durch Benutzer in der Datenbank erfolgen. Die Protokollierung wird in der Tabelle 405 *Änderungsprotokollposten* abgespeichert, sofern die Protokollierung aktiv ist und für die geänderten Tabellenfelder eingerichtet wurde. Von der Protokollierung standardmäßig ausgeschlossen sind Datenänderungen durch C/AL-Code oder »Batch Jobs« (Stapelverarbeitungen). Standardmäßig werden also nur Datenänderungen, die über das »User Interface« erfolgen, protokolliert.

> **HINWEIS** Individuell programmierte »Batch Jobs« (z.B. für Interfaces zwischen Dynamics NAV und einem anderen System) sollten nach Möglichkeit so programmiert sein, dass das Änderungsprotokoll (zwingend für Stammdatenänderungen) gepflegt wird.

Einrichtung des Änderungsprotokolls

Das Radierverbot gemäß § 239 Abs. 2 ff. HGB erfordert die Nachvollziehbarkeit von Änderungen in rechnungslegungsrelevanten Daten bzw. Tabellen. Dynamics NAV bietet die Möglichkeit, derartige Änderungen auf Feld- oder Tabellenebene mithilfe des Änderungsprotokolls aufzuzeichnen und somit transparent zu machen. Entsprechende Einstellungen in der *Änderungsprotokoll Einrichtung* ermöglichen die Aufzeichnung der datensatzbezogenen Transaktionsart (*Bearbeiten, Löschen, Einfügen*), des Tabellenfeldwertes vor und nach der Änderung sowie der Uhrzeit und des Nutzers, der die Transaktion vorgenommen hat. Die Vorgehensweise soll im Folgenden anhand der Änderung von Kundenstammdaten erläutert werden. Im ersten Schritt muss die Protokollierung für den Mandanten aktiviert werden.

Menüoption: *Verwaltung/Anwendung Einrichtung/Allgemein/Änderungsprotokoll Einrichtung* (siehe Abbildung 3.71)

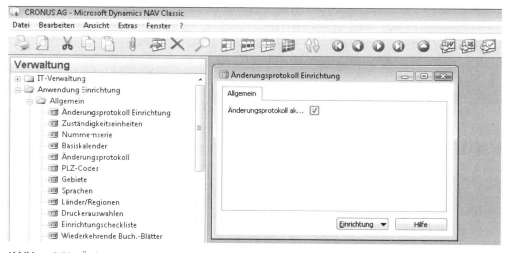

Abbildung 3.71 Änderungsprotokoll aktivieren

Ist die Protokollierung für den Mandanten aktiviert, müssen die Tabellen und Tabellenfelder, die im Änderungsprotokoll zu protokollieren sind, definiert werden.

Einrichtung und Änderungen am Setup des Änderungsprotokolls werden automatisch protokolliert, greifen jedoch erst nach erneutem Login.

Die tabellenbezogenen Einrichtung des Änderungsprotokolls erfolgt über die Menüoption *Verwaltung/ Anwendung Einrichtung/Allgemein/Änderungsprotokoll/Einrichtung/Tabellen* (siehe Abbildung 3.72).

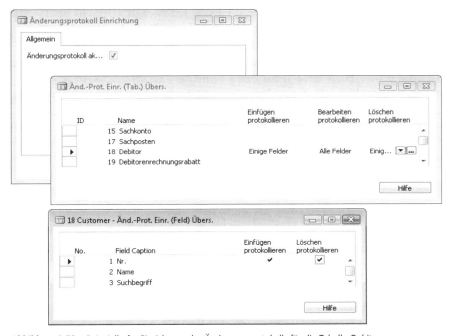

Abbildung 3.72   Beispielhafte Einrichtung des Änderungsprotokolls für die Tabelle *Debitor*

Für jede Tabelle kann festgelegt werden, welche Ereignisse aufgezeichnet werden sollen, wobei danach differenziert werden kann, ob *Alle Felder* oder nur *Einige Felder* der Tabelle protokolliert werden. Wird die Option *Einige Felder* gewählt, lässt sich über den AssistButton des Felds ein weiteres Fenster öffnen, in dem alle zu der Tabelle gehörenden Felder angezeigt und für die Protokollierung aktiviert werden können. Im Beispiel (Abbildung 3.72) soll beim *Löschen* und *Einfügen* jeweils nur das Feld *Nr.* protokolliert werden, während beim *Bearbeiten* jedes Feld protokolliert wird.

Unterschiede zwischen Einfügen und Bearbeiten

Der Unterschied zwischen *Einfügen* und *Bearbeiten* von Datensätzen liegt eigentlich auf der Hand: Wird ein vorhandener Datensatz geändert, so stellt dies *Bearbeiten* dar, wird ein Datensatz angelegt, handelt es sich um *Einfügen*. Abhängig vom Form-Objekt, über das der Datensatz angelegt wird, kann jedoch z.B. auch die Neuanlage von Stammdaten *Bearbeiten* im Sinne des Änderungsprotokolls darstellen. Entscheidend ist, wann der neue Datensatz in die Datenbank geschrieben wird. Bei Stammdatenkarten ist dies normalerweise sofort nach der Vergabe der *Nr.* der Fall, sodass bereits die Eingabe der *Beschreibung* oder des *Namens* als *Bearbeiten* protokolliert wird.

Wollte man beispielsweise protokollieren, welches *Kreditlimit* ein Debitor bei Neuanlage vom Benutzer zugewiesen wurde und protokolliert dazu lediglich das *Einfügen* (und nicht das *Bearbeiten*) dieses Feldes, so würden dafür keine Änderungsprotokollposten angelegt. Der Grund dafür ist das Zurückschreiben des Datensatzes an die Datenbank, sobald das letzte Feld des Primärschlüssels eingegeben wurde. Jede weitere Feldeingabe danach stellt ein *Bearbeiten* im Sinne des Änderungsprotokolls dar. Bei den meisten Stammdaten wird der Primärschüssel nur aus dem Feld *Nr.* gebildet.

Ein anderer Effekt in diesem Zusammenhang ergibt sich durch die Form-Eigenschaft »Delayed Insert«, die z.B. bei Belegzeilen zum Tragen kommt. Durch diese Eigenschaft wird das *Einfügen* des Datensatzes unter Umständen solange verzögert, bis der Benutzer den Datensatz verlässt. So werden beispielsweise Verkaufsauftragszeilen erst dann eingefügt, wenn der Benutzer die Zeile verlässt oder bestimmte Felder wie die *Menge* validiert. Wollte man beispielsweise protokollieren, wenn das Feld *Beschreibung* für eine Artikelzeile in einem Verkaufsauftrag geändert wird, muss sowohl das *Einfügen* als auch das *Bearbeiten* protokolliert werden.

TIPP   Wann genau der Datensatz auf einem solchen Tabellenforms in die Datenbank geschrieben wird, kann am Sternchen vor dem Datensatzzeiger abgelesen werden. Solange der Datensatzzeiger das Sternchen zeigt, ist der Datensatz noch nicht eingefügt.

Löschen protokollieren

Wenn das Löschen mit der Option *Alle Felder* protokolliert wird, werden alle Tabellenfelder beim Löschen protokolliert und somit für jedes Feld der Tabelle ein separater Protokollsatz angelegt. Dieses kann die Performance des Systems negativ beeinflussen. Wenn es nicht notwendig ist, den jeweils letzten Wert jedes Felds zu dokumentieren, sollte gegebenenfalls nur das Löschen eines Felds protokolliert werden, um zu protokollieren, wann und durch wen der Datensatz gelöscht wurde.

ACHTUNG   Um das Löschen eines bestimmten Felds zu protokollieren (ohne dass der ganze Datensatz gelöscht wird), muss für dieses Feld das *Bearbeiten* protokolliert werden und nicht etwa das *Löschen*. Die Transaktionsart bezieht sich immer auf den ganzen Datensatz und nicht auf das einzelne Feld. Das Löschen eines Feldwerts wird also als *Bearbeiten* im Sinne einer Zuweisung von Leer oder Null verstanden.

Das Auslesen des Änderungsprotokolls ermöglicht anschließend die transparente Darstellung von vorgenommen Änderungen gemäß der Einrichtung.

Menüoption: *Verwaltung/Anwendung Einrichtung/Allgemein/Änderungsprotokoll* (siehe Abbildung 3.73)

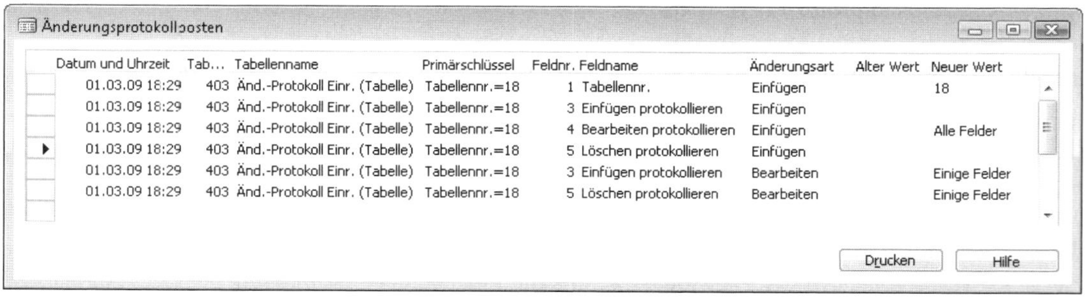

Abbildung 3.73   Änderungsprotokollposten

Theoretisch kann das Änderungsprotokoll für alle Tabellen und jedes Feld jeweils für Einfügen, Bearbeiten und Löschen von Datensätzen konfiguriert werden. Eine solche Einrichtung würde jedoch negative Konsequenzen für das Laufzeitverhalten der Applikation haben.

Bei der Einrichtung muss deshalb berücksichtigt werden, wie viele Datensätze in der Tabelle *Änderungsprotokollposten* erzeugt werden und wie viele Sperrungen dies auf den Tabellen zur Folge hat. Bei einer besonders umfangreichen Protokollierung muss auch das periodisches Sichern und anschließende Löschen der Änderungsprotokollposten geregelt werden, um eine optimale Datenbank-Performance zu gewährleisten.

HINWEIS Da Dynamics NAV keinen Standardvorschlag bezüglich der Einrichtung des Änderungsprotokolls macht, wird im Anhang B eine beispielhafte Einrichtung dargestellt, die strukturiert nach den Kapiteln dieses Buchs die Tabellen und Felder auflistet, für die eine Protokollierung aus systemtechnischer bzw. Compliance-Sicht sinnvoll erscheint. Die Einrichtung ist als Kompromiss zwischen Nachvollziehbarkeit und Systemperformance zu verstehen. Es wurde Wert darauf gelegt, alle wichtigen Felder zu protokollieren, ohne dabei exorbitant viele Änderungsprotokollposten zu erzeugen.

BEGLEITMATERIAL Im Begleitmaterial zu diesem Buch steht die beispielhafte Einrichtung des Änderungsprotokolls auch in elektronischer Form inklusive eines entsprechenden Dataports zum testweisen Import in eine Dynamics NAV-Datenbank zur Verfügung. Existieren bereits Einrichtungen zum Änderungsprotokoll, werden diese vom Dataport nicht überschrieben, sondern nur neue hinzugefügt.

Die Begleitdateien stehen als Download zur Verfügung. Sie können diese von der Seite *http://go.microsoft.com/fwlink/?Link ID=153144* herunterladen.

Schutz der Änderungsprotokollposten

Die Datensätze in der Tabelle *Änderungsprotokollposten* sind in Dynamics NAV ebenso änderbar wie andere Tabellendaten. Über eine einfache Anpassung (siehe Abbildung 3.74) lässt sich die nachträgliche Änderung des Änderungsprotokolls unterbinden.

Object Designer: *Design Tabelle 405 Änderungsprotokollposten* (siehe Abbildung 3.74)

Schrittanleitung zum Änderungsschutz der Änderungsprotokollposten

Um zu verhindern, dass Änderungsprotokollposten nachträglich geändert werden, kann wie folgt vorgegangen werden:

1. Menübefehl *Extras/Object Designer*
2. Selektion der Objektart *Table* und der *Objekt-ID* 405 Änderungsprotokollposten
3. Starten des Designmodus über die Schaltfläche *Design*
4. Menübefehl *Ansicht/C/AL Code* oder F9, um den C/AL-Editor zu öffnen
5. Selektion der Trigger *OnModify* und *OnDelete* über Strg + Pos1
6. Einfügen eines ERROR-Befehls (siehe Abbildung 3.74) in beiden Triggern (gegebenenfalls unter Verwendung einer Textkonstante, wenn verschiedenen Applikations-Sprachen in Gebrauch sind)
7. Dokumentieren der Objektänderung entsprechend der Richtlinien des Unternehmens und Speichern der Änderung. Dabei sind die Regelungen zum Einspielen von Objektänderungen für Entwicklungs- und Produktivdatenbank zu beachten.

Durch diese Änderung ist eine nachträgliche Manipulation des Änderungsprotokolls durch das Entfernen oder Ändern von Einträgen durch Anwender (ohne Designrechte) nicht mehr möglich. Der Versuch führt zu einer entsprechenden Fehlermeldung.

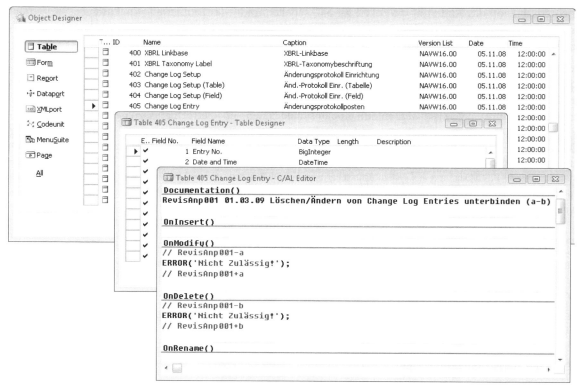

Abbildung 3.74   C/AL-Codeanpassung zum Unterbinden des Löschens/Änderns von Änderungsprotokollposten

ACHTUNG   Die Verhinderung nachträglicher Manipulationen des Änderungsprotokolls durch Sperrung von Feldänderungen ist eine wesentliche Grundlage für die Revisionssicherheit des Systems.

Auswertung des Änderungsprotokolls

Im Fenster *Änderungsprotokollposten* kann ein Report aufgerufen werden, um Protokolleinträge auszugeben (siehe Abbildung 3.75). Dieser Report übernimmt automatisch die Filter, die auf das Form *Änderungsprotokollposten* angewendet wurden.

TIPP   Wie bereits erwähnt, führt eine umfangreiche Änderungsprotokollierung automatisch zu einer hohen Anzahl von Datensätzen in der Tabelle *Änderungsprotokollposten*. Wenn diese Tabelle analysiert werden soll, kann es aufgrund des Datensatzvolumens zu Wartezeiten bei der Rückgabe von Filterergebnissen kommen. Daher ist neben der korrekten Filterung insbesondere die korrekte Sortierung der Daten (vor der Anwendung von Filtern) entscheidend für das optimale Laufzeitverhalten.

Im folgenden Beispiel soll die Änderung des Kreditlimits bei einem bestimmten Kunden (Debitorennummer »10000«) analysiert werden. Dazu wird das Fenster *Änderungsprotokollposten* auf *Tabellennr.* »18«, das Feld *Änderungsart* auf *Bearbeiten* sowie das Feld *Primärschlüsselfeld 1 Wert* auf »10000« gefiltert.

Menüoption: *Verwaltung/Anwendung Einrichtung/Allgemein/Änderungsprotokoll* (siehe Abbildung 3.75)

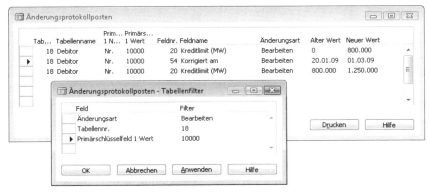

Abbildung 3.75 Filterung der Änderungsprotokollposten auf die Bearbeitungen des Debitors »10000«

Wird der Druck nach der Filterung (Schaltfläche *Drucken*) aufgerufen (siehe Abbildung 3.76), übernimmt der Report die Filterkriterien:

Abbildung 3.76 Ausdruck der gefilterten Änderungsprotokollposten

---

TIPP   Das Feld *Primärschlüsselfeld 1 Wert* enthält den Wert des ersten Feldes des Primärschlüssels. In der Tabelle *Debitor* ist *Nr.* der alleinige Primärschlüssel, in anderen Tabellen wird der Primärschlüssel aus mehreren Feldern zusammengesetzt.

Damit die Rückgabe dieser Filterergebnisse performant erfolgt, ist die Sortierung hinsichtlich der Filterkriterien zu ändern. Dies geschieht über die Schaltfläche *Sortierung* im rechten, unteren Bereich der *Request Form*. Standardmäßig wird der Report nach der *lfd. Nr.* des Datensatzes sortiert, was einer chronologischen Reihenfolge entspricht. In diesem Beispiel sollte jedoch der zweite Schlüssel (*Tabellennr., Primärschlüsselfeld 1 Wert*) ausgewählt werden.

Der Primärschlüssel einer Tabelle kann über die Sortierfunktion ermittelt werden, da der erste angebotene Sortierschlüssel der Auswahl dem Primärschlüssel der Tabelle entspricht.

Änderungsprotokoll aus Compliance-Sicht

Potentielle Risiken

- Fehlende Nachvollziehbarkeit und Transparenz von Datenerstellung, -änderung und -löschung bei fehlender Aktivierung bzw. fehlender Zugriffsbeschränkung auf Änderungsprotokollposten (Compliance, Integrity)
- Datenverlust durch nicht autorisiertes Löschen (Compliance, Integrity)
- Einschränkung der Systemperformance durch große Datenmengen im Änderungsprotokoll (Efficiency)

Prüfungsziele

- Sicherstellung der generellen Aktivierung des Änderungsprotokolls sowie der sachgerechten Auswahl der zu protokollierenden Felder bzw. Tabellen

- Regelmäßige Auswertung des Änderungsprotokolls und abgeleitetes »Journal-Entry-Testing«

- Sicherstellung eines effizienten Prozesses zur Sicherung von Altdaten aus dem Änderungsprotokoll (sofern notwendig)

Prüfungshandlungen

Aktivierung des Änderungsprotokolls

Es sollte zunächst geprüft werden, ob das Änderungsprotokoll aktiv ist: Menüoption *Verwaltung/Anwendung Einrichtung/Allgemein/Änderungsprotokoll*

Ferner sollte geprüft werden, ob das Änderungsprotokoll in der Vergangenheit deaktiviert wurde. Änderungen an der Einrichtung des Änderungsprotokolls werden automatisch protokolliert und können über die entsprechende Tabellennummer analysiert werden:

Feldzugriff: *Tabelle 405 Änderungsprotokollposten/Felder Datum und Uhrzeit, Benutzer-ID, Tabellennr. [Wert 402], Feldname, Änderungsart, Alter Wert, Neuer Wert (Sortierung: Tabellennr., Datum und Uhrzeit)*

Zusätzlich können die Änderungen an der Einrichtung des Änderungsprotokolls in der Vergangenheit analysiert werden. Dazu wird der obige Feldzugriff auf die Tabellen *403 Änd.-Protokoll Einr. (Tabelle)* und *404 Änd.-Protokoll Einr. (Feld)* wiederholt.

Abschließend sollte geprüft werden, ob *Änderungsprotokollposten* gegen direkte Manipulation geschützt sind (siehe hierzu den Abschnitt »Schutz der Änderungsprotokollposten« ab Seite 169).

Auswertung des Änderungsprotokolls

Menüoption: *Verwaltung/Anwendung Einrichtung/Allgemein/Änderungsprotokoll*

Eine wichtiges Prüfungsgebiet sind beispielsweise kurzfristige Änderungen von Stammdaten. Es wird geprüft, ob es Änderungen an Stammdaten gab, die kurz darauf wieder rückgängig gemacht wurden, um z.B. nur eine Transaktion auf Basis geänderter Stammdatenkonstellationen buchen zu können.

BEGLEITMATERIAL   Derartige Kurzfriständerungen können über das Änderungsprotokoll nachvollzogen werden. Da standardmäßig keine Möglichkeit der Filterung solcher Datensätze besteht, steht innerhalb des Begleitmaterials zu diesem Buch ein Report zur Verfügung, der entsprechende Datensätze ausgeben kann.

Die Begleitdateien stehen als Download zur Verfügung. Sie können diese von der Seite *http://go.microsoft.com/fwlink/?Link ID=153144* herunterladen.

Prüfung der Anzahl der abgelegten Datensätze in der Tabelle »Änderungsprotokollposten«

Über die *Datenbank Informationen* kann geprüft werden, wie viele Datensätze in der Tabelle *Änderungsprotokollposten* gespeichert sind und gegebenenfalls Analysen zum periodenbezogenen Aufkommen von Protokolldatensätzen durchgeführt werden.

Menübefehl: *Datei/Datenbank/Information/Tabellen [Wert 405]*

Wenn *Änderungsprotokollposten* in Folge eines erheblichen Aufkommens an Protokolldatensätzen gelöscht und gesichert wurden, sollte die Verfügbarkeit dieser Sicherung und das Verfahren zum Sichern und Löschen von *Änderungsprotokollposten* geprüft werden.

Kapitel 4

Einkauf

In diesem Kapitel:

In Dynamics NAV werden die Prozesse und Funktionen der Beschaffung in dem Modul »Einkauf« abgebildet. Im Folgenden werden die entsprechenden Organisationseinheiten, Einrichtungsparameter sowie die unterschiedlichen Einkaufsprozesse einschließlich des damit verbundenen Belegflusses dargestellt und unter Compliance-Gesichtspunkten analysiert.

Organisationseinheiten des Einkaufs

Um sowohl zentrale wie auch dezentrale Einkaufsorganisationen systemtechnisch abbilden zu können, bietet Dynamics NAV unterschiedliche Möglichkeiten der Strukturierung und Gliederung des Einkaufs mithilfe unterschiedlicher Organisationseinheiten, die im Folgenden erläutert werden. Es handelt sich – abgesehen vom Mandanten als eigenständig bilanzierende Einheit – um optionale Konstrukte, die nicht implementiert werden müssen, für eine sinnvolle Abbildung von Geschäftsprozessen allerdings unerlässlich sind.

Darstellung der Einkaufsorganisation

Zuständigkeitseinheit

Zuständigkeitseinheiten werden in Dynamics NAV für die Verwaltung und Strukturierung des Unternehmens eingesetzt. Aus Sicht des Einkaufs kann eine Zuständigkeitseinheit beispielsweise eine Einkaufsabteilung oder einen Einkaufsbereich inklusive zugeordneter Mitarbeiter und User repräsentieren. Dazu muss neben einer vollständigen Zuordnung der Kreditorenkonten in der Benutzereinrichtung der entsprechende Filter hinterlegt werden.

Lagerort

Der Lagerort ist definiert als ein Gebäude oder Ort, an dem Artikel physisch gelagert und ihre Mengen verwaltet werden. Lagerorte werden über die Lagerortkarte gepflegt und in der Tabelle *Lagerort* gespeichert. Neben allgemeinen Informationen wie Adresse, Ansprechpartner und Kontaktdaten werden über die Lagerortkarten auch die lagerortspezifischen Einstellungen zur Lagerverwaltung, zur Lagergestaltung inklusive Zonen und Lagerplätzen und zur Lagerplatzprüfung gepflegt (siehe in Kapitel 5 den Abschnitt »Einrichtung der Logistik«). Über die Kreditorenkarte können Lieferanten Standardlagerorte für den Einkaufsprozess vorgegeben werden. Wird der Einkaufsvorgang durch eine Zuständigkeitseinheit ausgelöst und ist dieser ebenfalls ein Standardlagerort zugeordnet, so hat dieser gegebenenfalls Vorrang vor dem Standardlagerort der Kreditorenkarte. Der Lagerortcode wird dabei aus den jeweiligen Stammdaten der Zuständigkeitseinheit respektive Kreditorenkarte in den Einkaufsbeleg kopiert und kann anschließend manuell überschrieben werden.

Menüoption: *Einkauf/Planung/Kreditoren* (siehe Abbildung 4.1)

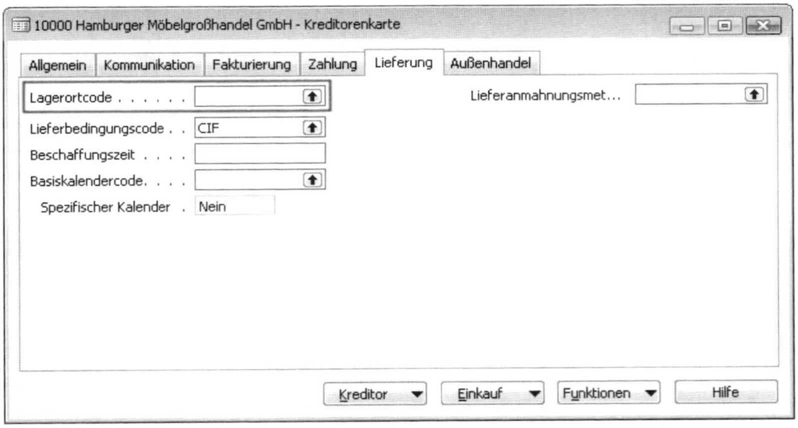

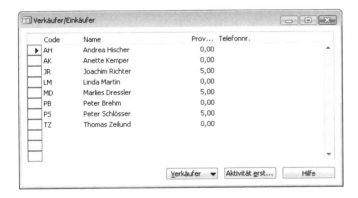

Abbildung 4.1 Lagerortcode (Kreditorenkarte)

Einkäufer

Im System lassen sich Einkäufer einrichten, um einzelne Belege Einkäufern zuordnen, Statistiken für Einkaufsmitarbeiter erstellen und Informationen in Berichten selektieren und filtern zu können.

Menüoption: *Einkauf/Planung/Einrichtung/Einkäufer* (siehe Abbildung 4.2)

Abbildung 4.2 Einkäufer

HINWEIS Einkäufer und Verkäufer werden in der gleichen Tabelle gepflegt.

Zu Aggregations- und Auswertungszwecken können Einkäufer zu Teams gruppiert werden. Die Hauptaufgabe von Teams besteht in der gemeinschaftlichen Zuordnung von Einkaufsaufgaben. Dazu muss im ersten Schritt der Einkäufer markiert werden, der einem Team zugeordnet werden soll, und anschließend muss über die Menüschaltfläche *Verkäufer/Team* das entsprechende Team aufgerufen werden.

Menüoption: *Verkauf & Marketing/Einrichtung/Verkäufer/Schaltfläche Verkäufer/Team* (siehe Abbildung 4.3 und Abbildung 4.4)

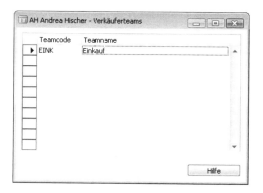

Abbildung 4.3 Teams im Einkauf

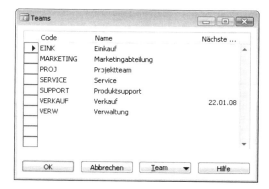

Abbildung 4.4 Übersicht der Teams

Mithilfe von sogenannten Dimensions- und Dimensionswertkombinationen kann die Berechtigung für einzelne Einkaufstransaktionen gesteuert werden. So kann beispielsweise dem Einkäufercode die Dimension *Einkäufer* zugewiesen werden, um Kombinationen einzelner Produktgruppen mit Einkäufern zu sperren. Dies ist insbesondere dann sinnvoll, wenn der Einkauf einzelner Produkte nur durch bestimmte Mitarbeiter durchgeführt werden soll. Allerdings wird dies erst bei Buchung, nicht schon bei Freigabe oder Erfassung überprüft. Für die Beleg- bzw. Prozesssteuerung sind Dimensionswertkombinationen insofern nur bedingt geeignet.

Menüoption: *Finanzmanagement/Einrichtung/Dimensionen/Dimensionskombinationen* (siehe Abbildung 4.5)

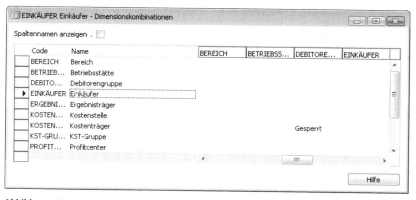

Abbildung 4.5 Dimensionskombinationen Einkäufer

Einkaufsorganisation aus Compliance-Sicht

Potentielle Risiken

- Prozessineffizienzen durch fehlende oder falsche Einrichtung von Zuständigkeitseinheiten, fehlende oder falsche Zuordnung von Standardlagerortcodes (Efficiency)

- Fehlende Nachvollziehbarkeit von Einkaufstätigkeiten durch fehlende Einrichtung von Einkäufercodes und Teams (Integrity, Availability)

- Nicht zielgerichteter Informationsfluss im Einkauf (Efficiency)

- Nicht autorisierte Einkaufstransaktionen (Compliance)

Prüfungsziel

- Sicherstellung einer adäquaten Abbildung der Einkaufsorganisation in Dynamics NAV

- Sicherstellung der Nachvollziehbarkeit von Einkaufstransaktionen

- Sicherstellung der Berechtigung für autorisierte Einkaufstransaktionen

Prüfungshandlungen

Sicherstellung einer adäquaten Einrichtung von Zuständigkeitseinheiten

Zuständigkeitseinheiten sollten grundsätzlich vollständig gepflegt sein (Adressdaten, Ansprechpartner etc.). Darüber hinaus sollte überprüft werden, ob den Einheiten jeweils ein Standardlagerortcode zugewiesen wurde bzw. warum dies nicht erfolgt ist.

Feldzugriff: *Tabelle 5714 Zuständigkeitseinheit*

Erfolgt eine Zuweisung der Lagerorte über Kreditorenkonten, muss ebenfalls die Vollständigkeit der Zuordnung nachgewiesen werden. Gleichzeitig kann die vollständige Zuordnung von Zuständigkeitseinheiten in den Kreditorenkonten überprüft werden.

Feldzugriff: *Tabelle 23 Kreditor*

> **HINWEIS** Es ist darauf zu achten, dass die Zuordnung des Standardlagers entweder über die Personenkonten oder über die Zuständigkeitseinheitenkarte erfolgen sollte.

Über die Einstellung von Vorgabedimensionen können Zuständigkeitseinheiten mit Default-Werten versehen werden, die in Abhängigkeit von den Einstellungen geändert oder nicht geändert werden können.

Feldzugriff: *Tabelle 352 Vorgabedimension/Felder Tabellen-ID [Wert 5714], Dimensionscode, Dimensionswertcode, Dimensionswertbuchung*

> **TIPP** Da die Tabelle »352« sämtliche Vorgabedimensionen enthält und nicht nur auf die Zuständigkeitseinheiten beschränkt ist, sollte das Feld *Tabellen-ID* auf den Wert der Tabelle der Zuständigkeitseinheiten (5714) beschränkt bzw. gefiltert werden (Feldfilter `F7`), um ausschließlich die relevanten Informationen zu erhalten.

Sicherstellung einer adäquaten Einrichtung der Einkäufer

Es sollte eine Überprüfung der Vollständigkeit und Richtigkeit der Einkäuferdaten erfolgen, d.h., sind alle Einkäufer mit den korrekten Daten gepflegt.

Feldzugriff: *Tabelle 13 Verkäufer/Einkäufer*

Sicherstellung ausschließlich autorisierter Einkaufstransaktionen

Wird die Autorisierung von Einkaufstransaktionen über die *Einkäufer Dimensionswertkombinationen* eingeschränkt, sollte die Zweckmäßigkeit der vorgenommen Beschränkungen überprüft werden.

Feldzugriff: *Tabelle 351 Dimensionswertkombination*

in Verbindung mit

Feldzugriff: *Tabelle 352 Vorgabedimension*

Menüoption: *Finanzmanagement/Einrichtung/Dimensionen/Dimensionskombinationen*

Einrichtung des Einkaufs

Um das Einkaufsmodul an die Unternehmensanforderungen anzupassen, bietet Dynamics NAV prozessübergreifende Einstellungsparameter, die die später abzuwickelnden Einkaufsprozesse wesentlich beeinflussen. Im Folgenden werden die wichtigsten Parameter dargestellt und deren Einstellungsmöglichkeiten erläutert.

Einrichtungsparameter für Kreditoren und Einkauf

Die allgemeinen Einrichtungsparameter des Einkaufs steuern zusammen mit den Stammdaten den Prozessablauf und Belegfluss, indem sie beispielsweise wichtige Felder in den Einkaufsbelegen vorbelegen und deren Steuerung übernehmen.

Menüoption: *Einkauf/Einrichtung/Kreditoren & Einkauf Einr.* (siehe Abbildung 4.6)

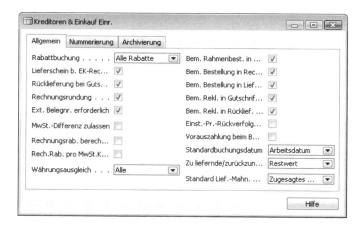

Abbildung 4.6   Einrichtung *Kreditoren & Einkauf* (Allgemein)

Die Bedeutung der einzustellenden Parameter wird in der folgenden Tabelle erläutert (siehe Tabelle 4.1):

Feld	Beschreibung
Rabattbuchung	Regeln für die Verbuchung von Rabatten in der Finanzbuchhaltung. Wird hier *keine Rabatte* ausgewählt, wird kein gesondertes Rabattkonto (vgl. Buchungsmatrix) gebucht, sondern der Rabatt vor dem Buchen vom Rechnungsbetrag der Zeile abgezogen und damit der rabattierte Zeilenbetrag auf das Verbindlichkeitskonto gebucht. **Hinweis**: Durch die separate Buchung des Rabatts teilt sich auch die Mehrwertsteuerbemessungsgrundlage auf zwei oder mehr Sachposten auf.
Lieferschein b. EK-Rechnung	Bei Aktivierung wird zu einer gebuchten Rechnung automatisch ein gebuchter Lieferbeleg erstellt, ansonsten erfolgt lediglich die Buchung der Rechnung. **Hinweis**: Artikelposten werden für Zeilen der Art *Artikel* in jedem Fall gebucht.
Rücklieferung bei Gutschrift	Bei Aktivierung wird zu einer gebuchten Einkaufsgutschrift automatisch eine gebuchte Rücklieferung erstellt, ansonsten erfolgt lediglich die Buchung der Gutschrift
Rechnungsrundung	Bei Aktivierung rundet die Anwendung Beträge in Einkaufsrechnungen. Rundungsregeln werden in der Einrichtung der Finanzbuchhaltung festgelegt.
Ext. Belegnr. erforderlich	Bei Aktivierung muss eine externe Belegnummer in dem Feld *Externe Belegnummer* im Einkaufskopf bzw. in einer Fibu Buch.-Blattzeile hinterlegt werden
MwSt.-Differenz zulassen	Bei Aktivierung sind manuelle Anpassungen von MwSt.-Beträgen in Einkaufsbelegen zugelassen
Rechnungsrab. berechnen	Bei Aktivierung wird der Rechnungsrabattbetrag auf Verkaufsbelegen ausschließlich automatisch berechnet
Rech.Rab. pro MwSt.Kennz. ber.	Bei Aktivierung wird der Rechnungsrabatt pro MwSt.-Kennzeichen der Zeile berechnet
Währungsausgleich	Festlegung, in welcher Form der Postenausgleich in unterschiedlichen Währungen im Anwendungsbereich Kreditoren erfolgen kann
Bem. Rahmenbest. in Best. kop.	Bei Aktivierung werden Bemerkungen von Rahmenbestellungen in Einkaufsbestellungen kopiert
Bem. Bestellung in Rechn. kop.	Bei Aktivierung werden Bemerkungen von Einkaufsbestellungen in Einkaufsrechnungen kopiert
Bem. Bestellung in Lief. kop.	Bei Aktivierung werden Bemerkungen von Bestellungen in Lieferungen kopiert
Bem. Rekl. in Gutschrift kop.	Bei Aktivierung werden Bemerkungen von Reklamationen in Gutschriften kopiert
Bem. Rekl. in Rücklief. kop.	Bei Aktivierung werden Bemerkungen aus einer Reklamation in die gebuchte Rücklieferung kopiert
Einst.-Pr.-Rückverfolg. notw.	Bei Aktivierung lässt die Anwendung keine Buchung einer Rücklieferung zu, wenn das Feld *Ausgegl. von Artikelposten* in der Einkaufsbestellzeile keinen Wert enthält. Dadurch wird bei Rücklieferungen sichergestellt, dass die Ware mit dem gleichen Wert wie in der Einkaufsbestellung gebucht wird. Außerdem bleiben beide Transaktionen gegebenenfalls in der Durchschnittskostenberechnung unberücksichtigt.
Vorauszahlung beim Buchen prüfen	Bei Aktivierung kann ein Auftrag, für den ein unbezahlter Vorauszahlungsbetrag offen ist, nicht ausgeliefert oder fakturiert werden. Die Prüfung von Vorauszahlungen macht – im Gegensatz zum Verkauf – im Einkauf wenig Sinn.
Standardbuchungsdatum	Als Standardbuchungsdatum kann das Arbeitsdatum oder ein frei wählbares Datum festgelegt werden. Ist das Feld nicht vorbelegt, ist der Anwender bei der Buchung der Lieferung und Fakturierung jeweils gezwungen, das Buchungsdatum manuell einzugeben.
Zu liefernde Standardmenge	Legt fest, ob die zu liefernde Standardmenge (z.B. nach gebuchten Teillieferungen) automatisch die Restmenge sein soll oder nicht
Standard Lief.-Mahn. Datumsfeld	Legt die Datumsbasis für die Erstellung von Lieferantenmahnungen fest (*gewünschtes, zugesagtes oder erwartetes Wareneingangsdatum*)

Tabelle 4.1 Einrichtungsparameter *Kreditoren* & *Einkauf*

Über die Registerkarte *Nummerierung* können Nummernkreise und die Art der Nummernvergabe für Stamm- und Belegdaten des Einkaufs gesteuert werden.

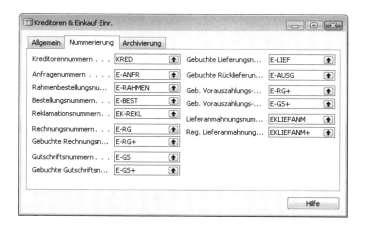

Abbildung 4.7   Einrichtung *Kreditoren & Einkauf* (Nummerierung)

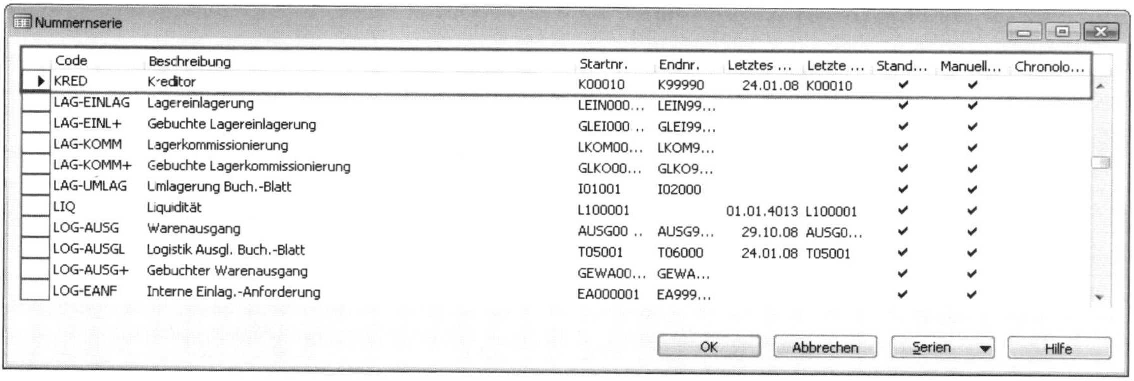

Abbildung 4.8   Nummernserien für Kreditoren

Zur detaillierten Analyse von Nummernkreisen verweisen wir in Kapitel 3 auf den Abschnitt »Grundeinrichtung«.

Über die Auswahl *Anfrage archivieren* (siehe Abbildung 4.9) wird festgelegt, ob Anfragen automatisch archiviert werden sollen, wenn sie nach der Umwandlung in eine Einkaufsbestellung automatisch oder manuell über die F4-Taste im Einkaufskopf gelöscht wurden. Darüber hinaus kann über die Aktivierung des Kontrollkästchens *Rahmenbestellung archivieren* gesteuert werden, ob eine Rahmenbestellung bei ihrer Löschung automatisch archiviert werden soll. Ist das Kontrollkästchen *Bestellung archivieren* markiert, werden Bestellungen automatisch archiviert, wenn diese nach der vollständigen Buchung gelöscht, abgeschlossene Bestellungen per Stapelverarbeitung gelöscht oder manuell mit der F4-Taste im Bestellkopf gelöscht werden.

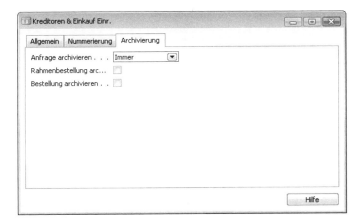

Abbildung 4.9 Einrichtung *Kreditoren & Einkauf*
(Archivierung)

Einrichtungsparameter für Kreditoren und Einkauf aus Compliance-Sicht

Für die allgemeinen Einstellungen zu Kreditoren und Einkauf sind aus Compliance-Sicht folgende Parametereinstellungen vorzunehmen, sofern keine unternehmensindividuellen Gründe dagegen sprechen (siehe Tabelle 4.2):

Feld	Empfehlung
Rabattbuchung	Die Verbuchung einzelner Rabattarten sollte auf separaten Konten erfolgen, um die Nachvollziehbarkeit der Rabattpolitik und der gewährten Rabatte zu gewährleisten. Ein Nettoausweis durch einfachen Abzug des Rabatts vom Bruttobetrag sollte vermieden werden.
Lieferschein b. EK-Rechnung	Gemäß den Unternehmensanforderungen, eine Aktivierung erleichtert den Prozessablauf
Rücklieferung bei Gutschrift	Gemäß den Unternehmensanforderungen, eine Aktivierung erleichtert den Prozessablauf
Rechnungsrundung	Gemäß den Unternehmensanforderungen
Ext. Belegnr. erforderlich	Zwingend erforderlich
MwSt.-Differenz zulassen	Gemäß den Unternehmensanforderungen, jedoch nicht größer als »0,02«
Rechnungsrab. berechnen	Aktiviert
Rech.Rab. pro MwSt.Kennz. ber.	Aktiviert
Währungsausgleich	Gemäß den Unternehmensanforderungen
Bem. Rahmenbest. in Best. kop. *Bem. Bestellung in Rechn. kop.* *Bem. Bestellung in Lief. kop.* *Bem. Rekl. in Gutschrift kop.* *Bem. Rekl. in Rücklief. kop.*	Gemäß den Unternehmensanforderungen, eine Aktivierung erleichtert den Prozessablauf
Einst.-Pr.-Rückverfolg. notw.	Aktiviert, sofern nicht unternehmensindividuelle Gründe dagegen sprechen
Vorauszahlung beim Buchen prüfen	Aktiviert
Standardbuchungsdatum	Nicht vorbelegen

Tabelle 4.2 Einrichtungsparameter *Kreditoren & Einkauf* aus Compliance-Sicht

Feld	Empfehlung
Zu liefernde Standardmenge	Nicht vorbelegen, sofern nicht unternehmensindividuelle Gründe dagegen sprechen
Standard Lief.-Mahn. Datumsfeld	Gemäß den Unternehmensanforderungen

Tabelle 4.2 Einrichtungsparameter *Kreditoren* & *Einkauf* aus Compliance-Sicht *(Fortsetzung)*

Im Rahmen der Einstellungen zu den Dimensionen und Nummernkreisen ist darauf zu achten, dass zum einen für alle Einkaufsbelegarten entsprechende Nummernserien erstellt wurden und deren Zuordnung zu den Belegarten korrekt erfolgt ist. Darüber hinaus gelten die allgemeinen Grundsätze zur Einrichtung und Pflege von Nummernserien (siehe dazu in Kapitel 3 den Abschnitt »Grundeinrichtung«). Die Parameter der Archivierung müssen sicherstellen, dass zu löschende Anfragen, Bestellungen und Rahmenbestellungen vor deren Löschung archiviert werden. Insofern bietet sich die Aktivierung der bereitgestellten Archivierungsfunktionen an.

Eine detaillierte Beschreibung einzelner Parameter (Rabatte, Mahnwesenparameter etc.) und deren Auswirkungen auf die systemseitige Revisionssicherheit erfolgt in den einzelnen Abschnitten zum Einkaufsprozess.

Stammdaten im Einkauf

Die Stammdaten des Einkaufs dienen der Identifikation und Klassifizierung von Sachverhalten, die im Gegensatz zu Bewegungsdaten einer gewissen Konstanz unterliegen und nicht permanent geändert werden. Aus Sicht des Einkaufs handelt es sich dabei insbesondere um Kreditoren- sowie Produkt- oder Artikelstammdaten. Während Lieferanten sich ausschließlich auf den Einkaufsbereich beziehen, existiert für Artikeldaten zusätzlich eine Vertriebssicht, die den Verkaufsprozess für Artikel betrifft.

Der Prozess im Überblick

Im Bereich der Einkaufsstammdaten können Kreditoren-/Lieferantenstammdaten und Artikelstammdaten gepflegt werden. Darüber hinaus können auch Kontaktdaten angelegt werden, die in der Regel im Rahmen der Initiierungsphase des Einkaufsprozesses für Lieferanten genutzt werden, um wichtige Kontaktdaten zu speichern, ohne dass für den Lieferanten bereits eine Einkaufsbestellung im System angelegt wurde. Kontaktdaten können direkt in einen Lieferantenstammsatz umgewandelt werden. Der Lieferantenstamm enthält alle relevanten Daten sowohl aus Einkaufssicht als auch aus Sicht der Finanzbuchhaltung. Obwohl mit einer korrekten und effizienten Verwaltung von Stammdaten der Grundstein für den Beschaffungsprozess im Allgemeinen und für ein funktionierendes Lieferantenmanagement im Besonderen gelegt wird, sind spezifische Kontrollen in diesem Bereich nicht selbstverständlich. Fehlen entsprechende Kontrollen, sind Stammdaten anfällig für Manipulationen, die das Unternehmen wirtschaftlich schädigen können. Aus diesem Grunde muss der Prozess der Lieferantenstammdatenanlage und -verwaltung sicherstellen, dass nur autorisierte Lieferanten angelegt, die Daten vollständig im Stammsatz hinterlegt und ausschließlich genehmigte Stammdatenänderungen vorgenommen werden. Zudem ist darauf zu achten, dass Einkaufsbelegfelder, die durch Stammdaten vorbelegt sind, nicht nachträglich im Beleg manuell überschrieben und damit systeminhärente Kontrollen ausgehebelt werden.

Artikelstammdaten bestehen aus unterschiedlichen Datensegmenten, die für die Bereiche des Einkaufs, des Verkaufs, der Finanzbuchhaltung und der Logistik relevant sind. Im Rahmen dieses Abschnitts wird auf die einkaufsrelevanten Daten detailliert eingegangen (verkaufs- und lagerrelevante Daten werden in den entsprechenden Kapiteln erläutert). Ein typischer, vereinfachter Prozess der Lieferantenstammdatenanlage ist der folgenden Abbildung zu entnehmen; dieser lässt sich auf die Anlage von Artikelstammdaten grundsätzlich übertragen:

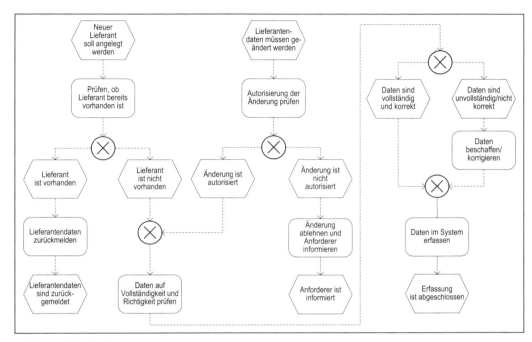

Abbildung 4.10   Kreditorenstammdatenanlage

Vergleicht man den Prozess der Stammdatenanlage von Lieferanten mit dem von Kunden, zeigt sich die generelle Strukturgleichheit des Ablaufs. Bedingt durch die Tatsache, dass es im Rahmen des Einkaufs im Gegensatz zum Vertriebsprozess zu Zahlungsmittelabflüssen kommt, ist dem Verwaltungs- und Änderungsprozess von Kreditorendaten besondere Aufmerksamkeit zu widmen.

Kreditoren

Bevor eine Einkaufstransaktion abgewickelt werden kann, muss ein Lieferant im System angelegt werden, bei dem die Ware oder Dienstleistung bestellt wird. Die Stammdatenpflege für Kreditoren erfolgt im Modul *Bestellabwicklung* des Einkaufs. Jeder Lieferantenstammsatz besteht aus sechs Datensegmenten, die in jeweils einer Registerkarte gegliedert sind. Wesentliche Elemente des Lieferantenstammsatzes werden im Folgenden kurz beschrieben, ausführlich erfolgt die Erläuterung ausgewählter Felder im Kontext des Einkaufsteilprozesses.

Menüoption: *Einkauf Bestellabwicklung/Kreditoren* (siehe Abbildung 4.11)

Abbildung 4.11   Kreditorenkarte (allgemeine Daten)

Neben den Kontaktdaten enthalten die allgemeinen Daten weitere Parameter, die den weiteren Einkaufsprozess mittel- oder unmittelbar steuern (siehe Tabelle 4.3):

Feld	Beschreibung
Kontakt	Name der Kontaktperson, die einem Unternehmenskontakt zugeordnet ist und an die sich das Unternehmen bei diesem Lieferanten im Regelfall bei Bestellungen und Lieferungen wenden wird (Personenkontakt)
Saldo	Offener Saldo, der aus den Kreditorenposten heraus errechnet wird
Einkäufercode (MW,	Code für den Einkäufer, der für diesen Kreditor im Regelfall verantwortlich ist
Zuständigkeitseinheitencode	Zuständigkeitseinheit, die für diesen Kreditor standardmäßig verantwortlich ist
Gesperrt	Einschränkung der Transaktionen, die mit diesem Lieferanten durchgeführt werden können: *<Leer>* Keine Einschränkungen *<Zahlung>* Keine neuen Bestellungen möglich, lediglich Zahlung offener Kreditorenposten möglich *<Alle>* Keine Transaktion zulässig
Korrigiert am	Letztes Änderungsdatum des Lieferantenstammsatzes

Tabelle 4.3   Kreditorenkarte (allgemeine Daten)

Die Registerkarte *Kommunikation* enthält weitere Felder zu Kommunikationsdetails, wie E-Mail oder Homepage des Lieferanten. Der *IC-Partnercode* wird hinterlegt, wenn es sich bei dem Kreditor um einen Intercompany-Partner handelt und Belege bzw. Buchungstransaktionen elektronisch übermittelt werden (siehe dazu in Kapitel 6 den Abschnitt »Intercompany-Transaktionen«).

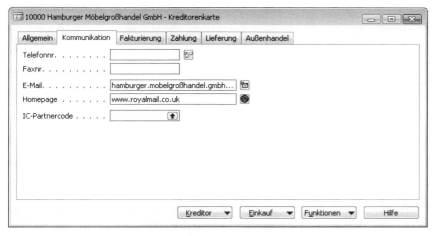

Abbildung 4.12 Kreditorenkarte (Kommunikation)

Auf der Registerkarte *Fakturierung* werden die Parameter für den Rechnungseingangsprozess hinterlegt.

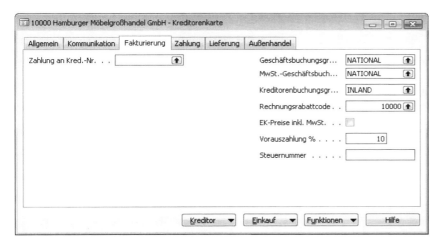

Abbildung 4.13 Kreditorenkarte (Fakturierung)

Folgende Felder sollten gepflegt sein (siehe Tabelle 4.4):

Feld	Beschreibung
Zahlung an Kred.-Nr.	Ist der Kreditor, bei dem die Ware bestellt wird, nicht der Zahlungsempfänger, kann an dieser Stelle ein abweichender Zahlungsempfänger hinterlegt werden
Geschäftsbuchungsgruppe	Code, der Kreditoren nach bestimmten Kriterien (z.B. Gebiet oder Unternehmenstyp) segmentiert. Dieser Code dient zusammen mit der Produktbuchungsgruppe der Kontenfindung in der Buchungsmatrix.
MwSt.-Geschäftsbuchungsgruppe	In Verbindung mit der MwSt.-Produktbuchungsgruppe wird der Code dazu genutzt, den Vorsteuersatz und die Vorsteuerbuchungsart sowie die Vorsteuerkonten in der Buchungsmatrix zu ermitteln.

Tabelle 4.4 Kreditorenkarte (Fakturierung)

Feld	Beschreibung
Kreditorenbuchungsgruppe	Über die Kreditorenbuchungsgruppe wird festgelegt, auf welchen Konten in der Finanzbuchhaltung für unterschiedliche Arten von Transaktionen gebucht wird
Rechnungsrabattcode	Hinterlegung eines für den Kreditoren gültigen Einkaufrabatts
EK-Preise inkl. MwSt.	Bei Aktivierung werden die Einkaufspreise inkl. der Vorsteuer ausgewiesen
Vorauszahlung %	Vorauszahlungsprozentsatz, der unabhängig von den Artikeln oder Dienstleistungen in den Auftragszeilen, für alle Aufträge für diesen Kreditor gilt. Sollen Vorauszahlungen auf Artikelebene gepflegt werden, darf dieses Feld nicht gefüllt werden, sondern über die Funktion »Einkaufsvorauszahlungs-Prozentsätze« die Vorauszahlungsprozentsätze gepflegt werden.
Steuernummer	Steuernummer des Kreditoren

Tabelle 4.4 Kreditorenkarte (Fakturierung) *(Fortsetzung)*

Auf der Registerkarte *Zahlung* werden die Felder zum Zahlungsausgang für die bestellten und gelieferten Waren und Dienstleistungen hinterlegt.

Abbildung 4.14 Kreditorenkarte (Zahlung)

Folgende Felder können gepflegt werden (siehe Tabelle 4.5):

Feld	Beschreibung
Ausgleichsmethode	Ausgleichsmethode für offene Kreditorenposten: *<Offene Posten>* Eine auf dem Kreditorenkonto gebuchte Zahlung wird nicht automatisch mit einer Rechnung ausgeglichen, sondern verbleibt bis zum manuellen Ausgleich als offene Zahlungsposition auf dem Konto. *<Saldomethode>* Mit der Zahlung wird automatisch der älteste offene Posten des Kreditoren ausgeglichen.
Zahlungsbedingungscode	Hinterlegung einer Zahlungsbedingung, die der Lieferant dem Unternehmen üblicherweise gewährt
Zahlungsformcode	Hinterlegung der Zahlungsform gegenüber dem Lieferanten

Tabelle 4.5 Kreditorenkarte (Zahlung)

Feld	Beschreibung
Priorität	Steht nur ein begrenzter Betrag für Zahlungszwecke zur Verfügung, kann über die Prioritätenvergabe die Kreditorenzahlung gesteuert werden. *<Leeres Feld>* Keine Priorität *<1>* Die Kreditoren mit höchster Priorität *<2>* Die Kreditoren mit zweithöchster Priorität .... Bei Ausführung der Stapelverarbeitung *Zahlungsvorschlag ausführen* werden zuerst die Kreditoren mit der höchsten Priorität berücksichtigt, wenn nur ein bestimmter Betrag für Lieferantenzahlungen zur Verfügung steht.
Unsere Kontonr.	Eigene Kontonummer des Unternehmens
Anz. Posten für Begleitbrief	Zahlungsbedingungscode, der für die Liquiditätsprognose herangezogen wird
Zahlungstoleranz sperren	Bei Aktivierung werden für diesen Lieferanten keine Zahlungstoleranzen akzeptiert (diese Prüfung macht – im Gegensatz zum Verkauf – im Einkauf wenig Sinn)

Tabelle 4.5 Kreditorenkarte (Zahlung) *(Fortsetzung)*

Der Wareneingang der bestellten Artikel wird auf der Registerkarte *Lieferung* abgebildet.

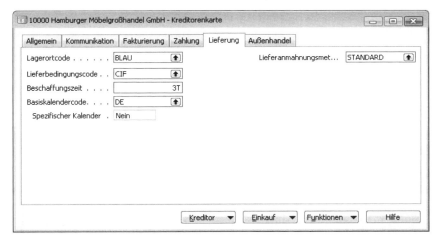

Abbildung 4.15 Kreditorenkarte (Lieferung)

Folgende Felder können gepflegt werden (siehe Tabelle 4.6):

Feld	Beschreibung
Lagerortcode	Lagerort, an dem der Lieferant standardmäßig anliefert
Lieferbedingungscode	Code für die Lieferbedingung des Lieferanten
Beschaffungszeit	Datumsformel für die Hinterlegung der Beschaffungszeit für diesen Artikel. Das System verwendet die Formel um das geplante Wareneingangsdatum zu berechnen.
Basiskalendercode	Code für die Definition eines Kalenders (Hinterlegung von Feiertagen, Sonn- und Samstagen)

Tabelle 4.6 Kreditorenkarte (Lieferung)

Feld	Beschreibung
Spezifischer Kalender	Unternehmensspezifischer Kalender als Variante zum Basiskalender
Lieferantenmahnungsmethodencode	Code für die Mahnmethode, die für diesen Lieferanten hinterlegt ist

Tabelle 4.6   Kreditorenkarte (Lieferung) *(Fortsetzung)*

Über die Menüschaltfläche *Kreditor Bankkonten* können die Bankstammdaten für den Lieferanten hinterlegt werden. Bankdaten im Einkaufsbereich sind besonders sensibel und sollten insbesondere im Falle nicht autorisierter Änderungen intensiv analysiert werden.

Menüoption: *Einkauf/Bestellabwicklung/Kreditoren/Kreditor/Bankkonten* (siehe Abbildung 4.16)

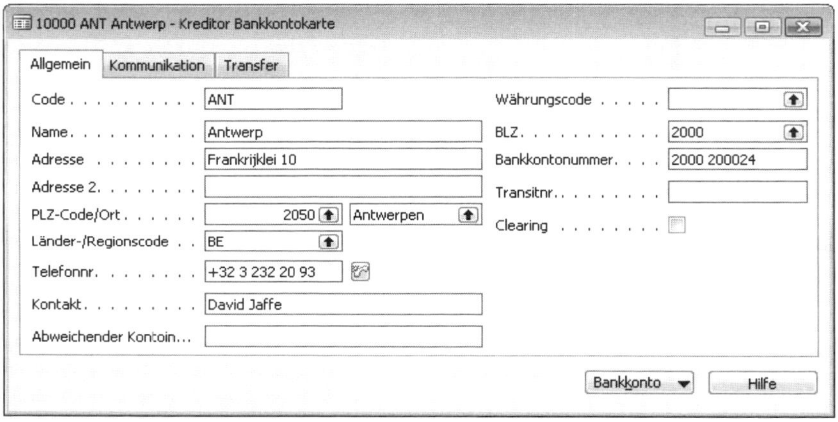

Abbildung 4.16   Kreditorenbankdaten

Artikel

Ebenso wie Kreditorenstammdaten sind Artikel durch eine Vielzahl unterschiedlicher Parameter gekennzeichnet, die in unterschiedlichen Registerkarten der Artikelkarte gepflegt werden. Die mit dem Einkauf zusammenhängenden Datenfelder werden im Folgenden kurz beschrieben, um im Rahmen der Einkaufsteilprozesse wieder aufgegriffen und im Prozesskontext erläutert zu werden. Die Parameter zur *Fakturierung, Artikelverfolgung* sowie *Lager* betreffen den Bereich des Verkaufs und der Logistik und werden in den entsprechenden Kapiteln dieses Buchs detailliert erläutert. Auf eine Darstellung im Rahmen des Einkaufs wird an dieser Stelle verzichtet. Die Pflege der Artikelstammdaten erfolgt im Bereich *Planung* des Einkaufs.

Menüoption: *Einkauf/Planung/Artikel* (siehe Abbildung 4.17)

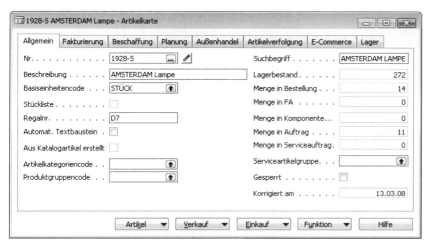

Abbildung 4.17 Artikelkarte (allgemeine Daten)

Folgende Felder können gepflegt werden (siehe Tabelle 4.7):

Feld	Beschreibung
Nr.	Eindeutige (alphanumerische) Nummer des Artikels
Beschreibung	Beschreibungstext des Artikels
Basiseinheitencode	Einheit, in der der Artikel im Lager mengenmäßig verwaltet wird
Stückliste	Bei Aktivierung handelt es sich bei dem Artikel um eine Stückliste, also um einen Artikel, der wiederum aus anderen Artikeln besteht
Regalnr.	Standort des Artikels im Lager (nicht zu verwechseln mit dem Lagerortcode/Lagerplatzcode)
Automat. Textbaustein	Bei Aktivierung wird in Einkaufs- und Verkaufsbelegen für diesen Artikel automatisch ein pro Bereich zu definierender Textbaustein hinzugefügt
Aus Katalogartikel erstellt	Bei Aktivierung wurde der Artikel aus einem Katalogartikel erzeugt
Artikelkategoriencode	Artikelkategoriencode, der Vorschlagswerte für die Produktbuchungsgruppe, die Vorgabe *Lagerbuchungsgruppe*, die Vorgabe *MwSt.-Produktbuchungsgruppe* sowie eine Vorgabe *Lagerabgangsmethode* für den Artikel festlegt, sofern Artikelkategorien angelegt wurden
Produktgruppencode	Produktart, der der Artikel innerhalb der Artikelkategorie angehört
Suchbegriff	Suchbegriff für den Artikel (wird aus der Beschreibung automatisch übernommen, kann aber als alternative Eingabemöglichkeit für die Artikelnummer jederzeit geändert werden)
Lagerbestand	Summe der verfügbaren Artikelmengen in der Basiseinheit im Lager
Menge in Bestellung	Anzahl der Artikel, die sich gerade in der Bestellphase befinden
Menge in FA	Artikelanzahl, die für die Fertigung vorgesehen sind
Menge in Komponentenzeilen	Artikelanzahl, die für die Fertigung noch benötigt wird
Menge im Auftrag	Anzahl der Artikel, die für Aufträge bereits reserviert sind

Tabelle 4.7 Artikelkarte (allgemeine Daten)

Feld	Beschreibung
Menge im Serviceauftrag	Anzahl der Artikel, die für Serviceaufträge bereits reserviert sind
Serviceartikelgruppe	Serviceartikelgruppe, zu der der Artikel gehört
Gesperrt	Bei Aktivierung werden Buchungsvorgänge für diesen Artikel gesperrt
Korrigiert am	Letztes Änderungsdatum der Artikelkarte

Tabelle 4.7 Artikelkarte (allgemeine Daten) *(Fortsetzung)*

HINWEIS   Das für den Einkauf relevante Feld auf der Registerkarte *Fakturierung* ist *EK-Preis (neuester)*, da dieser Preis mangels alternativer Preise in die Einkaufsbelegzeilen kopiert wird. Zu beachten ist, dass es sich um den unrabattierten, zuletzt gebuchten Einkaufspreis handelt, der zudem in Mandantenwährung verwaltet wird.

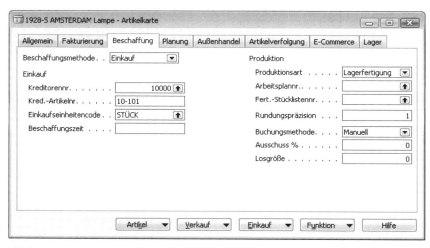

Abbildung 4.18   Artikelkarte (Beschaffung)

Folgende Felder können gepflegt werden (siehe Tabelle 4.8):

Feld	Beschreibung
Beschaffungsmethode	Art des Auftrags auswählen für den Planungslauf: *<Einkauf>* Der Artikel wird über eine Einkaufsbestellung beschafft *<Fertigungsauftrag>* Der Artikel wird produziert und ein Fertigungsauftrag erstellt
Kreditorennr.	Nummer des Kreditoren, bei dem der Artikel hauptsächlich bestellt wird
Kred.-Artikelnr.	Artikelnummer, den der Lieferant für diesen Artikel verwendet (beispielsweise Herstellerteilenummer)

Tabelle 4.8   Artikelkarte (Beschaffung)

Feld	Beschreibung
Einkaufseinheitencode	Gegebenenfalls abweichende Mengeneinheit, in der der Artikel eingekauft wird. Wenn das Feld *Basiseinheitencode* auf der Registerkarte *Allgemein* gepflegt wird, wird diese Einheit in das Feld *Einkaufseinheitencode* übernommen.
Beschaffungszeit	Formel für die Berechnung der Wiederbeschaffungszeit

Tabelle 4.8 Artikelkarte (Beschaffung) *(Fortsetzung)*

Neben den Beschaffungsdaten werden auf der gleichen Registerkarte auch Parameter zur Produktion abgebildet. Obwohl die Produktion nicht Inhalt dieses Buchs ist, sollen die wesentlichen Parameter kurz in einer Übersicht dargestellt werden (siehe Tabelle 4.9). Wir verweisen in diesem Zusammenhang auf das bei Microsoft Press erschienene Buch »Microsoft Dynamics NAV 2009 – Grundlagen« von Andreas Luszczak und Robert Singer (ISBN-13: 978-3-86645-435-4).

Feld	Beschreibung
Produktionsart	Auswahl der beiden möglichen Produktionsarten: *<Lagerfertigung>* Typische Fertigung eines einzelnen Artikels, von dem ein bestimmter Lagerbestand vorgehalten wird *<Auftragsfertigung>* Üblicherweise ein Auftrag, der aus unterschiedlichen Leistungen/Artikeln erstellt wird und mithilfe von Stücklisten abgebildet wird
Arbeitsplannr.	Hinterlegung einer Arbeitsplannummer, in der die einzelnen Vorgänge zur Fertigung des Auftrags hinterlegt werden können
Fert.-Stücklistennr.	Hinterlegung der Fertigungsstückliste, die die zu verarbeitenden Teile (Artikel) zur Fertigung des Auftrags enthält
Rundungspräzision	Festlegung der Rundung für die Mengenkalkulationen für diesen Artikel
Buchungsmethode	Methode für die Berechnung des Materialverbrauchs für die Fertigstellung des Auftrags: *<Manuell>* Manuelle Erfassung und Buchung der Verbräuche *<Vorwärts>*, *<Rückwärts>* Automatische Berechnung und Buchung der Verbräuche nach unterschiedlichen Verfahren
Ausschuss %	Voraussichtlicher Ausschussanteil der Produktion, der bei der Kalkulation des Nettobedarfs und des Verkaufspreises berücksichtigt wird
Losgröße	Menge eines Artikels, der in der Regel innerhalb eines Produktionsloses produziert wird

Tabelle 4.9 Produktionsparameter

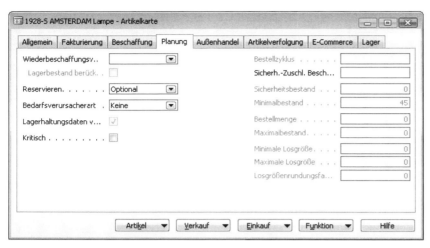

Abbildung 4.19   Artikelkarte (Planung)

Folgende Felder können gepflegt werden (siehe Tabelle 4.10):

Feld	Beschreibung
Wiederbeschaffungsverfahren	Auswahl des bei Auffüllbedarf zu verwendenden Wiederbeschaffungsverfahren: *<Feste Bestellmenge>* Die Menge des Felds *Bestellmenge* wird als Standardlosgröße verwendet *<Auffüllen auf Maximalbestand>* Die Menge des Felds *Maximalbestand* wird als Standardlosgröße verwendet *<Auftrag>* Die Anwendung erzeugt für jeden einzelnen Bedarf einen Auftrag und verwendet den Bestellzyklus nicht *<Los-für-Los>* Das System erzeugt einen Auftragsvorschlag mit einer Menge, die die Summe aller Bedarfe abdeckt, die innerhalb des Bestellzyklus fällig werden *<Leer>* Keine automatische, sondern manuelle Planung
Lagerbestand berücksichtigen	Bei Aktivierung wird der Lagerbestand im Rahmen der Verfügbarkeitsprüfung berücksichtigt. Standardmäßig ist das Feld aktiviert und nicht editierbar. Ausnahmen: Für das Los-für-Los-Verfahren ist das Feld editierbar. Für das Auftragsmenge-Verfahren ist das Feld leer und nicht editierbar.
Reservieren	Reservierungsregel für den Artikel: *<nie>* Der Artikel kann nicht reserviert werden *<optional>* Der Artikel kann manuell reserviert werden *<immer>* Der Artikel wird automatisch reserviert

Tabelle 4.10   Artikelkarte (Lieferung)

Feld	Beschreibung
Bedarfsverursacherart	Eine Bedarfsverursachung liefert die Verbindung zwischen einer Bestellung/Lieferung und dem dazugehörigen Bedarf. Ereignismeldungen werden durch das System erzeugt, wenn mögliche Probleme im Verhältnis von Bedarf und Lieferung bestehen. Über das Feld *Bedarfsverursacherart* kann die Steuerung der Bedarfsverursachung und Ereignismeldungen erfolgen: *<keine>* Es werden weder Bedarfsverursacher noch Ereignismeldungen erzeugt *<Nur Bedarfsverursacher>* Bedarfsverursacher werden erzeugt, Ereignismeldungen nicht *<Bedarfsverursacher & Ereignismeldung>* Sowohl Bedarfsverursacher als auch Ereignismeldungen werden erzeugt
Lagerhaltungsdaten vorhanden	Eine Aktivierung des Felds indiziert, dass für diesen Artikel Lagerhaltungsdaten vorliegen
kritisch	Bei Aktivierung berücksichtigt das System den Artikel im Rahmen der Verfügbarkeitsberechnung während der Lieferterminzusage eines übergeordneten Artikels
Bestellzyklus	Das Feld enthält die Datumsformel für den Planungszeitraum. Bedarfe innerhalb des Bestellzyklus werden aggregiert. Beschaffungsaufträge, die innerhalb des Bestellzyklus fällig sind, können gemäß den Anforderungen umgeplant werden. Wird das Feld nicht gepflegt, werden Bedarfe mit identischem Datum zusammengefasst.
Sicherh.-Zuschl. Beschaff.-Zt.	Es kann ein Zeitpuffer hinterlegt werden, der mögliche Verzögerungen in der Beschaffungzeit berücksichtigt und der in der Bedarfsplanung berücksichtigt wird (»Erwartetes WE-Datum = Geplantes WE-Datum + Pufferzeit + Eingehende Lagerdurchlaufzeit«)
Sicherheitsbestand	Bestand, der als Sicherheit für Nachfrageschwankungen während der Beschaffungszeit dienen soll
Minimalbestand	Der Bestand, bei dessen Unterschreitung das System den Wiederbeschaffungsvorgang anstößt
Bestellmenge	Die Bestellmenge des Artikels im Rahmen der Wiederbeschaffung, die für das Verfahren *Feste Bestellmenge* verwendet wird
Maximalbestand	Maximaler Lagerbestand, bis zu dem das Lager aufgefüllt wird, wenn das Verfahren *Auffüllen auf Maximalbestand* ausgewählt wurde. Die Wiederbeschaffungsmenge ergibt sich dann aus dem Maximalbestand abzüglich des Sicherheitsbestandes.
Minimale Losgröße	Mindestmenge für Wiederbeschaffungsvorschlagszeile
Maximale Losgröße	Höchstmenge für Wiederbeschaffungsvorschlagszeile
Losgrößenrundungsfaktor	Rundungsfaktor für die Vorschlagsmenge

Tabelle 4.10 Artikelkarte (Lieferung) *(Fortsetzung)*

Bei der Nutzung mehrerer Lagerorte (z.B. ein Lager für die zentrale Beschaffung und diverse andere Lagerorte, die ihre Artikel von diesem Zentrallager über Umlagerungen beziehen) werden die Artikelparameter auf Lagerortebene mithilfe von *Lagerhaltungsdaten* gesteuert (beispielsweise beinhaltet die *Beschaffungsmethode* auf Lagerhaltungsdatenebene neben den Optionen *Einkauf* und *Fertigungsauftrag* auch die Möglichkeit der *Umlagerung*). Mehr zu Lagerhaltungsdaten erfahren Sie in Kapitel 5.

Darüber hinaus bietet Dynamics NAV das Konstrukt des Katalogartikels, um Lieferantenartikelstammdaten elektronisch in das System zu importieren und daraus bedarfsbezogen eigene Artikelstammdaten zu generieren.

Kreditoren- und Artikelstammdaten aus Compliance-Sicht

Der Anlage von Stammdaten kommt besondere Bedeutung zu, weil bestimmte Felder der Stammdaten bei Erstellung von Belegen in diese übernommen werden. Insofern steuern Stammdatenfelder mitunter indirekt den Geschäftsprozess und beeinflussen damit die Art des Belegflusses im Unternehmen.

Kreditoren

Potentielle Risiken

- Erstellung von Stammdaten für ungewünschte Lieferanten (Effectiveness, Compliance)
- Doppelanlage von Stammdaten und damit verbunden die Aushebelung lieferantenspezifischer Kontrollen (Verwaltung offener Posten, Mahnwesen etc.) sowie redundante Datenhaltung (Efficiency, Integrity, Reliability)
- Unvollständige und falsche Daten (Efficiency, Integrity, Reliability, Compliance)
- Nicht autorisierte Änderung von Stammdaten, insbesondere sensibler Felder (Integrity, Reliability, Compliance)

Prüfungsziel

- Sicherstellung, dass nur gewünschte Lieferanten in der Anwendung angelegt werden
- Sicherstellung der Vollständigkeit und Richtigkeit von Stammdaten
- Sicherstellung einer konsistenten Datenhaltung und klarer Verantwortlichkeiten für das Anlegen von Stammdaten gemäß des Prinzips der Funktionstrennung

Prüfungshandlungen

Ungewünschte Lieferanten

Hierbei handelt es sich nicht nur um eine systemtechnische, sondern auch um eine organisatorische Prüfungshandlung. Der Prozess sollte bestimmte Prüfroutinen vorsehen, die sicherstellen, dass nur Lieferanten im System angelegt werden, mit denen das Unternehmen auch eine Geschäftsbeziehung eingehen will. So sollten beispielsweise grundsätzlich verfügbare Informationen über die Lieferantenqualität (Warenqualität, Preise, Liefertermintreue), Seriosität und Solvenz eingeholt und – sofern erforderlich – eine Blacklist-Prüfung vorgenommen werden (Embargolisten, vgl. dazu EU Antiterrorismusverordnung, nähere Informationen dazu finden sich beispielsweise unter *http://ec.europa.eu/external_relations/cfsp/sanctions/index_de.htm*). In Stichproben kann geprüft werden, ob die entsprechenden Unterlagen zu Lieferanten im Unternehmen vorliegen.

Doppelanlage von Stammdaten

Eine präventive systemtechnische Kontrolle zur Vermeidung redundanter Lieferantenstammdaten existiert in Dynamics NAV nicht. Dementsprechend sind organisatorische Regelungen zu treffen (z.B. Suche nach Lieferanten im System zur Überprüfung, ob diese bereits existieren). Darüber hinaus kann die Tabelle der Lieferantenstammdaten daraufhin untersucht werden, ob sich darin potentielle Dubletten finden (insbesondere in Bezug auf kritische Datenfelder wie z.B. Bankverbindung etc.). Dazu bietet es sich an, die Kreditorenübersicht beispielsweise über die Excel-Übergabefunktion (in der Toolbar) nach Excel zu übertragen, um die dortige Dublettensuche zu nutzen.

Feldzugriff: *Tabelle 23 Kreditor*

> **BEGLEITMATERIAL**   Im Begleitmaterial zu diesem Buch finden Sie einen Report, der das System bezüglich doppelt angelegter Lieferantenstammdaten analysiert.
>
> Die Begleitdateien stehen als Download zur Verfügung. Sie können diese von der Seite *http://go.microsoft.com/fwlink/?Link ID=153144* herunterladen.

Vollständigkeit und Richtigkeit der Daten

Innerhalb der Stammdaten wird eine Vielzahl von kritischen Feldern mit Werten belegt, die für den späteren Einkaufsprozess mit Auswirkung auf den Cashflow von Bedeutung sind (Zahlungsbedingungen, Mahnverfahren, Rabattcodes, Preisgruppen, Aktivierung von Zeilenrabatten etc.). Die Stammdaten müssen auf Vollständigkeit und Unternehmensrichtlinienkonformität überprüft werden. Im Wesentlichen sind drei Fragen zu beantworten:

- Gibt es kritische Felder in den Stammdaten, die nicht vollständig gepflegt sind?
- Gibt es kritische Felder, die mit Werten belegt sind, die unplausibel oder nicht richtlinienkonform erscheinen?
- Gibt es Testdaten im Produktivsystem, d.h. auffällige Werte in den Namens- oder Adressfeldern (*test*, *1234*, etc.)?
- Feldzugriff: *Tabelle 23 Kreditor*

Nicht autorisierte Änderung von Stammdaten

Die Prüfung von Stammdaten ist ein mehrstufiger Prozess. Zunächst ist aus organisatorischer Sicht zu klären, welche Mitarbeiter für den Änderungsprozess verantwortlich sind und ob eine festgeschriebene Vorgehensweise existiert. Diese ist anschließend mit dem aktuellen Berechtigungskonzept zu vergleichen, d.h. ist es aus Anwendungssicht gemäß des »Least-Priviledge-Principle« eben nur dem oder den Mitarbeitern möglich, Stammdaten zu ändern, die für diesen Prozess verantwortlich sind (zeitpunktbezogene, präventive Kontrolle).

Da Berechtigungen im System jedoch jederzeit geändert werden können, sollte auch ein Blick in die Vergangenheit erfolgen: wer hat in einem festzulegenden Zeitraum der Vergangenheit Stammdaten tatsächlich geändert und war er dazu berechtigt (zeitraumbezogene, entdeckende Kontrolle). In diesem Zusammenhang möchten wir auf den Abschnitt »Änderungsprotokoll« in Kapitel 3 verweisen.

Prüfung des Berechtigungskonzepts in Bezug auf Lieferantenstammdaten

Die organisatorischen Regelungen sollten mit dem Berechtigungskonzept abgeglichen werden.

- Feldzugriff: *Tabelle 23 Kreditor*

Die Einrichtung und Verwaltung von Berechtigungen wird ausführlich in Kapitel 3 im Abschnitt »Systemzugriff« erläutert.

Prüfung des Zeitpunkts, wann ein Stammsatz zuletzt geändert wurde

Feldzugriff: *Tabelle 23 Kreditor/Feld korrigiert am*

Prüfung, wer den Stammsatz geändert hat

Menüoption: *Verwaltung/Anwendung Einrichtung/Allgemein/Änderungsprotokoll*

Sofern das Änderungsprotokoll aktiv ist, kann das Feld *Tabellennr.* auf die Tabelle *23 Kreditoren* und das Feld *Primärschlüsselfeld 1 Wert* auf die Kreditorennummer gefiltert werden.

Einrichtung prüfen, ob Änderungen in Lieferantenstammdaten im Change Log aufgezeichnet werden

Menüoption: *Verwaltung/Anwendung Einrichtung/Allgemein/Änderungsprotokoll Einrichtung/Einrichtung/Tabellen/Tabelle 23 Kreditor: Einrichtung analysieren*

Eine detaillierte Beschreibung zur Auswertung und Einrichtung des Änderungsprotokolls finden Sie in Kapitel 3 im Abschnitt »Änderungsprotokoll«.

Artikel

Die Artikelstammdaten beinhalten aus Einkaufssicht insbesondere Beschaffungs- und Planungsparameter, die individuell für jedes Unternehmen festzulegen sind. Es ist daher aus Compliance-Sicht wenig sinnvoll, für diese Parameter Vorgaben zu empfehlen. Im Bereich der Dublettenprüfung, der vollständigen und korrekten Datenanlage und -pflege gelten die Empfehlungen zu den Kreditorenstammdaten analog.

Feldzugriff: *Tabelle 27 Artikel/Lagerhaltungsdaten*

Einrichtung von Kreditoren-Stammdatenvorlagen

In der Regel werden bestimmte Felder von Lieferantenstammdaten mit Standardwerten besetzt, z.B. wenn das Unternehmen einheitliche Zahlungskonditionen für bestimmte Lieferanten oder Lieferantengruppen vorsieht. In solchen Fällen bietet es sich an, Vorlagen mit Standardwerten zu erstellen, aus denen die Werte bei der Neuanlage von Lieferantenstammdaten automatisch kopiert werden. Dynamics NAV bietet mit der Einrichtung von Stammdatenvorlagen eine solche Möglichkeit der Vorbelegung. Im Folgenden wird anhand von Lieferantenstammdaten (Feld *Zlg.-Bedingungscode*) beispielhaft gezeigt, wie Feldvorbelegungen erzeugt und Wertgrenzen für Felder festgelegt werden können.

Menüoption: *Verwaltung/Anwendung Einrichtung/Allgemein/Stammdatenvorlagen einrichten* (siehe Abbildung 4.20)

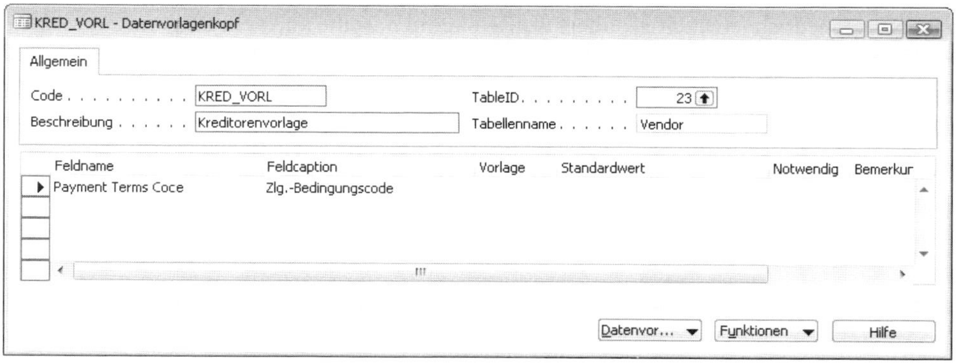

Abbildung 4.20   Kreditorenstammdatenvorlage

Dem Feld *Code* muss ein eindeutiger Schlüssel für die Stammdatenvorlage zugewiesen sein, im Feld *Beschreibung* kann ein benutzerdefinierter Text hinterlegt werden. In diesem Beispiel wurde der *Code* »KRED_VOR« mit der *Beschreibung* »Kreditorenvorlage« gewählt. Über das Feld *TableID* ist auszuwählen, in welcher Tabelle sich das mit einem Wert vorzubelegende Feld befindet. Durch einen Mausklick auf die rechts daneben befindliche Lookup-Schaltfläche öffnet sich ein Fenster, das die im System definierten Objekte (Tabellen) enthält.

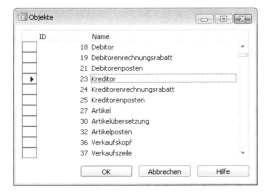

Abbildung 4.21 Vorbelegung der Feldwerte in der Stammdatenvorlage

In diesem Beispiel befindet sich das Feld *Zahlungsbedingungscode* in der Tabelle *23 Kreditor*. Sobald die Tabelle ausgewählt wird, können in den Vorlagenzeilen alle Felder (außer Dezimal- und Ganzzahlfelder) dieser Tabelle vorbelegt werden.

BEGLEITMATERIAL   Im Begleitmaterial zu diesem Buch finden Sie eine FOB-Datei, durch deren Upload auch diese Feldtypen (Dezimal- und Ganzzahlfelder) berücksichtigt werden können.

Die Begleitdateien stehen als Download zur Verfügung: *http://go.microsoft.com/fwlink/?LinkID=153144*

Dazu ist über den Lookup des Felds *Feldname* das entsprechende Feld auszuwählen. Anschließend kann über das Feld *Standardwert* ein Feldwert eingetragen werden. Neben dem Standardwert im Kreditorenvorlagenkopf findet sich das Feld *Notwendig*. Dieses Feld wird im Prozess der Stammdatenanlage nicht evaluiert, d.h., auch wenn das Kennzeichen *Notwendig* gesetzt wurde, kann der Stammsatz auch dann gespeichert und genutzt werden, wenn dem entsprechenden Feld kein Wert zugewiesen wurde. Die Bedeutung des Felds *Notwendig* beschränkt sich damit auf eine Erinnerungsfunktion in der Vorlage, dass dieses Feld zu füllen ist.

Sind alle vorzubelegenden Felder definiert, kann die Stammdatenvorlage für die Neuanlage von Kreditorenstammdaten verwendet werden. Dies kann über zwei Wege erfolgen. Aus der Vorlage heraus können über die Schaltfläche *Funktionen/Stammdaten* als Instanz der Vorlage direkt angelegt werden.

Menüoption: *Verwaltung/Allgemeine Einrichtung/Allgemein/Stammdatenvorlagen einrichten/Funktionen/Instanz erstellen*

Alternativ kann ein neuer Lieferant aus der Kreditorenkarte erstellt (F3-Taste) und über die Funktion *Vorlage anwenden* auf den anzulegenden Lieferantenstamm angewendet werden.

Menüoption: *Einkauf/Bestellentwicklung/Kreditoren/Funktionen/Vorlage anwenden*

Aus Compliance-Sicht sollten Kreditorenvorlagen daraufhin überprüft werden, ob die Defaultwerte, die bei der Erstellung einer einzelnen Instanz aus der Vorlage heraus verwendet werden, den Anforderungen des Unternehmens entsprechen. So kann die Wahrscheinlichkeit verringert werden, dass falsche Daten in den Stammsatz übernommen werden.

Der Einkaufsprozess und Belegfluss im Überblick

Im Folgenden werden der Einkaufsprozess in seiner Standardvariante vorgestellt, die einzelnen Teilprozesse detailliert beschrieben sowie unterschiedliche Konfigurationsvarianten analysiert. Anschließend erfolgt jeweils die Betrachtung der Einkaufsteilprozesse aus Compliance-Sicht, der die Konsequenzen einzelner Einstellungen und mögliche Kontrollmaßnahmen während der Prozessimplementierung und des operativen Betriebs aufzeigt. Abhängig von den Anforderungen des einzelnen Unternehmens an den Einkauf können Teilprozesse von den hier beschriebenen Prozessen abweichen, entfallen oder durch entsprechendes Customizing erweitert werden

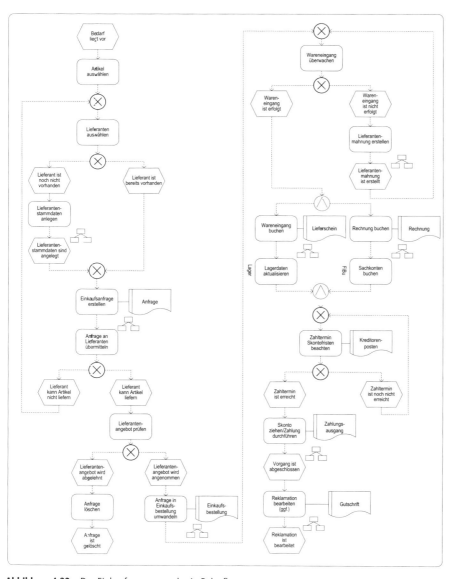

Abbildung 4.22 Der Einkaufsprozess und sein Belegfluss

Ein in Dynamics NAV abgebildeter Einkaufsprozess durchläuft in der Regel eine Reihe von standardisierten Bearbeitungsschritten, wobei die unterschiedlichen Anwendungsbereiche und Module des Systems interagieren. Aus den Nebenbüchern des Einkaufs, des Lagers, der Produktion und des Verkaufs und Vertriebs sowie des Services (analog zum Verkauf) werden Informationen an die Finanzbuchhaltung übergeben und umgekehrt. Die dazu erforderlichen Datenflüsse werden mithilfe von Belegen verbucht. Abbildung 4.22 stellt einen Standardeinkaufsprozess in Dynamics NAV in vereinfachter Form dar.

Dem Prozess ist zu entnehmen, dass dem Ablauf ein Standardbelegfluss folgt, der in der Regel folgende Einzelbelege beinhaltet:

Abbildung 4.23 Belegfluss des Einkaufsprozesses

Für jeden vollständig durchlaufenden Geschäftsvorfall (Prozessinstanz) müssen mit Ausnahme des Reklamationsbelegs alle Belege erstellt und im System vorhanden sein sowie auf den jeweils zuletzt erstellten Beleg referenzieren. Gutschriften werden in der Regel nur dann benötigt, wenn Lieferantenware beanstandet wurde oder der Rechnungsbetrag nicht korrekt war. Der Belegfluss beginnt mit der Einkaufsanfrage bzw. direkt mit der Einkaufsbestellung. Anfragen und Einkaufsbestellung müssen zwingend einem Lieferanten zugeordnet werden. Anfragen entsprechen dabei Bestellentwürfen. Kommt es auf Basis der Anfrage zu einem Vertragsabschluss, wird die Anfrage in eine Bestellung umgewandelt. Ebenso ist es möglich, eine separate Bestellung ohne Bezug zu der Anfrage zu stellen (z.B. im Rahmen langfristiger Rahmenverträge mit einem Lieferanten). Soll das Konstrukt von Bestellanforderungen in den Bestellprozess integriert, d.h. Bestellungen erst nach Genehmigung durch eine zweite bzw. dritte Person ausgelöst werden, müssen entsprechende Beleggenehmigungen im System konfiguriert werden (siehe dazu auch in Kapitel 3 den Abschnitt »Belegfluss und Beleggenehmigung«).

Einkaufsbestellungen beinhalten Kopf- (Daten zum Lieferanten, Einkäufer etc. und sind für den gesamten Einkaufsbestellbeleg gültig) und Positionsdaten (z.B. Artikelinformationen). Hat eine Bestellung den Status *Offen*, kann sie beliebig geändert werden. Im Status *Freigegeben* kann die Bearbeitung in der nächsten Bearbeitungsstufe in Abhängigkeit von der Logistikeinrichtung des jeweiligen Lagerorts erfolgen, die Bestellerfassung ist damit abgeschlossen. Der Status *Freigegeben* wird durch das System automatisch vergeben, wenn die Lieferung zur Bestellung erfolgt ist. Im Folgenden wird vereinfachend davon ausgegangen, dass die verwendeten Lagerorte keine Logistikschritte enthalten. Die Buchung der Einkaufsbestellung erfolgt gewöhnlich zweistufig, im ersten Schritt erfolgt die Lieferung (Mengenänderung mit Artikel- und Wertposten in der Materialwirtschaft) und anschließend die Fakturierung (Wertänderung mit Sachposten in der Finanzbuchhaltung). Die Anwendung ermöglicht Teillieferungen sowie Teil- und Sammelrechnungen, also die Buchung mehrfacher Wareneingänge zu einer Bestellung bzw. die Abrechnung mehrerer Bestellungen mit einer Zahlung. Bei gebuchter Rechnung ermöglicht das System die Veranlassung des Zahlungsausgangs mithilfe der Überwachung offener Lieferantenposten. Bei Zahlungsausgang erfolgt die Aktualisierung des Kontenplans sowie des Kreditorenkontos. Kommt es im weiteren Verlauf zu Reklamationen und erhaltene Waren müssen an den Lieferanten zurückgeschickt werden, können von der Anwendung Einkaufsgutschriften bzw. Reklamationen erzeugt werden.

Eine vollständige Einkaufstransaktion impliziert auch einen vollständig abgeschlossenen Belegfluss, d.h., für jede Transaktion gibt es einen Einkaufsbestellbeleg (optional auch ein Anfragebeleg), einen oder bei Teillieferung mehrere Wareneingänge, einen oder mehrere Eingangsrechnungsbelege sowie einen oder mehrere Belege für den

Zahlungsausgang. Bei Reklamationsvorgängen kommt, neben den Rücksendungsbelegen, gegebenenfalls der Gutschriftsbeleg hinzu. Offene Anfragen, Bestellungen, Wareneingänge ohne Rechnung oder offene Lieferantenposten, die den Zeitraum eines typischen Einkaufsprozesses überschreiten, deuten auf Prozessineffizienzen oder mangelnde Pflege offener Vorgänge hin, die letztlich bis hin zu finanziellen Verlusten führen können.

Einkaufsanfrage und Einkaufsbestellung

Der Einkaufsprozess beginnt in der Regel mit einer Lieferantenanfrage über die zu beschaffenden Artikel. Lieferantenanfragen können auch Bestandteil eines Ausschreibungsprozesses sein, dessen Sinn in der Auswahl des günstigsten Angebots (nicht nur bezogen auf den Preis, sondern auch auf andere Kriterien wie Qualität oder Lieferzeit) liegt. Bestehen hingegen längerfristige Beziehungen mit einem Lieferanten, z.B. in Form von abgeschlossenen Rahmenverträgen, ist eine direkte Bestellung ohne Erstellung einer vorherigen Anfrage bzw. eine Rahmenbestellung üblich.

Der Prozess im Überblick

Der Prozess der Lieferantenanfrage und Einkaufsbestellung wird im Einkaufsmodul abgebildet und stellt sich wie folgt dar:

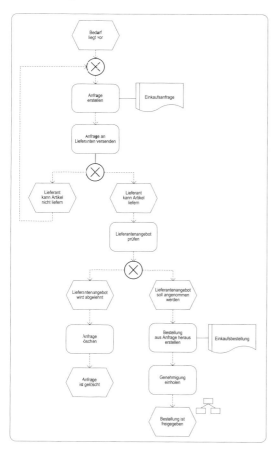

Abbildung 4.24 Lieferantenanfrage- und Bestellprozess

Anfragen werden vom Einkauf an potentielle Lieferanten mit der Erwartung eines daraus resultierenden Angebots erstellt. Wird das Angebot des Lieferanten angenommen, erfolgt die Umwandlung der Anfrage in eine Einkaufsbestellung und durchläuft anschließend den Einkaufsprozess. Nicht weiterverfolgte Anfragen, die nicht zu einer Bestellung geführt haben, sollten gelöscht werden.

Abbildung 4.25 Belegfluss im Anfrage- und Bestellprozess

Ablauf und Einrichtung der Einkaufsanfrage/Einkaufsbestellung

Anfragen repräsentieren den ersten Schritt im regulären Einkaufsprozess. Anfragen sind optional, d.h. für die Abwicklung eines Beschaffungsvorgangs nicht zwingend erforderlich. Anfragen werden lieferantenspezifisch erstellt und haben buchhalterisch keine Auswirkungen. Vielmehr dienen sie dazu, die für das Unternehmen günstigsten Lieferanten zu ermitteln und bei diesen die Beschaffung durch Bestellvorgänge zu initiieren.

Abbildung 4.26 Beleg *Anfrage*

Anfragen werden im Einkaufsmodul erstellt.

Menüoption: *Einkauf/Bestellungsabwicklung/Anfragen* (siehe Abbildung 4.27)

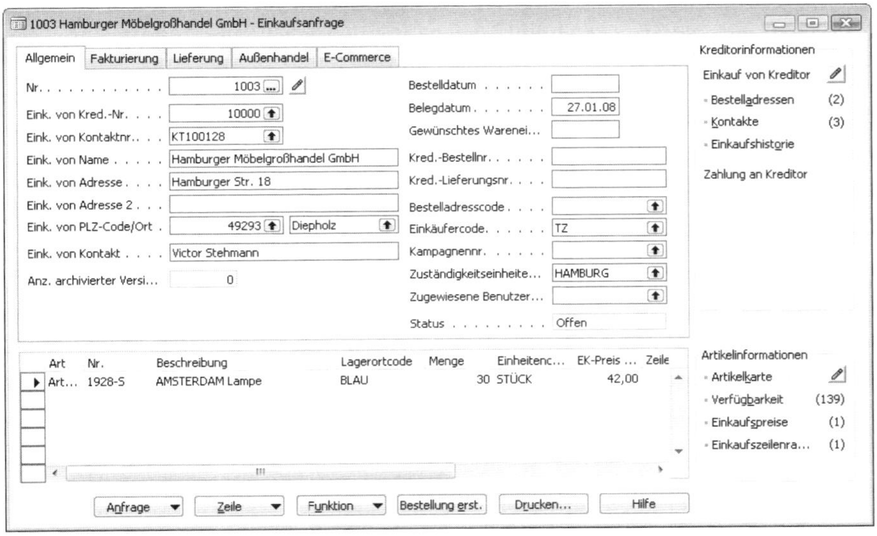

Abbildung 4.27 Einkaufsanfrage

In der Einkaufsanfrage kann entsprechend der Feldauswahl eine Anfrage an einen Lieferanten oder einen Kontakt erfolgen. Anfragen werden insbesondere dann an Kontakte gerichtet, wenn zwischen dem Unternehmen und bestimmten Mitarbeitern des Lieferanten ein enger Kontakt besteht und die Einkaufstransaktion mit diesem Ansprechpartner (Feld *Eink. von Kontakt*) abgewickelt werden soll. Nähere Informationen zum Konstrukt des *Kontakts* finden Sie in Kapitel 6 im Abschnitt »Stammdaten im Verkauf«. Sind die Artikel der Anfrage in den Positionszeilen erfasst, kann der Status auf *Freigegeben* gesetzt werden. Um für offene Anfragen Verantwortlichkeiten festzulegen, kann dem Beleg ein Einkäufercode, ein Benutzer und/oder eine Zuständigkeitseinheit zugeordnet werden. Unabhängig vom Status kann die Anfrage direkt in eine Bestellung konvertiert werden. Es handelt sich bei diesem Vorgang um eine Umwandlung, d.h. der Anfragebeleg ist zu einem Einkaufsbestellbeleg mit neuer Belegnummer geworden und in Abhängigkeit von der Einrichtung des Einkaufs nur noch als archivierte Anfrage vorhanden.

HINWEIS   Der in der Praxis übliche Weg, Bestellungen anzulegen, führt über den *Bestellvorschlag*. Bestellvorschläge sind Teil der Planungsfunktionalität, deren Methodik in Kapitel 5 erläutert wird. Der Bestellvorschlag bietet die Möglichkeit, auf Basis der errechneten Bedarfe für einzelne Artikelpositionen den Lieferanten auszuwählen bzw. den von der Artikelkarte in die Bestellvorschlagszeile übergebenen Kreditoren zu ändern, bevor die Bestellungen automatisch erzeugt werden.

Die Einkaufsbestellung ist im weiteren Beschaffungsprozess das zentrale Dokument, das auch den Wareneingang, Rechnungseingang und Zahlungseingang maßgeblich beeinflusst.

Abbildung 4.28   Beleg *Einkaufsbestellung*

Der Bestellbeleg hat im weiteren Prozessablauf direkten Einfluss auf die Finanzbuchhaltung. Um die Einkaufsbestellung für den weiteren Prozess der Bearbeitung freizugeben, müssen die entsprechenden Kopf- und Positionsdaten im Beleg erfasst und – sofern das Modul Logistik im Einsatz ist – der Auftragsstatus von *Offen* auf *Freigegeben* geändert werden.

Menüoption: *Einkauf/Bestellungsabwicklung/Anfragen/Bestellung erst.* (siehe Abbildung 4.29)

Wie bereits erläutert, können Bestellungen aus Anfragen oder manuell ohne Bezug zu einer Anfrage generiert werden. Sie können darüber hinaus auch das Ergebnis eines Planungslaufs bzw. Bestellvorschlags sein. Eine besondere Art von Einkaufsbestellungen stellen Rahmenbestellungen dar. Rahmenbestellungen bilden in der Regel längerfristige Vereinbarungen mit Lieferanten ab, in denen sich der Abnehmer gegenüber dem Lieferanten zur Abnahme einer bestimmten Menge eines Artikels verpflichtet. Häufig decken Rahmenbestellungen nur einen bestimmten Artikel ab, für den bestimmte Liefertermine vorgegeben sind. Dabei kann jede Lieferung als Bestellzeile in der Rahmenbestellung erfasst und zum Zeitpunkt der Bestellung in eine Einkaufsbestellung umgewandelt werden.

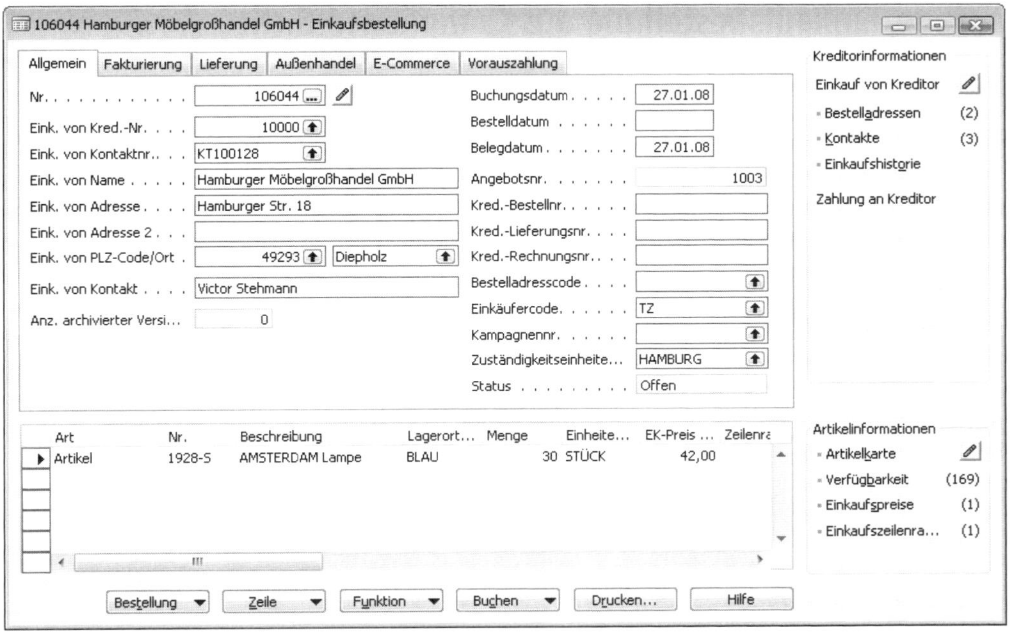

Abbildung 4.29 Einkaufsbestellung

HINWEIS   Manuell erstelle Bestellzeilen haben grundsätzlich *unbeschränkte Planungsflexibiliät*, das heißt, der Planungslauf berücksichtigt diese Zeilen bei der Beschaffungsplanung und ändert diese im Bedarfsfall automatisch. Um dies zu verhindern, kann die Planungsflexibilität auf *Keine* eingestellt werden.

Im Rahmen der Bestellung sind einige Besonderheiten zu berücksichtigen, die im Folgenden kurz erläutert werden.

Werden Artikel im Auftrag eines Kunden bestellt und sollen diese direkt an den Kunden ausgeliefert werden, spricht man bei Dynamics NAV von Direktlieferungen oder allgemein auch vom Streckengeschäft. Um sicherzustellen, dass Artikel, die zur Direktlieferung bestimmt und bestellt sind, auch entsprechend behandelt und nicht im Unternehmen eingelagert werden, müssen diese über den Verkaufsauftrag entsprechend gekennzeichnet, d.h. mit dem dazugehörigen Kundenauftrag verbunden werden (entweder durch Zuweisung eines *Einkaufscodes* oder direkte Aktivierung des Kontrollkästchens *Direktlieferung*).

Menüoption: *Einkauf/Bestellungsabwicklung/Bestellungen/Bestellung/Direktlieferung/Auftrag holen*

Ist der Prozess der Beleggenehmigung für Einkaufsbestellungen aktiviert, muss vor Ausführung des Beschaffungsvorgangs die Bestellung genehmigt werden (siehe dazu auch in Kapitel 3 den Abschnitt »Belegdruck und Belegfreigabe«). Dazu ist eine entsprechende Genehmigungsanforderung an den Genehmiger zu senden.

Menüoption: *Einkauf/Bestellabwicklung/Bestellungen/Funktion/Genehmigungsanforderung senden*

HINWEIS   Für den Fall, dass Artikel nur im Kundenauftrag bestellt werden sollen, allerdings – im Gegensatz zur Direktlieferung – der Wareneingang physisch beim Unternehmen erfolgt, kann das Konstrukt des Spezialauftrags genutzt werden, um Verkaufs- und Einkaufsbeleg direkt miteinander zu verknüpfen.

Einkaufsanfrage/Einkaufsbestellung aus Compliance-Sicht

Potentielle Risiken

- Bestellungen werden nicht oder falsch erfasst bzw. nicht oder nicht zeitnah bearbeitet (Effectiveness, Efficiency)

- Daten, die aus den Lieferantenstammdaten in den Belegkopf kopiert werden (z.B. Zahlungsbedingungen), werden im Beleg manuell überschrieben bzw. entsprechen nicht den Vorgaben.

- Es werden imaginäre Bestellungen angelegt, freigegeben und bezahlt, für die keine Warenlieferung erfolgt (Effectiveness, Integrity, Reliability, Compliance)

Prüfungsziel

- Sicherstellung eines Prozesses zur vollständigen, konsistenten und zeitnahen Einkaufsbestellbearbeitung, Verhinderung von Bestellungen ohne Wareneingang

- Sicherstellung der korrekten Übernahme von Stamm- in Belegdaten

Prüfungshandlungen

Vollständige und zeitnahe Bearbeitung

Es sollte überprüft werden, ob sich älteren Anfragen im System befinden, die nicht in Bestellungen umgewandelt wurden. Dazu muss zunächst die Übersicht aller Anfragen angezeigt werden.

Menüoption: *Einkauf/Bestellungsabwicklung/Anfragen/Anfrage/Übersicht* (siehe Abbildung 4.30)

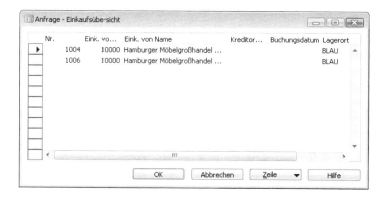

Abbildung 4.30   Übersicht zu Einkaufsanfragen

Über den Tabellenfilter in der Symbolleiste können Anfragen, die zu einer bestimmten Zeit (beispielsweise länger als ein Jahr zurückliegend) erstellt wurden, selektiert werden.

Abbildung 4.31 Filter für offene Einkaufsanfragen

Dazu ist eine Einschränkung der Belegart auf Anfragen und des Belegdatums vorzunehmen. Nach Bestätigung mit *OK* werden nur noch die Anfragen angezeigt, die den Filterkriterien entsprechen.

HINWEIS Wichtig ist dabei, dass keine Einkaufszeile in der Anfrage markiert war, da sich der Filter dann auf Belegzeile und nicht mehr – wie in der obigen Abbildung erkennbar – auf den Belegkopf bezieht. Da sich das Belegdatum nur auf den Einkaufskopf der Anfrage bezieht, wäre die Suche nach Belegen mit einem bestimmten Alter nicht möglich.

Manuelle Änderung von Belegdaten

Über Forms und den Form Designer ist es grundsätzlich möglich, die Änderung von Belegen in Feldern zu steuern und auch zu unterbinden. So können Feldwerte fixiert und präventiv gegen manuelle Änderung geschützt werden (siehe dazu auch in Kapitel 2 den Abschnitt »Dynamics NAV-Datenbankobjekte«). Darüber hinaus kann in der Tabelle der Einkaufsbelegkopfdaten geprüft werden, ob die dort enthaltenen Feldwerte für kritische Felder von denen der Stammdaten abweichen (durch Verknüpfen der Tabellen über den Primärschlüssel *Kreditorennr.*) bzw. ob Werte existieren, die eigentlich weder in den Stamm- noch in den Belegdaten existieren dürften.

Feldzugriff: *Tabelle 23 Kreditor/Feld Zlg.-Bedingungscode*

in Verbindung mit

Feldzugriff: *Tabelle 38 Einkaufskopf/Feld Zlg.-Bedingungscode*

HINWEIS Wenn die Einkaufsbestellung einen abweichenden Zahlungsempfänger enthält (Feld *Zahlung an Kred.-Nr.*), muss die entsprechende Zahlungsbedingung dieses Kreditors mit den Belegdaten verglichen werden.

Preise und Preisfindung

Die Anwendung ermöglicht die Hinterlegung lieferantenspezifischer Artikelpreise über die Gestaltung sogenannter alternativer Preise. Der Prozess der Preisfindung im Einkauf und deren Einrichtungsmöglichkeiten werden im Folgenden erläutert.

Der Prozess im Überblick

Standardmäßig gestaltet sich der Prozess der Preisfindung im System wie folgt:

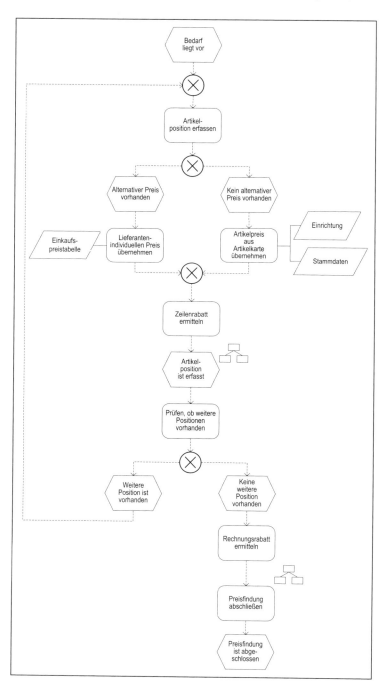

Abbildung 4.32 Preisfindungsprozess im Einkauf

Dabei kann auf Positionsebene nach Preisen gemäß Artikel-/Lieferantenkombination gesucht werden, die in einer Preistabelle hinterlegt sind und unter bestimmten Rahmenbedingungen (Zeiträume, Artikelmengen etc.), die die Anwendung automatisch prüft, zur Geltung kommen. Sind keine alternativen Preise im System gepflegt, wird aus der Artikelkarte der *Einkaufspreis (neuester)* in die Positionsdaten der Anfrage oder Bestellung kopiert.

Aus Sicht des Belegflusses erfolgt die Verwendung alternativer Preise bei der Erstellung von Anfrage- und Einkaufsbestellbelegen.

Abbildung 4.33   Belege in der Preisfindung im Einkauf

Ablauf und Einrichtung der Preise und Preisfindung

Die Preisfindung erfolgt grundsätzlich auf zwei Ebenen, der Artikelkarte und der Tabelle für Einkaufspreise. Der übergreifende Artikelpreis wird in der Artikelkarte unter der Registerkarte *Fakturierung* gepflegt. Werden keine alternativen Lieferantenpreise in der Einkaufspreistabelle gepflegt, wird dieser Einkaufspreis aus der Artikelkarte in den jeweiligen Einkaufsbeleg übernommen.

Preisfindung auf Basis der Artikelkarte ohne alternative Einkaufspreise

Menüoption: *Einkauf/Planung/Artikel* (siehe Abbildung 4.34)

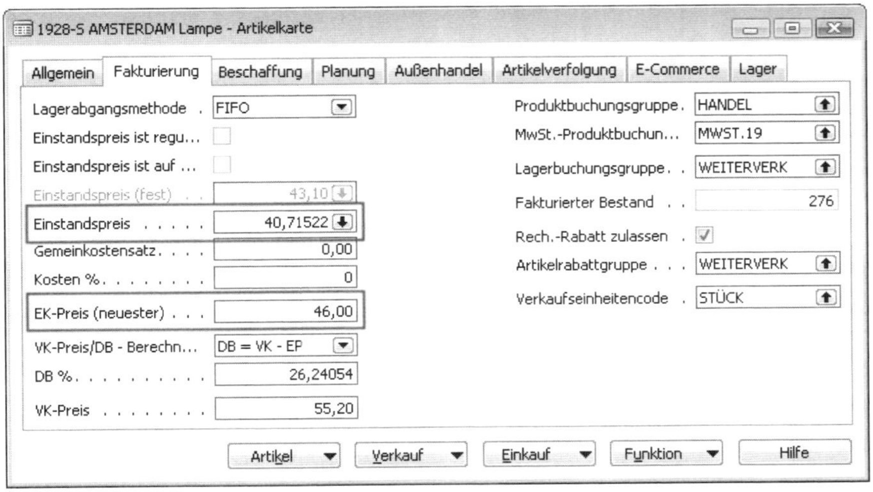

Abbildung 4.34   Artikelkarte mit Einkaufspreis

Der *EK-Preis (neuester)* stammt aus der Einkaufszeile der letzten fakturierten Bestellung und wird gegebenenfalls in Mandantenwährung umgerechnet. Es handelt sich dabei um den Preis vor Gewährung von Rabatten.

Um die Historie der Einstandspreise anzuzeigen, kann ein Drilldown im Feld *Einstandspreis* bzw. *Einstandspreis (fest)* durchgeführt werden.

In der Einkaufsbestellung wird der *Einkaufspreis (neuester)* aus der Artikelkarte direkt in die Einkaufszeile des jeweiligen Artikels kopiert. Der *Einkaufspreis (neuster)* in der Artikelkarte wird weder fortgeschrieben noch kann dazu eine Historie angezeigt werden (außerhalb des Änderungsprotokolls). Der auf dieser Ebene definierte Einkaufspreis gilt somit einheitlich für alle Lieferanten des Mandanten. In dem hier vorliegenden Beispiel ist der *EK-Preis (neuester)* auf der Artikelkarte mit 46,00 Euro festgelegt. Bei der Erstellung der Einkaufsbestellung wird dieser Preis in den Einkaufsbeleg kopiert.

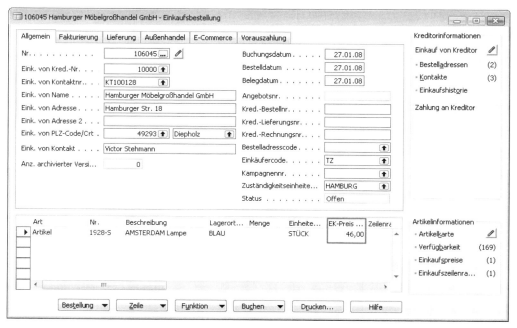

Abbildung 4.35 Einkaufspreis aus Artikelkarte kopiert

Für die Darstellung dieses Preismechanismus wurde keine Menge in die Bestellzeile eingetragen, da sich der Preis dann aufgrund der alternativen Einkaufspreises, die zu diesem Artikel und Lieferanten verfügbar sind (siehe untere rechte Ecke des Bildschirmausdrucks), gegebenenfalls ändern würde.

Preisfindung auf Basis alternativer EK-Preise

In der Praxis sind unterschiedliche Artikelpreise bei unterschiedlichen Lieferanten in Abhängigkeit beispielsweise folgender Parameter üblich:

- Allgemeine Qualität der Lieferantenbeziehung
- Abgewickeltes Einkaufsvolumen mit dem Lieferanten
- Vereinbarte Mindestmengen
- Transaktionswährung
- Unterschiedliche Artikelvarianten

Darüber hinaus können Preise innerhalb bestimmter Zeitintervalle, beispielsweise im Rahmen zeitlich begrenzter Aktionen, variabel sein. Das System bietet zur Umsetzung von Preisdiversifikationen die Pflege alternativer Einkaufspreise an. Alternative Einkaufspreise können sowohl über die Kreditoren- als auch über die Artikelkarte gepflegt werden.

Menüoption: *Einkauf/Planung/Artikel/Einkauf/Preise*

Menüoption: *Einkauf/Planung/Kreditoren/Einkauf/Preise* (siehe Abbildung 4.36)

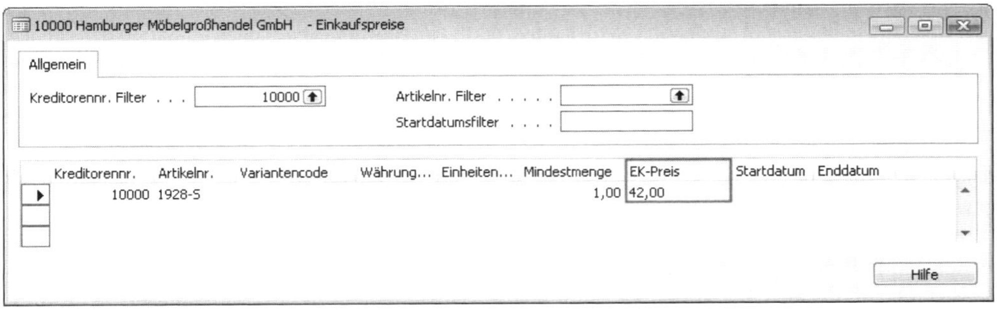

Abbildung 4.36   Einkaufspreise

Über die Felder *Kreditorennr. Filter*, *Artikelnr. Filter* und *Startdatumsfilter* lässt sich der Bezugsrahmen der festzulegenden Preise festlegen.

In den einzelnen Zeilen werden anschließend die Bedingungen definiert, unter deren Voraussetzung ein bestimmter Einkaufspreis für einen bestimmten Artikel in Anfragen, Einkaufsbestellungen, Rechnungen und Gutschriften gewährt wird. Folgende Bedingungen können dabei genutzt und kombiniert werden (siehe Tabelle 4.11):

Feld	Beschreibung
Kreditorennr.	Nummer des Kreditoren, der einen alternativen Preis anbietet
Artikelnr.	Artikel, für den der Preis gelten soll
Variantencode	Variante, für den der Preis gelten soll. Bleibt das Feld leer, gilt der Preis für alle nicht spezifizierten Varianten des Artikels.
Währungscode	Währung, für die der Preis gelten soll
Einheitencode	Einheitencode, für den der Einkaufspreis gültig sein soll
Mindestmenge	Menge, ab der ein bestimmter Preis gilt
Einkaufspreis	Gültiger Einkaufspreis unter den gesetzten Bedingungen
Startdatum	Beginn des Gültigkeitszeitraums für den Preis
Enddatum	Ende des Gültigkeitszeitraums für den Preis

Tabelle 4.11   Einkaufspreise festlegen

Wird eine Anfrage oder Einkaufsbestellung erzeugt, erfolgt die Preisermittlung anhand der zuvor festgelegten Kriterien. In diesem Beispiel wurde aufgrund der Preisfestlegung in der EK-Preistabelle für den Lieferanten »10000« und den Artikel »1928-S« bei einer Mindestmenge von einer Artikeleinheit im Zuge der Erstellung der Einkaufsbestellung der EK-Preis von 42,00 Euro ermittelt. Der auf der Artikelkarte hinterlegte Preis bleibt somit in diesem Fall unberücksichtigt.

Die Verwendung alternativer Einkaufspreise unterstützt somit den Einkäufer bei der artikelpreisorientierten Auswahl der Lieferanten. Das System geht bei der Überprüfung des Preises zweistufig vor, indem es zunächst prüft, ob alternative Preise für den zu beschaffenden Artikel grundsätzlich vorliegen und anschließend die Bedingungen für die Gültigkeit eines alternativen Einkaufspreises prüft (Mengen, Gültigkeitszeiträume etc.).

ACHTUNG Dynamics NAV unterstützt den Anwender nicht bei der Ermittlung des günstigsten Einkaufspreises. Da bei der Bestellung bereits der Lieferant im Bestellkopf ausgewählt werden muss, bevor einzelne Bestellpositionen erfasst werden können, berücksichtigt das System in diesem Fall nur Artikelpreise und Konditionen dieses Lieferanten. Die Einkaufspreise bei unterschiedlichen Lieferanten lassen sich über die Artikelkarte prüfen.

Menüoption: *Einkauf/Planung/Artikel/Funktion/Einkauf/Preise*

Hier besteht allerdings der Nachteil, dass mögliche Zeilen- und Rechnungsrabatte in der Berechnung des endgültigen Preises nicht berücksichtigt werden.

Sind die entsprechenden Bedingungen erfüllt, wird der alternative Preis in das Feld *EK-Preis* in die Einkaufsbestellzeile kopiert. Andernfalls wird der Einkaufspreis aus der Artikelkarte in die Einkaufsbelegzeile kopiert.

TIPP Im rechten unteren Bereich der Einkaufsbestellung (Info Pane) werden Informationen zum Artikel angezeigt, die neben der Artikelverfügbarkeit auch Informationen zu unterschiedlichen Einkaufspreisen für diesen Lieferanten enthalten.

Einkaufspreise unterliegen grundsätzlich Schwankungen oder langfristigen Änderungen. Dem Einkauf obliegt die Pflicht, Preise regelmäßig zu prüfen und Preisänderungen in der Anwendung zu pflegen. Dynamics NAV bietet zwei unterschiedliche Möglichkeiten der Einkaufspreisverwaltung. Mithilfe der Stapelverarbeitung *Artikelpreise justieren* können bestimmte Felder in der Artikelkarte bzw. Lagerhaltungsdatenkarte aktualisiert werden. Auf der Registerkarte *Artikel* können die zu aktualisierenden Datensätze und auf der Registerkarte *Optionen* die zu ändernden Wertfelder selektiert werden. Die vorgenommenen Änderungen wirken sich nicht auf die alternativen Einkaufspreise aus.

Menüoption: *Einkauf/Lager & Bewertung/Bewertung/Artikelpreise justieren* (siehe Abbildung 4.37)

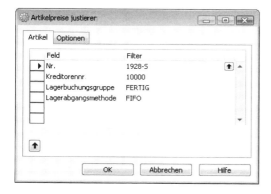

Abbildung 4.37 Artikelpreise im Einkauf justieren (1/2)

Über den Korrekturfaktor kann festgelegt werden, wie sich der neue Artikelpreis ergibt (in diesem Falle eine 10-%ige Erhöhung des bisherigen Preises), die Rundungsmethode legt gegebenenfalls fest, wie der neu ermittelte Preis zu runden ist.

Abbildung 4.38 Artikelpreis im Einkauf justieren (2/2)

HINWEIS In der Praxis werden in der Regel Dataports genutzt, um die Anpassung von Lieferanten-Artikelpreisen vorzunehmen. Aus Compliance-Sicht sollten die Preise in der Einkaufspreistabelle chronologisch fortgeschrieben werden.

Preise und Preisfindung aus Compliance-Sicht

Potentielle Risiken

- Zu hohe Einkaufspreise in Bestellungen führen zu Vermögensverlust des Unternehmens
- Falsche Preise haben möglicherweise negative Auswirkungen auf die Beziehung zu Lieferanten

Prüfungsziel

- Abgleich der Preispolitik des Unternehmens mit den im System hinterlegten Preisdaten
- Vergleich der Preise in den Artikelstammdaten mit alternativen Preisen

Prüfungshandlungen

Im ersten Schritt sollte sich ein Überblick der vom Unternehmen betriebenen Einkaufspolitik verschafft werden. Dazu gehört insbesondere die Analyse der dazugehörigen Dokumentation (Preislisten, Mengenstaffelungen, gegebenenfalls Verträge mit Lieferanten, Rahmenverträge etc.). Anschließend kann geprüft werden, ob die dokumentierten Preise mit den Basispreisdaten in der Anwendung übereinstimmen.

Preisprüfung auf Basis der Artikelkarte ohne alternative EK-Preise

Feldzugriff: *Tabelle 27 Artikel/Feld Einstandspreis fest* bzw. *EK-Preis (neuster)*

Preisprüfung auf Basis alternativer EK-Preise

Bei der Verwendung alternativer Einkaufspreise muss geprüft werden, ob zwischen den Einkaufspreisen in der Artikelkarte und den alternative Preisen unplausible Unterschiede existieren. Dazu muss die Tabellen mit den Artikelstammdaten mit denen der Einkaufspreise verglichen werden.

Feldzugriff: *Tabelle 27 Artikel/EK-Preis (neuster)*

in Verbindung mit

Feldzugriff: *Tabelle 7012 Einkaufspeis*

HINWEIS Die Tabelle *Einkaufspreis* kann gegebenenfalls Fremdwährungen enthalten, wohingegen der *EK-Preis (neuester)* immer in Mandantenwährung geführt wird.

Zeilen- und Rechnungsrabatte

Neben der Möglichkeit, lieferantenabhängige Preise im System zu hinterlegen, bietet Dynamics NAV die Möglichkeit, in Abhängigkeit von unterschiedlichen Parametern Zeilen- und Rechnungsrabatte für bestimmte Artikel und/oder Lieferanten zu hinterlegen. Im folgenden Abschnitt werden die Rabattlogik beschrieben und die relevanten Einstellungsmöglichkeiten im System erläutert.

Der Prozess im Überblick

Die Anwendung ermöglicht die Hinterlegung lieferanten- und artikelabhängiger Rabatte auf Positionsebene und auf Ebene des Rechnungsbetrages.

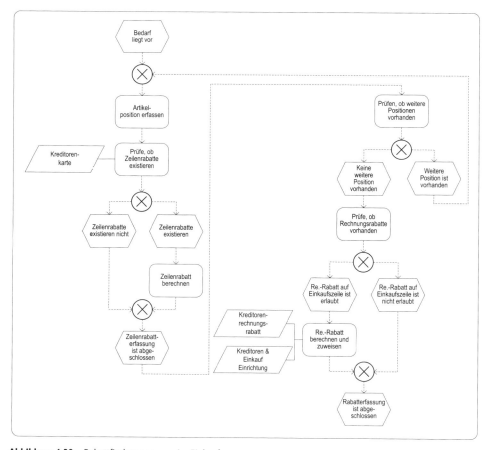

Abbildung 4.39 Rabattfindungsprozess im Einkauf

Aus Sicht des Belegflusses erfolgt die Rabattgewährung auf der Ebene der Anfrage und Einkaufsbestellung.

Abbildung 4.40 Belege in der Rabattfindung im Einkauf

Ablauf und Einrichtung von Zeilen- und Rechnungsrabatten

Neben lieferantenindividuellen Preisvereinbarungen durch *alternative Preise* bietet Dynamics NAV auch die Möglichkeit unterschiedlicher Arten der Rabattgewährung und -buchung. Dabei lassen sich drei Arten von Rabatten unterscheiden:

- **Zeilenrabatte (artikelbezogene Rabatte)** Können für Artikel-Lieferantenkombinationen gepflegt werden und sind damit ähnlich konstruiert wie *alternative Einkaufspreise*

- **Rechnungsrabatte** Beziehen sich nicht auf den einzelnen Artikel (Artikelpositionen), sondern werden in Abhängigkeit von der Rechnungshöhe gewährt. Es ist allerdings möglich, einzelne Einkaufsbestellpositionen vom Rechnungsrabatt auszuschließen. Rechnungsrabatte sind je Kreditor zu pflegen.

- **Skonti** Werden vom Lieferanten für den Fall gewährt, dass bestimmte Zahlungsfristen eingehalten werden. Erfolgt eine fristgerechte Zahlung, ist das Unternehmen in der Regel berechtigt, einen bestimmten Prozentsatz des Rechnungsbetrags abzuziehen. Da Skonti Bestandteil der Zahlungsbedingungen sind und erst bei Zahlungseingang gebucht werden, erfolgt eine detaillierte Betrachtung dieses Themas im Abschnitt »Zahlungsausgang für offene Verbindlichkeiten« ab Seite 234.

Um Einkaufsrabatte anwenden und buchen zu können, muss im ersten Schritt die allgemeine Rabatteinrichtung auf Ebene des Mandanten erfolgen.

Menüoption: *Einkauf/Einrichtung/Einkauf* & *Kreditoren Einrichtung* (siehe Abbildung 4.41)

Abbildung 4.41 Rabatteinrichtung im Einkauf

Folgende Werte sind hierbei von Bedeutung (siehe Tabelle 4.12):

Feld	Beschreibung
Rechnungsrabatt berechnen	Bei Aktivierung wird der Rechnungsrabattbetrag auf Einkaufsbelegen automatisch durch die Anwendung berechnet. HINWEIS: Es muss erst die Statistik zum Einkaufsbeleg aufgerufen werden, bevor der Rechnungsrabatt in die Einkaufszeile kopiert wird.
Rechnungsrabatt pro MwSt. Kennzeichen	Bei Aktivierung wird der Rechnungsrabatt pro MwSt.-Kennzeichen berechnet

Tabelle 4.12   Rabatteinrichtung im Einkauf (1/2)

Über das Feld *Rabattbuchung* können Regeln für die Buchungssteuerung festgelegt werden, wobei vier Optionen möglich sind (siehe Tabelle 4.13):

Feldwert	Beschreibung
Rechnungsrabatte	Rechnungsrabatt und Rechnungsbetrag werden auf separaten Konten gebucht (Bruttomethode). Dabei wird das Rechnungsrabattkonto verwendet, das in der Buchungsmatrix eingerichtet sein muss. Rabattbeträge können so im Kontenplan auf separaten Konten nachvollzogen werden.
Zeilenrabatte	Zeilenrabatt und Rechnungsbetrag werden auf separaten Konten gebucht (Bruttomethode). Dabei wird das Zeilenrabattkonto verwendet, das in der Buchungsmatrix eingerichtet sein muss.
Alle Rabatte	Zeilenrabatt, Rechnungsrabatt und Rechnungsbetrag werden auf separaten Konten gebucht (Bruttomethode). Dabei wird das eilenrabattkonto verwendet, das in der Buchungsmatrix eingerichtet sein muss. Rabattbeträge können so im Kontenplan nachvollzogen werden.
Keine Rabatte	Rabatte werden nicht getrennt gebucht, sondern direkt vom Rechnungsbetrag abgezogen (Nettomethode). Rabattbeträge können im Kontenplan somit nicht nachvollzogen werden.

Tabelle 4.13   Rabatteinrichtung im Einkauf (2/2)

Im Rahmen der GuV-Kontenfindung werden die allgemeine Geschäftsbuchungsgruppe des Lieferanten sowie die allgemeine Produktbuchungsgruppe des Artikels herangezogen, um die Buchung gemäß der Einrichtung der Buchungsmatrix vornehmen zu können. Wird bei der Rabatteinrichtung der Wert *Keine Rabatte* verwendet, wird nur auf das Einkaufskonto gebucht.

Menüoption: *Finanzmanagement/Einrichtung/Buchungsgruppen/Allgemein/Buchungsmatrix Einrichtung* (siehe Abbildung 4.42)

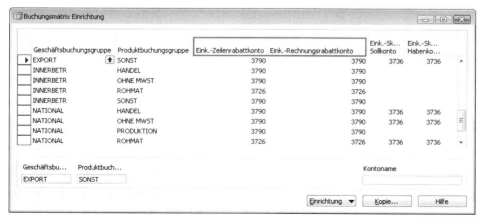

Abbildung 4.42   Buchungsmatrix Rabattkonten im Einkauf

Aktivierung der Rabatte auf Ebene der Artikel- und Kreditorenkarte (ohne Berücksichtigung alternativer EK-Preise)

Auf der Artikelkarte kann festgelegt werden, ob die Berechnung des Rechnungsrabatts erfolgt oder nicht.

Menüoption: *Einkauf/Planung/Artikel* (siehe Abbildung 4.43)

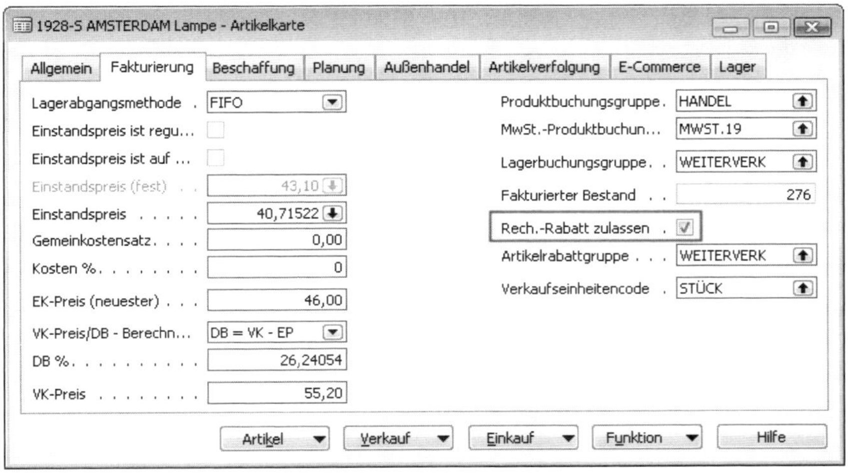

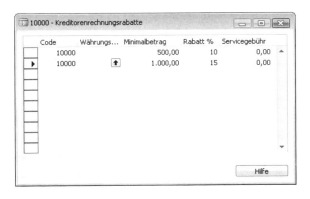

Abbildung 4.43   Rechnungsrabatte im Einkauf zulassen (Artikelkarte)

Die Definition der Einkaufsrechnungsrabatte selbst erfolgt über die Rechnungsrabattcodes auf der Register-karte *Fakturierung* der Kreditorenkarte. Bei der Einrichtung einer neuen Kreditorenkarte füllt Dynamics NAV dieses Feld automatisch mit der Kreditorennummer. Grundsätzlich können zwei Möglichkeiten für die Zuweisung von Rabattcodes zu Lieferanten gewählt werden.

Wird das Feld durch den Anwender nicht geändert, müssen in der Tabelle *Kreditorenrechnungsrabatt* Bedingungen für den *Rechnungsrabattcode* kreditorenindividuell eingerichtet werden.

Menüoption: *Einkauf/Bestellabwicklung/Kreditoren/Einkauf/Rechnungsrabatte* (siehe Abbildung 4.44)

Abbildung 4.44   Definition von Kreditorenrechnungsrabatten

Soll für mehrere Kreditoren oder eine Gruppe von Kreditoren der identische Rechnungsrabatt gelten, muss der Vorgabecode durch den gewünschten ersetzt werden. Die Einrichtung von Rechnungsrabatten erfolgt analog zu der oben beschriebenen Vorgehensweise. Einkaufsrabattcodes sind durch folgende Eigenschaften gekennzeichnet (siehe Tabelle 4.14):

Feld	Beschreibung
Code	Eindeutiger Code für den Rechnungsrabatt
Währungscode	Währungscode, für den die Rechnungsrabattbedingung gelten soll. Eventuelle Servicegebühren oder Minimalbeträge für diese Rechnungsrabattbedingungen werden in der entsprechenden Währung angezeigt.
Minimalbetrag	Minimalbetrag, ab dem ein bestimmter Rabattprozentsatz gelten soll
Rabatt %	Rabatt in Prozent vom Rechnungsbetrag
Servicegebühr	Servicegebühr, die entrichtet werden muss, wenn er für mindestens den Betrag im Feld Minimalbetrag gekauft wird (aber für weniger als den Minimalbetrag in der nächsten Rechnungsrabattzeile)

Tabelle 4.14 Einrichtung von Rechnungsrabatten im Einkauf

In diesem Beispiel wurde ein zweistufiger Rechnungsrabatt für den Kreditor »10000« hinterlegt (10% bei einem Rechnungsbetrag von mindestens 500 Euro, 15% bei einem Rechnungsbetrag von mindestens 1.000 Euro).

Die Zuordnung eines Rechnungsrabatts zu einem Lieferanten erfolgt über die Hinterlegung des Codes auf der Registerkarte *Fakturierung* der Kreditorenkarte.

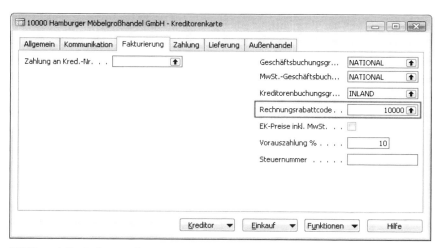

Abbildung 4.45 Rechnungsrabattcode Kreditor zuweisen

Bei der Anlage der Anfrage bzw. der Einkaufsbestellung wird gemäß den zuvor getroffenen Einstellungen überprüft, ob durch den Lieferanten ein bestimmter Rechnungsrabatt gewährt werden kann.

Definition von Zeilenrabatten

Die Definition von Zeilenrabatten erfolgt über die Registerkarte *Fakturierung* entweder der Artikel- oder der Kreditorenkarte.

Menüoption: *Einkauf/Bestellabwicklung/Kreditoren/Einkauf/Zeilenrabatte* bzw.

Menüoption: *Einkauf/Planung/Artikel/Einkauf/Zeilenrabatte* (siehe Abbildung 4.46)

Abbildung 4.46 Definition der Einkaufszeilenrabatte

Über die Kombination aus Kreditoren- und Artikelnummer wird der Bezugsrahmen für den Zeilenrabatt festgelegt. In den einzelnen Zeilen werden anschließend die Bedingungen definiert, unter deren Voraussetzung von einem Lieferanten ein bestimmter Rabatt für einen bestimmten Artikel in Anfragen, Einkaufsbestellungen, Rechnungen und Gutschriften gewährt wird. Folgende Bedingungen können dabei genutzt und kombiniert werden (siehe Tabelle 4.15):

Feld	Beschreibung
Kreditorennummer	Nummer des Kreditoren, der einen alternativen Preis anbietet
Artikelnummer	Artikel, für den der Preis gelten soll
Variantencode	Variante, für den der Preis gelten soll. Bleibt das Feld leer, gilt der Preis für alle nicht spezifizierten Varianten des Artikels.
Währungscode	Währung, für die der Preis gelten soll
Einheiten	Einheitencode, für den der Einkaufspreis gültig sein soll
Mindestmenge	Menge, ab der ein bestimmter Preis gilt
Einkaufspreis	Gültiger Einkaufspreis unter den gesetzten Bedingungen
Startdatum	Beginn des Gültigkeitszeitraums für den Preis
Enddatum	Ende des Gültigkeitszeitraums für den Preis

Tabelle 4.15 Definition der Einkaufszeilenrabatte

Für dieses Beispiel wurde für den Lieferanten »10000« in Kombination mit dem Artikel »1928-S« ein Zeilenrabattsatz von 20% für eine Mindestbestellmenge von zehn Artikeleinheiten hinterlegt.

Wie bei der Preisfindung wird rechts unten in der Bestellung angezeigt, ob ein Zeilenrabatt für den Artikel hinterlegt ist. Durch einfachen Mausklick auf den Zeilenrabatt lassen sich alle gepflegten Zeilenrabatte anzeigen und auswählen. In den Positionsdaten wird der tatsächlich gewährte Zeilen- und Rechnungsrabatt angezeigt.

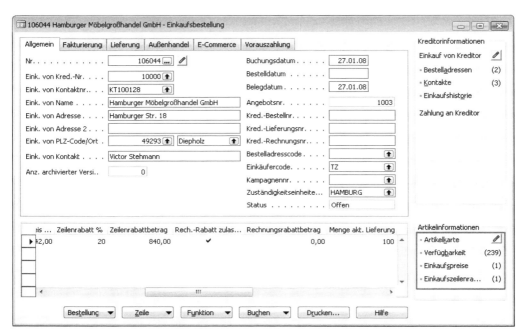

Abbildung 4.47   Rabattanzeige in der Einkaufsbestellung

Wurden in Dynamics NAV für den Artikel bzw. Lieferanten keine Zeilenrabatte erfasst, wird der Einkaufspreis aus der Artikelkarte in den Einkaufsbeleg kopiert, sofern nicht ein alternativer Einkaufspreis für diese Artikel-Lieferanten-Kombination eingerichtet ist.

Für das obige Beispiel der Bestellung von 30 Stück »1928-S« beim Lieferanten »10000« gilt nun die folgende Preis- und Rabattfindung:

Der Preis wurde – wie im Abschnitt zur Preisfindung im Einkauf bereits erläutert – aufgrund der Preishinterlegung für diese Artikel-/Lieferantenkombination in der Einkaufspreistabelle mit 42,00 Euro festgesetzt (Preis gemäß Artikelkarte: 46 Euro). Darüber hinaus wird ein Zeilenrabatt von 20% gewährt und in den Beleg kopiert, weil die dazu erforderliche Mindestmenge von zehn Artikeleinheiten erreicht bzw. überschritten wurde.

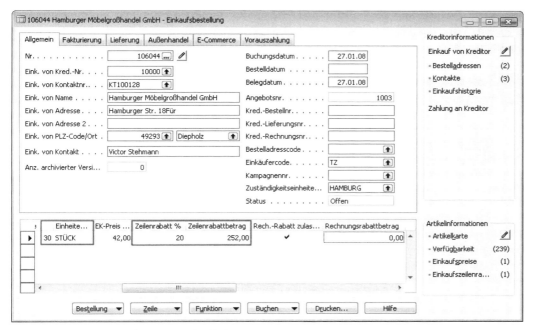

Abbildung 4.48 Zeilenrabattfindung im Einkaufsbeleg

Wie aus der obigen Abbildung hervorgeht, ist der Rechnungsrabatt für die Einkaufsposition zugelassen, allerdings ist der Rechnungsrabattbetrag mit Null ausgewiesen, obwohl ab einem Rechnungsbetrag von über 500 Euro Rechnungsrabatte für diesen Lieferanten vorgesehen sind. Um auch diesen Rabatt in der Belegzeile anzeigen zu lassen, muss zunächst die Statistik des Einkaufsbelegs aufgerufen werden bzw. die Freigabe des Belegs erfolgen.

Menüoption: *Einkauf/Bestellungsabwicklung/Bestellungen/Statistik* (siehe Abbildung 4.49)

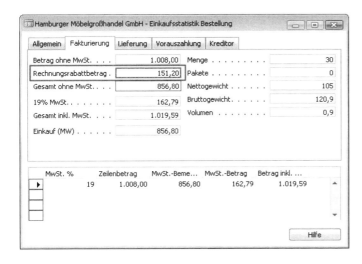

Abbildung 4.49 Einkaufsstatistik Fakturierung

Auf der Registerkarte *Fakturierung* der Einkaufsstatistik zur Bestellung wird der Rechnungsrabattbetrag explizit ausgewiesen. Wird das Fenster anschließend ohne weitere Eingaben geschlossen, findet sich der Rechnungsrabattbetrag auch in der Belegzeile der Einkaufsbestellung wieder.

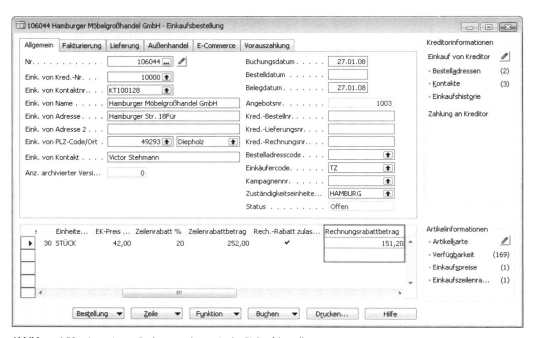

Abbildung 4.50 Ausweis von Rechnungsrabatten in der Einkaufsbestellung

Mit dem Ausweis des besten Preises, des Zeilen- und des Rechnungsrabatts ist die Preisfindung in der Einkaufsbestellung abgeschlossen.

Zeilen- und Rechnungsrabatte aus Compliance-Sicht

Potentielle Risiken

- Falsche oder zu niedrige Rabatte führen zu Vermögensverlust des Unternehmens (Effectiveness, Compliance)

- Falsche Berechnungen von Rabatten haben möglicherweise negative Auswirkungen auf das Lieferantenverhältnis (Effectiveness, Compliance)

- Nettobuchungen von Rabatten führen zu fehlender Transparenz und Nachvollziehbarkeit (Integrity)

- Falsche oder fehlende Hinterlegung von Rabattkonten führt zu falschem Ausweis in der Bilanz bzw. fehlender Transparenz (Integrity, Reliability)

Prüfungsziel

- Überprüfung der Mandanteneinstellungen zu den Rabattbuchungsprozessen

- Abgleich der Rabattpolitik des Unternehmens mit den im System hinterlegten Rabatten

- Abgleich der in den Belegen realisierten Lieferantenrabatte mit den im System eingerichteten Rabatten

- Überprüfung der Kontenfindung für die Buchung von Rabatten in der Buchungsmatrix

Prüfungshandlungen

Im ersten Schritt sollte sich ein Überblick der vom Unternehmen betriebenen Rabattpolitik verschafft werden. Dazu gehört insbesondere die Analyse der dazugehörigen Dokumentation (Rabattvereinbarungen, Mengenstaffelungen, gegebenenfalls Verträge mit Lieferanten etc.). Ebenso dazu zählen die generellen Systemeinstellungen zur Rabattpolitik (siehe Tabelle 4.16), die den gesamten Mandanten betreffen.

Menüoption: *Einkauf/Einrichtung/Kreditoren & Einkauf Einrichtung* (siehe Abbildung 4.51)

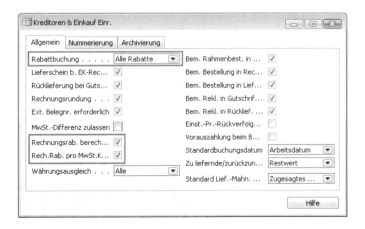

Abbildung 4.51 Einrichtung der Einkaufsrabatte aus Compliance-Sicht

Feld	Empfohlener Wert
Rabattbuchung	*<Alle Rabatte>*
	Zeilenrabatt, Rechnungsrabatt und Erlös werden auf separaten Konten gebucht (Bruttomethode). Dabei werden Rabattkonten verwendet, die in der Buchungsmatrix eingerichtet sind. Gewährte Rabattbeträge können später im Kontenplan nachvollzogen werden.
Rechnungsrabatt berechnen	*<Aktiviert>*
	Der Rechnungsrabattbetrag auf Verkaufsbelegen wird automatisch durch die Anwendung berechnet. Bei Deaktivierung muss die Berechnung manuell angestoßen werden.
Rechnungsrabatt pro MwSt.-Kennzeichen berechnen	*<Aktiviert>*
	Bei Aktivierung wird der Rechnungsrabatt pro MwSt.-Kennzeichen berechnet

Tabelle 4.16 Empfohlene Einrichtung von Einkaufsrabatten aus Compliance-Sicht

Im zweiten Schritt muss geprüft werden, ob zwischen den Einkaufspreisen in der Artikelkarte bzw. in der Einkaufspreistabelle und den Einkaufspreisen in den Belegen unplausible Abweichungen existieren.

Feldzugriff: *Tabelle 27 Artikel/Feld Einstandspreis fest bzw. EK-Preis (neuster)*

Feldzugriff: *Tabelle 7012 Einkaufspreis*

Feldzugriff: *Tabelle 7014 Einkaufszeilenrabatt*

Feldzugriff: *Tabelle 24 Kreditorenrechnungsrabatt*

Feldzugriff: *Tabelle 123 Einkaufsrechnungszeile*

Die Überprüfung der Kontendefinition für Rabattbuchungen erfolgt über die Buchungsmatrix. Für die einzelnen Arten von Rabattbuchungen (Zeilen- und Rechnungsrabatte) sollten unterschiedliche Konten gepflegt sein.

Menüoption: *Finanzmanagement/Einrichtung/Buchungsgruppen/Allgemein/Buchungsmatrix Einrichtung*

Vorauszahlungen

Dynamics NAV bietet die Möglichkeit, für einzelne Kreditoren Vorauszahlungen zu definieren. Zahlungsvorauszahlungen können generell für Debitoren, Kreditoren und Artikel gepflegt werden und dienen im Einkauf dazu, Anforderungen der Lieferanten über zu tätigende Vorauszahlungen abzubilden. Vorauszahlungen werden vor der Lieferung getätigt und verbucht. Erst nach der Vorauszahlung erfolgt die Lieferung der Kreditoren und der Wareneingang beim Unternehmen. Um das Konstrukt der Vorauszahlung nutzen zu können, müssen die entsprechenden Sachkonten und Buchungsgruppen, Nummernserien für Vorauszahlungsbelege und die Vorauszahlungslogik (Prozentsätze, Gültigkeit für Kunden, Lieferanten und Artikel) definiert werden. Generelle Einstellungen zur Einrichtung von Sachkonten, Buchungsgruppen und Nummernserien wurden bereits im Kapitel 3 erläutert, sodass hier die Ausführungen auf die wesentlichen Parameter der Vorauszahlung beschränkt werden.

Der Prozess im Überblick

Der Prozess der Vorauszahlung wird im Einkauf über die Einkaufsbestellung gesteuert und stellt sich im Standard wie folgt dar:

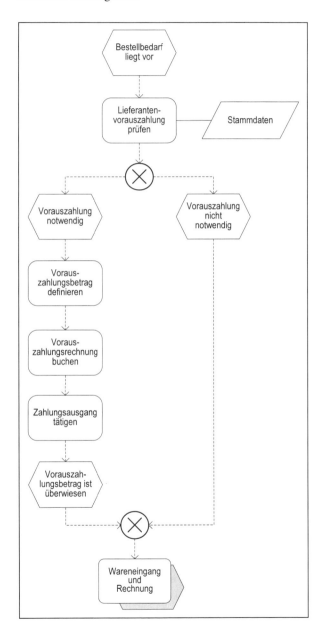

Abbildung 4.52 Vorauszahlungsprozess Einkauf

Aus Sicht des Belegflusses lässt sich die Vorauszahlung zwischen der Einkaufsbestellung und der Lieferung einordnen. In der Regel wird die Ware erst ausgeliefert, wenn die Vorauszahlung an den Lieferanten erfolgt ist. Die Vorauszahlung selbst ist wie ein eigener Eingangsrechnungsbeleg anzusehen, der durch den Zahlungsausgang ausgeglichen wird.

Abbildung 4.53 Belege der Vorauszahlung

Ablauf und Einrichtung der Vorauszahlung

Will ein Unternehmen Vorauszahlungen systemseitig unterstützen, muss zunächst die Vorauszahlungsprüfung in der Einrichtung für *Kreditoren* & *Einkauf* aktiviert werden.

Menüoption: *Einkauf/Einrichtung/Kreditoren* & *Einkauf Einr.* (siehe Abbildung 4.54)

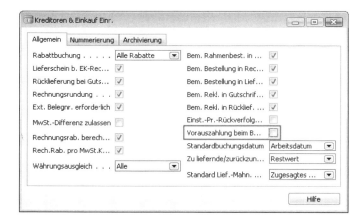

Abbildung 4.54 Einrichtung *Vorauszahlungen Einkauf*

Wird das Kontrollkästchen für die Prüfung der Vorauszahlung aktiviert, kann ein Wareneingang nicht verbucht werden, sofern nicht der Zahlungsausgang für die Vorauszahlung gebucht wurde. Während diese Vorgehensweise für den Verkaufsbereich sicherstellt, dass keine Auslieferung vor Kundenanzahlung erfolgt, ist der Sinn im Einkaufsbereich in erster Linie in einer Erinnerungsfunktion für die zu tätigende Anzahlung an den Lieferanten zu sehen. Ein Risiko indes besteht lediglich für den Lieferanten, nicht jedoch für das bestellende Unternehmen, wenn ein Wareneingang vor Vorauszahlungsausgang erfolgt. Insofern kann dieser Einrichtungsparameter vernachlässigt werden, zumal die Bestellung nicht gebucht werden kann, bevor die Vorauszahlungsrechnung nicht gebucht wurde.

Die eigentliche Definition der Vorauszahlungsparameter erfolgt im System an unterschiedlichen Stellen. Auf der Kreditorenkarte können auf der Registerkarte *Fakturierung*, auf der Artikelkarte über die Schaltfläche *Einkauf* und die Auswahl *Vorauszahlungsprozentsätze* entsprechende Vorauszahlungsparameter hinterlegt werden.

Menüoption: *Einkauf/Planung/Kreditoren* (siehe Abbildung 4.55)

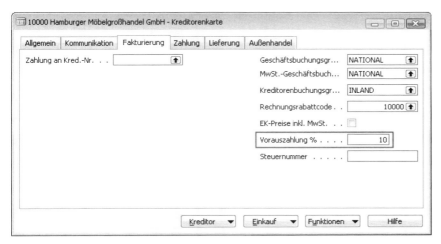

Abbildung 4.55 Vorauszahlungseinstellungen der Kreditorenkarte

Menüoption: *Einkauf/Planung/Artikel/Einkauf/Vorauszahlungsprozentsätze* (siehe Abbildung 4.56)

Abbildung 4.56 Vorauszahlungseinstellungen Einkauf der Artikelkarte

Die Prozentsätze auf der Artikelkarte können auf einzelne Kreditoren und Gültigkeitszeiträume beschränkt werden. Bei der Anlage einer Einkaufsbestellung werden die Vorauszahlungsprozentsätze aus den Stammdaten in den Einkaufsbeleg kopiert. Grundsätzlich ist es dabei möglich, dass die hinterlegten Prozentsätze miteinander kollidieren (beispielsweise Kreditorenkarte 10%, Artikelkarte für den Artikel und den Kreditoren 5%). Das System wählt dann den Prozentsatz in der folgenden Prioritätenreihenfolge aus:

- Prozentsatz aus der Kombination eines Artikels und Kreditors
- Prozentsatz aus dem Einkaufskopf, der aus der Kreditorenkarte in den Beleg kopiert wird

In diesem Beispiel ist für den Kreditoren »10000« ein Prozentsatz von zehn auf der Kreditorenkarte hinterlegt, in der Artikelkarte ist für den Artikel »1928-S« in Kombination mit dem Kreditoren »10000« (Verkaufscode »10000«) ein Prozentsatz von fünf hinterlegt. Wird nun ein Auftrag für diesen Artikel und diesen Kreditor angelegt, finden sich in Einkaufskopf und -zeilen folgende Einstellungen wieder:

Menüoption: *Einkauf/Bestellungsabwicklung/Bestellungen* (siehe Abbildung 4.57)

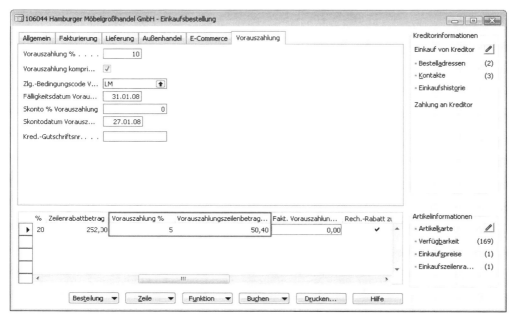

Abbildung 4.57 Vorauszahlungsprozentsätze im Einkaufsbeleg

In den Bestellkopf wurde der Prozentsatz aus der Kreditorenkarte kopiert. Allerdings gilt für die Auftrags-zeile (Artikel ist »1928-S«) der Prozentsatz, der aus der Artikel-/Kreditorenkombination der Artikelkarte gezogen wurde. Bezüglich des Bestellkopfs sind folgende Felder von Bedeutung (siehe Tabelle 4.17):

Feld	Beschreibung
Vorauszahlung %	Vorauszahlungsprozentsatz, der aus der Kreditorenkarte in den Beleg kopiert wird
Vorauszahlung komprimieren	Bei Aktivierung wird die Vorauszahlung unter zwei Voraussetzungen zu einer Position auf der Rechnung zusammengefasst; die Vorauszahlungen betreffen das identische Sachkonto und es wurden die identischen Dimensionen verwendet. Ist das Feld nicht aktiviert, erfolgt ein separater Ausweis für jede Zeile der Rechnung.
Zlg.-Bedingungscode Vorauszahl.	Ebenso wie für normale Rechnungen kann auch für Anzahlungen eine Zahlungsbedingung definiert werden
Fälligkeitsdatum Vorauszahlung	Hinterlegung der Fälligkeitsformel für die Berechnung der Zahlungsfälligkeit
Skonto % Vorauszahlung	Ebenso wie formale Rechnungen kann auch für Anzahlungen ein Skonto gewährt werden, da die Anzahlung letztendlich ein Bestandteil der Artikelfakturierung ist
Skontodatum Vorauszahlung	Datum, bis zu dem der Abzug des Skontos durch den Lieferanten gewährt wird

Tabelle 4.17 Vorauszahlungsparameter im Einkaufsbestellkopf

In der Belegzeile werden ebenfalls der Vorauszahlungsprozentsatz sowie der absolute Betrag, der bereits fak-turierte Betrag, der später von der Rechnung abzuziehende Anzahlungsbetrag und der bereits von der nor-malen Rechnung abgezogene Anzahlungsbetrag ausgewiesen. Eine ausstehende Vorauszahlung kann über das Statusfeld auf der Registerkarte *Allgemein* im Auftrag nachvollzogen werden.

Vorauszahlung aus Compliance-Sicht

Potentielle Risiken

- Falsche oder zu hohe Vorauszahlungen und damit verbundener Zinsverlust (Compliance)

Prüfungsziel

- Abgleich der vereinbarten Vorauszahlungsmodalitäten des Unternehmens mit den im System hinterlegten Vorauszahlungsdaten
- Vergleich der Vorauszahlungsdaten in den Artikel- und Lieferantenstammdaten mit in den Belegen hinterlegten Daten

Prüfungshandlungen

Im ersten Schritt sollten die Unternehmensrichtlinien abgefragt werden, d.h., welche Lieferanten Vorauszahlungen verlangen und wie hoch die jeweiligen Vorauszahlungsprozentsätze sind. Dazu müssen die Richtlinien den Systemeinstellungen gegenübergestellt werden.

Feldzugriff: *Tabelle 23 Kreditor/Feld Vorauszahlung %*

Lieferung und Rechnungseingang

Nach Abschluss der Preisfindung und Überstellung der Einkaufsbestellung an den Lieferanten erfolgen die Überwachung des Wareneingangs und die damit verbundene Buchung der Eingangsrechnung. Im Folgenden werden die unterschiedlichen Möglichkeiten des Prozessablaufs sowie die dazu erforderlichen Einstellungsparameter beschrieben.

Der Prozess im Überblick

Grundlage für die Lieferung bzw. den Wareneingang und die Bezahlung von eingekauften Artikelpositionen ist die Einkaufsbestellung. Einkaufsbestellungen können durch mehrere Teillieferungen bzw. Teilrechnungen oder mehrere Bestellungen über eine Sammelrechnung verarbeitet werden. Die Anwendung ermöglicht es, Lieferungen und Rechnungen getrennt voneinander oder in einem Arbeitsschritt zu buchen.

HINWEIS In der Praxis ist häufig eine zentrale Eingangsechnungserfassung vorzufinden (Rechnungseingangsbuch), in der zunächst alle eingehenden Rechnungen ohne Bezug zur Bestellung vorerfasst (diese aber nicht bucht) werden. Dies dient dazu, die fristgerechte, fachliche Rechnungsprüfung sicherzustellen und damit Skontofristen kontrollieren und einhalten zu können. Dadurch ergibt sich eine Unterbrechung des beschriebenen Belegflusses, da Rechnungen und Bestelllungen zunächst nicht miteinander verknüpft sind. Nach Buchung des Wareneingangs (aus der Bestellung heraus) muss dieser Bezug manuell über die Funktion *Wareneingangszeilen holen* hergestellt werden, indem die Rechnung Bezug auf die gebuchte Lieferung der Einkaufsbestellung nimmt. In diesem Zusammenhang steht eine Stapelverarbeitung zur Verfügung, um erledigte Bestellungen zu löschen.

Eine Bestellung kann dabei in beliebig viele Lieferungen und Rechnungen aufgeteilt werden, Teillieferungen und -rechnungen werden in den Feldern *bereits gel. Menge* und *bereits berechn. Menge* angezeigt. Um Teillieferung und Teilrechnungen zu erfassen, sind die Felder *Zu liefern* und *Zu fakturieren* zu pflegen. Ein standardisierter Lieferungs- und Fakturierungsprozess stellt sich wie folgt dar:

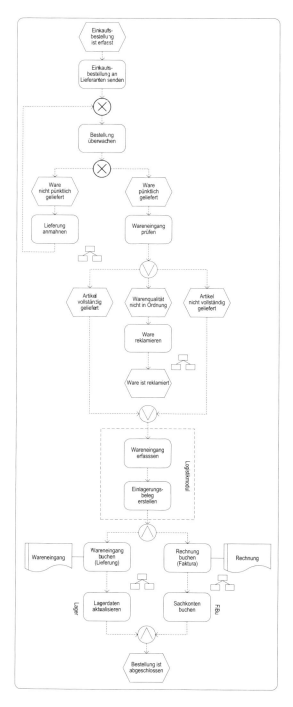

Abbildung 4.58 Wareneingangs- und Rechnungseingangsprozess

Um den Wareneingang buchen zu können, muss die Bestellung über den Belegstatus freigegeben werden, sofern das Logistikmodul im Einsatz ist. Ist der Status des Belegs hingegen *offen*, kann er noch geändert werden und ist für die nächste Bearbeitungsstufe in der Logistik gesperrt.

HINWEIS Teilweise sind auch Änderungen nach der Freigabe möglich, *Artikel* und *WG/Anl.* sind allerdings gegen nachträgliche Änderungen geschützt.

Erfolgt eine Teillieferung der bestellten Ware, wird nur die entsprechende Anzahl der gelieferten Artikel erfasst.

Abbildung 4.59 Belege im Wareneingangsprozess

Ablauf und Einrichtung des Lieferungs- und Fakturierungsprozesses

In Dynamics NAV werden Bestellungen in der Regel zweistufig verbucht, um eine Trennung zwischen physischem Wareneingang und Rechnungsbuchung (Fakturierung) zu erreichen. So ist auch die Buchung von Teillieferungen sowie von Teil- oder Sammelrechnungen problemlos möglich. Die Rechnungsprüfung erfolgt zweistufig. Nachdem der Wareneingang mit der Bestellung abgeglichen und sachlich geprüft wurde, wird die rechnerische Prüfung beispielsweise durch das Rechnungswesen vorgenommen. Dazu wird die entsprechende Einkaufsbestellung selektiert und über die *Statistik* ([F9]) mit dem Rechnungsbeleg abgestimmt. Bei Abweichungen ist das Vorgehen mit der Fachabteilung abzustimmen. Zusätzlich werden *Kred.-Rechnungsnr.* und *Buchungsdatum* (gemeint ist das Rechnungsdatum) erfasst.

Menüoption: *Einkauf/Bestellungsabwicklung/Bestellungen* (siehe Abbildung 4.60)

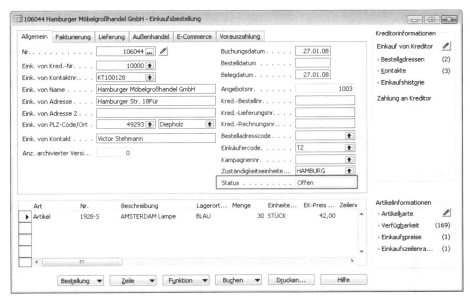

Abbildung 4.60 Einkaufsbestellung (allgemein)

Neben den allgemeinen Einkaufsbestelldaten enthält jede Bestellung eine eigene Registerkarte für lieferungs- und fakturarelevante Sachverhalte, wovon die wichtigsten im Folgenden erläutert werden (siehe Tabelle 4.18 und Tabelle 4.19):

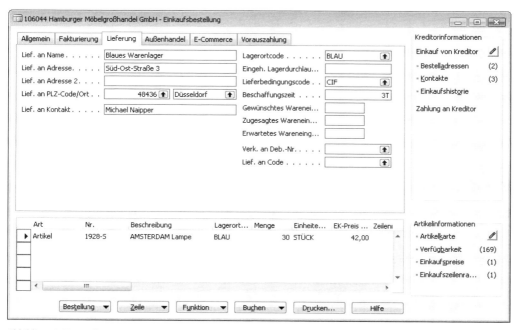

Abbildung 4.61   Lieferung (Einkaufsbestellung)

Feld	Beschreibung
Lagerortcode	Code des Lagerortes, an dem die Lagerung des Artikels erfolgen soll
Lieferbedingungscode	Code für Art der Lieferung (z.B. Abholung vor Ort, Kosten und Fracht, bis zur Grenze geliefert etc.)
Eingeh. Lagerdurchlaufzeit	Zeitraum, der benötigt wird, um einen Artikel einzulagern, nachdem er als geliefert registriert wurde
Beschaffungszeit	Datumsformel für die Zeit, die ein Lieferant nach Bestelleingang benötigt, um die Ware auszuliefern
Gewünschtes Wareneingangsdatum	Das gewünschte Datum, an dem der Kreditor die Bestellung an das Unternehmen liefert. Die Anwendung verwendet das Feld, um das späteste Datum zu berechnen, an dem bestellt werden muss, um den Artikel rechtzeitig zu erhalten.
Zugesagtes Wareneingangsdatum	Durch den Lieferanten zugesagter Liefertermin
Erwartetes Wareneingangsdatum	Eingabe des erwarteten Lieferdatums der Bestellung. Die Anwendung kopiert das Datum in alle Einkaufszeilen (das erwartete Wareneingangsdatum steuert die Artikelverfügbarkeit und berechnet sich wie folgt: geplantes Wareneingangsdatum + Sicherheitszuschlag Beschaffungszeit.+ Eingehende Lagerdurchlaufzeit).
Verkauf an Deb.-Nr.	Im Falle einer Direktlieferung kann in diesem Feld die Nummer des Debitoren hinterlegt werden, der den/die Artikel direkt vom Kreditor geliefert bekommt
Lief. an Code	In diesem Feld kann eine abweichende Lieferadresse hinterlegt werden

Tabelle 4.18   Lieferung (Einkaufsbestellung)

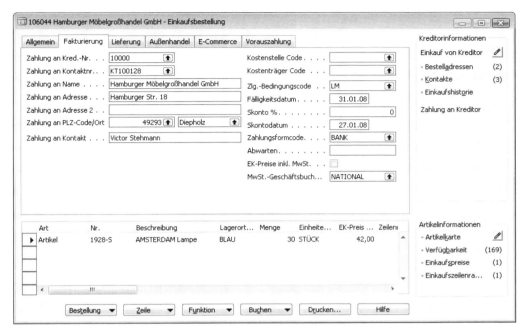

Abbildung 4.62 Fakturierung (Einkaufsbestellung)

Feld	Beschreibung
Zahlung an Kred.-Nr.	Hier kann gegebenenfalls ein abweichender Zahlungsempfänger hinterlegt werden. Gegebenenfalls wird die Preisfindung neu durchgeführt, da für die Preisfindung der Zahlungsempfänger entscheidend ist.
Zlg.-Bedingungscode	Über die Zahlungsbedingung wird ausgehend vom Belegdatum das Fälligkeits- und gegebenenfalls das Skontodatum und der prozentuale Skontowert zugewiesen. Die Werte können allerdings standardmäßig im Belegkopf manuell überschrieben werden.
Fälligkeitsdatum	Datum, an dem die Rechnung zur Zahlung fällig wird
Skonto %	Gewährter Skontoprozentsatz, der sich aus der Zahlungsbedingung ergibt
Skontodatum	Zeitpunkt, bis zu dem Skonto gewährt wird; ergibt sich aus der Zahlungsbedingung
Zahlungsformcode	Zahlungsweg für den Lieferanten (Bar, Überweisung, Einzug etc.)
Abwarten	Wenn dieses Feld mit einem beliebigen Wert versehen wird, wird der Posten bei der Stapelverarbeitung *Zahlungsvorschlag* nicht berücksichtigt

Tabelle 4.19 Fakturierung (Einkaufsbestellung)

Lieferung und Fakturierungsprozesse aus Compliance-Sicht

Potentielle Risiken

■ Vermögensverlust durch zu hohe Rechnungsbeträge aufgrund zu hoch fakturierter Artikelpreise

Prüfungsziel

- Analyse der Artikelpreise auf Rechnungsbelegebene mit Artikelpreisen in den Stammdaten (Artikelkarte, Tabelle alternativer Einkaufspreise)

- Analyse offener Einkaufsbestellungen

Prüfungshandlungen

Differenzen zwischen Einkaufspreisen in Rechnung- und Einkaufsbelegen

Differenzen zwischen Preisen in den Einkaufsbestell- und Rechnungsbelegen deuten auf Probleme in der Abstimmung mit dem Lieferanten bzw. auf manuelle Preisänderungen hin. Durch den Vergleich der Beleg-kopf- und Belegpositionsdaten von Bestell- und Rechnungsbelegen lassen sich derartige Differenzen identifizieren. Dazu ist es allerdings erforderlich, dass die Archivierungsfunktion für Bestellbelege aktiviert ist, da nach Buchung der Lieferung und Fakturierung der Einkaufsbestellung der ursprüngliche Bestellbeleg im System nicht mehr vorgehalten wird. Die Archivierung für Einkaufsbelege wird über die Einrichtungspara-meter der Kreditoren und des Einkaufs gesteuert.

Menüoption: *Einkauf/Einrichtung/Kreditoren & Einkauf Einr.* (siehe Abbildung 4.63)

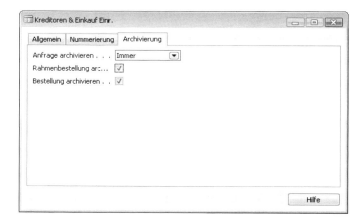

Abbildung 4.63 Archivierung von Einkaufsbelegen

Im Sinne der Belegflusstransparenz und der Systemnachvollziehbarkeit sollten Anfragen, Rahmenbestellun-gen und Bestellungen immer archiviert werden.

Der Vergleich der Belegdaten für Bestellungen und Rechnungen erfolgt über die Gegenüberstellung von Ein-kaufsrechnungsköpfen und -zeilen mit den archivierten Einkaufsköpfe und -zeilen.

- Feldzugriff: *Tabelle 5109 Einkaufskopfarchiv/Feld Belegnummer, Buchungsdatum, Betrag*

in Verbindung mit

Feldzugriff: *Tabelle 5110 Einkaufszeilenarchiv/Feld Belegnummer, Buchungsdatum, Betrag*

in Verbindung mit

Feldzugriff: *Tabelle 122 Einkaufsrechnungskopf/Feld Belegnummer, Buchungsdatum, Bestelldatum, Betrag*

in Verbindung mit

Feldzugriff: *Tabelle 123 Einkaufsrechnungszeile/Feld Betrag*

Um die Verknüpfung zwischen den Bestell- und Rechnungsbelegen herzustellen, muss in den Forms der Rechnungsbelege das Feld *Bestellnummer* eingeblendet werden, das auf den zugehörigen Einkaufsbeleg referenziert.

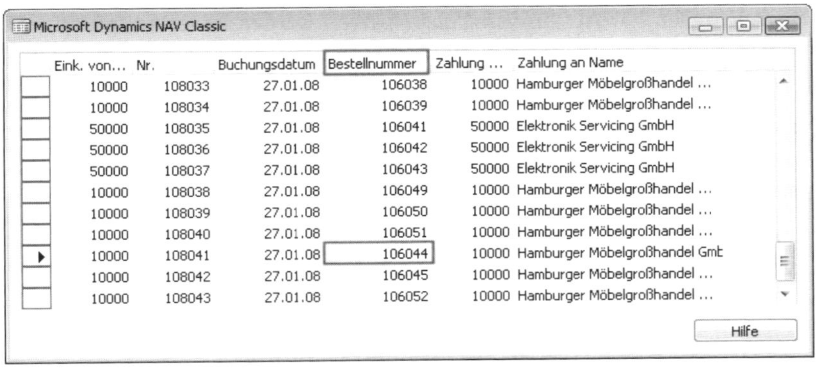
Microsoft Dynamics NAV Classic

Eink. von...	Nr.	Buchungsdatum	Bestellnummer	Zahlung ...	Zahlung an Name
10000	108033	27.01.08	106038	10000	Hamburger Möbelgroßhandel ...
10000	108034	27.01.08	106039	10000	Hamburger Möbelgroßhandel ...
50000	108035	27.01.08	106041	50000	Elektronik Servicing GmbH
50000	108036	27.01.08	106042	50000	Elektronik Servicing GmbH
50000	108037	27.01.08	106043	50000	Elektronik Servicing GmbH
10000	108038	27.01.08	106049	10000	Hamburger Möbelgroßhandel ...
10000	108039	27.01.08	106050	10000	Hamburger Möbelgroßhandel ...
10000	108040	27.01.08	106051	10000	Hamburger Möbelgroßhandel ...
10000	108041	27.01.08	106044	10000	Hamburger Möbelgroßhandel Gmb
10000	108042	27.01.08	106045	10000	Hamburger Möbelgroßhandel ...
10000	108043	27.01.08	106052	10000	Hamburger Möbelgroßhandel ...

Hilfe

Abbildung 4.64 Einkaufsrechnungsreferenz auf Bestellbeleg

Fakturierung bestellter, aber nicht gelieferter Artikel

Grundsätzlich ist es denkbar, dass ein Lieferant nur eine geringere Stückzahl der bestellten Artikel liefert als er fakturiert. Dynamics NAV stellt an dieser Stelle sicher, dass eine Faktura nur für gelieferte Artikel erfolgen kann. Bei dem Versuch, eine höhere Menge zu fakturieren, wird durch das System eine Fehlermeldung ausgegeben. Sollte der Anwender jedoch einen höheren als den tatsächlichen Wareneingang verbuchen und keine weiteren Kontrollen existieren, wird diese Systemkontrolle ausgehebelt. Ein derartiges Vorgehen fällt dann nur im Rahmen der Inventur auf, wenn die physischen Lagerbestände nicht mit den im System hinterlegten Beständen identisch sind (Inventurdifferenzen).

Zeitnahe Ausführung von Einkaufsbestellungen und Lieferrückstände

Das Alter von offenen Einkaufsbestellungen, die nie oder nur teilweise ausgeführt wurden, kann mithilfe der *Tabelle 39 Einkaufszeile* ausgewertet werden.

Feldzugriff: *Tabelle 39 Einkaufszeile/Felder Bestelldatum, Menge, Menge akt. Lieferung, Bereits gelief. Menge, Erwartetes Wareneingangsdatum*

Darüber hinaus gibt es die Möglichkeit, Lieferantenmahnungen zu erstellen. Diesem Thema ist der Abschnitt »Lieferanten-Mahnwesen« ab Seite 247 gewidmet.

Artikel-Zu-/Abschläge

Durch die Verwendung von Artikel Zu-/Abschlägen können in Dynamics NAV bereits gebuchte Artikelposten neu bewertet werden oder im selben Beleg Kostenpositionen auf ein oder mehrere Artikelbelegzeilen verteilt werden. Bei der Buchung von Belegzeilen der Art *Zu-/Abschlag (Artikel)* werden neue Wertposten mit Bezug auf einen oder mehrere Artikelposten gebildet, um beispielsweise eine Wertgutschrift oder Wertbelastung durchzuführen. Wertposten beziehen sich dabei immer auf einen Artikelposten (n zu 1).

Artikel Zu-/Abschläge, die im Einkauf beispielsweise für die Verbuchung von Eingangsfrachten (im Sinne von Bezugsnebenkosten) benutzt werden, erhöhen den Lagerwert des Artikelpostens und den Wareneinsatz, wenn der Artikelposten bereits aus Sicht des Verkaufs ganz oder teilweise ausgeglichen wurde.

Da diese Thematik ausführlich im Logistik- und Verkaufsbereich erläutert wird, verweisen wir an dieser Stelle auf Kapitel 5, Abschnitt »Lagerbewertung«, und Kapitel 6, Abschnitt »Artikel Zu-/Abschläge«.

Zahlungsausgang für offene Verbindlichkeiten

Mit der Verbuchung der Eingangsrechnung wird eine Verbindlichkeit gegenüber dem Lieferanten gebucht, die mit dem Zahlungsausgang ausgeglichen wird. Der Zahlungsfälligkeit sollte dabei aufgrund der Inanspruchnahme möglicher Skonti laufend überwacht werden. Mit dem Zahlungsausgang und dem damit verbundenen Ausgleich des offenen Lieferantenpostens endet in der Regel der Standardeinkaufsprozess, sofern es nicht im weiteren Verlaufe zu Reklamationen kommt.

Der Prozess im Überblick

Wesentliche Parameter zur Abwicklung des Zahlungsausgangs werden in den Einrichtungsparametern der Finanzbuchhaltung sowie in der Kreditorenkarte gepflegt. Dabei geht es insbesondere um die Festlegung von Zahlungsbedingungen, Lieferantensperren und Ausgleichsmethoden für offene Posten. Dem Bereich des Lieferanten-Mahnwesens ist der Abschnitt »Lieferanten-Mahnwesen« ab Seite 247 gewidmet. Der Verbuchungsprozess von Zahlungsausgängen erfolgt über sogenannte Zahlungsausgangsbuchungsblätter. Im ersten Schritt müssen fällige Verbindlichkeiten selektiert werden, bevor der eigentliche Zahlungsprozess angestoßen wird. Standardmäßig stellt sich der Zahlungsprozess für offene Verbindlichkeiten wie folgt dar:

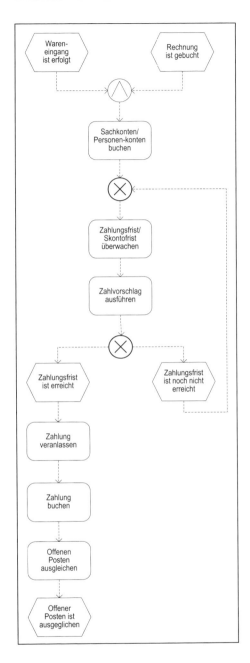

Abbildung 4.65 Zahlungsausgang für offene Verbindlichkeiten

Abbildung 4.66 Belege im Zahlungsausgang

Ablauf und Einrichtung des Zahlungsausgangs

Neben dem eigentlichen Verbuchungsvorgang bietet Dynamics NAV Einstellungsmöglichkeiten zu Zahlungsbedingungen und Zahlungsformen, die sich direkt oder indirekt auf die Buchung auswirken und aus diesem Grund in den folgenden Abschnitten detailliert erläutert werden.

Verbuchung von Zahlungsausgängen

Zur Verbuchung von Lieferantenzahlungen werden Zahlungsausgangsbuchungsblätter verwendet, die entweder über das Bankmanagement oder über die Lieferanten aufgerufen werden können.

Menüoption: *Finanzmanagement/Kreditoren/Zlg.-Ausg. Buch.-Blätter*

Menüoption: *Finanzmanagement/Bankmanagement/Zlg.-Ausg. Buch.-Blätter* (siehe Abbildung 4.67)

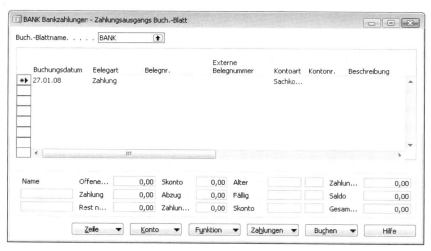

Abbildung 4.67 Zahlungseingangsbuchungsblatt

Die zu buchende Zahlung bzw. Teilzahlung kann sich dabei auf eine oder mehrere Rechnungen beziehen. Entscheidend für einen reibungslosen Prozessablauf ist die korrekte Zuordnung der Zahlung zu den betroffenen offenen Kreditorenposten. Dies muss nicht sofort bei Zahlungsausgang erfolgen, die Zahlung kann auch zunächst ohne Bezug gebucht und in einem zweiten Schritt dem offenen Posten zugeordnet werden. Dabei existieren zwei Methoden, wie Zahlungen ohne Bezug zu einem offenen Posten zu behandeln sind. Die sogenannte *Ausgleichsmethode* muss hierzu auf der Kreditorenkarte festgelegt werden.

- **Offene Posten**   Eine auf dem Kreditorenkonto gebuchte Zahlung wird nicht automatisch mit einer Rechnung ausgeglichen, sondern verbleibt bis zum manuellen Ausgleich als offene Zahlungsposition auf dem Konto

- **Saldomethode**   Mit der Zahlung wird automatisch der älteste offene Posten des Kreditoren ausgeglichen

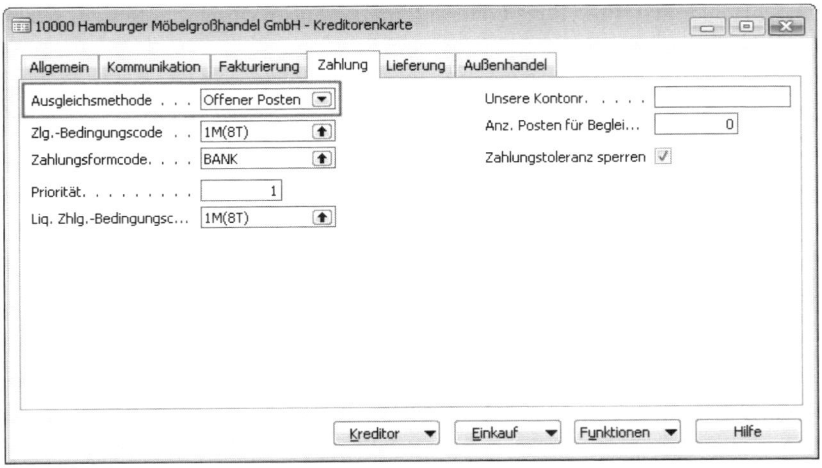

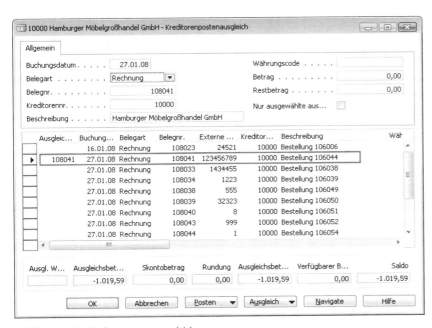

Abbildung 4.68 Ausgleichsmethoden für offene Posten

Um den Bezug zwischen Auszahlungen und offenen Posten herzustellen und eine entsprechende Transparenz zu schaffen, ist es grundsätzlich ratsam, die Ausgleichsmethode *Offener Posten* zu aktivieren und die Zuordnung zeitnah sicherzustellen.

Im Zahlungsausgangsbuchungsblatt kann über die Schaltfläche *Funktion* die Registerkarte *Kreditorenausgleich* aufgerufen werden, in der die auszugleichenden Positionen markiert (Ausgleichs-ID setzen F9) und anschließend gebucht werden können.

Menüoption: *Finanzmanagement/Kreditoren/Zlg.-Ausg. Buch.-Blätter/Funktion/Posten ausgleichen* (siehe Abbildung 4.69)

Abbildung 4.69 Kreditorenpostenausgleich

In der Regel wird der Zahlungsvorschlag genutzt, um fällige Lieferantenrechnungen durch das System selektieren zu lassen.

Menüoption: *Finanzmanagement/Kreditoren/Zlg.-Ausg. Buch.-Blätter/Zahlungen/Zahlungsvorschlag* (siehe Abbildung 4.70)

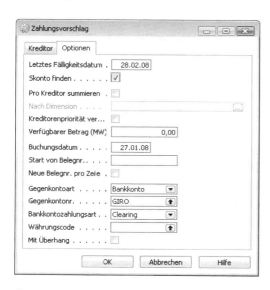

Abbildung 4.70 Zahlungsvorschlag offene Kreditorenposten (1/2)

Über das letzte Fälligkeitsdatum werden die Kreditorenposten eingegrenzt, die in die Stapelverarbeitung aufgenommen werden sollen. Nur Posten mit einem Fälligkeitsdatum oder einem Skontodatum, das vor oder an diesem Datum liegt, werden von der Stapelverarbeitung selektiert. Steht dem Unternehmen nur ein begrenzter Betrag zur Tilgung von offenen Lieferantenrechnungen zur Verfügung, lässt sich dieser Betrag im Feld *Verfügbarer Betrag (MW)* hinterlegen. Gleichzeitig kann die Priorität für Auszahlungen über das Feld *Kreditorenpriorität verwenden* für Auszahlungen berücksichtigt werden, die für jeden Lieferanten – wie bereits im Rahmen der Stammdaten erläutert – in der Kreditorenkarte (Registerkarte *Zahlung*) hinterlegbar ist. Wird das Kontrollkästchen *Skonto finden* aktiviert, bezieht die Stapelverarbeitung die Kreditorenposten mit ein, für die ein Skontoabzug bis zum Fälligkeitsdatum möglich ist. Nachdem die Selektionskriterien definiert wurden, generiert das System eine Liste mit allen Kreditorenposten, die zur Zahlung vorgeschlagen werden.

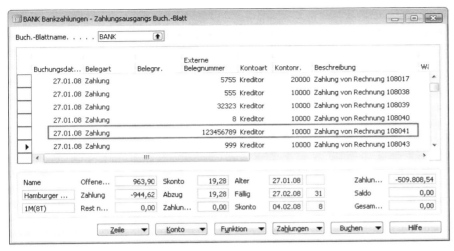

Abbildung 4.71 Zahlungsvorschlag offene Kreditorenposten (2/2)

Vor dem Ausgleich der Lieferantenrechnung kann der Status (offen/geschlossen) über die Kreditorenposten nachvollzogen werden.

Menüoption: *Finanzmanagement/Kreditoren/Kreditoren/Kreditor/Posten* (siehe Abbildung 4.72)

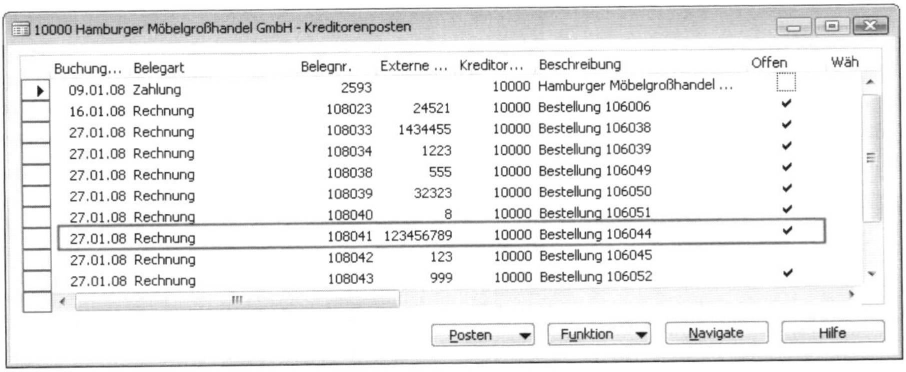

Abbildung 4.72 Offene Kreditorenposten

Nach der Buchung des Zahlungsausgangs ist der Posten ausgeglichen und der Status wurde durch das System geändert.

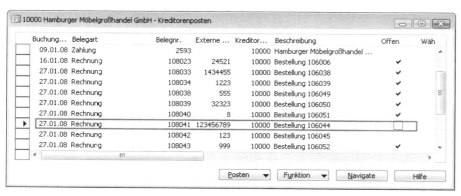

Abbildung 4.73 Geschlossene Kreditorenposten

Wurden einzelne Posten nicht korrekt ausgeglichen (beispielsweise aufgrund einer falschen Zuordnung), kann der Vorgang storniert werden und eine erneute Zuordnung des Postens erfolgen.

Menüoption: *Finanzmanagement/Kreditoren/Kreditoren/Kreditor/Posten/Funktion/Ausgleich aufheben*

Die betroffene Zahlung kann markiert und anschließend der Ausgleich aufgehoben werden, wenn die Zuordnung bei der Auszifferung nicht korrekt war.

Wurde der Zahlungsbeleg nicht korrekt gebucht, muss nach der Aufhebung der Zuordnung eine Stornierung erfolgen (Transaktion stornieren).

Zahlungsbedingungen

Grundlegende Parameter zu Zahlungsbedingungen, die den Einkauf betreffen, werden zum einen in den Einrichtungsparametern der Finanzbuchhaltung, zum anderen in den Stammdaten der Kreditorenkarte gepflegt und im Folgenden beschrieben.

Menüoption: *Finanzmanagement/Einrichtung/Finanzbuchhaltung Einrichtung* (siehe Abbildung 4.74)

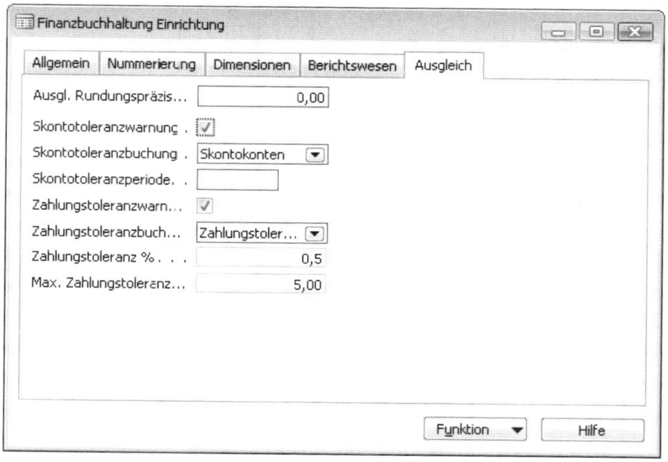

Abbildung 4.74 Einrichtung der Zahlungsbedingungen und -toleranzen im Einkauf

In Bezug auf Skontotoleranzen bietet das Form *Finanzbuchhaltung Einrichtung* die Einstellungsmöglichkeiten zu Warnmeldungen und Verbuchungskonten. Darüber hinaus kann eine *Skontotoleranzperiode* hinterlegt werden, die die Anzahl der Tage festlegt, die eine Zahlung oder Erstattung über der Skontofälligkeit liegen darf und Skonto trotzdem gewährt wird.

Auf der Registerkarte *Allgemein* der *Finanzbuchhaltung Einrichtung* finden sich zwei weitere Einstellungsparameter, die den Verbuchungsprozess von Skonti im Einkauf betreffen.

Menüoption: *Finanzmanagement/Kreditoren/Kreditoren* (siehe Abbildung 4.75)

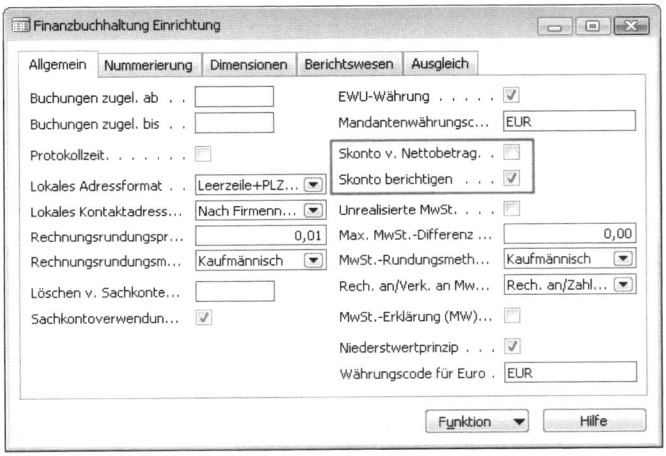

Abbildung 4.75 Verbuchungsarten von Skontobeträgen

Über die beiden Felder *Skonto v. Nettobetrag* und *Skonto berichtigen* wird festgelegt, ob der Skonto vom Brutto- oder Nettobetrag berechnet werden soll und ob die Anwendung die Steuerbeträge erneut berechnet, wenn Zahlungen unter Skontoabzug erfolgen. Wird der Skontobetrag vom Nettobetrag berechnet, werden folgende Felder in die Berechnung einbezogen:

Bei der Erstellung von Einkaufsbestellungen und Rechnungen verwendet die Anwendung den Wert aus dem Feld *Betrag* der Tabelle *Einkaufszeile*. Bei der Erfassung von Einkäufen über ein *Buch.-Blatt* zieht die Anwendung das Feld *Verkauf/Einkauf (MW)* der Tabelle *Fibu Buch.-Blattzeile* heran.

Wird das Feld *Skonto v. Nettobetrag* nicht aktiviert, erfolgt die Berechnung vom Bruttobetrag und folgende Felder werden in die Berechnung einbezogen:

Bei der Erstellung von Bestellungen und Rechnungen verwendet die Anwendung den Betrag aus dem Feld *Betrag inkl. MwSt.* der Tabelle *Einkaufszeile*. Bei der Erfassung von Einkaufsvorgängen über ein *Buch.-Blatt* eingeben, verwendet die Anwendung das Feld *Betrag* der Tabelle *Fibu Buch.-Blattzeile*.

HINWEIS Das Feld *Verkauf/Einkauf (MW)* wird in der Regel nur verwendet, um die statistischen Informationen zu erhalten. Wenn jedoch das Feld *Skonto v. Nettobetrag* mit einem Häkchen versehen wird, ist es wichtig, das Feld *Verkauf/Einkauf (MW)* zu füllen, da sonst der Skontobetrag Null beträgt.

Die Option *Skonto berichtigen* kann nicht verwendet werden, wenn das Kontrollkästchen *Skonto v. Nettobetrag* aktiviert ist (wenn auf Skonto keine MwSt. berechnet wird, muss gegebenenfalls auch keine Korrektur erfolgen). Die Option *Skonto v. Nettobetrag* entspricht nicht den Grundsätzen ordnungsmäßiger Buchführung und darf daher in Deutschland nicht angewendet werden.

Abhängig von der gewählten Buchungsmethode müssen in der Buchungsmatrix unterschiedliche Konten gepflegt werden (siehe Tabelle 4.20 und Tabelle 4.21).

Feld	Beschreibung (Skonto v. Nettobetrag) – (Kreditoren- und Debitorenbuchungsgruppe)
Skonto Soll	Konto für Einkaufsskontobeträge, wenn Zahlungen für Einkäufe dieser bestimmten Geschäftsbuchungsgruppe gebucht werden
Skonto Haben	Konto für Minderungen der Einkaufsskontobeträge, wenn Zahlungen für Einkäufe dieser bestimmten Geschäftsbuchungsgruppe gebucht werden

Tabelle 4.20 Skonto von Nettobetrag

Feld	Beschreibung (Skonto berichtigen) – (Buchungsmatrix)
Eink.-Skonto Sollkonto	Konto für Einkaufsskontobeträge, wenn Zahlungen für Einkäufe dieser bestimmten Geschäftsbuchungsgruppe gebucht werden
Eink.-Skonto Habenkonto	Konto für Minderungen der Einkaufsskontobeträge, wenn Zahlungen für Einkäufe dieser bestimmten Geschäftsbuchungsgruppe gebucht werden

Tabelle 4.21 Skonto berichtigen

Menüoption: *Finanzmanagement/Einrichtung/Buchungsgruppen/Kreditoren* (siehe Abbildung 4.76)

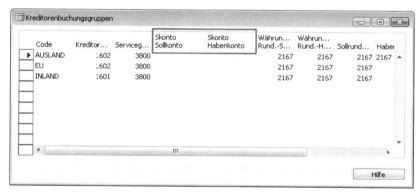

Abbildung 4.76 Skontokonten der Kreditoren

Menüoption: *Finanzmanagement/Einrichtung/Buchungsgruppen/Allgemein/Buchungsmatrix Einrichtung* (siehe Abbildung 4.77)

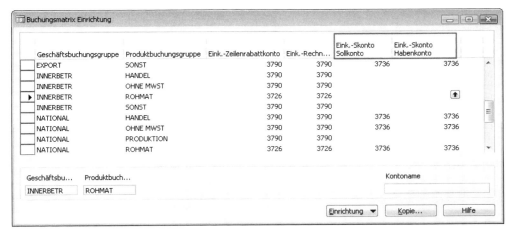

Abbildung 4.77 Skontokonten Buchungsmatrix

HINWEIS   Da sich die beiden Verbuchungsmethoden gegenseitig ausschließen, können in der Buchungsmatrix immer nur die beiden Konten hinterlegt werden, die für die Methode benötigt werden.

Die eigentliche Pflege der Zahlungsbedingungen für Kreditoren erfolgt in der Einrichtung für Kreditoren.

Menüoption: *Finanzmanagement/Kreditoren/Einrichtung/Zahlungsbedingungen* (siehe Abbildung 4.78)

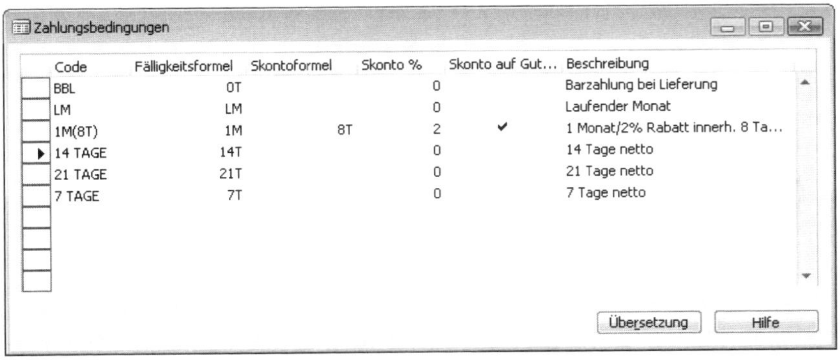

Abbildung 4.78 Zahlungsbedingungen

Jede Zahlungsbedingung ist durch folgende Felder definiert (siehe Tabelle 4.22):

Feld	Beschreibung
Code	Eindeutige Kennung für eine Zahlungsbedingung
Fälligkeitsformel	Formel für die Berechnung des Fälligkeitsdatums (z.B. »30T« für 30 Tage oder »1M« für einen Monat)
Skontoformel	Datumsformel für die Berechnung des Skontodatums (z.B. »8T« für acht Tage oder »1W« für eine Woche)
Skonto	Gewährter Lieferantenskonto in Prozent

Tabelle 4.22 Einrichtung der Zahlungsbedingungen

Feld	Beschreibung
Skonto auf Gutschrift berechnen	Ist dieses Feld markiert, errechnet die Anwendung auch auf Gutschriften mit dieser Zahlungsbedingung Skonto, sofern die Rechnung schon unter Abzug von Skonto bezahlt wurde
Beschreibung	Beschreibung/Umschreibung der Zahlungsbedingung

Tabelle 4.22 Einrichtung der Zahlungsbedingungen *(Fortsetzung)*

Die Zuweisung der Zahlungsbedingung erfolgt in den Kreditorenstammdaten über die Registerkarte *Zahlung*.

Menüoption: *Finanzmanagement/Kreditoren/Kreditoren* (siehe Abbildung 4.79)

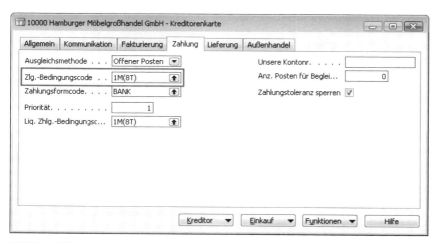

Abbildung 4.79 Zuordnung des Zahlungsbedingungscodes auf der Kreditorenkarte

Zahlungsausgang aus Compliance-Sicht

Potentielle Risiken

- Zahlungsausgang ohne Lieferung/Rechnung (Akonto-Zahlungen) (Effectiveness, Compliance)

- Fehlende Kontrolle über Verbindlichkeiten durch fehlende oder falsche Zuordnung von Zahlungen (Effectiveness, Efficiency, Reliability)

- Vermögensverlust durch nicht durchgeführten Skontoabzug (Effectiveness, Compliance)

- Manuelles Ändern von Zahlungskonditionen (Integrity, Compliance)

- Verschlechterung der Lieferantenbeziehung durch überfällige Kreditorenposten (Efficiency, Compliance)

Prüfungsziel

- Sicherstellung ausschließlich berechtigter Zahlungsausgänge (kein Zahlungsausgang ohne Waren-/Leistungseingang)

- Sicherstellung eines effektiven und effizienten Prozesses zur Überwachung und zum Ausgleich offener Posten

- Sicherstellung eines effektiven und effizienten Prozesses der Erstellung und Nutzung von Zahlungsbedingungen
- Sicherstellung eines ordnungsmäßigen Verbuchungsprozesses von Skontobuchungen

Prüfungshandlungen

Akontozahlungen

Zahlungsausgänge sollten grundsätzlich auf einer Leistung oder einem Wareneingang beruhen. In Dynamics NAV ist es möglich, Zahlungsausgänge ohne Bezug zu einer Bestellung bzw. Rechnung zu buchen (Akontozahlungen). Derartige Posten und die Gründe für deren Existenz im System sollten grundsätzlich einer Analyse unterzogen werden, um unberechtigte Lieferantenzahlungen auszuschließen. Dazu bietet es sich an, insbesondere Zahlungen, die offen sind, auf ihren Ursprung und ihren Zweck hin genau zu analysieren.

Menüoption: *Einkauf/Bestellungsabwicklung/Kreditoren/Kreditor/Posten* (siehe Abbildung 4.80)

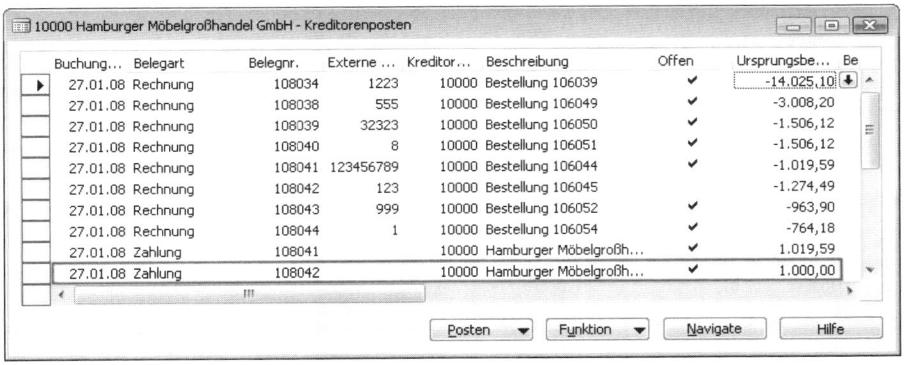
10000 Hamburger Möbelgroßhandel GmbH - Kreditorenposten

Buchung...	Belegart	Belegnr.	Externe ...	Kreditor...	Beschreibung	Offen	Ursprungsbe...	Be
27.01.08	Rechnung	108034	1223	10000	Bestellung 106039	✔	-14.025,10	
27.01.08	Rechnung	108038	555	10000	Bestellung 106049	✔	-3.008,20	
27.01.08	Rechnung	108039	32323	10000	Bestellung 106050	✔	-1.506,12	
27.01.08	Rechnung	108040	8	10000	Bestellung 106051	✔	-1.506,12	
27.01.08	Rechnung	108041	123456789	10000	Bestellung 106044	✔	-1.019,59	
27.01.08	Rechnung	108042	123	10000	Bestellung 106045		-1.274,49	
27.01.08	Rechnung	108043	999	10000	Bestellung 106052	✔	-963,90	
27.01.08	Rechnung	108044	1	10000	Bestellung 106054	✔	-764,18	
27.01.08	Zahlung	108041		10000	Hamburger Möbelgroßh...	✔	1.019,59	
27.01.08	Zahlung	108042		10000	Hamburger Möbelgroßh...	✔	1.000,00	

Posten | Funktion | Navigate | Hilfe

Abbildung 4.80 Analyse der Akontozahlungen

Bei dieser Prüfung handelt es sich um eine Zeitpunktbetrachtung, d.h., nachträglich ausgeglichene Posten werden mit dieser Prüfungshandlung nicht erfasst. Um eine zeitraumbezogene Auswertung durchzuführen, bietet sich folgende Vorgehensweise an:

Feldzugriff: *Tabelle 25 Kreditorenposten/Felder Kreditorennr., Buchungsdatum, Belegart, Belegnummer, Ausgleichsposten [Wert Ja]*

Werden entsprechende Posten angezeigt (Ausgleichposten mit dem Wert »Ja«), bedeutet dies, dass der Posten nachträglich (nach der Buchung) ausgeglichen wurde. Dies ist ein Indiz, dass eine Akonto-Zahlung gebucht und nachträglich ausgeglichen wurde. Um Akontozahlungen zu identifizieren, sind diese Posten genauer zu analysieren.

Feldzugriff: *Tabelle 380 Detaillierte Kreditorenposten/Felder Kreditorennr. [Kreditorennr. Werte] Postenart, Buchungsdatum, Belegart, Belegnummer [Belegnummern Werte], Benutzer-ID, Transaktionsnummer, Betrag*

Als Ergebnis erhält man für jede Belegnummer drei Posten, den ursprünglichen Posten für die Zahlung, den Ausgleich für die Zahlung und den Ausgleich für die Rechnung. Weist der Ursprungsposten eine Transaktionsnummer auf, die mit keinem der Ausgleichsposten übereinstimmt, handelt es sich um eine Akontozahlung. Abschließend müssen die Gründe für derartige Buchungsvorgänge geklärt werden.

Analyse des Skontoabzugs

Um bei Lieferantenrechnungen den Skontoabzug realisieren zu können, muss die Zahlung innerhalb der vereinbarten Skontofristen erfolgen. Ex post kann überprüft werden, ob in der Vergangenheit die Möglichkeit des Skontoabzugs nicht genutzt wurde, obwohl dies in den Zahlungsbedingungen des Lieferanten oder Einkaufbelegs vorgesehen war.

Feldzugriff: *Tabelle 25 Kreditorenposten/Felder Belegart, Belegnummer, Urspr. Skonto möglich, Skonto erhalten (MW)*

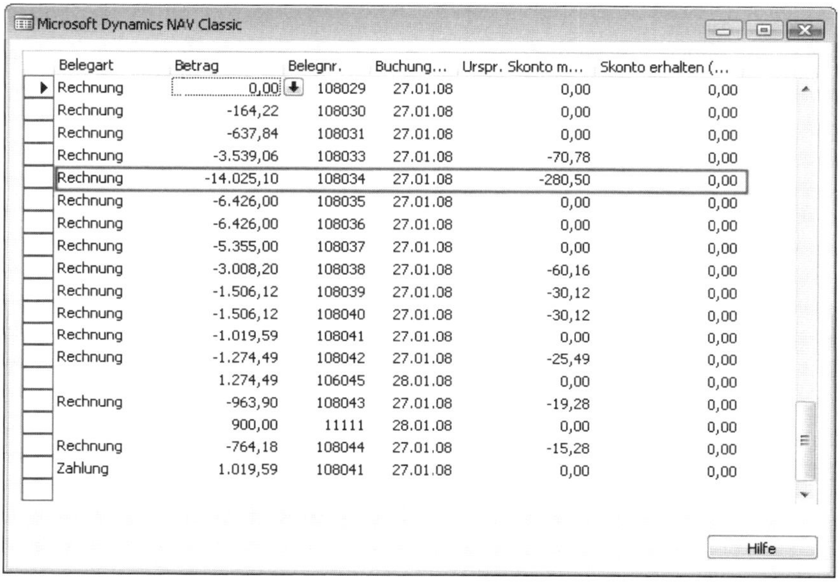

Belegart	Betrag	Belegnr.	Buchung...	Urspr. Skonto m...	Skonto erhalten (...
Rechnung	0,00	108029	27.01.08	0,00	0,00
Rechnung	-164,22	108030	27.01.08	0,00	0,00
Rechnung	-637,84	108031	27.01.08	0,00	0,00
Rechnung	-3.539,06	108033	27.01.08	-70,78	0,00
Rechnung	-14.025,10	108034	27.01.08	-280,50	0,00
Rechnung	-6.426,00	108035	27.01.08	0,00	0,00
Rechnung	-6.426,00	108036	27.01.08	0,00	0,00
Rechnung	-5.355,00	108037	27.01.08	0,00	0,00
Rechnung	-3.008,20	108038	27.01.08	-60,16	0,00
Rechnung	-1.506,12	108039	27.01.08	-30,12	0,00
Rechnung	-1.506,12	108040	27.01.08	-30,12	0,00
Rechnung	-1.019,59	108041	27.01.08	0,00	0,00
Rechnung	-1.274,49	108042	27.01.08	-25,49	0,00
	1.274,49	106045	28.01.08	0,00	0,00
Rechnung	-963,90	108043	27.01.08	-19,28	0,00
	900,00	11111	28.01.08	0,00	0,00
Rechnung	-764,18	108044	27.01.08	-15,28	0,00
Zahlung	1.019,59	108041	27.01.08	0,00	0,00

Abbildung 4.81 Analyse von Skontoabzügen

Aus der oben markierten Zeile ist ersichtlich, dass für den Beleg »108034« ein Skonto von 280,50 Euro möglich gewesen wäre, dieser aber offensichtlich nicht abgezogen wurde. Ein wesentlicher Grund für nicht gebuchte Skonti sind Zahlungen nach Ablauf des Skontodatums (einschließlich der Toleranzperiode). Einkaufsvorgänge mit nicht gezogenem Skonto sollten im weiteren Verlauf der Prüfung dokumentiert und analysiert werden. Darüber hinaus empfiehlt es sich, das Änderungsprotokoll für folgende Felder zu aktivieren, da sich diese nachträglich in den Kreditorenposten manuell überschreiben lassen und somit Änderungen ohne Protokollierung nicht nachvollziehbar sind:

- Fälligkeitsdatum
- Skontodatum
- Skontotoleranzdatum
- Restskonto möglich
- Maximale Zahlungstoleranz
- Abwarten
- Ebenso ist es möglich, diese Felder gegen manuelle Änderung zu schützen

Prüfung der Zahlungsbedingungen

Im Rahmen der Prüfung sollten im ersten Schritt die im System vorhandenen Zahlungsbedingungen bzgl. falsch konfigurierter Parameter (falsche Skontoprozentsätze, Skontofristen) bzw. Zahlungsbedingungen, die nicht den Lieferantenvereinbarungen entsprechen, überprüft werden. Anschließend muss analysiert werden, welche dieser Zahlungsbedingungen den Lieferanten zugeordnet werden.

Feldauswahl: *Tabelle 3 Zahlungsbedingung*

Feldauswahl: *Tabelle 23 Kreditor/Feld Zlg.-Bedingungscode*

Zahlungsbedingungen werden bei der Anlage von Verkaufsbelegen aus der Kreditorenkarte in den Beleg kopiert, können allerdings manuell überschrieben werden. Aus diesem Grund sollte der Zahlungsbedingungscode in den Belegen mit den Vorgabewerten der jeweiligen Kreditorenkarte verglichen werden.

Feldzugriff: *Tabelle 23 Kreditor/Feld Zlg.-Bedingungscode*

Feldzugriff: *Tabelle 122 Einkaufsrechnungskopf/Feld Zlg.-Bedingungscode*

Darüber hinaus sind Parameter (Fälligkeitsdatum, Skontodatum, Skontoprozentsatz), die über den Zahlungsbedingungscode festgelegt werden, manuell änderbar, ohne dass der Zahlungsbedingungscode im Beleg geändert wird. Aus Compliance-Sicht sollten die Parameter nicht manuell überschreibbar sein und gegen manuelle Änderung geschützt werden. Dazu können die Felder im Einkaufskopf *Tabelle 38* auf *Editable=»No«* gesetzt werden. Im Umkehrschluss bedeutet dies allerdings auch, dass eine gewollte Änderung (z.B. im Rahmen eines speziellen Auftrags oder Vereinbarung) nur durch die Anlage und Zuordnung einer neuen Zahlungsbedingung möglich ist.

Analyse des Ausgleichs offener Posten und geblockter Rechnungen

Im Rahmen der Analyse des Ausgleichsprozesses für offene Posten sollte geprüft werden, ob offene Kreditorenrechnungen im System existieren, die bereits überfällig sind oder für die Auszahlung geblockt sind.

Menüoption: *Finanzmanagement/Kreditoren/Berichte/Fällige Posten*

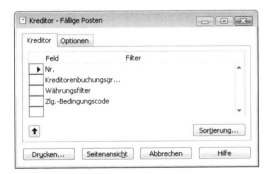

Abbildung 4.82 Kreditoren – überfällige Posten

Feldzugriff: *Tabelle 38 Einkaufskopf/Feld Abwarten*

Lieferanten-Mahnwesen

Der Mahnprozess in Form der Erstellung und des Versands von Liefererinnerungen erfolgt im Anschluss an den Bestellvorgang für den Fall, dass vereinbarte Lieferfristen nicht eingehalten werden. Im Folgenden werden der Ablauf sowie grundsätzliche Einstellungen zum automatisierten Mahnprozess erläutert.

Der Prozess im Überblick

Wurde die Einkaufsbestellung an den Lieferanten übermittelt, erfolgt die Überwachung des Wareneingangs. Geht die Lieferung fristgerecht ein, werden der Rechnungseingang sowie anschließend der Zahlungsausgang gebucht und der Prozess ist abgeschlossen. Erfolgt die Lieferung hingegen nicht fristgerecht, kann Dynamics NAV den automatisierten Lieferanten-Mahnprozess anstoßen, der sich wie folgt darstellt:

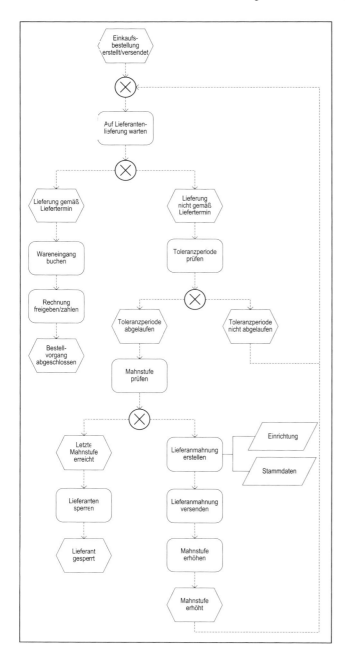

Abbildung 4.83   Lieferanten-Mahnprozess

Der Mahnbeleg ist – sofern man davon ausgeht, dass im normalen Geschäftsablauf nicht jede Lieferung gemahnt werden muss – nicht Bestandteil des standardisierten Belegflusses, sondern vielmehr ein Beleg, der in Ausnahmen erstellt wird. Er ist zwischen dem Ausgang der Einkaufsbestellung und der Lieferung einzuordnen.

Abbildung 4.84   Belege im Mahnwesen

Ablauf und Einrichtung des Mahnwesens

Überfällige Lieferungen haben direkten Einfluss auf den Materialplanungsprozess und Materialfluss im Unternehmen und können zu Produktions- und Auslieferungsverzögerungen führen, die sich wiederum ihrerseits direkt auf die Kundenzufriedenheit und Umsätze auswirken. Dynamics NAV bietet die Möglichkeit, Lieferanten-Mahnverfahren zu definieren und den Geschäftspartnern zuzuordnen. Mittels des Mahnlaufes werden alle offenen Lieferposten der selektierten Kreditoren analysiert, die zu mahnenden Posten selektiert, die Mahnstufe ermittelt und ein entsprechender Mahnbrief generiert.

Menüoption: *Einkauf/Bestellungsabwicklung/Einrichtung/Lieferantenmahnungsmethodencode* (siehe Abbildung 4.85)

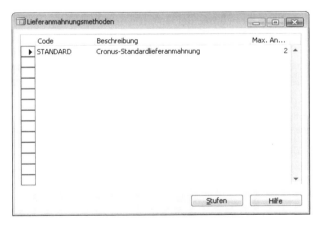

Abbildung 4.85   Lieferanten-Mahnmethoden

Im Gegensatz zum Mahnprozess im Verkaufsbereich wird die Mahnmethode ausschließlich durch maximale Anzahl der Lieferanmahnungen parametrisiert (siehe Tabelle 4.23):

Feld	Beschreibung
Code	Eindeutige Kennung für eine Mahnmethode
Beschreibung	Benutzerdefinierte Bezeichnung der Mahnmethode
Max. Anzahl Lieferanmahnungen	Maximale Anzahl von Mahnungen, die für eine Lieferung erstellt werden soll

Tabelle 4.23   Einstellungen zur Mahnmethode

Jeder Mahnmethode können unterschiedliche Mahnstufen zugeordnet werden.

Menüoption: *Einkauf/Bestellungsabwicklung/Einrichtung/Lieferantenmahnungsmethodencode/Stufen*   (siehe Abbildung 4.86)

Abbildung 4.86   Mahnstufen für Lieferanmahnungen

Jede Mahnstufe steuert dann über die Fälligkeitsformel die Erstellung der eigentlichen Mahnung (siehe Tabelle 4.24):

Feld	Beschreibung
Mahnmethode	Zeigt die aktuelle Mahnmethode, auf die sich die Mahnstufe bezieht
Mahnstufe, Nr.	Bei Mahnungserstellung wird der aktuelle Mahnstatus gespeichert und beim nächsten Mahnlauf um den Wert eins erhöht. Ist die letzte Mahnstufe erreicht, gelten für alle weiteren Mahnungen die Bedingungen der letzten Mahnstufe.
Fälligkeitsformel	Formel für die Berechnung des nächsten Fälligkeitsdatums (z.B. »14T« für zwei Wochen oder »2W« für 14 Tage)

Tabelle 4.24   Einstellungen der Mahnstufe für Lieferanmahnungen

Die Fälligkeit wird aus der Addition der Fälligkeitsformel mit dem Wareneingangsdatums berechnet, das bei der Einrichtung von *Kreditoren & Einkauf* im Datumsfeld *Standard Lief.-Mahn.* hinterlegt wird.

Menüoption: *Einkauf/Einrichtung/Kreditoren & Einkauf Einr.* (siehe Abbildung 4.87)

Abbildung 4.87 Berechnung des Mahndatums

Im Datumsfeld *Standard Lief.-Mahn.* kann eine der folgenden Werte verwendet werden (siehe Tabelle 4.25):

Wert	Bedeutung und Herkunft
Gewünschtes Wareneingangsdatum	Datum, an dem die Kreditorenlieferung erfolgen soll. Der Wert wird aus dem Feld *Gewünschtes Wareneingangsdatum* des Einkaufskopfes kopiert.
Zugesagtes Wareneingangsdatum	Datum, das der Kreditor für die Lieferung zugesagt hat. Der Wert wird aus dem Feld *Zugesagtes Wareneingangsdatum* des Bestellkopfes kopiert.
Erwartetes Wareneingangsdatum	Datum, an dem das Unternehmen die Lieferung erwartet. Der Wert wird aus dem Feld *Gewünschtes Wareneingangsdatum* des Einkaufskopfes kopiert und beeinflusst direkt die Artikelverfügbarkeit, die auf der Artikelkarte hinterlegt ist. Wurde der Wert im Kopf des Einkaufbelegs nicht gepflegt, errechnet das System das Datum aus der Addition des geplanten Wareneingangsdatums mit dem Sicherheitszuschlag für die Beschaffungszeit und der eingehenden Lagerdurchlaufzeit.

Tabelle 4.25 Standard-Liefermahnungsdatum

Für Lieferanmahnungen müssen eigene Nummernkreise in der Einrichtung der Kreditoren und des Einkaufs hinterlegt werden.

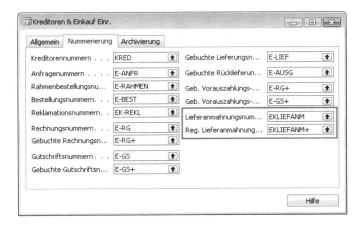

Abbildung 4.88 Nummernkreise
für Lieferanmahnungen

Die Mahnmethode, die für einen Lieferanten genutzt werden soll, wird über die Kreditorenkarte in den Lieferdaten hinterlegt.

Menüoption: *Einkauf/Bestellungsabwicklung/Kreditoren* (siehe Abbildung 4.89)

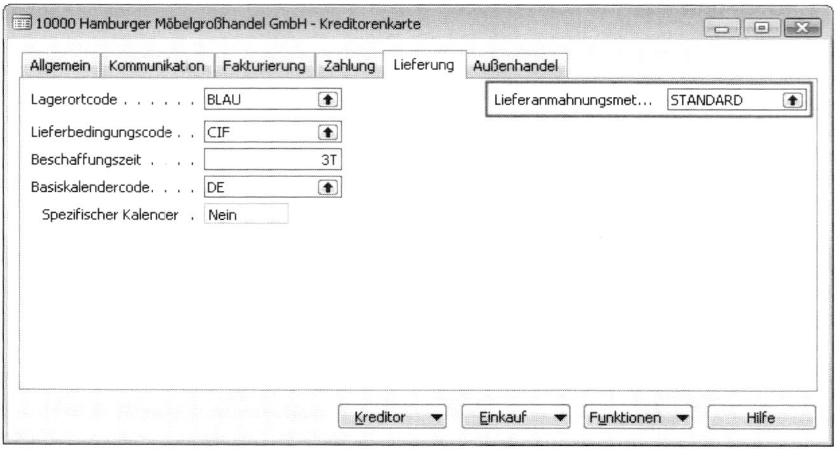

Abbildung 4.89   Lieferanmahnungsmethode Kreditorenkarte

Die eigentliche Erstellung und Registrierung von Lieferanmahnungen für Kreditoren mit überfälligen Lieferungen erfolgt über die entsprechende Stapelverarbeitung. Beim Ausführen prüft das System über die Fälligkeitsformel, wann Lieferanmahnungen erstellt und versendet werden müssen. Dazu werden die offenen Bestellungen auf überfällige Lieferungen geprüft und gegebenenfalls eine Lieferanmahnungszeile erzeugt.

Menüoption: *Einkauf/Bestellungsabwicklung/Lieferanmahnung* (siehe Abbildung 4.90)

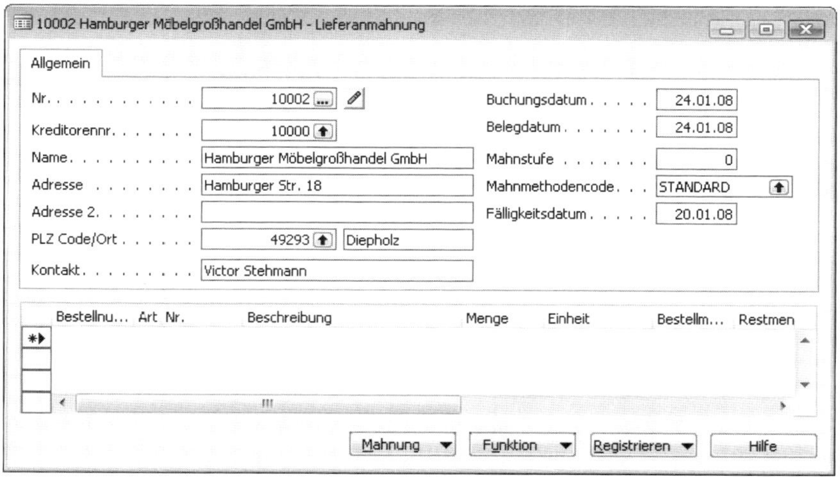

Abbildung 4.90   Lieferanmahnung erstellen (1/2)

Menüoption: *Einkauf/Bestellungsabwicklung/Lieferanmahnung/Funktion/Lieferanmahnungen erstellen*

Abbildung 4.91 Lieferanmahnung erstellen (2/2)

Über den Einkaufskopf- und Einkaufszeilenfilter kann die Auswahl der zu mahnenden Lieferanten und Positionen entsprechend der Selektionskriterien eingeschränkt werden. Durch die Bestätigung mit *OK* werden die Mahnposten erzeugt und können über die Funktion *Registrieren* anschließend gedruckt und versendet werden.

Die Mahnhistorie kann anhand folgender Tabellen analysiert werden:

Feldzugriff: *Tabelle 5005272 Reg. Lieferanmahnungskopf*

Feldzugriff: *Tabelle 5005273 Reg. Lieferanmahnungszeile*

Feldzugriff: *Tabelle 5005274 Reg. Lieferanmahnungsposten*

Lieferanten-Mahnwesen aus Compliance-Sicht

Potentielle Risiken

■ Ineffektives Mahnwesen; fällige offene Lieferungen werden nicht überprüft und angemahnt, wodurch Liefer- und Produktionsengpässe entstehen können (Effectiveness)

■ Fehlende Kontrolle über Mahnverfahren, falsche Konfiguration von Mahnparametern (Effectiveness, Efficiency, Compliance)

Prüfungsziele

■ Analyse der organisatorischen Gestaltung des Mahnwesens

■ Vollständigkeit und korrekte Durchführung des Mahnverfahrens (Mahnlauf)

■ Identifikation nicht gemahnter Lieferanten und Beurteilung

■ Mahnhistorie überprüfen

Prüfungshandlungen

Analyse der Mahnmethoden und Mahnstufen

Die Mahnmethoden lassen sich durch folgenden Pfad in der Übersicht darstellen:

Feldzugriff: *Tabelle 5005276 Lieferanmahnungsmethode*

Feldzugriff: *Tabelle 5005277 Lieferanmahnungsstufe*

Analyse der Vollständigkeit

In der Tabelle der Kreditoren sollte geprüft werden, ob allen Lieferanten ein entsprechendes Mahnverfahren zugeordnet wurde und welche Systematik im Falle unterschiedlicher Zuweisung von Mahnmethodencodes existiert. Im Falle einer fehlenden Zuordnung sollten die Gründe hierfür geklärt werden.

Feldzugriff: *Tabelle 23 Kreditor/Feld Lieferanmahnungsmethodencode*

Kreditorenanalyse der gemahnten Lieferungen

Die zuvor genannten Prüfungsschritte betreffen die Einrichtung des Mahnwesens, liefern aber keine Aussage darüber, wie sich das Mahnverhalten je Lieferant in der Vergangenheit dargestellt hat.

Feldzugriff: *Tabelle 5005274 Reg. Lieferanmahnungsposten*

Analyse erstellter Mahnvorschläge, die nicht registriert wurden

Mahnvorschläge, die nicht registriert wurden, können über folgende Tabellen ausgewertet werden:

Feldzugriff: *Tabelle 5005270 Lieferanmahnungskopf*

Feldzugriff: *Tabelle 5005271 Lieferanmahnungszeile*

Unregistrierte Mahnungen der Mahnvorschlagsliste können manuell durch den Anwender gelöscht werden. Aus Compliance-Sicht sollte für die Löschung von Mahnvorschlägen das Änderungsprotokoll aktiviert sein. Darüber hinaus bietet sich dem Prüfer die Möglichkeit, den Mahnlauf zu einem bestimmten Zeitpunkt erneut zu starten, um auffällige Daten zu analysieren.

Analyse der Kreditorensperre

Lieferanten, die die höchste Mahnstufe haben und die sich in der Vergangenheit als unzuverlässig erwiesen haben, sollten gegebenenfalls für die Abwicklung weiterer Geschäftsbeziehungen gesperrt werden. Eine Sperre kann auf der Kreditorenkarte hinterlegt werden.

Menüoption: *Einkauf/Bestellungsabwicklung/Kreditoren* (siehe Abbildung 4.92)

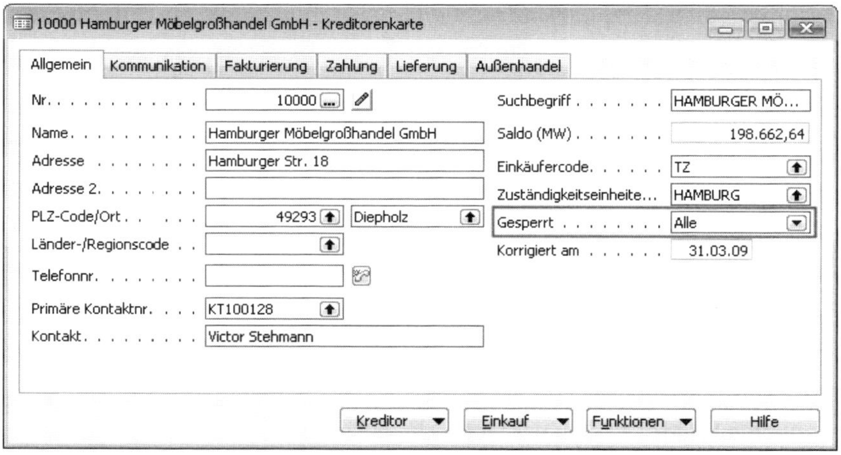

Abbildung 4.92   Lieferantensperre

Eine Übersicht aller gesperrten Kreditoren lässt sich über die Kreditorentabelle auswerten.

Feldzugriff: *Tabelle 23 Kreditor/Feld Gesperrt [Wert Alle]*

Einkaufsreklamation und Gutschriften

Der Reklamationsprozess ist im eigentlichen Sinne nicht Bestandteil des Standard-Einkaufsprozesses, da er nur in Fällen einer falschen oder mangelhaften Lieferung angestoßen wird. In diesem Fall kommt es gegebenenfalls zu einer Wandlung oder Minderung der betroffenen Bestellung bzw. der betroffenen Artikel. Im Folgenden werden der Prozess der Reklamation und der damit verbundene Gutschriftsprozess erläutert.

Der Prozess im Überblick

Die Reklamationsverwaltung bildet den Prozess des Austausches beschädigter Artikel bzw. deren Reparatur sowie die Erstellung der entsprechenden Lieferantengutschriften ab. Innerhalb des Prozesses erfolgt die Rücksendung der Artikel, die Aktualisierung der Lagerbestandsdaten, Korrektur der Kreditorensalden sowie gegebenenfalls die Erstellung von Lieferantengutschriften.

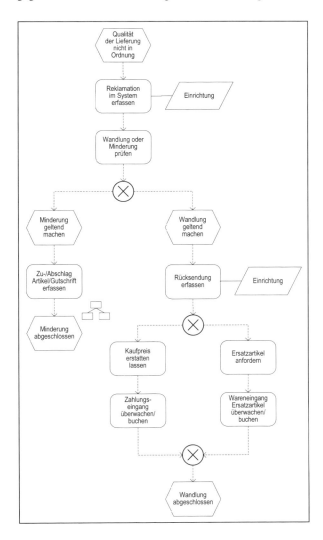

Abbildung 4.93 Reklamationsprozess im Einkauf

Erfolgt eine Rücksendung von Artikeln, wird ein Warenausgangsbeleg erzeugt und die Bestandsdaten werden aktualisiert. Anschließend erfolgt entweder eine Lieferantengutschrift für die Lieferung oder eine Reparatur/Ersatzlieferung (Wandlung). Für den Fall, dass die Ware nicht zurückgeschickt wird, sondern der Kunde lediglich eine Verkaufsminderung wünscht, erfolgt lediglich die Buchung einer Wertgutschrift. Eine Wertgutschrift wird über einen *Zu-/Abschlag (Artikel)* erstellt und bezieht sich auf die ursprüngliche Einkaufslieferzeile. Eine Reklamation unterscheidet sich von einer Gutschrift insofern, als dass für die Reklamation die Lieferung und Fakturierung separat durchgeführt werden kann. Dadurch können die Logistikschritte in einer Reklamation – im Gegensatz zur Gutschrift – abgebildet werden.

Abbildung 4.94 Belege in der Reklamationsbearbeitung im Einkauf

Ablauf und Einrichtung von Reklamationen und Gutschriften

Die allgemeine Einrichtung der Reklamationsverwaltung für Kreditoren erfolgt in der Einrichtung *Kreditoren & Einkauf*.

Menüoption: *Einkauf/Einrichtung/Kreditoren & Einkauf Einr.* (siehe Abbildung 4.95)

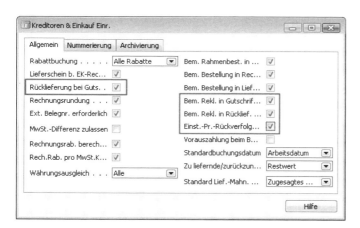

Abbildung 4.95 Allgemeine Reklamationseinrichtung im Einkauf

Die in der Abbildung markierten Felder betreffen die Einstellungen zu Reklamationen (siehe Tabelle 4.26):

Feld	Beschreibung
Rücklieferung bei Gutschrift	Bei Aktivierung wird bei der Reklamationsbuchung neben der Gutschrift automatisch eine gebuchte Rücklieferung erstellt
Einstandspreis Rückverfolgung notwendig	Auf diese Weise wird sichergestellt, dass die Rücklieferung den gleichen Einstandspreis wie der ursprüngliche Einkaufsbeleg erhält.
	Bei Aktivierung lässt das System keine Buchung einer Reklamation zu, wenn das Feld *Ausgleich mit Artikelposten* in der Einkaufsbestellzeile keinen Wert enthält.
Bemerkung Reklamation in Rücklieferung kopieren	Bei Aktivierung kopiert die Anwendung Bemerkungen aus einer Reklamation in die gebuchte Rücklieferung
Bemerkung Reklamation in Gutschrift kopieren	Bei Aktivierung kopiert die Anwendung Bemerkungen aus einer Reklamation in die gebuchte Gutschrift

Tabelle 4.26 Reklamationseinrichtung im Einkauf

Neben der allgemeinen Einrichtung können im System Reklamationsgründe gepflegt werden, die typische Reklamationsprozesse bzw. -gründe abbilden. Im weiteren Reklamationsprozess wird der Reklamationsgrund aufgrund einer erhöhten Transparenz sowie zu späteren Auswertungszwecken in die Artikelposition kopiert.

Menüoption: *Verkauf* & *Marketing/Auftragsabwicklung/Einrichtung/Reklamationsgründe* (siehe Abbildung 4.96)

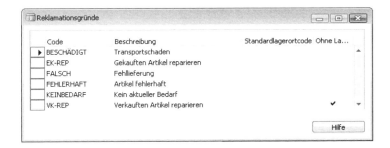

Abbildung 4.96 Reklamationsgründecodes

Folgende Einstellungen lassen sich zu Reklamationsgründen vornehmen (siehe Tabelle 4.27):

Feld	Beschreibung
Code	Eindeutiger Code des Reklamationsgrunds
Beschreibung	Frei wählbare Beschreibung des Reklamationsgrunds
Standardlagercode	Für den Einkauf ohne Relevanz
Ohne Lagerbewertung	Keine Bewertung der Artikel im Unternehmen, da beispielsweise im Kundenauftrag reklamiert

Tabelle 4.27 Einrichtung der Reklamationsgründecodes

Die Erfassung von Reklamationen im operativen Betrieb erfolgt über die Bestellungsabwicklung.

Menüoption: *Einkauf/Bestellungsabwicklung/Reklamationen* (Abbildung 4.97)

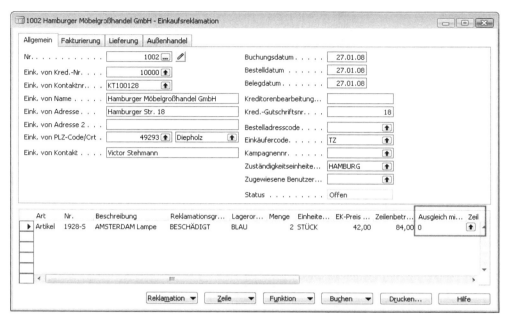

Abbildung 4.97 Erfassung von Einkaufsreklamationen

An dieser Stelle wird das Beispiel aus dem Einkaufsprozess fortgesetzt und ein Teil der bestellten Artikel wird aufgrund einer Beschädigung an den Lieferanten zurückgesendet. Dabei sind unterschiedliche Konstellationen der Reklamation denkbar, von denen die folgenden Szenarien erläutert werden sollen:

■ Die Ware wurde bestellt, durch den Kreditor geliefert, fakturiert und durch das Unternehmen bezahlt. Für die defekten Artikel soll eine Gutschrift des Lieferanten erfolgen.

■ Die Ware wurde bestellt, durch den Kreditor geliefert und fakturiert, aber noch nicht bezahlt. Für die defekten Artikel soll eine Gutschrift des Lieferanten erfolgen.

■ Die Ware wurde bestellt, durch den Kreditor geliefert, fakturiert und durch das Unternehmen bezahlt. Für die defekten Artikel soll eine Ersatzlieferung durch den Kreditor erfolgen.

■ Die Ware wurde bestellt, durch den Kreditor geliefert, fakturiert und durch das Unternehmen bezahlt. Für die defekten Artikel soll eine Preisminderung durch den Kreditor erfolgen.

Da in den Einstellungen zu den Kreditoren und dem Verkauf die Einstandspreisrückverfolgung aktiviert wurde, ist es nicht möglich, die Reklamation ohne den Ausgleich mit einem Artikelposten durchzuführen. Ist dieser Parameter aktiviert, übernimmt die Funktion *Beleg kopieren* die Zuweisung dieses Felds.

Menüoption: *Einkauf/Bestellungsabwicklung/Reklamationen/Funktion/Beleg kopieren*

Abbildung 4.98 Beleg kopieren

In Feld *Belegart* wird hinterlegt, auf welchen Beleg sich die Reklamation bezieht, in diesem Fall also die bereits gebuchte Lieferantenrechnung. Über die Belegnummer wird auf den entsprechenden Rechnungsbeleg referenziert, der über die Lookup-Schaltfläche gesucht werden kann.

HINWEIS Wird bei der Funktion *Einkaufsbeleg kopieren* das Kontrollkästchen *Zeilen neu berechnen* aktiviert, wird bei der Reklamation/Gutschrift der Preisfindungsprozess neu angestoßen. Haben sich die Einkaufspreise in der Zwischenzeit geändert, werden die Preise/Rabatte des Ursprungsbelegs nicht berücksichtigt, sondern neu berechnet. Insofern ist von der Aktivierung dieser Option im Regelfall abzuraten.

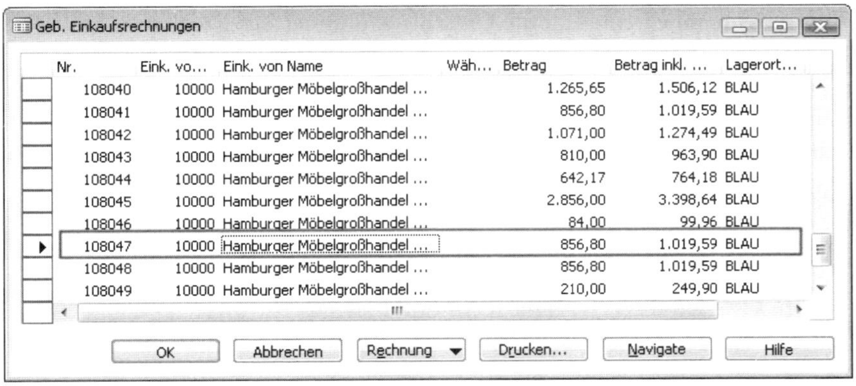

Abbildung 4.99 Einkaufsrechnung suchen

Die selektierten Belegdaten werden anschließend durch das System in die Einkaufsreklamation kopiert.

HINWEIS Anstatt der beschriebenen Funktion *Beleg kopieren* steht für Reklamationen eine spezielle Funktion *Zu stornierende gebuchte Belegzeilen abrufen*, die eine Referenzierung auf mehr als einen Ausgangsbeleg erlaubt.

HINWEIS Wurden in der ursprünglichen Einkaufsrechnung Zeilen- und Rechnungsrabatte gebucht, werden diese bei der Funktion *Zeilen kopieren* in den Reklamationsbeleg kopiert. Erfolgt dann allerdings eine Mengenanpassung, da nicht die vollständige Lieferung, sondern nur ein Teil reklamiert werden soll, löscht das System die Rabatte aus dem Beleg und diese müssen gegebenenfalls manuell nachgepflegt werden, um den richtigen Gutschriftsbetrag durch das System errechnen zu lassen.

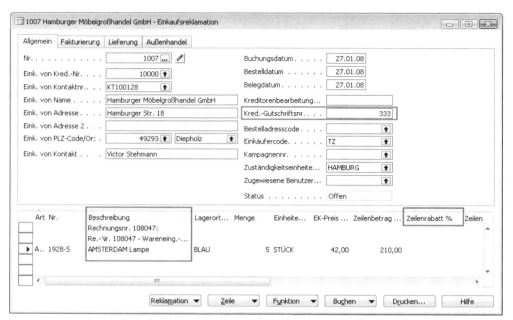

Abbildung 4.100   Kopierte Belegdaten in der Einkaufsreklamation

In dem Feld *Kred.-Gutschriftsnr.* muss manuell eine externe Gutschriftsnummer des Kreditoren hinterlegt werden, bevor die Gutschrift gebucht werden kann. Wird nun die Funktion *Liefern und Fakturieren* ausgewählt, wird durch das System automatisch eine entsprechende Gutschrift gebucht, die durch einen Zahlungseingang des Kreditoren ausgeglichen werden kann und bis dahin den Status *Offen* hat. Der entsprechende Status der Gutschrift kann in den Kreditorenposten analysiert werden.

Menüoption: *Einkauf/Bestellungsabwicklung/Kreditoren/Kreditor/Posten*

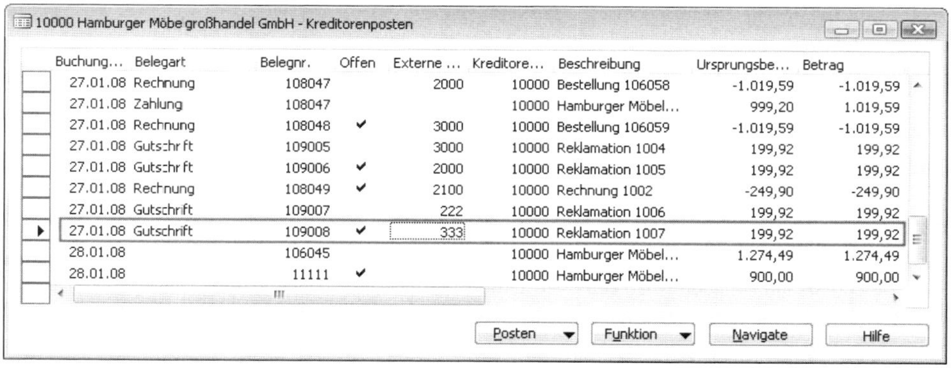

	Buchung...	Belegart	Belegnr.	Offen	Externe ...	Kreditore...	Beschreibung	Ursprungsbe...	Betrag
	27.01.08	Rechnung	108047		2000	10000	Bestellung 106058	-1.019,59	-1.019,59
	27.01.08	Zahlung	108047			10000	Hamburger Möbel...	999,20	1.019,59
	27.01.08	Rechnung	108048	✔	3000	10000	Bestellung 106059	-1.019,59	-1.019,59
	27.01.08	Gutschrift	109005	✔	3000	10000	Reklamation 1004	199,92	199,92
	27.01.08	Gutschrift	109006	✔	2000	10000	Reklamation 1005	199,92	199,92
	27.01.08	Rechnung	108049	✔	2100	10000	Rechnung 1002	-249,90	-249,90
	27.01.08	Gutschrift	109007		222	10000	Reklamation 1006	199,92	199,92
▶	27.01.08	Gutschrift	109008	✔	333	10000	Reklamation 1007	199,92	199,92
	28.01.08		106045	✔		10000	Hamburger Möbel...	1.274,49	1.274,49
	28.01.08		11111	✔		10000	Hamburger Möbel...	900,00	900,00

Abbildung 4.101   Kreditorenposten – Gutschrift

Anders verhält es sich, wenn die Kreditorenrechnung noch nicht beglichen ist und die Ware reklamiert wird. In diesem Fall wird der Rechnungsbetrag um den Betrag der Reklamation gekürzt. Die Vorgehensweise entspricht dem obigen Beispiel. Auf der Registerkarte *Fakturierung* wird allerdings der Ausgleichsbezug zu der zugehörigen Kreditorenrechnung angezeigt.

1008 Hamburger Möbelgroßhandel GmbH - Einkaufsreklamation
Allgemein
Fakturierung
Lieferung
Außenhandel
Zahlung an Kred.-Nr. . . . 10000
Zahlung an Kontaktnr. . . KT100128
Zahlung an Name . . . . Hamburger Möbelgroßhandel GmbH
Zahlung an Adresse . . . Hamburger Str. 18
Zahlung an Adresse 2 . .
Zahlung an PLZ-Code/Ort 49293 Diepholz
Zahlung an Kontakt . . . Victor Stehmann
Kostenstelle Code . . . .
Kostenträger Code . . .
Ausgleich mit Belegart . . Rechnung
Ausgleich mit Belegnr. . . 108048
Ausgleichs-ID . . . . . .
EK-Preise inkl. MwSt. . .
MwSt.-Geschäftsbuch... NATIONAL
Lagerort... Menge Einheite... EK-Preis ... Zeilenbetrag ... Zeilenrabatt % Zeilenrabattb...
gsnr. 108048: 0,00
08048 - Wareneing.-... 0,00
AM Lampe BLAU 5 STÜCK 42,00 168,00 20 42,00
Reklamation
Zeile
Funktion
Buchen
Drucken...
Hilfe

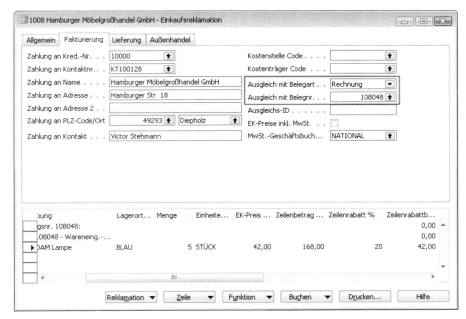

Abbildung 4.102 Reklamation – Ausgleichdaten in der Fakturierungsansicht

Im Gegensatz zum ersten Beispiel ist der Kreditorenposten jedoch ausgeglichen, weil der ausstehende Rechnungsbetrag entsprechend gekürzt wurde.

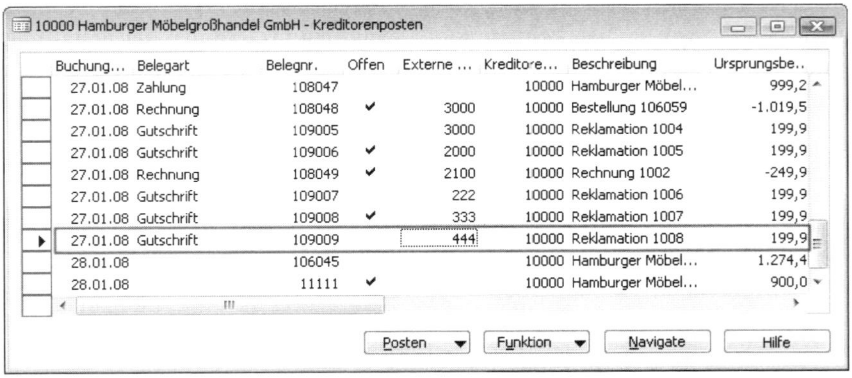

10000 Hamburger Möbelgroßhandel GmbH - Kreditorenposten
Buchung... Belegart Belegnr. Offen Externe ... Kreditore... Beschreibung Ursprungsbe..
27.01.08 Zahlung 108047 10000 Hamburger Möbel... 999,2
27.01.08 Rechnung 108048 ✔ 3000 10000 Bestellung 106059 -1.019,5
27.01.08 Gutschrift 109005 3000 10000 Reklamation 1004 199,9
27.01.08 Gutschrift 109006 ✔ 2000 10000 Reklamation 1005 199,9
27.01.08 Rechnung 108049 ✔ 2100 10000 Rechnung 1002 -249,9
27.01.08 Gutschrift 109007 222 10000 Reklamation 1006 199,9
27.01.08 Gutschrift 109008 ✔ 333 10000 Reklamation 1007 199,9
27.01.08 Gutschrift 109009 444 10000 Reklamation 1008 199,9
28.01.08 106045 10000 Hamburger Möbel... 1.274,4
28.01.08 11111 ✔ 10000 Hamburger Möbel... 900,0
Posten
Funktion
Navigate
Hilfe

Abbildung 4.103 Kreditorenposten – Rechnungskürzung

Über die Drilldown-Schaltfläche auf den Restbetrag der Rechnung werden die detaillierten Kreditorenposten und die Kürzung der Rechnung angezeigt.

Abbildung 4.104   Detaillierte Kreditorenposten – Rechnungskürzung

Soll hingegen keine Gutschrift, sondern eine Ersatzlieferung für den zurückgesendeten Artikel erfolgen, ändert sich die Vorgehensweise. Es ist zunächst ebenfalls eine Reklamation mit den entsprechenden Positionsdaten zu erstellen. In einer zweiten Zeile wird der entsprechende negative Wert für den Austauschartikel in das Feld *Menge* eingetragen. Da keine Rechnungsstellung durch den Lieferanten erfolgt, müssen Einkaufs- und Einstandspreis identisch sein, sodass sich für den Beleg ein Nullsaldo ergibt.

Die letzte Möglichkeit einer Reklamation besteht in der Minderung des Einkaufspreises für die betroffenen Artikel. In diesem Fall wird eine Wertgutschrift erstellt, die über Zu- und Abschläge zu buchen ist (siehe dazu auch den Abschnitt »Artikel Zu-/Abschläge« ab Seite 234).

> **ACHTUNG**   Aus Systemsicht ist es auch möglich, eine Wertgutschrift über die Reklamation/Gutschrift zu erfassen und anstatt mit Bezug auf einen Artikel direkt auf ein Sachkonto (Wareneingangskonto) zu buchen. In diesem Fall wird allerdings der Einstandspreis des Artikels nicht korrigiert, sodass es zu einem falschen Ausweis von Lagerwerten kommt. Von dieser Möglichkeit ist vor diesem Hintergrund dringend abzuraten.

Für bestimmte Konstellationen kann es darüber hinaus erforderlich sein, neben der eigentlichen Reklamation bestimmte Zu- oder Abschläge zu erfassen. Wenn beispielsweise eine Falschlieferung eines Artikels erfolgt ist, die das Unternehmen zu verantworten hat, können vom Lieferanten im Rahmen der Erstattung der angefallenen Arbeitsaufwände Gebühren (Wiedereinlagerungsgebühren) vereinbart werden. Dazu muss in den Positionsdaten eine Zeile mit der Art *Zu-/Abschlag (Artikel)* erstellt werden, um diese zu erfassen.

Sind alle Positionsdaten erfasst, kann der Prozess durch die Buchung der entsprechenden Buchhaltungsbelege abgeschlossen werden.

Reklamationen und Gutschriften aus Compliance-Sicht

Potentielle Risiken

- Falsche Lagerwerte durch Lieferantengutschriften, die als Wertgutschriften direkt auf Sachkonten gebucht werden ohne Aktualisierung der Artikeldaten (Integrity, Compliance)

- Fehlende Transparenz durch fehlende Informationen in den Reklamationsbelegen (Efficiency, Integrity, Availability, Reliability)

Prüfungsziele

- Analyse offener Lieferantengutschriften

- Richtige Einrichtung der Parameter für Reklamationen

- Sicherstellung eines konsistenten Prozesses der Reklamations- und Gutschriftserstellung

Prüfungshandlungen

Analyse offener Lieferantengutschriften

In den Kreditorenposten sollten offene Gutschriften auf deren Altersstruktur und Herkunft analysiert werden, um einerseits zu verhindern, dass offene Gutschriften durch den Lieferanten nicht beglichen werden und andererseits keine unberechtigten Gutschriften im System existieren, deren Herkunft und Ursprung unbekannt ist (Falschausweis).

Feldzugriff: Tabelle 25 Kreditorenposten/Feld Buchungsdatum, Belegart [Wert Gutschrift], Offen

Direkt Sachkontenbuchungen bei Gutschriften

Feldzugriff: Tabelle 125 Einkaufsgutschriftszeile/Feld Art [Wert Sachkonto]

Einrichtung der Parameter

Um eine Rückverfolgung der Artikeleinstandspreise zu gewährleisten und den Prozess durch Kopieren von Beleginformation in die jeweiligen Folgebelege transparent zu gestalten, empfehlen sich folgende Werte für die Einrichtungsparameter der Reklamationsverwaltung:

Menüoption: *Einkauf/Einrichtung/Kreditoren & Einkauf Einr.* (siehe Tabelle 4.28)

Feld	Empfohlener Wert
Rücklieferung bei Gutschrift	Gemäß Anforderungen
Einstandspreis Rückverfolgung notwendig	Aktiviert
Bemerkung Reklamation in Rücklieferung kopieren	Aktiviert
Bemerkung Reklamation in Gutschrift kopieren	Aktiviert

Tabelle 4.28 Einrichtung der Reklamationsverwaltung im Einkauf aus Compliance-Sicht

Konsistenter Prozess der Reklamations- und Gutschriftserstellung

Um einen konsistenten Prozess der Reklamations- und Gutschriftserstellung sicherzustellen, sollte das Unternehmen gewährleisten, Reklamationen und Gutschriften immer unter Bezug auf die jeweiligen Ursprungsbelege zu erstellen. Hierbei wird empfohlen, über die Funktionen *Beleg kopieren* auf die Rechnungen Bezug zu nehmen, da hier die tatsächlich fakturierten Werte zur Verfügung stehen. Unberücksichtigt bleibt die tatsächliche Inanspruchnahme von Skonto, da Dynamics NAV nur den Rückgriff auf die im Beleg eingestellte Zahlungsbedingung ermöglicht. Verfahrensanweisungen sind zu prüfen, Prozessbeobachtungen können als zusätzliche Kontrolle erfolgen. Ergänzend sollte geprüft werden, ob etwaige in Einkaufsbelegen gebuchte Skonti auch für die Gutschrift korrekt zurückgebucht werden. In den Zahlungsbedingungen sollte dazu das Feld *Skonto auf Gutschrift berechnen* immer aktiviert ein.

Menüoption: *Verwaltung/Anwendung Einrichtung/Finanzmanagement/Zahlungsbedingungen*

Kapitel 5

Logistik

In Dynamics NAV werden die Prozesse und Funktionen des Lagers unter dem Thema »Logistik« subsumiert, wobei das Lager aus Prozesssicht als Schnittstelle zwischen Einkauf und Verkauf betrachtet werden kann. Im Folgenden werden die entsprechenden Organisationseinheiten, Einrichtungsparameter sowie die unterschiedlichen Möglichkeiten der Abbildung der Lagerprozesse – Wareneingang, Einlagerungen, Kommissionierung, Warenausgang – dargestellt und unter Compliance-Gesichtspunkten analysiert. Darauf folgend werden analog die Themen Artikelverfolgung, Reservierung, Cross Docking, Umlagerungen/Umbuchungen und Inventur behandelt. Abschließend erfolgt eine detaillierte Erläuterung des komplexen Themenbereichs Lagerbewertung – Verbrauchsfolgeverfahren, Buchungslogiken und Abstimmung der Lagerwerte des Logistikmoduls mit dem Modul Finanzbuchhaltung – sowie eine kurze Darstellung der Methodik der automatischen Wiederbeschaffung.

Organisationseinheiten der Logistik

In diesem Abschnitt werden die grundlegenden Organisationseinheiten der Logistik dargestellt, die zur Abbildung der Logistikprozesse in Dynamics NAV bereitgestellt werden:

- Lagerorte

- Lagerzonen

- Lagerplätze

- Zuständigkeitseinheiten

- Mitarbeiter

Während die Punkte Lagerort, Lagerzonen und Lagerplätze den physischen Aufbau eines Lagerortes betreffen (siehe Abbildung 5.1), berühren die Konstrukte Zuständigkeitseinheiten und Mitarbeiter eher organisatorische Abläufe. Die weiteren Konstrukte in Abbildung 5.1 dienen der Klassifizierung der Lagerplätze, -zonen und Artikel und werden im Abschnitt »Lagerorteinrichtung« ab Seite 278 erläutert.

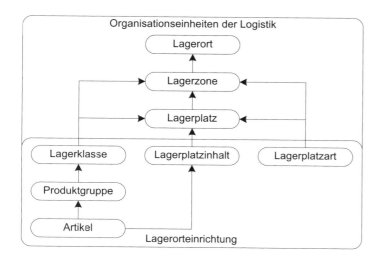

Abbildung 5.1 Organisationseinheiten und Konstrukte zum Lagerort

Darstellung der Logistikorganisation

Zur Abbildung der Aufbauorganisation von Unternehmen bietet Dynamics NAV diverse Standardkonstrukte, deren Nutzung jedoch nicht zwingend vorgeschrieben ist. Obligatorisch ist der von der Logistikorganisation unabhängige Mandant als eigenständig bilanzierende Einheit. Sämtliche weiteren Organisationseinheiten der Logistik sind diesem Mandanten zugeordnet. Die Nutzung der grundlegendsten Standardkonstrukte ergibt sich über die Anwendung des Moduls *Basis Lager*, erweiterte prozessuale Anforderungen können über die Nutzung der Funktionen *Mehrere Lagerorte* in Verbindung mit *Zuständigkeitseinheiten, Lagerhaltungsdaten, Umlagerungen, Lagerplatz* und *Einrichtung der Lagerplätze, Einlagerung, Wareneingang, Kommissionierung, Warenausgang* und *Artikelverfolgung* abgebildet werden. Die grundlegenden Informationen zu den Funktionsbereichen und Beschreibungen werden im Verlaufe des Abschnitts »Prozesse der Lagerverwaltung« ab Seite 291 dargestellt.

Lagerorte, -zonen und -plätze, Lagerhaltungsdaten

Die grundlegenden Einstellungen zur Definition und Strukturierung der Lagerorte, definiert als Gebäude oder Orte, an denen Artikel physisch gelagert und ihre Mengen verwaltet werden können, erfolgt über die Lagerortkarte.

Menüoption: *Lager/Einrichtung/Lagerorte* (siehe Abbildung 5.2)

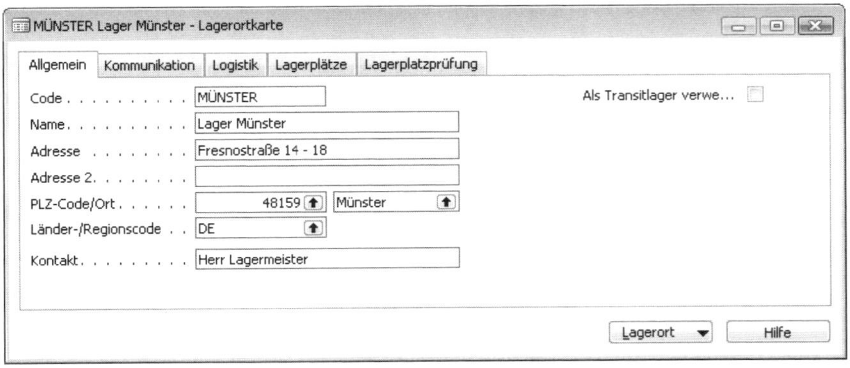

Abbildung 5.2 *Lagerortkarte*

Neben allgemeinen Daten wie Bezeichnung, Code (Primärschlüssel), Anschrift und Kontakt können über die Lagerortkarte auch Transitlager wie Transportfahrzeuge angelegt werden, die speziell bei Umlagerungen relevant werden (siehe hierzu auch Abschnitt »Umlagerung zwischen Lagerorten« ab Seite 343). Darüber hinaus können je Lagerort die verschiedenen Logistikfunktionen und damit die Nutzung der entsprechenden Belege und Prozesse (beispielsweise Wareneingangs-, Einlagerungs-, Kommissionier- und Warenausgangsbelege, automatische Lagerplatzvorgaben) sowie die automatische Datumsberechnung und Liefterminzusage aktiviert werden.

Ein Lagerort kann als Standardlagerort des Unternehmens sowie als Standardlagerort für Debitoren und Kreditoren definiert werden.

Menüoption: *Verwaltung/Anwendung Einrichtung/Allgemein/Firmendaten*

Menüoption: *Verkauf & Marketing/Verkauf/Debitoren*

Menüoption: *Einkauf/Bestellungsabwicklung/Kreditoren*

Eine weitergehende Strukturierung der Lagerorte in Zonen und Lagerplätze (kleinste Einheit des Lagers) ist möglich.

Menüoption: *Lager/Einrichtung/Lagerorte/Lagerort/Zonen* (siehe Abbildung 5.3)

Abbildung 5.3 Lagerzonen

Zonen werden Lagerplätze zugeordnet und über die Kriterien *Lagerplatzart* (Zweck der Lagerplatznutzung, beispielsweise Wareneingang, Warenausgang, Kommissionierung) und *Lagerklasse* (beispielsweise geheizt oder gekühlt) genauer spezifiziert. Weitere Details werden im Abschnitt »Lagerorteinrichtung« ab Seite 278 erläutert.

Durch bei den Transaktionen anzugebende Lagerortcodes und Lagerplatzcodes ermöglicht Dynamics NAV die Pflege und Nachverfolgung von Artikeln und Artikelvarianten unter Berücksichtigung verschiedener Lagerorte und Lagerplätze. Hierzu kann speziell das Konstrukt der *Lagerhaltungsdaten* genutzt werden (optional), was einer Erweiterung der Artikelstammdaten gleichkommt. Lagerhaltungsdaten ergeben sich je Artikelvariante und/oder Artikel-Lagerortkombination und beinhalten Details wie Regalnummer, Einstandspreise, Beschaffungsmethode, Produkt- oder Logistikinformationen. In der Praxis werden *Lagerhaltungsdaten* häufig verwendet, wenn ein Unternehmen mit einem Haupt- und mehreren Nebenlagerorten arbeitet, um beispielsweise die Beschaffungsmethode (Einkauf und Umlagerung) oder auch die Einstandspreise (unterschiedliche Transportkosten) je Lagerort differenziert hinterlegen zu können.

HINWEIS   Da die Nutzung von Lagerhaltungsdaten zu einem erhöhten Pflegeaufwand führt, sollten Lagerhaltungsdaten nur genutzt werden, wenn eine Berücksichtigung unterschiedlicher Parameter je Lagerort und Artikel notwendig ist.

Über die Funktion *Lagerhaltungsdaten erstellen* auf der Artikelkarte erfolgt die Anlage eines Lagerhaltungsdatums in Form einer Zeile je Artikel-Variante-Lagerort-Kombination in der *Lagerhaltungsdatentabelle* (Tabelle *Lagerhaltungsdaten 5700*). Die Inhalte der Tabelle können über die Lagerhaltungskarte (auf Zeilenebene, Menüoption *Lager/Planung* & *Ausführung/Lagerhaltungsdaten*) sowie über die Menüschaltfläche *Lagerhalt./Übersicht* als Übersicht aufgerufen werden (siehe Abbildung 5.4).

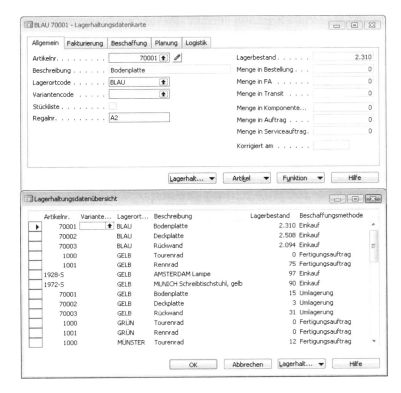

Abbildung 5.4 Lagerhaltungsdatenkarte und -übersicht

Die Lagerhaltungsdaten haben in Dynamics NAV Priorität vor den Informationen der Artikelkarte. So werden beispielsweise zur Bewertung des Lagerbestandes die Informationen der Lagerhaltungsdaten berücksichtigt (je nach Einrichtung).

Zuständigkeitseinheit

Zuständigkeitseinheiten werden in Dynamics NAV für die generelle Verwaltung und Strukturierung des Unternehmens eingesetzt. Eine Zuständigkeitseinheit kann somit auch die Ein- und Verkäufe aus Sicht der Lagerorte strukturieren. Zuständigkeitseinheiten werden Benutzern zugeordnet, um eine benutzerspezifische Trennung auf Belegebene zu erreichen (siehe hierzu auch das Kapitel 3).

Menüoption: *Verwaltung/Anwendung Einrichtung/Allgemein/Zuständigkeitseinheiten* (siehe Abbildung 5.5)

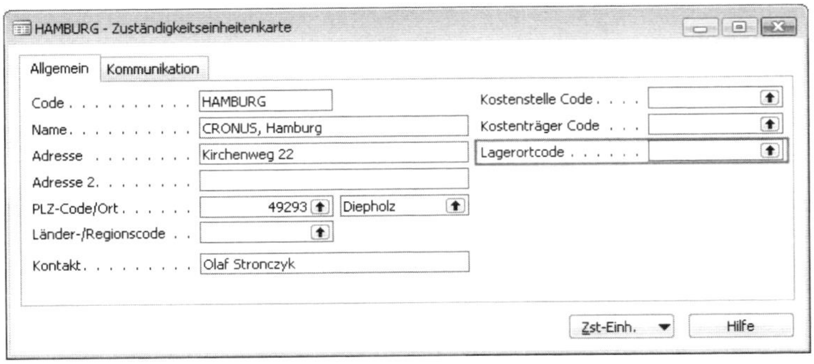

Abbildung 5.5 Zuständigkeitseinheitenkarte

Die Zuordnung der Lagerorte zu den Zuständigkeitseinheiten kann über die direkte Zuordnung eines Standardlagers in der Zuständigkeitseinheitenkarte erfolgen. Das zugeordnete Lager wird dann automatisch zum Standard-Lagerort auf allen Einkaufs- und Verkaufsbelegen mit dieser Zuständigkeitseinheit (Default-Einstellung, kann überschrieben werden). Eine Zuordnung des Standardlagers kann auch über die Debitoren- und Kreditorenpersonenkonten erfolgen. Das in den Debitoren-/Kreditorenkarten hinterlegte Standardlager wird dann automatisch der dort hinterlegten Zuständigkeitseinheit zugeordnet. Weitere Details hierzu bieten die Ausführungen in Kapitel 4 und Kapitel 6 zu den Einkaufs- und Verkaufsorganisationen und den Debitoren- und Kreditorenstammdaten.

| **TIPP** | Um potenzielle Konflikte bei der Zuordnung der Standardlagerorte zu vermeiden, sollten Lagerorte entweder über die Personenkonten oder über die Zuständigkeitseinheiten zugeordnet werden. Im Zweifelsfall priorisiert Dynamics NAV jedoch die Angaben in den Personenkonten gegenüber den Angaben in den Zuständigkeitseinheiten. |

Mitarbeiter

Werden die Funktionalitäten des Lagerverwaltungssystems genutzt, müssen die entsprechenden Mitarbeiter in Dynamics NAV als Lagermitarbeiter des relevanten Lagers eingerichtet werden. Dies geschieht über das Verwaltungsmenü in der Logistikeinrichtung.

Menüoption: *Verwaltung/Anwendung Einrichtung/Lager/Logistik Einrichtung/Lagermitarbeiter* (siehe Abbildung 5.6)

Abbildung 5.6 Benutzer als Lagermitarbeiter einrichten

Logistikorganisation aus Compliance-Sicht

Potentielle Risiken

- Prozessineffizienzen durch fehlende oder falsche Einrichtung von Lagerorten, Zonen und Lagerplätzen, Zuständigkeitseinheiten, fehlende oder falsche Zuordnung von Standardlagerortcodes (Effectiveness, Efficiency, Integrity)

- Fehlende Nachvollziehbarkeit von Logistiktätigkeiten durch fehlende Einrichtung von individuellen Lagermitarbeitern, nicht autorisierte Logistiktransaktionen (Effectiveness, Integrity, Compliance)

- Nicht zielgerichteter Informationsfluss in der Logistik (Efficiency, Confidentiality)

Prüfungsziel

- Sicherstellung einer adäquaten Abbildung der Logistikorganisation in Dynamics NAV
- Sicherstellung der Nachvollziehbarkeit von Logistiktransaktionen
- Sicherstellung der Berechtigung für Logistiktransaktionen

Prüfungshandlungen

Lagerorte und Lagerplätze, Lagerhaltungsdaten

Die eingerichteten Lagerorte, Zonen und Lagerplätze müssen den tatsächlichen Gegebenheiten entsprechen.

Feldzugriff: *Tabelle 14 Lagerort*

Menüoption: *Lager/Logistikmanagement/Berichte/Lagerplatzübersicht*

Bei Nutzung von Lagerhaltungsdaten sollte ein Abgleich mit den in den Artikelkarten gepflegten Daten erfolgen, wenn es im Rahmen der Lagerbewertung zur Berücksichtigung möglicherweise von der Artikelkarte abweichender Lagerhaltungsdaten kommen kann. Dies ist der Fall, wenn die Standardpreisbewertung für Artikel angewendet wird oder wenn im Rahmen der Bewertung nach FIFO, LIFO oder Durchschnitt die Einstandspreisberechnungsart je Artikel-Lagerort-Variantenkombination möglich ist.

Identifikation der Artikel mit Standardpreisbewertung:

Feldzugriff: *Tabelle 27 Artikel/Felder Nr., Beschreibung, Lagerabgangsmethode [Wert Standard]*

Identifikation möglicher Abweichungen zwischen Artikel- und Lagerhaltungsdaten bei FIFO, LIFO, Durchschnittsbewertung:

Menüoption: *Lager/Einrichtung/Lager Einrichtung*, im Feld *Einst.-Pr.(durchschn.)* wurde die Option *Artikel & Lagerort & Variante* gewählt

Ergab eine der beiden Analysen Treffer/Übereinstimmungen, sind die Artikeldaten mit den Lagerhaltungsdaten abzugleichen. Bei Differenzen zwischen den Einstandspreisen sind diese zu klären.

Feldzugriff: *Tabelle 27 Artikel/Felder Nr., Beschreibung, Stück, Lagerabgangsmethode, Einstandspreis, Einstandspreis (fest), EK-Preis (neuester)*

Feldzugriff: *Tabelle 5700 Lagerhaltungsdaten/Felder Felder Nr., Beschreibung, Lagerabgangsmethode, Einstandspreis, Einstandspreis (fest), EK-Preis (neuester)*

Sicherstellung einer adäquaten Einrichtung der Zuständigkeitseinheiten

Zuständigkeitseinheiten sollten grundsätzlich vollständig gepflegt sein (Adressdaten, Ansprechpartner etc.). Darüber hinaus sollte überprüft werden, ob den Einheiten jeweils ein Standardlagerortcode zugewiesen wurde bzw. warum dies nicht erfolgt ist.

Feldzugriff: *Tabelle 5714 Zuständigkeitseinheit*

Erfolgt eine Zuweisung der Lagerorte über Personenkonten, muss ebenfalls die Vollständigkeit der Zuordnung nachgewiesen werden. Gleichzeitig kann die vollständige Zuordnung von Zuständigkeitseinheiten in den Personenkonten überprüft werden.

Feldzugriff: *Tabelle 18 Debitor/Felder Nr., Name, Zuständigkeitseinheitencode, Lagerortcode*

Feldzugriff: *Tabelle 23 Kreditor/Felder Nr., Name, Zuständigkeitseinheitencode, Lagerortcode*

Es ist darauf zu achten, dass die Zuordnung des Standardlagers entweder über die Personenkonten oder über die Zuständigkeitseinheitenkarte erfolgt.

Die Überprüfung der Zuordnung von Benutzern zu Zuständigkeitseinheiten kann über die Tabelle *91 Benutzer Einrichtung* erfolgen.

Feldzugriff: *Tabelle 91 Benutzer Einrichtung/Felder Benutzer-ID, Buchungen zugel. Ab, Buchungen zugel. Bis, Genehmiger-ID, Verk.-Zuständigk.-Einh. Filter, Eink.-Zuständigk.-Einh. Filter, Serv.-Zuständigk.-Einh. Filter*

Sicherstellung ausschließlich autorisierter Logistiktransaktionen

Über die Einrichtung der Mitarbeiter als Lagermitarbeiter erfolgt die Autorisierung zur Durchführung der entsprechenden Logistikfunktionalitäten. Es sollte eine Überprüfung der dem »Least Privilege«-Prinzip entsprechenden Rechtevergabe erfolgen.

Feldzugriff: *Tabelle 7301 Lagermitarbeiter*

Einrichtung der Logistik

In diesem Abschnitt werden die lagerortübergreifenden Aspekte der Lager- und Logistikeinrichtung behandelt:

- Lagereinrichtung
- Logistikeinrichtung
- Lagerorteinrichtung

Getrennt nach Lager- und Logistikeinstellungen erfolgt neben der Darstellung der grundlegenden Parameter die Analyse der Einstellungen aus Compliance-Sicht.

Lagereinrichtung

Zunächst werden die Grundlagen und lagerortübergreifenden Parameter zur Lagereinrichtung erläutert, bevor compliance-relevante Fragestellungen erörtert werden.

Grundlagen und Parameter der Lagereinrichtung

Die für alle Lagerorte gültigen Einstellungen werden zentral über die Karte *Lager Einrichtung* gepflegt.

Menüoption: *Lager/Einrichtung/Lager Einrichtung* (siehe Abbildung 5.7)

Abbildung 5.7 *Lager Einrichtung (Allgemein)*

Auf der Registerkarte *Allgemein* werden u.a. die grundlegenden Einstellungen zur Behandlung der Lagerbuchungen im Modul der Finanzbuchhaltung gepflegt. Durch die Aktivierung des Felds *Automatische Lagerbuchung* wird bei der Buchung der Fakturierung sichergestellt, dass die im Logistikmodul erfassten Artikel- und Wertposten automatisch auch in das jeweilige Lagerkonto sowie Lagerverbrauchs- und Lagerkorrekturkonto in der Finanzbuchhaltung gebucht werden (Sachposten, siehe hierzu im Detail Abschnitt »Buchungslogik« ab Seite 152). Ist diese Option nicht aktiviert, erfolgt die Erfassung der Sachposten im Rahmen der Lagerregulierung (Menüoption: *Finanzmanagement/Lager/Bewertung/Lagerreg. fakt. Eins. Preise* und Menüoption: *Finanzmanagement/Lager/Bewertung/Buchen/Lagerreg. buchen*. Wir verweisen auf Abschnitt »Ablauf der Lagerwertbuchungen – Lagerregulierung« ab Seite 395). Zu möglichen Bewertungsproblemen aufgrund nachträglich auftretender Kosten oder Wertänderungen verweisen wir auf Abschnitt »Lagerbewertung« ab Seite 385.

TIPP   Die automatische Lagerbuchung sollte immer aktiviert werden.

Mit dem Feld *Soll-Kosten buchen* wird gesteuert, ob die erwarteten Kosten aus gelieferten, aber noch nicht fakturierten Positionen (d.h., dass die Transaktionen nur als Artikel- und Wertposten in der Materialwirtschaft erfasst sind, siehe Abschnitt »Buchungen in der Materialwirtschaft und Finanzbuchhaltung«, Abbildung 5.157 auf Seite 391) auch in der Finanzbuchhaltung gebucht werden sollen. Es wird damit erreicht, dass der Lagerwert in der Finanzbuchhaltung und Materialwirtschaft identisch ist.

HINWEIS   Die *Soll-Kosten* werden über Interimskonten gebucht (zur Einrichtung der Konten und weiteren Details verweisen wir auf Abschnitt »Buchung von Soll-Kosten« ab Seite 393). Bei Fakturierung der Lieferungen erfolgt eine Stornierung und ein Austausch durch die tatsächlichen Kosten. Die Aktivierung des Buchens von Soll-Kosten kann die Performance der Datenbank wesentlich beeinträchtigen, da je Artikelposten vier weitere Sachposten erstellt werden.

Im Feld *Automatische Lagerregulierung* kann die automatische Regulierung aller Kostenänderungen bei jeder Buchung von Lagertransaktionen konfiguriert werden. Beispielsweise können nachträglich erfasste Lieferkosten die Lagerwerte oder Einstandskosten eines bereits verkauften Artikels erhöhen. Der Regulierungsvorgang und seine Auswirkungen sind die gleichen wie bei der Stapelverarbeitung *Lagerreg. fakt. Einst. Preise* (vgl. Abschnitt »Ablauf der Lagerwertbuchungen – Lagerregulierung« ab Seite 395). Da die mögliche Kostenregulierung während jeder eingehenden Buchung die Datenbankleistung beeinträchtigen kann, umfasst dieses Einrichtungsfeld Zeitoptionen, sodass festgelegt werden kann, wie weit zurück vom Arbeitsdatum aus eine eingehende Buchung auftreten kann, welche die Regulierung der Werte der ihr zugeordneten Posten auslöst (siehe Tabelle 5.1).

Option	Beschreibung
Nie	Es erfolgt keine automatische Lagerregulierung
Tag	Es werden Kosten von Transaktionen reguliert, die innerhalb eines Tages vom aktuellen Arbeitsdatum gebucht sind
Woche	Es werden Kosten von Transaktionen reguliert, die innerhalb einer Woche vom aktuellen Arbeitsdatum gebucht sind
Monat	Es werden Kosten von Transaktionen reguliert, die innerhalb eines Monats vom aktuellen Arbeitsdatum gebucht sind
Quartal	Es werden Kosten von Transaktionen reguliert, die innerhalb eines Quartals vom aktuellen Arbeitsdatum gebucht sind
Jahr	Es werden Kosten von Transaktionen reguliert, die innerhalb eines Jahres vom aktuellen Arbeitsdatum gebucht sind
Immer	Die Kosten aller Transaktionen werden unabhängig vom Buchungsdatum reguliert

Tabelle 5.1 Zeitoptionen zur Einrichtung der automatischen Lagerregulierung

Viele Dynamics NAV-Anwenderfirmen werden allerdings ein so hohes Transaktionsvolumen haben, dass diese Option aufgrund der resultierenden, verlängerten Sperrzeiten auf Datenbankebene nicht benutzt werden kann. Sinnvoller erscheint es in aller Regel, die Stapelverarbeitung *Lagerreg. Fakt. Einst. Preise* beispielsweise automatisiert über die Job Queue-Funktionalität in Dynamics NAV nachts zu starten und zu buchen.

Das Feld *Einst.-Pr.(durchschn.)Ber.-Art.* enthält Informationen über die Methode, die die Anwendung verwendet, um den durchschnittlichen Einstandspreis zu berechnen. Es ist möglich, durchschnittliche Einstandspreise nur pro Artikel oder auch auf Ebene von Lagerort und Variante zu verwalten.

Für Artikel der Lagerabgangsmethode *Durchschnitt* errechnet Dynamics NAV die durchschnittlichen Kosten mit einem periodisch gewichteten Durchschnitt, dessen Periodenlänge in der *Lager Einrichtung* festgelegt wird. Hierzu wird im Feld *Durchschnittskostenperiode* für alle Artikel definiert, für welchen Zeitraum (Tag, Woche, Monat, Buchhaltungsperiode) die Anwendung Transaktionen zu einem gewogenen Durchschnittspreis zusammenziehen und entsprechend die Wareneinsätze regulieren wird.

Die Standardeinstellung (Tag) ist dabei rein technisch bedingt, weil der Tag der erste Optionswert des Felds ist.

Die Aktivierung der Felder *Bem. Umla.-Auftr. in ...* kopiert Bemerkungen aus Umlagerungsaufträgen auf die jeweiligen Lieferungsbelege (Auslieferung, Einlieferung). Die Felder *Ausgeh./Eingeh. Lagerdurchlaufzeit* ermöglicht die Angabe allgemeiner Lagerdurchlaufzeiten, die für die automatische Berechnung der Liefer- bzw. Wareneingangsdaten herangezogen werden.

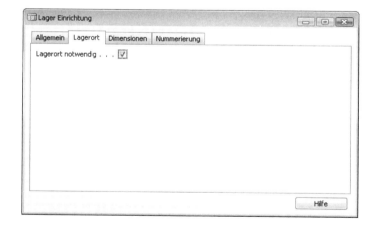

Abbildung 5.8 *Lager Einrichtung (Lagerort)*

Die Aktivierung des Felds *Lagerort notwendig* erzwingt die Eingabe eines Lagerortes bei der Erfassung entsprechender Transaktionen (siehe Abbildung 5.8).

Ist dieses Feld nicht aktiviert, kann auch ohne Lagerort gearbeitet werden, was zu Inkonsistenzen beispielsweise bei der Anzeige der Artikelverfügbarkeit führt. Es wird deshalb empfohlen, das Feld *Lagerort notwendig* immer zu aktivieren.

Auf der Registerkarte *Nummerierung* werden die für die jeweiligen Transaktionen relevanten Nummernserien gepflegt. Siehe dazu auch in Kapitel 3 den Abschnitt »Grundeinrichtung«.

Die Möglichkeit, in Dynamics NAV mit negativen Artikelbeständen arbeiten zu können, wird über die Menüoption *Verkauf & Marketing/Einrichtung/Debitoren & Verkauf Einr.* gesteuert (siehe Abbildung 5.9).

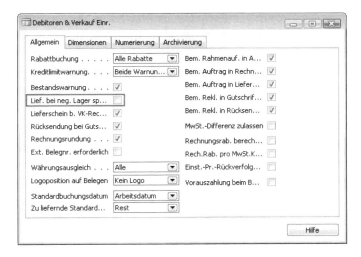

Abbildung 5.9 Lieferungen mit negativen Beständen ermöglichen

Generell sind negative Bestände aus Ein- und Verkaufsbelegen nur möglich, wenn das Modul *Logistik* nicht genutzt wird.

Lagereinrichtung aus Compliance-Sicht

Generell ist zu beachten, dass sich die zu wählenden Einstellungen im Rahmen der Einrichtung des Lagers auf die Prozesse und Belange des Unternehmens ausrichten. Es muss sichergestellt werden, dass die Artikel im Rahmen der Lagerbewertung für Dritte nachvollziehbar ermittelbar sind.

Potentielle Risiken

- Inkorrekte Bewertung der Lagerbestände sowie der Wareneinsätze in der Finanzbuchhaltung (Effectiveness, Integrity, Availability, Reliability)

- Inkonsistente Darstellung der Lagerbestände (Integrity, Reliability)

- Fehlende Nachvollziehbarkeit der Lagerbewertung bezüglich Mengen (Lagerplätze) und Werten (Effectiveness, Integrity, Availability)

- Nummernkreise sind nicht überschneidungsfrei, weisen Lücken auf oder sind nicht ausreichend dimensioniert (Efficiency, Reliability, Integrity)

Prüfungsziel

- Sicherstellung einer korrekten und konsistenten Bewertung des Lagers und Wareneinsatzes

- Sicherstellung einer konsistenten Darstellung der Lagerbestände

- Nachweis eines effektiven und effizienten Verfahrens zur Lagerverwaltung sowie Lager- und Wareneinsatzbewertung

- Sicherstellung der effektiven und effizienten Verwendung von Nummernkreisen

Prüfungshandlungen

Aus Compliance-Sicht ist eine Synchronisation des Lager- und Finanzmoduls wünschenswert, um konsistente Daten zu gewährleisten. Somit sollten die Felder *Automatische Lagerbuchung* und *Soll-Kosten buchen* aktiviert sein. Die Einstellung der Felder *Automatische Lagerregulierung, Einst.-Pr.(durchschn.)Ber.-Art.* und *Durchschnittskostenperiode* sollten den Unternehmensumständen entsprechend (wann werden die Daten zur Lager- und Wareneinstandspreisbewertung benötigt, auf welcher artikelbezogenen und zeitlichen Ebene soll die Durchschnittspreisberechnung erfolgen) eingestellt werden

Um eine konsistente Darstellung der Lagerbestände zu erreichen, sollte allen Artikelposten ein Lagerort zugeordnet worden sein.

Menüoption: *Lager/Einrichtung/Lager Einrichtung* dort *Lagerort notwendig* aktiviert

Feldzugriff: *Tabelle 32 Artikelposten/Felder Lfd. Nr., Artikelnr., Buchungsdatum, Postenart, Herkunftsnr., Belegnr. Lagerortcode [Wert leer]*

Mehr über Prüfungshandlungen im Rahmen der Definition und Einstellung der Nummernkreise finden Sie in Kapitel 3.

Logistikeinrichtung

Zunächst werden die Grundlagen und lagerortübergreifenden Parameter zur Logistikeinrichtung erläutert, bevor compliance-relevante Fragestellungen erörtert werden.

Grundlagen und Parameter der Logistikeinrichtung

Die Einrichtung des Lagerverwaltungssystems erfolgt über die Karte *Logistik Einrichtung*.

Menüoption: *Lager/Einrichtung/Logistik Einrichtung* (siehe Abbildung 5.10)

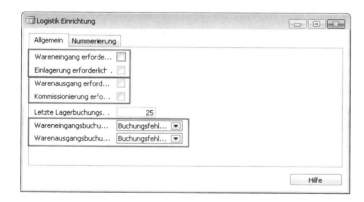

Abbildung 5.10   *Logistik Einrichtung (Allgemein)*

Die Karte ermöglicht die Aktivierung der einzelnen Logistikaktivitäten, die den Lagerabwicklungsprozess definieren. Die Einstellungen sind zusätzlich und unabhängig auf der/den Lagerortkarte(n) (siehe Abschnitt »Lagerorteinrichtung« ab Seite 278) individuell für die einzelnen Lagerorte zu pflegen. Dadurch können beispielsweise Lagerhierarchien wie Haupt- und Nebenlager mit unterschiedlich komplexen Lagerprozessen abgebildet werden. Die in der *Logistik Einrichtung* gepflegten Parameter gehen somit über den Status eines Vorschlags nicht hinaus. Im Folgenden werden kurz die grundlegenden Funktionalitäten und Belegarten der Lagerverwaltung erläutert, wobei von der Nutzung von Lagerplätzen ausgegangen wird. Detailinformationen werden im Abschnitt »Prozesse der Lagerverwaltung« ab Seite 291 dargestellt.

Wareneingang und Einlagerung

Über die Aktivierung *Wareneingang erforderlich* und *Einlagerung erforderlich* erfolgt die Aktivierung bestimmter Prozessschritte und Belege im Rahmen der Verarbeitung eingehender Lieferungen. Die Erstellung des *Wareneingangsbelegs* erfolgt unter Bezugnahme auf eine freigegebene Bestellung (Herkunftsbeleg). Bei Anlieferung von Artikeln im Lager werden die Wareneingangszeilen genutzt, um die tatsächlich gelieferten Mengen einzutragen.

HINWEIS   Stellt der Lieferant Lieferscheine in elektronischer Form zur Verfügung, beispielsweise per BizTalk, EDI o.ä., können diese Daten in Wareneingangsbelege konvertiert werden. Da der Wareneingang dann in der Regel zeitlich nach dem Eingang des elektronischen Lieferscheins erfolgt, stehen der Warenannahme Informationen über Teillieferungen und Wareneingangszeiten frühzeitig zur Verfügung und ermöglichen eine effiziente Ressourcenplanung.

Die Buchung des Wareneingangs löst die Aktualisierung des Lagerbestands sowie die Erstellung des Einlagerungsbelegs und der Lagerplatzposten im Logistik- und Artikeljournal aus (Artikel- und Wertposten). Die Erstellung und Buchung des Wareneingangsbelegs sollte durch Mitarbeiter des Lagers erfolgen, um eine Funktionstrennung zwischen Bestellerstellung/-freigabe und der Prüfung der erhaltenen Waren zu gewährleisten.

Der durch die Buchung des Wareneingangsbelegs erstellte *Einlagerungsbeleg* dient als Anweisung für die Lagermitarbeiter zur Umlagerung der Artikel aus der Wareneingangszone auf die Lagerplätze (zwei Zeilen im Beleg, Entnahme- und Ziellagerplatz). Der durch die Lagermitarbeiter zu vervollständigende und zu registrierende Einlagerungsbeleg beinhaltet Informationen über die Entnahme- und Ziellagerzonen sowie -plätze. Die Registrierung des Einlagerungsbelegs beinhaltet die Löschung der Einlagerungszeilen, es werden jedoch alle Informationen in der registrierten Einlagerung protokolliert. Darüber hinaus werden die Artikel mit der Registrierung im System zur Verwendung verfügbar, was durch die Buchung des Wareneingangsbelegs nicht erfolgt.

Kommissionierung und Warenausgang

Über die Aktivierung *Warenausgang erforderlich* und *Kommissionierung erforderlich* erfolgt die Aktivierung bestimmter Prozessschritte und Belege im Rahmen der Verarbeitung abgehender Aufträge. Basis für den *Warenausgang* sind freigegebene Verkaufsaufträge, Einkaufsrücklieferungen oder ausgehende Umlagerungsaufträge (Herkunftsbelege). Auf Basis der freigegebenen Aufträge kann anhand der Warenausgangsübersicht bzw. anhand von Kommissioniervorschlägen ein Überblick zur Planung der benötigten Ressourcen im Warenausgang gewonnen werden.

Anhand der erstellten Warenausgangsbelege, welche auch Informationen über die Ziellagerplätze beinhalten, können *Kommissionierbelege* generiert werden, die Informationen bezüglich des Entnahme- und des Ziellagerplatzes enthalten. Mit Registrierung der Kommissionierbelege werden entsprechend die Lagerplatzposten aktualisiert. Die Registrierung kann – wie die Einlagerung – als eine Umlagerung auf Lagerplatzebene gesehen werden und hat keine Auswirkungen auf die Artikelverfügbarkeit. Diese wird erst mit Buchung des Warenausgangs angepasst. Die Buchung des Warenausgangs erzeugt parallel die Verkaufslieferung der zugrunde liegenden Aufträge.

Warenein- und -ausgangsbuchungsmethoden

Dynamics NAV bietet zwei Verfahren, wie bei Buchungsfehlern in Wareneingang und -ausgang vorgegangen wird. Zum einen besteht mit der Auswahl *Buchungsfehler werden nicht verarbeitet* die Möglichkeit, die Herkunftsbelege komplett zu erfassen und die fehlerhaften, nicht gebuchten Belege zu melden: *Anzahl gebuchter Herkunftsbelege: 1 von insgesamt 2*. Die Art des Fehlers ist dann nicht einsehbar. Zum anderen besteht mit der Auswahl *Abbruch und ersten Buchungsfehler anzeigen* die Möglichkeit, die Herkunftsbelege bis zu einem

Fehler zu buchen und die Verbuchung dann abzubrechen. Der Fehler wird sichtbar, die folgenden Belege aber nicht erfasst.

In der Registerkarte *Nummerierung* werden die für die jeweiligen Transaktionen relevanten Nummernserien gepflegt. Mehr darüber erfahren Sie in Kapitel 3 im Abschnitt »Grundeinrichtung«.

Logistikeinrichtung aus Compliance-Sicht

Generell ist zu beachten, dass sich die zu wählenden Einstellungen im Rahmen der Einrichtung der Lagerverwaltung auf die Prozesse und Belange des Unternehmens ausrichten. Es muss sichergestellt werden, dass die Artikel im Rahmen der Lagerbewertung sowie die Artikelverbräuche bei der Bewertung des Wareneinsatzes für Dritte nachvollziehbar ermittelbar sind. Vor diesem Hintergrund sollte eine effektive und effiziente Gestaltung der Lagerprozesse angestrebt werden. Wünschenswert ist weiterhin, dass die Beschaffung und die Auftragserfüllung dem Vier-Augen-Prinzip entspricht, was für eine personelle Trennung von beispielsweise Bestellerfassung und Warenannahme spricht. In diesem Sinne ist die Aktivierung der Module Warenannahme und Einlagerung bzw. auf Absatzseite der Module Kommissionierung und Warenausgang aus Compliance-Sicht zu begrüßen. Weitergehende Prüfungshandlungen werden im Abschnitt zur Prozessbeschreibung ab Seite 291 vorgestellt.

Mehr über Risiken und Prüfungshandlungen im Rahmen der Definition und Einstellung der Nummernkreise erfahren Sie in Kapitel 3.

Lagerorteinrichtung

Lagerorte werden definiert als Gebäude oder Orte, an denen Artikel physisch gelagert und ihre Mengen verwaltet werden können. Im Folgenden werden die Grundlagen und Parameter der Einrichtung von Lagerorten dargestellt, um eine Basis zu legen, die eingerichteten Lagerorte aus Compliance-Sicht zu analysieren.

Grundlagen und Parameter der Lagerorteinrichtung

Die Einrichtung der Lagerorte erfolgt über die *Lagerortkarte*, Menüoption: *Lager/Einrichtung/Lagerorte* (siehe Abbildung 5.11). Neben allgemeinen Informationen wie Adresse, Ansprechpartner und Kontaktdaten werden über die Lagerortkarten auch die lagerortspezifischen Einstellungen zur Lagerverwaltung, zur Lagergestaltung einschließlich Zonen und Lagerplätzen und zur Lagerplatzprüfung gepflegt.

Abbildung 5.11   *Lagerortkarte (Allgemein)*

Lagerorte, Transitlager

Jeder Lagerort hat einen Namen sowie einen Code, der als Schlüssel des Lagers fungiert. Über die Registerkarte *Allgemein* können weitere Informationen zur Anschrift und zum Kontakt hinterlegt werden. Darüber hinaus bietet Dynamics NAV die Möglichkeit, temporäre Lagerorte (*in Transit*) zu definieren, die vor allem für Umlagerungsvorgänge benötigt werden. Beispielsweise können so LKW oder andere Transportfahrzeuge abgebildet werden, die zu Umlagerungen zwischen Lagerorten genutzt werden. Weitere Details werden im Abschnitt »Umlagerung zwischen Lagerorten« ab Seite 343 erläutert.

Logistik – Lagerverwaltung

Über die Registerkarte *Logistik* ist es möglich, je Lagerort getrennt die erforderlichen logistischen Schritte über die Logistikmodule festzulegen (siehe Abbildung 5.12).

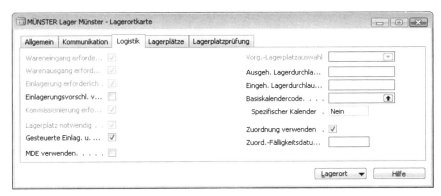

Abbildung 5.12 *Lagerortkarte (Logistik)*

Soll die komplette Funktionalität des Lagerverwaltungssystems genutzt werden, erfolgt dies über die Aktivierung des Felds *Gesteuerte Einlag. und Kommiss.*, was mit einer vorherigen Aktivierung des Felds *Lagerplatz notwendig* einhergeht. Automatisch werden die Felder *Wareneingang erforderlich*, *Warenausgang erforderlich*, *Einlagerung erforderlich*, *Kommissionierung erforderlich* aktiviert. Die gesteuerte Einlagerung und Kommissionierung ermöglicht die automatische Erstellung von Lagerplatzvorschlägen unter Berücksichtigung von Lagerplatzprioritäten und -kapazitäten (siehe auch weiter hinten in diesem Abschnitt die Ausführungen unter der Überschrift »Lagerplätze und Lagerplatzinhalte«). Ist die gesteuerte Einlagerung und Kommissionierung nicht aktiviert, basieren die Vorschläge auf den Standardlagerplätzen der Artikel.

Die Aktivierung des Felds *Einlagerungsvorschlag verwenden* ermöglicht die Bündelung von Wareneingangsbelegen zur Optimierung der Einlagerungsprozesse (siehe hierzu im Detail den Abschnitt »Buchung des Wareneingangs im Wareneingangsbeleg und Registrierung der Einlagerung im Einlagerungsbeleg« ab Seite 305). Darüber hinaus können Lagerdurchlaufzeiten sowie der für das Unternehmen relevante Kalender (Feiertage) definiert werden, was im Rahmen der automatischen Datumsberechnung und Lieferterminzusage von Bedeutung ist.

Die zwei Felder *Zuordnung verwenden* und *Zuord.-Fälligkeitsdatum ber.* ermöglichen den Transport von gelieferten Artikeln direkt in den Warenausgangsbereich, wenn wartende Verkaufsaufträge existieren (Cross Docking). Die generelle Aktivierung erfolgt über das Feld *Zuordnung verwenden*, im Feld *Zuord.-Fälligkeitsdatum ber.* wird der in die Zukunft reichende Zeitraum festgelegt, der für die Analyse herangezogen wird. Einzelne Artikel können über die Artikelkarte von der Zuordnung ausgeschlossen werden, in dem die standardmäßige Aktivierung des Felds *Zuordnung verwenden* entfernt wird.

Menüoption: *Lager/Planung* & *Ausführung/Artikel* (Registerkarte *Lager*, siehe Abbildung 5.13)

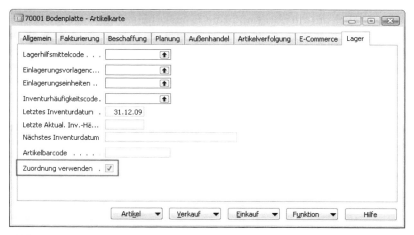

Abbildung 5.13   *Artikelkarte (Lager)*

Bei Verwendung der Funktionalitäten wie Wareneingang, Warenausgang kann in Dynamics NAV hinterlegt werden, welcher Lagerplatz als Standard zur jeweiligen Transaktion herangezogen wird (siehe Abbildung 5.14).

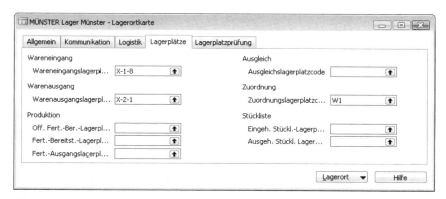

Abbildung 5.14   *Lagerortkarte (Lagerplätze)*

Wurde das Feld *Gesteuerte Einlag. und Kommiss.* aktiviert, können über die Lagerortkarte Standardlagerplätze zugeordnet werden:

- **Warenein- und -ausgang**   Standardlagerplatz im Wareneingangs- und -ausgangsbeleg

- **Ausgleich**   Standardlagerplatz (virtuell), auf dem festgestellte Differenzen im Lagerbestand erfasst werden. Die hier erfassten Artikel sind nicht verfügbar und können nicht kommissioniert werden.

- **Zuordnung**   Standardlagerplatz für die direkte Bereitstellung von eingehenden Artikeln für den Warenausgang, um Lagerdurchlaufzeiten zu reduzieren (Cross Docking)

- **Produktion/Stückliste**   Der Lagerplatz dient als Standardlagerplatz im Rahmen der Produktion von Artikeln bzw. bei der Erstellung eines Stücklistenartikels

Lagerzonen

Zur effizienten Verwaltung können Lagerorte in verschiedene Zonen unterteilt werden. Die Anzahl der Zonen ist nicht begrenzt, jedoch müssen die Lagerzonen *Wareneingang, Ausgleich, Kommissionierung* und *Warenausgang* angelegt werden. Die Anlage von Zonen erfolgt über die Lagerortkarte.

Menüoption: *Lager/Einrichtung/Lagerorte/Lagerort/Zonen* (siehe Abbildung 5.15)

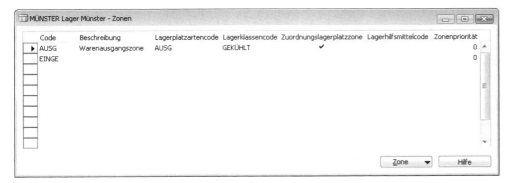

Abbildung 5.15 Einrichtung Lagerzonen

Jede Zone hat einen eindeutigen Code, optional pflegbar sind *Beschreibung* sowie die im Folgenden beschriebenen Parameter. Anzumerken ist, dass die den Zonen neu zugeordneten Lagerplätze automatisch die Parameter der Zone übernehmen. Werden Zonenparameter geändert, hat dies nur Auswirkungen auf neu zugeordnete Lagerplätze, nicht auf die bereits bestehenden.

- **Lagerplatzarten**   Ermöglichen die Zuordnung von Verarbeitungsschritten zu Lagerplätzen und definieren die Aufgaben der Lagerzonen

    Menüoption: *Lager/Planung & Ausführung/Logistik Einrichtung/Lagerplatzarten* (siehe Abbildung 5.16)

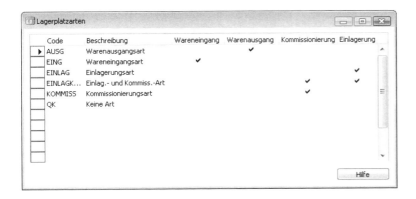

Abbildung 5.16 Einrichtung Lagerplatzarten

HINWEIS   Es können maximal sechs Lagerplatzarten eingerichtet werden.

- **Lagerklassen**   Erzwingen die Lagerung bestimmter Artikel (beispielsweise Tiefkühlkost) in bestimmten Lagerbereichen (Lagerklassen, beispielsweise »TIEFKÜHL«)

    Menüoption: *Lager/Planung & Ausführung/Logistik Einrichtung/Lagerklassen* (siehe Abbildung 5.17)

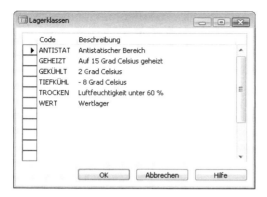

Abbildung 5.17 Einrichtung Lagerklassen

Die Zuordnung von Artikeln zu Lagerklassen erfolgt über die Artikelkarte, Registerkarte *Allgemein* anhand des Lookup im Feld *Produktgruppencode.*

Menüoption: *Lager/Planung* & *Ausführung/Artikel* (siehe Abbildung 5.18)

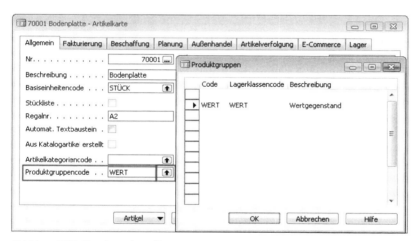

Abbildung 5.18 Zuordnung Lagerklassen

- **Zuordnungslagerplatzzone**   Bei Aktivierung kann die Zone für Cross Docking Transaktionen genutzt werden

- **Lagerhilfsmittelcode**   Hinterlegung benötigter Lagerhilfsmittel wie Hubwagen etc.

  Menüoption: *Lager/Planung* & *Ausführung/Logistik Einrichtung/Lagerhilfsmittel* (siehe Abbildung 5.19)

Abbildung 5.19 *Lagerhilfsmittel*

■ **Zonenpriorität** Mithilfe von Lagerplatzprioritäten werden die Prioritäten zur Auswahl von Lagerplätzen im Hinblick auf die Kommissionierung, Einlagerung und Umlagerung festgelegt. Werden Lagerplätze einer Zone neu angelegt, wird die Zonenpriorität für die einzelnen Lagerplätze übernommen. Weitere Ausführungen bezüglich der automatischen Lagerplatzauswahl finden Sie weiter unten in diesem Abschnitt unter der Überschrift »Einlagerungsvorlagen«.

Lagerplätze und Lagerplatzinhalte

Lagerplätze sind die grundlegenden Lagereinheiten im Lager. Die Anlage erfolgt über die Lagerortkarte.

Menüoption: *Lager/Einrichtung/Lagerorte/Lagerort/Lagerplätze* (siehe Abbildung 5.20)

Code	Zonencode	Lagerplatzartencode	Lagerklassencode	Lagerplatzpriorität	Max. Volumen	Max. Gewicht	Leer
▶ W1				0			✓
W2	AUSG	AUSG	GEKÜHLT	0			✓
W3	AUSG	AUSG	GEKÜHLT	0			✓
X-1-1	AUSG	AUSG	GEKÜHLT	0			✓
X-1-2	AUSG	AUSG	GEKÜHLT	0			✓
X-1-3	AUSG	AUSG	GEKÜHLT	0			✓
X-1-4	AUSG	AUSG	GEKÜHLT	0			✓
X-1-5	AUSG	AUSG	GEKÜHLT	0			✓
X-1-6	AUSG	AUSG	GEKÜHLT	0			✓
X-1-7	AUSG	AUSG	GEKÜHLT	0			✓
X-1-9	AUSG	AUSG	GEKÜHLT	0			✓
X-2-1	AUSG	AUSG	GEKÜHLT	0			✓
X-2-2	AUSG	AUSG		0			✓
X-2-3	AUSG	AUSG	GEKÜHLT	0			✓

Abbildung 5.20 Einrichtung Lagerplätze

Neben dem zu pflegenden Code als Schlüssel (der Primärschlüssel besteht aus *Lagerortcode* und *Code*) des Lagerplatzes können die bereits im Rahmen der Beschreibung der Lagerzonen vorgestellten Parameter je Lagerplatz gepflegt werden. Das Häkchen im Feld *Leer* weist darauf hin, dass auf dem Lagerplatz aktuell kein Artikel gelagert wird. Die Angaben zu den *Gewichts- und Volumengrenzen* werden bei der Berechnung der einlagerungsfähigen Artikelmengen berücksichtigt, wenn die Daten im Rahmen der Pflege der Artikeleinheiten erfasst wurden.

Menüoption: *Lager/Planung & Ausführung/Artikel/Artikel/Einheiten* (siehe Abbildung 5.21)

Abbildung 5.21   Einrichtung Artikeleinheiten

Die Erstellung der Lagerplätze kann zum einen in der oben dargestellten Karte manuell erfolgen. Zum anderen können Lagerplätze automatisiert erstellt werden, wozu Lagerplatzvorlagen definiert werden müssen.

Menüoption: *Lager/Planung & Ausführung/Logistik Einrichtung/Lagerplatzvorlagen* (siehe Abbildung 5.22)

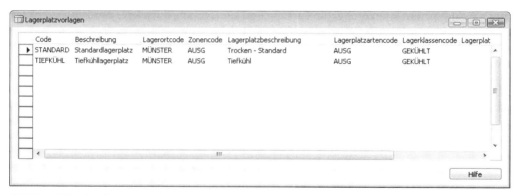

Abbildung 5.22   Einrichtung Lagerplatzvorlagen

Unter Nutzung der Vorlagen kann mittels des in der *Lagerplatz Erstellungs-Vorschlags-Vorlagen* hinterlegten Formulars die automatische Erstellung von Lagerplätzen angestoßen werden. Hierzu ist jedoch zunächst je Lagerort eine Vorlage anzulegen. Anschließend erfolgt die Definition der Lagerplätze.

Menüoption: *Lager/Planung & Ausführung/Logistik Einrichtung/Lagerpl. Erst.-Vorschl.-Vorlagen/Schaltfläche Vorlage/Name* (siehe Abbildung 5.23 und Abbildung 5.24)

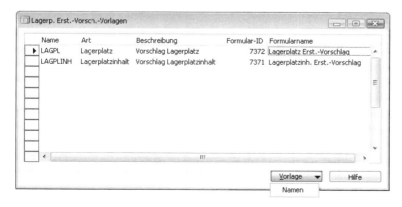

Abbildung 5.23   Erstellung einer lagerortbezogenen Lagerplatz-Erstellungsvorschlagsvorlage (1/2)

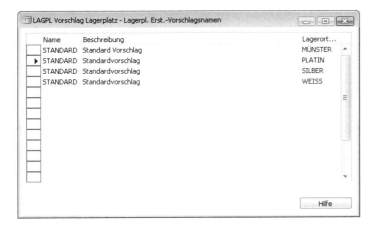

Abbildung 5.24 Erstellung einer lagerortbezogenen Lagerplatz-Erstellungsvorschlagsvorlage (2/2)

Menüoption: *Lager/Logistikmanagement/Periodische Aktivitäten/Lagerplatz Erst.-Vorschlag/Funktion/Lagerplätze berechnen* (siehe Abbildung 5.25)

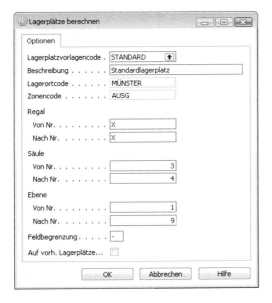

Abbildung 5.25 Automatische Lagerplatzerstellung – Definition

Neben den aus der Vorlage übernommenen Daten können anhand der Felder *Regal, Säule, Ebene* und *Feldbegrenzung* Vorgaben für die Benennung der zu erstellenden Lagerplätze gemacht werden. Entsprechend der Angaben erfolgt die Erstellung des noch bearbeitbaren Lagerplatzvorschlags (siehe Abbildung 5.26).

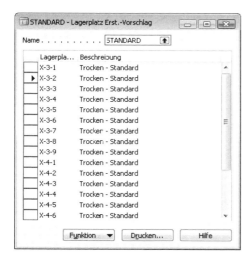

Abbildung 5.26 Automatische Lagerplatzerstellung – Vorschlag

Über die Schaltfläche *Funktion/Lagerplätze erstellen* erfolgt die Anlage der Lagerplätze, die Vorschlagsliste wird geleert.

Den angelegten Lagerplätzen können Inhaltsvorgaben zugeordnet werden, womit festgelegt werden kann, welche Artikel in welchem Lagerplatz aufbewahrt werden können.

Menüoption: *Lager/Einrichtung/Lagerorte/Lagerort/Lagerplätze/Lagerplatz/Inhalt* (siehe Abbildung 5.27)

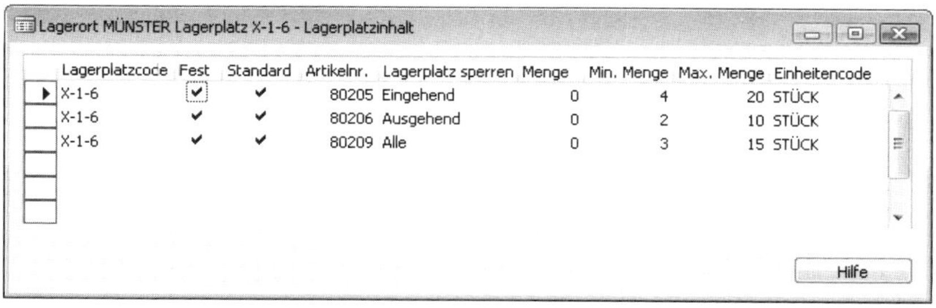

Lagerplatzcode	Fest	Standard	Artikelnr.	Lagerplatz sperren	Menge	Min. Menge	Max. Menge	Einheitencode
X-1-6	✔	✔	80205	Eingehend	0	4	20	STÜCK
X-1-6	✔	✔	80206	Ausgehend	0	2	10	STÜCK
X-1-6	✔	✔	80209	Alle	0	3	15	STÜCK

Abbildung 5.27 Einrichtung Lagerplatzinhalte

Das aktivierte Feld *Fest* sorgt dafür, dass die Lagerplatzinhaltszeile nie gelöscht wird, auch wenn die Lagermenge Null ist. Das aktivierte Feld *Standard* bedeutet, dass der Lagerplatz »X-1-6« der Standardlagerplatz des Artikels »80205« ist. Über das Feld *Lagerplatz sperren* können eingehende, ausgehende oder alle Lagerbewegungen des Lagerplatzes gesperrt werden. Gesperrte Artikelmengen stehen im Rahmen der Disposition nicht zur Verfügung. Das Feld *Menge* (FlowField) ist nicht editierbar und zeigt die aktuell eingelagerte Menge (anhand der Lagerplatzposten). Die Vorgaben *Min. Menge* und *Max. Menge* geben die Mindestlagermenge und die maximale Lagermenge der Artikeleinheit des Felds *Einheitencode* vor.

Als Übersicht über die Lagerplätze und Lagerhaltungsdaten kann das Fenster *Lagerplatzinhalte* herangezogen werden. Dies weist neben den Lagerplätzen mit Inhaltsvorgaben auch alle Lagerplätze mit aktuellen Inhalten aus.

Menüoption: *Lager/Planung* & *Ausführung/Lagerplatzinhalt* (siehe Abbildung 5.28)

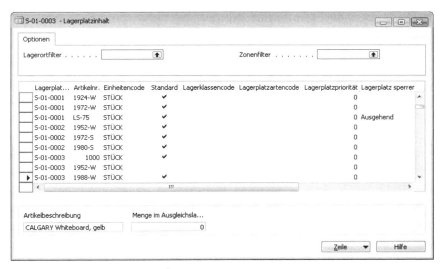

Abbildung 5.28 Lagerplatzinhalte – Übersicht

Lagerplätze im Bereich der chaotischen Lagerhaltung, die aktuell nicht belegt sind, werden in dem Fenster nicht aufgeführt.

Einlagerungsvorlagen

Wurde in Dynamics NAV die gesteuerte Einlagerung und Kommissionierung aktiviert, ermittelt das System bei Einlagerungen oder Umlagerungen die Lagerplätze automatisch. Je nach aktueller Belegung des Lagers sind bei der Selektion der Lagerplätze nicht alle geeigneten Lagerplätze verfügbar. Über die *Einlagerungsvorlage* können Prioritäten (Ausweichempfehlungen) zur Selektion des entsprechenden Lagerplatzes gepflegt werden.

Menüoption: *Lager/Planung* & *Ausführung/Logistik Einrichtung/Einlagerungsvorlagen* (siehe Abbildung 5.29)

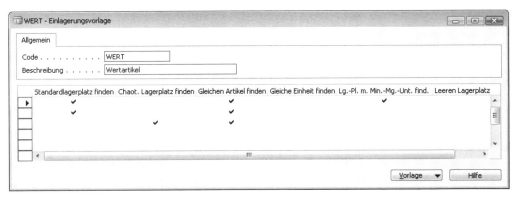

Abbildung 5.29 Einlagerungsvorlage

Dynamics NAV prüft dabei Zeile für Zeile, bis ein Lagerplatz für den einzulagernden Artikel gefunden wird, bei welchem alle Kriterien erfüllt werden. Im obigen Beispiel sucht das System zunächst nach einem Lagerplatz, der als Standardlagerplatz für den Artikel eingerichtet ist (Feld *Standardlagerplatz finden)*, auf welchem der gleiche Artikel gelagert wird (Feld *Gleichen Artikel finden*), auf welchem die gleichen Einheiten des Artikels gelagert werden (Feld *Gleiche Einheit finden*) und dessen definierte Minimummenge unterschritten ist (Feld *Lg.-Pl. m. Min.-Mg.-Unt. find.*). Ist aktuell kein solcher Lagerplatz verfügbar, prüft Dynamics NAV Zeile um Zeile, bis am Ende ein leerer Lagerplatz (Feld *Leeren Lagerplatz finden*) ohne Artikelzuordnung (Feld *Chaot. Lagerplatz finden*) zur Einlagerung verwendet wird.

Da unterschiedliche Artikel unterschiedliche Selektionskriterien zur Lagerplatzfindung benötigen können, sind verschiedene Einlagerungsvorlagen erstellbar. Hierzu ist in der Einlagerungsvorlage im Feld *Code* über F3 eine neue Vorlage unter Nennung eines neuen eindeutigen Codes zu erzeugen. Über die Schaltfläche *Vorlage/Übersicht* kann die Übersicht aller Vorlagen erzeugt werden.

Bei welchem Artikel welche Einlagerungsvorlage relevant ist, wird in der Artikelkarte hinterlegt.

Menüoption: *Lager/Planung & Ausführung/Artikel/Einlagerungsvorlagencode* (siehe Abbildung 5.30)

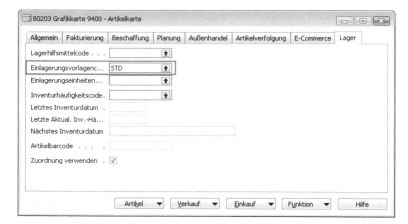

Abbildung 5.30 Zuordnung der Einlagerungsvorlage

Die bereits weiter vorne in diesem Abschnitt unter der Überschrift »Lagerplätze und Lagerplatzinhalte« erläuterten Lagerplatzprioritäten sind relevant, wenn mehrere Lagerplätze gleichzeitig einer Zeile der Einlagerungsvorlage genügen. Dann wird der Lagerplatz mit der höheren Priorität gewählt.

Lagerplatzprüfung

Über die Lagerortkarte werden die Parameter zur Lagerplatzprüfung gepflegt (siehe Abbildung 5.31).

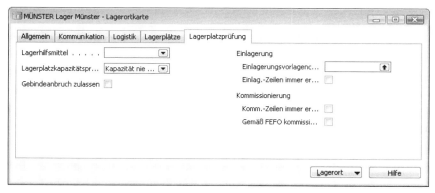

Abbildung 5.31 Lagerortkarte (Lagerplatzprüfung)

Über das Feld *Lagerhilfsmittel* wird eingerichtet, wo das System primär nach einer Zuweisung von Lagerhilfsmitteln sucht. Selektierbar sind hier die Optionen *Nach Lagerplatz*, *Nach Lagerhaltungsdaten/Artikel* oder *leer*. Im Feld *Lagerplatzkapazitätspr.* wird hinterlegt, ob eine Kapazitätsprüfung erfolgen und wie bei Kapazitätsüberschreitungen verfahren werden soll (nicht prüfen, zulassen oder verhindern). Das Feld *Einlagerungsvorlagencode* gibt die Vorlage vor, auf die die Anwendung zurückgreift, wenn keine Einlagerungsvorlage für die Lagerhaltungsdaten oder den Artikel gefunden werden kann. Bei Aktivierung der Felder *Einlag.-Zeilen immer er...* und *Komm.-Zeilen immer er...* werden Einlagerungs-/Kommissionierzeilen auch dann erzeugt, wenn das System keine entsprechenden Lagerplätze/verfügbaren Artikel findet. Die Lagermitarbeiter müssen dann manuell die Zonen und Lagerplätze bestimmen. Das Feld *Gemäß FEFO kommissi...* ist für Artikel mit Ablaufdaten relevant (vgl. hierzu Abschnitt »Artikelverfolgung« ab Seite 328). Wurde das Feld aktiviert, erfolgt die Kommissionierung entsprechend der Regel »First-Expired-First-Out«. Die Option *Gebindeanbruch zulassen* ermöglicht es beispielsweise, Palettenware anzubrechen und kleinere Mengeneinheiten zur Kommissionierung zu entnehmen. Dynamics NAV erzeugt dann beispielsweise im Rahmen einer Kommissionierung zwei Kommissionierzeilen, welche den Wechsel des Einheitencodes anzeigen (siehe Abbildung 5.32).

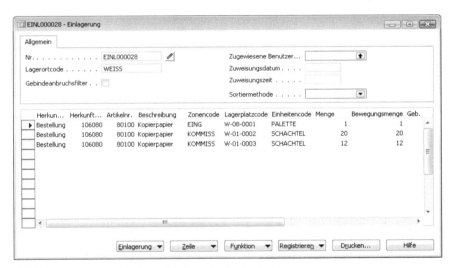

Abbildung 5.32 Wechsel der Lagereinheiten bei Gebindeanbruch

Lagerorteinrichtung aus Compliance-Sicht

Potentielle Risiken

- Inkorrekte Abbildung bzw. suboptimale Gestaltung des Lagers sowie der Logistikprozesse führt zu Prozessineffizienzen
- Artikel können nicht effizient identifiziert werden, eine Lagerbewertung ist nicht in angemessener Zeit durchführbar
- Mangelhafter Schutz der Vermögensgegenstände durch falsch zugeordnete Lagerplätze

Prüfungsziel

- Sicherstellung einer adäquaten Abbildung der Logistikorganisation in Dynamics NAV
- Sicherstellung einer optimalen Prozessgestaltung und -unterstützung
- Effektive und effiziente Nutzung der Lagerplätze

Prüfungshandlungen

Die eingerichteten Lagerorte, Zonen und Lagerplätze müssen den tatsächlichen Gegebenheiten entsprechen.

Menüoption: *Lager/Logistikmanagement/Berichte/Lagerplatzübersicht*

Feldzugriff: *Tabelle 7354 Lagerplatz*

Feldzugriff: *Tabelle 7300 Zone*

Feldzugriff: *Tabelle 7303 Lagerplatzart*

Feldzugriff: *Tabelle 7304 Lagerklasse*

Feldzugriff: *Tabelle 7305 Lagerhilfsmittel*

Agiert das Unternehmen mit Artikeln, die bestimmte Anforderungen an die Lagerplätze haben, ist darauf zu achten, dass relevante Lagerplatzinformationen wie beispielsweise Lagerklassen (wie für Wertartikel, Tiefkühlkost), Volumen-, Gewichts- oder Mengenrestriktionen gepflegt sind.

Feldzugriff: *Tabelle 7354 Lagerplatz*

Feldzugriff: *Tabelle 7302 Lagerplatzinhalt/Felder Lagerortcode, Lagerplatzcode, Lagerklassencode, Min. Menge, Max. Menge, Menge, Standard*

Dazu müssen auch die in den Artikeln gepflegten Informationen analysiert werden.

Feldzugriff: *Tabelle 27 Artikel/Felder Produktgruppencode, Einlagerungsvorlagencode*

Speziell wenn hier Schwachstellen bei der Zuordnung der Lagerplätze identifiziert werden, sollten auch die Vorlagen zur Erstellung der Lagerplätze überprüft werden.

Feldzugriff: *Tabelle 7335 Lagerplatzvorlage*

Darüber hinaus kann geprüft werden, ob die tatsächlich eingelagerten Artikel auf dafür vorgesehenen Lagerplätzen gelagert werden. Hierbei kann neben der Analyse der Nutzung der Standardlagerplätze auch die Übereinstimmung der Lagerklassen sowie die Übereinstimmung der Volumen-, Gewichts- und Mengenrestriktionen analysiert werden (falls bei einem Unternehmen von besonderem Interesse).

Feldzugriff: *Tabelle 7302 Lagerplatzinhalt/Felder Lagerortcode, Lagerplatzcode, Artikelnr., Einheiten, Lagerklassencode, Max. Menge, Menge, Standard,* in Verbindung mit Feldzugriff: *Tabelle 27 Artikel/Felder Nr., Beschreibung, Bruttogewicht, Nettogewicht, Volumen, Produktgruppencode, Ablaufdatum* in Verbindung mit Feldzugriff: *Tabelle 5404 Artikeleinheit*

Die zu wählenden Einstellungen im Rahmen der Lagerverwaltung müssen sich auf die Belange des Unternehmens ausrichten. Es muss sichergestellt werden, dass die Artikel im Rahmen der Lagerbewertung sowie die Artikelverbräuche bei der Bewertung des Wareneinsatzes für Dritte nachvollziehbar ermittelbar sind. Vor diesem Hintergrund sollte eine effektive und effiziente Gestaltung der Lagerprozesse angestrebt werden. Wünschenswert ist weiterhin, dass die Beschaffung und die Auftragserfüllung dem Vier-Augen-Prinzip entspricht, was für eine personelle Trennung von beispielsweise Bestellerfassung und Warenannahme spricht. In diesem Sinne ist die Aktivierung der Funktionen *Warenannahme* und *Einlagerung* bzw. auf Absatzseite der Funktionen *Kommissionierung* und *Warenausgang* aus Compliance-Sicht zu begrüßen.

Weichen die Logistikeinstellungen verschiedener Lagerorte voneinander ab, sind die Gründe dafür in Erfahrung zu bringen.

Feldzugriff: *Tabelle 14 Lagerort*

Weitergehende Prüfungshandlungen werden in den folgenden Abschnitten zur Prozessbeschreibung vorgestellt.

Prozesse der Lagerverwaltung

Je nach Einrichtung kann Dynamics NAV die Bereiche Wareneingang/Einlieferung sowie Kommissionierung/Warenausgang durch die Aktivierung der jeweiligen Funktionen unterschiedlich unterstützen und eine Vielzahl von Prozessvarianten abbilden. Die folgenden Grafiken (siehe Abbildung 5.33 bis Abbildung 5.35) bieten einen Überblick der möglichen Umsetzungen, über die jeweils zu aktivierenden Funktionalitäten, die involvierten Belegarten sowie die Buchabschnitte, in denen die entsprechenden Prozesse erläutert werden.

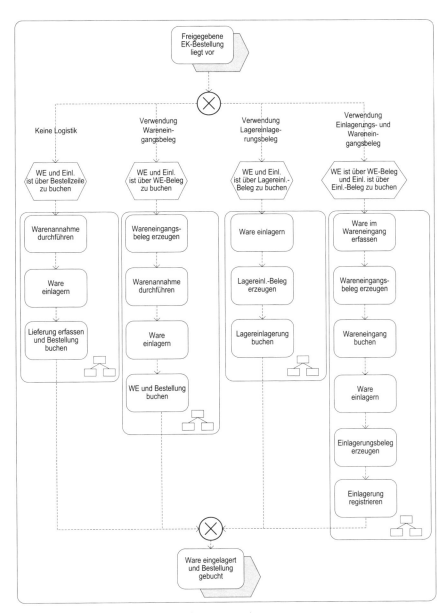

Abbildung 5.33 Mögliche Einrichtungen des Warenannahmeprozesses

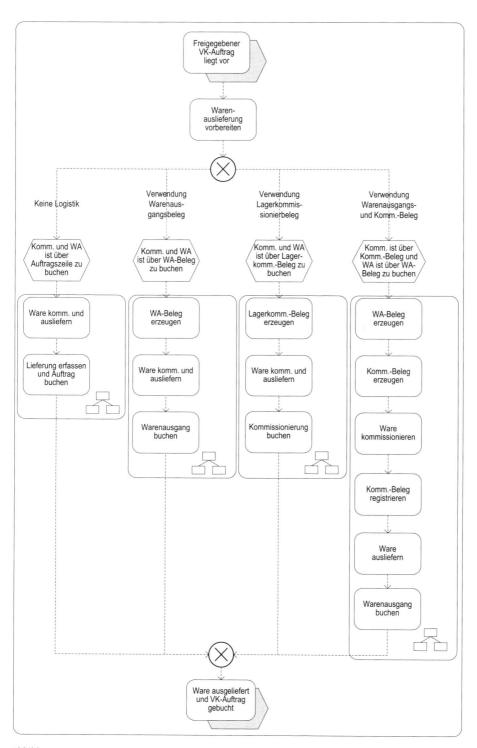

Abbildung 5.34 Mögliche Einrichtungen des Warenausgangsprozesses

Abbildung 5.35 Belege des Logistikprozesses, Zuordnung zu den Funktionalitäten und Gliederung der Abschnitte

Die Methoden unterscheiden sich vor allem hinsichtlich Komplexität sowie Aufgabenteilung in den Lagerprozessen und müssen je nach Anforderung der Unternehmen gestaltet werden.

ACHTUNG   Bei den folgenden Erläuterungen gehen wir von der Nutzung der automatischen Lagerbuchung (siehe hierzu auch Abschnitt »Grundlagen und Parameter der Lagereinrichtung« ab Seite 272 sowie Abschnitt »Buchungen in der Materialwirtschaft und Finanzbuchhaltung« ab Seite 391) und der Verwendung von Lagerplätzen aus.

Darüber hinaus ist darauf hinzuweisen, dass es bei Lagerorten, die nicht die gesteuerte Einlagerung und Kommissionierung verwenden, möglich ist, die Nutzung der Logistikbelege zu umgehen. Werden in Einkaufsbestellungen oder Verkaufsaufträgen in den Lieferzeilen im Feld *Menge akt. Lieferung* bzw. *Zu liefern* die entsprechenden Liefermengen eingetragen, erfolgt zwar ein Warnhinweis, dass die eigentlich erforderlichen Logistikbelege nicht erzeugt werden, eine Buchung der Lieferung und Fakturierung ist jedoch möglich. Wir gehen bei unseren Erläuterungen davon aus, dass die vorgesehenen Belege genutzt werden. Im Abschnitt »Prozesse der Lagerverwaltung aus Compliance-Sicht« ab Seite 322 wird eine entsprechende Prüfungshandlung erläutert, die eine derartige Umgehung der Belegnutzung adressiert.

Standardprozesse bei Wareneingang und Einlagerung

Entsprechend Abbildung 5.33 und Abbildung 5.35 erfolgt im Folgenden die Darstellung der Standard-Wareneingangsprozesse in Dynamics NAV, jeweils gesondert je nach aktivierten Funktionalitäten.

Buchung des Wareneingangs und der Einlagerung im Bestellbeleg

Werden in einem Unternehmen die Wareneingänge je Bestellung erfasst und können die Lagermitarbeiter direkt mit den Bestellungen arbeiten, ist die Wareneingangsabwicklung allein über den Herkunftsbeleg möglich; sowohl die Lieferung als auch die Fakturierung erfolgt über die Bestellung. Ist der Lagerort in der Weise eingerichtet, dass Lagerplätze verwendet werden, erstellt Dynamics NAV neben den Artikel- und Wert- und Sachposten auch Lagerplatzposten. Der Prozess der Abwicklung des Wareneingangs über die Bestellzeile wird im Folgenden dargestellt. Ergänzend wird dargestellt, wie bei einer Aufteilung der Einlagerung auf zwei Lagerplätze vorzugehen ist (siehe Abbildung 5.36).

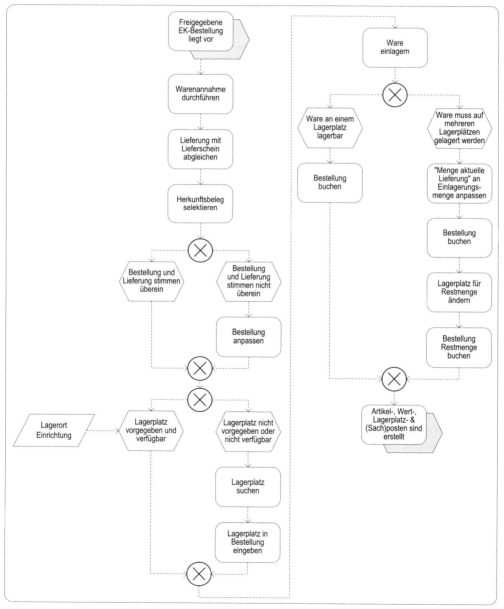

Abbildung 5.36   Wareneinlagerungsbuchung über Bestellzeile

Die Erfassung des Wareneingangs und der Einlagerung anhand der Bestellzeilen ist aus Anwendersicht die einfachste der hier vorgestellten Methoden. Wareneingangs- und Einlagerungserfassung erfolgen in einem Schritt, weitere Logistikbelege werden nicht erzeugt. Wenn eine Lieferung im Lager eintrifft, wird zunächst anhand des Lieferscheins die Vollständigkeit der Lieferung überprüft. Anschließend wird anhand des Lieferscheins der Herkunftsbeleg identifiziert. Dies kann anhand der Bestellübersicht erfolgen.

Menüoption: *Einkauf/Bestellungsabwicklung/Bestellungen/Bestellung/Übersicht* (siehe Abbildung 5.37)

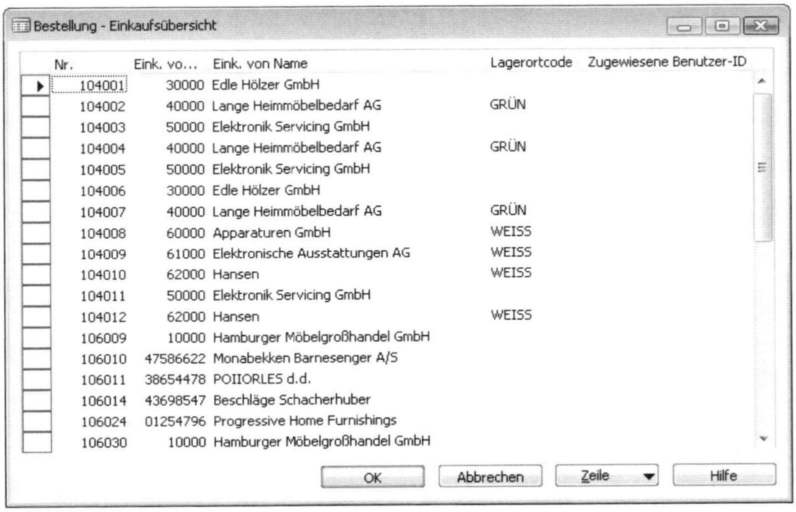

Abbildung 5.37 Übersicht Einkaufsbestellungen

TIPP   Bei nicht vorliegender Bestellnummer oder einer unübersichtlichen Anzahl an Bestellungen kann beispielsweise über den Feldfilter nach Kreditorennamen oder Lagerorten selektiert werden, wobei die Übersicht den Lagerort anzeigt, der in der Bestellungsregisterkarte *Lieferung* im Feld *Lagerortcode* angegeben wurde, nicht den, der in der Bestellzeile angegeben wurde.

Nach der Auswahl der relevanten Bestellung erfolgt ein Abgleich zwischen Lieferung und Bestellung. Bei Abweichungen ist die Bestellung anzupassen, beispielsweise ist die *Menge akt. Lieferung* den Liefermengen anzupassen. Eine Anpassung der Artikelart erfordert einen Statuswechsel der Bestellung auf *Offen*.

Menüoption: *Einkauf/Bestellungsabwicklung/Bestellungen/Funktion/Status zurücksetzen*

Sofern hinterlegt, schlägt Dynamics NAV den Standardlagerplatz vor, bei Bedarf ist dieser anzupassen. Erfolgt die Lieferung auf mehrere Lagerplätze, wird dies über die Anpassung der *Menge akt. Lieferung* nach der Buchung der ersten Teillieferung abgebildet (siehe Abbildung 5.38).

Die Bestellung inklusive der reduzierten Menge ist zu buchen (entweder nur die Lieferung, d.h., Artikel-, Wert- und Lagerplatzposten werden erfasst, oder Lieferung und Fakturierung, d.h., Artikel-, Wert-, Lagerplatz- und Sachposten werden gebucht). Die auf einem anderen Lagerplatz einzulagernde Restmenge kann dann unter Nennung des entsprechenden Lagerplatzes auf die gleiche Art gebucht werden.

Menüoption: *Einkauf/Bestellungsabwicklung/Bestellungen/Buchen/Buchen/Liefern und fakturieren* (siehe Abbildung 5.39)

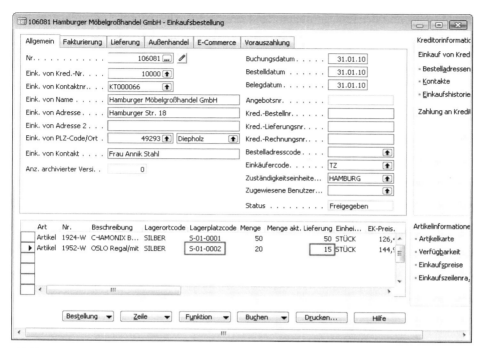

Abbildung 5.38   Einkaufsbestellungen mit Teileinlagerung

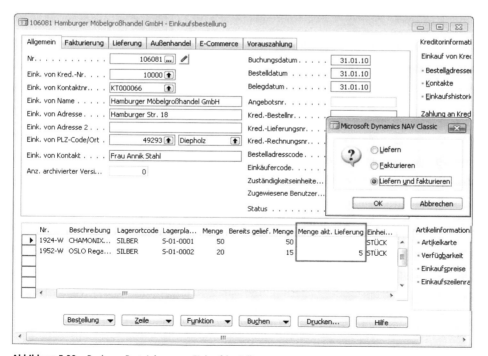

Abbildung 5.39   Buchung Resteinlagerung Einkaufsbestellung

Eine Übersicht der generierten Lagerplatzposten erhält man über das Lagerjournal.

Menüoption: *Lager/Historie/Journale/Journale/Journal/Lagerplatzposten* (siehe Abbildung 5.40 und Abbildung 5.41)

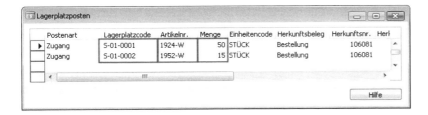

Abbildung 5.40 Lagerplatzposten (1/2)

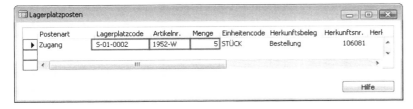

Abbildung 5.41 Lagerplatzposten (2/2)

Durch die Aktivierung der automatischen Lagerbuchung ist durch die Fakturierung zusätzlich zur Erfassung der Verbindlichkeiten die Erhöhung der Vorräte in Höhe der Belegwerte in der Finanzbuchhaltung gebucht worden (Sachposten).

Stornierung von Wareneingängen

Wurde eine Bestellung als geliefert, aber noch nicht fakturiert gebucht, kann die Funktionalität des Stornierens in Dynamics NAV genutzt werden, wenn Wareneingang und Einlagerung über die Bestellzeilen erfasst wurden. Hierzu sind zunächst der gebuchte Wareneingang und die entsprechende Lieferzeile zu selektieren, die dann storniert werden kann.

Menüoption: *Einkauf/Historie/Gebuchte Wareneingänge/Funktion/Wareneingang stornieren*

Dynamics NAV erstellt eine negative Wareneingangszeile, aktualisiert die entsprechenden Felder in der Bestellung und storniert die Einlagerung durch Lagerplatzposten mit negativer Menge.

Buchung des Wareneingangs und der Einlagerung im Wareneingangsbeleg

Werden in einem Unternehmen neben den Bestellungen auch Wareneingangsbelege verwendet, ist das Granule *Wareneingang* notwendig und es erfolgt die Buchung der Artikel- und Wertposten als Kombination des Wareneingangs- und Einlagerungsvorgangs über den Wareneingangsbeleg. Dies ermöglicht den Wareneingang optimiert für mehrere Bestellungen zu planen und durchzuführen. Ist der Lagerort in der Weise eingerichtet, dass Lagerplätze verwendet werden, erstellt Dynamics NAV neben den Artikel- und Wertposten auch Lagerplatzposten. Durch die Verwendung des Wareneingangsbelegs wird eine Funktionstrennung zwischen Bestellung und Wareneingangserfassung ermöglicht. Zur Fakturierung wird der Einkaufsbestellbeleg genutzt, womit die Buchung der Sachposten einhergeht. Der Prozess der Abwicklung wird im Folgenden dargestellt, wobei von einer Verwendung von Lagerplätzen ausgegangen wird. Ergänzend wird dargestellt, wie bei einer Aufteilung der Einlagerung auf zwei Lagerplätze vorzugehen ist (siehe Abbildung 5.42).

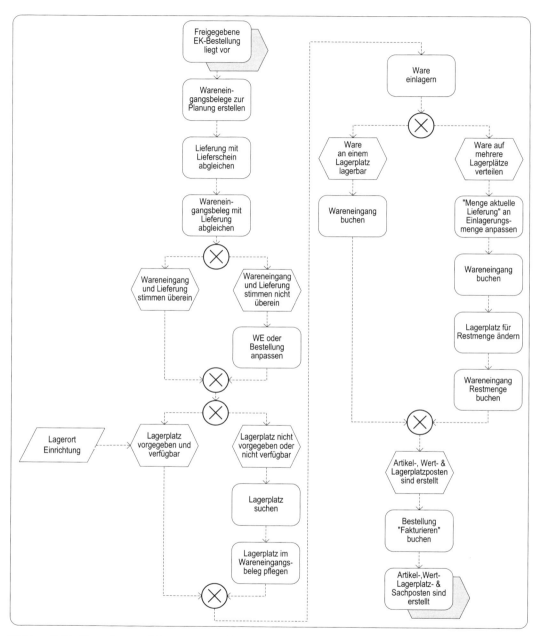

Abbildung 5.42   Wareneingang mit Wareneingangsbeleg

Die Planung des Wareneingangs erfolgt je Lagerort und Zeitpunkt über die Erstellung des Wareneingangs-belegs als Bündelung von Wareneingangstransaktionen.

Menüoption: *Lager/Planung* & *Ausführung/Wareneingänge* (siehe Abbildung 5.43)

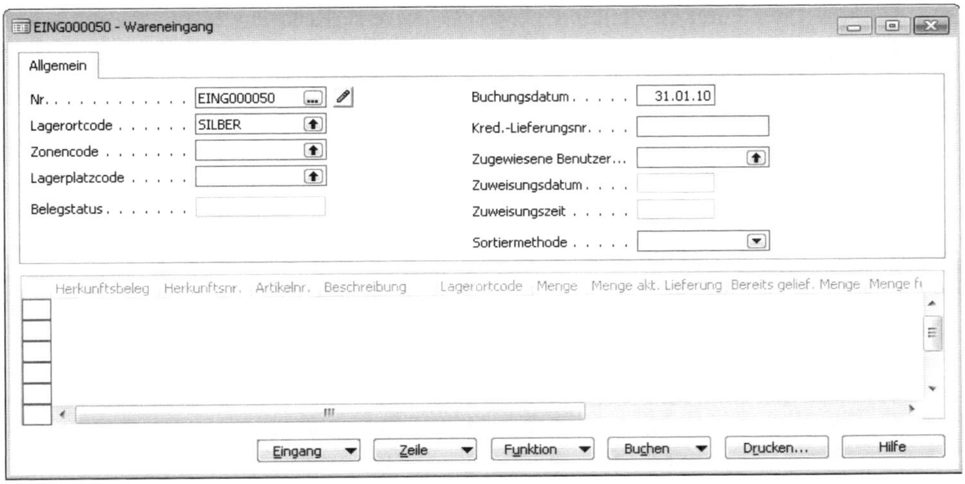

Abbildung 5.43   Wareneingangsbeleg

Um die entsprechenden Wareneingangsvorgänge zu identifizieren, werden die relevanten Einkaufsbestellungen (beispielsweise alle freigegebenen Bestellungen eines bestimmten Lieferdatums) identifiziert und im Wareneingangsbeleg erfasst. Hierzu gibt es zwei Möglichkeiten:

Menüoption: *Lager/Planung* & *Ausführung/Wareneingänge/Funktion/Filter zum Holen von Herk.-Belegen verwenden* (siehe Abbildung 5.44)

Menüoption: *Lager/Planung* & *Ausführung/Wareneingänge/Funktion/Herkunftsbelege holen* (Übersicht über alle freigegebenen Bestellungen, die dann selektiert werden müssen. Diese Möglichkeit wird hier nicht weiter beschrieben.)

Abbildung 5.44   Filter zum Holen von Herkunftsbelegen

Um Filter zur Selektion der Herkunftsbelege verwenden zu können, müssen diese zunächst angelegt werden. Hierzu ist im Feld *Code* ein Schlüssel und im Feld *Beschreibung* etwas Entsprechendes einzutragen. Dann ist über die Schaltfläche *Bearbeiten* der Filter zu definieren, wobei es diverse Kriterien zu pflegen gilt (siehe Abbildung 5.45).

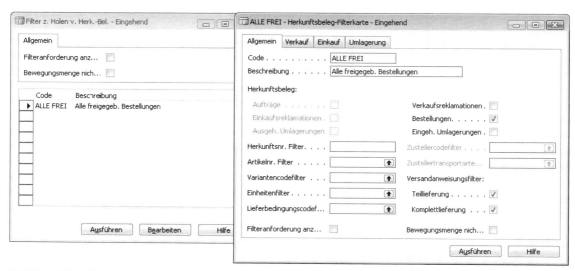

Abbildung 5.45   Filter zum Holen von Herkunftsbelegen erstellen (1/2)

Weitere Filterkriterien sind in der Registerkarte *Einkauf* pflegbar (siehe Abbildung 5.46).

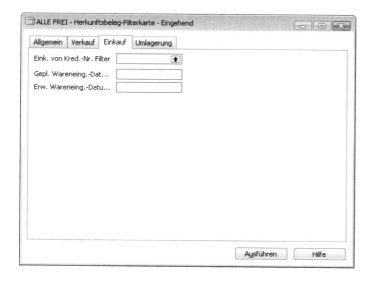

Abbildung 5.46   Filter zum Holen von Herkunftsbelegen erstellen (2/2)

Über die Befehlsschaltfläche *Ausführen* identifiziert Dynamics NAV die relevanten Bestellungen und kopiert die entsprechenden Bestellzeilen in den Wareneingangsbeleg (siehe Abbildung 5.47). Ist ein Standardlagerplatz gepflegt, wird dieser in den Wareneingangsbeleg übernommen.

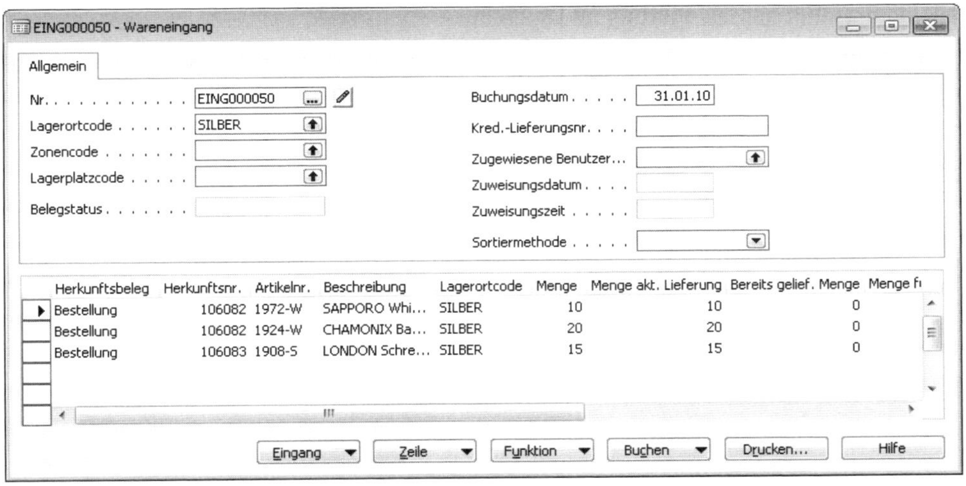

Abbildung 5.47 Erstellter Wareneingangsbeleg

Alternativ kann der Wareneingangsbeleg direkt aus einer Bestellung erzeugt werden, wobei im Beleg Bestellungen entsprechend dem oben erläuterten Vorgehen hinzugefügt werden können.

Menüoption: *Einkauf/Bestellungsabwicklung/Bestellungen/Funktion/Wareneingang erstellen*

Der Wareneingangsbeleg kann dann zum Abgleich von Wareneingang und Bestellung und als Beleg für die physische Einlagerung verwendet werden. Ergeben sich beim Abgleich von Lieferung und Bestellung Abweichungen, sind diese im Wareneingangsbeleg oder in der Bestellung anzupassen, wie bereits im vorherigen Abschnitt erläutert. Ebenso ist analog zu den Ausführungen oben bei notwendigen Lagerplatzergänzungen oder -änderungen und bei Lagerung auf mehreren Lagerplätzen zu verfahren. Anschließend ist der Wareneingang zu buchen, wodurch die Erfassung der Artikel-, Wert- und Lagerplatzposten erfolgt.

Menüoption: *Lager/Planung & Ausführung/Wareneingänge/Buchen/Wareneingang buchen*

Die Erfassung der Sachposten erfolgt über die Fakturierung der Einkaufsbestellung.

Menüoption: *Einkauf/Bestellungsabwicklung/Bestellungen/Buchen/Buchen/Fakturieren*

Durch die Aktivierung der automatischen Lagerbuchung ist zusätzlich zur Erfassung der Verbindlichkeiten die Erhöhung der Vorräte in Höhe der Belegwerte in der Finanzbuchhaltung gebucht worden (Sachposten).

Stornierung von Wareneingängen

Wurde eine Bestellung als geliefert, aber noch nicht fakturiert gebucht, kann die Funktionalität des Stornierens in Dynamics NAV genutzt werden, wenn Wareneingang und Einlagerung über den Wareneingangsbeleg erfasst wurden. Hierzu sind zunächst der gebuchte Wareneingang und die entsprechende Lieferzeile zu selektieren.

Menüoption: *Einkauf/Historie/Gebuchte Wareneingänge/Funktion/Wareneingang stornieren*

Dynamics NAV erstellt dann eine negative Wareneingangszeile, aktualisiert die entsprechenden Felder in der Bestellung und storniert die Einlagerung durch Lagerplatzposten mit negativer Menge.

Buchung des Wareneingangs und der Einlagerung im Lagereinlagerungsbeleg

Werden in einem Unternehmen neben den Bestellungen auch Lagereinlagerungsbelege verwendet, ist das Granule *Einlagerung* notwendig und es erfolgt die Buchung der Artikel- und Wertposten als Kombination des Wareneingangs- und Einlagerungsvorgangs über den Lagereinlagerungsbeleg.

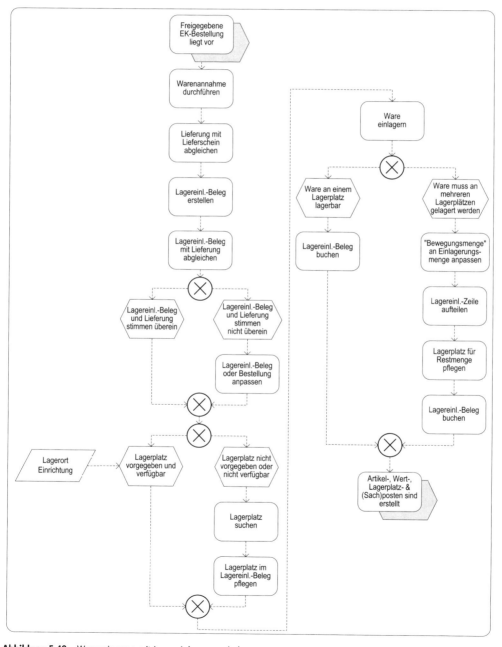

Abbildung 5.48 Wareneingang mit Lagereinlagerungsbeleg

Die Umsetzung wird in Dynamics NAV unter der Menüoption *Auftragsbezogenen Logistik* zusammengefasst und darf nicht mit den Belegen der Einlagerung verwechselt werden, welche die Nutzung der Wareneingangsbelege voraussetzen und unter der Menüoption *Logistikmanagement* aufgeführt werden.

Ist der Lagerort in der Weise eingerichtet, dass Lagerplätze verwendet werden, erstellt Dynamics NAV neben den Artikel- und Wertposten auch Lagerplatzposten. Durch die Verwendung des Lagereinlagerungsbelegs wird eine Funktionstrennung zwischen Bestellung und Wareneingangserfassung ermöglicht. Im Gegensatz zum Wareneingangsbeleg ist es bei der Erstellung des Lagereinlagerungsbelegs nicht möglich, mehrere Einkaufsbestellungen zusammenzufassen. Der Lagereinlagerungsbeleg ist mehr oder weniger eine Kopie des Bestellbelegs. Zur Fakturierung wird der Einkaufsbestellbeleg genutzt, womit die Buchung der Sachposten einhergeht. Der Prozess der Abwicklung wird im Folgenden dargestellt, wobei von einer Verwendung von Lagerplätzen ausgegangen wird. Ergänzend wird dargestellt, wie bei einer Aufteilung der Einlagerung auf zwei Lagerplätze vorzugehen ist (siehe Abbildung 5.48).

Die Erstellung des Lagereinlagerungsbelegs kann in Dynamics NAV auf drei Arten durchgeführt werden:

- Erstellung anhand der Einkaufsbestellung
  Menüoption: *Einkauf/Bestellungsabwicklung/Bestellungen/Funktion/Lagerbelege erstellen*

- Erstellung im Menü *Lager*
  Menüoption: *Lager/Auftragsbezogene Logistik/Lagereinlagerung*

- Erstellung mithilfe der Stapelverarbeitung, speziell wenn mehrere Lagereinlagerungsbelege erzeugt werden müssen
  Menüoption: *Lager/Planung & Ausführung/Lagerbelege erstellen* (siehe Abbildung 5.49)

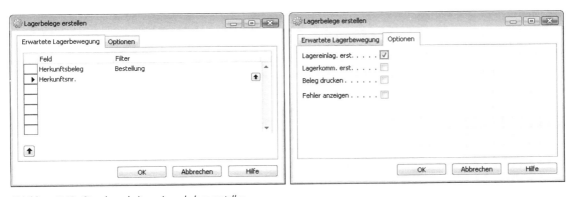

Abbildung 5.49 Stapelverarbeitung *Lagerbelege erstellen*

Soll der Lagereinlagerungsbeleg über das Lagermenü generiert werden, ist zunächst ein neuer Einlagerungsbeleg durch [F3] und [↵]-Taste im Feld *Nr.* zu erstellen. Der entsprechende Lagerort und die Art des Herkunftsbeleges ist zu nennen, um dann per Lookup im Feld *Herkunftsnummer* nach dem relevanten Herkunftsbeleg suchen zu können (siehe Abbildung 5.50 und Abbildung 5.51).

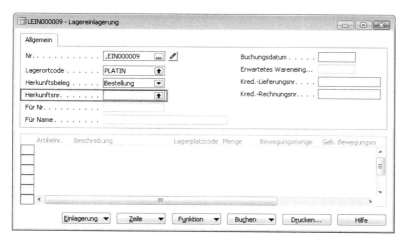

Abbildung 5.50 Lagereinlagerungsbeleg erstellen (1/2)

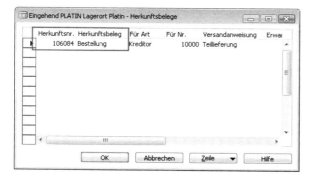

Abbildung 5.51 Lagereinlagerungsbeleg erstellen (2/2)

Mit der Selektion des Herkunftsbelegs werden die Bestellzeilen in den Lagereinlagerungsbeleg übernommen (siehe Abbildung 5.52). Sind Standardlagerplätze hinterlegt, werden diese automatisch als Ziellagerplatz übernommen.

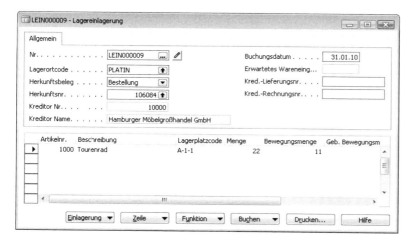

Abbildung 5.52 Lagereinlagerungsbeleg

Für den Fall, dass der Artikel nicht vollständig auf einem Lagerplatz gelagert werden kann, ist die Bewegungsmenge entsprechend der auf dem Ziellagerplatz einlagerbaren Menge anzupassen (hier 11 Stück). Über die Schaltfläche *Funktion/Zeile aufteilen* erzeugt Dynamics NAV eine weitere Zeile, wobei automatisch die Restmenge als Bewegungsmenge vorgeschlagen wird. Nachdem der entsprechende Lagerplatz gepflegt wurde, kann die Lagereinlagerung gebucht werden (siehe Abbildung 5.53).

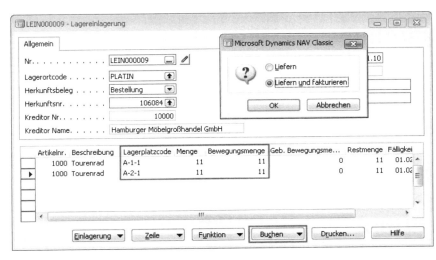

Abbildung 5.53 Lagereinlagerungsbeleg mit aufgeteilter Zeile buchen

Durch die Buchung verschwindet der Lagereinlagerungsbeleg und in Dynamics NAV sind Artikel-, Wert-, Lagerplatz- und Sachposten generiert worden. Durch die Aktivierung der automatischen Lagerbuchung ist durch die Fakturierung zusätzlich zur Erfassung der Verbindlichkeiten die Erhöhung der Vorräte in Höhe der Belegwerte in der Finanzbuchhaltung gebucht worden (Sachposten).

Stornierung von Wareneingängen

Das Stornieren von Lagereinlagerungen ist in Dynamics NAV nicht möglich. Die Posten können nur über negative Bewegungsmengen ausgeglichen werden.

Buchung des Wareneingangs im Wareneingangsbeleg und Registrierung der Einlagerung im Einlagerungsbeleg

Werden in einem Unternehmen neben den Bestellungen auch Wareneingangs- und Einlagerungsbelege verwendet, sind die Granule *Wareneingang* und *Einlagerung* notwendig. Mit dem Wareneingang erfolgt die Erfassung der erhaltenen Waren vor der eigentlichen Einlagerung. Dies ist beispielsweise notwendig, wenn ein Unternehmen die Waren auf einem gesonderten Wareneingangslagerplatz (der in Dynamics NAV in der Wareneingangszone liegen muss, falls Lagerplätze verwendet werden) zwischenlagert und hier die Wareneingangsprüfung durchführt. Wird der Wareneingang gebucht, erstellt das System automatisch einen Einlagerungsbeleg, anhand dessen die Lagermitarbeiter die Waren aus dem Wareneingangsbereich auf die Lager- oder Kommissionierplätze transportieren können. Ist die Funktion *Einlagerungsvorschl. verwenden* aktiviert, müssen über die Karte *Einlagerungsvorschlag* zunächst Wareneingänge selektiert werden, bevor entsprechende Einlagerungsbelege erzeugt werden können. Die Registrierung des Einlagerungsbelegs zeigt dann die durchgeführte Umlagerung an und die eingelagerten Artikel sind für die weitere Verwendung verfügbar. Ist der Lagerort in der Weise eingerichtet, dass Lagerplätze verwendet werden, erstellt Dynamics NAV neben den Artikel- und Wertposten auch Lagerplatzposten. Zur abschließenden Fakturierung wird der Einkaufsbestellbeleg genutzt, womit die Buchung der Sachposten einhergeht. Durch die Verwendung des Wareneingangs- und Einlagerungsbelegs wird eine Funktionstrennung zwischen Bestellung, Wareneingangserfassung und Einlagerung ermöglicht. Der Prozess der Abwicklung wird im Folgenden dargestellt, wobei von einer Verwendung von Lagerplätzen ausgegangen wird. Ergänzend wird im Prozessmodell dargestellt, wie bei einer Aufteilung der Einlagerung auf zwei Lagerplätze vorzugehen ist (siehe Abbildung 5.54).

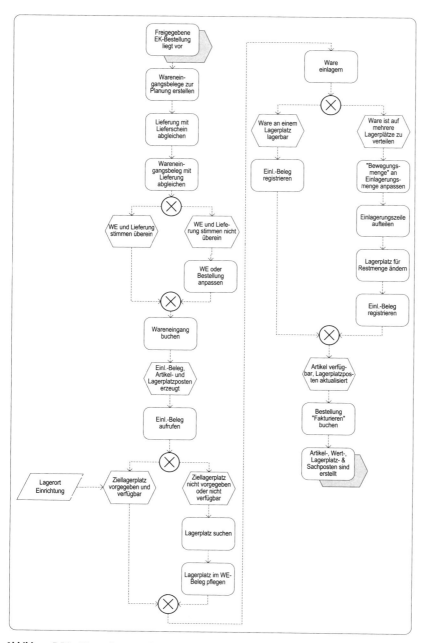

Abbildung 5.54 Wareneingang mit Wareneingangs- und Einlagerungsbeleg

Die Erstellung des Wareneingangsbeleges kann, wie im Abschnitt »Buchung Wareneingang und Einlagerung vom Wareneingangsbeleg« erläutert, entweder aus dem Lagermenü oder direkt aus der Einkaufsbestellung erfolgen.

Menüoption: *Lager/Planung & Ausführung/Wareneingänge*

Menüoption: *Einkauf/Bestellungsabwicklung/Bestellungen/Funktion/Wareneingang erstellen*

Mit der Buchung des Wareneingangs erfolgt die Erstellung der Artikel-, Wert- und Lagerplatzposten, ohne dass die Artikel bereits für die weitere Verwendung in Dynamics NAV verfügbar sind. Parallel erstellt das System automatisch den oder die Einlagerungsbelege, falls nicht die Nutzung von Einlagerungsvorschlägen aktiviert wurde (siehe Abschnitt unten).

Die Einlagerungsbelege sind als Informationen für die Lagermitarbeiter zu sehen, anhand derer der Transport der Artikel aus dem Wareneingangsbereich in das Lager erfolgen kann. Technisch sind sie als Umlagerungen zu betrachten, weshalb je Bestellzeile mindestens zwei Einlagerungszeilen existieren: eine unter Nennung des Entnahme- und eine unter Nennung des Ziellagerplatzes. Die Lagermitarbeiter können sich anhand der Übersicht einen Überblick über die noch durchzuführenden Einlagerungen verschaffen und aus der Übersicht heraus relevante Einlagerungsaufträge inkl. der Informationen durch einen Doppelklick in der relevanten Zeile selektieren.

Menüoption: *Lager/Logistikmanagement/Einlagerungen/Einlagerung/Übersicht* (siehe Abbildung 5.55 und Abbildung 5.56)

Abbildung 5.55   Einlagerungsübersicht

Die weiteren Funktionalitäten bezüglich der Pflege von Ziellagerplätzen und der Aufspaltung von Einlagerungszeilen bei der Einlagerung auf mehrere Lagerplätze wurden bereits im vorherigen Abschnitt erläutert. Die Warenbewegungen sind dann im Feld *Bewegungsmenge* zu erfassen, vereinfachend kann über *Funktion/Bewegungsmenge autom. ausfüllen* die Funktion zur automatischen Erfassung der Bewegungsmenge genutzt werden. Die abschließende Registrierung des Einlagerungsbelegs beinhaltet die Aktualisierung der Lagerplatzposten sowie die Löschung der Einlagerungszeilen, es werden jedoch alle Informationen in der registrierten Einlagerung protokolliert.

Menüoption: *Lager/Logistikmanagement/Einlagerungen/Funktion Registrieren/Einlagerung registrieren*

Die Erstellung der Sachposten erfolgt über die Buchung der Einkaufsbestellung.

Menüoption: *Einkauf/Bestellabwicklung/Bestellungen/Buchen/Buchen/Fakturieren*

Durch die Aktivierung der automatischen Lagerbuchung ist durch die Fakturierung zusätzlich zur Erfassung der Verbindlichkeiten die Erhöhung der Vorräte in Höhe der Belegwerte in der Finanzbuchhaltung gebucht worden.

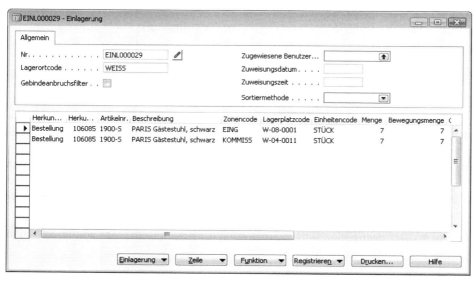

Abbildung 5.56   Einlagerungsbeleg mit Ursprungs- (»W-08-0001«) und Ziellagerplatzzeile (»W-04-0011«)

Einlagerungsvorschläge

Wurde auf der Lagerortkarte das Feld *Einlagerungsvorschl. verwenden* aktiviert (vgl. Abschnitt »Lagerorteinrichtung« ab Seite 278), wird mithilfe des Buchungsblatts *Einlagerungsvorschläge* eine Einlagerungsanforderung – auch für mehrere Wareneingänge – geplant und erstellt.

Menüoption: *Lager/Planung* & *Ausführung/Einlagerungsvorschläge*

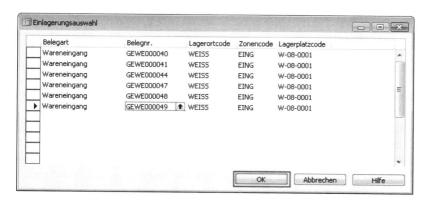

Abbildung 5.57   Auswahl der gebuchten Wareneingänge für den Einlagerungsvorschlag

Die über die Wareneingangsbuchungen erstellten Einlagerungen können auf der Karte *Einlagerungsvorschlag* aufgerufen und dann konsolidiert eingelagert werden. Über das Auswahlmenü *Name* kann der relevante Lagerort selektiert werden (zur Einrichtung der Vorschlagsvorlagen siehe Abschnitt »Einrichtung von Vorschlagsvorlagen« ab Seite 321). Die Artikel sind auf mehrere unterschiedliche Arten sortierbar.

Menüoption: *Lager/Planung* & *Ausführung/Einlagerungsvorschläge/Funktion/Logistikbeleg holen* (siehe Abbildung 5.57 und Abbildung 5.58)

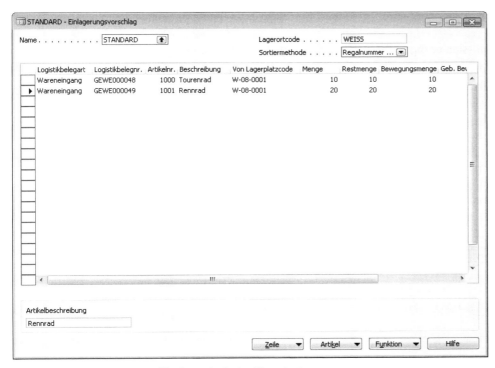

Abbildung 5.58 Einlagerungsvorschlag für zwei gebuchte Wareneingänge

Der Einlagerungsvorschlag ist dann in einen Einlagerungsbeleg zu überführen.

Menüoption: *Lager/Planung* & *Ausführung/Einlagerungsvorschläge/Funktion/Einlagerung erstellen* (siehe Abbildung 5.59)

Abbildung 5.59 Erstellung des Einlagerungsbelegs

Standardprozesse bei Kommissionierung und Warenausgang

Entsprechend Abbildung 5.34 und Abbildung 5.35 sind im Folgenden die Abläufe der Standard-Warenausgangsprozesse in Dynamics NAV jeweils gesondert nach aktivierten Funktionalitäten dargestellt.

Buchung der Kommissionierung und des Warenausgangs im Auftragsbeleg

Werden in einem Unternehmen die Warenausgänge je Auftrag erfasst und können die Lagermitarbeiter direkt mit den Aufträgen arbeiten, ist die Warenausgangsabwicklung allein über den Herkunftsbeleg möglich; sowohl die Auslieferung als auch die Fakturierung erfolgt über den Auftrag. Ist der Lagerort in der Weise eingerichtet, dass Lagerplätze verwendet werden, gibt Dynamics NAV die entsprechenden Lagerplatzinformationen in den Auftragszeilen an. Entsprechend der Erläuterungen zum Wareneingang generiert das System dann neben den Artikel- und Wertposten auch die entsprechenden Lagerplatzposten. Der Prozess der Abwicklung wird im Folgenden dargestellt, wobei von einer Verwendung von Lagerplätzen und der automatischen Lagerbuchung ausgegangen wird. Ergänzend wird im Prozessmodell dargestellt, wie vorzugehen ist, wenn ein Artikel von zwei Lagerplätzen entnommen werden muss (siehe Abbildung 5.60).

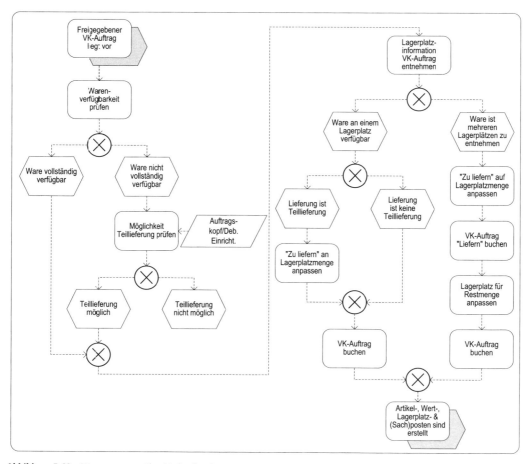

Abbildung 5.60   Warenausgang über Verkaufsauftrag

Das Prinzip hinter der Funktionalität des Warenausgangs von der Auftragszeile aus wird hier nicht näher erläutert, da es identisch mit dem auf der Wareneingangsseite ist und dort detailliert beschrieben wurde (siehe Abschnitt »Buchung des Wareneingangs und der Einlagerung im Bestellbeleg« ab Seite 293). Erwähnt sei, dass die Möglichkeit zur Teillieferung zum einen in der Debitorenkarte, zum anderen im Verkaufsauftrag gepflegt wird.

Menüoption: *Verkauf und Marketing/Verkauf/Debitoren/Feld Versandanweisung*

Menüoption: *Verkauf und Marketing/Aufträge/Feld Versandanweisung*

Notwendige Anpassungen der Liefermengen beispielsweise bei Teillieferungen oder Teilentnahmen von verschiedenen Lagerplätzen erfolgen über das Feld *Zu liefern*.

Menüoption: *Verkauf und Marketing/Auftragsabwicklung/Aufträge* (Registerkarte *Allgemein*, siehe Abbildung 5.61)

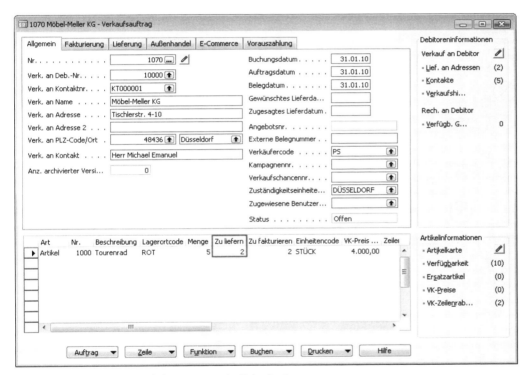

Abbildung 5.61 Anpassung Auslieferungsmengen im Verkaufsauftrag

Stornierung von Warenausgängen

Wurde ein Verkaufsauftrag als geliefert, aber noch nicht fakturiert gebucht, kann die Funktionalität des Stornierens in Dynamics NAV genutzt werden, wenn Kommissionierung und Warenausgang über die Auftragszeile und die Einlagerung nicht mithilfe des Logistikbelegs *Einlagerung* erfasst wurde. Hierzu ist zunächst die gebuchte Verkaufslieferung und die entsprechende Lieferzeile zu selektieren, die dann storniert werden kann.

Menüoption: *Verkauf & Marketing/Historie/Gebuchte Verkaufslieferungen/Funktion/Warenausgang stornieren*

Dynamics NAV erstellt eine negative Lieferzeile, aktualisiert die entsprechenden Felder im Auftrag und storniert die Auslieferung durch Lagerplatzposten mit negativer Menge.

Buchung der Kommissionierung und des Warenausgangs im Lagerkommissionierbeleg

Werden in einem Unternehmen neben den Verkaufsaufträgen auch Kommissionierbelege verwendet, ist das Granule *Kommissionierung* notwendig und es erfolgt die Buchung der Artikel- und Wertposten als Kombination des Kommissionier- und Warenausgangsvorgangs über den Lagerkommissionierbeleg.

HINWEIS Die Umsetzung wird in Dynamics NAV unter der Menüoption *Auftragsbezogene Logistik* zusammengefasst und darf nicht mit den Belegen der Kommissionierung verwechselt werden, welche die Nutzung der Warenausgangsbelege voraussetzen und unter der Menüoption *Logistikmanagement* aufgeführt werden.

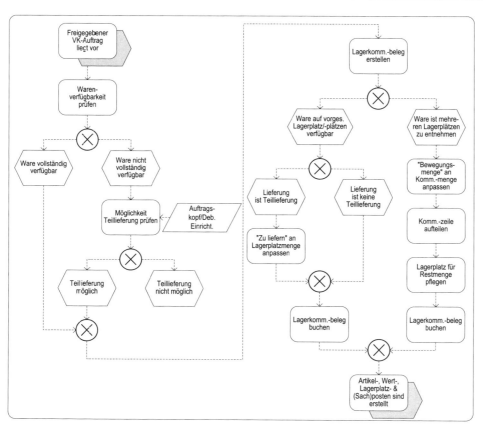

Abbildung 5.62 Warenausgang mit Lagerkommissionierbeleg

Ist der Lagerort in der Weise eingerichtet, dass Lagerplätze verwendet werden, gibt Dynamics NAV die Lagerplatzinformationen in den Lagerkommissionierzeilen an. Analog zu den Erläuterungen zum Wareneingang generiert das System dann neben den Artikel- und Wertposten auch die entsprechenden Lagerplatzposten. Durch die Verwendung des Lagerkommissionierbelegs wird eine Funktionstrennung zwischen Verkaufsauftrags- und Warenausgangserfassung ermöglicht. Im Gegensatz zum Warenausgangsbeleg ist es bei der Erstellung des Lagerkommissionierbelegs nicht möglich, mehrere Verkaufsaufträge zusammenzufassen. Der Lagerkommissionierbeleg ist mehr oder weniger eine Kopie des Verkaufsauftragsbelegs, wobei das System automatisch die Lagerplätze vorgibt und eine Auftragszeile in mehrere Kommissionierzeilen aufteilt, wenn ein Artikel von mehreren Lagerplätzen kommissioniert werden muss. Zur Fakturierung wird der Verkaufsauftragsbeleg genutzt, womit die Buchung der Sachposten einhergeht. Der Prozess der Abwicklung wird im Folgenden dargestellt, wobei von einer Verwendung von Lagerplätzen ausgegangen wird. Ergänzend wird im Prozessmodell dargestellt, wie vorzugehen ist, wenn ein Artikel trotz anderweitigem Systemvorschlag von einem zweiten Lagerplatz entnommen werden muss (siehe Abbildung 5.62).

Der Prozess des Warenausgangs mithilfe des Lagerkommissionierbelegs sowie die Abbildung des Prozesses in Dynamics NAV wird hier nicht im Detail erläutert, da er analog zum Prozess des Wareneingangs mithilfe des Lagereinlagerungsbelegs umgesetzt ist, welcher detailliert im Abschnitt »Buchung des Wareneingangs und der Einlagerung im Lagereinlagerungsbeleg« ab Seite 302 beschrieben wird. Im Folgenden werden kurz die Pfade dargestellt, die für die Erstellung und den Abruf von Lagerkommissionierbelegen gewählt werden können.

- Erstellung anhand des Verkaufsauftrags

  Menüoption: *Verkauf & Marketing/Auftragsabwicklung/Aufträge/Funktion/Lagerbelege erstellen*

- Erstellung im Menü *Lager*

  Menüoption: *Lager/Auftragsbezogene Logistik/Lagerkommissionierung*

- Erstellung mithilfe der Stapelverarbeitung, speziell wenn mehrere Lagerkommissionierbelege erzeugt werden müssen

  Menüoption: *Lager/Planung & Ausführung/Lagerbelege erstellen*

- Aufruf eines Kommissionierbelegs

  Menüoption: *Lager/Auftragsbezogene Logistik/Lagerkommissionierung* (siehe Abbildung 5.63)

Abbildung 5.63 Lagerkommissionierbeleg

Stornierung von Warenausgängen

Eine Stornierung der Auslieferung ist nicht möglich, die Posten können nur über negative Bewegungsmengen ausgeglichen werden.

Buchung der Kommissionierung und des Warenausgangs im Warenausgangsbeleg

Werden in einem Unternehmen neben den Verkaufsaufträgen auch Warenausgangsbelege verwendet, ist das Granule *Warenausgang* notwendig und es erfolgt die Buchung der Artikel- und Wertposten als Kombination des Kommissionier- und Warenausgangsvorgangs über den Warenausgangsbeleg. Dies ermöglicht, den Warenausgang optimiert für mehrere Verkaufsaufträge zu planen und durchzuführen. Ist der Lagerort in der Weise eingerichtet, dass Lagerplätze verwendet werden, gibt Dynamics NAV die entsprechenden Lagerplatzinformationen in den Warenausgangszeilen an. Entsprechend der Erläuterungen zum Wareneingang generiert das System dann neben den Artikel- und Wertposten auch die entsprechenden Lagerplatzposten. Durch die Verwendung des Warenausgangsbelegs wird eine Funktionstrennung zwischen Verkaufsauftragserfassung und Warenausgangserfassung ermöglicht. Zur Fakturierung wird der Verkaufsauftragsbeleg genutzt, womit die Buchung der Sachposten einhergeht. Der Prozess der Abwicklung wird im Folgenden dargestellt, wobei von einer Verwendung von Lagerplätzen ausgegangen wird. Ergänzend wird darauf eingegangen, wie vorzugehen ist, wenn ein Artikel von einem zweiten Lagerplatz entnommen werden muss (siehe Abbildung 5.64).

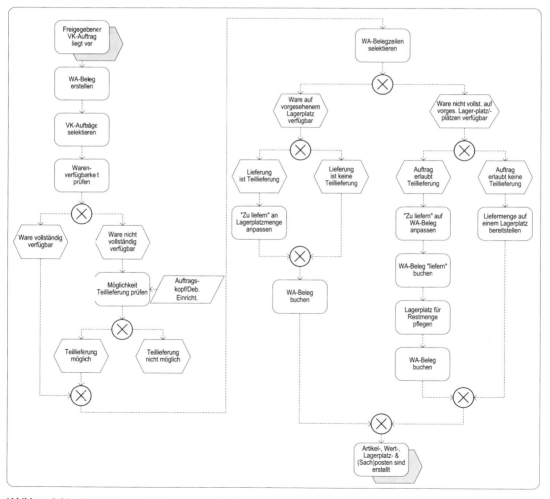

Abbildung 5.64 Warenausgang mit Warenausgangsbeleg

Im ersten Schritt ist der Warenausgangsbeleg zu erstellen, was über das Lagermenü oder aus einem Verkaufsauftrag heraus geschehen kann.

Menüoption: *Lager/Planung & Ausführung/Warenausgänge*

Menüoption: *Verkauf & Marketing/Auftragsabwicklung/Aufträge/Funktion/Warenausgang erstellen*

Analog zu den Erläuterungen im Abschnitt »Buchung des Wareneingangs und der Einlagerung im Wareneingangsbeleg« ab Seite 297erfolgt dann die Selektion der relevanten Verkaufsaufträge und der Verkaufsauftragszeilen (über die Funktionen *Filter zum Holen von Herk.-Belegen verwenden/Herkunftsbelege holen*).

HINWEIS   Von Bedeutung bei der Verwendung von Warenausgangsbelegen ist, dass bei Debitorenaufträgen, bei denen keine Teillieferungen erfolgen sollen, zunächst die Lieferbarkeit der Artikel geprüft werden muss. Dies kann über die Funktion *Menge zu liefern autom. ausfüllen* erfolgen. Es ist nicht nur darauf zu achten, dass nur Auftragszeilen mit ausreichendem Lagerbestand im Warenausgangsbeleg aufgenommen werden, sondern auch, dass die Artikel auf einem Lagerplatz gelagert werden, da Dynamics NAV keine Möglichkeit bietet, die Warenausgangszeile aufzuteilen und bei nicht ausreichendem Lagerplatzbestand die Buchung der Verkaufszeile nicht erlaubt ist. Lösung ist eine Umlagerung. Ist kein ausreichender Bestand auf Lager, müssen Warenausgangszeile und -kopf gelöscht werden, um den Auftragsstatus auf *Offen* ändern zu können und den Auftrag anzupassen.

Stornierung von Warenausgängen

Eine Stornierung der Auslieferung ist nicht möglich, die Posten können nur über negative Bewegungsmengen ausgeglichen werden.

Registrierung der Kommissionierung im Kommissionierbeleg und Buchung des Warenausgangs im Warenausgangsbeleg

Werden in einem Unternehmen neben den Verkaufsaufträgen auch Kommissionier- und Warenausgangsbelege verwendet, sind die Granule *Warenausgang* und *Kommissionierung* notwendig. Mit dem Warenausgang erfolgt die Planung und Buchung der auszuliefernden Waren, während die Kommissionierung die Umlagerungen der Artikel erfasst. Dies ist beispielsweise notwendig, wenn ein Unternehmen die Waren aus dem Lager auf einen Warenausgangslagerplatz (der in Dynamics NAV in der Warenausgangszone liegen muss, falls Lagerplätze verwendet werden) umlagert und vom Warenausgangslagerplatz die Auslieferung durchführt. Basierend auf den Verkaufsaufträgen werden zunächst die Warenausgänge erstellt, auf denen die Kommissionierbelege beruhen. Die Kommissionierbelege können technisch als Umlagerung gesehen werden, die Registrierung des Kommissionierbelegs zeigt die durchgeführte Umlagerung an. Die eigentliche Auslieferung wird über die Buchung des Warenausgangsbelegs erfasst, was die Erstellung der Artikel- und Wertposten nach sich zieht. Ist der Lagerort in der Weise eingerichtet, dass Lagerplätze verwendet werden, gibt Dynamics NAV die entsprechenden Lagerplatzinformationen in den Kommissionier- und Warenausgangszeilen an. Entsprechend der Erläuterungen zum Wareneingang generiert das System dann neben den Artikel- und Wertposten auch Lagerplatzposten. Durch die Verwendung des Warenausgangs- und Kommissionierbelegs wird eine Funktionstrennung zwischen Auftrags-, Warenausgangserfassung und Kommissionierung ermöglicht. Zur abschließenden Fakturierung wird der Verkaufsauftragsbeleg genutzt, womit die Buchung der Sachposten einhergeht. Der Prozess der Abwicklung wird im Folgenden dargestellt, wobei von einer Verwendung von Lagerplätzen ausgegangen wird. Ergänzend wird dargestellt, wie vorzugehen ist, wenn ein Artikel trotz anderweitigem Systemvorschlag von einem zweiten Lagerplatz entnommen werden muss (siehe Abbildung 5.65).

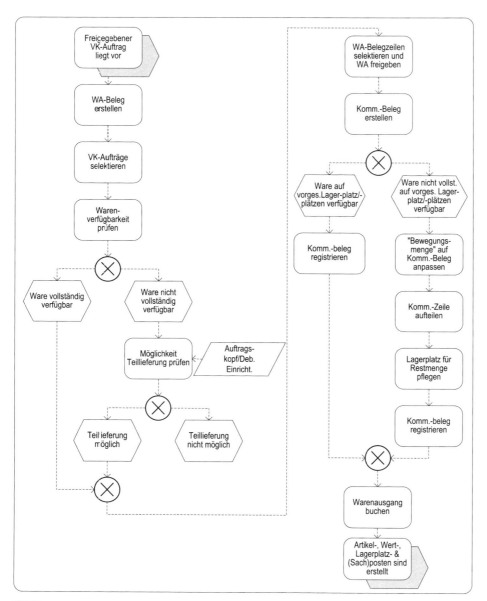

Abbildung 5.65 Kommissionierung mit Kommissionierungs- und Warenausgang mit Warenausgangbeleg

Die Erstellung des Warenausgangsbelegs sowie die Möglichkeiten zur Selektion der relevanten Verkaufsaufträge können über die im vorherigen Abschnitt bzw. im Abschnitt »Buchung des Wareneingangs und der Einlagerung im Wareneingangsbeleg« erläuterten Wege erfolgen. Anschließend müssen die relevanten Belegzeilen selektiert werden. Nach Freigabe des Warenausgangsbelegs kann die Erstellung des Kommissionierbelegs erfolgen, wobei Dynamics NAV bei nicht ausreichender Artikelmenge die Möglichkeit der Teillieferung prüft und gegebenenfalls die Erstellung eines Kommissionierbelegs verhindert. Ist die Teillieferung möglich, wird im Kommissionierbeleg die lieferbare Menge angegeben; nach Registrierung verbleibt die entsprechende Restmenge im Warenausgangsbeleg.

Menüoption: *Lager/Planung & Ausführung/Warenausgang/Funktion/Freigeben/Kommissionierung erstellen* (siehe Abbildung 5.66)

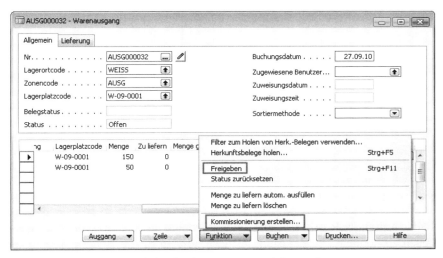

Abbildung 5.66   Kommissionierbeleg über den Warenausgangsbeleg erstellen

Zur Erstellung des Kommissionierbelegs können weitere Einstellungen vorgenommen werden (siehe Abbildung 5.67).

Abbildung 5.67   Optionen zur Erstellung von Kommissionierbelegen

So kann ein Benutzer angegeben werden, der die Kommissionierung ausführen soll, eine Sortierreihenfolge der Kommissionierzeilen beispielsweise nach Artikel oder Lagerplatz ist selektierbar. Wird das Feld *Gebindeanbruchsfilter verw.* aktiviert, werden die Zwischenzeilen für die Konvertierung einer größeren Mengeneinheit in eine kleinere nicht angezeigt. Über das Feld *Bewegungsmenge nicht ausfüllen* wird erreicht, dass die Mitarbeiter jede Zeile manuell ausfüllen müssen.

Der generierte Kommissionierbeleg kann über das Lagermenü angezeigt werden.

Menüoption: *Lager/Logistikmanagement/Kommissionierungen* (siehe Abbildung 5.68)

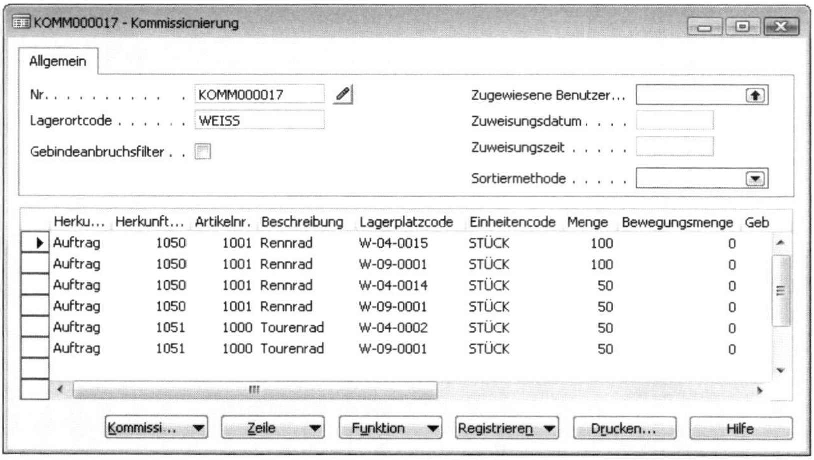

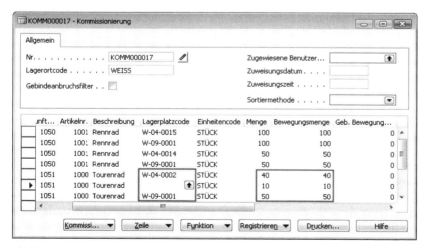

Abbildung 5.68   Kommissionierbeleg

Der Kommissionierbeleg enthält je Auftragszeile zwei Kommissionierzeilen, um die Abgangs- und Eingangsmengen mit Lagerplatz darstellen zu können. Die Bewegungsmengen können manuell oder automatisch erfasst werden.

Menüoption: *Lager/Logistikmanagement/Kommissionierungen/Funktion/Bewegungsmenge autom. ausfüllen*

Wird bei der Kommissionierung festgestellt, dass Artikel nicht vollständig auf dem angegebenen Lagerplatz verfügbar sind, kann die Kommissionierzeile aufgeteilt und der entsprechende Ersatzlagerplatz ergänzt werden.

Menüoption: *Lager/Logistikmanagement/Kommissionierungen/Funktion/Zeile aufteilen* (siehe Abbildung 5.69)

Abbildung 5.69   Kommissionierbeleg mit aufgeteilter Kommissionierzeile

Nachdem die Artikel auf die angegebenen Warenausgangsplätze transportiert wurden, ist der Kommissionierbeleg zu registrieren. Wurde die Ware ausgeliefert, ist der Warenausgang zu buchen.

Menüoption: *Lager/Logistikmanagement/Kommissionierungen/Registrieren/Kommissionierung registrieren*

Menüoption: *Lager/Planung & Ausführung/Warenausgang/Buchen/Warenausgang buchen*

Je nachdem, ob nur die Lieferung oder die Lieferung und Fakturierung gebucht wurde, ist noch der Verkaufsauftrag zu buchen, um die Sachposten zu erstellen. Durch die Aktivierung der automatischen Lagerbuchung ist durch die Fakturierung zusätzlich zur Erfassung der Forderungen und Umsatzerlöse die Verminderung der Vorräte in Höhe der Belegwerte in der Finanzbuchhaltung gebucht worden (Sachposten).

Stornierung von Warenausgängen

Eine Stornierung der Auslieferung ist nicht möglich, die Posten können nur über negative Bewegungsmengen ausgeglichen werden.

Kommissioniervorschläge

Dynamics NAV bietet über Kommissioniervorschläge die Möglichkeit, die Kommissionierungsdurchführung für mehrere Warenausgänge zu planen und zu erstellen.

Menüoption: *Lager/Planung & Ausführung/Kommissioniervorschläge*

Über Lookup im Feld *Buch.-Blattname* ist das Fenster *Vorschlagsnamen Übersicht* zu öffnen, anhand dessen der entsprechende Lagerort selektiert werden kann (siehe Abbildung 5.70. Die Erstellung der Vorschlagsvorlagen wird im Anschluss an die Erläuterungen zur Kommissioniervorschlagserstellung dargestellt).

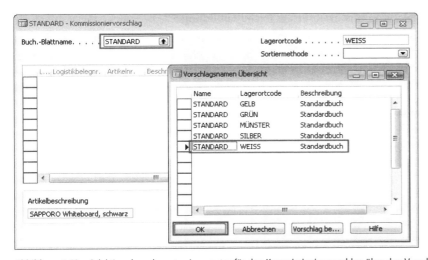

Abbildung 5.70 Selektion des relevanten Lagerortes für den Kommissioniervorschlag über den Vorschlagsnamen

Anschließend wird über die Schaltfläche *Funktion/Logistikbeleg holen* das Fenster *Kommissionierauswahl* geöffnet, anhand dessen die Auswahl der Warenausgänge des Lagers für die Erstellung des Kommissioniervorschlags erfolgt (siehe Abbildung 5.71).

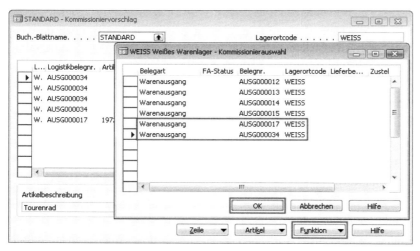

Abbildung 5.71 Selektion der Warenausgangsbelege zur Erstellung des Kommissioniervorschlags

Nach der Selektion erfolgt in der Kommissioniervorschlagskarte über die Schaltfläche *Funktion/Kommissionierung erstellen* die Generierung des Kommissionierbelegs (siehe Abbildung 5.73).

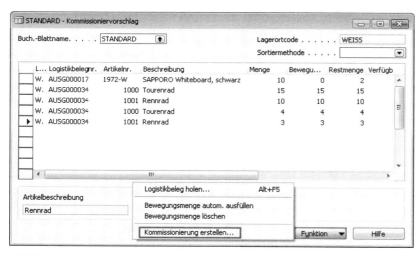

Abbildung 5.72 Erstellung des Kommissionierbelegs

Nach Definition der für die Kommissionierung relevanten Aufbereitungskriterien (siehe Abbildung 5.73) erstellt Dynamics NAV den Kommissionierbeleg.

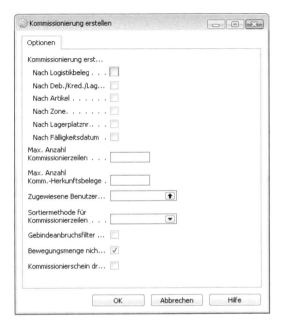

Abbildung 5.73 Aufbereitungskriterien für die Erstellung des Kommissionierbelegs

Einrichtung von Vorschlagsvorlagen

Die Einrichtung der Vorschlagsvorlagen erfolgt über Menüoption: *Lager/Planung* & *Ausführung/Logistik Einrichtung/Vorschlagsvorlagen* (siehe Abbildung 5.74).

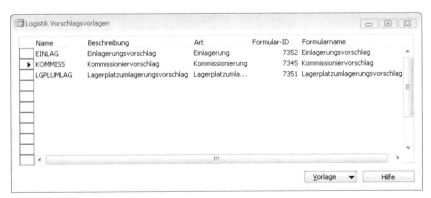

Abbildung 5.74 Einrichtung Vorschlagsvorlagen (1/2)

Nach Auswahl der entsprechenden Vorschlagsvorlage (hier »KOMMISS«) kann über die Schaltfläche *Vorlage/Name* eine Vorlage für den relevanten Lagerort erzeugt werden (siehe Abbildung 5.75).

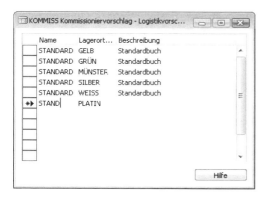

Abbildung 5.75 Einrichtung Vorschlagsvorlagen (2/2)

Prozesse der Lagerverwaltung aus Compliance-Sicht

Potentielle Risiken

- Ineffizient und ineffektiv gestaltete Lagerprozesse (Effectiveness, Efficiency, Integrity, Compliance)

- Ineffektive Kontrollen und Funktionstrennung (Effectiveness, Compliance)

- Inkorrekte Abbildung der Lagerbestände in der Finanzbuchhaltung (Effectiveness, Integrity, Compliance, Reliability)

Prüfungsziele

- Implementierte Lagerprozesse und Systemeinstellungen auf Effizienz und Effektivität prüfen

- Effektivität der Kontrollen und der Funktionstrennung beurteilen

- Korrekte Abbildung der Lagerbestände im Reporting sicherstellen

Prüfungshandlungen

Implementierte Lagerprozesse und Systemeinstellungen auf Effizienz und Effektivität prüfen

Um die Effektivität und Effizienz von Lagerprozessen beurteilen zu können, ist zunächst ein Überblick zu erlangen, wie die Prozesse aktuell implementiert sind und welche Arten von Produkten in welchen Mengen verarbeitet werden. Neben einer direkten Befragung der Verantwortlichen und der Sichtung der vorhandenen Dokumentationen zu den Prozessabläufen sind Analysen der Bestands- und Bewegungsdaten in Einkauf, Lager und Verkauf heranzuziehen. Je nach Unternehmensabläufen sind die Analysen übergreifend und auch beispielsweise produktgruppenspezifisch durchzuführen (wenn Lagerprozesse sich unterscheiden, beispielsweise bei Wertartikeln, Standardartikeln, Artikeln, die rechtlichen Anforderungen wie der Einhaltung der Kühlkette genügen müssen). Nachfolgend werden potenziell relevante Reports und Analysewerkzeuge unterteilt nach Bereichen aufgeführt.

- Lagerbestand

  Menüoption: *Finanzmanagement/Lager/Berichte/Lagerwert*

  Menüoption: *Finanzmanagement/Lager/Berichte/Aktuellen Lagerwert ermitteln*

  Menüoption: *Einkauf/Lager & Bewertung/Berichte/Lager ? Verfügbarkeit*

  Menüoption: *Einkauf/Lager & Bewertung/Berichte/Lager – Eingehende Umlagerungen*

Menüoption: *Einkauf/Lager & Bewertung/Berichte/Artikellagerzeit – Menge*

Menüoption: *Einkauf/Lager & Bewertung/Berichte/Artikellagerzeit – Wert*

Menüoption: *Einkauf/Lager & Bewertung/Lagerhaltungsdaten/Lagerhaltungsdaten/Übersicht*

- **Lagerbewegungen**

Menüoption: *Lager/Logistikmanagement/Belege/Geb. Wareneingang* und *Warenausgang*

Menüoption: *Lager/Logistikmanagement/Berichte/Lagerplatzjournal – Menge*

Menüoption: *Einkauf/Lager & Bewertung/Berichte/Artikeljournal – Menge Item*

Menüoption: *Einkauf/Lager & Bewertung/Berichte/Artikeljournal – Wert Item*

Menüoption: *Einkauf/Lager & Bewertung/Berichte/Artikel-ABC-Analyse* (siehe Hinweis unten)

Menüoption: *Verkauf & Marketing/Lager & Preise/Berichte/Lager – Verkaufsstatistik*

Menüoption: *Verkauf & Marketing/Lager & Preise/Berichte/Artikel – Top 10 Liste*

Menüoption: *Verkauf & Marketing/Lager & Preise/Berichte/Artikel-ABC-Analyse*

Feldzugriff: *Tabelle 5772 Reg. Lageraktivitätskopf*

Feldzugriff: *Tabelle 5773 Reg. Lageraktivitätszeile*

Mehr Details zu den Umlagerungsvorgängen, die anhand der folgenden Abfragen analysiert werden können, erfahren Sie im Abschnitt »Umlagerung von Lagerbeständen« ab Seite 342.

Feldzugriff: *Tabelle 5742 Umlagerungsroute*

Feldzugriff: *Tabelle 5744 Umlagerungsausgangskopf*

Feldzugriff: *Tabelle 5745 Umlagerungsausgangszeile*

Feldzugriff: *Tabelle 5746 Umlagerungseingangskopf*

Feldzugriff: *Tabelle 5747 Umlagerungseingangszeile*

- **Offene Belege**

Menüoption: *Lager/Planung & Ausführung/Berichte/Warenausgangsstatus*

Menüoption: *Lager/Auftragsbezogene Logistik/Berichte/Lagereinlagerungsliste*

Menüoption: *Lager/Logistikmanagement/Belege/Einlagerungsliste*

Menüoption: *Lager/Logistikmanagement/Belege/Kommissionierliste*

Menüoption: *Lager Auftragsbezogene Logistik/Belege/Lagerplatzumlagerung*

Menüoption: *Lager/Logistikmanagement/Belege/Wareneingang* und *Warenausgang*

HINWEIS   Beim Report *Artikel-ABC-Analyse* ist auf einige Besonderheiten am Ende des Reports hinzuweisen. Zum einen handelt es sich um eine Fehlübersetzung in der Spalte *Nein* (aus dem Englischen *No* – Anzahl). Zum anderen handelt es sich bei den Einträgen in der Spalte *von Summe* nicht um den Wert der entsprechenden Artikelkategorie, sondern um den Gesamtwert multipliziert mit der Verhältnis-Prozentzahl der mengenmäßig größeren Kategorie(n).

BEGLEITMATERIAL   Um den Nutzen der *Artikel-ABC-Analyse* zu steigern, haben wir die Auswertungsmöglichkeiten um das Kriterium *Lagerwert* sowie um die Darstellung der Einstandspreishistorie und von Einstandspreisschwankungen ab einer gewissen Höhe ergänzt. Die entsprechend angepasste Analyse steht zum Import im Begleitmaterial zu diesem Buch zur Verfügung (siehe in Anhang A den Abschnitt »Artikel-ABC-Analyse«).

Die Begleitdateien stehen als Download zur Verfügung. Sie können diese von der Seite *http://go.microsoft.com/fwlink/?LinkID=153144* herunterladen.

Auf Basis der Auswertungen sollten Prozessdurchläufe für repräsentative Artikel unter Berücksichtigung der einzelnen Produktgruppen durchgeführt werden, um die Prozessbeschreibungen mit den etablierten Prozessen abgleichen zu können. Dies sollte die Analyse der implementierten Kontrollen im Bereich des Wareneingangs, der Einlagerungen, der Kommissionierung und des Warenausgangs, die eingebundenen Personen sowie die genutzten Belege beinhalten. Anschließend sollte ein Abgleich der in Dynamics NAV implementierten Abläufe mit den Anforderungen und Abläufen im Lager erfolgen. Beispielsweise sollte hierbei analysiert werden, ob der Belegfluss in Dynamics NAV, die Verwendung von Lagerplatzposten und Lagerhaltungsdaten den Anforderungen entsprechen.

Über die Analyse der offenen Belege kann die Überprüfung der Verwendung und Bearbeitung der durch das System bereitgestellten Belege erfolgen. Eine hohe Anzahl offener Belege unter Beachtung der Belegdaten lassen Rückschlüsse auf die korrekte Bearbeitung zu. Beispielsweise können offene Umlagerungsbelege daraus resultieren, dass die Einlagerung im Ziellager nicht durchgeführt wurde und Bestandsbuchungen dennoch möglich sind, da die Funktionalitäten der Logistik nicht aktiviert sind (siehe hierzu Abschnitt »Umlagerung zwischen Lagerorten« ab Seite 343).

Im Rahmen der Prüfung der vollständigen Verarbeitung und Erfassung der Lagervorgänge ist die Lückenlosigkeit der Belegnummern zu prüfen. In Verbindung mit den offenen Belegen ist eine Überprüfung anhand der oben genannten Reports durchzuführen, Belegnummernlücken sind zu klären.

Weiterhin ist es denkbar, dass über die Nutzung von Umlagerungen notwendige Einlagerungs- und Kommissionierbelege übergangen werden (siehe Abschnitt »Umlagerung zwischen Lagerorten« ab Seite 343). Die entsprechenden Kontrollen inklusive der Funktionstrennungen werden damit u.U. umgangen. Diesbezügliche Prüfungshandlungen werden ab Seite 366 erläutert.

Darüber hinaus sind spezielle Anforderungen beispielsweise im Bereich der Serien- oder Chargennummernvergabe und der Verwendung des Garantie- und Ablaufdatums zu beachten, falls es sich bei Produkten um Artikel mit Garantien oder Haltbarkeitsdaten handelt. Zu den entsprechenden Fragestellungen und Prüfungshandlungen verweisen wir auf Abschnitt »Artikelverfügbarkeit, Artikelverfolgung, Reservierung und Zuordnung von Artikeln (Cross Docking) aus Compliance-Sicht« ab Seite 341.

Effektivität der Kontrollen und der Funktionstrennung beurteilen

Als Überblick über die Effektivität der etablierten Kontrollen können zunächst die Inventurergebnisse der letzten Jahre dienen, die speziell Schwächen von Kontrollen im physischen Warenfluss widerspiegeln. Dies setzt voraus, dass eine effektive Durchführung der Inventur sichergestellt ist (wir verweisen auf Abschnitt »Inventur« ab Seite 370).

Generell ist aus Compliance-Sicht eine ausreichende Funktionstrennung zu gewährleisten. Durch die Verwendung von Wareneingangs-, Einlagerungs-, Kommissionier- und Warenausgangsbelegen in Verbindung mit einer entsprechenden personellen Funktionstrennung im Sinne des Vier-Augen-Prinzips kann dieses gewährleistet werden. Die etablierten Prozesse und Kontrollen, die verwendeten Belege und Dokumentationen (beispielsweise sollten durchgeführte Kontrollen schriftlich dokumentiert werden) sind diesbezüglich zu hinterfragen, wobei die Größe des Unternehmens sowie die Art der verarbeiteten Artikel nicht außer Acht gelassen werden können. Beispielhaft werden Fragestellungen im Rahmen des Wareneingangs aufgeführt, die im Rahmen der Prozessanalyse zu hinterfragen sind:

- Wer führt die Wareneingangskontrollen durch, was wird geprüft (Eingangsmenge im Vergleich zu Lieferschein und Bestellung)? Gibt es entsprechende Richtlinien, die neben den Prüftätigkeiten und Dokumentationsanforderungen auch Regelungen bei Abweichungen enthalten?

- Erfolgt die Einlagerung durch personell getrennte Mitarbeiter? Wird damit eine Überprüfung der im Wareneingang erfassten Mengen erreicht?

- Erfolgt die Buchung des Wareneingangs durch Personen, die nicht die Bestellung und/oder den Wareneingang erfasst haben? Erfolgt eine Überprüfung der Preise anhand der Bestellungen? Wie wird bei Abweichungen verfahren?

- Liegen die erforderlichen Dokumente vor?

Als systemorientierte Prüfungshandlung ist die Analyse der entsprechenden Benutzerberechtigungen zu nennen. Wir verweisen auf Kapitel 3 sowie auf das Benutzerrechte-Analysetool, welches im Begleitmaterial enthalten ist. Zusätzlich sind die Beleggenehmigungsregeln zu beachten, die weitere Berechtigungseinschränkungen beinhalten können.

Darüber hinaus ist darauf hinzuweisen, dass es bei Lagerorten ohne gesteuerte Einlagerung und Kommissionierung möglich ist, Warenzu- und -abgänge in der entsprechenden Einkaufsbestellung bzw. dem entsprechenden Verkaufsauftrag zu buchen, ohne dass die eigentlich je nach Lagerorteinstellung erforderlichen Wareneingangs-, Einlagerungs-, Kommissionier- und Warenausgangsbelege erzeugt werden (das System weist lediglich mit einer Warnmeldung darauf hin, dass die erforderlichen Belege nicht erzeugt werden). Durch ein derartiges Vorgehen werden die mittels der verschiedenen Belege etablierten Kontrollen umgangen.

BEGLEITMATERIAL   Eine Überprüfung, in welchen Fällen Buchungen direkt über die Bestell- oder Auftragszeile erfolgt sind, ist über die im Begleitmaterial zu diesem Buch enthaltenen Reports möglich (siehe in Anhang A den Abschnitt »Analyse der Logistikbelegverwendung«).

Die Begleitdateien stehen als Download zur Verfügung. Sie können diese von der Seite *http://go.microsoft.com/fwlink/?Link ID=153144* herunterladen.

Korrekte Abbildung der Lagerbestände in der Finanzbuchhaltung sicherstellen

Im Rahmen der Analyse der korrekten Abbildung der Lagerbestände in der Finanzbuchhaltung ist auf die Analyse der Einrichtung der Lagerbuchungen zu verweisen (Menüoption: *Finanzmanagement/Einrichtung/Buchungsgruppen/Lager* und *Lagerbuchung Einrichtung,* siehe hierzu und zu weiteren Details den Abschnitt »Lagerbewertung aus Compliance-Sicht« ab Seite 407, in Kapitel 3 den Abschnitt »Buchungsprozesse« und das Kapitel 7). Darüber hinaus ist zu prüfen, ob im Einzelfall zu einer Änderung der Lager- oder Produktbuchungsgruppe gekommen ist.

BEGLEITMATERIAL   Sehen Sie sich dazu bitte einen Analysereport an, welcher im Rahmen des Begleitmaterials zu diesem Buch zur Verfügung steht (siehe in Anhang A den Abschnitt »Konsistenzanalyse«).

Die Begleitdateien stehen als Download zur Verfügung. Sie können diese von der Seite *http://go.microsoft.com/fwlink/?Link ID=153144* herunterladen.

Negative Bestandsmengen können in Lagerorten auftreten, in denen keine Logistikaktivitäten aktiviert wurden. Anhand der Artikelposten können negative Mengen identifiziert und näher analysiert werden.

Menüoption: *Lager/Planung* & *Ausführung/Artikel/Artikel nach Lagerort,* dort Tabellenfilter je Lagerort *Lagerbestand* »< 0«]

Artikelverfügbarkeit, Artikelverfolgung, Reservierung und Zuordnung von Artikeln (Cross Docking)

Die folgenden Themen betreffen die Planung sowie die Prüfung und Umsetzung von Kundenaufträgen und werden in der dargestellten Reihenfolge erläutert:

- Artikelverfügbarkeit
- Artikelverfolgung
- Reservierung
- Zuordnung (Cross Docking)

Artikelverfügbarkeit

Dynamics NAV bietet den Unternehmen die Möglichkeit, aktuelle Informationen über die Lagerdaten und Verfügbarkeit von Artikeln zu generieren. Die Berechnung der aktuellen Artikelverfügbarkeit erfolgt über die Elemente Lagerbestand zuzüglich offener eingehender Aufträge abzüglich Zuordnungen[1]. Der Lagerbestand ergibt sich aus der Summe aller gebuchten Artikelzugänge abzüglich aller gebuchten Abgänge und entspricht der Menge der in den Lagerorten verfügbaren Artikel. Über die Artikelkarte kann der über alle Lagerorte verfügbare Lagerbestand abgerufen werden.

Menüoption: *Lager/Planung* & *Ausführung/Artikel* (siehe Abbildung 5.76)

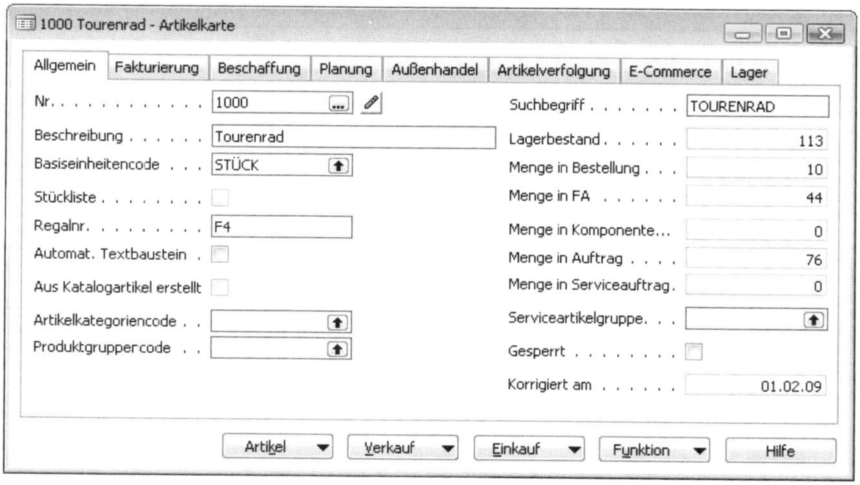

Abbildung 5.76 Artikelkarte mit Lagerbestand

Der Lagerbestand je Lagerort kann über den Lagerortfilter identifiziert werden.

---

[1] Hier ist auf eine definitorische Ungenauigkeit in der deutschen Dynamics NAV-Terminologie hinzuweisen. Neben der hier relevanten und weiter unten zu findenden Definition der Zuordnungen als temporäre oder dauerhafte Artikelzurückstellungen wird der Begriff Zuordnung auch im Rahmen von Cross Docking-Prozessen verwendet. Hierbei geht es um die Verwendung von bestimmten Lagerplätzen, um die Artikellogistik im Lager zu beschleunigen. Um im Dynamics NAV-Sprachraum bleiben zu können, wird im Bereich Cross Docking der Term »Zuordnung« durch den englischen Term »Cross Docking« ergänzt.

Menüoption: *Lager/Planung* & *Ausführung/Artikel/Artikel/Artikel nach Lagerort* (siehe Abbildung 5.77)

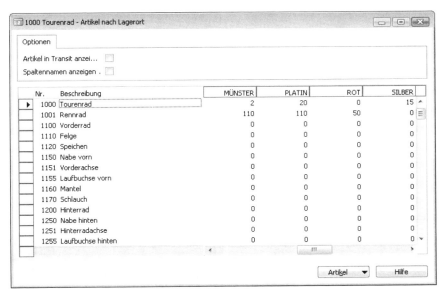

Abbildung 5.77   Lagerbestand je Lagerort

HINWEIS   Beachten Sie bitte, dass Artikel, die keinem Lagerort zugeordnet wurden (Lagerort »Leer«) in dieser Übersicht nicht aufgeführt werden.

Auf der Artikelkarte weiterhin ersichtlich sind Artikelmengen, die:

- bestellt, aber noch nicht geliefert wurden (*Menge in Bestellungen*)

- über Fertigungsauftragszeilen verplant sind (*Menge in FA*)

- als Fertigungsauftragskomponenten benötigt werden (*Menge in Komponente*)

- in Verkaufsaufträgen erfasst sind, aber noch nicht geliefert wurden (*Menge in Auftrag* – zum Thema Reservierung von Artikeln und Bedarfsverursacher siehe auch die Ausführungen im Abschnitt »Reservierung von Artikeln« und »Bedarfsverursacher« ab Seite 333).

- für Serviceauftragszeilen erfasst, aber noch nicht geliefert wurden (*Menge in Serviceauftrag*)

Zuordnungen ergeben sich über temporäre oder dauerhafte Artikelzurückstellungen in Form von Reservierungen, Sicherheitsbeständen, Lagerentnahmen, Lieferungen oder bei Reparaturbedarf. Artikel können bereits zugeordnet werden, wenn sie als Bestellung erfasst, aber noch nicht eingelagert wurden.

Selektionskriterien zur Artikelverfügbarkeit sind Lagerorte, Perioden und Varianten.

Menüoption: *Lager/Planung* & *Ausführung/Artikel/Artikel/Artikelverfügbarkeit nach Lagerort* (siehe Abbildung 5.78

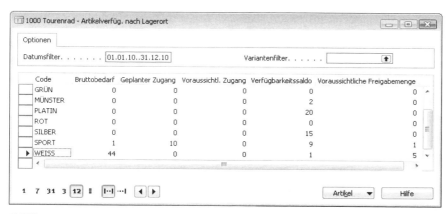

Abbildung 5.78 Artikelverfügbarkeit nach Lagerort

Die Inhalte der einzelnen Spalten werden in Tabelle 5.2 erläutert.

Feld	Beschreibung
Bruttobedarf	Summe des gesamten Bedarfs eines Artikels. Besteht aus unabhängigem Bedarf (Verkaufsaufträge, Serviceaufträge, Umlagerungsaufträge, Absatzplanungen) und abhängigem Bedarf (FA-Komponenten aus geplanten, fest geplanten und freigegebenen Fertigungsaufträgen sowie aus Bestellvorschlägen und Planungsvorschlägen).
Geplanter Zugang	Summe der Artikel aus »Ersatzaufträgen«. Enthalten sind fest geplante und freigegebene Fertigungsaufträge, Einkaufsbestellungen, Umlagerungsaufträge.
Voraussichtl. Zugang	Summe der Artikel aus Ersatzauftragsvorschlägen. Enthalten sind geplante Fertigungsaufträge, Planungsvorschläge und Bestellvorschläge.
Verfügbarkeitssaldo	Verfügbarer Lagerbestand
Voraussichtliche Freigabemenge	Summe aus voraussichtlichen Lagerzugängen (geplante Fertigungsaufträge, Planungsvorschläge und Bestellvorschläge) berechnet auf Basis des Startdatums (in Planungsvorschlägen und Fertigungsaufträgen) oder Bestelldatums (im Bestellvorschlag). Summe ist nicht im verfügbaren Lagerbestand enthalten.

Tabelle 5.2 Tabellenfelder der Karte *Artikelverfügbarkeit nach Lagerort*

Artikelverfolgung

Das Konstrukt der Artikelverfügbarkeit ermöglicht zwar den Überblick über die verfügbaren Artikel, nicht jedoch eine artikel- oder chargengenaue Artikelverfolgung. Ist dies seitens des Unternehmens erforderlich, da beispielsweise Verfallsdaten oder Garantienummern berücksichtigt werden müssen, ist dies über das Konstrukt der Artikelverfolgung anhand von Serien- und Chargennummern umsetzbar.

Grundlagen und Parameter der Artikelverfolgung

Zur Nutzung der Artikelverfolgung anhand von Serien- oder Chargennummern sind in Dynamics NAV Artikelverfolgungscodes anzulegen, denen (automatisch) Nummernserien zugeordnet werden können. Die Artikelverfolgungscodes werden dann den entsprechenden Artikeln zugeordnet. Die Artikelverfolgungscodes werden über die Menüoption *Verwaltung* eingerichtet.

Menüoption: *Verwaltung/Anwendung Einrichtung/Lager/Lager Einrichtung/Artikelverfolgungscodes* (siehe Abbildung 5.79)

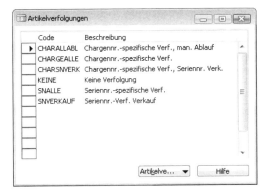

Abbildung 5.79 Artikelverfolgungscodes

Über die Funktion *Artikelverfolgung/Karte* können Einstellung zu den Artikelverfolgungscodes vorgenommen werden (siehe Abbildung 5.80).

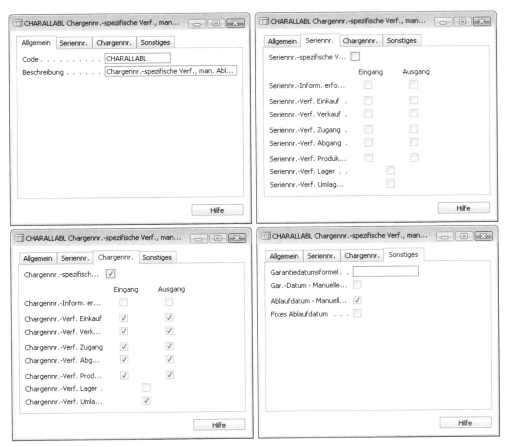

Abbildung 5.80 Einstellungen der Artikelverfolgungscodes

Zu beachten ist, dass Artikeln sowohl Seriennummern als auch Chargennummern zugeordnet werden können. Während Seriennummern eine 1:1-Verfolgung eines Artikels ermöglichen, werden bei der Nutzung von Chargennummern in der Regel mehrere Artikel einer Charge zugeordnet (beispielsweise notwendig bei Farben oder Chemikalien). Die möglichen Einstellungen in den Registerkarten werden in Tabelle 5.3 dargestellt.

Feld	Beschreibung
Code	Eindeutiger Schlüssel des Artikelverfolgungscodes
Beschreibung	Beschreibung des Artikelverfolgungscodes
Seriennr./Chargennr.-spezifische Verf.	Wenn aktiviert, muss bei Artikelbewegungen angegeben werden, welche Serien-/Chargennummer verwendet werden soll. Wurde einem Artikel bei Wareneingang eine Nummer zugewiesen, muss diese auch bei Warenausgang angegeben werden.
Seriennr./Chargennr.-Inform. erforderlich	Falls aktiviert, können Artikel nur gebucht werden (Eingang und/oder Ausgang), wenn die Serien-/Chargennummer angegeben wurde
Seriennr./Chargennr.-Verf. Einkauf, Verkauf, Zugang, Abgang, Produktion, Lager, Umlagerung	Hier kann selektiert werden, bei welchen Prozessschritten im Warenein- und -ausgang die Serien-/Chargennummer verwendet werden muss. Wurde das Feld Seriennr./Chargennr.-spezifische Verf. aktiviert, sind auch diese Felder aktiviert.
Garantiedatumsformel	Hier kann eine Formel zur Berechnung des Garantiedatums hinterlegt werden
Gar.-Datum – Manuelle Eingabe	Bei Aktivierung muss ein Garantiedatum manuell eingegeben werden
Ablaufdatum Manuelle Eingabe	Bei Aktivierung muss ein Ablaufdatum manuell eingegeben werden
Fixes Ablaufdatum	Das zugeordnete Ablaufdatum muss beim Warenausgang berücksichtigt werden. Ist das Ablaufdatum überschritten, kann systemtechnisch nicht mehr ausgeliefert werden. Dieses Feld steht in Verbindung zur Artikelkarte und der dort angegebenen Ablaufdatumsformel.

Tabelle 5.3 Einstellungsmöglichkeiten im Rahmen der Artikelverfolgung

Mehr über die Einrichtung von Nummernserien für die Artikelverfolgung erfahren Sie in Kapitel 3 im Abschnitt »Grundeinrichtung«. Anwendbar ist die automatische Zuordnung von Serien- oder Chargennummern beispielsweise, wenn die Artikel ohne entsprechende Nummern vom Lieferanten geliefert wurden oder wenn eigenerstellte Produkte eine solche Nummerierung benötigen.

Die Zuordnung der zu nutzenden Artikelverfolgungscodes zu Artikeln erfolgt über die Artikelkarte.

Menüoption: *Lager/Planung* & *Ausführung/Artikel* (Registerkarte *Artikelverfolgung*, siehe Abbildung 5.81)

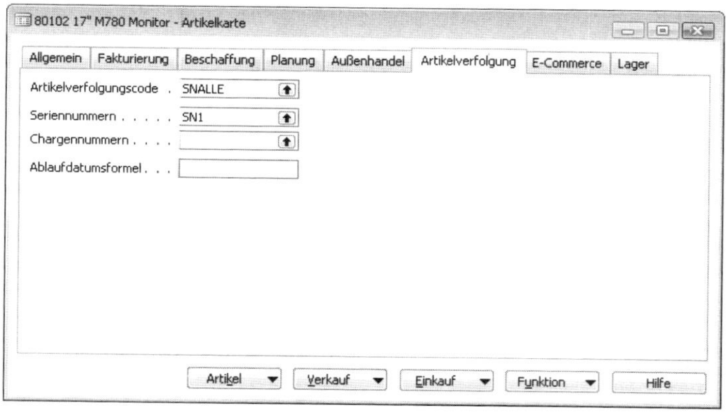

Abbildung 5.81 Einrichtung der Artikelverfolgung auf der Artikelkarte

Neben den zu pflegenden Angaben zum Artikelverfolgungscode und der zu wählenden Nummernserie kann im Feld *Ablaufdatumsformel* eine Formel hinterlegt werden, welche auf Basis des Belegdatums das entsprechende Ablaufdatum errechnet (Beispiele zur Definition der Formel werden in der Online-Hilfe zum Stichwort *Datumsformeln* gegeben).

Zuordnung von Serien- und Chargennummern

Hat ein Unternehmen die Anforderung, Artikel per Serien- oder Chargennummer verfolgen zu können, sind die entsprechenden Nummern beim Eingang zuzuweisen. Da sich das Vorgehen im Grunde nicht unterscheidet, ob Bestell-, Wareneingangs-, Einlagerungs- oder Wareneingangs- und Einlagerungsbelege verwendet werden, wird im Folgenden die Zuordnung von Serien- oder Chargennummern am Beispiel der Nutzung der Bestellung als Wareneingangsbeleg beschrieben. Eine Buchung des gelieferten Artikels kann erst erfolgen, wenn dem Artikel eine Serien- oder Chargennummer zugewiesen wurde.

Menüoption: *Einkauf/Bestellungsabwicklung/Bestellungen/Zeile/Artikelverfolgungszeilen* (siehe Abbildung 5.82)

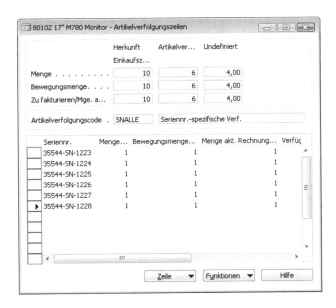

Abbildung 5.82 Serien- und Chargennummern – manuell zugeordnet

Im Fensterkopf sind die Bestellmengen, die bereits zugeordneten und die noch nicht definierten Artikelmengen sowie der Artikelverfolgungscode aufgeführt. Über die Schaltfläche *Funktionen/Seriennr./Chargennr. zuweisen* werden automatisch Zeileneinträge in den Artikelverfolgungszeilen erstellt, welche sich aus den definierten Nummernserien ergeben (hier entsprechend der Seriennummerndefinition SN1). Ist keine Nummernserie zugeordnet oder soll die Nummernvergabe nach anderen Kriterien erfolgen, kann dies manuell im oben dargestellten Fenster erfolgen oder die Schaltfläche *Funktionen/Benutzerdef. Seriennr. erstellen* genutzt werden. Hierzu ist zunächst die benutzerdefinierte Seriennummer zu definieren.

Menüoption: *Einkauf/Bestellungsabwicklung/Bestellungen/Zeile/Artikelverfolgungszeilen/Funktionen/Benutzerdef. Seriennr. erstellen* (siehe Abbildung 5.83)

Abbildung 5.83 Benutzerdefinierte Seriennummer definieren

Das System erlaubt es, die Art der Seriennummer in Form des ersten Eintrags, die inkrementelle Erhöhung sowie die zu erstellende Menge zu definieren und erstellt auf Basis der Angaben die entsprechenden Zeileneinträge (siehe Abbildung 5.84).

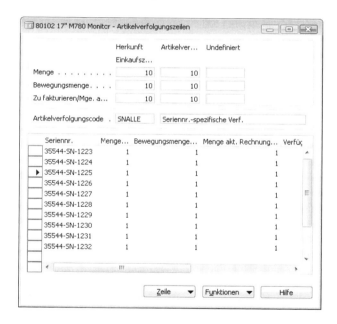

Abbildung 5.84 Benutzerdefinierte Serien- und Chargennummern erstellen

Die Bestellung ist dann buchbar. Eine Nachverfolgung der Artikel ist in Dynamics NAV je Artikelverfolgungsposten und über Debitoren/Kreditoren möglich.

Menüoption: *Lager/Planung & Ausführung/Artikel/Artikel/Posten/Artikelverfolgungsposten*

Menüoption: *Verkauf & Marketing/Verkauf/Debitor/Verkauf/Artikelverfolgungsposten/Einkauf/Bestellungsabwicklung/Kreditoren/Einkauf/Artikelverfolgungsposten*

TIPP Die Erfassung der Serien- und/oder Chargennummern sollte immer erst nach der Erfassung des Lagerortes erfolgen, da eine Änderung des Lagerortes eine Neuerfassung mit sich zieht.

HINWEIS Die Verwendung der Artikelverfolgung hat direkte Auswirkungen auf die Lagerbewertung, da das für die Artikel hinterlegte Verbrauchsfolgeverfahren (beispielsweise Durchschnittsbewertung) durch eine direkte Zuordnung der eingehenden und ausgehenden Artikel ersetzt wird (Einzelbewertung).

Reservierung, Bedarfsverursacher und Zuordnung von Artikeln (Cross Docking)

Eine Verknüpfung zwischen Beschaffung und Verkaufsaufträgen wird über die Konstrukte Reservierung, Bedarfsverursacher und Zuordnung ermöglicht. Die Konstrukte werden im Folgenden vorgestellt.

Reservierung von Artikeln

Dynamics NAV ermöglicht es Verkäufern, Lagerbestand (Artikelposten), Bestellzeilen oder Fertigungsauftragszeilen zu reservieren und somit die Lieferbarkeit des Verkaufsauftrags zu gewährleisten. Durch die Reservierung erfolgt eine feste Verknüpfung zwischen Artikelangebot und Bedarf und es wird die Art der Lagertransaktion beeinflusst. Reservierungen werden typischerweise manuell angelegt und auch manuell angepasst, falls sich beispielsweise im Auftrag die Menge ändert. Lediglich wenn der Grund einer Reservierung nicht mehr vorhanden ist, erfolgt automatisch die Anpassung der Reservierung, z.B. wenn ein Auftrag gelöscht wird.

Neben der manuellen Reservierung ist auch eine automatische Reservierung möglich. Dazu ist dies sowohl für den Artikel als auch für den Debitoren in den Stammdaten zu hinterlegen.

Menüoption: *Lager/Planung* & *Ausführung/Artikel/Reservieren* »Immer« (siehe Abbildung 5.85)

Menüoption: *Verkauf* & *Marketing/Verkauf/Debitoren/Reservieren* »Immer« (siehe Abbildung 5.86)

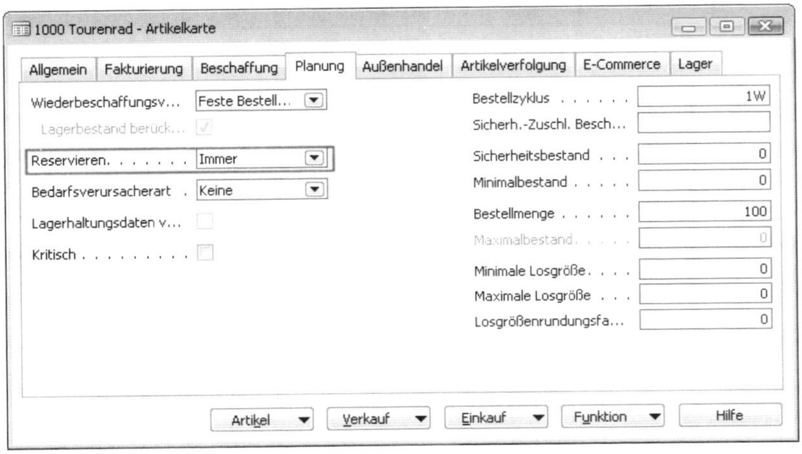

Abbildung 5.85 Automatisches Reservieren über die Artikelkarte

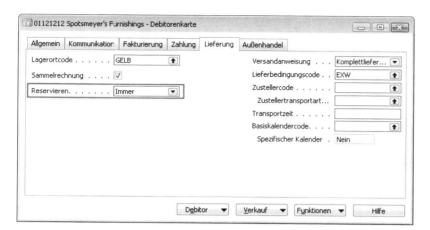

Abbildung 5.86 Automatisches Reservieren über die Debitorenkarte

Soll manuell reserviert werden, erfolgt dies über den Verkaufsauftrag.

Menüoption: *Verkauf & Marketing/Auftragsabwicklung/Aufträge/Funktion/Reservieren* (siehe Abbildung 5.87)

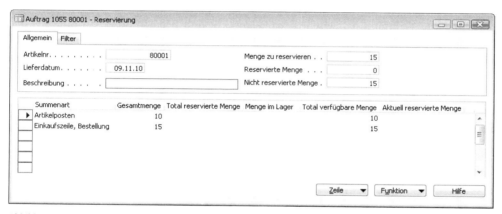

Abbildung 5.87   Auflistung der für die Reservierung verfügbaren Posten

Wie im Beispiel zu sehen ist, können vom aktuellen Lagerbestand 15 Mengeneinheiten reserviert werden, die restlichen fünf Mengeneinheiten müssen auf Basis einer Bestellzeile reserviert werden, deren Wareneingang noch erwartet wird, wobei das System nur Bestellzeilen selektiert, deren Lieferdatum vor dem Lieferdatum des Auftrags liegt. Über die Karte *Reservierung* kann die Reservierung anhand der Schaltfläche *Funktion/ Reservieren/Autom. reservieren* automatisch erfolgen, wobei das System immer die Reihenfolge »erst Lagerbestand, dann Einkaufsbestellzeile« einhält (siehe Abbildung 5.88).

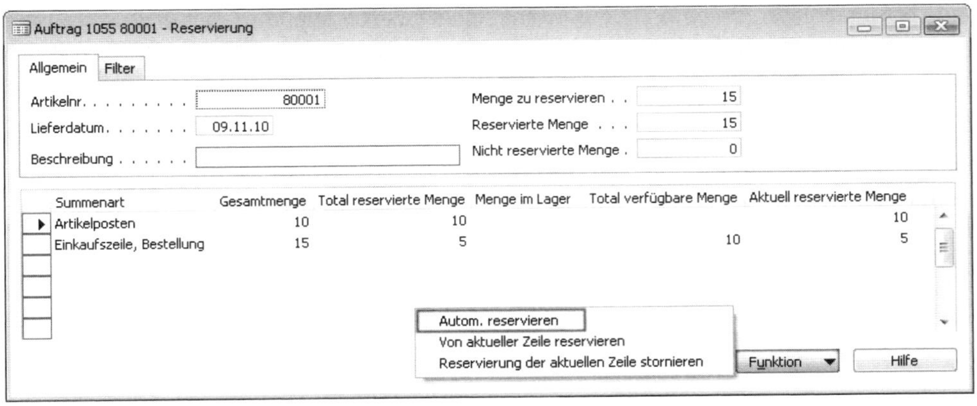

Abbildung 5.88 Automatisches Reservieren

Eine andere Möglichkeit ist das manuelle Reservieren, wobei je Zeile reserviert werden muss. Dies erfolgt in der Karte *Reservierung* über die Schaltfläche *Funktion/Reservieren/Von aktueller Zeile reservieren*. Reservierungen können entsprechend je Zeile storniert werden. Die Reservierung wird dann im Verkaufsauftrag angezeigt (siehe Abbildung 5.89).

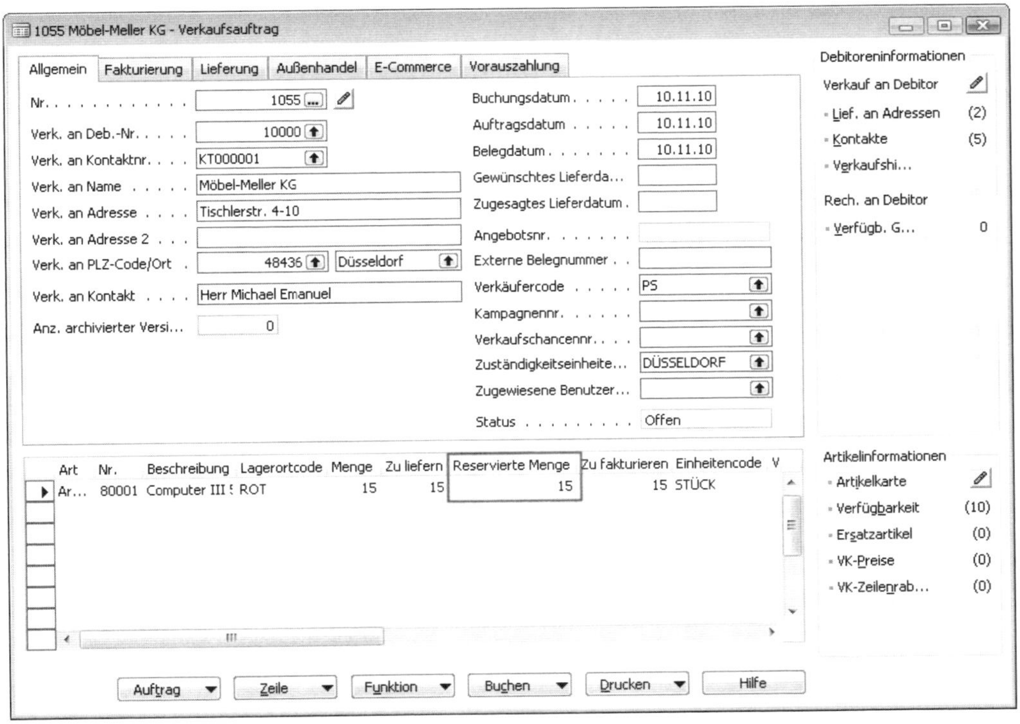

Abbildung 5.89 Anzeige der Reservierung im Verkaufsauftrag

Die Reservierungen münden in Dynamics NAV in der Erstellung von Reservierungsposten, die über die Auftragskarte oder je Reservierungszeile über die Karte *Reservierung* abgerufen werden können.

Menüoption: *Verkauf* & *Marketing/Aufträge/Zeile/Reservierungsposten* (siehe Abbildung 5.90)

Menüoption: *Verkauf* & *Marketing/Aufträge/Funktion/Reservieren/Zeile/Reservierungsposten*

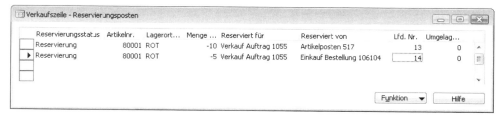

Abbildung 5.90 Anzeige der Reservierungsposten über die Auftragskarte

Noch für Reservierungen verfügbare Artikelposten können über die Karte *Reservierungen* angezeigt werden.

Menüoption: *Verkauf* & *Marketing/Aufträge/Funktion/Reservieren/Zeile/Verfügbar für Reservierungen* (siehe Abbildung 5.91)

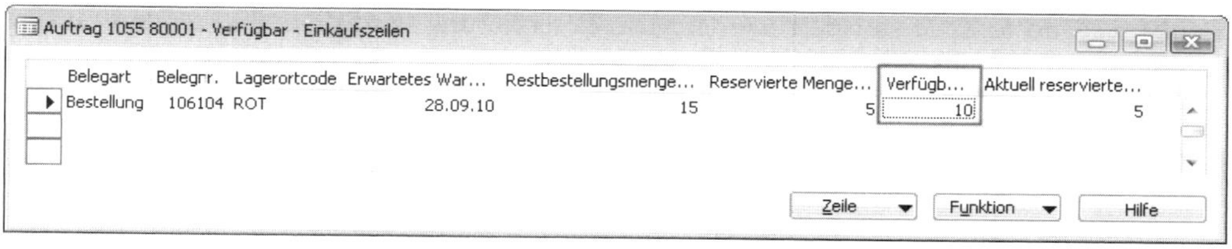

Abbildung 5.91 Anzeige der noch für Reservierungen verfügbaren Artikel

Bedarfsverursacher

Analog zur Reservierung erstellt der Bedarfsverursacher eine Verbindung zwischen einem Bedarf und einem dazu passenden Angebot und liefert somit Information über eine mögliche Auftragserfüllung. Zwischen Bedarfsverursachern und Reservierungen bestehen jedoch auch Unterschiede. So sind Reservierungen nur von Aufträgen aus möglich, die ein Teil der Verfügbarkeitsberechnung sind und die einen Status höher als *geplant* aufweisen. Bedarfsverursacherverknüpfungen sind dagegen mit allen Aufträgen möglich, die in der Nettobedarfsberechnung der Planungsfunktionalität berücksichtigt werden. Dies umfasst reine Auftragsvorschläge und geplante Fertigungsaufträge. Darüber hinaus erfolgt die Verbindungsherstellung automatisch, entweder dynamisch durch das Verfügbarkeitssystem oder anhand einer konkreten Planung:

- Über die Registerkarte *Planung* der Artikelkarte kann anhand eines Dropdown im Feld *Bedarfsverursacher* mithilfe der Option »Nur Bedarfsverursacher« bzw. »Bedarfsverursacher & Ereignismeldung« die dynamische Bedarfsverursacherverfolgung eingerichtet werden.

   Menüoption: *Lager/Planung* & *Ausführung/Artikel/Bedarfsverursacherart* (siehe Abbildung 5.92)

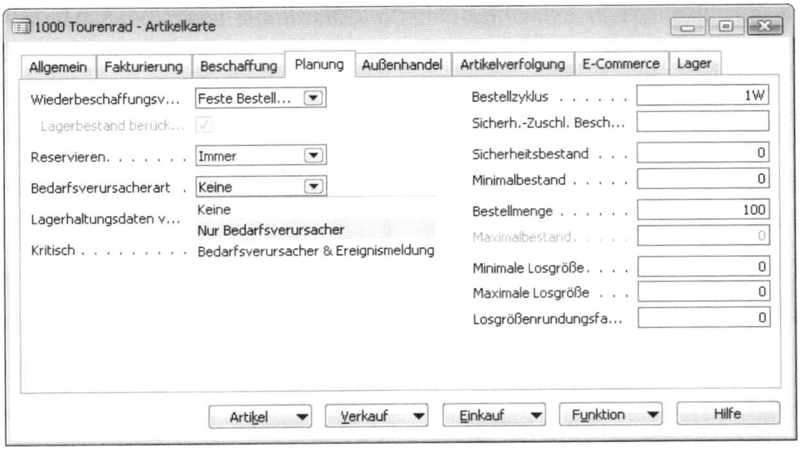

Abbildung 5.92 Einstellung des dynamischen Erstellens von Bedarfsverursacherposten auf der Artikelkarte

Wurde die Einstellung »Nur Bedarfsverursacher« gewählt, erfolgt, sobald ein erfüllbarer Auftrag für den Artikel angelegt wird, die Anlage der Verknüpfung, die jedoch lediglich als Information innerhalb des Verfügbarkeitssystems über eine mögliche Erfüllung des Auftrags zu verstehen ist und als einfaches Planungswerkzeug verwendet werden kann. Über die Einstellung »Bedarfsverursacher & Ereignismeldung« werden darüber hinaus automatisiert Ereignismeldungen (Aktionsvorschläge) erzeugt, die im Rahmen des Planungssystems für die automatisierte Erzeugung von Bestellvorschlägen genutzt werden. Siehe hierzu auch Abschnitt »Methodik der automatischen Wiederbeschaffung« ab Seite 411.

■ Die Anwendung erzeugt auch durch Planungsläufe dynamische Verknüpfungen zwischen Bedarf und Angebot. Ein typisches Beispiel hierfür ist der Bedarfsverursacherposten, der erstellt wurde, da ein Verkaufsauftrags den Planungslauf dazu veranlasst hat, eine Bestellung zu erstellen. Nach dem gleichen Prinzip erzeugen Lagerauffüllungen Bedarfsverursacherverknüpfungen. Weitere Informationen zum Planungssystem, Planungsläufen und zu Bestellvorschlägen sind im Abschnitt »Methodik der automatischen Wiederbeschaffung« ab Seite 411 enthalten.

Zuordnung von Artikeln (Cross Docking)

Die Funktionalität *Zuordnung* – aus dem Englischen »Cross Docking« übersetzt – ist verfügbar, wenn im Lager die Verwendung von Wareneingängen und Einlagerungen aktiviert wurde. Darüber hinaus müssen sowohl die Lagerorte als auch die Artikel für die Verwendung zum Cross Docking aktiviert werden. Einzelne Lagerplätze werden als Cross Docking-Lagerplätze definiert, indem sie der entsprechenden Lagerzone zugeordnet werden. Die dazu notwendigen Einstellungen werden im Abschnitt »Grundlagen und Parameter der Lagerorteinrichtung« ab Seite 278 erläutert.

Cross Docking ermöglicht es, Vorschläge für die Zuordnung von Mengen im Wareneingang durch Dynamics NAV definieren zu lassen und diese Mengen direkt für die Kommissionierung ohne Zwischeneinlagerung zur Verfügung zu stellen. Existieren Verkaufsaufträge, die über noch ausstehende Bestellungen erfüllt werden sollen, ist es möglich, im Wareneingangsbeleg die Zuordnung automatisch berechnen zu lassen; eine manuelle Anpassung der Vorschläge ist möglich.

Menüoption: *Lager/Planung* & *Ausführung/Wareneingänge/Funktion/Zuordnung berechnen* (siehe Abbildung 5.93)

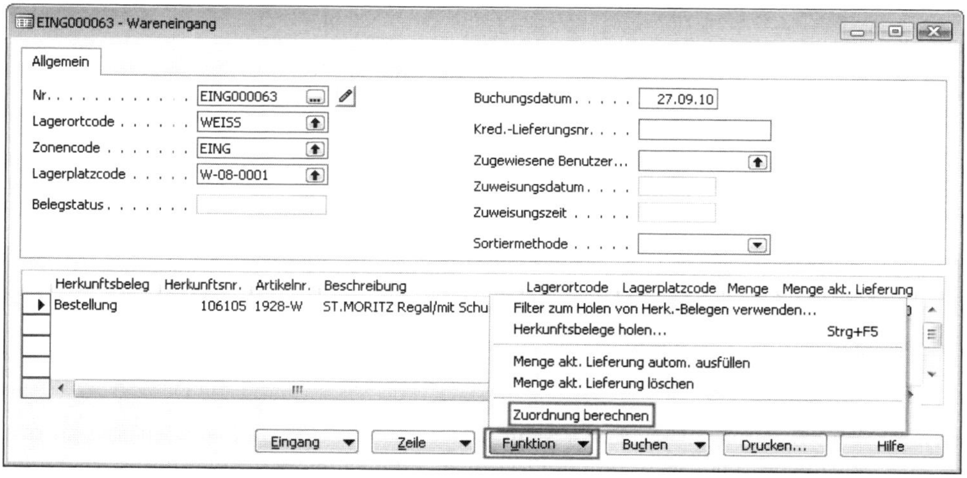

Abbildung 5.93   Erstellung von Zuordnungen im Rahmen des Cross Dockings

Über die Schaltfläche im Feld *Menge für Zuordnung* ist die Anzeige individueller Herkunftsbelegzeilen möglich, die die Basis der Berechnung der Zuordnungsmöglichkeiten bilden (siehe Abbildung 5.94).

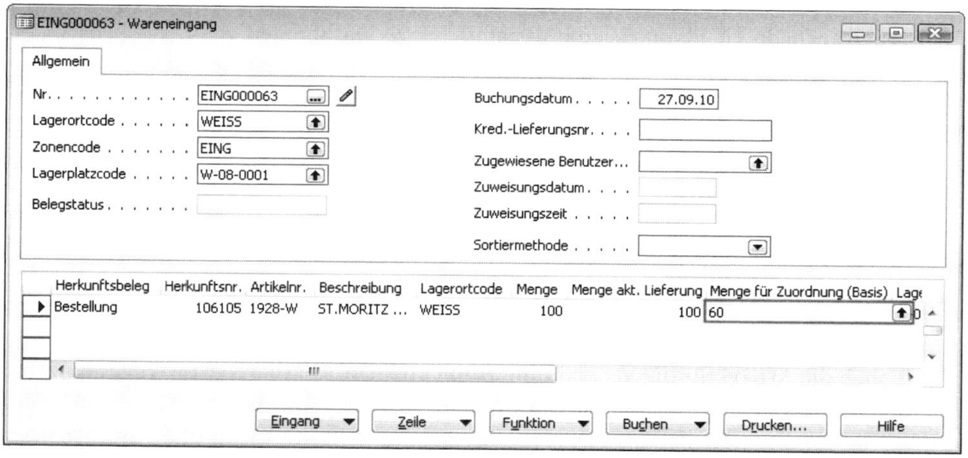

Abbildung 5.94   Auswahl der Zuordnungsmöglichkeiten (Wareneingangszeile zu Verkaufsauftrag) im Rahmen des Cross-Dockings

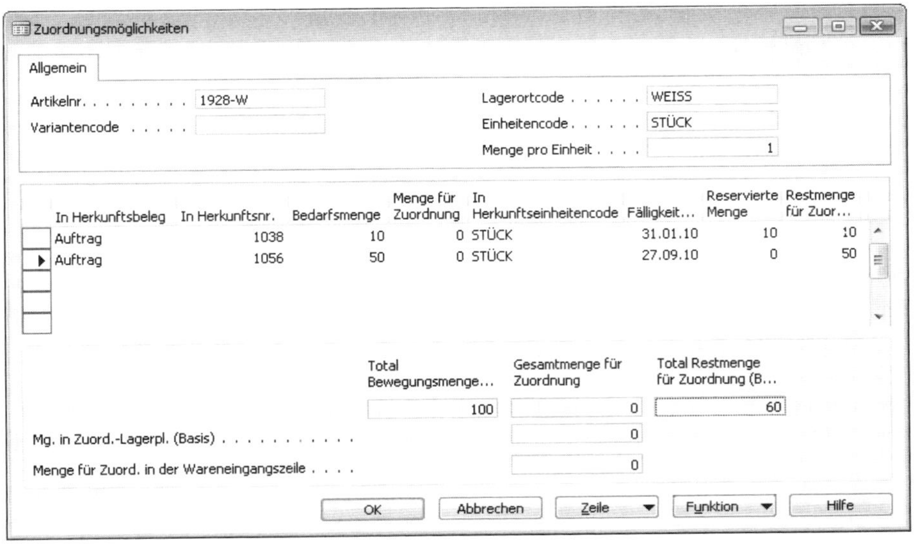

Abbildung 5.95   Auflistung der Zuordnungsmöglichkeiten für Cross-Docking

Über das Fenster *Zuordnungsmöglichkeiten* lassen sich Zuordnungsmöglichkeiten anzeigen, automatisch die Menge für Zuordnungen bestimmen und auch die Reservierung vornehmen (siehe Abbildung 5.95).

Menüoption: *Lager/Planung* & *Ausführung/Wareneingänge* dann *Lookup* im Feld *Menge für Zuordnung (Basis)/Schaltfläche Funktion* (siehe Abbildung 5.96)

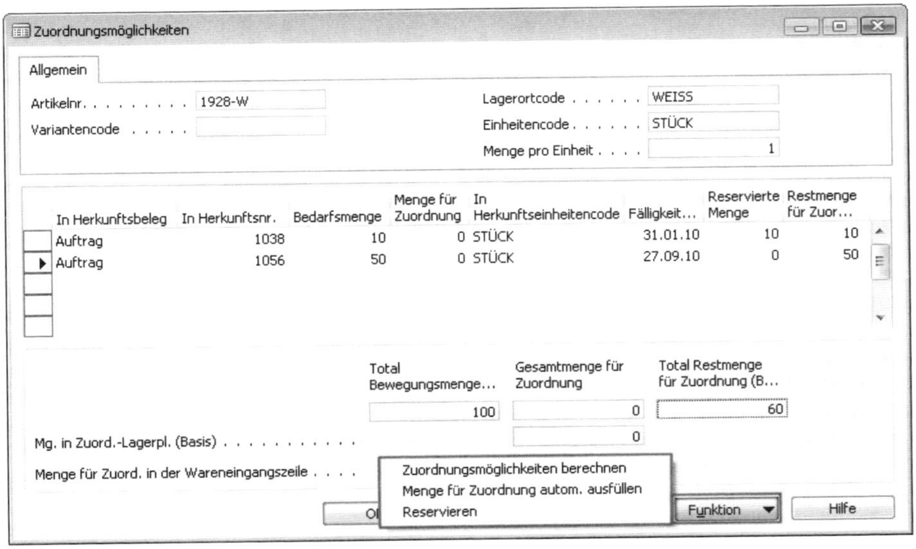

Abbildung 5.96   Zuordnung für Cross-Docking erstellen

Die Option *Zuordnungsmöglichkeit berechnen* dient der erneuten Ermittlung der Aufträge, denen die Artikel des Wareneingangs im Rahmen des Cross-Dockings zugeordnet werden können. Die Option *Menge für Zuordnung autom. ausfüllen* erstellt automatisch die Zuordnungen, was anhand des Felds *Menge für Zuord-*

nung überwacht werden kann. Über das Feld kann auch die manuelle Pflege der Zuordnungsmengen erfolgen. Die Option *Reservieren* ermöglicht die Reservierung der Posten (siehe Abschnitt »Reservierung von Artikeln« ab Seite 333).

Die Berechnung der für die Zuordnungen zu berücksichtigen Cross-Docking-Artikel erfolgt für den Zeitraum, der auf der Lagerortkarte im Feld *Zuord.-Fälligkeitsdatum ber.* definiert wurde. Potenzielle Anforderungszeilen, für die bereits Kommissionierzeilen erzeugt wurden, werden bei der Berechnung nicht berücksichtigt.

> **HINWEIS**   Beachten Sie bitte, dass die Zuordnungsmöglichkeitenzeilen nur statisch berechnet und beispielsweise bei einer nach der Berechnung erstellten Kommissionierung nicht automatisch aktualisiert werden. Weiterhin sollten Sie beachten, dass die Zuordnungsberechnung bereits reservierte Artikel nicht berücksichtigt.

Nach der Buchung des Wareneingangs erfolgt die Bereitstellung der Artikel über die Cross Docking-Lagerplätze, wie in der folgenden Einlagerungskarte und der entsprechenden Kommissionierungskarte ersichtlich ist (siehe Abbildung 5.97 und Abbildung 5.98).

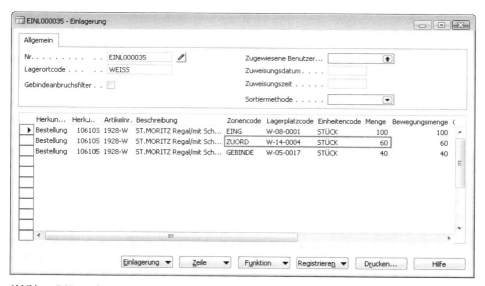

Abbildung 5.97   Einlagerungskarte mit Zuordnung von Cross Docking-Positionen

> **HINWEIS**   Eine Zuordnung wird nach der Buchung des Warenausgangs aufgehoben. Falls abweichende Artikel verwendet wurden, sind die ursprünglich zugeordneten Artikel somit wieder verfügbar.

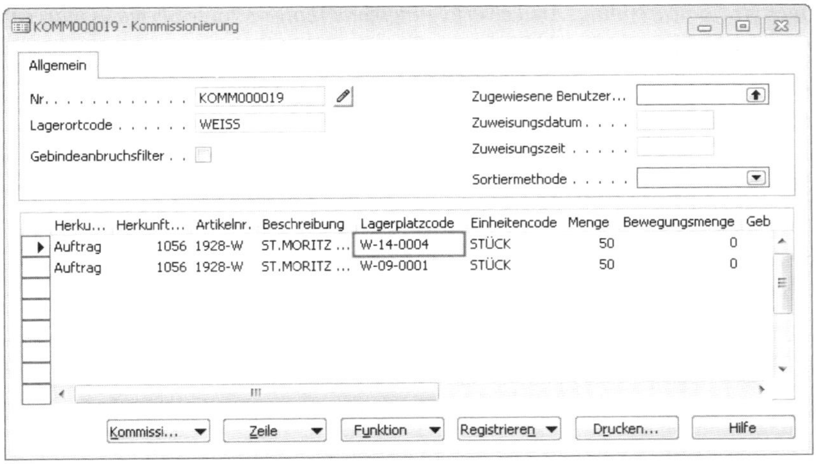

Abbildung 5.98 Kommissionierungskarte für zugeordnete Cross Docking-Positionen

Artikelverfügbarkeit, Artikelverfolgung, Reservierung und Zuordnung von Artikeln (Cross Docking) aus Compliance-Sicht

Die Funktionalitäten und Informationen, die im Rahmen der Artikelverfügbarkeit, Reservierung/Bedarfsverursacher und des Cross Dockings angeboten werden, dienen der effizienten Durchführung des operativen Tagesgeschäfts und sollten den verantwortlichen Mitarbeitern bekannt sein. Anhand der Überprüfung der Geschäftsprozesse (siehe den Abschnitt »Prozesse der Lagerverwaltung« ab Seite 291) sollte der jeweilige Prüfer ein Gefühl für die etablierten Prozesse und verwendeten Funktionalitäten und Informationen von Dynamics NAV erhalten haben und gegebenenfalls auf die Potenziale des Systems hinweisen.

Über diese eher generellen Hinweise hinaus kann vor allem die Verwendung von Serien- und Chargennummern in Verbindung mit Garantie- und Ablaufdaten aus Compliance-Sicht relevant werden, wenn das betrachtete Unternehmen mit entsprechenden Artikeln handelt.

Potentielle Risiken

■ Fehlende oder inkorrekte Abbildung von Serien-/Chargennummern in Verbindung mit Garantie- und Ablaufdaten (Compliance, Integrity)

Prüfungsziel

■ Beurteilung der korrekten Abbildung von Serien-/Chargennummern in Verbindung mit Garantie- und Ablaufdaten

Prüfungshandlungen

Analyse der Einrichtung und der tatsächlichen Zuordnung von Serien- und Chargennummern inklusive des Garantie- und Ablaufdatums

Eine Übersicht der im System eingerichteten Serien- und Chargennummern inklusive der Einstellungen zu Garantie- und Ablaufdatum wird über den Feldzugriff *Tabelle 6502 Artikelverfolgung* dargestellt. Die in den Artikeln hinterlegten diesbezüglichen Einstellungen lassen sich folgendermaßen abrufen:

Feldzugriff: *Tabelle 27 Artikel/Felder Nr., Beschreibung, Artikelverfolgungscode [eingerichtete Serien-/Chargennummern Werte], Seriennummern, Chargennummern, Ablaufdatumsformel, Haltbarkeit*

Über die Artikelposten kann anhand entsprechender Filterkriterien (Filtern der oben identifizierten Artikel, Filtern von Artikelposten mit Eintragungen in den Feldern Serien-, Chargennummer, Ablauf- oder Garantiedatum) analysiert werden, ob den entsprechenden Artikeln die erforderlichen Nummern und Daten zugeordnet wurden und ob Artikel mit Serien- oder Chargennummern bzw. Garantie- und Ablaufdatum existieren, denen im Artikelstamm keine entsprechenden Nummernkreise oder Datumsangaben zugeordnet wurden.

Feldzugriff: *Tabelle 32 Artikelposten/Felder Artikelnr., Buchungsdatum, Postenart, Seriennr., Chargennr., Garantiedatum, Ablaufdatum* (siehe auch die nächste Tabellenabfrage, die weitere Daten beinhaltet)

Abschließend kann die Artikelliste überprüft werden, ob weitere Artikel existieren, denen Serien-, Chargennummern oder Garantie- oder Ablaufdaten zugeordnet werden müssten.

Analyse der Artikelposten bezüglich Änderungen von Serien- und Chargennummern oder Garantie- und Ablaufdaten (beispielsweise über Umlagerungen)

Unregelmäßigkeiten können über die Analyse der Artikelposten der Artikel mit Serien- oder Chargennummern bzw. mit Garantie- oder Ablaufdatum aufgedeckt werden. Beispielsweise sind Änderungen von Serien- und Chargennummer sowie des Garantiedatums im Rahmen von Umlagerungsbuchungen oder Artikelbuchungsblattbuchungen denkbar. Speziell Artikelposten mit den Postenarten *Abgang, Zugang, Umlagerungen etc.* in Verbindung mit fehlenden Herkunftsnummern sollten analysiert werden, um zu erkennen, warum umgebucht wurde und ob es zu Änderungen im Bereich der Serien- oder Chargennummer und des Garantiedatums gekommen ist.

Feldzugriff: *Tabelle 32 Artikelposten/Felder Artikelnr. [Artikelnr. Werte], Buchungsdatum, Postenart, Lagerortcode, Menge, Herkunftsnummer, Belegnummer, Ausgleich mit Lfd. Nr., Seriennummer, Chargennummer, Garantiedatum, Ablaufdatum, Artikelverfolgung*

Über eine entsprechende Auswertung des Änderungsprotokolls kann darüber hinaus untersucht werden, ob und zu welchen manuellen Änderungen es in diesem Bereich gekommen ist (siehe das Kapitel 3 sowie den Anhang B).

Umlagerung und Umbuchung von Lagerbeständen

Grundsätzlich wird im Folgenden zwischen der Umlagerung und der Umbuchung von Lagerbeständen unterschieden. Während die Umlagerung physische Warenbewegungen betrifft, deckt die Umbuchung rein buchhalterische Transaktionen im Rahmen der Lagerbestandsführung und -bewertung ab.

Umlagerung von Lagerbeständen

Dynamics NAV unterscheidet vom Vorgehen her die Umlagerung zwischen Lagerorten und zwischen Lagerplätzen eines Lagerortes. Darüber hinaus existiert die Möglichkeit der internen Kommissionierung und Einlagerung, welche die Entnahme von Lagerartikeln ohne Herkunftsbeleg ermöglicht, um beispielsweise die temporäre Bereitstellung von Ausstellungsstücken oder Stichproben abbilden zu können.

Umlagerung zwischen Lagerorten

Werden in einem Unternehmen mehrere Lagerorte verwendet (Nutzung des Granules *Mehrere Lagerorte*), bietet Dynamics NAV über das Granule *Umlagerungen* die Möglichkeit, Artikelbewegungen zwischen Lagerorten verfolgen zu können. Durch die Verwendung von Umlagerungsaufträgen erfolgt eine Klassifizierung der Artikel als »Lagerbestand in Transit«. Hierzu müssen zunächst Transitlagerplätze eingerichtet werden. Über die Nutzung von Umlagerungsrouten ermöglicht Dynamics NAV die Hinterlegung von Zustellern, Transportarten und Transportzeiten, anhand derer die Wareneingangszeiten berechnet werden können.

Die Einrichtung von Transitlagerorten

Um Artikel, die sich auf dem Transportweg zwischen Lagerorten befinden, nachverfolgen zu können, bietet Dynamics NAV über die Lagerortkarte die Möglichkeit, Lagerorte speziell als »Transitlager« zu definieren. Beispielsweise handelt es sich dabei um Transportfahrzeuge, die im eigenen Bestand geführt werden oder durch externe Anbieter bereitgestellt werden.

Menüoption: *Lager/Einrichtung/Lagerorte* (siehe Abbildung 5.99)

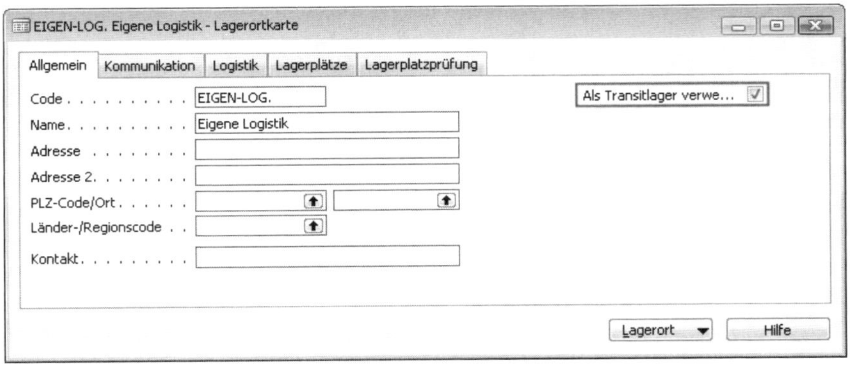

Abbildung 5.99   Einrichtung eines Transitlagerortes über die Lagerortkarte

Die Einrichtung von Umlagerungsrouten

Umlagerungsrouten definieren sich über die Angabe des Ursprungslagerortes (*Umlagerung von Lagerort*) und des Ziellagerortes (*Umlagerung nach Lagerort*).

Menüoption: *Lager/Planung & Ausführung/Lager Einrichtung/Umlagerungsrouten* (siehe Abbildung 5.100)

Jeder zu definierenden Umlagerungsroute wird ein *Standard-In Transit Code*, *Zustellercode* und *Zustellertransportartencode* zugeordnet. Die Erläuterungen der drei Codearten ist der folgenden Tabelle zu entnehmen (siehe Tabelle 5.4).

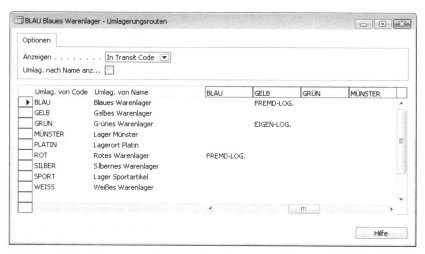

Abbildung 5.100   Matrix mit über »In Transit Code« definierten Umlagerungsrouten

Codeart	Erläuterung
Standard-In Transit Code	Der *Standard-In Transit Code* verweist auf den über die Lagerortkarte definierten Lagerort für sich »in Transit« befindliche Artikel, welcher der entsprechenden Umlagerungsroute zugeordnet wird (siehe Matrix *Umlagerungsrouten* oben)
Zustellercode	Falls mit verschiedenen Transportdienstleistern oder Zustellern gearbeitet wird, kann je Zusteller ein Code angegeben werden, anhand dessen der Zusteller eindeutig identifiziert werden kann. Jeder Umlagerungsroute kann ein *Zustellercode* zugeordnet werden. Menüoption: *Verkauf & Marketing/Auftragsabwicklung/Einrichtung/Zusteller*
Zustellertransportartencode	Jedem *Zustellercode* – und damit auch jeder Umlagerungsroute – können Transportarten, denen wiederum können Transportzeiten sowie Kalender mit Transporttagen zugeordnet werden, um eine automatische Wareneingangszeitenermittlung zu ermöglichen Menüoption: *Verkauf & Marketing/Auftragsabwicklung/Einrichtung/Zusteller/Zeile/Zusteller-transportarten*

Tabelle 5.4   Erläuterung der Codearten zur Definition der Umlagerungsrouten

Somit ermöglicht das System, je Umlagerungsroute Informationen zum Lagerort, Zusteller und zur Transportzeit zu hinterlegen. In der Umlagerungsmatrix können diese Informationen über die *Assist*-Schaltfläche des jeweiligen Routenfeldes angezeigt werden (siehe Abbildung 5.101).

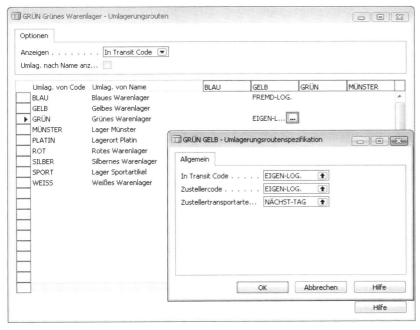

Abbildung 5.101   Je Umlagerungsroute hinterlegte Transportspezifikation

Die Nutzung von Umlagerungsaufträgen

Über den Umlagerungsauftrag erfolgt die Verbuchung des Warenein- und -ausgangs in den verschiedenen Lagerorten und -plätzen, wobei Informationen über bereits gelieferte Mengen und aktuelle Liefermengen, wie aus den Auftrags- und Bestellungsbelegen bekannt, ersichtlich sind. Neben der im Folgenden beschriebenen manuellen Umlagerungsauftragserstellung bietet Dynamics NAV auch die Möglichkeit der automatischen Erstellung von Umlagerungsaufträgen, die im Abschnitt »Umlagerung von Lagerbeständen« ab Seite 342 dargestellt wird.

Die Erstellung eines neuen Umlagerungsauftrags erfolgt über die Karte *Umlagerungsauftrag* wie gewohnt über die Betätigung von ⟨F3⟩ und der ⟨↵⟩-Taste. Die Pfade zum Öffnen der Umlagerungsauftragskarte sind im Lagermenü verankert:

Menüoption: *Lager/Aufträge & Kontakte/Umlagerungsaufträge*

Menüoption: *Planung & Ausführung/Umlagerungsaufträge*

Beispielhaft wurde im neu angelegten Umlagerungsauftrag »1011« die Umlagerung von 100 Stück des Artikels »1001 Rennrad« vom Lagerort *Blau* nach *Gelb* hinterlegt. Entsprechend der gepflegten Umlagerungsroute wird automatisch der *In Transit Code* inklusive *Zustellercode* und *Zustellertransportart* gepflegt (siehe Abbildung 5.102 und Abbildung 5.103).

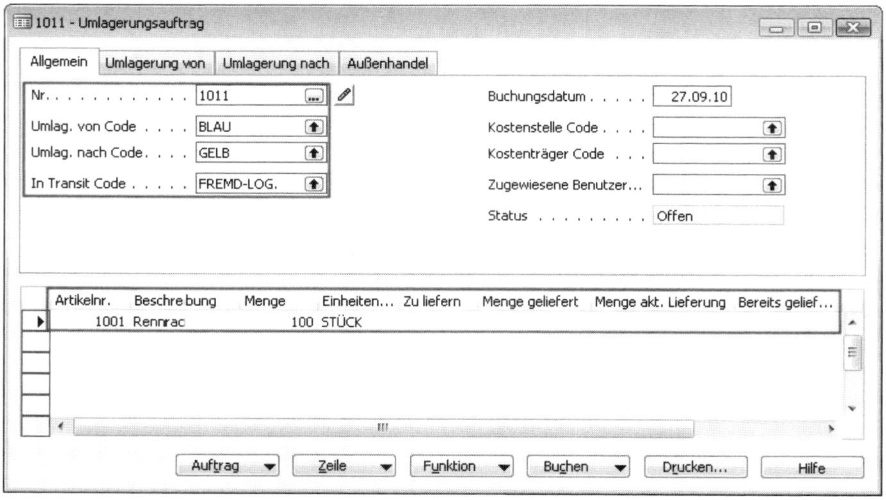

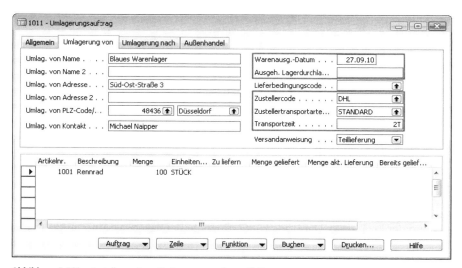

Abbildung 5.102   Erstellung eines Umlagerungsauftrags (1/2)

Abbildung 5.103   Erstellung eines Umlagerungsauftrags (2/2)

Das sich anhand der ausgehenden Lagerdurchlaufzeit des Ursprungslagers (Null Tage) ergebende Warenausgangsdatum zuzüglich der sich anhand der Umlagerungsroute ergebenden Lieferdauer (zwei Tage) und der eingehenden Lagerdurchlaufzeit am Ziellagerort (ein Tag) ergibt das erwartete Wareneingangsdatum am Ziellagerort (siehe Abbildung 5.104).

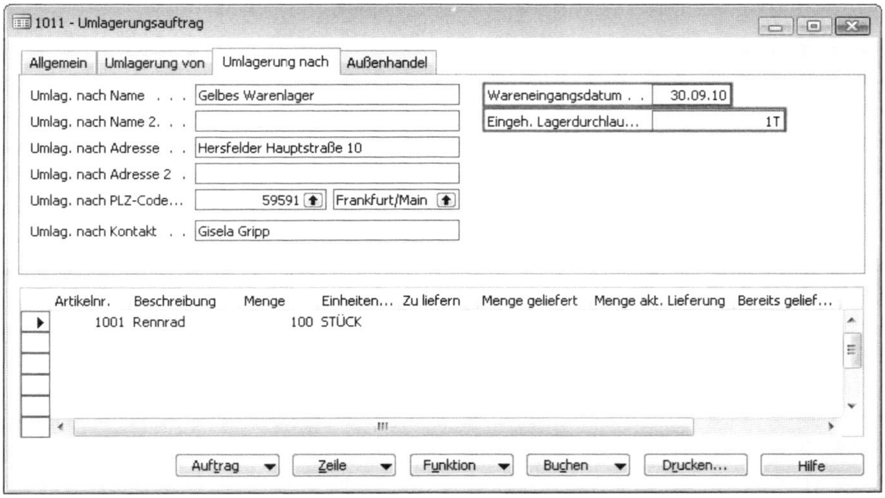

Abbildung 5.104 Errechnetes Wareneingangsdatum im Umlagerungsauftrag (*Umlagerung nach*)

HINWEIS Wird eine Umlagerung zwischen Lagerorten notwendig, für die keine Umlagerungsroute definiert ist, müssen die Angaben in den Feldern *In Transit Code* sowie gegebenenfalls *Zustellercode* und *Zusteller* oder *Transportzeit* manuell gepflegt werden, sofern eine korrekte Ermittlung des erwarteten Wareneingangs erfolgen soll.

Zur weiteren Bearbeitung muss der Umlagerungsauftrag zunächst freigegeben werden. Dies erfolgt entweder über die Schaltfläche *Funktion/Freigeben* oder, für mehrere Umlagerungsaufträge, über die Umlagerungsauftragsübersicht (Schaltfläche *Auftrag/Übersicht*) und entsprechender Selektion über die Schaltfläche *Funktion/Freigeben*. Die Freigabe ermöglicht es den autorisierten Personen am Lagerort, die entsprechenden Artikel zu liefern. Abgeschlossen werden die Lieferungen zum einen über die Buchung des Warenausgangs am Ursprungslagerort (siehe Abbildung 5.105), zum anderen über die Buchung des entsprechenden Wareneingangs am Ziellagerort, was die Buchung der Artikel-, Lagerplatz-, Wert- und Sachposten beinhaltet (die Sachposten zur Anpassung des Lagerwertes werden in der Finanzbuchhaltung automatisch gebucht, wenn in der Lagereinrichtung die Option *Automatische Lagerbuchung* aktiviert wurde. Da wir diese Einstellung empfehlen, gehen wir im Folgenden von einer automatischen Sachpostenerstellung aus. Alternativ werden die Sachposten im Rahmen der Lagerregulierung erfasst. Wir verweisen auf Abschnitt »Buchungen in der Materialwirtschaft und Finanzbuchhaltung« ab Seite 391). Je nach Einrichtung des Lagerortes sind Warenausgänge, Kommissionierungen, Einlagerungen und Wareneingänge zu erstellen. Siehe hierzu auch den unten angegebenen Hinweis.

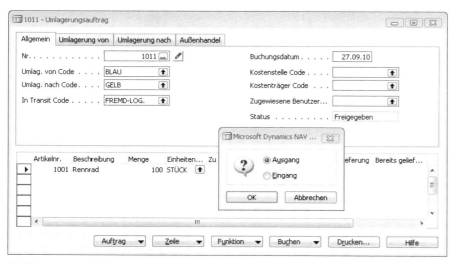

Abbildung 5.105   Buchung des Warenausgangs/Wareneingangs von Umlagerungsaufträgen

Nach der Buchung des Ausgangs ist der Beleg als gebuchter Umlagerungsauftrag abrufbar.

Menüoption: *Lager/Planung* & *Ausführung/Umlagerungsaufträge/Auftrag/Geb. Umlag.-Ausgänge*

Menüoption: *Lager/Historie/Gebuchte Belege/Geb. Umlag.-Ausgänge* (siehe Abbildung 5.106)

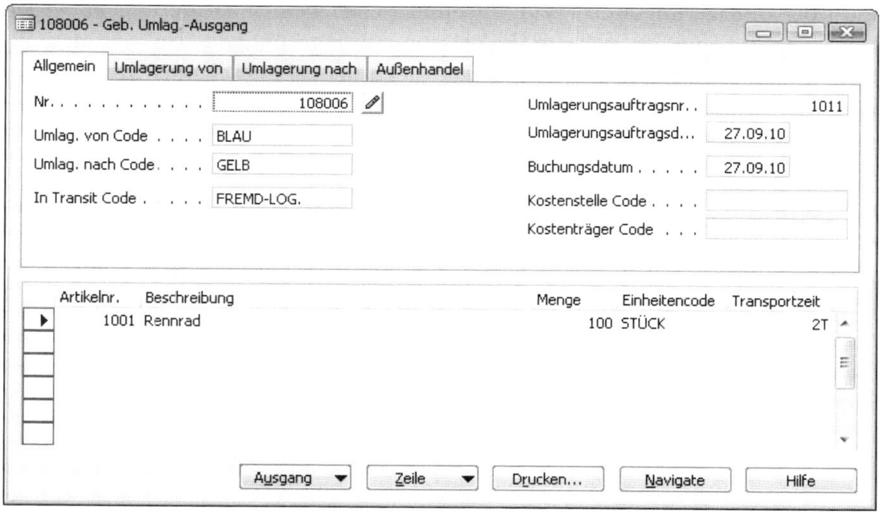

Abbildung 5.106   Gebuchter Umlagerungsausgang

Nach Buchung des Wareneingangs wird der Umlagerungsauftrag in Dynamics NAV gelöscht. Der Auftrag wird als gebuchter Umlagerungs-Eingang abgelegt.

Menüoption: *Lager/Planung* & *Ausführung/Umlagerungsaufträge/Auftrag/Geb. Umlag.-Eingang* (siehe Abbildung 5.107)

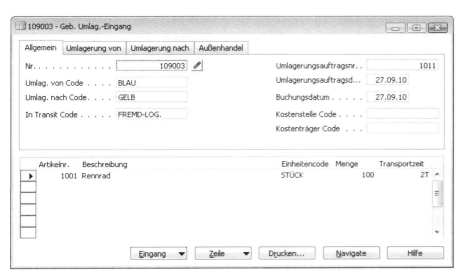

Abbildung 5.107   Gebuchter Umlagerungseingang

HINWEIS   Falls bei einem Umlagerungsauftrag ein Ursprungslagerort gewählt wurde, bei dem die Kommissionierung aktiviert wurde, oder falls ein Ziellagerort definiert wurde, bei dem Wareneingang und/oder Wareneinlagerung aktiviert wurde, erfolgt eine Warnmeldung, falls in den Feldern *Zu liefern/Menge akt. Lieferung* die Liefermengen eingetragen werden. Wird diese Warnmeldung akzeptiert, werden die eigentlich erforderlichen Logistikbelege nicht erzeugt und die implementierten Kontrollen würden umgangen.

Darüber hinaus ist darauf zu achten, dass bei der Nutzung von Dimensionen in Umlagerungsaufträgen keine ausgangs- und eingangsbezogenen Belegdimensionen zur Verfügung stehen. Das bedeutet, dass Dimensionswerte, die beispielsweise unter Berücksichtigung des Lagerorts definiert werden, nach der Ausgangsbuchung für die Eingangsbuchung aktualisiert werden müssen. Zusätzlich wird in diesen Fällen der Ausgleich mit unterschiedlichen Dimensionswerten aufgelöst, sodass sich dieser in einer Dimensionswertbetrachtung nicht ausgleicht.

Zusätzlich wird darauf hingewiesen, dass Umlagerungen mit erfassten Warenausgangsbuchungen zeitnah durch die Buchung des Wareneingangs geschlossen werden sollten. Speziell bei Lagern ohne Aktivierung der Logistik ist es denkbar, dass Wareneingänge durch Umbuchungen nicht erfasst werden, da Artikelverkäufe über negativen Lagerbestand realisiert werden können. Erfolgen dann Anpassungsbuchungen beispielsweise im Rahmen der Inventur, ohne die offenen Umlagerungen zu beachten, kommt es zu späterem Korrekturbedarf, wobei es auch zu Bilanz- und GuV-Wirkungen kommen kann, die zu einem nicht periodengerechten Ausweis führen.

Last but not least verweisen wir auf Abschnitt »Artikelverfügbarkeit, Artikelverfolgung, Reservierung und Zuordnung von Artikeln (Cross Docking) aus Compliance-Sicht« ab Seite 341, in welchem die Möglichkeiten der Änderungen von Serien-/Chargennummern und Garantie-/Ablaufdaten im Rahmen der Umlagerungen dargelegt werden.

Berichtigen von Mengen und Werten bei Umlagerungen

Kommt es bei Umlagerungen zu Differenzen zwischen Warenausgang und Wareneingang, beispielsweise durch Schwund oder Beschädigung beim Transport, ist in Dynamics NAV ein zweistufiges Vorgehen erforderlich. Zunächst ist entsprechend der etablierten Wareneingangsprozesse die tatsächlich gelieferte Menge zu erfassen. Da Umlagerungsaufträge jedoch nur geschlossen und die Transaktionen in den Eingangsbelegen nur gebucht werden können, wenn die gesamte Menge des Umlagerungsbeleges erfasst wurde, müssen Korrekturbuchungen angestoßen werden, die möglichst im Rahmen des Vier-Augen-Prinzips durch gesonderte und geeignete Mitarbeiter erfolgen sollten. Hierbei ist zunächst der Eingang der noch ausstehenden Mengen zu buchen, woraufhin die Mengen- und Wertkorrektur der Artikel-, Lagerplatz-, Wert- und Sachposten erfolgen muss. Beispielhaft wird dies wie folgt dargestellt:

- Erstellung des Umlagerungsauftrags:
  Menüoption: *Lager/Aufträge* & *Kontakte/Umlagerungsaufträge*

- Freigabe des Umlagerungsauftrags:
  Menüoption: *Lager/Aufträge* & *Kontakte/Umlagerungsaufträge/Funktion/Freigeben*

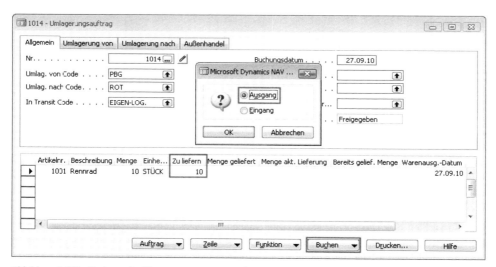

Abbildung 5.108 Buchung des Warenausgangs zum Umlagerungsauftrag

- Buchung des Warenausgangs (siehe Abbildung 5.108):
  Menüoption: *Lager/Aufträge* & *Kontakte/Umlagerungsaufträge/Buchen/Buchen*

- Buchung der verringerten Wareneingangsmenge (siehe Abbildung 5.109):
  Anpassung der Menge im Feld *Menge akt. Lieferung*
  Buchung über *Schaltfläche Buchen/Buchen*

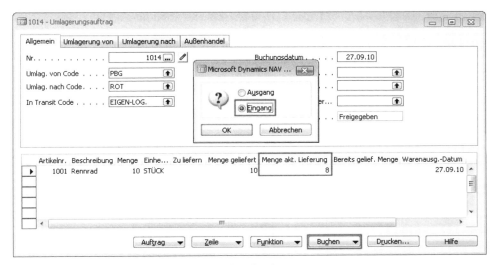

Abbildung 5.109 Buchung des Wareneingangs mit abweichender Menge

- Buchung der fehlenden Menge zum Abschluss des Umlagerungsauftrags (siehe Abbildung 5.110):
  Menüoption: *Lager/Aufträge* & *Kontakte/Umlagerungsaufträge/Buchen/Buchen/Eingang*

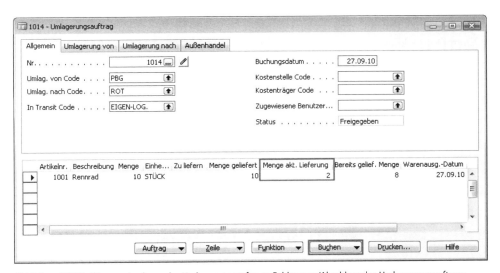

Abbildung 5.110 Eingangsbuchung der Umlagerungsauftrags-Fehlmenge/Abschluss des Umlagerungsauftrags

- Korrekturbuchung der Fehlmenge:
  Zunächst ist über das Artikel-Buchungsblatt die Postenart *Abgang* zu wählen, da es sich im Beispielfall um eine Verringerung des Artikelbestands handelt. Entsprechend müssen dann die Artikeldaten und die Verlustmenge gepflegt werden.

Menüoption: *Einkauf/Lager & Bewertung/Artikel Buch.-Blätter* (siehe Abbildung 5.111)

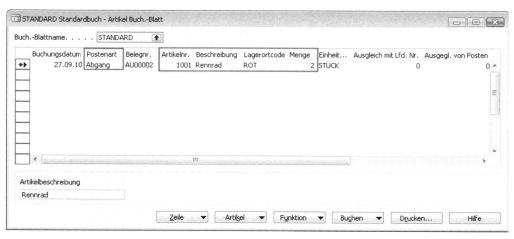

Abbildung 5.111　Korrekturbuchung der Fehlmenge über das Artikel-Buchungsblatt

Die Definition der Artikel-Buchungsblätter erfolgt über den Lookup im Feld *Buch.-Blattname* unter Angabe der Nummern- und Buchungsnummernserie. Eine Verknüpfung der Korrekturbuchung zur originären Eingangsbuchung erfolgt über das Feld *Ausgleich mit Lfd. Nr.* Über einen Lookup im Feld *Ausgleich mit Lfd. Nr.* wird das Fenster *Artikelposten* geöffnet, in welchem die Selektion des entsprechenden Postens über einen Doppelklick erfolgt (siehe Abbildung 5.112).

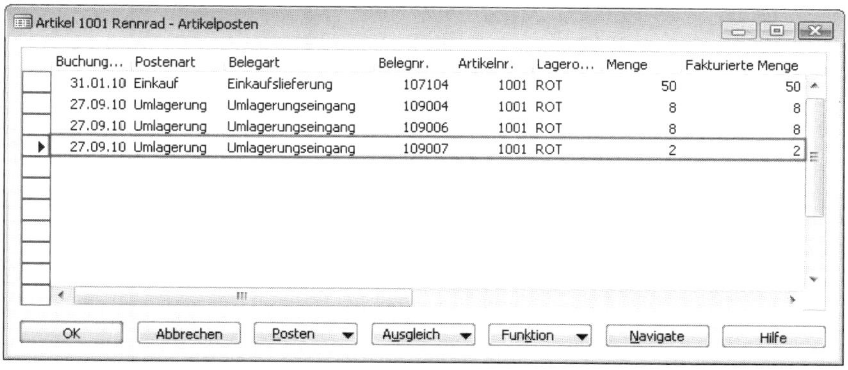

Abbildung 5.112　Selektion des zu korrigierenden Artikelpostens

Das System übernimmt die entsprechende Ausgleichsnummer, was im Artikel-Buchungs-Blatt im Feld *Ausgleich mit Lfd. Nr.* angezeigt wird. Mit Buchung des Artikel-Buchungs-Blatts erfolgt dann die Korrektur der Artikel-, Lagerhaltungs-, Wert- und Sachposten.

TIPP　　Bei der Korrektur von Artikelposten sollte darauf geachtet werden, dass die Buchung mit demselben Datum und derselben Belegnummer wie die Umlagerung erfolgt, damit über die *Navigate-Funktion* die Transaktionen zusammen dargestellt werden.

Anzeigen von Artikeln in Transit

Die Anzeige der sich in Transit befindlichen Artikel erfolgt über das Fenster *Artikel nach Lagerort* anhand der Option *Artikel in Transit anzeigen* (siehe Abbildung 5.113).

Menüoption: *Einkauf/Lager & Bewertung/Artikel/Artikel/Artikel nach Lagerort*

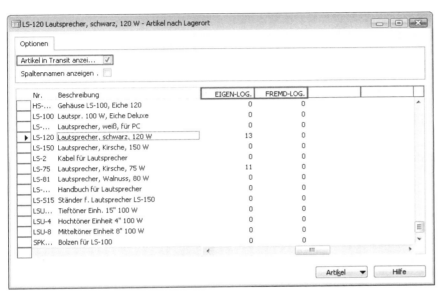

Abbildung 5.113   Anzeige der Artikel, die auf einem Transitlagerplatz geführt werden

Die sich in Transit befindlichen Artikel sind im Bericht zur Lagerbewertung enthalten. Der Bericht kann über den folgenden Pfad geöffnet werden, wobei Selektionskriterien wie Artikelnummer, Lagerortfilter zur Auswahl stehen:

Menüoption: *Finanzmanagement/Lager/Berichte/Lagerwert/Seitenansicht*

Umlagerung zwischen Lagerplätzen

Bei der lagerortinternen Umlagerung von Artikeln zwischen Lagerplätzen erfolgt lediglich eine Änderung der physischen Platzierung, also eine Veränderung auf Lagerplatzposten-Ebene. Der Prozess unterscheidet sich für Lagerorte, bei denen Logistik im Einsatz ist (hierbei handelt es sich um einen mehrstufigen, auch automatisch umsetzbaren Prozess), und bei Lagerorten ohne Logistik (einstufiger, manueller Prozess).

Umlagerung zwischen Lagerplätzen in Lagerorten ohne Einsatz der Logistik

Da gemäß der Einstellungen des Lagerortes keine weiteren Belege für die Bearbeitung im Lager zu erstellen sind, erfolgt die Umlagerung vollständig über das *Umlagerungs-Buchungs-Blatt* (die Spalten *Lagerplatzcode* und *Neuer Lagerplatzcode* müssen eingeblendet sein).

Menüoption: *Lager/Planung & Ausführung/Umlagerungs Buch.-Blätter*

Die Definition von Buchungsblättern mit Angabe der Nummernserie und Buchungsnummernserie erfolgt über den Lookup im Feld *Buch.-Blattname*. Über die Schaltfläche *Funktion/Lagerplatzinhalt holen* ermöglicht das Buchungsblatt die automatische Ermittlung des Lagerplatzes und der dort eingelagerten Menge der

Artikel, die in der erscheinenden Maske über die entsprechenden Parameter (zumindest Lagerortcode und Artikelnummer) zu definieren sind (siehe Abbildung 5.114). Die manuelle Pflege der Informationen im Buchungsblatt ist alternativ ebenfalls möglich.

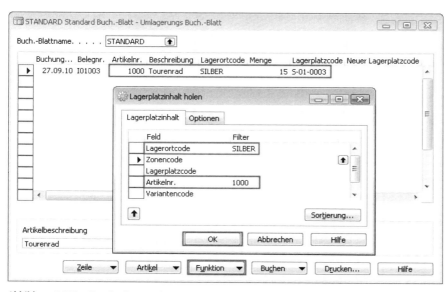

Abbildung 5.114   Eingabe der umzulagernden Artikel über die Funktion »Lagerplatz holen«

Entsprechend kann nun die Eingabe der Umlagerungsmenge und des Ziellagerplatzes erfolgen. Die Buchung des Umlagerungsvorgangs erfolgt dann über die Schaltfläche *Buchen/Buchen* (siehe Abbildung 5.115).

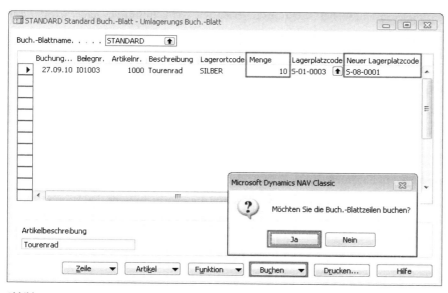

Abbildung 5.115   Buchung der Umlagerung nach Pflege der Umlagerungsmenge und des Ziellagerplatzes

Durch die Buchung wurden zwei Lagerplatz- und zwei Artikelposten erstellt (Abgang und Zugang der Artikel vom/am Lagerplatz). Mengenkorrekturen, beispielsweise bei Schwund oder Bruch, ziehen weitere Artikel-, Lagerplatz-, Wert- und Sachposten nach sich. Zur Erstellung von Mengenkorrekturen verweisen wir auf den Abschnitt »Umlagerung zwischen Lagerorten« ab Seite 343 und dort auf den Unterabschnitt »Berichtigen von Mengen und Werten bei Umlagerungen«.

Manuelle Umlagerung zwischen Lagerplätzen in Lagerorten mit Einsatz der Logistik

Werden Umlagerungen in Lagerorten notwendig, in denen das Logistikmodul aktiv ist, erfolgt die Initiierung der Umlagerung von Artikeln über den Lagerplatzumlagerungsvorschlag. Der Prozess erfordert die Erstellung eines Logistikbelegs und ist somit mehrstufig (Erstellung des Umlagerungsvorschlags, Erstellung der Umlagerung, Registrierung der Umlagerung). Wurde die gesteuerte Einlagerung und Kommissionierung aktiviert, kann eine automatische Lagerplatzauffüllung erzeugt werden. Artikelposten werden nicht erzeugt, da die Umlagerung keinen Einfluss auf den Lagerbestand hat.

Um Vorschläge für Umlagerungen eines Lagerorts generieren zu können, ist zunächst über *Logistik Vorschlagsvorlagen* ein Blattname für den entsprechenden Lagerort anzulegen.

Menüoption: *Lager/Planung* & *Ausführung/Logistik Einrichtung/Vorschlagsvorlagen* (siehe Abbildung 5.116)

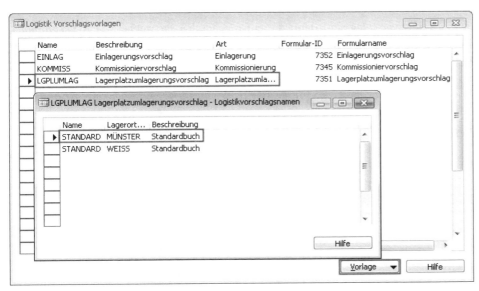

Abbildung 5.116 Einrichtung eines Lagerortes (Logistikvorschlagsnamens) als Grundlage der Erstellung von Lagerplatzumlagerungsvorschlägen

Für die eigentliche Erstellung eines Lagerplatzumlagerungsvorschlags (manuell) erfolgt dann über den Lookup des Felds *Name* zunächst die Auswahl des Lagerorts, wie in Abbildung 5.117 dargestellt:

Menüoption: *Lager/Planung* & *Ausführung/Lagerplatzumlag.-Vorschläge/Name*

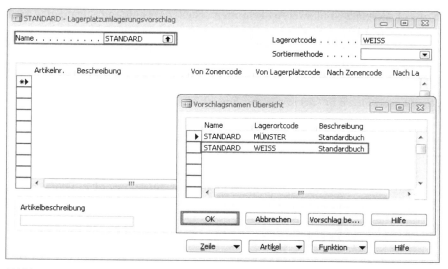

Abbildung 5.117 Auswahl des lagerortbezogenen Vorschlagsnamens

Im Fenster *Lagerplatzumlagerungsvorschlag* sind dann die entsprechenden Parameter wie *Artikelnummer, Von Lagerplatzcode, Nach Lagerplatzcode* etc. zu pflegen, wobei Dynamics NAV nach Eingabe der Artikelnummer die Ursprungslagerplätze über den Lookup mit den dort befindlichen Mengen vorgibt (siehe Abbildung 5.118).

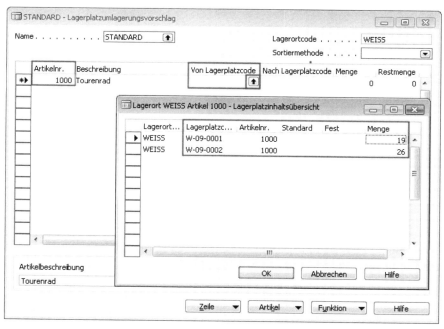

Abbildung 5.118 Eingabe der Artikelnummer und Auswahl des Ursprungslagerplatzes zur Umlagerung

Nach der Angabe des Ursprungs- und Ziellagerplatzes sowie der umzulagernden Menge kann über die Schaltfläche *Funktion/Lagerplatzumlagerung erstellen* der Logistikbeleg erstellt werden. Hierbei hilfreiche Funktionen sind beispielsweise das Ausfüllen des Ursprungslagerortes und der Menge über die Schaltfläche *Funktion/Lagerplatzinhalt holen* oder das automatische Ausfüllen der Bewegungsmenge über die Schaltfläche *Funktion/Bewegungsmenge autom. ausfüllen* (siehe Abbildung 5.119).

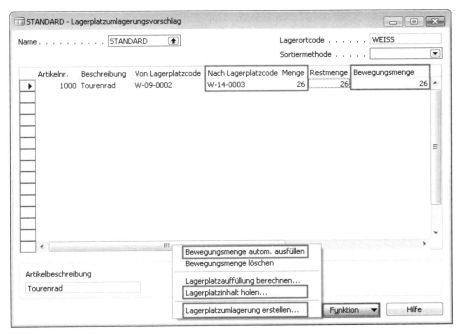

Abbildung 5.119 Eingabe der Menge und des Ziellagerplatzes, Erstellung des Lagerplatzumlagerungsbelegs

Entsprechend der Erläuterung zur Erstellung von Kommissionierbelegen im Abschnitt »Registrierung der Kommissionierung im Kommissionierbeleg und Buchung des Warenausgangs im Warenausgangsbeleg«, hier speziell die Abbildung 5.67 auf Seite 317, erfolgt dann durch Dynamics NAV die Erstellung eines Lagerplatzumlagerungsbelegs, welcher über die Menüoption *Lager/Logistikmanagement/Lagerplatzumlagerung* abgerufen werden kann (siehe Abbildung 5.120).

Abbildung 5.120 Logistikbeleg zur Lagerplatzumlagerung

Im Beleg *Lagerplatzumlagerung* ist eine Änderung der Lagerplätze und -zonen möglich. Darüber hinaus sind die bekannten Funktionen zur Teilung der Zeilen und zum automatischen Ausfüllen der Bewegungsmenge über die Schaltfläche *Funktion* verfügbar. Über die Schaltfläche *Registrieren* erfolgt nach erfolgter Umlagerung die Erstellung der Lagerplatzposten (siehe Abbildung 5.121).

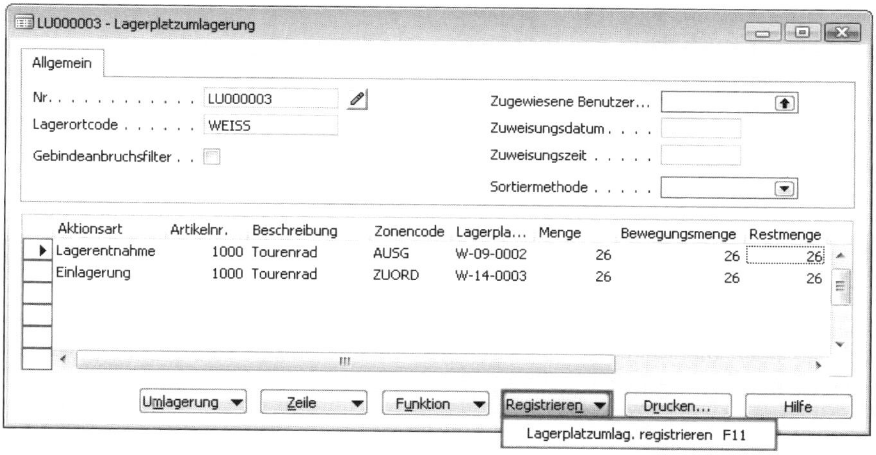

Abbildung 5.121 Registrierung der Lagerplatzumlagerung

Nach der Registrierung wird der Lagerplatzumlagerungsbeleg gelöscht. Der registrierte Umlagerungsbeleg wird über die Menüoption: *Lager/Historie/Registrierte Belege/Registr. Lagerpl.-Umlagerungen* angezeigt.

Automatische Umlagerung zwischen Lagerplätzen in Lagerorten mit Einsatz der Logistik (Lagerplatzauffüllung)

Wird die gesteuerte Einlagerung und Kommissionierung für einen Lagerort verwendet, können mithilfe von Lagerplatzumlagerungsvorschlägen automatisch Lagerplatzauffüllungen berechnet werden. Die von der Anwendung vorgeschlagenen Auffüllungszeilen sind durch die Mitarbeiter überprüfbar und freizugeben, bevor eine Lagerplatzumlagerungsanweisung erstellt wird.

Zur automatischen Berechnung der Lagerplatzauffüllungen sind zunächst Standardlagerplätze und Mindestmengen für Artikel zu definieren, wie im Abschnitt »Grundlagen und Parameter der Lagerorteinrichtung« ab Seite 278 beschrieben. Der automatische Auffüllungsprozess muss manuell gestartet werden und identifiziert ungesperrte Standardlagerplätze mit nicht mehr ausreichender Mindestmenge. Zur Wiederauffüllung versucht Dynamics NAV dieselben Artikel derselben Variante zu finden und bestimmt die Entnahmelagerplätze entsprechend der definierten Lagerplatzpriorität (siehe auch hierzu den Abschnitt »Grundlagen und Parameter der Lagerorteinrichtung« ab Seite 278). Je nach Initiierung des Auffüllungsprozesses (die möglichen Filterkriterien werden im Folgenden vorgestellt) werden Lagerumlagerungsbelege erstellt, welche die Standardlagerplätze bis zur Maximalgrenze auffüllen.

Die Lagerplatzauffüllung wird über die Menüoption: *Lager/Planung* & *Ausführung/Lagerplatzumlag.-Vorschläge/Funktion/Lagerplatzauffüllung berechnen* (siehe Abbildung 5.122) geöffnet.

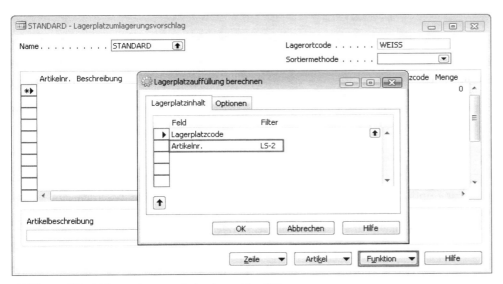

Abbildung 5.122 Initiierung der automatischen Lagerplatzauffüllung

Das System schlägt daraufhin automatisch die für den Artikel aufzufüllende Menge (im Beispielfall ist die Maximalmenge mit 200 Schachteln definiert, die aktuelle Lagerplatzmenge ist Null) auf den Standardlagerplatz »W-03-0003« vor. Über die Schaltfläche *Funktion/Lagerplatzumlagerung erstellen* erfolgt die Erstellung des Lagerplatzumlagerungsbelegs (siehe Abbildung 5.123).

Wie im vorherigen Abschnitt beschrieben, kann der Lagerplatzumlagerungsbeleg über die Menüoption *Lager/Logistikmanagement/Lagerplatzumlagerungen* aufgerufen und über die Schaltfläche *Registrieren/Lagerplatzumlag. registrieren* nach Eingabe der Bewegungsmenge im Fenster *Lagerplatzumlagerung* erfasst werden (siehe auch Abbildung 5.121).

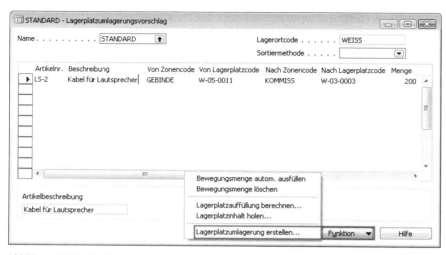

Abbildung 5.123   Erstellung des Lagerplatzumlagerungsbelegs

Inhaltlich ist die automatische Lagerplatzauffüllung in das Thema Wiederbeschaffungsmanagement bzw. Planung einzugliedern, deren Methodik in Abschnitt »Methodik der automatischen Wiederbeschaffung« ab Seite 411 erläutert wird.

Interne Einlagerungs- und Kommissionierungsanforderung

Mithilfe von internen Einlagerungsanforderungen und Kommissionierungsanforderungen können Anweisungen für die Einlagerung und Kommissionierung von Artikeln geplant und erstellt werden, ohne Herkunftsbelege wie Auftrag oder Bestellung angeben zu müssen. Dies ermöglicht die Abbildung spezieller Prozesse, z.B. das Bereitstellen von Artikeln für Präsentationszwecke oder im Rahmen einer Stichprobe für die Qualitätskontrolle.

Für die Nutzung der internen Einlagerung und Kommissionierung ist es ratsam, zumindest eine interne Zone je Lagerort anzulegen, anhand welcher die Artikel leicht identifiziert werden können. Zur Erstellung von Lagerzonen und der Zuordnung von Lagerplätzen verweisen wir auf den Abschnitt »Grundlagen und Parameter der Lagerorteinrichtung« ab Seite 278.

Die interne Kommissionier- und Einlagerungsanforderung ist über das Lagermenü aufrufbar:

Menüoption: *Lager/Logistikmanagement/Periodische Aktivitäten/Interne Kommiss.-Anforderungen*

Menüoption: *Lager/Logistikmanagement/Periodische Aktivitäten/Interne Einlag.-Anforderungen*

Über das Fenster *Interne Kommiss.-Anforderung* können dann der/die bereitzustellende(n) Artikel sowie Lagerort, Ziellagerzone und -lagerplatz definiert werden.

TIPP   Es ist ratsam, sich die Felder *Lagerortcode, Nach Zonencode, Nach Lagerplatzcode* in der Zeile anzeigen zu lassen, da es bei Änderungen im Kopf zu Fehlermeldungen kommen kann, die anhand der Felderansicht nachvollziehbar werden.

Über die Schaltfläche *Funktion/Freigeben* und *Kommissionierung erstellen* wird anschließend die Kommissionieranforderung freigegeben und der Kommissionierbeleg erstellt (siehe Abbildung 5.124).

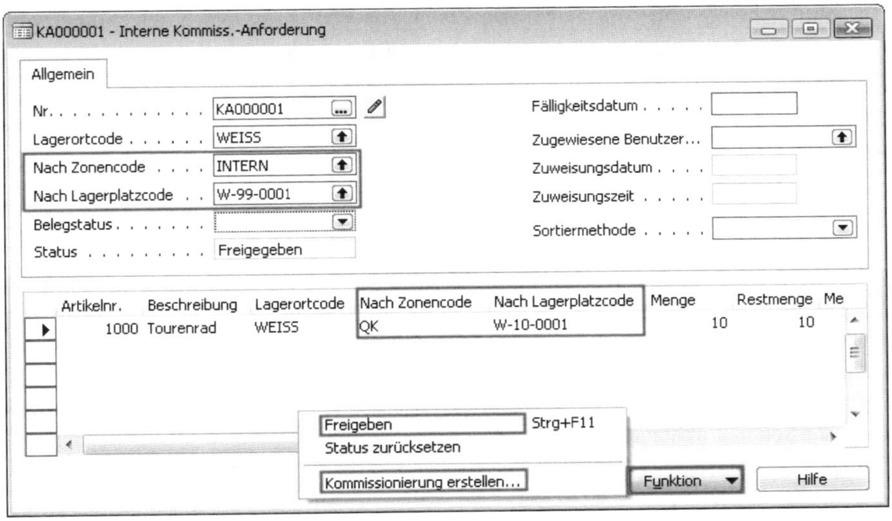

Abbildung 5.124 Erstellung einer internen Kommissionieranforderung, Freigabe und Erstellung eines entsprechenden Kommissionierbelegs

HINWEIS Kommt es bezüglich der Ziellagerzone und des Ziellagerplatzes zu Abweichungen zwischen den Angaben im Kopf der Kommissionieranforderung und der Zeile (wobei die Angabe der Lagerplätze zur Lagerzone konsistent sein muss, siehe Abbildung 5.124), übernimmt Dynamics NAV die Angaben der Zeile zur Erstellung des Kommissionierbelegs (siehe Abbildung 5.125). Analog verhält es sich bei der Erstellung der internen Einlagerungsanforderung.

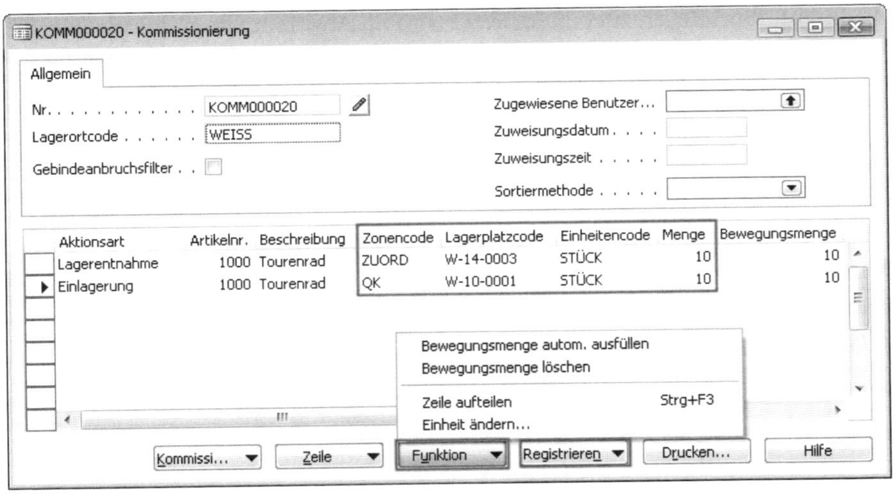

Abbildung 5.125 Kommissionierbeleg mit automatischer Bestimmung des Ursprungslagerplatzes

Wenn die gesteuerte Einlagerung und Kommissionierung verwendet wird, schlägt das System entsprechend der hinterlegten Regeln für die Kommissionierung automatisch einen Ursprungslagerplatz vor. Darüber hinaus unterstützt Dynamics NAV die Identifikation eines entsprechenden Lagerplatzpostens über den Lookup im Feld *Lagerplatzcode*. Über die Menüschaltfläche *Funktion* stehen die unterstützenden Funktionen zum automatischen Ausfüllen der Bewegungsmenge und zum Teilen von Zeilen zur Verfügung. Nach der Umlagerung der Artikel kann über die Schaltfläche *Registrieren* die Kommissionierung abgeschlossen werden.

Die entsprechende Wiedereinlagerung der Artikel über die interne Einlagerungsanforderung und des daraus generierten Einlagerungsbelegs erfolgt analog zum oben beschriebenen Vorgehen. Zur Identifikation des Ursprungslagerortes ist die Funktion *Lagerplatzinhalt holen* verfügbar. Auf eine gesonderte Darstellung wird verzichtet.

HINWEIS   Es ist in Dynamics NAV nicht möglich, interne Einlagerungen zu erzeugen, ohne einen Lagerplatz mit entsprechendem Bestand (existierender Lagerplatzposten) anzugeben. Analog ist es ebenfalls nicht möglich, eine interne Kommissionierung ohne existierenden Lagerplatzposten durchzuführen (es werden keine Artikelposten erzeugt, nur Lagerplatzposten). Eine Lagermengen-/-wertmanipulation ist somit über die interne Einlagerung/Kommissionierung nicht möglich. Dennoch sollten diese Bestände gesondert analysiert werden, um die Werthaltigkeit der Posten sicherstellen zu können (sind die gebuchten Kommissionierungen real existent, müssen die gebuchten Einlagerungen wertmäßig angepasst werden, da eventuell Ausstellungsstücke mit Gebrauchsspuren nach Qualitätskontrolle nicht mehr nutzbar sind).

Umbuchung von Lagerbeständen

Bei Umbuchungen ist in Dynamics NAV das Vorgehen für Lagerorte ohne bzw. mit gesteuerter Einlagerung und Kommissionierung zu unterscheiden. Neben unterschiedlich zu nutzenden Belegen ist bei Lagerorten mit gesteuerter Einlagerung und Kommissionierung ein zusätzlicher Schritt bei der Ein- und Ausbuchung von Artikeln durchzuführen (Funktion *Ausgleich berechnen* und anschließende Buchung), da das System die Artikel zwar in den entsprechenden Lagerplätzen korrigiert, Zu- bzw. Abgänge jedoch auf Lagerplätze der Ausgleichszone »zwischenlagert«.

Die Verwendung der für die Inventurbuchungen relevanten Belege wird im Abschnitt »Inventur« ab Seite 370 erläutert.

Umbuchungsbelege für Lagerorte ohne gesteuerte Einlagerung und Kommissionierung

Die Belege für Umbuchungen zwischen und in Lagerorten ohne die Verwendung von Logistikbelegen sind:

- *Artikel-Buchungsblatt,*

- *Umlagerungs-Buchungsblatt* und

- *Wiederkehrendes-Artikel-Buchungsblatt.*

Die Definition der Vorlagen erfolgt über die entsprechenden Fenster (zur Auswahl der Fenster siehe die nachfolgenden Menüoptionen) über den Lookup im Feld *Buch.-Blattname.*

Menüoption: *Einkauf/Lager & Bewertung/Artikel Buch.-Blätter* oder *Lager/Lager/Artikel Buch.-Blätter*

Menüoption: *Einkauf/Lager & Bewertung/*oder *Lager/Lager/Umlagerungs Buch.-Blätter*

Menüoption: *Einkauf/Lager & Bewertung/Wiederk. Artikel Buch.-Blätter*

Eine detaillierte Beschreibung zur Nutzung der *Artikel-Buchungsblätter* ist bereits im Abschnitt »Umlagerung zwischen Lagerorten« in den Ausführung zur Berichtigung von Mengen und Werten bei Umlagerungen (siehe auch Abbildung 5.111 und Abbildung 5.112 auf der Seite 352) erfolgt.

Die Verwendung von Umlagerungs-Buchungsblättern wurde im Abschnitt »Umlagerung zwischen Lagerplätzen« in den Ausführungen zu Umlagerungen zwischen Lagerplätzen in Lagerorten ohne Einsatz der Logistik dargestellt (siehe auch die Abbildung 5.114 und die Abbildung 5.115). Es ist darauf hinzuweisen, dass das Artikelbuchungsblatt neben der Erfassung der dort erläuterten Umlagerungen in einem Lagerort auch für Umlagerungen zwischen Lagerorten genutzt werden kann, indem das Feld *Neuer Lagerortcode* genutzt wird. Die Nutzung des Umlagerungs-Buchungsblattes erzeugt mit Buchung Artikel-, Lagerplatz-, Wert- und Sachposten.

Der Einsatz *wiederkehrender Artikel Buch.-Blätter* ist für Artikelzeilen hilfreich, die häufig mit keinen oder geringfügigen Änderungen gebucht werden müssen, da sie nur einmal eingegeben werden müssen. Konten, Dimensionen, Dimensionswerte usw. bleiben nach dem Buchen im Buchungsblatt erhalten, notwendige Änderungen können bei jeder Buchung vorgenommen werden. Über das Feld *Wiederholungsart* kann festgelegt werden, ob es sich bei den Wiederholungsbuchungen um fixe oder variable Mengen handelt, über das Feld *Wiederholungsrate* kann eine Zeitangabe zur Wiederholungsbuchung angegeben werden, beispielsweise jeden Monat. Im Feld *Ablaufdatum* kann ein Enddatum für den Wiederholungszeitraum eingegeben werden (siehe Abbildung 5.126).

Abbildung 5.126 Buchungsblatt für wiederkehrende Artikelbuchungen

HINWEIS   Alternativ können Artikel-Buchungsblätter als Standard gespeichert werden. Über die Menüoption *Einkauf/ Lager & Bewertung/Artikel Buch.-Blätter/Funktion/Als Standard Buch.-Blatt speichern* kann ein Buchungsblatt unter Angabe eines Codes und optional einer Beschreibung gespeichert und über die Funktion *Standard Buch.-Blatt abrufen* aufgerufen werden.

Umbuchungsbelege für Lagerorte mit gesteuerter Einlagerung und Kommissionierung

Umbuchungen, welche Lagerorte betreffen, in denen das Logistikmodul aktiviert ist, werden über das Logistikmanagement im Lagermenü durchgeführt und umfassen die folgenden Buchungsbelege:

- *Logistik Artikel-Buchungsblatt* und
- *Logistik Umlagerungs-Buchungsblatt.*

Die grundlegenden Buchungsblattvorlagen werden über die Menüoption: *Lager/Planung & Ausführung/ Logistik Einrichtung/Buch.-Blattvorlagen* eingerichtet (siehe Abbildung 5.127).

Über die Schaltfläche *Vorlage/Buch.-Blattname* in der entsprechenden Zeile erfolgt die Definition der Ausgleichs- oder Umlagerungsbuchungsblätter je Lagerort (siehe Abbildung 5.128).

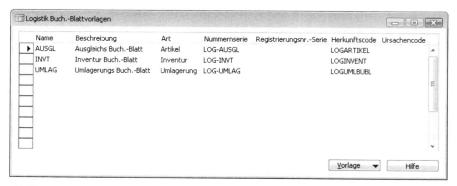

Abbildung 5.127   Einrichtung der Buchungsblattvorlagen

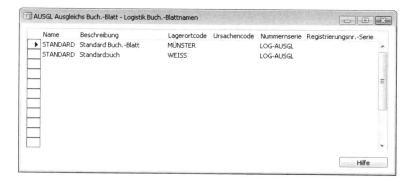

Abbildung 5.128   Einrichtung eines
Buchungsblattnamens je Lagerort

Die Verwendung des *Logistik Artikel Buchungs-Blatts* ist der des *Artikel-Buch.-Blatts* im Modul *Lager* sehr ähnlich (siehe oben) und dient der Mengenanpassung von Artikeln. Differenzen zwischen systemseitig erfassten und im Lager befindlichen Artikeln können über eine Ausgleichsmenge in der Buchungsblattzeile erfasst und registriert werden (siehe Abbildung 5.129).

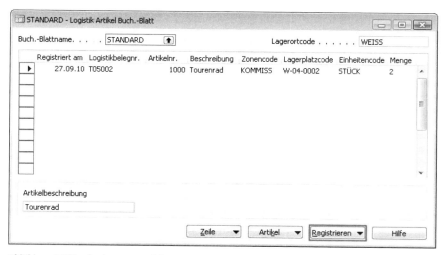

Abbildung 5.129   Buchung zusätzlicher Mengeneinheiten

Durch die Registrierung bucht Dynamics NAV die entsprechenden Artikel auf den bzw. vom Ausgleichslagerplatz. Dies bedeutet, dass die Artikelmengen auf dem entsprechenden Lagerplatz korrigiert wurden (Korrektur auf Lagerplatzpostenebene).

Der Lagerwert, der im Bericht *Lagerwert* (Menüoption: *Finanzmanagement/Lager/Berichte/Lagerwert*) ermittelt wird, berücksichtigt die Korrekturen nicht, da eine Korrektur der Sachposten nicht erfolgt ist. Um die Korrekturen auch in den Sachposten zu erfassen, ist der Artikelausgleich separat zu buchen, indem im *Artikel Buchungs-Blatt* die Funktion *Ausgleich berechnen* ausgeführt wird. Über die in Abbildung 5.130 dargestellten Parameter kann der Ausgleich auf Artikel, Lagerorte und Varianten begrenzt werden.

Menüoption: *Lager/Lager/Artikel Buch.-Blätter/Funktion/Ausgleich berechnen* (siehe Abbildung 5.130)

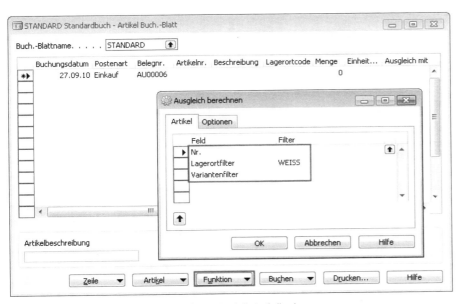

Abbildung 5.130 Berechnung des Ausgleichs von Logistik-Artikelbuchungen

Der berechnete Ausgleich ist danach über die Schaltfläche *Buchen/Buchen* zu erfassen, was zu einer Korrektur der Artikel-, Wert- und Sachposten führt (siehe Abbildung 5.131).

Das *Logistik-Umlagerungs Buchungs-Blatt* ermöglicht eine beleglose Umlagerung von Artikeln, wenn beispielsweise die physische Umlagerung bereits erfolgt ist oder falls eine Neustrukturierung des Lagers erforderlich ist. Über die Menüoption *Lager/Logistikmanagement/Periodische Aktivitäten/Logistik Umlagerungs Buch.-Blätter* wird das entsprechende Fenster geöffnet (siehe Abbildung 5.132).

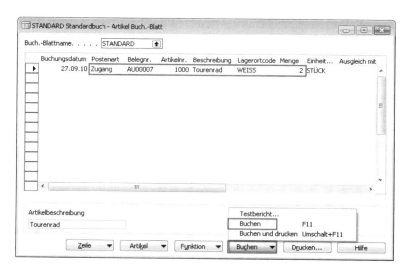

Abbildung 5.131 Buchung des Ausgleichs von Logistik-Artikelbuchungen

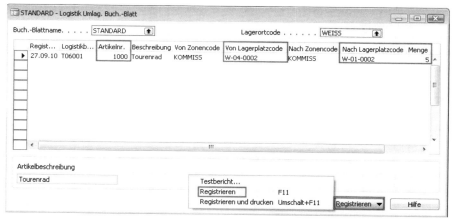

Abbildung 5.132 Pflege und Registrierung des Logistik-Umlagerungsbuchungsblatts

Nach der Eingabe des Buchungsblattnamens und damit der Definition des Lagerorts sowie der Artikelnummer, des Ursprungs- und Ziellagerplatzes und der umgelagerten Menge erfolgt über die Schaltfläche *Registrieren/Registrieren* die Aktualisierung der Lagerplatzposten. Artikel-, Wert- und Sachposten bleiben hiervon unberührt und werden, wie zuvor beschrieben, durch die Funktion *Ausgleich berechnen* durchgeführt.

Umlagerung und Umbuchung von Lagerbeständen aus Compliance-Sicht

Potentielle Risiken

- Inkorrektes Mengengerüst, welches im Rahmen der Lagerbewertung herangezogen wird (Effectiveness, Integrity, Reliability)

- Nicht autorisierte Bestandsbuchungen und Bestandsbewegungen (Compliance)

- Fehlende Nachvollziehbarkeit der Lagerbestände (Effectiveness, Efficiency, Integrity, Reliability)

Prüfungsziel

- Korrekte Darstellung der Lagermengen (unter Berücksichtigung von Korrekturbuchungen, Artikeln in Transit, internen Kommissionierungen und Einlagerungen, durchgeführten Ausgleichen) in der Logistik und in der Finanzbuchhaltung

- Sicherstellung autorisierter Buchungen und Bestandsbewegungen sowie der Einhaltung der Funktionstrennung

- Sicherstellung der Nachvollziehbarkeit der Lagerbestände

Prüfungshandlungen

Korrekte Darstellung der Lagermengen

- Überprüfung, ob ein Abgleich der Artikel- und Wertposten der Logistik mit den Sachposten der Finanzbuchhaltung erfolgt. Dazu ist im ersten Schritt zu prüfen, ob die automatische Lagerbuchung aktiviert ist.

  Menüoption: *Lager/Einrichtung/Lager Einrichtung/Automatische Lagerbuchung*

  Darüber hinaus ist zu überprüfen, ob die Stapelverarbeitungen *Lagerregulierung fakt. Einst. Preise* und *Lagerreg. buchen* durchgeführt wurden.

  Feldzugriff: *Tabelle 27 Artikel/Felder Nr., Beschreibung, Einstandspreis ist reguliert*

  Für weitere Details verweisen wir auf Abschnitt »Buchungen in der Materialwirtschaft und Finanzbuchhaltung« ab Seite 391. Ist bei allen Artikeln der Artikelpreis reguliert, kann von einer Übereinstimmung der Artikel- und Sachposten ausgegangen werden. Eine Überprüfung ist über die Menüoption *Finanzmanagement/Lager/Analyse & Berichtswesen/Lager – Sachpostenabstimmung* möglich (siehe hierzu ausführlich Abschnitt »Abstimmung zwischen Materialwirtschaft und Finanzbuchhaltung« ab Seite 401).

- Prüfung, ob der Ausgleich für erfasste Artikelkorrekturen berechnet wurde, falls die gesteuerte Einlagerung und Kommissionierung genutzt wird?

  Menüoption: *Lager/Logistikmanagement/Berichte/Ausgleichslagerplatz*

  Existieren Einträge im Bericht, lässt dies darauf schließen, dass der Ausgleich nicht oder nicht vollständig durchgeführt wurde.

- Analyse der Mengen und Verifizierung der Existenz von Artikeln, die sich in Transit befinden und/oder die im Rahmen der internen Kommissionierung ausgelagert wurden. Dies sollte sowohl zum Stichtag erfolgen, um die Lagerbewertung zu validieren, aber auch im Zeitablauf, um beispielsweise nicht autorisierte Bestandsbewegungen im Rahmen der internen Kommissionierung und Einlagerung identifizieren zu können.

  Menüoption: *Einkauf/Lager & Bewertung/Artikel/Artikel/Artikel nach Lagerort* dort Option *Artikel in Transit anzeigen*

  Feldzugriff: *Tabelle 5773 Reg. Lageraktivitätszeile* mit Tabellenfilter auf Aktivitätenart *Einlagerung* oder *Kommissionierung* und der Logistikbelegart *Interne Kommiss.-Anforderungen* und *Interne Einlag.-Anforderung* bzw. den für die interne Kommissionierung und Einlagerung zugeordneten Lagerplätzen über die Felder *Zonencode* und *Lagerplatzcode*

  Identifikation offener Umlagerungsaufträge, deren Wareneingang erfolgt ist, aber nicht gebucht wurde.

- Analyse offener Umlagerungsaufträge. Relevante Fragestellungen beziehen sich auf die Aktualität der offenen Umlagerungsaufträge und beispielsweise auf die Klärung, ob Umlagerungsaufträge existieren, bei denen der Wareneingang nicht gebucht wurde, obwohl der physische Wareneingang erfolgt ist.

Feldzugriff: *Tabelle 5740 Umlagerungskopf/Felder Nr., Buchungsdatum, Warenausg.-Datum, Status, Letzte Lieferungsnr., Letzte Wareneingangsnr.* (wenn in den Feldern *Letzte Lieferungsnr., Letzte Wareneingangsnr.* Einträge vorhanden sind, wurden bereits Artikel versendet)

Feldzugriff: *Tabelle 5741 Umlagerungszeile/Felder Belegnr., Artikelnr., Menge, Einheit, Zu liefern, Menge akt. Lieferung, Menge geliefert, Menge in Transit, Warenausg.-Datum*

Anhand der Abfrage können offene Umlagerungsaufträge speziell älteren Datums identifiziert werden. Generell sollten keine älteren offenen Umlagerungsaufträge vorhanden sein, da dies auf eine mangelnde Systemhygiene schließen lässt. Existieren ältere offene Umlagerungsaufträge mit Artikeln in Transit, sind die Sachverhalte zu klären (es liegt die Vermutung der fehlenden Wareneingangsbuchung nahe). Je nach Sachverhalt sind die offenen Umlagerungsaufträge zu bereinigen.

- Analyse wiederkehrende Buchungen mit Bezug zum Lager?

  Menüoption: *Einkauf/Lager & Bewertung/Wiederk. Artikel Buch.-Blätter*

  Menüoption: *Lager/Lager/Artikel Buch.-Blätter/Funktion/Standard-Buch.-Blatt abrufen*

  Die Buchungsblätter sind zu analysieren und die Sachverhalte zu klären.

Zur Analyse der Lagerbewertung und des korrekten Ausweises in der Finanzbuchhaltung verweisen wir auf den Abschnitt »Lagerbewertung aus Compliance-Sicht« ab Seite 407.

Sicherstellung autorisierter Buchungen und Einhaltung der Funktionstrennung

- Wurden Korrekturbuchungen (Artikel-Buchungsblätter) durch autorisierte Mitarbeiter im Rahmen des Vier-Augen-Prinzips gebucht? Hierzu ist zu prüfen, wer Korrekturbuchungen durchführen darf und wer gleichzeitig Zugriff auf die Buchungsblätter zur Erfassung der Korrekturzeilen hat.

  Feldzugriff: *Tabelle 2000000005 Zugriffsrechte/Felder Rollen-ID, Objektart [Wert TableData], Objekt-ID [Wert 32], Einfügen Zugriffsrecht [Wert Indirekt|Ja]*

  in Verbindung mit

  Feldzugriff: *Tabelle 2000000003/2000000053 Mitglied von/Felder Benutzer-ID, Rollen-ID [Rollen-ID Werte], Mandant*

BEGLEITMATERIAL Im Begleitmaterial zu diesem Buch befindet sich ein Tool, welches zur Identifikation kritischer Benutzerrechte genutzt werden kann (siehe in Anhang A den Abschnitt »Kritische Benutzerrechtskombinationen«).

Die Begleitdateien stehen als Download zur Verfügung. Sie können diese von der Seite *http://go.microsoft.com/fwlink/?Link ID=153144* herunterladen.

Ist eine Funktionstrennung in Dynamics NAV nicht effektiv verankert, ist zu klären, ob kompensierende organisatorische Regelungen existieren und deren Einhaltungen dokumentiert sind.

Gibt es bei Umlagerungen zwischen Lagerorten eine Dokumentation durch den Frachtführer, den Warenaus- und -eingang, die Schwund oder Bruch belegen? Gibt es derartige Dokumentationen bei Schwund oder Bruch im Lager? Existiert eine Richtlinie, wie bei Schwund oder Bruch zu verfahren ist?

Neben der Systemeinstellung bezüglich der Korrekturbuchungen ist eine Analyse der im zu prüfendem Zeitraum durchgeführten Korrekturbuchungen durchzuführen. Dies ist über die Analyse des *Artikeljournals* in Verbindung mit dem *Herkunftscode* »ARTBUCHBL« möglich, wie in Kapitel 3 im Abschnitt »Journal Entry Testing« dargestellt.

- Wurden die Bewegungen der internen Kommissionierung und Einlagerung autorisiert? Analyse der Benutzerrechte, wer interne Kommissionierungen erstellen kann.

Feldzugriff: *Tabelle 2000000005 Zugriffsrechte/Felder Rollen-ID, Objektart [Wert TableData], Objekt-ID [Wert 7333|7334], Einfügen Zugriffsrecht [Wert Indirekt|Ja])*

Ist eine Funktionstrennung in Dynamics NAV nicht effektiv verankert, ist zu klären, ob kompensierende organisatorische Regelungen existieren und deren Einhaltungen dokumentiert sind.

Ist durch die Prozessgestaltung sichergestellt, dass interne Kommissionierungen nicht privat genutzt werden?

BEGLEITMATERIAL   Im Begleitmaterial zu diesem Buch finden Sie ein Tool, welches zur Identifikation kritischer Benutzerrechte genutzt werden kann (siehe in Anhang A den Abschnitt »Kritische Benutzerrechtskombinationen«).

Die Begleitdateien stehen als Download zur Verfügung. Sie können diese von der Seite *http://go.microsoft.com/fwlink/?Link ID=153144* herunterladen.

- Überprüfung von Umlagerungsbuchungen zwischen Lagerorten, bei denen eigentlich Logistikbelege erzeugt werden müssen, bei denen aber direkt im Umlagerungsauftrag sowohl Warenausgang als auch Wareneingang gebucht wurden. Hierzu sind zunächst über die Lagerortkarte die Lagerorte zu identifizieren, bei denen Logistikbelege verwendet werden.

  Menüoption: *Lager/Einrichtung/Lagerorte* (Registerkarte *Logistik*)

  Anschließend können gebuchte Umlagerungen über die Menüoption *Lager/Historie/Gebuchte Belege/ Geb. Umlag.-Ausgänge* identifiziert werden. Über das Setzen eines Tabellenfilters auf die entsprechenden Lagerorte und die Nutzung von Satzmarken kann eine Liste der relevanten Umlagerungen erstellt werden. Über die Tabelle der gebuchten Wareneingangs- und Warenausgangszeilen kann dann über die Herkunftsnummer analysiert werden, ob zum jeweiligen Wareneingang oder Warenausgang ein Logistikbeleg erzeugt wurde.

  Feldzugriff: *Tabelle 7319 Geb. Wareneingangszeile/7323 Geb. Warenausgangszeile/Felder Nr., Herkunftsart, Herkunftsnr. [Herkunftsnummern Werte], Herkunftsbeleg*

BEGLEITMATERIAL   Zur Vereinfachung der Prüfungshandlung ist ein Report im Begleitmaterial enthalten, welche die Umgehung von Eingangs- und Ausgangsbelegen im Rahmen von Umlagerungen darstellt (siehe in Anhang A den Abschnitt »Analyse der Logistikbelegverwendung«).

Die Begleitdateien stehen als Download zur Verfügung. Sie können diese von der Seite *http://go.microsoft.com/fwlink/?Link ID=153144* herunterladen.

- Prüfung, ob im Rahmen von Umlagerungen und Umbuchungen Änderungen im Bereich der Serien- oder Chargennummern und des Garantie- oder Ablaufdatums durchgeführt wurden.

  Die entsprechenden Prüfungshandlungen wurden im Abschnitt »Artikelverfügbarkeit, Artikelverfolgung, Reservierung und Zuordnung von Artikeln (Cross Docking) aus Compliance-Sicht« ab Seite 341 dargestellt.

Nachvollziehbarkeit der Lagerbestände

Im Rahmen einer effizienten und effektiven Lagerverwaltung ist eine jederzeitige Identifikation der Artikelbestände zu fordern. Neben Stichprobenprüfungen, ob Artikel auf den im System angegebenen Lagerplätzen gelagert werden, können Umlagerungsbuchungen speziell im Rahmen der Inventur ein Indiz dafür sein, dass es zu Abweichungen zwischen den Systeminformationen und den tatsächlichen Lagerplätzen gekommen ist. Eine Übersicht der Inventurposten inklusive der Abweichungen (Feld *Menge*) ist über den Object Designer *Run Form 390 Inventurposten* möglich.

Inventur

Gemäß § 240 HGB und §§ 140, 141 AO ist jeder Kaufmann im Rahmen der ordnungsmäßigen Buchführung zur Inventur verpflichtet. Zwingend ist eine Inventur durchzuführen, wenn ein Unternehmen gegründet, übernommen oder geschlossen wird sowie zum Bilanzstichtag. Für die Güter des Umlaufvermögens sind Vereinfachungsverfahren mit flexibleren Terminen zulässig. So sind beispielsweise Schätzungen erlaubt, wenn eine exakte Aufnahme wirtschaftlich nicht zumutbar ist, oder Stichprobeninventuren zulässig, wenn bestimmte Vorgaben eingehalten werden. Flexiblere Termine sind im Rahmen der zeitnahen Stichtagsinventur, der verlegten Inventur und der permanenten Inventur realisierbar.

In Dynamics NAV können zum einen Stichtagsinventuren oder individuell geplante Inventuren für spezielle Artikel oder Lagerplätze manuell durchgeführt werden. Zum anderen bietet es über Inventuraufträge, Inventurerfassungen und hinterlegte Inventurhäufigkeiten die Möglichkeit, Inventurvorgänge systemunterstützt zu managen und zyklisch zu planen.

> **HINWEIS**   Die Verwendung von Inventuraufträgen und Inventurerfassungen kann nicht bei der Verwendung der gesteuerten Einlagerung und Kommissionierung erfolgen.

Manuelle Durchführung der Inventur

Inventurvorgänge, die auf die Nutzung von Inventuraufträgen und Inventurerfassungen verzichten, werden über *Inventur-Buchungs-Blätter* durchgeführt. Zu unterscheiden ist zwischen der Inventur in Lagern mit und ohne gesteuerter Einlagerung und Kommissionierung. Bei Nutzung der gesteuerten Einlagerung und Kommissionierung muss zunächst das *Logistik-Inventur-Buch.-Blatt* und später das *Artikel-Buch.-Blatt* verwendet werden. Bei Lagern ohne gesteuerte Einlagerung und Kommissionierung erfolgt die Inventurdurchführung über das *Inventur-Buch.-Blatt*. Im Folgenden wird das Vorgehen am Beispiel einer Logistik-Inventur dargestellt, wobei parallel die Menüpfade für das Durchführen einer Inventur mittels *Inventur-Buch.-Blatt* angegeben werden.

Zur Vorbereitung der Inventur sollte eine Bereinigung der Ausgleichslagerplätze erfolgen, um die durch die Inventur notwendigen Korrekturbuchungen separat analysieren zu können (dies ist bei der Inventur für Lagerorte ohne gesteuerte Kommissionierung und Einlagerung nicht notwendig). Zusätzlich wird empfohlen, die relevanten Lagerplätze zu sperren, um systemseitig Lagerbewegungen zu vermeiden (siehe hierzu den Abschnitt »Grundlagen und Parameter der Lagerorteinrichtung« ab Seite 286).

Menüoption: *Lager/Lager/Artikel Buch.-Blätter/Funktion/Ausgleich berechnen* und anschließend Schaltfläche *Buchen/Buchen*.

Zur Erstellung der Inventurlisten ist der Lagerbestand des Systems zu berechnen. Hierzu ist zunächst das *Logistik-Inventur-Buch.-Blatt* zu öffnen:

Menüoption: *Lager/Logistikmanagement/Periodische Aktivitäten/Logistik-Inventur-Buch.-Blätter*

Menüoption: *Lager/Lager/Inventur-Buch.-Blätter* (ohne gest. Einlag. und Kommi.)

Nach Auswahl des Buchungsblattnamens für die Definition des entsprechenden Lagerorts (zur Anlage der Buchungsblattnamen siehe den Abschnitt »Umbuchung von Lagerbeständen« ab Seite 362) erfolgt über die Menüschaltfläche *Funktion/Lagerbestand berechnen* die Definition der Inventurzeilen (siehe Abbildung 5.133).

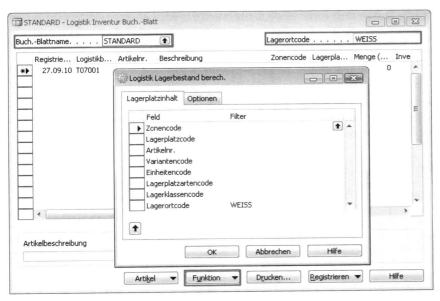

Abbildung 5.133 Berechnung des Lagerbestands

Je nach Definition des Filters wird der Bestand erstellt; eine Zeile pro Kombination aus Lagerort, Lagerplatz, Artikel, Variante und Einheit (siehe Abbildung 5.134). In der Registerkarte *Optionen* kann zudem das Buchungsdatum hinterlegt werden, zu welchem die Inventurposten gebucht werden sollen. Darüber hinaus ist über das Feld *Artikel nicht auf Lager* einstellbar, ob Zeilen für Artikel mit der Lagermenge Null erzeugt werden sollen.

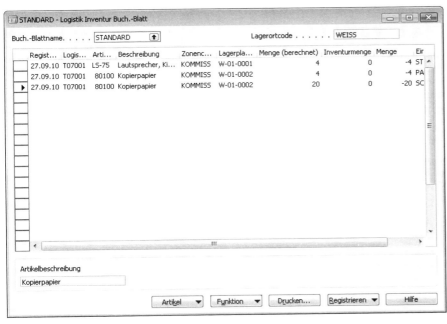

Abbildung 5.134 Lagerortbestand – Auswahl

Im Feld *Menge (berechnet)* wird die laut System vorliegende Artikelmenge angegeben. Im Feld *Inventurmenge* ist später die gezählte Menge einzugeben. Die daraus resultierende Differenz wird im Feld *Menge* angegeben.

Die Erstellung der Inventurlisten, die zur Zählung im Lager verwendet werden sollen, erfolgt über die Schaltfläche *Drucken*. Wie in den folgenden Abbildungen dargestellt (siehe Abbildung 5.135), bezieht sich die Inventurliste auf das vorher generierte Inventurbuchungsblatt, kann über die Registerkarte *Artikel Buch.-Blattzeile* beispielsweise auf Zonen eingegrenzt werden, und ermöglicht die Anzeige der errechneten Mengen (sollte auf den für die Zählung ausgegebenen Inventurlisten nicht erfolgen, da dies zu »Soll-Zählungen« führen kann) und der Serien- und Chargennummern.

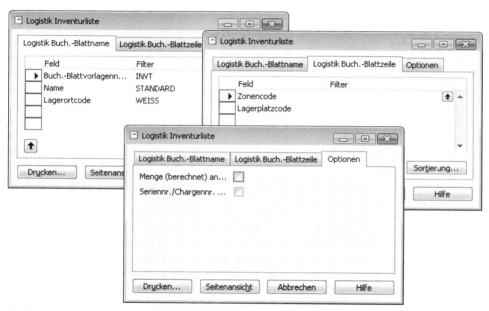

Abbildung 5.135 Erstellung der Inventurliste – Filtermöglichkeiten

Die über die Schaltflächen *Drucken* erstellbare Inventurliste kann im Rahmen der physischen Bestandsaufnahme genutzt werden und dient als Grundlage der Eingabe der Inventurmengen (siehe Abbildung 5.136).

HINWEIS Alternativ kann die Erstellung der Inventurliste auch über den Aufruf eines Berichts erfolgen:

Menüoption: *Lager/Logistikmanagement/Berichte/Logistik Inventurliste*

Menüoption: *Finanzmanagement/Lager/Berichte/Inventurliste* (ohne gest. Einlag. und Kommi.)

Beachten Sie hierbei bitte, dass der Filter auf das Inventurbuchungsblatt gesetzt wird, da der Bericht ansonsten Buchungsblattzeilen aller Buchungsblätter einliest, die zum Zeitpunkt der Erstellung existieren (beispielsweise auch Zeilen einer Umlagerungsbuchung, die noch nicht erfolgt ist).

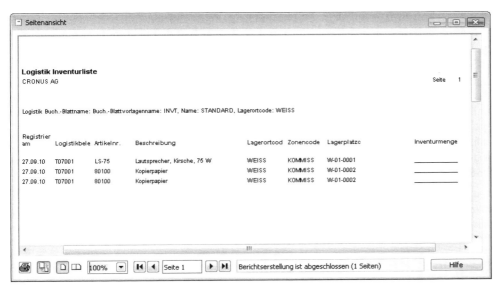

Abbildung 5.136 Inventurliste – Auswahl

Die Eingabe der gezählten Mengen erfolgt im *Logistik-Inventur-Buchungs-Blatt* (siehe Abbildung 5.137). Die Registrierung (bei der Nutzung von Inventur-Buchungs-Blättern erfolgt die direkte Verbuchung über die Schaltfläche *Buchen/Buchen*) über die Schaltfläche *Registrieren/Registrieren* schließt das Buchungsblatt ab und bucht die Korrektur-Lagerplatzposten über den Ausgleichslagerplatz.

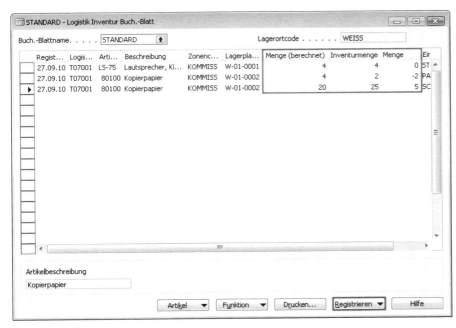

Abbildung 5.137 Eingabe der Inventurwerte und Registrierung des Buchungsblatts

Die Ausbuchung des Korrekturpostens auf dem Ausgleichslagerplatz erfolgt über die Menüoption *Lager/Lager/Artikel Buch.-Blätter/Funktion/Ausgleich berechnen* und die anschließende Buchung über die Schaltfläche *Buchen/Buchen*. Durch die Buchung entstehen die für die Bewertung der Inventurdifferenz notwendigen Artikel-, Wert- und Sachposten.

> **HINWEIS** Durch dieses Vorgehen ist es nicht möglich, die erfassten Differenzen unmittelbar als Inventurdifferenzen zu identifizieren. Um eine Klassifizierung der erfassten Mengen und Differenzen als Inventurposten zu erreichen, ist anstelle der Ausgleichsberechnung und -buchung über die Menüoption *Lager/Lager/Inventur Buch.-Blätter* ein Inventurbuchungsblatt zu öffnen. Über die Schaltfläche *Funktion/Lagerbestand berechnen* sind anschließend die vorher selektierten Artikel zu filtern und über *OK* die Berechnung durchzuführen. Das System erfasst automatisch die über das Logistik-Inventur-Buchungsblatt erfassten Zählmenge im Inventur-Buchungsblatt, die anschließende Buchung der Posten erzeugt die entsprechenden Inventurposten.
>
> Im Sinne einer einfachen und vollständigen Nachverfolgung der Posten wäre die Erfassung des Herkunftscodes »LOGINVENT« in den entsprechenden Inventurposten wünschenswert. Dies erfolgt im Standard nicht, vielmehr wird der Herkunftscode »INVEBUCHBL« festgehalten. Eine Anpassung müsste im Programmcode erfolgen.

Inventurauftrag, Inventurerfassung, zyklische Inventuren

Mithilfe von Inventuraufträgen und Inventurerfassungen sowie der Hinterlegung von Inventurhäufigkeiten pro Jahr unterstützt Dynamics NAV die Handhabung und Umsetzung effektiver Inventurprozesse.

Inventurhäufigkeit

Die Einrichtung von Inventurhäufigkeiten erfolgt über Gruppen.

Menüoption: *Lager/Lager/Inventurhäufigkeiten* (siehe Abbildung 5.138)

Abbildung 5.138 Einrichtung von Inventurhäufigkeiten für Artikelgruppen

Über das Fenster können neue Artikelgruppen mit diversen Inventurhäufigkeiten generiert werden.

Die Zuordnung der Inventurhäufigkeit zu den Artikeln erfolgt über die Artikelkarte.

Menüoption: *Lager/Planung & Ausführung/Artikel*

Auf der Registerkarte *Lager* kann im Feld *Inventurhäufigkeitscode* die entsprechende Gruppe hinterlegt werden. Anhand des Arbeitsdatums wird dann das nächste Inventurdatum errechnet (siehe Abbildung 5.139).

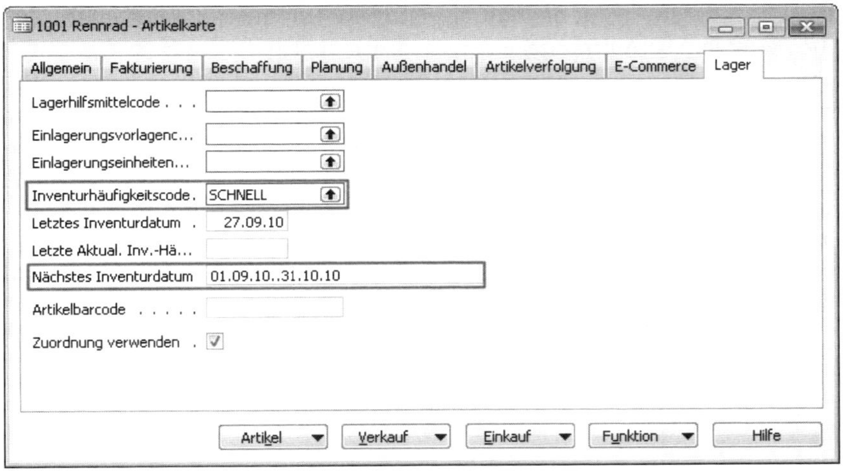

Abbildung 5.139 Zuordnung der Inventurhäufigkeit zum Artikel

Anhand der den Artikeln zugeordneten Inventurhäufigkeiten kann in den *Inventur-Buchungsblättern* und im *Inventurauftrag* über die Schaltfläche *Funktion/Inventurhäufigkeit berechnen* eine automatisierte Auswahl der zu zählenden Artikel erfolgen.

Inventurauftrag und Inventurerfassung

Dynamics NAV bietet zur Verwaltung von Inventuren die Nutzung von Inventuraufträgen (nicht anwendbar, wenn in einem Lagerort die gesteuerte Einlagerung und Kommissionierung aktiviert ist) an. Der Inventurauftrag bestimmt, welcher Artikel an welchem Lagerort/Lagerplatz gezählt werden soll. Im Inventurauftragskopf werden Parameter gepflegt wie *Beschreibungstext*, *Lagerortcode*, *Verantwortlicher*, *Auftragsdatum* und *Buchungsdatum* sowie *Kostenstellen Code* und *Kostenträger Codes*, um die Korrekturbuchungen im Controlling zuordnen zu können (siehe Abbildung 5.140).

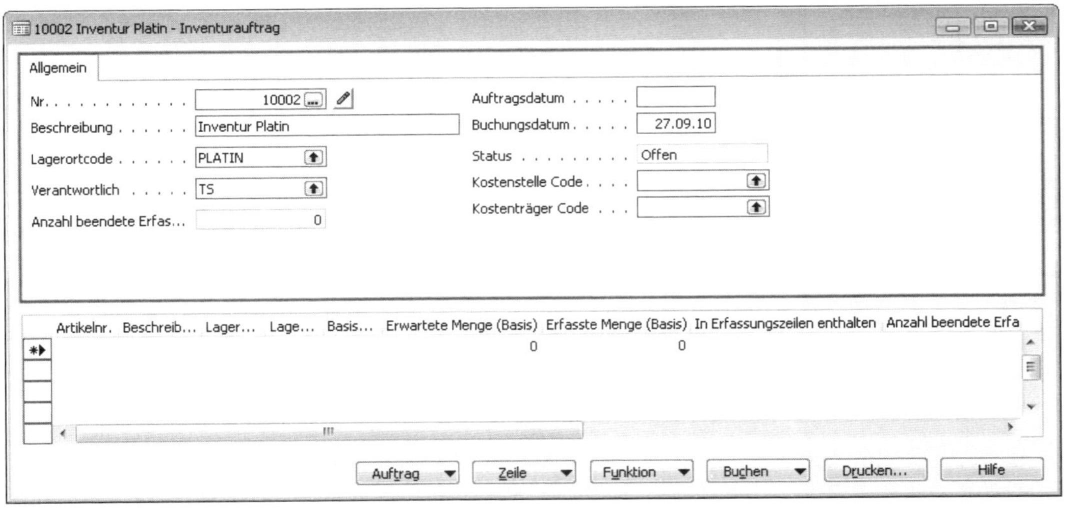

Abbildung 5.140 Inventurauftrag – Kopfdaten

Das System nutzt die Kopfdaten als Standardwerte für die Auftragszeilen, die Parameter können in den Zeilen jedoch beliebig überschrieben werden. Die Auftragszeilen ergeben sich analog der Inventur-Buchungsblattzeilen, eine Zeile pro Kombination aus Lagerort, Lagerplatz, Artikel, Variante und Einheit. Zum Ausfüllen der Zeilen kann die Schaltfläche *Funktion* genutzt werden, welche die Möglichkeiten *Zeilen berechnen*, *Zeilen berechnen (Lagerplatz)*, *Inventurhäufigkeit berechnen* anbietet. Während die ersten beiden Möglichkeiten die Auftragszeilen entsprechend der Filterangaben aufbereitet (siehe Abbildung 5.141 bis Abbildung 5.143), wobei die Funktion *Zeilen berechnen (Lagerplatz)* nur anwendbar ist, wenn im entsprechenden Lagerort Lagerplätze verwendet werden, dient die Funktion *Inventurhäufigkeit berechnen* der Umsetzung zyklischer Inventuren. Dynamics NAV generiert dann eine Liste mit Artikeln, die gemäß der hinterlegten Inventurhäufigkeit und der Berechnung anhand des Arbeitsdatums zur Inventur anstehen.

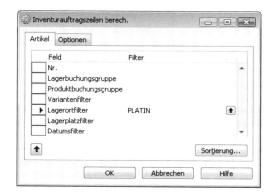

Abbildung 5.141   Filteroptionen der Funktion »Zeilen berechnen«

Abbildung 5.142   Filteroptionen der Funktion »Zeilen berechnen (Lagerplatz)«

Abbildung 5.143   Filteroptionen der Funktionen »Zeilen berechnen« und »Zeilen berechnen (Lagerplatz)«

Je nach Aktivierung der Felder *Erw. Menge berechnen* und *Artikel nicht auf Lager* werden die per System berechneten Lagerbestände sowie Artikel ohne Lagerbestand als Zeile im Inventurauftrag erstellt (siehe Abbildung 5.144). Eine weitere Möglichkeit, die erwarteten Mengen im Inventurauftrag zu erfassen, ist die Nutzung der Schaltfläche *Funktion/Erwartete Menge berechnen*, wobei hier auch nur einzelne Zeilen berechnet werden können.

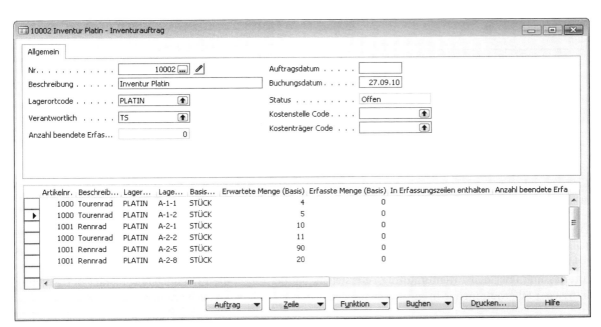

Abbildung 5.144 Inventurauftrag mit Zeilen für den Lagerort »PLATIN«

Als weitere Hilfsmittel bietet Dynamics NAV über die Schaltfläche *Zeile* die Verbindung der Inventurauftragszeilen zu Artikel- und Inventurposten, zu gleichen Artikeln auf weiteren Lagerplätzen, zu weiteren Artikeln auf dem entsprechenden Lagerplatz sowie zur Inventurerfassung, die der Zeile zugeordnet wurde.

Jeder Inventurauftrag verfügt über eine oder mehrere Inventurerfassungen, die bestimmen, wie die Inventur im Detail durchzuführen ist. Denkbar wäre, dass ein Unternehmen die Inventur nach Zonen oder Personen getrennt durchführen möchte und je Zone oder Person eine oder mehrere Inventurerfassungen erzeugt. Eine Inventurerfassung bezieht sich immer ausschließlich auf einen Inventurauftrag und besteht aus einem Inventurerfassungskopf und mindestens einer Inventurerfassungszeile. Der Inventurerfassungskopf enthält die Parameter, die für die Inventurerfassungszeilen gültig sind (siehe Abbildung 5.145).

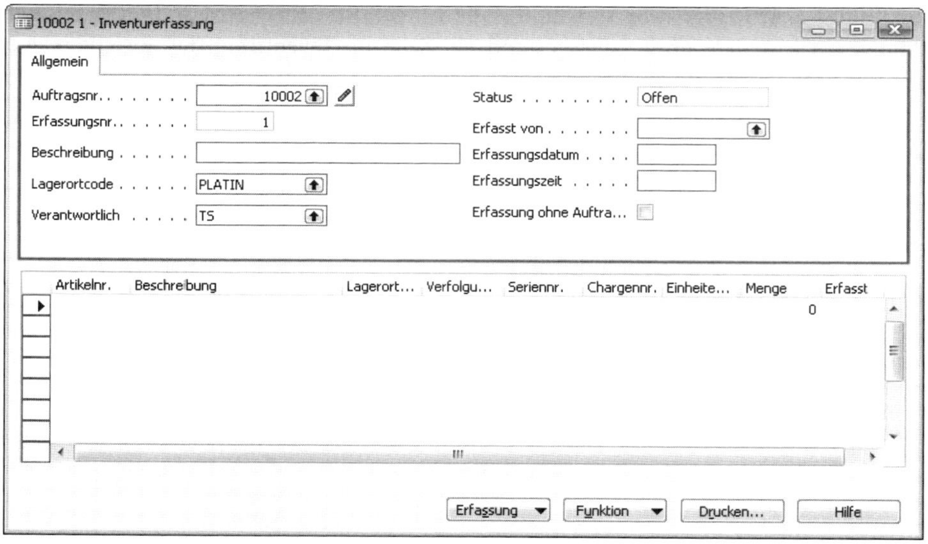

Abbildung 5.145   Inventurerfassung mit Inventurerfassungskopf

Die Erstellung der Inventurerfassung erfolgt entweder aus dem Inventurauftrag heraus über die Schaltfläche *Funktion/Neue Erfassung erstellen* oder über die Menüoption *Lager/Lager/Inventurerfassung*, indem über das Feld *Auftragsnr.* der Bezug zum entsprechenden Inventurauftrag erstellt wird. Es wird empfohlen, die Inventurerfassung über den Inventurauftrag zu erstellen, da hier direkt die Erfassungszeilen unter der Nutzung hilfreicher Filteroptionen je Inventurerfassung erzeugt werden können (siehe Abbildung 5.146).

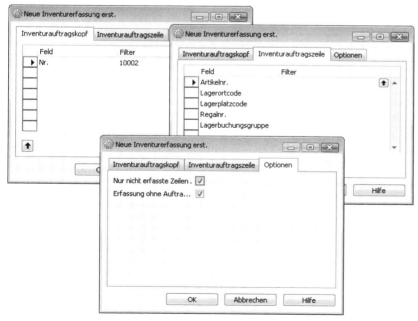

Abbildung 5.146   Filteroptionen zur Erstellung einer Inventurerfassung

Die Filteroption *Nur nicht erfasste Zeilen* ist hilfreich, wenn pro Inventurauftrag mehrere Inventurerfassungen erstellt werden, da bei Aktivierung nur Auftragszeilen exportiert werden, die in keiner anderen Inventurerfassung verwendet wurden. Bei der Aktivierung der Option *Erfassung ohne Auftrag* ist es möglich, Erfassungszeilen zu generieren, die nicht im Auftrag enthalten sind. Dies ist notwendig, um bei der Eingabe der gezählten Mengen auch Bestände zu erfassen, die nicht im ursprünglichen Auftrag enthalten waren (»gefundene Artikel«).

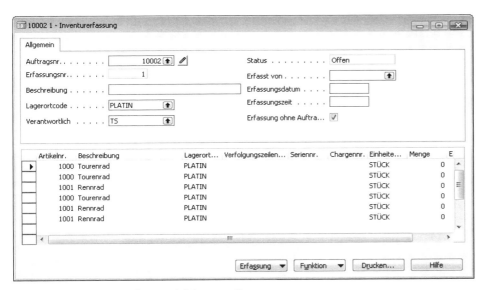

Abbildung 5.147 Inventurerfassung mit Erfassungszeilen

Der Erfassungsbeleg (siehe Abbildung 5.147) kann dann über die Schaltfläche *Drucken* ausgedruckt werden, um als Dokumentation der physischen Artikelaufnahme genutzt zu werden (siehe Abbildung 5.148).

Inventur Erfassung 18

CRONUS AG

Auftragsnr. 10002 Status Offen
Erfassungsnr. 1 Verantwortlich TS
Beschreibung

Erfassungsdatum ________ Erfasst von ________
Erfassungszeit ________

Artikelnr.	Variantenco	Lagerortcod	Lagerplatzc	Beschreibung	Einheitenco	Menge
1000		PLATIN	A-1-1	Tourenrad	STÜCK	________
1000		PLATIN	A-1-2	Tourenrad	STÜCK	________
1001		PLATIN	A-2-1	Rennrad	STÜCK	________
1000		PLATIN	A-2-2	Tourenrad	STÜCK	________
1001		PLATIN	A-2-5	Rennrad	STÜCK	________
1001		PLATIN	A-2-8	Rennrad	STÜCK	________

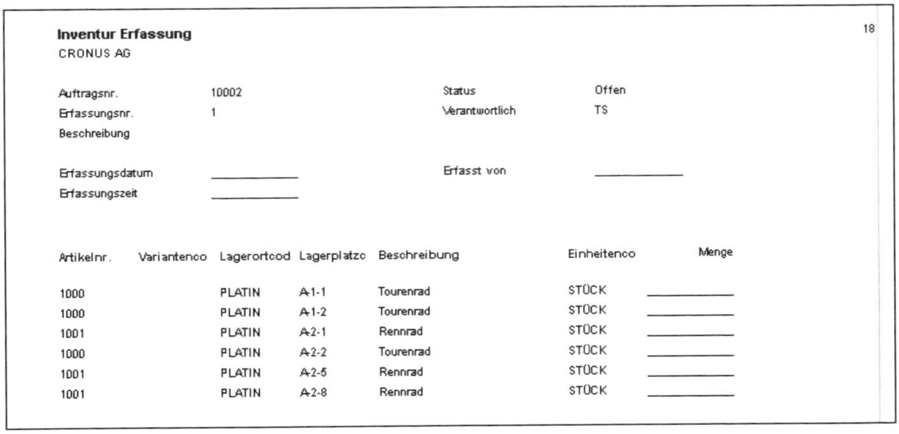

Abbildung 5.148 Inventurliste zur Dokumentation der gezählten Artikel

Die erfassten Mengen werden in der Inventurerfassung im Feld *Menge* eingegeben und die Erfassung über die Schaltfläche *Funktion/Beenden* abgeschlossen (siehe Abbildung 5.149).

HINWEIS   Für Artikel mit Artikelverfolgung wird nur eine Erfassungszeile erstellt, auch wenn eine erwartete Menge von größer eins vorliegt. Mit der Funktion *Zeile kopieren* können entsprechend der gezählten Menge weitere Zeilen für diesen Artikel generiert werden, wobei die Serien- oder Chargennummer manuell eingegeben oder ausgewählt werden muss.

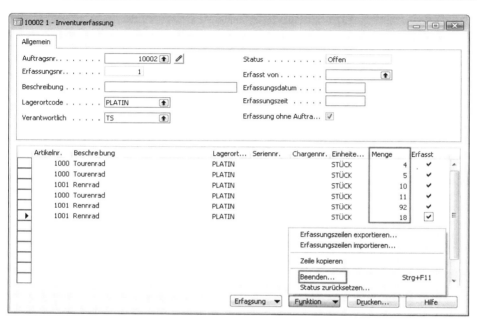

Abbildung 5.149   Beenden einer Inventurerfassung

Die Werte werden automatisch in den Inventurauftrag übertragen und als per Inventurerfassung registrierte Posten erfasst. Bei Abweichungen ist eine erneute Zählanweisung denkbar, die Selektion der entsprechenden Zeilen ist nach dem oben beschriebenen Verfahren durchzuführen. Zu beachten ist, dass nur die Differenz zwischen der gezählten Menge der ersten Zählung und der zweiten Zählung erfasst werden darf, da Dynamics NAV die Mengen addiert. Die Anzahl der durchgeführten Erfassungen wird im Inventurauftrag im Feld *Anzahl beendete Erfassungen* angegeben.

Wurden alle Inventurauftragszeilen erfasst und alle Inventurerfassungen beendet, kann der Inventurauftrag über die Schaltfläche *Funktion/Beenden* abgeschlossen werden. Die Buchung der Korrekturposten erfolgt über die Schaltfläche *Buchen/Buchen*.

Neben der verbesserten Handhabung und Planung von Inventuren generiert ein Inventurauftrag, abrufbar über die Menüoption *Lager/Historie/Gebuchte Belege/Geb. Inventur Aufrag.* einen eigenen Beleg, anhand dessen man komfortabel über die Befehlsschaltfläche *Navigate* die gebuchten und generierten Artikel-, Wert-, Inventur- und Lagerplatzposten aufrufen kann (siehe Abbildung 5.150 und Abbildung 5.151).

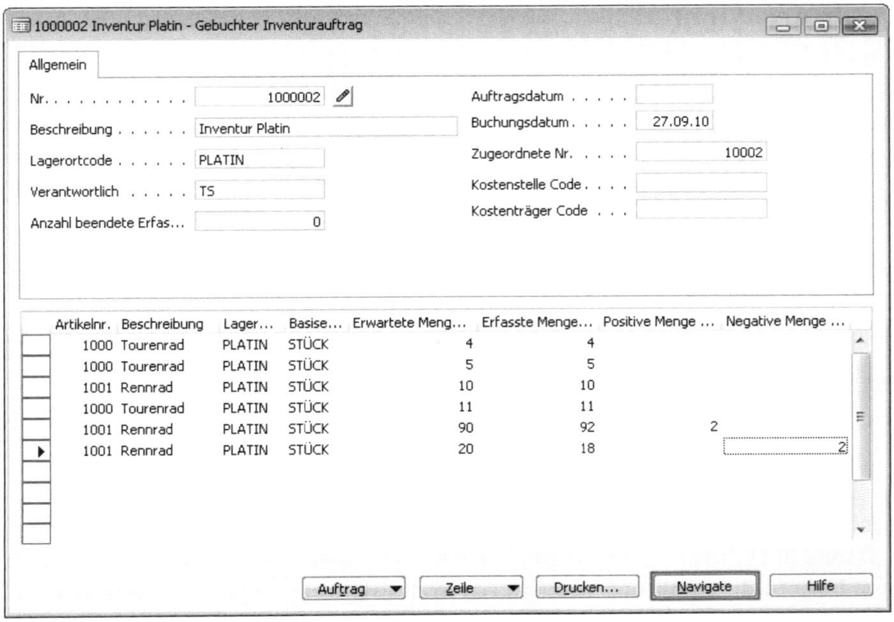

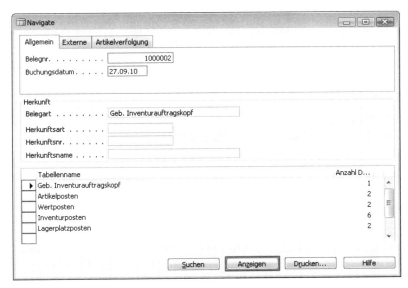

Abbildung 5.150 Ansicht des gebuchten Inventurauftrags

Abbildung 5.151 Anzeige der generierten Posten

Inventur aus Compliance-Sicht

Potentielle Risiken

- Inventurdurchführungen sind ineffektiv, ineffizient, entsprechen nicht den gesetzlichen Anforderungen (Effectiveness, Efficiency, Compliance)

- Inkorrektes Mengengerüst durch Fehler in der Inventurdurchführung (Effectiveness, Integrity, Compliance, Reliability)

- Vermögensverlust durch nicht autorisierte Vorratsentnahmen und Bestandsbuchungen (Compliance)

Prüfungsziel

- Sicherstellung einer effektiven und effizienten Inventurdurchführung

- Sicherstellung des Vermögensschutzes

Prüfungshandlungen

Zur Beurteilung des Inventurvorgehens sollte zunächst festgestellt werden, ob Richtlinien zur Inventurdurchführung existieren. Darauf aufbauend sollte eine Analyse der Richtlinien erfolgen, ob die Richtlinien eine effektive und effiziente Inventurdurchführung unterstützen und den gesetzlichen Anforderungen entsprechen. Anschließend sollte festgestellt werden, ob die Inventurdurchführung den Richtlinien und gesetzlichen Anforderungen genügen. Zähldifferenzen sind einheitlich zu bearbeiten, zu dokumentieren und deren Auswirkungen zu bewerten. Im Folgenden werden ausgesuchte Anforderungen an die Inventurdurchführung definiert, die anhand der Inventurdokumentation und Systemdaten zu überprüfen sind.

Relevante Fragestellungen

- Die Häufigkeit der Inventurdurchführung muss den gesetzlichen Anforderungen entsprechen. Aus Sicht des Unternehmens kann es für spezielle Artikel sinnvoll sein, häufigere Inventurzyklen zu etablieren. Entsprechende Richtlinien und Dokumentationen sollten vorliegen.

  Menüoption: *Lager/Lager/Inventurhäufigkeiten*

  Feldzugriff: *Tabelle 27 Artikel/Felder Nr., Beschreibung, Inventurhäufigkeitscode, Letzte Aktual. Inv.-Häufigkeit*

  Menüoption: *Lager/Historie/Gebuchte Belege/Geb. Inventur Auftrag*

  Menüoption: *Lager/Historie/Gebuchte Belege/Geb. Inventur Erfassung*

  Object Designer: *Run Form 390 Inventurposten* (Übersicht der erfassten Inventurposten mit Buchungsdatum)

- Prüfung, ob die Inventur vollständig durchgeführt und die Ergebnisse vollständig erfasst wurden. Wurden alle Lagerorte und -plätze berücksichtigt, wurden alle Artikel erfasst? Speziell sei auf die Artikel in Transit und in der internen Kommissionierung hingewiesen (wir verweisen auf den Abschnitt »Umlagerung zwischen Lagerorten« ab Seite 343 und »Interne Einlagerungs- und Kommissionierungsanforderung« ab Seite 360).

  Object Designer: *Run Form 390 Inventurposten* (Übersicht der erfassten Inventurposten) und Abgleich mit den physischen Inventurlisten (Inventurlisten werden über die Menüoption: *Finanzmanagement/Lager/Berichte/Inventurliste* erstellt)

- Analyse, ob die Korrekturbuchungen vollständig und zeitnah durchgeführt wurden. Gab es weitere Buchungen, die über die dokumentierten Inventurlisten hinausgehen? Hierbei ist auf (Logistik-)Inventur-Buchungsblätter zu achten, speziell wenn die Buchungen eigentlich über Inventuraufträge erfolgen sollten und umgekehrt.

Analyse der Ausgleichslagerplätze über die Menüoption: *Lager/Logistikmanagement/Berichte/Ausgleichslagerplatz*

Analyse bezüglich Differenzen offener Inventuraufträge über Feldzugriff *Report 5005350 Inventurauftr.-Diff.-Übersicht*

Object Designer: *Run Form 390 Inventurposten* (Übersicht der erfassten Inventurposten, Herkunftscodes »INVEBUCHBL« stehen für die Nutzung von Inventur-Buchungsblätter, »INVAUFTR« für die Nutzung von Inventuraufträgen) und Abgleich mit den physischen Inventurlisten.

Feldzugriff: *Report 5005351 Geb. Inventurauftr.-Diff.* (Darstellung von gebuchten Inventurauftragsdifferenzen)

Feldzugriff: *Report 5005354 Geb. Inventurerfassung* (Darstellung von gebuchten Inventurerfassungen)

- Prüfung, ob bei Differenzen Nachzählungen durchgeführt wurden, um die Differenzen zu bestätigen. Wurden die Nachzählungen ausreichend dokumentiert und im Rahmen der Funktionstrennung durch von den Erstzählern abweichende Mitarbeiter durchgeführt? Wurden die Ergebnisse bei der Buchung der Inventurdifferenzen erfasst?

  Object Designer: *Run Form 390 Inventurposten* und Prüfung der dort aufgeführten Artikel mit Mengenabweichungen (die beiden vorherigen Prüfungshandlungen sind vorbereitend abzuschließen. Alternativ sind zusätzlich die physischen Inventurlisten zu analysieren und mit den Inventurposten abzugleichen, um eine vollständige Prüfung der Mengenabweichungen zu gewährleisten).

- Verifizierung, ob die Erstellung der Inventurlisten ohne die Angabe von Mengen erfolgt ist? Wurden die Inventurlisten vollständig von den zählenden Mitarbeitern unterschrieben? Erfolgt die Zählung der Artikel entsprechend des Vier-Augen-Prinzips?

  Analyse der physischen Inventurlisten und Inventurunterlagen

- Kontrolle, ob während der Inventurdurchführung sichergestellt wurde, dass keine Warenbuchungen und -bewegungen erfolgen konnten

  Analyse der Verfahrensanweisungen und Analyse der Lagerplatzposten anhand des Datums (wenn beispielsweise am Tag der Inventur keine Lagerplatzposten außer durch die Inventur entstanden sein sollen) über den Feldzugriff *Tabelle 7312 Lagerplatzposten/Felder Registriert am [Inventurdatums Werte], Lagerortcode, Lagerplatzcode, Artikelnr., Menge, Herkunftscode, Herkunftsnr., Postenart, Benutzer-ID*

- Überprüfung, ob es zu nachträglichen Änderungen in den Belegen gekommen ist

  Analyse der physischen Inventurlisten und Inventurunterlagen

- Feststellung, wer die Inventur geleitet und wer die operative Umsetzung gemacht hat. Ist eine ausreichende Funktionstrennung sichergestellt und sind die ausgewählten Mitarbeiter adäquat selektiert worden?

  Analyse der physischen Inventurlisten und Inventurunterlagen. Analyse der Benutzerrechte und der Inventuraufträge und -erfassungen, falls genutzt, bezüglich der eingetragenen Verantwortlichen.

  Feldzugriff: *Tabelle 2000000005 Zugriffsrechte/Felder Rollen-ID, Objektart [Wert TableData], Objekt-ID [Wert 5005350|5005351|5005352|5005353], Einfügen Zugriffsrecht [Wert Indirekt|Ja]*

  in Verbindung mit

  Feldzugriff: *Tabelle 2000000003/2000000053 Mitglied von/Windows Zugriffssteuerung/Felder Benutzer-ID, Rollen-ID [Rollen ID Werte], Mandant*

Menüoption: *Lager/Historie/Gebuchte Belege/Geb. Inventur Auftrag* (über die Menüschaltfläche *Auftrag/
Übersicht* werden die gebuchten Inventuraufträge angezeigt und können selektiert werden, um die eingetragenen Verantwortlichen zu identifizieren)

Menüoption: *Lager/Historie/Gebuchte Belege/Geb. Inventur Erfassung* (über die Menüschaltfläche *Erfas-
sung/Übersicht* werden die gebuchten Inventurerfassungen angezeigt und können selektiert werden, um
die eingetragenen Verantwortlichen zu identifizieren)

Über die Inventurposten können die Benutzer-IDs identifiziert werden, welche die Buchungen durchgeführt haben.

Object Designer: *Run Form 390 Inventurposten/Felder Buchungsdatum, Postenart, Herkunftscode, Belegnr.,
Artikelnr., Lagerort, Menge, Betrag, Benutzer-ID*

- Gibt es bei den Korrekturbuchungen ein standardisiertes Vorgehen? Wurden Grenzwerte definiert, ist das
  Vier-Augen-Prinzip eingehalten, werden die Korrekturbuchungen autorisiert, gibt es spezielle Kontrollen
  zur Sicherstellung der Korrektheit?

Analyse der Richtlinien, der Inventurlisten und der weiteren Inventurunterlagen. Systemseitig kann
geprüft werden, welchen Benutzern die Rechte zur Pflege und zur Buchung der (Logistik-)Inventur-
Buchungsblätter bzw. zur Anlage und Änderung von Inventuraufträgen und zur Pflege und Buchung von
Inventurerfassungen zugeordnet wurden.

HINWEIS   Die Möglichkeit, Betragsgrenzen über Beleggenehmigungsregeln zu hinterlegen, besteht in Dynamics NAV
nicht.

Feldzugriff: *Tabelle 2000000005 Zugriffsrechte/Felder Rollen-ID, Objektart [Wert TableData], Objekt-ID
[Wert 7311|7312], Einfügen Zugriffsrecht [Wert Indirekt|Ja]*

in Verbindung mit

Feldzugriff: *Tabelle 2000000003/2000000053 Mitglied von/Windows Zugriffssteuerung/Felder Benutzer-ID,
Rollen-ID [Rollen ID Werte], Mandant*

Über die Inventurposten können die Benutzer-IDs identifiziert werden, welche die Buchungen durchgeführt haben.

Object Designer: *Run Form 390 Inventurposten/Felder Buchungsdatum, Postenart, Herkunftscode, Belegnr.,
Artikelnr., Lagerort, Menge, Betrag, Benutzer-ID*

Beachten Sie bitte, dass es gemäß unserer Empfehlungen bezüglich der Einrichtung des Change Log zu
Einträgen kommt, wenn es zu Änderungen an gebuchten Inventurbelegen gekommen ist.

Lagerbewertung

Der systemgestützten Lagerbewertung kommt in integrierten Warenwirtschaftssystemen eine besondere Bedeutung zu, da die Mehrheit der Artikel des Vorratsvermögens typischerweise nicht einzeln, sondern über Verfahren der Bewertungsvereinfachung wie Durchschnitts- oder Verbrauchsfolgebewertung (z.B. LIFO) bewertet werden. Zur korrekten Anwendung müssen eingehenden Lagerpositionen ausgehende Lagertransaktionen zugeordnet werden, wodurch sich der Lagerwert bzw. der Einstandspreis der Artikel ergibt. In einem integrierten System wird so die Materialwirtschaft zum Nebenbuch der Finanzbuchhaltung. Neben der Notwendigkeit korrekter Einstandspreise oder Wareneinsätze im Rahmen der Lagerbewertung werden diese auch zur Berechnung transaktionsbezogener Deckungsbeiträge benötigt.

Technisch wird die Bewertung in Dynamics NAV dadurch gelöst, dass eine 1:n-Beziehung zwischen Artikelposten und Wertposten hergestellt wird. Artikelposten dokumentieren die mengenmäßigen Veränderungen im Lager, während die Wertposten die wertmäßige Veränderung abbilden. Die Bewertung eines Artikelpostens wird folglich durch neue Wertposten wie zusätzliche Anschaffungs- oder Herstellungskosten beeinflusst. Der Lagerwert in der Finanzbuchhaltung wird aus Sachposten gebildet, die auf Basis der Wertposten der Materialwirtschaft erzeugt werden.

Herausforderung der Lagerbewertung

Die Herausforderungen der Lagerbewertung liegen zumeist in der nicht chronologischen Abfolge und Erfassung der Einkaufs- und Verkaufstransaktionen. Beispielsweise können Verkäufe gebucht werden, bevor entsprechende Eingangsrechnungsinformationen vorliegen, oder es ergeben sich später Anschaffungsnebenkosten, die bereits gebuchte Wareneinsätze nachträglich erhöhen. In beiden Fällen wären die Einstandspreise der Artikel zum Zeitpunkt des Verkaufs nicht korrekt ermittelt worden. Beispielhaft werden die Auswirkungen auf den Lagerwert und die Aufwendungen des Warenabgangs nach der Durchschnittsbewertung in den Tabelle 5.5 und Tabelle 5.6 dargestellt, wobei von einer Nachbuchung von Anschaffungskosten ausgegangen wird (eine Korrektur des Warenausgangs findet nicht statt).

	Artikelpreis/ Anschaffungskosten	Einstandspreis pro Einheit	Warenbewegung	Lagerbestand	Lagerwert
Bestand		2,00	–	1.000	2.000,00
Wareneingang	3,00	2,50	1.000	2.000	5.000,00
Warenausgang		2,50	1.000	1.000	2.500,00

Tabelle 5.5 Wareneingangs und -ausgangsbuchung in chronologisch korrekter Reihenfolge

	Artikelpreis/ Anschaffungskosten	Einstandspreis pro Einheit	Warenbewegung	Lagerbestand	Lagerwert
Bestand		2,00	–	1.000	2.000,00
Wareneingang	2,00	2,00	1.000	2.000	4.000,00
Warenausgang		2,00	1.000	1.000	2.000,00
Nachträgliche Buchung Anschaffungskosten	1,00	3,00	0	1.000	3.000,00

Tabelle 5.6 Wareneingangs und -ausgangsbuchung in chronologisch nicht korrekter Reihenfolge

Neben Problemen aufgrund verspätet eintreffender Eingangsrechnungen, nachträglicher Anschaffungskosten oder nicht zeitnah korrigierter Eingabefehler können auch negative Lagerbestände zu falschen Artikelbewertungen führen. Ob das System negative Bestände zulässt, ist in den Systemeinstellung festzulegen (siehe Abbildung 5.152).

Menüoption: *Verkauf* & *Marketing/Einrichtung/Debitoren* & *Verkauf Einr.*

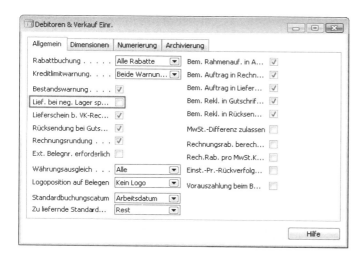

Abbildung 5.152 Systemeinstellung negative Bestände zulassen

Zusätzlich zu den oben dargestellten Gründen können auch Reklamationen und Gutschriften zu Bewertungsproblemen führen, wenn die Transaktionen nicht korrekt auf die ursprünglich gebuchten Artikelposten bezogen werden (so genannter fester Ausgleich). Da die Buchungen von Reklamationen und Gutschriften die Rückbuchung der Artikel in den Lagerbestand beinhalten, führen Einstandspreise, die von den zum Zeitpunkt des ursprünglichen Verkauf geltenden Einstandspreisen abweichen, zu Gewinnverfälschungen und falschen Lagerwerten. In Dynamics NAV ist es deshalb möglich, Reklamationen und Gutschriften auf die vorangegangenen Artikeltransaktionen zu referenzieren. Über das in der Verkaufsreklamation oder -gutschrift einzublendende Feld *Ausgegl. von Artikelposten* kann manuell der Bezug auf die ursprüngliche Lieferung hergestellt werden, sodass sich die Beschaffungs- und Verkaufspreise analog der Ursprungstransaktion ergeben (siehe Abbildung 5.153).

Menüoption: *Verkauf* & *Marketing/Auftragsabwicklung/Reklamationen*

Um sicherzustellen, dass Reklamationen und Gutschriften nur gebucht werden können, wenn ein Bezug auf die vorhergehende Artikelbuchung hergestellt wurde, ist das Feld *Einst.-Pr.-Rückverfolg. notw.* zu aktivieren, welches über die Menüoption *Einkauf/Einrichtung/Kreditoren* & *Einkauf Einrichtung* sowie in *Verkauf* & *Marketing/Einrichtung/Debitoren* & *Verkauf Einrichtung* angezeigt wird (siehe Abbildung 5.154).

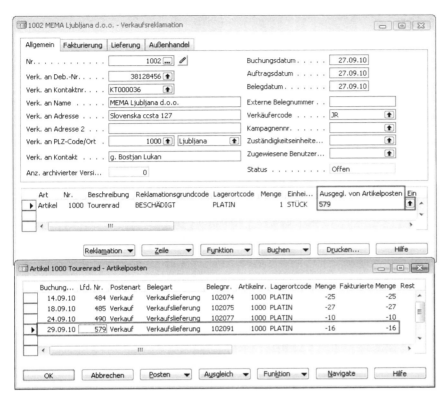

Abbildung 5.153 Verkaufsreklamation mit manueller Zuordnung der ursprünglichen Verkaufslieferung

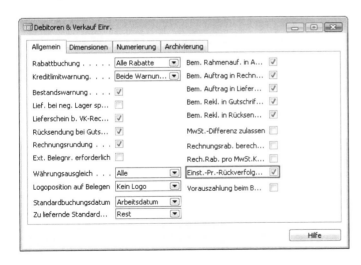

Abbildung 5.154 Feld zur obligatorischen Eingabe von Ausgleichspositionen bei Reklamationen etc.

Lagerabgangsmethoden

In Dynamics NAV wird die Lagerabgangsmethode und damit eines der Bewertungsvereinfachungsverfahren oder das Einzelbewertungsverfahren (*Ausgewählt*) pro Artikel festgelegt (siehe Abbildung 5.155). Bei den Bewertungsvereinfachungsverfahren kann der Benutzer zwischen den Verbrauchsfolgeverfahren First-in-First-out, Last-in-First-out und Standardpreis (*FIFO, LIFO, Standard*) sowie dem Durchschnittsverfahren (*Durchschnitt*) wählen (die Verfahren werden in Tabelle 5.7 beschrieben).

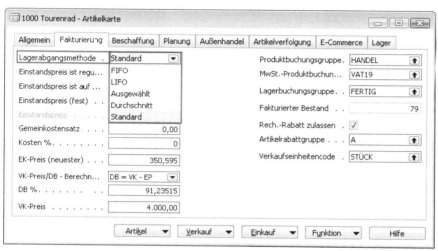

Abbildung 5.155 Einstellung der Lagerabgangsmethode je Artikel

Option	Beschreibung
First-in-First-out (*FIFO*)	Der Wareneinsatz zur Bewertung eines Abgangs wird berechnet mit dem Wert der frühesten, noch nicht verbrauchten Zugänge (FIFO ist nach IAS und HGB/BilMoG, aber nicht nach EStR zulässig)
Last-in-First-out (*LIFO*)	Der Wareneinsatz zur Bewertung eines Abgangs wird berechnet mit dem Wert der spätesten, noch nicht verbrauchten Zugänge (LIFO ist nach IAS nicht zulässig, steuerrechtlich nur dann, wenn die Verbrauchsfolge nachweisbar ist oder im mechanischen Prinzip der Ein- und Auslagerung begründet liegt)
Durchschnittsbewertung (*Durchschnitt*)	Der Wareneinsatz wird entsprechend des per gewogenen Durchschnitt einer bestimmten Periode bewerteten Lagerbestands bestimmt. Der automatische Postenausgleich erfolgt nach dem FIFO-Prinzip. Eine detaillierte Erläuterung der Methode finden Sie nachfolgend unter der Überschrift »Die Durchschnittsbewertung in Dynamics NAV«.
Standardpreisbewertung (*Standard*)	Die Lagerabgangsmethode *Standard* bewertet Lagerzu- und -abgänge mit einem festen Wert, nicht mit den tatsächlichen Beschaffungskosten. Für auftretende Differenzen werden Wertposten der Postenart *Abweichung* erzeugt. Der automatische Postenausgleich erfolgt nach dem FIFO-Prinzip.
Einzelbewertung (*Ausgewählt*)	Der Ausgleich der Posten erfolgt über die Zuordnung von Serien- oder Chargennummern. Die Methode folgt dem allgemeinen Einzelbewertungsgrundsatz und ist dementsprechend uneingeschränkt zulässig.

Tabelle 5.7 Lagerabgangsmethoden

Wie anhand der Tabelle 5.7 ersichtlich, kommt es teilweise zu einer Vermischung von Bewertungs- und Verbrauchsfolgeverfahren, was speziell im Rahmen der Durchschnittsbewertung erklärungsbedürftig ist.

Die Durchschnittsbewertung in Dynamics NAV

Die Durchschnittsbewertung in Dynamics NAV erfolgt anhand festzulegender Perioden (siehe hierzu und im Folgenden auch Abbildung 5.156. Zu den Einstellungen siehe die Ausführungen zum Feld *Durchschnittskostenperiode* im Abschnitt »Grundlagen und Parameter der Lagereinrichtung« ab Seite 272). Alle Transaktionen im Rahmen von Artikelzugängen (Artikel- und Wertposten) werden Perioden zugeordnet und ergeben am Ende der Periode unter Berücksichtigung des Lagerbestands und -wertes zu Beginn der Periode als gewogener Durchschnitt den Einstandspreis, zu welchem die Artikelabgänge der Periode als Wareneinsatz bewertet werden (siehe Tabelle 5.8).

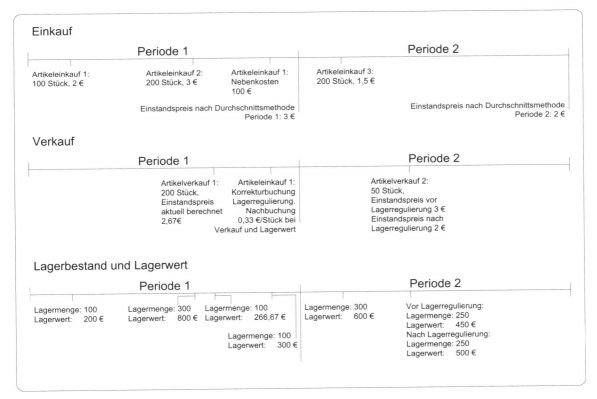

Abbildung 5.156 Durchschnittsbewertung mit Dynamics NAV

	Preis Einkauf/Stück	Lagerbestand	Lagerwert	Theoretischer Einstandspreis zum Zeitpunkt der Transaktion	Einstandspreis Periode
Beginn Periode 1		**0**	**0**		
Artikeleinkauf 1	2	100	200	2	3
Artikeleinkauf 2	3	200	600	2,67	3

Tabelle 5.8 Berechnung des Einstandspreises nach dem Durchschnittspreisverfahren

	Preis Einkauf/Stück	Lagerbestand	Lagerwert	Theoretischer Einstandspreis zum Zeitpunkt der Transaktion	Einstandspreis Periode
Artikeleinkauf 1 Nebenkosten	1		100	3	3
Werte zur Berechnung des Einstandspreises am Periodenende		300	900	è	**3**
Artikelverkauf 1		−200	−300	2,67	3
Beginn Periode 2		**100**	**300**	**3**	**3**
Artikeleinkauf 3	1,5	200	300	2	2
Werte zur Berechnung des Einstandspreises am Periodenende		300	600	è	**2**
Artikelverkauf 2		-50	−100	2	2
Ende Periode 2		**250**	**500**	**2**	**2**

Tabelle 5.8 Berechnung des Einstandspreises nach dem Durchschnittspreisverfahren *(Fortsetzung)*

Dynamics NAV bietet die Möglichkeit, die Durchschnittsbewertung für einen Artikel oder für die Kombination von Artikel, Lagerort und Variante zu berechnen (vergleiche die Ausführungen zum Feld *Einst.-Pr.(durchschn.) Ber.-Art* im Abschnitt »Grundlagen und Parameter der Lagereinrichtung« ab Seite 272).

HINWEIS   Beachten Sie bitte, dass Artikelabgänge, die mit festem Ausgleich (siehe dazu die Anmerkungen im folgenden Abschnitt) auf einen bestimmten Artikelposten bezogen werden, nicht in die Durchschnittspreisberechnung einbezogen werden.

Da sich der Durchschnittspreis erst am Ende der definierten Periode ergibt, kann es zu notwendigen Korrekturbuchungen bei bereits gebuchten Auslieferungen kommen (siehe Abbildung 5.156 und Tabelle 5.8). Diese Korrekturbuchungen erfolgen im Rahmen der Lagerregulierung, welche im Abschnitt »Ablauf der Lagerwertbuchungen – Lagerregulierung« ab Seite 395 erläutert wird.

Fester Ausgleich ? Übersteuern der Werteflussannahme

Die Werteflussannahme der jeweiligen Lagerabgangsmethode kann im System übersteuert werden, indem eine genaue Zuordnung der Posten (*fester Ausgleich*) erfolgt. In der Anwendung ist dies durch das Belegzeilenfeld *Ausgel. von Artikelposten* (beispielsweise bei Verkaufsreklamationen) oder *Ausgleich mit Artikelposten* (beispielsweise bei Einkaufsreklamationen) möglich. Das Gleiche gilt für Artikel, für die eine Artikelverfolgung eingerichtet ist (Seriennummern- oder Chargenverfolgung), wenn beim Verkauf die Artikelverfolgungsnummern ausgewählt werden. Hingegen führen Zuordnungen über Bedarfsverursacher oder Reservierungen nicht zu einem festen Ausgleich.

Die Durchführung von festen Zuordnungen sowie die Korrektur bzw. die Aufhebung erfolgt über das Fenster *Ausgleichsvorschlag*.

Menüoption: *Finanzmanagement/Lager/Bewertung/Ausgleichsvorschlag*

Werden Ausgleiche aufgehoben, so werden diese in der Tabelle *Historie Artikelausgleichsposten* abgelegt.

Feldzugriff: *Tabelle 343 Historie Artikelausgleichsposten*

Buchungen in der Materialwirtschaft und Finanzbuchhaltung

Im Folgenden wird die Logik der Erstellung von Artikel- und Wertposten in der Materialwirtschaft sowie von Sachposten in der Finanzbuchhaltung dargestellt. Die Buchung der Lieferung tangiert lediglich die Materialwirtschaft mit der Erstellung von Artikel- und Wertposten (wie unten im Abschnitt »Buchung von Soll-Kosten« ab Seite 393 beschrieben, können jedoch über die Soll-Kosten auch Sachposten in der Finanzbuchhaltung erstellt werden, was in Abbildung 5.157 jedoch nicht berücksichtigt wird). Durch die Buchung der Fakturierung erfolgt dann die Erstellung der Sachposten in der Finanzbuchhaltung. Falls die Kosten von denen in der Materialwirtschaft abweichen, werden zusätzliche Wertposten erstellt (siehe Abbildung 5.157).

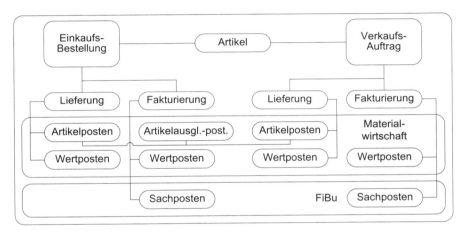

Abbildung 5.157 Erstellung von Artikel-, Wert- und Sachposten

Wertposten

Wertposten werden direkt als Wareneingangskosten (Anschaffungs- und Anschaffungsnebenkosten) oder in Form von zurechenbaren Kosten mittels absolut oder prozentual hinterlegter Gemeinkosten bei den Artikeln erfasst.

Die Beschaffungskosten werden in Einkaufszeilen der Art *Artikel* erzeugt, während Beschaffungsnebenkosten über die Art *Zu-/Abschlag (Artikel)* gebucht und entweder auf Einkaufszeilen desselben Einkaufsbelegs oder auf bereits gebuchte Einkaufslieferzeilen gebucht werden. Beide Kostenkomponenten erzeugen Wertposten der Postenart *EK-Preis*.

> **HINWEIS** Wird eine Einkaufszeile der Art *Zu-/Abschlag (Artikel)* auf eine Verkaufslieferzeile bezogen, handelt es sich also zum Beispiel um eine Ausgangsfracht, so hat diese Buchung keinen Einfluss auf den Lagerwert des Artikelpostens. Erkennbar sind diese Buchungen im Artikelpostenfeld *Einst.-Betr. (lagerwertunabh.)*.

Zurechenbare Kosten werden mit den Beschaffungskosten zusammen gebucht, resultierend in einer Abweichung der Einkaufszeilenfelder *Einstandspreis (MW)* und *EK-Preis*. Diese Kostenkomponente erzeugt Wertposten von der Postenart *Kosten*.

Buchungslogik

Je nach Einstellung der Logistik (siehe hierzu die Erläuterungen im Abschnitt »Grundlagen und Parameter der Lagereinrichtung« ab Seite 272) erzeugt die Buchung von Bestell- und Auftragslieferungen und -fakturierungen unterschiedliche Wareneinstandspreise und Sachposten. Darüber hinaus ist zu beachten, dass Korrektur- buchungen erforderlich werden, wenn sich Einstandspreise von Artikeln bereits gebuchter Aufträge ändern (beispielsweise im Rahmen der Durchschnittsbewertung oder bei nachträglichen Anschaffungsnebenkosten). Verdeutlicht werden soll die Buchungslogik am Beispiel einer Auftragsbuchung. Die folgenden Tabellen (Tabelle 5.9 bis Tabelle 5.12) führen die Buchungen auf, die je nach Einstellung automatisch erzeugt werden.

Modul	Buchung Lieferung	Buchung Fakturierung
Materialwirtschaft	Artikel- und Wertposten lt. Auftragszeile (letzter regulierter Einstandspreis)	
Finanzbuchhaltung		Umsatzerlöse und Forderungen lt. Auftragszeile (Verkaufspreis)

Tabelle 5.9 Buchungen ohne automatische Lagerbuchung, ohne Soll-Kosten Buchungen und ohne automatische Lagerregulierung

Modul	Buchung Lieferung	Buchung Fakturierung
Materialwirtschaft	Artikel- und Wertposten lt. Auftragszeile (letzter regulierter Einstandspreis)	
Finanzbuchhaltung		Umsatzerlöse und Forderungen lt. Auftragszeile (Verkaufspreis) Wareneinsatz und Vorräte lt. Auftragszeile

Tabelle 5.10 Buchungen mit automatischer Lagerbuchung, ohne Soll-Kosten Buchungen und ohne automatische Lagerregulierung

Modul	Buchung Lieferung	Buchung Fakturierung
Materialwirtschaft	Artikel- und Wertposten lt. Auftragszeile (letzter regulierter Einstandspreis)	
Finanzbuchhaltung	Wareneinsatz und Vorräte zu Soll-Kosten	Umsatzerlöse und Forderungen lt. Auftragszeile (Verkaufspreis) Wareneinsatz und Vorräte lt. Auftragszeile Stornierung der Soll-Kosten-Buchung

Tabelle 5.11 Buchungen mit automatischer Lagerbuchung, mit Soll-Kosten Buchungen und ohne automatische Lagerregulierung

Modul	Buchung Lieferung	Buchung Fakturierung
Materialwirtschaft	Artikel- und Wertposten lt. Auftragszeile (**aktuell** regulierter Einstandspreis) ggf. Anpassung Wareneinsatz und Vorräte bereits gelieferter Aufträge (**aktuell** regulierter Einstandspreis)	
Finanzbuchhaltung	Wareneinsatz und Vorräte lt. Auftragszeile (Soll-Kosten)	Umsatzerlöse und Forderungen lt. Auftragszeile (Verkaufspreis) Wareneinsatz und Vorräte lt. Auftragszeile (aktueller Auftrag) ggf. Anpassung Wareneinsatz und Vorräte bereits gebuchter Aufträge (**aktuell** regulierter Einstandspreis) Stornierung der Soll-Kosten-Buchung

Tabelle 5.12 Buchungen mit automatischer Lagerbuchung, mit Soll-Kosten Buchungen und mit automatischer Lagerregulierung

HINWEIS Wir empfehlen im Rahmen der Integrität der Daten, die automatische Lagerbuchung immer zu aktivieren. Wie dargestellt, begründet die automatische Lagerbuchung bei Fakturierung die Buchung der Vorratsbewegungen in der Finanzbuchhaltung.

Beachten Sie weiterhin die Auswirkungen, die sich durch die Aktivierung der automatischen Lagerregulierung ergeben. Das System überprüft bei allen Buchungen, ob Artikeltransaktionen existieren, für die sich durch die durchgeführte Buchung veränderte Einstandspreise ergeben, einschließlich bereits verbuchter Transaktionen. Eine Aktivierung ist im Rahmen einer korrekten Lagerbewertung und Erfolgsermittlung somit wünschenswert. Die Anwendung der automatischen Lagerregulierung ist jedoch sehr ressourcenintensiv und in der Praxis deswegen kaum gebräuchlich. In der Regel erfolgt die Aktualisierung der Einstandspreise und Lagerwerte über die Funktion *Stapelverarbeitung Lagerregulierung* und *Stapelverarbeitung Lagerregulierung Buchen*, die per Batchjob zeitlich so gesteuert werden können, dass die operative Nutzung des Systems nicht beeinflusst wird.

Die gleichen Auswirkungen wie bei der automatischen Lagerregulierung ergeben sich bei der manuellen Lagerregulierung und deren Buchung über die Funktionen *Stapelverarbeitung Lagerregulierung* und *Stapelverarbeitung Lagerregulierung buchen*. Zu weiteren Details siehe Abschnitt »Ablauf der Lagerwertbuchungen – Lagerregulierung« ab Seite 395. Für eine korrekte Vorrats- und Materialeinsatzbewertung ist im Rahmen der Monats- und Jahresabschlussarbeiten die Lagerregulierung durchzuführen und zu buchen.

Buchung von Soll-Kosten

Soll-Kosten sind Schätzungen der Kosten, die beispielsweise für den Einkauf von Artikeln vorgenommen werden, wenn keine Rechnungen gebucht werden können. Soll-Kosten werden zunächst in der Materialwirtschaft erfasst. Immer wenn ein Beleg wie beispielsweise ein Auftrag, eine Bestellung oder ein Buchungsblatt als geliefert gebucht wird, wird eine Wertpostenzeile mit den Soll-Kosten generiert, die in den Lagerwert einfließt. Die Integration der Buchung in die Finanzbuchhaltung erfolgt mittels Aktivierung des Felds *Soll-Kosten buchen* über die Menüoption *Lager/Einrichtung/Lager Einrichtung*. Damit wird erreicht, dass die Lagerwerte in Finanzbuchhaltung und Materialwirtschaft jederzeit identisch sind.

Die erwarteten Kosten werden auf Interims-Konten gebucht und diese Buchung bei der Faktura automatisch storniert und gegen die tatsächlichen Kosten ersetzt. Die Kontierung findet in der *Lagerbuchung Einrichtung* in der Spalte *Lagerkonto (Interim)* (in diesem Konto werden die Änderungen im Vorratsvermögen erfasst) und in der Buchungsmatrix in den Spalten *Lagerverbrauchskonto (Interim)* und *Lagerzugangskonto (Interim)* (definieren die Gegenkonten zu den Änderungen im Vorratsvermögen) statt.

Menüoption: *Verwaltung/Anwendung Einrichtung/Finanzmanagement/Buchungsgruppen/Lagerbuchung Einrichtung*

Menüoption: *Verwaltung/Anwendung Einrichtung/Finanzmanagement/Buchungsgruppen/Allgemein/Buchungsmatrix Einrichtung*

ACHTUNG Bei der Einrichtung und Prüfung der Gegenkonten in der Buchungsmatrix ist darauf zu achten, dass das Interimskonto für Wareneingänge ein Verbindlichkeitenkonto in der Bilanz, das Interimskonto bei Warenausgängen ein GuV-Konto zur Abbildung des Wareneinsatzes darstellen sollte. Zur periodengerechten Abgrenzung der entsprechenden Umsatzerlöse sind die gelieferten, nicht fakturierten Aufträge zu identifizieren und erfolgswirksam zu erfassen. Dies muss auch vor dem Hintergrund eines periodengerechten Umsatzsteuerausweises erfolgen (siehe hierzu auch die Ausführungen im Abschnitt »Lagerbewertung aus Compliance-Sicht« ab Seite 407 sowie in Kapitel 7).

Lagerbuchungsperioden

In Dynamics NAV können Lagerbuchungsperioden eingerichtet werden, mit denen die Buchung von Lagertransaktionen zeitlich eingeschränkt werden kann. Mit Abschluss einer Lagerbuchungsperiode können keine weiteren Zugänge und Wertänderungen in diese Periode gebucht werden, auch wenn weiterhin auf offene Artikelposten dieser Periode zugegriffen werden kann.

Menüoption: *Finanzmanagement/Einrichtung/Buchhaltungsperioden/Lagerbuchungsperioden*

Das Schließen einer Lagerbuchungsperiode ist nur möglich, wenn bei allen Artikeln der Einstandspreis reguliert wurde. Das Schließen wird durch einen Lagerbuchungsperiodenposten dokumentiert, der auch die Nummer des letzten, einbezogenen Artikeljournals enthält. Eine Lagerbuchungsperiode kann erneut geöffnet werden, was durch einen weiteren Lagerbuchungsperiodenposten dokumentiert wird.

> **HINWEIS**   Die Funktion *Stapelverarbeitung Lagerregulierung buchen* beachtet ihrerseits die Buchhaltungsperioden der Finanzbuchhaltung. Wenn eine Regulierung für einen Wertposten vorgenommen wurde, dessen Buchungsdatum in einer nicht offenen Buchhaltungsperiode liegt, so bekommt der entsprechende Sachposten das erste Buchungsdatum der aktuell offenen Buchhaltungsperiode.

Bewertungsdatum

Im Zusammenhang mit der Lagerbewertung und der Durchschnittskostenberechnung gibt es in Dynamics NAV zwei Felder, die für die Vorratsbewertung und Einstandspreisberechnung von Bedeutung sind und den Namen »Bewertungsdatum« tragen. Zum einen existiert das Feld *Bewertungsdatum* in der Tabelle *Wertposten*, zum anderen in der Tabelle *Einst.-Pr. (durchschn.) Regul. Startzeitpunkt*. Da sich die folgenden Ausführungen auf die Durchschnittsbewertung beziehen, gehen wir vereinfachend von den folgenden Systemeinstellungen aus:

- *Automatische Lagerbuchung* ist aktiviert
- *Automatische Lagerregulierung* steht auf *Nie*
- *Einst.-Pr.(durchschn.) Ber.-Art* steht auf *Artikel*
- *Durchschnittskostenperiode* steht auf *Buchhaltungsperiode*
- *Lagerabgangsmethode* steht auf *Durchschnitt*

Das Bewertungsdatum zur Definition der Durchschnittskostenperiode

Das Bewertungsdatum, welches in der Tabelle *Einst.-Pr. (durchschn.) Regul. Startzeitpunkt* enthalten ist, dient dazu, den letzten Tag der Durchschnittskostenperiode festzuhalten, und ist somit für die Definition der Durchschnittskostenperiode relevant.

Das Bewertungsdatum zur Zuordnung von Wertposten zu Durchschnittskostenperioden

Das Bewertungsdatum der Tabelle *Wertposten* hält fest, welcher Periode Wertposten unabhängig vom Buchungsdatum zuzuordnen sind, was Auswirkungen auf die Durchschnittskostenberechnung hat. Die Verwendung eines vom Buchungsdatum abweichenden Bewertungsdatums ist notwendig, da das Buchungsdatum der Artikelposten (Lieferdatum) und das der Wertposten (Lieferdatum, Fakturadatum, Datum von Artikel-Zu- oder Abschlagsbuchungen) beispielsweise im Rahmen nachträglicher Lieferkosten zeitlich auseinander fallen können.

Das Bewertungsdatum bei **Zugängen** ist immer das Buchungsdatum der Lieferung. Die Wertposten, die bei der Buchung der Eingangsrechnung erstellt werden, besitzen ebenfalls das Bewertungsdatum des entsprechenden Zugangs, das Buchungsdatum kann je nach Eingang der Rechnung später liegen. Werden weitere Artikel-Zu- und -Abschläge gebucht, so entstehen dadurch Wertposten zu bereits vorhandenen Artikelposten. Das Bewertungsdatum dieser neuen Wertposten ist ebenfalls das Bewertungsdatum der zugrunde liegenden Lieferung.

Bei **Abgängen** ist das Bewertungsdatum prinzipiell das Buchungsdatum der ausgehenden Lieferung. In Ausnahmen kann es jedoch dazu kommen, dass sich das Bewertungsdatum anhand der nach dem FIFO-Prinzip zugeordneten Zugangslieferung ergibt, beispielsweise wenn der Lagerbestand durch den Abgang negativ wurde.

In Einzelfällen kann das Bewertungsdatum auch später als das Buchungsdatum liegen. Um zu verhindern, dass negative Lagerwerte auftreten (beispielsweise im Zuge einer rückdatierten Teilwertabschreibung (Neubewertung), siehe Abschnitt »Neubewertung« ab Seite 400), setzt Dynamics NAV das Bewertungsdatum auf das Buchungsdatum des zugehörigen Neubewertungs-Wertposten.

Ablauf der Lagerwertbuchungen – Lagerregulierung

Wie bereits oben dargestellt, wird über die Aktivierung der automatischen Lagerbuchung erreicht, dass bei Fakturierung von Warenein- und -ausgängen in der Materialwirtschaft und in der Finanzbuchhaltung eine parallele Buchung der Vorräte erfolgt. Wurde zusätzlich die automatische Lagerregulierung auf *Immer* gestellt, erfolgt die Bewertung der Vorräte, Zugänge und Verbräuche in beiden Modulen automatisch zu den aktuellen Preisinformationen (Wertposten werden automatisch sowohl in der Materialwirtschaft als auch in der Finanzbuchhaltung bei allen relevanten Transaktionen berücksichtigt).

Diese aus Sicht jederzeit korrekt verfügbarer Lagerinformationen wünschenswerte Systemeinstellung ist aus Performancegründen in der Praxis jedoch nur in den seltensten Fällen realisierbar. Vielmehr ist zu erwarten, dass die Funktion der automatischen Lagerregulierung und teilweise auch die Funktion der automatischen Lagerbuchung (die automatische Lagerbuchung erfasst die in den Belegen erfassten Einstandspreise bei der Erstellung der Sachposten. Bei der Durchführung der Stapelverarbeitung werden die tatsächlichen Einstandspreise ermittelt und gegebenenfalls in den Sachposten korrigiert) durch die Stapelverarbeitungen *Lagerregulierung* und *Lagerregulierung buchen* periodisch durchgeführt werden.

Stapelverarbeitung Lagerregulierung

Die Lagerregulierung stellt eine Buchungs- und Kontrollinstanz dar, die die Einstandspreise zur Bewertung des Vorratsvermögens und von gebuchten Wareneinsätzen bei Lagerabgängen überprüft und neue Regulierungswertposten erstellt, falls es zu Buchungen gekommen ist, die die Einstandspreise verändert haben. Änderungsbedarfe können sich beispielsweise durch folgende Situationen ergeben:

- Zum Zeitpunkt der Ausgangsrechnung war der Einstandspreis des Artikels nicht reguliert, obwohl es zwischenzeitlich zu Änderungen des Einstandspreises gekommen ist

- Der Verkauf wurde fakturiert, bevor der betreffende Zugang fakturiert wurde, welcher zu einer Änderung des Einstandspreises führt

- Es ergeben sich höhere Wareneinsätze durch spätere Artikel-Zu- oder -Abschläge

- Der Einstandspreis zum Zeitpunkt eines Verkaufs muss angepasst werden, weil sich durch weitere Zugänge der durchschnittliche Einstandspreis in der gleichen Durchschnittskostenperiode ändert

- Der Lagerbestand war zum Zeitpunkt der Buchung negativ

- Es wurde eine Neubewertung durchgeführt

- Es wurden Artikelausgleiche geändert

Werden Lagerbewegungen für einen Artikel gebucht, so entstehen neben den Artikelposten, die die Mengenveränderung im Lager beschreiben, auch Einträge in der Tabelle *Einst.-Pr. (durchschn.) Regul. Startzeitpunkt*, besser beschrieben durch die englische Bezeichnung *Avg. Cost Adjmt. Entry Points* (im Folgenden *Entry Points* genannt). Mithilfe dieser Einträge merkt sich die Anwendung, zu welchen Artikeln und Zeitpunkten die Lagerregulierung die Wareneinsätze bzw. die durchschnittlichen Einstandspreise der gebuchten Abgänge überprüfen muss (siehe Abbildung 5.158).

Feldzugriff: *Tabelle 5804*

Einst.-Pr. (durchschn.) Regul. Startzeitpunkt - Tabelle

Artikelnr.	Variantencode	Lagerortcode	Bewertungsdatum	Einstandspreis ist reguliert
1000		PLATIN	14.09.10	☐
1000		PLATIN	18.09.10	
1000		PLATIN	24.09.10	
1000		PLATIN	29.09.10	
1000		ROT	31.01.10	
1000		ROT	27.09.10	
1000		SILBER	28.01.10	
1000		SILBER	29.01.10	
1000		SPORT	28.01.10	
1000		WEISS	28.01.10	
1000		WEISS	29.01.10	
1000		WEISS	31.01.10	
1000		WEISS	27.09.10	

Hilfe

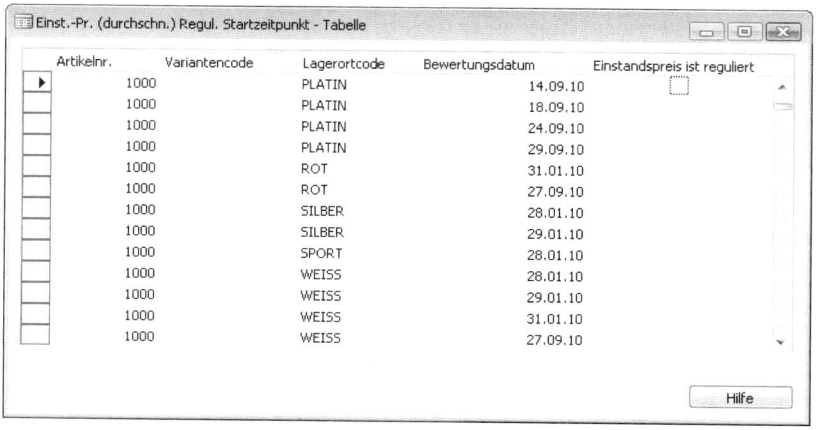

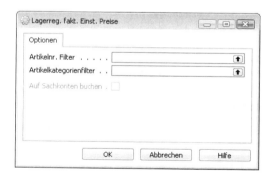

Abbildung 5.158 Einträge in der Tabelle *Entry Points* zur Identifikation von Artikeln zur Lagerregulierung

Die eigentliche Lagerregulierung erfolgt über die Menüoption: *Finanzmanagement/Lager/Bewertung/Lagerreg. Fakt. Einst. Preise* (siehe Abbildung 5.159).

Abbildung 5.159 Lagerregulierung durchführen

Bei Durchführung überprüft die Anwendung die Tabelle mit den *Entry Points* auf Einträge, bei denen das Feld *Einstandspreis ist reguliert* nicht aktiviert ist und identifiziert für diese Artikel alle *Entry Points*, die noch nicht reguliert wurden. Zusätzlich testet Dynamics NAV, ob es Artikelposten gibt, bei denen das Feld *Ausgegl. Posten regul.* (auf Englisch *Applied Entry to Adjust*) gefüllt ist. Dieses Kennzeichen wird für einen eingehenden Artikelposten gesetzt, wenn ein direkter Bezug (*fester Ausgleich*) auf einen ausgehenden Artikelposten existiert.

HINWEIS Diese Art der Postenmarkierung zwecks späterer Regulierung erfolgt ferner für Artikel mit der zugeordneten Lagerabgangsmethode *Ausgewählt* sowie für Artikel, für die unabhängig von der Lagerabgangsmethode die Artikelverfolgung eingerichtet ist.

Für die so selektierten Artikelposten wird der durchschnittliche Einstandspreis neu errechnet (zur Berechnung siehe Abschnitt »Lagerabgangsmethoden« ab Seite 388) und angewendet. Ergibt sich ein Einstandspreis, der von dem des gebuchten Wareneinsatzes abweicht, so wird ein Regulierungswertposten erstellt, dessen Nummer in der Tabelle *Wertposten in Sachkonto buchen* (Feldzugriff: *Tabelle 5811*) abgelegt wird. Die Tabelle dient der Stapelverarbeitung *Lagerreg. buchen* als Grundlage, die die Buchung der Wertposten in der Finanzbuchhaltung vornimmt. Die Buchung der Lagerregulierung in der Finanzbuchhaltung lässt sich manuell oder automatisch durch das Setzen der Option *Auf Sachkonten buchen* (siehe Abbildung 5.159) im Anschluss an die Lagerregulierung starten (wenn die automatische Lagerbuchung aktiviert ist).

Ändern sich Wareneinsätze von gebuchten Verkaufstransaktionen, so werden auch die gebuchten Belegzeilen aktualisiert, um den geänderten Deckungsbeitrag der Transaktion darzustellen. Über die Karte *Verkaufsrechnungsstatistik* können Differenzen zwischen ursprünglichem und reguliertem Einstandspreis sowie im Deckungsbeitrag abgerufen werden.

Menüoption: *Finanzmanagement/Debitoren/Historie/Gebuchte Rechnungen/Rechnung/Statistik* (siehe Abbildung 5.160)

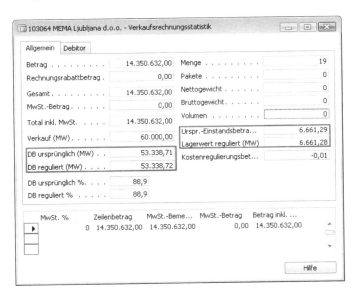

Abbildung 5.160 Übersicht über Lagerwert und Deckungsbeitrag vor und nach Lagerregulierung

Nach erfolgreich durchgeführter Lagerregulierung wird das Feld *Einstandspreis ist reguliert* auf der Artikelkarte (siehe Abbildung 5.2) und in der Tabelle *Entry Points* aktualisiert (beziehungsweise die Flags in den Artikelposten zurückgesetzt). Wird eine neue Transaktion für den Artikel gebucht, so wird das Feld beim Buchen zurückgesetzt. Somit erfolgt die Lagerregulierung nur für Artikel, bei denen es zu potenziellen Änderungen des Einstandspreises gekommen ist.

Stapelverarbeitung Lagerregulierung Buchen

Nachdem die Lagerregulierung die Kosten für die gebuchten Abgänge aktualisiert hat, müssen diese Regulierungen noch in der Finanzbuchhaltung nachvollzogen werden.

Die Stapelverarbeitung *Lagerreg. buchen* durchläuft die Tabelle *Wertposten in Sachkonto buchen*, um den Wertveränderungen der dort festgehaltenen Wertposten entsprechende Sachposten in der Finanzbuchhaltung entgegenzustellen. Die Buchung der entsprechenden Sachposten wird auf der Artikelkarte im Feld *Einstandspreis ist auf Sachkonten gebucht* festgehalten (siehe Abbildung 5.161).

Menüoption: *Finanzmanagement/Lager/Bewertung/Buchen/Lagerreg. buchen*

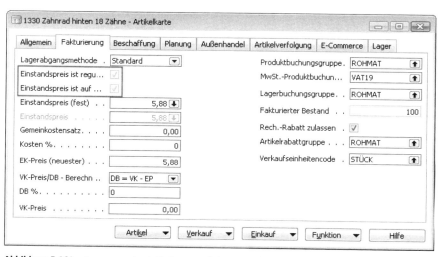

Abbildung 5.161   Anpassung der Artikelkarte nach Lagerregulierung

HINWEIS   Ist die Lagereinrichtung *Automatische Lagerbuchung* aktiviert, übernimmt die Stapelverarbeitung lediglich die Verbuchung der Wareneinsatzkorrekturen durch die Lagerregulierung. Dies ist notwendig, falls beispielsweise die Einstandspreise auf den Buchungsbelegen manuell geändert wurden, da die Erstellung der Sachposten im Rahmen der automatischen Lagerbuchung die Belegwerte für die Sachpostenermittlung heranziehen. Weiterhin wird die Anpassung der Wareneinsätze notwendig, falls sich die Einstandspreise nachträglich geändert haben.

Ist die automatische Lagerbuchung nicht aktiviert, werden die Lagerwerte in der Finanzbuchhaltung erst durch die Stapelverarbeitung korrigiert.

Nachverfolgen von Einstandspreisänderungen

Dynamics NAV bietet die Möglichkeit, die Einstandspreise der Artikel vollständig nachvollziehen zu können. Über die Artikelkarte kann der Einstandspreis per Drilldown über die Entry Points nachvollzogen werden. Vom zusammengefassten Ultimoposten einer Durchschnittskostenperiode kann somit in die einzelnen Transaktionen navigiert werden, die zum durchschnittlichen Einstandspreis der Periode geführt haben.

Menüoption: *Einkauf/Lager & Bewertung/Artikel* (siehe Abbildung 5.162 und Abbildung 5.163)

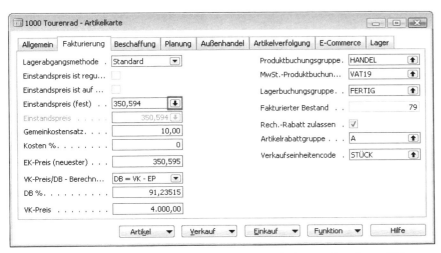

Abbildung 5.162 Übersicht der Entry Points im Rahmen der Durchschnittspreisberechnung (1/2)

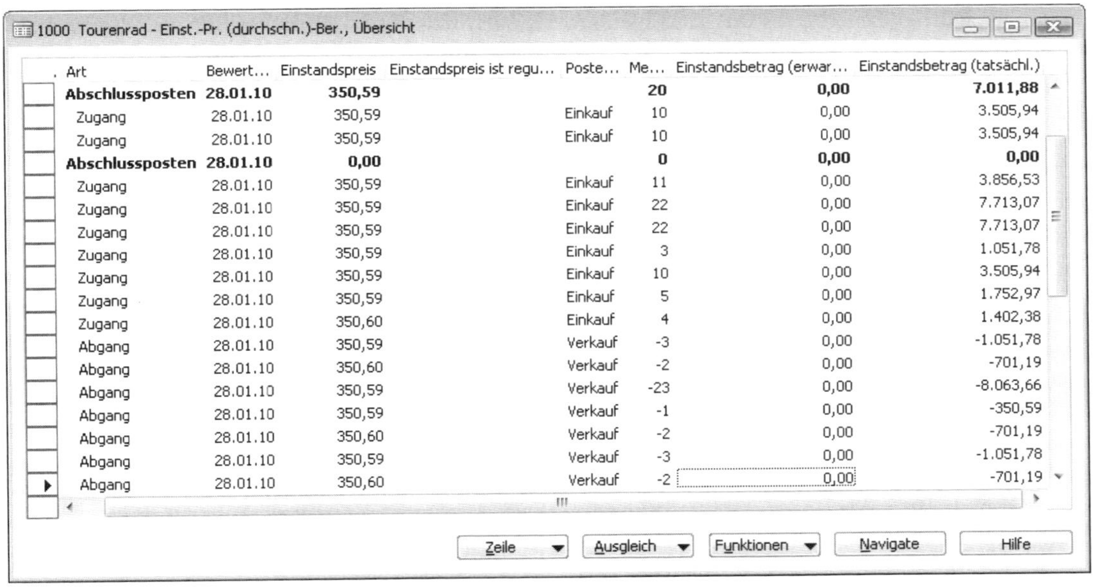
1000 Tourenrad - Einst.-Pr. (durchschn.)-Ber., Übersicht

Art	Bewert...	Einstandspreis	Einstandspreis ist regu...	Poste...	Me...	Einstandsbetrag (erwar...	Einstandsbetrag (tatsächl.)
Abschlussposten	**28.01.10**	**350,59**			**20**	**0,00**	**7.011,88**
Zugang	28.01.10	350,59		Einkauf	10	0,00	3.505,94
Zugang	28.01.10	350,59		Einkauf	10	0,00	3.505,94
Abschlussposten	**28.01.10**	**0,00**			**0**	**0,00**	**0,00**
Zugang	28.01.10	350,59		Einkauf	11	0,00	3.856,53
Zugang	28.01.10	350,59		Einkauf	22	0,00	7.713,07
Zugang	28.01.10	350,59		Einkauf	22	0,00	7.713,07
Zugang	28.01.10	350,59		Einkauf	3	0,00	1.051,78
Zugang	28.01.10	350,59		Einkauf	10	0,00	3.505,94
Zugang	28.01.10	350,59		Einkauf	5	0,00	1.752,97
Zugang	28.01.10	350,60		Einkauf	4	0,00	1.402,38
Abgang	28.01.10	350,59		Verkauf	-3	0,00	-1.051,78
Abgang	28.01.10	350,60		Verkauf	-2	0,00	-701,19
Abgang	28.01.10	350,59		Verkauf	-23	0,00	-8.063,66
Abgang	28.01.10	350,59		Verkauf	-1	0,00	-350,59
Abgang	28.01.10	350,60		Verkauf	-2	0,00	-701,19
Abgang	28.01.10	350,59		Verkauf	-3	0,00	-1.051,78
Abgang	28.01.10	350,60		Verkauf	-2	0,00	-701,19

Zeile | Ausgleich | Funktionen | Navigate | Hilfe

Abbildung 5.163 Übersicht der Entry Points im Rahmen der Durchschnittspreisberechnung (2/2)

Weiterhin bietet Dynamics NAV die Möglichkeit, über den Bericht *Lagerbew. – Einst.-Pr.-Ermittl.* die Einstandspreisberechnungen von Artikeln für ein beliebiges Bewertungsdatum nachvollziehen zu können. Hierbei werden alle Kosten, sowohl tatsächliche als auch erwartete Kosten, berücksichtigt und dargestellt.

Menüoption: *Finanzmanagement/Lager/Berichte/Lagerbew. – Einst.-Pr.-Ermittl.* (siehe Abbildung 5.164)

Abbildung 5.164 Selektionskriterien des Berichtes »Lagerbew. -Einst.-Pr.-Ermittl.«

TIPP In früheren Versionen (vor NAV 5.0 SP1) war es zusätzlich möglich, das Feld *Einstandspreis (durchsch.)* über das Setzen des FlowFilter *Datumsfilter* stichtagsbezogen berechnen zu lassen.

Neubewertung

Ein weiterer Aspekt der Lagerbewertung sind Neubewertungen bzw. Teilwertabschreibungen, die im Rahmen des Jahresabschlusses bzw. der Monats- und Quartalsabschlüsse beispielsweise durch das strenge Niederstwertprinzip des HGB notwendig sein können. Dynamics NAV bietet hierfür das Neubewertungsbuchungsblatt, durch welches der Wert des Vorratsvermögens auch rückwirkend beeinflusst werden kann.

Menüoption: *Lager/Lager/Neubewertungs Buch.-Blätter*

Über die Schaltfläche *Funktion/Lagerwert berechnen* kann eine Neuberechnung des Lagerwertes unter Berücksichtigung bestimmter Selektionskriterien durchgeführt werden. So kann neben einer Selektion der Artikel und Lagerorte auch das Bewertungsdatum und der neu beizulegende Wert (im Beispiel wurde der letzte Einkaufspreis als neuer Bewertungspreis ausgewählt) bedarfsgerecht gewählt werden (siehe Abbildung 5.165).

Abbildung 5.165 Neuberechnung des Lagerwertes (1/2)

Dynamics NAV erstellt daraufhin Buchungsblattzeilen, welche die entsprechend der Selektionskriterien notwendigen Korrekturbuchungen darstellen (siehe Abbildung 5.166).

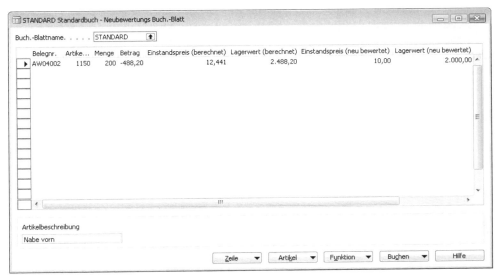

Abbildung 5.166 Neuberechnung des Lagerwertes (2/2)

Im Feld *Lagerwert (neu bewertet)* wird pro Zeile der neue Wert zugeordnet, wobei das Feld auch manuell überschrieben werden kann. Beim Verbuchen des Neubewertungsbuchungsblatts werden entsprechende Wertposten erzeugt, um den eingegebenen Lagerwert zu erreichen. Sind hiervon auch bereits verkaufte Artikel betroffen, so werden diese Wareneinsätze durch die Lagerregulierung im Anschluss aktualisiert.

Abstimmung zwischen Materialwirtschaft und Finanzbuchhaltung

Um die Lagerwerte der Materialwirtschaft (die sich über die Wertposten berechnen) mit den Lagerwerten der Finanzbuchhaltung (die sich über die Sachposten berechnen) vergleichen zu können, kann das Form *Lager – Sachpostenabstimmung* genutzt werden. Wie in Abbildung 5.157 und in Tabelle 5.9 bis Tabelle 5.12 dargestellt, kommt es beispielsweise bei Aufträgen und Bestellungen, deren Lieferung, aber nicht deren Fakturierung gebucht wurde, zu Differenzen zwischen den Lagerwerten in der Logistik und der Finanzbuchhaltung, sofern Soll-Kosten nicht gebucht werden. Darüber hinaus stellt die Abfrage weitere Informationen und Selektionsmöglichkeiten zur Verfügung, wie im Folgenden beschrieben und in Abbildung 5.167 verdeutlicht.

BEGLEITMATERIAL   Da die Zeilenbeschriftungen im ursprünglichen Form aufgrund von Unschärfen bei der Übersetzung ins Deutsche teilweise verwirrend sind, wurden Anpassungen in der Feldbenennung vorgenommen. Wir verweisen auf das Begleitmaterial zu diesem Buch, in welchem die modifizierten Objekte enthalten sind, die zur Anschauung beispielsweise in die Testumgebung eingespielt werden können (siehe in Anhang A den Abschnitt »Modifizierte Lager – Sachpostenabstimmung«). Neben der Änderung der Zeilenbeschriftungen sind weitere nützliche Funktionalitäten wie die integrierte Möglichkeit einer ABC-Analyse auf Lagerwerte inklusive der automatischen Identifikation von Einstandspreisschwankungen ab einer definierbaren Höhe über das Form abrufbar. Die dazu notwendige Anpassung des Reports zur Artikel-ABC-Analyse ist ebenfalls im Begleitmaterial enthalten (siehe in Anhang A den Abschnitt »Artikel-ABC-Analyse«).

Die Begleitdateien stehen als Download zur Verfügung. Sie können diese von der Seite *http://go.microsoft.com/fwlink/?LinkID=153144* herunterladen.

ACHTUNG Der Abgleich der Lager- und Sachposten erfolgt durch den Vergleich der Wert- und Sachposten in den Modulen Lager und Finanzbuchhaltung zu einem definierbaren Zeitpunkt. Technisch erfolgt dies durch die Abfrage der Wertposten unter Berücksichtigung bestimmter Parameter wie Artikelpostenart und Postenart, bei den Sachposten durch die Analyse der Buchungsmatrix und der Selektion der Posten in den hinterlegten Konten. Da das Form die Analyse aufgrund der aktuell gültigen Buchungsmatrix und Lagerbuchungseinrichtung vornimmt, kann es bei Änderungen in der Buchungsmatrix zu Analyseschwierigkeiten kommen, wenn Konten ersetzt und nicht mehr in der Buchungsmatrix oder Lagerbuchungseinrichtung aufgeführt werden. Es ist deshalb zu empfehlen, die ersetzten Konten über eine eigene Produkt- oder Lagerbuchungsgruppe in der Buchungsmatrix oder Lagerbuchungseinrichtung zu führen, zumindest bis keine Sachposten mehr in den entsprechenden Konten geführt werden.

Menüoption: *Finanzmanagement/Lager/Analysen & Berichtswesen/Lager – Sachpostenabstimmung* (siehe Abbildung 5.167)

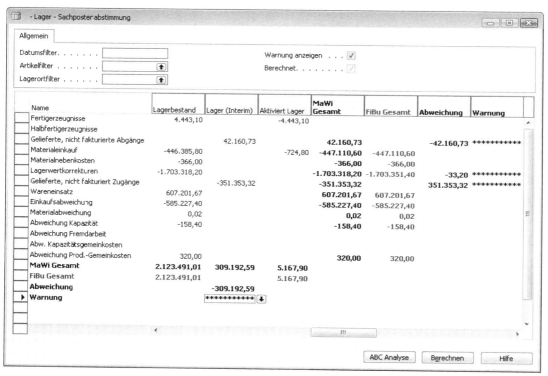

Abbildung 5.167 Abstimmung zwischen Materialwirtschaft und Finanzbuchhaltung

Die Abfrage der Werte erfolgt über die Befehlsschaltfläche *Berechnen*. Im Kopf können vorher Selektionskriterien bezüglich Datum, Artikel und Lagerort gepflegt werden. Wurde die Option *Warnung anzeigen* aktiviert, erzeugt das System Warnmeldungen zu Systemeinstellungen und Abweichungen zwischen Materialwirtschaft und Finanzbuchhaltung (siehe Abschnitt »Warnmeldungen« weiter unten). Über den Drilldown in den jeweiligen Feldern und die Nutzung der *Navigate*-Funktion bietet das System die Möglichkeit, detaillierte Informationen zu den einzelnen Werten abzurufen. Die Erläuterungen zu den Spalten und Zeilen sind in Tabelle 5.13 enthalten.

Feld	Erläuterung
Name	Die Zeilen entsprechen den in der Buchungsmatrix und Lagerbuchungseinrichtung dargestellten Konten, die durch den Report analysiert werden
Lagerbestand	Enthält die jeweiligen Summen der tatsächlichen Einstandsbeträge
Lager (Interim)	Enthält die jeweiligen Summen der erwarteten Einstandsbeträge, beispielsweise bei gelieferten, nicht fakturierten Zu- und Abgängen
Aktiviert Lager	Dient als Gegenkonto bei der Darstellung der Fertig- und Halbfertigerzeugnisse sowie als Sammelposten für verrechnete Kosten ohne Artikelbezug
MaWi Gesamt	Summe der jeweiligen Wertposten
FiBu Gesamt	Summe der jeweiligen Sachposten
Abweichung	Differenz zwischen Wert- und Sachposten. Im dargestellten Beispiel sorgt die fehlende Aktivierung der Soll-Kosten-Buchung dafür, dass die gelieferten, nicht fakturierten Artikel in der Logistik auf den Interimskonten erfasst, in der Finanzbuchhaltung jedoch nicht gebucht werden.
Warnung	Hinweis auf potenzielle Schwachstellen und Gründe für Abweichungen. Siehe Tabelle 5.15.

Tabelle 5.13 Erläuterungen zu den Feldern der Form *Lager – Sachpostenabstimmung*

Zur weiteren Verdeutlichung enthält Tabelle 5.14 die technischen Bezeichnungen sowie die Berechnungsalgorithmen der verschiedenen Zeilen und Felder.

Name	Lagerbestand Summe: *Einstandsbetrag (tatsächl.)* Tabelle *Wertposten*, Filter:	Lager (interim) Summe: *Einstandsbetrag (erwartet)* Tabelle *Wertposten*, Filter:	Aktiviert Lager Summe: Einstandsbetrag (tatsächl.) Tabelle *Wertposten*, Filter:
Lager auf WIP (Fertigerzeugnisse)	Artikelpostenart = <Istmeldung|Verbrauch> Postenart = <EK-Preis>		Artikelpostenart = <Verbrauch>, Postenart = <EK-Preis> & Artikelpostenart = <Istmeldung>, Postenart = <EK-Preis|Neubewertung>
WIP auf Interim (Halbfertigerzeugnisse)		Artikelpostenart = <Istmeldung>, Postenart = <EK-Preis|Neubewertung>	Artikelpostenart = <Istmeldung>, Postenart = <EK-Preis|Neubewertung>
LAGERVERBR (Interim) (Gelieferte, nicht fakturierte Abgänge)		Artikelpostenart = <Verkauf>, Postenart = <EK-Preis|Neubewertung>	
Direkte Kosten verrechnet (Materialeinkauf)	Artikelpostenart = <Einkauf>, Postenart = <EK-Preis>		Artikelnr. = <leer>, Artikelpostenart = <leer>, Postenart = <EK-Preis>
Gemeinkosten verrechnet (Materialnebenkosten)	Artikelpostenart = <Einkauf|Istmeldung>, Postenart = <Kosten>		Artikelnr. = <leer>, Artikelpostenart = <leer>, Postenart = <Kosten>
Lagerkorrektur (Lagerwertkorrekturen)	Artikelpostenart = <Zugang|Abgang|Umlagerung>, Postenart = <EK-Preis> & Postenart = <Rundung|Neubewertung>		

Tabelle 5.14 Technische Bezeichnung und Erklärung der Berechnungen der Zeilen und Felder

Name	Lagerbestand Summe: *Einstandsbetrag (tatsächl.)* Tabelle *Wertposten*, Filter:	Lager (interim) Summe: *Einstandsbetrag (erwartet)* Tabelle *Wertposten*, Filter:	Aktiviert Lager Summe: Einstandsbetrag (tatsächl.) Tabelle *Wertposten*, Filter:
Lagerzugang (Interim) (Gelieferte, nicht fakturierte Zugänge)		*Artikelpostenart = <Einkauf>, Postenart = <EK-Preis>*	
LAGERVERBR (Wareneinsatz)	*Artikelpostenart = <Verkauf>, Postenart = <EK-Preis>*		
Einkaufsabweichung	*Artikelpostenart = <Einkauf>, Postenart = <Abweichung>*		
Materialabweichung	*Artikelpostenart = <Istmeldung>, Postenart = <Abweichung>, Abweichungsart = <Material>*		
Abweichung Kapazität	*Artikelpostenart = <Istmeldung>, Postenart = <Abweichung>, Abweichungsart = <Kapazität>*		
Abweichung Fremdarbeit	*Artikelpostenart = <Istmeldung>, Postenart = <Abweichung>, Abweichungsart = <Fremdarbeitskosten>*		
Abw. Kapazitäts- gemeinkosten	*Artikelpostenart = <Istmeldung>, Postenart = <Abweichung>, Abweichungsart = <Kapazitätsgemeinkosten>*		
Abweichung Prod.-Gemeinkosten	*Artikelpostenart = <Istmeldung>, Postenart = <Abweichung>, Abweichungsart = <Produktionsgemeinkosten>*		

Tabelle 5.14 Technische Bezeichnung und Erklärung der Berechnungen der Zeilen und Felder *(Fortsetzung)*

Warnmeldungen

Neben den ausgezeichneten Auswertungsmöglichkeiten zu Abweichungen zwischen Lager und Finanzbuchhaltung je Bereich sowie bezüglich der unterschiedlichen Bilanz- und GuV-Konten inklusive Mengen- und Bewertungskorrekturen (Feld *Lagerwertkorrekturen*) werden Warnungen angezeigt, zu denen über den Drilldown im entsprechenden Feld ausführlichere Warnmeldungen verfügbar sind (siehe Abbildung 5.168).

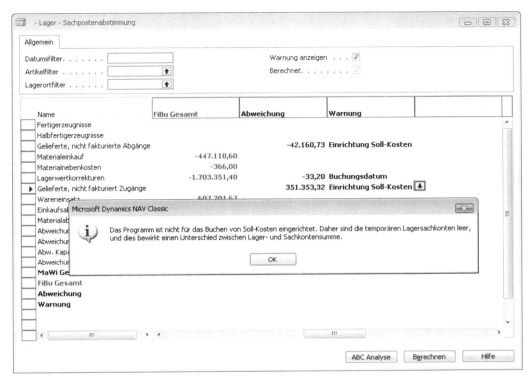

Abbildung 5.168 Warnungen und Warnmeldungen

Die im System hinterlegten Warnungen und die daran gekoppelten Warnmeldungen werden in der folgenden Tabelle aufgeführt (siehe Tabelle 5.15).

Warnung	Warnmeldung
Einrichtung Soll-Kosten	Das Programm ist nicht für das Buchen von Soll-Kosten eingerichtet. Daher sind die temporären Lagersachkonten leer, und dies bewirkt einen Unterschied zwischen Lager- und Sachkontensumme.
Kosten auf Sachkonten buchen	Einige der Einstandsbeträge in den Inventurposten wurden nicht auf Sachkonten gebucht. Sie müssen die Stapelverarbeitung ‚Lagerregulierung buchen‘ ausführen, um die Posten abzustimmen.
Komprimierung	Für einige der Lager- oder Sachkontoposten wurde Datumskomprimierung ausgeführt
Buchungsgruppe	Möglicherweise haben Sie den Kontenplan durch Neuzuweisungen von auf das Lager bezogenen Konten in der Allgemeinen und/oder Lagerbuchungseinrichtung umstrukturiert
Direktbuchung	Einige Lagerkosten wurden unter Umgehung des Lagerhilfsbuchs direkt auf ein Sachkonto gebucht
Buchungsdatum	Innerhalb der Berichtsperiode besteht eine Abweichungen zwischen dem Buchungsdatum des Wertpostens und dem verknüpften Sachposten
Geschlossenes Geschäftsjahr	Einige der Einstandsbeträge wurden in einem geschlossenem Geschäftsjahr gebucht. Daher weichen die lagerbezogenen Summen in der GuV von den mit ihnen verknüpften Sachkonten ab.
Ähnliche Konten	Möglicherweise haben Sie ein Sachkonto für verschiedene Lagertransaktionen definiert
Gelöschte Konten	Möglicherweise haben Sie den Kontenplan durch Löschen lagerbezogener Konten umstrukturiert

Tabelle 5.15 Warnungen und Warnmeldungen

TIPP Die bereitgestellten Informationen der Lager – Sachpostenabstimmung inklusive der Warnmeldungen sollten bei jeder lagerbezogenen Prüfung genutzt werden. So sollten Abweichungen zwischen der Materialwirtschaft und Finanzbuchhaltung, Fehlermeldungen sowie Lagerwertkorrekturen und Abweichungen (über die *Drilldown*- und *Navigate*-Funktionalitäten in den jeweiligen Feldern) analysiert werden.

Kontenfindung in der Lagerbewertung

Die Kontenfindung in der Finanzbuchhaltung erfolgt entsprechend der Postenart des Wertpostens und der Artikelpostenart der Transaktion (siehe Tabelle 5.16).

Geschäftsvorfall	Wertpostenart	Konto (Soll)	Konto (Haben)
Einkaufsfakturierung von Artikeln	*EK-Preis*	*Lagerkonto* aus *Lagerbuchung Einrichtung* [Selektionskriterien: *Lagerortcode* und *Lagerbuchungsgruppe* des Artikels]	*Direkte Kosten Verrechn. Konto* aus *Buchungsmatrix* [Selektionskriterien: *Geschäftsbuchungsgruppe* des Kreditoren und *Produktbuchungsgruppe* des Artikels]
Verkaufsfakturierung von Artikeln	*EK-Preis*	*Lagerverbrauchskonto* aus der *Buchungsmatrix* [Selektionskriterien: *Geschäftsbuchungsgruppe* des Debitoren und *Produktbuchungsgruppe* des Artikels]	*Lagerkonto* aus *Lagerbuchung Einrichtung* [Selektionskriterien: *Lagerortcode* und *Lagerbuchungsgruppe* des Artikels]
Buchung von Gemeinkosten beim Einkauf	*Kosten*	*Lagerkonto* aus *Lagerbuchung Einrichtung* [Selektionskriterien: *Lagerortcode* und *Lagerbuchungsgruppe* des Artikels]	*Gemeinkostenverrechnungskonto* aus der *Buchungsmatrix* [Selektionskriterien: *Geschäftsbuchungsgruppe* des Kreditoren und *Produktbuchungsgruppe* des Artikels]
Buchung von Eingangsfrachten	*EK-Preis*	*Lagerkonto* aus *Lagerbuchung Einrichtung* [Selektionskriterien: *Lagerortcode* und *Lagerbuchungsgruppe* des Artikelpostens]	*Direkte Kosten Verrechn. Konto* aus *Buchungsmatrix* [Selektionskriterien: *Geschäftsbuchungsgruppe* und *Produktbuchungsgruppe* des ersten Wertpostens des Artikelpostens]
Teilwertabschreibungen auf Vorratsvermögen	*Neubewertung*	*Lagerkorrekturkonto* aus *Buchungsmatrix* [Selektionskriterien: *Geschäftsbuchungsgruppe* und *Produktbuchungsgruppe* des ersten Wertpostens des Artikelpostens]	*Lagerkonto* aus *Lagerbuchung Einrichtung* [Selektionskriterien: *Lagerortcode* und *Lagerbuchungsgruppe* des Artikelpostens]
Umlagerungen und Lagerbestandskorrekturen (Zugang, Abgang)	*EK-Preis*	*Lagerkonto* aus *Lagerbuchung Einrichtung* bzw. *Lagerkorrekturkonto* aus *Buchungsmatrix*	*Lagerkonto* aus *Lagerbuchung Einrichtung* bzw. *Lagerkorrekturkonto* aus *Buchungsmatrix*

Tabelle 5.16 Kontenfindung für Lagertransaktionen in der Finanzbuchhaltung

Geschäftsvorfall	Wertpostenart	Konto (Soll)	Konto (Haben)
Artikel EK der Lagerabg.-meth. Standard über dem festen Einstandspreis	Abweichung	Lagerkonto aus *Lagerbuchung Einrichtung* *[Selektionskriterien: Lagerortcode* und *Lagerbuchungsgruppe* des Artikels]	Einkaufsabweichungskonto aus *Buchungsmatrix* *[Selektionskriterien: Geschäftsbuchungsgruppe* des Kreditoren und *Produktbuchungsgruppe* des Artikels]
Verbrauch von Artikeln in der Produktion	EK-Preis	Unf.-Arbeit-Konto aus *Lagerbuchung Einrichtung* *[Selektionskriterien: Lagerortcode* und *Lagerbuchungsgruppe* des Artikels]	Lagerkonto aus *Lagerbuchung Einrichtung* *[Selektionskriterien: Lagerortcode* und *Lagerbuchungsgruppe* des Artikels]

Tabelle 5.16 Kontenfindung für Lagertransaktionen in der Finanzbuchhaltung *(Fortsetzung)*

Lagerbewertung aus Compliance-Sicht

Potentielle Risiken

- Inkorrekte Abbildung der Lagerbestände in der Finanzbuchhaltung

Prüfungsziel

- Sicherstellung der korrekten Abbildung der Lagerbestände in der Finanzbuchhaltung

Prüfungshandlungen

Überleitung der Artikelposten zu Sachposten sowie die korrekte Einstandspreisermittlung sicherstellen

- Überprüfung, ob bei der Erstellung der Artikel- und Wertposten in der Logistik die entsprechenden Sachposten in der Finanzbuchhaltung generiert wurden. Dazu ist im ersten Schritt zu prüfen, ob die automatische Lagerbuchung aktiviert ist, die einen Abgleich der Sach- und Artikel-/Wertposten bei Fakturierung von Bestellungen/Aufträgen sicherstellt.

  Menüoption: *Lager/Einrichtung/Lager Einrichtung/Automatische Lagerbuchung*

  Darüber hinaus ist zu überprüfen, ob die Stapelverarbeitungen *Lagerregulierung fakt. Einst. Preise* und *Lagerreg. buchen* durchgeführt wurden.

  Feldzugriff: *Tabelle 27 Artikel/Felder Nr., Beschreibung, Einstandspreis ist reguliert [Wert Nein]*

  Feldzugriff: *Tabelle 5811 Wertposten in Sachkonten buchen* (Tabelle muss leer sein)

  Für weitere Details verweisen wir auf Abschnitt »Buchungen in der Materialwirtschaft und Finanzbuchhaltung« ab Seite 391. Ist bei allen Artikeln der Artikelpreis reguliert, kann von einer Übereinstimmung der Artikel- und Sachposten ausgegangen werden. Eine Überprüfung ist über die Menüoption *Finanzmanagement/Lager/Analyse & Berichtswesen/Lager – Sachpostenabstimmung* möglich.

- Analyse, ob gelieferte, aber nicht fakturierte Aufträge und Bestellungen existieren (Anlage von Artikel- und Wertposten, keine Anlage von Sachposten). Falls gelieferte, nicht fakturierte Auftrags- oder Bestellbelege identifiziert wurden, ist zu überprüfen, ob diese in der Finanzbuchhaltung korrekt abgebildet wurden (entweder im System über Soll-Kosten oder als manuelle Bilanzkorrektur).

BEGLEITMATERIAL   Zur Identifikation der Aufträge und Bestellungen, die als geliefert, aber nicht als fakturiert gebucht wurden, wurde ein Report erstellt, der im Begleitmaterial zu diesem Buch (siehe in Anhang A den Abschnitt »Gelieferte, nicht fakturierte Verkaufspositionen«) zur Verfügung steht.

Die Begleitdateien stehen als Download zur Verfügung. Sie können diese von der Seite *http://go.microsoft.com/fwlink/?Link ID=153144* herunterladen.

Darüber hinaus ist es über die Menüoption *Finanzmanagement/Lager/Analyse & Berichtswesen/Lager – Sachpostenabstimmung* möglich, die gelieferten und nicht fakturierten Zu- und Abgänge zu identifizieren und im Detail über Drilldown und die Navigate-Funktion nachzuverfolgen. Zu beachten ist, dass im Form die Einstandspreise der gelieferten Artikel angezeigt werden, nicht die Verkaufspreise, was bei der periodengerechten Abgrenzung von Umsätzen zu beachten ist.

Die Analyse der Einrichtung zur Verbuchung der Soll-Kosten erfolgt über die Menüoption *Lager/Lager Einrichtung/Soll-Kosten buchen* (aktiviert).

Falls die automatische Soll-Kosten-Erfassung aktiviert ist, kann über die Menüoption *Finanzmanagement/Einrichtung/Buchungsgruppen/Lagerbuchung Einrichtung* überprüft werden, welches Konto zur Erfassung der Soll-Kosten zwecks Abbildung des Zugangs/Abgangs im Vorratsvermögen hinterlegt wurde. Die Gegenkonten sind in der Buchungsmatrix in den Feldern *Lagerverbrauchskonto (Interim)* und *Lagerzugangskonto (Interim)* hinterlegt und können über die Menüoption *Finanzmanagement/Einrichtung/Buchungsgruppen/Allgemein/Buchungsmatrix Einrichtung* angezeigt werden.

ACHTUNG   Wie bereits im Abschnitt »Buchung von Soll-Kosten« auf Seite 393 erläutert, sollte es sich beim Lagerzugangskonto um ein Bilanzkonto handeln (Abbildung des Warenzugangs als »Vorratsvermögen«, Gegenkonto »Verbindlichkeiten«), beim Lagerverbrauchskonto um ein GuV-Konto (Abbildung des Warenabgangs als »Wareneinsatz«, Gegenkonto »Vorratsvermögen«).

Die Soll-Kosten berücksichtigen lediglich die zu erfassenden Lagerzugänge oder Wareneinsätze, nicht die entsprechenden Umsatzerlöse für gelieferte, nicht fakturierte Verkaufsaufträge. Zur Sicherstellung des periodengerechten Ausweises der entsprechenden Umsatzerlöse sind die gelieferten, aber nicht fakturierten Verkaufsaufträge in der Finanzbuchhaltung als »Forderungen« und »Umsatzerlöse« zu erfassen. Hierfür bietet Dynamics NAV keine automatische Buchungssatzerstellung an. Diese Buchungen sind somit im Rahmen des Monats- und Jahresabschlusses manuell durchzuführen.

BEGLEITMATERIAL   Zur Identifikation der entsprechenden Aufträge verweisen wir auf den im Begleitmaterial zu diesem Buch zur Verfügung stehenden Report (siehe in Anhang A den Abschnitt »Gelieferte, nicht fakturierte Verkaufspositionen«) sowie auf die Abfragemöglichkeiten im Rahmen des Forms *Lager – Sachpostenabstimmung*.

Die Begleitdateien stehen als Download zur Verfügung. Sie können diese von der Seite *http://go.microsoft.com/fwlink/?Link ID=153144* herunterladen.

- Überprüfung, ob der Ausgleich für Artikelkorrekturen berechnet wurde

  Menüoption: *Lager/Logistikmanagement/Berichte/Ausgleichslagerplatz*

  Existieren Einträge im Bericht, lässt dies darauf schließen, dass der Ausgleich nicht oder nicht vollständig durchgeführt wurde.

  Überprüfung, ob Retouren immer mit Bezug zur originären Lieferung gebucht wurden. Hierzu ist im ersten Schritt die entsprechende Einrichtung zu analysieren.

  Menüoption: *Verkauf & Marketing/Einrichtung/Debitoren & Verkauf Einr.* Feld *Einst.-Pr.-Rückverfolg.* aktiviert

Darüber hinaus ist zu prüfen, ob Retouren einen entsprechenden Ausgleichsposten aufweisen.

Feldzugriff: *Tabelle 6651 Rücklieferzeile/Felder Belegnr., Eink. von Kred.-Nr., Nr., Lagerort, Einheit, Menge, Einstandspreis (MW), Ausgleich mit Artikelposten*

Analyse der verwendeten Lagerabgangsmethode

Die verwendeten Lagerabgangsmethoden sind zu identifizieren und mit den gesetzlichen Anforderungen abzugleichen.

Feldzugriff: *Tabelle 27 Artikel/Felder Nr., Beschreibung, Lagerabgangsmethode, Einstandspreis, EK-Preis (neuester)*

HINWEIS   Da ein fester Ausgleich zu einer Umgehung der hinterlegten Lagerabgangsmethode führt, sind entsprechende feste Zuordnungen für Artikel mit abweichenden Lagerabgangsmethoden und die Auswirkungen auf Lagerbewertung und GuV zu analysieren.

Analyse der Lagerbuchungsperioden

Eine Analyse der Pflege der Lagerbuchungsperioden kann über die Menüoption *Finanzmanagement/Einrichtung/Buchhaltungsperioden* erfolgen. Generell sollten die Perioden zeitnah geschlossen werden, um Buchungen in alte Perioden zu vermeiden. Anhand der Lagerbuchungsperioden-Posten kann zusätzlich analysiert werden, ob, wann und durch wen es zu einer Öffnung bzw. Schließung der Lagerbuchungsperioden gekommen ist.

Menüoption: *Finanzmanagement/Einrichtung/Buchhaltungsperioden/Lagerbuchungsperiode/Lagerperiode/ Lagerperiodenposten*

Analyse der Kontenfindung

Im Rahmen der Lagerbewertung sind die in der Buchungsmatrix und in der Lagerbuchungseinrichtung hinterlegten Konten zu analysieren und bezüglich deren korrekten Ausweises in der Bilanz und GuV zu beurteilen. Von speziellem Interesse sind hier beispielsweise die Interimskonten (siehe Hinweis oben) die Einrichtungen der Transit-Lagerorte und die hinterlegten Konten für Mengen- und Wertkorrekturen, aber auch die hinterlegten Konten für die Standard-Geschäftsvorfälle wie Beschaffung und Verkauf (siehe die Tabelle 5.16, in Kapitel 3 den Abschnitt »Buchungsprozesse« und das Kapitel 7). Die Menüoptionen zur Ansicht der Buchungsmatrix und der Lagerbuchungseinrichtung sind die folgenden:

Menüoption: *Finanzmanagement/Einrichtung/Buchungsgruppen/Allgemein/Buchungsmatrix Einrichtung*

Menüoption: *Finanzmanagement/Einrichtung/Lagerbuchung Einrichtung*

Einen guten Überblick über die Geschäftsvorfälle und Buchungen im Lager bietet die Auswertung *Lager – Sachposten*, Menüoption *Finanzmanagement/Lager/Analyse & Berichtswesen/Lager – Sachpostenabstimmung*.

Neben der Analyse der Einrichtung des Systems sollte auch geprüft werden, auf welche Konten tatsächlich gebucht wurde. Beispielsweise ist es denkbar, dass durch Belegänderungen im Bereich Geschäfts-, Lager-, Produktbuchungsgruppe vom Standard abweichende Konten genutzt wurden.

BEGLEITMATERIAL   Hierzu wird ein Report im Begleitmaterial zu diesem Buch bereitgestellt (siehe in Anhang A den Abschnitt »Konsistenzanalyse«).

Die Begleitdateien stehen als Download zur Verfügung. Sie können diese von der Seite *http://go.microsoft.com/fwlink/?Link ID=153144* herunterladen.

Journal Entry Testing

Als Basis für die Selektion der Posten für ein effektives Journal Entry Testing ist zunächst eine Übersicht über die wesentlichen Lagerposten und deren Bewertung notwendig, welche anhand verschiedener Basisreports gewonnen werden kann:

Menüoption: *Einkauf/Lager & Bewertung/Berichte/Lagerwert*

Menüoption: *Einkauf/Lager & Bewertung/Berichte/Lager ? Verfügbarkeit*

Menüoption: *Einkauf/Lager & Bewertung/Berichte/Lager – Einst.-Preisabweichung*

Menüoption: *Einkauf/Lager & Bewertung/Berichte/Lagerbew. – Einst.-Pr.-Ermittl.*

Menüoption: *Einkauf/Lager & Bewertung/Berichte/Artikellagerzeit – Wert*

Menüoption: *Einkauf/Lager & Bewertung/Berichte/Artikeljournal – Wert*

Menüoption: *Einkauf/Lager & Bewertung/Berichte/Artikel-ABC-Analyse*

Beispielsweise kann anhand der ABC-Analyse eine Auswahl der wert- und mengenmäßig größten Artikeltransaktionen/-posten getroffen werden (denkbar wäre beispielsweise die Analyse der Artikel bezüglich der wert- oder mengenmäßig höchsten Beschaffungsvolumen oder bezüglich der stichtagsbezogenen Lagerwerte), die im Rahmen einer Stichprobenprüfung einer genauen Kontrolle der Einstandspreise (über die Analyse der Wertposten inklusive der Beschaffungskosten und Beschaffungsnebenkosten) und der physischen Existenz unterzogen werden.

Dies kann über die modifizierte ABC-Analyse durchgeführt werden, indem in den Optionen die entsprechenden Einstellungen vorgenommen werden (siehe Abbildung 5.169).

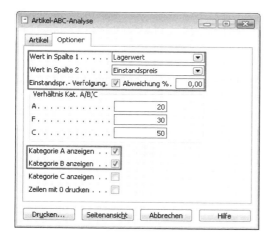

Abbildung 5.169 Relevante Selektionskriterien in der modifizierten ABC-Analyse

Alternativ ist es möglich, über die Artikelkarten der ausgesuchten Artikel und einen Drilldown im Feld *Einstandspreis* die Historie der Einstandspreise zu öffnen (über die Menüschaltfläche *Funktionen/Alle aufklappen* sind die Postenarten einzublenden) und über *Navigate* weiter zu den Belegen vorzudringen (siehe Abbildung 5.170).

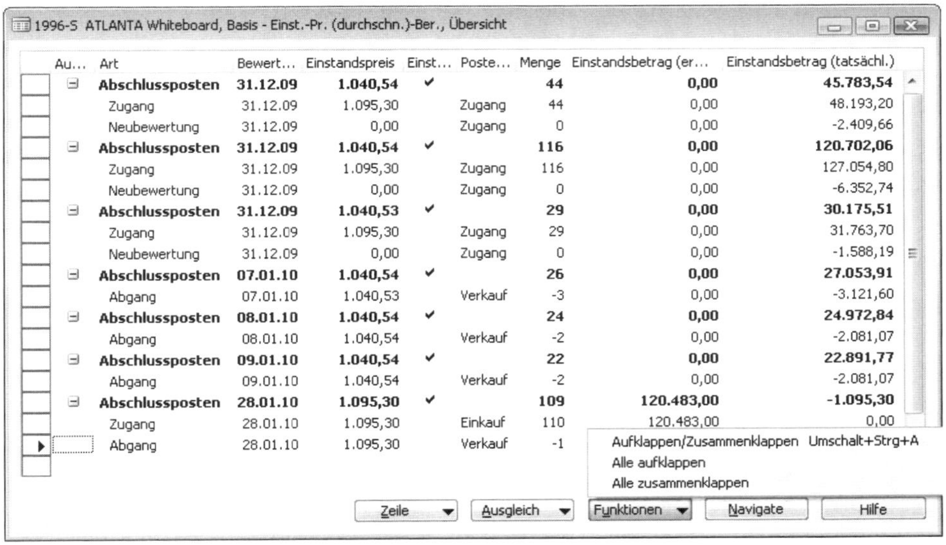
1996-S ATLANTA Whiteboard, Basis - Einst.-Pr. (durchschn.)-Ber., Übersicht

Au...	Art	Bewert...	Einstandspreis	Einst...	Poste...	Menge	Einstandsbetrag (er...	Einstandsbetrag (tatsächl.)
⊟	**Abschlussposten**	**31.12.09**	**1.040,54**	✔		**44**	**0,00**	**45.783,54**
	Zugang	31.12.09	1.095,30		Zugang	44	0,00	48.193,20
	Neubewertung	31.12.09	0,00		Zugang	0	0,00	-2.409,66
⊟	**Abschlussposten**	**31.12.09**	**1.040,54**	✔		**116**	**0,00**	**120.702,06**
	Zugang	31.12.09	1.095,30		Zugang	116	0,00	127.054,80
	Neubewertung	31.12.09	0,00		Zugang	0	0,00	-6.352,74
⊟	**Abschlussposten**	**31.12.09**	**1.040,53**	✔		**29**	**0,00**	**30.175,51**
	Zugang	31.12.09	1.095,30		Zugang	29	0,00	31.763,70
	Neubewertung	31.12.09	0,00		Zugang	0	0,00	-1.588,19
⊟	**Abschlussposten**	**07.01.10**	**1.040,54**	✔		**26**	**0,00**	**27.053,91**
	Abgang	07.01.10	1.040,53		Verkauf	-3	0,00	-3.121,60
⊟	**Abschlussposten**	**08.01.10**	**1.040,54**	✔		**24**	**0,00**	**24.972,84**
	Abgang	08.01.10	1.040,54		Verkauf	-2	0,00	-2.081,07
⊟	**Abschlussposten**	**09.01.10**	**1.040,54**	✔		**22**	**0,00**	**22.891,77**
	Abgang	09.01.10	1.040,54		Verkauf	-2	0,00	-2.081,07
⊟	**Abschlussposten**	**28.01.10**	**1.095,30**	✔		**109**	**120.483,00**	**-1.095,30**
	Zugang	28.01.10	1.095,30		Einkauf	110	120.483,00	0,00
	Abgang	28.01.10	1.095,30		Verkauf	-1		

Abbildung 5.170 Einstandspreis-Historie

Weitere Prüfungshandlungen in diesem Rahmen wären beispielsweise die Identifikation von Überbeständen inklusive potenziell notwendiger Wertminderungen oder Prüfungen der Werthaltigkeit von Artikeln über die Lagerzeiten (beispielsweise im Rahmen des Prinzips »Lower of cost or market«).

Auch sollten die über die Artikel-Buchungsblätter und im Rahmen der Neubewertung durchgeführten Anpassungen genauer untersucht werden, da es sich hierbei um Korrekturbuchungen im Mengen- und/oder Wertgerüst der Lagerbewertung handelt.

Dies ist über die Analyse des *Artikeljournals* in Verbindung mit dem *Herkunftscode* »ARTBUCHBL|NEUBW-BUBL« möglich, wie in Kapitel 3 im Abschnitt »Journal Entry Testing« dargestellt (eine Validierung der Benennung der verwendeten Herkunftscodes kann über die Menüoption: *Verwaltung/Anwendung Einrichtung/Finanzmanagement/Verfolgungscodes/Herkunftscode Einrichtung* erfolgen).

Im Rahmen der Journal Entry Tests sollten ebenfalls negative Lagerbestände analysiert werden.

Menüoption: *Lager/Planung* & *Ausführung/Artikel/Artikel nach Lagerort* dort Tabellenfilter je Lagerort *Lagerbestand »< 0«]*

Methodik der automatischen Wiederbeschaffung

Zur Vervollständigung des Systemverständnisses wird abschließend kurz auf die Methodik der Anforderungsverwaltung eingegangen. Die Anforderungsverwaltung dient der Beschaffung optimaler Artikelmengen, um einen reibungslosen Ablauf unter gleichzeitiger Kosteneffizienz zu gewährleisten.

Die Methodik des Systems sowie die wesentlichen Parameter, die alle über die Artikelkarte zu pflegen sind bzw. über die Lagerhaltungsdaten abgerufen werden, wenn Lagerhaltungsdaten verwendet werden, sind in Abbildung 5.171 dargestellt. Die Definitionen der entsprechenden Parameter sind in Tabelle 5.17 enthalten.

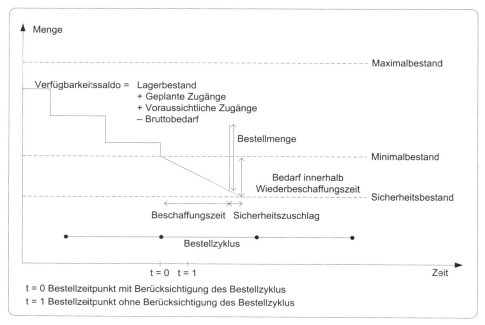

Abbildung 5.171 Methodik der automatischen Wiederbeschaffung

Parameter	Beschreibung
Verfügbarkeitssaldo	Der Verfügbarkeitssaldo ergibt sich als *Lagerbestand* zuzüglich *Geplante Zugänge* zuzüglich *Voraussichtliche Zugänge* abzüglich dem *Bruttobedarf*
Lagerbestand	Summe aller gebuchten Artikelzugänge abzüglich aller gebuchten Abgänge. Entspricht der Menge der in den Lagerorten verfügbaren Artikel.
Geplante Zugänge	Fest geplante und freigegebene Fertigungsaufträge, Einkaufsbestellungen und Umlagerungsaufträge
Voraussichtliche Zugänge	Geplante Fertigungsaufträge, Planungs- und Bestellvorschläge
Bruttobedarf	Gesamter Bedarf eines Artikels, bestehend aus unabhängigem Bedarf (Verkaufs-, Service-, Umlagerungsaufträge und Absatzplanungen) und abhängigem Bedarf (Komponenten aus geplanten, fest geplanten und freigegebenen Fertigungsaufträgen sowie aus Bestell- und Planungsvorschlägen)
Maximalbestand	Maximaler Lagerbestand. Dient, je nach *Wiederbeschaffungsverfahren*, der Berechnung der *Bestellmenge*.
Minimalbestand	Menge, bei deren Unterschreitung das System den Bedarf erkennt, den Artikel wiederzubeschaffen. Sollte so berechnet werden, dass der voraussichtliche Lagerbestand am Ende der *Beschaffungszeit* nicht unter den *Sicherheitsbestand* fällt.
Sicherheitsbestand	Bestand, der als Sicherheit für Nachfrageschwankungen während der *Beschaffungszeit* dienen sollte
Bestellzyklus	Das Feld enthält die Datumsformel für den Planungszeitraum. Bedarfe innerhalb des Bestellzyklus werden aggregiert. Beschaffungsaufträge, die innerhalb des Bestellzyklus fällig sind, können gemäß den Anforderungen umgeplant werden. Wird das Feld nicht gepflegt, werden Bedarfe mit identischem Datum zusammengefasst.

Tabelle 5.17 Definitionen im Rahmen der automatischen Wiederbeschaffung

Parameter	Beschreibung
Wiederbeschaffungsverfahren	Verfahren, wie die *Bestellmenge* errechnet wird: *<Feste Bestellmenge>* Ergibt sich aus der hinterlegten *Bestellmenge* *<Auffüllen auf Maximalbestand>* Errechnung der Bestellmenge anhand des *Maximalbestands* *<Auftragsmenge>* Es wird für jeden Bedarf ein Auftrag erstellt *<Los-für-Los>* Errechnung der Bestellmenge anhand der Bedarfe des Bestellzyklus *<Leer>* Keine Vorschläge für Wiederbeschaffung, manuelle Planung des Artikels
Bestellmenge	Die Bestellmenge des Artikels im Rahmen der Wiederbeschaffung, die für das Verfahren *Feste Bestellmenge* verwendet wird
Beschaffungsmethode	Art der Wiederbeschaffung, *Einkauf* oder *Fertigungsauftrag*
Beschaffungszeit	Notwendige Zeit zur Wiederbeschaffung. Das Bestelldatum zuzüglich der Beschaffungszeit entspricht dem geplanten Wareneingangsdatum.
Sicherheitszuschlag Beschaffungszeit	Es kann ein Zeitpuffer hinterlegt werden, der mögliche Verzögerungen in der Beschaffungszeit berücksichtigt und der in der Bedarfsplanung berücksichtigt wird (»Erwartetes WE-Datum = Geplantes WE-Datum + Pufferzeit + Eingehende Lagerdurchlaufzeit«)
Minimale Losgröße	Mindestmenge für Wiederbeschaffungsvorschlagszeile
Maximale Losgröße	Höchstmenge für Wiederbeschaffungsvorschlagszeile
Losgrößenrundungsfaktor	Rundungsfaktor für die Vorschlagsmenge

Tabelle 5.17 Definitionen im Rahmen der automatischen Wiederbeschaffung *(Fortsetzung)*

Dynamics NAV berechnet entsprechend der Definition der Parameter die erforderlichen Bestellmengen, Umlagerungsaufträge und Zeitpunkte. Die Berechnungen werden im Bestellvorschlag über die Menüoption *Einkauf/Planung/Bestellvorschläge* angestoßen. Eine Überführung der errechneten Bestellvorschläge in Umlagerungen und Bestellungen erfolgt dann über die Ereignismeldung (siehe Abbildung 5.172).

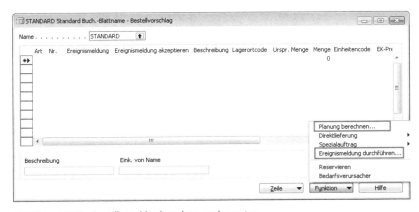

Abbildung 5.172 Bestellvorschlag berechnen und umsetzen

Mehr Informationen hierzu finden Sie in den Kapiteln 4 und 6 sowie in den angebotenen Erläuterungen zur Planung.

Kapitel 6

Verkauf

In Dynamics NAV werden die Prozesse und Funktionen des Vertriebs und des Verkaufs in dem Modul »Verkauf und Marketing« abgebildet. Im Folgenden werden die entsprechenden Organisationseinheiten, Einrichtungsparameter sowie die unterschiedlichen Verkaufsprozesse einschließlich des damit verbundenen Belegflusses dargestellt und unter Compliance-Gesichtspunkten analysiert.

Organisationseinheiten des Verkaufs

Zur Abbildung der Aufbauorganisation von Unternehmen bietet Dynamics NAV diverse Standardkonstrukte, deren Nutzung jedoch nicht generell zwingend vorgeschrieben ist. Obligatorisch ist der von der Verkaufsorganisation unabhängige Mandant als eigenständig bilanzierende Einheit. Sämtliche weiteren Organisationseinheiten des Verkaufs sind genau diesem einen Mandanten zugeordnet.

Darstellung der Verkaufsorganisation

Der Einsatz von Organisationseinheiten im Verkauf dient einer möglichst realitätsnahen Abbildung der realen Unternehmensorganisation im System. Die wichtigsten Möglichkeiten zur Strukturierung werden im Folgenden erläutert.

Zuständigkeitseinheit

Zuständigkeitseinheiten werden in Dynamics NAV für die Verwaltung und Strukturierung des Unternehmens eingesetzt. Aus Sicht des Verkaufs kann eine Zuständigkeitseinheit beispielsweise eine Vertriebsstelle oder einen Vertriebsbereich inklusive zugeordneten Mitarbeitern und Benutzern repräsentieren. Dazu kann neben einer vollständigen Zuordnung der Debitorenkonten auch, wie bereits in Kapitel 3 im Abschnitt »Grundeinrichtung« erläutert, in der Benutzereinrichtung der entsprechende Zuständigkeitseinheiten-Filter hinterlegt werden.

Lagerort

Die organisatorische Einheit des Lagerorts entstammt eigentlich dem Bereich der Materialwirtschaft. Da ein Lagerort jedoch auch über die Debitorenkarte, Registerkarte *Lieferung*, einem Kunden direkt zugeordnet werden kann, spielt er auch in der Vertriebsstruktur eine Rolle. Durch die Zuordnung von Lagerorten zu Debitoren können Vertriebsstellen definiert werden, die standardmäßig als Auslieferungslager vorgeschlagen werden.

Menüoption: *Verkauf & Marketing/Verkauf/Debitoren/*Registerkarte *Lieferung/*Feld *Lagerortcode* (siehe Abbildung 6.1)

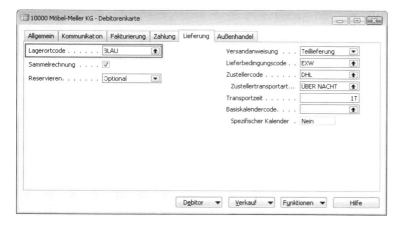

Abbildung 6.1 Lagerort im Verkauf

Verkäufer

Im System lassen sich Verkäufer einrichten, um einerseits Verkaufsstatistiken für Vertriebsmitarbeiter erstellen zu können und andererseits Verkäufer individuelle Verkaufsprovisionen zuweisen zu können.

Menüoption: *Verkauf & Marketing/Verkauf/Einrichtung/Verkäufer* (siehe Abbildung 6.2)

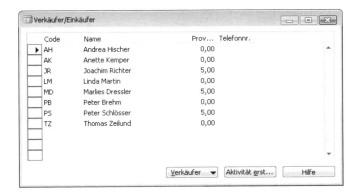

Abbildung 6.2 Verkäufer

Jeder Verkäuferdatensatz besteht unter anderem aus einem eindeutigen Verkäufercode, dem Namen, der Provision (ausgedrückt in Prozent) und der Telefonnummer der entsprechenden Person. Darüber hinaus können Verkäufern Vorgabedimensionen zugeordnet werden. Zu Aggregations- und Auswertungszwecken können Verkäufer zu Teams gruppiert werden. Die Hauptaufgabe von Teams besteht in der gemeinschaftlichen Zuordnung von Vertriebsaufgaben. Dazu muss im ersten Schritt der Verkäufer markiert werden, der einem Team zugeordnet werden soll, und anschließend über die Menüschaltfläche *Verkäufer* die Option *Team* aufgerufen werden.

Menüoption: *Verkauf & Marketing/Verkauf/Einrichtung/Verkäufer/Verkäufer/Teams* (siehe Abbildung 6.3)

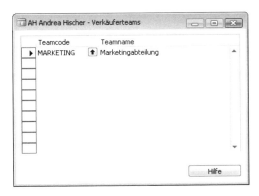

Abbildung 6.3 Verkäuferteams

Für dieses Beispiel ist die ausgewählte Verkäuferin dem Team *Marketing* zugeordnet. Alle im Verkauf vorhandenen Teams lassen sich darüber hinaus in einer Übersicht darstellen.

Menüoption: *Verkauf & Marketing/Verkauf/Teams* (siehe Abbildung 6.4)

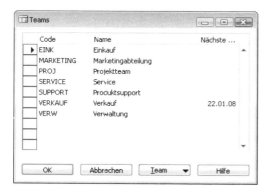

Abbildung 6.4 Übersicht zum Verkäuferteam

Auf Ebene des einzelnen Verkäufers können statistische Daten erfasst und ausgewertet werden.

Menüoption: *Verkauf & Marketing/Verkauf/Einrichtung/Verkäufer/Verkäufe/Statistik*

Um den Vertrieb einzelner Produkte/Artikel bestimmten Verkäufern zuzuordnen und gleichzeitig für die übrigen Vertriebsmitarbeiter zu sperren, kann mithilfe von sogenannten Dimensions(wert)kombinationen die Berechtigung für einzelne Verkaufstransaktionen eingestellt werden. Dazu muss beispielsweise dem Verkäufercode die Dimension *Verkäufer* zugewiesen werden, um die Kombination einzelner Produktgruppen mit Verkäufer-Dimensionen zu sperren. Dies ist insbesondere dann sinnvoll, wenn der Vertrieb einzelner Produkte nur durch bestimmte Verkaufsmitarbeiter durchgeführt werden soll. Allerdings wird dies erst bei Buchung, jedoch nicht bei Freigabe oder Erfassung überprüft. Für die Beleg- bzw. Prozesssteuerung sind Dimensions(wert)kombinationen insofern nur bedingt geeignet.

Menüoption: *Finanzmanagement/Einrichtung/Dimensionen/Dimensionskombinationen* (siehe Abbildung 6.5)

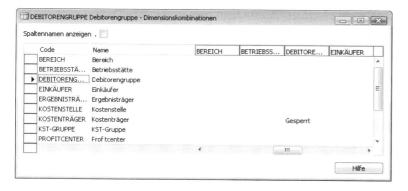

Abbildung 6.5 Dimensionskombinationen

Verkaufsorganisation aus Compliance-Sicht

Potentielle Risiken

- Prozessineffizienzen durch fehlende oder falsche Einrichtung von Zuständigkeitseinheiten, fehlende oder falsche Zuordnung von Standardlagerortcodes

- Fehlende Nachvollziehbarkeit von Vertriebstätigkeiten durch fehlende Einrichtung von Verkäufercodes und Teams

- Nicht zielgerichteter Informationsfluss im Vertrieb

- Falsche oder unstimmige Provisionsprozentsätze

- Nicht autorisierte Verkaufstransaktionen

Prüfungsziel

- Sicherstellung einer adäquaten Abbildung der Verkaufsorganisation in Dynamics NAV

- Sicherstellung der Nachvollziehbarkeit von Verkaufstransaktionen

- Sicherstellung korrekter und nachvollziehbarer Provisionssätze

- Sicherstellung der Berechtigung für autorisierte Verkaufstransaktionen

Prüfungshandlungen

Sicherstellung einer adäquaten Einrichtung der Zuständigkeitseinheiten:

Zuständigkeitseinheiten sollten grundsätzlich vollständig gepflegt sein (Adressdaten, Ansprechpartner etc.). Darüber hinaus sollte überprüft werden, ob den Einheiten jeweils ein Standardlagerortcode zugewiesen wurde bzw. warum dies nicht erfolgt ist.

Feldzugriff: *Tabelle 5714 Zuständigkeitseinheit*/Feld *Lagerortcode*

Erfolgt eine Zuweisung der Lagerorte über Personenkonten, muss ebenfalls die Vollständigkeit der Zuordnung nachgewiesen werden. Gleichzeitig kann die vollständige Zuordnung von Zuständigkeitseinheiten in den Personenkonten überprüft werden.

Feldzugriff: *Tabelle 18 Debitor*/Felder *Zuständigkeitseinheitencode, Lagerortcode*

Feldzugriff: *Tabelle 23 Kreditor*/Felder *Zuständigkeitseinheitencode, Lagerortcode*

Es ist darauf zu achten, dass die Zuordnung des Standardlagers entweder über die Personenkonten oder über die Zuständigkeitseinheitenkarte erfolgen sollte.

Sicherstellung ausschließlich autorisierter Verkaufstransaktionen (Zuständigkeitseinheits-Werte)

Über die Einstellung von Vorgabedimensionen können Zuständigkeitseinheiten mit Default-Werten versehen werden, die in Abhängigkeit von den Einstellungen transaktionsbezogen geändert oder nicht geändert werden können.

Feldzugriff: *Tabelle 352 Vorgabedimension*/Felder *Tabellen-ID (Wert 5714), Dimensionscode, Dimensionswertcode, Dimensionswertbuchung*

HINWEIS   Da die Tabelle 352 sämtliche Vorgabedimensionen enthält und nicht nur auf die Zuständigkeitseinheiten beschränkt ist, sollte das Feld *Tabellen-ID* auf den Wert der Tabelle der Zuständigkeitseinheiten (5714) beschränkt bzw. gefiltert werden (*Feldfilter* F7), um ausschließlich die relevanten Informationen zu selektieren.

Sicherstellung einer adäquaten Einrichtung der Verkäufer

Es sollte eine Überprüfung der Vollständigkeit und Richtigkeit der Verkäuferdaten erfolgen, d.h., sind alle Verkäufer mit den korrekten Daten erfasst, sind die Provisionen richtig hinterlegt und ist – sofern das Konstrukt von Verkäuferteams genutzt wird – jeder Verkäufer einem Team zugeordnet. Darüber hinaus sollte geprüft werden, ob Verkäufer doppelt angelegt wurden oder bereits ausgeschiedene Verkaufsmitarbeiter im System noch aktiv sind.

Feldzugriff: *Tabelle 13 Verkäufer/Einkäufer*

Feldzugriff: *Tabelle 5083 Team*

Feldzugriff: *Tabelle 5084 Team Einkäufer/Verkäufer*

Verkaufsstatistik und erhaltene Provisionen

Zur Auswertung der Verkaufstransaktionen und der erhaltenen Provisionen stellt Dynamics NAV diverse Reports bereit, beispielsweise Verkäufer – Provisionen oder Verkäufer – Verkäuferstatistik.

Menüoption: *Finanzmanagement/Debitoren/Berichte*

Alternativ können diese Reports über den Object Designer gestartet werden.

Object Designer: *Run Report 114 Verkäufer ? Verkäuferstatistik)*

Object Designer: *Run Report 115 (Verkäufer ? Provision)*

Sicherstellung ausschließlich autorisierter Verkaufstransaktionen (Verkäufer)

Wird die Autorisierung von Verkaufstransaktionen über die Verkäufer Dimensionswertkombinationen eingeschränkt, sollte die Zweckmäßigkeit der vorgenommen Beschränkungen überprüft werden.

Feldzugriff: *Tabelle 351 Dimensionswertkombination*

| **HINWEIS** | Alle in dieser Tabelle abgelegten Datensätze stellen gesperrte Dimensionswertkombinationen dar. |

Menüoption: *Finanzmanagement/Einrichtung/Dimensionen/Dimensionskombinationen*

Einrichtung des Verkaufs

Um das Verkaufsmodul möglichst eng an die individuellen Unternehmensanforderungen anpassen zu können, bietet Dynamics NAV eine Reihe von Einstellungsparametern, die übergreifend für das gesamte Verkaufsmodul Gültigkeit besitzen. Dabei wird grundsätzlich zwischen zwei Teilbereichen unterschieden; den Einrichtungsparametern für Marketing und Vertrieb und denen für Debitoren und Verkauf. Die Marketing- und Vertriebseinstellungen beziehen sich im Wesentlichen auf die Kontaktdaten im Vertrieb, wohingegen die Debitoren- und Verkaufseinrichtung die Kunden, mit denen Verkaufstransaktionen abgewickelt werden, betrifft.

Einrichtungsparameter Marketing & Vertrieb (Kontaktdaten)

Im Rahmen der Konfiguration der Verkaufsverwaltung bietet Dynamics NAV einige übergreifende Einstellungsmöglichkeiten, die in der Marketing- und Vertriebseinrichtung gepflegt werden können. Im Folgenden sollen die wichtigsten Parameter dargestellt und deren Konsequenzen für den Geschäftsprozess erläutert werden.

Menüoption: *Verkauf* & *Marketing/Einrichtung/Marketing* & *Vertrieb Einr.* (siehe Abbildung 6.6)

Für jedes der einzelnen Felder gilt bei entsprechender Markierung, dass die Daten (Verkäufercode, Gebietscode etc.) aus der Kontaktkarte eines Unternehmens in die Kontaktkarte der einzelnen Kontaktpersonen kopiert werden.

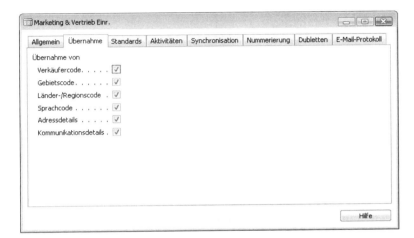

Abbildung 6.6 Einrichtung *Marketing & Vertrieb* (Übernahme)

Wenn also einem Unternehmen eine neue Kontaktperson hinzugefügt wird, wird der Inhalt des Felds von der Kontaktkarte des Unternehmens in die Kontaktkarte der Person kopiert. Aus Compliance-Sicht ist diese Einstellungsmöglichkeit zwar nicht als kritisch zu betrachten, eine generelle Übernahme der Felder fördert jedoch die Nachvollziehbarkeit der Systeminformationen und sollte demnach möglichst aktiviert sein, sofern nicht andere Gründe explizit dagegen sprechen.

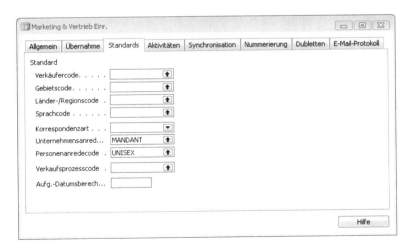

Abbildung 6.7 Einrichtung *Marketing & Vertrieb* (Standards)

Die Werte der hier aufgeführten Felder betreffen die Anlage von Kontakten sowie den Prozess der Initiierung von Verkäufen (*Verkaufschancen*), wenn diese neu angelegt werden. Es handelt sich dabei um optionale Einstellungen, die die Neuerstellung von Kontakten und Verkaufsbelegen erleichtern, indem sie vorbelegt werden.

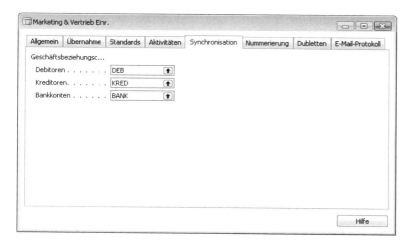

Abbildung 6.8 Einrichtung *Marketing & Vertrieb* (Synchronisation)

Auf der Registerkarte *Synchronisation* wird der Abgleich der Debitoren-, Kreditoren und Bankdaten zwischen der Einkaufs- und der Verkaufssicht und der Finanzbuchhaltungssicht adressiert. Hierzu wird das Konstrukt des *Geschäftsbeziehungscodes* genutzt, welches die Beziehung zwischen Kontakten (Vertriebssicht, siehe den Abschnitt »Anlage und Pflege von Kontaktstammdaten« ab Seite 430) und den drei oben genannten Arten von Geschäftspartnern (Finanzbuchhaltungssicht) regelt. Darüber hinaus können weitere Arten von Geschäftspartnern definiert werden. Durch die Betätigung der Lookup-Schaltfläche neben den Debitoren lassen sich die hinterlegten Arten von Geschäftsbeziehungen bzw. Geschäftspartnern anzeigen.

Abbildung 6.9 Geschäftsbeziehungsarten

In der dritten Spalte *Anzahl Kontakte* lässt sich erkennen, wie viele Kontakte dem entsprechenden Geschäftsbeziehungscode zugeordnet sind, 74 Kontakte sind beispielsweise der Geschäftsbeziehung *Debitor* zugeordnet. Schließlich lassen sich noch die einzelnen Kontakte anzeigen, die dem entsprechenden Geschäftsbeziehungscode zugeordnet sind. Dazu kann die Drilldown-Schaltfläche auf dem Feld *Anzahl Kontakte* verwendet werden.

Object Designer: *Run Form 5060 Geschäftsbeziehungen*

Abbildung 6.10 Geschäftsbeziehungskontakte

Sind auf der Registerkarte *Synchronisation* Werte hinterlegt, werden die Stammdaten zwischen Kontakt und dem hinterlegten Geschäftspartner automatisch synchronisiert. Ist beispielsweise dem Feld *Debitor* der Wert *Debitor* als Kontakt in der Geschäftsbeziehung zugeordnet, werden Kontaktdaten und Debitorendaten angeglichen, sofern diese entweder in der Kontaktkarte oder in der Debitorenkarte geändert wurden. Da die Nutzung von Kontaktdaten vor allem dem Vertrieb obliegt, das Rechnungswesen hingegen den Debitoren als Personenkonto nutzt, ist eine Synchronisation unter dem Gesichtspunkt einer konsistenten Datenhaltung sinnvoll.

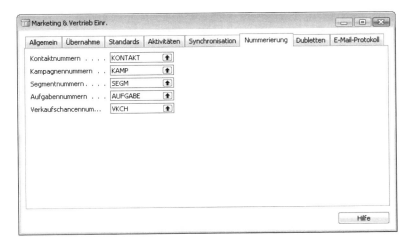

Abbildung 6.11 Einrichtung *Marketing & Vertrieb* (Nummerierung)

Über die Registerkarte *Nummerierung* können Nummernkreise und die Art der Nummernvergabe für Stammdaten des Verkaufs (Kontaktnummern, Kampagnennummern etc.) gesteuert werden.

Loopup-Schaltfläche: *Nummernseriencodes* (siehe Abbildung 6.12)

Mehr über die detaillierte Analyse von Nummernkreisen erfahren Sie in Kapitel 3 im Abschnitt »Grundeinrichtung«.

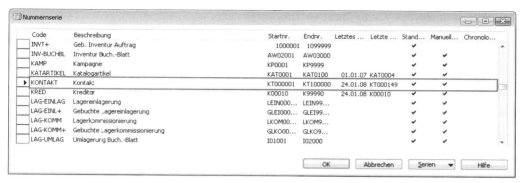

Abbildung 6.12   Einrichten von Nummernserien (Vertriebsstammdaten)

Auf der Registerkarte *Dubletten* können grundsätzliche Einstellungen vorgenommen werden, die die Anlage von Dubletten im Debitorenbereich betreffen bzw. diese verhindern sollen. Das Thema Kontaktdubletten wird ausführlich im Abschnitt »Stammdaten im Verkauf« ab Seite 429 behandelt.

Einrichtungsparameter Marketing & Vertrieb aus Compliance-Sicht

Im erklärenden Teil zu den Einrichtungsparametern wurde bereits auf die aus Compliance-Sicht wünschenswerten Einstellungen zur Sicherung konsistenter Daten hingewiesen. Für die Steuerung der Belegnummernvergabe und der Kunden- und Kontaktstammdaten sind in diesem Buch – wie bereits oben erwähnt – eigene ausführliche Kapitelabschnitte vorgesehen, die die jeweiligen Prozesse auch aus Compliance-Sicht erfassen.

Einrichtungsparameter zu Debitoren & Verkauf

Übergreifende Einstellungsmöglichkeiten, die den Marketing- und Vertriebsaktivitäten nachgelagert sind, werden in den Parametern zu *Debitoren* & *Verkauf* eingerichtet. Während sich die Marketing- und Vertriebsparameter im Wesentlichen auf die Anlage und Pflege von Kontaktdaten beschränken, beziehen sich die Verkaufs- und Debitoreneinstellungen auf den Verarbeitungsprozess von Kundentransaktionen.

Menüoption: *Verkauf* & *Marketing/Einrichtung/Debitoren* & *Verkauf Einr.* (siehe Abbildung 6.13)

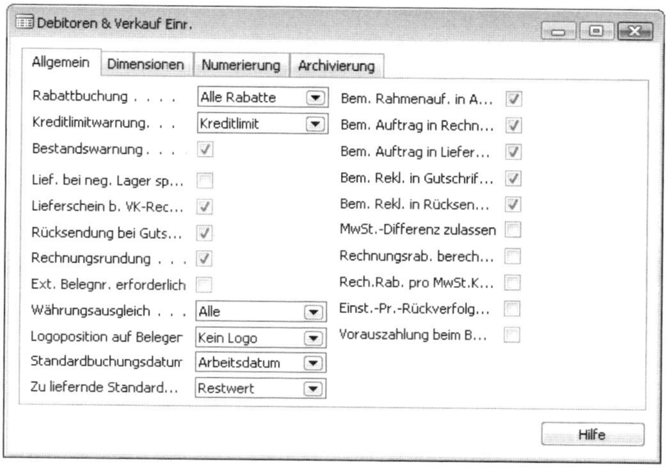

Abbildung 6.13   Einrichtung *Debitoren & Verkauf* (Allgemein)

Die Bedeutung der einzustellenden Parameter wird in der folgenden Tabelle erläutert (siehe Tabelle 6.1):

Feld	Bedeutung
Rabattbuchung	Regeln für die Verbuchung von Rabatten in der Finanzbuchhaltung. Wird hier *keine Rabatte* ausgewählt, wird kein gesondertes Rabattkonto (vgl. Buchungsmatrix) bebucht, sondern der Rabatt vor dem Buchen vom Rechnungsbetrag der Zeile abgezogen und damit der rabattierte Zeilenbetrag auf das Erlöskonto gebucht. **Hinweis**: Durch die separate Buchung von Erlös und Erlösschmälerung teilt sich auch die Mehrwertsteuerbemessungsgrundlage auf zwei oder mehr Sachposten auf.
Kreditlimitwarnung	Regeln für die Ausgabe von Kreditlimitwarnungen auf Basis des Kreditlimits oder eines bestehenden offenen und fälligen Postens bei Eingabe des Debitoren in Verkaufsbelegen. Es kann auch für beide Fälle eine Warnung ausgegeben bzw. die Warnungsmeldung deaktiviert werden.
Bestandswarnung	Bei Aktivierung wird für den Fall, dass der Verkauf zu einem negativen Lagerbestand führen würde, eine Warnmeldung ausgegeben
Lief. bei neg. Lager sperren	Bei Aktivierung kann ein Lagerartikel ohne Bestand nicht verkauft bzw. geliefert werden
Lieferschein b. VK-Rechnung	Bei Aktivierung wird zu einer gebuchten Rechnung automatisch ein gebuchter Lieferbeleg erstellt, ansonsten erfolgt lediglich die Buchung der Rechnung. **Hinweis**: Artikelposten werden für Zeilen der Art *Artikel* in jedem Fall gebucht.
Rücksendung bei Gutschrift	Bei Aktivierung wird zu einer gebuchten Verkaufsgutschrift automatisch eine gebuchte Rücksendung erstellt, ansonsten erfolgt lediglich die Buchung der Gutschrift
Rechnungsrundung	Bei Aktivierung rundet die Anwendung Beträge in Verkaufsrechnungen. Rundungsregeln werden in der Einrichtung der Finanzbuchhaltung festgelegt (siehe hierzu auch das Kapitel 7).
Ext. Belegnr. erforderlich	Bei Aktivierung muss eine externe Belegnummer (beispielsweise die Kundenbestellnummer) in dem Feld *Externe Belegnummer* im Verkaufskopf bzw. in einer Fibu Buch.-Blattzeile hinterlegt werden
Währungsausgleich	Festlegung, in welcher Form der Postenausgleich in unterschiedlichen Währungen im Anwendungsbereich *Debitoren* erfolgen kann
Logoposition auf allen Belegen	Festlegung der Position des Firmenlogos (aus den Firmendaten) auf unterschiedlichen Geschäftsdokumenten
Standardbuchungsdatum	Die Einrichtung steuert, ob das Feld *Buchungsdatum* im Verkaufskopf bei Neuanlage eines Belegs mit dem Arbeitsdatum gefüllt wird oder leer bleibt und vor der Buchung manuell gepflegt werden muss
Zu liefernde Standardmenge	Legt fest, ob die zu liefernde Standardmenge (z.B. nach gebuchten Teillieferungen) automatisch die verbleibende Restmenge sein soll oder nicht
Bem. Rahmenauf. in Auftr. kop.	Bei Aktivierung werden Bemerkungen von Rahmenaufträgen in Verkaufsaufträge kopiert
Bem. Auftrag in Rechnung kop.	Bei Aktivierung werden Bemerkungen von Verkaufsaufträgen in Verkaufsrechnungen kopiert
Bem. Auftrag in Lieferung kop.	Bei Aktivierung werden Bemerkungen von Verkaufsaufträgen in Lieferungen kopiert
Bem. Rekl. in Rücksendung kop.	Bei Aktivierung werden Bemerkungen von Reklamationen in Lieferungen kopiert
MwSt.-Differenz zulassen	Bei Aktivierung ist die manuelle Anpassung von Mehrwertsteuerbeträgen in Verkaufsbelegen zulässig, speziell kann dies in der Mehrwertsteuerbetragszeile der Verkaufsstatistik durchgeführt werden (sinnvoll bei Ausgangsrechnungen in Fremdsystemen)
Rechnungsrab. berechnen	Bei Aktivierung wird der Rechnungsrabattbetrag auf Verkaufsbelegen automatisch berechnet und nicht durch manuellen Anstoß

Tabelle 6.1 Einrichtung *Debitoren & Verkauf* (Allgemein)

Feld	Bedeutung
Rech.Rab. pro MwSt.Kennz. ber.	Bei Aktivierung wird der Rechnungsrabatt pro MwSt.-Kennzeichen der Zeile berechnet, um so die Bemessungsgrundlage auf Verkaufsbelegen für Umsatzsteuerberechnungen besser nachvollziehen und Rechnungsdifferenzen umgehen zu können
Einst.-Pr.-Rückverfolg. notw.	Bei Aktivierung lässt die Anwendung keine Buchung einer Rücksendung zu, wenn nicht das Feld *Ausgegl. von Artikelposten* in der Verkaufsauftragszeile einen Wert enthält. Dadurch wird bei Rücklieferungen sichergestellt, dass die Ware mit dem gleichen Wert wie im Verkaufsauftrag zurück in das Lager gebucht wird. Außerdem bleiben beide Transaktionen in der Durchschnittskostenberechnung unberücksichtigt.
Vorauszahlung beim Buchen prüfen	Bei Aktivierung kann ein Auftrag, für den ein unbezahlter Vorauszahlungsbetrag offen ist, nicht ausgeliefert oder fakturiert werden

Tabelle 6.1 Einrichtung *Debitoren & Verkauf* (Allgemein) *(Fortsetzung)*

Auf der Registerkarte *Dimensionen* werden die einzelnen Dimensionscodes für Debitorengruppen und Verkäufer für Analyseberichte gepflegt.

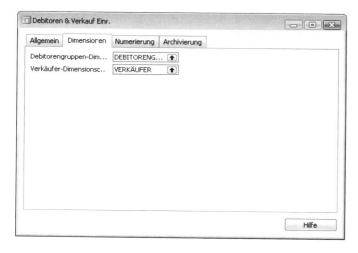

Abbildung 6.14 Einrichtung *Debitoren & Verkauf* (Dimensionen)

Die Belegnummern für Verkaufsbelege werden auf der Registerkarte *Nummerierung* hinterlegt.

Über die Auswahl *Angebot archivieren* wird festgelegt, ob Verkaufsangebote automatisch archiviert werden sollen, wenn ein Angebot nach der Umwandlung in einen Verkaufsauftrag gelöscht oder ein Angebot manuell über die Taste [F4] im Angebotskopf gelöscht wurde. Darüber hinaus kann über die Aktivierung der Kontrollkästchen *Rahmenauftrag archivieren* gesteuert werden, ob ein Rahmenauftrag bei seiner Löschung automatisch archiviert werden soll. Ist das Kontrollkästchen *Auftrag archivieren* markiert, werden Verkaufsaufträge automatisch archiviert, wenn diese nach der vollständigen Buchung gelöscht, abgeschlossene Aufträge per Stapelverarbeitung gelöscht oder Aufträge manuell mit der Taste [F4] im Verkaufsauftragskopf gelöscht werden.

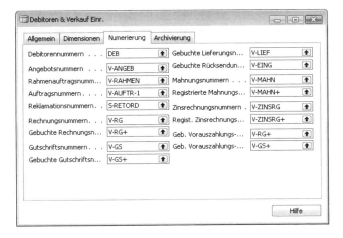

Abbildung 6.15 Einrichtung *Debitoren & Verkauf* (Nummerierung)

Außerdem wird die Druckoption *Angebot archivieren* bei Ausgabe des Angebots vorbelegt, sodass die gedruckte Version automatisch archiviert wird (siehe dazu insbesondere auch in Kapitel 3 den Abschnitt »Belegfluss und Beleggenehmigung«).

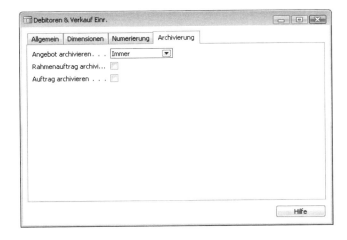

Abbildung 6.16 Einrichtung *Debitoren & Verkauf* (Archivierung)

Einrichtungsparameter zu Debitoren & Verkauf aus Compliance-Sicht

Für die allgemeinen Einstellungen zu Debitoren und zum Verkauf sind aus Compliance-Sicht folgende Parametereinstellungen vorzunehmen, sofern keine unternehmensindividuellen Gründe dagegen sprechen (siehe Tabelle 6.2):

Feld	Empfehlung
Rabattbuchung	Die Verbuchung einzelner Rabattarten sollte auf separaten Konten erfolgen, um die Nachvollziehbarkeit der Rabattpolitik und der gewährten Rabatte zu gewährleisten. Ein Nettoausweis durch einfachen Abzug des Rabatts vom Bruttobetrag sollte vermieden werden. Wichtig ist in diesem Zusammenhang, dass die Struktur der Erlöskonten bei der Struktur der Erlösschmälerungen fortgeführt wird.
Kreditlimitwarnung	Kreditlimitwarnungen sollten auf Basis des Kreditlimits und bestehender fälliger Posten erfolgen

Tabelle 6.2 Einrichtungsparameter *Debitoren & Verkauf* aus Compliance-Sicht

Feld	Empfehlung
Bestandswarnung	Aktiviert
Lief. bei neg. Lager sperren	Aktiviert, um Situationen mit Negativbeständen und der damit verbundenen Bewertungsproblematik zu vermeiden
Lieferschein b. VK-Rechnung	Gemäß den Unternehmensanforderungen, die Aktivierung ermöglicht eine vollständige Lieferscheinhistorie
Rücksendung bei Gutschrift	Gemäß den Unternehmensanforderungen, die Aktivierung ermöglicht eine vollständige Gutschriftenhistorie
Rechnungsrundung	Gemäß den Unternehmensanforderungen
Ext. Belegnr. erforderlich	Gemäß den Unternehmensanforderungen, aktiviert für den Fall, dass Kundenbestellungen vorwiegend in schriftlicher Form vorliegen
Währungsausgleich	Gemäß den Unternehmensanforderungen
Logoposition auf allen Belegen	Gemäß den Unternehmensanforderungen
Standardbuchungsdatum	Kein Datum, damit Buchungsdaten bei den jeweiligen Buchungen explizit gesetzt werden
Zu liefernde Standardmenge	Gemäß den Unternehmensanforderungen
Bem. Rahmenauf. in Auftr. kop.	Gemäß den Unternehmensanforderungen, eine Aktivierung fördert die Nachvollziehbarkeit der Transaktion
Bem. Auftrag in Rechnung kop.	Gemäß den Unternehmensanforderungen, eine Aktivierung fördert die Nachvollziehbarkeit der Transaktion
Bem. Auftrag in Lieferung kop.	Gemäß den Unternehmensanforderungen, eine Aktivierung fördert die Nachvollziehbarkeit der Transaktion
Bem. Rekl. in Rücksendung kop.	Gemäß den Unternehmensanforderungen, eine Aktivierung fördert die Nachvollziehbarkeit der Transaktion
MwSt.-Differenz zulassen	Nicht aktiviert
Rechnungsrab. berechnen	Aktiviert
Rech.Rab. pro MwSt.Kennz. ber.	Aktiviert
Einst.-Pr.-Rückverfolg. notw.	Aktiviert, sofern nicht unternehmensindividuelle Gründe dagegen sprechen
Vorauszahlung beim Buchen prüfen	Aktiviert

Tabelle 6.2 Einrichtungsparameter *Debitoren & Verkauf* aus Compliance-Sicht *(Fortsetzung)*

Im Rahmen der Einstellungen zu den Dimensionen und Nummernkreisen ist darauf zu achten, dass zum einen für alle Verkaufsbelegarten entsprechende Nummernserien erstellt wurden und deren Zuordnung zu den Belegarten korrekt erfolgt ist. Darüber hinaus gelten die allgemeinen Grundsätze zur Einrichtung und Pflege von Nummernserien (siehe hierzu in Kapitel 3 den Abschnitt »Grundeinrichtung«). Die Parameter der Archivierung müssen sicherstellen, dass zu löschende Angebote, Aufträge und Rahmenverträge vor deren Löschung archiviert werden. Insofern bietet sich die Aktivierung der bereitgestellten Archivierungsfunktionen an.

Eine detaillierte Beschreibung einzelner Parameter (Kreditlimit, Rabatte etc.) und deren Auswirkungen auf die systemseitige Revisionssicherheit erfolgt in den einzelnen Abschnitten zum Verkaufsprozess.

Stammdaten im Verkauf

Stammdaten dienen allgemein der Identifikation und Klassifizierung von Sachverhalten, die im Gegensatz zu Bewegungsdaten einer gewissen Konstanz unterliegen und nicht permanent geändert werden. Aus Sicht des Vertriebs handelt es sich dabei insbesondere um Kontakt- und Kundendaten sowie Produkt- oder Artikeldaten. Während Kontakt- und Kundendaten sich ausschließlich auf den Absatzbereich beziehen, existiert für Artikeldaten zusätzlich eine Beschaffungssicht, die den Einkaufsprozess für Artikel widerspiegelt.

Der Prozess im Überblick

Im Bereich der Kundenstammdaten gibt es zwei relevante Kategorien, Kontaktstammdaten und Kundenstammdaten. Kontaktdaten sind dabei im Wesentlichen dem Bereich CRM (Customer Relationship Management) zuzuordnen, wohingegen Kundenstammdaten in der Debitorenbuchhaltung gepflegt werden. Üblicherweise arbeitet der Vertrieb mit dem Kontaktstamm und die Personenbuchhaltung mit Debitoren. Das System bietet die Möglichkeit, den Debitor aus dem Kontakt automatisiert anzulegen, daher existiert der Kontakt in aller Regel vor dem Debitor. Dem Prozess der Kundenstammdatenanlage ist besondere Aufmerksamkeit zu widmen, da mit dem Vorgang des Anlegens wesentliche Kundenparameter festgelegt werden, die im weiteren Verlauf der Geschäftsbeziehung auch buchhalterische Abläufe betreffen. So sind im Kundenstamm Parameter wie Zahlungsbedingungen, Kreditlimits, Mahnverfahren oder Rabattkonditionen hinterlegt. Aus diesem Grund muss der Stammdaten-Anlageprozess so strukturiert sein, dass zum einen die Vollständigkeit und Richtigkeit der Daten gewährleistet werden kann, zum anderen dürfen einmal angelegte Daten nicht beliebig geändert werden. Dabei sind insbesondere sensible Felder zu beachten, die den späteren Kundenbearbeitungsprozess mit Cashflow-Relevanz ändern (Zahlungsbedingungen, Kreditlimit etc.). Ein typischer Prozess zur Erstellung von Kundenstammdaten wird in der Abbildung 6.17 dargestellt.

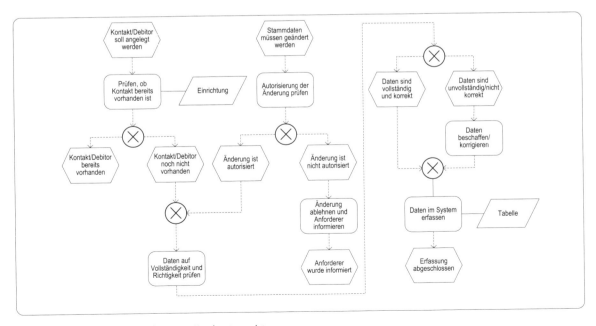

Abbildung 6.17 Prozess zum Anlegen von Kundenstammdaten

Anlage und Pflege von Kontaktstammdaten

Kontaktdaten werden in der Regel vor oder kurz nach dem Erstkontakt zu einem potentiellen Kunden erstellt und enthalten Kommunikations- und Verwaltungsdaten, die notwendig sind, um eine neue Geschäftsbeziehung zu einem Kunden aufbauen zu können. Sie werden üblicherweise vom Vertrieb genutzt und im Modul *Verkauf* & *Marketing* angelegt.

Es werden zwei Kontaktarten unterschieden, Unternehmens- und Personenkontakte. Personenkontakte werden über das Feld *Unternehmensnummer* einem Unternehmenskontakt zugeordnet. Unternehmenskontakte können in Personenkonten (Stammdaten) umgewandelt werden. Über die Geschäftsbeziehung ist der Zugriff von den Personenkonten auf den Unternehmenskontakt und die zugehörigen Personenkontakte möglich.

Eine Kontaktkarte besteht aus vier Registerkarten, auf denen – nach Themengebieten gegliedert – die verfügbaren Informationen zum Kontakt gespeichert werden. Die einzelnen Datenfelder sind in der Regel selbsterklärend, die wichtigsten sollen im Folgenden erläutert werden. Der Positionsbereich der Kontaktkarte wird aus den Antworten der Profilbefragung gebildet, die über *Kontakte/Profile* erfasst werden. Es können verschiedene Profilbefragungen angelegt und Personen- und Unternehmenskontakten sowie Geschäftsbeziehungen zugeordnet werden. Über automatische Kontaktklassifizierungen können bestimmte Fragen automatisiert über eine Routine beantwortet werden, wenn die Anwendung diese Daten bereits verwaltet.

Menüoption: *Verkauf* & *Marketing/Verkauf/Kontakte* (siehe Abbildung 6.18)

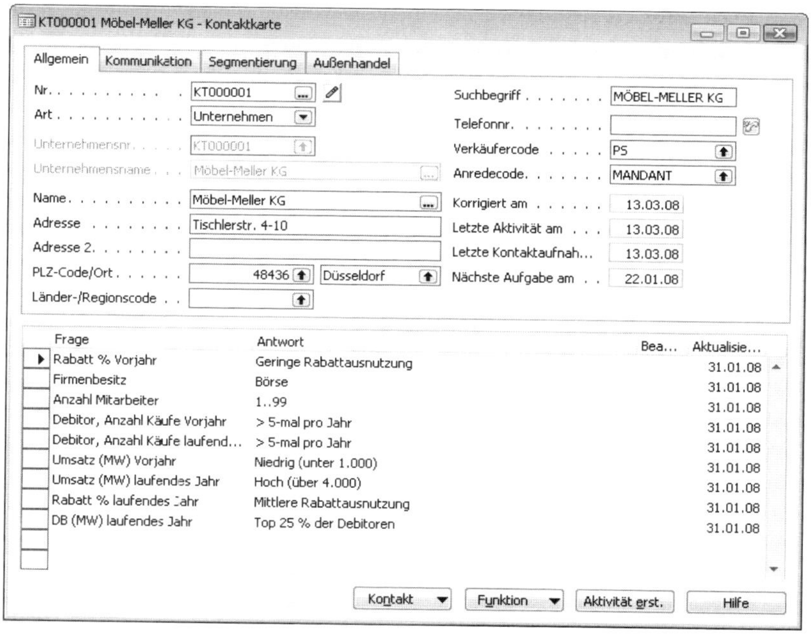

Abbildung 6.18 Kontaktkarte (allgemeine Daten)

Die Kontaktnummer wird in Abhängigkeit von den Einstellungen zur Belegnummernvergabe automatisch durch das System oder manuell durch den User vergeben. Der Verkäufercode repräsentiert den Verkäufer, der für die Bearbeitung dieses Kontaktes verantwortlich ist. Die darunter liegenden Datumsfelder zeigen den letzten Änderungszeitpunkt der Kontaktdaten, den Zeitpunkt der letzten Kontaktaufnahme sowie den letzten zurückliegenden und den nächsten in der Zukunft liegenden Aktivitätszeitpunkt zu diesem Kontakt.

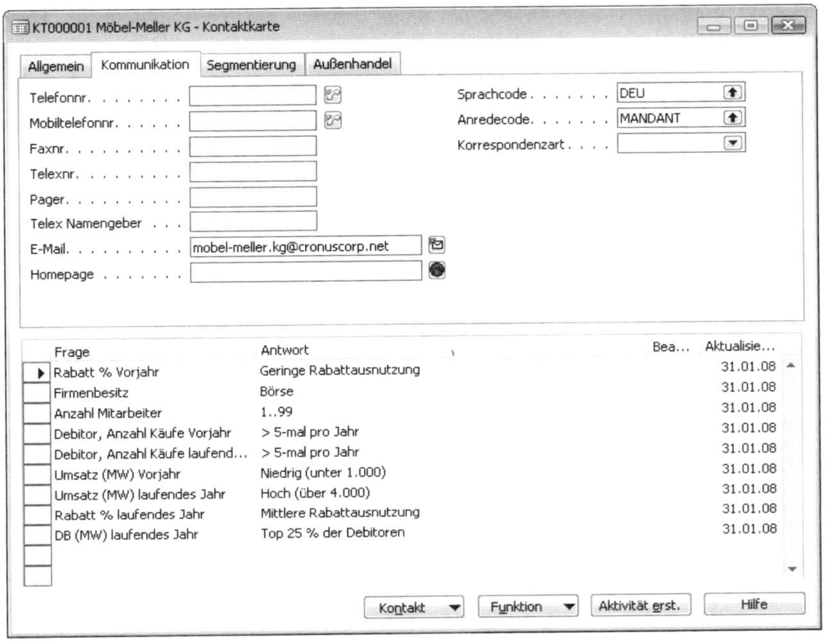

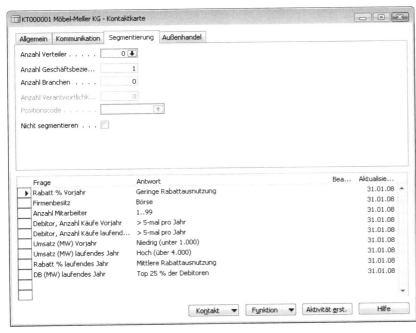

Abbildung 6.19   Kontaktkarte (Kommunikation)

Auf der Registerkarte *Kommunikation* werden neben den Daten zu einzelnen Kommunikationswegen auch der Sprach- und Anredecode sowie eine Standardkorrespondenzart zu diesem Kontakt gepflegt.

Abbildung 6.20   Kontaktkarte (Segmentierung)

Auf der Registerkarte *Segmentierung* ist vor allem das Feld *Anzahl der Geschäftsbeziehungen* von Bedeutung. Hier wird ersichtlich, in welcher Form der Kontakt mit dem Unternehmen in Beziehung steht (Debitor, Kreditor, Bank, Behörde etc.). Ein Kontakt kann dabei auch mehrere Geschäftsbeziehungen gleichzeitig pflegen, beispielsweise also sowohl Debitor als auch Kreditor des Unternehmens sein. Im Feld *Anzahl Branchen* wird angezeigt, wie viele Branchenzugehörigkeiten für den Kontakt gepflegt wurden. Diese und weitere Daten können für die Segmentierung (Zielgruppendefinition) im Rahmen von Vertriebsaktivitäten genutzt werden.

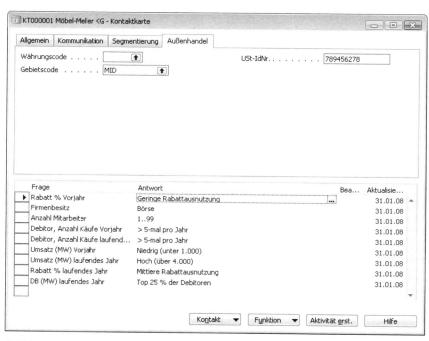

Abbildung 6.21 Kontaktkarte (Außenhandel)

In den Außenhandelsdaten werden die Währung des Kontakts sowie der Gebietscode und die Umsatzsteuer-ID gepflegt.

Über die Schaltflächen *Kontakt*, *Funktion* und *Aktivität erstellen*, die sich unten auf der Kontaktkarte befinden, lassen sich Aktivitäten zum Kontakt dokumentieren.

Menüschaltfläche: *Kontakt*

Über den Menüpunkt *Statistik* lassen sich die Kontakte hinsichtlich der bereits abgeschlossenen Aktivitäten und deren Kosten sowie der Verkaufschancen (Anzahl und Wert in Mandantenwährung) aufrufen. Verkaufschancen stellen den Auftragswert unter Berücksichtigung der Auftragswahrscheinlichkeit (abgeleitet aus den unterschiedlichen Verkaufsprozessstufen) während der Akquisitionsphase dar.

Menüoption: *Verkauf & Marketing/Verkauf/Kontakte/Kontakt/Statistik* (siehe Abbildung 6.22)

Die Verkaufschancen im Detail können über das identische Menü unter *Verkaufschancen* analysiert werden, alle zum Kontakt gehörenden Aktivitäten über *Aktivitätenprotokollposten*.

Menüoption: *Verkauf & Marketing/Verkauf/Kontakte/Kontakt/Aktivitätenkontrollposten*

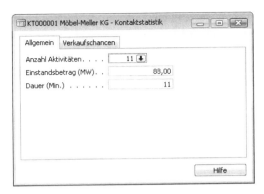

Abbildung 6.22 Kontaktstatistik (Registerkarte *Allgemein*)

Abbildung 6.23 Kontaktstatistik (Registerkarte *Verkaufschancen*)

Über die Menüschaltfläche *Funktion* lassen sich die Funktionen *Erstellen als* und *Verknüpfen mit* aufrufen, mit deren Hilfe aus den Kontaktdaten entweder direkt Personenkonten (Debitor, Kreditor) oder aber eine Verknüpfung zu diesen erstellt werden kann.

Menüoption: *Verkauf & Marketing/Verkauf/Kontakte/Aktivität erst.*

Mit der Funktion *Aktivität erst.* lassen sich alle im System hinterlegten Aktivitätenvorlagen für einen bestimmten Kontakt zur Dokumentation einer Kontaktaufnahme auswählen, die später im Aktivitätenprotokoll in Übersichtsform dargestellt werden und somit eine Kundenhistorie liefern.

Menüoption: *Verkauf & Marketing/Verkauf/Kontakte/Aufgaben*

Mithilfe von Aufgaben können geplante, kontaktbezogene Aktivitäten entweder einem Verkäufer oder einem Verkaufsteam zeitlich zugeordnet werden. Aufgaben können über die Schaltfläche *Aufgabe erstellen* erzeugt und zugeordnet werden.

Anlage und Pflege von Debitorenstammdaten

Kunden bzw. Debitoren sind im Gegensatz zu Kontakten den Personenkonten zuzuordnen. Die Gestaltung einzelner Parameter der Kundenstammdaten hat direkten Einfluss auf die Finanzbuchhaltung und die damit einhergehenden Prozesse. Die Stammdatenpflege für Debitoren erfolgt im Modul *Verkauf & Marketing* auf der Debitorenkarte. Jeder Kundenstammsatz besteht aus einer Vielzahl von Datenelementen, die in sechs Registerkarten segmentiert sind. Einige der Registerkarten ähneln denen der Kontaktdaten (Allgemein, Kommunikation, Außenhandel), enthalten aber weitergehende Datenattribute, die vor allem den buchhalterischen Bereich der Kundenstammdaten betreffen. Die wesentlichen Bestandteile von Kundenstammdaten werden im Folgenden beschrieben. Kommunikations- und Außenhandelsdaten werden nicht näher erläutert, da sich diese nur unwesentlich von den Kontaktstammdaten unterscheiden. Bestimmte Felder innerhalb des Kundenstammsatzes (z.B. Kreditlimit, Zahlungsbedingung) werden in den einzelnen Teilbereichen des Verkaufsprozesses detailliert behandelt und aus diesem Grunde in diesem Abschnitt nur kurz erwähnt.

Menüoption: *Verkauf* & *Marketing/Verkauf/Debitoren* (siehe Abbildung 6.24)

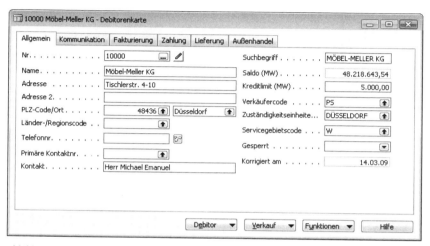

Abbildung 6.24 Debitorenkarte (allgemeine Daten)

Neben den Adress- und Kontaktdaten enthält die Registerkarte *Allgemein* weitere Steuerungsparameter, die den Verkaufsprozess beeinflussen (siehe Tabelle 6.3).

Feld	Beschreibung
Saldo (MW)	Der aktuelle Saldo des Kunden in Mandantenwährung (FlowField)
Kreditlimit	Kundenindividuelles Kreditlimit, bei dessen Überschreitung eine Kreditlimitwarnung durch das System erzeugt wird
Verkäufercode	Code des Verkäufers, der diesen Debitor betreut
Zuständigkeitseinheitencode	Zuständigkeitseinheit, die den Debitor standardmäßig betreut
Servicegebietscode	Standard-Servicegebiet, das den Zielmarkt des Unternehmens in geographische Regionen einteilt
Gesperrt	Einschränkung von Transaktionen, die mit dem Kunden durchgeführt werden: *<Leer>* Keine Einschränkungen *<Liefern>* Keine neuen Aufträge und Lieferungen *<Fakturieren>* Keine neuen Aufträge, Lieferungen und Rechnungen *<Alle>* Keine Transaktion zulässig
Korrigiert am	Letztes Änderungsdatum des Kundenstammsatzes

Tabelle 6.3 Debitorenkarte (allgemeine Daten)

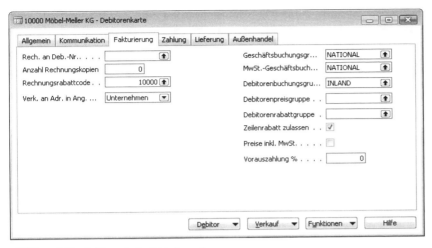

Abbildung 6.25 Debitorenkarte (Fakturierung)

Auf der Registerkarte *Fakturierung* können folgende Parameter gepflegt werden (siehe Tabelle 6.4):

Feld	Beschreibung
Rechnung an Deb.- Nr.	Ist der Debitor, an den die Lieferung erfolgt, nicht identisch mit dem Rechnungsempfänger, kann in diesem Feld ein abweichender Rechnungsempfänger hinterlegt werden. Zusätzlich können Lieferadressen gepflegt werden (*Debitor/Lief. an Adressen*).
Rechnungsrabattcode	Hinterlegung eines für den Debitoren gültigen Rechnungsrabatts über den entsprechenden Rechnungsrabattcode
Geschäftsbuchungsgruppe	Code, der Debitoren nach bestimmten Kriterien (z.B. Gebiet oder Unternehmenstyp) segmentiert. Dieser Code wird zusammen mit der Produktbuchungsgruppe in der Buchungsmatrix zur Kontenfindung genutzt.
MwSt.-Geschäftsbuchungsgruppe	Der Code wird in Kombination mit der MwSt.-Produktbuchungsgruppe dazu genutzt, den Mehrwertsteuersatz und die MwSt.-Berechnungsart zu ermitteln sowie die MwSt.-Konten in der MwSt.-Buchungsmatrix auszuwählen
Debitorenbuchungsgruppe	Die Debitorenbuchungsgruppe dient in erster Linie dazu, die Forderungen eines Debitoren auf das entsprechende Hauptbuchkonto (Forderungssammelkonto) zu buchen. Dieses wird im Feld *Debitorensammelkonto* in der Tabelle *Debitorenbuchungsgruppe* hinterlegt.
Debitorenpreisgruppe	Hier kann eine Preisgruppe hinterlegt werden, über die die VK-Preise der Artikel je nach Preisgruppe unterschiedlich gesteuert und definiert werden können. Bei Angeboten, Aufträgen und Rechnungen wird dann nicht auf die normalen, sondern die alternativen VK-Preise zugegriffen.
Debitorenrabattgruppe	Hier kann eine Rabattgruppe hinterlegt werden, über die Zeilenrabatte der Artikel je nach Rabattgruppe unterschiedlich gesteuert und definiert werden können. Bei Angeboten, Aufträgen und Rechnungen wird dann nicht der normale, sondern der rabattierte VK-Preis verwendet.
Zeilenrabatt zulassen	Bei Aktivierung werden Zeilenrabatte für diesen Kunden automatisch in die Verkaufsbelege übernommen
Preise inkl. MwSt.	Bei Aktivierung werden die Verkaufspreise inkl. der Umsatzsteuer ausgewiesen, d.h., die hinterlegten Verkaufspreise werden inkl. Umsatzsteuer gepflegt
Vorauszahlung %	Prozentuale Vorauszahlung vom Rechnungsbetrag, die im Rahmen der Auftragsabwicklung vom Kunden zu leisten ist

Tabelle 6.4 Debitorenkarte (Fakturierung)

Auf der Registerkarte *Zahlung* können folgende Parameter gepflegt werden (siehe Abbildung 6.26 und Tabelle 6.5):

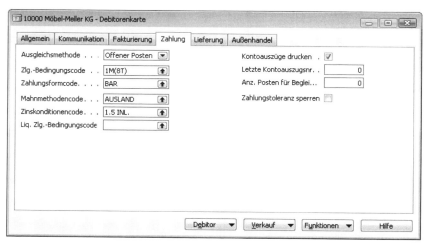

Abbildung 6.26 Debitorenkarte (Zahlung)

Feld	Beschreibung
Ausgleichsmethode	Ausgleichsmethode für offene Posten: *<Offene Posten>* Eine auf dem Debitorenkonto gebuchte Zahlung wird nicht automatisch mit einer Rechnung ausgeglichen, sondern verbleibt bis zum manuellen Ausgleich als offene Zahlungsposition auf dem Konto *<Saldomethode>* Mit der Zahlung wird automatisch der älteste offene Posten des Debitoren ausgeglichen
Zahlungsbedingungscode	Hinterlegung einer Zahlungsbedingung für den Kunden
Zahlungsformcode	Hinterlegung der Zahlungsform für den Kunden. Hierbei ist zu beachten, dass bei Verwendung einer Zahlungsform mit einem Gegenkonto der bei der Buchung entstehende Debitorenposten automatisch ausgeglichen wird.
Mahnmethodencode	Hinterlegung der Mahnmethode für den Kunden für den Fall des Zahlungsverzugs
Zinskonditionencode	Hinterlegung der Methode zur Berechnung von Verzugszinsen
Liq. Zlg.-Bedingungscode	Zahlungsbedingungscode, der für die Liquiditätsprognose herangezogen wird
Zahlungstoleranz sperren	Bei Aktivierung werden für diesen Kunden keine Zahlungstoleranzen akzeptiert

Tabelle 6.5 Debitorenkarte (Zahlung)

Auf der Registerkarte *Lieferung* können folgende Parameter gepflegt werden (siehe Abbildung 6.27 und Tabelle 6.6):

Abbildung 6.27   Debitorenkarte (Lieferung)

Feld	Beschreibung
Lagerortcode	Liefernder Lagerort, der für den Kunden standardmäßig verwendet werden soll
Sammelrechnung	Bei Aktivierung können mehrere Lieferungen mit einer Sammelrechnung abgerechnet werden
Reservieren	Festlegung, ob und wie Artikel für den Kunden zur Lieferung reserviert werden
Versandanweisung	Definiert, ob für den Kunden generell Teillieferungen oder nur Komplettlieferungen zulässig sind
Lieferbedingungscode	Code für die Lieferbedingung des Kunden
Zustellercode	Code für den Zusteller (Dienstleister für die Zustellung einschließlich Hinterlegung der Website für die Paketverfolgung)
Zustellertransportart	Code für die zu verwendende Transportart
Transportzeit	Geplante Zeit zwischen Warenausgang aus dem Lager und Wareneingang beim Kunden
Basiskalender	Definition eines Kalenders (Hinterlegung von Feiertagen, Sonn- und Samstagen)
Spezifischer Kalender	Unternehmensspezifischer Kalender als Variante zum Basiskalender

Tabelle 6.6   Debitorenkarte (Lieferung)

Abschließend sei erwähnt, dass in den Stammdaten über den Menüschaltfläche *Debitor/Bankdaten* die Bankverbindungen des Debitoren gepflegt werden können.

Menüoption: *Verkauf und Marketing/Verkauf/Debitoren/Debitor Bankkonten* (siehe Abbildung 6.28)

Abbildung 6.28   Debitor *Bankkontokarte*

Anlage und Pflege von Kontakt- und Debitorenstammdaten aus Compliance-Sicht

Potentielle Risiken

- Ungewünschte Kontaktdaten werden bewusst oder unbewusst angelegt (Effectiveness, Compliance)

- Erstellung von Stammdaten für ungewünschte Kunden (Effectiveness, Compliance)

- Doppelanlage von Stammdaten und damit verbunden die Aushebelung kundenspezifischer Kontrollen (Kreditlimitprüfung, Mahnwesen etc.) sowie redundante Datenhaltung (Efficiency, Integrity, Reliability)

- Unvollständige und falsche Daten (Efficiency, Integrity, Reliability, Compliance)

- Nicht autorisierte Änderung von Stammdaten, insbesondere sensibler Felder (Integrity, Reliability, Compliance)

Prüfungsziel

- Sicherstellung, dass nur zuvor überprüfte und »gute« Kunden in der Anwendung angelegt werden

- Sicherstellung der Vollständigkeit und Richtigkeit von Stammdaten

- Sicherstellung einer konsistenten Datenhaltung und klarer Verantwortlichkeiten für das Anlegen von Stammdaten

Prüfungshandlungen

Unerwünschte Kunden

Hierbei handelt es sich nicht primär um eine systemtechnisches, sondern vielmehr um ein organisatorisches Problemfeld. Der Prozess sollte bestimmte Prüfroutinen vorsehen, die sicherstellen, dass nur Kunden im System angelegt werden, mit denen das Unternehmen tatsächlich eine Geschäftsbeziehung eingehen will. So sollte beispielsweise grundsätzlich eine Kreditauskunft eingeholt werden, eine Blacklist-Prüfung vorgenommen werden (gegebenenfalls Embargolisten, vgl. dazu EU Antiterrorismusverordnung) und in Abhängigkeit von den Unternehmensanforderungen weitere Auskünfte eingeholt werden. In Stichproben kann geprüft werden, ob diese Unterlagen zu Kunden im Unternehmen vorliegen.

Doppelanlage von Stammdaten

In der Einrichtung zum Marketing & Vertrieb kann für Kontaktdaten eine automatische Dublettensuche aktiviert werden.

Menüoption: *Marketing & Vertrieb/Verkauf/Einrichtung/Marketing & Vertrieb Einrichtung/Registerkarte* (siehe Abbildung 6.29)

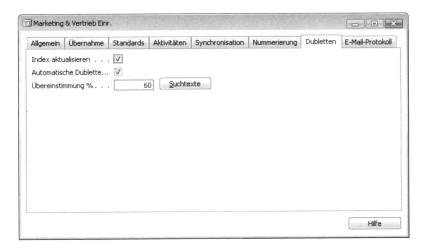

Abbildung 6.29 Kontaktdublettensuche

Dazu wird ein Matchcode berechnet, dessen Inhalt über die Schaltfläche *Suchtexte* definiert werden kann. Zusätzlich kann die prozentuale Übereinstimmung festgelegt werden, um eine Dublette zu identifizieren.

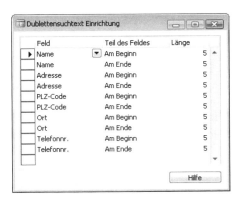

Abbildung 6.30 Einrichtung *Dublettensuchtexte*

Der Name wird in diesem Beispiel innerhalb der ersten und letzten fünf Buchstaben verprobt und bei Übereinstimmung auch weiterer Suchkriterien eine Systemmeldung ausgegeben.

Aus Compliance-Sicht sollte die Dublettenprüfung für Kontaktdaten aktiviert sein. Über das Form *Kontaktdubletten* können die potentiellen Dubletten angezeigt und bearbeitet werden.

Menüoption: *Verkauf & Marketing/Verkauf/Periodische Aktivitäten/Dubletten/Kontaktdubletten*

Diese Funktionalität steht für Kundenstammdaten nicht zur Verfügung, d.h., es kann keine präventive systemtechnische Kontrolle implementiert werden. Es sind also organisatorische Regelungen zu treffen (z.B. Suche nach einem Kunden im System zur Überprüfung, ob dieser schon angelegt wurde). Darüber hinaus kann die Tabelle der Kundenstammdaten daraufhin untersucht werden, ob sich darin potentielle Dubletten finden (insbesondere in Bezug auf kritische Datenfelder wie z.B. Bankverbindung etc.). Dazu bietet es sich an, die Debitorenübersicht über die Excel-Übergabefunktion (in der Toolbar) in Excel zu importieren, um die dortige Dublettensuche zu nutzen. Analoges gilt für die gängigen Audit-Tools ACL oder IDEA.

Feldzugriff: *Tabelle 18 Kunde*

BEGLEITMATERIAL   Im Begleitmaterial zu diesem Buch befindet sich ein Report, der analog zu den Kontakten Debitorendubletten sucht und ausgibt.

Die Begleitdateien stehen als Download zur Verfügung. Sie können diese von der Seite *http://go.microsoft.com/fwlink/?LinkID =153144* herunterladen.

Vollständigkeit und Richtigkeit der Daten

Innerhalb der Stammdaten wird eine Vielzahl von kritischen Feldern mit Werten belegt, die für den späteren Verkaufsprozess mit Auswirkung auf den Cashflow von großer Bedeutung sind (Zahlungsbedingungen, Kreditlimits, Mahnverfahren, Zinskonditionen, Rabattcodes, Preisgruppen, Aktivierung von Zeilenrabatten und Zahlungstoleranzen etc.). Die Stammdaten müssen auf Vollständigkeit und Unternehmensrichtlinienkonformität überprüft werden. Im Wesentlichen sind drei Fragen zu beantworten:

- Gibt es kritische Felder in den Stammdaten, die bei einzelnen oder bei allen Kunden fehlende Werte aufweisen?

- Gibt es kritische Felder, die mit Werten belegt sind, die unplausibel oder nicht richtlinienkonform sind?

- Gibt es Testdaten im Produktivsystem, d.h. auffällige Werte in den Namens- oder Adressfelder (*test*, *1234* etc.)?

Feldzugriff: *Tabelle 18 Kunde*

Nicht autorisierte Änderung von Stammdaten

Die Prüfung von Stammdaten ist ein mehrstufiger Prozess. Zunächst ist aus organisatorischer Sicht zu klären, welche Mitarbeiter für den Änderungsprozess verantwortlich sind und ob dazu eine festgeschriebene Vorgehensweise existiert. Diese ist anschließend mit dem aktuellen Berechtigungskonzept zu vergleichen, d.h., ist es aus Anwendungssicht eben nur dem oder den Mitarbeitern möglich, Stammdaten zu ändern, die für diesen Prozess verantwortlich sind (zeitpunktbezogene, präventive Kontrolle). Da Berechtigungen im System jedoch jederzeit geändert werden können, sollte auch ein Blick in die Vergangenheit erfolgen, also wer hat in einem festzulegenden Zeitraum der Vergangenheit Stammdaten tatsächlich geändert und war er dazu berechtigt (zeitraumbezogene, entdeckende Kontrolle).

Prüfung des Berechtigungskonzepts in Bezug auf Kundenstammdaten

Die Einrichtung und Verwaltung von Berechtigungen wird ausführlich in Kapitel 3 im Abschnitt »Systemzugiff« erläutert.

Prüfung des Zeitpunkts, wann ein Stammsatz zuletzt geändert wurde

Feldzugriff: *Tabelle 18 Kunde/Feld 54 Korrigiert am*

Prüfung, wer den Stammsatz geändert hat

Feldzugriff: *Tabelle 405 Änderungsprotokollposten/Felder Tabellennummer, BenutzerID, Alter Wert, Neuer Wert*

Einrichtung prüfen, ob Änderungen in Kundenstammdaten im Change Log aufgezeichnet werden

Menüoption: *Verwaltung/Anwendung Einrichtung/Allgemein/Änderungsprotokoll Einrichtung/Einrichtung/ Tabellen (Tabelle 18 Kunde: Einrichtung analysieren)*

Eine detaillierte Beschreibung zur Auswertung und Einrichtung des Änderungsprotokolls finden Sie in Kapitel 3 im Abschnitt »Änderungsprotokoll (Change Log)«.

Einrichtung von Stammdatenvorlagen

In der Regel werden bestimmte Felder von Kundenstammdaten mit Standardwerten besetzt, z.B. wenn das Unternehmen ein einheitliches Kreditlimit oder einheitliche Zahlungskonditionen für bestimmte Kunden oder Kundengruppen vorsieht. In solchen Fällen bietet es sich an, Vorlagen mit Standardwerten zu erstellen, aus denen die Werte bei der Neuanlage von Kundenstammdaten automatisch kopiert werden. Dynamics NAV bietet mit der Einrichtung von Stammdatenvorlagen die Möglichkeit der Vorbelegung bestimmter Stammdatenfelder. Im Folgenden soll gezeigt werden, wie Feldvorbelegungen erzeugt und Wertgrenzen für Felder festgelegt werden können. Dies wird anhand der Felder *Zahlungskonditionen* und *Kreditlimit* beispielhaft verdeutlicht. Die Funktion zur Erstellung von Vorlagen befindet sich im Verwaltungsmenü.

Menüoption: *Verwaltung/Anwendung Einrichtung/Allgemein/Stammdatenvorlagen einrichten* (siehe Abbildung 6.31)

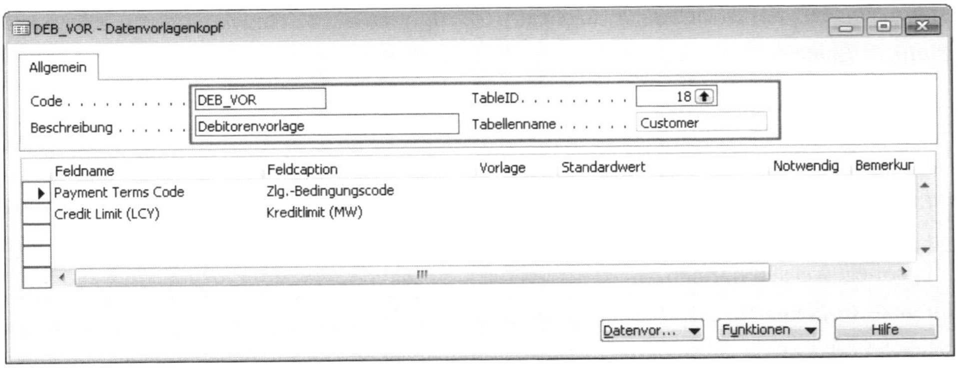

Abbildung 6.31   Einrichtung *Debitorenstammdatenvorlagen*

Dem Feld *Code* muss eine eindeutige Kennung für die Stammdatenvorlage zugewiesen sein, im Feld *Beschreibung* kann ein benutzerdefinierter Text hinterlegt werden. In diesem Beispiel wurde der *Code* DEB_VOR mit der *Beschreibung* Debitorenvorlage gewählt. Über das Feld *TableID* ist auszuwählen, in welcher Tabelle sich das mit einem Wert vorzubelegende Feld befindet. Durch einen Mausklick auf die Lookup-Schaltfläche öffnet sich ein Fenster, das die im System definierten Objekte (Tabellen) enthält (sobald die Tabelle ausgewählt wird, können in den Vorlagenzeilen alle Felder außer Dezimal- und Ganzzahlfelder dieser Tabelle vorbelegt werden. Dazu ist über den Lookup des Felds *Feldname* das entsprechende Feld auszuwählen).

BEGLEITMATERIAL   Im Begleitmaterial zu diesem Buch befindet sich eine FOB-Datei, durch deren Upload auch diese Feldtypen berücksichtigt werden können.

Die Begleitdateien stehen als Download zur Verfügung. Sie können diese von der Seite *http://go.microsoft.com/fwlink/?LinkID =153144* herunterladen.

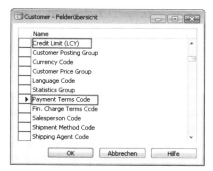

Abbildung 6.32 Vorbelegung von Objekten

In diesem Beispiel werden die Felder *Zahlungsbedingungscode* (Payment Terms Code) und *Kreditlimit* (Credit Limit (LCY)) ausgewählt. Anschließend kann über das Feld *Standardwert* ein Feldwert eingetragen werden. Neben dem Standardwert im Debitorenvorlagenkopf findet sich das Feld *Notwendig*. Dieses Feld wird im Prozess der Stammdatenanlage nicht evaluiert, d.h., auch wenn das Kennzeichen *notwendig* gesetzt wurde, kann der Stammsatz auch dann gespeichert und genutzt werden, wenn dem entsprechenden Feld kein Wert zugewiesen wurde. Die Bedeutung des Felds *Notwendig* beschränkt sich damit auf eine Erinnerungsfunktion in der Vorlage, dass dieses Feld zu füllen ist.

Sind alle vorzubelegenden Felder definiert, kann die Stammdatenvorlage für die Neuanlage von Stammdaten verwendet werden. Dies kann über zwei unterschiedliche Wege erfolgen. Aus der Vorlage heraus können über *Funktionen/Instanz erstellen* Stammdatensätze angelegt werden.

Menüoption: *Verwaltung/Allgemeine Einrichtung/Allgemein//Stammdatenvorlagen einrichten/Funktionen/Instanz erstellen*

Wird ein neuer Kunde direkt aus der Debitorenkarte erstellt `F3`, kann über *Funktion/Vorlage anwenden* die Vorlage auf den neuen Kundenstammsatz angewendet werden.

Menüoption: *Verkauf und Marketing/Verkauf/Debitoren/Funktionen/Vorlage anwenden*

Stammdatenvorlagen sind nicht zu verwechseln mit Debitorenvorlagen, die in der Einrichtung des Verkaufs im Marketing-Modul gepflegt werden können.

Menüoption: *Verkauf und Marketing/Verkauf/Einrichtung/Debitorenvorlage*

Hierbei handelt es sich um Vorlagen, die im Rahmen des Kontaktmanagements für die Erstellung von Verkaufsangeboten genutzt werden können; einen Einfluss auf die Anlage von Kundenstammdaten haben sie nicht.

Aus Compliance-Sicht sollten Debitorenvorlagen (Tabelle 5105) daraufhin überprüft werden, ob die Defaultwerte, die bei der Erstellung einer einzelnen Instanz aus der Vorlage heraus kopiert werden, den Anforderungen des Unternehmens entsprechen. So kann verhindert werden, dass falsche Daten in den Stammsatz übernommen werden

Der Verkaufsprozess und Belegfluss im Überblick

Im Folgenden wird der Verkaufsprozess in seiner Standardvariante vorgestellt, die einzelnen Teilprozesse detailliert beschrieben sowie unterschiedliche Konfigurationsvarianten analysiert. Anschließend erfolgt die Betrachtung des Verkaufs aus Compliance-Sicht, der die Konsequenzen einzelner Einstellungen und mögliche Kontrollmaßnahmen während der Implementierung und des operativen Betriebs aufzeigt. Abhängig von den Anforderungen des einzelnen Unternehmens an den Verkaufsprozessen können Teilprozesse von den hier beschriebenen Prozessen abweichen, entfallen oder durch entsprechende Maßnahmen erweitert werden.

Ein in Dynamics NAV abgebildeter Verkaufsprozess durchläuft in der Regel eine Reihe von standardisierten Bearbeitungsschritten, wobei die unterschiedlichen Anwendungsbereiche und Module des Systems interagieren. Aus den Nebenbüchern des Einkaufs, des Lagers, der Produktion und des Verkaufs sowie des Services (analog zum Verkauf) werden Informationen an die Finanzbuchhaltung übergeben und umgekehrt. Die dazu erforderlichen Datenflüsse werden mithilfe von Belegen verbucht. Die folgende Abbildung stellt einen Standardverkaufsprozess in Dynamics NAV in vereinfachter Form dar:

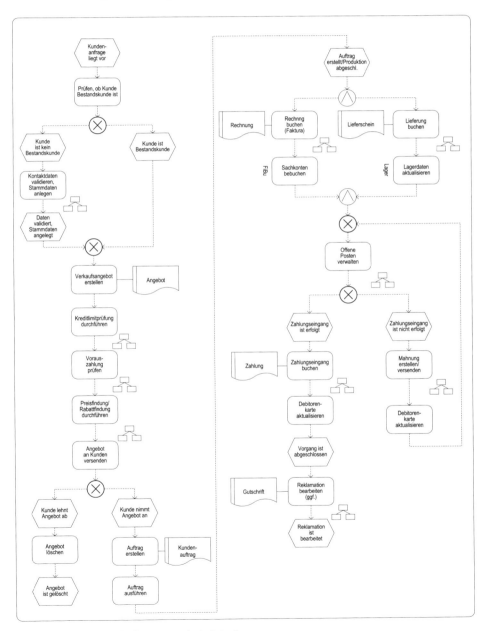

Abbildung 6.33 Der Verkaufsprozess und sein Belegfluss

Der Abbildung ist zu entnehmen, dass dem Standardprozess ein Standardbelegfluss folgt, der aus folgenden Einzelbelegen besteht:

Abbildung 6.34 Belegfluss des Verkaufsprozesses

Für jeden vollständig durchlaufenen Geschäftsvorfall (Prozessinstanz) müssen mit Ausnahme des Gutschriftenbelegs alle Belege erstellt, im System vorhanden sein und auf den jeweils zuletzt erstellten Beleg referenzieren. Gutschriften werden in der Regel nur dann benötigt, wenn Reklamationen vorliegen oder der Rechnungsbetrag nicht korrekt war. Der Belegfluss beginnt mit einem Verkaufsangebot oder direkt mit einem Auftrag. Angebote und Aufträge müssen zwingend einem Kontakt bzw. Debitoren zugeordnet werden. Verkaufsangebote entsprechen dabei Auftragsentwürfen, die Kontakten zugeordnet werden können. Kommt es auf Basis des Angebotes zu einem Auftrag, wird zur Weiterverarbeitung eines freigegebenen Auftrags immer ein Debitor benötigt. Sowohl Verkaufsangebote als auch Kontakte sind per Funktion in Aufträge bzw. Debitoren umwandelbar. Angebote können für sich nicht weiterverarbeitet werden, sondern müssen dazu zwingend in einen Auftrag umgewandelt werden. Zentrales Konstrukt ist damit der Verkaufsauftrag.

Verkaufsaufträge enthalten Kopf- (Daten zum Debitoren, Verkäufer, verantwortliche Verkaufseinheit etc.) und Positionsdaten (z.B. Artikelinformationen). Hat ein Auftrag den Status *Offen*, kann er beliebig geändert werden, im Status *Freigegeben* kann die Bearbeitung in der nächsten Bearbeitungsstufe in Abhängigkeit von der Logistikeinrichtung des jeweiligen Lagerorts erfolgen. Die Auftragserfassung ist damit abgeschlossen. Der Status *Freigegeben* wird durch das System automatisch vergeben, wenn die Lieferung zum Auftrag erfolgt ist. Im Folgenden wird davon ausgegangen, dass die verwendeten Lagerorte keine Logistikschritte enthalten. Die Buchung der Aufträge erfolgt gewöhnlich zweistufig, im ersten Schritt erfolgt die Lieferung und anschließend die Fakturierung. Die Anwendung ermöglicht damit Teillieferungen sowie Teil- und Sammelrechnungen, also die Buchung mehrerer Warenausgänge zu einem Auftrag bzw. die Abrechnung mehrerer Aufträge mit einer Faktura. Bei gebuchter Rechnung ermöglicht das System die Beobachtung des Zahlungseingangs mithilfe des Forderungsmanagements. Bei Zahlungseingang erfolgt die Aktualisierung des Debitorenkontos sowie der Kundenhistorie. Kommt es im weiteren Verlauf zu Reklamationen und der Kunde schickt erhaltene Waren an das Unternehmen zurück, kann von der Anwendung eine Kundengutschrift bzw. Reklamation erzeugt werden (vgl. dazu ausführlich Abschnitt »Reklamation und Gutschriften« ab Seite 520).

Neben dem standardisierten Verkaufsprozess existiert in Dynamics NAV auch die Möglichkeit der Direktlieferung, bei der es sich um die Abbildung des klassischen Streckengeschäfts handelt:

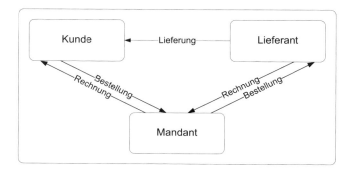

Abbildung 6.35 Direktlieferung

Der Unterschied zum regulären Verkaufsprozess besteht darin, dass das verkaufende Unternehmen keinen Warenein- und -ausgang bucht. Der Kunde bestellt die Ware bei dem Unternehmen, das wiederum die Artikel bei seinem Lieferanten bestellt und die direkte Lieferung an den Kunden veranlasst, ohne dass die Ware zwischenzeitlich im Unternehmen eingelagert wird. Die Bestellung und Fakturierung unterscheidet sich nicht vom herkömmlichen Distributionsprozess. Der Warenfluss wird mengen- und wertmäßig in der Materialwirtschaft und Finanzbuchhaltung erfasst.

HINWEIS   Liefert der Lieferant den Artikel zunächst an das Unternehmenslager und wird der Artikel anschließend an den Kunden weitergeleitet, kann dazu das Konstrukt des Spezialauftrags genutzt werden.

Wie bereits zuvor erwähnt, gehört zur vollständigen Verkaufstransaktion auch ein vollständig abgeschlossener Belegfluss, d.h., für jede Transaktion gibt es einen Auftragsbeleg (optional auch ein Angebotsbeleg), einen oder bei Teillieferung mehrere Lieferbelege, einen oder mehrere Fakturabelege sowie einen oder mehrere Belege für den Zahlungseingang. Bei Reklamationsvorgängen kommt neben den Rücksendungsbelegen gegebenenfalls der Gutschriftsbeleg hinzu. Die imaginäre Situation, dass ein Unternehmen zu einem bestimmten Zeitpunkt alle Verkaufsprozesse abgeschlossen hat, würde voraussetzen, dass zu jedem initialen Auftragsbeleg der den Prozess abschließende Zahlungsbeleg vorliegt und alle offenen Debitorenposten ausgeglichen sind. In der Realität wird eine derartige Situation nicht vorzufinden sein, allerdings sollten Unternehmen ihren Belegfluss im Hinblick auf Vollständigkeit regelmäßig überprüfen. Offene Anfragen, Aufträge, Lieferungen ohne Fakturen oder offene Posten, die den Zeitraum eines typischen Verkaufsprozesses überschreiten, deuten auf Prozessineffizienzen oder mangelnde Pflege offener Vorgänge hin, die letztlich bis hin zu finanziellen Verlusten führen können (z.B. unbearbeitete Aufträge oder nicht fakturierte Lieferungen).

Kundenangebot und Kundenauftrag

Der Verkaufsprozess beginnt in der Regel mit einem Angebot, das dem Kunden unterbreitet wird, oder im Falle einer bereits länger bestehenden Geschäftsbeziehung auch direkt mit einem Kundenauftrag ohne ein vorheriges Angebot. Der folgende Abschnitt behandelt den Ablauf und die Einrichtung eines standardisierten Angebots- und Auftragsprozesses.

Der Prozess im Überblick

Der Prozess der Angebotserstellung wird im Wesentlichen im CRM-Modul des Systems abgebildet und stellt sich wie folgt dar (siehe Abbildung 6.36):

Kundenangebote können vom Vertrieb – z.B. im Rahmen einer Kampagne –aus eigener Initiative an den Kunden versendet werden oder beruhen auf einer Kundenanfrage. Wenn der Kunde das Angebot annimmt, wird das Angebot in einen Auftrag umgewandelt und durchläuft anschließend den standardisierten Auftragsbearbeitungsprozess. Aus Sicht des Belegflusses werden also innerhalb dieses Prozesses Angebote und Aufträge erstellt, wobei auch durchaus Verkaufsaufträge im System existieren können, denen kein zuvor erstelltes Angebot zugrunde liegt und umgekehrt.

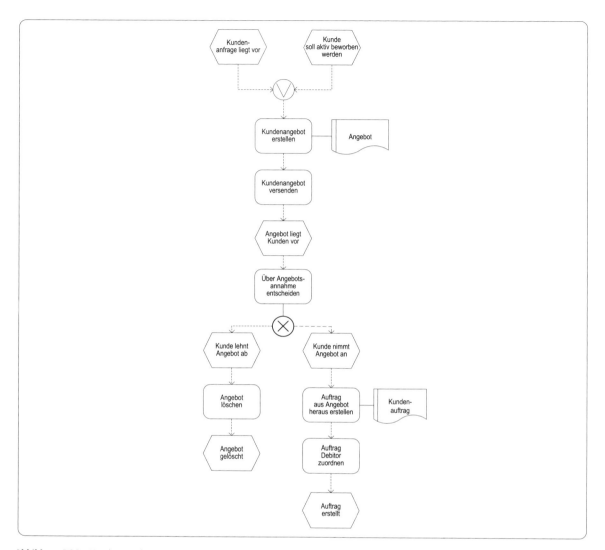

Abbildung 6.36   Kundenangebots- und Kundenauftragsprozess

Abbildung 6.37   Belegfluss Angebots- und Auftragsprozess

Ablauf und Einrichtung des Angebots/Auftrags

Ein Kundenangebot stellt den ersten Beleg im Rahmen eines regulären Verkaufsprozesses dar. Es handelt sich dabei um einen optionalen Beleg, da Kundenaufträge auch ohne Bezug zu einem Kundenangebot erstellt werden können. Ein Kundenangebot kann sowohl für einen Kontakt als auch für einen Debitor erstellt werden. Für den Kontakt muss dazu eine Debitorenvorlage ausgewählt werden, die die notwendigen Buchungsgruppen vorgibt, die der Kontakt nicht verwaltet. Um nicht im Sinne des Handelsrechts verbindliche Angebote an Kunden mit fehlender oder nicht ausreichender Bonität abzugeben, ist eine vorherige Bonitätsprüfung durchzuführen. Dazu sind Dynamics NAV-Add-On-Produkte mit technischen Schnittstellen zu entsprechenden Auskunftsinstituten und Dienstleistern verfügbar.

Abbildung 6.38 Beleg *Kundenangebot*

Erst wenn der Kunde das Angebot annimmt und die entsprechenden Auftragsdaten im System erfasst werden müssen, ist ein Debitor, auf den sich der Auftrag bezieht, zwingend erforderlich. Ein Auftrag zu einem Kontakt kann nicht angelegt werden, da dem Kontakt die notwendigen Datensegmente für die spätere Verbuchung von Lieferung, Fakturierung und Zahlung in der Finanzbuchhaltung fehlen. Debitoren können direkt aus dem Angebot (über *Funktion/Debitor erstellen*) oder den Kontaktdaten erzeugt werden.

Menüoption: *Verkauf & Marketing/Auftragsabwicklung/Angebote* (siehe Abbildung 6.39)

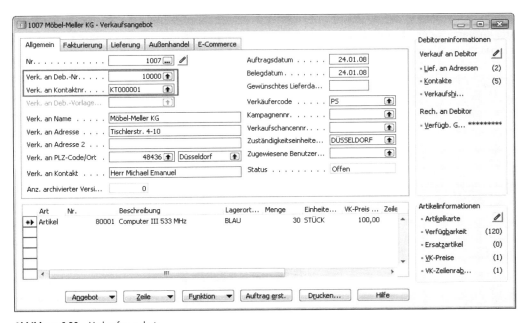

Abbildung 6.39 Verkaufsangebot

Im Angebot kann entsprechend der Feldauswahl ein Verkaufsangebot an einen Debitor oder einen Kontakt erfolgen. Um für offene Angebote Verantwortlichkeiten festzulegen, kann dem Beleg darüber hinaus ein Verkäufercode, ein Benutzer und/oder eine Zuständigkeitseinheit zugeordnet werden. Sind die Artikel des Angebots in den Positionszeilen erfasst, kann der Status auf *Freigegeben* gesetzt werden. Unabhängig vom Status kann aus dem Angebot direkt ein Auftrag erzeugt werden. Es handelt sich bei diesem Vorgang um eine Umwandlung, d.h., der Angebotsbeleg ist zu einem Auftragsbeleg mit neuer Belegnummer geworden und in Abhängigkeit von der Einrichtung des Verkaufs nur noch als archiviertes Angebot vorhanden.

Menüoption: *Verkauf & Marketing/Auftragsabwicklung/Angebote/Auftrag erst.*

Der Verkaufsauftrag ist im weiteren Verlauf des gesamten Verkaufsprozesses das zentrale Dokument, über den auch die Lieferung und die Rechnungserstellung gesteuert werden.

Abbildung 6.40   Beleg *Verkaufsauftrag*

Damit ist der Auftrag gleichzeitig das Dokument, das direkten Einfluss auf die Finanzbuchhaltung hat. Um einen Auftrag für den weiteren Prozess der Bearbeitung freizugeben, müssen die entsprechenden Kopf- und Positionsdaten im Auftrag erfasst werden. Solange der Auftragsstatus *Offen* und nicht *Freigegeben* ist, kann dieser geändert werden.

ACHTUNG   Im Status *Freigegeben* können lediglich Zeilen der Art *Artikel* oder *WG/Anlage* sowie bestimmte Kopffelder nicht editiert werden.

Sofern das Warenausgang- oder Kommissionierungsmodul im Einsatz ist, kann eine Bestellung erst im freigegebenen Status weiterbearbeitet werden.

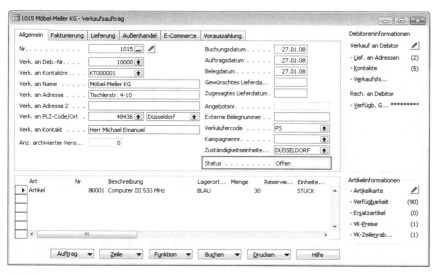

Abbildung 6.41   Status *Verkaufsauftrag*

Ablauf und Einrichtung des Auftrags aus Compliance-Sicht

Potentielle Risiken

- Angebotsabgabe an nicht ausreichend solvente Kunden (Efficiency, Compliance)

- Kundenaufträge werden nicht oder falsch erfasst bzw. nicht oder nicht zeitnah bearbeitet, was zu einer potentiellen Vermögensschädigung führen kann (Effectiveness, Efficiency)

- Daten, die aus den Kundenstammdaten in den Belegkopf kopiert werden (Zahlungsbedingungen, Mahnmethode etc.) werden im Beleg manuell überschrieben bzw. entsprechen nicht den Vorgaben (Integrity, Compliance)

- Es werden imaginäre Kundenaufträge angelegt und freigegeben (Effectiveness, Integrity, Reliability, Compliance)

Prüfungsziel

- Sicherstellung einer ausreichenden Kundenbonität

- Sicherstellung eines Prozesses zur vollständigen, konsistenten und zeitnahen Auftragsbearbeitung, Verhinderung von imaginären Aufträgen

- Sicherstellung der korrekten Übernahme von Stamm- in Belegdaten

Prüfungshandlungen

Sicherstellung einer ausreichenden Kundenbonität

Jeder Kunde sollte vor Abgabe eines Angebots oder Aufnahme in die Kundenstammdaten einer Bonitätsprüfung unterzogen werden.

Vollständige und zeitnahe Bearbeitung

Es sollte überprüft werden, ob sich älteren Angebote im System befinden, die nicht in Aufträge umgewandelt wurden. Dazu muss zunächst die Übersicht aller Angebote angezeigt werden.

Menüoption: *Verkauf & Marketing/Auftragsabwicklung/Angebote/Angebot/Übersicht* (siehe Abbildung 6.42)

Abbildung 6.42   Angebot (Verkaufsübersicht)

Über den Tabellenfilter in der Symbolleiste können hier Angebote, die zu einer bestimmten Zeit (beispielsweise länger als ein Jahr zurückliegend) erstellt wurden, selektiert werden.

Abbildung 6.43 Filter *offene Angebote*

Dazu ist eine Einschränkung der Belegart »Angebote« und des Belegdatums vorzunehmen. Durch Bestätigung mit *OK* werden nur noch die Angebote angezeigt, die den Filterkriterien entsprechen.

Manuelle Änderung von Belegdaten

Über Forms und den Form Designer ist es grundsätzlich möglich, die Änderung von Belegen in Feldern zu steuern und auch zu unterbinden. So können Feldwerte fixiert und präventiv gegen manuelle Änderung geschützt werden (siehe dazu insbesondere auch in Kapitel 2 den Abschnitt »Dynamics NAV-Datenbankobjekte«). Darüber hinaus kann in der Tabelle der Verkaufsbelegkopfdaten geprüft werden, ob die dort enthaltenen Feldwerte für kritische Felder von denen der Stammdaten abweichen (durch Verknüpfen der Tabellen über den Primärschlüssel Kundennummer) bzw. ob Werte existieren, die eigentlich weder in den Stamm- noch in den Belegdaten existieren dürften.

Feldzugriff: *Tabelle 18 Debitor/Feld beispielsweise Zlg.-Bedingungscode*

Feldzugriff: *Tabelle 36 Verkaufskopf/Feld beispielsweise Zlg.-Bedingungscode*

BEGLEITMATERIAL   Im Begleitmaterial zu diesem Buch befindet sich ein Report, der abweichende Zahlungsbedingungen selektiert und ausgibt.

Die Begleitdateien stehen als Download zur Verfügung. Sie können diese von der Seite *http://go.microsoft.com/fwlink/?LinkID =153144* herunterladen.

Über die Verknüpfung der beiden Tabellen anhand der Debitorennummer kann auch überprüft werden, ob Kundendaten (Name, Anschrift etc.) verändert und somit dazu genutzt wurden, Waren an Kunden zu liefern, die im System nicht angelegt wurden.

Kreditlimit

Der Prozess der Kreditlimitprüfung dient dazu, die Auftragsannahme hinsichtlich offener Kundenposten oder der Überschreitung eines bestimmten Auftragswerts zu prüfen, um die Möglichkeit einer potentiellen Vermögensschädigung des Unternehmens zu minimieren.

Der Prozess im Überblick

Standardmäßig stellt sich der Prozess der Kreditlimitprüfung wie folgt dar (siehe Abbildung 6.44).

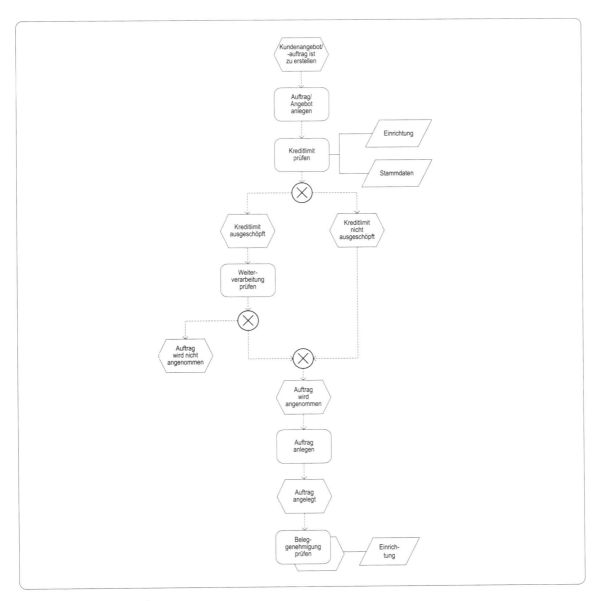

Abbildung 6.44   Kreditlimitprüfungsprozess

Um die Kreditlimitprüfung für den operativen Geschäftsprozess zu aktivieren, bedarf es der Einrichtung im Bereich *Debitoren* & *Verkauf* sowie der Hinterlegung eines Kreditlimitwerts in den Kundenstammdaten. Die entsprechenden Schritte zur Konfiguration werden im Folgenden detailliert erläutert. Das Kreditlimit muss entsprechend der Kundenbonität vergeben und laufend überprüft und angepasst werden. Sind die Kriterien zur Prüfung erfüllt, wird im Falle einer Überschreitung eine Warnmeldung durch das System erzeugt.

Aus Sicht des Belegflusses erfolgt die Prüfung bei der Erstellung von Angebots-, Auftrags- und Rechnungsbelegen.

Abbildung 6.45 Belege in der Kreditlimit-prüfung

Darüber hinaus können im System Beleggenehmigungsregeln auf Basis des Kreditlimits hinterlegt werden, die die Auftragsweiterverarbeitung prüfen und die Freigabe gegebenenfalls einschränken. Da sich Beleggenehmigungsregeln nicht nur auf das Kreditlimit, sondern auch auf andere Prüfkriterien beziehen können, ist dieser Thematik ein eigenes Kapitel gewidmet. Wir verweisen in diesem Zusammenhang insbesondere in Kapitel 3 auf den Abschnitt »Belegfluss und Beleggenehmigung«.

Ablauf und Einrichtung des Kreditlimits

Die Nutzung von im System hinterlegten Kundenkreditlimits ermöglicht dem Unternehmen die Kontrolle über offene Debitorenposten und verhindert, dass Kundenaufträge weiterhin ausgeführt werden, obwohl der Kunde ausstehende Zahlungen hat, die das festzusetzende Limit überschreiten. Dynamics NAV bietet die Möglichkeit, kundenindividuelle Kreditlimits zu pflegen und diese bei der Auftragsanlage oder -erweiterung automatisch durch das System überprüfen zu lassen. Im ersten Schritt muss dazu in der Einrichtung der Debitoren und des Verkaufs die kundenübergreifende Kreditlimitprüfung aktiviert sein.

Menüoption: *Verkauf & Marketing/Einrichtung/Debitoren & Verkauf Einr.* (siehe Abbildung 6.46)

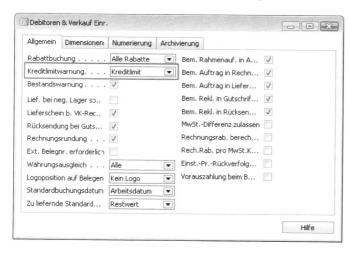

Abbildung 6.46 Einrichtung der Kreditlimitwarnung

Die Feldbelegung der Kreditlimitwarnung kann vier unterschiedliche Ausprägungen annehmen (siehe Tabelle 6.7).

Feldwert	Beschreibung
Kreditlimit	Das Obligo des Debitoren wird mit dem auf der Debitorenkarte hinterlegten Kreditlimit (in Mandantenwährung) verglichen. Im Falle einer Überschreitung gibt das System eine Warnmeldung aus.
Fälliger Saldo	Das System prüft, ob der Debitor einen Saldo in der Debitorenkarte aufweist und sich damit in Zahlungsrückstand befindet. Im Falle eines offenen, fälligen Saldos gibt das System eine Warnmeldung aus.

Tabelle 6.7 Einrichtung der Kreditlimitwarnung

Feldwert	Beschreibung
Beide Warnungen	Das System vollzieht beide oben genannten Prüfungsschritte und gibt eine Warnmeldung aus, sobald eines der beiden Kriterien erfüllt ist
Keine Warnung	Bei einer Kreditlimitüberschreitung bzw. eines Debitorensaldos gibt das System keine Warnmeldungen aus

Tabelle 6.7 Einrichtung der Kreditlimitwarnung *(Fortsetzung)*

Das System berücksichtigt bei der Berechnung der Inanspruchnahme des Kreditlimits zu dem gebuchten Saldo des Kunden den Restauftragsbetrag (noch nicht gelieferte Verkaufszeilenpositionen), nicht fakturierte Lieferungen und den Betrag des aktuellen Auftrags.

Wichtig zu beachten ist allerdings, dass die Kreditlimitwarnung gemäß ihres Namens den Charakter einer Warnmeldung hat, nicht jedoch den einer Fehlermeldung. Das bedeutet, dass der Auftrag trotz Überschreitung des Kreditlimits angelegt werden kann. Eine automatische Sperre von Aufträgen bzw. von kompletten Kundenstammdaten sieht Dynamics NAV nicht vor. Eine Sperre der Weiterverarbeitung kann nur durch Beleggenehmigungsregeln erfolgen (siehe in Kapitel 3 den Abschnitt »Belegfluss und Beleggenehmigung«).

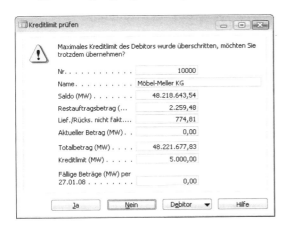

Abbildung 6.47 Kreditlimit-Warnmeldung

Die Hinterlegung kundenindividueller Kreditlimits erfolgt über die Debitorenkarte.

Menüoption: *Verkauf & Marketing/Verkauf/Debitoren* (siehe Abbildung 6.48)

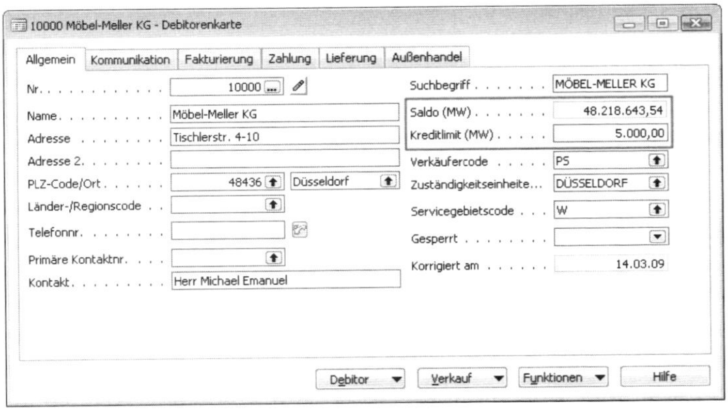

Abbildung 6.48 Kreditlimit auf der Debitorenkarte

Darüber hinaus ist es möglich, für das Feld *Kreditlimit* bestimmte Voreinstellungen vorzunehmen, indem die Field Properties entsprechend den Anforderungen des Unternehmens angepasst werden. So ist es beispielsweise möglich, dem Feld *Kreditlimit* einen kundenübergreifenden Initialwert als Standard zuzuordnen, das Feld als Pflichtfeld zu definieren und den Wert des Felds nach oben und unten zu begrenzen. In Kapitel 2 gehen wir im Abschnitt »Dynamics NAV-Datenbankobjekte« ausführlich darauf ein.

Object Designer: *Design Table 18 Debitor* (Properties Feld *20*)

Kreditlimit aus Compliance-Sicht

Potentielle Risiken

- Finanzieller Verlust durch Forderungsausfall (Effectiveness, Compliance)
- Ineffizienter Prozess der Pflege von Kreditlimits (Efficiency)

Prüfungsziel

- Sicherstellung eines Prozesses zur konsistenten Vergabe und Aktualisierung des Kreditlimits
- Sicherstellung der Einhaltung der durch das Unternehmen vorgegebenen Kreditlimitvorgaben

Prüfungshandlungen

Analyse der Einrichtung der Kreditlimitparameter (Deb. & Verkauf)

Die Kreditlimitwarnung sollte aus Compliance-Sicht sowohl für offene Posten als auch für die Überschreitung des Kreditlimits aktiviert sein, um eine möglichst genaue Kontrolle über Kunden mit ausstehenden Zahlungen oder ausgeschöpftem Kreditlimit sicherzustellen.

Menüoption: *Verkauf & Marketing/Einrichtung/Debitoren & Verkauf Einr.*

Analyse der Field Properties

Die Einstellungen des Felds *Kreditlimit* der Tabelle *Kunde* sollten in Bezug auf die Definition als Pflichtfeld mit Vorgabe eines Standardwerts überprüft werden (siehe Tabelle 6.8).

Feldeigenschaft	Bedeutung	Empfohlener Wert
InitValue	Vorgabe eines Initialwerts als Standard	Gemäß Anforderungen
MinValue	Vorgabe eines Minimalwerts	Gemäß Anforderungen
MaxValue	Vorgabe eines Maximalwerts	Maximalwert sollte gepflegt sein
NotBlank	Vorgabe, ob ein Feld leer bleiben darf oder nicht	YES

Tabelle 6.8   Field Properties zum Kreditlimit

Project Designer: *Design Table 18 Debitor* (Properties Feld *20*)

Überprüfung der tatsächlich vergebenen Kreditlimits

In der Kundenstammdatentabelle ist ersichtlich, welche Kreditlimits den Kunden tatsächlich zugewiesen wurden. Diese können mit den internen organisatorischen Regelungen abgeglichen werden. Wurde darüber hinaus ein Höchstwert in den Feldeinstellungen zum Kreditlimit eingestellt, kann eine Überschreitung anhand eines einfachen Wertevergleichs nachvollzogen werden.

Feldzugriff: *Tabelle 18 Debitor*/Feldauswahl *20 Kreditlimit (MW)*

BEGLEITMATERIAL   Im Begleitmaterial zu diesem Buch befinden sich entsprechende Reports, die zum einen den aktuellen Debitorensaldo mit dem Kreditlimit vergleichen und zum anderen das Obligo dokumentieren sowie Überschreitungen in der Vergangenheit (sofern über das Änderungsprotokoll eingerichtet) bezogen auf den jeweils offenen Saldo analysieren.

Die Begleitdateien stehen als Download zur Verfügung. Sie können diese von der Seite *http://go.microsoft.com/fwlink/?LinkID =153144* herunterladen.

Überprüfung der offenen Posten

Eine Auswertung der offenen Debitorenposten gibt Aufschluss darüber, ob Kreditlimitwarnungen übergangen wurden und welche Kunden ihr im Stammsatz hinterlegtes Kreditlimit (unberücksichtigt bleiben weitere obligorelevante Sachverhalte wie Aufträge oder Angebote) überschritten haben. Dazu kann das FlowField *Bewegung (MW)* verwendet werden, das für ein frei definierbares Buchungsdatum die offenen Posten des Debitors darstellt.

TIPP   Um das FlowField zeitlich zu steuern, lässt sich der FlowFilter *Datumsfilter* verwenden (z.B. »..31.12.08« entspricht »bis einschließlich 31.12.2008«). Als Ergebnis wird die Kontenbewegung auf dem Debitorenkonto für die im Feld *Datumsfilter* eingegebene Periode in Mandantenwährung angezeigt.

Feldzugriff: *Tabelle 18 Debitor*/Feld *Kreditlimit (MW)*, *Bewegung (MW)* (FlowFilter auf gewünschten Zeitraum einstellen)

Anschließend können die Felder direkt miteinander verglichen werden.

Vorauszahlungen

Dynamics NAV bietet die Möglichkeit, für einzelne Debitoren Vorauszahlungen zu definieren. Zahlungsvorauszahlungen können generell für Debitoren, Kreditoren und Artikel gepflegt werden und dienen in der Regel dazu, Verkaufsaufträge in einer gewissen Form abzusichern, d.h. möglichen Bonitätsrisiken proaktiv entgegenzuwirken. Vorauszahlungen werden vor der Lieferung verbucht und erst mit Eingang der Vorauszahlung werden der eigentliche Warenausgang und die Rechnungsstellung vorgenommen. Um das Konstrukt der Vorauszahlung nutzen zu können, müssen die entsprechenden Sachkonten und Buchungsgruppen, Nummernserien für Vorauszahlungsbelege und die Vorauszahlungslogik (Prozentsätze, Gültigkeit für Kunden, Lieferanten und Artikel) definiert werden. Um den Prozess effektiv zu gestalten, muss darüber hinaus über die Einstellungen zu den Debitoren & Verkauf geregelt werden, dass die Lieferung erst tatsächlich erfolgt, wenn der Vorauszahlungsbetrag eingegangen ist. Generelle Einstellungen zur Einrichtung von Sachkonten, Buchungsgruppen und Nummernserien wurden bereits in Kapitel 2 erläutert, sodass hier die Ausführungen auf die Kernmerkmale der Vorauszahlung beschränkt werden.

Der Prozess im Überblick

Der Prozess der Vorauszahlung wird im Verkauf über den Verkaufsauftrag gesteuert und stellt sich im Standard wie folgt dar:

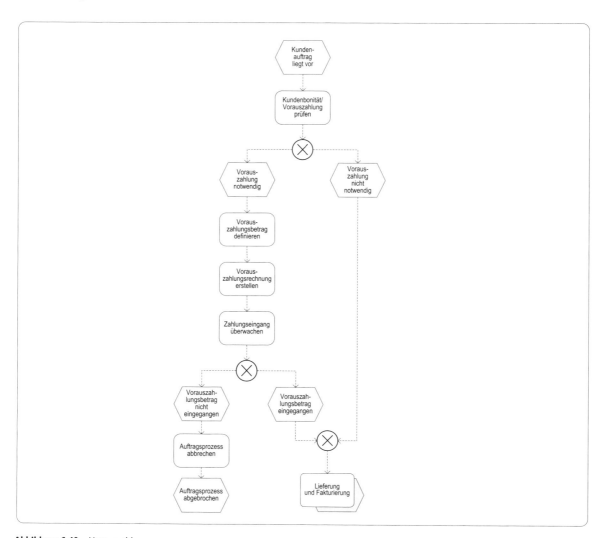

Abbildung 6.49   Vorauszahlungsprozess

Aus Sicht des Belegflusses lässt sich die Vorauszahlung zwischen dem Verkaufsauftrag und der Lieferung einordnen. In der Regel wird die Ware erst ausgeliefert, wenn die Vorauszahlung durch den Kunden tatsächlich erfolgt ist. Die Vorauszahlung selbst ist wie ein eigener Rechnungsbeleg anzusehen, der durch den Zahlungseingang ausgeglichen wird.

Abbildung 6.50 Belege in der Vorauszahlung

Ablauf und Einrichtung der Vorauszahlung

Die Einrichtung von Vorauszahlungen ist prinzipiell nur dann sinnvoll, wenn das System so konfiguriert ist, dass eine Auslieferung der Artikel an den Kunden erst dann möglich ist, wenn der entsprechende Zahlungseingang verbucht worden ist. Dazu muss die Vorauszahlungsprüfung der Einrichtung *Debitoren & Verkauf Einr.* aktiviert sein.

Menüoption: *Verkauf & Marketing/Einrichtung/Debitoren & Verkauf Einr.* (siehe Abbildung 6.51)

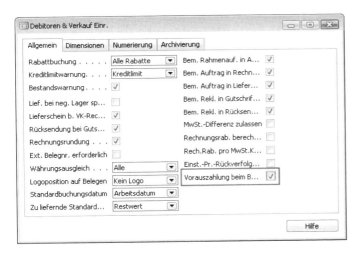

Abbildung 6.51 Einrichtung *Vorauszahlungen*

Wird das Kontrollkästchen für die Prüfung der Vorauszahlung aktiviert, kann sichergestellt werden, dass die Lieferung nicht vor Vorauszahlungseingang erfolgt. Die *TestSalesPayment-Routine* durchsucht alle gebuchten Vorauszahlungsrechnungen zu einem Auftrag und gibt eine Fehlermeldung aus, sobald es einen zugehörigen Debitorenposten gibt, der noch einen offenen Restbetrag aufweist.

Die eigentliche Definition der Vorauszahlungsparameter erfolgt im System an unterschiedlichen Stellen. Auf der Debitorenkarte können über die Registerkarte *Fakturierung*, auf der Artikelkarte über die Schaltfläche *Funktion* und die Auswahl *Vorauszahlungsprozentsätze* entsprechende Vorauszahlungsparameter hinterlegt werden.

Menüoption: *Verkauf & Marketing/Verkauf/Debitoren.* (siehe Abbildung 6.52)

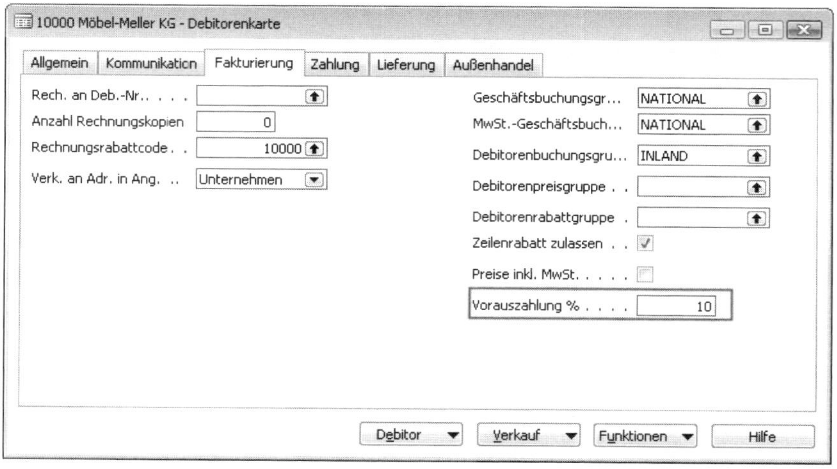

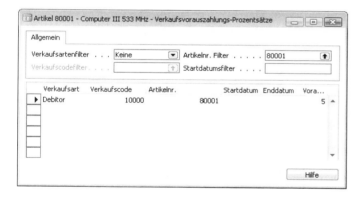

Abbildung 6.52 Vorauszahlungseinstellungen der Debitorenkarte

Menüoption: *Verkauf & Marketing/Lager/Artikel/Verkauf/Vorauszahlungsprozentsätze* (siehe Abbildung 6.53)

Abbildung 6.53 Vorauszahlungseinstellungen der Artikelkarte

Die Prozentsätze auf der Artikelkarte können auf einzelne Debitoren und Gültigkeitszeiträume beschränkt werden. Über die Verkaufsart kann die Gültigkeit – wie in diesem Fall – auf einen Debitoren beschränkt werden, ebenso können hier eine Debitorenpreisgruppe oder alle Debitoren ausgewählt werden. Bei der Anlage eines Verkaufsauftrags werden die Vorauszahlungsprozentsätze aus den Stammdaten in den Verkaufsbeleg kopiert. Grundsätzlich ist es dabei möglich, dass die hinterlegten Prozentsätze miteinander kollidieren (beispielsweise Debitorenkarte 10%, Artikelkarte für den Artikel und den Debitoren 5%). Das System wählt dann den Prozentsatz in der folgenden Prioritätenreihenfolge aus:

- Prozentsatz aus der Kombination eines Artikels mit genau einem Debitor
- Prozentsatz aus der Kombination eines Artikels mit einer Debitorenpreisgruppe
- Prozentsatz aus der Kombination eines Artikels mit allen Debitoren
- Prozentsatz aus dem Verkaufskopf, der aus der Debitorenkarte in den Beleg kopiert wird

In diesem Beispiel war für den Debitoren »10000« ein Prozentsatz von zehn auf der Debitorenkarte hinterlegt, in der Artikelkarte war für den Artikel »80001« in Kombination mit dem Debitoren »10000« (Verkaufscode »10000«) ein Prozentsatz von fünf hinterlegt. Wird nun ein Auftrag für diesen Artikel und diesen Debitor angelegt, finden sich im Verkaufskopf und Verkaufszeilen folgende Einstellungen wieder:

Menüoption: *Verkauf und Marketing/Auftragsabwicklung/Aufträge/*Registerkarte *Vorauszahlung* (siehe Abbildung 6.54)

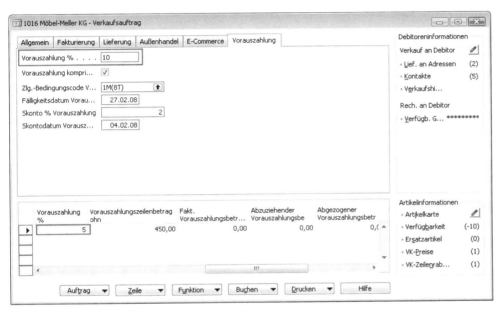

Abbildung 6.54 Vorauszahlungsprozentsätze im Verkaufsbeleg

Aus der Debitorenkarte wurde der Prozentsatz in den Verkaufsauftragskopf kopiert. Allerdings gilt für die Auftragszeile (Artikel ist »80001«) der Prozentsatz, der aus der Artikel-/Debitorenkombination der Artikelkarte gezogen wurde. Bezüglich des Auftragskopfs sind folgende Felder von Bedeutung (siehe Tabelle 6.9):

Feld	Beschreibung
Vorauszahlung %	Vorauszahlungsprozentsatz, der aus der Debitorenkarte in den Beleg kopiert wird
Vorauszahlung komprimieren	Bei Aktivierung wird die Vorauszahlung unter zwei Voraussetzungen zu einer Position auf der Rechnung zusammengefasst; die Vorauszahlungen betreffen das identische Sachkonto und es wurden die identischen Dimensionen und keine unterschiedlichen Projektnummern verwendet. Ist das Feld nicht aktiviert, erfolgt ein separater Ausweis für jede Zeile der Rechnung.
Zlg.-Bedingungscode Vorauszahl.	Ebenso wie für normale Rechnungen kann auch für Anzahlungen eine Zahlungsbedingung definiert werden
Fälligkeitsdatum Vorauszahlung	Hinterlegung der Fälligkeitsformel für die Berechnung der Zahlungsfälligkeit
Skonto % Vorauszahlung	Ebenso wie formale Rechnungen kann auch für Anzahlungen ein Skonto gewährt werden, da die Anzahlung letztendlich ein Bestandteil der Artikelfakturierung ist
Skontodatum Vorauszahlung	Datum, bis zu dem der Abzug des Skontos gewährt wird

Tabelle 6.9 Vorauszahlungsparameter im Verkaufsauftragskopf

In der Belegzeile werden ebenfalls der Vorauszahlungsprozentsatz sowie der absolute Betrag, der bereits faktu-rierte Betrag, der später von der Rechnung abzuziehende Anzahlungsbetrag und der bereits von der normalen Rechnung abgezogene Anzahlungsbetrag ausgewiesen. Eine ausstehende Vorauszahlung kann über das Feld *Status* auf der Registerkarte *Allgemein* im Auftrag nachvollzogen werden.

Vorauszahlung aus Compliance-Sicht

Potentielle Risiken

- Unzureichende Absicherung von Verkaufstransaktionen (Effectiveness, Compliance)
- Falsche oder im Beleg geänderte Vorauszahlungsprozentsätze (Effectiveness, Compliance)

Prüfungsziel

- Abgleich der Absicherungspolitik des Unternehmens mit den im System hinterlegten Vorauszahlungs-daten
- Vergleich der Vorauszahlungsdaten in den Artikel- und Kundenstammdaten mit in den Belegen hinter-legten Daten

Prüfungshandlungen

Im ersten Schritt sollte die Absicherungspolitik des Unternehmens abgefragt werden, d.h., welche Kunden bzw. Kundengruppen werden zu Anzahlungen verpflichtet und wie hoch sind die jeweiligen Vorauszah-lungsprozentsätze. Dazu müssen die Richtlinien den Systemeinstellungen gegenübergestellt werden.

Feldzugriff: *Tabelle 18 Debitor*/Feld *Vorauszahlung %*

Feldzugriff: *Tabelle 459 Verkaufsvorauszahlung %*

Feldzugriff: *Tabelle 37 Verkaufszeile*/Feld *Vorauszahlung %, Vorauszahlungszeilenbetrag, Vorauszahlungsbetrag*

Preise und Preisfindung

Die Anwendung ermöglicht die kunden- oder kundengruppenindividuelle Gestaltung von Artikel- und Ressour-cenpreisen über sogenannte *alternativer Preise*. Der Prozess der Preisfindung und deren Einrichtung werden im Folgenden erläutert. Darüber hinaus können auch unterschiedliche Kundenrabatte gewährt werden, die im Abschnitt »Zeilen- und Rechnungsrabatte« ab Seite 469 erläutert werden.

Der Prozess im Überblick

Der Ablauf der Preisfindung im System läuft standardmäßig wie folgt ab (siehe Abbildung 6.55).

Auf Positionsebene kann nach Preisen gemäß Artikel-/Kundenkombination gesucht werden, die in einer Preistabelle hinterlegt sind und unter bestimmten Rahmenbedingungen (Zeiträume, Artikelmengen), die die Anwendung automatisch prüft, zur Geltung kommen. Sind keine alternativen Preise im System gepflegt, werden diese aus der Artikelkarte in die Positionsdaten des Angebots oder Auftrags kopiert.

Aus Sicht des Belegflusses erfolgt die Verwendung alternativer Preise bei der Erstellung von Angebots- und Auftragsbelegen.

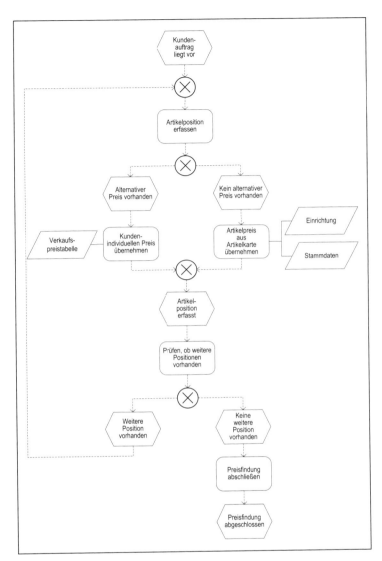

Abbildung 6.55 Preisfindungsprozess

Abbildung 6.56 Belege in der Preisfindung

Die alternative Preisfindung erfolgt auf Belegpositionsebene und ist ein optionaler Vorgang.

Ablauf und Einrichtung der Preise und Preisfindung

Die Preisfindung erfolgt auf zwei Ebenen, der Preis- und der Rabattebene. Preise wiederum können an unterschiedlichen Stellen im System gepflegt werden. Ein übergreifender, von der jeweiligen Verkaufssituation unabhängiger Artikelpreis wird in den Artikelstammdaten der Artikelkarte gepflegt.

Preisfindung auf Basis der Artikelkarte ohne alternative VK-Preise

Menüoption: *Verkauf* & *Marketing/Lager* & *Preise/Artikel* (siehe Abbildung 6.57)

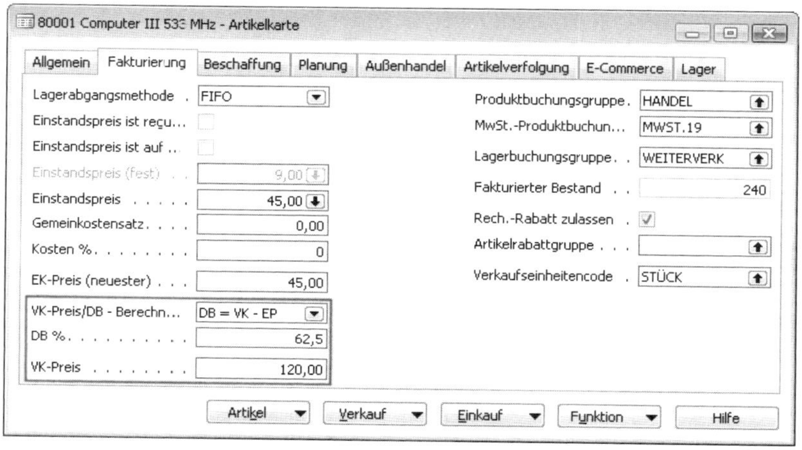

Abbildung 6.57 Verkaufspreis Artikelkarte

Der Verkaufspreis kann manuell gepflegt oder anhand der Größen *Deckungsbeitrag* und *Einstandspreis* berechnet werden. Die Art der Berechnung wird im Feld *VK-Preis/DB-Berechnung* hinterlegt.

Wird die Methode *DB = VK – EP* ausgewählt, wird auf Basis eines manuell vorgegebenen Verkaufspreises automatisch der prozentuale Deckungsbeitrag berechnet und im Feld *DB %* eingetragen. Demgegenüber kann aus der Vorgabe eines prozentualen Deckungsbeitrags der Verkaufspreis ermittelt werden. Dazu ist im Feld *DB %* ein Wert und im Feld *VK-Preis/DB-Berechnung* die Methode *VK = EP + DB* einzutragen. Soll keine Berechnung erfolgen, muss das Feld *VK-Preis/DB-Berechnung* den Wert *kein Bezug* aufweisen.

Im Verkaufsauftrag wird der Verkaufspreis aus der Artikelkarte direkt in die Verkaufszeile des jeweiligen Artikels kopiert. Der Verkaufspreis in der Artikelkarte wird weder fortgeschrieben noch kann dazu eine Historie angezeigt werden (außerhalb des Änderungsprotokolls). Ebenso können keine weiteren Kriterien zur Preisfindung berücksichtigt werden. Der auf dieser Ebene definierte Verkaufspreis gilt somit einheitlich für alle Kunden des Mandanten.

Preisfindung auf Basis alternativer VK-Preise

Eine kundenübergreifende Preispolitik ist in der Realität eher selten anzutreffen. In der Praxis wird der Vertrieb kundenindividuelle und kundengruppenbezogene Preise vereinbaren, die von unterschiedlichen Parametern abhängen wie z.B.:

- Allgemeine Qualität der Kundenbeziehung
- Verkaufsvolumen des Kunden
- Vereinbarte Mindestmengen

- Transaktionswährung

- Unterschiedliche Artikelvarianten

Darüber hinaus können Preise innerhalb bestimmter Zeitintervalle, beispielsweise im Rahmen einer Kampagne oder anderer zeitlich begrenzter Aktionen, variabel sein. Das System bietet zur Umsetzung von Preisdiversifikationen die Pflege alternativer Verkaufspreise an. Alternative Verkaufspreise können in der Verkaufspreistabelle gepflegt werden.

Menüoption: *Verkauf* & *Marketing/Verkauf/Debitor/*Registerkarte *Fakturierung/Verkauf/Preise* (siehe Abbildung 6.58)

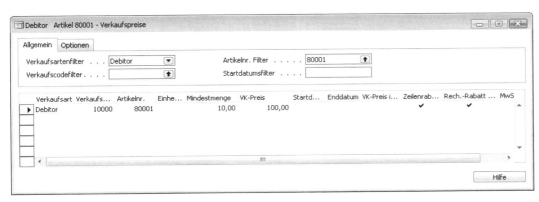

Abbildung 6.58   Debitor *Verkaufspreise*

Über die Felder *Verkaufsart* und *Verkaufscodefilter* lässt sich der Bezugsrahmen der festzulegenden Preise erstellen. Die Verkaufsart kann sich auf einen einzelnen Debitor, auf eine Debitorenpreisgruppe, alle Debitoren, eine Kampagne oder auf keines der genannten Objekte beziehen. Gemäß der Auswahl lassen sich im Verkaufscodefilter die entsprechenden Elemente (z.B. Debitor oder Kampagne) auswählen.

In den einzelnen Zeilen werden anschließend die Bedingungen definiert, unter denen ein bestimmter Verkaufspreis für einen bestimmten Artikeln in Angeboten, Aufträgen, Rechnungen und Gutschriften gewährt wird. Folgende Bedingungen können dabei genutzt und kombiniert werden (siehe Tabelle 6.10):

Feld	Beschreibung
Verkaufsart	Bezugsrahmen für den Preis: Debitor, Debitorenpreisgruppe, Kampagne oder alle Debitoren
Verkaufscode	Auswahlfeld für die einzelnen Elemente der Verkaufsart
Artikelnummer	Artikel, für den der Preis gelten soll
Währungscode	Währung, für die der Preis gelten soll
Einheiten	Einheitencode, für den der Verkaufspreis gültig sein soll, wenn der Artikel in dieser Einheit verkauft wird
Mindestmenge	Menge, ab der ein bestimmter Preis gilt
Verkaufspreis	Gültiger Verkaufspreis unter den gesetzten Bedingungen
Startdatum	Beginn des Gültigkeitszeitraums für den Preis

Tabelle 6.10   Festlegung alternative Verkaufspreise

Feld	Beschreibung
Enddatum	Ende des Gültigkeitszeitraums für den Preis
VK-Preis inkl. MwSt.	Bei Aktivierung enthält der Verkaufspreis bereits die Mehrwertsteuer
Zeilenrabatt zulassen	Bei Aktivierung erlaubt das System einen zusätzlichen Zeilenrabatt, wenn der Verkaufspreis angeboten wird
Rechnungsrabatt zulassen	Bei Aktivierung erlaubt das System einen zusätzlichen Rechnungsrabatt, wenn der Verkaufspreis angeboten wird
MwSt.-Geschäftsbuch.-G (Preis)	MwSt-Geschäftsbuchungsgruppe, um bei Bruttopreisen den Anteil der Umsatzsteuer berechnen zu können

Tabelle 6.10 Festlegung alternative Verkaufspreise *(Fortsetzung)*

Wird ein Verkaufsauftrag erstellt, erfolgt die Preisermittlung anhand der zuvor festgelegten Kriterien.

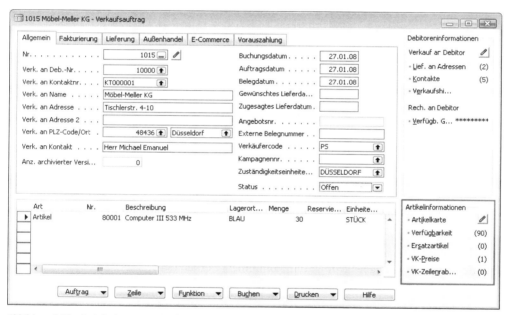

Abbildung 6.59 Preisfindung im Verkaufsauftrag

Die systemgesteuerte Preisfindung erfolgt automatisch, kann aber auch über die Funktion *Preis holen* gestartet werden.

Menüoption: *Verkauf & Marketing/Auftragsabwicklung/Preis holen*

Im ersten Schritt ermittelt die Anwendung, ob für einen bestimmten Artikel ein Verkaufspreis eingerichtet wurde. Ist dies der Fall, werden die Bedingungen geprüft, anhand derer ein bestimmter Preis einem Kunden gewährt wird. Ist die Prüfung erfolgreich, fügt das System den Verkaufspreis in die Belegzeile ein. Ist dies nicht der Fall, wird der Verkaufspreis aus der Artikelkarte in die Belegzeile kopiert.

An dem Beispiel ist zu erkennen, dass der Basispreis aus der Artikelkarte 120 Euro beträgt (siehe Abbildung 6.57). Über die Funktion *Preis holen* ermittelt das System für diesen Artikel und Kunden einen Preis von 100 Euro für eine Mindestmenge von 10 Stück.

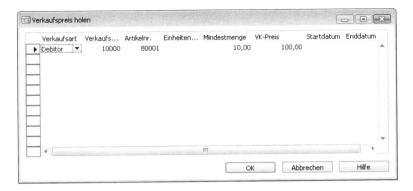

Abbildung 6.60 Verkaufspreis holen

Im rechten unteren Bereich des Auftragserfassungsfensters werden Informationen zum Artikel angezeigt, die neben der Artikelverfügbarkeit auch Informationen zu Verkaufspreisen enthalten. In diesem Beispiel sind 90 Stück des Artikels verfügbar und es existiert ein alternativer Verkaufspreis. Mit dem Link *VK-Preise* in dem Informationsfeld wird die Funktion *Preis holen* ausgeführt.

HINWEIS Der alternative Preis für einen Artikel bezieht sich immer auf den Einheitencode, der in der Verkaufspreistabelle hinterlegt wird. In der Artikeleinheitentabelle wird der Bezug zwischen der Verkaufseinheit und der Basiseinheit hergestellt (z.B. zehn Stück pro Palette). Entsprechende Berechtigungen vorausgesetzt, kann in dieser Tabelle das Feld *Menge pro Einheit* geändert werden. Dadurch ist es beispielsweise vor der Erstellung der Verkaufsauftragszeile möglich, die Menge pro Palette zu verändern, ohne dass sich der alternative Preis ändert. Würde z.B. die Menge pro Palette auf 20 erhöht, würde der Kunde gegebenenfalls zehn Einheiten ohne entsprechende Erhöhung des Gesamtpreises erhalten.

Preise unterliegen grundsätzlich Schwankungen oder kurzfristigen Änderungen. Dem Vertrieb obliegt die Pflicht, Preise regelmäßig zu prüfen und Preisänderungen in der Anwendung zu pflegen. Dynamics NAV bietet zwei unterschiedliche Möglichkeiten der Verkaufspreisverwaltung. Mithilfe der Stapelverarbeitung *Artikelpreise justieren* können bestimmte Felder in der Artikelkarte bzw. Lagerhaltungsdatenkarte aktualisiert werden. Auf der Registerkarte *Artikel* können die zu aktualisierenden Datensätze und auf der Registerkarte *Optionen* die zu ändernden Wertfelder selektiert werden. Die vorgenommenen Änderungen wirken sich nicht auf die alternativen Verkaufspreise aus.

Menüoption: *Verkauf & Marketing/Lager & Preise/Artikelpreise justieren* (siehe Abbildung 6.61)

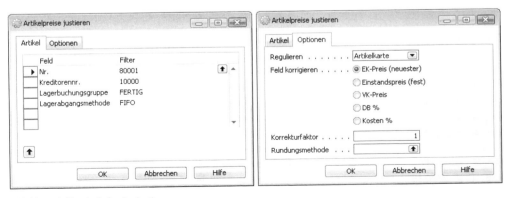

Abbildung 6.61 Artikelpreise justieren

Mithilfe der Funktion *VK-Preisvorschläge* können alternative Preise geändert werden. Die Funktion ist im Wesentlichen identisch mit der Verkaufspreispflege von Debitoren oder Debitorenpreisgruppen und wird aus diesem Grund an dieser Stelle nicht erläutert.

Menüoption: *Verkauf & Marketing/Lager & Preise/VK-Preisvorschläge*

Wichtig zu bemerken ist, dass die Preise erst dann aktualisiert werden, wenn die Funktion *Preisvorschlag übernehmen* ausgeführt wurde.

Menüoption: *Verkauf & Marketing/Lager & Preise/VK-Preisvorschläge/Preisvorschlag übernehmen*

Sollen Preise aus den alternativen Verkaufspreisen automatisch ohne die Funktion *Preise holen* in die Verkaufsbelegzeilen kopiert werden, dürfen keine Preise in den Artikelstammdaten gepflegt werden, sondern es müssen alle Preisinformationen aus den Artikelkarten in die Tabelle *Verkaufspreise* übertragen werden. Dies lässt sich mithilfe der Stapelverarbeitung *Artikelpreis vorschlagen* (VK-Preisvorschläge) durchführen, die bereits in diesem Abschnitt beschrieben wurde. In diesem Fall berechnet die Anwendung den besten Preis, der für den Kunden hinterlegt ist.

HINWEIS   Im Rahmen der Preisübernahme bei VK-Preisvorschlägen (*Preisvorschlag übernehmen*) werden neue Datensätze in der Tabelle der alternativen Verkaufspreise angelegt und somit Artikelpreisdaten aktualisiert. Da diese Datenmanipulation durch ein C/AL-Objekt erfolgt und nicht durch den Benutzer auf der Oberfläche, wird diese Preisänderung im Änderungsprotokoll nicht aufgezeichnet. Die Pflege des Änderungsprotokolls muss gegebenenfalls durch Objektanpassung realisiert werden.

Verkaufsarten – Debitorenpreisgruppen und Kampagnen

Debitorenpreisgruppen

Mithilfe von Debitorenpreisgruppen lassen sich Debitoren in Bezug auf die Preisgestaltung segmentieren. Um nicht für jede Kombination von Debitor und Artikel Verkaufspreise pflegen zu müssen, können Konditionen für eine Debitorenpreisgruppe festgelegt werden. Soll beispielsweise bei der Preisgestaltung zwischen Groß- und Einzelhändlern unterschieden werden, bietet es sich an, zwei Debitorenpreisgruppen *Großhandel* und *Einzelhandel* anzulegen, für die Gruppen jeweils die Verkaufspreise zu pflegen und in einem letzten Schritt alle Großhändler und Einzelhändler im Kundenstamm die jeweilige Preisgruppe zuzuordnen. Zunächst müssen dazu die Debitorenpreisgruppen gepflegt werden.

Menüoption: *Verkauf & Marketing/Auftragsabwicklung/Einrichtung/Debitorenpreisgruppen* (siehe Abbildung 6.62)

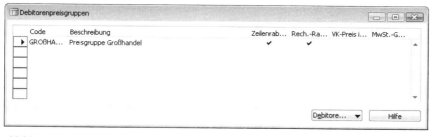

Abbildung 6.62   Debitorenpreisgruppen

Über die Schaltfläche *Debitorenpreisgruppe* und *VK-Preise* können schließlich die Preise analog zu der Vorgehensweise bei Verkaufspreisen in den Kundenstammdaten gepflegt werden.

Menüoption: *Verkauf & Marketing/Auftragsabwicklung/Einrichtung/Debitorenpreisgruppen/Debitorenpreisgruppen/VK-Preise*

Sind die Preisgruppen gepflegt, können sie beliebigen Kunden in den Debitorenstammdaten zugeordnet werden.

Menüoption: *Verkauf & Marketing/Verkauf/Debitoren* (Registerkarte *Fakturierung*/Feld *Debitorenpreisgruppe*)

Kampagnen

Bei Preiskampagnen handelt es sich um zeitlich begrenzte Aktionen, bei denen Artikel allen oder einem Kreis von Kunden zu vergünstigten Konditionen angeboten werden. Es können beliebig viele Kampagnen im System verwaltet werden.

Menüoption: *Verkauf & Marketing/Marketing/Kampagnen* (siehe Abbildung 6.63)

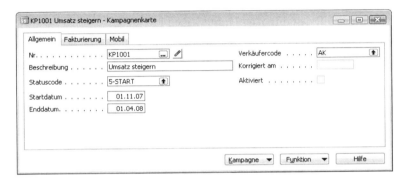

Abbildung 6.63   Kampagnen

Den Kampagnen kann ein Segment zugeordnet werden, dem wiederum die Kontaktstammdaten zugeordnet werden, die durch die Kampagne angesprochen werden sollen.

Verkauf & Marketing/Marketing/Kampagnen/Kampagne/Segmente

Analog zu den Debitorenpreisgruppen können für die Kampagne die Verkaufspreise hinterlegt werden.

Menüoption: *Verkauf & Marketing/Marketing/Kampagnen/Kampagne/VK-Preise*

Um Kampagnenpreise und -konditionen zu aktivieren, muss der Kampagne ein Segment mit Kontakten zugeordnet werden. Preise und Konditionen können für das gesamte Segment oder Teile des Segments aktiviert werden. Dazu wird das Feld *Kampagnenziel* aktiviert (auf Kopf- bzw. Zeilenebene) und anschließend auf der Kampagnenkarte die Funktion *VK-Preise/Zeilenrabatte aktivieren* ausgeführt.

Menüoption: *Verkauf & Marketing/Marketing/Kampagnen/Kampagne/Segmente* (siehe Abbildung 6.64)

Abbildung 6.64   Kampagne – Segmente

Preise und Preisfindung aus Compliance-Sicht

Potentielle Risiken

- Falsche Preise führen zu Vermögensverlust des Unternehmens (Effectiveness, Compliance)
- Falsche Preise haben mögliche negative Auswirkungen auf die Kundenzufriedenheit (Effectiveness, Compliance)

Prüfungsziel

- Abgleich der Preispolitik des Unternehmens mit den im System hinterlegten Preisdaten
- Vergleich der Preise in den Artikelstammdaten mit alternativen Preisen

Prüfungshandlungen

Im ersten Schritt sollte sich ein Überblick der vom Unternehmen betriebenen Preispolitik verschafft werden. Dazu gehört insbesondere die Analyse der dazugehörigen Dokumentation (Preislisten, Mengenstaffelungen, gegebenenfalls Verträge mit Kunden etc.). Anschließend sollte geprüft werden, ob die dokumentierten Preise mit den Basispreisdaten in der Anwendung übereinstimmen.

Preisprüfung auf Basis der Artikelkarte ohne alternative VK-Preise

Feldzugriff: *Tabelle 27 Artikel/Feld VK-Preis*

Preisprüfung auf Basis alternativer VK-Preise

Bei der Verwendung alternativer Verkaufspreise muss geprüft werden, ob zwischen den Verkaufspreisen in der Artikelkarte und den alternative Preisen unplausible Unterschiede existieren oder ob sich Artikel ohne Preise im System befinden. Dazu muss die Tabelle mit den Artikelstammdaten mit denen der Verkaufspreise verglichen werden.

Feldzugriff: *Tabelle 27 Artikel/Feld VK-Preis*

Feldzugriff: *Tabelle 7002 Verkaufspreis*

Zusätzlich können über den Report *VK-Preisliste* nach unterschiedlichen Kriterien Verkaufspreise selektiert und eine Liste der Preisdaten für unterschiedliche Verkaufsarten/Verkaufscodes ausgegeben werden.

Object Designer: *Run Report 715 VK-Preisliste* (siehe Abbildung 6.65)

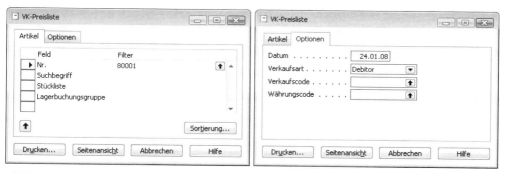

Abbildung 6.65 Report VK-Preisliste

Zeilen- und Rechnungsrabatte

Neben der Möglichkeit, kundenindividuelle Preise im System zu hinterlegen, bietet Dynamics NAV auch die Möglichkeit, in Abhängigkeit von unterschiedlichen Parametern Zeilen- und Rechnungsrabatte zu pflegen. Im folgenden Abschnitt wird die Rabattlogik beschrieben und erläutert, wie das System konfiguriert werden muss.

Der Prozess im Überblick

Die Anwendung ermöglicht die Vergabe kunden- und artikelabhängiger Rabatte auf Positionsebene (Zeilenrabatte) und auf Ebene der Gesamtrechnung (Rechnungsrabatt). Standardmäßig stellt sich die Rabattfindung wie folgt dar:

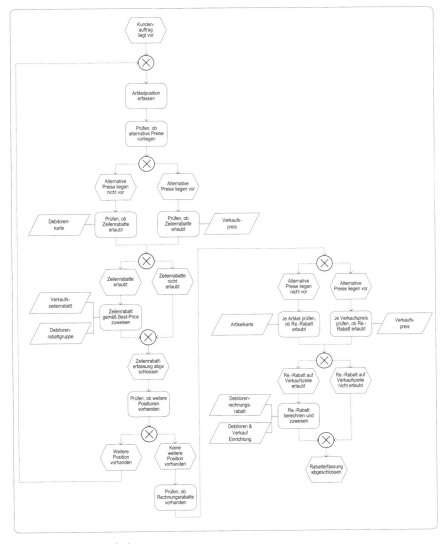

Abbildung 6.66 Rabattfindungsprozess

In Abhängigkeit von unterschiedlichen Parametern (Zeiträume, Artikelmengen), die die Anwendung automatisch prüft, erfolgt die Gewährung unterschiedlicher Rabatte, die in Zeilenrabatten, Rechnungsrabatten und Gruppenrabatten (Debitoren- und Artikelgruppen) im System hinterlegt werden können.

Aus Sicht des Belegflusses erfolgt die Rabattgewährung auf der Ebene des Angebots und Auftrags.

Abbildung 6.67   Belege in der Rabattfindung

Es handelt sich dabei um einen optionalen Prozessschritt innerhalb des Verkaufs.

Ablauf und Einrichtung von Zeilen- und Rechnungsrabatten

Neben der kundenindividuellen Preisgestaltung durch *alternative Preise* bietet Dynamics NAV auch die Möglichkeit unterschiedlicher Arten der Rabattgewährung und -buchung. Dabei lassen sich drei wesentliche Arten von Rabatten unterscheiden:

Zeilenrabatte, d.h. positionsbezogene Rabatte, können für Artikel und Artikelrabattgruppen, für Debitoren und Debitorenrabattgruppen und für alle Debitoren und Kampagnen in Abhängigkeit von Mindestmengen, Einheiten, Währungen und Zeiträumen eingerichtet werden. Zeilenrabatte sind damit ähnlich konstruiert wie *alternative Verkaufspreise*.

Rechnungsrabatte beziehen sich nicht auf den einzelnen Artikel (Artikelpositionen), sondern werden in Abhängigkeit von der Rechnungshöhe gewährt. Es ist allerdings möglich, einzelne Auftragspositionen vom Rechnungsrabatt auszuschließen. Rechnungsrabatte sind für einzelne Debitoren oder für Debitorengruppen (Debitorenrechnungsrabatt) pflegbar und können darüber hinaus mit Zeilenrabatten kombiniert werden.

Skonti werden dem Kunden für den Fall gewährt, dass bestimmte Zahlungsfristen eingehalten werden. Erfolgt eine fristgerechte Zahlung, ist der Kunde in der Regel berechtigt, einen bestimmten Prozentsatz des Rechnungsbetrags abzuziehen. Da Skonti Bestandteil der Zahlungsbedingungen sind und erst bei Zahlungseingang gebucht werden, erfolgt eine detaillierte Betrachtung dieses Themas im Abschnitt »Zahlungseingang« ab Seite 499.

Um Rabatte anwenden und buchen zu können, muss im ersten Schritt die allgemeine Rabatteinrichtung auf Ebene des Mandanten erfolgen (siehe Tabelle 6.11 und Tabelle 6.12).

Feld	Beschreibung
Rechnungsrabatt berechnen	Bei Aktivierung wird der Rechnungsrabattbetrag auf Verkaufsbelegen automatisch durch die Anwendung berechnet
Rechnungsrabatt pro MwSt.-Kennzeichen	Bei Aktivierung wird der Rechnungsrabatt pro MwSt.-Kennzeichen berechnet

Tabelle 6.11   Rabatteinrichtung (1/2)

Menüoption: *Verkauf* & *Marketing/Einrichtung/Debitoren* & *Verkauf Einrichtung* (siehe Abbildung 6.68)

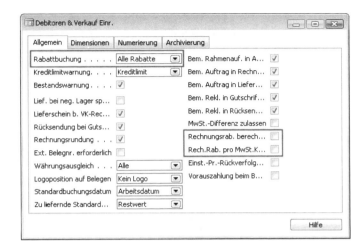

Abbildung 6.68 Rabatteinrichtung

Über das Feld *Rabattbuchung* können Regeln für die Buchungssteuerung festgelegt werden, wobei vier Optionen möglich sind (siehe Tabelle 6.12):

Feldwert	Beschreibung
Rechnungsrabatte	Rechnungsrabatt und Rechnungsbetrag werden auf separaten Konten gebucht (Bruttomethode). Dabei wird das Rechnungsrabattkonto verwendet, das in der Buchungsmatrix eingerichtet sein muss. Gewährte Rabattbeträge können so später im Kontenplan auf separaten Erlösschmälerungskonten nachvollzogen werden.
Zeilenrabatte	Zeilenrabatt und Rechnungsbetrag werden auf separaten Konten gebucht (Bruttomethode). Dabei wird das Zeilenrabattkonto verwendet, das in der Buchungsmatrix eingerichtet sein muss.
Alle Rabatte	Zeilenrabatt, Rechnungsrabatt und Rechnungsbetrag werden auf separaten Konten gebucht (Bruttomethode). Dabei wird das Zeilenrabattkonto verwendet, das in der Buchungsmatrix eingerichtet sein muss. Gewährte Rabattbeträge können später im Kontenplan nachvollzogen werden.
Keine Rabatte	Rabatte werden nicht getrennt gebucht, sondern direkt vom Rechnungsbetrag abgezogen (Nettomethode). Rabattbeträge können im Kontenplan somit nicht separat nachvollzogen werden.

Tabelle 6.12 Rabatteinrichtung (2/2)

Im Rahmen der GuV-Kontenfindung werden die Geschäftsbuchungsgruppe des Kunden sowie die Produktbuchungsgruppe des Artikels herangezogen, um die Buchung gemäß der Einrichtung der Buchungsmatrix vornehmen zu können. Wird bei der Rabatteinrichtung der Wert *Keine Rabatte* verwendet, wird nur auf das Warenverkaufskonto gebucht.

Menüoption: *Finanzmanagement/Einrichtung/Buchungsgruppen/Allgemein/Buchungsmatrix Einrichtung* (siehe Abbildung 6.69)

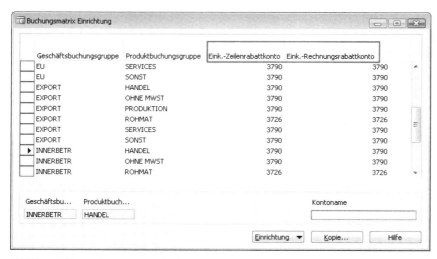

Abbildung 6.69   Buchungsmatrix Rabattkonten

Aktivierung der Rabatte auf Ebene der Artikel- und Debitorenkarte (ohne Berücksichtigung alternativer VK-Preise)

Die Aktivierung der Zeilen- und Rechnungsrabatte erfolgt zum einen in der Artikel- und zum anderen in der Debitorenkarte. Auf der Artikelkarte kann festgelegt werden, ob ein Material bzw. Verkaufsprodukt für die Berechnung des Rechnungsrabatts berücksichtigt werden soll oder nicht.

Menüoption: *Verkauf* & *Marketing/Lager* & *Preise/Artikel* (siehe Abbildung 6.70)

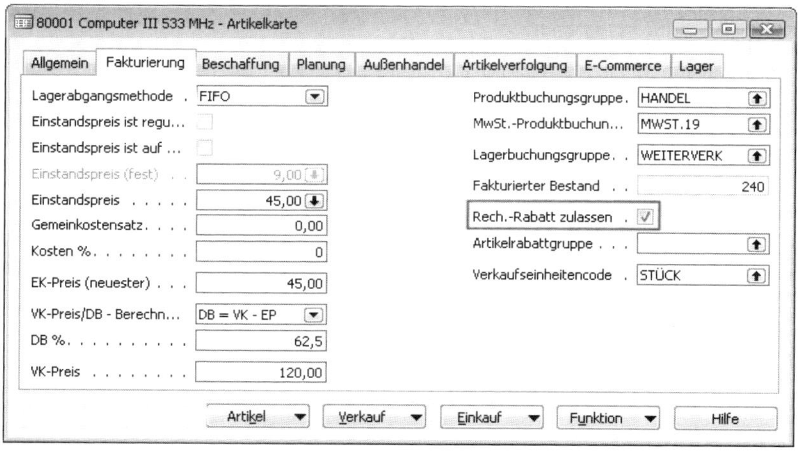

Abbildung 6.70   Rechnungsrabatt zulassen (Artikelkarte)

Auf der Registerkarte *Fakturierung* des Debitorenstammsatzes erfolgt diese Einstellung für Zeilenrabatte.

Menüoption: *Verkauf & Marketing/Verkauf/Debitoren* (siehe Abbildung 6.71)

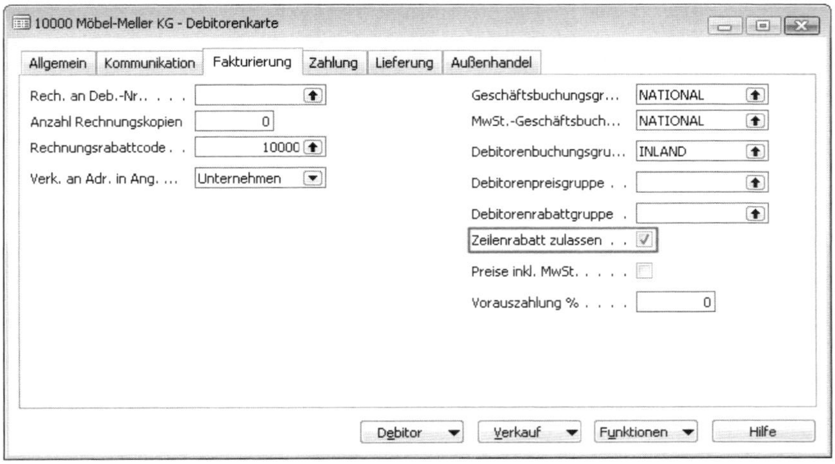

Abbildung 6.71 Zeilenrabatt zulassen (Debitorenkarte)

Aktivierung der Rabatte auf Ebene der Verkaufspreistabelle (mit Berücksichtigung alternativer VK-Preise)

Um eine kombinierte Nutzung von Rabatten und alternativen Verkaufspreisen zu ermöglichen, müssen Zeilen und Rechnungsrabatte in den Verkaufspreisen für einen Artikel zusätzlich erlaubt sein.

Menüoption: *Verkauf & Marketing/Verkauf/Debitor/Verkauf/Preise* (siehe Abbildung 6.72)

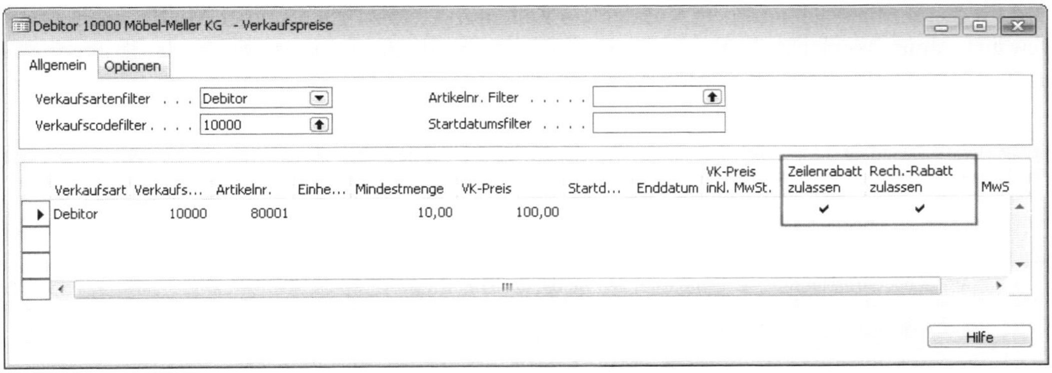

Abbildung 6.72 Rabatte zulassen (Verkaufspreise)

Nur wenn die Rabatte aktiviert sind, berechnet die Anwendung einen Zeilenrabatt bzw. Rechnungsrabatt, wenn der alternative Verkaufspreis angeboten wird.

Definition von Zeilen- und Rechnungsrabatte

Die eigentliche Definition von Zeilenrabatten erfolgt gesondert in einem eigenen Fenster.

Menüoption: *Verkauf & Marketing/Verkauf/Debitor*/Registerkarte *Fakturierung/Verkauf/Zeilenrabatte* (siehe Abbildung 6.73)

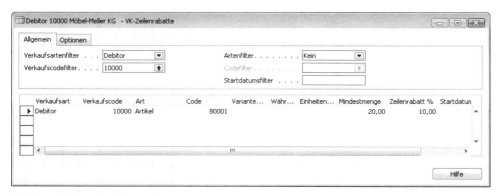

Abbildung 6.73 Zeilenrabatte (Debitor)

Über die Felder *Verkaufsfilter* und *Verkaufscodefilter* lässt sich der Bezugsrahmen der festzulegenden Rabatte erstellen. Die Verkaufsart kann sich auf einen einzelnen Debitor, auf eine Debitorenpreisgruppe, alle Debitoren, eine Kampagne oder auf keines der genannten Elemente beziehen. Gemäß der Auswahl lassen sich im Verkaufscodefilter die entsprechenden Elemente (z.B. Debitor oder Kampagne) auswählen. Über den Artenfilter, Codefilter, den Startdatumsfilter sowie Währungscodefilter auf der Registerkarte *Optionen* kann die Gültigkeit der Zeilenrabattregeln darüber hinaus weiterhin eingeschränkt werden.

In den einzelnen Zeilen werden anschließend die Bedingungen definiert, unter denen einem Kunden ein bestimmter Rabatt für einen bestimmten Artikel in Angeboten, Aufträgen, Rechnungen und Gutschriften gewährt wird. In diesem Beispiel wird dem Kunden ein Zeilenrabatt von 10% bei einer Mindestmenge von 20 Stück gewährt, ohne dass der Zeitraum des Angebots zeitlich eingeschränkt ist. Folgende Bedingungen können dabei genutzt und kombiniert werden (siehe Tabelle 6.13):

Feld	Beschreibung
Verkaufsart	Bezugsrahmen für den Preis: Debitor, Debitorenpreisgruppe, Kampagne oder alle Debitoren
Verkaufscode	Auswahlfeld für die einzelnen Instanzen der Verkaufsart
Artikel	Artikel oder Artikelgruppe, für den/die der Zeilenrabatt gelten soll
Code	Auswahlfeld für die einzelnen Instanzen des Artikels/der Artikelgruppe
Variante	Variantencode des Artikels, für den der Rabatt gelten soll. Ist das Feld ohne Wert, ist der Verkaufszeilenrabatt für den Artikel und sämtliche Varianten des Artikels gültig.
Währungscode	Währung, für die der Rabatt gelten soll
Einheiten	Einheitencode, für den der Rabatt gültig sein soll, wenn der Artikel in dieser Einheit verkauft wird
Mindestmenge	Menge, ab der ein bestimmter Preis gilt
Zeilenrabatt	Gültiger Zeilenrabatt in Prozent unter den gesetzten Bedingungen
Startdatum	Beginn des Gültigkeitszeitraums für den Rabatt
Enddatum	Ende des Gültigkeitszeitraums für den Rabatt

Tabelle 6.13 Zeilenrabatte

Berechnung des besten Preises

Der beste Preis ergibt sich aus der preisoptimalen Kombination von alternativen Verkaufspreisen und Zeilenrabatten. Der beste Preis bezieht sich somit ausschließlich auf Zeilen-, jedoch nicht auf Rechnungsrabatte. Auch der Verkaufspreis auf der Artikelkarte wird bei der Berechnung des besten Preises nicht berücksichtigt.

Definition von Rechnungsrabatten

Im Gegensatz zum Zeilenrabatt ist der Rechnungsrabatt nicht artikelbezogen, sondern bezieht sich auf den vollständigen Rechnungsbetrag. Dabei ist zu beachten, dass einzelne Artikel von der Berechnung des Rechnungsrabatts ausgeschlossen werden können.

Menüoption: *Verkauf & Marketing/Verkauf/Debitoren/Verkauf/Rechnungsrabatte* (siehe Abbildung 6.74)

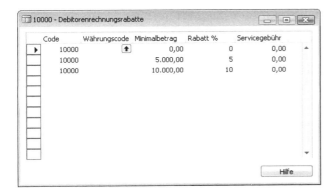

Abbildung 6.74 Debitorenrechnungsrabatte

Rechnungsrabatte sind durch folgende Eigenschaften gekennzeichnet (siehe Tabelle 6.14):

Feld	Beschreibung
Code	Eindeutiger Code für den Rechnungsrabatt
Währungscode	Währungscode, für den die Rechnungsrabattbedingung gelten soll. Eventuelle Servicegebühren oder Minimalbeträge für diese Rechnungsrabattbedingungen werden in der entsprechenden Währung angezeigt.
Minimalbetrag	Minimalbetrag, ab dem ein bestimmter Rabattprozentsatz gelten soll
Rabatt %	Rabatt in Prozent vom Rechnungsbetrag
Servicegebühr	Servicegebühr, die der Debitor entrichten muss, wenn der Rechnungsbetrag einen bestimmten Minimalbetrag nicht übersteigt

Tabelle 6.14 Konfiguration *Rechnungsrabatte*

Die Zuordnung eines Rechnungsrabatts zu einem Kunden erfolgt über die Hinterlegung des Codes auf der Registerkarte *Fakturierung* der Debitorenkarte.

Menüoption: *Verkauf* & *Marketing/Verkauf/Debitoren* (siehe Abbildung 6.75)

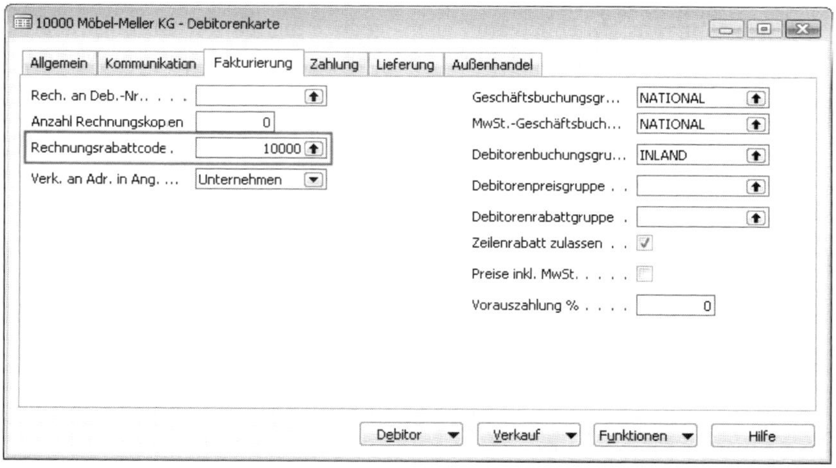

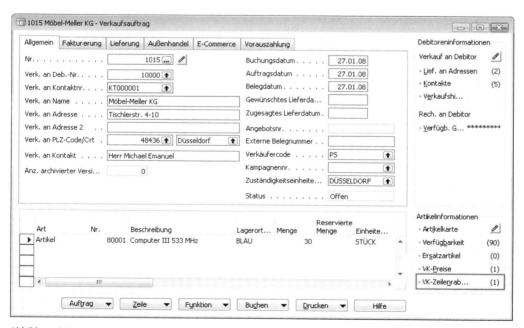

Abbildung 6.75   Rechnungsrabattcodes (Debitor)

Bei der Auftragsanlage wird gemäß den zuvor getroffenen Einstellungen überprüft, ob dem Kunden ein bestimmter Rabatt gewährt werden kann.

Abbildung 6.76   Rabatte im Auftrag

Wie bei der Preisfindung wird rechts unten im Verkaufsauftrag angezeigt, ob ein Zeilenrabatt für den Artikel möglich ist. Durch Mausklick auf den Link *VK-Zeilenrabatt* lassen sich diese anzeigen und auswählen. In den Positionsdaten wird der gewährte Zeilen- und Rechnungsrabatt angezeigt, sofern diese Felder eingeblendet sind.

Debitoren-, Artikelrabattgruppen und Kampagnen

Mithilfe von Debitoren- und Artikelrabattgruppen lassen sich Debitoren und Artikel in Bezug auf die Rabattgestaltung segmentieren. Um nicht für jede Kombination von Debitor und Artikel Verkaufspreise pflegen zu müssen, können Rabatte für diese Gruppen festgelegt werden und anschließend in den Kunden- bzw. Artikelstammdaten hinterlegt werden. Im Folgenden wird die Vorgehensweise anhand von Debitoren-rabattgruppen erläutert, die Einrichtung von Artikelrabattgruppen erfolgt analog.

Menüoption: *Verkauf & Marketing/Auftragsabwicklung/Einrichtung/Debitorenrabattgruppen (bzw. Artikelrabatt-gruppen)* (siehe Abbildung 6.77)

Abbildung 6.77 Debitorenrabattgruppen

Über die Schaltfläche *Debitorenrabattgruppe* kann der Rabatt analog zu der Vorgehensweise bei VK-Zeilen-rabatten eingerichtet werden.

Menüoption: *Verkauf & Marketing/Auftragsabwicklung/Einrichtung/Debitorenrabattgruppen/Debitorenrabatt-gruppen* (siehe Abbildung 6.78)

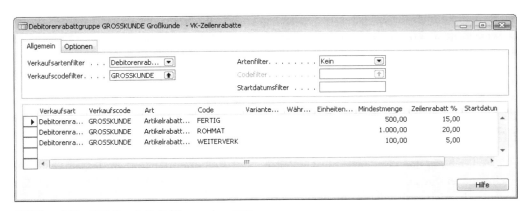

Abbildung 6.78 VK-Zeilenrabatte Debitorenpreisgruppen

Sind die Rabattgruppen gepflegt, können sie beliebigen Kunden in den Debitorenstammdaten zugeordnet werden.

Menüoption: *Verkauf & Marketing/Verkauf/Debitoren/*Registerkarte *Fakturierung/*Feld *Debitorenrabattgruppe*

Kampagnen

Bei Kampagnen handelt es sich um zeitlich begrenzte Aktionen, bei denen Artikel allen oder einem Kreis von Kunden zu vergünstigten Konditionen angeboten werden.

Menüoption: *Verkauf* & *Marketing/Marketing/Kampagnen* (siehe Abbildung 6.79)

Abbildung 6.79   Kampagnen (Rabatte)

Den Kampagnen wird ein Segment zugeordnet, dem wiederum die Kontaktstammdaten zugeordnet werden, die durch die Kampagne angesprochen werden sollen.

Menüoption: *Verkauf* & *Marketing/Marketing/Kampagnen/Kampagne/Segmente*

Analog zu den Debitorenrabattgruppen können für die Kampagne die Zeilenrabatte hinterlegt werden.

Menüoption: *Verkauf* & *Marketing/Marketing/Kampagnen/Kampagne/VK-Zeilenrabatte*

Um Kampagnenrabatte zu aktivieren, muss der Kampagne ein Segment mit Kontakten zugeordnet werden. Preise und Konditionen können für das gesamte Segment oder Teile des Segments aktiviert werden. Dazu wird das Feld *Kampagnenziel* aktiviert (auf Kopf- bzw. Zeilenebene) und anschließend auf der Kampagnenkarte die Funktion *VK-Preise/Zeilenrabatte aktivieren* ausgeführt.

Menüoption: *Verkauf* & *Marketing/Marketing/Kampagnen/Kampagne/Segmente*

Prioritäten bei der Vergabe und Berechnung von Zeilen- und Rechnungsrabatten

Aus der obigen Beschreibung der Konfiguration der Zeilen- und Rechnungsrabatte wurde deutlich, dass diese an unterschiedlichen Stellen in Kombination mit alternativen Verkaufspreisen konfiguriert werden können. Im Einzelnen handelt es sich dabei um die

- Konfiguration von alternativen Preisen und Rabatten auf Ebene der VK-Preistabelle

- Konfiguration über die Debitorenstammdaten und Debitorenpreis- und -rabattgruppen

- Konfiguration über die Artikelstammdaten und Artikelrabattgruppen

Die Option der Gewährung von Zeilenrabatten steht in der Debitorenkarte, in den Debitorenpreisgruppen und in der Verkaufspreistabelle zur Verfügung. Werden alternative Preise verwendet, haben die Einstellungen in der Verkaufspreistabelle zur Gewährung von Zeilen- und Rechnungsrabatten Gültigkeit. Die Einstellungen aus der Debitorenkarte und der Debitorenpreisgruppe werden lediglich als Vorschlagswerte bei der Anlage der Verkaufspreistabelle übernommen.

Werden keine alternativen Preise gepflegt, analysiert das Programm die Einstellungen der Debitorenkarte und Debitorenrabattgruppe und identifiziert den für den Debitoren günstigsten Zeilenrabatt im Sinne der Logik des besten Preises.

Die Gültigkeit von Rechnungsrabatten erfolgt analog, kann aber auf Artikelebene oder in der Verkaufspreistabelle ausgeschlossen werden. Bei der Ermittlung des besten Preises werden Rechnungsrabatte nicht berücksichtigt.

Zeilen- und Rechnungsrabatte aus Compliance-Sicht

Potentielle Risiken

- Falsche oder zu hohe Rabatte führen zu Vermögensverlust des Unternehmens (Effectiveness, Compliance)

- Falsche Berechnung von Rabatten haben mögliche negative Auswirkungen auf die Kundenzufriedenheit (Effectiveness, Compliance)

- Nettobuchungen von Rabatten führen zu fehlender Transparenz und Nachvollziehbarkeit in der Finanzbuchhaltung (Integrity)

- Falsche oder fehlende Hinterlegung von Rabattkonten führt zu falschem Ausweis in der Bilanz bzw. fehlender Transparenz (Integrity, Reliability)

Prüfungsziel

- Überprüfung der Mandanteneinstellungen zu den Rabattbuchungsprozessen

- Abgleich der Rabattpolitik des Unternehmens mit den im System im Rahmen der Preisfindung hinterlegten Preisdaten

- Abgleich der in den Belegen gewährten Rabatten mit den im System eingerichteten Rabatten

- Überprüfung der Kontenfindung für die Buchung von Rabatten in der Buchungsmatrix

Prüfungshandlungen

Im ersten Schritt sollte sich ein Überblick der vom Unternehmen betriebenen Rabattpolitik verschafft werden. Dazu gehört insbesondere die Analyse der dazugehörigen Dokumentation (Rabattvereinbarungen, Mengenstaffelungen, gegebenenfalls Verträge mit Kunden etc.). Ebenso dazu zählen die generellen Systemeinstellungen zur Rabattpolitik, die den gesamten Mandanten betreffen.

Menüoption: *Verkauf* & *Marketing/Einrichtung/Debitoren* & *Verkauf Einrichtung* (siehe Abbildung 6.80)

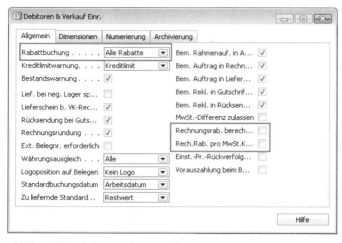

Abbildung 6.80 Rabatteinrichtung (Prüfung)

Aus Compliance-Sicht gelten folgende Empfehlungen bzgl. der allgemeinen Einstellungsparameter zu Rabatten (siehe Tabelle 6.15):

Feld	Empfohlener Wert
Rabattbuchung	*<Alle Rabatte>* Zeilenrabatt, Rechnungsrabatt und Erlös werden auf separaten Konten gebucht (Bruttomethode). Dabei werden Rabattkonten verwendet, die in der Buchungsmatrix eingerichtet sind. Gewährte Rabattbeträge können später im Kontenplan nachvollzogen werden.
Rechnungsrabatt berechnen	*<Aktiviert>* Der Rechnungsrabattbetrag auf Verkaufsbelegen wird automatisch durch die Anwendung berechnet. Bei Deaktivierung muss die Berechnung manuell angestoßen werden.
Rechnungsrabatt pro MwSt.-Kennzeichen berechnen	*<Aktiviert>* Bei Aktivierung wird der Rechnungsrabatt pro MwSt.-Kennzeichen berechnet, um so die Bemessungsgrundlage für Umsatzsteuerberechnungen besser nachvollziehen und Rundungsdifferenzen umgehen zu können

Tabelle 6.15 Rabatteinrichtung (Prüfung)

Feldzugriff: *Tabelle 27 Artikel*/Feld *VK-Preis*

Im zweiten Schritt muss geprüft werden, ob es zwischen den Verkaufspreisen in der Artikelkarte bzw. in der Verkaufspreistabelle und den Verkaufspreisen in den Belegen unplausible Unterschiede existieren. Bei fehlenden alternativen Verkaufspreisen können die Preise laut Artikelkarte mit denen in den Belegen ausgewiesenen Verkaufspreisen verglichen werden.

Feldzugriff: *Tabelle 27 Artikel/Feld VK-Preis*

Feldzugriff: *Tabelle 7002 Verkaufspreis*

Feldzugriff: *Tabelle 7004 Verkaufszeilenrabatt*

Feldzugriff: *Tabelle 19 Debitorenrechnungsrabatt*

Feldzugriff: *Tabelle 113 Verkaufsrechnungszeile*

Feldzugriff: *Tabelle 5993 Servicerechnungszeile*

Die Überprüfung der Kontendefinition für Rabattbuchungen erfolgt über die Buchungsmatrix. Für die einzelnen Arten von Rabattbuchungen (Zeilen- und Rechnungsrabatte) sollten unterschiedliche Konten gepflegt sein.

Menüoption: *Finanzmanagement/Einrichtung/Buchungsgruppen/Allgemein/Buchungsmatrix Einrichtung*

Lieferung und Fakturierung

Nach Abschluss der Preis- und Rabattfindung erfolgen die Lieferung und die anschließende Fakturierung der Artikel und/oder Leistungen. Im Folgenden werden die unterschiedlichen Varianten der Lieferung und Fakturierung sowie die systemseitigen Einstellungen dazu ausführlich erläutert.

Der Prozess im Überblick

Grundlage für die Lieferung und Fakturierung von Artikelpositionen ist der Kundenauftrag. Lieferungen beziehen sich dabei immer auf einen Auftrag, wohingegen Fakturen sich nicht zwangsläufig auf nur einen Auftrag beziehen müssen. Ein Auftrag kann durch mehrere Teillieferungen bzw. Teilrechnungen oder mehrere Aufträge über eine Sammelrechnung verarbeitet werden. Die Anwendung ermöglicht es, Lieferungen und Rechnungen getrennt voneinander oder in einem Arbeitsschritt zu buchen. Ein Auftrag kann dabei in beliebig viele Lieferungen und Rechnungen aufgeteilt werden, Teillieferungen und -rechnungen werden in den Feldern *Menge geliefert* und *Menge fakturiert* angedeutet. Die detaillierte Anzeige erfolgt über *Auftrag/Lieferungen* bzw. *Auftrag/Rechnungen*. Ein standardisierter Lieferungs- und Fakturierungsprozess stellt sich wie folgt dar (siehe Abbildung 6.81).

Um die Lieferung und Fakturierung durchführen zu können, muss der Auftrag freigegeben werden. Ist der Beleg hingegen offen, kann er noch geändert werden und ist für die nächste Bearbeitungsstufe gesperrt (bezieht sich ausschließlich auf Prozessschritte der Logistik). Ist die Logistik nicht im Einsatz, kann der Beleg auch im offenen Status geliefert und fakturiert werden.

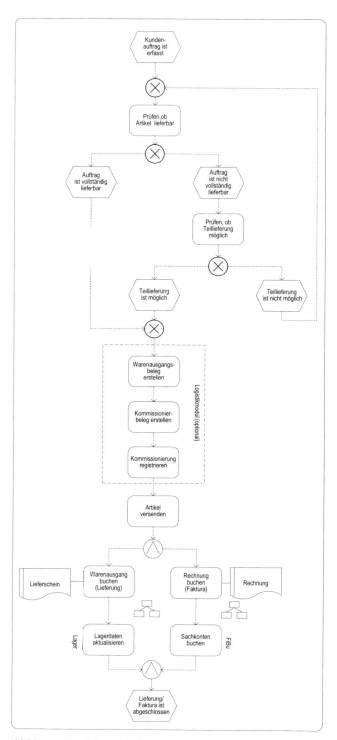

Abbildung 6.81   Liefer- und Fakturaprozess

Abbildung 6.82 Belege im Liefer- und Fakturaprozess

Ablauf und Einrichtung des Lieferungs- und Fakturierungsprozesses

In Dynamics NAV werden Aufträge in der Regel zweistufig verbucht, um eine Trennung von Lieferung und Fakturierung zu erreichen. Das Vorgehen ermöglicht zum einen die Abbildung von Teillieferungen, zum anderen die Abbildung und Buchung von Teil- oder Sammelrechnungen.

Menüoption: *Verkauf & Marketing/Auftragsabwicklung/Aufträge* (siehe Abbildung 6.83)

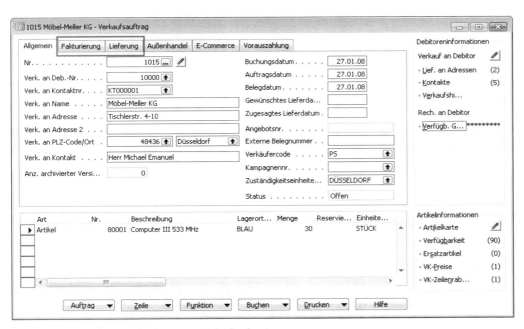

Abbildung 6.83 Lieferung und Fakturierung (Verkaufsauftrag)

Neben den allgemeinen Auftragsdaten enthält jeder Auftrag eine eigene Registerkarte für lieferungs- und fakturarelevante Sachverhalte, wovon die wichtigsten im Folgenden erläutert werden (siehe Tabelle 6.16 und Tabelle 6.17).

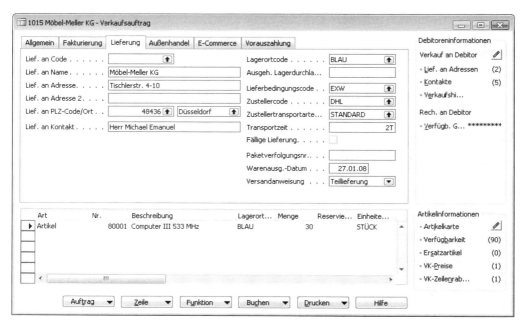

Abbildung 6.84 Lieferung (Verkaufsauftrag)

Feld	Beschreibung
Lief. an Code	Code für die Versandadresse des Kunden (abweichende Lieferungsadresse)
Lagerortcode	Code des Lagerorts, von dem aus die Auslieferung erfolgt
Lieferbedingungscode	Code für Art der Lieferung
Zustellercode	Code für den Zusteller/Dienstleister und damit verbunden die Möglichkeit der Paketverfolgung über die Hinterlegung einer Webadresse
Zustellertransportartencode	Mögliche Transportarten des Zustellers sowie die damit verbundenen Zustellungszeiten
Fällige Lieferung	Wenn das Wareausgangsdatum einer Verkaufszeile mit einer Restauftragsmenge in der Vergangenheit (Datumsfilter) liegt, wird im Belegkopf dieses Flag gesetzt. Im Verkaufsauftrag wird dazu der Datumsfilter standardmäßig per C/AL-Code auf »..WORKDATE −1T« (gleichbedeutend mit »bis gestern«) gesetzt. Dieser Datumsfilter kann durch den Anwender nicht überschrieben werden.
Versandanweisung	Steuerung, ob Teillieferungen oder nur Komplettlieferungen möglich sind. Wird hier Komplettlieferung ausgewählt, können Teillieferungen für den Auftrag nicht gebucht werden.

Tabelle 6.16 Lieferung (Verkaufsauftrag)

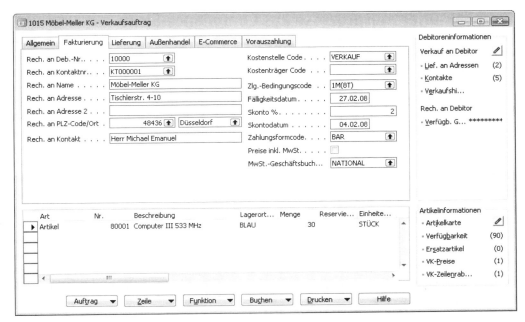

Abbildung 6.85   Fakturierung (Verkaufsauftrag)

Feld	Beschreibung
Rech. an Deb.-Nr.	Hier kann gegebenenfalls ein abweichender Rechnungsempfänger hinterlegt werden. Gegebenenfalls wird die Preisfindung neu durchgeführt, da für die Preisfindung der Rechnungsempfänger entscheidend ist. Der entstandene offene Posten wird entsprechend dann diesem Debitor zugeordnet.
Zlg.-Bedingungscode	Über die Zahlungsbedingung wird ausgehend vom Belegdatum das Fälligkeits- und gegebenenfalls das Skontodatum und der prozentuale Skontowert zugewiesen. Die Werte können allerdings standardmäßig im Belegkopf manuell überschrieben werden.
Fälligkeitsdatum	Datum, an dem die Rechnung zur Zahlung fällig wird
Skonto %	Gewährter Skontoprozentsatz; ergibt sich aus der Zahlungsbedingung
Skontodatum	Zeitpunkt, bis zu dem Skonto gewährt wird; ergibt sich aus der Zahlungsbedingung
Zahlungsformcode	Zahlungsweg des Kunden (Bar, Überweisung, Einzug etc.). In der Tabelle *Zahlungsform* kann ein Gegenkonto für die Zahlungsform gepflegt werden. Hierbei ist zu beachten, dass bei Verwendung einer Zahlungsform mit einem Gegenkonto der bei der Buchung entstehende Debitorenposten automatisch ausgeglichen wird.

Tabelle 6.17   Fakturierung (Verkaufsauftrag)

Lieferung und Fakturierungsprozesse aus Compliance-Sicht

Potentielle Risiken

- Lieferung trotz Liefersperre (Effectiveness, Compliance)

- Falsche Umsatzrealisierung durch nicht fakturierte aber gelieferte Aufträge (Effectiveness, Compliance, Reliability)

- Unzufriedene Kunden durch hohe Lieferrückstände und ausstehende Lieferungen (Efficiency)

- Unberechtigter Leistungsbezug bzw. falscher Rechnungsausgleich (Effectiveness, Compliance)

- Vermögensverlust durch die Verwendung von Gegenkonten bei Zahlungsformen (Effectiveness, Compliance), da bei Verwendung einer Zahlungsform mit einem Gegenkonto der bei der Buchung entstehende Debitorenposten automatisch ausgeglichen wird

Prüfungsziel

- Überprüfung der Einhaltung der Liefersperre für entsprechend markierte Kunden

- Überprüfung der korrekten Umsatzrealisierung/der periodengerechten Erfolgsermittlung und des periodengerechten Umsatzsteuerausweises

- Überblick der zeitnahen Auslieferung bestehender Aufträge (Kundenzufriedenheit und Prozesseffizienz)

- Sicherstellung der konsistenten Verwendung von Zahlungsformen

Prüfungshandlungen

Lieferung trotz Liefersperre

Für gesperrte Kunden können keine neuen Aufträge und Lieferungen im System angelegt werden. Allerdings besteht bei entsprechender Berechtigung die Möglichkeit, die Liefersperre kurzzeitig zu entfernen, einen neuen Auftrag anzulegen und abzuwickeln und damit diese Kontrolle zu umgehen. Nach Auftragslieferung kann die Sperre wieder gesetzt werden.

BEGLEITMATERIAL   Im Begleitmaterial zu diesem Buch befindet sich ein Report, der die Änderungsprotokollposten (sofern eingerichtet) auf kurzfristige Änderungen der Liefersperre in den Stammdaten analysieren kann.

Die Begleitdateien stehen als Download zur Verfügung. Sie können diese von der Seite *http://go.microsoft.com/fwlink/?LinkID =153144* herunterladen.

Periodengerechter Ausweis

Probleme beim periodengerechten Ausweis des Erfolgs und der Umsatzsteuer ergeben sich bei gelieferten, nicht fakturierten Aufträgen. Gemäß des Realisierungsprinzips muss der Erfolg dann gebucht werden, wenn die Leistung erbracht wurde (Zeitpunkt des Gefahrenübergangs). Aus Systemsicht ist dieser Zeitpunkt annahmegemäß dann erreicht, wenn die Lieferung des Artikels oder die Ressourcenverwendung gebucht ist. Standardmäßig werden in Dynamics NAV mit der Lieferung in der Finanzbuchhaltung weder Forderungen noch Erlöse und Umsatzsteuer gebucht, sondern es wird lediglich der mengenmäßige Material-/Ressourcenverbrauch gebucht. Wird das Konstrukt der Sollkosten angewendet (siehe dazu insbesondere in Kapitel 5 den

Abschnitt »Lagerbewertung«), kann ein Aktivtausch zwischen Forderungen und Lager vorgenommen werden, Umsatzsteuer und Erlöse werden auch hier nicht berücksichtigt. Somit ist eine zeitnahe, zumindest zum Monatsultimo vollzogene Fakturierung erforderlich. Manuell lassen sich gelieferte, nicht fakturierte Aufträge über die Tabelle 37 auswerten.

Feldzugriff: *Tabelle 37 und 5902 Verkaufszeile und Servicezeile/*Feld *Nicht fakt. Lieferungen (MW)*

BEGLEITMATERIAL   Das Feld muss nach Einträgen ungleich null gefiltert werden. Im Begleitmaterial zu diesem Buch befindet sich dazu ein entsprechender Report.

Die Begleitdateien stehen als Download zur Verfügung. Sie können diese von der Seite *http://go.microsoft.com/fwlink/?LinkID =153144* herunterladen.

Zeitnahe Auftragsabwicklung und Auslieferung

Das Alter der Aufträge, die weder geliefert noch fakturiert wurden, kann – nach Altersstruktur gegliedert – mithilfe der Tabelle 36/5900 ausgewertet werden.

Feldzugriff: *Tabelle 36 und 5900 Verkaufskopf und Servicekopf/*Feld *Auftragsdatum*

Feldzugriff: *Tabelle 36 Verkaufskopf/*Feld *Fällige Lieferung*

Da es sich beim Feld *Fällige Lieferung* um ein stichtagsbezogenes FlowField handelt, wird der Datumsfilter (FlowFilter) auf das Verkaufszeilenfeld *Warenausg.-Datum* angewendet.

HINWEIS   Im Verkaufsauftragsbeleg wird der Datumsfilter standardmäßig per C/AL-Code auf einen Tag vor dem Arbeitsdatum gesetzt, sodass der Datumsfilter nicht manuell geändert werden kann. Eine zeitbezogene Auswertung ist aus diesem Grund über ein selbst erstelltes Form möglich.

Lieferung ohne Fakturierung

Um sich einen schnellen Überblick über gelieferte, aber nicht fakturierte Artikelpositionen zu verschaffen, können die Artikelposten der Postenart *Verkauf* über das Feld *Komplett fakturiert* selektiert werden und so nicht fakturierte, gelieferte Positionen sowie deren Alter (Buchungsdatum der Lieferung) analysiert werden.

Feldzugriff: *Tabelle 32 Artikelposten/*Felder *Buchungsdatum, Postenart [Filter Verkauf], Belegart, Belegnummer, Artikelnummer, Menge, Verkaufsbetrag (erwartet), Komplett fakturiert [Filter Nein]*

Sicherstellung der konsistenten Verwendung von Zahlungsformen

Menüoption: *Finanzmanagement/Debitoren/Einrichtung/Zahlungsformen*

Hier sollte geprüft werden, ob Gegenkonten verwendet werden und gegebenenfalls die Gründe für die Hinterlegung analysiert werden.

Artikel-Zu-/Abschläge

Durch die Verwendung von Artikel Zu-/Abschlägen können in Dynamics NAV bereits gebuchte Artikelposten kostenmäßig neu bewertet werden oder im selben Beleg Kostenpositionen auf ein oder mehrere Artikelbelegzeilen verteilt werden. Bei der Buchung von Belegzeilen der Art *Zu-/Abschlag (Artikel)* werden neue Wertposten mit Bezug auf einen oder mehrere Artikelposten gebildet, um beispielsweise eine Wertgutschrift oder Wertbelastung durchzuführen. Wertposten beziehen sich dabei immer auf einen Artikelposten (»n zu 1«).

Artikel Zu-/Abschläge, die im Einkauf beispielsweise für die Verbuchung von Eingangsfrachten (im Sinne von Bezugsnebenkosten) benutzt werden, erhöhen den Lagerwert des Artikelpostens und gegebenenfalls den Wareneinsatz, wenn der Artikelposten bereits aus Sicht des Verkaufs ganz oder teilweise ausgeglichen wurde.

Im Bezug auf Verkaufslieferungen haben Artikel Zu-/Abschläge keinen Einfluss auf den Lagerwert, sondern nur auf den Deckungsbeitrag der Verkaufstransaktion bzw. die Forderungen. So mindert beispielsweise die Buchung von Ausgangsfrachten für bereits verbuchte Verkaufsbelege deren Deckungsbeitrag.

Der Prozess im Überblick

Im eigentlichen Sinn handelt es sich bei Zu-/Abschlägen nicht um einen eigenen Prozess, da diese häufig bei der Erstellung des Verkaufsauftrags bzw. der Einkaufsbestellung in Form einer Belegzeile erfasst werden. Aus diesem Grund wurden Zu-/Abschläge auch nicht in den dargestellten Belegfluss integriert. Da sich jedoch auch bei bereits abgeschlossener Lieferung und Fakturierung die Möglichkeit ergibt, nachträglich Zu- und Abschläge zu erfassen, wird der Prozess im Folgenden kurz beschrieben und die Möglichkeit der Verbuchung im gleichen Beleg oder nachträglich über einen eigenen Beleg erläutert.

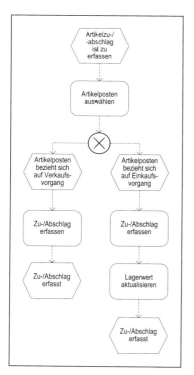

Abbildung 6.86 Prozess der Zu-/Abschlagszuweisung

Ablauf und Einrichtung von Zu- und Abschlägen

Die Zuordnung von Artikel Zu-/Abschlägen kann in einem separaten Beleg erfolgen (sich also auf bereits vorhandene Artikelposten beziehen) oder im selben Beleg zugewiesen werden (und sich somit auf ein oder mehrere Belegzeilen desselben Belegs beziehen).

Am Beispiel einer Wertgutschrift wird der Ablauf eines verkaufsseitigen Artikel Zu-/Abschlags dargestellt.

Menüoption: *Verkauf* & *Marketing/Auftragsabwicklung/Gutschriften/Zeile/Artikel Zu-/Abschlagszuweisung* (siehe Abbildung 6.87)

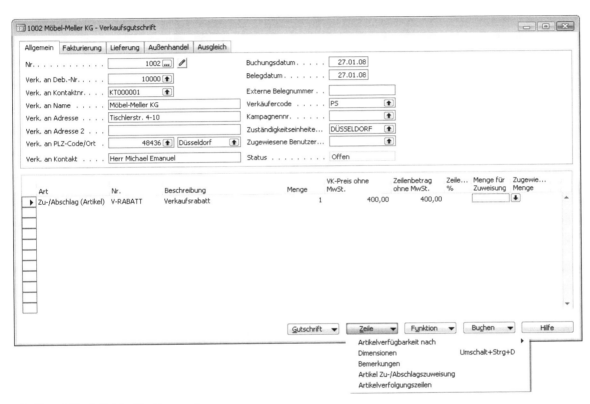

Abbildung 6.87 Artikel Zu-/Abschlagszuweisung

Die Erfassung von Artikel Zu-/Abschlägen erfolgt über die Belegzeilenart *Zu-/Abschlag (Artikel)*, die Auswahl des Artikel Zu-/Abschlags über das Feld *Nr.* Ferner erfolgt die Zuweisung der Menge und des VK-Preises.

Der Bezug auf die Artikeltransaktion erfolgt über das Fenster *Artikel Zu-/Abschlagszuweisung* durch die Funktionen *Lieferzeilen holen* oder *Rücksendungszeilen holen*, mit denen der Anwender die Lieferbelegzeilen referenzieren kann, um den Bezug auf einen oder mehrere Artikelposten herzustellen.

Menüoption: *Verkauf & Marketing/Auftragsabwicklung/Gutschriften/Zeile/Artikel Zu-/Abschlagszuweisung/Funktion/Lieferzeilen holen* (siehe Abbildung 6.88)

V-RABATT Verkaufsrabatt - Artikel Zu-/Abschl.-Zuw. (VK)
Ausgleich... Ausgleic... Ausgleic... Artikelnr. Beschreibung Menge f... Zuge... Betrag f... Zu
Lieferung 102038 10000 1896-S ATHENS Schreibtisch 1 400,00
Zuweisbar
Für Zuweisung
Rest für Zuweisung
Total (Menge). . . . 1 1 0
Gesamt (Betrag) . . 400 400 0
Funktion
Hilfe
Lieferzeilen holen
Rücksendungszeilen holen
Artikel Zu-/Abschlagszuweisung vorschlagen

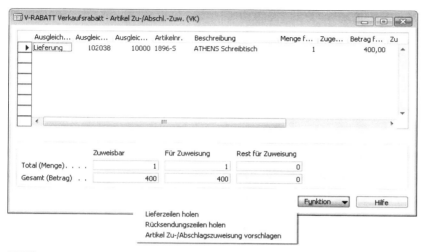

Abbildung 6.88 Funktionen der Artikel Zu-/Abschlagszuweisung

Wird mehr als eine Lieferzeile referenziert, kann die Anwendung eine Aufteilung des Betrags zu gleichen Teilen oder gewichtet nach dem Betrag der Zeilen vornehmen. Alternativ kann die Verteilung auch manuell über die Felder *Menge für Zuweisung* erfolgen. Die Zuteilung erfolgt dann im Verhältnis der Belegzeilen Menge zu dem eingegebenen Wert.

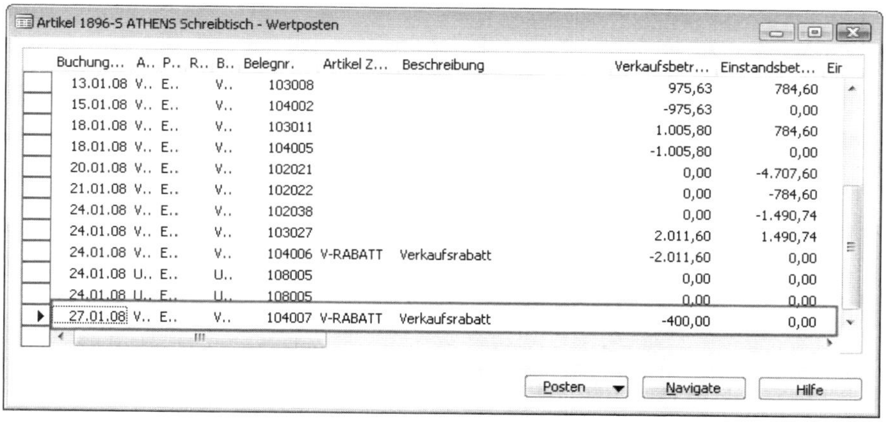

Artikel 1896-S ATHENS Schreibtisch - Wertposten
Buchung... A.. P.. R.. B.. Belegnr. Artikel Z... Beschreibung Verkaufsbetr... Einstandsbet... Eir
13.01.08 V.. E.. V.. 103008 975,63 784,60
15.01.08 V.. E.. V.. 104002 -975,63 0,00
18.01.08 V.. E.. V.. 103011 1.005,80 784,60
18.01.08 V.. E.. V.. 104005 -1.005,80 0,00
20.01.08 V.. E.. V.. 102021 0,00 -4.707,60
21.01.08 V.. E.. V.. 102022 0,00 -784,60
24.01.08 V.. E.. V.. 102038 0,00 -1.490,74
24.01.08 V.. E.. V.. 103027 2.011,60 1.490,74
24.01.08 V.. E.. V.. 104006 V-RABATT Verkaufsrabatt -2.011,60 0,00
24.01.08 U.. E.. U.. 108005 0,00 0,00
24.01.08 U.. E.. U.. 108005 0,00 0,00
27.01.08 V.. E.. V.. 104007 V-RABATT Verkaufsrabatt -400,00 0,00
Posten
Navigate
Hilfe

Abbildung 6.89 Wertposten des Artikelpostens Lfd. 333 nach Verbuchung der Wertgutschrift

Wird der Artikel Zu-/Abschlag im selben Beleg erfasst, so werden im Fenster *Artikel Zu-/Abschlagszuweisung* die Artikelzeilen des Belegs vorgeschlagen. Die Verteilung kann analog manuell erfolgen bzw. vorgeschlagen werden.

Es können beliebig viele Artikel Zu-/Abschläge eingerichtet werden, um damit die unterschiedlichen Kosten bzw. Kostenminderungen über die Nr. des Artikel Zu-/Abschlags selektieren zu können.

Menüoption: *Verwaltung/Anwendung Einrichtung/Verkauf & Marketing/Artikel Zu-/Abschläge* (siehe Abbildung 6.90)

Abbildung 6.90 Einrichtung *Artikel Zu-/Abschläge*

Für Abschläge können folgende Felder gepflegt werden (siehe Tabelle 6.18):

Feld	Beschreibung
Nr.	20-stelliger Code für den Zu-/Abschlag (Artikel)
Beschreibung	Beschreibung des Zu-/Abschlagartikels
Produktbuchungsgruppe	Gruppenzuweisung, in deren Kombination mit der Geschäftsbuchungsgruppe der Belegzeile die Kontenfindung in der Buchungsmatrix erfolgt
MwSt.-Produktbuchungsgruppe	Gruppenzuweisung, in deren Kombination mit der MwSt.-Geschäftsbuchungsgruppe der Belegzeile die Parameter und Konten für die Mehrwertsteuerverbuchung ermittelt werden
Suchbegriff	Match-Code für die alternative Eingabe in Belegzeilen

Tabelle 6.18 Einrichtung Artikel Zu-/Abschläge

Kontenfindung für Zu-/Abschlagsartikel

Die Anwendung ermittelt das Sachkonto für die Buchung eines Artikel Zu-/Abschlags analog zum Artikel über die Kombination aus Geschäftsbuchungsgruppe des Belegs und der Produktbuchungsgruppe des Artikel Zu-/Abschlags aus der Buchungsmatrix.

Bei Zu-/Abschlagsbuchungen im Bezug auf Einkaufslieferungen ermittelt die Anwendung das Sachkonto für den Lagerwert und das Gegenkonto, in dem die Kombination aus *Lagerbuchungsgruppe* und *Lagerortcode* aus dem ersten Wertposten des referenzierten Artikelpostens verwendet wird.

Zu-/Abschlagsartikel aus Compliance-Sicht

Potentielle Risiken

- Durch nachträgliche Wertgutschriften können deckungsbeitragsbezogene Beleggenehmigungsverfahren unterlaufen werden (Effectiveness, Compliance, Integrity)

- Es gibt keine betragsmäßigen Konsistenzprüfungen bei nachträglichen Wertgutschriften im Sinne von Verkaufsrabatten. So könnten Wertgutschriften über den ursprünglichen Rechnungsbetrag hinaus erstellt werden (Effectiveness, Compliance, Integrity).

- Mithilfe von Zu-/Abschlagsartikeln kann durch eine Wertgutschrift eine gebuchte und zunächst fakturierte Lieferung wieder in den Zustand »geliefert, aber nicht fakturiert« versetzt werden, ohne dass dieses über die üblichen Verfahren offensichtlich wäre (Effectiveness, Compliance, Integrity)

Prüfungsziel

- Überprüfung der korrekten Umsatzrealisierung/der periodengerechten Erfolgsermittlung und des periodengerechten Umsatzsteuerausweises

- Überprüfung eines konsistenten Beleggenehmigungsverfahrens

Prüfungshandlungen

Unterlaufen von Beleggenehmigungsverfahren

Es soll geprüft werden, ob es Wertgutschriften für Debitoren gibt, deren Verkäufe eine Beleggenehmigung vorgesehen hatten. Dazu ist die Aktivierung der Beleggenehmigung für Verkaufsaufträge und Verkaufsgutschriften zu prüfen.

Feldzugriff: *Tabelle 464 Genehmigungsvorlagen/Felder Tabellen-ID [Wert 36], Genehmigungscode, Belegart, Einschränkungsart [Wert Genehmigungsgrenzwerte], Aktiviert [Wert Ja]*

Im zweiten Schritt sollte geprüft werden, ob Wertgutschriften über Sachkonten erfasst wurden.

Feldzugriff: *Tabelle 115 Verkaufsgutschrifszeile/Felder Verk. an Deb.-Nr., Rech. an Deb.-Nr., Art [Wert Sachkonto], Belegnr., Buchungsdatum, Zeilenbetrag*

Existieren solche Belege (auch bei nicht aktivierten Beleggenehmigungen), muss deren Grundlage erläutert werden. Darüber hinaus sollte sich ein Überblick der Wertgutschriften über Zu-/Abschlagsartikel verschafft werden.

Feldzugriff: *Tabelle 5802 Wertposten/Felder Belegart [Wert Verkaufsgutschrift], Buchungsdatum, Belegnr., Herkunftsnr., Artikel Zu-/Abschlagsnr. [Wert <> leer], Verkaufsbetrag (tatsächl.)*

Wertgutschriften können auch durch positive und negative Mengenzeilen in einem Beleg erzeugt werden. Als Indiz lassen sich Verkaufsgutschriftzeilen mit negativen Mengen analysieren.

Feldzugriff: *Tabelle 115 Verkaufsgutschriftszeile/Felder Art [Wert Artikel], Nr., Buchungsdatum, Belegnr., Menge (Basis) [Wert <0]*

Die selektierten Wertgutschriften können anschließend auf die Existenz von gebuchten Beleggenehmigungen analysiert werden. Da die gebuchten Beleggenehmigungen lediglich Belegnummern enthalten, müssen diese mit den entsprechenden Belegköpfen verknüpft werden.

Feldzugriff: *Tabelle 456 Gebuchte Genehmigung/Felder Tabellen-ID [Wert 112], Belegnr., Status [Wert Genehmigt], Einschränkungsart [Wert Genehmigungsgrenzwerte]*

in Verbindung mit

Feldzugriff: *Tabelle 112 Verkaufsrechnungskopf/Felder Verk. an Deb.-Nr., Rech. an Deb.-Nr., Nr.*

Prüfung auf inkonsistente Verkaufswerte

Prüfung auf Artikelposten, deren Verkaufsbetrag (tatsächl.) gleich oder kleiner als Null beträgt. Im Standard ist es möglich, den ursprünglichen Rechungsbetrag mit einer oder mehreren Wertgutschriften zu überkompensieren.

Feldzugriff: *Tabelle 32 Artikelposten/*Felder *Artikelnr., Buchungsdatum, Postenart [Wert Verkauf], Belegart [Wert Verkaufslieferung], Herkunftsnr., Belegnr., Komplett fakturiert [Wert Ja], Verkaufsbetrag (tatsächl.) [Wert <=0]*

Betragsmäßige Konsistenzprüfung von Wertgutschriften

Um die Plausibilität von Wertgutschriften über Artikel Zu-/Abschläge zu prüfen, sollte ein Vergleich der saldierten Verkaufsbeträge der Artikelposten dividiert durch die *Nicht zurückgelieferte Liefermenge* z.B. mit dem Standard-Verkaufspreis erfolgen und bei unverhältnismäßigen Abweichungen eine detailliertere Analyse erfolgen.

Feldzugriff: *Tabelle 32 Artikelposten/*Felder *Artikelnr., Buchungsdatum, Postenart [Wert Verkauf], Herkunftsnr., Belegnr., Komplett fakturiert [Wert Ja], Verkaufsbetrag (tatsächl.), Nicht zurückgelieferte Liefermenge*

In Verbindung mit

Feldzugriff: *Tabelle 27 Artikel/*Felder *Nr., VK-Preis*

BEGLEITMATERIAL   Im Begleitmaterial zu diesem Buch befindet sich ein Report, der Wertgutschriften entsprechend der letzten beschriebenen Prüfungshandlung analysiert.

Die Begleitdateien stehen als Download zur Verfügung. Sie können diese von der Seite *http://go.microsoft.com/fwlink/?LinkID =153144* herunterladen.

Forderungen und offene Posten

Die Verwaltung offener Posten ist dem Prozess des Zahlungseingangs und Mahnwesens vorgelagert. Mit der Erstellung der Faktura wird eine Forderung gegenüber dem Kunden gebucht, die mit dem Zahlungseingang ausgeglichen wird. Erfolgt der Eingang nicht innerhalb der vereinbarten Fristen, wird der Mahnprozess angestoßen.

Der Prozess im Überblick

Der Prozess der Überwachung offener Posten bzw. des Zahlungseingangs stellt sich standardmäßig folgendermaßen dar (siehe Abbildung 6.91):

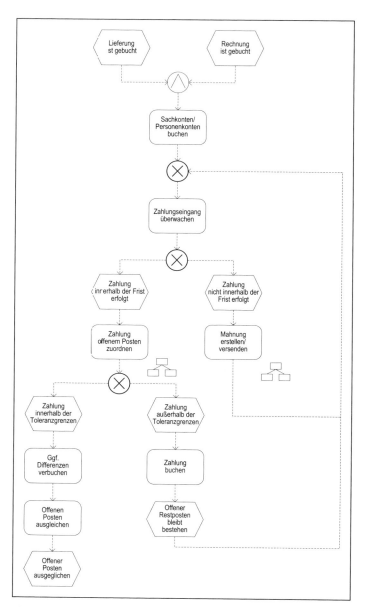

Abbildung 6.91   Ablauf der Verwaltung offener Posten

Abbildung 6.92   Belege in der Verwaltung offener Posten

Ablauf und Einrichtung der Forderungsüberwachung

Im Rahmen der Verwaltung offener Posten werden fakturierte, aber noch nicht ausgeglichene Kundenpositionen analysiert. Erfolgt die Kundenzahlung innerhalb der festgelegten Fristen und bewegt sich der Ausgleichsbetrag innerhalb der im System festgelegten Toleranzgrenzen, wird der offene Kundenposten ausgeglichen und der Geschäftsprozess ist damit abgeschlossen. Der Zahlungsprozess wird ausführlich im Abschnitt »Zahlungseingang« ab Seite 499 behandelt. Erfolgt keine fristgerechte Zahlung, wird der Vorgang an das Mahnwesen übergeben. Prozesse des Mahnwesens werden ausführlich im Abschnitt »Mahnwesen« ab Seite 512 dargestellt. Grundlage für effizient gestaltete Zahlungs- und Mahnprozesse bildet die regelmäßige Überwachung und Analyse der offenen Posten sowie eine korrekte Zuordnung zum Zahlungseingang. Das Mahnwesen mündet entweder in einem Zahlungseingang, der einem offenen Posten zugeordnet werden kann, oder in einer Einzelwertberichtigung der Forderung. Um sich Details über Ausgleichsvorgänge des Debitorenpostens anzeigen zu lassen, können die detaillierten Debitorenposten analysiert werden.

Menüoption: *Finanzmanagement/Debitoren/Debitoren/Debitor/Posten/Detaillierte Posten* (siehe Abbildung 6.93)

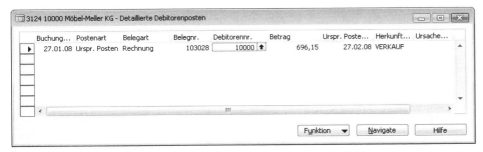

Abbildung 6.93   Detaillierte Debitorenposten

Die Ausgleichmethode für offene Posten wird in den Kundenstammdaten auf der Registerkarte *Zahlung* festgelegt (siehe Tabelle 6.19).

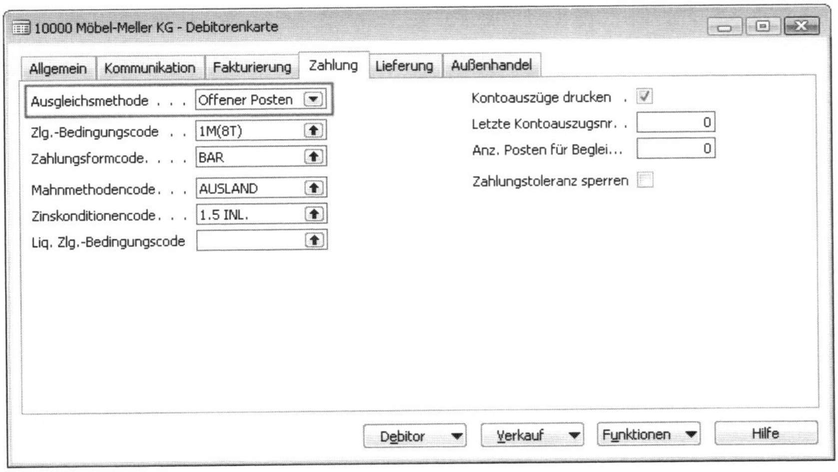

Abbildung 6.94   Ausgleichmethoden Debitorenposten

Ausgleichsmethode	Beschreibung
Offene Posten	Eine auf dem Debitorenkonto gebuchte Zahlung wird nicht automatisch mit einer Rechnung ausgeglichen, sondern verbleibt bis zur manuellen Auszifferung als offene Zahlungsposition auf dem Konto
Saldomethode	Mit der Zahlung wird automatisch der älteste offene Posten des Debitoren ausgeglichen

Tabelle 6.19 Ausgleichsmethoden Debitorenposten

Ab einem durch das Unternehmen festzulegenden Obligo sollte sichergestellt werden, dass für den Kunden keine weiteren Aufträge angenommen werden bzw. keine weiteren Auslieferungen erfolgen. In Dynamics NAV ist es möglich, Liefersperren zu setzen. Eine Auftragssperre, die schon zu einem früheren Zeitpunkt die Freigabe von weiteren Kundenaufträgen unterbindet, wäre wünschenswert, ist in Dynamics NAV allerdings standardmäßig nicht vorgesehen. Diese Funktionalität kann allerdings über die Beleggenehmigung realisiert werden (siehe dazu insbesondere in Kapitel 3 den Abschnitt »Belegfluss und Beleggenehmigung«).

Menüoption: *Finanzmanagement/Debitoren/Debitoren* (siehe Abbildung 6.95)

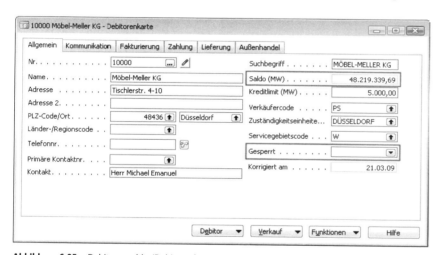

Abbildung 6.95 Debitorensaldo (Debitorenkarte)

Sobald für einen Debitoren eine Liefersperre gesetzt wurde, können für diesen Kunden keine neuen Lieferbelege angelegt werden.

Forderungen und offene Posten aus Compliance-Sicht

Potentielle Risiken

- Vermögensverlust durch ausbleibenden Zahlungseingang (Effectiveness, Efficiency)
- Falscher Ausweis von Forderungen durch fehlende Wertberichtigung (Integrity, Reliability)
- Fehlende Prozesstransparenz durch fehlende oder falsche Zuordnung von Zahlungen zu offenen Posten (Integrity, Reliability)

Prüfungsziel

■ Überprüfung fälliger und überfälliger Posten und Klärung der Gründe für überfällige Posten

■ Überprüfung der Altersstruktur von Forderungen und Klärung der Grundlage für die Bildung von Wertberichtigungen

■ Analyse der Einrichtungsparameter für die Zuordnung von Zahlungen zu offenen Posten

■ Analyse des Aktivierungsprozesses für Liefersperren

Prüfungshandlungen

Überprüfung der offenen Posten

Offene Posten können der Kundentabelle entnommen werden. Dazu kann das FlowField *Bewegung (MW)* verwendet werden, das für ein frei definierbares Buchungsdatum die offenen Posten des Debitoren darstellt. Um das FlowField zeitlich zu steuern, ist der FlowFilter: Datumsfilter zu verwenden. (z.B. »..31.12.07« bedeutet »bis einschließlich 31.12.2007«). Als Ergebnis wird die Bewegung auf dem Debitorenkonto für die im Feld *Datumsfilter* eingegebene Periode in Mandantenwährung angezeigt.

Feldzugriff: *Tabelle 18 Debitor*/Feld *Bewegung (MW))* (FlowFilter auf gewünschten Zeitraum einstellen)

Einfacher ist es, die offenen Debitorenposten über verschiedene Reports, die das System standardmäßig bereitstellt, zu analysieren.

Menüoption: *Finanzmanagement/Debitoren/Berichte/Debitor ? Fällige Posten* (siehe Abbildung 6.96)

Abbildung 6.96 Fällige Debitorenposten

Der Report weist fällige Posten mit den dazugehörigen Buchungsdaten und Belegnummern aus. Die Auswahl der Debitoren kann dabei nach verschieden Kriterien eingeschränkt werden und neue Selektionsparameter können hinzugefügt werden.

Menüoption: *Finanzmanagement/Debitoren/Berichte/Debitor/Altersvert.-Saldo* (siehe Abbildung 6.97)

Der Report liefert eine Übersicht aller Debitoren mit offenen Posten, gestaffelt nach nicht fälligen Posten und Posten mit einer Überfälligkeit von »1-30«, »31-60«, »61-90« und »über 90 Tagen«. Über die Registerkarte kann das Startdatum für die Auswertung festgelegt werden. Über die Selektionsfilter kann die Auswahl der zu analysierenden Kunden beliebig eingeschränkt werden.

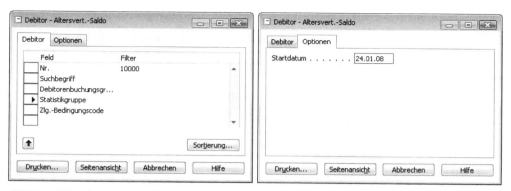

Abbildung 6.97 Altersstruktur Forderungen

Menüoption: *Finanzmanagement/Debitoren/Berichte/Debitor/Saldo nach Perioden* (siehe Abbildung 6.98)

Abbildung 6.98 Debitorensaldo nach Perioden

Der Report enthält alle Debitoren, die gemäß des Selektionsfilters ausgewählt wurden und weist für diese den Saldo nach Perioden aus. Über die Registerkarte *Optionen* kann das Startdatum und das Periodeninterval für die Auswertung festgelegt werden.

Aus Compliance-Sicht sollten Zahlungen immer direkt den offenen Posten zugeordnet werden und nicht gegen den Saldo verrechnet werden, da sonst die Transparenz einzelner Zahlungsvorgänge nicht gegeben ist und z.B. das gesamte Mahnwesen nicht mehr korrekt arbeiten würde. Die Ausgleichsmethode in den Kundenstammdaten sollte aus diesem Grund immer *offener Posten* sein.

Feldzugriff: *Tabelle 18 Debitor/Feld Ausgleichsmethode*

Prozess der Aktivierung von Liefersperren

Kunden, die ein bestimmtes, festzulegendes Obligo überschritten haben, sollten mit einer Liefersperre versehen werden. Aus Compliance-Sicht sollte das Kundenobligo zum aktuellen Stichtag errechnet, mit den Unternehmensrichtlinien abgeglichen und im Falle einer Überschreitung eine Liefersperre gesetzt werden. Das Obligo ergibt sich aus folgenden Positionen der Tabelle *Debitor*:

Feldzugriff: *Tabelle 18 Debitor*/Felder siehe unten

- 67 Fälliger Saldo (MW)

- 113 Auftragsbestand (MW)

- 114 Nicht fakt. Lieferungen (MW)

- 125 Ausstehende Rechnungen (MW)

- 5910 Serviceauftragsbestand (MW)

- 5911 Service Lief. nicht fakt. Betrag (MW)

Die Summe aus den Kennzahlen muss im Anschluss mit dem festgelegten Obligolimit verglichen und analysiert werden, welche Debitoren mit Limitüberschreitung keine Liefersperre gesetzt haben.

Feldzugriff: *Tabelle 18 Debitor*/Feld *Gesperrt*

BEGLEITMATERIAL   Im Begleitmaterial zu diesem Buch befindet sich dazu ein entsprechender Report zur Auswertung des aktuellen Debitorenobligos.

Die Begleitdateien stehen als Download zur Verfügung. Sie können diese von der Seite *http://go.microsoft.com/fwlink/?LinkID =153144* herunterladen.

Zahlungseingang

Mit dem Zahlungseingang und dem damit verbundenen Ausgleich des offenen Postens endet in der Regel der Standardverkaufsprozess, sofern es nicht im weiteren Verlaufe zu Reklamationen kommt.

Der Prozess im Überblick

Wesentliche Parameter zur Abwicklung des Zahlungseingangs werden in den Einrichtungsparametern der Finanzbuchhaltung sowie in den Debitorenstammdaten der Debitorenkarte gepflegt. Dabei geht es insbesondere um die Festlegung von Zahlungsbedingungen und Zahlungstoleranzen, dem Bereich des Mahnwesens ist ein eigener Abschnitt gewidmet. Der Verbuchungsprozess von Zahlungen erfolgt über sogenannte *Zahlungseingangsbuchungsblätter*. Im Folgenden wird erst der Prozess des Zahlungseingangs dargestellt, bevor die Einstellungen zu den Zahlungsbedingungen und -toleranzen erläutert werden.

Weicht der Zahlungseingangsbetrag vom Rechnungsbetrag ab, entsteht zunächst ein Restbetrag. Liegt der Betrag innerhalb der definierten Toleranzgrenzen, wird er auf die hinterlegten Soll- bzw. Habenkonten für Skonto- und/oder Toleranzabweichungen gebucht. Die entsprechenden Sachkonten hierfür sind in der Buchungsmatrix zu hinterlegen.

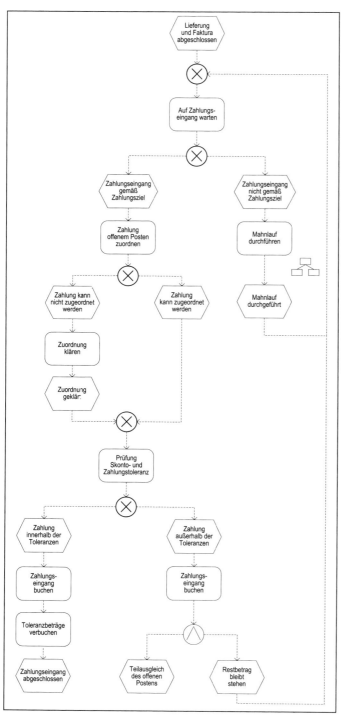

Abbildung 6.99 Zahlungseingangsprozess

Abbildung 6.100   Belege im Zahlungseingangsprozess

Überschreitet der Betrag hingegen die Grenzen, muss er entweder durch eine Korrekturbuchung oder eine weitere Debitorenzahlung ausgeglichen werden.

Wenn eine Zahlung ohne Ausgleich eines offenen Debitorenpostens gebucht wurde, muss der Ausgleich zu einem späteren Zeitpunkt vom Fenster *Debitorenposten* aus vorgenommen werden.

Ablauf und Einrichtung des Zahlungseingangs

Neben dem eigentlichen Verbuchungsvorgang bietet Dynamics NAV Einstellungsmöglichkeiten zu Zahlungsbedingungen, Zahlungstoleranzen und Zahlungsformen, die sich direkt oder indirekt auf die Buchung auswirken und aus diesem Grund in den folgenden Abschnitten detailliert erläutert werden.

Verbuchung von Zahlungseingängen

Zur Verbuchung von Kundenzahlungen werden Zahlungseingangsbuchungsblätter verwendet, die entweder über das Bankmanagement oder über die Debitoren aufgerufen werden können.

Menüoption: *Finanzmanagement/Debitoren/Zlg.-Eing. Buch.-Blätter*

Menüoption: *Finanzmanagement/Bankmanagement/Zlg.-Eing. Buch.-Blätter* (siehe Abbildung 6.101)

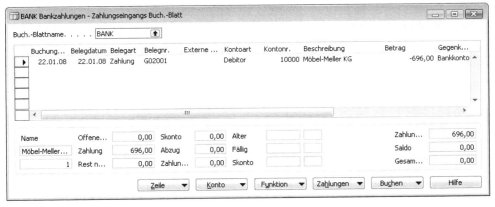

Abbildung 6.101   Zahlungseingangsbuchungsblatt

Die zu buchende Zahlung bzw. Teilzahlung kann sich dabei auf eine oder mehrere Rechnungen beziehen. Entscheidend für einen reibungslosen Prozessablauf ist die korrekte Zuordnung der Zahlung zu den betroffenen offenen Debitorenposten. Dies muss nicht sofort bei Zahlungseingang erfolgen. Die Zahlung kann auch zunächst ohne Bezug gebucht und in einem zweiten Schritt mit dem offenen Posten ausgeglichen werden.

Dabei existieren zwei Methoden, wie Zahlungen ohne Bezug zu einem offenen Posten zu behandeln sind. Die sogenannte *Ausgleichsmethode* muss auf der Debitorenkarte festgelegt werden. In dem Beispiel ist ein Zahlungseingang in Höhe von 696 Euro zu verbuchen, der anschließend einem offenen Debitorenposten zugeordnet werden muss, sofern in der Debitorenkarte die Ausgleichmethode *Offener Posten* hinterlegt wurde.

Menüoption: *Finanzmanagement/Debitoren/Debitoren/*Registerkarte *Zahlung/Ausgleichsmethode* (siehe Abbildung 6.102)

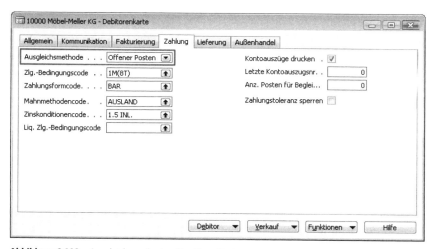

Abbildung 6.102 Ausgleichsmethoden für offene Posten

- **Offene Posten**   Eine auf dem Debitorenkonto gebuchte Zahlung wird nicht automatisch mit einer Rechnung ausgeglichen, sondern verbleibt bis zum manuellen Ausgleich als offene Zahlungsposition auf dem Konto

- **Saldomethode**   Mit der Zahlung wird automatisch der älteste offene Posten des Debitoren ausgeglichen

Um den Bezug zwischen Zahlungen und offenen Posten herzustellen, muss die Ausgleichsmethode *Offener Posten* aktiviert sein.

Im Zahlungseingangsbuchungsblatt kann über die Schaltfläche *Funktion* die Registerkarte *Debitorenausgleich* aufgerufen werden, in der die auszugleichenden Positionen markiert und gebucht werden können.

Menüoption: *Finanzmanagement/Debitoren/Zlg.-Eing. Buch.-Blätter/Funktion/Posten ausgleichen* (siehe Abbildung 6.103)

HINWEIS   In den einzelnen Debitorenposten können Parameter, die durch die Systemeinstellungen vorgegeben sind, manuell überschrieben werden (Skontotoleranzdatum, Maximale Zahlungstoleranz, Fälligkeitsdatum, Skontodatum). Der Zugriff erfolgt über ⌷F2⌷.

Wurden einzelne Posten nicht korrekt ausgeglichen, kann der Vorgang rückgängig gemacht werden (*Ausgleich aufheben*) und eine erneute Zuordnung des Postens erfolgen.

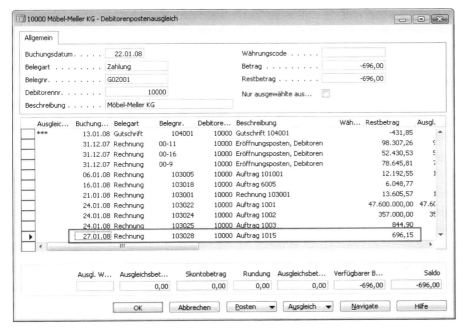

Abbildung 6.103 Debitorenpostenausgleich

Menüoption: *Finanzmanagement/Debitoren/Debitoren/Debitor/Posten/Ausgleich aufheben* (siehe Abbildung 6.104)

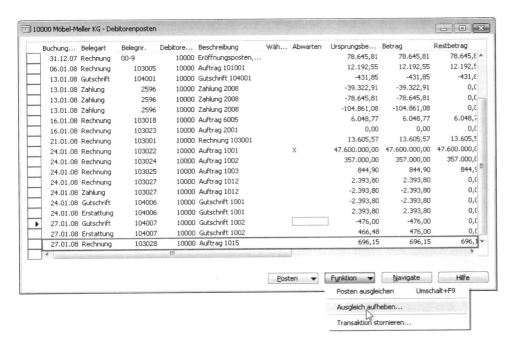

Abbildung 6.104 Debitorenpostenausgleich stornieren

Die betroffene Zahlung kann markiert und anschließend der Ausgleich aufgehoben werden, wenn die Zuordnung bei der Auszifferung nicht korrekt war. Wurde der Zahlungsbeleg nicht korrekt gebucht, muss nach der Aufhebung der Zuordnung eine Stornierung erfolgen (Transaktion stornieren).

Zahlungstoleranzen und Zahlungsbedingungen

Grundlegende Parameter zu Zahlungsbedingungen und Zahlungstoleranzen werden zum einen in den Einrichtungsparametern der Finanzbuchhaltung, zum anderen in den Stammdaten der Debitorenkarte gepflegt und im Folgenden beschrieben.

Menüoption: *Finanzmanagement/Einrichtung/Finanzbuchhaltung Einrichtung* (siehe Abbildung 6.105)

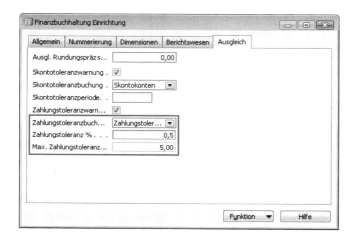

Abbildung 6.105   Einrichtung *Zahlungsbedingungen und -toleranzen*

Zahlungstoleranzen

Das Feld *Zahlungstoleranz %* enthält die maximal erlaubte prozentuale Abweichung der Zahlung vom Rechnungsbetrag, das Feld *Max. Zahlungstoleranz* hat die gleiche Funktion, bezieht sich allerdings auf die absolute Abweichung. Zu beachten ist, dass die Anwendung die Werte der beiden genannten Felder in die Stapelverarbeitung *Zahlungstoleranz ändern* kopiert. Eine automatische Änderung aller offenen Posten in Bezug auf in diesen Parametern geänderte Einstellungen erfolgt nicht automatisch. Dazu muss die Stapelverarbeitung gestartet werden.

Menüoption: *Finanzmanagement/Einrichtung/Finanzbuchhaltung Einrichtung/Funktion/Zahlungstoleranz ändern* (siehe Abbildung 6.106)

Abbildung 6.106   Stapelverarbeitung *Zahlungstoleranz ändern*

Das Feld *Alle Währungen* muss markiert werden, wenn die Toleranzen sowohl für die Mandanten- wie auch die Fremdwährungen geändert werden sollen. Die Werte für die Felder *Zahlungstoleranz %* und *Max. Zahlungstoleranz* werden aus der vorherigen Form *Finanzbuchhaltung Einrichten* automatisch übernommen. Mit der Bestätigung der Schaltfläche *OK* werden die offenen Posten aller nicht gesperrten Debitoren und Kreditoren durch die Stapelverarbeitung geändert.

Zu beachten ist, dass bei der Verbuchung von Zahlungstoleranzen die Umsatzsteuer (wie auch bei der Skontogewährung) korrigiert werden muss. Dazu ist das Flag *Skonto berichtigen* in der *Finanzbuchhaltung Einrichtung* und in der entsprechenden Zeile der Buchungsmatrix zu setzen.

Das Feld *Zahlungstoleranzwarnung* in der Einrichtung der Finanzbuchhaltung ermöglicht die Ausgabe einer Warnmeldung, wenn ein Offener-Posten-Ausgleich einen Saldo innerhalb des Toleranzbereichs aufweist. Das Feld *Zahlungstoleranzbuchung* bietet die Option, Differenzen auf Zahlungstoleranz- oder Skontotoleranzkonten zu buchen. Diese müssen in der Buchungsmatrix hinterlegt werden.

Menüoption: Finanzmanagement/Einrichtung/Buchungsgruppen/Allgemein/Buchungsmatrix Einrichtung

Darüber hinaus ist es möglich, Kunden für Zahlungstoleranzen generell zu sperren, indem auf der Registerkarte *Zahlung* der Debitorenkarte eine entsprechende Markierung vorgenommen wird.

*Finanzmanagement/Debitoren/Debitoren/*Registerkarte *Zahlung* (siehe Abbildung 6.107)

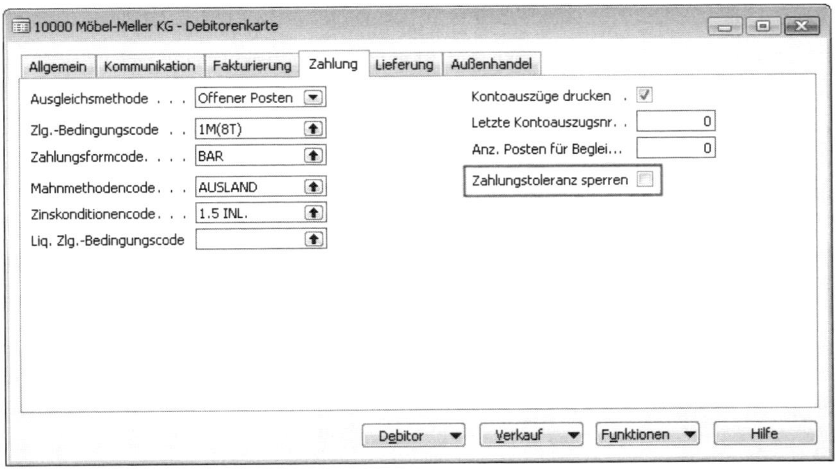

Abbildung 6.107 Zahlungstoleranz sperren

Skonto

In Bezug auf Skontotoleranzen bietet das Form *Finanzbuchhaltung Einrichtung* analog Einstellungsmöglichkeiten zu Warnmeldungen und Verbuchungskonten. Darüber hinaus kann eine *Skontotoleranzperiode* hinterlegt werden, die die Anzahl der Tage festlegt, die eine Zahlung oder Erstattung über dem Skontofälligkeit liegen dar und dennoch Skonto gewährt wird.

Auf der Registerkarte *Allgemein* der *Finanzbuchhaltung Einrichtung* finden sich zwei weitere Einstellungsparameter, die den Verbuchungsprozess von gewährten Skonti betreffen.

Menüoption: *Finanzmanagement/Einrichtung/Finanzbuchhaltung Einrichtung* (siehe Abbildung 6.108)

Abbildung 6.108 Verbuchungsarten von Skontobeträgen

Über die beiden Felder *Skonto v. Nettobetrag* und *Skonto berichtigen* wird festgelegt, ob der Skonto vom Brutto- oder Nettobetrag berechnet werden soll und ob die Anwendung die Steuerbeträge erneut berechnet, wenn Zahlungen unter Skontoabzug erfolgen.

HINWEIS   Das Feld *Verkauf/Einkauf (MW)* wird in der Regel nur verwendet, um die statistischen Informationen zu erhalten. Wenn jedoch das Feld *Skonto v. Nettobetrag* mit einem Häkchen versehen wird, ist es wichtig, das Feld *Verkauf/Einkauf (MW)* zu füllen, da sonst der Skontobetrag null beträgt.

Die Option *Skonto berichtigen* kann nicht verwendet werden, wenn das Kontrollkästchen *Skonto v. Nettobetrag* aktiviert ist (wenn auf Skonto keine MwSt. berechnet wird, muss gegebenenfalls auch keine Korrektur erfolgen). Die Option *Skonto v. Nettobetrag* entspricht nicht den Grundsätzen ordnungsmäßiger Buchführung und darf daher in Deutschland nicht verwendet werden.

Abhängig von der gewählten Buchungsmethode müssen in der Buchungsmatrix unterschiedliche Konten gepflegt werden (siehe Tabelle 6.20 und Tabelle 6.21).

Feld	Beschreibung (Skonto v. Nettobetrag) (Kreditoren- und Debitorenbuchungsgruppe)
Skonto Soll	Konto für Verkaufsskontobeträge, wenn Zahlungen für Verkäufe dieser bestimmten Geschäftsbuchungsgruppe gebucht werden
Skonto Haben	Konto für Minderungen der Verkaufsskontobeträge, wenn Zahlungen für Verkäufe dieser bestimmten Geschäftsbuchungsgruppe gebucht werden

Tabelle 6.20   Skonto von Nettobetrag

Feld	Beschreibung (Skonto berichtigen) (Buchungsmatrix)
Verk.-Skonto Sollkonto	Konto für Verkaufsskontobeträge, wenn Zahlungen für Verkäufe dieser bestimmten Geschäftsbuchungsgruppe gebucht werden
Verk.-Skonto Habenkonto	Konto für Minderungen der Verkaufsskontobeträge, wenn Zahlungen für Verkäufe dieser bestimmten Geschäftsbuchungsgruppe gebucht werden

Tabelle 6.21   Skonto berichtigen

Menüoption: *Finanzmanagement/Einrichtung/Buchungsgruppen/Debitoren bzw. Kreditoren* (siehe Abbildung 6.109)

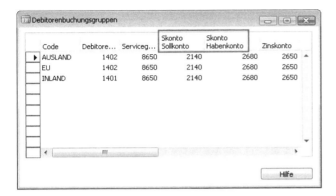

Abbildung 6.109 Skontokonten Kreditoren/Debitoren

Menüoption: *Finanzmanagement/Einrichtung/Buchungsgruppen/Allgemein/Buchungsmatrix Einrichtung* (siehe Abbildung 6.110)

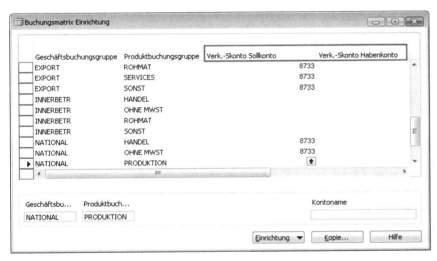

Abbildung 6.110 Skontokonten Buchungsmatrix

Da sich die beiden Verbuchungsmethoden gegenseitig ausschließen, können in der Buchungsmatrix immer nur die beiden Konten hinterlegt werden, die für die Methode benötigt werden.

Nach der Erläuterung grundlegender Einstellungen zu Skontobuchungen, wird im Folgenden die eigentliche Pflege der Zahlungsbedingungen dargestellt.

Menüoption: *Finanzmanagement/Debitoren/Einrichtung/Zahlungsbedingungen* (siehe Abbildung 6.111)

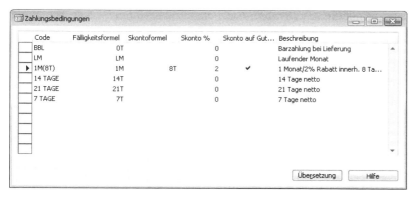

Abbildung 6.111 Zahlungsbedingungen

Jede Zahlungsbedingung ist durch folgende Felder definiert (siehe Tabelle 6.22):

Feld	Beschreibung
Code	Eindeutige Kennung für eine Zahlungsbedingung
Fälligkeitsformel	Formel für die Berechnung des Fälligkeitsdatums (z.B. 30T für 30 Tage oder 1M für einen Monat)
Skontoformel	Datumsformel für die Berechnung des Skontodatums (z.B. 8T für acht Tage oder 1W für eine Woche)
Skonto	Zu gewährender Skonto in Prozent
Skonto auf Gutschrift berechnen	Ist dieses Feld markiert, errechnet die Anwendung auch auf Gutschriften mit dieser Zahlungsbedingung Skonto. Dies ist insbesondere dann wichtig, wenn die Rechnung bereits unter Skontozuordnung ausgeglichen wurde.
Beschreibung	Beschreibung/Umschreibung der Zahlungsbedingung

Tabelle 6.22 Einrichtung *Zahlungsbedingungen*

Die Zuweisung der Zahlungsbedingung erfolgt in den Kundenstammdaten über die Registerkarte *Zahlung* der Debitorenkarte.

Menüoption: *Finanzmanagement/Debitoren/Debitoren* (siehe Abbildung 6.112)

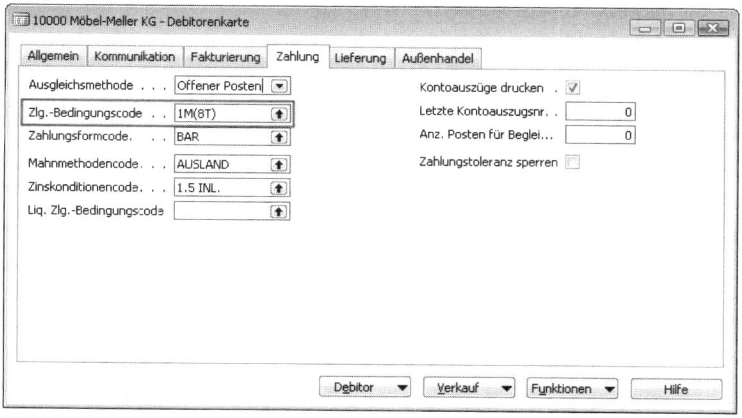

Abbildung 6.112 Zuordnung *Zahlungsbedingungscode* – Debitorenkarte

Zahlungsformen

Bei Zahlungsformen handelt es sich um unterschiedliche Arten von Zahlungswegen, mit denen Kunden ihre offenen Rechnungen ausgleichen können. Beispielsweise können Banküberweisungen, Barzahlung, Lastschrifteneinzug und Scheck unterschieden werden. Die Zahlungsform wird in der Debitorenkarte hinterlegt, kann auf Belegebene jedoch manuell überschrieben werden.

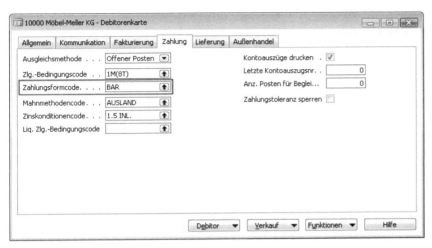

Abbildung 6.113 Zahlungsformcode

Grundsätzlich hat das Feld informellen Charakter und bietet die Möglichkeit der Selektion einzelner Kunden nach Zahlungsweg. Dies kann z.B. im Zahlungsvorschlag im Rahmen des Lastschriftverfahrens genutzt werden.

Neben diesen Funktionen hat die Zuweisung einer Zahlungsform Auswirkungen auf den Ausgleichsvorgang der Forderungen, wenn für die Zahlungsform ein Gegenkonto hinterlegt ist.

Menüoption: *Finanzmanagement/Debitoren/Einrichtung/Zahlungsformen* (siehe Abbildung 6.114)

Abbildung 6.114 Zahlungsformen

Ist ein Gegenkonto hinterlegt, so wird dieses in den Kopf des Verkaufsbelegs übernommen und führt bei der Verbuchung dazu, dass die Forderung unmittelbar gegen dieses Konto ausgeglichen wird. Dadurch entstehen bei der Buchung zwei Debitorenposten, die sich gegenseitig ausgleichen. Dieses Verfahren ist insbesondere für Barverkäufe und innerbetriebliche Forderungen konzipiert worden.

Zahlungseingang aus Compliance-Sicht

Potentielle Risiken

- Fehlende Kontrolle über Forderungen durch fehlende oder falsche Zuordnung von Zahlungen (Effectiveness, Efficiency, Reliability)

- Bewusste Falschzuordnungen bzw. Ausgleich von Forderungen ohne Zahlungseingang durch die Mitarbeiter (Reliability, Integrity, Compliance)

- Vermögensverlust durch unberechtigten, systemtechnischen Forderungsausgleich (Zahlungsform Gegenkonto) (Effectiveness, Reliability, Compliance)

- Die systemseitigen Zahlungstoleranzen sind falsch konfiguriert (zu hohe Prozentsätze bzw. absolute Beträge) (Effectiveness, Compliance)

- Es erfolgt keine Zahlungstoleranzwarnung bei Zahlungseingängen, deren Betrag geringer ist als der Rechnungsbetrag (Efficiency)

- Im System existieren Zahlungsbedingungen mit falsch konfigurierten Parametern (exzessive Skontoprozentsätze, Skontofristen) (Effectiveness, Compliance)

- Die Zuordnung von Zahlungsbedingungen zu Debitoren ist falsch oder unvollständig (Effectiveness, Compliance)

- Zahlungsbedingungen oder Skontotoleranzen werden auf Belegebene überschrieben (Integrity, Compliance)

Prüfungsziel

- Sicherstellung eines effektiven und effizienten Prozesses zur Überwachung und zum Ausgleich offener Posten

- Sicherstellung eines effektiven und effizienten Prozesses der Erstellung und Nutzung von Zahlungsbedingungen

- Sicherstellung einer angemessenen Nutzung von Toleranzgrenzen

- Sicherstellung eines ordnungsmäßigen Verbuchungsprozesses von Skontobuchungen

Prüfungshandlungen

Analyse des Ausgleichs offener Posten

Im Rahmen der Analyse des Ausgleichsprozesses für offene Posten sollte geprüft werden, wie die Zuordnung von Zahlung zu offenem Posten organisiert ist und wie nicht zuzuordnende Zahlungen buchhalterisch erfasst werden. Eine effiziente und zeitnahe Zuordnung sollte durch den Prozess sichergestellt werden.

Analyse der Einrichtung für Zahlungstoleranzen/Toleranzwarnungen

Für Zahlungstoleranzen sollten grundsätzlich zentrale Vorgaben zu Prozentsätzen und maximal zulässigen Höchstbeträgen existieren. Darüber hinaus sollte der Mechanismus der Toleranzwarnmeldung aktiviert sein.

Menüoption: *Finanzmanagement/Einrichtung/Finanzbuchhaltung Einrichtung/*Registerkarte *Ausgleich*

Das Feld *Zahlungstoleranzwarnung* sollte aktiviert sein, die Toleranzgrenzen *Zahlungstoleranz %* und *Max. Zahlungstoleranz* müssen auf ihre Konformität mit den Unternehmensrichtlinien hin überprüft werden.

Überprüfung von Zahlungstoleranzen in Belegen

Die einzelnen Debitorenposten sollten daraufhin geprüft werden, ob die maximale Zahlungstoleranz in den Posten überschrieben und damit von den zentralen Vorgaben der Einrichtung der Finanzbuchhaltung abgewichen wurde.

Feldzugriff: *Tabelle 21 Debitorenposten/*Feld *Max. Zahlungstoleranz*

> **BEGLEITMATERIAL**   Im Begleitmaterial zu diesem Buch existiert zu diesem Prüfungsschritt ein entsprechender Report.
>
> Die Begleitdateien stehen als Download zur Verfügung. Sie können diese von der Seite *http://go.microsoft.com/fwlink/?LinkID =153144* herunterladen.

Überprüfung des Verbuchungsprozesses von Zahlungstoleranzen

In der Buchungsmatrix sollte geprüft werden, ob für die Verbuchung von Zahlungstoleranzen innerhalb des Zahlprozesses die aus Unternehmenssicht korrekten Konten hinterlegt wurden und damit ein korrekter Prozessablauf sichergestellt ist.

Menüoption: *Finanzmanagement/Einrichtung/Buchungsgruppen/Allgemein/Buchungsmatrix Einrichtung* (siehe Abbildung 6.115)

Abbildung 6.115   Zahlungstoleranzen-Konten anzeigen

Über einen Rechtsklick im Spaltenkopf (oder *Ansicht/Spalte anzeigen*) können gegebenenfalls ausgeblendete Felder durch entsprechende Markierung angezeigt werden.

Darüber hinaus sollte überprüft werden, welche Buchungen in welcher Höhe auf diesen Konten verbucht wurden.

Prüfung der Zahlungsbedingungen

Im Rahmen der Prüfung sollten im ersten Schritt die im System vorhandenen Zahlungsbedingungen bzgl. falsch konfigurierter Parameter (exzessive Skontoprozentsätze, Skontofristen) bzw. Zahlungsbedingungen, die nicht den Unternehmensrichtlinien entsprechen, überprüft werden. Anschließend muss analysiert werden, welche dieser Zahlungsbedingungen den Kunden zugeordnet werden.

Feldzugriff: *Tabelle 3 Zahlungsbedingung*

Feldzugriff: *Tabelle 18 Debitor/*Feld *Zlg.-Bedingungscode*

Zahlungsbedingungen werden bei der Anlage von Verkaufsbelegen aus der Debitorenkarte in den Beleg kopiert, können allerdings manuell überschrieben werden. Aus diesem Grund sollte der Zahlungsbedingungscode in den Belegen mit den Vorgabewerten der jeweiligen Debitorenkarte verglichen werden.

Feldzugriff: *Tabelle 18 Debitor/*Feld *Zlg.-Bedingungscode*

Feldzugriff: *Tabelle 36 und 5900 Verkaufskopf und Servicekopf/*Feld *Zlg.-Bedingungscode*

Feldzugriff: *Tabelle 112 und 5992 Verkaufsrechnungkopf und Servicerechnungskopf/*Feld *Zlg.-Bedingungscode*

Darüber hinaus sind Parameter (Fälligkeitsdatum, Skontodatum, Skontoprozentsatz), die über das Feld *Zahlungsbedingungscode* festgelegt werden, manuell änderbar, ohne dass der Zahlungsbedingungscode im Beleg geändert wird. Aus Compliance-Sicht sollten die Parameter nicht manuell überschreibbar sein und gegen manuelle Änderung geschützt werden. Dazu müssen die Felder der Verkaufskopftabelle (Tabelle 36) auf *Editable=»No«* gesetzt werden (siehe dazu insbesondere in Kapitel 2 den Abschnitt »Dynamics NAV-Datenbankobjekte«).

BEGLEITMATERIAL   Im Begleitmaterial zu diesem Buch befindet sich ein Report, der Belege auf geänderte Zahlungsbedingungen und die dazugehörigen Parameter hin überprüft.

Die Begleitdateien stehen als Download zur Verfügung. Sie können diese von der Seite *http://go.microsoft.com/fwlink/?LinkID =153144* herunterladen.

Mahnwesen

Der Mahnprozess in Form der Erstellung und des Versands von Zahlungserinnerungen erfolgt im Anschluss an die Ausgangsrechnung für den Fall, dass vereinbarte Zahlungsfristen nicht eingehalten werden. Im Folgenden werden der Ablauf sowie grundsätzliche Einstellungen zum automatisierten Mahnprozess erläutert.

Der Prozess im Überblick

Wurde die Leistung erbracht, erfolgt die Überwachung des Zahlungseingangs. Geht die Zahlung fristgerecht ein, wird der Zahlungseingang gebucht und der Prozess ist abgeschlossen. Erfolgt die Zahlung hingegen nicht fristgerecht, kann der automatisierte Mahnprozess angestoßen werden, der sich generell wie folgt darstellt (siehe Abbildung 6.116).

Dazu können in der Anwendung Mahnverfahren und Mahnstufen definiert, Mahngebühren und Verzugszinsen berechnet, Mahnungen erstellt und an den Kunden versendet werden.

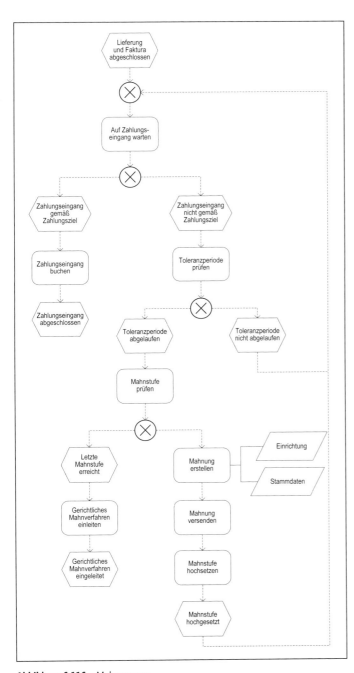

Abbildung 6.116 Mahnprozess

Der Mahnbeleg ist – sofern man davon ausgeht, dass im normalen Geschäftsablauf nicht jeder Kunden gemahnt werden muss – nicht Bestandteil des standardisierten Belegflusses, sondern vielmehr ein Beleg, der in Ausnahmen erstellt wird. Er ist zwischen Rechnungsausgang und Zahlungseingang einzuordnen. Die Leistung wurde erbracht und fakturiert, die Gegenleistung des Kunden in Form der Zahlung nicht.

Abbildung 6.117   Belege im Mahnwesen

Ablauf und Einrichtung des Mahnwesens

Überfällige offene Posten sollten im Rahmen eines effektiven Mahnwesens regelmäßig gemahnt und letztendlich zum Inkasso weitergeleitet bzw. zwecks gerichtlicher Schritte juristisch weiterverfolgt werden. Das eigentliche Mahnwesen kann durch das System gesteuert werden, indem unterschiedliche Mahnverfahren definiert und den Debitoren zugeordnet werden. Einzelne Kundenposten können darüber hinaus vom Mahnverfahren ausgeschlossen werden. Mittels des Mahnlaufs werden alle offenen Posten der selektierten Debitoren analysiert, die zu mahnenden Posten selektiert, die Mahnstufe ermittelt und der entsprechende Mahnbrief generiert. Die Festlegung der Mahnparameter und Mahnverfahren obliegt ausschließlich dem Unternehmen. In Dynamics NAV lassen sich benutzerdefinierte Mahnmethoden erstellen.

Menüoption: *Finanzmanagement/Debitoren/Einrichtung/Mahnmethoden* (siehe Abbildung 6.118)

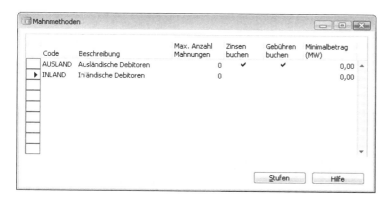

Abbildung 6.118   Anlage von Mahnmethoden

Jede Mahnmethode wird durch sechs Felder definiert (siehe Tabelle 6.23):

Feld	Beschreibung
Code	Eindeutige Kennung für eine Mahnmethode
Beschreibung	Benutzerdefinierte Bezeichnung der Mahnmethode
Max. Anzahl von Mahnungen	Maximale Anzahl von Mahnungen, die für eine Rechnung erstellt werden soll

Tabelle 6.23   Einstellungen Mahnmethode

Feld	Beschreibung
Zinsen buchen	Im Falle der Aktivierung dieses Felds müssen Mahnzinsen auf entsprechenden Sach- und Debitoren-konten verbucht werden. Die Buchung der Zinsen erfolgt erst bei Registrierung der Mahnung.
Gebühren buchen	Im Falle der Aktivierung dieses Felds müssen Gebühren, die auf der Mahnung beruhen, auf entsprechenden Sach- und Debitorenkonten verbucht werden
Minimalbetrag	Betrag für den minimalen fälligen Saldo, der existieren muss, damit eine Mahnung erstellt wird

Tabelle 6.23 Einstellungen Mahnmethode *(Fortsetzung)*

Jeder Mahnmethode können unterschiedliche Mahnstufen zugeordnet werden.

Menüoption: *Finanzmanagement/Debitoren/Einrichtung/Mahnmethoden/Stufen* (siehe Abbildung 6.119)

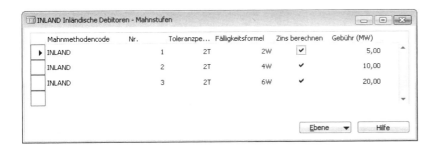

Abbildung 6.119 Mahnstufen

Jede Mahnstufe steuert dann mit unterschiedlichen Parametern die Erstellung der eigentlichen Mahnung (siehe Tabelle 6.24):

Feld	Beschreibung
Mahnmethode	Zeigt die aktuelle Mahnmethode, auf die sich die Mahnstufe bezieht
Mahnstufe, Nr.	Bei Mahnungserstellung wird der aktuelle Mahnstatus gespeichert und beim nächsten Mahnlauf um den Wert 1 erhöht. Ist die letzte Mahnstufe erreicht, gelten für alle weiteren Mahnungen die Bedingungen der letzten Mahnstufe.
Toleranzperiode	Toleranzzeitraum, bevor eine Mahnung für einen offenen Posten erstellt wird. Für die erste Mahnstufe errechnet sich das Mahndatum aus dem Fälligkeitsdatum des offenen Postens zzgl. der Toleranzzeit. Für alle folgenden Mahnstufen ist das Belegdatum der letzten Mahnung zzgl. der Toleranzperiode relevant.
Fälligkeitsformel	Formel für die Berechnung des nächsten Fälligkeitsdatums (z.B. 14T für zwei Wochen oder 2W für 14 Tage)
Zins berechnen	Bei Aktivierung erfolgt die Berechnung von Zinsen. Zinsen werden über eigene Zinskonditionen festgelegt (siehe unten).
Gebühr	Gibt den Betrag für eine Mahngebühr in Mandantenwährung an

Tabelle 6.24 Einstellungen Mahnstufe

Zinskonditionen werden nicht in den Mahndaten gepflegt sondern in der Debitoreneinrichtung erstellt.

Menüoption: *Finanzmanagement/Debitoren/Einrichtung/Zinskonditionen* (siehe Abbildung 6.120)

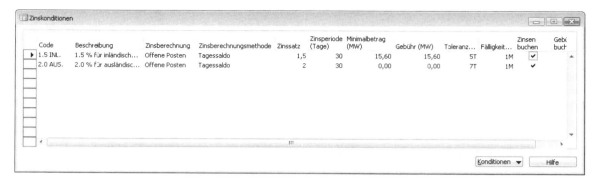

Abbildung 6.120   Zinskonditionen

Für Zinskonditionen können folgende Felder gepflegt werden (siehe Tabelle 6.25):

Feld	Bedeutung
Code	Eindeutiger Code für die Zinsregel
Beschreibung	Frei zu wählende Kurzbeschreibung der Zinskonditionen
Zinsberechnung	Legt fest, welche Posten in Zinsberechnung mit einfließen sollen. *<Offene Posten>* *<Geschlossene Posten>* *<Alle Posten>* In der Regel macht es Sinn, die Berechnung auf die offenen Posten einzuschränken. Werden alle Posten oder geschlossene Posten ausgewählt, werden auch Zinsen für bereits ausgeglichene Debitorenposten in Rechnung gestellt, wenn diese zum Zeitpunkt des Ausgleichs überfällig waren. Auch wenn die Logik dahinter verständlich und richtig ist, dürfte es in der Realität gegenüber dem Kunden schwierig zu vermitteln sein, Zinsen für bereits ausgeglichene Posten separat in Rechnung zu stellen. In Zweifel ist der Einzelfall abzuwägen.
Zinsberechnungsmethode	Legt die Basis für die zu berechnenden Zinsen fest: *<Fälliger Saldo>* Überfälliger Betrag * Zinssatz *<Tagessaldo>* Überfälliger Betrag * (Überfälligkeitstage/Zinsperiode) * Zinssatz Die rechnerisch richtige Methode ist der Tagessaldo, da in dieser Rechnung die Überfälligkeitstage berücksichtigt werden
Zinssatz	Nominalzinssatz für die Berechnung der Zinsen
Zinsperiode (Tage)	Gibt die Periode an, auf die sich der Zinssatz bezieht (z.B. 3% 30 Tage oder 10% 180 Tage). Aus der Kombination des Nominalzinssatzes mit der Zinsperiode lässt sich der jährliche Realzins ermitteln.
Minimalbetrag (MW)	Minimalbetrag für die Erstellung einer Zinsrechnung. Minimalbeträge werden hinterlegt, um unnötigen Aufwand zu verhindern, der beispielsweise durch die Erstellung einer Zinsrechnung über 1 MW entstehen würde.
Gebühr	Gebühr, die zusätzlich zum Zins in Rechnung gestellt wird
Toleranzperiode	Toleranzzeitraum, bevor eine Zinsrechnung für einen offenen Posten erstellt wird

Tabelle 6.25   Zinskonditionen

Feld	Bedeutung
Fälligkeitsformel	Formel für die Berechnung des nächsten Fälligkeitsdatums (z.B. 14T für zwei Wochen oder 2W für 14 Tage), als Basis dient das Belegdatum
Zins buchen	Bei Aktivierung erfolgt die Buchung des Zinspostens auf Debitoren- und das Sachkonto, das entsprechend gepflegt sein muss
Gebühr buchen	Bei Aktivierung erfolgt die Buchung des Gebührenpostens auf Debitoren- und das Sachkonto, das entsprechend gepflegt sein muss

Tabelle 6.25 Zinskonditionen *(Fortsetzung)*

Für die Erstellung von Verzugszinsen steht mit der Zinsrechnung ein eigener Beleg zur Verfügung, mit dessen Hilfe – analog zum Mahnwesen – eine Zinsrechnung vorgeschlagen und anschließend registriert werden kann.

Die Zuordnung des Zinskonditionencodes erfolgt anschließend in der Debitorenkarte unter der Registerkarte *Zahlung*.

Menüoption: *Verkauf & Marketing/Verkauf/Debitoren*

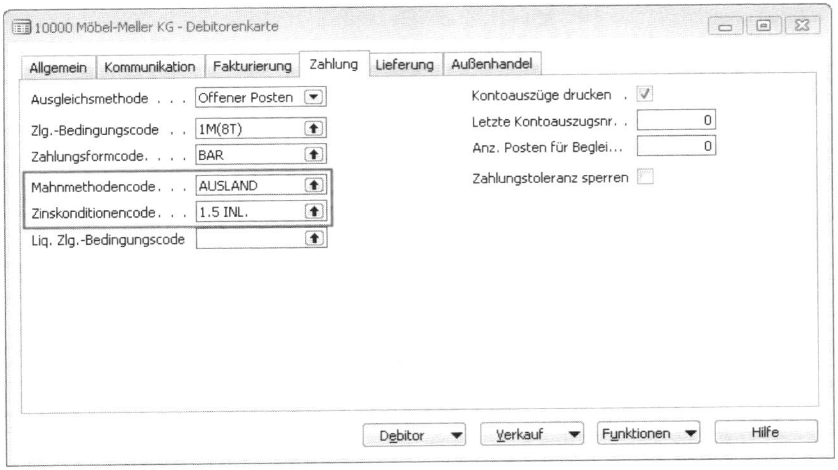

Abbildung 6.121 Mahndaten Debitorenkarte

Ebenso wie die Zinskonditionen wird auch die Mahnmethode auf der Registerkarte *Zahlung* des Debitoren zugeordnet. Mit der Erstellung einzelner Mahnverfahren und deren Zuordnung zu den unterschiedlichen Debitoren ist die Konfiguration des Mahnwesens abgeschlossen. Der eigentliche Mahnprozess wird über den Mahnvorschlagslauf angestoßen.

Menüoption: *Finanzmanagement/Debitoren/Periodische Aktivitäten/Mahnungen/Funktion/Mahnungen erstellen*

Entscheidend ist, dass nach der Erstellung des Mahnungskopfs und der dazugehörigen Mahnungszeilen die Mahnung erst mit der Registrierung (insbesondere Gebühren und Zinsen auf den entsprechenden Sach- und Debitorenkonten) verbucht wird. Nicht registrierte Mahnungen sind als Vorschlag zu verstehen und können jederzeit gelöscht werden.

Menüoption: *Finanzmanagement/Debitoren/Periodische Aktivitäten/Mahnungen/Registrieren*

Auf Ebene des Debitorenpostens können Belege vom Mahnlauf ausgeschlossen werden, indem das Feld *Abwarten* mit einem Kennzeichen versehen ist; das Kennzeichen kann beliebig gewählt werden.

Feldzugriff: *Tabelle 21 Debitorenposten/Feld Abwarten*

TIPP   Bei der Einrichtung der Mahnstufen ist es empfehlenswert, nach dem Versand der letzten Kundenmahnung eine weitere interne Mahnstufe einzurichten, die als Grundlage zur weiteren Bearbeitung der Kundenforderung dient (z.B. Übergabe an Inkasso, gerichtliches Mahnverfahren).

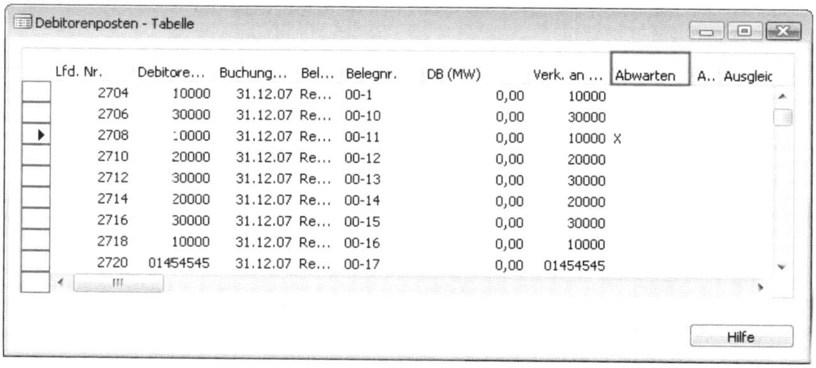

	Lfd. Nr.	Debitore...	Buchung...	Bel...	Belegnr.	DB (MW)		Verk. an ...	Abwarten	A..	Ausgleic
	2704	10000	31.12.07	Re...	00-1	0,00		10000			
	2706	30000	31.12.07	Re...	00-10	0,00		30000			
▶	2708	10000	31.12.07	Re...	00-11	0,00		10000	X		
	2710	20000	31.12.07	Re...	00-12	0,00		20000			
	2712	30000	31.12.07	Re...	00-13	0,00		30000			
	2714	20000	31.12.07	Re...	00-14	0,00		20000			
	2716	30000	31.12.07	Re...	00-15	0,00		30000			
	2718	10000	31.12.07	Re...	00-16	0,00		10000			
	2720	01454545	31.12.07	Re...	00-17	0,00		01454545			

Abbildung 6.122 Mahnsperre

Die Mahnhistorie wird zusätzlich über die Mahnungs-/Zinsrechnungsposten abgebildet, die über das Form *Debitorenposten* analysiert werden können.

Menüoption: *Finanzmanagement/Debitoren/Debitoren/Debitor/Posten/Posten/Mahnungs-/Zins-rechnungsposten*

Die Mahnhistorie kann anhand folgender Tabellen analysiert werden:

Feldzugriff: *Tabelle 297 Registrierter Mahnungskopf*

Feldzugriff: *Tabelle 298 Registrierte Mahnungszeile*

Feldzugriff: *Tabelle 300 Mahnungs-/Zinsrechnungsposten*

Ebenso ist es möglich, die Form *Mahnungs- und Zinsrechnungsposten* zu starten.

Object Designer: *Run Form 444 Mahnungs- und Zinsrechnungsposten*

Mahnwesen aus Compliance-Sicht

Potentielle Risiken

- Ineffektives Mahnwesen; fällige offene Posten werden unberechtigter Weise nicht gemahnt, Kunden fallen durch das Mahnraster (Effectiveness)

- Ineffizientes Mahnwesen, bedingt durch Anzahl der Mahnstufen, Regelmäßigkeit der Mahnläufe (Efficiency)

- Fehlende Kontrolle über Mahnverfahren, falsche Konfiguration von Mahnparametern (Effectiveness, Efficiency, Compliance)

- Mangelnde oder fehlende Kontrolle über Debitoren mit erheblicher Anzahl gemahnter Posten (Effectiveness, Compliance)

Prüfungsziele

- Analyse der organisatorischen Gestaltung des Mahnwesens
- Vollständigkeit und korrekte Durchführung des Mahnverfahrens (Mahnlauf)
- Identifikation nicht gemahnter Kunden (z. B. Mahnsperre, fehlende Zuordnung von Mahnverfahren) und Beurteilung
- Mahnhistorie überprüfen

Prüfungshandlungen

Analyse der Mahnmethoden und Mahnstufen

Die Mahnmethoden lassen sich in der Übersicht darstellen:

Feldzugriff: *Tabelle 292 Mahnmethode*

Object Designer: *Run Form 431 Mahnmethode*

Im ersten Schritt sollten auffällige Mahnverfahren einer näheren Untersuchung unterzogen werden. Dazu zählen beispielsweise Mahnmethoden mit hohen Werten im Tabellenfeld *Minimalbetrag* oder dem Wert Null im Feld *Maximale Anzahl der Mahnungen*. Darüber hinaus sollten Mahngebühren und Verzugszinsen hinsichtlich ihrer Plausibilität geprüft werden. Die im Rahmen der Mahnverfahren verwendeten Mahnstufen sollten hinsichtlich unverhältnismäßiger Toleranzperioden analysiert werden.

Feldzugriff: *Tabelle 293 Mahnstufe*

Object Designer: *Run Form 432 Mahnstufe*

Analyse der Vollständigkeit

In der Tabelle der Debitoren sollte geprüft werden, ob allen Debitoren ein entsprechendes Mahnverfahren zugeordnet wurde und welche Systematik im Falle unterschiedlicher Zuweisung von Mahnmethodencodes existiert. Im Falle einer fehlenden Zuordnung sollten die Gründe hierfür geklärt werden.

Feldzugriff: *Tabelle 18 Debitor*/Feld *Mahnmethodencode*

Analyse von Mahnsperren

Debitoren können generell aus einem Mahnlauf oder dem gesamten Mahnprozess ausgeschlossen werden, indem in den Debitorenposten das Feld *Abwarten* mit einem beliebigen Wert gefüllt wird.

Feldzugriff: *Tabelle 21*/Feld *Abwarten*

Kundenanalyse der gemahnten Beträge und Posten

Die zuvor genannten Prüfungsschritte betreffen die Einrichtung des Mahnwesens, liefern aber keine Aussage darüber, wie sich das Mahnverhalten und die Mahnbeträge je Kunde in der Vergangenheit auf Kundenebene tatsächlich dargestellt haben. Dazu müssen die Verkehrszahlen auf Belegebene analysiert werden. Dazu sind im Wesentlichen vier Tabellen zu betrachten.

Feldzugriff: *Tabelle 295 Mahnungskopf*

Feldzugriff: *Tabelle 297 Registrierter Mahnungskopf*

Feldzugriff: *Tabelle 296 Mahnungszeile*

Feldzugriff: *Tabelle 298 Registrierte Mahnungszeile*

Aus den Mahnungsbelegköpfen ist der Debitor mit dem Gesamtmahnbetrag für den jeweiligen Beleg ersichtlich, aus den Positionen die dazugehörigen Belegpositionen.

Analyse erstellter Mahnvorschläge, die nicht registriert wurden

Mahnvorschläge, die nicht registriert wurden, können über die Tabelle 295 ausgewertet werden.

Feldzugriff: *Tabelle 295 Mahnungskopf*

Unregistrierte Mahnungen der Mahnvorschlagsliste können allerdings manuell durch den Anwender gelöscht werden. Aus Compliance-Sicht sollte für die Löschung von Mahnvorschlägen das Änderungsprotokoll aktiviert sein. Darüber hinaus bietet sich dem Prüfer die Möglichkeit, den Mahnlauf zu einem bestimmten Zeitpunkt erneut zu starten, um auffällige Daten zu analysieren.

Abschließend ist darauf hinzuweisen, dass das Mahnwesen dem Wirtschaftlichkeitsgedanken Rechnung tragen muss, d.h. einer Kosten-Nutzen-Analyse zu unterziehen. Die Kosten für einen Mahnvorgang sollten die Höhe eines möglichen Zahlungseingangs nicht übersteigen (Mindestmahnbeträge). Darüber hinaus kann die Effizienz des Mahnwesens überprüft werden, indem gemahnte Zahlungen nach Mahnstufe analysiert werden. In Dynamics NAV können dazu zwei Prüfungsschritte vorgenommen werden.

Mahnbeträge können in der Tabelle 300 analysiert werden.

Feldzugriff: *Tabelle 300 Mahnungs-/Zinsrechnungsposten/Feld Restbetrag*

Eingegangene Debitorenzahlungen nach Mahnungsausgang können in den Debitorenposten analysiert werden.

Feldzugriff: *Tabelle 21 Debitorenposten/Feld Letzte registrierte Mahnstufe*

Um die Posten zu selektieren, die nach Mahnung eingegangen sind, kann nach Posten mit *Letzte registrierte Mahnstufe <> »0«* und *Offen=»Nein«* gefiltert werden.

Reklamation und Gutschriften

Der Reklamationsprozess ist im eigentlichen Sinne nicht Bestandteil des Standard-Verkaufsprozesses, da er nur in Fällen einer falschen oder mangelhaften Lieferung angestoßen wird. In diesem Fall kommt es zu einer Wandlung oder Minderung für die betroffene Bestellung bzw. die betroffenen Artikel. Im Folgenden werden der Prozess der Reklamation und der damit verbundene Gutschriftenprozess erläutert.

Der Prozess im Überblick

Die Reklamationsverwaltung bildet den Prozess des Austauschs beschädigter Artikel bzw. deren Reparatur sowie die Erstellung der entsprechenden Kundengutschriften ab. Innerhalb des Prozesses kann die Prüfung des beschädigten Artikels, die Aktualisierung der Lagerbestandsdaten und Debitorensalden sowie gegebenenfalls die Erstellung von Kundengutschriften erfolgen.

Kommt es zu einer Artikelreklamation des Kunden, wird der Vorgang zunächst auf einem Reklamationsbeleg erfasst. Erfolgt die Rücksendung der Artikel, wird darüber hinaus ein Einlagerungsbeleg erzeugt, der Bestandsdaten wert- und/oder mengenmäßig aktualisiert. Anschließend erfolgt entweder eine Kundengutschrift oder eine Reparatur/Ersatzlieferung. Für den Fall, dass die Ware nicht zurückgeschickt wird, sondern der Kunde lediglich eine Verkaufsminderung wünscht, erfolgt lediglich die Buchung einer Wertgutschrift. Eine Wertgutschrift wird über einen Zu-/Abschlag (Artikel) erstellt und bezieht sich auf die ursprüngliche Verkaufslieferzeile (der Abschnitt »Artikel Zu-/Abschläge« ab Seite 487 geht ausführlich darauf ein). Eine

Reklamation unterscheidet sich von einer Gutschrift insofern, als dass für die Reklamation die Lieferung und Fakturierung separat durchgeführt werden kann. Dadurch können die Logistikschritte in einer Reklamation – im Gegensatz zur Gutschrift – abgebildet werden.

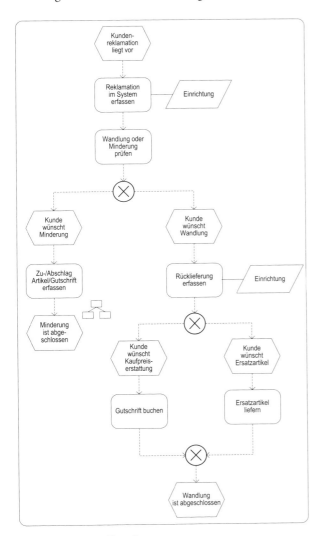

Abbildung 6.123 Reklamationsprozess

Abbildung 6.124 Belege in der Reklamationsbearbeitung

Für Handelsartikel besteht die Möglichkeit, aus der Verkaufsreklamation über die Funktion *Reklamationsbez. Belege erst.* für den Lieferanten eine Einkaufsreklamation zu erstellen.

Ablauf und Einrichtung von Reklamationen und Gutschriften

Die allgemeine Einrichtung der Reklamationsverwaltung für Debitoren erfolgt in der Einrichtung *Debitoren & Verkauf.*

Menüoption: *Verkauf & Marketing/Einrichtung/Debitoren & Verkauf Einrichtung* (siehe Abbildung 6.126)

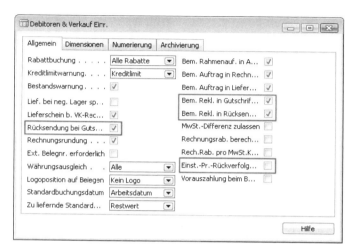

Abbildung 6.125 Allgemeine Reklamationseinrichtung

Die in der Abbildung markierten Felder betreffen die Einstellungen zu Reklamationen (siehe Tabelle 6.26):

Feld	Beschreibung
Rücksendung bei Gutschrift	Bei Aktivierung wird neben der gebuchten Verkaufsgutschrift automatisch eine gebuchte Rücksendung erstellt
Einstandspreis Rückverfolgung notwendig	Auf diese Weise wird sichergestellt, dass die Verkaufsrücksendung den gleichen Einstandspreis wie der ursprüngliche Verkauf erhält, wenn sie in das Lager zurückgebucht wird. Bei Aktivierung lässt das System keine Buchung einer Rücksendung zu, wenn das Feld *Ausgegl. von Artikelposten* in der Verkaufsauftragszeile keinen Wert enthält.
Bemerkung Reklamation in Rücksendung kopieren	Bei Aktivierung kopiert die Anwendung Bemerkungen aus einer Verkaufsgutschrift in die gebuchte Rücksendung
Bemerkung Reklamation in Gutschrift kopieren	Bei Aktivierung kopiert die Anwendung Bemerkungen aus einer Verkaufsgutschrift in die gebuchte Gutschrift

Tabelle 6.26 Reklamationseinrichtung

Neben der allgemeinen Einrichtung können im System Reklamationsgründe gepflegt werden, die typische Reklamationsprozesse bzw. -gründe abbilden. Im weiteren Reklamationsprozess wird der Reklamationsgrund aufgrund einer erhöhten Transparenz sowie zu späteren Auswertungszwecken in die Artikelposition kopiert.

Menüoption: *Verkauf & Marketing/Auftragsabwicklung/Einrichtung/Reklamationsgründe* (siehe Abbildung 6.126)

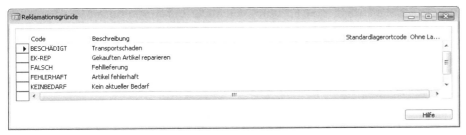

Abbildung 6.126 Reklamationsgründecodes

Folgende Einstellungen lassen sich zu Reklamationsgründen vornehmen (siehe Tabelle 6.27):

Feld	Beschreibung
Code	Eindeutiger Code des Reklamationsgrunds
Beschreibung	Frei wählbare Beschreibung des Reklamationsgrunds
Standardlagercode	Artikel, die mit dem entsprechenden Reklamationsgrund zurückgesendet werden, werden standardmäßig in diesem Lager aufbewahrt. Dies kann z.B. dafür genutzt werden, einen separaten Lagerortcode für Reparaturartikel zu definieren.
Ohne Lagerbewertung	Bei Aktivierung erfolgt die Einlagerung mit dem Einstandspreis von Null, d.h., der mengenmäßige Bestand erhöht sich, der wertmäßige nicht, da die Artikel zum einen (noch) kein Eigentum des Unternehmens darstellen und zum anderen nicht automatisch bewertet werden sollten

Tabelle 6.27 Einrichtung Reklamationsgründecodes

HINWEIS Für den Fall, dass für Artikel die Lagerabgangsmethode *Standard* hinterlegt wird, werden Lagerabgänge mit dem Standardpreis und nicht mit dem tatsächlichen Einstandspreis bewertet. Für diesen Fall ist zu beachten, dass das Feld *Ohne Lagerbewertung* vom System ignoriert wird.

Die Erfassung von Reklamationen im operativen Betrieb erfolgt über *Auftragsabwicklung*.

Menüoption: *Verkauf & Marketing/Auftragsabwicklung/Reklamationen* (siehe Abbildung 6.127)

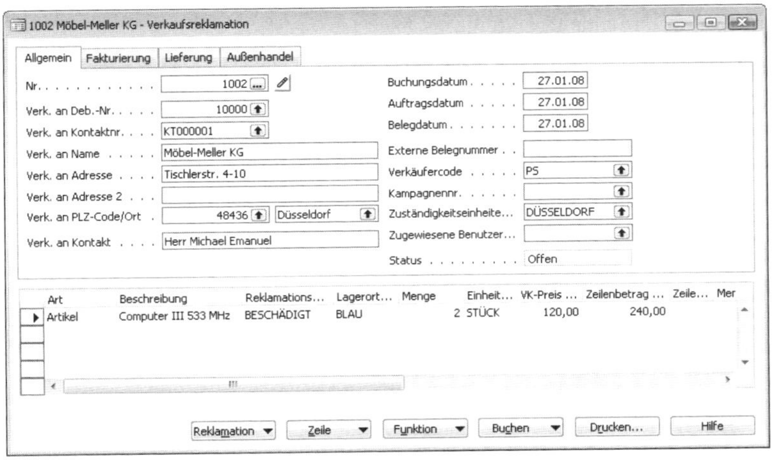

Abbildung 6.127 Erfassung von Reklamationen

Wie in allen Verkaufsbelegarten erfolgt auch hier die Erfassung von Kopf- und Positionsdaten, die durch den Kunden reklamiert wurden. Das Feld *Externe Belegnummer* sollte grundsätzlich gepflegt sein, um darüber entweder auf die Kundenbelege oder die eigenen zugehörigen Verkaufsbelege referenzieren und diese im System leichter wiederfinden zu können. Um die Verkaufszeilen, auf die sich die Reklamation bezieht, zu finden und damit die Reklamationszeilen vom System erzeugen zu lassen, kann die Funktion *Zu stornierende gebuchte Belegzeilen abrufen* gestartet werden.

Menüoption: *Verkauf & Marketing/Auftragsabwicklung/Reklamationen/Funktion/Zu stornierende gebuchte Belegzeilen abrufen*

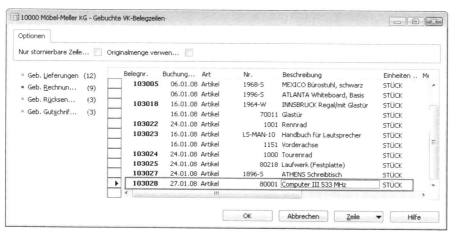

Abbildung 6.128 Zu stornierende gebuchte Belegzeilen abrufen

Die entsprechenden Daten werden dann aus dem Verkaufsbeleg in den Reklamationsbeleg übernommen. Ist in den allgemeinen Einstellungen zur Reklamationsverwaltung die *Einstandspreisrückverfolgung* als notwendig markiert worden, wird das Belegzeilenfeld *Ausgeglichen von Artikelposten* automatisch gefüllt. Im linken oberen Fensterbereich *Gebuchte VK-Belegzeilen* kann die Auswahl der angezeigten Positionen auf *Nur stornierbare Zeilen anzeigen* beschränkt werden. In den Posten wird darüber hinaus durch das Feld *Menge nicht zurückgesendet* die stornierbare Menge eines Artikels gespeichert, sodass verhindert wird, dass die Reklamationsmenge die ursprüngliche Verkaufsmenge übersteigt.

Um die Reklamation automatisch zu erstellen, kann alternativ auch die Funktion *Beleg kopieren* genutzt werden. Für Verkaufsreklamationen kann es sich dabei um gebuchte Lieferungen oder gebuchte Rechnungen handeln. Ist hierbei die Einstandspreisrückverfolgung in der Verkaufseinrichtung aktiviert, erstellt die Anwendung automatisch den wertmäßigen Bezug zur Ursprungslieferung (Herkunftsbeleg).

Bei der Erstellung und Buchung von Reklamationen können sich systemseitig mehrere Probleme in Bezug auf die Gutschrift ergeben (siehe Tabelle 6.28):

Art der Reklamationserfassung	Automatische Referenz zum Herkunftsbeleg	Automatischer Preisbezug
Manuelle Reklamationserfassung	Keiner	Keiner
Beleg kopieren – Bezug zur gebuchten Rechnung	Ja	Ja, tatsächlich gewährte Zeilen- und Rechnungsrabatte werden berücksichtigt, tatsächlich gewährtes Skonto jedoch nicht

Tabelle 6.28 Probleme bei Buchung von Gutschriften

Art der Reklamationserfassung	Automatische Referenz zum Herkunftsbeleg	Automatischer Preisbezug
Beleg kopieren – Bezug zur gebuchten Lieferung	Ja	Keiner, aber Hinweis auf fehlenden Bezug
Zu stornierende gebuchte Belegzeilen abrufen – Bezug auf gebuchte Rechnung	Ja	Ja, tatsächlich gewährte Zeilen- und Rechnungsrabatte werden berücksichtigt, tatsächlich gewährtes Skonto jedoch nicht
Zu stornierende gebuchte Belegzeilen abrufen – Bezug auf gebuchte Lieferung	Ja	Keiner

Tabelle 6.28 Probleme bei Buchung von Gutschriften *(Fortsetzung)*

Für bestimmte Konstellationen kann es erforderlich sein, neben der eigentlichen Reklamation bestimmte Zu- oder Abschläge zu erfassen. Wenn beispielsweise eine Falschlieferung eines Artikels erfolgt ist, die der Kunde zu verantworten hat, kann eine Wiedereinlagerungsgebühr im Rahmen der Erstattung der angefallenen Arbeitsaufwände vereinbart werden. Dazu muss in den Positionsdaten eine Zeile mit der Art *Zu-/Abschlag (Artikel)* mit einem negativen Betrag erstellt werden, um eine *Wiedereinlagerungsgebühr* zu erfassen.

Sind alle Positionsdaten erfasst, kann der Prozess durch die Buchung der entsprechenden Buchhaltungsbelege abgeschlossen werden.

Menüoption: *Verkauf & Marketing/Auftragsabwicklung/Reklamationen/Buchen/Buchen*

Bei der Buchung kann zwischen den Optionen *Liefern, Fakturieren* sowie *Liefern und Fakturieren* gewählt werden. Die Lieferung spiegelt im Reklamationsprozess die Rücklieferung bzw. Wiedereinlagerung wider, die Fakturierung die Gutschrift an den Kunden.

Reklamationen und Gutschriften aus Compliance-Sicht

Potentielle Risiken

- Fehlende Transparenz durch fehlende Informationen in den Reklamationsbelegen (Efficiency, Integrity, Availability, Reliability)

- Erstellung unberechtigter Gutschriften und Gutschriften ohne Bezug zu Verkaufsbelegen (Integrity, Compliance), Berücksichtigung falscher Preise

- Falsche Lagerortbuchungen (Effectiveness)

- Falsche oder ungewollte Einlagerung und Aktivierung von Reklamationsposten (Effectiveness, Integrity, Reliability)

Prüfungsziele

- Richtige Einrichtung der Parameter für Reklamationen

- Überprüfung der korrekten Einrichtung und Verwendung von Reklamationsgründen, Lagerorten und Aktivierungsoptionen

- Sicherstellung eines konsistenten Prozesses der Reklamations- und Gutschriftserstellung

Prüfungshandlungen

Einrichtung der Parameter

Um eine Rückverfolgung der Artikeleinstandspreise zu gewährleisten und den Prozess durch Kopieren von Beleginformation in die jeweiligen Folgebelege transparent zu gestalten, empfehlen sich folgende Werte für die Einrichtungsparameter der Reklamationsverwaltung (siehe Tabelle 6.29):

Menüoption: *Verkauf & Marketing/Einrichtung/Debitoren & Verkauf Einrichtung*

Feld	Empfohlener Wert
Rücksendung bei Gutschrift	Gemäß Anforderungen
Einstandspreis – Rückverfolgung notwendig	Aktiviert
Bemerkung Reklamation in Rücksendung kopieren	Aktiviert
Bemerkung Reklamation in Gutschrift kopieren	Aktiviert

Tabelle 6.29 Einrichtung der Reklamationsverwaltung aus Compliance-Sicht

Zur Überprüfung von Reklamationsgründen und deren Einstellungen bzgl. des Lagerorts und der Lagerbewertung kann die Tabelle 6635 *Reklamationsgrund* herangezogen werden:

Feldzugriff: *Tabelle 6635 Reklamationsgrund*

So macht es beispielsweise Sinn, beschädigte Artikel, die untersucht und anschließend gegebenenfalls repariert werden müssen, in einen eigens dafür vorgesehenen Lagerort zu buchen, ohne dass der wertmäßige Bestand zunächst erhöht wird. Später kann gegebenenfalls eine Neubewertung vorgenommen werden (siehe Kapitel 4).

Um festzustellen, ob für alle Reklamationsbelege eine konsistente Verwendung externer Belegnummern genutzt wurde, können die Belegkopftabellen für Gutschriften und Rücklieferungen analysiert werden.

Feldzugriff: *Tabelle 114 Verkaufsgutschriftskopf*

Feldzugriff: *Tabelle 6660 Rücksendungskopf*

Konsistenter Prozess der Reklamations- und Gutschriftserstellung

Um einen konsistenten Prozess der Reklamations- und Gutschriftserstellung sicherzustellen, sollte das Unternehmen gewährleisten, Reklamationen und Gutschriften immer unter Bezug auf die jeweiligen Ursprungsbelege zu erstellen. Hierbei wird empfohlen, über die Funktionen *Beleg kopieren* oder *Zu stornierende gebuchte Belegzeilen abrufen* auf die Rechnungen Bezug zu nehmen, da hier die tatsächlich fakturierten Werte und abgegangenen Lagerwerte zur Verfügung stehen. Unberücksichtigt bleibt die tatsächliche Gewährung von Skonto, da Dynamics NAV nur Rückgriff auf die im Beleg eingestellte Zahlungsbedingung ermöglicht. Verfahrensanweisungen sind zu prüfen, Prozessbeobachtungen können als zusätzliche Kontrolle erfolgen. Eine Analyse der Art der Reklamationserstellung (Nutzung welcher Funktion) ist in Dynamics NAV nicht möglich.

Ergänzend sollte geprüft werden, ob etwaige in Verkaufsbelegen gebuchte Skonti auch für die Gutschrift korrekt zurückgebucht werden.

In den Zahlungsbedingungen sollte dazu das Feld *Skonto auf Gutschrift berechnen* immer aktiviert ein.

Menüoption: *Verwaltung/Anwendung Einrichtung/Finanzmanagement/Zahlungsbedingungen*

Intercompany-Transaktionen

Wenn mit Dynamics NAV mehrere Mandanten verwaltet werden, die untereinander Leistungen austauschen, können Intercompany-Transaktionen genutzt werden, um die jeweiligen Gegenbelege im anderen Mandanten systemunterstützt zu erzeugen. Wenn beispielsweise ein Artikel bei einem Partnerunternehmen eingekauft wird, kann der korrespondierende Verkaufsauftrag in diesem Mandanten mithilfe der Intercompany-Funktionalität automatisiert erstellt werden. Wird der Verkaufsbeleg fakturiert, entsteht in der Folge eine entsprechende Einkaufsrechnung im anfordernden Partnerunternehmen. Vor jeder Belegerstellung muss das Senden und Akzeptieren der Intercompany-Transaktion in beiden Mandanten bestätigt werden.

Intercompany-Transaktionen können sowohl über Belege als auch über spezielle *Fibu Buch.-Blätter* erzeugt werden. Neben dem Wegfall redundanter Dateneingaben ergeben sich durch die Nutzung Erleichterungen bei der Konsolidierung sowie eine bessere Nachvollziehbarkeit von Intercompany-Geschäftsvorfällen.

HINWEIS   Bezüglich des Zusammenhangs von Intercompany-Transaktionen und Konsolidierung sowie Zwischenergebnis-Eliminierungen verweisen wir auf Kapitel 7.

In diesem Abschnitt werden folgende Themen behandelt:

- Einrichtung
- Intercompany-Belege
- Intercompany-Buch.-Blätter

Einrichtung

In diesem Abschnitt werden die folgenden grundsätzlichen Einrichtungsparameter erläutert:

- Intercompany-Partner
- Kreditoren- und Debitorenzuordnung
- Firmendaten
- Intercompany-Kontenplan
- Intercompany-Dimensionen

IC-Partner

Intercompany-Transaktionen basieren auf sogenannten *IC-Partnern*, die sowohl Debitoren als auch Kreditoren zugeordnet werden können.

Menüoption: *Finanzmanagement/Einrichtung/Intercomanybuchungen/Partner* (siehe Abbildung 6.129)

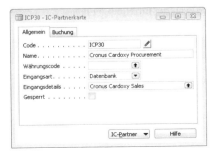

Abbildung 6.129 Intercompany-Partnerkarte (Registerkarte *Allgemein*)

Auf der Registerkarte *Allgemein* sind folgende Einrichtungen sind vorzunehmen (siehe Tabelle 6.30):

Feld	Beschreibung
Code	Eindeutiger Code für den Intercompany-Partner
Name	Name des Intercompany-Partnerunternehmens
Währungscode	Währungscode des Intercompany-Partners bei Verwendung in *IC-Fibu Buch.-Blätter*
Eingangsart	Diese Feld steuert, wie die Intercompany-Transaktionsdaten zum *IC-Partner* übermittelt werden und unterscheidet folgende Optionswerte: *<Dateispeicherort>* Der IC-Partner-Mandant befindet sich nicht in derselben Datenbank, sodass die Daten in eine Datei exportiert werden, die dem Partnerunternehmen zur Verfügung gestellt wird *<Datenbank>* Der IC-Partner-Mandant befindet sich in derselben Datenbank Wenn die Transaktionen per E-Mail an den Partner gesendet werden enthält das Feld den entsprechenden Eintrag *<E-Mail>* Der *IC-Partner* Mandant befindet sich nicht in derselben Datenbank und die Daten werden per E-Mail versendet *<Keine IC-Übertragung>* Es werden keine Daten zwischen den Mandanten ausgetauscht
Eingangsdetails	Abhängig von der Eingangsart wird in diesem Feld der Pfad für die Datei, der Mandantenname oder die E-Mail-Adresse des Partnerunternehmens angegeben
Gesperrt	Bei Aktivierung ist der *IC-Partner* gesperrt. Ungeachtet davon können verbundene Debitoren und Kreditoren weiterhin verwendet werden.

Tabelle 6.30   Felder der IC-Partnerkarte (Registerkarte *Allgemein*)

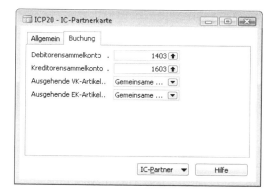

Abbildung 6.130   Intercompany-Partnerkarte (Registerkarte *Buchung*)

Auf der Registerkarte *Buchung* sind folgende Einrichtungen vorzunehmen (siehe Tabelle 6.31):

Feld	Beschreibung
Debitorensammelkonto	Dieses Feld enthält das Forderungskonto, das für den Intercompany-Partner gültig ist, wenn in *IC-Fibu Buch.-Blättern* die Kontoart *IC-Partner* verwendet wird
Kreditorensammelkonto	Dieses Feld enthält das Verbindlichkeitskonto, das für den Intercompany-Partner gültig ist, wenn in *IC-Fibu Buch.-Blättern* die Kontoart *IC-Partner* verwendet wird

Tabelle 6.31   Felder der IC-Partnerkarte (Registerkarte *Buchung*)

Feld	Beschreibung
Ausgehende VK-Artikelnr.-Art	Dieses Feld steuert, wie welche Artikelnummern für verkaufsseitige Intercompany-Belege verwendet werden: *<Interne Nr.>* Es werden die *Nr.* aus der Belegzeile (Einkaufs- bzw. Verkaufszeile) verwendet *<Gemeinsame Artikelnr.>* Es wird den Inhalt des Felds *Gemeinsame Artikelnr.* von der Artikelkarte verwendet *<Referenz>* Es wird die Referenznr. aus der Tabelle *Artikelreferenz* verwendet, die für den Partner und den Artikel hinterlegt wurde
Ausgehende EK-Artikelnr.-Art	Dieses Feld steuert, wie welche Artikelnummern für einkaufsseitige Intercompany-Belege verwendet werden: *<Interne Nr.>* Es werden die Nummern aus der Belegzeile (Einkaufs- bzw. Verkaufszeile) verwendet *<Gemeinsame Artikelnr.>* Es wird der Inhalt des Felds *Gemeinsame Artikelnr.* von der Artikelkarte verwendet *<Referenz>* Es wird die *Referenznr.* aus der Tabelle *Artikelreferenz* verwendet, die für den Partner und den Artikel hinterlegt wurde *<Kred.-Artikelnr.>* Es wird die *Kred.-Artikelnr.* von der Artikelkarte bzw. aus der Tabelle *Artikellieferant* verwendet

Tabelle 6.31 Felder der IC-Partnerkarte (Registerkarte *Buchung*) *(Fortsetzung)*

HINWEIS   Über die Menüschaltfläche *IC-Partner* können dem Intercompany-Partner für die Verwendung in *IC-Fibu Buch.-Blättern* Vorgabedimensionen zugeordnet werden. Diese Vorgabedimensionen werden in Intercompany-Belegen nicht verwendet, da die Kontoart *IC-Partner* in Belegen nicht zur Verfügung steht. In IC-Fibu Buch.-Blättern kann der IC-Partner über eine eigene Kontoart (IC-Partner) oder über die Kontoarten *Debitor/Kreditor* selektiert werden, sofern der IC-Partnercode beim Debitor bzw. Kreditor zugewiesen ist. Die Vorgabedimensionen werden allerdings nur bei der Auswahl über die Kontoart *IC Partner* berücksichtigt.

Die Zuweisung der IC-Partnercodes zu den Personenkonten (Debitoren/Kreditoren) erfolgt über die Registerkarte *Kommunikation* der jeweiligen Karte.

Menüoption: *Finanzmanagement/Kreditoren/Kreditoren* (siehe Abbildung 6.131)

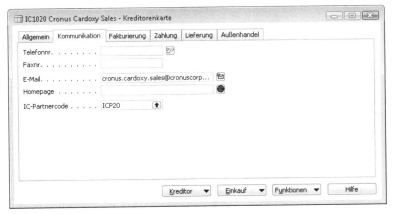

Abbildung 6.131 Zuordnung des Intercompany-Partnercodes auf der Kreditorenkarte

Menüoption: *Finanzmanagement/Debitoren/Debitoren* (siehe Abbildung 6.132)

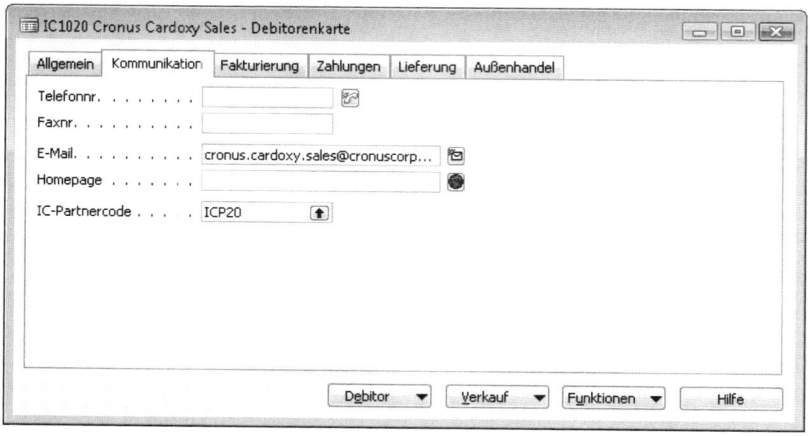

Abbildung 6.132   Zuordnung des Intercompany-Partnercodes auf der Debitorenkarte

Firmendaten

Um den »sendenden« Mandanten zu kennzeichnen, enthält die Tabelle *Firmendaten* ebenfalls einen *IC-Partnercode*, mit dem der Ursprung der Transaktion zugeordnet werden kann. Diese Code ist als IC-Partner nur in den anderen Mandanten angelegt.

Menüoption: *Verwaltung/Anwendung Einrichtung/Allgemein/Firmendaten* (siehe Abbildung 6.133)

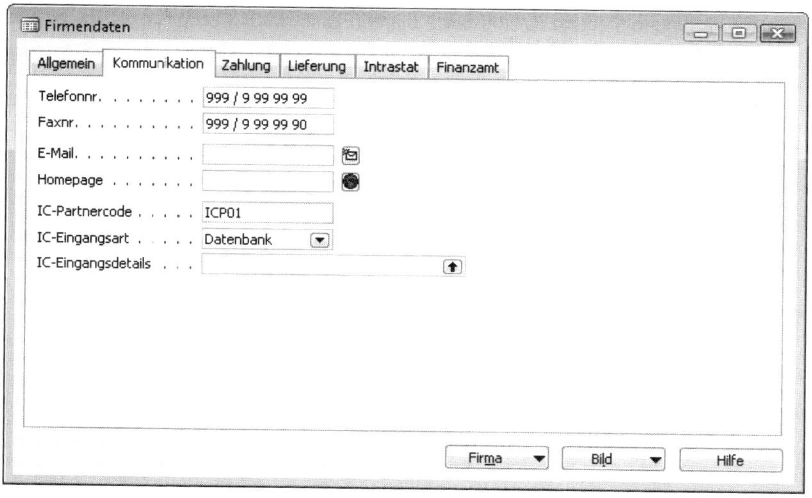

Abbildung 6.133   IC-Partner-Einrichtung in den Firmendaten

Folgende Felder können in der IC-Partner-Einrichtung in den Firmendaten gepflegt werden (siehe Tabelle 6.32):

Feld	Beschreibung
IC-Partnercode	Intercompany-Partnercode des eigenen Unternehmens, der in den Partnermandanten als *IC-Partner* angelegt und mit den entsprechenden Personenkonten verbunden sein muss
IC-Eingangsart	Dieses Feld steuert analog zu der Eingangsart auf IC-Partnerebene, ob dieser Mandant Intercompany-Transaktionsdaten in Form einer Datei empfängt (*Dateispeicherort*) oder sich zusammen mit den Partnermandanten in derselben Datenbank (*Datenbank*) befindet
IC-Eingangsdetails	Dieses Feld wird nur gepflegt, wenn die *IC-Eingangsart* = *Dateispeicherort* ist und enthält in diesem Fall den Pfad für die Datei. Für die *IC-Eingangsart* = *Datenbank* ist das Feld leer zu lassen.

Tabelle 6.32 IC-Partner-Informationen der Firmendatenkarte

HINWEIS   Im weiteren Verlauf wird davon ausgegangen, dass die Mandanten der IC-Partner in derselben Datenbank verwaltet werden.

IC-Kontenplan

Der Intercompany-Kontenplan ist ein Referenzkontenplan, der für alle Intercompany Partner identisch ist. Die Konten des *IC-Kontenplans* werden den Sachkonten des mandantenbezogenen Kontenplans zugeordnet. Beim Verarbeiten einer Sachkonten-Eingangstransaktion aus einem IC-Beleg oder einer IC-Buchungszeile wandelt die Anwendung die *IC-Kontonr.* in eine *Sachkontonr.* des Mandanten um.

Menüoption: *Finanzmanagement/Einrichtung/Intercompanybuchungen/Kontenplan* (siehe Abbildung 6.134)

Abbildung 6.134 Intercompany-Kontenplan

IC-Dimensionen

Analog zum *IC-Kontenplan* ist es mit *IC-Dimensionen* möglich, über eine IC-Dimensionseinrichtung abweichende Dimensionen und Dimensionswerte zu verknüpfen. Auf diese Weise können IC-Transaktionen mit Dimensionsinformationen aus anderen Mandanten in die eigenen Dimensionen übersetzt werden.

Menüoption: *Finanzmanagement/Einrichtung/Intercompanybuchungen/Dimensionen* (siehe Abbildung 6.135)

Abbildung 6.135 Intercompany-Dimensionen

HINWEIS   Nähere Informationen bezüglich der Verwendung von Dimensionen finden Sie in Kapitel 3 im Abschnitt »Dimensionskonzept«.

Intercompany-Belege

Die Funktionalität der Intercompany-Belege erlaubt die elektronische Übertragung von Ein- und Verkaufsbelegen in entsprechende Gegenbelege im Mandanten des Intercompany-Partnerunternehmens. Vor jeder Übertragung bzw. Übernahme ist das Senden (Ausgangstransaktion *An IC-Partner senden* sowie *Zeilenaktion abschließen*) bzw. Akzeptieren (Eingangstransaktion *Akzeptieren* sowie *Zeilenaktion abschließen*) der Intercompany-Transaktion in beiden Mandanten zu bestätigen. In Bestellungen, Aufträgen und Reklamationen kann die Übertragung zu einem beliebigen Zeitpunkt und – sofern notwendig – mehrmals angestoßen werden, während Rechnungen und Gutschriften erst übertragen werden können, nachdem diese gebucht sind.

Im Folgenden wird der Prozess einer Intercompany Bestellung schematisch dargestellt, bei der »Mandant A« Leistungen von »Mandant B« bezieht.

HINWEIS   Zu beachten ist, dass die Lieferung in »Mandant B« keine separate Intercompany-Transaktion auslöst, sondern erst das Fakturieren des Verkaufsauftrags. Durch diese Fakturierung entsteht in »Mandant A« mit der (ungebuchten) Einkaufsrechnung ein zusätzlicher Beleg zur anfänglichen Einkaufsbestellung. In Abbildung 6.136 wird der Wareneingang in »Mandant A« in der Bestellung über *Liefern* gebucht und in der Rechnung entsprechend die Funktion *Wareneingangszeilen holen* verwendet, um den Bezug zu dieser Lieferung herzustellen. Mit der Stapelverarbeitung *Erledigte Bestellungen löschen* wird die obsolete Bestellung schließlich gelöscht. Dieser Prozess wird im nächsten Abschnitt ausführlich beschrieben.

Der Prozess im Überblick

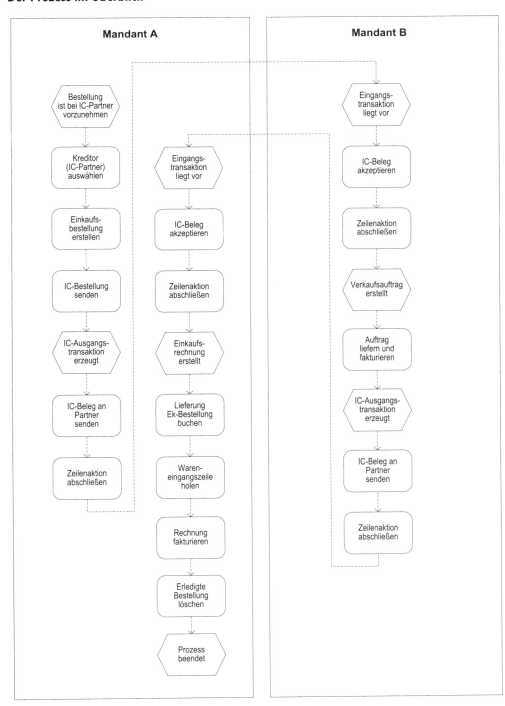

Abbildung 6.136 Der Intercompany-Belegprozess im Überblick

Ablauf und Einrichtung

Zuvor wurde erläutert, wie Kreditoren mit IC-Partnercodes verknüpft werden. Im folgenden Prozessbeispiel wird im Mandant »CRONUS AG« der Artikel »1908-S, LONDON Schreibtischstuhl, blau« beim dänischen Partnerunternehmen »Cronus Cardoxy Sales« bestellt, der als Kreditor mit der Nr. »IC1020« verwaltet wird.

Menüoption: *Einkauf/Bestellabwicklung/Bestellungen* (siehe Abbildung 6.137)

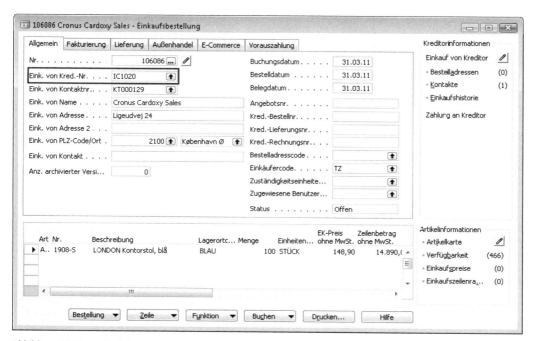

Abbildung 6.137 Einkaufsbestellung bei einem Intercompany-Partner

Nach der Erfassung kann die Bestellung über die Funktion *IC-Bestellung senden* in die Intercompany Ausgangstransaktionen überstellt werden.

Menüoption: *Einkauf/Bestellabwicklung/Bestellungen/Funktion/IC-Bestellung senden* (siehe Abbildung 6.138)

HINWEIS   Das Senden einer IC-Bestellung kann dabei auch mehrmals erfolgen, wenn z.B. eine Änderung der Bestellung notwendig wird und der IC-Partner den Auftrag noch nicht geliefert hat.

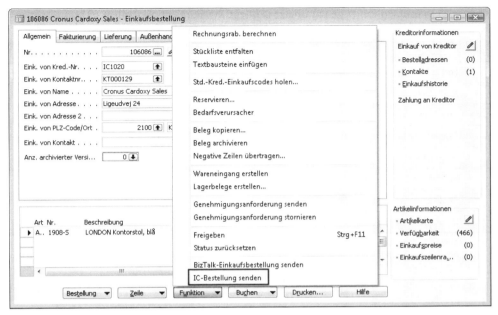

Abbildung 6.138 Funktion zum Überstellen der Intercompany-Bestellung in die IC-Ausgangstransaktionen

Ausgangstransaktionen

Im Fenster *IC-Ausgangstransaktionen* werden alle Intercompany-Transaktionen zwischengespeichert, die von Anwendern gesendet wurden. Jede Zeile entspricht einem Intercompany-Beleg oder einer Intercompany-Buch.-Blatt-Transaktion. Das Übertragen in den (oder die) anderen Mandanten erfolgt über die Stapelverarbeitung *Zeilenaktionen abschließen*, die alle Zeilen mit der Zeilenaktion *An IC-Partner senden* überträgt. Die *Zeilenaktion* kann manuell oder über die Routine *Zeilenaktion festlegen* für markierte Zeilen geändert werden.

Menüoption: *Finanzmanagement/Finanzbuchhaltung/Intercompanybuchungen/Ausgangstransaktionen* (siehe Abbildung 6.139)

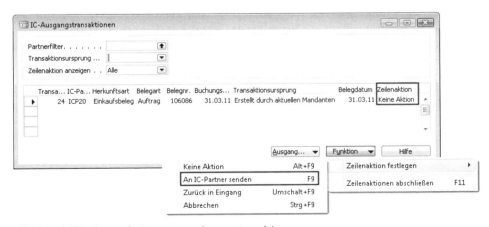

Abbildung 6.139 Fenster der Intercompany-Ausgangstransaktionen

Für jede Ausgangstransaktion müssen folgende Parameter gepflegt werden (siehe Tabelle 6.33):

Feld	Beschreibung
Transaktionsnr.	Fortlaufende Nr. für Transaktionen
IC-Partnercode	IC-Partnercode des empfangenden Partnerunternehmens
Herkunftsart	Art der Intercompany-Transaktion (*Buch.-Blattzeile, Verkaufbeleg, Einkaufsbeleg*)
Belegart	Belegart der Intercompany-Transaktion (*Leer, Zahlung, Rechnung, Gutschrift, Erstattung, Auftrag, Reklamation*)
Belegnr.	Belegnummer der Transaktion
Buchungsdatum	Buchungsdatum des Ursprungsbelegs
Transaktionsursprung	Angabe, von welchem Mandanten die Transaktion ausging
Belegdatum	Datum des Ursprungsbelegs
Zeilenaktion	Mit der Zeilenaktion wird pro Zeile festgelegt, was passiert, wenn die Stapelverarbeitung *Zeilenaktionen abschließen* gestartet wird: *<Keine Aktion>* Die Zeile wird von der Stapelverarbeitung übersprungen und verbleibt im Ausgang *<An IC-Partner senden>* Die Zeile wird von der Stapelverarbeitung in die Eingangstransaktionen des Intercompany-Partners überstellt *<Zurück in Eingang>* Die Zeile wird zurück in den Eingang verschoben, sofern diese vom aktuellen Mandanten abgelehnt wurde *<Stornieren bzw. Abbrechen>* Die Zeile wird aus dem Ausgang gelöscht

Tabelle 6.33　Felder der Intercompany-Ausgangstransaktion

Nach der Zuweisung der Zeilenaktion *An IC-Partner* senden wird die Übertragung über *Zeilenaktionen abschließen* gestartet. Der Gegenbeleg steht damit in den Eingangstransaktionen des Mandanten »Cronus Cardoxy Sales« zur Verfügung.

Eingangstransaktionen

Im Fenster *IC-Eingangstransaktionen* finden sich alle Transaktionen, die von Intercompany-Partnern empfangen wurden. Vor der Übernahme der Transaktion in entsprechende Gegenbelege können diese Transaktionen geprüft und entsprechend akzeptiert oder abgelehnt werden. Analog zur Steuerung der Ausgangstransaktionen erfolgt die Verarbeitung über die Stapelverarbeitung *Zeilenaktionen abschließen*.

HINWEIS　　Im Eingang können sich auch von Intercompany-Partnern abgelehnte Transaktionen befinden, die im aktuellen Mandanten ihren Ursprung hatten. Wenn eine Transaktion abgelehnt wird, überstellt die Stapelverarbeitung die Transaktion in den Ausgang und sendet sie so an den IC-Partner zurück.

Der *IC-Partnercode* (»ICP01«) der Eingangstransaktionszeile entspricht dem *IC-Partnercode*, der in der Tabelle *Firmendaten* des sendenden Mandanten hinterlegt wurde. Im empfangenden Mandanten muss dieser *IC-Partnercode* in der Tabelle *IC-Partner* vorhanden und mit einem Debitorenstammsatz verknüpft sein.

Zur Prüfung der Intercompany-Transaktion lassen sich die *Details* jeder Zeile anzeigen.

Menüoption: *Finanzmanagement/Finanzbuchhaltung/Intercompanybuchungen/Eingangstransaktionen/Eingangstransaktion/Details* (siehe Abbildung 6.140)

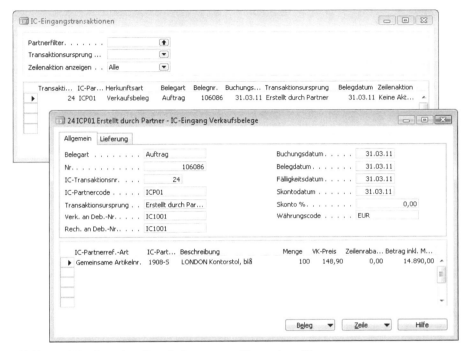

Abbildung 6.140 Kartendarstellung der Intercompany-Eingangstransaktion

Im Prozessbeispiel wurde der »LONDON Bürostuhl« zum Preis von 148,90 Euro bestellt, der aktuell gültige VK-Preis liegt jedoch bei 152,00 Euro. Dieser Preis wird dem Intercompany-Partnerunternehmen in Rechnung gestellt.

HINWEIS Da Artikel in den Mandanten der Partnerunternehmen mit abweichenden Artikelnummern verwaltet werden können, gibt es verschiedene Möglichkeiten (siehe auch Tabelle 6.31) zur Verwendung in Intercompany-Belegen. Im Prozessbeispiel wird die Option der *Gemeinsamen Artikelnr.* (Feld auf der Artikelkarte des Urspungsmandanten) als Übersetzung verwendet.

Die Felder des Fensters *IC-Eingangszeilentransaktionen* sind analog zum Fenster *IC-Ausgangstransaktionen* aufgebaut. Folgende Zeilenaktionen stehen zur Verfügung (siehe Tabelle 6.34):

Zeilenaktion	Beschreibung
Keine Aktion	Die Zeile wird von der Stapelverarbeitung ignoriert und verbleibt im Eingang
Akzeptieren	Die Zeile wird von der Stapelverarbeitung in einen entsprechenden Beleg konvertiert
An IC-Partner zurück	Die Zeile wird in den Ausgang verschoben, von wo sie an den sendenden IC-Partner als »Abgelehnt« zurückgesendet wird
Stornieren	Die Zeile wird aus dem Eingang gelöscht. Stellt die Zeile eine abgelehnte Transaktion seitens eines IC Partners dar, wird *Stornieren* ausgewählt und eine Korrektur des Ursprungsbelegs bzw. der Buchung vorgenommen.

Tabelle 6.34 Zeilenaktionen in IC-Eingangstransaktionen

Nach der Prüfung des IC-Belegs wird die *Zeilenaktion* festgelegt (hier: *Akzeptieren*) und der Beleg übernommen, indem die Stapelverarbeitung *IC-Eingangsvorgang abschl.* ausgeführt wird.

IC-Eingangsvorgang abschließen.

Die Stapelverarbeitung verarbeitet Eingangszeilen nach deren festgelegter *Zeilenaktion*. Wenn nur bestimmte Eingangszeilen verarbeitet werden sollen, können Filter verwendet werden, um die Zeilen zu selektieren, die von der Stapelverarbeitung bearbeitet werden sollen.

Menüoption: *Finanzmanagement/Finanzbuchhaltung/Intercompanybuchungen/Ausgangstransaktionen/Funktion/Zeilenaktionen abschließen* (siehe Abbildung 6.141)

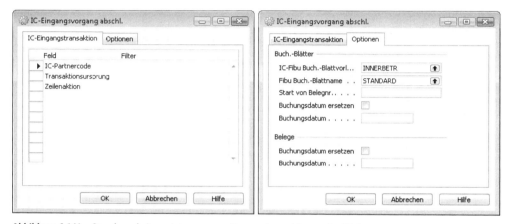

Abbildung 6.141   Stapelverarbeitung *Intercompany-Eingangstransaktionen abschließen*

Über die *Optionen* der Stapelverarbeitung können für Buch.-Blatt- sowie Beleg-Transaktionen folgende Einstellungen vorgenommen werden (siehe Tabelle 6.35 und Tabelle 6.36):

Buch.-Blätter-Optionen	Beschreibung
IC-Fibu Buch.-Blattvorlage	Buch.-Blattvorlage, in der die Buch.-Blattzeilen erstellt werden sollen
Fibu Buch.-Blattname	Buch.-Blatt, in dem die Buch.-Blattzeilen erstellt werden sollen
Start von Belegnr.:	Belegnummer, von der die Belegnummern für die Buch.-Blattzeilen hochgezählt werden sollen
Buchungsdatum ersetzen	Ermöglicht die Verwendung eines vom Buchungsdatum der IC-Buch.-Blattzeile abweichenden Buchungsdatums. Das zu verwendende Datum wird im Feld *Buchungsdatum* eingegeben
Buchungsdatum	Zu verwendendes Buchungsdatum, welches vom Buchungsdatum der IC-Buch.-Blattzeile abweicht (siehe Feld *Buchungsdatum ersetzen*)

Tabelle 6.35   Buch.-Blattbezogene Optionen der Stapelverarbeitung *IC-Eingangsvorgang abschließen*

Beleg-Optionen	Beschreibung
Buchungsdatum ersetzen	Ermöglicht die Verwendung eines vom Buchungsdatum des IC-Belegs abweichenden Buchungsdatums. Das zu verwendende Datum wird im Feld *Buchungsdatum* eingegeben.
Buchungsdatum	Zu verwendendes Buchungsdatum, welches vom Buchungsdatum des IC-Belegs abweicht (siehe Feld *Buchungsdatum ersetzen*)

Tabelle 6.36   Belegbezogene Optionen der Stapelverarbeitung *IC-Eingangsvorgang abschließen*

Die Stapelverarbeitung erstellt im Prozessbeispiel einen Verkaufsauftrag als Gegenbeleg zu der Intercompany-Bestellung.

Menüoption: *Verkauf & Marketing/Auftragsabwicklung/Aufträge* (siehe Abbildung 6.142)

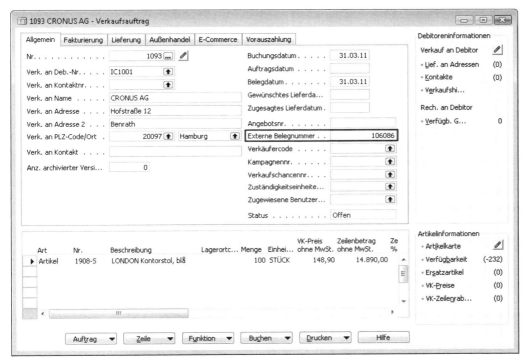

Abbildung 6.142 Korrespondierender Verkaufsauftrag im Mandant »Cronus Cardoxy Sales«

Im Feld *Externe Belegnummer* ist die Bestellnummer aus dem CRONUS AG Mandanten zu sehen. Der IC-Partnercode selbst und eine Reihe weiterer Felder sind nicht im Verkaufsauftrag eingeblendet, können aber (entsprechende Zugriffsrechte vorausgesetzt) über den Menübefehl *Extras/Zoom* angezeigt werden.

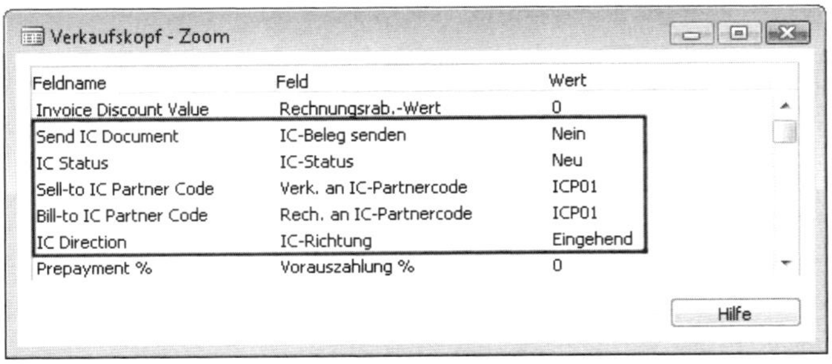

Abbildung 6.143 Intercompany-Informationen im Verkaufskopf

HINWEIS Im Prozessbeispiel wurde das Intercompany-Geschäft mit einer Einkaufsbestellung begonnen. Daher ist die *IC-Richtung = Eingehend*. Wird der Prozess vom Verkaufsauftrag heraus gestartet, so ist die *IC-Richtung = Ausgehend*. Nur in ausgehenden IC-Belegen ist es dem Anwender möglich, einen IC-Beleg (Bestellung oder Reklamation bzw. Auftragsbestätigung oder Reklamationsbestätigung) über die entsprechende Senden-Funktion im Ausgang zu erstellen. Daher ist es im Prozessbeispiel nicht möglich, eine Auftragsbestätigung als Intercompany-Beleg zu senden, in dem der abweichende Preis kommuniziert wird.

Der zuständige Bearbeiter weist den gültigen Verkaufspreis zu und veranlasst die Lieferung. Mit der Fakturierung des Auftrags entsteht automatisch ein weiterer IC-Beleg für die Rechnung im Ausgang.

ACHTUNG Die gebuchte Lieferung erzeugt selbst keinen IC-Beleg. Entsprechend ist der Wareneingang im Partnermandanten bei Eingang zu erfassen bzw. aus der Einkaufsbestellung heraus manuell zu erfassen und zu buchen.

Auch im Ausgang besteht die Möglichkeit, sich die Details des IC-Belegs anzeigen zu lassen, bevor die Übertragung erfolgt. Im Prozessbeispiel kann dort noch einmal überprüft werden, ob der korrekte Verkaufspreis zugewiesen ist.

Menüoption: *Finanzmanagement/Finanzbuchhaltung/Intercompanybuchungen/Ausgangstransaktionen/Ausgangstransaktion/Details* (siehe Abbildung 6.144)

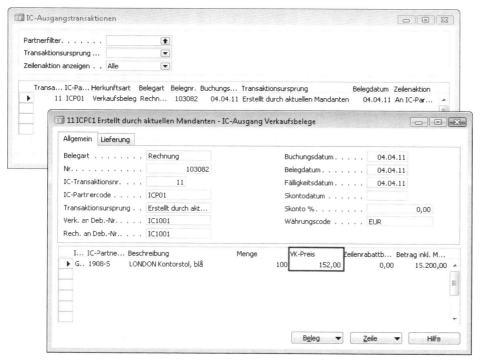

Abbildung 6.144 Detailansicht der ausgehenden Intercompany-Rechnung

Nach der Übertragung durch die Stapelverarbeitung entsteht erneut eine Eingangstransaktion von der Belegart *Rechnung* im Mandanten CRONUS AG, in der auch der geänderte Preis sichtbar wird.

Menüoption: *Finanzmanagement/Finanzbuchhaltung/Intercompanybuchungen/Eingangstransaktionen/Eingangs-transaktion/Details* (siehe Abbildung 6.145)

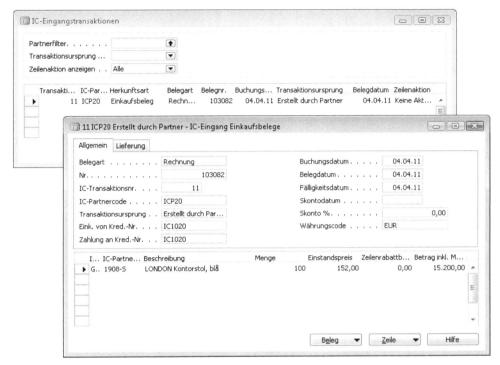

Abbildung 6.145   Detailansicht der eingehenden Intercompany-Rechnung

Akzeptiert der Benutzer diese Eingangstransaktion, indem er die entsprechende *Zeilenaktion* zuweist, folgt ein Systemhinweis, dass zu der Intercompany-Transaktion bereits eine Bestellung vorliegt.

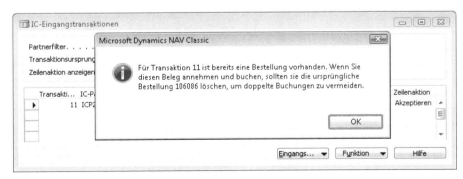

Abbildung 6.146   Hinweis beim Akzeptieren der Intercompany Eingangsrechnung

ACHTUNG Da die Löschung der Bestellung aufgrund bereits gebuchter Wareneingänge unmöglich sein kann, wird im Prozessbeispiel eine alternative Vorgehensweise verwendet. Dabei werden folgende Schritte durchgeführt:

- Übernahme der Intercompany Rechnung
- Buchung der Lieferung aus der Einkaufsbestellung (ohne *Fakturieren*)
- Bezugnahme auf die gebuchte Lieferung in der Einkaufsrechnung durch die Funktion *Wareneingangzeilen holen*
- Übernahme der Werte aus der Rechnungszeile für die neu erzeugte Belegzeile
- *Fakturieren* der Einkaufsrechnung sowie
- Löschen der obsoleten Bestellung über die Stapelverarbeitung *Erledigte Bestellungen löschen*

Nachdem die Stapelverarbeitung die akzeptierte IC-Eingangstransaktion verarbeitet hat, entsteht eine (ungebuchte) Einkaufsrechnung:

Menüoption: *Einkauf/Bestellabwicklung/Rechnungen* (siehe Abbildung 6.147)

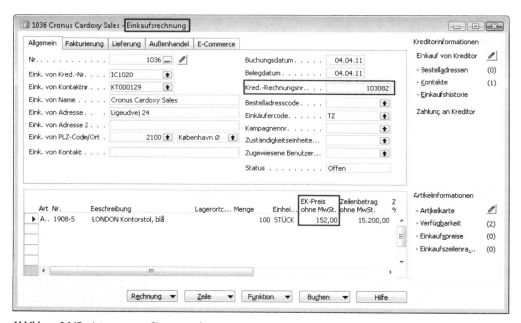

Abbildung 6.147 Intercompany-Eingangsrechnung

Bei Wareneingang erfolgt die Buchung der Lieferung aus der Einkaufsbestellung. Bei der Buchung erscheint ein Hinweis, dass doppelte Buchungen entstehen können, wenn beide Belege gebucht werden.

HINWEIS Dieser Hinweis erscheint auch, wenn nur die Lieferung, nicht aber die Fakturierung gebucht wird. Für das Prozessbeispiel wird diese Rückfrage entsprechend dem oben vorgestellten Verfahren bestätigt und die Lieferung gebucht.

Menüoption: *Einkauf/Bestellabwicklung/Bestellungen* (siehe Abbildung 6.148)

Die Fakturierung erfolgt nicht aus der Bestellung, sondern aus der Einkaufsrechnung heraus. Damit keine weiteren Artikelposten entstehen, verwendet das Prozessbeispiel die Funktion *Wareneingangszeilen holen*, um den Bezug auf die gebuchte Lieferung herzustellen.

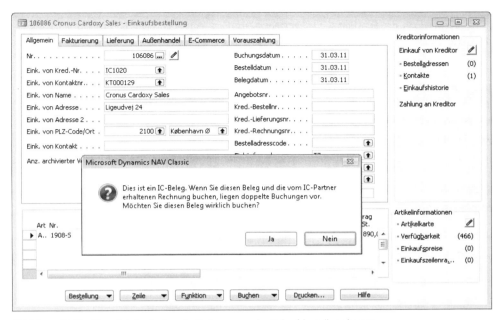

Abbildung 6.148 Hinweis beim Buchen der Lieferung aus der Einkaufsbestellung heraus

Menüoption: *Einkauf/Bestellabwicklung/Rechnungen* (siehe Abbildung 6.149)

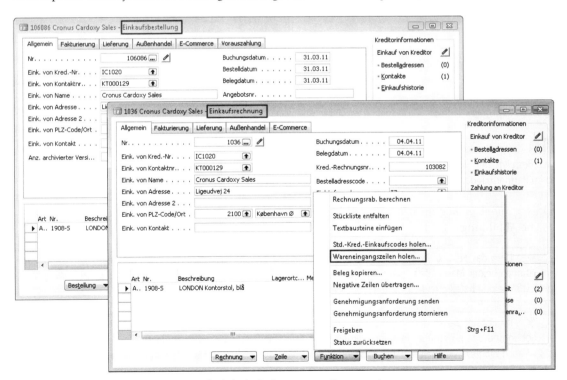

Abbildung 6.149 Funktion *Wareneingangszeilen holen* in der Intercompany-Eingangsrechnung

ACHTUNG   Durch die Verwendung der Funktion *Wareneingangszeilen holen* entstehen neue Belegzeilen auf Basis der Bestellzeilen, auf die die Werte der Rechnungszeile übertragen werden müssen. Die dadurch obsolet gewordene Rechnungszeile wird gelöscht.

Die Einkaufsrechnung wird fakturiert und die obsolete gewordene Einkaufsbestellung mittels der Stapelverarbeitung (Menüoption: *Verwaltung/IT Verwaltung/Daten löschen/Einkaufsbelege/Erledigte Bestellungen löschen*) gelöscht. Der Prozess ist damit abgeschlossen und kann über die gebuchten Belege sowie die bearbeiteten Eingangs- und Ausgangstransaktionen nachverfolgt werden.

Menüoption: *Einkauf/Historie/Gebuchte Rechnungen/Zeile/Belegzeilenverfolgung* (siehe Abbildung 6.150)

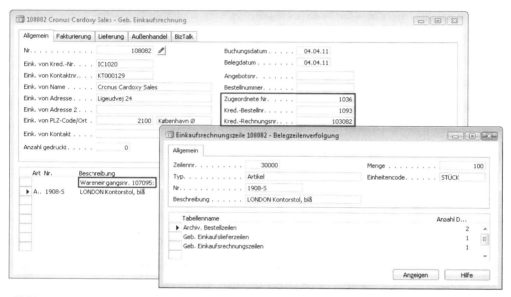

Abbildung 6.150   Belegzeilenverfolgung in der gebuchten Eingangsrechnung

HINWEIS   Der Bezug zur Einkaufsbestellung kann auf Belegzeilenebene über den Menübefehl *Extras/Zoom* hergestellt werden, wo *Bestellnr.* und *Bestellzeilennr.* gespeichert sind. Mit der *Kred.-Rechnungsnr.* kann der Bezug zur gebuchten Verkaufsrechnung im Partnermandanten und zur bearbeiteten Intercompany-Transaktion hergestellt werden.

Menüoption: *Finanzmanagement/Finanzbuchhaltung/Intercompanybuchungen/Bearbeitete Eingangstransaktionen* (siehe Abbildung 6.151)

HINWEIS   Über das Feld *IC-Transaktionsnr.* sowie den jeweiligen *IC-Partnercode* lassen sich die bearbeiteten Intercompany-Transaktionen beider Mandanten verknüpfen. Die Transaktionsnummer wird in der *Finanzbuchhaltung Einrichtung* hochgezählt und ist in beiden beteiligten Mandanten identisch.

ACHTUNG   Im Fenster *Bearbeitete IC-Eingangstrans.* kann eine bearbeitete Eingangstransaktion wieder in den Eingang zurückverschoben und damit neu übernommen werden, wenn z.B. der Beleg oder die Buch.-Blattzeilen versehentlich gelöscht wurden. Es ist auch möglich, bearbeitete Eingangstransaktionszeilen zu löschen, ohne dass diese durch das Änderungsprotokoll dokumentiert werden können.

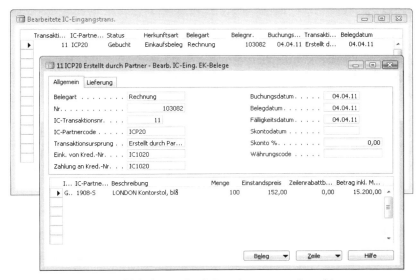

Abbildung 6.151 Nachverfolgbarkeit von bearbeiteten Intercompany-Transaktionen

Enthalten die auszutauschenden Belege andere Belegzeilenarten als *Artikel*, werden diese Belegzeilen über IC-Sachkonten abgewickelt. Eine Ausnahme bildet die Zeilenart *Zu-/Abschlag (Artikel)*, die genauso wie der Artikel als eigene *IC-Partnerref.-Art* vorhanden ist (siehe Abbildung 6.152).

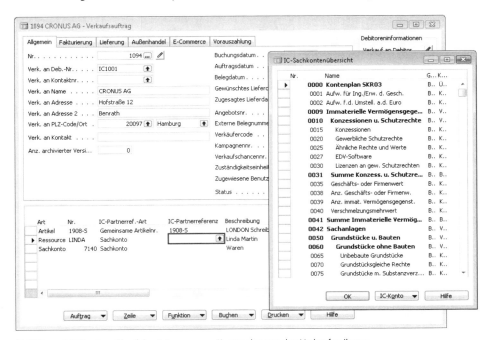

Abbildung 6.152 Zugriff auf den Intercompany-Kontenplan von den Verkaufszeile aus

Über das Feld *IC-Partner Eink.-Sachkontonr.* können *Ressourcen* im Stammsatz fest mit einer *IC-Sachkontonr.* verbunden werden. Bei Sachkonten erfolgt diese Zuordnung über das Feld *Vorg.-IC-Partner Sachkontonr.*

Intercompany-Buch.-Blätter

Mit den *Intercompany Fibu Buch.-Blättern* können auch Buchungszeilen elektronisch ausgetauscht werden. Die Zuordnung der gegebenenfalls abweichenden Kontenpläne erfolgt wie oben erläutert über einen Intercompany-Kontenplan, der für alle Mandanten identisch ist.

Ablauf und Einrichtung

Nachdem ein *IC-Fibu Buch.-Blatt* gebucht ist, entsteht automatisch eine Intercompany-Ausgangstransaktion, die alle gebuchten Buchungsblattzeilen enthält und nach den oben beschriebenen Schritten an den *IC-Partner* übertragen wird.

Menüoption: *Finanzmanagement/Finanzbuchhaltung/Intercompanybuchungen/Fibu Buch.-Blätter* (siehe Abbildung 6.153)

Abbildung 6.153   Intercompany-Buch.-Blattzeile

Nach der Prüfung im Partnermandanten (siehe Abbildung 6.154) wird die Eingangstransaktion übernommen und in das Buch.-Blatt überstellt, das bei der Stapelverarbeitung *IC-Eingangsvorgang abschl.* spezifiziert wurde. Nach der Buchung der übernommenen Buch.-Blattzeilen ist der Prozess abgeschlossen.

Menüoption: *Finanzmanagement/Finanzbuchhaltung/Intercompanybuchungen/Eingangstransaktionen/Eingangstransaktion/Details* (siehe Abbildung 6.154)

Abbildung 6.154   Detailansicht einer Intercompany-Eingangstransaktion der Herkunftsart *Buch.-Blatt*

Intercompany-Transaktionen aus Compliance-Sicht

Potentielle Risiken

- Ineffiziente Konsolidierung durch Nichtnutzung der Systemfunktionalität (Efficiency)
- Inkorrekte Abbildung von Intercompany Transaktionen (Integrity, Compliance)
- Fehlende Nachvollziehbarkeit in Intercompany Transaktionen (Integrity, Compliance)

Prüfungsziele

- Sicherstellung einer angemessenen Einrichtung der Intercompany Funktionalität

Prüfungshandlungen

Analyse der Einrichtung

- Prüfung der Richtigkeit und Vollständigkeit der IC-Partner-Einrichtung anhand der Konzernstruktur
  Feldzugriff: *Tabelle 413 IC-Partner*
  Menüoption: *Verwaltung/Anwendung Einrichtung/Allgemein/Firmendaten*
- Die Debitoren und Kreditorenstammdaten sind anhand der Konzernstruktur auf Konzernpartner zu überprüfen. Die relevanten Stammdaten (Kreditoren/Debitoren) sind auf Existenz von IC-Partnercodes zu überprüfen.
  Feldzugriff: *Tabelle 21 Debitor/Felder Nr., Name, Ort, IC-Partnercode*
  Feldzugriff: *Tabelle 23 Kreditor/Felder Nr., Name, Ort, IC-Partnercode*
- Abgleich und Überprüfung der vollständigen Zuordnung des internen Kontenplans mit dem IC-Kontenplan
  Menüoption: *Finanzmanagement/Einrichtung/Intercompanybuchungen/Kontenplan*
- Überprüfen der Artikelstammdaten inkl. Zu-/Abschlagsartikel bezüglich der korrekten Zuordnung zu IC-Partnern und deren ausgehende Verkaufs- und Einkaufs Artikelnummern-Art
  Feldzugriff: *Tabelle 413 IC-Partner/Felder Code, Name, Eingangsart, Ausgehende VK-Artikelnr.-Art, Ausgehende EK-Artikelnr.-Art*
  Feldzugriff: *Tabelle 27 Artikel/Felder Nr., Beschreibung, Gemeinsame Artikelnr.*
  Feldzugriff: *Tabelle 5717 Artikelreferenz*

Analyse der Eingangs- und Ausgangstransaktionen

Prüfung auf nicht zeitnah verarbeitete Eingangs- bzw. Ausgangstransaktionen.

Menüoption: *Finanzmanagement/Finanzbuchhaltung/Intercompanybuchungen/Eingangstransaktionen*

Menüoption: *Finanzmanagement/Finanzbuchhaltung/Intercompanybuchungen/Ausgangstransaktionen*

Analyse von Intercompany-Transaktionen ohne Nutzung der IC-Funktionalität

Überprüfung der Intercompany Debitoren- und Kreditorenposten auf fehlende IC-Partnercodes.

Feldzugriff: *Tabelle 21 Debitorenposten/Felder Kreditorennr., Buchungsdatum, Belegart, Belegnr., IC-Partnercode[Wert leer]*

Feldzugriff: *Tabelle 25 Kreditorenposten/Felder Kreditorennr., Buchungsdatum, Belegart, Belegnr., IC-Partnercode[Wert leer]*

Analyse gebuchter Intercompany-Transaktionen

Mithilfe des Reports *IC-Transakionen* können gebuchte Intercompany-Transaktionen und die daraus resultierenden, entsprechenden Sach-, Debitoren- und Kreditorenposten ausgegeben werden.

Menüoption: *Finanzmanagement/Finanzbuchhaltung/Berichte/Intercompanybuchungen/Transaktionen*

Finanzmanagement

Im Bereich des Finanzmanagements kommt dem Compliance-Begriff besondere Bedeutung zu. Nicht nur, dass die Einhaltung von Gesetzen und Richtlinien in letzter Konsequenz dazu führen, einen ordnungsgemäßen, testierbaren Jahresabschluss erstellen zu können. Vielmehr hat sich die Prüfungspraxis in den letzten Jahren dahingehend geändert, dass nun auch bei Jahresabschlussprüfungen kleinerer mittelständischer Unternehmen eine Prüfung des Internen Kontrollsystems (IKS) zentraler Bestandteil der Gesamtprüfung ist.

So gibt es gerade für diesen Bereich im Schrifttum eine Vielzahl von Prüfungsempfehlungen und -handlungen (siehe hier z.B. die Prüfungsstandards des Instituts Deutscher Wirtschaftsprüfer oder die Schriftenreihe des Deutschen Instituts für Interne Revision).

Für den Aufbau und die Prüfung eines funktionierenden IKS durch interne Mitarbeiter als auch für den externen Prüfer gilt es deshalb, Dynamics NAV in seiner Aufbau- und Funktionsweise auch und gerade im Bereich des Finanzmanagements genau zu erfassen.

Im Gegensatz zu den vorherigen Kapiteln ist jedoch zu beachten, dass es im Bereich des Finanzmanagements keinen einzeln abbildbaren Standardprozess gibt. Vielmehr besteht der Bereich des Finanzmanagements aus einer Vielzahl von Teilprozessen, die zusammengefasst betrachtet den gesamten Buchungsprozess eines Unternehmens mit den entsprechenden Auswirkungen in der Finanzbuchhaltung selbst darstellen. Im Folgenden werden deshalb ausgewählte Teilprozesse detailliert beschrieben und im Hinblick auf unterschiedliche Konfigurationsvarianten analysiert. Abhängig von den Anforderungen eines Unternehmens können die Teilprozesse von den hier beschriebenen Prozessen abweichen, entfallen oder durch entsprechende Maßnahmen erweitert werden. Jeder dieser Prozesse wird dabei auch aus Compliance-Sicht im Hinblick auf die Konsequenzen einzelner Einstellungen und möglicher Kontrollmaßnahmen betrachtet.

Grundsätzlich müsste die Betrachtung auch die Bereiche Debitoren, Kreditoren und Lager umfassen, zählen diese doch zum Bereich des Finanzmanagements in Dynamics NAV. Da diese aber bereits ausführlich in den Kapiteln 4 bis 6 behandelt wurden, wird in diesem Kapitel hauptsächlich die Finanzbuchhaltung selbst mit den dazugehörigen Prozessen behandelt.

Organisationseinheiten des Finanzmanagements

Da die Organisationseinheiten des Finanzmanagements bereits ausführlich in Kapitel 3 sowie in den Kapiteln 4 bis 6 beschrieben wurden, soll an dieser Stelle nicht weiter darauf eingegangen werden.

Einrichtung des Finanzmanagements

In diesem Abschnitt wird zunächst auf die grundsätzlichen Einrichtungsparameter des Finanzmanagements eingegangen. Grundsätzliche Einrichtungsparameter umfassen dabei die Einrichtungen, die im Bereich des Finanzmanagements übergreifende Auswirkungen haben. Einrichtungsparameter, die nur für (Teil-)prozesse des Finanzmanagements von Bedeutung sind, werden in den folgenden Abschnitten näher erläutert. Bezüglich der Einrichtungsparameter aus den Bereichen Debitoren, Kreditoren und Lager lesen Sie bitte in den Kapiteln 4, 5 und 6 nach.

Einrichtungsparameter der Finanzbuchhaltung

Auf der Ebene des Mandanten können in Dynamics NAV grundlegende Vorgabeinformationen für die Finanzbuchhaltung und die damit verbundenen Anwendungsbereichen und Prozessen hinterlegt werden. Diese Einstellungen haben grundlegenden Einfluss auf einige Bereiche der Buchungslogik und müssen aus diesem Grunde vor der Inbetriebnahme eines Mandanten festgelegt werden. Die wichtigsten Parameter werden im Folgenden erläutert.

Menüoption: *Finanzmanagement/Einrichtung/Finanzbuchhaltung Einrichtung* (siehe Abbildung 7.1)

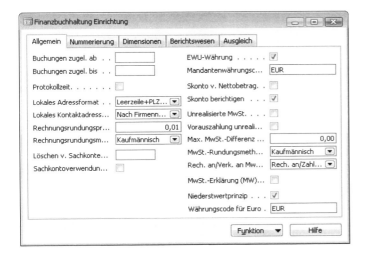

Abbildung 7.1 Finanzbuchhaltung Einrichtung (Allgemein)

Die wichtigsten Einrichtungsparameter der Registerkarte *Allgemein* sind (siehe Tabelle 7.1):

Feld	Beschreibung
Buchungen zugelassen ab *Buchungen zugelassen bis*	Zulässiger Datumsbereich für Buchungen aller Anwender. Anwenderspezifische Buchungsdaten werden in der Benutzereinrichtung definiert. Sind keine benutzerspezifischen Daten definiert, gelten die hier hinterlegten Werte. Werden keine Werte hinterlegt, existieren auf Mandantenebene keine zeitlichen Buchungsbeschränkungen.
Protokollzeit	Die Aktivierung dieses Felds bewirkt die Protokollierung der Bearbeitungszeit des Benutzers
Rechnungsrundungspräz.	Größe des Intervalls bei Rundung von Beträgen in Landeswährung
Rechnungsrundungsmethode	Methode der Rundungsberechnung (*<kaufmännisch>*, *<aufrunden>* oder *<abrunden>*)
Löschen von Sachkonten zul. vor	Angabe des Datums, ab dem Sachkonten mit Posten nicht mehr gelöscht werden können
Sachkontoverwendung prüfen	Sachkonten, die in Einrichtungstabellen verwendet werden, sind bei Aktivierung des Felds vor dem Löschen geschützt
Skonto v. Nettobetrag	Festlegung der Art der Buchung von Skonto (*<Netto>* oder *<Brutto>*)
Skonto berichtigen	Bei Aktivierung wird die Umsatzsteuer erneut berechnet, wenn Zahlungen mit Skonto gebucht werden
Unrealisierte MwSt.	Dieses Feld ist zu aktivieren, wenn die Umsätze nach vereinnahmten Entgelten versteuert werden
Max. MwSt.-Differenz	In diesem Feld wird die maximal zulässige MwSt.-Korrektur für die Mandantenwährung eingegeben

Tabelle 7.1 Felder der Registerkarte *Allgemein*

Feld	Beschreibung
Niederstwertprinzip	Bei der Funktion *Wechselkurs regulieren* wird das Niederstwertprinzip bei der Regulierung von Debitoren- und Kreditorenposten beachtet

Tabelle 7.1   Felder der Registerkarte *Allgemein (Fortsetzung)*

Auf der Registerkarte *Ausgleich* befinden sich weitere Parameter, die für den Buchungsprozess von Relevanz sind (siehe Tabelle 7.2):

Feld	Beschreibung
Ausgl. Rundungspräzision	Größe des Intervalls zulässiger Rundungsdifferenzen, wenn ein Posten in Mandantenwährung mit einem Posten in anderer Währung ausgeglichen werden soll
Skontotoleranzwarnung	Erfolgt der Ausgleich eines Saldos innerhalb des Toleranzbereichs, der in den Feldern *Skonto* und *Skontotoleranz* in der *Finanzbuchhaltung Einrichtung* eingerichtet wurde, erscheint eine Warnmeldung
Skontotoleranzbuchung	Buchungsmethode von Skontotoleranzen. Die Buchung kann entweder auf Zahlungstoleranzkonten oder Skontokonten erfolgen. Diese Konten sind Bestandteil der *Buchungsmatrix Einrichtung* und können dort hinterlegt werden.
Skontotoleranzperiode	Anzahl der Tage, die eine Zahlung oder Erstattung über dem Fälligkeitsdatum liegen darf und trotzdem Skonto gewährt wird
Zahlungstoleranzwarnung	Erfolgt der Ausgleich eines Saldos innerhalb des Toleranzbereichs, der im Feld *Maximale Zahlungstoleranz* in der *Finanzbuchhaltung Einrichtung* eingerichtet wurde, erscheint eine Warnmeldung
Zahlungstoleranzbuchung	Buchungsmethode von Zahlungstoleranzen. Die Buchung kann entweder auf Zahlungstoleranzkonten oder Skontokonten erfolgen. Diese Konten sind Bestandteil der *Buchungsmatrix Einrichtung* und können dort hinterlegt werden.
Zahlungstoleranz %	Höhe des Prozentsatzes, um den die Zahlung oder Erstattung vom Betrag auf der Rechnung oder Gutschrift abweichen darf. Die Anwendung kopiert den Zahlungstoleranzprozentsatz aus dem Feld *Zahlungstoleranz %* in der Stapelverarbeitung *Zahlungstoleranz ändern*.
Max. Zahlungstoleranz	Eintrag des maximalen Betrags, um den die Zahlung oder Erstattung von dem Betrag auf der Rechnung oder Gutschrift abweichen darf. Die Anwendung kopiert den Zahlungstoleranzprozentsatz aus dem Feld *Zahlungstoleranz %* in der Stapelverarbeitung *Zahlungstoleranz ändern*.

Tabelle 7.2   Felder der Registerkarte *Ausgleich*

Die Einrichtung aus Compliance-Sicht

Potentielle Risiken

- Nicht periodengerechter Ausweis durch Buchungen in eigentlich schon abgeschlossene Perioden (Compliance, Integrity, Reliability)

- Vermögensverluste durch beispielsweise zu hohe Skonti (Effectiveness, Efficiency, Compliance)

- Vermögensverluste durch Gewährung von Skonto nach Ablauf der Skontofrist einschließlich der festgesetzten Toleranz (Compliance, Efficiency)

- Falsche Bilanzansätze durch fehlerhafte Einrichtung: keine Berücksichtigung des Niederstwertprinzips (Compliance, Integrity, Reliability)

Prüfungsziele

- Analyse einer den gesetzlichen und organisatorischen Regelungen entsprechenden Einrichtung für das Finanzmanagement
- Prüfung der eingestellten Parameter auf deren Wirtschaftlichkeit
- Prüfung der richtigen Einstellung zur Verbuchung von Zahlungs- und Skontotoleranzen

Prüfungshandlungen

Als Prüfungshandlung wird für die oben genannten Einrichtungsparameter ein aus Compliance-Sicht angemessener Konfigurationsvorschlag dargestellt (siehe Tabelle 7.3):

Feld	Beschreibung
Buchungen zugelassen ab *Buchungen zugelassen bis*	Der Zeitraum sollte grundsätzlich auf die aktuelle Buchhaltungsperiode beschränkt sein. Für Anwender, die in eine vorherige Periode buchen müssen, ist das Öffnen dieser Periode über die Benutzereinrichtung vorzunehmen.
Protokollzeit	Kann optional eingestellt werden
Rechnungsrundungspräz.	0,01
Rechnungsrundungsmethode	Kaufmännisch
Löschen von Sachkonten zul. vor	Nicht zulassen
Sachkontoverwendung prüfen	Prüfen
Skonto v. Nettobetrag	Nicht aktivieren
Skonto berichtigen	Aktivieren
Unrealisierte MwSt.	Eine Aktivierung ist nur vorzunehmen, wenn die Umsätze nach vereinnahmten Entgelten versteuert werden
Max. MwSt.-Differenz	Sollte auf 0,01 eingestellt werden, bei Bedarf jedoch abänderbar
Niederstwertprinzip	Aktivieren
Ausgl. Rundungspräzision	Gemäß interner Regelung
Skontotoleranzwarnung	Aktivieren
Skontotoleranzbuchung	*<Skontokonten>*; Hinterlegung dieser Konten in der *Buchungsmatrix Einrichtung*
Skontotoleranzperiode	Gemäß interner Regelung, 2 bis 5 Tage
Zahlungstoleranzwarnung	Aktivieren
Zahlungstoleranzbuchung	*<Zahlungstoleranzkonten>*; Hier sollten eigene Sachkonten eingerichtet werden, die Hinterlegung dieser Konten erfolgt in der *Buchungsmatrix Einrichtung*
Zahlungstoleranz %	Gemäß interner Regelung, auch und insbesondere abhängig von der Höhe der Rechnungsbeträge
Max. Zahlungstoleranz	Gemäß interner Regelung; 0 bis 20 Euro

Tabelle 7.3 Konfigurationsvorschlag ausgewählter Felder der Finanzbuchhaltung Einrichtung

---

HINWEIS   Die Felder *Buchungen zugelassen ab* und *Buchungen zugelassen bis* beziehen sich auf das Buchungsdatum in Dynamics NAV. Neben dem Buchungsdatum gibt es noch das Belegdatum, das Arbeitsdatum, das Errichtungsdatum und das Ultimodatum. Die verschiedenen Daten haben dabei folgende Bedeutung:

- **Buchungsdatum**   Dieses Datum bezieht sich auf einen Tag innerhalb einer Buchhaltungsperiode, in die ein Vorgang gebucht werden soll. Es steuert somit die periodengerechte Erfassung eines Geschäftsvorfalls.

- **Belegdatum**   Ist das Datum eines Belegs, z.B. einer Eingangsrechnung. Vom Belegdatum aus wird die Fälligkeit und die Skontofrist einer Rechnung in Verbindung mit den Zahlungsbedingungen errechnet.

- **Arbeitsdatum**   Dynamics NAV verwendet das Systemdatum als das standardmäßige Arbeitsdatum

- **Errichtungsdatum**   Das Errichtungsdatum zeigt an, an welchem Datum Posten gebucht wurden. Es handelt sich um ein Datum, welches Dynamics NAV automatisch vergibt.

- **Ultimodatum**   Das Ultimodatum wird bei einer Nullstellung der GuV-Konten verwendet (siehe hierzu auch den Abschnitt »Jahresabschlussarbeiten« ab Seite 614). Hierbei handelt es sich um ein fiktives Datum, das zwischen zwei Tagen liegt (bei einem Wirtschaftsjahr, das dem Kalenderjahr entspricht, liegt dieses Datum beispielsweise zwischen dem 31.Dezember und dem 01.Januar). Bei der Eingabe dieses Datums ist ein »U« vor das eigentliche Datum zu setzen. Buchungen mit diesem Datum führen dazu, dass Zahlen der GuV auch nach dem Wechsel eines Geschäftsjahrs korrekt angezeigt werden.

Buchhaltungsperioden

Um in Dynamics NAV Buchungen durchführen und auswerten zu können, müssen Buchhaltungsperioden eingerichtet werden. Dafür muss zunächst ein Geschäftsjahr eröffnet sowie die dazugehörigen Buchhaltungsperioden definiert werden.

Menüoption: *Finanzmanagement/Einrichtung/Buchhaltungsperioden* (siehe Abbildung 7.2)

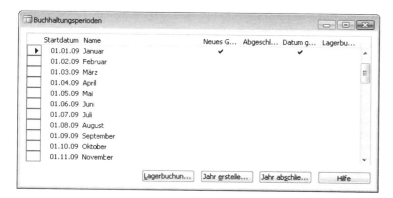

Abbildung 7.2 Buchhaltungsperioden

Das Geschäftsjahr entspricht dem Wirtschaftsjahr des Unternehmens und beträgt zwölf Monate. Es können aber auch Rumpfwirtschaftsjahre eingerichtet werden, wobei für ein Geschäftsjahr mindestens eine Buchhaltungsperiode eingerichtet werden muss.

Zwar ist in Dynamics NAV die kürzeste mögliche Buchhaltungsperiode ein Tag, jedoch sollten als Buchhaltungsperioden immer Monate eingerichtet werden.

Die Einrichtung eines Geschäftsjahrs kann manuell erfolgen, sollte zweckmäßiger Weise aber über die Schaltfläche *Jahr erstellen* vorgenommen werden.

Es öffnet sich das Fenster *Geschäftsjahr eröffnen* (siehe Abbildung 7.3).

Abbildung 7.3 Geschäftsjahr eröffnen

Im Feld *Startdatum* ist das Startdatum des Geschäftsjahrs einzutragen.

Die *Anzahl Perioden* betragen »12« bei Rumpfwirtschaftsjahren entsprechend weniger.

Die *Periodenlänge* beträgt »1M« für einen Monat.

Nun werden die Perioden, zusammen mit einem Hinweis auf den Beginn des Geschäftsjahrs, automatisch in die Tabelle *Buchhaltungsperioden* eingefügt.

Um ein Geschäftsjahr abzuschließen (siehe hierzu den Abschnitt »Jahresabschlussarbeiten« ab Seite 614), ist die Schaltfläche *Jahr abschließen* zu nutzen. Nach Betätigung der Schaltfläche erscheint ein Hinweis, der noch einmal über die Folgen aufklärt (siehe Abbildung 7.4).

Abbildung 7.4 Hinweis nach Betätigung der Schaltfläche *Jahr abschließen*

Erst durch Bestätigung des Hinweises wird das Geschäftsjahr abgeschlossen.

ACHTUNG   Zwar enthält die Meldung explizit den Hinweis, dass abgeschlossene Geschäftsjahre nicht wieder geöffnet und ihre Perioden nicht geändert werden können. Dieser Hinweis bezieht sich jedoch ausschließlich auf die Perioden selbst. Dies bedeutet z.B. bei Abschluss eines Geschäftsjahrs, welches zwölf Monate umfasst, dass nachträglich nun kein Rumpfwirtschaftsjahr mehr erstellt werden kann.

Die Meldung bedeutet jedoch nicht, dass in ein abgeschlossenes Geschäftsjahr nicht mehr gebucht werden kann. Auch wenn ein Geschäftsjahr abgeschlossen ist, können jederzeit noch Buchungen in die Perioden des Geschäftsjahrs vorgenommen werden, wobei diese Buchungen dann als Nachbuchung gekennzeichnet werden.

Das Fenster *Buchhaltungsperioden* enthält darüber hinaus die Schaltfläche *Lagerbuchungsperiode*.

Eine *Lagerbuchungsperiode* definiert eine Zeitspanne, in der Änderungen des Lagerbestands gebucht werden können. Eine Lagerbuchungsperiode ist durch das Datum definiert, an dem sie endet. Durch Betätigung der Schaltfläche öffnet sich das Fenster der Lagerbuchungsperioden (siehe Abbildung 7.5):

Abbildung 7.5 Lagerbuchungsperioden

Ist eine Lagerbuchungsperiode geschlossen, können vor dem Datum, welches im Feld *Enddatum* eingegeben ist, weder Änderungen am Lagerbestand (dieses betrifft sowohl erwartete als auch fakturierte Werte) noch neue Werte im Lagerbestand gebucht werden. Sollten jedoch in einer geschlossenen Periode noch offene Artikelposten vorhanden sein (Bestände, die beispielsweise noch nicht für Verkäufe verbraucht wurden), können diese aber weiterhin mit ausgehenden Mengen verknüpft werden, auch wenn die Periode geschlossen ist.

Eine Lagerbuchungsperiode kann erneut geöffnet werden (über die Menüschaltfläche *Funktionen*), damit in der Periode wieder Buchungen möglich sind. Das Öffnen einer schon geschlossenen Lagerbuchungsperiode wird in der Tabelle *Lagerbuchungsperiodenposten* festgehalten.

Buchhaltungsperioden aus Compliance-Sicht

Potentielle Risiken

- Fehlerhafte Bilanzen, sollte das Startdatum eines Geschäftsjahrs in Dynamics NAV nicht dem tatsächlichen Start des Geschäftsjahrs entsprechen (Compliance, Integrity, Reliability)
- Fehlerhafte Informationen und Auswertungen, da beispielsweise nicht abgeschlossene Geschäftsjahre zu falschen Aussagen in Berichten führen (Compliance, Integrity, Reliability)

Prüfungsziele

- Analyse der organisatorischen Regelungen und der Zugriffsberechtigungen hinsichtlich der Einrichtung und des Abschlusses eines Geschäftsjahrs
- Prüfung der bisher eingerichteten Buchhaltungsperioden

Prüfungshandlungen

Analyse der Zugriffsberechtigungen

Eine Analyse sollte beispielsweise für die Eröffnung eines Geschäftsjahrs stattfinden (auf das Zugriffskonzept insgesamt geht ausführlich das Kapitel 3 ein).

Object Designer: *Run Report 11516 Zugriffsrecht* (siehe Abbildung 7.6)

Abbildung 7.6 Report *Zugriffsrecht*

Prüfung der Buchhaltungsperioden

Bei der Prüfung der Buchhaltungsperioden ist insgesamt die korrekte Einrichtung der Buchhaltungsperioden hinsichtlich Start und Ende eines Geschäftsjahrs sowie die abgeschlossenen Geschäftsjahre zu prüfen.

Menüoption: *Finanzmanagement/Einrichtung/Buchhaltungsperioden*

Verfolgungscodes

Zu der Einrichtung der Verfolgungscodes gehören die Einrichtung der *Herkunftscodes* sowie der *Ursachencodes*. Herkunftscodes wurden in Kapitel 3 beschrieben, sodass an dieser Stelle nur auf die Einrichtung von Ursachencodes eingegangen wird.

Die Einrichtung der Ursachencodes erfolgt über

Menüoption: *Finanzmanagement/Einrichtung/Verfolgungscodes/Ursachencodes* (siehe Abbildung 7.7)

Abbildung 7.7 Ursachencodes

Ursachencodes werden verwendet, um auf den Grund einer Buchung hinzuweisen. Sie sind als zusätzliche Information zu verstehen, die einem Buchungssatz mitgegeben werden kann. Ursachencodes können in Buch.-Blättern sowie in Einkaufs- und Verkaufsrechnungen verwendet werden. Wird beispielsweise ein Ursachencode beim Buchen einer Ausgangsrechnung verwendet, wird der Ursachencode in jeden Sach- und Debitorenposten kopiert und steht so auch entsprechend zu Auswertungszwecken zur Verfügung.

Buchungsblattvorlagen

Buch.-Blätter werden für die Erfassung der unterschiedlichsten Arten von Geschäftsvorfällen verwendet, beispielsweise für Einkäufe, Zahlungen, Verkäufe oder Forderungen. Für jede dieser Arten ist eine eigene Buch.-Blattvorlage einzurichten. Mithilfe dieser Vorlagen wird die grundlegende Struktur eines Buch.-Blattes bereitgestellt. Hier können Standardinformationen für alle Buch.-Blattnamen angegeben werden, die aus einer Vorlage heraus erstellt werden.

In Dynamics NAV sind schon einige Fibu Buch.-Blattvorlagen standardmäßig vorhanden.

Menüoption: *Finanzmanagement/Einrichtung/Allgemein/Buch.-Blattvorlagen* (siehe Abbildung 7.8)

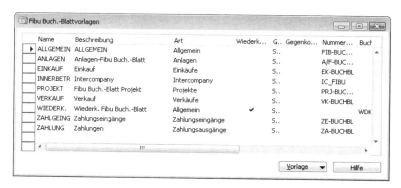

Abbildung 7.8 Fibu Buch.-Blattvorlagen

Die in der Tabelle eingerichteten Buch.-Blattvorlagen decken die gebräuchlichsten Abläufe im System ab, zusätzlich können aber auch weitere Vorlagen eingerichtet werden.

Buch.-Blattvorlagen machen es möglich, in einem Bereich zu arbeiten, der für einen bestimmten Zweck ausgelegt ist. So entsprechen die in einer Buch.-Blattvorlage angezeigten Felder genau denen, die für diesen bestimmten Bereich der Anwendung benötigt werden. So werden beispielsweise zum Buchen einer Verkaufsrechnung nicht genau dieselben Felder wie zum Buchen einer Zahlung benötigt.

In der Tabelle der Fibu Buch.-Blattvorlagen sind unter anderem die folgenden Felder enthalten (siehe Tabelle 7.4):

Feld	Beschreibung
Name	Eindeutige Bezeichnung der Vorlage
Beschreibung	Beschreibung der Vorlage
Art	Die gewählte Art bestimmt die Struktur des Buch.-Blattfensters. Die Auswahl erfolgt über das Dropdownfeld rechts im Feld.
Wiederkehrend	Dieses Feld bestimmt, ob aus der Buchungsblattvorlage ein wiederkehrendes Buchungsblatt werden soll. Um das Buchungsblatt in ein wiederkehrendes Buchungsblatt zu ändern, ist das Kontrollkästchen zu aktivieren. Die Besonderheit eines wiederkehrenden Buchungsblatts ist, das dieses zusätzlich zu den Standardfeldern weitere spezielle Felder enthält. Ist dieses Feld aktiviert, muss das Feld *Nummernserie* leer sein, da es immer durch die Buchungsnummernserie ersetzt wird.
Gegenkontoart	Hier wird die Gegenkontoart ausgewählt, welche in sämtlichen Buch.-Blattzeilen derjenigen Buch.-Blattnamen vorhanden ist, die mit dieser Vorlage erstellt worden sind

Tabelle 7.4 Felder der Tabelle *Fibu Buch.-Blattvorlage*

Feld	Beschreibung
Gegenkontonr.	In Abhängigkeit von der gewählten Gegenkontoart kann hier eine Gegenkontonummer ausgewählt werden, die dann in sämtlichen Buch.-Blattzeilen in allen Buch.-Blattnamen vorhanden ist, die mit der Vorlage erstellt worden ist
Nummernserie	Hier kann eine Nummernserie eingegeben werden, die zum Zuweisen von Belegnummern für eine Buch.-Blattzeile eines Buch.-Blattnamens verwendet wird, das mithilfe einer Vorlage erstellt wurde. Ist das Feld leer, müssen Belegnummern manuell in Buch.-Blattzeilen eingegeben werden. Ist auch im Feld *Buchungsnr.-Serie* eine Nummernserie eingerichtet, wird die hier hinterlegte Nummernserie nur dazu verwendet, um eine vorläufige Nummer zu vergeben. Die vorläufige Nummer wird dann beim Buchen überschrieben.
Buchungsnr.-Serie	Eingabe der Nummernserie für Belegnummern, die für gebuchte Posten verwendet werden soll, die aus Buch.-Blättern gebucht werden, die diese Vorlage verwenden
Herkunftscode	Hier wird der Herkunftscode ausgewählt, der allen Buch.-Blattnamen zugewiesen werden soll, die mit dieser Vorlage erstellt werden. Ein Herkunftscode ist eine zusätzliche Information, mit der gebuchte Posten nachverfolgt werden können.
Ursachencode	Hier wird der Ursachencode angegeben, der in Buch.-Blattzeilen als weitere, zusätzliche Information erscheinen soll. Ursachencodes werden verwendet, um den Grund für eine Buchung anzugeben.
Saldo pro Beleg abstimmen	Hier wird festgelegt, ob die über diese Fibu Buch.-Blattvorlage gebuchten Belege auf Grundlage ihrer Belegnummer und Belegart saldiert und abgestimmt werden sollen. Ist das Feld leer, wird das Buch.-Blatt nur nach Datum abgestimmt.
MwSt.Einr. in Bu.Bl.Zeile kop.	Ist das Kontrollkästchen aktiviert, werden für die ausgewählte Buch.-Blattvorlage die Fibu Buch.-Blattart und die MwSt.-Buchungsgruppen der in den Buch.-Blattzeilen verwendeten Konten und Gegenkonten automatisch mit den in den Konten hinterlegten Werten gefüllt
MwSt.-Differenzen zulassen	Falls aktiviert, ist die manuelle Anpassung von MwSt.-Beträgen in Buch.-Blättern zulässig

Tabelle 7.4 Felder der Tabelle *Fibu Buch.-Blattvorlage (Fortsetzung)*

HINWEIS Sämtliche Vorbelegungen in den Feldern der Tabelle können sowohl in einem Buch.-Blatt als auch in Buch.-Blattzeilen geändert werden.

Fibu-Buchungsblattvorlagen aus Compliance-Sicht

Potentielle Risiken

- Falsche Bilanzansätze, beispielsweise durch Fehlbuchungen auf Grund von Änderungen in den Feldern der schon vorhandenen Vorlagen bzw. aufgrund von nicht korrekten Eingaben bei neu erstellten Buch.-Blattvorlagen (Compliance, Integrity, Reliability)
- Falsche Bilanzansätze, beispielsweise durch Änderungen in Buch.-Blattnamen oder Buch.-Blattzeilen hinsichtlich der vorgegebenen Einrichtungen, die dann zu Fehlbuchungen bzw. zu nicht vollständigen Informationen führen (Compliance, Integrity, Reliability)

Prüfungsziel

- Sicherstellung einer korrekten Einrichtung der Buch.-Blattvorlagen aufgrund der unternehmensinternen Regelungen
- Überprüfung von Buch.-Blattnamen hinsichtlich Abweichungen in der Einrichtung in Bezug auf die Buch.-Blattvorlage

Prüfungshandlungen

Prüfung der Buch.-Blattvorlage auf korrekte Einrichtung

Die Einrichtung der Buch.-Blattvorlagen ist insbesondere darauf hin zu prüfen, ob für alle Vorlagen das Feld *Herkunftcode* gefüllt ist und ob die Felder *MwSt.Einr. in Bu.Bl.Zeile kop.* sowie *Saldo pro Beleg abstimmen* aktiviert sind.

Feldzugriff: *Tabelle 80 Fibu Buch.-Blattvorlage/Feld Herkunftscode, MwSt.Einr. in Bu.Bl.Zeile kop., Saldo pro Beleg abstimmen*

Prüfung der Buch.-Blattnamen auf abweichende Einrichtung

Die Prüfung sollte darauf hin ausgerichtet sein, Abweichungen in den Einrichtungen eines Buch.-Blattna- mens zu den Einrichtungen der Vorlage, aus der er erstellt wurde, zu analysieren. Mögliche Abweichungen müssen autorisiert und dokumentiert sein.

Feldzugriff: *Tabelle 80 Fibu Buch.-Blattvorlage/Feld Name*

Feldzugriff: *Tabelle 232 Fibu Buch.-Blattname/Feld Buch.-Blattvorlagenname*

HINWEIS   Die folgenden Einrichtungsparameter wurden bereits ausführlich in Kapitel 3 erläutert, sodass hier nicht näher darauf eingegangen werden soll:

- Nummernserien
- Buchungsgruppen
- MwSt.-Buchungsgruppen
- Dimensionen

Stammdaten im Finanzmanagement

Stammdaten im Finanzmanagement dienen im Allgemeinen der Identifikation und Klassifizierung von Sachverhalten, die im Gegensatz zu Bewegungsdaten einer gewissen Konstanz unterliegen und nicht perma- nent geändert werden.

Aus Sicht des Finanzmanagements im Hinblick auf Ihre Relevanz beim Buchungsprozess handelt es sich dabei um Stammdaten aus den Bereichen

- Finanzbuchhaltung
- Bankmanagement
- Debitoren
- Kreditoren
- Anlagen
- Lager

Die Einrichtung der relevanten Stammdaten wurde jedoch schon in den vorherigen Kapiteln erläutert bzw. erfolgt später in diesem Kapitel. Aus diesem Grund wird nachfolgend nur auf die entsprechenden Stellen ver- wiesen:

- **Finanzbuchhaltung**   Die Anlage und Pflege von Sachkonten wird in Kapitel 3 erläutert
- **Bankmanagement**   Die für den Prozess des Bankmanagements notwendigen Stammdaten werden im Abschnitt »Bankmanagement« ab Seite 573 erläutert
- **Debitoren**   Die Anlage und Pflege von Debitorenstammdaten wird in Kapitel 6 erläutert
- **Kreditoren**   Die Anlage und Pflege von Kreditorenstammdaten wird in Kapitel 4 erläutert

- **Anlagen** Die im Bereich der Anlagenbuchhaltung zu hinterlegenden Stammdaten werden im Abschnitt »Anlagenbuchhaltung« ab Seite 589 erläutert
- **Lager** Die Anlage und Pflege von Lagerstammdaten wird in Kapitel 5 erläutert

Direkte Buchungen in der Finanzbuchhaltung

Wird von direkten Buchungen in der Finanzbuchhaltung gesprochen, sind die Buchungen gemeint, die nicht aus den einzelnen Teilbereichen von Dynamics NAV über Belege in die Finanzbuchhaltung fließen, sondern vom Anwender aus den verschiedensten Gründen über sogenannte Buch.-Blätter vorgenommen werden müssen.

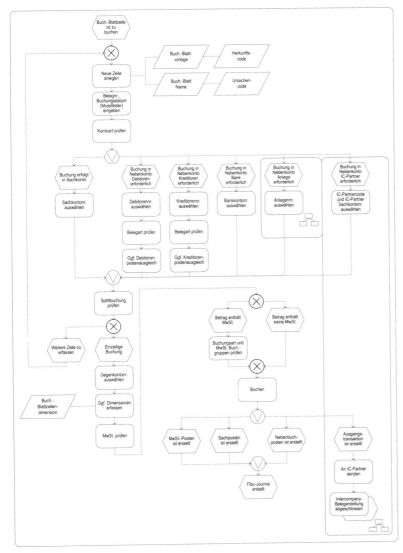

Abbildung 7.9 Der Buchungsprozess im Überblick

Die Abbildung 7.9 stellt den Buchungsprozess von direkten Buchungen in der Finanzbuchhaltung in vereinfachter Form dar.

Ablauf und Einrichtung direkter Buchungen

Fibu Buchungsblätter

Um direkte Buchungen für Geschäftsvorfälle auf Sach-, Bank-, Debitor-, Kreditor- oder Anlagekonten zu buchen, werden *Fibu Buch.-Blätter* verwendet.

Menüoption: *Finanzmanagement/Finanzbuchhaltung/Fibu Buch.-Blätter* (siehe Abbildung 7.10)

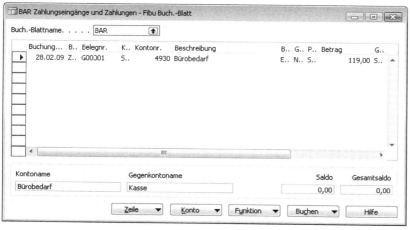

Abbildung 7.10   Fibu Buch.-Blatt

Ein *Fibu Buch.-Blatt* besteht aus einem *Buch.-Blattnamen* sowie den dazu gehörigen *Buch.-Blattzeilen. Buch.-Blattnamen* werden auf der Grundlage von *Buch.-Blattvorlagen* (siehe den Abschnitt »Buchungsblattvorlagen« ab Seite 558) erstellt. Alle *Buch.-Blattnamen*, die aus einer Vorlage erstellt werden, haben dieselbe Struktur und dieselben vorgegebenen Datenangaben. Jedoch handelt es sich hierbei nur um Vorgaben mit der Möglichkeit, die gewählten Einstellungen für einen speziellen *Buch.-Blattnamen* zu ändern (siehe Abbildung 7.11):

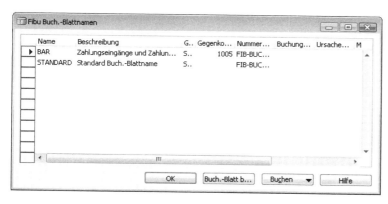

Abbildung 7.11   Fibu Buch.-Blattnamen

Für einen *Buch.-Blattnamen* können grundsätzliche Vorgaben eingerichtet werden. Diese entsprechen im Wesentlichen den Vorgaben, die bereits im Abschnitt »Einrichtung des Finanzmanagements« über die »Buchungsblattvorlagen« ab Seite 558 beschrieben wurden, sodass hier nicht noch einmal näher darauf eingegangen, sondern auf diesen Abschnitt verwiesen wird.

In den *Buch.-Blattzeilen* wird die Eingabe der Daten zu einem Geschäftsvorfall wie das Buchungsdatum, der Betrag und das Konto, auf welches gebucht werden soll, eingegeben. Die eingegebenen Daten sind vorläufig und können bis zur Buchung des *Buch.-Blattes* geändert werden.

Nachdem das Buch.-Blatt gebucht wurde, ist dieses wieder leer und der Geschäftsvorfall ist auf die entsprechenden Konten gebucht worden. Die Ergebnisse dieser Buchung können in den Journalen oder Postenfenstern eingesehen werden.

Standard Fibu Buch.-Blätter

Wird ein *Buch.-Blatt* häufig zum Buchen der gleichen oder zumindest von ähnlichen *Buch.-Blattzeilen* verwendet (wie es häufig im Zusammenhang mit Buchungen aus dem Bereich der Lohnbuchhaltung der Fall sein kann), kann das sogenannte *Standard Fibu Buch.-Blatt* verwendet werden, um die Erfassung und Buchung dieser wiederkehrenden Geschäftsvorfälle zu vereinfachen.

Um ein Buch.-Blatt als Standard Fibu Buch.-Blatt nutzen zu können, müssen zunächst die Buchungssätze im Buch.-Blatt erfasst werden. Mithilfe der Funktion *Als Standard Buch.-Blatt speichern* kann dieses Buch.-Blatt dann als Standard Buch.-Blatt gespeichert werden.

Menüoption: *Finanzmanagement/Finanzbuchhaltung/Fibu Buch.-Blätter/Funktion/Als Standard Buch.-Blatt speichern* (siehe Abbildung 7.12)

Abbildung 7.12 Als Standard Fibu Buch.-Blatt speichern

Im Feld *Code* ist ein eindeutiger Name für das *Standard Fibu Buch.-Blatt* zu vergeben. Die Beschreibung zu diesem Code ist im Feld *Beschreibung* vorzunehmen. Sollen auch die erfassten Beträge gespeichert werden, ist das Kontrollkästchen *Betrag speichern* zu aktivieren.

Ist ein Fibu Buch.-Blatt als Standard Fibu Buch.-Blatt gespeichert, kann dieses jederzeit wieder über die Funktion *Standard Buch.-Blatt abrufen* aus einem Buch.-Blatt heraus aufgerufen werden.

Menüoption: *Finanzmanagement/Finanzbuchhaltung/Fibu Buch.-Blätter/Funktion/Standard Buch.-Blatt abrufen* (siehe Abbildung 7.13)

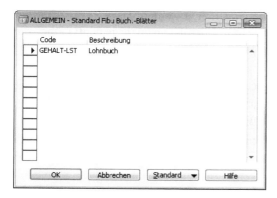

Abbildung 7.13 Standard Fibu Buch.-Blätter

Durch Bestätigung der Schaltfläche *OK* werden die Zeilen des gewählten *Standard Fibu Buch.-Blatts* in das Buch.-Blatt übertragen. Mögliche notwendige Änderungen an den gespeicherten Zeilen eines *Standard Fibu Buch.-Blatts* können im Übrigen über die Menüschaltfläche *Standard/Buch.-Blatt anzeigen* vorgenommen werden (siehe Abbildung 7.14).

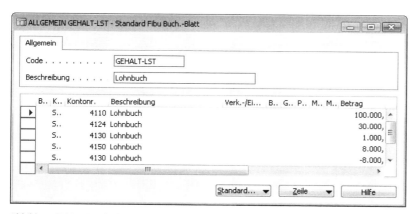

Abbildung 7.14 Standard Fibu Buch.-Blatt

Wiederkehrende Buch.-Blätter

Eine weitere Möglichkeit zur Erfassung regelmäßiger Vorgänge ist die Verwendung von wiederkehrenden Buch.-Blättern. Bei einem wiederkehrenden Buch.-Blatt handelt es sich um ein *Fibu Buch.-Blatt* mit speziellen Feldern für die Verarbeitung wiederkehrender Buchungen. Zudem können diese verwendet werden, um einen Geschäftsvorfall auf verschiedene Sachkonten aufzuteilen.

Für den Bereich der Finanzbuchhaltung erfolgt der Aufruf der wiederkehrenden Buch.-Blätter folgendermaßen:

Menüoption: *Finanzmanagement/Finanzbuchhaltung/Periodische Aktivitäten/Wiederkehrende Buch.-Blätter* (siehe Abbildung 7.15)

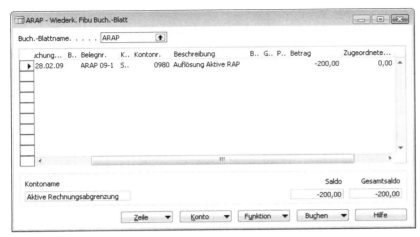

Abbildung 7.15 Wiederkehrendes Fibu Buch.-Blatt

Zum Verständnis der wiederkehrenden Buch.-Blätter werden im Folgenden einige der typischen Felder eines wiederkehrenden Buch.-Blatts beschrieben (siehe Tabelle 7.5):

Feld	Beschreibung
Wiederholungsart	Die Wiederholungsart legt fest, wie der in der Buch.-Blattzeile angegebene Betrag nach einer Buchung bearbeitet werden soll: *<Fix>* Die Verwendung dieser Wiederholungsart führt dazu, dass der im Feld *Betrag* eingegebene Betrag nach erfolgter Buchung nicht gelöscht wird *<Variabel>* Die Verwendung dieser Wiederholungsart führt dazu, dass der im Feld *Betrag* eingegebene Betrag nach erfolgter Buchung gelöscht wird *<Ausgleich>* Der Saldo des Kontos in der Zeile wird auf die im Fenster *Verteilungen* festgelegten Konten verteilt. Der Saldo auf dem Konto beträgt folglich Null *<Umgekehrt Fix>* Der an einem Tag x gebuchte Betrag in der Buch.-Blattzeile bleibt nach der Buchung erhalten. Am folgenden Tag wird ein Gegenposten gebucht. Diese Art wird beispielsweise für Abgrenzungsbuchungen verwendet, die automatisch wieder aufgelöst werden sollen. *<Umgekehrt Variabel>* Der an einem Tag x gebuchte Betrag in der Buch.-Blattzeile wird nach der Buchung gelöscht. Am folgenden Tag wird ein Gegenposten gebucht. Diese Art wird beispielsweise für Abgrenzungsbuchungen verwendet, die automatisch wieder aufgelöst werden sollen. *<Umgekehrt Ausgleich>* Der Saldo des Kontos in der Zeile wird auf die im Fenster *Verteilungen* für die Zeile festgelegten Konten verteilt. Der Saldo des Kontos beträgt somit Null. Für den folgenden Tag wird ein Gegenposten gebucht.

Tabelle 7.5 Ausgewählte Felder eines wiederkehrenden Buch.-Blatts

Feld	Beschreibung
Wiederholungsrate	Dieses Feld enthält eine Berechnungsformel, die festlegt, wie oft der Posten der Buch.-Blattzeile gebucht werden soll. Die Formel kann bis zu 20 Zeichen, sowohl Ziffern als auch Buchstaben, enthalten. Diese werden als Abkürzung für Zeitabgaben erkannt.
	Ist beispielsweise »1M« eingegeben und das Buchungsdatum ist der 31.03.09, wird das Datum nach dem Buchen des Buch.-Blatts auf den 30.04.09 geändert.
	Soll jeweils am letzten Tag eines jeden Monats ein Posten gebucht werden, sollte die folgende Formel eingeben werden: »1T+1M-1T«.
	Nur mit dieser Formel berechnet Dynamics NAV immer das richtige Datum, unabhängig davon, wie viele Tage der Monat tatsächlich hat.
	Diese Formel ist besonders wichtig, wenn mit den Wiederholungsarten *Umgekehrt Fix* oder *Umgekehrt Variabel* gearbeitet wird. Der ersten Posten muss nämlich immer am letzten Tag eines Monats gebucht werden und nur mit Eingabe der oben dargestellten Formel ist sichergestellt, dass die Umkehrbuchung am ersten Tag des Folgemonats ausgeführt wird.
Buchungsdatum	Hier wird das Buchungsdatum eingegeben, an dem die Buch.-Blattzeile das erste Mal gebucht werden soll
Beschreibung	Anstatt einen Volltext zu verwenden, kann hier auch mit Platzhaltern gearbeitet werden, die dann in einen Text umgewandelt werden. Näheres hierzu kann in der Online-Hilfe nachgelesen werden.
Ablaufdatum	In diesem Feld kann ein Ablaufdatum eingegeben werden. Dieses Feld sollte verwendet werden, um das Datum festzulegen, an dem die Zeile das letzte Mal gebucht werden soll. Nach dem in diesem Feld angegebenem Datum wird die Zeile nicht mehr gebucht. Ist das Feld dagegen leer, wird die Zeile bei jeder Buchung so lange mitgebucht, bis sie aus dem Buch.-Blatt gelöscht wird.
Verteilungen	Verteilungen werden dazu verwendet, um einen Betrag einer wiederkehrenden Buch.-Blattzeile auf ein oder mehrere Konten und/oder Dimensionen zu verteilen. Die Verteilung entspricht somit einer Gegenkontozeile für die wiederkehrende Buch.-Blattzeile, da diese selbst über kein Gegenkonto verfügt. Die Erfassung der Verteilungen erfolgt über das Feld *Zugeordneter Betrag (MW)* oder über die Schaltfläche *Zeile*.

Tabelle 7.5 Ausgewählte Felder eines wiederkehrenden Buch.-Blatts *(Fortsetzung)*

HINWEIS Bei der Nutzung von wiederkehrenden Buch.-Blättern ist zu beachten, dass die Buchung der erfassten Zeilen nicht automatisch zu dem angegebenen Buchungsdatum erfolgt. Die Buchung muss auf jeden Fall manuell ausgeführt werden. Zudem kann die Buchung erst am Tag des Buchungsdatums oder später ausgeführt werden. Ist das Buchungsdatum z.B. der 31.03.09, kann die Buchung auch erst mit Arbeitsdatum 31.03.09 oder später ausgeführt werden, jedoch nicht eher.

Direkte Buchungen aus Compliance-Sicht

Potentielle Risiken

- Falsche Bilanzansätze durch fehlerhafte/unvollständige Buchungen aufgrund einer nicht korrekten Einrichtung von Buch.-Blattnamen (Compliance, Integrity, Reliability)

- Falsche Bilanzansätze durch Fehlbuchungen aufgrund fehlerhafter Eingaben in den Buch.-Blattzeilen (Compliance, Integrity, Reliability)

- Falsche Bilanzansätze durch fehlerhafte/unvollständige Buchungen aufgrund ungeprüften Buchens von Standard Fibu Buch.-Blättern (Compliance, Integrity, Reliability)

- Falsche Bilanzansätze durch fehlerhafte/unvollständige Buchungen aufgrund nicht korrekter Einrichtung von wiederkehrenden Buch.-Blättern (Compliance, Integrity, Reliability)

Prüfungsziele

- Sicherstellung einer korrekten Einrichtung von Buch.-Blattnamen

- Auffinden von möglichen Fehlbuchungen

- Sicherstellung der korrekten Verwendung von Standard Fibu Buch.-Blättern

- Sicherstellung der korrekten Einrichtung von wiederkehrenden Buch.-Blättern

Prüfungshandlungen

Prüfung der eingerichteten Buch.-Blattnamen

Die Einrichtung der Buch.-Blattnamen ist insbesondere darauf hin zu prüfen, ob für alle Namen im Feld *MwSt.Einr. in Bu.Bl.Zeile kop.* ein Häkchen gesetzt ist. Zudem ist eine eingerichtete Gegenkontoart und Gegenkontonr. auf ihre Richtigkeit hin zu überprüfen. Grundsätzlich sollte die Prüfung so ausgerichtet sein, dass Abweichungen in den Einrichtungen eines Buch.-Blattnamens zu den Einrichtungen der Vorlage, aus der er erstellt wurde, zu analysieren. Mögliche notwendige Abweichungen müssen autorisiert und dokumentiert sein.

Feldzugriff: *Tabelle 232 Fibu Buch.-Blattname/Felder MwSt.Einr. in Bu.Bl.Zeile kop., Gegenkontoart, Gegenkontonr.*

Feldzugriff: *Tabelle 80 Fibu Buch.-Blattvorlagen/Feld Name*

Feldzugriff: *Tabelle 232 Fibu Buch.-Blattname/Feld Buch.-Blattvorlagenname*

Prüfung des Buchungsstoffs

Zur Prüfung des Buchungsstoffs gehört insbesondere die Prüfung der Sachposten. Hierzu stehen unter anderem die folgenden Berichte zur Verfügung:

Menüoption: *Finanzmanagement/Finanzbuchhaltung/Berichte/Posten/Fibujournal* (siehe Abbildung 7.16)

Abbildung 7.16 Report *Fibujournal*

Dieser Bericht kann als Beleg für gebuchte Posten dienen oder auch für Kontoabstimmungen verwendet werden. Die gebuchten Sachposten können sortiert und nach einzelnen Journalen gegliedert angezeigt werden. Durch das Setzen eines Filters können das oder die Journale festgelegt werden, deren Posten enthalten sein sollen. Hierzu müssen die Nummer des oder der Journale im Feld *Filter* eingegeben werden. Die bestehenden Journalnummern können mit dem Lookup rechts im Feld eingesehen werden.

HINWEIS   Ein Filter sollte auf jeden Fall gesetzt werden, da der Bericht ansonsten sehr viele Daten enthalten kann.

Sollen Filter auf andere Felder gesetzt werden (z.B. *Benutzer* oder *Errichtungsdatum*), können diese Felder mithilfe des Lookup rechts im Feld *Feld* in die Registerkarte aufgenommen werden.

Menüoption: *Finanzmanagement/Finanzbuchhaltung/Berichte/Posten/Sachkonto – Kontoblatt* (siehe Abbildung 7.17)

Abbildung 7.17   Report *Sachkonto – Kontoblatt* (1/2)

Mit diesem Bericht kann ein Kontoblatt für ausgewählte Sachkonten angezeigt werden. Die Konten, die im Bericht enthalten sein sollen, können durch das Setzen von Filtern festlegt werden. Zusätzlich können weitere Felder mithilfe des Lookup rechts im Feld *Feld* in den Bericht aufgenommen werden.

Mithilfe der Schaltfläche *Sortierung* wird festgelegt, in welcher Reihenfolge die Konten erscheinen sollen.

Zusätzliche Angaben müssen auf der Registerkarte *Optionen* erfolgen (siehe Abbildung 7.18).

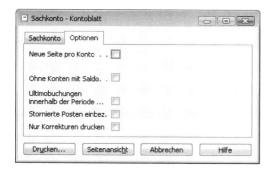

Abbildung 7.18   Report *Sachkonto – Kontoblatt* (2/2)

Ein aktiviertes Kontrollkästchen *Ohne Konten mit Saldo* bedeutet, dass Sachkonten, die innerhalb der im Feld *Datumsfilter* festgelegten Periode zwar einen Saldo, jedoch keine Bewegungen aufweisen, nicht in den Bericht aufgenommen werden.

Ultimobuchungen innerhalb der Periode berücksichtigen: Wird ein Häkchen in diesem Feld gesetzt, werden die Ultimoposten im Bericht mit berücksichtigt. Diese Option ist dann nützlich, wenn der Bericht ein gesamtes Geschäftsjahr umfassen soll.

Zusätzlich zu den Berichten können auch die Sachposten selbst auf mögliche Fehlbuchungen hin analysiert werden:

Object Designer: *Run Form 20 Sachposten*

Prüfung der Standard Fibu Buch.-Blätter

Werden *Standard Fibu Buch.-Blätter* benutzt, macht es Sinn, die in den Buch.-Blättern enthaltene Werte auf ihre Gültigkeit hin zu prüfen. Dieses betrifft insbesondere die Beträge.

Feldzugriff: *Tabelle 751 Standard Fibu Buch.-Blattzeile/Feld Betrag*

Prüfung der Wiederkehrenden Buch.-Blätter

Bei der Prüfung der Wiederkehrenden Buch.-Blätter ist insgesamt auf die korrekte Einrichtung zu achten. Im Fokus sollten hier insbesondere die Felder *Wiederholungsart*, *Wiederholungsrate* und *Ablaufdatum* stehen, da nicht korrekte bzw. fehlende Eingaben in diesen Feldern zu Fehlbuchungen führen können.

Feldzugriff: *Tabelle 81 Fibu Buch.-Blattzeile/Felder Buch.-Blattvorlagenname* [Wert »WIEDERK.«], *Wiederholungsart, Wiederholungsrate, Ablaufdatum*

Storno- und Korrekturbuchungen

Bei der Buchung von Geschäftsvorfällen ist es nahezu ausgeschlossen, dass diese immer korrekt durchgeführt werden. Da es in Dynamics NAV grundsätzlich nicht möglich ist, gebuchte Posten zu ändern oder zu löschen, kommt es zwangsläufig zu Stornierungen oder Korrekturbuchen. Welche Möglichkeiten Dynamics NAV bietet, soll im Folgenden näher betrachtet werden.

Ablauf und Einrichtung von Storno- und Korrekturbuchungen

Stornieren von Buch.-Blattbuchungen

In der Finanzbuchhaltung können nur solche Sachposten storniert werden, die über ein Fibu Buch.-Blatt gebucht wurden. Das Stornieren eines ausgewählten Postens kann direkt aus den Posten (z.B. Sachposten, Debitorenposten oder Kreditorenposten) heraus geschehen. Ist der entsprechende Posten, der storniert werden soll, ausgewählt, kann dieser über die Funktion *Transaktion stornieren* storniert werden (siehe Abbildung 7.19).

Abbildung 7.19 Transaktionsposten stornieren

Das Fenster enthält eine Zeile für jeden mit der Transaktion verbundenen Posten, der storniert werden soll. Bis auf das Feld *Beschreibung* können die Informationen in den Feldern nicht geändert werden.

Des Weiteren können fehlerhafte Buchungen auch aus einem Fibujournal heraus storniert werden. Dabei wird jedoch das gesamte Journal, d.h. alle enthaltenen Buchungen, storniert. Zum Stornieren muss das entsprechende Journal, in dem sich die fehlerhafte Buchung befindet, ausgewählt werden. Über die Funktion *Journal stornieren* öffnet sich das Fenster *Journalbuchungen stornieren* (siehe Abbildung 7.20).

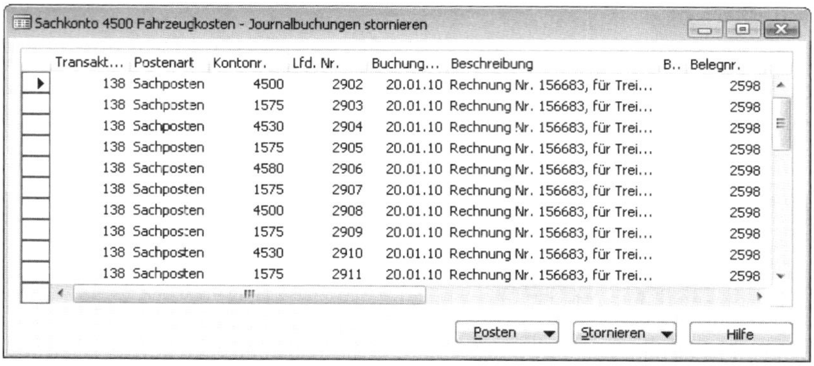
Sachkonto 4500 Fahrzeugkosten - Journalbuchungen stornieren

Transakt...	Postenart	Kontonr.	Lfd. Nr.	Buchung...	Beschreibung	B..	Belegnr.
138	Sachposten	4500	2902	20.01.10	Rechnung Nr. 156683, für Trei...		2598
138	Sachposten	1575	2903	20.01.10	Rechnung Nr. 156683, für Trei...		2598
138	Sachposten	4530	2904	20.01.10	Rechnung Nr. 156683, für Trei...		2598
138	Sachposten	1575	2905	20.01.10	Rechnung Nr. 156683, für Trei...		2598
138	Sachposten	4580	2906	20.01.10	Rechnung Nr. 156683, für Trei...		2598
138	Sachposten	1575	2907	20.01.10	Rechnung Nr. 156683, für Trei...		2598
138	Sachposten	4500	2908	20.01.10	Rechnung Nr. 156683, für Trei...		2598
138	Sachposten	1575	2909	20.01.10	Rechnung Nr. 156683, für Trei...		2598
138	Sachposten	4530	2910	20.01.10	Rechnung Nr. 156683, für Trei...		2598
138	Sachposten	1575	2911	20.01.10	Rechnung Nr. 156683, für Trei...		2598

Posten Stornieren Hilfe

Abbildung 7.20 Journalbuchungen stornieren

Beim Stornieren werden Korrekturposten mit derselben Belegnummer und demselben Belegdatum wie der ursprüngliche Posten gebildet und gebucht. Ein Korrekturposten ist dabei ein Posten, der mit dem ursprünglichen Posten identisch ist, jedoch im Betragsfeld ein umgekehrtes Vorzeichen aufweist. Zudem wird der Herkunftscode »Storno« automatisch vom System vergeben.

HINWEIS Ein Posten darf nur einmal entweder separat oder als Teil eines ganzen Journals storniert werden. Sobald ein Posten aus einem Journal storniert wurde, kann das Journal nicht mehr als Ganzes, sondern nur noch transaktionsweise storniert werden.

ACHTUNG Unter anderem ist für die folgenden Posten keine Stornierung möglich:

- Kreditoren- oder Debitorenposten, die schon ausgeglichen sind
- Geschlossene MwSt.-Posten
- Geschlossene Bankposten
- Buch.-Blattposten aus einer nicht ausgeglichenen Transaktion
- Datumskomprimierte Posten

Aufheben eines Ausgleichs

Spricht man vom Aufheben eines Ausgleichs, ist damit gemeint, den Ausgleich von Debitoren- oder Kreditorenposten zurückzunehmen.

Das Aufheben eines Ausgleichs kann notwendig werden, um das Stornieren einer Buchung überhaupt erst möglich oder um tatsächlich fehlerhaft durchgeführte Ausgleiche wieder rückgängig zu machen.

Durch das Aufheben des Ausgleichs von Posten werden geschlossene Posten wieder geöffnet. Zudem werden alle Sachposten, die sich aus dem fehlerhaften Ausgleich ergeben haben, korrigiert. Um z.B. den Ausgleich eines Kreditorenpostens aufzuheben, ist wie folgt vorzugehen:

Menüoption: *Finanzmanagement/Kreditoren/Kreditoren/Kreditor/Posten/Funktion/Ausgleich aufheben* (siehe Abbildung 7.21)

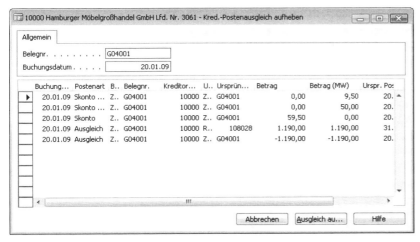

Abbildung 7.21 Kred.-Postenausgleich aufheben

Über die Schaltfläche *Ausgleich aufheben* kann dann der Ausgleich aufgehoben werden.

Wird der Posten aufgehoben, erstellt Dynamics NAV neue Posten mit entgegengesetztem Vorzeichen im Feld *Betrag*.

HINWEIS   Das Aufheben eines Ausgleichs kann immer nur von unten nach oben vorgenommen werden. Ist ein Posten durch mehr als einen Ausgleichsposten ausgeglichen, muss zuerst der zuletzt vorgenommene Ausgleich aufgehoben werden.

Korrekturen mithilfe der Funktion Beleg kopieren

Wurde beispielsweise im Bereich des Einkaufs eine Eingangsrechnung falsch gebucht, kann diese mithilfe der Funktion *Beleg kopieren* auf einfache Art wieder rückgängig gemacht werden.

Dazu muss zunächst ein neuer Einkaufsbeleg (in diesem Fall eine Gutschrift) erstellt werden. Nun kann die Funktion genutzt werden, die das Ausfüllen des neuen Belegs unterstützt.

Menüoption: *Finanzmanagement/Kreditoren/Gutschriften/Funktion/Beleg kopieren* (siehe Abbildung 7.22)

Abbildung 7.22 Funktion *Einkaufsbeleg kopieren*

In der Stapelverarbeitung muss festgelegt werden, von welchem Einkaufsbeleg ausgehend die Informationen kopiert werden sollen.

Die Felder sind wie folgt auszufüllen (siehe Tabelle 7.6):

Feld	Beschreibung
Belegart	Auswahl der Belegart, von der kopiert werden soll
Belegnr.	In Abhängigkeit von der gewählten Belegart kann hier die Belegnummer des Belegs gewählt werden, der kopiert werden soll
Inklusive Kopf	Soll Dynamics NAV die Informationen einschließlich Dimensionsinformationen aus dem Belegkopf, von dem kopiert wird, in den Beleg kopieren, der gerade erstellt wird, ist dieses Feld zu aktivieren
Zeilen neu berechnen	Sollen die Zeilen, die in den Einkaufsbeleg eingefügt werden, abhängig von den Informationen im Belegkopf neu berechnet werden, ist dieses Feld zu aktivieren

Tabelle 7.6 Felder der Funktion *Einkaufsbeleg kopieren*

ACHTUNG Beim Kopieren von Daten aus gebuchten Rechnungen oder Gutschriften werden alle relevanten Rechnungs- oder Zeilenrabatte aus der Originalbelegzeile in die neue Belegzeile kopiert. Ist die Option *Rechnungsrab. berechnen* in der *Kreditoren & Einkauf Einr.* aktiviert (siehe hierzu insbesondere das Kapitel 4), wird der Rechnungsrabatt neu berechnet, wenn die neue Belegzeile gebucht wird. Es ist daher möglich, dass der Zeilenbetrag der neuen Zeile von dem Zeilenbetrag der Originalbelegzeile abweicht.

Manuelle Korrekturbuchungen

Anstatt Posten über die schon beschriebenen Funktionen zu stornieren, können Fehlbuchungen auch durch eine Korrekturbuchung, die in einem Buch.-Blatt vorgenommen wird, korrigiert bzw. storniert werden.

Um eine Korrekturbuchung auch als solche zu kennzeichnen, ist dazu im Feld *Storno* der Fibu Buch.-Blattzeile ein Häkchen zu setzen. Ist das Feld beim Buchen aktiviert, wird ein negativer Soll- anstelle eines Habenbetrags bzw. ein negativer Haben- an Stelle eines Sollbetrags gebucht. Im Feld *Sollbetrag* bzw. *Habenbetrag* des entsprechenden Kontos erscheinen daraufhin sowohl der ursprüngliche aus auch der Stornoposten. Die Posten gleichen sich gegeneinander aus, sodass der Soll- bzw. Habensaldo des Kontos nicht beeinflusst wird.

ACHTUNG Der in der Buch.-Blattzeile eingegebene Buchungssatz, der den ursprünglichen Buchungssatz korrigieren bzw. stornieren soll, muss auf jeden Fall mit umgekehrtem Vorzeichen eingegeben werden. Das Feld *Storno* hat nur die oben beschriebenen Auswirkungen und keine anderen Funktionalitäten im Hinblick auf den Buchungssatz selbst.

Storno- und Korrekturbuchungen aus Compliance-Sicht

Potentielle Risiken

- Falsche Bilanzansätze durch unbeabsichtigtes oder fehlerhaftes Stornieren (Compliance, Integrity, Reliability)

- Vermögensverluste durch unbeabsichtigtes oder fehlerhaftes Aufheben von Ausgleichen (Compliance, Integrity, Reliability)

- Falsche Bilanzansätze durch manuelle Korrekturbuchungen (Compliance, Integrity, Reliability)

Prüfungsziele

- Sicherstellung, dass die bis dato vorgenommenen Korrekturen und Stornierungen zu Recht erfolgt sind

Prüfungshandlungen

Prüfung der Sachposten auf stornierte Buchungen

Um sicherzustellen, dass alle stornierten Buchungen zu Recht gemacht wurden, sollten die Sachposten darauf hin überprüft werden.

Feldzugriff: *Tabelle 17 Sachposten/*Feld *Herkunftscode* [Wert auf »STORNO«]

Prüfung von Posten auf aufgehobene Ausgleiche

Um sicherzustellen, dass alle aufgehobenen Postenausgleiche zu Recht gemacht wurden, sollten z.B. die Kreditorenposten darauf hin überprüft werden.

Feldzugriff: *Tabelle 380 Detaillierte Kreditorenposten/*Feld *Herkunftscode* [Wert »NIGEBEKABG«]

Prüfung auf manuelle Korrekturbuchungen

Um sicherzustellen, dass es sich bei allen Buchungen, bei denen im Feld *Storno* in einer Fibu Buch.-Blattzeile ein Häkchen gesetzt wurde, auch um tatsächliche Korrektur- bzw. Stornobuchungen handelt, sollten die Sachposten darauf hin überprüft werden, ob es Beträge in den Feldern *Sollbetrag* und *Habenbetrag* mit negativem Vorzeichen gibt.

Feldzugriff: *Tabelle 17 Sachposten/*Felder *Sollbetrag, Habenbetrag.*

Bankmanagement

Im operativen Geschäft werden über das Bankmanagement Zahlungseingänge von Debitoren und Zahlungsausgänge an Kreditoren abgewickelt. Auch die sogenannte *Bankkontoabstimmung* kann über das Bankmanagement vorgenommen werden. Da der Bereich der Zahlungsausgänge bereits in Kapitel 4 und der Bereich der Zahlungseingänge in Kapitel 6 ausführlich betrachtet wurde, wird hier nicht mehr näher darauf eingegangen. Der Prozess der Bankkontoabstimmung selbst hat aufgrund der Umständlichkeit dieses Moduls keine Praxisrelevanz. Vielmehr wird das Buchen von Bewegungen auf einem Bankkonto in der Praxis über ein *Fibu Buch.-Blatt* oder über die *Zahlungseingangs-* bzw. *Zahlungsausgangs Buch.-Blätter* vorgenommen.

Dennoch wird hier insofern auf das Bankmanagement eingegangen, als dass die Einrichtung einer Bankkontokarte als Voraussetzung für die Durchführung von Zahlungsausgängen und Zahlungseingängen mit den Auswirkungen für die Finanzbuchhaltung näher betrachtet wird.

Einrichtung von Bankkonten

Bevor die Funktionalitäten des Bankmanagements, also die Funktionalitäten bezüglich Zahlungsausgängen und Zahlungseingängen, genutzt werden können, sind zunächst Bankkonten einzurichten. Jede eine Bank betreffende Transaktion erzeugt in Dynamics NAV einen Bankposten. Über die *Bankkontobuchungsgruppe*, die jedem Bankkonto zugeordnet sein muss, erfolgt die Steuerung der Buchung auf die entsprechenden Sachkonten in der Finanzbuchhaltung.

Im Folgenden wird die Bankkontokarte mit ihren zugehörigen Feldern näher betrachtet.

Menüoption: *Finanzmanagement/Bankmanagement/Bankkonten* (siehe Abbildung 7.23)

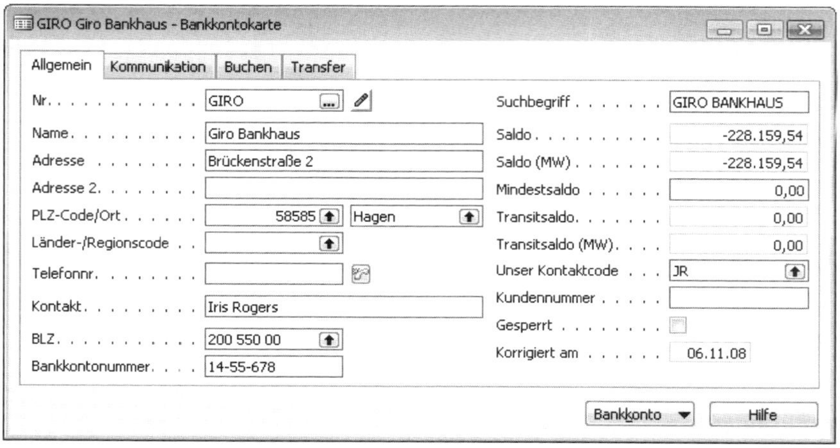

Abbildung 7.23 Bankkontokarte (Allgemein)

Die Registerkarte *Allgemein* enthält allgemeine Informationen über die Bank, bei der das Konto geführt wird. Hierzu gehören beispielsweise der Name und die Adresse der Bank sowie Kontonummer und Bankleitzahl.

Zu beachten ist, dass im Feld *Nr.* eine eindeutige Nummer aus einer eingerichteten Nummernserie einzugeben ist, die das Bankkonto identifiziert. Dieses Feld wird nicht zur Eingabe der Bankkontonummer verwendet.

Auf der Registerkarte *Kommunikation* werden u.a. Informationen zu Telefon- und Faxnummer der Bank hinterlegt.

Auf der Registerkarte *Buchen* befinden sich die folgenden Felder (siehe Abbildung 7.24):

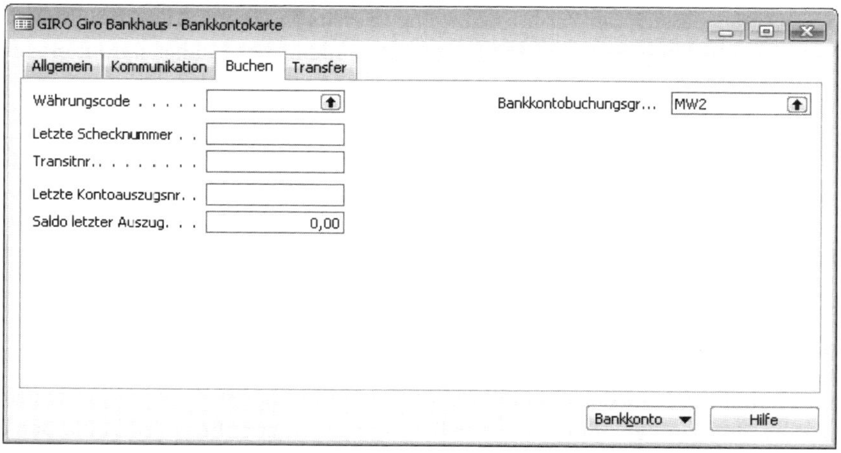

Abbildung 7.24 Bankkontokarte (Buchen)

Diese Registerkarte beinhaltet die folgenden Informationen, wobei nur die folgenden Felder von Interesse sind (siehe Tabelle 7.7):

Feld	Beschreibung
Währungscode	Hier wird die Währung hinterlegt, in der das Bankkonto geführt wird. Wenn ein Währungscode eingetragen ist, kann dieses Bankkonto nur für Zahlungseingänge und Zahlungsausgänge in der entsprechenden Währung verwendet werden. Ist kein Währungscode eingetragen, können Zahlungseingänge und Zahlungsausgänge in jeder Währung vorgenommen werden.
Transitnr.	Hier ist die Transitnummer der Bank einzutragen. Hierbei handelt es sich um einen alphanumerischer Code, der die Bank, bei der das Konto besteht, repräsentiert.
Bankkontobuchungsgr.	Hier ist die Buchungsgruppe, die dem Bankkonto zugeordnet wurde, einzutragen. Dynamics NAV verwendet die Buchungsgruppe, um die entsprechenden Sachposten für jede Bankkontotransaktion zu erzeugen.

Tabelle 7.7 Felder der Registerkarte *Buchen*

Aufgrund der Bedeutung der *Bankkontobuchungsgruppe* soll diese im Folgenden noch einmal näher betrachtet werden (siehe Abbildung 7.25).

Abbildung 7.25 Bankkontobuchungsgruppen

Die Tabelle besteht aus den folgenden Feldern (siehe Tabelle 7.8):

Feld	Beschreibung
Code	Hinterlegung eines eindeutigen Codes für die Bankkontobuchungsgruppe
Bankkonto Sachkontonr.	Hier wird das Sachkonto, welches über den Lookup ausgewählt werden kann, angegeben, auf das Bankposten dieser Buchungsgruppe gebucht werden sollen
Bankkonto Transitkonto	Hier wird das Transitkonto, welches über den Lookup aus den Sachkonten ausgewählt werden kann, angegeben, auf das Bankposten dieser Buchungsgruppe gebucht werden sollen

Tabelle 7.8 Felder des Dialogfelds *Bankkontobuchungsgruppen*

ACHTUNG   Im Feld *Bankkonto Sachkontonr.* ist das Sachkonto zu hinterlegen, welches die Bank im Sachkontenplan repräsentiert.

Im Feld *Bankkonto Transitkonto* ist ein Sachkonto zu hinterlegen, welches bebucht werden soll, wenn Zahlungsvorgänge vorgenommen werden (beispielsweise Lastschrifteinzüge von Debitoren oder die Erstellung einer Zahlungsdatei an Kreditoren), die nicht sofort den Saldo des Bankkontos (und damit auch den Saldo des entsprechenden Sachkontos der Bank) verändern. Erfolgt die Wertstellung auf dem Bankkonto, erfolgt dann später eine Gegenbuchung gegen das entsprechende Transitkonto.

Beachten Sie, dass die Steuerung, ob auf das Sachkonto oder das Transitkonto gebucht werden soll, über die Zahlungseingangs- bzw. Zahlungsausgangs Buch.-Blätter vorgenommen werden muss. Im Feld *Transitbuchung* ist dort in den Buch.-Blattnamen ein Häkchen zu setzen, wenn Dynamics NAV die Bewegungen im Buch.-Blatt auf das im Feld *Bankkonto Transitkonto* hinterlegte Sachkonto buchen soll.

Die Einrichtung von Bankkonten aus Compliance-Sicht

Potentielle Risiken

- Falsche Bilanzansätze aufgrund fehlerhafter Einrichtung (Compliance, Integrity, Reliability)
- Falsche Bilanzansätze aufgrund nicht erfasster Bankkonten (Compliance, Integrity, Reliability)
- Vermögensverluste aufgrund nicht korrekten Umgangs mit den Bankkonten (Efficiency, Effectiveness)

Prüfungsziel

- Analyse einer den gesetzlichen und organisatorischen Regelungen entsprechenden Verwaltung der Bankkonten
- Sicherstellung der korrekten Einrichtung eines Bankkontos

Prüfungshandlungen

Eröffnung und Löschung von Bankkonten

Zu prüfen ist, ob die Eröffnung bzw. die Löschung von Bankkonten durch die für den Zahlungsverkehr verantwortlichen Stellen gemäß des Vier-Augen-Prinzip erfolgt. Hierfür sind die für diesen Bereich geltenden Zugriffsberechtigungen zu prüfen.

Object Designer: *Run Report 11516 Zugriffsrecht*

Abstimmung der Bankkonten mit dem Kontenplan

Zu prüfen ist das aktuelle Verzeichnis der Bankkonten einschließlich sämtlicher Unterkonten mit den im Bankmanagement angelegten Bankkonten. Des Weiteren muss dieses Verzeichnis mit den in der Finanzbuchhaltung angelegten Sachkonten abgestimmt werden. Nur so kann sichergestellt werden, dass alle vorhandenen Bankkonten in Dynamics NAV angelegt und diese auch als Sachkonto in der Finanzbuchhaltung vorhanden sind.

Kontrolle der Zins-, Provisions- und Gebührenbelastungen

Für jedes Bankkonto sollten Informationen zu den aktuell gültigen Zins-, Provisions- und Gebührenkonditionen hinterlegt werden. Diese Hinterlegung kann sinnvoller Weise in den Bemerkungen zu jedem Bankkonto hinterlegt werden.

Menüoption: *Finanzmanagement/Bankmanagement/Bankkonten/Bankkonto/Bemerkungen*

Zudem sollten die in der Finanzbuchhaltung gebuchten Zinsen und Gebühren mit den entsprechenden Konditionen abgeglichen werden.

Überprüfung der Bankkontobuchungsgruppe

Die Bankkontobuchungsgruppen sind generell auf die dort hinterlegten Sachkonten zu prüfen. Zudem ist das Feld *Bankkonto Transitkonto* darauf hin zu prüfen, bei welchen zahlungswirksamen Buchungen dieses verwendet wird. Dazu sind die entsprechenden Buch.-Blätter im Bereich der Zahlungseingänge und Zahlungsausgänge darauf hin zu prüfen, welches dieser Buch.-Blätter für Transitbuchungen eingerichtet ist.

Feldzugriff: *Tabelle 232 Fibu Buch.-Blattname/Feld Transitbuchung*

Des Weiteren sollte der Saldo des hinterlegten Transitkontos auf Plausibilität hin geprüft werden.

Menüoption: *Finanzmanagement/Finanzbuchhaltung/Berichte/Posten/Sachkonto – Kontoblatt.*

Arbeiten mit Fremdwährungen

Durch die zunehmende Globalisierung auch im Bereich der mittelständischen Unternehmen ist es wichtig, dass Finanzdaten in mehreren Währungen erfasst und angezeigt werden können. Dynamics NAV bietet dafür Funktionalitäten an, die Unternehmen bei der Buchung und korrekten Wertermittlung von Transaktionen in verschiedenen Währungen unterstützen. Zudem können Finanzbuchhaltungsergebnisse in mehreren Währungen angezeigt und Mandanten konsolidiert werden, die verschiedene Währungen nutzen.

Dieser Abschnitt umfasst daher sowohl die Einrichtungen, die für die Arbeit mit mehreren Währungen notwendig sind als auch die Darstellung verschiedener Prozesse aus diesem Bereich.

Einrichtung und Ablauf beim Arbeiten mit Fremdwährungen

Die notwendigen Einrichtungen für die Mehrwährungsfunktionalität in Dynamics NAV werden auf der *Währungskarte* und in den *Währungswechselkursen* vorgenommen.

Währungskarte

Der Zugriff auf die Währungskarte erfolgt beispielsweise über

Menüoption: *Finanzmanagement/Einrichtung/Allgemein/Währungen/Währung/Karte* (siehe Abbildung 7.26)

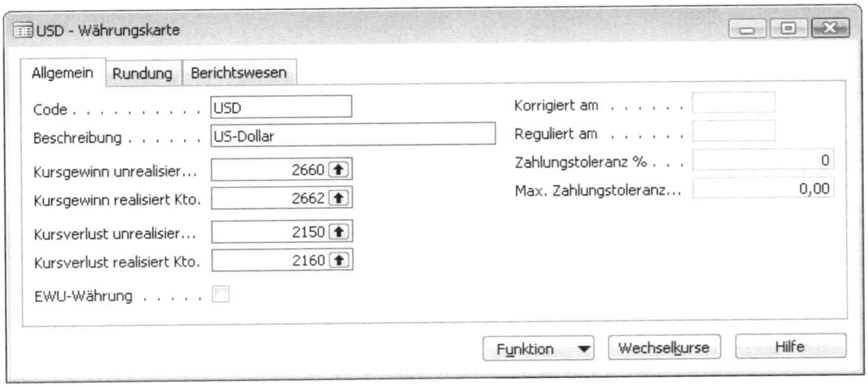

Abbildung 7.26 Währungskarte (Allgemein)

Die Einrichtung von Informationen auf der Währungskarte umfasst unter anderem

- Die Bereitstellung grundlegender Daten zu der Währung einschließlich der Konten, auf die Gewinne oder Verluste aus Wechselkursschwankungen gebucht werden

- Das Festlegen von Regeln zur Rundung von Beträgen, Rechnungen und Stückpreisen bei Transaktionen in verschiedenen Währungen

Auf der Registerkarte *Allgemein* sind die folgenden Informationen zu hinterlegen (siehe Tabelle 7.9):

Feld	Beschreibung
Code	Eindeutige Bezeichnung für die Währung. Hier macht es Sinn, die international gängigen Währungsabkürzungen zu verwenden.
Beschreibung	Beschreibung der Währung
Kursgewinn unrealisiert Kto.	Eingabe des Sachkontos, auf das die durch die Stapelverarbeitung *Wechselkurse regulieren* berechneten Kursgewinne gebucht werden sollen
Kursgewinn realisiert Kto.	Eingabe des Sachkontos, auf das die realisierten Kursgewinne gebucht werden sollen. Ist zuvor ein berechneter Kursgewinn oder -verlust gebucht worden, wird an dieser Stelle die entsprechende Gegenbuchung vorgenommen.
Kursverlust unrealisiert Kto.	Eingabe des Sachkontos, auf das die durch die Stapelverarbeitung *Wechselkurse regulieren* berechneten Kursverluste gebucht werden sollen
Kursverlust realisiert Kto.	Eingabe des Sachkontos, auf das die realisierten Kursverluste gebucht werden sollen. Ist zuvor ein berechneter Kursgewinn oder -verlust gebucht worden, wird an dieser Stelle die entsprechende Gegenbuchung vorgenommen.
EWU-Währung	Handelt es sich bei der Währung um eine Währung der Europäischen Wirtschaftsunion, ist dieses Feld zu aktivieren
Zahlungstoleranz %	Zeigt den Prozentsatz an, um den eine Zahlung oder Erstattung von einem Rechnungs- oder der Gutschriftsbetrag abweichen darf. Eine Aktualisierung dieses Felds kann über *Funktion/Zahlungstoleranz ändern* vorgenommen werden.
Max. Zahlungstoleranzbetrag	Zeigt den maximal erlaubten Betrag, um den eine Zahlung oder Erstattung von einem Rechungs- oder Gutschriftsbetrag abweichen darf. Eine Aktualisierung dieses Felds kann über *Funktion/Zahlungstoleranz ändern* vorgenommen werden.

Tabelle 7.9   Felder der Registerkarte *Allgemein* der Währungskarte

Die Registerkarte *Rundung* enthält die folgenden einzurichtenden Felder (siehe Tabelle 7.10):

Feld	Beschreibung
Rechnungsrundungspräzision	Festlegung der Rundungsgenauigkeit dieser Währung auf Rechnungen
Rechnungsrundungsmethode	Bestimmung der Rundungsmethode, die bei Rechnungen angewandt werden soll, unter Bezugnahme auf das Feld *Rechungsrundungspräzision*
Betragsrundungspräzision	Festlegung der Rundungsgenauigkeit für die Währung selbst
Betragsdezimalstellen	Festlegung der Anzahl der Dezimalstellen, die für die Währung angezeigt werden sollen. Die Mindest- und Höchstzahl an Dezimalstellen werden durch einen Doppelpunkt getrennt.

Tabelle 7.10   Felder der Registerkarte *Rundung* der Währungskarte

Feld	Beschreibung
Stückpreisrundungspräzision	Festlegung der Rundungsgenauigkeit für Stückpreise von Artikeln auf Verkaufs- oder Einkaufsrechnungen
Stückpreisdezimalstellen	Festlegung der Mindest- und Höchstanzahl der Dezimalstellen, mit denen Einkaufs- und Verkaufspreise für Artikel oder Ressourcen in der jeweiligen Währung angezeigt werden sollen. Die Mindest- und Höchstzahl an Dezimalstellen werden durch einen Doppelpunkt getrennt.
Ausgl. Rundungspräzision	Festlegung des für Rundungsdifferenzen zulässigen Betrags, der gelten soll, wenn mit einem Posten in dieser Währung ein Posten in einer anderen Währung ausgeglichen werden soll
Umrech. MW-Rund. Sollkonto	Festlegung des Sollkontos für Rundungsdifferenzen bei Verwendung der Funktion *Rundungszeilen f. MW-Konvertierung einfügen* in einem Fibu.-Buchblatt
Umrech. MW-Rund. Habenkonto	Festlegung des Habenkontos für Rundungsdifferenzen bei Verwendung der Funktion *Rundungszeilen f. MW-Konvertierung einfügen* in einem Fibu.-Buchblatt
Max. MwSt.-Differenz zulässig	Festlegung der maximal erlaubten MwSt.-Korrektur für die Währung
MwSt.-Rundungsmethode	Bestimmung, wie Mehrwertsteuer für diese Währung gerundet werden soll

Tabelle 7.10 Felder der Registerkarte *Rundung* der Währungskarte *(Fortsetzung)*

Die Registerkarte *Berichtswesen* enthält schließlich die folgenden Felder (siehe Tabelle 7.11):

Feld	Beschreibung
Sachkto. Kursgewinn real. Kto.	Eingabe des Sachkontos, auf das Kursgewinne aus Wechselkursregulierungen zwischen der Mandantenwährung und der Berichtswährung gebucht werden sollen. Wechselkursgewinne werden durch Ausführung der Stapelverarbeitung *Wechselkurse regulieren* berechnet.
Sachkto. Kursverlust real. Kto.	Eingabe des Sachkontos, auf das Kursverluste aus Wechselkursregulierungen zwischen der Mandantenwährung und der Berichtswährung gebucht werden sollen. Wechselkursverluste werden durch Ausführung der Stapelverarbeitung *Wechselkurse regulieren* berechnet.
Differenzkonto Gewinn	Eingabe des Sachkontos, auf das Gewinne aus (Rundungs-)Differenzen gebucht werden sollen, wenn in der Finanzbuchhaltung mit einer Berichtswährung gearbeitet wird
Differenzkonto Verlust	Eingabe des Sachkontos, auf das Verluste aus (Rundungs-)Differenzen gebucht werden sollen, wenn in der Finanzbuchhaltung mit einer Berichtswährung gearbeitet wird

Tabelle 7.11 Felder der Registerkarte *Berichtswesen* der Währungskarte

Währungswechselkurse

Die meisten Währungswechselkurse unterliegen ständigen (täglichen) Schwankungen. Das Fenster Währungswechselkurse wird daher verwendet, um Wechselkurse zu hinterlegen und die Historie der eingegebenen Wechselkurse bereitzuhalten.

Menüoption: *Finanzmanagement/Einrichtung/Allgemein/Währungen/Wechselkurse* (siehe Abbildung 7.27)

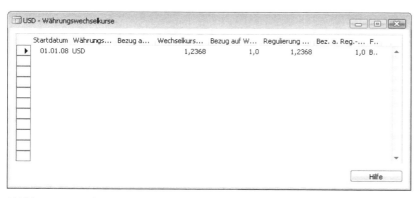

Abbildung 7.27   Währungswechselkurse

Wird ein Geschäftsvorfall gebucht, werden die aktuellen Wechselkurse aus dem Fenster *Währungswechsel-kurse* der entsprechenden Währung geholt. Zusätzlich werden die Daten in dieser Tabelle dazu verwendet, unrealisierte Gewinne oder Verluste aufgrund von Wechselkursschwankungen zu berechnen, wenn die Stapelverarbeitung *Wechselkurse regulieren* ausgeführt wird. Mit der Stapelverarbeitung werden beispielsweise zuvor gebuchte Geschäftsvorfälle neu bewertet.

Um den aktuellen Wechselkurs für Geschäftsvorfälle verwenden zu können, sollte die Tabelle wenn möglich täglich aktualisiert werden. Zu beachten ist, dass standardmäßig die Aktualisierung manuell vorgenommen werden muss.

Das Fenster enthält die folgenden Felder (siehe Tabelle 7.12):

Feld	Beschreibung
Startdatum	Eingabe des Datums, ab dem der Wechselkurs gelten soll. Für jedes neue Gültigkeitsdatum ist eine neue Zeile mit dem entsprechenden Startdatum anzugeben.
Währungscode	Zeigt den Code für die ausgewählte Währung an
Bezug auf Währungscode	Dieses Feld ist leer zu lassen, wenn Bezug auf die Mandantenwährung genommen werden soll. Ansonsten ist der Währungscode einzugeben, auf den bei der Umrechnung des Wechselkurses Bezug genommen werden soll.
Wechselkursbetrag	Festlegung des Kurses für die in dieser Zeile ausgewählte Währung. Dieses Feld wird zusammen mit dem Feld *Bezug auf Währungscode* bei der Erfassung von Geschäftsvorfällen verwendet. Die Einträge in diesen Feldern bestimmen, wie Beträge für die ausgewählte Währung zu berechnen sind.
Bezug auf Wechselkursbetrag	Eingabe des Kurses, der für die Währung im Feld *Bezug auf Währungscode* verwendet werden soll. Dieses Feld und das Feld *Wechselkursbetrag* werden bei der Erfassung von Geschäftsvorfällen verwendet. Die Einträge in diesen Feldern bestimmen, wie Beträge für die ausgewählte Währung zu berechnen sind. Bezug nehmend auf das oben dargestellte Fenster bedeutet dies, dass beispielsweise der Wechselkurs von USD zu MW mit 1,0 MW für 1,2368 USD angegeben ist.
Regulierung Wechselkursbetrag	Eingabe des Kurses, der für die Währung bei Ausführung der Stapelverarbeitung *Wechselkurse regulieren* zusammen mit den Informationen im Feld *Bez. A. Reg.-Wechselkursbetrag* verwendet werden soll

Tabelle 7.12   Felder der Tabelle *Währungswechselkurse*

Feld	Beschreibung
Bez. A. Reg.-Wechselkursbetrag	Eingabe des Kurses, der für die Währung im Feld *Bezug auf Währungscode* verwendet werden soll. Dieses Feld und das Feld *Regulierung Wechselkursbetrag* werden bei der Ausführung der Stapelverarbeitung *Wechselkurse regulieren* verwendet.
Fester Wechselkursbetrag	Hier wird festgelegt, ob Währungswechselkurse oder der Bezug auf Währungswechselkurse auf Rechnungen, Buch.-Blattzeilen und Stapelverarbeitungen veränderbar sein sollen oder nicht. Die in diesem Feld getroffene Auswahl ist dann nicht editierbar.

Tabelle 7.12 Felder der Tabelle *Währungswechselkurse (Fortsetzung)*

HINWEIS   In den Feldern *Wechselkursbetrag* und *Regulierung Wechselkursbetrag* können unterschiedliche Wechselkurse eingegeben werden. So kann das Feld *Wechselkursbetrag* täglich aktualisiert werden, während das Feld *Regulierung Wechselkursbetrag* nur am Monatsende aktualisiert wird.

ACHTUNG   Werden Wechselkurse regelmäßig reguliert, ist es empfehlenswert, immer neue Wechselkurszeilen im Fenster *Währungswechselkurse* zu erstellen. Zudem wird empfohlen, keine Einträge im Fenster *Währungswechselkurse* zu löschen oder zu überschreiben. Dies ermöglicht das Nachvollziehen von Wechselkursregulierungen für eine bestimmte Währung im Zeitablauf. Bei einer als Berichtswährung verwendeten Währung dürfen die zugehörigen Einträge im Fenster *Währungswechselkurse* weder überschrieben noch gelöscht werden.

Zusätzlich zu den beschriebenen Einrichtungen sind auch in anderen Bereichen des Finanzmanagements Einstellungen vorzunehmen, um Geschäftsvorfälle in verschiedenen Währungen abbilden zu können.

- **Finanzbuchhaltung Einrichtung**   Hinterlegung der Mandantenwährung (siehe hierzu auch den Abschnitt »Einrichtung des Finanzmanagements« ab Seite 550)
- **Debitoren & Verkauf Einr.**   Felder *Rechnungsrundung* und *Währungsausgleich* (detaillierte Informationen hierzu in Kapitel 6)
- **Kreditoren & Einkauf Einr.**   Felder *Rechnungsrundung* und *Währungsausgleich* (detaillierte Informationen hierzu in Kapitel 4)
- **Debitoren**   Hinterlegung eines Währungscodes auf der Registerkarte *Außenhandel*
- **Kreditoren**   Hinterlegung eines Währungscodes auf der Registerkarte *Außenhandel*
- **Bankkonto**   Hinterlegung eines Währungscodes auf der Registerkarte *Buchen*

HINWEIS   Die Hinterlegung eines Währungscodes in den Debitoren-, Kreditoren- oder Bankstammdaten ist jedoch nicht unbedingt notwendig, da auch einzelne Transaktionen in Fremdwährung durchgeführt werden können.

Sobald die Mehrwährungseinrichtung abgeschlossen ist, entspricht die Erstellung und das Buchen von Verkaufs- und Einkaufsbelegen in Fremdwährung im Wesentlichen der Vorgehensweise beim Erstellen und Buchen von Belegen in Mandantenwährung (detaillierte Informationen hierzu enthalten Sie Kapitel 4 und 6). Zusätzlich dazu bietet Dynamics NAV die folgenden Möglichkeiten:

- Aktualisierung des Währungscodes bei der Erfassung von Belegen
- Bearbeitung des Währungswechselkurses, falls die Einrichtung dies zulässt
- Anzeigen von Beträgen sowohl in Mandantenwährung als auch in Fremdwährung im Statistikfenster
- Betrachtung von gebuchten Beträgen in Mandantenwährung und in der entsprechenden Fremdwährung

Stapelverarbeitung »Wechselkurse regulieren«

Die Stapelverarbeitung *Wechselkurse regulieren* wird ausgeführt, um Beträge in Mandantenwährung für gebuchte Posten zu regulieren. Die Stapelverarbeitung reguliert Debitoren-, Kreditoren- und Bankposten, um Änderungen des Wechselkurses, die seit der Buchung der Posten entstanden sind, zu berücksichtigen.

In einem ersten Schritt ist zunächst der Regulierungswechselkurs für die entsprechende Währung einzugeben (siehe oben). Danach ist die Stapelverarbeitung aufzurufen:

Menüoption: *Finanzmanagement/Finanzbuchhaltung/Periodische Aktivitäten/Währung/Wechselkurse regulieren* (siehe Abbildung 7.28)

Abbildung 7.28 Stapelverarbeitung *Wechselkurse regulieren* (1/2)

Auf der Registerkarte *Währung* sind die Währungscodes auszuwählen, die durch die Stapelverarbeitung reguliert werden sollen. Danach sind auf der Registerkarte *Optionen* weitere Angaben zu machen (siehe Abbildung 7.29):

Abbildung 7.29 Stapelverarbeitung *Wechselkurse regulieren* (2/2)

Die Felder sind wie folgt zu füllen (siehe Tabelle 7.13):

Feld	Beschreibung
Startdatum	Legt das Startdatum fest, das für die Auswahl und Regulierung von Geschäftsvorfällen verwendet werden soll. Dieses Feld sollte leer gelassen werden, damit alle Geschäftsvorfälle reguliert werden.
Enddatum	Legt das letzte Datum fest, das für die Auswahl und Regulierung von Geschäftsvorfällen verwendet werden soll. Dieses Datum entspricht in der Regel dem *Buchungsdatum*. Das *Enddatum* wird auch dazu verwendet, den Regulierungswechselkurs im Fenster *Währungswechselkurse* zu ermitteln.
Buchungsbeschreibung	Hier kann ein Text eingegeben werden, der in den von der Stapelverarbeitung erzeugten Sachposten angezeigt werden soll. Standardmäßig wird der Text »Kursregulierung von %1 %2« verwendet, wobei »%1« für den Währungsbetrag und » %2« für den Währungscode steht, der reguliert wird.
Buchungsdatum	Eingabe des Datums, an dem die Regulierungsposten gebucht werden sollen
Debitoren regulieren	Sollen Wechselkursschwankungen für Debitoren reguliert werden, ist dieses Feld zu aktivieren
Kreditoren regulieren	Sollen Wechselkursschwankungen für Kreditoren reguliert werden, ist dieses Feld zu aktivieren
Bankkonten regulieren	Sollen Wechselkursschwankungen für Bankkonten reguliert werden, ist dieses Feld zu aktivieren
Sachkonten für Berichtswährung regulieren	Dieses Feld ist zu aktivieren, wenn in der Berichtswährung gebucht wird und Sachkonten für Wechselkursschwankungen zwischen Mandantenwährung und Berichtswährung reguliert werden sollen. Dies ist nur dann relevant, wenn eine variable Berichtswährung (d.h. eine Währung mit Wechselkursschwankungen) verwendet wird.
Buchen	Dieses Feld ist dann zu aktivieren, wenn tatsächlich gebucht werden soll. Ansonsten wird ein Testbericht angezeigt.

Tabelle 7.13 Felder der Registerkarte *Optionen* der Stapelverarbeitung *Wechselkurse regulieren*

Um die Stapelverarbeitung tatsächlich auszuführen, sind die Schaltflächen *Drucken* oder *Seitenansicht* zu wählen.

HINWEIS Wenn notwendig, kann die Stapelverarbeitung erneut ausgeführt werden, wenn beispielsweise nach einer Wechselkursregulierung festgestellt wird, dass der für die Regulierung verwendete Wechselkursbetrag falsch war. In diesem Fall sind die entsprechenden Felder (siehe oben) mit den korrekten Werten zu füllen. Dynamics NAV bucht dann die neue Regulierung auf Grundlage der bereits durchgeführten Regulierung.

Wird die Stapelverarbeitung für Debitoren und Kreditorenkonten ausgeführt, dann

- wird die Währung unter Verwendung des Wechselkurses, der zum Zeitpunkt des in der Stapelverarbeitung angegebenen Buchungsdatums gültig ist, reguliert
- werden die Beträge auf die Sachkonten gebucht, die im Fenster *Währungskarte* in den Feldern *Kursgewinn unrealisiert Kto.* und *Kursverlust unrealisiert Kto.* hinterlegt sind
- werden die Ausgleichsposten automatisch auf die Debitoren- und Kreditorensammelkonten in der Finanzbuchhaltung gebucht

Es werden alle offenen Debitoren- und Kreditorenposten verarbeitet. Ist eine Wechselkursdifferenz für einen Posten vorhanden, erstellt Dynamics NAV einen neuen detaillierten Debitoren- oder Kreditorenposten mit dem regulierten Betrag.

ACHTUNG   Laut HGB muss bei der Regulierung von Debitoren- und Kreditorenposten das Niederstwertprinzip beachtet werden. Damit die Wechselkurse ordnungsgemäß reguliert werden, d.h., die Forderungen nicht über den ursprünglich gebuchten Betrag aufgewertet und die Verbindlichkeiten nicht unter den ursprünglichen Betrag abgewertet werden, ist das Feld *Niederstwertprinzip* in der *Finanzbuchhaltung Einrichtung* zu aktivieren (siehe hierzu insbesondere auch den Abschnitt »Einrichtungsparameter der Finanzbuchhaltung « ab Seite 551).

Berichtswährung

Dynamics NAV ermöglicht es, finanzbuchhalterische Vorgänge sowohl in Mandantenwährung (MW) als auch in Berichtswährung (BW) zu buchen.

Nachdem eine Berichtswährung eingerichtet ist, verwendet Dynamics NAV diese, um automatisch die Beträge in jedem Sachposten, aber auch in anderen Posten wie den MwSt.-Posten, sowohl in MW als auch in der BW zu erfassen. Um den Wechselkurs für die Erfassung von Transaktionen in BW zu ermitteln, werden die Daten aus dem Fenster *Währungswechselkurse* verwendet.

Wird eine BW verwendet, muss die Stapelverarbeitung *Wechselkurse regulieren* ausgeführt werden, um Wechselkursdifferenzen bei zuvor gebuchten Transaktionen zu erfassen. Dabei ermittelt die Stapelverarbeitung den passenden Kurs im Fenster *Wechselkurse*. Zudem werden die Beträge in den Feldern *Betrag* und *Betrag (BW)* in den Sachposten verglichen, um Kursgewinne oder -verluste zu ermitteln. In Abhängigkeit der beim jeweiligen Sachkonto im Feld *Kursregulierung* ausgewählten Option wird ermittelt, ob Kursgewinne oder -verluste berechnet und gebucht werden sollen.

ACHTUNG   Die Berichtswährungsfunktion bietet einzig und allein die Möglichkeit, Berichte in einer anderen Währung aufzubereiten, so als ob diese Währung die Mandantenwährung des Unternehmens wäre.

Bevor eine Berichtswährung verwendet werden kann, müssen folgende Einrichtungen vorgenommen werden:

- Festlegung von Sachkonten für die Buchung von Wechselkursregulierungen. Dieses geschieht in den Registerkarten *Allgemein* und *Berichtswesen* einer *Währungskarte* (siehe oben).

- Festlegung der Wechselkursregulierungsmethode für alle Sachkonten. Die Festlegung erfolgt auf der Registerkarte *Berichtswesen* im Feld *Kursregulierung* eines jeden Sachkontos.

- Festlegung der Kurregulierungsmethode für MwSt.-Posten. Hierzu ist im Fenster *Finanzbuchhaltung Einrichtung* im Feld *MwSt.-Kursregulierung* anzugeben, wie die im Fenster *MwSt.-Buchungsmatrix Einr.* für MwSt.-Buchungen eingerichteten Sachkonten bei Wechselkursschwankungen zwischen der MW und der BW bei der Ausführung der Stapelverarbeitung *Wechselkurse regulieren* reguliert werden sollen.

Wird eine Berichtswährung aktiviert, führt Dynamics NAV eine Stapelverarbeitung aus, um zuvor gebuchte Posten zu aktualisieren. Nach der Stapelverarbeitung sind unter anderem die Beträge der Sachposten, MwSt.-Posten und Wertposten sowohl in MW als auch in BW vorhanden.

Konsolidierungen mit mehreren Währungen

Dynamics NAV unterstützt Konsolidierungen von Mandanten, die verschiedene Basiswährungen verwenden, in einen neuen Mandanten. Während des Konsolidierungsvorgangs können die entsprechenden Wechselkurse festgelegt werden.

> **HINWEIS**   Bevor die Konsolidierung durchgeführt wird, muss die Stapelverarbeitung *Wechselkurse regulieren* für jeden Mandanten ausgeführt werden.

Um die Konsolidierungen ausführen zu können, sind zunächst Einrichtungen in den Sachkonten vorzunehmen. Für Tochterunternehmen ist das Feld *Konsol. Umrechnungsmethode* auf der Registerkarte *Konsolidierung* im Fenster *Sachkontokarte* zu verwenden, um die Konsolidierungsmethode festzulegen, die auf ein Konto angewandt wird.

Die folgenden Auswahlmöglichkeiten sind verfügbar:

- **Durchschnittskurs (manuell)**   Der Durchschnittskurs für den zu konsolidierenden Zeitraum. Der Durchschnitt ist entweder als arithmetisches Mittel oder als Schätzung zu berechnen und im Konzernmandanten einzugeben. Dies ist die Standardauswahl.

- **Ultimokurs**   Der Schlusskurs am Devisenmarkt für den Tag, für den die Bilanz oder Gewinn- und Verlustrechnung erstellt wird. Der Kurs ist im Konzernmandanten einzugeben.

- **Historischer Kurs**   Der Wechselkurs für die Fremdwährung, der galt, als die Transaktion durchgeführt wurde

- **Mischkurs**   Die Beträge der laufenden Periode werden zum Durchschnittskurs umgerechnet und zum zuvor erfassten Saldo für den konsolidierten Mandanten addiert. Diese Methode wird meistens für GuV-Konten verwendet, da diese Beträge aus unterschiedlichen Perioden enthalten.

- **Eigenkapitalkurs**   Ähnlich dem Mischkurs. Die Buchung der Unterschiede erfolgt auf separate Sachkonten.

Die verschiedenen Auswahlmöglichkeiten unterstützen die Verwendung einer der beiden folgenden Umrechnungsmethoden:

- **Zeitmethode**   Diese wird verwendet, wenn das ausländische Tochterunternehmen als integraler Geschäftsbestandteil des Mutterunternehmens betrachtet wird

- **Tageskursmethode**   Diese wird verwendet, wenn das ausländische Unternehmen als eigenständig betrachtet wird

> **HINWEIS**   Zeitmethode bedeutet, dass alle kurzfristigen Aktiva und Passiva zum Tageskurs ausgewiesen werden. Alle langfristigen Aktiva und Passiva werden zum historischen Wert mit historischem Kurs ausgewiesen.
>
> Tageskursmethode bedeutet, dass alle Aktiva und Passiva mit dem Tageskurs und alle GuV-Salden mit dem Durchschnittskurs der Periode umgerechnet werden.

Die Implementierung dieser Methoden erfolgt, indem den Sachkonten wie nachstehend beschrieben für jede Methode eine Umrechnungsmethode zugewiesen wird.

Die Tabelle 7.14 enthält zusätzliche Details, wie die *Konsol. Umrechnungsmethode* für Sachkonten im Hinblick auf die Zeit- und Tageskursmethode festgelegt werden muss.

Kontoart	Zeitmethode	Tageskursmethode
Kasse und Forderungen	Ultimo	Ultimo
Wertpapiere des Umlaufvermögens	Ultimo	Ultimo
Lager, Marktwert	Ultimo	Ultimo
Lager, Kosten	Historisch	Ultimo
Aktive Rechnungsabgrenzungsposten	Historisch	Ultimo
Sachanlagen	Historisch	Ultimo
Immaterielle Vermögensgegenstände	Historisch	Ultimo
Kurzfristige Verbindlichkeiten	Ultimo	Ultimo
Passive Rechnungsabgrenzungsposten	Historisch	Ultimo
Langfristige Verbindlichkeiten	Ultimo	Ultimo
Stammkapital	Historisch	Historisch
Eingezahltes Grundkapital	Historisch	Historisch
Nicht ausgeschüttete Gewinne	Misch	Misch
Erträge	Durchschnitt	Durchschnitt
Aufwendungen	Durchschnitt	Durchschnitt
Umsatzaufwendungen	Historisch	Durchschnitt
Abschreibung	Historisch	Durchschnitt
Amortisation	Historisch	Durchschnitt

Tabelle 7.14 Details der Konsol. Umrechnungsmethode für Sachkonten

Der Konsolidierungsvorgang selbst wird vom Fenster *Konzernmandantenkarte* des Mutterunternehmens aus vorgenommen.

Menüoption: *Finanzmanagement/Finanzbuchhaltung/Periodische Aktivitäten/Konsolidierung/Konzernmandanten* (siehe Abbildung 7.30)

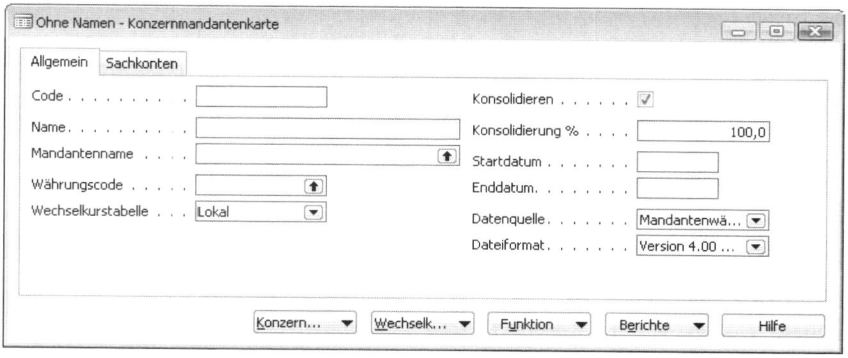

Abbildung 7.30 Konzernmandantenkarte (1/2)

Die folgenden Feldbeschreibungen sind spezifisch für Mehrwährungskonsolidierungen.

Das Feld *Währungscode* gibt die Mandantenwährung an, in der der Konzernmandant geführt wird. Ist kein Code festgelegt, werden die Beträge in der Konsolidierungsdatei als MW-Beträge betrachtet. Ist ein Code festgelegt, werden die konsolidierten Beträge als in dieser Währung geführt betrachtet.

HINWEIS   Wenn das ausländische Tochterunternehmen einen umgerechneten Abschluss bereitstellt, muss der Währungscode leer gelassen werden. Der Konsolidierungsvorgang betrachtet die konsolidierten Beträge als in MW geführt und nimmt keine Umrechnungen vor.

Das Feld *Wechselkurstabelle* wird verwendet, um die Wechselkurstabelle festzulegen, die beim Import der Konsolidierungsdaten verwendet werden soll. Wird *Lokal* verwendet, wird die Wechselkurstabelle des aktuellen Mandanten verwendet. Wird *Konzernmandant* verwendet, wird die Wechselkurstabelle des Konzernmandanten verwendet.

Die Registerkarte *Sachkonten* enthält einige Felder, um zu bebuchende Sachkonten auszuwählen (siehe Abbildung 7.31).

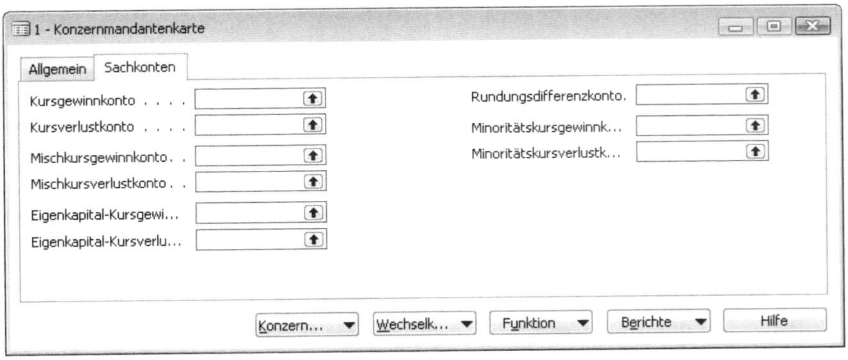

Abbildung 7.31   Konzernmandantenkarte (2/2)

Die Felder *Kursgewinnkonto* und *Kursverlustkonto* legen die Sachkonten fest, auf die etwaige Kursgewinne oder Kursverluste gebucht werden sollen.

Die Felder *Mischkursgewinnkonto* und *Mischkursverlustkonto* legen die Sachkonten fest, auf die alle Kursgewinne oder -verluste gebucht werden, die aus der Konsolidierung von Konten mit der Option *Mischkurs* im Feld *Konsol. Umrechnungsmethode* resultieren.

Die Felder *Eigenkapital-Kursgewinnkonto* und *Eigenkapital-Kursverlustkonto* legen die Sachkonten fest, auf die alle Kursgewinne oder -verluste gebucht werden, die aus der Konsolidierung von Konten mit der Option *Eigenkapitalkurs* im Feld *Konsol. Umrechnungsmethode* stammen.

Bevor der Import ausgeführt werden kann, müssen die Wechselkursdaten überprüft und aktualisiert werden. Dies geschieht über die Menüschaltfläche *Wechselkurse*. Jede der dort aufgeführten Auswahlmöglichkeiten zeigt das Fenster *Wechselkurse ändern* an.

Nachdem dort die Wechselkurse erfasst wurden, wird die Konsolidierung auf die gleiche Weise durchgeführt wie bei der Konsolidierung für eine einzige Währung.

Sobald die Konsolidierung beendet ist, werden alle Umrechnungsdifferenzen wie folgt gebucht:

- **Zeitmethode**   Alle Umrechnungsregulierungen werden auf die GuV-Konten für unrealisierte Erträge und Aufwendungen gebucht

- **Tageskursmethode**   Umrechnungsdifferenzen werden als kumulierte Umrechnungsregulierungen in den Eigenkapitalbereich der Bilanz gebucht

Arbeiten mit Fremdwährungen aus Compliance-Sicht

Potentielle Risiken

- Vermögensverluste durch die falsche Handhabung von Fremdwährungen (Effectiveness, Efficiency, Integrity, Compliance, Reliability)

- Falsche Bilanzansätze und GuV-Werte durch die falsche Handhabung von Fremdwährungen (Compliance, Integrity, Reliability)

Prüfungsziele

- Analyse einer den gesetzlichen und organisatorischen Regelungen entsprechenden Verwaltung der Fremdwährungen

- Sicherstellung der korrekten Erfassung und Buchung von Währungen und Wechselkursen

Prüfungshandlungen

Prüfung der Anlage von Währungen und Wechselkursen

Hier sind die organisatorischen Regelungen zu prüfen im Hinblick auf die Frage, wie und wann Währungen und Wechselkurse im System angelegt und gepflegt werden.

Object Designer: *Run Report 11516 Zugriffsrecht*

Prüfung der hinterlegten Wechselkurse auf Plausibilität

Für die eingerichteten Währungen sind die hinterlegten Wechselkurse auf Plausibilität hin zu prüfen. Zu vergleichen ist grundsätzlich ein zu einem ausgewählten Stichtag hinterlegter Wechselkurs mit dem offiziellen Wechselkurs. Zudem sind die übrigen Wechselkurse auf auffällige Schwankungen hin zu überprüfen. Auch ist zu prüfen, auf welchen Währungscode und auf welchen Wechselkursbetrag Bezug genommen wird, um die korrekte Berechnung sicherzustellen.

Feldzugriff: *Tabelle 330 Währungswechselkurs/Felder Wechselkursbetrag, Bezug auf Währungscode, Bezug auf Wechselkursbetrag*

Prüfung der für die Regulierung eingetragenen Wechselkurse

Die in den Feldern *Wechselkursbetrag* und *Regulierung Wechselkursbetrag* hinterlegten Beträge sollten zumindest zum Periodenende identisch sein. Diese Felder sind auf Differenzen hin zu überprüfen.

Feldzugriff: *Tabelle 330 Währungswechselkurs/Felder Wechselkursbetrag, Regulierung Wechselkursbetrag*

Prüfung der bisher gebuchten Kursregulierungen

Zur Überprüfung der bisher gebuchten Kursregulierungen kann das Kursregulierungsjournal genutzt werden.

Menüoption: *Finanzmanagement/Finanzbuchhaltung/Periodische   Aktivitäten/Währung/Kursregulierungsjournal*

Prüfung von Debitoren- und Kreditorenposten in Fremdwährung

Zur Prüfung von Debitoren- und Kreditorenposten in Fremdwährung kann der Report *Fremdwährung Saldo* genutzt werden.

Menüoption: *Finanzmanagement/Finanzbuchhaltung/Berichte/Sonstiges/Fremdwährung Saldo* (siehe Abbildung 7.32)

Abbildung 7.32 Report *Fremdwährung Saldo*

In diesem Bericht werden die Salden aller Debitoren und Kreditoren in der ausgewählten Fremdwährung sowie in der Mandantenwährung angezeigt. In Mandantenwährung werden zwei Salden angezeigt. Zum einen der Fremdwährungssaldo in Mandantenwährung mit dem Kurs zum Zeitpunkt der Transaktion sowie der Fremdwährungssaldo in Mandantenwährung mit dem Kurs zum aktuellen Arbeitsdatum (das Datum, an dem der Bericht aufgerufen wird).

Anlagenbuchhaltung

In der vollständig in die anderen Anwendungsbereiche integrierten Anlagenbuchhaltung finden sich alle relevanten Funktionalitäten für die Verwaltung von Anlagegütern. Diese helfen bei der effektiven und wirkungsvollen Verwaltung der Anlagen. Hierzu gehören alle Vorgänge bezüglich der Anschaffung und des Verkaufs sowie der Abschreibungen. Was die Abschreibungen anbelangt können beliebig viele *AfA-Bücher* geführt werden (d.h., für eine Anlage können verschiedene Abschreibungsarten und Laufzeiten hinterlegt werden), weshalb das Modul auch für den internationalen Einsatz geeignet ist. Neben den üblichen *AfA-Methoden* können zudem benutzerdefinierte *AfA-Methoden* erstellt werden.

Neben den grundlegenden Modulen für die Anlagenverwaltung stehen vier weitere Module zur Verfügung, und zwar Versicherung, Wartung, Verteilungen und Umbuchungen.

Aufgrund des Umfangs der Anlagenbuchhaltung selbst soll hier nur der Prozess von der Anschaffung bis zur Abschreibung eines Anlageguts betrachtet werden, wobei hier von einer integrierten Verwendung der Anlagenbuchhaltung ausgegangen wird.

Die Abbildung 7.33 stellt dabei diesen Prozess in vereinfachter Form dar.

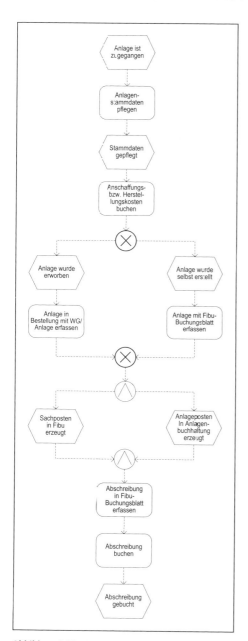

Abbildung 7.33 Prozess der Anlage und Abschreibung eines Anlageguts

Einrichtung und Ablauf der Anlagenbuchhaltung

Um Anlagegüter anschaffen und verwalten zu können, sind zunächst einige Einrichtungen vorzunehmen.

Anlagen Einrichtung

Im Fenster *Anlagen Einrichtung* werden grundsätzliche Einstellungen festgelegt.

Menüoption: *Finanzmanagement/Anlagen/Einrichtung/Anlagen Einrichtung* (siehe Abbildung 7.34)

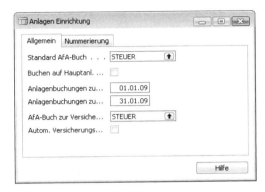

Abbildung 7.34 Anlagen Einrichtung

Auf der Registerkarte *Allgemein* enthält das Feld *Standard AfA-Buch* das AfA-Buch, welches standardmäßig verwendet werden soll. Eine Eingabe in diesem Feld verhindert aber nicht die Verwendung mehrerer AfA-Bücher.

Sind Anlagen in Hauptanlagen mit Unteranlagen unterteilt und sollen die Unteranlagen zurückverfolgt werden, kann direkt auf eine Hauptanlage gebucht werden. Um das Buchen auf einer Hauptanlage zu ermöglichen, ist das Feld *Buchen auf Hauptanl. erlaubt* zu aktivieren. Die beiden Felder *Anlagenbuchungen zugel. ab* und *Anlagebuchungen zugel. bis* entsprechen in ihrer Funktionsweise den Feldern *Buchungen zugel. ab* und *Buchungen zugel. bis* in der Finanzbuchhaltung Einrichtung.

Auf der Registerkarte *Nummerierung* können für die Anlagen Nummernserien eingerichtet werden.

AfA-Bücher

Um eine Anlage abschreiben zu können, müssen in der *AfA-Buch – Karte* entsprechende Parameter eingerichtet werden. Das AfA-Buch, welches standardmäßig für die Abschreibungen der Anlagen verwendet werden soll, kann in der *Anlagen Einrichtung* hinterlegt werden.

Menüoption: *Finanzmanagement/Anlagen/Einrichtung/AfA-Bücher* (siehe Abbildung 7.35)

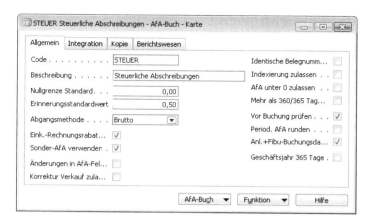

Abbildung 7.35 AfA-Buch – Karte

Einige der sich auf den einzelnen Registerkarten des Fensters befindenden Felder haben Auswirkungen auf die zu buchenden Abschreibungen bzw. auf grundsätzliche Vorgänge und werden im Folgenden beschrieben (siehe Tabelle 7.15).

Feld	Beschreibung
Code	Eingabe eines aussagekräftigen Codes für das AfA-Buch
Beschreibung	Hier wird die Beschreibung des AfA-Buchs eingegeben
Nullgrenze Standard	Ist der verbleibende Buchwert nach der zuletzt berechneten Abschreibung geringer als der Betrag in diesem Feld, wird der verbleibende Wert zur letzten Abschreibung hinzuaddiert. Damit wird sichergestellt, dass die Anlage zu 100% während der angegebenen Nutzungsdauer abgeschrieben wird.
Erinnerungsstandardwert	In diesem Feld kann ein Betrag eingegeben werden, wenn die Anlage mit einem Erinnerungswert nach Abschreibung erhalten bleiben soll
Abgangsmethode	*<Netto>* Dynamics NAV berechnet den Gewinn oder Verlust und bucht diesen Betrag auf die in den Anlagenbuchungsgruppen hinterlegten Konten. *<Brutto>* Wird diese Methode gewählt, wird der Gewinn oder Verlust nicht als einzelner Betrag gebucht. Stattdessen stellt der Gewinn oder Verlust die Differenz zwischen den entgegengesetzten Posten aus dem Verkaufserlös und dem Buchwert der Anlage bei Abgang dar.
Eink.-Rechnungsrabatt zulassen	Ist dieses Feld aktiviert, werden Zeilen- und Rechnungsrabatte von den gebuchten Anschaffungskosten der Anlage abgezogen. Die Buchung erfolgt auf das im Feld *Eink.-Anlagenrabattkonto* in der Tabelle *Buchungsmatrix Einrichtung* hinterlegte Sachkonto.
Sonder-AfA verwenden	Soll Sonder-AfA verwendet werden können, ist dieses Feld zu aktivieren
Änderungen in AfA-Feldern zul.	Die Aktivierung dieses Felds bewirkt, dass noch nach der ersten Abschreibung einer Anlage die AfA-Felder im *Anlagen-AfA-Buch* verändert werden dürfen. Wird das Häkchen entfernt, können die AfA-Felder nach der Buchung einer AfA, einer erhöhten AfA, einer Zuschreibung, einer Sonder-AfA, einer benutzerdefinierten AfA oder eines Verkaufs auf das jeweilige AfA-Buch nicht mehr geändert werden. Zu beachten ist, dass aus Grundsätzen der ordnungsgemäßen Buchführung dieses Feld nur im Notfall aktiviert werden sollte.
AfA unter 0 zulassen	Ist dieses Feld aktiviert, wird die Berechnung der Abschreibungen auch dann fortgesetzt, wenn der Buchwert der Anlage null oder kleiner als null ist

Tabelle 7.15 Felder der AfA-Buch – Karte

Feld	Beschreibung
Vor Buchung prüfen	Ist das Feld aktiviert, überprüft Dynamics NAV, ob es sich bei den Anschaffungskosten um die erste Buchung handelt und ob die Anschaffungskosten als Soll-Betrag gebucht wurden. Zudem wird geprüft, ob es sich bei Verkäufen um den letzten Posten handelt, die AfA-Grundlage einen Sollsaldo besitzt, der Buchwert einen Sollsaldo besitzt (sofern das Feld *AfA unter 0 zulassen* nicht aktiviert ist) und ob die kumulierte AfA, der kumulierte Restwert sowie der kumulierte Verkaufspreis Sollsalden besitzen.
Period. AfA runden	Sollen die Abschreibungen auf ganze Zahlen gerundet werden, ist dieses Feld zu aktivieren
Anl. + Fibu-Buchungsdat. gleich	Ist dieses Feld aktiviert, muss in beiden Datumsfeldern das gleiche Datum eingegeben sein
Felder der Registerkarte Integration	Durch Aktivierung dieser Felder kann festgelegt werden, welche Punkte aus der Anlagenbuchhaltung in die Finanzbuchhaltung integriert werden sollen. Wichtig ist, dass nur ein AfA-Buch in die Finanzbuchhaltung integriert wird, damit keine doppelten Buchungen vorgenommen werden.

Tabelle 7.15 Felder der AfA-Buch – Karte *(Fortsetzung)*

Anlagenbuchungsgruppen

Für die Durchführung von Buchungen im Zusammenhang mit Anlagen müssen Anlagenbuchungsgruppen erstellt und eingerichtet werden.

Menüoption: *Finanzmanagement/Einrichtung/Buchungsgruppen/Anlagen* (siehe Abbildung 7.36)

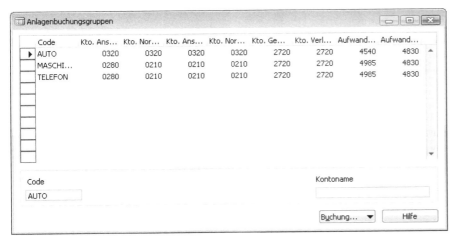

Abbildung 7.36 Anlagenbuchungsgruppen

Für jede eingerichtete Anlagenbuchungsgruppen muss eine Vielzahl von Sachkonten hinterlegt werden, die Dynamics NAV verwendet, um Vorgänge in der Anlagenbuchhaltung auf die hinterlegten Konten der Finanzbuchhaltung zu buchen, sofern die Integration der Anlagenbuchhaltung in die Finanzbuchhaltung eingerichtet ist.

Da im Fenster *Anlagenbuchungsgruppen* nicht alle Konten angezeigt werden, sollte über die Menüschaltfläche *Buchungsgruppe* auf die Karte einer jeden Buchungsgruppe gewechselt werden, um alle verfügbaren Felder anzeigen zu lassen (siehe Abbildung 7.37).

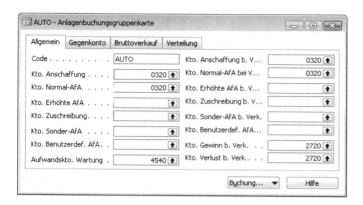

Abbildung 7.37 Anlagenbuchungsgruppenkarte

Die Registerkarte *Allgemein* enthält die Anlagen-Sachkonten aus der Bilanz, die beim Buchen von Anschaffungskosten, Abschreibungen oder Verkäufen verwendet werden sollen. Außerdem werden hier die Konten für einen Gewinn oder Verlust aus Verkäufen hinterlegt, wenn beim Verkauf im *AfA-Buch* die Methode *Netto* gewählt wurde.

Auf der Registerkarte *Gegenkonto* werden die Sachkonten hinterlegt, auf die Buchungen im Zusammenhang mit Abschreibungen ausgeführt werden sollen.

Auf der Registerkarte *Bruttoverkauf* werden die Sachkonten hinterlegt, die im Zusammenhang mit einem Verkauf bebucht werden sollen, wenn für Verkäufe im *AfA-Buch* die Methode *Brutto* gewählt wurde.

HINWEIS   Wird für Verkäufe die Netto-Methode gewählt, bedeutet dies, dass der Verkauf der Anlage saldiert dargestellt wird. Bei Wahl der Brutto-Methode dagegen werden sowohl die Erlöse als auch der Abgang des Restbuchwerts separat ausgewiesen. Entsprechend werden in der Finanzbuchhaltung entweder ein Konto (Netto-Methode) oder zwei Konten (Brutto-Methode) bebucht.

Sollen z.B. Abschreibungen nicht auf ein, sondern auf mehrere Aufwandskonten gebucht werden, werden hierzu die *Verteilungen* benutzt, die über die Menüschaltfläche *Buchungsgruppe* aufgerufen werden können. Nach der Einrichtung eines Verteilungsschlüssels ist der verteilte Prozentsatz auf der Registerkarte *Verteilung* ersichtlich.

Anlagenstammdaten

Sind alle notwendigen Einrichtungen hinterlegt, kann die neue Anlage angelegt und entsprechend verwaltet werden.

Die Eingabe von Stammdaten für eine neue Anlage wird in der *Anlagenkarte* vorgenommen.

Menüoption: *Finanzmanagement/Anlagen/Anlagen* (siehe Abbildung 7.38)

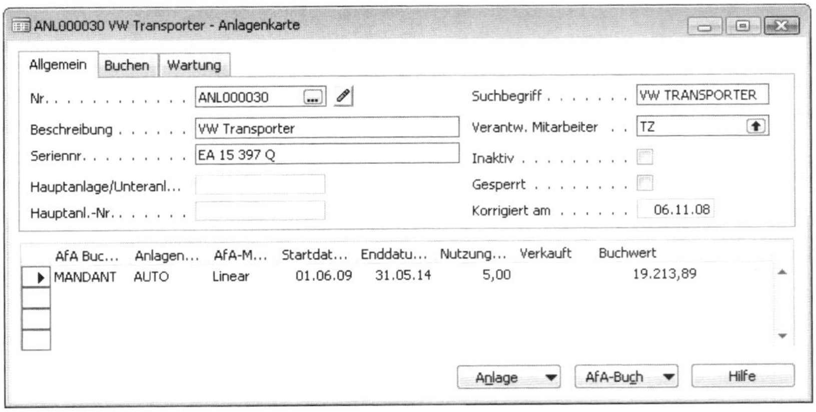

Abbildung 7.38 Anlagenkarte

Eine *Anlagenkarte* besteht aus einem Anlagenkopf und den Anlagenzeilen. Der Kopf enthält grundlegende Informationen über die Anlage, während die Zeilen mit mindestens einem AfA-Buch verbunden und somit für die korrekte Steuerung der Abschreibung und der Buchung in die Finanzbuchhaltung verantwortlich sind. Allerdings können hier auch mehrere AfA-Bücher hinterlegt werden, wenn beispielsweise für die Betriebsrechnung andere Abschreibungen als die steuerlich zulässigen gelten sollen.

Im Anlagenkopf stehen unter anderem die folgenden Felder für die Hinterlegung von Stammdaten zur Verfügung (siehe Tabelle 7.16):

Feld	Beschreibung
Nr.	Eingabe der Anlagennummer. Dieses Feld kann mit einer Nummernserie verknüpft werden, welche in der *Anlagen Einrichtung* hinterlegt wird.
Beschreibung	Hinterlegung der Beschreibung der Anlage
Seriennr.	Besitzt die Anlage eine Seriennummer, kann diese hier hinterlegt werden
Hauptanlage/Unteranlage	Dieses Feld gibt an, ob es sich bei der Anlage um eine Haupt- oder Unteranlage handelt
Hauptanl.-Nr.	Handelt es sich bei der Anlage um eine Hauptanlage, enthält dieses Feld die Nummer der Hauptanlage
Verantw. Mitarbeiter	Einer Anlage kann ein Mitarbeiter zugeordnet werden, der für diese Anlage verantwortlich ist. Die Hinterlegung erfolgt in diesem Feld.
Inaktiv	Ist dieses Feld aktiviert, können auf die Anlage keine Buchungen vorgenommen werden. Zudem kann die Anlage auch nicht in Stapelverarbeitungen und Berichten aufgerufen werden.
Gesperrt	Ist eine Anlage gesperrt, können für diese Anlage keine Buchungen vorgenommen werden
Anlagenklassencode	Dient der Klassifizierung einer Anlage, wenn diese einer bestimmten Kategorie zugewiesen werden soll und kann gleichzeitig als Filterkriterium und zur Bildung einer Gruppensumme im Bericht *Anlagenspiegel* verwendet werden. Die Anlage und/oder Auswahl erfolgt durch den Lookup rechts im Feld.
Anlagensachgruppencode	Um eine Anlage noch detaillierter einordnen zu können, kann einer Anlage eine Anlagensachgruppe zugewiesen werden. Gleichzeitig kann der Anlagensachgruppencode als Filterkriterium und zur Bildung einer Gruppensumme im Bericht *Anlagenspiegel* verwendet werden. Die Anlage und/oder Auswahl erfolgt durch den Lookup rechts im Feld.

Tabelle 7.16 Ausgewählte Felder der Anlagenkarte

Feld	Beschreibung
Anlagenstandortcode	Auch der Standort einer Anlage kann verwaltet werden. Die Anlage und/oder Auswahl erfolgt durch den Lookup rechts im Feld. Gleichzeitig kann der Anlagenstandortcode als Filterkriterium und zur Bildung einer Gruppensumme im Bericht *Anlagenspiegel* verwendet werden.

Tabelle 7.16 Ausgewählte Felder der Anlagenkarte *(Fortsetzung)*

In den Zeilen stehen unter anderem die folgenden Felder zur Verfügung, die ausgefüllt werden müssen, um eine korrekte Abschreibung sowie korrekte Buchungen bei integrierter Verwendung der Anlagenbuchhaltung in die Finanzbuchhaltung zu gewährleisten. Zu beachten ist, dass standardmäßig nicht sämtliche Felder eingeblendet sind, sodass diese bei Bedarf erst noch über *Ansicht/Spalte anzeigen* eingeblendet werden müssen (siehe Tabelle 7.17).

Feld	Beschreibung
AfA Buchcode	Hier wird der Anlage ein AfA-Buch zugewiesen
Anlagenbuchungsgruppe	Hier wird der Anlage eine Anlagenbuchungsgruppe zugewiesen (Zur Bedeutung der Anlagenbuchungsgruppe siehe oben)
AfA-Methode	Hier wird eine AfA-Methode für die Anlage hinterlegt. Der Anlage dürfen dabei nur eine der folgenden AfA-Methoden zugewiesen werden: *Linear, Degr1/Linear, Tabelle, Manuell* Zur Bedeutung der einzelnen Methoden und wie Dynamics NAV Abschreibungen berechnet, können Sie in der Online-Hilfe nachlesen
Startdatum Normal-AfA	Eingabe des Datums, ab dem die Anlage abgeschrieben werden soll
Nutzungsdauer in Jahren	Eingabe der Abschreibungsdauer für die Anlage. Ist hier eine Eingabe erfolgt, füllt Dynamics NAV automatisch die Felder *Enddatum der Nutzungsdauer* und *Nutzungsdauer in Monaten*.
Degressive AfA %	Soll eine Anlage degressiv abgeschrieben werden, ist hier zwingend der degressive Prozentsatz einzugeben

Tabelle 7.17 Felder der Tabelle *Anlagen-AfA-Buch*

Anschaffung einer Anlage

Die Anschaffung einer Anlage kann erst gebucht werden, wenn eine Anlagennummer vergeben und die notwendigen Stammdaten der Anlage hinterlegt wurden.

Wird das Anlagengut von einem Kreditor eingekauft, sollte der Einkauf durch Nutzung eines Einkaufsbelegs ausgeführt werden (ausführliche Informationen zum Einkaufsprozess finden Sie in Kapitel 4).

Menüoption: *Finanzmanagement/Kreditoren/Rechnungen* (siehe Abbildung 7.39)

Beim Ausfüllen des Einkaufsbelegs sind folgende Besonderheiten, abweichend vom Einkaufsprozess beispielsweise für einen Artikel, zu beachten:

Das Feld *Art* muss mit der Option *WG/Anlage* gefüllt sein. Erst dann kann im Feld *Nr.* Bezug auf die schon angelegten Anlagengüter genommen werden und das Anlagengut, welches eingekauft werden soll, ausgewählt werden.

Zudem muss über *Ansicht/Spalte anzeigen* das Feld *Anlagenbuchungsart* eingeblendet werden und mit der Option *Anschaffung* gefüllt werden.

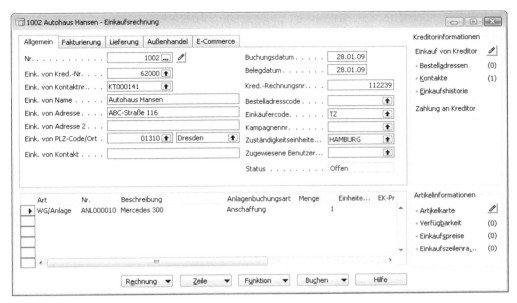

Abbildung 7.39 Einkaufsbeleg bei Einkauf einer Anlage

Wird der Einkauf gebucht, entstehen sowohl Sachposten in der Finanzbuchhaltung als auch Anlageposten in der Anlagenbuchhaltung.

Abweichend hiervon kann die Anschaffung eines Anlageguts auch über die *Anlagen Fibu Buch.-Blätter* abgewickelt werden, gerade wenn es sich um die Anschaffung eines selbst hergestellten Anlageguts handelt.

Menüoption: *Finanzmanagement/Anlagen/Anlagen Fibu Buch.-Blätter* (siehe Abbildung 7.40)

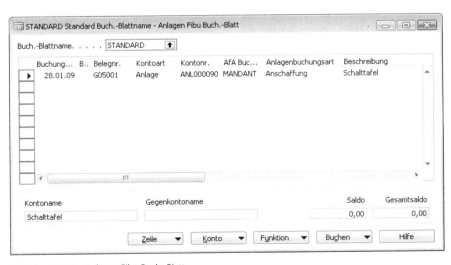

Abbildung 7.40 Anlagen Fibu Buch.-Blatt

Das entsprechende Gegenkonto aus der Finanzbuchhaltung, auf den der Vorgang gebucht werden soll, kann entweder manuell oder über die Menüschaltfläche *Funktion/Anlagengegenkonto einfügen* eingetragen werden.

Abschreibung einer Anlage

Es gibt zwei Möglichkeiten, Abschreibungen zu buchen:

- Manuell mit dem *Anlagen Fibu Buch.-Blatt*

- Automatisch durch Ausführen der Stapelverarbeitung *AfA berechnen*

An dieser Stelle soll jedoch nur die Vorgehensweise bei Nutzung der Stapelverarbeitung betrachtet werden.

Diese kann monatlich oder bei Bedarf ausgeführt werden. Verkaufte, gesperrte, inaktive oder Anlagen, die die AfA-Methode *Manuell* verwenden, werden dabei nicht berücksichtigt. Der Aufruf der Stapelverarbeitung erfolgt über

Menüoption: *Finanzmanagement/Anlagen/Periodische Aktivitäten/AfA berechnen* (siehe Abbildung 7.41)

Abbildung 7.41   Stapelverarbeitung *AfA berechnen* (1/2)

Auf der Registerkarte *Anlage* können Filter zur Auswahl der Anlagen angegeben werden, die abgeschrieben werden sollen.

Auf der Registerkarte *Optionen* sind weitere Angaben vorzunehmen (siehe Abbildung 7.42):

Abbildung 7.42   Stapelverarbeitung *AfA berechnen* (2/2)

Die Felder haben dabei folgende Bedeutung (siehe Tabelle 7.18):

Feld	Beschreibung
AfA-Buch	Auswahl des AfA-Buchs, für welches die Abschreibungen berechnet werden sollen
Anlagedatum	Eingabe des Datums, welches als Enddatum für die Berechnung der Abschreibungen verwendet werden soll. Ist für eine Anlage schon eine Abschreibung gebucht worden, wird das letzte Anlagenbuchungsdatum des letzten AfA-Postens als Startdatum für die Berechnung der aktuellen Abschreibung herangezogen. Ansonsten wird Bezug auf das in der *Anlagenkarte* eingegebene Datum im Feld *Startdatum Normal-AfA* genommen.
Feste Anzahl Tage verwenden	Soll eine feste Anzahl von Tagen für die Berechnung der Abschreibung verwendet werden, ist dieses Feld zu aktivieren
Feste Anzahl Tage	Ist das Feld *Feste Anzahl Tage verwenden* aktiviert, ist hier die Anzahl der Tage einzugeben, für die die Abschreibung berechnet werden soll
Buchungsdatum	Eingabe des Buchungsdatums, mit dem die berechnete Abschreibung gebucht werden soll
Belegnr.	Wird für Anlagen Buch.-Blätter eine Nummernserie verwendet, ist dieses Feld leer zu lassen, ansonsten ist eine eindeutige Belegnummer einzugeben
Buchungsbeschreibung	Eingabe einer eindeutigen Buchungsbeschreibung
Gegenkonto einfügen	Ist das Feld aktiviert, werden automatisch die in der Tabelle *Anlagenbuchungsgruppen* definierten Gegenkonten in das Buch.-Blatt eingefügt

Tabelle 7.18 Felder der Registerkarte *Optionen* der Stapelverarbeitung *AfA berechnen*

Durch Bestätigen mit der Schaltfläche *OK* werden die Abschreibungen berechnet und in das *Anlagen Fibu Buch.-Blatt* eingefügt. Die dort eingefügten Zeilen müssen noch gebucht werden, damit Dynamics NAV automatisch Sachposten in der Finanzbuchhaltung und Anlagenposten in der Anlagenbuchhaltung erstellt.

Anlagenbuchhaltung aus Compliance-Sicht

Potentielle Risiken

- Berechnung und Buchung von gesetzlich nicht zulässigen Abschreibungen (Compliance, Integrity, Reliability)
- Werte der Hauptbuchhaltung (Finanzbuchhaltung) stimmen nicht mit denen der Nebenbuchhaltung (Anlagenbuchhaltung) überein (Compliance, Integrity, Reliability)
- Falsche Bilanzansätze durch fehlerhafte Handhabung (Compliance, Integrity, Reliability)

Prüfungsziele

- Analyse einer den gesetzlichen und organisatorischen Regelungen entsprechenden Verwaltung der Anlagengüter
- Sicherstellung der korrekten Erfassung und Buchung von Anlagegütern

Prüfungshandlungen

Prüfung der Anlage von Anlagegütern

Hier ist zu prüfen, wer Anlagen anlegen und verwalten darf.

Object Designer: *Run Report 11516 Zugriffsrecht*

Prüfung der Dokumentation von Anlagenbuchungen

Allen in AfA-Büchern gebuchten Posten werden automatisch aufeinander folgende Postennummern zugewiesen. In den Anlagenjournalen, die bei jeder Buchung automatisch erstellt werden, werden die Posten unabhängig von den Anlagenummern und AfA-Buch-Nummern in der Reihenfolge der Postennummern geordnet. Um Buchungen zu prüfen, sollten entsprechend die Anlagenjournale herangezogen werden.

Menüoption: *Finanzmanagement/Anlagen/Historie/Anlagenjournale*

Prüfung der Anlagen

Prüfungshandlungen in Bezug auf die Anlagen selbst können vielfältig sein. Beispielsweise sollte die Nutzungsdauer einer Anlage mit den amtlichen AfA-Tabellen verglichen und abgestimmt werden. Darüber hinaus sollten die für eine Anlage vorgenommenen Buchungen geprüft werden. Um Anlagen mit den dazugehörigen Posten auswerten zu können, stehen verschiedene Berichte zur Verfügung:

Menüoption: *Finanzmanagement/Anlagen/Berichte/Anlagen/Buchungsgruppe – Bewegung* (siehe Abbildung 7.43)

Abbildung 7.43   Report *Anl.-Buchungsgruppe – Bewegung*

Dieser Bericht zeigt die Bewegung der gebuchten Anlagenposten pro Anlagenbuchungsgruppe. Wenn die Fibu-Integration für das AfA-Buch aktiviert ist, sollten die Beträge im Bericht den Bewegungen auf den Sachkonten entsprechen, die den Anlagenbuchungsgruppen zugewiesen wurden. Entsprechend kann der Bericht bei der Abstimmung der Anlagenbuchhaltung mit der Finanzbuchhaltung eingesetzt werden.

Der Bericht besteht aus zwei Abschnitten. Der erste Abschnitt zeigt die Bewegung für jedes Sachkonto jeder Anlagenbuchungsgruppe. Der zweite Abschnitt zeigt die Gesamtbewegung für jedes Sachkonto für alle Anlagenbuchungsgruppen.

Auf der Registerkarte *Anlagen-AfA-Buch* können Filter gesetzt werden, wenn der Bericht nur bestimmte AfA-Bücher, Anlagen oder Anlagenbuchungsgruppen enthalten soll. Auf der Registerkarte *Optionen* kann der Bericht über verschiedene Optionen auf die unternehmensspezifischen Anforderungen abgestimmt werden.

Menüoption: *Finanzmanagement/Anlagen/Berichte/Anlagen/Anlagenspiegel* (siehe Abbildung 7.44)

In diesem Bericht werden detaillierte Informationen über die Anschaffungskosten, Abschreibungen, erhöhte Abschreibung, Zuschreibung und Buchwerte für individuelle Anlagen und Gruppen von Anlagen ausgegeben. Für jede der Kategorien werden die Beträge für den Beginn und das Ende der Periode sowie für die Periode selbst ausgegeben.

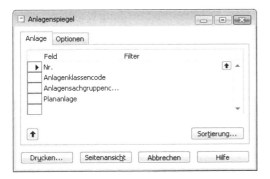

Abbildung 7.44 Report *Anlagenspiegel*

Menüoption: *Finanzmanagement/Anlagen/Berichte/Anlagen/Fibu-Analyse* (siehe Abbildung 7.45)

Abbildung 7.45 Report *Anlage – Fibu-Analyse*

Dieser Bericht zeigt eine Analyse der Anlagengüter für verschiedene Arten von Daten, sowohl für einzelne als auch für Gruppen von Anlagen. Auf der Registerkarte *Anlage* können Filter gesetzt werden, wenn im Bericht nur bestimmte Anlagen berücksichtigt werden sollen. Auf der Registerkarte *Optionen* kann der Bericht über verschiedene Optionen auf die unternehmensspezifischen Anforderungen abgestimmt werden. Zu beachten ist, dass alle in Bezug auf diesen Bericht verwendeten Datumsangaben Buchungsdaten sind. Die Beträge in dem Bericht werden aus den Anlagenposten berechnet. Ist für die jeweiligen Buchungsarten im entsprechenden AfA-Buch die Integration zur Finanzbuchhaltung aktiviert, werden in dem Bericht auch die Sachposten mit ausgegeben.

Mehrwertsteuer in Dynamics NAV/Erstellung einer Umsatzsteuervoranmeldung

In diesem Abschnitt erfolgt die Betrachtung der MwSt. in Dynamics NAV. Da schon in den vorherigen Kapiteln teilweise ausführlich auf den Bereich der MwSt. eingegangen wurde (siehe z.B. Kapitel 3, in dem die Buchungsvorgänge im Bereich der MwSt. beschrieben werden), richtet sich die Betrachtung hier einzig und allein um die Erstellung der abzugebenden Umsatzsteuervoranmeldungen sowie der damit zusammenhängenden Arbeiten und Auswertungsmöglichkeiten.

Die Abbildung 7.46 stellt dabei den Prozess der Erstellung einer Umsatzsteuervoranmeldung in vereinfachter Form dar.

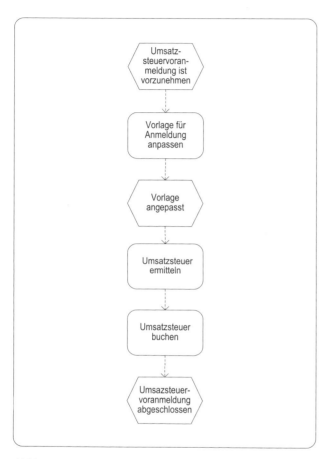

Abbildung 7.46   Prozess der Erstellung einer Umsatzsteuervoranmeldung

Ablauf und Einrichtung der Umsatzsteuervoranmeldung

Dynamics NAV stellt standardmäßig die Möglichkeit zur Verfügung, Umsatzsteuervoranmeldungen zu erstellen. Dazu gibt es mit der MwSt.-Abrechnung *USTVA* eine entsprechende Vorlage.

Menüoption: *Finanzmanagement/Finanzbuchhaltung/Periodische   Aktivitäten/MwSt./MwSt.-Abrechnung* (siehe Abbildung 7.47)

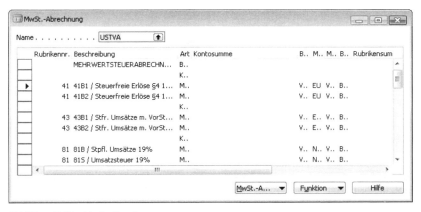

Abbildung 7.47 MwSt.-Abrechnung

Die vorhandene Vorlage ist auf der Basis der Funktionalitäten der MwSt.-Abrechnung entstanden. Um zu prüfen, inwieweit die Einstellungen hier zutreffend sind und um mögliche Änderungen vornehmen zu können, ist es wichtig, die Funktionsweise der MwSt.-Abrechnung zu kennen.

Die MwSt.-Abrechnung basiert sowohl auf den Konten im Fenster *Kontenplan* als auch auf den *MwSt.-Posten*. Der Vorteil der Verwendung der *MwSt.-Posten* besteht darin, dass diese durch Buchen der MwSt.-Abrechnung geschlossen werden können. So basiert die Abrechnung *USTVA* auch auf MwSt.-Posten.

Eine MwSt.-Abrechnung sollte gewöhnlich nur bei der erstmaligen Einrichtung eines Mandanten festgelegt werden. Nur gesetzliche Änderungen wie z.B. die Änderung des Steuersatzes erfordern eine Änderung der Einrichtung. Die Vorlage selbst ist in dem vom Gesetzgeber geforderten Format eingerichtet.

Durch die Einrichtung wird bestimmt, wie die Abrechnung berechnet wird und im Ausdruck erscheint. Dazu sind in den Zeilen die entsprechenden Informationen festzulegen.

Das Fenster selbst enthält die folgenden Felder (siehe Tabelle 7.19):

Feld	Beschreibung
Rubrikennr.	Hier ist eine eindeutige Nummer für eine Zeile zu vergeben. Dieses Feld wird für die Summenfunktion verwendet. Es sollten die in dem amtlichen Vordruck angegebenen Nummern verwendet werden.
Beschreibung	Hier ist eine Beschreibung der MwSt.-Abrechnungszeile einzugeben. Es sollte die Beschreibung eingeben werden, die auf dem amtlichen Vordruck verwendet wird.
Art	Hier wird der Inhalt der MwSt.-Abrechnungszeile festgelegt. Die Auswahlmöglichkeiten sind: *<Kontosumme>* Soll die MwSt. aus der Summe der Sachposten berechnet werden, ist diese Option zu verwenden. Ist diese Option gewählt, muss im Feld *Kontosumme* der Bereich der Sachkonten angegeben werden, die zusammen gezählt werden sollen. *<MwSt.-Summe>* Soll die MwSt. aus der Summe der MwSt.-Posten berechnet werden, ist diese Option zu verwenden. Ist diese Option gewählt, müssen auch die Felder *Buchungsart*, *MwSt.-Geschäftsbuchungsgruppe*, *MwSt.-Produktbuchungsgruppe* und *Betragsart* gefüllt werden. *<Rubrikensumme>* Diese Option wird verwendet, um Rubriken aus der MwSt.-Abrechnung zusammenzuzählen. Ist diese Option gewählt, muss auch im Feld *Rubrikensumme* der Bereich der Rubriken eingeben werden, die zusammen gezählt werden sollen. *<Beschreibung >* Soll die Zeile nur Text oder Symbole enthalten, ist diese Option zu wählen

Tabelle 7.19 Felder des Dialogfeldes *MwSt.-Abrechnung*

Feld	Beschreibung
Kontosumme	Wenn im Feld *Art* die Option *Kontosumme* gewählt wurde, sind hier die Sachkonten festzulegen, die in der *Rubrikensumme* enthalten sein sollen
Buchungsart	Dieses Feld ist nur auszufüllen, wenn im Feld *Art* die Option *MwSt.-Summe* gewählt wurde.
	Die entscheidenden Arten sind hier *Einkauf* oder *Verkauf*. *Einkauf* ist dann zu wählen, wenn die Vorsteuerposten zusammengezählt werden sollen. Verkauf ist zu wählen, wenn die Umsatzsteuerposten zusammengezählt werden sollen.
	Zusammen mit den Feldern *MwSt.-Geschäftsbuchungsgruppe* und *MwSt.-Produktbuchungsgruppe* bestimmen Sie, welche MwSt.-Posten aus der Tabelle *MwSt.-Posten* zusammengezählt werden.
MwSt.-Geschäftsbuchungsgruppe	Dieses Feld ist nur auszufüllen, wenn im Feld *Art* die Option *MwSt.-Summe* gewählt wurde.
	Hier wird die für die *Rubrikennr.* maßgebliche *MwSt.-Geschäftsbuchungsgruppe* ausgewählt. Eine MwSt.-Geschäftsbuchungsgruppe kann über den Lookup rechts im Feld ausgewählt werden.
	Zusammen mit den Feldern *Buchungsart* und *MwSt.-Produktbuchungsgruppe* bestimmen sie, welche MwSt.-Posten aus der Tabelle *MwSt.-Posten* zusammengezählt werden.
MwSt.-Produktbuchungsgruppe	Dieses Feld ist nur auszufüllen, wenn im Feld *Art* die Option *MwSt.-Summe* gewählt wurde.
	Hier wird die für die *Rubrikennr.* maßgebliche *MwSt.-Produktbuchungsgruppe* ausgewählt. Eine MwSt.-Produktbuchungsgruppe kann über den Lookup rechts im Feld ausgewählt werden.
	Zusammen mit den Feldern *Buchungsart* und *MwSt.-Geschäftsbuchungsgruppe* bestimmen sie, welche MwSt.-Posten aus der Tabelle *MwSt.-Posten* zusammengezählt werden.
Betragsart	Wurde im Feld *Art* die Option *MwSt.-Summe* ausgewählt, wird hier festgelegt, ob die MwSt.-Beträge oder die MwSt.-Bemessungsgrundlagen zusammengezählt werden sollen. Folgende Auswahlmöglichkeiten stehen zur Verfügung:
	<Leer> Es wird kein Gesamtbetrag berechnet
	<Betrag> Der MwSt.-Betrag in den ausgewählten MwSt.-Posten wird in der Rubrik summiert
	<Bemessungsgr.> Die Bemessungsgrundlage, mit der die MwSt. in den ausgewählten MwSt.-Posten berechnet wurde, wird in der Rubrik summiert
	Wird mit unrealisierter MwSt. gearbeitet, stehen hier auch noch die Auswahlmöglichkeiten *Unrealisierte MwSt.-Betrag* und *Unrealisierte Bemessungsgrundlage* zur Auswahl.
Rubrikensumme	Ist im Feld *Art Rubrikensumme* gewählt worden, wird hier der Bereich oder eine Reihe von Rubriken festgelegt, die in der Summe enthalten sein sollen
Berechnen mit	Hier wird festgelegt, ob die MwSt.-Posten bei der Durchführung der Berechnungen mit Vorzeichen oder mit umgekehrtem Vorzeichen berechnet werden sollen
Drucken	Soll die entsprechende Rubrik mit ausgedruckt werden, ist dieses Feld zu aktivieren
Drucken mit	Hier wird festgelegt, ob die Beträge beim Druck mit Ihrem ursprünglichen oder mit umgekehrtem Vorzeichen gedruckt werden sollen
Neue Seite	Dieses Feld ist zu aktivieren, wenn die MwSt.-Abrechnung beim Ausdrucken nach der Rubrik mit einer neuen Seite fortgesetzt werden soll

Tabelle 7.19   Felder des Dialogfeldes *MwSt.-Abrechnung (Fortsetzung)*

HINWEIS   Wichtig ist zudem die Prüfung der im unteren Bereich der Vorlage eingerichteten Probe. Hier werden die Beträge, die auf die einzelnen Sachkonten, auf die Mehrwertsteuer gebucht wird, summiert und addiert. Im Ergebnis müssen diese Werte wiederum mit der Summe der MwSt.-Posten übereinstimmen. Somit kann auf einfache Art und Weise eine Verprobung stattfinden.

Neben der Möglichkeit, die MwSt-Abrechnung auszudrucken und die Werte manuell z.B. in das Elster-Onlineportal zu übertragen, bietet Dynamics NAV auch die Möglichkeit, die ermittelten Werte elektronisch an die Finanzbehörden zu übermitteln. Soll die Voranmeldung per Internet übertragen werden, wird die USt.-Voranmeldungskarte verwendet, um alle erforderlichen Informationen zusammen mit den MwSt.-Abrechnungen einzurichten.

Menüoption: *Finanzmanagement/Finanzbuchhaltung/Periodische Aktivitäten/MwSt./Umsatzsteuervoranmeldung (siehe Abbildung 7.48)*

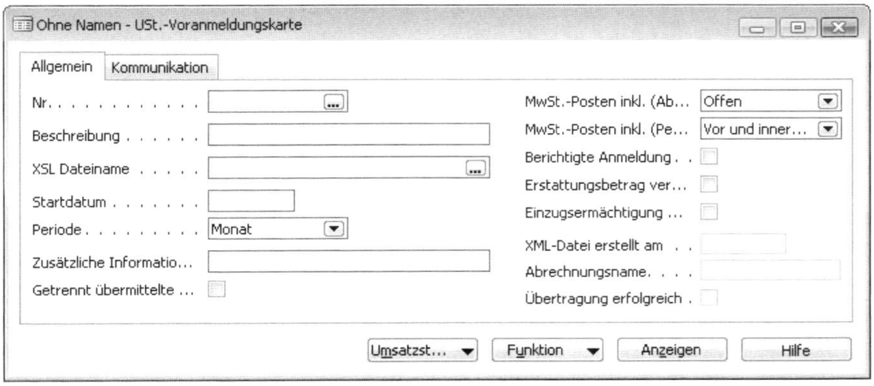

Abbildung 7.48 USt.-Voranmeldungskarte

Für jede zu sendende Benachrichtigung muss ein neuer Datensatz mit einer neuen Nummer erstellt werden. Es ist ein Startdatum und eine Periode einzugeben. Zudem können die anderen Felder verwendet werden, um zusätzliche Informationen an die Finanzbehörden zu senden oder um festzulegen, wie in der Umsatzsteuervoranmeldung enthaltene Zahlen berechnet werden sollen. Sind die erforderlichen Felder ausgefüllt, kann ein XML-Dokument für die Umsatzsteuervoranmeldung erstellt und an die Finanzbehörden gesendet werden.

Nach der Erstellung des XML-Dokuments für die Umsatzsteuervoranmeldung können die Felder auf der USt.-Voranmeldungskarte mit Ausnahme der Felder *Beschreibung* und *XSL-Dateipfad* nicht mehr geändert werden, da sie den Inhalt des XML-Dokuments definieren. Wurde ein XML-Dokument erstellt und soll für den gleichen Zeitraum ein neues XML-Dokument erstellt werden, ohne das vorhandene Dokument zu übertragen, kann dieses mithilfe der Funktion *XML-Datei löschen* gelöscht werden. Nach jeder Übertragung an die Finanzbehörden wird ein Übertragungsprotokollposten aufgezeichnet, der über die Menüschaltfläche *Umsatzsteuervoranmeldung/Übertragungsprotokollposten* angezeigt werden kann.

Für weitere Informationen zur elektronischen Übermittlung und deren Einrichtung wird auf die Online-Hilfe verwiesen.

Bericht »UVA-Kontennachweis«

Zur Prüfung der auf der Umsatzsteuervoranmeldung ausgedruckten Mehrwertsteuer kann der Bericht *UVA-Kontennachweis* verwendet werden. Der Bericht stellt die auf die einzelnen Sachkonten gebuchten Beträge (Bemessungsgrundlage) dar, wobei Grundlage die MwSt.-Posten sind.

Menüoption: *Finanzmanagement/Finanzbuchhaltung/Periodische Aktivitäten/MwSt./MwSt.-Abrechnung/Funktion/UVA-Kontennachweis*

Es öffnet sich das Fenster *UVA-Kontennachweis*, welches wie folgt ausgefüllt werden sollte (siehe Abbildung 7.49):

Abbildung 7.49 UVA Kontennachweis

ACHTUNG   MwSt.-Posten und Sachposten weisen, was die Darstellungsweise des Berichts anbelangt, nicht immer eine 1 zu 1-Beziehung auf. Das bedeutet, dass in der Finanzbuchhaltung zwar verschiedene Sachkonten bebucht wurden, jedoch nur ein MwSt.-Posten entstanden ist, der im Bericht saldiert nur auf einem Konto ausgewiesen wird. Bestes Beispiel hierfür ist die Buchung einer Verkaufsrechnung mit einem Zeilenrabatt. Bei entsprechender Einrichtung der Buchungsmatrix erfolgt die Buchung auf zwei verschiedene Konten (Erlöskonto und Rabattkonto), der Bericht jedoch weist den saldierten Betrag nur für das Erlöskonto aus.

Abrechnen und Buchen von MwSt.

Die auf die verschiedenen Bilanzkonten gebuchten Beträge können in ausgewählten Abschnitten auf ein USt-Verbindlichkeits- oder -Forderungskonto gebucht werden. Dazu steht die periodische Aktivität *MwSt. abrechnen und buchen* zur Verfügung.

Menüoption: *Finanzmanagement/Finanzbuchhaltung/Periodische Aktivitäten/MwSt./MwSt. abrechnen und buchen* (siehe Abbildung 7.50)

Abbildung 7.50 MwSt. abrechnen und buchen

Das Buchen der Stapelverarbeitung schließt offene MwSt.-Posten und überträgt Vorsteuer- und Umsatzsteuerbeträge auf das gewählte Ausgleichskonto.

Sind die MwSt.-Posten geschlossen, ist das Feld *Abgeschlossen* in den MwSt.-Posten mit einem Häkchen versehen. Ebenso wird die Postennummer des MwSt.-Postens, der den Posten geschlossen hat, automatisch in das Feld *Geschlossen von Lfd. Nr.* eingetragen, jedoch nur dann, wenn der Betrag zwischen Sachkonten übertragen wird.

Wenn ein MwSt.-Betrag auf ein Ausgleichskonto übertragen wird, werden die für den Berechnungszeitraum ermittelten Beträge den Vorsteuerkonten als Habenbuchung gutgeschrieben und den Umsatzsteuerkonten als Sollbuchung belastet. Der Saldo aus den Vorsteuer- und Umsatzsteuerkonten wird entsprechend als Soll- oder Habenbetrag auf das Ausgleichskonto gebucht.

MwSt./Umsatzsteuervoranmeldung aus Compliance-Sicht

Potentielle Risiken

- Vermögensverlust durch Fehlbuchungen im Bereich der Mehrwertsteuer (Compliance, Integrity, Reliability)
- Vermögensverlust durch fehlerhafte Einrichtung der MwSt.-Abrechnung (Compliance, Integrity, Reliability)
- Vermögensverlust durch direkte Buchungen auf MwSt.-Sachkonten (Compliance, Integrity, Reliability)
- Falscher Bilanzausweis durch Fehlbuchungen in der Abrechnung und Buchung von MwSt. (Compliance, Integrity, Reliability)

Prüfungsziele

- Analyse der MwSt.-Posten
- Sicherstellung einer korrekten Einrichtung der MwSt.-Abrechnung
- Analyse der MwSt.-Sachkonten
- Analyse der Sachposten hinsichtlich Fehlbuchungen bei der Abrechnung der Mehrwertsteuer

Prüfungshandlungen

Grundsätzliche Analysemöglichkeiten im Bereich der MwSt.

Grundsätzlich sollten die MwSt.-Buchungen und die dadurch entstandenen MwSt.-Posten (stichprobenartig) auf Fehler überprüft werden. Hierzu können folgende Berichte genutzt werden:

Menüoption: *Finanzmanagement/Finanzbuchhaltung/Berichte/MwSt.-Abrechnung/MwSt.-Journal* (siehe Abbildung 7.51)

Abbildung 7.51 Report *MwSt.-Journal*

Der Bericht kann zur Dokumentation der Inhalte eines Journals für interne oder externe Buchprüfungen verwendet werden. Er enthält die MwSt.-Posten, die beim Buchen in einem MwSt.-Journal errichtet wurden. Die MwSt.-Posten werden dabei nach Fibujournal getrennt sortiert. Durch das Setzen eines Filters können exakt die MwSt.-Posten ausgewählt werden, die zu einem bestimmten Fibujournal gehören.

Menüoption*: Finanzmanagement/Finanzbuchhaltung/Berichte/MwSt.-Abrechnung/MwSt.-Ausnahmefälle* (siehe Abbildung 7.52)

:

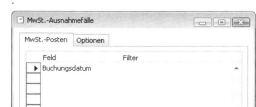

Abbildung 7.52   Report *MwSt.-Ausnahmefälle*

Dieser Bericht enthält die MwSt.-Posten, die in Verbindung mit einer MwSt.-Differenz gebucht wurden und im MwSt.-Journal angezeigt werden. Der Bericht wird verwendet, um Korrekturen an MwSt.-Beträgen, die von Dynamics NAV für interne oder externe Prüfungszwecke berechnet wurden, zu dokumentieren.

Auf der Registerkarte *MwSt.-Posten* ist ein Buchungsdatum einzugeben, um zu filtern, welche MwSt.-Posten im Bericht angezeigt werden sollen.

Über die Registerkarte *Optionen* kann ausgewählt werden, ob stornierte Posten mit einbezogen werden sollen. Zudem kann die kleinste MwSt.-Differenz eingeben werden, die im Bericht berücksichtigt werden soll.

Prüfung der korrekten Einrichtung der MwSt.-Abrechnung

Bei der Nutzung der Vorlage im Bereich der MwSt.-Abrechnung sollte geprüft werden, inwieweit die dort in den Rubriken hinterlegten Werte mit den tatsächlich eingerichteten übereinstimmen. Dieses betrifft insbesondere die Felder *MwSt.-Geschäftsbuchungsgruppe* und *MwSt.-Produktbuchungsgruppe*.

Zudem sollten die in der Vorlage verwendeten Rubriken selbst auf Ihre Vollständigkeit hin überprüft werden. Dies gilt auch uns insbesondere für den Bereich der Verprobung.

Feldzugriff: *Tabelle 256 MwSt.-Abrechnungszeile/Felder Rubrikennr., Kontosumme, MwSt.-Geschäftsbuchungsgruppe* und *MwSt.-Produktbuchungsgruppe*

Prüfung der Sachkonten

Was die Prüfung der Sachkonten anbelangt, sollten die Sachkonten geprüft werden, auf die Umsatzsteuer- und Vorsteuerbeträge gebucht werden. Diese Konten sollten nicht direkt buchbar sein, da diese Buchungen nicht mit in der MwSt.-Abrechnung vorhanden sind und nur bei korrekter Einrichtung der Verprobung eine Differenz zwischen MwSt.-Posten und Sachposten auffällt.

Feldzugriff: *Tabelle 15 Sachkonto/Feld Direkt*

Prüfung der Sachposten

Auch die Sachposten sollten darauf hin geprüft werden, ob es auf den Vorsteuer- und Umsatzsteuerkonten Buchungen gibt, die nicht systemtechnisch ausgeführt wurden.

Feldzugriff: *Tabelle 17 Sachposten*/Felder *Sachkontonr., Systembuchung* [Wert »Nein«]

Zudem sollten die Posten, die durch die Stapelverarbeitung *MwSt. abrechnen und buchen* entstanden sind, geprüft werden.

Feldzugriff: *Tabelle 17 Sachposten*/Feld *Herkunftscode* [Wert »MWSTABR«]

Monatsabschlussarbeiten

Anders als in typischen Buchhaltungsprogrammen gibt es in Dynamics NAV keinen expliziten Monatsabschluss. Das Schließen von Perioden oder die Periodenfestschreibung mit der Folge, dass für abgeschlossene Perioden keine Buchungen mehr ausgeführt werden können, kennt Dynamics NAV nicht.

Ablauf und Einrichtung der Monatsabschlussarbeiten

Die einzige Möglichkeit, dass nicht mehr in vorangegangene Perioden gebucht wird, ist die Nutzung der *Finanzbuchhaltung Einrichtung* bzw. der Benutzereinrichtung hinsichtlich der Felder *Buchungen zugelassen ab* und *Buchungen zugelassen bis*.

Zudem sollte darauf geachtet werden, dass einige Punkte und Verfahren aus den einzelnen Bereichen des Finanzmanagements am Monatsende durchgeführt werden, die im Folgenden beschrieben sind, jedoch nicht abschließend sein können, sondern nur als Anhaltspunkt dienen sollen.

Diese Verfahren sind gleichzeitig auch Bestandteil von Abstimmungsarbeiten im Rahmen eines Jahresabschlusses.

Bereich »Finanzbuchhaltung«

- Überprüfung der Buch.-Blätter: Wurden alle Vorgänge, die in Buch.-Blättern erfasst wurden, auch gebucht?
- Aktualisierung und Buchung der Wiederkehrenden Buch.-Blätter
- Durchführung von Konsolidierungen
- Abrechnen und Buchen der MwSt.

Bereich »Debitoren«

- Überprüfung von Aufträgen, Reklamationen, Rechnungen und Gutschriften: Wurden alle Buchungen ausgeführt?
- Überprüfung der *Zahlungseingangs-Buch.-Blätter*. Wurden alle Buch.-Blattzeilen gebucht?
- Aktualisierung und Buchung der wiederkehrenden Buch.-Blätter, die sich auf diesen Bereich beziehen
- Abstimmung der Hauptbuchhaltung mit der Nebenbuchhaltung
- Ausführung der Stapelverarbeitung *Erledigte Aufträge löschen*, falls die Funktion der Sammelrechnung genutzt wird
- Prüfung der offenen Aufträge auf gelieferte, aber noch nicht berechnete Warenausgänge zwecks Abgrenzungsbuchungen in der Finanzbuchhaltung

Bereich »Kreditoren«

- Überprüfung von Bestellungen, Reklamationen, Rechnungen und Gutschriften: Wurden alle Buchungen ausgeführt?

- Überprüfung der *Zahlungsausgangs-Buch.-Blätter*. Wurden alle Buch.-Blattzeilen gebucht?

- Aktualisierung und Buchung der wiederkehrenden Buch.-Blätter, die sich auf diesen Bereich beziehen

- Abstimmung der Hauptbuchhaltung mit der Nebenbuchhaltung

- Ausführung der Stapelverarbeitung *Erledigte Bestellungen löschen*, falls die Funktion der Sammelrechnung genutzt wird

- Prüfung der offenen Bestellungen auf gelieferte, aber noch nicht berechnete Wareneingänge zwecks Abgrenzungsbuchungen in der Finanzbuchhaltung

Bereich »Anlagenbuchhaltung«

- Überprüfen aller im Laufe eines Monats neu angeschafften Anlagegüter auf die korrekte Anlage

- Überprüfung, ob alle notwendigen Buchungen (Abschreibungen, Zuschreibungen, Abgänge usw.) getätigt wurden

- Abstimmung der Hauptbuchhaltung mit der Nebenbuchhaltung

Bereich »Lager«

Je nachdem, welche Einrichtungsparameter im Bereich des Lagers gesetzt wurden, kann es auch hier notwendig sein, entsprechende Punkte zu überprüfen und auszuführen:

- Ausführung der Stapelverarbeitung *Lagerreg. Fakt. Einst. Preise*

- Ausführung der Stapelverarbeitung *Lagerregulierung buchen*

- Abstimmung des Lagerbestands und des Lagerverbrauchs mit den Sachkonten in der Finanzbuchhaltung

- Buchung von Inventurdifferenzen nach Durchführung einer Inventur

- Vornahme notwendiger Neubewertungen von Artikeleinstandspreisen

Monatsabschlussarbeiten aus Compliance-Sicht

Potentielle Risiken

- Falsche Bilanzansätze und GuV-Werte durch nicht oder nicht korrekt durchgeführte Abschlussarbeiten (Compliance, Integrity, Reliability)

- Falsche Bilanzansätze und GuV-Werte durch nicht periodengerechte Zuordnungen von Buchungen (Compliance, Integrity, Reliability)

Prüfungsziele

- Sicherstellung periodengerechter Ergebnisse und richtiger Bilanzansätze

- Prüfung der organisatorischen Regelungen in Bezug auf (Monats-)abschlussarbeiten

Prüfungshandlungen

Im Bereich der Prüfungshandlungen kann eine Vielzahl von Tätigkeiten ausgeführt werden, die auch teilweise schon in den einzelnen Abschnitten dieses Kapitels näher beschrieben wurden (siehe beispielsweise die Prüfungshandlungen aus dem Abschnitt »Anlagenbuchhaltung aus Compliance-Sicht« ab Seite 599.

Insofern werden hier nur einige wesentliche Prüfungshandlungen bzw. Analysen aufgezeigt, die noch näherer Erläuterungen bedürfen.

Ermittlung gelieferter, noch nicht berechneter Warenaus- und Wareneingänge

Zum korrekten Ausweis von Bilanzansätzen gehört insbesondere die Ermittlung von noch nicht fakturierten Warenausgängen und noch nicht in Rechnung gestellter Wareneingänge.

BEGLEITMATERIAL   Im Begleitmaterial zu diesem Buch steht ein entsprechender Report zur Verfügung (sieh in Anhang A den Abschnitt »Reports«).

Die Begleitdateien stehen als Download zur Verfügung. Sie können diese von der Seite *http://go.microsoft.com/fwlink/?LinkID= 153144* herunterladen.

Das folgende Schaubild soll dabei als Orientierungshilfe bei der Ermittlung der entsprechenden Werte dienen (siehe Abbildung 7.53):

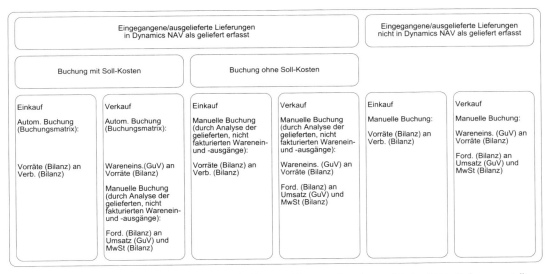

Abbildung 7.53 Ermittlung der Werte für gelieferte, nicht fakturierte Warenausgänge bzw. gelieferte, nicht in Rechnung gestellte Wareneingänge

Zu beachten ist hier die korrekte Einrichtung der *Buchungsmatrix Einrichtung* (siehe hierzu insbesondere das Kapitel 3) beim Arbeiten mit Soll-Kosten. Hier ist im Feld *Lagerzugangskonto (Interim)* ein Bilanzkonto zu hinterlegen. Im Feld *Lagerverbrauchskonto (Interim)* jedoch ist ein GuV-Konto zu hinterlegen. Detaillierte Informationen zu den Soll-Kosten an sich finden Sie außerdem in Kapitel 5 im Abschnitt »Lagerbewertung«.

Stapelverarbeitung »Lagerreg. fakt. Einst. Preise«

Um Verkäufen die korrekten Einstandspreise zuzuordnen, ist es wichtig zu wissen, welche Maßnahmen hierzu in Dynamics NAV ergriffen werden müssen. Je nachdem, welche Einrichtungsparameter im Bereich des Lagers gesetzt wurden, kann es notwendig sein, die Stapelverarbeitung *Lagerreg. fakt. Einst. Preise* auszuführen (siehe Abbildung 7.54).

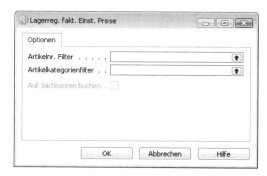

Abbildung 7.54 Stapelverarbeitung *Lagerreg. fakt. Einst. Preise*

Dies ist dann der Fall, wenn die *Automatische Lagerregulierung* in der *Lager Einrichtung* nicht aktiviert wurde (siehe hierzu auch Kapitel 5).

Die Stapelverarbeitung reguliert die Lagerwerte von Wertposten so, dass für die Aktualisierung der Finanzbuchhaltung die richtigen (regulierten) Lagerwerte verwendet werden können und dass die Verkaufs- und Gewinnstatistiken aktualisiert werden. Die Regulierung leitet jede Änderung von Kosten aus eingehenden Posten, beispielsweise aus Einkäufen, an die entsprechenden ausgehenden Posten (z. B. Verkäufe oder Umlagerungen) weiter. Das Ausführen der Stapelverarbeitung kann nach dem Buchen von Lagertransaktionen relevant sein, in erster Linie jedoch in Verbindung mit:

- Wareneingängen
- Artikel Zu-/Abschlägen
- Lagerneubewertung

Die Stapelverarbeitung verarbeitet nur die Wertposten, die noch nicht reguliert wurden. Findet die Stapelverarbeitung eine Situation vor, in der geänderte eingehende Kosten an zugehörige ausgehende Posten weitergeleitet werden müssen, erstellt sie dafür neue Regulierungswertposten, die zwar auf den Informationen der ursprünglichen Wertposten basieren, aber den Regulierungsbetrag enthalten. Die Anwendung verwendet im Regulierungsposten das Buchungsdatum des ursprünglichen Wertpostens, es sei denn, das Datum befindet sich in einer geschlossenen Lagerbuchungsperiode. Ist Letzteres der Fall, verwendet die Anwendung das Startdatum der nächsten offenen Lagerbuchungsperiode.

Die Stapelverarbeitung aktualisiert die Finanzbuchhaltung nicht automatisch, es sei denn, dass in der Lagereinrichtung die Option *Automatische Lagerbuchung* aktiviert ist. Um die Finanzbuchhaltung manuell zu aktualisieren, muss die Stapelverarbeitung *Lagerregulierung buchen* ausgeführt werden.

Grundsätzlich sind die organisatorischen Regelungen zur Häufigkeit der Durchführung dieser Stapelverarbeitung zu prüfen. Ob und wann die Lagerregulierung gestartet wurde, kann anhand der Wertposten analysiert werden.

Feldzugriff: *Tabelle 5802 Wertposten/*Feld *Herkunftscode*

Stapelverarbeitung »Lagerregulierung buchen«

Werden Lagertransaktionen gebucht (z. B. Verkaufslieferungen oder Einkaufslieferungen), werden die Mengen- und Wertänderungen am Lagerbestand in den Artikelposten bzw. Wertposten erfasst. Die Lagerkosten werden aber nur dann in der Finanzbuchhaltung auf den entsprechenden Sachkonten erfasst, wenn in der *Lager Einrichtung* die Option *Automatische Lagerbuchung* ausgewählt wurde. Gleiches gilt für den Lagerverbrauch: Auch er wird nur berechnet, wenn diese Option ausgewählt wurde. Wurde diese Option nicht gewählt, müssen solche Buchungen separat in der Finanzbuchhaltung gebucht werden, indem die Stapelverarbeitung *Lagerregulierung buchen* verwendet wird, die die Finanzbuchhaltung aktualisiert und einen Bericht zu den gebuchten Werten druckt (siehe Abbildung 7.55).

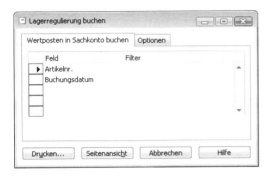

Abbildung 7.55 Stapelverarbeitung *Lagerregulierung buchen*

Hier ist zu prüfen, ob diese Stapelverarbeitung regelmäßig ausgeführt wird und die Werte entsprechend in der Finanzbuchhaltung aktuell sind.

Durchführung einer Inventur

Eine Inventur wird unter Nutzung der Inventur Buch.-Blätter ausgeführt (siehe hierzu auch das Kapitel 5). Hierbei ist über die Menüschaltfläche *Funktion* die Stapelverarbeitung *Lagerbestand berechnen* auszuführen (siehe Abbildung 7.56).

Abbildung 7.56 Stapelverarbeitung *Lagerbestand berechnen*

Hierbei ist zu beachten, dass trotz der Möglichkeit der Eingabe eines Datumsfilters dieser keine Bedeutung hat. Die Werte werden aktuell zum Datum der Ausführung der Stapelverarbeitung berechnet. Insofern ist es zwingend notwendig, dass sämtliche Inventurlisten aufbewahrt werden, um zu prüfen, an welchem Tag die Listen gedruckt wurden und ob tatsächlich zeitnah eine Inventur ausgeführt wurde. Zudem ist zu prüfen, zu welchem Buchungsdatum mögliche Inventurdifferenzen gebucht wurden.

Feldzugriff: *Tabelle 46 Artikeljournal/*Feld *Herkunftscode*

Abstimmung der Hauptbuchhaltung mit der Nebenbuchhaltung

Um im Bereich der Debitoren bzw. Kreditoren die Hauptbuchhaltung mit der Nebenbuchhaltung abzustimmen, kann unter anderem der Report *Deb.- & Kred.-Konten abstimmen* verwendet werden.

Menüoption: *Finanzmanagement/Finanzbuchhaltung/Berichte/Sonstiges/Deb.- & Kred.-Konten abstimmen* (siehe Abbildung 7.57)

Abbildung 7.57   Report *Deb.- & Kred.-Konten abstimmen*

Dieser Bericht wird verwendet, um zu analysieren, ob der Saldo eines Sachkontos zu einem bestimmten Datum dem Saldo der entsprechenden Buchungsgruppe entspricht.

Der Bericht zeigt die in der Abstimmung enthaltenen Sachkonten mit ihrem Saldo sowie die Debitoren- und Kreditorensalden für jedes Konto. Unter jedem Konto wird eine Auflistung aller Teilsummen der Debitoren- und Kreditorenbuchhaltung angezeigt. Jede Differenz zwischen dem Sachkontosaldo und dem Debitoren- oder Kreditorensaldo wird angezeigt.

Jahresabschlussarbeiten

Grundsätzlich ist es in Dynamics NAV nicht erforderlich, ein Geschäftsjahr abzuschließen. Allerdings erleichtert der Abschluss eines Geschäftsjahrs die Arbeit mit dem System. Sei es, um die Vorteile der Filteroptionen verwenden zu können oder aber durch die *GuV-Konten Nullstellung*, die dazu führt, dass sämtliche GuV-Konten zu Beginn des neuen Geschäftsjahrs in sämtlichen Auswertungen wieder mit Null beginnen.

Gerade weil es nicht erforderlich ist, das Jahr abzuschließen, ein systemtechnisch richtig durchgeführter Jahresabschluss aber gleichwohl die Grundlage für eine zu erstellende Bilanz bildet, werden die durchzuführenden Arbeiten im Folgenden näher erläutert.

Hierbei wird jedoch nur die systemtechnische Seite der Jahresabschlussarbeiten in Dynamics NAV betrachtet, auf üblich durchzuführende Abschlussarbeiten, die nicht systembedingt sind wie beispielsweise die Bildung von Rückstellungen, wird nicht eingegangen. Sonstige durchzuführende Handlungen sind zudem im Abschnitt »Monatsabschlussarbeiten« ab Seite 609 beschrieben.

Die Abbildung 7.58 stellt dabei die Vorgehensweise bei der Erstellung eines Jahresabschlusses in Dynamics NAV in vereinfachter Form dar.

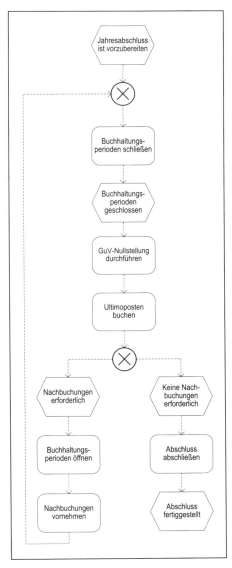

Abbildung 7.58 Prozess der Jahresabschlusserstellung

Ablauf und Einrichtung der Jahresabschlussarbeiten

Der Jahresabschluss selbst ist in drei Schritten zu vollziehen:

1. Abschluss des Geschäftsjahres mithilfe der Funktion *Jahr abschließen* in den Buchhaltungsperioden.

2. Generieren von Ultimoposten für den Jahresabschluss mithilfe der Stapelverarbeitung *GuV-Konten Nullstellung*.

3. Buchen der Ultimoposten für den Jahresabschluss sowie Gegenbuchen von Eigenkapitalkontoposten.

Das Jahr abschließen

Wie das Jahr abgeschlossen wird, wurde bereits im Abschnitt »Buchhaltungsperioden« ab Seite 554 beschrieben.

Wird der Abschluss eines Geschäftsjahrs ausgeführt, ist das Geschäftsjahr geschlossen und Dynamics NAV versieht die Felder *Abgeschlossen* und *Datum gesperrt* für alle Perioden des Geschäftsjahrs mit einem Häkchen. Zudem werden alle Buchungen, die nach dem Abschluss des Geschäftsjahrs in das alte Jahr gebucht werden, als *Nachbuchung* gekennzeichnet.

Zu beachten ist, dass ein Geschäftsjahr erst dann abgeschlossen werden kann, wenn ein neues Geschäftsjahr erstellt wurde. Nach Abschluss eines Geschäftsjahrs kann zudem das *Startdatum* des folgenden Geschäftsjahrs nicht mehr geändert werden (siehe Abbildung 7.59).

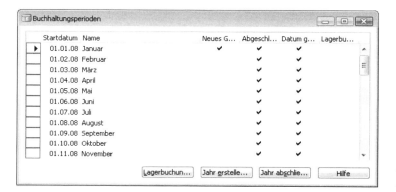

Abbildung 7.59 Buchhaltungsperioden nach Abschluss eines Geschäftsjahrs

GuV-Konten Nullstellung

Die Stapelverarbeitung *GuV-Konten Nullstellung* wird verwendet, um das Ergebnis eines Geschäftsjahrs auf ein Bilanzkonto zu übergeben. Zudem werden alle Sachkonten der Art *GuV* bearbeitet und Buchungszeilen erstellt, die eine Nullstellung der Salden bewirken. Der Aufruf der Stapelverarbeitung erfolgt über

Menüoption: *Finanzmanagement/Finanzbuchhaltung/Periodische Aktivitäten/Geschäftsjahr/GuV-Konten Nullstellung* (siehe Abbildung 7.60)

Abbildung 7.60 Stapelverarbeitung *GuV-Konten Nullstellung*

Auf der Registerkarte *Optionen* sind die folgenden Felder zu füllen (siehe Tabelle 7.20):

Feld	Beschreibung
Geschäftsjahr Enddatum	Eingabe des letzten Datums des Geschäftsjahrs, welches geschlossen werden soll. Dieses Feld muss ausgefüllt werden. Dynamics NAV verwendet das Datum, um das Abschlussdatum zu bestimmen.
Fibu Buch.-Blattvorlage	Eingabe der Fibu Buch.-Blattvorlage, in der die Buchungszeilen aufgenommen werden sollen. Über den Lookup kann eine bestehende Buch.-Blattvorlage ausgewählt werden.
Fibu Buch.-Blattname	Eingabe des Fibu Buch.-Blattnamens, in dem die Buchungszeilen aufgenommen werden sollen. Über den Lookup kann ein bestehender Buch.-Blattname ausgewählt werden.
Belegnr.	Wurde für den gewählten Fibu Buch.-Blattnamen eine Nummernserie eingerichtet, füllt die Stapelverarbeitung dieses Feld automatisch mit der nächsten freien Nummer aus dieser Nummernserie. Ansonsten ist das Feld manuell zu füllen.
Abschlusskonto GuV	Eingabe des Gegenkontos, auf welches der Gewinn/Verlust des Geschäftsjahrs gebucht werden soll
Buchungsbeschreibung	Als Standardtext ist »GuV-Konten Nullstellung« hinterlegt, es kann aber irgendein beschreibender Text eingegeben werden
Nullstellung nach Konzernmandantencode	Hier wird bestimmt, ob ein Posten für jeden *Konzernmandantencode* erzeugt werden soll, der in einem Sachkonto verwendet wird. Wird das Kontrollkästchen nicht mit einem Häkchen versehen, wird nur ein Posten für jedes Konto erstellt.
Nullstellung nach Dimensionen	Soll für jede im Sachkonto verwendete Dimension ein Posten erstellt werden, können mit dem AssistButton die entsprechenden Dimensionen ausgewählt werden
Lagerbuchungsperiode geschlossen	Dieses Feld gibt an, ob die Lagerbuchungsperiode(n), deren Enddatum nach dem letzten Datum der Buchungsperiode liegt oder mit diesem Datum identisch ist, geschlossen ist/sind

Tabelle 7.20 Felder der Stapelverarbeitung *GuV-Konten Nullstellung*

Um die Stapelverarbeitung endgültig auszuführen, ist die Schaltfläche *OK* zu bestätigen. Die Stapelverarbeitung erstellt nun die entsprechenden Buch.-Blattzeilen.

HINWEIS Nur wenn eine zusätzliche Berichtswährung verwendet wird, bucht die Stapelverarbeitung die Posten direkt in die Finanzbuchhaltung, das Buch.-Blatt muss dann nicht mehr manuell bearbeitet werden.

Das Datum, welches von der Stapelverarbeitung eingefügt wird, ist stets das Ultimodatum des Geschäftsjahrs. Das Ultimodatum ist ein fiktives Datum zwischen dem letzten Tag des alten Geschäftsjahrs und dem ersten Tag des neuen Geschäftsjahrs. Die über das Jahr gebuchten Posten mit den sich daraus ergebenden Salden auf den GuV-Konten bleiben durch die Nutzung dieses Ultimodatums erhalten. Eine Auswirkung auf Berichte usw. erfolgt nicht.

Die Stapelverarbeitung kann mehrmals aufgerufen werden. Auch nach Ausführung der Stapelverarbeitung können im alten Geschäftsjahr noch Buchungen vorgenommen werden. Allerdings muss dann die Stapelverarbeitung erneut ausgeführt werden.

Buchen der Ultimoposten

Nach Ausführung der Stapelverarbeitung *GuV-Konten Nullstellung* zur Generierung der Ultimoposten für den Jahresabschluss ist das in der Stapelverarbeitung angegebene Buch.-Blatt zu öffnen, die Posten in diesem

Buchblatt zu überprüfen und das Buch.-Blatt dann zu buchen. Nach Buchung ist der Saldo jedes GuV-Kontos null, zudem ergibt sich ein Wert auf dem im Feld *Abschlusskonto GuV* angegebenem Konto.

Eröffnungsbilanzwerte/Saldenvorträge

Ist ein neues Geschäftsjahr eröffnet worden, kann in diesem sofort gebucht werden. Zudem ist es in Dynamics NAV nicht erforderlich, nach den durchgeführten Jahresabschlussarbeiten noch zusätzlich eine Jahresübernahme von Bilanzkonten und/oder offenen Posten aus den Bereichen Debitoren und Kreditoren durchzuführen, um diese als Vortragswerte wieder nutzen zu können. In allen Auswertungen und Salden werden stattdessen die Endsalden des alten Geschäftsjahrs automatisch als Saldovortrag dargestellt.

Der Jahresabschluss aus Compliance-Sicht

Potentielle Risiken

- Falsche Bilanzansätze und GuV-Werte, wenn die bei den Jahresabschlussarbeiten durchzuführenden Schritte nicht vollständig durchgeführt werden (Compliance, Integrity, Reliability)
- Falsche Bilanzansätze, wenn vorgenommene Nachbuchungen nicht berücksichtigt werden (Compliance, Integrity, Reliability)
- Falscher Bilanzausweis durch Fehlbuchungen aufgrund der Angabe eines nicht korrekten Abschlusskontos (Compliance, Integrity, Reliability)
- Falsche Bilanzansätze, wenn die durch die GuV-Konten Nullstellung generierten Buch.-Blattzeilen nicht gebucht werden (Compliance, Integrity, Reliability)

Prüfungsziele

- Analyse der organisatorischen Regelungen und der Zugriffsberechtigungen hinsichtlich der Durchführung des Abschlusses eines Geschäftsjahrs
- Sicherstellung, dass auch Nachbuchungen berücksichtigt werden
- Sicherstellung korrekter Jahresabschlussbuchungen durch Analyse der Sachposten

Prüfungshandlungen

Einrichtung der Stapelverarbeitung »GuV-Konten Nullstellung«

Für die Durchführung der *GuV-Konten-Nullstellung* wird für die Stapelverarbeitung die folgende Konfiguration vorgeschlagen (siehe Tabelle 7.21):

Feld	Beschreibung
Geschäftsjahr Enddatum	Buchungsdatum wird systemtechnisch vorgegeben
Fibu Buch.-Blattvorlage	Erstellung einer eigenen Fibu Buch.-Blattvorlage
Fibu Buch.-Blattname	Erstellung eines eigenen Fibu Buch.-Blattnamen

Tabelle 7.21 Vorgeschlagene Konfiguration der Felder der Stapelverarbeitung *GuV-Konten-Nullstellung*

Feld	Beschreibung
Belegnr.	Eine Nummernserie sollte für die erstellte Buch.-Blattvorlage bzw. den Buch.-Blattnamen nicht eingesetzt werden. Stattdessen sollte die Belegnummer manuell eingegeben werden und Bezug auf den Abschluss nehmen (z.B. Abschluss 2009).
Abschlusskonto GuV	Ist durch die Gliederung des HGB vorgegeben. Entsprechende Auswahl aus dem verwendeten Kontenrahmen.
Buchungsbeschreibung	Übernahme des vorgeschlagenen Standardtexts
Nullstellung nach Konzernmandantencode	Gemäß interner Regelung
Nullstellung nach Dimensionen	Je nach Einrichtung der Sachkonten kann es notwendig sein, die Stapelverarbeitung nach Dimensionen durchzuführen. Ausreichend ist es jedoch, wenn nur ein Posten für jedes Konto gebucht wird.
Lagerbuchungsperiode geschlossen	Wird systemtechnisch berücksichtigt

Tabelle 7.21 Vorgeschlagene Konfiguration der Felder der Stapelverarbeitung *GuV-Konten-Nullstellung (Fortsetzung)*

Analyse der Zugriffsberechtigungen

Um die Zugriffsberechtigungen im Hinblick auf die Jahresabschlussarbeiten zu prüfen, sollte der Report *Zugriffsrecht* genutzt werden (siehe hierzu auch den Abschnitt »Buchhaltungsperioden aus Compliance-Sicht« ab Seite 552).

Object Designer: *Run Report 11516 Zugriffsrecht*

Analyse des Buch.-Blatts auf durchgeführte Buchung

Geprüft werden sollte, ob die durch die Stapelverarbeitung *GuV-Konten Nullstellung* erzeugten Zeilen auch tatsächlich gebucht wurden.

Feldzugriff: *Tabelle 81 Fibu Buch.-Blattzeile/Feld Buch.-Blattname* [Wert »Buch.-Blatt«]

Analyse der Sachposten

Im Bereich der Sachposten sollten mehrere Prüfungshandlungen ausgeführt werden. Zunächst einmal ist es notwendig, die Sachposten hinsichtlich möglicher Nachbuchungen zu prüfen. Wenn Nachbuchungen ausgeführt wurden, macht es Sinn, die Stapelverarbeitung *GuV-Konten Nullstellung* noch einmal zu starten, um sicherzustellen, dass auch diese Posten bei der Buchung der Ultimoposten berücksichtigt wurden.

Feldzugriff: *Tabelle 17 Sachposten/Feld Nachbuchung* [Wert »Ja«]

Des Weiteren sollte geprüft werden, ob es Buchungen gibt, die ebenfalls mit dem Ultimodatum gebucht, jedoch nicht von der Stapelverarbeitung erzeugt wurden.

Feldzugriff: *Tabelle 17 Sachposten/Felder Buchungsdatum* [Wert »Ultimodatum«]*, Belegnr., Buch.-Blattname*

Als Letztes sollte geprüft werden, ob die Ultimoposten auf das korrekte Abschlusskonto gebucht wurden.

Feldzugriff: *Tabelle 17 Sachposten/Felder Buchungsdatum, Konto*

Konsolidierung

Die Konsolidierung umfasst die Zusammenführung der Finanzauswertungen von zwei oder mehreren getrennten Unternehmen (Tochterunternehmen) in eine konsolidierte Finanzauswertung. In Dynamics NAV wird jedes einzelne Unternehmen, das an einer Konsolidierung beteiligt ist, als Konzernmandant bezeichnet. Das zusammengeführte Unternehmen wird als Konsolidierungsmandant bezeichnet und wird normalerweise nur zu diesem Zweck eingerichtet, ohne sonstige Geschäftstransaktionen durchzuführen.

Konsolidiert werden kann bzw. können:

- Über verschiedene Kontenpläne

- Unternehmen mit abweichenden Geschäftsjahren

- Entweder der gesamte Betrag oder ein Prozentsatz von bestimmten Finanzdaten eines Unternehmens

- Unternehmen mit verschiedenen Währungen (siehe hierzu auch insbesondere den Abschnitt »Einrichtung und Ablauf beim Arbeiten mit Fremdwährungen« ab Seite 577)

- Unter Verwendung von unterschiedlichen Umrechnungsmethoden für die jeweiligen Sachkonten

Dabei können Unternehmen aus derselben Datenbank aber auch aus verschiedenen Dynamics NAV-Datenbanken heraus konsolidiert werden. Zudem können auch Daten aus anderen Buchhaltungssystemen bei Vorliegen eines entsprechenden Formats konsolidiert werden

Im Folgenden wird der Ablauf der Konsolidierung von Unternehmen beschrieben, die sich in der gleichen Datenbank befinden. Gleichzeitig möchten wir auf die ausführliche Darstellung von Konsolidierungen von Fremdwährungen im Abschnitt »Arbeiten mit Fremdwährungen« ab Seite 577 hinweisen.

Einrichtung und Ablauf einer Konsolidierung

Einrichten des Konsolidierungsmandanten und der Tochterunternehmen

Bevor eine Konsolidierung durchgeführt wird, muss der Konsolidierungsmandant eingerichtet werden. Dabei ist dieser Mandant wie jeder andere Mandant auch einzurichten, bei Bedarf auch mit einem eigenen Kontenplan und eigenen Dimensionen. Zur Einrichtung dieses Mandanten kann die *Einrichtungscheckliste* der Finanzbuchhaltung verwendet werden, um den Kontenplan und andere Einrichtungsdaten zu kopieren.

Konsolidierungsinformationen auf Sachkonten

Der Kontenplan für einen zu konsolidierenden Mandanten muss Konten für die Konsolidierung ausweisen. So ist für jedes Sachkonto das Sachkonto im Konsolidierungsmandanten anzugeben, auf das bei der Konsolidierung der Saldo übertragen werden soll.

Die Hinterlegung dieser Konten erfolgt auf der Registerkarte *Konsolidierung* einer jeden Sachkontokarte (siehe Abbildung 7.61).

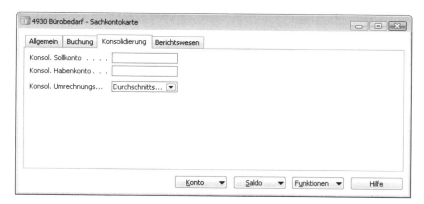

Abbildung 7.61 Registerkarte *Konsolidierung* auf der Sachkontokarte

Die Optionsmöglichkeiten des Felds *Konsol. Umrechnungsmethode* wurden schon im Abschnitt »Einrichtung und Ablauf beim Arbeiten mit Fremdwährungen« ab Seite 577 ausführlich beschrieben und können dort nachgelesen werden.

Einrichten von Konzernmandantendaten

Um die Finanzdaten verschiedener Mandanten in einem Konsolidierungsmandanten konsolidieren zu können, müssen im Konsolidierungsmandanten alle zu konsolidierenden Mandanten als Konzernmandanten hinterlegt werden.

Menüoption: *Finanzmanagement/Finanzbuchhaltung/Periodische Aktivitäten/Konsolidierung/Konzernmandanten* (siehe Abbildung 7.62)

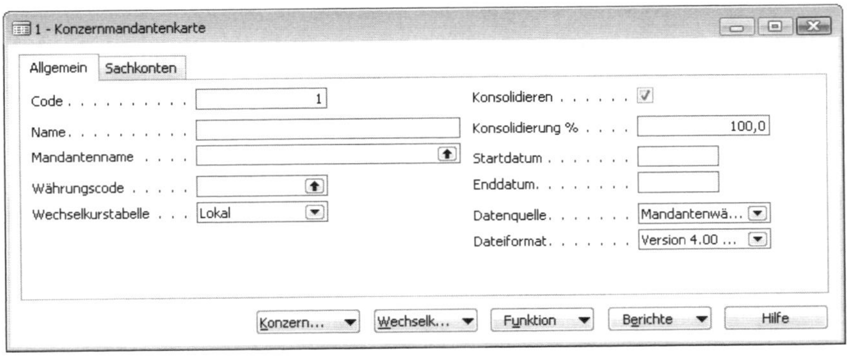

Abbildung 7.62 Konzernmandantenkarte

Die meisten Felder der Konzernmandantenkarte wurden bereits im Abschnitt »Einrichtung und Ablauf beim Arbeiten mit Fremdwährungen« ab Seite 577 ausführlich beschrieben und können dort nachgelesen werden. Folgende Felder sind darüber hinaus von Bedeutung (siehe Tabelle 7.22):

Feld	Beschreibung
Code	Eingabe eines beschreibenden, eindeutigen Codes. Dieser Code wird auch in Berichten und anderen Belegen des Konsolidierungsmandanten verwendet.
Name	Eingabe des Namens des Konzernmandanten
Mandantenname	Auswahl des Tochterunternehmens, welches mit dem Konzernmandanten verknüpft ist
Konsolidieren	Soll der Mandant in der Konsolidierung berücksichtigt werden, ist das Kontrollkästchen zu aktivieren
Konsolidierung %	Angabe der Prozentzahl, die angibt, welcher Anteil von jedem Konto dieses Konzernmandanten in die Konsolidierung einfließen soll. Wird keine Eingabe vorgenommen, werden alle Konten zu 100% konsolidiert.
Startdatum	Das Startdatum bestimmt den Beginn der Periode, für die Daten importiert werden
Enddatum	Das Enddatum bestimmt das Ende der Periode, für die Daten importiert werden

Tabelle 7.22 Ausgewählte Felder der Konzernmandantenkarte

Prüfen der zu konsolidierenden Daten

Bevor Daten konsolidiert werden, ist es empfehlenswert, zu prüfen, ob es zwischen den Basisdaten der Konzernmandanten und des Konsolidierungsmandanten Unterschiede gibt. Hierzu kann auf der *Konzernman-*

dantenkarte (siehe oben) über die Menüschaltfläche *Funktion* der Bericht *Datenbank prüfen* gestartet werden (siehe Abbildung 7.63).

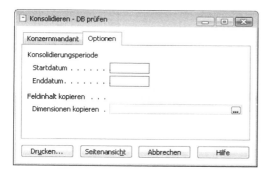

Abbildung 7.63 Stapelverarbeitung *Konsolidieren – DB prüfen*

Der Bericht verarbeitet gebuchte Sachposten in den Finanzdaten der Konzernmandanten und zeigt die Sachkonten und Dimensionen an, die in den einzelnen Konzernmandanten mit Referenz auf den Konsolidierungsmandanten eingerichtet wurden, dort aber nicht vorgefunden wurden. Wird ein Sachkonto angezeigt, ist entweder das konsolidierte Sollkonto oder das konsolidierte Habenkonto nicht im Konsolidierungsmandanten eingerichtet.

Vor Konsolidierung sollten alle angezeigten Fehler behoben sein.

Konsolidieren der Daten

Sind alle Fehler korrigiert, können die Daten konsolidiert werden. Hierzu ist auf einer *Konzernmandantenkarte* (siehe oben) über die Menüschaltfläche *Funktion* die Stapelverarbeitung *Konsol. von DB importieren* zu starten (siehe Abbildung 7.64).

Abbildung 7.64 Stapelverarbeitung *Konsol. von DB importieren* (1/2)

Auf der Registerkarte *Konzernmandant* kann im Feld *Code* ein Filter gesetzt werden, um die zu konsolidierenden Mandanten auszuwählen. Ist kein Filter gesetzt, werden alle Konzernmandanten, bei denen auf der *Konzernmandantenkarte* das Feld *Konsolidieren* aktiviert ist, konsolidiert.

Auf der Registerkarte *Optionen* sind weitere Eingaben vorzunehmen (siehe Abbildung 7.65):

Abbildung 7.65 Stapelverarbeitung *Konsol. von DB importieren* (2/2)

Die Felder sind wie folgt zu füllen (siehe Tabelle 7.23):

Feld	Beschreibung
Startdatum	Eingabe des Datums, ab dem die Posten importiert werden sollen
Enddatum	Eingabe des Datums, bis zu dem die Posten importiert werden sollen
Dimensionen kopieren	Hier können die Dimensionen ausgewählt werden, nach denen die Posten beim Transfer klassifiziert werden sollen
Belegnr.	Eingabe einer Belegnummer für die Posten, die importiert werden
Übergeordneter Währungscode	Auswahl des Währungscodes des Konsolidierungsmandanten

Tabelle 7.23 Felder der Registerkarte *Optionen* der Stapelverarbeitung *Konsol. von DB importieren*

Die Stapelverarbeitung wertet alle Posten der Konzernmandanten aus, die in die Konsolidierung aufgenommen werden müssen. Der Prozess aktualisiert die Tabelle *Sachposten* direkt. Es werden keine Buchungsblätter erstellt, die im Konsolidierungsmandanten zu buchen sind. Die gebuchten Posten können jedoch angezeigt und ausgewertet werden.

Menüoption: *Finanzmanagement/Finanzbuchhaltung/Historie/Journale.*

Die Beträge der neuen Posten des Konsolidierungsmandanten werden aus den Beträgen der Konzernmandanten unter Verwendung der Informationen aus den Feldern *Konsolidierung %*, *Währungsfaktor für GuV* und *Währungsfaktor für Bilanz* der *Konzernmandantenkarte* errechnet.

Der Saldo wird auf die Konten des Konsolidierungsmandanten gebucht, die in den einzelnen Sachkonten der Konzernmandanten in den Feldern *Konsol. Sollkonto* und *Konsol. Habenkonto* hinterlegt wurden.

Werden Bilanzkonten importiert, die zuvor bereits schon einmal importiert wurden, müssen möglicherweise die Eröffnungssalden angepasst werden. Durch die Verwendung der Felder *Währungsfaktor Bilanz* und *Letzter Währungsfaktor Bilanz* prüft die Anwendung, ob es Wechselkursdifferenzen zwischen dem letzten Import und dem aktuellen gibt. Besteht eine Differenz, wird die Eröffnungsbilanz der Bilanzkonten entsprechend dem gültigen Wechselkurs für die Bilanzkonten angepasst. Alle Wechselkursdifferenzen werden berechnet und auf die Konten für Wechselkursgewinne und -verluste gebucht. Ein eventuell verbleibender Betrag wird für alle importierten Posten berechnet und auf das Rundungsdifferenzkonto des Konsolidierungsmandanten gebucht. Dieser Betrag wird dann verwendet, wenn die Berichte *Konsolidierung Rohbilanz* und *Konsolidierungseliminierungen* erstellt werden.

Verarbeiten von Konsolidierungseliminierungen

Nach der Konsolidierung aller Mandanten müssen Eliminierungsposten erstellt werden oder Posten entfernt werden, die sich auf konzerninterne Transaktionen beziehen (siehe als Beispiel die Abbildung 7.66).

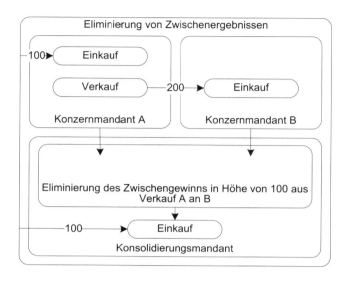

Abbildung 7.66 Eliminierung von Zwischenergebnissen

Zuerst müssen dafür die Eliminierungen berechnet und dann die Beträge in ein Fibu-Buch.-Blatt eingegeben werden. Bei der Berechnung der Eliminierungen handelt es sich um einen zeitaufwendigen manuellen Prozess, der durch die Einrichtung von Intercompany-Konten, Intercompany-Debitoren/Kreditoren und Intercompany-Buchungsgruppen unterstützt werden kann (siehe hierzu insbesondere auch in Kapitel 6 den Abschnitt »Intercompany-Transaktionen«).

ACHTUNG   Bei der Eingabe von Eliminierungen in einem Buch.-Blatt ist darauf zu achten, dass im Feld *MwSt.Einr. in Bu.Bl.Zeile kop.* kein Häkchen gesetzt ist, wenn MwSt. auf Intercompany-Transaktionen abzuführen ist, da ansonsten mögliche MwSt.-Buchungseinrichtungen mit übernommen und automatisch ein MwSt.-Posten erstellt werden würde, der die zu zahlende Mehrwertsteuer mindert.

HINWEIS   In den Buch.-Blattzeilen muss das Feld *Konzernmandantencode* leer sein, sodass die Eliminierungsposten nicht bei den importierten Konsolidierungsposten im Bericht *Konsolidierungseliminierungen* und *Konsolidierung Rohbilanz* berücksichtigt werden.

Bevor die Eliminierungen gebucht werden, sollten die Auswirkungen auf die Rohbilanz im Konsolidierungsmandanten betrachtet werden. Hierzu kann der Bericht Konsolidierungseliminierungen verwendet werden, der auf der *Konzernmandantenkarte* unter *Berichte/Eliminierungen* aufgerufen wird (siehe Abbildung 7.67).

Abbildung 7.67   Bericht *Konsolidierungseliminierungen*

Der Bericht enthält eine vorläufige Rohbilanz, d.h., er zeigt die aus der Eliminierung der Posten hervorgegangenen Ergebnisse an. Hierzu werden die Posten des Konsolidierungsmandanten mit denen der Eliminierungen verglichen, die in das Fibu Buch.-Blatt eingegeben wurden und nachfolgend gebucht werden sollen. Sind die angezeigten Ergebnisse plausibel, können die bis dato ungebuchten Eliminierungen gebucht werden. Insofern kann dieser Bericht auch als eine Art Buch.-Blatt-Testbericht verstanden werden.

Konsolidierung aus Compliance-Sicht

Potentielle Risiken

- Falsche Bilanz- und GuV-Werte durch fehlerhaftes Konsolidieren (Compliance, Integrity, Reliability)

Prüfungsziele

- Sicherstellung einer korrekten Einrichtung und Durchführung der Konsolidierung

Prüfungshandlungen

In einem ersten Schritt sind die entsprechenden Einrichtungen zu prüfen. In einem ersten Schritt sollten zunächst die eingerichteten Konsol. Sachkonten in den einzelnen Konzernmandanten auf Plausibilität hin überprüft werden:

Feldzugriff: *Tabelle 15 Sachkonto/*Felder *Konsol. Sollkonto, Konsol. Habenkonto, Konsol. Umrechnungsmethode*

In einem zweiten Schritt sollte die Einrichtung der Konzernmandantenkarte für die einzelnen Konzernmandanten geprüft werden:

Menüoption: *Finanzmanagement/Finanzbuchhaltung/Periodische Aktivitäten/Konsolidierung/Konzernmandanten*

Die Ergebnisse einer Konsolidierung können mit Konsolidierungsberichten angezeigt werden. Hierzu stehen zwei Berichte zur Verfügung:

Menüoption: *Finanzmanagement/Finanzbuchhaltung/Berichte/Finanzauswertungen/Konsolidierung Rohbilanz*

Dieser Bericht wird für einen Konsolidierungsmandanten empfohlen, der mehr als vier Konzernmandanten hat. Es werden die Daten zu Bewegungen und Salden für jedes Konto vor und nach den Eliminierungen sowie die gebuchten Eliminierungen für jedes Konto angezeigt. Die Salden jedes Konzernmandanten werden für ein bestimmtes Konto auf Extrazeilen angezeigt.

Menüoption: *Finanzmanagement/Finanzbuchhaltung/Berichte/Finanzauswertungen/Konsolidierung Rohbilanz (4)*

Dieser Bericht wird für einen Konsolidierungsmandanten empfohlen, der höchstens vier Konzernmandanten hat. Daten zu jedem Konto werden auf einer Zeile angezeigt. Die Salden jedes Konzernmandanten für ein bestimmtes Konto werden in getrennten Spalten angezeigt. Aufgrund der begrenzten Seitenbreite kann entweder *Saldo* oder *Bewegung* gewählt werden, aber nicht beides. Die gewählten Informationen werden für jedes Konto vor und nach den Eliminierungen zusammen mit den gebuchten Eliminierungen angezeigt.

GDPdU

Nach § 147 (6) AO ist den Finanzbehörden das Recht eingeräumt, die mithilfe eines Datenverarbeitungssystems erstellte Buchführung des Steuerpflichtigen digital zu prüfen.

Dieser Abschnitt der Abgabenordnung wird »Grundsätze zum Datenzugriff und zur Prüfbarkeit digitaler Unterlagen« (GDPdU) genannt.

Für diese Zwecke nutzen die Finanzbehörden das Computerprogramm IDEA. Auf Basis der Beschreibungsstandards für die Datenträgerüberlassung und den Erläuterungen zur Speicherung und Beschreibung von Daten im Rahmen der Grundsätze zum Datenzugriff und zur Prüfbarkeit digitaler Unterlagen wurde der GDPdU-Export für Dynamics NAV erstellt.

Der Zugriff der Finanzbehörde auf die Daten des elektronischen Buchführungssystems erfolgt durch Datenträgerüberlassung und/oder durch mittelbaren bzw. unmittelbaren Zugriff. Für die Datenträgerüberlassung ist es notwendig, dass die Daten vom steuerpflichtigen Unternehmen in maschinell auswertbarer Form auf geeigneten Datenträgern bereitgestellt werden. Unter dem Begriff maschineller Auswertbarkeit versteht die Finanzbehörde den wahlfreien Zugriff auf alle gespeicherten Daten einschließlich der Stammdaten und Verknüpfungen mit Sortier- und Filterfunktionen. Um eine solche Aus- und Verwertbarkeit zu erreichen, sind definierte und standardisierte Dateiformate für die Datenträgerüberlassung notwendig. Diesen Anforderungen kommt Dynamics NAV entsprechend nach. Das Ergebnis des GDPdU-Exports ist eine Datei im ASCII-Format für jede Tabelle, die in Dynamics NAV festgelegt wurde. Für jede Tabelle können dabei diejenigen Felder ausgewählt werden, deren Daten exportiert werden sollen. Pro Tabelle kann zudem ein Datumsfeld gewählt werden, um nur Daten innerhalb einer bestimmten Periode zu exportieren.

Was die vorzunehmenden Einrichtungen und die Ausführung des Exports anbelangt, wird auf die Online-Hilfe verwiesen.

Reports und andere Analyseoptionen

Sind im Rahmen der Prüfungshandlungen schon eine Vielzahl von Reports erläutert worden, die für Prüfungszwecke eingesetzt werden können, bietet Dynamics NAV zusätzlich weitere Reports und Analysemöglichkeiten, die zu Auswertungszwecken eingesetzt werden können. Die Kenntnis dieser Reports und Analysemöglichkeiten ist für einen Prüfer unerlässlich, sollen diese doch dabei helfen, bestimmte Sachverhalte zu analysieren und Prüfungshandlungen zu unterstützen. Je umfangreicher die Kenntnisse in diesem Bereich sind, desto einfacher ist es, konkrete Prüfungsschritte zur Klärung von Sachverhalten einzuleiten.

Das Analyse- und Berichtswesen innerhalb der Finanzbuchhaltung von Dynamics NAV kann dabei in drei Bereiche/Auswertungsmöglichkeiten unterteilt werden, die im Folgenden erläutert werden:

1. Standardberichte

2. Analyse des Kontenplans

3. Kontenschemata

Zu beachten ist, dass die folgend dargestellten Berichte und Analysemöglichkeiten keinen Anspruch auf Vollständigkeit erheben, sondern nur ausgewählte Berichte und Funktionsweisen darstellen.

Standardberichte

Als Standardberichte werden die Berichte bezeichnet, die bei Auslieferung des Systems schon in der Anwendung vorhanden sind und sofort vom Anwender zu Analyse- und Auswertungszwecke eingesetzt werden können. Der Aufruf dieser Standardberichte erfolgt über

Menüoption: *Finanzmanagement/Finanzbuchhaltung/Berichte*

Innerhalb der Berichte kann zwischen Berichten zu Posten, Finanzauswertungen, Intercompany-Buchungen, MwSt.-Abrechnung, Konsolidierung, Sonstiges und der Einrichtungsübersicht ausgewählt werden.

Sachkonto – Summen Saldenliste

Menüoption: *Finanzmanagement/Finanzbuchhaltung/Berichte/Finanzauswertung/Sachkonto-Summen Saldenliste* (siehe Abbildung 7.68)

Abbildung 7.68 Report *Sachkonto – Summen Saldenliste*

Der Bericht zeigt den Kontenplan mit saldierten Soll- und Habenbewegungen abhängig vom gewählten Datumsfilter sowie den Saldovortrag an. Wird mit Kostenstellen und Kostenträgern gearbeitet, kann der Bericht auch für bestimmte, ausgewählte Kostenstellen und oder Kostenträger angezeigt werden.

Die Anordnung der Konten im Bericht entspricht dem Kontenplan. Wurden Stornobuchungen getätigt, bewirken diese eine Korrektur der Verkehrszahlen.

USt-IdNr. prüfen

Menüoption: *Finanzmanagement/Finanzbuchhaltung/Berichte/MwSt.-Abrechnung/USt-IdNr. prüfen* (siehe Abbildung 7.69)

Abbildung 7.69 Report *USt-IdNr. prüfen*

Dieser Bericht prüft das Format der Umsatzsteueridentifiktionsnummern von Debitoren, Kreditoren und Kontakten. Zudem wird geprüft, ob eine USt-IdNr. jeweils nur einmal vergeben wurde. Je nachdem, was der Bericht prüfen soll, müssen die entsprechenden Felder aktiviert werden.

Fibu-Belegnummern

Menüoption: *Finanzmanagement/Finanzbuchhaltung/Berichte/Einrichtungsübersicht/Fibu-Belegnummern* (siehe Abbildung 7.70)

Abbildung 7.70 Report *Fibu-Belegnummern*

Der Bericht kann unter anderem dazu eingesetzt werden, um anhand der Belegnummern Buchungen in falsche Perioden zu analysieren. Der Bericht erstellt eine nach Belegnummern sortierte Liste der Sachposten und enthält die *Belegnummer*, das *Buchungsdatum*, und die *Beschreibung* des Postens sowie die Sachkontonummer und den Herkunftscode. Besteht eine Lücke innerhalb der Nummernserie oder sind die Belege nicht in der Reihenfolge der Belegnummern gebucht worden, erscheint eine Warnung.

Fibu Einr.-Informationen

Menüoption: *Finanzmanagement/Finanzbuchhaltung/Berichte/Einrichtungsübersicht/Fibu Einr.-Informationen* (siehe Abbildung 7.71)

Mit diesem Bericht werden die Inhalte wichtiger Stammdatentabellen gedruckt. Besonders geeignet ist der Bericht dafür, die Stammdaten vor dem Arbeiten mit dem System noch einmal in gedruckter Form zu überprüfen.

Auf der Registerkarte *Optionen* kann ein Stammdatenbereich ausgewählt werden, der überprüft werden soll.

Abbildung 7.71 Report *Fibu Einr.-Informationen*

Analyse des Kontenplans

Auch ohne die Nutzung der Standardberichte können Buchungen im Hauptbuch analysiert werden. Dieses geschieht durch die Möglichkeiten, die Dynamics NAV rund um den Kontenplan anbietet (zum Kontenplan selbst siehe insbesondere auch das Kapitel 3).

Sämtliche Konten und Beträge, die im Kontenplan angezeigt werden, können mit Feld-, Tabellen- und Flow-Filtern gefiltert werden (siehe hierzu das Kapitel 2). Um Konten, die im Fenster *Kontenplan* angezeigt werden, zu filtern, stehen Feld- und Tabellenfilter zur Verfügung, die auf jedes Feld der Tabelle angewendet werden können. Die in den Spalten *Bewegung*, *Saldo* und *Saldo bis Datum* angezeigten Beträge werden für jedes Konto durch die Aufsummierung der zugrunde liegenden Werte der Tabelle Sachposten gebildet. Die berechneten Beträge werden wie folgt dargestellt (siehe Tabelle 7.24):

Feld	Beschreibung
Bewegung	Zeigt die Summe der Sachposten für ein Datumsintervall. Die Angabe dieses Intervalls erfolgt durch die Nutzung des FlowFilters *Datumsfilter*.
Saldo bis Datum	Angezeigt wird der Saldo des Kontos zu dem Tag, der im FlowFilter *Datumsfilter* angegeben wird. Ist ein Datumsintervall als *Datumsfilter* angegeben, wird nur das Enddatum verwendet.
Saldo	Zeigt den aktuellen Saldo des Kontos, der sich aus der Summe aller Sachposten zusammensetzt. Ein *Datumsfilter* wird ignoriert.

Tabelle 7.24 Erläuterungen zu Betragsfeldern

Mit der Anwendung eines FlowFilters kann festlegt werden, in welcher Form die Sachposten der Sachkonten summiert werden sollen. Im Kontenplan besteht die Möglichkeit, neben dem Datumsfilter, welcher die angezeigten Beträge für jedes Konto auf der Grundlage des Felds *Buchungsdatum* der Sachposten filtert, auch einen *Konzernmandantenfilter*, *Budgetfilter* und Filter in Bezug auf die *Globalen Dimensionen* zu setzen.

Um das Anwenden von FlowFiltern im Kontenplan zu vereinfachen, stehen einige Standardanalysefenster zur Verfügung. Diese Analysefenster werden mithilfe der Menüschaltfläche *Saldo* im Fenster *Kontenplan* aufgerufen.

Menüoption: *Finanzmanagement/Finanzbuchhaltung/Kontenplan/Saldo (siehe* Abbildung 7.72)

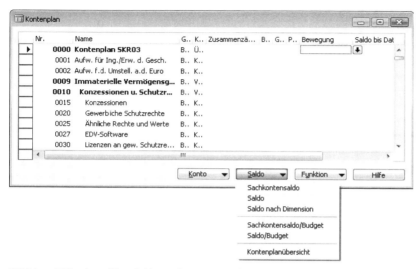

Abbildung 7.72   Auswahlmöglichkeiten der Menüschaltfläche *Saldo*

Im Folgenden sollen die Analysemöglichkeiten näher betrachtet werden.

Fenster »Sachkontensaldo«

Dieses Fenster zeigt die Summe der Sachposten eines Kontos für verschiedene Zeitintervalle an. Das Konto, welches betrachtet werden soll, muss mit dem Cursor markiert werden, bevor das Fenster geöffnet wird. Für jede Periode werden die *Bewegung,* der *Sollbetrag* und der *Habenbetrag* der Sachposten angezeigt, die auf dieses Konto gebucht wurden (siehe Abbildung 7.73).

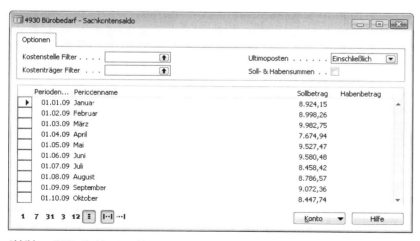

Abbildung 7.73   Sachkontensaldo

Im Kopf des Fensters besteht die Möglichkeit, verschiedene Filter zu setzen.

Wenn im Feld *Soll- & Habensummen* ein Häkchen gesetzt ist, werden die gebuchten Soll- und Habenbeträge für die Periode separat angezeigt. Ist das Feld leer, wird der Saldo der gebuchten Posten entweder als Soll- oder Habenbetrag gezeigt.

Die Zeitintervallschaltflächen im linken unteren Bereich des Fensters bestimmen die Zeitperiode, die für jede Zeile angezeigt wird. Es kann zwischen Tag, Woche, Monat, Quartal, Jahr und Buchhaltungsperiode gewählt werden. Das Datum im Feld *Startdatum* jeder Zeile stellt immer das Startdatum für die Periode dar.

Daneben befinden sich die Schaltflächen für die Betragsart. Diese Schaltflächen bestimmen, ob es sich bei dem angezeigten Betrag um die *Bewegung* oder um den *Saldo* handelt.

Ist das Zeitintervall größer als ein Tag und werden Bewegungsbeträge angezeigt, sind Startdatum des Zeitintervalls und das Datum der Zeile gleich. Werden Saldobeträge angezeigt, basiert der Saldo auf dem Enddatum des Zeitintervalls.

Fenster »Saldo«

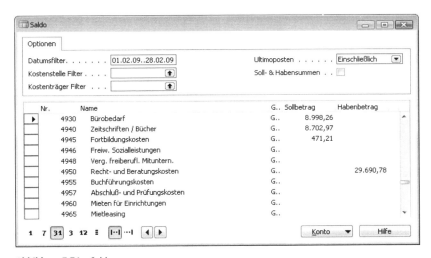

Abbildung 7.74 Saldo

Dieses Fenster zeigt die Summe der Sachposten für alle Konten in einem gewählten Zeitintervall an. Das Fenster enthält dieselben Beträge wie der Sachkontensaldo. Zusätzlich kann auch ein *Datumsfilter* eingeben werden. Im Gegensatz zu den Zeitintervallschaltflächen kann dieser *Datumsfilter* auch komplexer sein, um z.B. ausgewählte Posten aus verschiedenen Perioden zu kombinieren.

Zudem erlauben die Schaltflächen *Folgeperiode* und *Vorperiode* eine schnelle Ansicht der Beträge aus Vor- und Folgeperioden.

Fenster »Saldo nach Dimension«

In diesem Fenster kann eine Analyse von tatsächlichen oder budgetierten Einträgen nach Dimensionen in einem definierten Format vorgenommen werden.

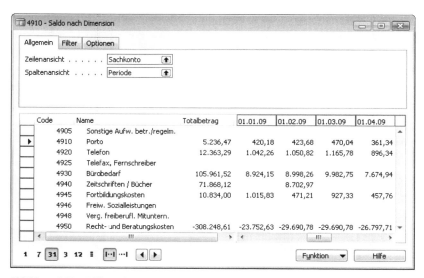

Abbildung 7.75   Saldo nach Dimensionen

Sachkontensaldo/Budget und Saldo/Budget

Das Fenster *Sachkontensaldo/Budget* vergleicht Ist- und budgetierte Summen für ein einzelnes Konto über mehrere Zeitintervalle. Neben den im Fenster *Sachkontensaldo* angezeigten Beträgen werden zusätzlich noch die budgetierten Beträge für dieselbe Periode angezeigt sowie die prozentuale Abweichung im Feld *Saldo/Budget (%)*.

Im Fenster *Saldo/Budget* werden tatsächliche und budgetierte Beträge für alle Konten in einem bestimmten Zeitraum miteinander verglichen. Im Gegensatz zum Fenster *Sachkontensaldo/Budget* stehen hier noch analog zum Fenster *Saldo* die Schaltflächen *Folgeperiode und Vorperiode* und die Möglichkeit zur Eingabe eines Datumsfilters zur Verfügung.

Kontenschemata

Menüoption: *Finanzmanagement/Finanzbuchhaltung/Analyse und Berichtswesen/Kontenschemata* (siehe Abbildung 7.76):

Abbildung 7.76   Kontenschema

Kontenschemata sind für Berechnungen gedacht, die nicht direkt im Kontenplan durchgeführt werden können. Ohne Rückgriff auf den *Report Designer* und den damit notwendigen Programmierkenntnissen besteht hier die Möglichkeit, benutzerdefinierte Finanzberichte zu erstellen. Auf Grund Ihrer Flexibilität, der einfachen Handhabung und des selbst zu erstellenden Aufbaus werden Kontenschemata oftmals den Standardberichten, gerade aus dem Bereich der Finanzauswertungen, vorgezogen. Die Anzahl der Kontenschemata, die angelegt werden können, ist nicht beschränkt, wobei jedes mit einem eindeutigen Namen versehen werden sollte.

Jedes Kontenschema besteht neben dem Kontenschemanamen aus einer Anzahl von Zeilen und einem Spaltenlayout. Nach der Festlegung des Namens umfasst die Einrichtung des Kontenschemas deshalb zwei Schritte:

1. Einrichten der Zeilen
2. Erstellen des Spaltenlayouts

Diese Einrichtungsschritte werden im Folgenden näher beschrieben. Im Anschluss werden die Möglichkeiten vorgestellt, die Werte eines Kontenschemas anzeigen zu lassen.

Einrichten der Zeilen eines Kontenschemas

Im Fenster Kontenschema selbst werden die Zeilen des Berichts, der erstellt werden soll, eingerichtet. Ist der Name des neuen Schemas angelegt, ist das Fenster zunächst leer. Die zur Verfügung stehenden Felder, von denen nicht alle standardmäßig eingeblendet sind, sind wie folgt auszufüllen (siehe Tabelle 7.25):

Feld	Beschreibung
Rubrikennr.	Hier wird eine Nummer für die Kontenschemazeile bzw. -rubrik eingegeben. Die Rubrikennummern sind optional. Werden dieselben Rubrikennummern in mehr als einer Zeile verwendet, werden diese als Gruppe betrachtet. Wird nun diese Rubrikennummer in einer Formel verwendet, wird die Summe aller Zeilen angezeigt, die diese Rubrikennummer verwenden. Wird die Funktion *Konten einfügen* verwendet, wird dieses Feld automatisch aus dem Feld *Nr.* des Kontenplans kopiert.
	Zu beachten ist bei der Vergabe der Rubrikennummern, inwieweit in Formeln komplexe Rechenoperationen verwendet werden. Wird eine Rubrikennummer als Ganzzahl definiert, wobei aber in einer Formel eine Multiplikation mit eben dieser Zahl durchgeführt werden soll, greift Dynamics NAV auf die Rubrikennummer zurück. Aus diesem Grund macht es immer Sinn, der Rubrikennummer einen Buchstaben vorzustellen (z.B. ein »R«), um solche Fehlerquellen auszuschließen.
Beschreibung	Eingabe des Texts, der in der Kontenschemazeile angezeigt werden soll. Wird die Funktion *Konten einfügen* verwendet, wird dieses Feld automatisch mit der Beschreibung aus dem Kontenplan gefüllt.
Zusammenzählungsart	In diesem Feld muss eine Zusammenzählungsart für die Kontenschemazeile bestimmt werden. Die Art bestimmt, welche Konten innerhalb des Zusammenzählungsintervalls, das im Feld *Zusammenzählung* angegeben wird, summiert werden. Aus den folgenden Zusammenzählungsarten kann gewählt werden:
	<Kontensumme> Die Summe wird aus den Beträgen der Konten der Art *Konto* im Kontenplan gebildet. Dieser Wert ist auch der Vorgabewert.
	<Summensumme> Die Summe wird aus den Beträgen der Konten der Art *Summe* und *Bis-Summe* im Kontenplan gebildet
	<Formel> Die Summe wird aus Beträgen aus anderen Zeilen des Kontenschemata gebildet. Die Formel selbst wird im Feld *Zusammenzählung* eingegeben.
Zusammenzählung	In diesem Feld ist in Abhängigkeit vom Inhalt des Felds *Zusammenzählungsart* anzugeben, welche Konten in dieser Zeile zusammengezählt werden sollen. Ist im Feld *Zusammenzählungsart* die Option *Kontensumme* oder *Summensumme* gewählt, muss eine Kontonummer aus dem Kontenplan eingeben werden. Wird die Zusammenzählungsart *Formel* gewählt, kann eine Formel eingeben werden, die Zeilennummern aus dem Kontenschemata enthält. Zur Erstellung von Formeln stehen die Grundrechenarten und die Potenzierung zur Verfügung.

Tabelle 7.25 Felder des Fensters *Kontenschemata*

Feld	Beschreibung
Anzeigen	In diesem Feld wird angegeben, ob die Zeile im Bericht gedruckt werden soll. Außerdem kann die Anzeigeoption in Abhängigkeit zum Saldo ausgewählt werden, um sogenannte Kippkonten automatisch richtig einzuordnen.
Neue Seite	Soll nach der Zeile ein Seitenumbruch beim Drucken stattfinden, ist dieses Feld zu aktivieren.
Fett/Kursiv/Unterstrichen	Diese Felder dienen der Formatierung der Zeilen. Alle drei Formate werden beim Drucken der Kontenschemata oder beim Excel-Export berücksichtigt.
Umgekehrtes Vorzeichen anz.	Sollen in Berichten Sollbeträge mit einem negativen Vorzeichen und Habenbeträge positiv angezeigt werden, ist das Kontrollkästchen zu aktivieren

Tabelle 7.25 Felder des Fensters *Kontenschema* (Fortsetzung)

ACHTUNG Zu beachten ist bei der Erstellung von Kontenschemata, dass diese immer gepflegt werden müssen. Damit ist gemeint, dass, wenn ein neues Sachkonto im Kontenplan angelegt wurde, dieses nicht unbedingt in den Kontenschemata vorhanden ist. Nur wenn dieses Konto Bestandteil einer *Bis-Summe* ist oder in einem Kontenbereich einer Kontensumme liegt, ist es auch automatisch im Kontenschemata vorhanden. Ansonsten muss es manuell nachgepflegt werden.

Erstellen eines Spaltenlayouts

Um ein Spaltenlayout zu erstellen, ist wie folgt vorzugehen:

Menüoption: *Finanzmanagement/Finanzbuchhaltung/Analyse und Berichtswesen/Kontenschemata/Funktion/ Spaltenlayout einrichten* (siehe Abbildung 7.77):

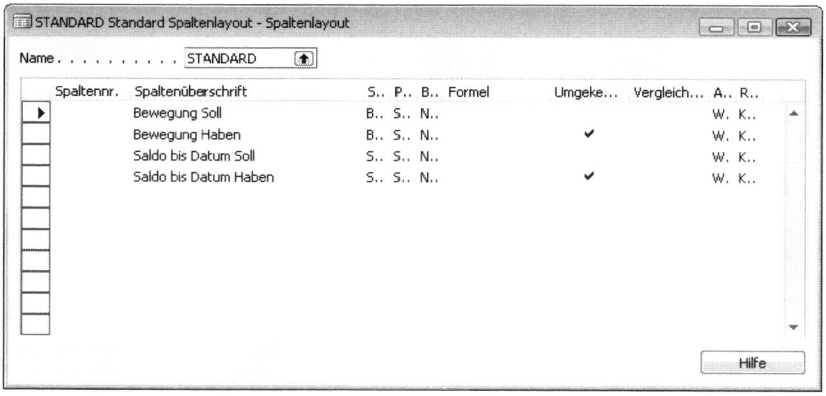

Abbildung 7.77 Spaltenlayout

Ein Spaltenlayout enthält die numerischen Informationen. Hier wird definiert, welche Informationen aus den Zeilen verwendet werden sollen, z.B. nur Habenbeträge. Ein erstelltes Spaltenlayout kann im Fenster *Kontenschemanamen* jedem vorhandenen Kontenschema als Standardlayout zugewiesen werden. Im Fenster Spaltenlayout selbst werden die Spalten definiert, indem eine Zeile für jede Spalte erstellt wird.

ACHTUNG Beachten Sie bitte, dass zwar eine unbegrenzte Anzahl von Spalten erstellt werden kann, in einem gedruckten Bericht jedoch nur fünf Spalten angezeigt werden.

Die Felder des Fensters sind wie folgt zu füllen (siehe Tabelle 7.26):

Feld	Beschreibung
Spaltennr.	Dieses Feld wird verwendet, um die Zeile für eine Spalte festzulegen. Die Wahl der Spaltennummer ist beliebig. Werden Spaltennummern in mehreren Zeilen verwendet, werden diese dann als Gruppe behandelt.
	Zu beachten ist bei der Vergabe der Spaltennummern, inwieweit diese in Formeln komplexe Rechenoperationen verwenden. Wird eine Spaltennummer als Ganzzahl definiert, sollen aber in einer Formel eine Multiplikation mit eben dieser Zahl durchgeführt werden, greift Dynamics NAV auf die Spaltennummer zurück. Aus diesem Grund macht es immer Sinn, der Spaltennummer einen Buchstaben vorzustellen (z.B. ein S), um solche Fehlerquellen auszuschließen.
Spaltenüberschrift	Eingabe einer Überschrift für die Spalte
Spaltenart	In diesem Feld wird die *Spaltenart* für die Kontenschemaspalte ausgewählt. Die *Spaltenart* bestimmt, wie die Beträge in der Spalte berechnet werden. Die Beträge werden für den Zeitraum berechnet, der im Feld *Datumsfilter* des Berichts oder Fensters definiert wurde.
	<Formel> In dieser Spalte wird der aus Beträgen in anderen Spalten berechnete Betrag angezeigt. Die Formel selbst wird im Feld *Formel* eingegeben.
	<Bewegung> In dieser Spalte werden die Bewegungen für die Periode angezeigt
	<Saldo bis Datum> Es werden die Salden am Ende der Periode angezeigt
	<Saldovortrag> Es werden die Salden am Anfang der Periode angezeigt
	<Jahr bis Datum> Hier wird die Bewegung der Salden für den Zeitraum vom Anfang des Geschäftsjahrs bis zum Ende des Zeitraums angezeigt
	<Rest des Geschäftsjahrs> Es wird die Bewegung der Salden vom Ende der Periode bis zum Ende des Geschäftsjahrs, in dem die Periode endet, angezeigt
	<Gesamtes Geschäftsjahr> Hier wird die Bewegung der Salden für das Geschäftsjahr, in dem die Periode endet, angezeigt
Postenart	Auswahl der Postenart, die in den Beträgen in der Kontenschemaspalte enthalten sein sollen. Es kann zwischen Sachposten und Finanzbudgetposten ausgewählt werden.
Betragsart	In diesem Feld wird die Betragsart ausgewählt, die in den Einträgen in der Kontenschemaspalte enthalten sein sollen. Angezeigt werden können Nettobeträge (der angezeigte Betrag umfasst Haben- und Sollposten), Sollbeträge (der angezeigte Betrag umfasst nur Sollposten) oder Habenbeträge (der angezeigte Betrag umfasst nur Habenposten).
Ultimodatum einschließen	Ist dieses Feld aktiviert, werden Ultimoposten in die Kontenschemazeile aufgenommen, wenn das Ultimodatum am Tag vor der Periode liegt, die in das Feld *Datumsfilter* eingegeben wurde. Posten mit früheren Ultimodaten werden immer aufgenommen, unabhängig von dem Status des Felds.
Formel	Eingabe einer Formel, wenn im Feld *Spaltenart* der Eintrag »Formel« gewählt wurde. Dieses Feld kann dazu benutzt werden, um Berechnungen mit anderen Spalten durchzuführen, wobei auf andere Spalten mit deren Spaltennummer Bezug genommen wird. Betreff der Rechenoperationen stehen die gleichen Möglichkeiten wie bei der Rubrikformel zur Verfügung.
Umgekehrtes Vorzeigen anz.	Dieses Feld ist zu aktivieren, wenn in dieser Spalte Sollbeträge mit negativem Vorzeichen und Habenbeträge positiv angezeigt werden sollen
Vergleichsdatumsformel	Dieses Feld enthält eine Datumsformel, die angibt, welche Datumsangaben zur Berechnung der Beträge in dieser Spalte verwendet werden sollen. Mit der Formel wird der Betrag der Vergleichsperiode in Bezug auf die im Datumsfilter angegebene Periode berechnet. Um Formeln zu erstellen, müssen die Zeitintervalle (W)oche, M(onat), J(ahr), Q(uartal) usw. verwendet werden. Soll z.B. dieselbe Periode ein Jahr zuvor angezeigt werden, muss »–1J« eingegeben werden.

Tabelle 7.26 Felder des Fensters *Spaltenlayout*

Feld	Beschreibung
Vergleichsperiodendatumsformel	Dieses Feld enthält eine Periodenformel, die angibt, welche Perioden zur Berechnung der Beträge in dieser Spalte verwendet werden sollen. Die Periodenformel wird verwendet, um den Betrag der Vergleichsperiode in Bezug auf die Periode im Datumsfilter zu berechnen. Abkürzungen für Periodenspezifikationen sind: P = Periode EP = Endperiode (z.B. eines Geschäftsjahrs oder Halbjahrs) LP = Laufende Periode eines Geschäftsjahrs oder Halbjahrs GJ = Geschäftsjahr Soll beispielsweise das erste Quartal des vorigen Geschäftsjahrs angezeigt werden, ist die Formel »-1GJ[1..3]« zu verwenden.
Anzeigen	Hier kann ausgewählt werden, ob die Beträge aus dieser Spalte in Berichten angezeigt werden sollen. Folgende Optionen stehen zur Verfügung: *<Immer>* Vorgabewert; die Beträge in der Spalte werden immer angezeigt *<Nie>* Die Spalte wird nur für Berechnungszwecke verwendet und in Berichten nicht angezeigt *<Wenn positiv>* Nur positive Beträge werden in der Spalte angezeigt. Dies betrifft auch all die Beträge, die positiv waren, bevor *Umgehrtes Vorzeichen anz.* verwendet wurde. *<Wenn negativ>* Nur negative Beträge werden in der Spalte angezeigt. Dies betrifft auch all die Beträge, die negativ waren, bevor *Umgehrtes Vorzeichen anz.* verwendet wurde.
Rundungsfaktor	Hier kann für die Beträge einer Spalte ein Rundungsfaktor ausgewählt werden. Als Vorgabewert ist kein Rundungsfaktor eingestellt. Zu beachten ist, dass Beträge nur in gedruckten Berichten gerundet werden.

Tabelle 7.26   Felder des Fensters *Spaltenlayout (Fortsetzung)*

Anzeigen der Daten eines Kontenschemas

Um sich das Ergebnis eines Kontenschemas anzeigen zu lassen, stehen verschiedene Möglichkeiten zur Verfügung:

Kontenschemamatrix

Aus dem Fenster *Kontenschema* heraus steht die Kontenschemamatrix zur Verfügung.

Menüoption: *Finanzmanagement/Finanzbuchhaltung/Analyse und Berichtswesen/Kontenschemata/Schema/Matrix* (siehe Abbildung 7.78)

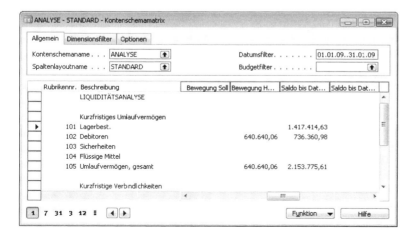

Abbildung 7.78   Kontenschemamatrix

In diesem Fenster können die angezeigten Daten dadurch geändert werden, indem Filter gesetzt oder im Bericht die angezeigten Zeilen oder Spalten geändert werden. So können z.B. verschieden Kontenschemata mit verschiedenen Spaltenlayouts kombiniert werden, unabhängig davon, ob dem Kontenschemanamen ein Standard-Spaltenlayout zugewiesen wurde.

Die Beträge können auch in der Berichtswährung angezeigt werden, indem im Feld *Beträge in Berichtswährung ausgegeben* das Kontrollkästchen aktiviert wird.

Um den Bericht für eine andere Periode anzeigen zu lassen, kann mit den Pfeil-Schaltflächen *Folgeperiode* oder *Vorperiode* schnell zwischen den Perioden gewechselt werden, anstatt einen neuen Datumsfilter einzugeben.

Drucken von Kontenschemaberichten

Um ein Kontenschema auszudrucken, stehen zwei Möglichkeiten zur Verfügung. Der Bericht kann aus den Standardberichten heraus gedruckt werden.

Menüoption: *Finanzmanagement/Finanzbuchhaltung/Berichte/Finanzauswertung/Kontenschema* (siehe Abbildung 7.79)

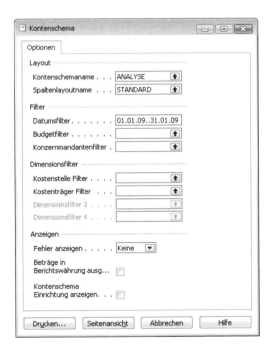

Abbildung 7.79 Report *Kontenschema*

Der Bericht enthält dieselben Optionen und Filter wie das Fenster *Kontenschemamatrix*. Anstatt den Bericht über die Berichte zu drucken, kann das gewünschte Kontenschema auch im Fenster *Kontenschemamatrix* ausgewählt und über die Menüschaltfläche *Funktion* ausgedruckt werden.

Exportieren von Kontenschemata nach Excel

Ein Kontenschema kann auch nach Excel übertragen werden.

Menüoption: *Finanzmanagement/Finanzbuchhaltung/Analyse und Berichtswesen/Kontenschemata/Schema/Matrix/Funktion* (siehe Abbildung 7.80)

Abbildung 7.80 Funktion *Kontenschema nach Excel exp.*

Als Option kann gewählt werden, ob eine neue Arbeitsmappe erstellt oder eine vorhandene Arbeitsmappe aktualisiert werden soll. Zu beachten ist, dass Beträge, bei denen es sich im Fenster *Kontenschemamatrix* um Summen handelt, nicht als Formeln nach Excel exportiert werden. Der Wert der Zelle wird einfach in eine Zelle des Arbeitsblatts kopiert. Zudem werden keine Rundungsfaktoren auf die exportierten Beträge angewendet.

Anhang A

Begleitmaterial zum Buch

In diesem Kapitel:

Viele Prüfungshandlungen lassen sich durch einfache Feldzugriffe und entsprechende Filterung durchführen. Andere Prüfungen erfordern mehrere Feldzugriffe und teilweise die Weiterverarbeitung von Zwischenergebnissen. Derartige Prüfungshandlungen lassen sich zumeist nur durch entsprechende Reports oder andere Analysetools effizient durchführen. Das vorliegende Begleitmaterial enthält eine Reihe von Tools und Reports, die in Dynamics NAV erstellt wurden, um verschiedene, im Buch vorgestellte Prüfungshandlungen wesentlich zu vereinfachen.

BEGLEITMATERIAL   Die Begleitdateien stehen als Download zur Verfügung. Sie können diese von der Seite *http://go.microsoft.com/fwlink/?LinkID=153144* herunterladen.

Das in diesem Begleitmaterial enthaltene Programmmaterial ist mit keiner Verpflichtung oder Garantie irgendeiner Art verbunden. Autoren, Übersetzer und der Verlag übernehmen folglich keine Verantwortung und werden keine daraus folgende oder sonstige Haftung übernehmen, die auf irgendeine Art aus der Benutzung dieses Programmmaterials oder Teilen davon entsteht.

Das Werk einschließlich aller Teile ist urheberrechtlich geschützt. Jede Verwertung außerhalb der engen Grenzen des Urheberrechtsgesetzes ist ohne Zustimmung des Verlags unzulässig und strafbar. Das gilt insbesondere für Vervielfältigung, Übersetzung, Mikroverfilmung und die Einspeicherung und Verarbeitung in elektronischen Systemen.

ACHTUNG   Bei der Programmierung der Tools wurde grundsätzlich auf Abwärtskompatibilität geachtet. So wurde die Verwendung von C/AL-Befehlen (z.B. FINDSET-Befehle) vermieden, die in früheren Versionen nicht verwendet werden können. Dennoch können die Tools naturgemäß nicht uneingeschränkt abwärtskompatibel sein. Gegebenenfalls können die Objekte im Einzelfall an frühere Versionen angepasst werden. Hinweise zu derartigen Supportanfragen finden Sie auch im Abschnitt »Support« ab Seite 668.

MenuSuite zum Buch

Die MenuSuite *Compliance Leitfaden* (siehe Abbildung A.1) erleichtert die prüfungs- und einrichtungsbezogene Navigation innerhalb des Classic Client von Dynamics NAV, da sämtliche für die Einrichtung- und Compliance-Prüfung notwendigen Menüoptionen strukturgleich zum Aufbau des Buchs enthalten sind.

Das MenuSuite-Objekt hat die *Object ID 54*. Über den Menübefehl *Extras/Objekt Designer/MenuSuite* lassen sich die im System befindlichen MenuSuites anzeigen. Sollte eine MenuSuite mit der *ID 54* bereits existieren, kann die *Compliance Leitfaden*-MenuSuite nicht importiert werden. Hinweise zum Importieren der MenuSuite finden Sie im Abschnitt »Import von Datenbankobjekten« ab Seite 668.

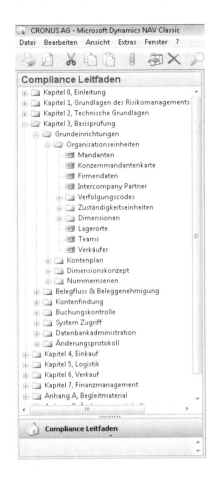

Abbildung A.1 MenuSuite *Compliance Leitfaden*

Kritische Benutzerrechtskombinationen

Im Rahmen der Prüfung des Berechtigungskonzepts sollte die Existenz inadäquater Kombinationen von Benutzerzugriffsrechten (z.B. das Veranlassen von Zahlungsausgängen und gleichzeitige Bearbeiten von Kreditor-Bankkonten) geprüft werden. Bei der Prüfung und Bewertung müssen die unternehmensindividuellen Gegebenheiten sowohl bei der Definition der kritischen Benutzerrechtskombinationen als auch bezüglich kompensierender Kontrollen berücksichtigt werden:

Das Granule »CT1100« – *Kritische Benutzerrechtskombinationen* – erleichtert die Identifizierung potentiell kritischer Benutzerrechtskombinationen. Die entsprechende Prüfungshandlung ist beispielsweise in Kapitel 3 im Abschnitt »Berechtigungskonzept aus Compliance-Sicht« beschrieben.

HINWEIS   Mit diesem Tool wird geprüft, ob Benutzer auf Tabellenebene Zugriffsrechte besitzen, die als potentiell kritisch eingestuft werden. Liegen entsprechende direkte oder auch indirekte Zugriffsrechte auf Tabellenebene vor, wird grundsätzlich davon ausgegangen, dass auch der Zugriff auf Forms besteht, über die diese Rechte ausgeübt werden können. Dies ist gegebenenfalls im Einzelfall zu überprüfen.

Einrichtung

Es können beliebig viele Kombinationen von tabellenbezogenen Zugriffsrechten (siehe Abbildung A.2 und Tabelle A.1) angelegt werden, deren Zuweisungen zu Benutzern von einer Routine geprüft werden. Beispiele für potentiell kritische Berechtigungskombinationen können der Tabelle 3.23 »Beispiele potentiell kritischer Berechtigungskombinationen« in Kapitel 3 entnommen werden.

Menüoption: *Compliance Leitfaden/Anhang A – Begleitmaterial/Tools/Kritische Benutzerrechtskombinationen/ Kritische Zugriffsrechte* (siehe Abbildung A.2)

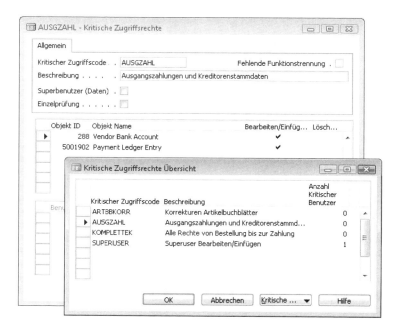

Abbildung A.2   Einrichtung der potentiell kritischen Benutzerrechtskombinationen

Bereich	Feldname	Beschreibung
Kopf	*Kritischer Zugriffscode*	20-stelliger, eindeutiger Code für die Kombination
	Fehlende Funktionstrennung	Dieses FlowField zeigt nach der Prüfung an, ob Benutzer existieren, die die betreffende Kombination von Rechten aufweisen. Das Feld erleichtert bei vielen zu prüfenden Kombinationen die Selektion der näher zu betrachtenden Kombinationen.
	Beschreibung	Beschreibung der angelegten Rechtekombination
	Superbenutzer (Daten)	Kennzeichnung des *Kritischen Zugriffscodes,* mit dem Superbenutzer geprüft werden sollen (siehe auch den Abschnitt »Superbenutzerprüfung« ab Seite 644)
	Einzelprüfung	Kennzeichnung einer Einzelberechtigungsprüfung. Diese Funktion kann genutzt werden, um Ad-hoc-Prüfungen durchzuführen, welche Benutzer Zugriffsrechte auf eine bestimmte Tabelle haben (siehe auch den Abschnitt »Einzelprüfung« ab Seite 644).
	Anzahl kritischer Benutzer	FlowField, welches in der *Übersicht* die Anzahl der Benutzer pro *Kritischem Zugriffscode* anzeigt
Zeile	*Objekt ID*	Objektnummer der Tabelle

Tabelle A.1   Felder für die Definition kritischer Zugriffsrechte

Bereich	Feldname	Beschreibung
	Objekt Name	Name der Tabelle (nicht die deutsche Caption der Tabelle)
	Bearbeiten/Einfügen	Definition des *Kritischen Zugriffsrechts*. Eine Aktivierung bedeutet, dass die Anwendung nach direkten und indirekten *Bearbeiten*- und *Einfügen*-Rechten auf diese Tabelle sucht.
	Löschen	Definition des *Kritischen Zugriffsrechts*. Eine Aktivierung bedeutet, dass die Anwendung nach direkten und indirekten *Löschen*-Rechten auf diese Tabelle sucht.

Tabelle A.1 Felder für die Definition kritischer Zugriffsrechte *(Fortsetzung)*

Kombinationsprüfung

Bei der Prüfung potentiell kritischer Benutzerrechtskombinationen werden sowohl *Datenbank-Anmeldungen* als auch *Windows-Anmeldungen* geprüft. Falls es Sicherheitsrollen gibt, die bereits in sich potentiell kritische Benutzerrechte enthalten, werden diese ebenfalls selektiert.

Die folgende Abbildung (siehe Abbildung A.3) zeigt das Prüfungsvorgehen der Routine:

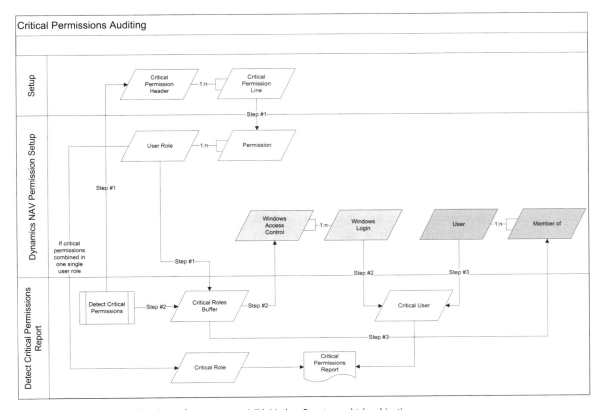

Abbildung A.3 Datenmodell für die Prüfung von potentiell kritischen Benutzerrechtskombinationen

Nach der Einrichtung der zu überprüfenden, potentiell kritischen Benutzerrechtskombinationen wird die Prüfung über die Menüoption *Kritische Zugriffsrechte/Kritische Zugriffsrechte ermitteln* gestartet (siehe Abbildung A.4). Über die Menüoptionen *Kritische Rollen* und *Kritische Benutzer* können die ermittelten Rollen und Benutzer angezeigt oder über die Menüoption *Drucken/Kritische Benutzerrechte* ausgegeben werden.

Abbildung A.4   Menüschaltfläche *Kritische Benutzerrechte*

Die identifizierten kritischen Sicherheitsrollen und Benutzer können auch über die folgenden Menüoptionen angezeigt werden:

Menüoption: *Compliance Leitfaden/Anhang A – Begleitmaterial/Tools/Kritische Benutzerrechtskombinationen/ Kritische Benutzer*

Menüoption: *Compliance Leitfaden/Anhang A ? Begleitmaterial/Tools/Kritische Benutzerrechtskombinationen/ Kritische Rollen Übersicht*

Einzelprüfung

Diese Funktionalität erlaubt es auch, einzelne Zugriffsmöglichkeiten effizient prüfen zu können. Stellt sich beispielsweise die Frage, welche Benutzer grundsätzlich die Berechtigung haben, Artikelposten zu erzeugen, kann für solche Zwecke eine Einzelprüfung eingerichtet werden.

Superbenutzerprüfung

Neben der Identifizierung potentiell kritischer Benutzerrechtskombinationen kommt der Prüfung von Superbenutzern eine besondere Bedeutung zu. Neben den Standard-Sicherheitsrollen für Superbenutzer »SUPER« und »SUPER (DATEN)« können weitere Sicherheitsrollen erstellt werden, die entsprechende umfassende Rechte enthalten. Die *Objekt-ID* Null bedeutet Zugriff auf alle Objekte der angegebenen *Objektart*. Eine Zugriffsrechtszeile mit der *Objektart = Table Data* und *Objekt-ID* Null räumt das in der Zeile spezifizierte Zugriffsrecht somit auf alle Tabellendaten ein.

Daher sollte ein *Kritischer Zugriffscode* eingerichtet werden, mit dem die betrachteten Zugriffsrechte (*Bearbeiten/Einfügen* und/oder *Löschen*) analysiert werden können (siehe Abbildung A.5).

HINWEIS   Da die Kontrollen zum Berechtigungskonzept zeitpunktbezogen sind und nicht zwangsläufig die Vergangenheit wiedergeben, ist es zusätzlich ratsam, im *Änderungsprotokoll* die tatsächliche Umsetzung des Berechtigungskonzepts zeitraumbezogen zu verifizieren (siehe in Kapitel 3 den Abschnitt »Änderungsprotokoll«). Ferner können Zugriffsbeschränkungen über Stichprobenprüfungen verifiziert werden, indem beispielsweise Postentabellen auf *Benutzer-IDs* gefiltert werden, die laut Berechtigungskonzept keine Zugriffsrechte zum Erzeugen dieser Posten besitzen.

Je nach Größe und zu berücksichtigenden Rahmenbedingungen des Unternehmens sind organisatorische Regelungen beim Vorliegen potentiell kritischer Berechtigungskombinationen grundsätzlich dazu geeignet, ein diesbezüglich mangelhaftes Benutzerkonzept als kompensierende Kontrolle zu heilen.

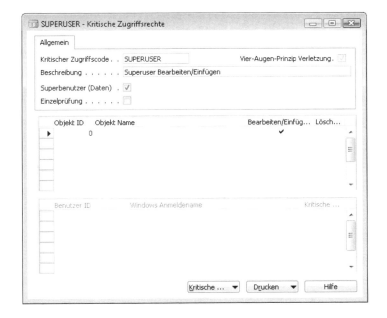

Abbildung A.5   Prüfung auf Superbenutzer

Dublettensuche für Debitoren und Kreditoren

Das Granule »CT1200«: *Dublettensuche für Debitoren und Kreditoren* wurde analog zu der vorhandenen Standardfunktionalität für Kontakte aufgebaut, um die Handhabung zu vereinheitlichen. Insofern ist Voraussetzung für die Nutzung dieses Tools, dass das Marketing Modul in der Unternehmenslizenz enthalten ist.

Einrichtung

Die Einrichtung kann getrennt nach Debitoren und Kreditoren erfolgen und basiert auf folgenden Parametern:

- Einrichtung der Dublettensuchtexte
- Bestimmung der Dublettensensibilität in Prozent

Menüoption: *Compliance Leitfaden/Anhang A – Begleitmaterial/Tools/Dublettensuche Debitoren/Kreditoren/ Dublettensuche Einrichtung* (siehe Abbildung A.6)

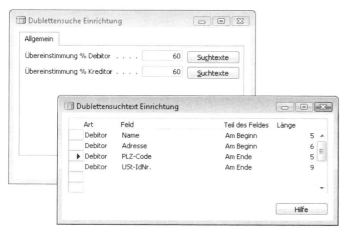

Abbildung A.6 Einrichtung der Dublettensuchtexte

Für die Suche nach Dubletten werden benutzerdefinierte Suchtexte verwendet, in denen folgende Felder für die Einrichtung von Suchtexten verwendet werden können:

- Name
- Name 2
- Adresse
- Adresse 2
- PLZ-Code
- Ort
- Telefonnr.
- USt-IdNr.

Die Suche kann jeweils *Am Beginn* oder *Am Ende* des Felds mit der angegebenen *Länge* von Zeichen erfolgen. Basierend auf der Einrichtung der Suchtexte wird eine prozentuale Übereinstimmung dieser Suchtexte mit vorhandenen Stammdatensätzen für die Identifizierung von Dubletten festgelegt.

HINWEIS   Für die Bewertung einer Übereinstimmung werden auch leere mit nicht leeren Feldwerten verglichen und somit als negative Übereinstimmung gewertet.

Dublettensuche durchführen

Die *Dublettensuche* überprüft Debitoren, Kreditoren und optional Bankkonten auf mögliche Dubletten und stellt diese Dublettenvorschläge in einem Fenster zusammen, in dem diese vom Anwender geprüft und weiterbearbeitet werden können.

Menüoption: *Compliance Leitfaden/Anhang A – Begleitmaterial/Tools/Dublettensuche Debitoren/Kreditoren/ Dublettensuche starten* (siehe Abbildung A.7)

Option	Beschreibung
Debitoren	Bei Aktivierung werden Debitorendubletten anhand der festgelegten Suchtexte und prozentualen Übereinstimmung gesucht

Tabelle A.2 Optionen der Debitoren- und Kreditorendublettensuche

Option	Beschreibung
Kreditoren	Bei Aktivierung werden Kreditorendubletten anhand der festgelegten Suchtexte und prozentualen Übereinstimmung gesucht
Dubletten über Bankkonten kontrollieren	Bei Aktivierung erfolgt eine weitere Prüfung über identische Kontoverbindungen auf Ebene der Debitoren- und Kreditoren Bankkontentabellen. Die Kontoverbindung (Kontonummer und Bankleitzahl) wird unabhängig von Suchtexten und prozentualer Übereinstimmung auf Identität geprüft.

Tabelle A.2 Optionen der Debitoren- und Kreditorendublettensuche *(Fortsetzung)*

Abbildung A.7 Optionen zur Dublettensuche

Prüfung der Dublettenvorschläge

Die von der Routine identifizierten möglichen Dubletten können im Fenster *Debitoren- und Kreditorendubletten* überprüft und weiterverarbeitet werden.

Menüoption: *Compliance Leitfaden/Anhang A ? Begleitmaterial/Tools/Dublettensuche Debitoren/Kreditoren/ Dubletten Übersicht* (siehe Abbildung A.8)

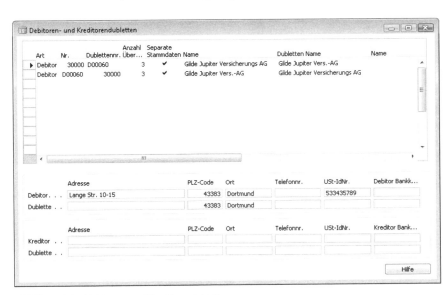

Abbildung A.8 Debitoren- und Kreditorendubletten

Um Dublettenvorschläge abzulehnen, kann das Feld *Separate Stammdaten* aktiviert werden, das beide Datensätze als nicht redundante Stammdaten kennzeichnet. So gekennzeichnete Datensätze werden bei einer erneuten Suche zwar neu vorgeschlagen, aber automatisch wieder mit dem Kennzeichen versehen.

TIPP   Um auf die jeweiligen Stammdatenkarten zu navigieren, können die Lookup-Schaltflächen der jeweiligen Nummernfelder (Debitoren/Kreditoren) sowie der Bankkontocodes verwendet werden.

Konsistenzanalyse

Viele Prüfungshandlungen befassen sich mit der konsistenten Verwendung von Stammdaten in rechnungslegungsrelevanten Transaktionsdaten. Das Granule »CT1300«: *Konsistenz Analyseassistent* stellt für derartige Prüfungshandlungen ein flexibles Werkzeug dar, mit dem Tabellen und Felder sowie deren Beziehung zueinander flexibel definiert werden können, zwischen denen Abweichungen analysiert werden sollen.

Menüoption: *Compliance Leitfaden/Anhang A – Begleitmaterial/Tools/Konsistenzanalyse/Konsistenz Analyseassistent* (siehe Abbildung A.9)

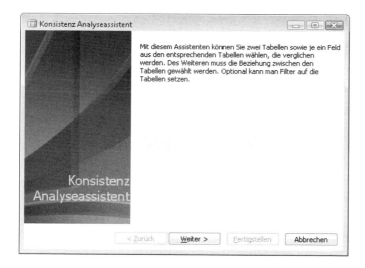

Abbildung A.9   Konsistenz Analyseassistent

Im folgenden Beispiel soll die einheitliche Verwendung der *Produktbuchungsgruppe (Feld 91)* der Artikelstammdaten (*Tabelle 27*) in *Wertposten* (*Tabelle 5802 Feld 58*) analysiert werden. Dabei sind nur Wertposten zu selektieren, die nicht nur *Artikel Zu-/Abschläge* erzeugt wurden, wodurch eine Abweichung gültig sein kann. Im ersten Schritt wird die Stammdatentabelle und das zu betrachtende Feld ausgewählt (siehe Abbildung A.10).

Abbildung A.10 Auswahl der zu betrachtenden Stammdaten

Danach werden die Bewegungsdatentabellen ausgewählt (z.B. die Tabelle *Wertposten*, siehe Abbildung A.11):

Abbildung A.11 Definition der zu prüfenden Bewegungsdaten

Aufgrund der Flexibilität des Assistenten muss im folgenden Schritt die Beziehung zwischen Stamm- und Bewegungsdatentabelle angegeben werden (siehe Abbildung A.12). Diese Beziehung wird im Beispiel durch die *Artikelnr.* in der Tabelle *Wertposten* und die *Nr.* in der Tabelle *Artikel* hergestellt.

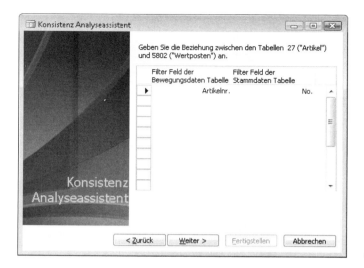

Abbildung A.12 Definition der Tabellenbeziehung

Nach der Festlegung der Tabellenfelder und -beziehungen können optional Filter auf beide Tabellen ange-wendet werden, wenn die Prüfungshandlung dieses erfordert. Im Beispiel (siehe Abbildung A.13) müssen diejenigen Wertposten ausgeschlossen werden, die durch *Artikel Zu-/Abschläge* entstanden sind, da diese Transaktionen die Produktbuchungsgruppen der *Zu-/Abschlagsartikelnr.* enthalten und somit gültige Abwei-chungen darstellen.

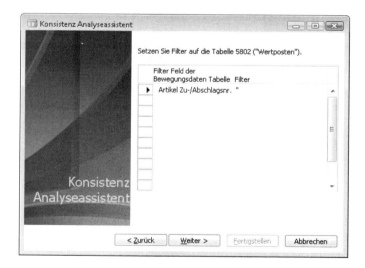

Abbildung A.13 Selektion der zu analysierenden Bewegungsdatensätze

Analog dazu gibt es die Möglichkeit, die Stammdatensätze zu selektieren, die in der Analyse herangezogen werden sollen. In diesem Beispiel wird kein Filter angewendet (siehe Abbildung A.14).

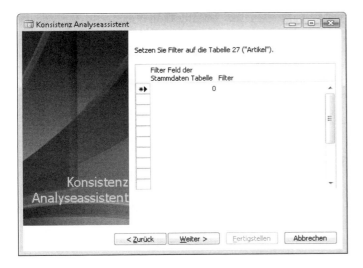

Abbildung A.14 Optionale Filterung der Stammdatensätze

Danach wird die Prüfung über *Fertigstellen* gestartet. Neben der Auswertung auf Formebene kann das Analyseergebnis auch mit folgendem Report ausgegeben werden.

Menüoption: *Compliance Leitfaden/Anhang A – Begleitmaterial/Tools/Konsistenzanalyse/Konsistenz Analyseergebnisse* (siehe Abbildung A.15)

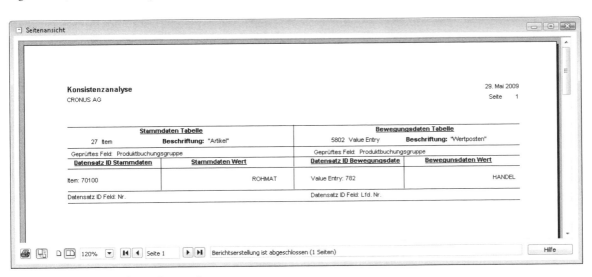

Abbildung A.15 Ergebnis der Konsistenzanalyse

Im vorliegenden Beispiel wurde ein Wertposten (*Lfd. Nr.* = »782«) für den Artikel »70100« gefunden, dessen *Produktbuchungsgruppe* (»HANDEL«) von der Vorgabe im Artikelstamm (»ROHMAT«) abweicht. Um den Geschäftsvorfall zu prüfen, können die Wertposten von der Artikelkarte »70100« aus aufgerufen (Menüoption: *Artikel/Posten/Wertposten*) und über die *Lfd. Nr.* gefiltert werden. Über die *Navigate*-Funktion kann der entsprechende Beleg aufgerufen werden. Zusätzlich sollte geprüft werden, ob die Vorgabe im Artikelstamm zum Zeitpunkt der Buchung vom jetzigen Wert abwich. Diese Prüfung kann über die Auswertung des *Änderungsprotokolls* erfolgen.

> **TIPP** Für die Prüfung von verkaufsseitig abweichenden Zahlungsbedingungen steht ein spezieller Report zur Verfügung, der zusätzlich zum abweichenden *Zlg.-Bedingungscode* die Felder *Fälligkeitsdatum*, *Skonto %* und *Skonto möglich* analysiert, die in Belegen standardmäßig editiert werden können (siehe auch Abschnitt »Abweichende Zahlungsbedingungen« ab Seite 658).

Analyse von kurzfristigen Änderungen

Eine wichtiges Prüfungsgebiet sind kurzfristige Änderungen von Stammdaten. Es wird dabei geprüft, ob es Änderungen an Stammdaten gab, die kurz darauf wieder rückgängig gemacht wurden, um z.B. nur eine Transaktion auf Basis geänderter Stammdatenkonstellationen buchen zu können.

Unter der Voraussetzung, dass das Änderungsprotokoll für zu betrachtende Tabellen entsprechend eingerichtet und aktiv gewesen ist, können derartige kurzfristige Änderungen mit dem Granule »CT1400« – *Kurzfriständerungs-Analyse* – ausgewertet werden.

Das Tool prüft dabei auf das Vorhandensein von kurz aufeinander folgenden *Änderungsprotokollposten* für denselben Datensatz, bei dem ein Wert nach Änderung auf den alten Wert zurückgeändert wurde.

Menüoption: *Compliance Leitfaden/Anhang A ? Begleitmaterial/Tools/Analyse von kurzfristigen Änderungen / Analyse von kurzfristigen Änderungen* (siehe Abbildung A.16)

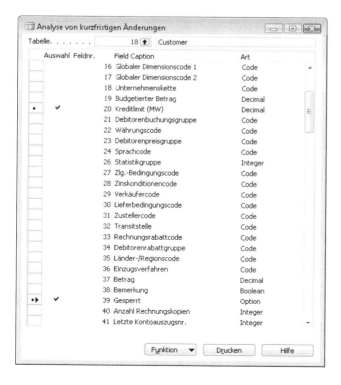

Abbildung A.16 Auswahl der zu analysierenden Tabellenfelder

Im ersten Schritt wird die analysierende Tabelle ausgewählt, bevor die entsprechenden Felder durch Aktivieren des Kontrollkästchens *Auswahl* selektiert werden.

Im Beispiel werden die Felder *Kreditlimit (MW)* und *Gesperrt* des Debitorenstamms (*Tabelle 18*) auf kurzfristige Änderungen analysiert. Über die Schaltfläche *Drucken* wird die Ausgabe gestartet, bei der der Betrachtungszeitraum (*Ab* Datum) und die *Zeitspanne* für die Analyse des Änderungsprotokolls definiert werden (siehe Abbildung A.17):

Abbildung A.17 Definition des Betrachtungszeitraums und der Zeitspanne für Änderungen

In Beispiel ergibt sich aus der Analyse ein Datensatz, bei dem das Kreditlimit kurzzeitig geändert wurde (siehe Abbildung A.18).

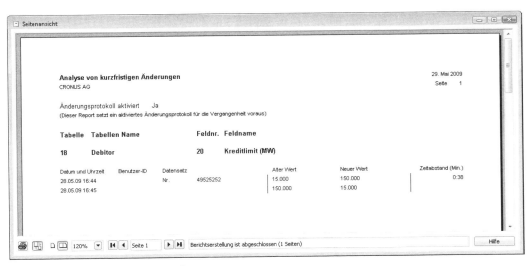

Abbildung A.18 Report zu kurzfristigen Änderungen

HINWEIS   Das Vorliegen von kurzfristigen Änderungen kann auch durch versehentliche Änderungen von Datensätzen entstehen. Weitergehende Prüfungen sollten in diesen Fällen Aufschluss darüber geben, ob zwischen den Wertänderungen Transaktionen durchgeführt wurden.

Reports

Das Granule »CT2000« enthält folgende Reports, die entwickelt wurden, um verschiedene Prüfungshandlungen zu unterstützen:

- Gelieferte, nicht fakturierte Verkaufspositionen
- Kreditlimit-Überschreitungen
- Obligo-Analyse
- Wertgutschriften-Analyse
- Abweichende Zahlungsbedingungen
- Analyse der Logistikbelegverwendung
- Artikel-ABC-Analyse

Gelieferte, nicht fakturierte Verkaufspositionen

Der Report gibt Verkaufs- und Servicebelege aus, die gelieferte, aber noch nicht fakturierte Positionen enthalten. Dabei nutzt der Report das Belegzeilenfeld *Lief. Nicht fakt. Betrag (MW)*, welches die Forderungen (inklusive entsprechender MwSt.) aus gebuchten, nicht fakturierten Lieferungen enthält. Der Report berücksichtigt Teillieferungen und Teilrechnungen sowie Fremdwährungen und MwSt.-Beträge. Der Ausweis des *Lief. Nicht fakt. Betrags* erfolgt inklusive der anzuwendenden Umsatzsteuer.

Der Report kann im Rahmen des Monats- bzw. Jahresabschlusses genutzt werden, um die gelieferten, nicht fakturierten Verkaufspositionen mit Hinblick auf die Umsatzsteuer und die Forderungen korrekt auszuweisen (siehe hierzu auch die Verwendung von *Soll-Kosten* in Kapitel 5 und 7).

HINWEIS   Das Feld *Lief. Nicht fakt. Betrag (MW)* wird berechnet, indem der Bruttozeilenbetrag (*Zeilenbetrag* abzüglich *Rechnungsrabattbetrag* multipliziert mit dem *MwSt.-Faktor*) durch die Menge geteilt und mit der gelieferten, nicht fakturierten Menge (*Menge geliefert* abzüglich der bereits *fakturierten Menge*) multipliziert sowie in Mandantenwährung umgerechnet wird.

Menüoption: *Compliance Leitfaden/Anhang A – Begleitmaterial/Reports/Gelieferte, nicht fakt. Verkaufspos.* (siehe Abbildung A.19)

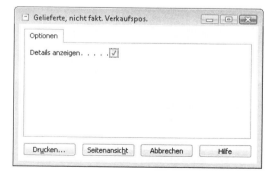

Abbildung A.19   Optionen des Reports *Gelieferte, nicht fakt. Verkaufspos.*

In der detaillierten Ansicht zeigt der Report neben den Belegköpfen zusätzlich entsprechende Zeilenpositionen an (siehe Abbildung A.20 und für die nicht detaillierte Ansicht siehe Abbildung A.21).

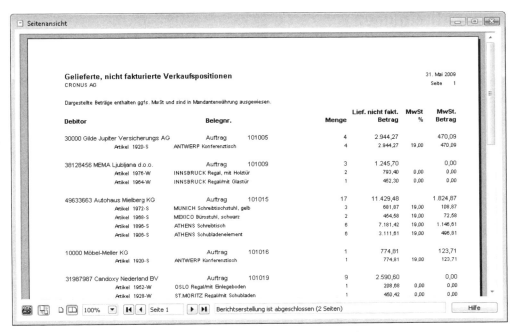

Abbildung A.20 Detaillierte Version des Reports *Gelieferte, nicht fakturierte Verkaufspos.*

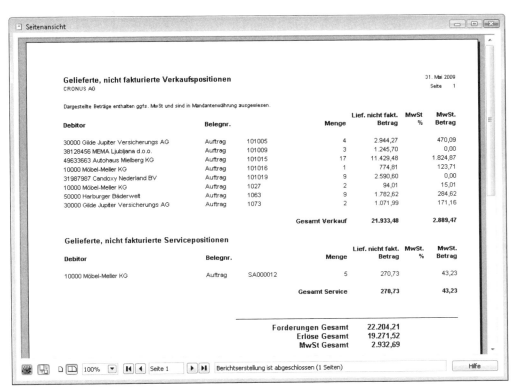

Abbildung A.21 Komprimierte Version des Reports *Gelieferte, nicht fakturierte Verkaufspos.*

Kreditlimit-Überschreitungen

Wenn in Dynamics NAV keine Beleggenehmigungsregeln für Kreditlimit-Überschreitungen eingerichtet sind, kann der Anwender Kreditlimit-Warnungen standardmäßig übergehen. Der Report *Kreditlimit Überschreitungen* unterstützt die Prüfung solcher Überschreitungen, indem sowohl der aktuelle Status als auch Überschreitungen in der Vergangenheit analysiert werden. Dazu muss das Änderungsprotokoll für das Debitoren-Kreditlimit aktiviert sein. Sowohl bei der zeitpunkt- als auch bei der zeitraumbezogenen Analyse geht der Report vom *Arbeitsdatum* aus, sodass keine Buchungen nach dem gewählten *Arbeitsdatum* berücksichtigt werden.

Menüoption: *Compliance Leitfaden/Anhang A ? Begleitmaterial/Reports/Kreditlimit Überschreitungen* (siehe Abbildung A.22)

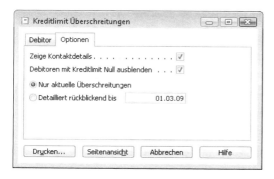

Abbildung A.22 Optionen des Reports *Kreditlimit Überschreitungen*

Bei einer zeitraumbezogenen Analyse (*Detailliert rückblickend bis*) kann die Betrachtungsperiode über das Datumsfeld definiert werden. Innerhalb des Zeitraums werden alle Rechnungen ausgegeben, die das jeweils gültige Kreditlimit pro Buchungstag überschritten haben (siehe Abbildung A.23).

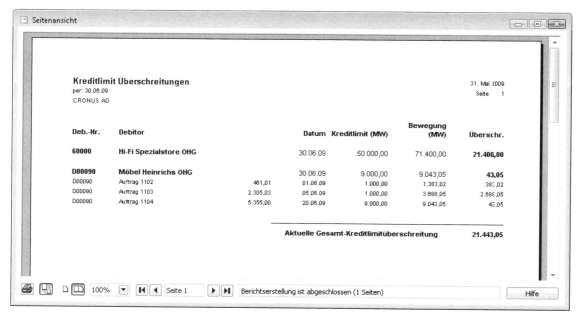

Abbildung A.23 Zeitraumbetrachtung von *Kreditlimit Überschreitungen*

HINWEIS Die Kreditlimit-Überschreitung wird analysiert, indem das Feld *Bewegung (MW)* mit dem jeweils am Buchungstag gültigen Kreditlimit verglichen wird. Die Kreditlimit-Überschreitungen, die bereits mit Auftragserfassung im Sinne eines »Obligos« erfolgt sind (also noch nicht in die *Bewegung (MW)* eingegangen sind), können auf diese Weise nicht rekonstruiert werden.

Obligo-Analyse

Wenn neben den gebuchten Transaktionen auch offene Belege in die Analyse eingehen sollen, kann der Report *Obligo Analyse* verwendet werden. Das Obligo wird dabei errechnet aus dem *Saldo (MW)* sowie den Beträgen aus offenen Belegen, wie Aufträgen oder Gutschriften. Der Report gibt alle Debitoren aus, deren zugewiesenes Kreditlimit durch das Obligo überschritten wird oder deren Obligo ein auf Unternehmensebene definiertes, maximales Obligo überschreitet.

Menüoption: *Compliance Leitfaden/Anhang A – Begleitmaterial/Reports/Obligo Analyse* (siehe Abbildung A.24)

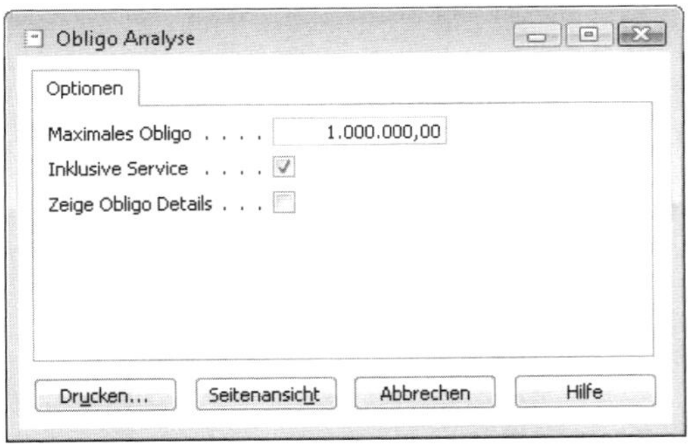

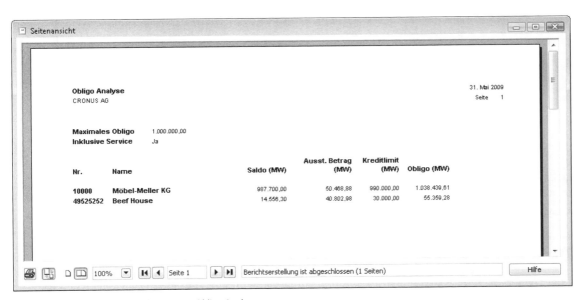

Abbildung A.24 Optionen des Reports *Obligo Analyse*

Abbildung A.25 Seitenansicht des Reports *Obligo Analyse*

Wertgutschriften-Analyse

Mit *Artikel Zu-/Abschlägen* können Wertgutschriften für gebuchte Artikelverkäufe erstellt werden, die deren Erlöse nachträglich reduzieren oder sogar überkompensieren. Mit dem Report *Wertgutschriften Analyse* können derartige inadäquate Abweichungen vom ursprünglichen Verkaufsbetrag identifiziert werden. Der Report gibt alle entsprechenden Transaktionen aus, deren Abweichung vom ursprünglichen Verkauf den definierten Prozentwert (*Abweichung zum urspr. VK-Betrag in %*) übersteigen.

Menüoption: *Compliance Leitfaden/Anhang A – Begleitmaterial/Reports/Wertgutschriften Analyse* (siehe Abbildung A.26)

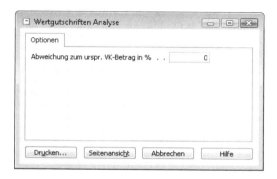

Abbildung A.26 Optionen des Reports *Wertgutschriften Analyse*

Abbildung A.27 Seitenansicht des Reports *Wertgutschriften Analyse*

Abweichende Zahlungsbedingungen

Die bei Debitoren hinterlegte Standard-Zahlungsbedingung kann auf Transaktionsebene auf unterschiedliche Art und Weise übersteuert werden. Zum einen kann ein abweichender *Zlg.-Bedingungscode* zugewiesen oder die Felder *Fälligkeitsdatum*, *Skontodatum* und *Skonto %* standardmäßig direkt editiert werden. Zum anderen kann auch der *Debitorenposten* bezügliche *Fälligkeit* und *Skontobedingungen* editiert werden. Mit dem Report *Abweich. Zahlungsbedingungen* können derartige Abweichungen identifiziert werden.

Menüoption: *Compliance Leitfaden/Anhang A – Begleitmaterial/Reports/Abweich. Zahlungsbedingungen* (siehe Abbildung A.28)

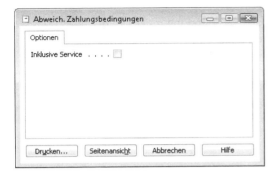

Abbildung A.28   Optionen des Reports *Abweich. Zahlungsbedingungen*

Über die Option *Inklusive Service* werden Transaktionen aus dem Servicemodul mit in die Analyse aufgenommen.

HINWEIS   Da es keine servicebezogene Standard-Zahlungsbedingung beim Debitoren gibt, können die im Service anzuwendenden Zahlungsbedingungen naturgemäß abweichend von denen im Verkauf sein.

Neben offenen Belegen werden auch gebuchte Belege und deren *Debitorenposten* analysiert. Weichen die Fälligkeit oder Skontofälligkeit im *Debitorenposten* von denen des gebuchten Belegs ab, so erscheint nach der gebuchten Belegzeile noch eine *Debitorenposten*-Zeile (siehe Abbildung A.29).

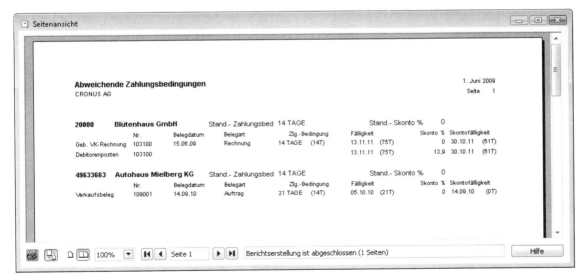

Abbildung A.29   Seitenansicht des Reports *Abweich. Zahlungsbedingungen*

> **HINWEIS**   Der Ausweis des Felds *Skonto %* in der *Debitorenposten*-Zeile des Reports wird berechnet, indem die Werte der Felder *Skonto gewährt (MW)* und *Geschlossen mit Betrag (MW)* verglichen werden.

Analyse der Logistikbelegverwendung

Die Verwendung von Logistikbelegen stellt eine wesentliche Funktionstrennung innerhalb der Lagerprozesse dar. Wurde die Verwendung von Logistikbelegen für Lagerorte eingerichtet, sollte demnach geprüft werden, ob eine konsistente Verwendung der Logistikbelege vorliegt. Hintergrund ist eine Möglichkeit in Dynamics NAV, die Logistikbelege zu übergehen, indem das Positionsfeld *Zu Liefern* in Einkaufs-, Verkaufs- und Umlagerungstransaktionen manuell gefüllt wird. Zur Prüfung einer konsistenten Verwendung von Warenausgangs- und Wareneingangsbelegen stehen die folgenden drei Reports zur Verfügung, die zu den jeweiligen gebuchten Transaktionen die Existenz von gebuchten Wareneingangs- bzw. Warenausgangszeilen prüfen:

- Prüfe Geb. WE/WA-Zeilen (VK)

- Prüfe Geb. WE/WA-Zeilen (EK)

- Prüfe Geb. WE/WA-Zeilen (Umlagerung)

> **HINWEIS**   Für ausgegebene Datensätze konnten keine gebuchten Warenausgangs- bzw. Wareneingangszeilen gefunden werden. Weitergehende Prüfungen können über die *Navigate*-Funktion mithilfe der Feldwerte *Buchungsdatum* und *Belegnr.* erfolgen.

Menüoption: *Compliance Leitfaden/Anhang A – Begleitmaterial/Reports/Logistikbelegverwendung* (siehe Abbildung A.30)

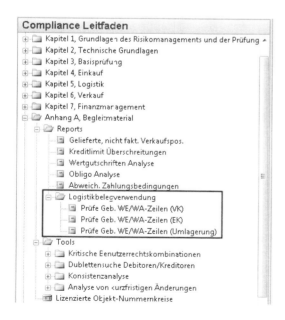

Abbildung A.30   Prüfberichte für die Logistikbelegverwendung

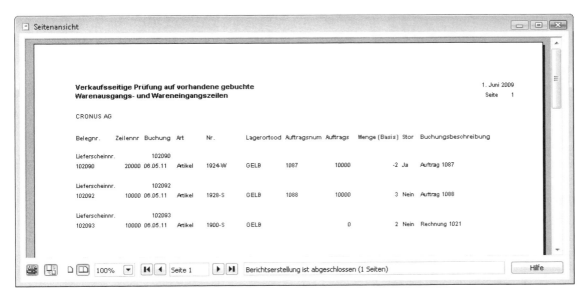

Abbildung A.31   Verkaufsseitige Prüfung der Logistikbelegverwendung

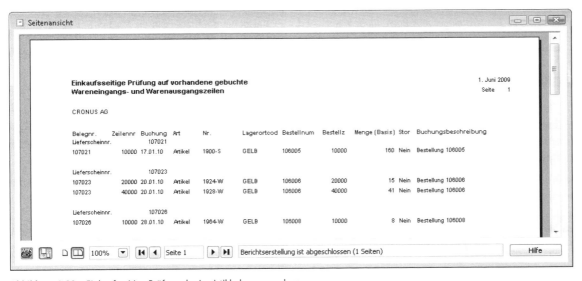

Abbildung A.32   Einkaufsseitige Prüfung der Logistikbelegverwendung

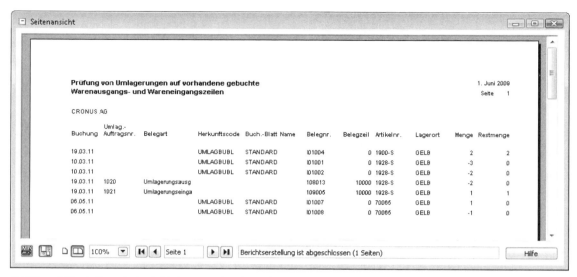

Abbildung A.33 Prüfung der Logistikbelegverwendung bei Umlagerungen

HINWEIS Im Report *Prüfe Geb. WE/WA-Zeilen (Umlagerung)* werden sowohl gebuchte Umlagerungen aus *Umlagerungsaufträgen* als auch aus *Umlagerungs-Buch.-Blättern* analysiert. Für Umlagerungsaufträge sind die Spalten *Umlag.-Auftragsnr.* und *Belegart* gefüllt, für Umbuchungen die Spalten *Herkunftscode* und *Buch.-Blatt Name*.

Artikel-ABC-Analyse

Mit der modifizierten *Artikel-ABC-Analyse* besteht die Möglichkeit, eine ABC-Analyse nach *Lagerwert* durchzuführen und zusätzlich die zweite Auswertungskomponente *Einstandspreis* über die Tabelle *Einst.-Pr. (durchschn.) Regul. Startzeitpunkt* zu verfolgen. Dabei können alle Abweichungen des Einstandspreises ab einer prozentualen Abweichung (*Abweichung %*) ausgegeben werden.

Menüoption: *Compliance Leitfaden/Anhang A – Begleitmaterial/Reports/Lagerbewertung/Artikel-ABC-Analyse* (siehe Abbildung A.34)

ACHTUNG Die Artikel-ABC-Analyse ist aus dem Standard-Report *ID 11503* (Menüoption *Einkauf/Lager & Bewertung/ Berichte/Artikel-ABC-Analyse*) abgeleitet. Die Verwendung setzt daher die Lizenzierung des Standard-Reports voraus, welche durch den Aufruf der angegebenen Menüoption überprüft werden sollte.

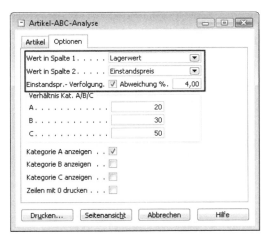

Abbildung A.34 Erweiterte Optionen der Artikel-ABC-Analyse

Im vorliegenden Beispiel sollen die »A-Lagerwert-Artikel« und deren Einstandspreisschwankungen ab einer Abweichung von 4 % vom aktuellen Einstandspreis ausgegeben werden (siehe Abbildung A.35):

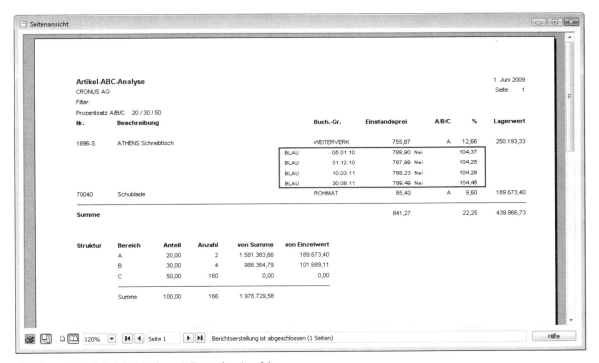

Abbildung A.35 Artikel-ABC-Analyse mit Einstandspreisverfolgung

Die ausgegebenen Einstandspreisschwankungen können auch über den Drilldown vom Artikelkartenfeld *Einstandspreis* nachvollzogen werden (siehe Abbildung A.36):

A...	Art	Bewertungsdatum	Artikelnr.	Lagerortc...	Einstandspreis	Einstands... ist reguliert	Postenart	Menge	Einstandsbetrag (erwartet)	Einstandsbetrag (tatsächl.)
⊞	Abschlussp...	31.12.09	1896-S	GELB	745,37	✔		160	0,00	119.259,20
⊞	Abschlussp...	31.12.09	1896-S	GRÜN	745,37	✔		49	0,00	36.523,13
⊞	Abschlussp...	31.12.09	1896-S	ROT	745,37	✔		52	0,00	38.759,24
⊟	Abschlussp...	05.01.10	1896-S	BLAU	788,90			90	0,00	71.001,29
	Zugang	05.01.10	1896-S	BLAU	785,60		Einkauf	100	0,00	78.560,00
	Abgang	05.01.10	1896-S	BLAU	755,87		Verkauf	-3	0,00	-2.267,61
	Abgang	05.01.10	1896-S	BLAU	755,87		Verkauf	-7	0,00	-5.291,10
⊞	Abschlussp...	13.01.10	1896-S	GRÜN	745,37	✔		48	0,00	35.777,76
⊞	Abschlussp...	16.01.10	1896-S	ROT	745,37	✔		51	0,00	38.013,87
⊞	Abschlussp...	19.01.10	1896-S	GRÜN	746,17	✔		49	0,00	36.562,36
⊞	Abschlussp...	22.01.10	1896-S	ROT	746,12	✔		52	0,00	38.798,47
⊞	Abschlussp...	24.01.10	1896-S	ROT	746,22	✔		46	-4.472,22	38.798,47
⊞	Abschlussp...	25.01.10	1896-S	ROT	746,24	✔		45	-5.217,59	38.798,47
⊞	Abschlussp...	28.01.10	1896-S	FREMD-L...	745,37	✔		25	0,00	18.634,25
⊞	Abschlussp...	28.01.10	1896-S	ROT	747,33	✔		20	-5.217,59	20.164,22
⊟	Abschlussp...	31.12.10	1896-S	BLAU	787,99			88	0,00	69.343,31
	Zugang	31.12.10	1896-S	BLAU	756,67		Verkauf	1	0,00	756,67
	Zugang	31.12.10	1896-S	BLAU	756,68		Verkauf	2	0,00	1.513,35
	Abgang	31.12.10	1896-S	BLAU	785,60		Verkauf	-1	0,00	-785,60
	Abgang	31.12.10	1896-S	BLAU	785,60		Verkauf	-1	0,00	-785,60
	Abgang	31.12.10	1896-S	BLAU	785,60		Verkauf	-2	0,00	-1.571,20
	Abgang	31.12.10	1896-S	BLAU	785,60		Verkauf	-1	0,00	-785,60
⊟	Abschlussp...	10.03.11	1896-S	BLAU	788,23			80	0,00	63.058,51
	Abgang	10.03.11	1896-S	BLAU	785,60		Abgang	-8	0,00	-6.284,80
▸ ⊟	Abschlussp...	30.08.11	1896-S	BLAU	789,49			77	0,00	60.790,90
	Abgang	30.08.11	1896-S	BLAU	755,87		Verkauf	-1	0,00	-755,87
	Abgang	30.08.11	1896-S	BLAU	755,87		Verkauf	-1	0,00	-755,87
	Abgang	30.08.11	1896-S	BLAU	755,87		Verkauf	-1	0,00	-755,87

Abbildung A.36   Einstandspreisrückverfolgung von der Artikelkarte

HINWEIS   Die markierten Zeilen entsprechen den auf der ABC-Analyse ausgegebenen Einstandspreis-Verfolgungszeilen (siehe Abbildung A.35).

Modifizierte Lager – Sachpostenabstimmung

In Kapitel 5 wird auf die Abstimmung der Materialwirtschaft mit der Finanzbuchhaltung eingegangen. Dabei werden die Möglichkeiten in Dynamics NAV durch eine modifizierte Standardfunktionalität beschrieben, die zum Zwecke der Nachvollziehbarkeit ebenfalls im Begleitmaterial enthalten ist.

ACHTUNG   Da es sich hier um modifizierte Standardobjekte handelt, sollten diese nicht ungeprüft (vorhandene Anpassungen könnten dadurch verloren gehen) in die Produktivdatenbank, sondern nur in eine Demo- oder Testdatenbank eingespielt werden.

Menüoption: *Compliance Leitfaden/Anhang A – Begleitmaterial/Reports/Lagerbewertung/Lager – Sachpostenabstimmung* (siehe Abbildung A.37)

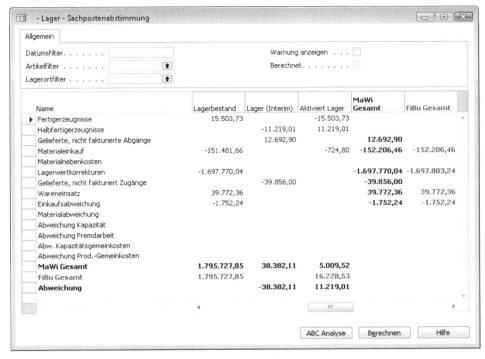

Abbildung A.37 Modifiziertes Lager – Sachpostenabstimmungsfenster

Die durchgeführten Änderungen beziehen sich auf folgende Punkte:

- Verbesserte Feldübersetzung der Zeilendefinition
- Verbesserte Übersichtlichkeit durch Hervorhebung der Sachposten-basierten Werte (*FiBu Gesamt*)
- Erleichterter Zugriff auf den erweiterten Report *Artikel-ABC-Analyse*

Objekt	Caption	Änderung
Tabelle 367	Dimensionscodepuffer	Felderweiterung: *50000 Show in Red*
Tabelle 5846	Lagerberichtsposten	Änderung der Feldübersetzung (*ML Caption* »DEU«)
Form 5845	Lager – Sachpostenabstimmung	Hervorhebung der *Fibu Gesamt* Spalten und Zeilen, Erweiterung einer Befehlsschaltfläche zum Starten der ABC-Analyse

Tabelle A.3 Objektänderungen für die modifizierte Lager – Sachpostenabstimmung

Lizenzierung von Datenbankobjekten

Da es sich bei den hier beschriebenen Tools (bis auf die zuletzt beschriebene Ausnahme) um neue Datenbankobjekte handelt, müssen diese in der Unternehmenslizenz freigeschaltet werden. Im Regelfall sind nicht alle erworbenen Datenbankobjekte freigeschaltet, so dass keine weiteren Kosten anfallen. Für den Fall, dass keine freien Objektnummern mehr in der Unternehmenslizenz enthalten sind, kann der folgenden Tabelle (siehe Tabelle A.4) entnommen werden, welche Objekte über den Microsoft Dynamics-Partner bestellt und freigeschaltet werden müssen, um die Tools nutzen zu können. Die gegebenenfalls anfallenden Lizenzkosten können der Tabelle entnommen werden.

HINWEIS Für die MenuSuite zum Buch ist in keinem Fall eine Lizenzierung erforderlich, sodass diese problemlos und sofort einsetzbar ist.

Das Formular *Object-Order-Sheet.pdf* enthält alle notwendigen Informationen für den zuständigen Dynamics Partner, um die entsprechenden Objektnummern freizuschalten oder gegebenenfalls lizenzieren zu können. Für die Freischaltung bzw. Lizenzierung ist üblicherweise ein Vorlauf von einer Woche notwendig.

Freigeschaltete Objektnummernkreise können mithilfe des Forms »50090« *Lizenzierte Objekt-Nummernkreise* identifiziert werden (siehe Abbildung A.38):

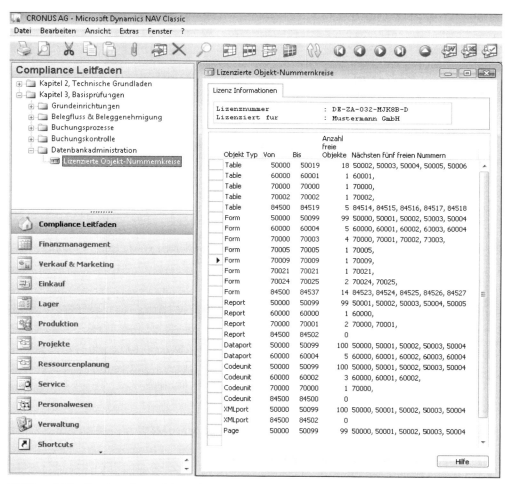

Abbildung A.38 Lizenzierte, freigeschaltete Objektnummernkreise

Granule ID	Beschreibung	Anzahl Objekte	Dateiname	Lizenzkosten[1]
CT1000	Compliance Leitfaden MenuSuite	1 MenuSuite	*CT1000.fob*	Keine
CT1100	Kritische Benutzerrechtskombinationen	5 Tabellen, 12 Forms, 3 Reports	*CT1100.fob*	390 Euro
CT1200	Dublettensuche für Debitoren und Kreditoren	4 Tabellen, 3 Forms, 1 Report, 1 Codeunit	*CT1200.fob*	270 Euro
CT1300	Konsistenzanalyse	3 Tabellen, 2 Forms, 1 Report	*CT1300.fob*	198 Euro
CT1400	Analyse von kurzfristigen Änderungen	1 Form, 1 Report	*CT1400.fob*	12 Euro
CT2000	Diverse Prüfungs-Reports	10 Reports	*CT2000.fob*	60 Euro

Tabelle A.4 Granule-Übersicht Prüfungs- und Analysetools

Die hier beschriebenen Granules stehen im Ordner *Objekte* des Begleitmaterials zu Verfügung. Der Dateiname wird gebildet aus der Granule-ID und der Versionsnummer (siehe Abbildung A.39 sowie Tabelle A.4 und Tabelle A.5). Neben den sechs Granule-Objektdateien enthält das Verzeichnis noch weitere Dateien, deren Bedeutung Sie der Tabelle A.5 entnehmen können.

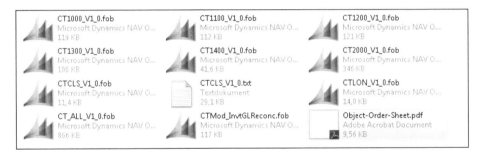

Abbildung A.39 Dateien des Begleitmaterialordners *Objekte*

Dateiname	Inhalt
CTCLS_V1_0.fob	Dataport zum Importieren der beispielhaften Änderungsprotokoll-Einrichtung in eine Demo- oder Testdatenbank (siehe auch Anhang B)
CTCLS_V1_0.txt	Textdatei mit der beispielhaften Änderungsprotokoll-Einrichtung (siehe auch Anhang B – Änderungsprotokoll)
CTLON_V1_0.fob	Form zur Anzeige freier Objektnummernbereiche in der Dynamics NAV-Unternehmenslizenz
CT_ALL_V1_0.fob	Alle hier beschriebenen Granules in einer *fob*-Datei
CTMod_InvGLReconc.fob	Modifizierte Standardobjekte bezüglich der Lager – Sachpostenabstimmung zum Import in eine Demo- oder Testdatenbank (siehe auch den Abschnitt »Modifizierte Lager – Sachpostenabstimmung« ab Seite 664)

Tabelle A.5 Beschreibung der Granule-unabhängigen Dateien im Ordner *Objekte* des Begleitmaterials

---

[1] Lizenzkosten für Microsoft Dynamics fallen nur in jenen Fällen an, in denen in der Unternehmenslizenz keine entsprechenden Datenbankobjekte freigeschaltet werden können. Auskunft darüber erteilt der zuständige Microsoft Dynamics-Partner. Die angegebenen Lizenzkosten entsprechen den Standard-Lizenzpreisen bei Abnahme von 10 Tabellen oder jeweils 100 Objekten der anderen Objektarten und können vertraglich abweichen. Nachlizenzierte Applikationsobjekte erhöhen gegebenenfalls die Bemessungsgrundlage für die Wartung.

Support

Hinweise und Feedback zu den vorliegenden Prüfungs- und Analysetools sind jederzeit herzlich willkommen und können an folgende E-Mail Adresse gerichtet werden: *tools@nav-compliance.de*. Die Autoren sind bemüht, die vorliegenden Tools zu erweitern und an zukünftige Versionen von Dynamics NAV anzupassen. Eine Verpflichtung ergibt sich daraus jedoch nicht. Hinweise finden Sie dazu auch unter *www.nav-compliance.de*.

Bei Bedarf können Supportanfragen auch telefonisch unter der Rufnummer +49 (0)700 0700 7008 gestellt werden. Die im Zusammenhang mit Supportanfragen geleistete Dienstleistung ist jedoch grundsätzlich kostenpflichtig.

Import von Datenbankobjekten

Das Importieren von Datenbankobjekten muss in Übereinstimmung mit den unternehmensindividuellen Regelungen erfolgen. Insbesondere ist darauf zu achten, welchen standardisierten Weg Objekte nehmen, die in die Produktivdatenbank eingespielt werden sollen. Vor der Verwendung sind die Objektnummernkreise in der Lizenz freizuschalten, wie im Abschnitt »Lizenzierung von Datenbankobjekten« auf Seite 665 erklärt.

ACHTUNG   Der Import von Datenbankobjekten, der im Folgenden kurz erläutert wird, sollte ausschließlich durch die dafür zuständigen Mitarbeiter durchgeführt werden.

Nach den festgelegten Daten- und Objektsicherungen, die vor Objektimporten verpflichtend sind, kann der Importprozess über den Object Designer durchgeführt werden.

Menübefehl: *Extras/Object Designer/Datei/Import* (siehe Abbildung A.40)

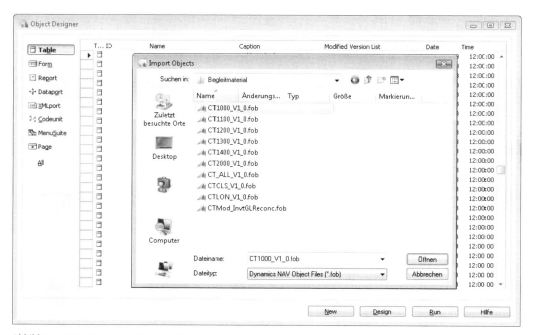

Abbildung A.40   Dateiimport über den *Object Designer*

Im Fenster *Import Objects* wird die *fob*-Datei selektiert, die das zu importierende Granule enthält und mit *Öffnen* bestätigt. Werden lediglich Objekte importiert, die noch nicht in der Datenbank enthalten sind, erscheint die Meldung aus Abbildung A.41:

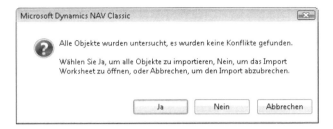

Abbildung A.41   Meldung beim Import neuer Objekte

Um zu sehen, welche Objekte der Import im Einzelnen beinhaltet, sollte diese Meldung mit *Nein* bestätigt werden, um das *Import Worksheet* (siehe Abbildung A.43) zu öffnen, in dem alle zu importierenden Objekte vor dem Import überprüft werden können.

ACHTUNG   Wenn Objekte importiert werden, die eine eventuell bereits in der Datenbank enthaltene andere Version des Objekts überschreiben, erscheint die Meldung aus Abbildung A.42:

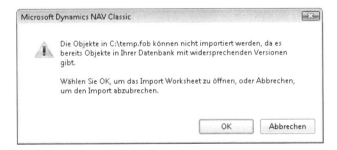

Abbildung A.42   Meldung beim Import von widersprüchlichen Objektversionen

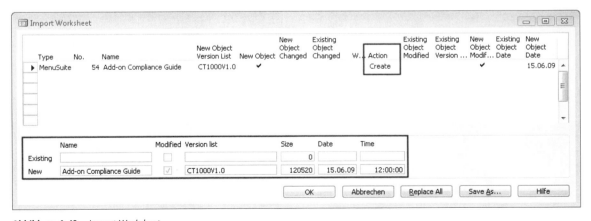

Abbildung A.43   *Import Worksheet*

Im *Import Worksheet* werden alle Objekte der *fob*-Datei angezeigt. Über die Felder im unteren Teil des Fensters können zeilenweise die neue und die gegebenenfalls existierende Version des Objektes verglichen werden. Pro Zeile kann über die Optionen des Felds *Action* bestimmt werden, ob das Objekt importiert werden soll. Für neue Objekte wird die *Action = Create* vorgeschlagen. Sollen vorhandene Objekte ersetzt werden, ist die Option *Replace* zuzuordnen. Soll ein Objekt ignoriert werden, kann die Option *Skip* zugewiesen werden. Nach der Festlegung der *Actions* für jede Zeile kann der Import mit *OK* gestartet werden.

ACHTUNG   Da es sich bei den Granules ausschließlich um neue Objekte in einem Objektnummernbereich handelt, der üblicherweise keine Objekte enthält, sollte der Import immer mit *Create* durchgeführt werden können. In allen anderen Fällen wird dringend vom Import abgeraten. Gegebenenfalls können die Objekte individuell umnummeriert werden, um danach problemlos importiert werden zu können (siehe hierzu auch den Abschnitt »Support« auf Seite 668).

Im Falle der importierten MenuSuite kann dies sofort genutzt werden, nachdem diese über den Menübefehl *Ansicht/Navigationsbereich* einmal aus und danach wieder eingeblendet wurde. Andere Benutzer als jene der aktiven Session können auf importierte Objekte erst nach erneutem Login zugreifen.

Beispielhafte Einrichtung des Änderungsprotokolls

Änderungsprotokoll einrichten

Das Änderungsprotokoll ist von zentraler Bedeutung für die Nachvollziehbarkeit von direkten Änderungen in rechnungslegungsrelevanten Daten bzw. Tabellen. In Dynamics NAV muss das Protokollieren von Datenänderungen pro Tabelle und gegebenenfalls pro Feld aktiviert werden, damit das System entsprechende Änderungsprotokollposten erzeugt.

| **HINWEIS** | Ausführliche Informationen hierzu finden Sie in Kapitel 3 im Abschnitt »Änderungsprotokoll«. |

Da von Dynamics NAV standardmäßig kein Vorschlag bezüglich der Einrichtung des Änderungsprotokolls vorgegeben wird, wird im Folgenden eine beispielhafte Einrichtung dargestellt, die jedoch keinen Anspruch auf Vollständigkeit besitzt und stets unternehmensindividuell vorgenommen werden muss.

Strukturierung des Einrichtungsbeispiels

Das Einrichtungsbeispiel ist nach den Hauptkapiteln dieses Buchs strukturiert und innerhalb dieser Gruppierung jeweils nach Datentypen (»DT«) sortiert.

Folgende Datentypen (»DT«) werden im Einrichtungsbeispiel für Tabellen unterschieden:

- Belegdaten
- Einrichtungsdaten
- Postendaten
- Journaldaten
- Stammdaten

Belegdaten (»B«)

Belegdaten stehen im Zusammenhang mit offen Belegen, also noch nicht gebuchten Transaktionen. Dieser Datentyp ist einerseits durch ein hohes Datenaufkommen und andererseits dadurch gekennzeichnet, dass Änderungen bis zur Buchung bzw. Registrierung möglich sind. Bei der Protokollierung von Änderungen in Belegdaten ist insofern besonders darauf zu achten, dass das Kosten/Nutzenverhältnis zwischen Anzahl der Protokollposten und Nutzen der Protokollierung gewahrt bleibt.

Einrichtungsdaten (»E«)

Einrichtungsdaten sind dadurch gekennzeichnet, dass diese relativ selten geändert werden, gleichzeitig aber von hoher Bedeutung für die Prozesse im System sind. Einrichtungsdaten sollten daher grundsätzlich vollständig protokolliert werden, also jeweils über *Alle Felder* für *Einfügen*, *Bearbeiten* und *Löschen*. Innerhalb der Einrichtungsdaten sind die Nummernkreisdaten separat mit »N« gekennzeichnet.

Postendaten (»P«)

Postendaten sind dadurch gekennzeichnet, dass diese in der Regel unveränderlich für den Anwender sind und daher für diesen Datentyp eigentlich keine Änderungsprotokollierung notwendig wäre. Da aber auch die Postendaten in Ausnahmefällen (z.B. *Fälligkeitsdatum* im *Debitorenposten*) oder mit entsprechender Lizenz manipuliert werden könnten, sollte für diese Fälle eine vollständige Protokollierung vorgenommen werden. Da Postendaten nicht manuell, sondern immer über andere Datenbankobjekte erzeugt werden, ist auch ein *Einfügen*-Protokollieren vor dem Hintergrund der Protokollpostenmenge unkritisch, da das Änderungsprotokoll lediglich ein manuelles *Einfügen* dokumentiert.

Journaldaten (»J«)

Ebenso wie Postendaten sind Journaldaten vom Anwender grundsätzlich nicht veränderbar und werden im vorliegenden Beispiel nur für den Fall ungewollter Manipulationen protokolliert.

Stammdaten (»S«)

Stammdaten sind dadurch gekennzeichnet, dass mitunter sehr viele Datensätze verwaltet werden, jedoch im Allgemeinen nur relativ selten Änderungen an ihnen vorgenommen werden, die dann aber prozessrelevante und häufig auch rechnungslegungsrelevante Konsequenzen haben. Stammdatentabellen enthalten in der Regel viele Felder, was bei der Einrichtung der Protokollierung ebenfalls beachtet werden sollte. Es empfiehlt sich daher nicht immer, eine vollständige Protokollierung über *Alle Felder* vorzunehmen.

Anzahl der Felder pro Tabelle (»AF«)

Wenn darüber entschieden wird, ob für eine Tabelle *Alle Felder* oder nur *Einige Felder* ins Änderungsprotokoll einfließen sollen, bietet sich die Anzahl der Tabellenfelder als ein mögliches Entscheidungskriterium an. Die Anzahl der Tabellenfelder stellen quasi die »Kosten pro Datensatzprotokollierung« dar, mit denen der Nutzen der Protokollierung im Verhältnis stehen sollte. Wird ein Datensatz in einer Tabelle mit 100 Feldern gelöscht und das *Löschen* für *Alle Felder* protokolliert, so entstehen dafür 100 *Änderungsprotokollposten*. Für Tabellen mit mehr als 10 Feldern sollte daher grundsätzlich geprüft werden, ob gegebenenfalls nur bestimmte Felder protokolliert werden müssen.

Protokollierung auf Feldebene

Wenn im Beispiel die Protokollierung auf *Einige Felder* eingestellt ist, folgen die entsprechenden Felder in den darauf folgenden Zeilen.

TIPP Zeilen, die Feldprotokollierungen enthalten, lassen sich auch dadurch erkennen, dass kein Datentyp (»DT«) oder die Kennzahl *Anzahl Felder* (»AF«) erscheint. Ferner werden Protokollierungen auf Tabellenebene über *Alle Felder* oder *Einige Felder*, auf Feldebene nur mit *Ja* angezeigt.

Importmöglichkeiten

Das folgende Einrichtungsbeispiel kann zum Zweck der Nachvollziehbarkeit mittels eines Dataports, der sich in den Begleitmaterialien zum Buch (siehe Anhang A) befindet, in eine Dynamics NAV Demo- oder Testdatenbank importiert werden.

HINWEIS Der Dataport ist so ausgelegt, dass vorhandene Einrichtungen nicht überschrieben werden, sondern nur neue Einrichtungen hinzugefügt werden. Vom Dataport wird keine Aktivierung des Änderungsprotokolls vorgenommen. Dieses muss manuell erfolgen. Lesen Sie hierzu auch in Kapitel 3 den entsprechenden Abschnitt »Änderungsprotokoll«.

Kapitel 3: Basisprüfung

DT	Tabellennr./ Feldnr.	AF	Name	Einfügen	Bearbeiten	Löschen
E	77	4	Berichtsauswahl	Alle Felder	Alle Felder	Alle Felder
E	79	74	Firmendaten	Alle Felder	Alle Felder	Alle Felder
E	242	89	Herkunftscode Einrichtung	Alle Felder	Alle Felder	Alle Felder
E	344	23	Einrichtungschecklistenzeile	Alle Felder	Alle Felder	Alle Felder
E	452	12	Genehmigungseinrichtung	Alle Felder	Alle Felder	Alle Felder
E	453	4	Genehmigungscode	Alle Felder	Alle Felder	Alle Felder
E	454	20	Genehmigungsposten		Einige Felder	Einige Felder
	5		Genehmigungscode			Ja
	9		Status		Ja	Ja
	12		Zuletzt geändert von ID		Ja	
E	464	7	Genehmigungsvorlagen	Alle Felder	Alle Felder	Alle Felder
E	465	6	Zusätzliche Genehmiger	Alle Felder	Alle Felder	Alle Felder
E	2000000002	4	Benutzer	Alle Felder	Alle Felder	Alle Felder
E	2000000003	5	Mitglied von	Alle Felder	Alle Felder	Alle Felder
E	2000000004	2	Benutzerrolle	Alle Felder	Alle Felder	Alle Felder
E	2000000005	11	Zugriffsrecht	Alle Felder	Alle Felder	Alle Felder
E	2000000053	5	Windows Zugriffssteuerung	Alle Felder	Alle Felder	Alle Felder
E	2000000054	3	Windows Anmeldung	Alle Felder	Alle Felder	Alle Felder
E	2000000072	6	Profil	Alle Felder	Alle Felder	Alle Felder
E	2000000073	5	Benutzeranpassung	Alle Felder	Alle Felder	Alle Felder
E	2000000076	4	Webdienst	Alle Felder	Alle Felder	Alle Felder
N	308	5	Nummernserie	Alle Felder	Alle Felder	Alle Felder
N	309	10	Nr.-Serienzeile	Alle Felder	Alle Felder	Alle Felder
N	310	4	Nr.-Serienverbindung	Alle Felder	Alle Felder	Alle Felder
P	456	19	Gebuchte Genehmgung		Alle Felder	Alle Felder
S	2000000001	13	Object			Alle Felder

Tabelle B.1   Beispielhafte Einrichtung des Änderungsprotokolls im Hinblick auf die Basisprüfung

Kapitel 4: Einkauf

DT	Tabellennr./ Feldnr.	AF	Name	Einfügen	Bearbeiten	Löschen
B	38	150	Einkaufskopf	Einige Felder	Einige Felder	Einige Felder
	2		Eink. von Kred.-Nr.		Ja	Ja
	19		Bestelldatum	Ja	Ja	Ja
	33		Währungsfaktor		Ja	
	55		Gegenkontonr.		Ja	
	62		Liefernr.		Ja	
	63		Buchungsnr.		Ja	
	79		Eink. von Name		Ja	
	99		Belegdatum		Ja	
	104		Zahlungsformcode		Ja	
	108		Buchungsnr.-Serie	Ja	Ja	
	120		Status		Ja	
	5801		Rücklieferungsnr.		Ja	
B	39	177	Einkaufszeile	Einige Felder	Einige Felder	Einige Felder
	5		Art			Ja
	6		Nr.			Ja
	11		Beschreibung	Ja	Ja	Ja
	15		Menge			Ja
	22		EK-Preis	Ja	Ja	Ja
	25		MwSt. %		Ja	
	27		Zeilenrabatt %	Ja	Ja	
	32		Rech.-Rabatt zulassen		Ja	
	38		Ausgleich mit Artikelposten		Ja	
	40		Shortcutdimensionscode 1		Ja	
	41		Shortcutdimensionscode 2		Ja	
	69		Rechnungsrabattbetrag		Ja	
	90		MwSt.-Produktbuchungsgruppe		Ja	
	103		Zeilenbetrag		Ja	Ja
	5791		Zugesagtes Wareneingangsdatum		Ja	
B	120	94	Einkaufslieferkopf		Alle Felder	Alle Felder

Tabelle B.2 Beispielhafte Einrichtung des Änderungsprotokolls im Bereich *Einkauf*

DT	Tabellennr./ Feldnr.	AF	Name	Einfügen	Bearbeiten	Löschen
B	121	114	Einkaufslieferzeile		Alle Felder	Alle Felder
B	122	99	Einkaufsrechnungskopf		Alle Felder	Alle Felder
B	123	109	Einkaufsrechnungszeile		Alle Felder	Alle Felder
B	124	96	Einkaufsgutschriftskopf		Alle Felder	Alle Felder
B	125	103	Einkaufsgutschriftszeile		Alle Felder	Alle Felder
B	246	111	Bestellvorschlagszeile		Einige Felder	
	9		Kreditorennr.		Ja	
	10		EK-Preis		Ja	
	14		Bestätigt		Ja	
	29		Währungscode		Ja	
	7002		Zeilenrabatt %		Ja	
	99000756		Planungsflexibilität		Ja	
	99000917		Ereignismeldung akzeptieren		Ja	
B	5109	155	Einkaufskopfarchiv		Alle Felder	Alle Felder
B	5110	161	Einkaufszeilenarchiv		Alle Felder	Alle Felder
B	5809	15	Artikel Zu-/Abschl.-Zuw. (VK)		Einige Felder	
	11		Betrag für Zuweisung		Ja	
E	93	12	Kreditorenbuchungsgruppe	Einige Felder	Alle Felder	Einige Felder
	1		Code	Ja		
	2		Kreditorensammelkonto			Ja
E	312	39	Kreditoren & Einkauf Einr.	Alle Felder	Alle Felder	Alle Felder
P	25	66	Kreditorenposten	Einige Felder	Alle Felder	Alle Felder
	1		Lfd. Nr.	Ja		
	3		Kreditorennr.			Ja
P	380	34	Detaillierte Kreditorenposten		Alle Felder	Alle Felder
S	23	123	Kreditor	Einige Felder	Einige Felder	Einige Felder
	1		Nr.	Ja	Ja	
	2		Name		Ja	Ja
	4		Name 2		Ja	Ja
	5		Adresse		Ja	Ja
	6		Adresse 2		Ja	Ja
	7		Ort		Ja	Ja

Tabelle B.2 Beispielhafte Einrichtung des Änderungsprotokolls im Bereich *Einkauf (Fortsetzung)*

DT	Tabellennr./ Feldnr.	AF	Name	Einfügen	Bearbeiten	Löschen
	8		Kontakt		Ja	
	14		Unsere Kontonr.		Ja	Ja
	16		Globaler Dimensionscode 1		Ja	
	17		Globaler Dimensionscode 2		Ja	
	21		Kreditorenbuchungsgruppe		Ja	
	22		Währungscode		Ja	
	27		Zlg.-Bedingungscode		Ja	
	29		Einkäufercode		Ja	
	30		Lieferbedingungscode		Ja	
	33		Rechnungsrabattcode		Ja	
	35		Länder-/Regionscode		Ja	
	39		Gesperrt		Ja	
	45		Zahlung an Kred.-Nr.		Ja	
	46		Priorität		Ja	
	47		Zahlungsformcode		Ja	
	54		Korrigiert am		Ja	
	80		Ausgleichsmethode		Ja	
	82		EK-Preise inkl. MwSt.		Ja	
	86		USt-IdNr.		Ja	
	88		Geschäftsbuchungsgruppe		Ja	
	91		PLZ-Code		Ja	Ja
	110		MwSt.-Geschäftsbuchungsgruppe		Ja	
	116		Zahlungstoleranz sperren		Ja	
	124		Vorauszahlung %		Ja	
	5049		Primäre Kontaktnr.		Ja	Ja
	5701		Lagerortcode		Ja	
	11000		Steuernummer		Ja	
	5001901		Weisungsschlüssel		Ja	
	5001902		Zahlungsart		Ja	
	5005270		Lieferanmahnungsmethodencode		Ja	
S	24	5	Kreditorenrechnungsrabatt	Alle Felder	Alle Felder	Einige Felder
	3		Rabatt %			Ja

Tabelle B.2 Beispielhafte Einrichtung des Änderungsprotokolls im Bereich *Einkauf (Fortsetzung)*

DT	Tabellennr./ Feldnr.	AF	Name	Einfügen	Bearbeiten	Löschen
	4		Servicegebühr			Ja
S	99	5	Artikellieferant	Einige Felder	Alle Felder	Einige Felder
	1		Artikelnr.	Ja		
	7		Kred.-Artikelnr.			Ja
S	173	3	Standardeinkaufscode	Einige Felder	Einige Felder	Einige Felder
	1		Code	Ja		Ja
	3		Währungscode		Ja	
S	174	11	Standardeinkaufszeile	Einige Felder	Einige Felder	Einige Felder
	2		Zeilennr.	Ja		
	3		Art			Ja
	4		Nr.			Ja
	7		Betrag ohne MwSt.		Ja	
	9		Shortcutdimensionscode 1		Ja	
	10		Shortcutdimensionscode 2		Ja	
S	175	3	Standardkreditoreneinkaufscode	Einige Felder		Einige Felder
	2		Code	Ja		
	3		Beschreibung			Ja
S	224	18	Bestelladresse	Einige Felder	Alle Felder	Einige Felder
	2		Code	Ja		
	3		Name			Ja
S	288	26	Kreditor Bankkonto	Einige Felder	Einige Felder	Einige Felder
	1		Kreditorennr.	Ja	Ja	
	13		BLZ	Ja	Ja	Ja
	14		Bankkontonummer	Ja	Ja	Ja
	24		IBAN	Ja	Ja	Ja
	25		SWIFT-Code	Ja	Ja	Ja
	5001901		Clearing	Ja	Ja	Ja
	5001902		Abweichender Kontoinhaber	Ja	Ja	Ja
S	460	5	Einkaufsvorauszahlung %	Einige Felder	Alle Felder	Einige Felder
	2		Kreditorennr.	Ja		
	5		Vorauszahlung %	Ja		Ja
S	7012	9	Einkaufspreis	Einige Felder	Einige Felder	Einige Felder

Tabelle B.2   Beispielhafte Einrichtung des Änderungsprotokolls im Bereich *Einkauf (Fortsetzung)*

DT	Tabellennr./ Feldnr.	AF	Name	Einfügen	Bearbeiten	Löschen
	1		Artikelnr.		Ja	
	2		Kreditorennr.		Ja	
	3		Währungscode		Ja	
	4		Startdatum	Ja	Ja	
	5		EK-Preis	Ja	Ja	Ja
	14		Mindestmenge	Ja	Ja	
	15		Enddatum	Ja	Ja	Ja
	5400		Einheitencode		Ja	
S	7014	9	Einkaufszeilenrabatt	Einige Felder	Einige Felder	Einige Felder
	1		Artikelnr.		Ja	
	2		Kreditorennr.	Ja	Ja	
	3		Währungscode		Ja	
	4		Startdatum	Ja	Ja	
	5		Zeilenrabatt %	Ja	Ja	Ja
	11		Mindestmenge	Ja	Ja	
	15		Enddatum	Ja	Ja	Ja
	5400		Einheitencode		Ja	
	2		Beschreibung	Ja	Ja	Ja

Tabelle B.2 Beispielhafte Einrichtung des Änderungsprotokolls im Bereich *Einkauf (Fortsetzung)*

Kapitel 5: Logistik

DT	Tabellennr./ Feldnr.	AF	Name	Einfügen	Bearbeiten	Löschen
B	83	151	Artikel Buch.-Blattzeile		Einige Felder	
	10		Lagerbuchungsgruppe		Ja	
	17		Einstandspreis		Ja	
	37		Kosten %		Ja	
	54		Inventurmenge		Ja	
	57		Geschäftsbuchungsgruppe		Ja	
	58		Produktbuchungsgruppe		Ja	
	6503		Neue Seriennr.		Ja	

Tabelle B.3 Beispielhafte Einrichtung des Änderungsprotokolls im Bereich *Logistik*

DT	Tabellennr./ Feldnr.	AF	Name	Einfügen	Bearbeiten	Löschen
	6504		Neue Chargennr.		Ja	
	6505		Neues Artikelablaufdatum		Ja	
B	7311	51	Logistik Buch.-Blattzeile		Einige Felder	
	54		Inventurmenge		Ja	
	6504		Neue Seriennr.		Ja	
	6505		Neue Chargennr.		Ja	
	6506		Neues Ablaufdatum		Ja	
B	7380	11	Inventurartikelauswahl			Einige Felder
	8		Nächstes Inventurdatum			Ja
	11		Inventurhäufigk.-Codeherkunft			Ja
E	82	17	Artikel Buch.-Blattvorlage	Einige Felder	Alle Felder	Alle Felder
	1		Name	Ja		
E	313	23	Lager Einrichtung	Alle Felder	Alle Felder	Alle Felder
E	752	3	Standard Artikel Buch.-Blatt	Alle Felder	Alle Felder	Alle Felder
E	753	47	Standard-Artikel Buchzeile	Einige Felder	Alle Felder	Einige Felder
	2		Zeilennr.	Ja		
	3		Artikelnr.			Ja
	5		Postenart			Ja
	13		Menge			Ja
	17		Einstandspreis			Ja
	18		Betrag			Ja
E	5402	3	Einheitenübersetzung	Alle Felder	Alle Felder	Alle Felder
E	5722	7	Artikelkategorie	Alle Felder	Alle Felder	Alle Felder
E	5723	4	Produktgruppe	Alle Felder	Alle Felder	Alle Felder
E	5769	20	Logistik Einrichtung	Alle Felder	Alle Felder	Alle Felder
E	5813	10	Lagerbuchung Einrichtung	Alle Felder	Alle Felder	Alle Felder
E	5814	3	Lagerbuchungsperiode	Alle Felder	Alle Felder	Alle Felder
E	6502	36	Artikelverfolgung	Alle Felder	Alle Felder	Alle Felder
E	7335	12	Lagerplatzvorlage	Einige Felder	Einige Felder	Einige Felder
	1		Code	Ja	Ja	
	4		Lagerortcode		Ja	Ja
	6		Zonencode		Ja	Ja

Tabelle B.3 Beispielhafte Einrichtung des Änderungsprotokolls im Bereich *Logistik (Fortsetzung)*

DT	Tabellennr./ Feldnr.	AF	Name	Einfügen	Bearbeiten	Löschen
	10		Lagerplatzartencode		Ja	Ja
	12		Lagerplatz sperren		Ja	Ja
	21		Lagerplatzpriorität		Ja	Ja
E	7354	17	Lagerplatz	Einige Felder	Einige Felder	Einige Felder
	2		Code	Ja		
	3		Beschreibung			Ja
	4		Zonencode		Ja	
	10		Lagerplatzartencode		Ja	
	12		Lagerplatz sperren		Ja	
	21		Lagerplatzpriorität		Ja	
	40		Zuordnungslagerplatz		Ja	
E	7381	3	Inventurhäufigkeit	Alle Felder	Alle Felder	Alle Felder
J	46	13	Artikeljournal		Alle Felder	Alle Felder
J	239	7	Stücklistenjournal		Alle Felder	Alle Felder
J	7313	7	Lagerplatzjournal		Alle Felder	Alle Felder
P	32	71	Artikelposten	Einige Felder	Alle Felder	Alle Felder
	0			Ja		
	1		Lfd. Nr.			Ja
P	281	29	Inventurposten	Einige Felder	Alle Felder	Alle Felder
	1		Lfd. Nr.	Ja		
P	339	13	Artikelausgleichsposten	Alle Felder	Alle Felder	Alle Felder
P	343	16	Historie Artikelausgleichsposten		Alle Felder	Alle Felder
P	5802	66	Wertposten	Einige Felder	Alle Felder	Alle Felder
	1		Lfd. Nr.	Ja		
P	5804	5	Einst.-Pr. (durchschn.) Regul. Startzeitpunkt	Alle Felder	Alle Felder	Alle Felder
P	5815	8	Lagerbuchungsperioden-Posten		Alle Felder	Alle Felder
P	6507	11	Artikelpostenverbindung		Alle Felder	Alle Felder
P	6509	11	Logistik Art.-Postenverbindung		Alle Felder	Alle Felder
P	7312	40	Lagerplatzposten	Einige Felder	Alle Felder	Alle Felder
	1		Lfd. Nr.	Ja		
S	27	175	Artikel	Einige Felder	Einige Felder	Einige Felder
	1		Nr.	Ja	Ja	

Tabelle B.3 Beispielhafte Einrichtung des Änderungsprotokolls im Bereich *Logistik (Fortsetzung)*

DT	Tabellennr./ Feldnr.	AF	Name	Einfügen	Bearbeiten	Löschen
	2		Nummer 2		Ja	
	3		Beschreibung		Ja	Ja
	5		Beschreibung 2		Ja	
	9		Preisfaktor		Ja	
	11		Lagerbuchungsgruppe		Ja	
	14		Artikelrabattgruppe		Ja	
	15		Rech.-Rabatt zulassen		Ja	
	17		Provisionsgruppe		Ja	
	18		VK-Preis		Ja	
	21		Lagerabgangsmethode		Ja	
	24		Einstandspreis (fest)		Ja	
	25		EK-Preis (neuester)		Ja	
	28		Kosten %		Ja	
	31		Kreditorennr.		Ja	
	32		Kred.-Artikelnr.		Ja	
	34		Minimalbestand		Ja	
	35		Maximalbestand		Ja	
	36		Bestellmenge		Ja	
	37		Alternative Artikelnr.		Ja	
	38		Richtpreis		Ja	
	43		Anzahl pro Paket		Ja	
	47		Zollpos.		Ja	
	48		Zollfaktor		Ja	
	49		Herkunftsland/-region		Ja	
	54		Gesperrt		Ja	
	62		Korrigiert am		Ja	
	87		VK-Preis inkl. MwSt.		Ja	
	90		MwSt.-Geschäftsbuch.-G.(Preis)		Ja	
	91		Produktbuchungsgruppe		Ja	
	99		MwSt.-Produktbuchungsgruppe		Ja	
	105		Globaler Dimensionscode 1		Ja	
	106		Globaler Dimensionscode 2		Ja	

Tabelle B.3 Beispielhafte Einrichtung des Änderungsprotokolls im Bereich *Logistik (Fortsetzung)*

DT	Tabellennr./ Feldnr.	AF	Name	Einfügen	Bearbeiten	Löschen
	5401		Losgröße		Ja	
	5409		Ohne Lagerbewertung		Ja	
	5411		Minimale Losgröße		Ja	
	5412		Maximale Losgröße		Ja	
	5413		Sicherheitsbestand		Ja	
	5425		Verkaufseinheitencode		Ja	
	5426		Einkaufseinheitencode		Ja	
	5701		Herstellercode		Ja	
	5702		Artikelkategoriencode		Ja	
	5704		Produktgruppencode		Ja	
	5900		Serviceartikelgruppe		Ja	
	6500		Artikelverfolgungscode		Ja	
	6501		Chargennummern		Ja	
	6502		Ablaufdatumsformel		Ja	
	7380		Inventurhäufigkeitscode		Ja	
	7381		Letzte aktual. Inv.-Häufigkeit		Ja	
	7382		Nächstes Inventurdatum		Ja	
	7384		Zuordnung verwenden		Ja	
	99000750		Arbeitsplannr.		Ja	
	99000751		Fert.-Stücklistennr.		Ja	
	99000757		Gemeinkostensatz		Ja	
	99000773		Bedarfsverursacherart		Ja	
	99000875		Kritisch		Ja	
S	90	17	Stücklistenkomponente	Einige Felder	Alle Felder	Einige Felder
	2		Zeilennr.	Ja		
	4		Nr.			Ja
S	7302	23	Lagerplatzinhalt	Einige Felder	Einige Felder	Einige Felder
	2		Zonencode		Ja	
	4		Artikelnr.	Ja	Ja	Ja
	10		Lagerplatzartencode		Ja	
	12		Lagerplatz sperren		Ja	
	37		Fest		Ja	

Tabelle B.3 Beispielhafte Einrichtung des Änderungsprotokolls im Bereich *Logistik (Fortsetzung)*

DT	Tabellennr./ Feldnr.	AF	Name	Einfügen	Bearbeiten	Löschen
	41		Standard		Ja	
	5404		Menge pro Einheit		Ja	
	5407		Einheitencode		Ja	
S	7704	4	Artikelbarcode	Einige Felder	Alle Felder	Einige Felder
	1		Code	Ja	Ja	
	2		Artikelnr.		Ja	Ja
	3		Variantencode		Ja	Ja
	4		Einheitencode		Ja	Ja

Tabelle B.3   Beispielhafte Einrichtung des Änderungsprotokolls im Bereich *Logistik (Fortsetzung)*

Kapitel 6: Verkauf

DT	Tabellennr./ Feldnr.	AF	Name	Einfügen	Bearbeiten	Löschen
B	36	157	Verkaufskopf	Einige Felder	Einige Felder	Einige Felder
	2		Verk. an Deb.-Nr.			Ja
	19		Auftragsdatum	Ja		Ja
	33		Währungsfaktor		Ja	
	51		Abwarten		Ja	
	55		Gegenkontonr.		Ja	
	62		Lieferungsnr.		Ja	
	63		Buchungsnr.		Ja	
	79		Verk. an Name		Ja	
	98		Storno		Ja	
	99		Belegdatum		Ja	
	104		Zahlungsformcode		Ja	
	108		Buchungsnr.-Serie	Ja		
	120		Status		Ja	
	130		Vorauszahlung %		Ja	
	5054		Rech. an Deb.-Vorlagencode		Ja	
	5750		Versandanweisung		Ja	
	5791		Zugesagtes Lieferdatum		Ja	

Tabelle B.4   Beispielhafte Einrichtung des Änderungsprotokolls im Bereich *Verkauf*

DT	Tabellennr./ Feldnr.	AF	Name	Einfügen	Bearbeiten	Löschen
	5801		Rücksendungsnr.		Ja	
B	37	160	Verkaufszeile	Einige Felder	Einige Felder	Einige Felder
	5		Art			Ja
	6		Nr.			Ja
	11		Beschreibung	Ja	Ja	Ja
	15		Menge			Ja
	22		VK-Preis	Ja	Ja	Ja
	23		Einstandspreis (MW)		Ja	
	25		MwSt. %		Ja	
	27		Zeilenrabatt %	Ja	Ja	
	32		Rech.-Rabatt zulassen		Ja	
	38		Ausgleich mit Artikelposten		Ja	
	40		Shortcutdimensionscode 1		Ja	
	41		Shortcutdimensionscode 2		Ja	
	69		Rechnungsrabattbetrag		Ja	
	73		Direktlieferung		Ja	
	90		MwSt.-Produktbuchungsgruppe		Ja	
	103		Zeilenbetrag		Ja	Ja
	5791		Zugesagtes Lieferdatum		Ja	
B	110	102	Verkaufslieferkopf		Alle Felder	Alle Felder
B	111	91	Verkaufslieferzeile		Alle Felder	Alle Felder
B	112	105	Verkaufsrechnungskopf		Alle Felder	Alle Felder
B	113	90	Verkaufsrechnungszeile		Alle Felder	Alle Felder
B	114	100	Verkaufsgutschriftskopf		Alle Felder	Alle Felder
B	115	89	Verkaufsgutschriftszeile		Alle Felder	Alle Felder
B	207	34	Res. Buch.-Blattzeile		Einige Felder	
	14		Einstandspreis		Ja	
	15		Einstandsbetrag		Ja	
	16		VK-Preis		Ja	
	18		Shortcutdimensionscode 1		Ja	
	19		Shortcutdimensionscode 2		Ja	
	22		Fakturierbar		Ja	

Tabelle B.4 Beispielhafte Einrichtung des Änderungsprotokolls im Bereich *Verkauf (Fortsetzung)*

DT	Tabellennr./ Feldnr.	AF	Name	Einfügen	Bearbeiten	Löschen
B	210	72	Projekt Buch.-Blattzeile		Einige Felder	
	12		EK-Preis (MW)		Ja	
	13		Einstandspreis (MW)		Ja	
	15		VK-Preis (MW)		Ja	
	22		Fakturierbar		Ja	
	30		Buchungsgruppe		Ja	
	31		Shortcutdimensionscode 1		Ja	
	32		Shortcutdimensionscode 2		Ja	
	79		Geschäftsbuchungsgruppe		Ja	
	80		Produktbuchungsgruppe		Ja	
	1003		Zeilenart		Ja	
	1006		Zeilenrabatt %		Ja	
B	295	42	Mahnungskopf	Einige Felder	Einige Felder	Einige Felder
	1		Nr.		Ja	Ja
	2		Debitorennr.	Ja	Ja	Ja
	28		Mahnstufe		Ja	Ja
B	296	26	Mahnungszeile		Einige Felder	Einige Felder
	1		Mahnungsnr.		Ja	Ja
	2		Zeilennr.		Ja	Ja
	9		Fälligkeitsdatum		Ja	Ja
	10		Belegart		Ja	Ja
	11		Belegnr.		Ja	Ja
	16		Betrag		Ja	Ja
	17		Zinssatz		Ja	Ja
	25		Zeilenart		Ja	Ja
B	297	43	Registrierter Mahnungskopf	Einige Felder	Alle Felder	Alle Felder
B	298	26	Registrierte Mahnungszeile		Alle Felder	Alle Felder
B	1003	69	Projektplanungszeile	Einige Felder	Einige Felder	Einige Felder
	1		Zeilennr.	Ja		
	3		Planungsdatum		Ja	Ja
	5		Art		Ja	Ja
	7		Nr.		Ja	Ja

Tabelle B.4   Beispielhafte Einrichtung des Änderungsprotokolls im Bereich *Verkauf (Fortsetzung)*

DT	Tabellennr./ Feldnr.	AF	Name	Einfügen	Bearbeiten	Löschen
	13		Einstandsbetrag (MW)		Ja	Ja
	14		VK-Preis (MW)		Ja	
	80		Geschäftsbuchungsgruppe		Ja	
	81		Produktbuchungsgruppe		Ja	
	1001		Zeilenbetrag (MW)		Ja	Ja
	1004		VK-Preis		Ja	
	1015		Kostenfaktor		Ja	
	1022		Zeilenart		Ja	
	1024		Währungsdatum		Ja	
	1039		MwSt.-Zeilenbetrag		Ja	
	1044		Rechnungswährung VK-Preis		Ja	
	1048		Status		Ja	
B	5107	161	Verkaufskopfarchiv		Alle Felder	Alle Felder
B	5108	164	Verkaufszeilenarchiv		Alle Felder	Alle Felder
B	5805	15	Artikel Zu-/Abschl.-Zuw. (EK)		Einige Felder	
	11		Betrag für Zuweisung		Ja	
B	5900	134	Servicekopf	Einige Felder	Einige Felder	Einige Felder
	2		Debitorennr.			Ja
	4		Rech. an Deb.-Nr.		Ja	
	19		Auftragsdatum	Ja		Ja
	33		Währungsfaktor		Ja	
	55		Gegenkontonr.		Ja	
	62		Lieferungsnr.		Ja	
	63		Buchungsnr.		Ja	
	79		Name		Ja	
	98		Storno		Ja	
	99		Belegdatum		Ja	
	104		Zahlungsformcode		Ja	
	108		Buchungsnr.-Serie	Ja		
	120		Status		Ja	
	5750		Versandanweisung		Ja	
	5923		Auftragszeit		Ja	

Tabelle B.4 Beispielhafte Einrichtung des Änderungsprotokolls im Bereich *Verkauf (Fortsetzung)*

DT	Tabellennr./ Feldnr.	AF	Name	Einfügen	Bearbeiten	Löschen
	5931		Enddatum		Ja	
B	5901	61	Serviceartikelzeile	Einige Felder	Einige Felder	Einige Felder
	3		Serviceartikelnr.			Ja
	6		Seriennr.		Ja	
	9		Reparaturstatuscode		Ja	
	21		Garantie	Ja	Ja	
	22		Garantierabatt % (Teile)	Ja	Ja	
	23		Garantierabatt % (Arbeit)	Ja	Ja	
	25		Garantieende (Arbeit)	Ja	Ja	
	97		Zuständigkeitseinheitencode		Ja	
	100		Shortcutdimensionscode 1		Ja	
	101		Shortcutdimensionscode 2		Ja	
B	5902	125	Servicezeile	Einige Felder	Einige Felder	Einige Felder
	5		Art			Ja
	6		Nr.			Ja
	11		Beschreibung	Ja	Ja	Ja
	15		Menge			Ja
	22		VK-Preis	Ja	Ja	Ja
	23		Einstandspreis (MW)		Ja	
	25		MwSt. %		Ja	
	27		Zeilenrabatt %		Ja	
	32		Rech.-Rabatt zulassen		Ja	
	38		Ausgleich mit Artikelposten		Ja	
	40		Shortcutdimensionscode 1		Ja	
	41		Shortcutdimensionscode 2		Ja	
	69		Rechnungsrabattbetrag		Ja	
	90		MwSt.-Produktbuchungsgruppe		Ja	
	103		Zeilenbetrag		Ja	
	5902		Serviceartikelnr.		Ja	
	5903		Ausgleich mit Serviceposten		Ja	
	5904		Serviceartikelzeilennr.		Ja	
	5934		Garantie	Ja	Ja	

Tabelle B.4 Beispielhafte Einrichtung des Änderungsprotokolls im Bereich *Verkauf (Fortsetzung)*

DT	Tabellennr./ Feldnr.	AF	Name	Einfügen	Bearbeiten	Löschen
	5939		Garantierabatt %	Ja	Ja	
B	5912	10	Servicebelegprotokoll		Alle Felder	Alle Felder
B	5950	19	Serviceauftragszuordnung	Einige Felder	Einige Felder	Einige Felder
	2		Status	Ja	Ja	Ja
	4		Zuordnungsdatum	Ja	Ja	Ja
	5		Ressourcennr.	Ja	Ja	Ja
	8		Zugeordnete Stunden	Ja	Ja	Ja
B	5964	31	Servicevertragszeile	Einige Felder	Einige Felder	Einige Felder
	3		Zeilennr.	Ja		Ja
	4		Vertragsstatus	Ja	Ja	Ja
	5		Serviceartikelnr.	Ja	Ja	Ja
	8		Serviceartikelgruppencode	Ja	Ja	
	9		Debitorennr.	Ja	Ja	
	20		Vertragsablaufdatum	Ja	Ja	Ja
	22		Zeilenwert	Ja	Ja	Ja
	23		Zeilenrabatt %	Ja	Ja	
	24		Zeilenbetrag	Ja	Ja	
	32		Zeileneinstandspreis	Ja	Ja	
B	5965	101	Servicevertragskopf	Einige Felder	Einige Felder	Einige Felder
	1		Vertragsnr.	Ja		
	3		Beschreibung			Ja
	5		Status		Ja	
	6		Status ändern		Ja	
	7		Debitorennr.		Ja	Ja
	16		Rech. an Deb.-Nr.		Ja	Ja
	28		Servicevertragskontengrp.-Code		Ja	
	32		Fakturierungsintervall		Ja	
	35		Startdatum		Ja	
	36		Ablaufdatum		Ja	
	38		Erstes Servicedatum		Ja	
	42		Zu fakturieren (Jahr)		Ja	
	43		Betrag p. Fakturierungsinterv.		Ja	

Tabelle B.4 Beispielhafte Einrichtung des Änderungsprotokolls im Bereich *Verkauf (Fortsetzung)*

DT	Tabellennr./ Feldnr.	AF	Name	Einfügen	Bearbeiten	Löschen
	45		Vorausbezahlt		Ja	
	50		Ursachencode bei Kündigung		Ja	Ja
	59		Serviceintervall		Ja	
	60		Zlg.-Bedingungscode		Ja	
	62		Rechnung nach Service		Ja	
	64		Nicht ausgegl. Betr. zulassen		Ja	
	65		Vertragsgruppencode		Ja	
	67		Shortcutdimensionscode 1		Ja	
	68		Shortcutdimensionscode 2		Ja	
	69		Verbindlich bis		Ja	
	71		Autom. Gutschriften		Ja	
	75		Preisaktualisierungsintervall		Ja	
	80		Text bei Erhöhung drucken		Ja	
B	5967	13	Vertragsänderungsprotokoll		Alle Felder	Alle Felder
B	5970	92	Archiv. Servicevertragskopf		Alle Felder	Alle Felder
B	5971	32	Archivierte Vertragszeile		Alle Felder	Alle Felder
B	5990	123	Servicelieferungskopf		Alle Felder	Alle Felder
B	5991	94	Servicelieferungszeile		Alle Felder	Alle Felder
B	5992	129	Servicerechnungskopf		Alle Felder	Alle Felder
B	5993	94	Servicerechnungszeile		Alle Felder	Alle Felder
B	5994	121	Servicegutschriftskopf		Alle Felder	Alle Felder
B	5995	88	Servicegutschriftszeile		Alle Felder	Alle Felder
B	6650	84	Rücklieferkopf		Alle Felder	Alle Felder
B	6651	85	Rücklieferzeile		Alle Felder	Alle Felder
B	6660	95	Rücksendungskopf		Alle Felder	Alle Felder
B	6661	80	Rücksendungszeile		Alle Felder	Alle Felder
B	6670	3	Reklamationsbezogener Beleg		Alle Felder	Alle Felder
E	5911	57	Service Einrichtung	Alle Felder	Alle Felder	Alle Felder
E	5927	18	Reparaturstatus	Alle Felder	Alle Felder	Alle Felder
E	5928	2	Servicestatus-Prioritäteneinr.	Alle Felder	Alle Felder	Alle Felder
E	6635	4	Reklamationsgrund	Alle Felder	Alle Felder	Alle Felder
E	3	6	Zahlungsbedingung	Einige Felder	Einige Felder	Einige Felder

Tabelle B.4   Beispielhafte Einrichtung des Änderungsprotokolls im Bereich *Verkauf (Fortsetzung)*

DT	Tabellennr./ Feldnr.	AF	Name	Einfügen	Bearbeiten	Löschen
	1		Code	Ja	Ja	
	2		Fälligkeitsformel	Ja	Ja	Ja
	3		Skontoformel	Ja	Ja	Ja
	4		Skonto %	Ja	Ja	Ja
	6		Skonto auf Gutschrift berech.	Ja	Ja	Ja
E	5	13	Zinskondition	Einige Felder	Alle Felder	Einige Felder
	1		Code	Ja		Ja
E	7	2	Standardtext	Alle Felder	Alle Felder	Einige Felder
	2		Beschreibung			Ja
E	9	8	Land/Region	Einige Felder	Alle Felder	Einige Felder
	1		Code	Ja		Ja
E	10	2	Lieferbedingung	Einige Felder	Alle Felder	Einige Felder
	1		Code	Ja		Ja
E	92	14	Debitorenbuchungsgruppe	Einige Felder	Alle Felder	Einige Felder
	1		Code	Ja		
	2		Debitorensammelkonto			Ja
E	152	18	Ressourcengruppe	Einige Felder	Alle Felder	Einige Felder
	1		Nr.	Ja		Ja
E	200	4	Arbeitstyp	Alle Felder	Alle Felder	Alle Felder
E	204	3	Einheit	Alle Felder	Alle Felder	Alle Felder
E	205	4	Ressourceneinheit	Einige Felder	Alle Felder	Einige Felder
	2		Code	Ja		
	3		Menge pro Einheit			Ja
E	208	12	Projektbuchungsgruppe	Alle Felder	Alle Felder	Alle Felder
E	289	4	Zahlungsform	Einige Felder	Einige Felder	Einige Felder
	3		Gegenkontoart	Ja	Ja	Ja
	4		Gegenkontonr.	Ja	Ja	Ja
E	290	17	MwSt.-Betragszeile	Alle Felder	Alle Felder	Alle Felder
E	292	6	Mahnmethode	Einige Felder	Alle Felder	Einige Felder
	1		Code	Ja		Ja
E	293	6	Mahnstufe	Einige Felder	Alle Felder	Einige Felder
	2		Nr.	Ja		Ja

Tabelle B.4 Beispielhafte Einrichtung des Änderungsprotokolls im Bereich *Verkauf (Fortsetzung)*

DT	Tabellennr./ Feldnr.	AF	Name	Einfügen	Bearbeiten	Löschen
E	294	5	Mahntext	Einige Felder	Einige Felder	Einige Felder
	5		Text	Ja	Ja	Ja
E	311	47	Debitoren & Verkauf Einr.	Alle Felder	Alle Felder	Alle Felder
E	314	2	Ressourcen Einr.	Alle Felder	Alle Felder	Alle Felder
E	315	3	Projekt Einrichtung	Alle Felder	Alle Felder	Alle Felder
E	340	2	Debitorenrabattgruppe	Alle Felder	Alle Felder	Alle Felder
E	341	2	Artikelrabattgruppe	Alle Felder	Alle Felder	Alle Felder
E	5079	41	Marketing & Vertrieb Einr.	Einige Felder	Alle Felder	Alle Felder
	1		Primärschlüssel	Ja		
E	5105	17	Debitorenvorlage	Einige Felder	Alle Felder	Einige Felder
	1		Code	Ja		
	2		Beschreibung			Ja
E	5903	2	Serviceauftragsart	Alle Felder	Alle Felder	Alle Felder
E	5904	6	Serviceartikelgruppe	Alle Felder	Alle Felder	Alle Felder
E	5905	9	Servicekosten	Alle Felder	Alle Felder	Alle Felder
E	5966	5	Servicevertragsgruppe	Alle Felder	Alle Felder	Alle Felder
E	5968	20	Servicevertragsvorlage	Einige Felder	Einige Felder	Einige Felder
	1		Nr.	Ja		
	2		Beschreibung			Ja
	3		Fakturierungsintervall		Ja	
	4		Max. VK-Preis (Arbeit)		Ja	
	6		Vorausbezahlt		Ja	
	14		Rechnung nach Service		Ja	
	15		Nicht ausgegl. Betr. zulassen		Ja	
	16		Vertragsgruppencode		Ja	
	18		Autom. Gutschriften		Ja	
	20		Nummernserie		Ja	
	21		Preisaktualisierungsintervall		Ja	
	23		Servicevertragskontengrp.-Code		Ja	
E	5972	6	Vertrags-/Servicerabatt	Alle Felder	Alle Felder	Alle Felder
E	5973	4	Servicevertragskontengruppe	Alle Felder	Alle Felder	Alle Felder
E	5998	3	Standard-Serviceartikelgruppen-Code	Alle Felder	Alle Felder	Alle Felder

Tabelle B.4   Beispielhafte Einrichtung des Änderungsprotokolls im Bereich *Verkauf (Fortsetzung)*

DT	Tabellennr./ Feldnr.	AF	Name	Einfügen	Bearbeiten	Löschen
E	6080	2	Servicepreisgruppe	Alle Felder	Alle Felder	Alle Felder
E	6081	10	Servicepreisgruppe Einrichtung	Alle Felder	Alle Felder	Alle Felder
E	8618	5	Datenvorlagenkopf	Einige Felder	Einige Felder	Einige Felder
	1		Code	Ja	Ja	
	3		Tabellen-ID		Ja	Ja
E	8619	14	Datenvorlagenzeile	Einige Felder	Einige Felder	Einige Felder
	2		Zeilennr.	Ja	Ja	
	3		Art		Ja	
	4		Feld-ID		Ja	Ja
	12		Standardwert		Ja	Ja
J	240	7	Ressourcenjournal		Alle Felder	Alle Felder
J	241	7	Projektjournal		Alle Felder	Alle Felder
J	5934	8	Servicejournal		Alle Felder	Alle Felder
J	5936	4	Servicebelegjournal		Alle Felder	Alle Felder
J	5942	10	Serviceartikelprotokoll		Alle Felder	Alle Felder
P	21	70	Debitorenposten	Einige Felder	Alle Felder	Alle Felder
	1		Lfd. Nr.	Ja		Ja
P	169	72	Projektposten		Alle Felder	Alle Felder
P	203	32	Ressourcenposten		Alle Felder	Alle Felder
P	300	15	Mahnungs-/Zinsrechnungsposten	Einige Felder	Alle Felder	Alle Felder
	1		Lfd. Nr.	Ja		
P	379	34	Detaillierte Debitorenposten		Alle Felder	Alle Felder
P	5907	55	Serviceposten		Alle Felder	Alle Felder
P	5908	33	Garantieposten		Alle Felder	Alle Felder
P	5914	13	Leihgeräteposten		Alle Felder	Alle Felder
P	5969	11	Vertrag Gewinn-/Verlustposten		Alle Felder	Alle Felder
S	6	6	Debitorenpreisgruppe	Alle Felder	Alle Felder	Einige Felder
	1		Code			Ja
S	13	38	Verkäufer/Einkäufer	Einige Felder	Einige Felder	Einige Felder
	1		Code	Ja	Ja	Ja
	2		Name	Ja	Ja	
	3		Provision %	Ja	Ja	

Tabelle B.4 Beispielhafte Einrichtung des Änderungsprotokolls im Bereich *Verkauf (Fortsetzung)*

DT	Tabellennr./ Feldnr.	AF	Name	Einfügen	Bearbeiten	Löschen
	5050		Globaler Dimensionscode 1	Ja	Ja	
	5051		Globaler Dimensionscode 2	Ja	Ja	
	5062		Funktion	Ja	Ja	
S	14	47	Lagerort	Einige Felder	Einige Felder	Einige Felder
	1		Code	Ja	Ja	
	2		Name	Ja	Ja	Ja
	5701		Adresse	Ja	Ja	
	5702		Adresse 2	Ja	Ja	
	5703		Ort	Ja	Ja	
	5714		PLZ-Code	Ja	Ja	
	5726		Einlagerung erforderlich	Ja	Ja	
	5727		Kommissionierung erforderlich	Ja	Ja	
	5728		Zuord.-Fälligkeitsdatum ber.	Ja	Ja	
	5729		Zuordnung verwenden	Ja	Ja	
	5730		Wareneingang erforderlich	Ja	Ja	
	5731		Warenausgang erforderlich	Ja	Ja	
	5732		Lagerplatz notwendig	Ja	Ja	
	5733		Gesteuerte Einlag. u. Kommiss.	Ja	Ja	
	5734		Vorg.-Lagerplatzauswahl	Ja	Ja	
	7305		Einlagerungsvorlagencode	Ja	Ja	
	7306		Einlagerungsvorschl. verwenden	Ja	Ja	
	7317		Ausgleichslagerplatzcode	Ja	Ja	
	7319		Einlag.-Zeilen immer erstellen	Ja	Ja	
	7320		Komm.-Zeilen immer erstellen	Ja	Ja	
	7323		Wareneingangslagerplatzcode	Ja	Ja	
	7325		Warenausgangslagerplatzcode	Ja	Ja	
	7326		Zuordnungslagerplatzcode	Ja	Ja	
	7600		Basiskalendercode	Ja	Ja	
S	18	142	Debitor	Einige Felder	Einige Felder	Einige Felder
	1		Nr.	Ja	Ja	
	2		Name		Ja	Ja
	4		Name 2		Ja	Ja

Tabelle B.4   Beispielhafte Einrichtung des Änderungsprotokolls im Bereich *Verkauf (Fortsetzung)*

DT	Tabellennr./ Feldnr.	AF	Name	Einfügen	Bearbeiten	Löschen
	5		Adresse		Ja	Ja
	6		Adresse 2		Ja	Ja
	7		Ort		Ja	Ja
	8		Kontakt		Ja	
	16		Globaler Dimensionscode 1		Ja	
	17		Globaler Dimensionscode 2		Ja	
	18		Unternehmenskette		Ja	
	20		Kreditlimit (MW)	Ja	Ja	
	21		Debitorenbuchungsgruppe		Ja	
	22		Währungscode		Ja	
	23		Debitorenpreisgruppe		Ja	
	27		Zlg.-Bedingungscode		Ja	
	28		Zinskonditionencode		Ja	
	29		Verkäufercode		Ja	
	30		Lieferbedingungscode		Ja	
	33		Rechnungsrabattcode		Ja	
	34		Debitorenrabattgruppe		Ja	
	35		Länder-/Regionscode		Ja	
	36		Einzugsverfahren		Ja	
	39		Gesperrt		Ja	
	45		Rech. an Deb.-Nr.		Ja	
	47		Zahlungsformcode		Ja	
	54		Korrigiert am		Ja	
	80		Ausgleichsmethode		Ja	
	82		Preise inkl. MwSt.		Ja	
	83		Lagerortcode		Ja	
	86		USt-IdNr.		Ja	Ja
	87		Sammelrechnung		Ja	
	88		Geschäftsbuchungsgruppe		Ja	
	91		PLZ-Code		Ja	Ja
	104		Mahnmethodencode		Ja	
	110		MwSt.-Geschäftsbuchungsgruppe		Ja	

Tabelle B.4 Beispielhafte Einrichtung des Änderungsprotokolls im Bereich *Verkauf (Fortsetzung)*

DT	Tabellennr./ Feldnr.	AF	Name	Einfügen	Bearbeiten	Löschen
	116		Zahlungstoleranz sperren		Ja	
	124		Vorauszahlung %		Ja	
	5049		Primäre Kontaktnr.		Ja	Ja
	5700		Zuständigkeitseinheitencode		Ja	
	7001		Zeilenrabatt zulassen		Ja	
	7600		Basiskalendercode		Ja	
S	19	5	Debitorenrechnungsrabatt	Alle Felder	Alle Felder	Einige Felder
	3		Rabatt %			Ja
	4		Servicegebühr			Ja
S	30	5	Artikelübersetzung	Einige Felder	Einige Felder	Einige Felder
	1		Artikelnr.	Ja	Ja	
	3		Beschreibung	Ja	Ja	Ja
	4		Beschreibung 2	Ja	Ja	Ja
S	156	52	Ressource	Einige Felder	Einige Felder	Einige Felder
	1		Nr.	Ja	Ja	
	2		Art		Ja	
	3		Name		Ja	Ja
	14		Res.-Gruppennr.		Ja	
	16		Globaler Dimensionscode 1		Ja	
	17		Globaler Dimensionscode 2		Ja	
	18		Basiseinheitencode		Ja	
	21		Einstandspreis		Ja	
	26		Korrigiert am		Ja	
	51		Produktbuchungsgruppe		Ja	
	58		MwSt.-Produktbuchungsgruppe		Ja	
S	167	59	Projekt	Einige Felder	Einige Felder	Einige Felder
	1		Nr.	Ja	Ja	
	3		Beschreibung		Ja	Ja
	5		Rech. an Deb.-Nr.		Ja	Ja
	12		Errichtungsdatum		Ja	
	13		Startdatum		Ja	
	14		Enddatum		Ja	

Tabelle B.4 Beispielhafte Einrichtung des Änderungsprotokolls im Bereich *Verkauf (Fortsetzung)*

DT	Tabellennr./ Feldnr.	AF	Name	Einfügen	Bearbeiten	Löschen
	19		Status		Ja	
	20		Verantwortlich		Ja	
	21		Globaler Dimensionscode 1		Ja	
	22		Globaler Dimensionscode 2		Ja	
	23		Projektbuchungsgruppe		Ja	
	24		Gesperrt		Ja	
	29		Korrigiert am		Ja	
	31		Debitorenrabattgruppe		Ja	
	32		Debitorenpreisgruppe		Ja	
	58		Rech. an Name		Ja	
	1000		WIP-Methode		Ja	
	1001		Währungscode		Ja	
	1011		Währungscode Rechnung		Ja	
	1012		Wechselkursberechnung (Einstandspreis)		Ja	
	1013		Wechselkursberechnung (Verkaufspreis)		Ja	
	1014		Plan-/Vertragszeilen zulassen		Ja	
S	171	11	Standardverkaufszeile	Einige Felder	Einige Felder	Einige Felder
	2		Zeilennr.	Ja		
	3		Art			Ja
	4		Nr.			Ja
	7		Betrag ohne MwSt.		Ja	Ja
	9		Shortcutdimensionscode 1		Ja	
	10		Shortcutdimensionscode 2		Ja	
S	172	3	Standarddebitorenverkaufscode	Einige Felder	Einige Felder	Einige Felder
	2		Code	Ja	Ja	
	3		Beschreibung		Ja	Ja
S	201	6	Ressourcen-VK-Preis	Alle Felder	Alle Felder	Einige Felder
	5		VK-Preis			Ja
S	202	6	Ressourcen-EK-Preis	Alle Felder	Alle Felder	Einige Felder
	6		Einstandspreis			Ja
S	222	26	Lief. an Adresse	Einige Felder	Einige Felder	Einige Felder
	1		Debitorennr.	Ja	Ja	Ja

Tabelle B.4 Beispielhafte Einrichtung des Änderungsprotokolls im Bereich *Verkauf (Fortsetzung)*

DT	Tabellennr./ Feldnr.	AF	Name	Einfügen	Bearbeiten	Löschen
	3		Name	Ja	Ja	Ja
	5		Adresse	Ja	Ja	Ja
	7		Ort	Ja	Ja	Ja
	8		Kontakt	Ja	Ja	Ja
	30		Lieferbedingungscode	Ja	Ja	Ja
S	287	26	Debitor Bankkonto	Einige Felder	Einige Felder	Einige Felder
	1		Debitorennr.	Ja	Ja	
	13		BLZ	Ja	Ja	Ja
	14		Bankkontonummer	Ja	Ja	Ja
	24		IBAN	Ja	Ja	Ja
	25		SWIFT-Code	Ja	Ja	Ja
	5001901		Clearing	Ja	Ja	Ja
	5001902		Abweichender Kontoinhaber	Ja	Ja	Ja
S	335	7	Ressourcen-VK-Preisvorschlag	Alle Felder	Alle Felder	Einige Felder
	6		Aktueller VK-Preis			Ja
S	459	6	Verkaufsvorauszahlung %	Einige Felder	Alle Felder	Einige Felder
	3		Verkaufscode	Ja		
	6		Vorauszahlung %	Ja		Ja
S	1012	12	Res.-VK-Preis Projekt	Alle Felder	Alle Felder	Alle Felder
S	1013	12	Projektartikelpreis	Alle Felder	Alle Felder	Alle Felder
S	1014	9	Projekt-Sachkontopreis	Alle Felder	Alle Felder	Alle Felder
S	5050	76	Kontakt	Einige Felder	Einige Felder	Einige Felder
	1		Nr.	Ja		
	2		Name			Ja
	29		Verkäufercode		Ja	
	5051		Unternehmensnr.		Ja	
S	5054	6	Kontakt Geschäftsbeziehung	Einige Felder	Einige Felder	Einige Felder
	1		Kontaktnr.		Ja	
	2		Geschäftsbeziehungscode	Ja	Ja	
	3		Verbindung zu Tabelle		Ja	
	4		Nr.		Ja	Ja
S	5084	4	Team Verkäufer/Einkäufer	Einige Felder	Einige Felder	Einige Felder

Tabelle B.4   Beispielhafte Einrichtung des Änderungsprotokolls im Bereich *Verkauf (Fortsetzung)*

DT	Tabellennr./ Feldnr.	AF	Name	Einfügen	Bearbeiten	Löschen
	2		Verkäufercode		Ja	
S	5404	8	Artikeleinheit	Einige Felder	Alle Felder	Einige Felder
	2		Code	Ja		
	3		Menge pro Einheit	Ja		Ja
S	5700	64	Lagerhaltungsdaten	Einige Felder	Alle Felder	Einige Felder
	1		Artikelnr.	Ja		
	25		EK-Preis (neuester)			Ja
	31		Kreditorennr.			Ja
S	5714	19	Zuständigkeitseinheit	Einige Felder	Einige Felder	Einige Felder
	1		Code	Ja		
	2		Name		Ja	Ja
	12		Globaler Dimensionscode 1		Ja	Ja
	13		Globaler Dimensionscode 2		Ja	Ja
	14		Lagerortcode		Ja	Ja
S	5800	8	Artikel Zu-/Abschlag	Alle Felder	Alle Felder	Einige Felder
	2		Beschreibung		Ja	
	3		Produktbuchungsgruppe		Ja	
S	5940	78	Serviceartikel	Einige Felder	Einige Felder	Einige Felder
	1		Nr.	Ja		
	2		Seriennr.		Ja	Ja
	3		Serviceartikelgruppencode		Ja	
	4		Beschreibung		Ja	Ja
	6		Status		Ja	
	8		Debitorennr.		Ja	Ja
	10		Artikelnr.		Ja	Ja
	15		Garantiebeginn (Arbeit)		Ja	
	16		Garantieende (Arbeit)		Ja	
	17		Garantiebeginn (Teile)		Ja	
	18		Garantieende (Teile)		Ja	
	19		Garantierabatt % (Teile)		Ja	
	20		Garantierabatt % (Arbeit)		Ja	
	22		Installationsdatum		Ja	

Tabelle B.4 Beispielhafte Einrichtung des Änderungsprotokolls im Bereich *Verkauf (Fortsetzung)*

DT	Tabellennr./ Feldnr.	AF	Name	Einfügen	Bearbeiten	Löschen
	23		Verkaufsdatum		Ja	
	26		Vorg.-Vertragsrabatt %		Ja	
	85		Servicepreisgruppencode		Ja	
S	5941	13	Serviceartikelkomponente	Einige Felder	Einige Felder	Einige Felder
	4		In Gebrauch	Ja	Ja	Ja
	5		Art	Ja	Ja	Ja
	6		Nr.	Ja	Ja	Ja
	7		Installationsdatum	Ja	Ja	Ja
	11		Seriennr.	Ja	Ja	
	12		Beschreibung		Ja	
	17		Korrigiert am		Ja	
S	5996	3	Standard Servicecode	Einige Felder		Einige Felder
	1		Code	Ja		Ja
S	5997	11	Standardservicezeile	Einige Felder	Einige Felder	Einige Felder
	2		Zeilennr.	Ja		
	3		Art	Ja	Ja	Ja
	4		Nr.	Ja	Ja	Ja
	5		Beschreibung	Ja	Ja	Ja
	7		Betrag ohne MwSt.	Ja	Ja	Ja
	9		Shortcutdimensionscode 1		Ja	
	10		Shortcutdimensionscode 2		Ja	
S	7002	14	Verkaufspreis	Einige Felder	Einige Felder	Einige Felder
	1		Artikelnr.		Ja	
	2		Verkaufscode	Ja	Ja	
	3		Währungscode		Ja	
	4		Startdatum	Ja	Ja	
	5		VK-Preis	Ja	Ja	Ja
	7		VK-Preis inkl. MwSt.	Ja	Ja	Ja
	10		Rech.-Rabatt zulassen	Ja	Ja	
	13		Verkaufsart	Ja	Ja	
	14		Mindestmenge	Ja	Ja	
	15		Enddatum	Ja	Ja	Ja

Tabelle B.4   Beispielhafte Einrichtung des Änderungsprotokolls im Bereich *Verkauf (Fortsetzung)*

DT	Tabellennr./ Feldnr.	AF	Name	Einfügen	Bearbeiten	Löschen
	5400		Einheitencode	Ja	Ja	
	7001		Zeilenrabatt zulassen	Ja	Ja	Ja
S	7004	11	Verkaufszeilenrabatt	Einige Felder	Einige Felder	Einige Felder
	1		Code	Ja	Ja	
	2		Verkaufscode	Ja	Ja	
	3		Währungscode		Ja	
	4		Startdatum	Ja	Ja	
	5		Zeilenrabatt %	Ja	Ja	Ja
	13		Verkaufsart		Ja	
	14		Mindestmenge	Ja	Ja	
	15		Enddatum	Ja	Ja	Ja
	21		Art		Ja	
	5400		Einheitencode		Ja	
S	7023	15	VK-Preisvorschlag	Einige Felder	Einige Felder	Einige Felder
	2		Verkaufscode	Ja	Ja	
	4		Startdatum	Ja	Ja	
	5		Aktueller VK-Preis	Ja	Ja	Ja
	6		Neuer VK-Preis	Ja	Ja	Ja
	7		VK-Preis inkl. MwSt.	Ja	Ja	
	10		Rech.-Rabatt zulassen	Ja	Ja	
	13		Verkaufsart	Ja	Ja	
	14		Mindestmenge	Ja	Ja	
	15		Enddatum	Ja	Ja	
	5400		Einheitencode	Ja	Ja	
	7001		Zeilenrabatt zulassen	Ja	Ja	

Tabelle B.4 Beispielhafte Einrichtung des Änderungsprotokolls im Bereich *Verkauf (Fortsetzung)*

Kapitel 7: Finanzmanagement

DT	Tabellennr./ Feldnr.	AF	Name	Einfügen	Bearbeiten	Löschen
B	81	146	Fibu Buch.-Blattzeile	Einige Felder	Einige Felder	
	34		Abwarten		Ja	
	44		MwSt.-Betrag		Ja	
	53		Wiederholungsart	Ja	Ja	
	54		Ablaufdatum	Ja	Ja	
	55		Wiederholungsrate	Ja	Ja	
	70		Bankkontozahlungsart		Ja	
B	221	24	Fibu Buch.-Blatt Verteilung	Einige Felder	Einige Felder	Einige Felder
	5		Kontonr.	Ja		Ja
	6		Shortcutdimensionscode 1		Ja	
	7		Shortcutdimensionscode 2		Ja	
	10		Betrag		Ja	
	12		Geschäftsbuchungsgruppe		Ja	
	13		Produktbuchungsgruppe		Ja	
	15		MwSt.-Betrag		Ja	
	22		MwSt.-Geschäftsbuchungsgruppe		Ja	
	23		MwSt.-Produktbuchungsgruppe		Ja	
B	356	8	Buch.-Blattzeilendimension		Einige Felder	Einige Felder
	7		Dimensionswertcode		Ja	Ja
B	357	6	Belegdimension		Einige Felder	Einige Felder
	6		Dimensionswertcode		Ja	Ja
B	359	5	Gebuchte Belegdimension		Alle Felder	Alle Felder
B	414	9	IC-Ausgangstransaktion		Einige Felder	Einige Felder
	6		Belegnr.			Ja
	10		Zeilenaktion		Ja	
B	418	10	IC-Eingangstransaktion		Einige Felder	Einige Felder
	6		Belegnr.			Ja
	10		Zeilenaktion		Ja	
B	11011	24	Umsatzsteuervoranmeldung	Einige Felder	Einige Felder	Einige Felder
	1		Nr.	Ja		

Tabelle B.5 Beispielhafte Einrichtung des Änderungsprotokolls im Bereich *Finanzbuchhaltung*

DT	Tabellennr./ Feldnr.	AF	Name	Einfügen	Bearbeiten	Löschen
	5		Startdatum			Ja
	12		Abrechnungsname		Ja	
	15		Berichtigte Anmeldung		Ja	
	17		Einzugsermächtigung widerrufen		Ja	
B	5001903	37	Zahlungszeilen	Einige Felder	Einige Felder	Alle Felder
	2		Zeilennr.	Ja		
	3		Kontoart		Ja	
	4		Kontonr.		Ja	
	13		Betrag		Ja	
	5001900		Zahlbetrag		Ja	
	5001906		bezogene Bank		Ja	
	5001912		Ausführungsdatum		Ja	
	5001913		AZV-Nummer		Ja	
B	5001911	52	Bankbeleg		Alle Felder	Alle Felder
B	5001913	7	Importierter Bankbeleg	Einige Felder	Alle Felder	Alle Felder
	2		Lfd. Nr.	Ja		
E	4	44	Währung	Alle Felder	Alle Felder	Einige Felder
	1		Code			Ja
E	50	7	Buchhaltungsperiode	Einige Felder	Alle Felder	Alle Felder
	2		Name	Ja		
E	80	24	Fibu Buch.-Blattvorlage	Einige Felder	Alle Felder	Alle Felder
	1		Name	Ja		
E	91	19	Benutzer Einrichtung	Alle Felder	Alle Felder	Alle Felder
E	94	2	Lagerbuchungsgruppe	Einige Felder	Einige Felder	Einige Felder
	1		Code	Ja	Ja	
	2		Beschreibung		Ja	Ja
E	95	7	Finanzbudgetname	Einige Felder	Einige Felder	Einige Felder
	1		Name	Ja		
	2		Beschreibung			Ja
	3		Gesperrt		Ja	
	4		Budgetdimensionscode 1		Ja	
	5		Budgetdimensionscode 2		Ja	

Tabelle B.5 Beispielhafte Einrichtung des Änderungsprotokolls im Bereich *Finanzbuchhaltung (Fortsetzung)*

DT	Tabellennr./ Feldnr.	AF	Name	Einfügen	Bearbeiten	Löschen
	6		Budgetdimensionscode 3		Ja	
	7		Budgetdimensionscode 4		Ja	
E	96	14	Finanzbudgetposten	Einige Felder	Einige Felder	Einige Felder
	1		Lfd. Nr.	Ja		
	2		Budgetname			Ja
	3		Sachkontonr.		Ja	Ja
	4		Datum		Ja	Ja
	7		Betrag		Ja	Ja
	12		Budgetdimensionscode 1		Ja	
	13		Budgetdimensionscode 2		Ja	
	14		Budgetdimensionscode 3		Ja	
	15		Budgetdimensionscode 4		Ja	
E	98	59	Finanzbuchhaltung Einrichtung	Alle Felder	Alle Felder	Alle Felder
E	220	23	Konzernmandant	Alle Felder	Alle Felder	Alle Felder
E	230	2	Herkunftscode	Alle Felder	Alle Felder	Alle Felder
E	231	4	Ursachencode	Alle Felder	Alle Felder	Alle Felder
E	232	14	Fibu Buch.-Blattname	Einige Felder	Einige Felder	Einige Felder
	5		Gegenkontoart	Ja	Ja	Ja
	6		Gegenkontonr.	Ja	Ja	Ja
	7		Nummernserie	Ja	Ja	Ja
	8		Buchungsnr.-Serie	Ja	Ja	Ja
	10		MwSt.-Differenz zulassen	Ja	Ja	Ja
	5001900		Transitbuchung	Ja	Ja	Ja
E	250	4	Geschäftsbuchungsgrp.	Alle Felder	Alle Felder	Alle Felder
E	251	4	Produktbuchungsgrp.	Alle Felder	Alle Felder	Alle Felder
E	252	30	Buchungsmatrix Einrichtung	Alle Felder	Alle Felder	Alle Felder
E	255	6	MwSt.-Abrechnung Vorlage	Alle Felder	Alle Felder	Alle Felder
E	256	19	MwSt.-Abrechnungszeile	Alle Felder	Alle Felder	Alle Felder
E	257	5	MwSt.-Abrechnungsname	Alle Felder	Alle Felder	Alle Felder
E	258	2	Art des Geschäftes	Alle Felder	Alle Felder	Alle Felder
E	259	2	Verkehrszweig	Alle Felder	Alle Felder	Alle Felder
E	260	3	Zollposition	Alle Felder	Alle Felder	Alle Felder

Tabelle B.5 Beispielhafte Einrichtung des Änderungsprotokolls im Bereich *Finanzbuchhaltung (Fortsetzung)*

DT	Tabellennr./ Feldnr.	AF	Name	Einfügen	Bearbeiten	Löschen
E	263	28	Intrastat. Buch.-Blattzeile		Einige Felder	Einige Felder
	4		Art		Ja	Ja
	5		Datum		Ja	Ja
	6		Zollpos.		Ja	Ja
	14		Betrag		Ja	Ja
	15		Menge		Ja	Ja
	17		Kosten		Ja	Ja
	18		Statistikwert		Ja	Ja
	22		Totalgewicht		Ja	Ja
E	270	59	Bankkonto	Alle Felder	Alle Felder	Alle Felder
E	271	38	Bankposten	Einige Felder	Alle Felder	Alle Felder
	1		Lfd. Nr.	Ja		
E	272	22	Scheckposten	Einige Felder	Alle Felder	Alle Felder
	1		Lfd. Nr.	Ja		
E	277	3	Bankkontobuchungsgruppe	Alle Felder	Alle Felder	Alle Felder
E	323	2	MwSt.-Geschäftsbuchungsgrp.	Alle Felder	Alle Felder	Alle Felder
E	324	2	MwSt.-Produktbuchungsgrp.	Alle Felder	Alle Felder	Alle Felder
E	325	13	MwSt.-Buchungsmatrix Einr.	Alle Felder	Alle Felder	Alle Felder
E	330	8	Währungswechselkurs	Einige Felder	Alle Felder	Alle Felder
	2		Startdatum	Ja		
	3		Wechselkursbetrag	Ja		Ja
	4		Regulierung Wechselkursbetrag	Ja		Ja
E	348	8	Dimension	Alle Felder	Alle Felder	Alle Felder
E	349	13	Dimensionswert	Einige Felder	Alle Felder	Alle Felder
	2		Code	Ja		
	3		Name	Ja		
E	350	3	Dimensionskombination	Einige Felder	Einige Felder	Einige Felder
	2		Dimensionscode 2	Ja	Ja	
	3		Kombinationenbeschränkung	Ja	Ja	Ja
E	351	4	Dimensionswertkombination	Einige Felder	Einige Felder	Einige Felder
	1		Dimensionscode 1		Ja	Ja
	2		Dimensionswertcode 1		Ja	

Tabelle B.5 Beispielhafte Einrichtung des Änderungsprotokolls im Bereich *Finanzbuchhaltung (Fortsetzung)*

DT	Tabellennr./ Feldnr.	AF	Name	Einfügen	Bearbeiten	Löschen
	3		Dimensionscode 2		Ja	
	4		Dimensionswertcode 2	Ja	Ja	
E	352	7	Vorgabedimension	Einige Felder	Alle Felder	Einige Felder
	3		Dimensionscode	Ja		
	4		Dimensionswertcode	Ja		Ja
	5		Dimensionswertbuchung	Ja		
E	354	4	Vorgabedimension Priorität	Einige Felder	Einige Felder	Einige Felder
	2		Tabellen-ID	Ja	Ja	
	4		Priorität		Ja	Ja
E	361	3	Finanzbudgetdimension		Alle Felder	Alle Felder
E	394	5	XBRL-Taxonomy	Alle Felder	Alle Felder	Alle Felder
E	395	23	XBRL-Taxonomyzeile	Alle Felder	Alle Felder	Alle Felder
E	397	11	XBRL-Finanzb.-Abbildungszeile	Alle Felder	Alle Felder	Alle Felder
E	398	7	XBRL-Roll-up-Zeile	Alle Felder	Alle Felder	Alle Felder
E	399	8	XBRL-Schema	Alle Felder	Alle Felder	Alle Felder
E	400	6	XBRL-Linkbase	Alle Felder	Alle Felder	Alle Felder
E	401	6	XBRL-Taxonomybeschriftung	Alle Felder	Alle Felder	Alle Felder
E	408	6	XBRL-Zeilenkonstante	Alle Felder	Alle Felder	Alle Felder
E	410	7	IC-Sachkonto	Alle Felder	Alle Felder	Alle Felder
E	411	4	IC-Dimension	Alle Felder	Alle Felder	Alle Felder
E	413	13	IC-Partner	Alle Felder	Alle Felder	Alle Felder
E	470	2	Projektwarteschlange Einrichtung	Alle Felder	Alle Felder	Alle Felder
E	472	27	Warteschlangenposten	Alle Felder	Alle Felder	Alle Felder
E	750	3	Standard Fibu Buch.-Blatt	Alle Felder	Alle Felder	Einige Felder
E	751	72	Standard Fibu Buch.-Blattzeile	Einige Felder	Alle Felder	Einige Felder
	2		Zeilennr.	Ja		
	4		Kontonr.			Ja
	13		Betrag			Ja
E	5218	3	Personalwesen Einrichtung	Alle Felder	Alle Felder	Alle Felder
E	5603	9	Anlagen Einrichtung	Alle Felder	Alle Felder	Alle Felder
E	5604	10	Anlagenbuchungsart Einr.	Alle Felder	Alle Felder	Alle Felder
E	5605	8	Anlagen Buch.-Blatt Einr.	Alle Felder	Alle Felder	Alle Felder

Tabelle B.5 Beispielhafte Einrichtung des Änderungsprotokolls im Bereich *Finanzbuchhaltung (Fortsetzung)*

DT	Tabellennr./ Feldnr.	AF	Name	Einfügen	Bearbeiten	Löschen
E	5606	44	Anlagenbuchungsgruppe	Alle Felder	Alle Felder	Alle Felder
E	5607	2	Anlagenklasse	Alle Felder	Alle Felder	Alle Felder
E	5608	2	Anlagensachgruppe	Alle Felder	Alle Felder	Alle Felder
E	5609	2	Anlagenstandort	Alle Felder	Alle Felder	Alle Felder
E	5611	44	AfA-Buch	Alle Felder	Alle Felder	Alle Felder
E	5644	5	Anlagenbuchungsart	Alle Felder	Alle Felder	Alle Felder
E	11002	13	GDPdU Definitionsgruppe	Alle Felder	Alle Felder	Alle Felder
E	11003	4	GDPdU Datensatzdefinition	Alle Felder	Alle Felder	Alle Felder
E	11004	13	GDPdU Datens.-Def. Tabelle	Alle Felder	Alle Felder	Alle Felder
E	11005	9	GDPdU Datens.-Def. Feld	Alle Felder	Alle Felder	Alle Felder
E	11006	10	GDPdU Tabellenrelationen	Alle Felder	Alle Felder	Alle Felder
E	11007	2	GDPdU Datensatzcode	Alle Felder	Alle Felder	Alle Felder
E	11008	5	GDPdU Exportpuffer			Alle Felder
E	11009	3	GDPdU XML-Puffer	Alle Felder	Alle Felder	Alle Felder
E	11010	9	GDPdU Primärschlüsselpuffer	Alle Felder	Alle Felder	Alle Felder
E	11013	5	Elektronische Umsatzsteuererklärung Einrichtung	Alle Felder	Alle Felder	Alle Felder
E	11014	3	Zertifikat	Alle Felder	Alle Felder	Alle Felder
E	5001901	49	Zahlungsverkehr Einrichtung	Alle Felder	Alle Felder	Alle Felder
E	5001905	3	Bankleitzahl	Alle Felder	Alle Felder	Alle Felder
E	5001906	2	Textschlüssel	Alle Felder	Alle Felder	Alle Felder
E	5001907	6	Bankschnittstelle	Alle Felder	Alle Felder	Alle Felder
E	5001908	9	Bankschnittstellenfeld	Alle Felder	Alle Felder	Alle Felder
E	5001909	3	Bankschnittstellenfeldauswahl	Alle Felder	Alle Felder	Alle Felder
E	5001912	7	Bank Importschnittstelle	Alle Felder	Alle Felder	Alle Felder
E	5001943	2	Bankländerschlüssel	Alle Felder	Alle Felder	Alle Felder
E	5001945	3	Zahlungsartschlüssel	Alle Felder	Alle Felder	Alle Felder
E	5001946	3	Weisungsschlüssel	Alle Felder	Alle Felder	Alle Felder
J	45	10	Fibujournal		Alle Felder	Alle Felder
J	86	11	Kursregulierungsjournal		Alle Felder	Alle Felder
J	87	15	Datumskompr.-Journal		Alle Felder	Alle Felder
J	5617	11	Anlagenjournal		Alle Felder	Alle Felder

Tabelle B.5 Beispielhafte Einrichtung des Änderungsprotokolls im Bereich *Finanzbuchhaltung (Fortsetzung)*

DT	Tabellennr./ Feldnr.	AF	Name	Einfügen	Bearbeiten	Löschen
J	5001910	12	Importjournal		Alle Felder	Alle Felder
P	17	50	Sachposten	Einige Felder	Alle Felder	Alle Felder
	1		Lfd. Nr.	Ja		
P	179	28	Stornoposten		Alle Felder	Alle Felder
P	254	54	MwSt.-Posten	Einige Felder	Alle Felder	Alle Felder
	1		Lfd. Nr.	Ja		
P	355	4	Postendimension		Alle Felder	Alle Felder
P	5207	11	Mitarbeiter Abwesenheit		Alle Felder	Alle Felder
P	5214	9	Personalausstattung Zuordnung		Alle Felder	Alle Felder
P	5601	75	Anlagenposten	Einige Felder	Alle Felder	Alle Felder
	1		Lfd. Nr.	Ja		
P	5811	3	Wertposten in Sachkonto buchen	Einige Felder	Alle Felder	Alle Felder
	1		Wertposten Lfd. Nr.	Ja		
P	5823	3	Sachposten - Artikelpostenverbindung	Einige Felder	Alle Felder	Alle Felder
	1		Sachposten Lfd. Nr.	Ja		
P	6508	2	Wertpostenverbindung		Alle Felder	Alle Felder
P	11012	8	Übertragungsprotokollposten		Alle Felder	Alle Felder
P	5001902	49	Zahlungsposten	Einige Felder	Alle Felder	Alle Felder
	1		Lfd. Nr.	Ja		
P	5001914	16	Vorschlagsposten	Einige Felder	Alle Felder	Alle Felder
	2		Lfd.Nr.	Ja		
P	5001917	6	Zahlung Bankinformation		Alle Felder	Alle Felder
	1		Zahlungsdatei Nr.			
P	5001918	20	Zahlung Bankinformation Zeile	Einige Felder	Alle Felder	Alle Felder
P	5001940	56	Auslandszahlungszusatz	Einige Felder	Alle Felder	Alle Felder
	1		Nummer	Ja		
P	5001941	16	Auslandszahlungsposten	Einige Felder	Alle Felder	Alle Felder
	1		fd. Nr.	Ja		
P	5001942	26	Meldesatz	Einige Felder	Alle Felder	Alle Felder
	6		Zeilennummer	Ja		
P	5001947	57	geb. Auslandszahlungen	Einige Felder	Alle Felder	Alle Felder
	1		Nummer	Ja		

Tabelle B.5 Beispielhafte Einrichtung des Änderungsprotokolls im Bereich *Finanzbuchhaltung (Fortsetzung)*

DT	Tabellennr./ Feldnr.	AF	Name	Einfügen	Bearbeiten	Löschen
P	5001948	26	geb. Meldesatz	Einige Felder	Alle Felder	Alle Felder
	6		Zeilennummer	Ja		
P	5001949	25	Zahlungsmeldesatz	Einige Felder	Alle Felder	Alle Felder
	6		Zeilennummer	Ja		
S	15	56	Sachkonto	Einige Felder	Alle Felder	Einige Felder
	1		Nr.	Ja		
	2		Name			Ja
S	5600	33	Anlage	Einige Felder	Alle Felder	Einige Felder
	1		Nr.	Ja		
	2		Beschreibung			Ja
S	5612	64	Anlagen-AfA-Buch	Einige Felder	Alle Felder	Einige Felder
	2		AfA-Buchcode	Ja		
	3		AfA-Methode	Ja		Ja
	4		Startdatum Normal-AfA	Ja		Ja
	5		Lineare AfA %	Ja		
	6		Nutzungsdauer i. Jahren	Ja		Ja
	8		Fester AfA-Betrag	Ja		
	9		Degressive AfA %	Ja		
	10		AfA-Tabellencode	Ja		
	13		Anlagenbuchungsgruppe	Ja		
	11100		IFB-Satzcode	Ja		
S	5615	9	Anlagenverteilung	Alle Felder	Alle Felder	Alle Felder
S	5640	3	Unteranlage	Alle Felder	Alle Felder	Alle Felder
S	5642	4	AfA-Tabellenkopf	Alle Felder	Alle Felder	Alle Felder
S	5643	4	AfA-Tabellenzeile	Einige Felder	Einige Felder	Einige Felder
	2		Periodennr.	Ja	Ja	
	3		Periodische AfA i. %		Ja	Ja
	4		Anz. d. Einh. i. d. Periode		Ja	Ja

Tabelle B.5 Beispielhafte Einrichtung des Änderungsprotokolls im Bereich *Finanzbuchhaltung (Fortsetzung)*

Glossar

Abgang Verringerung des Lagerbestandes, die nicht durch einen Verkaufsvorgang ausgelöst wurde

Abschreibung (AfA) Absetzung für Abnutzung (steuerlich), Abschreibungen für die Verbuchung von Wertverlusten von Gegenständen des Anlagevermögens

Active Directory Der Windows-Verzeichnisdienst wird als Active Directory (AD) bezeichnet. Dieser speichert Informationen über Objekte in einem Netzwerk und stellt diese Anwendern und Netzwerkadministratoren zur Verfügung. Dadurch können Benutzer nach einer einzigen Anmeldung auf freigegebene Ressourcen im Netzwerk zugreifen, die vom Administrator zentral verwaltet werden können.

Aktion Siehe Kampagne

Alternativer Preis Siehe Verkaufspreis

Änderungsprotokoll Systemprotokoll zur Aufzeichnung von direkten Datenänderungen an Tabellen/Tabellenfeldern bzw. zur Protokollierung von Nutzeraktivitäten

Audit-Trail Siehe Änderungsprotokoll

Analyseberichte Analyseberichte bieten eine anpassbare Analyseansicht, in der Benutzer Debitoren-, Artikel- und Kreditoren-Postendaten verwenden und kombinieren können. Die Zahlen können in Beträgen und Mengen dargestellt werden und ermöglichen Drilldown-Funktionalitäten bis in die Ursprungsbelege. Sie können zudem nach Zeiträumen und gegen das Budget verglichen und in Formeln verwendet werden.

Anfrage Aufforderung an den Lieferanten, über eine bestimmte Artikellieferung oder Dienstleistung ein Angebot abzugeben

Angebot Willenserklärung, bestimmte Dienstleistungen oder Waren zu angebotenen Konditionen zu liefern

Anlagenklasse Möglichkeit zur Klassifizierung und Gruppierung von Einzelanlagen anhand bestimmter Merkmale (z.B. materielle und immaterielle Anlagen)

Anpassungsarten In Dynamics NAV werden drei Anpassungsarten unterschieden: Personalisierung (individuelle Änderungen), Konfiguration (Änderungen für Benutzerrollen) und Modifikation (datenbankweite Objektänderungen)

Anwendungsfenster Das Fenster in der Anwendung, auf dem die gesamte Arbeit in der Anwendung basiert. In Dynamics NAV handelt es sich um den leeren Bereich, in dem alle Fenster geöffnet werden und in dem die Namen der Anwendung, des Unternehmens und der Datenbank angezeigt werden, sowie die Menüleiste und die Symbolleiste.

Arbeitsdatum Ein vom Systemdatum abweichendes Datum, um nicht zeitnahe Transaktionen zu erfassen. Die Einstellung erfolgt über *Extras/Arbeitsdatum* und wird in der Statusleiste angezeigt. Wenn Sie das Arbeitsdatum nicht ändern, wird standardmäßig das Systemdatum verwendet.

Archivierung Speicherung von Belegdaten in speziell dafür vorgesehene Tabellen

Artikel(karte) Physisches Produkt, in der Regel identisch mit einem Einkaufs- oder Verkaufsartikel. Die den Artikel betreffenden Informationen (Name, Bestand etc.) werden in der Artikelkarte dargestellt.

Artikelposten Mengenmäßige Veränderungen im Lager

Artikelvariante Artikel, der in seiner Kerneigenschaft nicht von einem anderen abweicht, allerdings geringfügig andere Eigenschaften (z.B. Farbe) hat. Für diese Artikel muss nicht jeweils ein neuer Artikelstammsatz angelegt werden, sondern lediglich eine Artikelvariante.

Artikelverfolgung Mit dieser Funktionalität lassen sich Serien- und Chargennummern bearbeiten und nachverfolgen. Serien- und Chargennummern können manuell oder automatisch zugewiesen werden. Die Funktion erlaubt dem Benutzer, aus einer einzelnen Auftragszeile Mehrfachmengen an Eingangs- und Ausgangslieferungen, versehen mit Seriennummern und Chargennummern, zu erstellen.

Artikelverfügbarkeit Die Berechnung der aktuellen Artikelverfügbarkeit erfolgt über die Elemente Lagerbestand zuzüglich offene eingehende Aufträge abzüglich Zuordnungen.

Artikelzuschlag/-abschlag Einkaufs- und Verkaufszeilenart, über die zusätzliche Kostenkomponenten in den Einstandspreis eines Artikelpostens aufgenommen werden können. Dies können z.B. Bezugsnebenkosten wie Eingangsfracht, aber auch Wiedereinlagerungsgebühren oder nachträgliche Rabatte sein.

AssistButton Eine von vier Schaltflächen, auf die Sie mit der Funktionstaste F6 zugreifen: *Drilldown*, *Lookup*, *Dropdown* und *AssistButton*. Mit den *AssistButton*-Schaltflächen werden durch das System vorgefilterte Optionen angezeigt.

Aufgabe Zuweisung bestimmter Tätigkeiten, die von Einkäufern bzw. Verkäufern durchzuführen sind

Aufgabenseite Siehe Listenplatz

Auftrag Siehe Verkaufsauftrag

Auftragsdatum Datum der Erstellung eines Verkaufsbelegs

Auftragsfertigung Siehe Produktionsart

Ausgleichsmethode Dynamics NAV-spezifische Methode zum Ausgleich offener Kreditoren- oder Debitorenposten (manueller Einzelausgleich oder automatischer Ausgleich des ältesten offenen Postens)

Ausschuss Fehlerhafte Artikel oder Waren, die innerhalb des Produktionsprozesses entstehen und nicht verkauft werden können, sondern anderweitig verwendet oder vernichtet werden

Authentifizierung Verifizierung eines bestimmten Objektes/einer bestimmten Person anhand bestimmter Merkmale (z.B. Kennwort beim Login)

Availability COBIT-Kriterium der Verfügbarkeit, das sich auf die Anforderung der Informationsverfügbarkeit bezieht

Backup Sicherung von Datenbeständen des Systems auf externe Speichermedien

Basiseinheitencode Einheit, in der ein Artikel bestandsmengenmäßig am Lager geführt wird (z.B. Stück, Karton etc.)

Batchjob Siehe Stapelverarbeitung

Bedarfsverursacher Der Bedarfsverursacher erstellt eine Verbindung zwischen einem Bedarf sowie einem dazu passenden Angebot und liefert damit Informationen über eine mögliche Auftragserfüllung

Befehlsschaltfläche Schaltfläche, über die eine Funktion, eine Stapelverarbeitung oder ein Bericht aufgerufen wird

Beleg Buchungsnachweis für einen im System erfassten Geschäftsvorfall (z.B. Bestellung, Lieferung oder Zahlung)

Belegdatum Datum, an dem ein bestimmter Geschäftsvorfall abgewickelt wurde. Die Verbuchung im System erfolgt unter Verwendung eines Belegdatums und eines Buchungsdatums.

Beleggenehmigung Regeln, die beschreiben, wie ein bestimmter Geschäftsvorfall anhand des Beleges freizugeben ist (z.B. Einkaufsvorgänge über 1.000 Euro müssen durch den Geschäftsführer genehmigt werden.) Die Regeln können im System hinterlegt werden.

Belegkopf Der Teil des Beleges, der für alle Positionsdaten eines Beleges gültig ist (z.B. die Lieferadresse bei einer Einkaufsbestellung)

Belegstatus Der Belegstatus gibt an, in welcher Bearbeitungsphase sich ein Beleg derzeit befindet (steht zur Genehmigung aus, ist freigegeben, es wird noch auf eine Vorauszahlung gewartet etc.)

Belegzeile Eine Belegposition, die zu einem Beleg gehört. Ein Beleg hat immer mindestens eine, üblicherweise mehrere Belegzeilen (z.B. die einzelnen Bestellpositionen in einer Einkaufsbestellung).

Benutzer Person, die das System zur Datenerfassung und Abwicklung von Geschäftsvorfällen nutzt. Jedem Benutzer sind eine eindeutige Benutzerkennung und ein Kennwort zugeordnet, mit deren Hilfe er sich am System anmelden kann (Authentifizierung).

Berechtigung Systemtechnische Zuweisung von Rechten, um bestimmte Transaktionen im System durchführen zu können (Autorisierung), die in der Regel durch den Systemadministrator verwaltet und zugewiesen werden

Bericht Der Ausdruck von Daten aus der Datenbank. Berichte sind im Allgemeinen für die interne Nutzung durch das Management gedacht. Einer von sieben Objekttypen in Navision.

Beschaffungszeit Zeitspanne zwischen der Bedarfsanzeige und dem Wareneingang

Bestand Die Menge eines Artikels, die im Lager zum Verkauf oder zur Produktion zur Verfügung steht

Bestandswarnung Warnmeldung des Systems, wenn der Lagerbestand eines bestimmten Artikels nicht ausreicht, um einen vorliegenden Auftrag erfüllen zu können

Bestelldatum Datum, zu dem der Kreditor die Artikel bei sich abschicken muss, um das geplante Wareneingangsdatum einhalten zu können

Bewegungsdaten Vorgangsbezogene oder geschäftsprozessbezogene Transaktionsdaten, die häufig kurzlebiger Natur, immer bestimmten Stammdaten zugeordnet und häufig Gegenstand von Buchungsprozessen sind, mit denen diese Daten unveränderbar gespeichert und dokumentiert werden (z.B. Verkaufsauftrag oder Einkaufsbestellung)

Bewertungsdatum Identifiziert zum einen den letzten Tag der Durchschnittskostenperiode. Zum anderen hält es fest, welcher Periode Wertposten unabhängig vom Buchungsdatum zuzuordnen sind.

BLOB Feldtyp und Abkürzung für *Binary Large Object*, mit dem Bitmaps wie z.B. Logos in Tabellenfeldern gespeichert werden

Boolesch/Boolean Ein Feldtyp, bei dem einer von folgenden Werten angegeben wird: *TRUE* oder *FALSE*. Siehe auch Kontrollkästchen oder Flag

Bread-Crumb-Trail Adressleiste im rollenbasierten Client, die die aktuelle Position in der Anwendung (an Windows Vista angelehnt) in einem horizontalen Befehlspfad darstellt

Buchungsblatt Buchungsblätter werden in Dynamics NAV dazu verwendet, Transaktionen bzw. Bewegungsdaten zu erfassen und Stammdaten zugeordnet zu verbuchen.

Buchungsgruppe Mithilfe von Buchungsgruppen werden an verschiedenen Stellen im System Kontierungen vorgegeben, die sich durch die Buchungsgruppe des Nebenkontos (Debitoren, Kreditoren, Anlagen, Bankkonto) oder durch die Kombination von Buchungsgruppen der Nebenkonten (Debitoren/Artikel, Kreditoren/Artikel, Debitoren/Ressource) ergeben.

Buchungsmatrix Die Buchungsmatrix kombiniert Geschäftsbuchungsgruppen und Produktbuchungsgruppen und steuert in deren Kombination die Kontierung von bestimmten Geschäftsvorfällen. Sie ist somit für die korrekte Abwicklung von indirekten Buchungen zuständig.

Buchhaltungsperiode Gliederung eines Geschäftsjahres in unterschiedliche Perioden, um die Buchungen für bestimmte Perioden zu ermöglichen bzw. zu sperren und buchungsperiodenspezifische Auswertungen durchführen zu können

C/AL Dynamics NAV-spezifische Programmiersprache

C/AL-Editor Siehe Trigger

C/FRONT C/FRONT ermöglicht die Verwendung der Programmiersprache C, um die Anwendung mit externen Programmfunktionalitäten zu ergänzen, die über eine API-Schnittstelle lesend und schreibend auf Dynamics NAV zugreifen können.

C/SIDE Abkürzung für *Client/Server Integrated Development Environment*, der Dynamics NAV-eigenen Entwicklungsumgebung

Change Log Siehe Änderungsprotokoll

Change Request Detaillierte, schriftliche Änderungsanforderung bzgl. einer Funktion oder eines Systemprozesses, die den Prozess des Change-Managements durchläuft

Charge Kennzeichnung von zusammengehörigen Einheiten mit einer vorgegebenen Nummerierung für eine Güter- oder Artikelmenge mit gleichen Eigenschaften

Classic Client Herkömmlicher Dynamics NAV-Client, der auf einer Zwei-Schicht-Architektur beruht

COBIT Abkürzung für *Control Objectives for Information and Related Technology*, einem von der ISACA erstellten Framework zur IT-Compliance, das unter anderem Anforderungen an Informationen und die Informationsverarbeitung definiert

Codeunits Der Dynamics NAV-spezifische C/AL-Quellcode wird meistens in Codeunit-Objekte ausgelagert, auf die von beliebigen Objekten aus zugegriffen werden kann.

Compliance Compliance bezeichnet die Einhaltung von gesetzlichen und unternehmensspezifischen Anforderungen im Rahmen der Abwicklung von Geschäftsprozessen

Confidentiality COBIT-Kriterium der Vertraulichkeit, das sich auf den Schutz von sensitiven Informationen gegen unberechtigte Offenlegung bezieht

Controlling Umfassendes Steuerungs-, Koordinations- und Kontrollkonzept, dass einerseits die Informationsversorgung und Entscheidungsvorbereitung sicherstellt und andererseits ex post Kontrollen und Analysen von Geschäftsprozessen und deren (finanziellen) Auswirkungen ermöglicht

C/ODBC Siehe ODBC

C/OCX Eine Schnittstelle, über die die C/SIDE-Entwicklungsumgebung erweitert wird. Diese Schnittstelle kann OLE- oder OCX-Steuerelemente enthalten.

COSO-ERMF Abkürzung für das vom Committee of Sponsoring Organizations of the Treadway Commission erstellte *Enterprise Risk Management Framework*, das einen Bezugsrahmen für den Aufbau eines Risikomanagementsystems beinhaltet

CRM Abkürzung für *Customer Relationship Management*, das die Ausrichtung der Geschäftsprozesse am Kunden mit dem Ziel der Befriedigung der Kundenbedürfnisse beinhaltet

CRONUS AG Unternehmensname des Demomandanten von Dynamics NAV

Cross Docking Siehe Zuordnung

Cues   Siehe Dokumentenstapel

Cursor   Die Stelle, an die der Mauszeiger in Microsoft Dynamics NAV gesetzt wird. Wird häufig auch Einfügemarke genannt.

Dataport   Dataport-Objekte dienen dem Im- und Export von Daten von und nach Dynamics NAV und können nur im Classic Client genutzt werden.

Datenbank   Die physische Datei oder Summe von Dateien auf einem Server, in der alle Dynamics NAV-Daten und -Datenbankobjekte gespeichert werden

Datenbankobjekt   Siehe Objekt

Datensatz   Eine Zeile einer Tabelle, z.B. ein einzelner Debitor in einer Auflistung. Ein Datensatz besteht aus mehreren Feldern, und eine Tabelle enthält mehrere Datensätze.

DCO   Dynamics Client for Office (siehe SharePoint-Client)

Debitor   Kunden, an den Waren oder Dienstleistungen geliefert werden

Debugger   Ein Tool, mit dem durchlaufener C/AL-Programmcode sowie Variablenwerte zur Laufzeit betrachtet werden können, um Anwendungsverhalten nachzuvollziehen

Detaillierte Posten   Abbildung von sukzessiven Änderungen im Zusammenhang mit bereits gebuchten Posten (z.B. die Historie des Ausgleichs eines offenen Debitorenposten)

Designer   Die Oberfläche, in der zusätzliche Forms, Berichte bzw. Reports, Tabellen, Dataports, XMLports, Codeunits und MenuSuites für Microsoft Dynamics NAV bearbeitet oder entworfen werden

Designmodus   Modus, in dem das jeweilige Objekt vom Object Designer aus modifiziert werden kann. Von dort können Objekte auch im Runmodus gestartet werden.

Dialogfeld   Fenster, in dem Sie weitere Informationen zu einer von Ihnen gewünschten Aktion angeben können

Dimension   Dimensionen sind Merkmale bzw. Auswertungskriterien, die einem Posten angefügt werden können, um im Anschluss flexible Auswertungen unter Selektion der gewünschten Dimension(en) durchführen zu können.

Direktlieferung   Geschäftsprozess, bei dem das Unternehmen als Intermediär auftritt, ohne dass die Ware im Unternehmen eingelagert wird

Dirty Reads   Bei einer Abfrage liefert das System auch Ergebnisse aus noch nicht abgeschlossenen (bzw. an die Datenbank zurückgeschriebenen) Transaktionen.

Dokumentenstapel   Dokumentenstapel (Cues) visualisieren durch die Höhe des Stapels die Anzahl der benutzerrollenabhängig zu bearbeitenden Dokumente im Aktivitätenbereich des Rollencenters.

Drei-Schicht-Architektur   Bei der Drei-Schicht-Architektur befindet sich eine Ebene zwischen Client und Datenbank – das »Middletier« – oder Service-Schicht. Der Client wird lediglich als Präsentationsschicht verwendet, die gesamte Businesslogik und alle Berechnungen werden auf der Service-Schicht durchgeführt.

Drilldown   Einer von vier »AssistButton-Typen«. Der nach unten gerichtete Pfeil zeigt an, dass der Wert in dem Feld aus einer anderen Tabelle berechnet wird. Durch Klicken auf den Pfeil öffnen Sie die betreffende Tabelle.

Dropdownliste   Einer von vier »AssistButton-Typen«. Es handelt sich um eine kurze, vordefinierte Liste, aus der der Benutzer die gewünschte Option auswählen kann.

Durchlaufzeit   Die Zeitspanne, die ein bestimmtes Objekt benötigt, um einen bestimmten Prozess zu durchlaufen (z.B. Transport, Einlagerung, Wareneingang etc.)

Durchschnittspreis (gleitender)   Der gleitende Durchschnittspreis dient der Bestandsbewertung von gleichen Artikeln, die zu unterschiedlichen Zeitpunkten und Preisen eingekauft wurden. Dabei wird die Methode des gleitenden Mittels genutzt, um den durchschnittlichen Preis zu berechnen. Er entspricht damit den mengengewichteten Einstandspreisen der einzelnen Beschaffungsvorgänge.

Dynamics NAV-Manager   Bezeichnung für den Hauptverantwortlichen für das Dynamics NAV-System auf Anwenderseite

Effectiveness   COBIT-Kriterium der Wirksamkeit, das sich auf die Angemessenheit und Relevanz von Informationen für die Abwicklung von Geschäftsprozessen bezieht

Efficiency   COBIT-Kriterium der Wirtschaftlichkeit, das sich auf die effiziente Bereitstellung von Informationen bezieht

Eingang   Der physische Eingang von Artikeln, der Abgleich dieser Artikel mit der Bestellung (Menge und Unversehrtheit), die Einlagerung der Artikel und die Vorbereitung des Wareneingangsberichts

Einkauf   Organisationseinheit, die für die Beschaffung von Artikeln und Material verantwortlich ist

Einkäufer/Verkäufer   Organisationseinheit in Form von Benutzern, die als Einkäufer oder Verkäufer im System deklariert werden

Einkaufsbestellung   Aufforderung des Unternehmens an einen Lieferanten, bestimmte Waren oder Dienstleitungen zu liefern

Einlagerung   Transport eines Artikels aus dem Wareneingangsbereich in das Lager und Erfassung der Bewegung und des Lagerorts/Lagerplatzes, an dem der Artikel eingelagert wird

Einlagerungsvorlage   Fenster für die Einrichtung von Parametern, die beim Einlagerungsvorgang berücksichtigt werden sollen

Einstandspreis   Der Einstandspreis ist der Beschaffungspreis inkl. aller Bezugsnebenkosten für einen bestimmten Artikel. Der Einstandspreis dient vor allem der Bewertung des Vorratsvermögens. Wird ein Bewertungsvereinfachungsverfahren (z.B. Durchschnittsbewertung) genutzt, kann der Lagerwert von dem jeweiligen Beschaffungspreis abweichen.

Einstandspreisrückverfolgung   Die Einstandspreisrückverfolgung stellt sicher, dass mögliche Rücklieferungen an den Lieferanten den gleichen Einstandspreis haben, den auch der ursprüngliche Einkaufsbeleg hat, um eine konsistente Bestandsbewertung zu gewährleisten.

Enterprise Design Document (EDD)   Im EDD wird schriftlich dokumentiert, wie die Umsetzung (Software Architektur) der Anforderungen eines Unternehmens in Dynamics NAV vorgenommen werden soll, die im »Functional Requirements Document« (FRD) niedergelegt wurden.

Enterprise Ressurce Planning (ERP)   Betriebswirtschaftliche Softwarelösungen, die Unternehmen systemtechnisch bei der Abwicklung von Geschäftsprozessen in (nahezu) allen Unternehmensbereichen unterstützen

Ereignisgesteuerte Prozesskette (EPK)   Technik zur Modellierung von Geschäftsprozessen

Ersatzartikel   Artikel, der einem Debitor als Ersatz für einen nicht verfügbaren Artikel angeboten werden kann

Erwartetes Wareneingangsdatum   Das Datum, zu dem der Artikel für die Kommissionierung verfügbar sein soll. Das Datum wird unter Berücksichtigung des Bestelldatums/Lieferdatums, der Wiederbeschaffungszeit und der eingehenden Lagerdurchlaufzeit von der Anwendung berechnet.

Fact Box   Siehe Info Box

Fakturierung   Erstellung und Versand der Rechnung von einem Lieferanten oder an einen Kunden für eine erbrachte Lieferung oder Leistung

Fälligkeit   Datum, an dem ein bestimmtes (vertraglich vereinbartes) Ereignis eintreten soll (Zahlungseingang, Lieferung etc.)

Feld   Ein Feld ist Bestandteil einer Tabelle bzw. eines Datensatzes, z.B. ist der Name eines Kunden im Feld *Name* der Debitorentabelle abgelegt.

Feldeigenschaft   Felder einer Tabelle können bestimmte Eigenschaften haben, die das Verhalten des Felds steuern (z.B. nicht änderbar oder Minimal- und Maximalwert etc.)

Feldfilter   Filter, der auf ein einzelnes Tabellenfeld gesetzt wird, sodass die Menge angezeigter bzw. gedruckter Informationen eingeschränkt wird

FIFO   Abkürzung für First-in-First-out, einem Verbrauchsfolgeverfahren für Bestände des Vorratsvermögens, dass bei der Bewertung davon ausgeht, dass die zuerst ins Lager gebuchten Zugänge zuerst aus dem Lager entnommen werden

Filter   Eine Funktion, mit dem der Benutzer den Umfang der angezeigten bzw. gedruckten Informationen einschränken kann. Es gibt Feldfilter, Tabellenfilter und FlowFilter.

Fin.zup   Siehe ZUP-Datei

Flag   Siehe Kontrollkästchen

FlowField   Ein Feld, das Werte aus meist anderen Tabellen zur Laufzeit für die aktuelle Bildschirmanzeige anzeigt oder summiert. Die Definition des FlowFields befindet sich in der Feldeigenschaft »CalcFormula«.

FlowFilter   Ein Filter, der auf Grundlage eines mit den Posten gebuchten Werts die angezeigte Infor-

mationsmenge oder Summenberechnung einschränkt. Der auf FlowFields angewandte FlowFilter (z.B. der Datumsfilter) wirkt dabei auf die Tabelle, über die das FlowField berechnet wird.

Form   Bei Forms handelt es sich um Eingabe- und Anzeigemasken im Classic Client, in denen die Daten zur weiteren Verarbeitung durch den Benutzer erfasst und analysiert werden können.

Form Designer   Mit dem grafischen Form Designer-Modul können bestehende Forms und Pages modifiziert und neue erstellt werden, jedoch gewährt das Modul keinen Zugriff auf C/AL-Code in diesen Objekten.

Formular   Zeigt Informationen an und ermöglicht das Bearbeiten, Löschen und Hinzufügen von Daten in Karten oder Tabellen. Einer von sieben Objekttypen in Navision.

Freigeben   Durch die Freigabe eines Dokumentes wird dieses für die Verarbeitung in der nächsten Abteilung/im nächsten Arbeitsschritt kenntlich gemacht. Freigegebene Dokumente können nicht verändert werden, sie müssen in den Status »Offen« zurückversetzt werden.

Funktionstrennung   Sicherstellung, dass kritische Aktivitäten durch unterschiedliche Funktionsträger im Unternehmen ausgeführt werden (z.B. Änderung von Bankdaten und Durchführung von Zahlläufen)

GDPdU   Abkürzung für »Grundsätze zum Datenzugriff und zur Prüfbarkeit digitaler Unterlagen«. Nach §147 Abs. 6 AO ist es der Finanzverwaltung möglich, die Daten von elektronischen Buchführungssystemen »digital« zu prüfen, entweder durch Datenträgerüberlassung und/oder durch mittelbaren bzw. unmittelbaren Zugriff. Für die Datenträgerüberlassung ist es notwendig, dass die Daten vom steuerpflichtigen Unternehmen (oder dem beauftragten Steuerberater, buchführenden (Sub-)Unternehmen, etc.) in »maschinell auswertbarer Form« auf geeigneten Datenträgern bereitgestellt werden. Unter dem

Begriff »maschineller Auswertbarkeit« versteht die Finanzverwaltung den wahlfreien Zugriff auf alle gespeicherten Daten einschließlich der Stammdaten und Verknüpfungen mit Sortier- und Filterfunktionen. Um eine solche Auswertbarkeit oder Verwertbarkeit zu erreichen, ist es notwendig, dass die Dateiformate für die Datenträgerüberlassung definiert und standardisiert werden.

Gebindeanbruch   Dies bedeutet, dass beim Kommissionieren einer kleinen Mengeneinheit eine größere Mengeneinheit angebrochen werden muss, um die richtige Menge für den Auftrag liefern zu können.

Gemeinkostensatz   Der Gemeinkostensatz kann als absoluter Betrag beim Artikel hinterlegt werden und bezieht sich auf die Basiseinheit. Dieser Betrag soll indirekte Kosten (Gemeinkosten) eines Artikels abdecken.

Geschäftsbeziehung   Geschäftsbeziehungscodes gruppieren externen Firmen oder Personen in Geschäftsbeziehungen wie Debitoren, Kreditoren, Banken, Rechtsanwälte, Wettbewerber, etc. Neben dieser Segmentierung werden diese Codes benutzt, um Kontakte mit Debitoren, Kreditoren und Bankkonten zu verknüpfen.

Geschäftsprozess   Betriebswirtschaftlicher Ablauf von Funktionen und Tätigkeiten mit einem zuvor definierten Start- und Endpunkt zur Erreichung der definierten Unternehmensziele

Globale Dimension   In Dynamics NAV können zwei globale Dimensionen definiert werden, die abweichend von den weiteren Dimensionen bei Buchung in den verschiedenen Postentabellen abgespeichert werden und somit schon direkt für Auswertungszwecke zur Verfügung stehen. Nicht globale Dimensionen werden in separaten »Postendimensionstabellen« abgelegt.

GoBS   Grundsätze ordnungsmäßiger Buchführung (GoBS)

Granule   Granules sind kleine, einzeln lizenzierbare Untereinheiten von Dynamics NAV-Modulen.

Gutschrift   Beleg für die Erstattung eines Betrags von einem Lieferanten oder an einen Kunden (z.B. aufgrund einer Mängellieferung oder einer Rücksendung)

Hauptbuchhaltung   Die Hauptbuchhaltung ist die zentrale Komponente des Finanzmanagements und nimmt die Verkehrszahlen der Sachkonten im Hinblick auf den gesetzlich geforderten Einzelabschluss auf. Geschäftsvorfälle können über die Nebenbücher oder direkt in das Hauptbuch gebucht werden.

Herkunftsbeleg   Der ursprüngliche Beleg einer Transaktion, die zu der Buchung eines Postens in der Finanzbuchhaltung führt (z.B. Verkaufsrechnung)

Herkunftscode   Herkunftscodes geben an, wo ein Buchungsposten erzeugt wurde und bilden damit die Basis für Buchungskontrollen im System.

HTML   Abkürzung für *Hypertext Markup Language*, einer Dokumentenbeschreibungssprache, die z.B. für die Erstellung von Webseiten genutzt wird

Info Box   Infoboxen werden genutzt, um in Listenplätzen häufig angezeigte Zusatzinformationen (z.B. eine Liste von FlowFields) zum jeweils markierten Datensatz rechts neben der Liste in einem eigenen Bereich anzuzeigen, der benutzerdefiniert ein- oder ausgeblendet werden kann.

Info Part   Die Info Parts sind anpassbare Elemente des Rollencenters. Es gibt fünf Arten von Info Parts: *Aktivitäten*, *Microsoft Outlook*, *Eigene Listen*, *Benachrichtigungen* und *Diagramme*

Institut deutscher Wirtschaftsprüfer (IDW)   Freiwilliger Zusammenschluss von Wirtschaftsprüfern und Wirtschaftsprüfungsgesellschaften in Deutschland mit dem Ziel der Interessensvertretung, Facharbeit und Ausbildung sowie Unterstützung der Mitglieder.

Institute of Internal Auditors (IIR)   Internationale Vereinigung für Revisoren

Integrity   COBIT-Kriterium der Integrität, das sich auf die Richtigkeit und Vollständigkeit von Informationen bezieht

Intercompanybuchungen (IC)   Intercompanybuchungen sind für Unternehmen gedacht, die mehr als einen Mandanten verwalten. Mithilfe von Intercompanybuchungen können Sie die Geschäftsvorgänge und -transaktionen zwischen diesen Unternehmen vereinfachen und rationalisieren, indem ein IC-Beleg nur einmalig erfasst und vom System im jeweils anderen Mandanten erzeugt wird. Mithilfe der Zuordnungsfunktionen für den Kontenplan und für Dimensionen kann sichergestellt werden, dass die Informationen an der richtigen Stelle angezeigt werden.

Interface   Programmierte Schnittstelle zwischen Systemen

Interne Einlagerungs- und Kommissionierungsanforderung   Anweisungen für die Einlagerung und Kommissionierung von Artikeln ohne Herkunftsbelege wie Auftrag oder Bestellung. Dies ermöglicht die Abbildung spezieller Zwecke, z.B. das Bereitstellen von Artikeln für Präsentationszwecke oder im Rahmen einer Stichprobe für die Qualitätskontrolle.

Inventar   Genaues Bestandsverzeichnis aller Gegenstände zu einem bestimmten Zeitpunkt als Ergebnis einer Inventur

Inventur   Physische Bestandsaufnahme der im Lager vorhandenen Artikel, die permanent, jährlich oder in anderen festgelegten Abständen erfolgt

Inventurauftrag   Bestimmt, welcher Artikel an welchem Lagerort/Lagerplatz gezählt werden soll

Journal   Journale dokumentieren in Dynamics NAV die Buchungstransaktionen, um nachzuvollziehen, wann etwas gebucht wurde, in welchem Programmteil, durch wen und welche Posten dadurch entstanden sind. In jedem Journal werden die ersten und letzten Postennummern der Posten, die BenutzerID sowie das Errichtungsdatum festgehalten und damit das Datum, an dem die Transaktion (ggfs. abweichend vom Buchungsdatum) tatsächlich gebucht wurde.

Journal Entry Test   Im Rahmen des Journal Entry Tests wird das Hauptbuch auf Buchungssätze hin analysiert, die gegebenenfalls eine detaillierte Prüfung erforderlich machen.

Kampagne   Eine Kampagne ist eine Verkaufsförderungsmaßnahme, die sich auf alle oder eine Teilmenge von Vertriebskontakten bezieht.

Karte   Eine Datenansicht, die Informationen zu einem Debitor, Kreditor, Artikel usw. enthält. Die entsprechenden Fenster weisen in der Regel oben eine Reihe von Registerkarten auf. Siehe Tabellenfenster.

Katalogartikel   Mit dieser Funktionalität können Sie Artikel anbieten, die nicht Teil des Lagerbestands sind, die jedoch bei einem externen Kreditor oder Hersteller bestellt werden können. Solche Artikel werden als Katalogartikel erfasst, jedoch wie jeder andere Artikel behandelt.

Keyuser   Als Keyuser werden Personen auf Anwenderseite bezeichnet, die entweder Bereichsverantwortung bei der Anforderungsdefinition besitzen oder »First Level Support«-Funktionen übernehmen, indem diese Mitarbeitern derselben Abteilung bei programmbezogenen Fragestellungen helfen bzw. diese eskalieren.

Kommissionierung   Kommissionierung ist die auftragsbezogene, termingerechte Bereitstellung von Artikeln in richtiger Menge und Qualität für den Versand oder die Produktion.

Konfiguration   Siehe Anpassungsarten

Konsolidierung   Unter einer Konsolidierung versteht man die Zusammenführung der Einzelabschlüsse der Konzernmandanten zum Konzernabschluss im Konsolidierungmandanten.

Konsolidierungsmandant Der Konsolidierungsmandant enthält die kombinierten Verkehrszahlen (Sachposten) der ihm zugehörigen Konzernmandanten (Einzelunternehmen).

Kontakt Kontaktdaten zu einem Geschäftspartner. Im Gegensatz zu Lieferanten- oder Kundenstammdaten fehlen den Kontakten die Daten der Finanzbuchhaltung, die zur Abwicklung und Verbuchung einer Transaktion (Einkauf, Verkauf) notwendig sind.

Kontenfindung Die Kontenfindung ist ein belegbasiertes Verfahren, um für jede Transaktion automatisch den entsprechenden Buchungssatz im Hauptbuch ableiten zu können. In Dynamics NAV erfolgt die Kontenfindung über Buchungsgruppen und die Buchungsmatrizen.

Kontrollkästchen Boolesche Felder, die anzeigen, ob eine Funktion aktiviert (Häkchen/Flag) oder deaktiviert (kein Häkchen/kein Flag) ist

Konzernmandant Siehe Konsolidierung und Konsolidierungsmandant

Kompensierende Kontrolle Kontrolle, die Fehler oder Schwächen in Systemen, Prozessen etc. kompensiert, jedoch nicht präventiv davor schützt

Kreditlimit Der einem Kunden eingeräumte Höchstbetrag für die Gewährung eines Kundenkredits

Kreditor Lieferant, bei dem Waren oder Dienstleistungen bezogen werden

Kunde Siehe Debitor

Kurzfriständerungen Änderungen beispielsweise an Objekten oder Tabellen, die nur vorübergehend erfolgen und anschließend wieder in ihren Ursprungszustand zurückversetzt werden

Lager Ein Gebäude oder Gebäudeteil für die Annahme, Lagerung und Auslieferung von Artikeln und damit eine spezielle Art Lagerort

Lagerabgangsmethode Die Lagerabgangsmethode definiert, ob die Verbrauchsfolgeverfahren *FIFO* (First-in-First-out) bzw. *LIFO* (Last-in-First-Out) für den Artikelpostenausgleich verwendet werden oder ein manueller Ausgleich (*Ausgewählt*) erfolgt. *Durchschnitt* und *Standard* arbeiten bezogen auf den Artikelpostenausgleich wie *FIFO*, beeinflussen aber die Berechnung des Einstandspreises und damit die Bewertung des Vorratvermögens (Bewertungsvereinfachungsverfahren).

Lageraktivität Dies ist der Oberbegriff für Einlagerungs-, Kommissionier- und Umlagerungsaktivitäten innerhalb des Lagers. Die Aktivitäten werden zentral über das Menü *Logistikmanagement* gesteuert.

Lagerbestand Umfasst Artikel, die in einem Lager aufbewahrt und zum Wiederverkauf eingekauft wurden, Artikel, die für die Produktion benötigt werden (Rohmaterialien und Halbzeuge) sowie Artikel für Wartungstätigkeiten (Austauschteile und Betriebsmittel). Das Programm berechnet den Lagerbestand als Menge eines im Lager verfügbaren Artikels.

Lagerbuchungsperiode Mit Lagerbuchungsperioden kann das Buchen von Lagertransaktionen zeitlich eingeschränkt werden kann. Siehe auch Buchhaltungsperiode.

Lagerfertigung Siehe Produktionsart

Lagerhaltungsdaten Diese Funktionalität ermöglicht es, dass identische Artikel mit derselben Artikelnummer an verschiedenen Lagerorten gespeichert und an jedem Lagerort individuell verwaltet werden können. Der Benutzer kann Einstandspreise, Beschaffungs- und Produktionsinformationen usw. auf Basis des Lagerortes hinzufügen.

Lagerhilfsmittel Artikel- oder lagerortspezifische Hilfsmittel für die Ein- bzw. Auslagerung

Lagerklasse Bedingungen oder Lagerhilfsmittel, die für die Lagerung von Artikeln erforderlich sind. Beispiele für Lagerklassen sind Tiefkühlbereich, Trockenbereich und Gefahrgut.

Lagermitarbeiter Benutzereinrichtung für Anwender, die an den Dynamics NAV-Logistikprozessen beteiligt sind

Lagerort Gebäude oder Ort, an dem Artikel physisch gelagert und ihre Mengen verwaltet werden können. Ein Lagerort kann ein Lager, ein Servicemobil, ein Showroom, eine Fabrik oder ein Bereich innerhalb einer Fabrik sein.

Lagerplatz Ein Lagerplatz ist eine Untereinheit des Lagerortes, auf die sich die Anwendung bezieht, wenn z.B. Vorschläge zur Einlagerung von Artikeln gemacht werden.

Lagerplatzart Ermöglichen die Zuordnung von Verarbeitungsschritten zu Lagerplätzen.

Lagerplatzinhalt Dies ist der Inhalt, der sich an einem Lagerplatz befindet, einschließlich der physischen Artikelanzahl am Lagerplatz wie auch Informationen zu Volumen und Status (z.B. beschädigt). Der Lagerplatzinhalt ist die Grundlage für die Erstellung von Einlagerungen und Kommissionierungen in der Anwendung.

Lagerplatzposten Kombination von Artikel- und Lagerplatz. Menge, die im Lagerplatzinhalt aufgeführt wird.

Lagerplatzpriorität Dies ist ein Mittel für die Priorisierung von Umlagerungen zur Auffüllung von Lagerplätzen. Hier wird angegeben, welcher Lagerplatz zuerst wieder aufgefüllt werden soll. Je höher die Nummer, desto höher ist die Priorität. Die Anwendung füllt z.B. einen Lagerplatz mit der Priorität 200 vor einem Lagerplatz mit der Priorität 100 auf.

Lagerregulierung Die Lagerregulierung stellt eine Buchungs- und Kontrollinstanz dar, die die Einstandspreise zur Bewertung des Vorratsvermögens

und von gebuchten Wareneinsätzen bei Lagerabgängen überprüft und neue Regulierungswertposten erstellt, falls es zu Buchungen gekommen ist, die die Einstandspreise verändert haben.

Lagerzone Gruppierungsebene des Lagerplatzes und nächste Hierarchieebene in Lagerorten

Laufzeit Die Laufzeit ist die Zeitspanne in der ein angestoßener Prozess von einem Rechner abgearbeitet wird. Der Begriff »Zur Laufzeit« bedeutet also, dass bestimmte Rechenoperationen erst nach Benutzerinitiierung ausgeführt werden und somit Teil des Prozesses sind.

Lieferanmahnung Liefererinnerung an einen Kreditor, wenn dieser mit der bestellten Lieferung in Verzug ist

Lieferant Siehe Kreditor

Lieferbedingung Regeln zum Gefahrenübergang und Versandkostenübernahme

Lieferung Vollständiger (Komplettlieferung) oder unvollständiger (Teillieferung), physischer Wareneingang oder Fertigstellung einer Leistung, die bei einem Lieferanten bestellt wurde oder an einen Kunden verkauft wurde

Lieferterminzusagen Mit dieser Funktionalität können Sie Verfügbarkeits- und Liefertermine berechnen. Wenn der Debitor nach einem Lieferdatum fragt, können Sie herausfinden, ob die Lieferung zum angegebenen Termin möglich ist. Außerdem können Sie ein mögliches Lieferdatum basierend auf der Beschaffungszeit oder Fertigungszeit berechnen, wenn Sie keine entsprechenden Artikel im Lager haben.

LIFO Abkürzung für Last-in-First-out, einem Verbrauchsfolgeverfahren für Bestände des Vorratsvermögens, das bei der Bewertung davon ausgeht, dass die zuletzt ins Lager gebuchten Zugänge zuerst aus dem Lager entnommen werden.

Listenplatz Tabellarische Ansicht im rollenbasierten Client, um einzelne Datensätze zur Bearbeitung in der *Aufgabenseite* aufrufen zu können

Live-Datenbank (Produktionsdatenbank) Datenbank, in der die Echtdaten erfasst und verbucht werden. Parallel zur Live-Datenbank existieren typischerweise eine Entwicklungs- und ggfs. eine weitere Testdatenbank.

Lizenz Eine Datei, in der alle von Ihrem Unternehmen erworbenen Dynamics NAV-Granules aufgeführt sind. Die Datei hat die Endung *.flf*.

Logistik Die Menge aller planenden und steuernden Prozesse zur Sicherstellung der Realgüterversorgung einschließlich des Materialflusses im Unternehmen

Logistikbeleg Optionaler Beleg (Wareneingangsbeleg, Kommissionierbeleg etc.) in Dynamics NAV, der nur für Lager mit Logistikeinrichtung erzeugt wird und die Prozesse der Lieferung in Wareneingang und Einlagerung bzw. Kommissionierung und Warenausgang strukturieren kann.

Lookup Einer von vier »AssistButton-Typen«. Der nach oben gerichtete Pfeil weist darauf hin, dass eine weitere Tabelle angezeigt werden kann. Aus dieser können Sie Daten in das Feld einfügen, von dem aus Sie auf die Tabelle zugegriffen haben.

Losgröße Zu fertigende oder zu beschaffende Menge eines Artikels

Main/Sub Form Formobjekt, welches aus einem Hauptform (Kopf) und einem verbundenen Unterform (Positionen) besteht, welches über die Kopfdaten fest gefiltert wird. Ein Beispiel für ein Main/Sub Form ist der Verkaufsauftrag, bestehend aus einem Kartenform, das den Verkaufskopf und einem verbundenen Tabellenform, das die Verkaufszeilen anzeigt.

Mandant Höchste organisatorische Ebene in Dynamics NAV, die das Unternehmen und die selbstständig bilanzierende Einheit im System abbildet.

Mandantenübergreifend Daten, die allen Mandanten einer Datenbank in nicht redundanter Form zur Verfügung stehen, nennt man mandantenübergreifende Daten. Technisch wird dies auf Tabellenobjektebene über die Eigenschaft »DataPerCompany« erreicht. Bestimmte, standardmäßige Konsistenzprüfungen (wie Prüfungen beim Löschen von Stammdaten) werden u.U. mit der Freigabe von Tabellendaten für alle Mandanten unterlaufen.

Marketing Summe der Verkaufsförderungsmaßnahmen eines Unternehmens einschließlich des Customer Relationship Managements (CRM)

Maximalbestand Maximaler Lagerbestand, bis zu dem das Lager aufgefüllt wird, wenn das Verfahren *Auffüllen auf Maximalbestand* ausgewählt wurde

Menüoption Eine Menüoption ist die kleinste Einheit im Navigationsbereich, der aus Menüs und Menügruppen sowie den einzelnen Menüoptionen besteht.

Menüschaltfläche Auf den Menüschaltflächen, die in den meisten Fenstern der Anwendung angezeigt werden, wird ein nach unten gerichtetes Dreieck angezeigt. Durch Klicken wird eine Auswahl angezeigt, aus der Sie zum Beispiel eine Funktion, ein anderes Fenster oder ein Untermenü auswählen können. Siehe auch Schaltfläche

MenuSuite Das *MenuSuite*-Objekt enthält die Menüs, die im Navigationsbereich und im Navigationsbereich-Designer angezeigt werden. Alle Menüs enthalten Elemente für einen bestimmten Unternehmensbereich, z.B. für das Finanzmanagement oder den Einkauf.

Modifikation Siehe Anpassungsarten

Modul Ein grundlegender Baustein von Dynamic NAV, der es Unternehmen ermöglicht, nur die tatsächlich benötigte Funktionalität zu erwerben

Mindestmenge Menge im Einkaufs- oder Verkaufsbereich, ab der ein bestimmter, im System hinterlegter Preis gilt

Minimalbestand Der Bestand, bei dessen Unterschreitung das System den Wiederbeschaffungsvorgang anstößt

MW Abkürzung für Mandantenwährung. Dezimalfelder mit dem Nachsatz »(MW)« lauten unabhängig von der Währung, in der Transaktionen durchgeführt wurden, auf die in der *Finanzbuchhaltung Einrichtung* hinterlegte Mandantenwährung.

Navigate Eine Funktion, über die der Benutzer eine Zusammenfassung von Anzahl und Art der mit einem gebuchten Beleg verknüpften Posten anzeigen kann. Wenn Sie in einer Tabelle einen Posten auswählen und auf *Navigate* klicken, werden alle gebuchten Datensätze angezeigt, die dieselbe Belegnummer und dieselbe Buchungsnummer wie der von Ihnen gewählte Posten haben.

Navigationsbereich Wenn Sie Dynamics NAV öffnen, wird der Navigationsbereich auf der linken Seite des Anwendungsfensters angezeigt. Der Navigationsbereich, der über *Ansicht/Navigationsbereich* ein- und ausgeblendet werden kann, enthält eine Liste mit Menüoptionen, die Sie verwenden können, um den jeweiligen Anwendungsbereich auszuwählen.

Native Es gibt zwei Server-Optionen für Dynamics NAV. Die SQL Server-Option und die Native Database-Option. Bei der nativen Datenbank handelt es sich um eine proprietäre, für Dynamics NAV speziell entwickelte Datenbank.

Nebenbuchhaltung Die Nebenbuchhaltung (Debitoren-, Kreditoren- oder Anlagenbuchhaltung) erläutern die Abstimmkonten der Hauptbuchhaltung.

.NET Framework Eine Entwicklungsumgebung, die es verschiedenen Programmiersprachen und Systembibliotheken erlaubt, nahtlos zusammenarbeiten, um Windows-basierte Anwendungen zu schaffen, die einfach zu erstellen, zu verwalten, anzuwenden und mit anderen Anwendungen zu integrieren sind.

Neubewertung Neubewertung bzw. Teilwertabschreibung, die im Rahmen des Jahresabschlusses bzw. der Monats- und Quartalsabschlüsse beispielsweise durch das strenge Niederstwertprinzip des HGB notwendig sein kann. Dynamics NAV bietet hierfür das Neubewertungsbuchungsblatt, durch welches der Wert des Vorratsvermögens auch rückwirkend beeinflusst werden kann.

Nummernserie Eine Nummernserie enthält Regeln für die Nummernvergabe für Stamm- oder Transaktionsdaten.

NST Abkürzung für *NAV Service Tier*. Siehe Drei-Schicht-Architektur.

Object Designer Der Object Designer (Classic Client) ermöglicht den Zugang zu C/SIDE, der Entwicklungsumgebung von Dynamics NAV. Von dort kann auf alle Datenbankobjekte zugegriffen werden.

Objekt Businesslogik-Baustein und Gegenstand der Entwicklungsumgebung in Dynamics NAV. Es gibt acht verschiedene Arten von Objekten: *Forms* und *Pages*, *Tabellen*, *Berichte* (Reports), *Dataports*, *Codeunits*, *XMLports* und *MenuSuites*.

OCX Ein OCX ist ein COM-Objekt, das prozessintern läuft, ohne dabei ein eigenständiges Programm zu sein. Ein OCX enthält beispielsweise eine mathematische Funktionsbibliothek oder eine Schnittstelle zu einem externen Gerät.

ODBC Abkürzung für *Open Database Connectivity* (ODBC). ODBC ist eine Anwendungsprogrammierschnittstelle von Microsoft, die es Ihnen ermöglicht, auf Datenbanken in Netzwerken zuzugreifen, die einen entsprechenden, gleichartigen Zugriff erlauben.

Um ODBC mit Dynamics NAV nutzen zu können, benötigen Sie das Modul C/ODBC. Für jeden weiteren Aufruf von C/ODBC wird eine weitere Session belegt.

Optimistic Concurrency Principle Prinzip der nativen Datenbank in Dynamics NAV, welches davon ausgeht, dass Zugriffe generell mehrheitlich lesend erfolgen, und Benutzer Datenänderungen stets mit der aktuellen Version der Daten beginnen. So lässt es Dynamics NAV zu, dass mehrere Benutzer gleichzeitig auf dieselben Datensätze zugreifen können.

Organisationseinheit Eine Organisationseinheit stellt als Element der Aufbauorganisation eine beliebige organisatorische Einheit dar, deren Aufgabe es ist, bestimmte Funktionen innerhalb eines Unternehmens zu übernehmen und auszuführen.

Page Pages sind die Fenster des rollenbasierten Clients und somit das Gegenstück zu den Forms des Classic Clients. Siehe auch Form.

Personalisierung Siehe Anpassungsarten

Policy Rahmen- oder Regelwerk zu Verhaltensweisen, Prozessen etc. in einem Unternehmen

Posten Ein Posten stellt in Dynamics NAV eine gebuchte Transaktion dar, der immer eine oder mehrere Stammdaten zugeordnet sind (Sachkonto, Artikel, Debitor, Kreditor, Anlage, Ressource, Projekt usw.) und nicht mehr änderbar ist.

Preis Siehe Verkaufspreis

Preisfindung Prozess, der im Rahmen des Einkaufs oder Verkaufs durchlaufen wird, um den für das Unternehmen oder den Kunden optimalen Preis zu ermitteln

Primärschlüssel Ein Feld oder eine Kombination von Feldern in einer Tabelle, auf dessen Grundlage der Datensatz in der Tabelle identifiziert wird. Der Wert muss deshalb eindeutig sein.

Produktionsart Dynamics NAV unterscheidet die Produktionsarten *Lagerfertigung* und *Auftragsfertigung*. Bei der *Lagerfertigung* wird nur ein Fertigungsauftrag für den Fertigungsartikel (typischerweise ein Lagerartikel oder Baugruppen) erzeugt und nicht etwa für verknüpfte Komponenten, die selbst produziert werden müssen. Bei der *Auftragsfertigung* erzeugt die Anwendung eine zusätzliche Fertigungsauftragszeile (oder eine Vorschlagszeile) für jede Ebene in der Stücklistenstruktur, in der der jeweilige Artikel auch die Produktionsart »Auftragsfertigung« hat. Für derartige, mehrstufige Fertigungsaufträge muss der Fertigungsartikel sowie alle Komponenten in allen Ebenen die Produktionsart »Auftragsfertigung« haben.

Prozess Zeitliche Abfolge von Funktionen, die zur Bearbeitung eines betriebswirtschaftlichen Objekts erforderlich sind

Rabattgruppe Zusammenfassung von Kreditoren oder Debitoren in Gruppen, denen eine bestimmte Rabattkondition zugeordnet wird

Rahmenvertrag Langfristige Vereinbarung zwischen zwei Vertragspartnern über die Lieferung von Waren oder Erbringung von Leistungen zu festgelegten Konditionen

Rechnung Siehe Fakturierung

Rechnungsrabatt Positionsunabhängiger Rabatt, der sich auf die gesamte Bestellung oder den gesamten Verkaufsauftrag bezieht

Registrieren Erstellen eines Postens in der Anwendung, um einen im Lager abgeschlossenen Vorgang aufzuzeichnen. Sie können zum Beispiel die Einlagerung, Kommissionierung oder Umlagerung eines Artikels an einem bestimmten Lagerplatz registrieren. Anders als beim Buchen eines Artikels werden beim Registrieren keine Posten in den Sachposten oder Artikelposten für den Lagerbestand erstellt.

Reklamation   Einrede über die gelieferte Ware aufgrund vorhandener Mängel (z.B. Falschlieferung oder Schlechtlieferung durch beschädigte Ware)

Release   Freigegebene Version einer Software

Release Management   Release Management ist ein Prozess, welcher die Bündelung von Änderungsanforderungen (Change Requests) zeitlich und inhaltlich in ein oder mehrere zukünftige Releases einordnet und kommuniziert. Die zu diesem Zweck modifizierten Datenbankobjekte bilden zusammen mit der entsprechenden Dokumentation das Release. Typischerweise wird die Releasenummer in der *Version List* eines jeden Objekts vermerkt, ein einheitliches Objektdatum und -uhrzeit zugewiesen und das *Modified*-Flag deaktiviert. Alle Objekte eines jeden Releasestandes sollten außerhalb der Datenbank gesichert sein.

Reliability   COBIT-Kriterium der Verlässlichkeit, das sich auf die Angemessenheit von Informationen bezieht

Report   Mithilfe von Reports können selektiv Informationen aus der Datenbank strukturiert ausgelesen und verfügbar gemacht werden, die zu Auswertungszwecken in den Unternehmensteilbereichen genutzt werden können. Siehe auch Bericht.

Report Wizard   Von Dynamics NAV zur Verfügung gestelltes Tool zur Erstellung einfach strukturierter Reports

Reservierung   Festlegung einer bestimmten Menge eines Lagerbestandes für einen vorliegenden Verkaufs- oder Fertigungsauftrag. Diese Menge steht für andere Verkaufsaufträge dann nicht mehr zur Verfügung.

Ressource   In Dynamics NAV werden Angestellte, Maschinen oder andere Unternehmensdienstleistungen, die kapazitäts-, aber nicht bestandsmäßig betrachtet werden, über Ressourcen abgebildet.

Risikomanagement   Risikomanagement dient der Risikofrüherkennung, -steuerung und -überwachung im Unternehmen.

Risikomanagementprozess   Der Risikomanagementprozess beinhaltet die Implementierung, Überwachung, Dokumentation und Anpassung des Risikomanagementsystems.

Risikomanagementsystem   Das Risikomanagementsystem umfasst alle organisatorischen Regeln und Maßnahmen zur Risikofrüherkennung, -steuerung und -überwachung im Unternehmen.

RoleTailored Client   In Dynamics NAV 2009 eingeführter spezifischer Client, der auf einer Drei-Schicht-Architektur beruht und dessen Benutzeroberfläche mithilfe vordefinierter Rollen an die Tätigkeitsschwerpunkte des jeweiligen Anwenders angepasst ist

Roll-back   Bezeichnung für den Vorgang, wenn eine Transaktion im System rückgängig gemacht wird, wenn zum Beispiel eine Konsistenzprüfung fehlschlägt. Dadurch wird verhindert, dass unvollständige Buchungen in Ihrem System abgespeichert werden.

Rolle   Zusammenfassung von Berechtigungen, die im Rahmen der Durchführung einer bestimmten Funktion im Unternehmen notwendig sind (z.B. Einkäufer, Lagerist etc.) und die die Vergabe und Verwaltung von objektbezogenen Zugriffsrechten systemtechnisch erheblich vereinfachen

Rollenbasierter Client   Siehe RoleTailored Client

Rollencenter   (RoleCenter) Benutzerrollenspezifische Startseite im rollenbasierten Dynamics NAV-Client

Rücklieferung   Rücksendung bestellter Ware an den Lieferanten aufgrund fehlerhafter oder falscher Lieferungen

Sachkonto Hauptbuchkonto im Kontenplan, in das Sachposten gebucht werden können, die Bestandteil der Bilanz und Gewinn- und Verlustrechnung sind

Sachposten Sachkontobuchungen erzeugen Sachposten, die im Kontenplan aufgerufen werden können

Saldo Differenz zwischen den Soll- und Habenbuchungen eines Kontos (z.B. offene Verbindlichkeiten bei einem Lieferanten oder offene Forderungen gegenüber einem Kunden)

Sammelrechnung Fakturierung mehrerer Bestellungen/Verkaufsaufträge mit einer Rechnung

Satzmarke Eine Funktion, mit der Sie bestimmte Datensätze für die Anzeige, Buchung usw. auswählen können. Ist diese Funktion aktiviert, wird vor dem Datensatzindikator des Datensatzes eine rautenförmige Markierung angezeigt. Diese Markierung bleibt beim Wechsel zum nächsten Datensatz erhalten. Um nur die markierten Datensätze anzuzeigen, klicken Sie auf *Ansicht/Nur satzmarkierte*.

Schaltfläche Schaltflächen (oder auch Befehlsschaltflächen) sind Tasten, die eine Funktion in Dynamics NAV auslösen. Dies kann eine Bestätigung sein oder ein Bericht, eine Stapelverarbeitung oder eine andere Routine. Darüber hinaus gibt es Menüschaltflächen, die ein nach unten gerichtetes Dreieck aufweisen und ein eigenes Menü und mehrere Funktionen beherbergen.

Schlüssel Ein Feld oder eine Feldkombination in einer Tabelle, nach dem die Datensätze der Tabelle sortiert werden können

SCM Abkürzung für *Supply Chain Management*, das den Wertschöpfungsprozess zur Befriedigung der Bedürfnisse von Endkunden beinhaltet

SDI-Umgebung Abkürzung für *Single Document Interface*-Umgebung. Dieses Bedienungskonzept sieht vor, dass Vorgänge in neuen Fenstern bearbeitet werden, ohne dass eine neue Programminstanz gestartet wird, obwohl diese Fenster als eigene Windows-Tasks angezeigt werden.

Seriennummer Nummer, mit der ein Artikel eindeutig identifiziert werden kann

SharePoint-Client Mit dem SharePoint-Client wird die dritte Art von Dynamics NAV-Client bezeichnet, dem Microsoft Dynamics Client for Microsoft Office and Windows SharePoint Services (DCO-WSS). Dieser erlaubt den Zugriff auf Microsoft Dynamics NAV-Daten über die Schnittstelle anderer Anwendungen (z.B. über SharePoint, Office, Web- oder Drittanbieterlösungen).

Shortcut Eine Taste oder Tastenkombination, mit deren Hilfe Sie zu einem anderen Fenster oder einer anderen Funktion in Microsoft Dynamics NAV wechseln

Shortcutdimensionen Shortcutdimensionen sind bis zu acht benutzerdefinierte Dimensionen, die in Buchungsblättern und Verkaufs- und Einkaufsbelegen als Felder einblendbar sind und so direkt in den Zeilen eingegeben werden können.

Sicherheitsbestand Bestand, der als Sicherheit für Nachfrageschwankungen während der Beschaffungszeit dienen soll

Sicherheitsfilter Der Sicherheitsfilter ermöglicht in der SQL Server-Option von Dynamics NAV eine Einrichtung von Zugriffsrechten auf Datensatzebene. Dieses ist hilfreich, wenn bestimmte Benutzer grundsätzlich Zugriff auf eine Tabelle haben, aber bestimmte sensitive Daten ausgeschlossen werden sollen.

Sicherheitszuschlag Beschaffungszeit Ein zeitlicher Puffer, der zur regulären Beschaffungszeit hinzugefügt wird und Schutz gegen Fluktuationen bei der Beschaffungszeit bietet, damit Aufträge vor dem tatsächlichen Bedarfszeitpunkt abgewickelt werden können.

Single Sign-On   Mechanismus, durch den der Benutzer nicht mehr für jedes System, an dem er sich anmeldet, ein Kennwort eingeben muss

SMTP Mail   Abkürzung für *Simple Mail Transfer Protocol*, einem Protokoll für das Hochladen von E-Mails von der Anwendung zum Mail-Server

Soll-Kosten   Soll-Kosten sind die erwarteten Kosten, die Sie z.B. für den Einkauf eines Artikels annehmen, bevor sich diese durch die Eingangsrechnung dokumentieren.

Spezialauftrag   Verbindung zwischen Verkaufs- und Einkaufsvorgang ähnlich der Direktlieferung, bei der jedoch die Ware nicht direkt vom Lieferanten zum Kunden geliefert wird, sondern durch das eigene Lager läuft

Splittbuchung   Buchung von mehr als einer Buchblattzeile bei gleichem Buchungsdatum und gleicher Belegnummer

SQL   Abkürzung für *Standard Query Language*, einer strukturierten Abfragesprache für relationale Datenbanksysteme

Stammdaten   Meist zeitunabhängige Bestandsdaten, die in der Regel einmal angelegt werden und in der Zukunft nur im Bedarfsfall geändert werden (z.B. Kunden- oder Lieferantendaten)

Standardlagerplatz   Dabei handelt es sich um einen Lagerplatz, der Artikel enthalten soll, die immer an diesem bestimmten Lagerplatz eingelagert werden müssen. Diese Lagerplatzart wird nicht als freier Lagerplatz verwendet.

Stapelverarbeitung   Stapelverarbeitungen sind Report-Objekte, die keine Druckausgabe, sondern eine Aktualisierung oder Erzeugung von Datensätzen in meist größerem Umfang zum Ziel haben.

Statusleiste   Diese Leiste wird am unteren Rand des Anwendungsfensters angezeigt. Sie enthält Name und Inhalt des aktiven Felds, Arbeitsdatum, Benutzer-ID sowie Angaben dazu, ob ein Filter eingerichtet ist (FILTER) und ob Sie im Einfügemodus (EINFG) oder Überschreibmodus (ÜBER) arbeiten oder eine Datensatzverknüpfung (LINKS) vornehmen.

Streckengeschäft   Siehe Direktlieferung

Stückliste   Strukturierte Anordnung von Teilen, Baugruppen oder anderen Artikeln, die zur Herstellung eines übergeordneten Produktes benötigt werden

Sure Step   Die »Sure Step« Methodologie ist die offizielle Implementierungsmethodik von Microsoft für Dynamics Produkte, mit der das Projektmanagement und die Implementierung durch Vorlagen und produktspezifische Tools wie die »Rapid Implementation Methodology« (RIM) unterstützt wird. Den Rahmen bildet ein HTML-basiertes Tool, dessen Inhalte über den »Sure Step Editor« projektspezifisch angepasst werden können.

Symbolleiste   Die Symbolleiste befindet sich direkt unter der Menüleiste und enthält eine Reihe von Symbolschaltflächen zum schnellen Abruf häufig verwendeter Funktionen zum Bearbeiten, Filtern und Suchen von Daten.

Tabelle   Eine Tabelle besteht aus einer Gruppe zusammengehöriger Datensätze, wobei jeder Datensatz aus Feldern besteht und jedes Feld eine Information und Feldeigenschaften enthält. Zusätzlich werden im Objekttyp »Tabelle« auch die Sekundärschlüssel verwaltet.

Tabellenfenster   Eine Datenansicht mit mehreren Datensätzen pro Fenster, in der Informationen zu verschiedenen Debitoren, Kreditoren, Artikeln usw. angezeigt werden. Siehe auch Karte.

Tabellenfilter   Mit dieser Option können Sie mehrere Feldfilter in einer Tabelle setzen, um die Menge angezeigter bzw. gedruckter Informationen einzuschränken.

Team Organisatorische Einheit, die mehrere Einkäufer oder Verkäufer gruppiert und damit hinterher teamspezifische Analysen ermöglicht

Teillieferung Unvollständige Lieferung/Auslieferung einer Bestellung/eines Verkaufsauftrages

Transaktion Gegenwartsorientierte Abbildung eines Geschäftsvorfalls, durch den im System Bewegungsdaten zu bestehenden Stammdaten entstehen. Datenbanktechnisch: Eine Transaktion in der nativen Datenbank von Dynamics NAV erzeugt eine Version der Datenbank für die Dauer der Transaktion bis zum Rückschreiben an die Datenbank.

Transaktionssicherheit Erst wenn alle Berechnungen ohne Fehler abgeschlossen werden konnten, wird ein Datensatz vom Client an den Server versendet und in die Datenbank geschrieben. Siehe auch Dirty Reads.

Transitlager Temporäre Lagerorte, die zur Umlagerung zwischen Lagerorten genutzt werden, insbesondere Transportmittel (wie z.B. ein LKW, der die Ware zwischen Lagerorten transportiert)

Transportzeit Üblicherweise verstreichende Zeit vom ausgehenden Lagerort zur Lieferadresse

Travel Button Internet-Browser-übliche Vorwärts- und Zurück-Schaltfläche in der Adressleiste des rollenbasierten Clients

TrendScape-Fenster Ein Formular in Microsoft Dynamics NAV, in dem der Benutzer eine Zusammenfassung von Daten für einen bestimmten Zeitraum, z.B. Tag, Woche, Monat, Quartal, Jahr oder Buchhaltungsperiode, anzeigen kann

Trigger Trigger sind vordefinierte, objektbezogene Funktionen, die bei bestimmten Ereignissen (z.B. Datensatzänderung) ausgeführt werden und im C/AL-Editor bearbeitet werden können. Ein Beispiel ist der »OnModify«-Trigger der Tabelle 18 (Debitor). Beispielsweise würde ein dort hinterlegter MESSAGE-Befehl allen Benutzern bei jeder durch ihn veranlassten Änderung eines Debitorendatensatzes eine Meldung ausgeben.

UI-Part Siehe Info Part

Umbuchung Buchhalterische Transaktionen beispielsweise im Rahmen der Lagerbestandsführung und -bewertung

Umlagerung Physischer Lagerplatzwechsel innerhalb eines Lagerortes oder zwischen unterschiedlichen Lagerorten

Umlagerungsauftrag Ein Auftrag zur Umlagerung von Ware von einem Lagerort zu einem anderen

Umlagerungsroute Hinterlegung von Zustellern, Transportarten und Transportzeiten, anhand derer die Wareneingangszeiten bei Umlagerungen zwischen Lagerorten berechnet werden können

Update Objektlieferung, die eine Teilmenge der Datenbankobjekte enthält und eine Aktualisierung der vorhandenen Objekte darstellt

Upgrade Kompletter Wechsel von einem älteren auf einen neueren Softwarestand. Das Upgrade betrifft in der Regel sowohl die Server- und Client-Komponente als auch die Datenbankobjekte.

Ursachencode Ursachencodes werden verwendet, um die Ursache für die Existenz eines Postens zu dokumentieren und können einzelnen Transaktionen oder Buchungsblattvorlagen oder -namen zugeordnet werden.

Verfolgungscode Überbegriff für Herkunfts- und Ursachencodes, die in Dynamics NAV für die Buchungskontrolle verwendet werden

Verfügbarer Lagerbestand Der vorrätige Lagerausgleich minus Verteilungen. Derartige Verteilungen sind zum Beispiel Artikel, die geprüft werden oder sich in Quarantäne befinden, sowie Reservierungen und nachbestellte Artikel.

Verkauf Organisationseinheit, die für den Verkauf von Waren und Dienstleistungen verantwortlich ist

Verkaufsart Die Verkaufsart gibt an, ob sich ein Preis oder ein Rabatt auf einen einzelnen Kunden, eine Kundengruppe, auf alle Kunden oder eine Kampagne bezieht.

Verkaufsauftrag Auftrag eines Kunden, eine bestimmte Dienstleitung oder Ware zu festgelegten Konditionen zu liefern

Verkaufschance Verkaufskontaktbezogene Einschätzung über die Realisierung eines Auftragseingangs

Verkaufspreis Preis, der für die Fakturierung von Waren oder Leistungen gegenüber Kunden in Rechnung gestellt wird und kundenindividuell in der Verkaufspreistabelle hinterlegt werden kann

Vertrieb Zusammenfassung von Aufgaben und/ oder Personen in Form einer Abteilung, die für die Kundenakquisition und Absatzdurchführung verantwortlich ist

Vier-Augen-Prinzip Siehe Funktionstrennung

Vorauszahlung Betrag, der von einem Kunden eingefordert oder von einem Lieferanten angefordert wird, bevor die Warenauslieferung erfolgt

Vorgabedimension Mithilfe von Vorgabedimensionen können Dimensionswerte und Kriterien (*Dimensionswertbuchung*) bezüglich deren Verbuchung an Stammdaten hinterlegt werden.

Warenausgang Bezeichnet den Versand der Artikel aus dem Lager und die Erfassung des Warenausgangs in der Anwendung

Warenausgangsdatum Das Datum, an dem die Ware das Lager verlässt, um mit einem Zusteller oder eigenen Lieferfahrzeugen an den Kunden geliefert zu werden

Wareneingang Zeitpunkt, an dem der physische Wareneingang im Unternehmen erfolgt

Wertposten Wertmäßige Buchungen im Lager, umfassen alle Veränderungen des Lagerwerts

XBRL XBRL ist eine XML-basierte Spezifikation für das Financial Reporting, also den Austausch von Informationen von und über Unternehmen, insbesondere von Jahresabschlüssen.

XML XML ist eine für die Anwendung im World Wide Web entwickelte Sprache zur hierarchisch strukturierter Darstellung von Textdaten, um diese zwischen Computersystemen in einfacherer Form austauschen zu können, als unstrukturierte (flat file) Textdateien.

XML-Dokument eXtensible Markup Language-Dokumente bestehen aus Entitäten, die entweder analysierte (parsed) oder nicht analysierte (unparsed) Daten enthalten.

XMLport XMLports dienen dem Im- und Export von im XML-Format strukturierten Daten von und nach Dynamics NAV.

Zahlung Geldeingang oder Geldausgang für den Einkauf oder Verkauf von Waren oder Leistungen

Zahlungsbedingung Die Bedingungen, unter der eine Zahlung an einen Lieferanten oder durch einen Kunden zu tätigen ist (Zahlungsfristen, Skontogewährung etc.).

Zahlungstoleranz Toleranzgrenzen, innerhalb derer der Zahlungseingang oder -ausgang von dem in Rechnung gestellten Betrag abweichen darf, ohne dass der offene Posten nur als teilausgeglichen gilt

Zeilenrabatt Rabatt, der sich auf eine Einkaufs- oder Verkaufsposition bezieht

Zone Siehe Lagerzone

Zoom Mit dieser Funktion können Sie (entsprechende Zugriffsrechte vorausgesetzt) auf sämtliche Datensatzfelder und ihre Werte zugreifen, auch wenn diese in der aktuellen Bildschirmanzeige ggfs. ausgeblendet sind.

Zuordnung Sofern Artikel nach der Warenannahme direkt für einen Verkaufs- oder Fertigungsauftrag benötigt werden (Cross Docking), können diese vom Wareneingangsbereich direkt in die Bereitstellungzone transportiert werden, ohne eingelagert zu werden.

ZUP-Datei Eine spezielle zu Dynamics NAV gehörende Datei, in der die speziellen Bildschirmanpassungen eines Benutzers gespeichert sind. Der Dateiname lautet *Fin.zup*.

Zuständigkeitseinheit Flexible Organisationseinheit, mit der z.B. die Einkaufsabteilung oder der Vertrieb im System strukturiert und abgebildet werden kann

Zusteller Interner oder externer Dienstleister, der für die Auslieferung oder Anlieferung von Waren genutzt wird und für den individuelle Transportzeiten hinterlegt werden können

Zwei-Schicht-Architektur In der vom Classic Client von Dynamics NAV genutzten Zwei-Schicht-Architektur werden sowohl die grafische Präsentation (Benutzeroberfläche) als auch die Businesslogik (Runtime) auf dem Client-PC ausgeführt, da es keine Service-Schicht zwischen Datenbank- und Client-Schicht gibt.

Zyklische Inventur Lagerbestandsverfolgungsmethode bei der der Lagerbestand nach einem bestimmten Zeitplan in wiederkehrenden Zyklen gezählt wird. Eine Inventurhäufigkeit wird meist mit regelmäßigen Abständen definiert und ausgeführt.

Stichwortverzeichnis

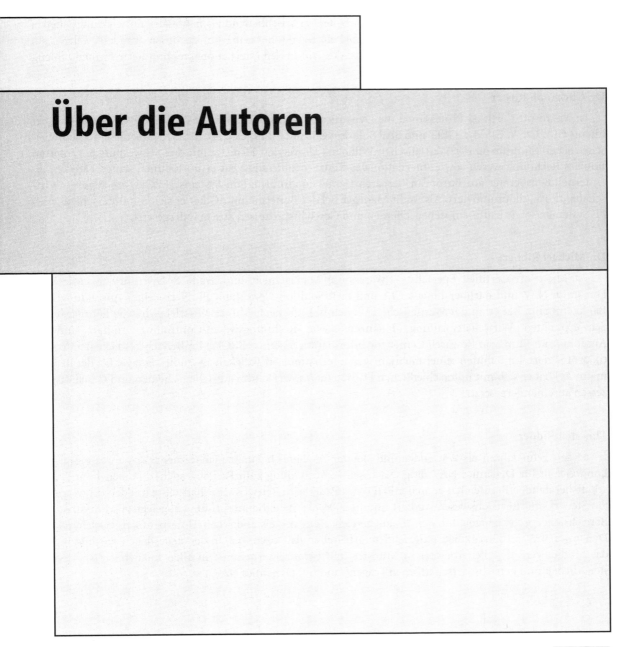

Über die Autoren

Jürgen Holtstiege

… ist Microsoft Certified Professional für Dynamics NAV (Applications for Dynamics NAV sowie Developer for Dynamics NAV) und Geschäftsführer des Microsoft Gold Certified Dynamics-Partners anaptis GmbH in Münster. Der Betriebswirt der Verwaltungs- und Wirtschaftsakademie Münster greift auf zwölf Jahre nationale und internationale Dynamics NAV- bzw. Navision-Projekterfahrung zurück. Schwerpunkt seiner ersten Tätigkeit als Projektleiter und Produktmanager bei der Tectura AG war die Softwareentwicklung auf Basis von Dynamics NAV. Für Ernst & Young Ltd. arbeitete er anschließend als nationaler Entwicklungsleiter in Neuseeland, bevor er 2005 mit der anaptis GmbH ein eigenes Beratungsunternehmen gründete, welches auf Microsoft Dynamics NAV spezialisiert ist und zu dessen Kunden international renommierte Firmen zählen.

Dr. Christoph Köster

… ist Microsoft Certified Professional für Dynamics NAV (Applications for Dynamics NAV) und darüber hinaus CIA, CISA, CISM, CGEIT und SAP Solution Consultant FI, CO, SD, MM. Nach seinem betriebswirtschaftlichen Studium an der Westfälischen Wilhelms-Universität Münster mit den Schwerpunkten internationales Rechnungswesen sowie internationales Konzerncontrolling hat er im Rahmen seiner Tätigkeit als Unternehmensberater am European Research Center for Information Systems (ERCIS) im Bereich Wirtschaftsinformatik promoviert. Als Audit Manager bei der Bertelsmann AG hat er sich mit unterschiedlichen IT-Systemen sowie kaufmännischen Themen und Geschäftsprozessen auseinandergesetzt.

Dr. Michael Ribbert

… ist Microsoft Certified Specialist – Warehouse Management und Trade & Inventory for Microsoft Dynamics NAV und darüber hinaus CIA und SAP Solution Consultant FI. Nach seiner Ausbildung zum Bankkaufmann hat er an der Westfälischen Wilhelms-Universität Münster Betriebswirtschaftlehre mit den Schwerpunkten Wirtschaftsprüfung, Finanzen sowie Rechnungswesen/Controlling studiert und im Anschluss am European Research Center for Information Systems (ERCIS) im Bereich Wirtschaftsinformatik promoviert. Im Rahmen seiner mehrjährigen internationalen Tätigkeit als Audit Manager bei der Bertelsmann AG hat er sich mit unterschiedlichen IT-Systemen sowie kaufmännischen Themen und Geschäftsprozessen auseinandergesetzt.

Thorsten Ridder

… ist seit zehn Jahren als Anwender und Berater im Bereich Finanzmanagement, Kostenrechnung und Lohn/Gehalt für Dynamics NAV tätig. Nach seiner Ausbildung zum Fachangestellten in steuer- und wirtschaftsberatenden Berufen hat er an der FHDW in Paderborn Betriebswirtschaftslehre mit den Schwerpunkten Steuer- und Revisionswesen studiert und in 2006 die Steuerberaterprüfung abgelegt. Als Prokurist und Bereichsleiter ist er zurzeit für den Finanzbereich eines mittelständischen Unternehmens, welches selbst Dynamics NAV im Einsatz hat, tätig. Zudem arbeitet er als Dozent u.a. in der steuerlichen Fortbildung für das Studienwerk der Steuerberater in Münster und berät Unternehmen in allen finanzbuchhalterischen, steuerlichen und betriebswirtschaftlichen Fragen rund um Dynamics NAV.